剑阁县教育志

（2008—2023年）

《剑阁县教育志（2008—2023年）》编纂委员会 编

JIANGE XIAN JIAOYU ZHI
（2008—2023 NIAN）

西南财经大学出版社
Southwestern University of Finance & Economics Press
中国·成都

图书在版编目(CIP)数据

剑阁县教育志:2008—2023 年/《剑阁县教育志(2008—2023 年)》编纂委员会编. --成都:西南财经大学出版社,2024. 11. --ISBN 978-7-5504-6474-2

Ⅰ. G527.714

中国国家版本馆 CIP 数据核字第 2024NM3319 号

剑阁县教育志(2008—2023 年)

JIANGE XIAN JIAOYU ZHI(2008—2023 NIAN)

《剑阁县教育志(2008—2023 年)》编纂委员会　编

策划编辑:李　才
责任编辑:李　才
责任校对:周晓琬
封面设计:何东琳设计工作室
责任印制:朱曼丽

出版发行	西南财经大学出版社(四川省成都市光华村街 55 号)
网　址	http://cbs. swufe. edu. cn
电子邮件	bookcj@ swufe. edu. cn
邮政编码	610074
电　话	028-87353785
照　排	四川胜翔数码印务设计有限公司
印　刷	成都国图广告印务有限公司
成品尺寸	210 mm×285 mm
印　张	58.5
彩　插	32 页
字　数	1840 千字
版　次	2024 年 11 月第 1 版
印　次	2024 年 11 月第 1 次印刷
书　号	ISBN 978-7-5504-6474-2
定　价	388.00 元

■ 2022年9月13日，四川省委书记王晓晖（右一）深入剑门关高级中学考察，详细了解东西部教育协作、高中教育发展等情况，并充分肯定剑阁县教育工作

■ 2022年9月3日，四川省委常委、组织部部长于立军（右二）深入剑阁职中、剑门关高级中学调研基层党建工作

■ 2022年2月23日，四川省委常委、省军分区政委田晓蔚（右六）在剑门关八一爱民学校调研工作

■ 2020年11月12日，四川省人民政府副省长罗强（前左二）在剑门关高级中学调研

■ 2020年1月，广元市委书记王菲（中）视察剑门关天立学校建设

■ 2023年11月24日，广元市委书记何树平（左二）到剑州中学调研教育人才"组团式"帮扶工作

■ 2023年12月27日，广元市委副书记、市长董里（左二）慰问组团帮扶教师

■ 2023年6月28日，四川省委教育工委副书记、省教育厅党组成员、副厅长崔昌宏（右二）在剑门关高级中学调研扩优提质工作

■ 2023年6月14日，广元市委常委、宣传部部长袁敏（右二）在剑门关高级中学调研扩优提质工作

■ 2023年7月20日，广元市人民政府副市长刘素英（中）在剑阁县实验学校调研特殊教育工作

■ 2023年12月20日，广元市委教育工委书记、市教育局党组书记黄廷全（左三）在剑阁中学调研学校项目建设工作

■ 2015年10月，广元市教育局党组书记、局长杨松林（右一）调研剑阁职中信息化建设工作

■ 2014年5月，剑阁县委副书记、县长陈勇（左一）在剑阁中学调研

■ 2020年6月5日，剑阁县委书记张世忠（右二）在剑门关高级中学调研工作

■ 2023年6月1日，剑阁县委书记杨祖斌（后排左六）在龙江小学慰问少年儿童

■ 2021年11月24日，剑阁县委副书记、县长范为民（右二）调研剑阁职中产教融合项目

■ 2022年6月20日，剑阁县人大常委会主任张大勇（右二）到剑阁中学调研

■ 2023年5月23日，剑阁县政协主席向坤道（左四）在剑阁中学调研

■ 2021年4月，剑阁县委常委、宣传部部长杜嫣然（中）在剑门关高级中学调研工作

■ 2023年3月9日，剑阁县委常委、宣传部部长廖兴泉（左二）在剑门中学调研校园安全工作

■ 2021年10月29日，剑阁县人民政府副县长谢家远（左二）调研普安小学校园文化建设工作

■ 2023年6月，剑阁县人民政府副县长陈映儒（右二）检查考务工作

■ 2023年10月27日，四川省教育学会在剑阁召开全省"立德树人"典型案例现场会

■ 2022年5月9日，剑阁县委教育工作领导小组第四次全体会议

■ 2022年12月，剑阁县委书记杨祖斌在剑门关高级中学讲思政课

■ 2022年11月，剑阁县委副书记、县长范为民在剑阁中学讲思政课

■ 剑阁县中小学党组织书记培训

■ 教育系统学习贯彻习近平总书记来川来广视察重要指示精神报告会

■ 剑阁县教育系统"学党史、正师风、强师魂"专项治理工作推进会

■ 党风廉政建设及反腐败工作会

■ 2010年4月29日，黑龙江省副省长于莎燕来剑阁视察学校灾后重建情况

■ 2008年8月11日，黑龙江援建前线指挥部总指挥长刘国会（右二）、副总指挥长高占国（左三）、成员杨臣（右三）等领导在选址地现场察看新校区红线图

■ 2008年12月18日，剑阁县教育局组织召开教育系统灾后重建现场会

■ 灾后重建·黑龙江援建的
剑门关高级中学

■ 灾后重建·黑龙江援建的
剑阁职中

■ 灾后重建的鹤龄中学、毛坝小学等校貌

■ 剑阁县教育局2019年驻村帮扶工作会

■ 剑阁县教育局驻村帮扶干部实地规划产业发展

■ 剑阁县教育脱贫攻坚工作推进会

■ 巩固和拓展教育脱贫攻坚成果同乡村振兴有效衔接实地核查培训会

■ 剑阁县教育系统部署财务项目工作

■ 义务教育优质均衡·元山中学等中小学运动场改造项目

■ 学前教育普及普惠·东宝小学等学校附属幼儿园项目

■ 库区移民搬迁学校·江口嘉陵学校等学校项目

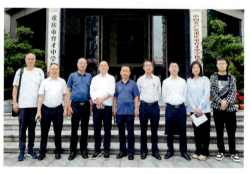

■ 到重庆育才中学考察学习教育帮扶工作

■ 2017年6月20日，剑阁县教育局召开创建全国义务教育基本均衡县工作督办会

■ 国家义务教育均衡发展验收组领导现场调研创建工作

■ 2018年11月，义务教育基本均衡国家认定教育部专家组现场核查资料

■ 2022年11月16日—18日，广元市人民政府教育督导委员会督查组对剑阁县人民政府2021年度履行教育职责情况进行督导

■ 落实全省两项改革·2021年剑阁县学校布局调整工作会

■ 众志成城 抗击疫情·校园安全及疫情防控工作视频会

■ 学生疫苗接种工作推进会

■ 中小学学生核酸检测

■ 2022年10月24日，剑阁中学千名学生广安隔离返校

■ 中小学学生防毒、防诈、防溺水等安全教育活动

■ 安全管理干部专项培训

■ 2023年9月8日，剑阁县召开教育高质量发展大会

■ 教育部高校托管帮扶·2022年7月2日，剑阁县委副书记、县长范为民赴北京化工大学对接剑门关高级中学托管帮扶工作

2022年8月30日，剑阁县庆祝第38个教师节及表扬大会

■ 剑阁县教育系统2023年"雄关论教"学校特色展评活动

■ 剑阁县教育局2023年教育督导工作会

■ 剑阁县2022年春教育质量分析会

■ 快乐教育　健康成长——中小学党组织书记、校长"教育提质工程"研讨会

■ 2014年5月，启动生本教育课堂教学改革

■ 2022年5月，广元市幼小衔接现场推进会在剑阁召开

■ 广元市2023年技装电教及信息化工作会在剑阁召开

■ 广元市"文轩杯"第一届职业院校"说专业 说产业 说课程 说教材"活动开幕式在剑阁举行

■ 省级课题"东西部教育协作背景下中小学校长发展共同体剑阁样式的构建与探索"开题论证会

■ 2020年秋全县心理健康教育教师培训会

■ "课堂教学大比武、教学技能大竞赛、教育管理大讲堂"三大活动

■ 剑阁县教育局与北京海淀区名校结对

■ 北京海淀区五一小学联谊剑门关小学、龙江小学信息技术背景下高效课堂教学研讨活动

■ 2017年中小学校长岗位培训

■ 剑阁县中小学教师信息技术应用能力提升工程2.0培训启动会

■ 2022年"广元名师"管理工作会在剑阁召开

■ 2021年，剑阁县教育系统管理干部、骨干教师赴杭州学习

■ 2023年，"雄关论教"管理干部培训班学员赴浙江上城研训

■ 2018年教科室主任培训合影

■ 剑阁县国培（2021）中西部骨干项目县级农村骨干教师培训

■ 剑阁县"幸福园丁"三年成长行动启动仪式

■ 2021年春季教育行政会

■ 2023年新入职教师培训

■ 剑阁县2023年团队干部培训

■ 剑阁县教育局机关离退休干部座谈会

■ 2022年12月9日，广安市委副书记、市长赵波（左二）在剑州中学调研教育"组团式"帮扶工作

■ 2023年6月27日，杭州市上城区区委副书记、区长惠海涛（左二）带领党政代表团在剑门关高级中学调研东西部教育协作工作

■ 2022年6月，广安市委常委、组织部部长刘襄渝（左二）在剑州中学调研

■ 杭州市上城区教育局–广元市剑阁县教育局东西部教育协作结对签约仪式

■ 杭州市上城区–广元市剑阁县东西部教育协作联合教研活动周开幕式

■ 杭州市上城区援建剑阁教育专业技术人才

■ 剑阁县教育系统2023年管理人才及骨干教师专业素养提升培训班学员赴杭州市上城区研训

■ 北京化工大学托管帮扶剑门关高级中学座谈会

2020年四川省剑阁县教育管理干部综合能力提升培训班
丽水学院 2020.06.10

■ 浙江省丽水市莲都区援建剑阁教育专业技术人才

■ 剑阁县教育管理干部在丽水学院培训学习

广安剑阁共携手　　　教育提质启新航
热烈欢迎广安市教育和体育局来剑考察对接教育工作

2022.07

■ 广安市教育和体育
局 – 剑阁县教育局省
内对口教育帮扶结对
签约仪式

广安--剑阁第二届组团式教育帮扶联合教研活动开幕式

广安市特殊教育学校　剑阁县特殊教育学校
结对帮扶框架协议签订仪式

■ 广安 – 剑阁第二届组团式教育帮扶联合教研活动开幕式

■ 广安市特殊教育学校 – 剑阁县特殊教育学校帮扶结对
签约

■ 2022年3月，剑阁县学区制
治理改革启动暨授牌仪式

■ 剑阁县第二学区微课题培训现场会

■ 2023年11月，分学区召开学生课后服务成果展示现场会

■ 2023年11月30日，剑阁县学
区制治理工作经验在省教育学
会召开的学术研讨会上交流

全县中小学学校书记、校（园）长、教育督导责任区及局机关干部在李榕纪念馆接受家风和廉政教育

■ 学生开展传承红色基因主题活动

■ 学生开展劳动实践活动

■ 学生开展生态文明探究活动

■ 学校开展传统文化进校园活动

■ 剑阁县教育基金会"旅外人
士扶贫助学专项基金"发放
仪式

■ 第十七届"永隆助学金"剑阁县发放仪式

■ 剑阁县教育局为雷波县瓦岗九年一贯制学校助学捐赠

■ 剑阁县教育局九思书屋

■ 新华文轩出版传媒有限公司剑阁
分公司助学奖教

■ 剑阁中学"四节"活动开幕式

■ 香江实验学校小提琴社团在"提琴智慧教育进校园公益活动第二届教育峰会音乐会"上展演

■ "乐运动"体育节中小学学生田径运动会

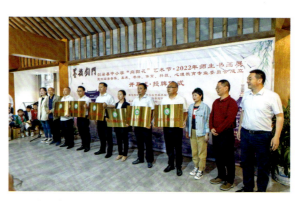

■ "向阳花"艺术节·2022年师生书画展开幕式暨音乐、美术、书法、体育、科技、心理教育专业委员会成立授牌仪式

■ 剑阁县中小学生参加广元市第三届"千训杯"机器人大赛获奖

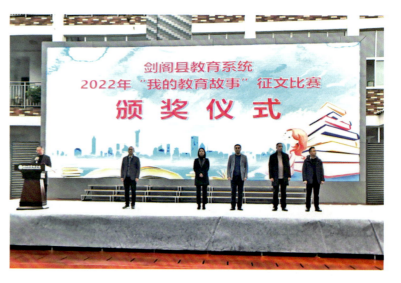

■ 剑阁县教育系统2022年"我的教育故事"征文比赛颁奖仪式

■ "金钥匙"中小学学生科技节

奖励荣誉

■ 2014年7月，剑阁县教育局被教育部关心下一代工作委员会、教育部关工委全国青少年主题教育活动组委会表彰为先进集体

■ 2018年12月，剑阁县创建成"全国义务教育发展基本均衡县"

■ 2019年9月，剑阁职中获"全国教育系统先进集体"称号

■ 2021年3月，剑阁职中获首届"双城杯"黄炎培职业教育奖优秀学校奖

■ 2023年12月，剑阁职中被省总工会等五部门表彰为"四川省高技能人才培育先进集体"

■ 剑门关实验学校被评为"四川省艺术教育特色学校"

■ 剑门关小学被评为"全国国防教育示范学校"

■ 剑门关高级中学校创建成省二级示范性普通高中

■ 剑阁县龙江小学创建成全国国防教育特色学校

■ 剑阁职中、剑阁中学、剑州中学、剑门关高级中学、龙江小学、剑门关实验学校、毛坝小学、武连小学、江口嘉陵学校、龙江小学附属幼儿园、鼓楼幼儿园被评为"全国青少年校园足球特色学校"

■ 龙江小学被评为"四川省义务教育优质发展共同体领航学校"

■ 剑阁县教育局荣获2021—2022年度四川教育宣传工作先进单位

校园风采

■ 普安幼儿园

■ 鼓楼幼儿园

■ 香江幼儿园

■ 清江翰林幼儿园

■ 普安小学

■ 剑阁县实验学校

■ 剑阁中学

■ 剑州中学

■ 剑门关天立学校

■ 柳沟中学

■ 公兴中学

■ 龙江小学

■ 剑门关实验小学校

■ 香江实验学校

■ 剑阁县2023年中小学幼儿园副校级及以上管理干部培训

■ 《剑阁县教育志（2008—2023年）》部分编纂人员合影（左起：魏祥前、张天锦、杨启文、李锦钟、唐永红、何中强、唐守荣、王继伟）

《剑阁县教育志(2008—2023年)》
编纂机构及人员

编纂顾问

杨祖斌　范为民　张大勇　向坤道　廖兴泉　钟　瑞　谢家远

陈映儒　何仕钦　张忠仁　李树伦　肖方彦　李忠荣

编纂委员会

主 任 委 员　王晓明　李锦钟　唐永红

副主任委员（以姓氏笔画为序）

王廷革　王勋勇　左坤周　白胜利　祁学刚　何中强

何晓明　杨光勇　杨启文　黄晓芳　蒲继强

委　　　员（以姓氏笔画为序）

王丕业　王洪卫　王俊臣　王　娟　王钿森　王继伟　邓思勇

左　长　母朝虎　伏　云　刘仁志　刘　晏　安克斌　齐坤勇

李文峰　李自明　李光耀　李　炜　李金红　李栋成　李清伟

何心忠　何孔善　何　龙　何贵林　陈国建　陈国清　张天锦

张晓红　张　聪　罗　平　罗　非　杨永丰　杨得华　苟建政

赵从海　赵华阳　赵锐兴　姜庆先　唐守荣　唐学良　高坤雄

贾国林　梁玉钊　龚　俊　程锦荣　蒲志军　魏祥前

编纂委员会办公室

主　　任　唐守荣

副主任　张天锦

编纂组成员

主　编　王晓明　李锦钟　唐永红

副主编　何中强　杨启文

编　纂　魏祥前　王继伟　唐守荣　张天锦

编纂指导单位

剑阁县党史和地方志事务中心

序

剑州古郡，兼山书院；宝龙新城，镜默学堂。夫剑阁之地，钟灵毓秀，文脉悠长，人才辈出。

自 2008 年以来，历经十六载春秋，教育之变革，波澜壮阔，兴教之成效，斐然卓见。今编纂《剑阁县教育志（2008—2023 年）》，以志剑阁教育发展之历程，昭示后昆，启迪未来。

观夫剑阁教育之发展，可谓奋发有为。这十六载，抢抓机遇，攻坚克难，办好人民满意的教育。灾后重建，承龙江大爱，教育基础设施大幅改善。东西协作，蒙山海深情，教师教育理念与时俱进。提质减负，融五育并举，学生身心健康快乐成长。优化布局，谋资源整合，城乡学校改薄扩建赋能。疫情防控，依科学施策，校园师生安全有效保障。教育扶贫，助乡村振兴，资助政策全覆盖，适龄少年儿童上学一个不少……此皆得益于县委、县政府之坚强领导，各部门之通力协作，全县师生之辛勤耕耘。

观夫剑阁教育之成效，可谓硕果累累。这十六载，夯基强能，品牌兴教，增强优质教育资源供给。学前教育实现普及普惠，省级示范幼儿园特色鲜明。义务教育实现基本均衡，省级义务教育优质发展共同体学校品牌效应彰显。高中教育优质特色发展，剑门关高中扬奠基精神、剑阁中学传学宫遗风、剑州中学继书院文脉，省级示范高中双核共进，高考成绩连年攀升。职业教育产教融合发展，巩固国重品牌、建成省五星级名校，培育"大国工匠"。特殊教育、成人教育、社区教育、民办教育协同发展，共同谱就剑阁教育之生动样态。

观夫剑阁教育之改革，可谓玉汝于成。这十六载，应时代之需，循教育之本，立足县情，守正创新。倡生本教育理念，聚焦学生核心素养提升，打造高效课堂。施学区制治理，实现城乡教育一体化优质均衡。推创新课程建设，形成"一校一品"育人特色。改教育评价体系，激发学校、教师、学生发展动能。建教师培养新机制，实施"幸福园丁"五阶教师培养计划。新课程、新课标、新教材、新高考综合施策，促进剑阁教育持续健康发展。

观夫剑阁教育之未来，可谓信心百倍。建设教育强国，是新时代赋予教育的使命召唤。为党育人、为国育才，是新时代赋予教育人的责任担当。"河岳英灵钟此辈；国家元气在斯文"。愿吾辈同仁，不忘初心、牢记使命，践行教育家之精神，秉持立德树人之根本，瞻望民族复兴之未来，躬耕教坛，踔厉奋发，续写剑阁教育新篇章。

是为序。

李锦钟

2024 年 4 月 16 日

凡　　例

编纂本志以存史、资政、教化为宗旨，为全县教育事业改革和发展服务。

本志坚持以马克思列宁主义、毛泽东思想、邓小平理论、"三个代表"重要思想、科学发展观、习近平新时代中国特色社会主义思想为指导，坚持辩证唯物主义和历史唯物主义，客观、翔实记述剑阁教育的历史。

一、本志断限，上自 2008 年，下迄 2023 年。个别事项突破上限，适当追溯。

二、本志首列概述、大事记，以反映全县教育概貌；以事分类，类为一篇，共 14 篇；附录置后。

概述，提纲挈领勾勒全县教育大貌，统领全志。

大事记，记述历史上影响大、意义大、作用大的首事、新事、奇事，反映全县教育发展的轨迹。

本志各篇下设章、节、目，横排门类、纵向记述，述而不论、寓论于述、白话表述。

人物，坚持生不立传的原则，当代教育名人过世者入"传略"；教育局局长，正高级教师、特级教师，市教育之星，受省部级表彰的教育系统劳动模范、优秀教师（教育工作者）、模范班主任、优秀校长作"简介"。入"传略"和"简介"者，概以姓名标题。

附录，辑录部分文献资料，以详本志之略、补本志之阙。

三、本志采用编年和纪事本末体相结合的方式，述、记、志、传、图、表、录等综合运用，以志为主。

四、志以记事，事皆人为。教育志的主体是学校、教师和学生，教育教学活动是学校的中心工作。本志以事为经，以人为纬，见事见人，无论职位高低，皆列表记载；名录详及教职工；卷首存照，文照相资，多样和谐，相互印证。

五、本志突出教育的时代特征，详今略古，详典型略一般，详首创略常见。

六、前志榜样，续其所有，前后贯通，无缝衔接。

七、本志言必有据，言必求实。绝大部分资料来源于县内各学校及教育局机关各股室，少部分为调查材料，为压缩篇幅，一般不注明出处。

八、本志对人物表中直录其衔，文中直书其名，不加褒贬；专用名词、术语过长者，各篇首次使用时用全称，余者用简称。

九、本志数字书写和标点符号使用，以《出版物上数字用法的规定》和《标点符号的用法》为依据。

十、本志计量单位，沿用当代通行的单位。其所用年月日时及数字均用阿拉伯数字。

十一、本志所涉列示、解释、补充说明及佐证之图表，按篇分别连续排序，置于相关文字或语段后，在文内并不刻意提及。

目　　录

概　述 ………………………………………………………………………………（1）

大事记 ………………………………………………………………………………（11）

第一篇　党群组织

第一章　中国共产党剑阁县教育系统组织机构 ………………………………（77）

第一节　中共剑阁县委教育工作委员会 …………………………………………（77）

第二节　中共剑阁县教育局党组 …………………………………………………（78）

第三节　派驻纪检监察组 …………………………………………………………（79）

第四节　局直属机关党委 …………………………………………………………（82）

第五节　党组中心学习组 …………………………………………………………（83）

第六节　党建工作 …………………………………………………………………（84）

第二章　民主党派 ………………………………………………………………（91）

第三章　群团组织 ………………………………………………………………（92）

第一节　中国共产主义青年团 ……………………………………………………（92）

第二节　中国少年先锋队 …………………………………………………………（94）

第三节　县教育工会 ………………………………………………………………（95）

第四节　县教育基金会 ……………………………………………………………（98）

第二篇　行政机构

第一章　剑阁县教育局 …………………………………………………………（105）

第一节　机构沿革及职能 …………………………………………………………（105）

第二节　内设机构和部分直属事业单位职能职责 ………………………………（110）

第三节　内设机构人员任职简况 …………………………………………………（115）

第二章　剑阁县人民政府教育督导委员会 ……………………………………（122）

第一节　历史沿革 …………………………………………………………………（122）

第二节 职能职责 ··· （122）

第三节 内设机构 ··· （123）

第四节 教育督导责任区 ··· （125）

第三篇 直属事业单位

第一章 剑阁县教育科学研究室 ··· （133）

第一节 机构演变与建设 ··· （133）

第二节 机构任务与职能职责 ··· （133）

第三节 教研员任职简况 ··· （134）

第二章 剑阁县教育考试中心 ··· （137）

第一节 历史沿革及职能职责 ··· （137）

第二节 成员任职简况 ··· （137）

第三节 剑阁县高考考场变迁及考场标准化建设 ··································· （138）

第四节 书法水平测试 ··· （139）

第三章 剑阁县电教教仪工作站 ··· （140）

第一节 历史沿革 ··· （140）

第二节 职能职责 ··· （140）

第三节 工作人员任职简况 ··· （140）

第四节 教育信息化 ··· （141）

第五节 教育技术装备 ··· （144）

第四章 剑阁县成人教育中心 ··· （149）

第一节 历史沿革 ··· （149）

第二节 职能职责、成绩及办学模式 ··· （149）

第三节 领导任职简况、教职工名录及学生入学情况 ······························· （150）

第五章 剑阁县青少年校外活动中心 ··· （153）

第一节 历史沿革及成员任职简况 ··· （153）

第二节 主要工作内容 ··· （154）

第六章 剑阁县学校安全事务中心 ··· （157）

第一节 历史沿革及成员任职简况 ··· （157）

第二节 职能职责及工作内容 ··· （158）

第七章 剑阁县农村义务教育学生营养改善事务中心 ····························· （161）

第一节 历史沿革及成员任职简况 ··· （161）

第二节　学生食堂标准化建设 ·· （161）

第三节　过程管理 ·· （165）

第四节　实施营养改善计划 ·· （167）

第五节　"明厨亮灶"工程 ·· （168）

第八章　剑阁县教育工委党员干部管理中心 ······························ （170）

第九章　剑阁县学生资助管理中心 ·· （173）

第一节　历史沿革及职能职责 ·· （173）

第二节　成员任职简况 ·· （174）

第三节　工作内容 ·· （174）

第四篇　政策法规与教育综合改革

第一章　学法普法 ·· （181）

第一节　普法工作 ·· （181）

第二节　"三养"模式教育治理改革 ·· （183）

第二章　依法治教　依法治校 ·· （185）

第一节　依法治教 ·· （185）

第二节　依法治校 ·· （187）

第三节　学校章程建设 ·· （192）

第三章　"两基"工作 ·· （194）

第四章　素质教育评估 ·· （197）

第五章　督导体制机制改革 ·· （203）

第六章　办园行为督导评估 ·· （204）

第七章　办学体制改革 ·· （211）

第一节　民办教育管理 ·· （211）

第二节　引进优质民办学校——剑门关天立国际学校 ···················· （212）

第三节　普职融通 ·· （215）

第四节　五四学制改革试点 ·· （217）

第八章　县域教育高质量发展体系建设 ······································ （219）

第一节　体系建设 ·· （219）

第二节　学区制治理改革 ·· （221）

第三节　教育品牌建设 ·· （223）

第九章　基地班建设 ……………………………………………………………（225）

第十章　义务教育质量监测 ……………………………………………………（229）

第十一章　政府履行教育职责评价 ……………………………………………（235）

第十二章　内部审计 ……………………………………………………………（238）

第五篇　基础教育

第一章　学前教育 ………………………………………………………………（243）

　　第一节　学前教育管理机构 ………………………………………………（243）

　　第二节　学前教育发展概况及工作措施 …………………………………（244）

　　第三节　学前教育联盟 ……………………………………………………（247）

　　第四节　幼小衔接 …………………………………………………………（252）

　　第五节　星级评定 …………………………………………………………（255）

　　第六节　园点设置 …………………………………………………………（257）

第二章　义务教育 ………………………………………………………………（263）

　　第一节　发展概况及课程设置 ……………………………………………（263）

　　第二节　校点设置 …………………………………………………………（265）

第三章　普通高中教育 …………………………………………………………（420）

　　第一节　发展概况 …………………………………………………………（420）

　　第二节　课程设置 …………………………………………………………（420）

　　第三节　校点设置 …………………………………………………………（425）

第四章　民办教育 ………………………………………………………………（441）

第五章　布局调整 ………………………………………………………………（444）

第六章　特殊教育 ………………………………………………………………（447）

　　第一节　国家层面的法律法规 ……………………………………………（447）

　　第二节　特殊教育情况 ……………………………………………………（447）

　　第三节　剑阁县人民政府特教提升方案 …………………………………（449）

第六篇　职教成教

第一章　职业高中教育 …………………………………………………………………………（453）

　　第一节　发展概况 ……………………………………………………………………………（453）

　　第二节　剑阁职中创"双示" ………………………………………………………………（453）

　　第三节　专业及课程设置 …………………………………………………………………（454）

　　第四节　"9+3"教育 ………………………………………………………………………（456）

　　第五节　校点设置 …………………………………………………………………………（459）

第二章　成人中、高等教育 ……………………………………………………………………（467）

第三章　农民工培训 ……………………………………………………………………………（468）

　　第一节　农民工培训的国家政策 …………………………………………………………（468）

　　第二节　培训管理 …………………………………………………………………………（468）

　　第三节　培训项目及效果 …………………………………………………………………（472）

第四章　老年教育 ………………………………………………………………………………（473）

　　第一节　发展概况 …………………………………………………………………………（473）

　　第二节　专业设置 …………………………………………………………………………（474）

　　第三节　教育教学 …………………………………………………………………………（475）

　　第四节　教师学员人数（校本部）…………………………………………………………（476）

　　第五节　设施设备场地 ……………………………………………………………………（477）

　　第六节　经费来源 …………………………………………………………………………（477）

　　第七节　日常管理 …………………………………………………………………………（478）

第五章　社区教育 ………………………………………………………………………………（479）

第七篇　教育教学管理

第一章　教育管理 ………………………………………………………………………………（483）

　　第一节　五项管理 …………………………………………………………………………（483）

　　第二节　"双减" ……………………………………………………………………………（488）

　　第三节　中小学规范办学行为 ……………………………………………………………（491）

　　第四节　新时代教育评价改革总体方案负面清单 ………………………………………（493）

　　第五节　目标考核 …………………………………………………………………………（494）

第二章 德育工作 …………………………………………………………………… （503）

  第一节 德育管理 ………………………………………………………………… （503）

  第二节 德育特色 ………………………………………………………………… （510）

  第三节 校园文化建设 …………………………………………………………… （510）

  第四节 心理健康教育 …………………………………………………………… （511）

  第五节 关心下一代工作 ………………………………………………………… （513）

  第六节 乡村少年宫 ……………………………………………………………… （516）

  第七节 学生综合素质评价 ……………………………………………………… （518）

  第八节 劳动教育 ………………………………………………………………… （518）

第三章 教学工作 …………………………………………………………………… （520）

  第一节 学校教学工作计划 ……………………………………………………… （520）

  第二节 教学工作过程管理 ……………………………………………………… （521）

  第三节 教务工作 ………………………………………………………………… （522）

  第四节 体育工作 ………………………………………………………………… （524）

  第五节 艺术教育 ………………………………………………………………… （529）

  第六节 课后服务 ………………………………………………………………… （531）

第四章 招生考试工作 ……………………………………………………………… （534）

  第一节 大中专招生工作 ………………………………………………………… （534）

  第二节 成人高校招生 …………………………………………………………… （539）

  第三节 高等教育自学考试 ……………………………………………………… （540）

  第四节 高中阶段学校招生 ……………………………………………………… （541）

  第五节 义务教育招生 …………………………………………………………… （545）

  第六节 学前教育招生 …………………………………………………………… （547）

第五章 安全工作 …………………………………………………………………… （548）

  第一节 安全管理 ………………………………………………………………… （548）

  第二节 安全教育 ………………………………………………………………… （549）

  第三节 卫生防疫工作 …………………………………………………………… （550）

  第四节 信访维稳 ………………………………………………………………… （556）

第六章 "创示"工作 ……………………………………………………………… （559）

  第一节 示范学校 ………………………………………………………………… （559）

  第二节 美丽乡村学校 …………………………………………………………… （559）

第七章 教育宣传 …………………………………………………………………… （560）

第八篇　教师队伍

第一章　干部 ………………………………………………………………………………（563）

　　第一节　学校领导职数设置及管理权限 ……………………………………………（563）

　　第二节　任职条件和资格 ……………………………………………………………（564）

　　第三节　选拔任用及任免权限 ………………………………………………………（564）

　　第四节　对学校领导的管理 …………………………………………………………（565）

　　第五节　干部培训 ……………………………………………………………………（568）

第二章　教师 ………………………………………………………………………………（569）

　　第一节　教师队伍基本情况 …………………………………………………………（569）

　　第二节　编制 …………………………………………………………………………（570）

　　第三节　教师来源 ……………………………………………………………………（573）

　　第四节　聘用 …………………………………………………………………………（574）

　　第五节　支教 …………………………………………………………………………（578）

　　第六节　教职工待遇 …………………………………………………………………（579）

第三章　队伍建设 …………………………………………………………………………（583）

　　第一节　师德师风建设 ………………………………………………………………（583）

　　第二节　教师培训 ……………………………………………………………………（585）

　　第三节　职称评聘 ……………………………………………………………………（590）

　　第四节　教职工管理 …………………………………………………………………（594）

第九篇　教育科研

第一章　教育科研管理 ……………………………………………………………………（599）

第二章　教研联盟 …………………………………………………………………………（606）

　　第一节　教研联盟工作目标及分组 …………………………………………………（606）

　　第二节　教研联盟考核评价 …………………………………………………………（608）

　　第三节　教研联盟开展活动及成效 …………………………………………………（611）

第三章　课程改革 …………………………………………………………………………（617）

第四章　课题研究 …………………………………………………………………………（620）

　　第一节　教育科研队伍建设 …………………………………………………………（620）

　　第二节　课题成果鉴定与评价 ………………………………………………………（626）

第五章　生本教育 ………………………………………………………………（632）

　　第一节　生本教育概述 ………………………………………………………（632）

　　第二节　生本教育实践 ………………………………………………………（633）

　　第三节　生本教育评价标准 …………………………………………………（637）

　　第四节　生本理念下的有效教学研究 ………………………………………（640）

第六章　名师工作室 ……………………………………………………………（642）

　　第一节　名师工作室建设 ……………………………………………………（642）

　　第二节　名师工作室工作情况 ………………………………………………（644）

第七章　教育视导 ………………………………………………………………（647）

第八章　质量分析 ………………………………………………………………（657）

　　第一节　概述 …………………………………………………………………（657）

　　第二节　小学学业水平监测质量分析 ………………………………………（657）

　　第三节　初中学业水平监测质量分析 ………………………………………（662）

第十篇　财务与项目

第一章　概述 ……………………………………………………………………（669）

第二章　教育经费 ………………………………………………………………（674）

　　第一节　经费收支 ……………………………………………………………（674）

　　第二节　经费管理 ……………………………………………………………（677）

第三章　项目建设 ………………………………………………………………（682）

第十一篇　灾后重建

第一章　概述 ……………………………………………………………………（691）

第二章　领导机构及政策保障 …………………………………………………（697）

　　第一节　领导机构 ……………………………………………………………（697）

　　第二节　政策保障 ……………………………………………………………（698）

第三章　灾后恢复重建规划 ……………………………………………………（701）

　　第一节　基本灾情 ……………………………………………………………（701）

　　第二节　规划编制 ……………………………………………………………（705）

第四章　灾后校舍恢复重建 …………………………………………………………………… (712)

　　第一节　财政投入恢复重建 ………………………………………………………………… (712)

　　第二节　对口援建 …………………………………………………………………………… (715)

第五章　监督与管理 …………………………………………………………………………… (723)

　　第一节　纪检监察部与质量监理部门的监管 …………………………………………… (723)

　　第二节　接受群众与舆论监督 …………………………………………………………… (725)

第六章　灾后教育质量大提升 ………………………………………………………………… (727)

　　第一节　灾后心理健康教育 ……………………………………………………………… (727)

　　第二节　灾后教育装备建设 ……………………………………………………………… (731)

　　第三节　灾后教育教学 …………………………………………………………………… (734)

第七章　表彰先进 ……………………………………………………………………………… (737)

　　第一节　国家级表彰 ……………………………………………………………………… (737)

　　第二节　省级表彰 ………………………………………………………………………… (737)

　　第三节　市级表彰 ………………………………………………………………………… (737)

　　第四节　县级表彰 ………………………………………………………………………… (738)

第十二篇　义务教育均衡发展

第一章　义务教育基本均衡 …………………………………………………………………… (741)

　　第一节　概述 ……………………………………………………………………………… (741)

　　第二节　义务教育基本均衡目标及标准 ………………………………………………… (741)

　　第三节　基本做法 ………………………………………………………………………… (742)

第二章　义务教育优质均衡 …………………………………………………………………… (746)

第十三篇　教育扶贫与乡村振兴

第一章　教育扶贫背景及机构沿革 …………………………………………………………… (755)

第二章　职能职责及任职人员简况 …………………………………………………………… (756)

　　第一节　教育扶贫办公室工作职责 ……………………………………………………… (756)

　　第二节　乡村振兴办公室职能职责 ……………………………………………………… (756)

　　第三节　工作人员任职简况 ……………………………………………………………… (756)

第三章　教育扶贫资助救助政策 ………………………………………………………………（758）

第四章　扶贫资助 ………………………………………………………………………………（762）

第五章　控辍保学 ………………………………………………………………………………（764）

第六章　扶贫成效 ………………………………………………………………………………（767）

第七章　教育协作 ………………………………………………………………………………（769）

　　第一节　黑龙江省对口支援剑阁县师资交流培训 …………………………………………（769）

　　第二节　浙江剑阁教育协作 …………………………………………………………………（771）

　　第三节　广安对口帮扶 ………………………………………………………………………（776）

　　第四节　北京剑阁教研联盟 …………………………………………………………………（780）

第八章　乡村振兴 ………………………………………………………………………………（783）

第十四篇　人物述录

第一章　人物传略 ………………………………………………………………………………（791）

第二章　人物简介 ………………………………………………………………………………（795）

附　录

附录一　重要文献 ………………………………………………………………………………（827）

附录二　剑阁县教育系统党代表、人大代表、政协委员 ………………………………………（855）

附录三　广元市教育之星 ………………………………………………………………………（858）

附录四　当代文选 ………………………………………………………………………………（859）

后　记 ……………………………………………………………………………………………（919）

概　述

一

剑阁县位于四川盆地以北的剑门山区；辖区面积为 3 204 平方公里，耕地面积 2.266 万公顷；全县辖 29 个乡镇，有 364 个村（社区）；截至 2019 年底全县共有 64.83 万人，其中乡镇人口 55.43 万人，城镇人口 9.4 万人。2020 年全县脱贫。全县基础教育、职业教育、成人教育、特殊教育形成相互衔接的系统。2008 年至 2023 年，各类学生总数最多达 12.06 万人，最少为 62 362 人，约 70% 的学生在农村。全县公立学校（园）总所数（不含村小）由 91 所调整至 83 所（含成教中心）；而村小则由 59 所锐减至 1 所。在职公办教师数在 5 240 和 4 577 人（含教育局机关人员）之间徘徊，加上至 2023 年秋已退休的 2 710 人，再加上代课教师 368 人和代工人员 245 人，总数达 7 896 人。从整体上看，学生总人数、学校所数、在职教职工人数呈减少的趋势。

二

2011 年，根据《剑阁县人民政府机构改革方案》，剑阁县教育局与剑阁县科学技术局合并组建剑阁县教育和科学技术局，挂剑阁县知识产权局牌子。

2015 年初，根据中共剑阁县委员会、剑阁县人民政府《剑阁县人民政府职能转变和机构改革方案》（剑委〔2015〕7 号），原剑阁县教育和科学技术局负责的科学技术管理等职责划归重组后的剑阁县经济商务和科技信息化局，剑阁县教育和科学技术局重新改组更名为剑阁县教育局。

局机关内设 13 个部门，下设 12 个派出机构，局机关驻剑阁县下寺镇隆庆街 3 号。各部门的职能职责在原来的基础上有所增减。

机关内设机构为办公室、教育股、人事师培股、规划财务项目股、教育督导委员会办公室、学前教育管理股、民办教育管理股、监察室、目标督查管理股、县委教育工委办公室、直属机关党委办公室、信访股、学校后勤与产业管理股。在这期间，根据工作需要，机关设立临时性的工作机构：灾后重建办公室，教育扶贫、乡村振兴办公室，筹建办公室，修志办公室，疫情防控专班。

2008 年，为进一步加快农村义务教育改革与发展步伐，促进教育事业健康、均衡发展，剑阁县教育局根据上级相关文件精神，结合剑阁县教育管理与发展的实际，经局党组研究，并报请县人民政府同意，决定设立普安等 12 个教育督导办公室。各教育督导办公室设主任 1 人，工作人员 2~3 人，履行对辖区内各乡镇、学校的教育教学、安全稳定督导、管理等职责。2017 年后，督导办公室又称督导责任区。其实，无论是督导办公室还是督导责任区，其基本的人员结构仍然是以前的教育办事处，只是在 2023 年 3 月，将督导责任区的大部分工作人员聘为乡镇或县督学。

三

党的十八大以来，党和国家更加重视和加强党对教育的领导。2017年6月1日，成立"中共剑阁县委教育工作委员会"，简称"县委教育工委"。其主要职责是：负责贯彻执行党的路线、方针、政策和国家的法律、法规；指导教育系统党的建设、党的理论宣传和师生思想政治教育等工作；负责教育系统干部队伍建设和监督工作；负责指导教育系统纪律检查和党风廉政建设工作；指导学校党的统一战线工作和工会、共青团、妇联等群众团体工作；负责落实县委对教育安排部署的工作。

县委教育工委办公室主要责任：县委教育工委办公室作为县委教育工作委员会的日常办事机构，负责协调和处理教育工委的日常事务，确保各项决策和部署的顺利实施。

中共剑阁县教育局党组简称"教育局党组"。因教育局的名称发生变化，党组的名称也随之变化，2011年3月起称"教科局党组"，2015年1月起称"教育局党组"。教育局党组对县委负责，是教育局的决策结构，研究决策全县教育发展的大事难事、干部配置等。

2017年6月1日，"中共剑阁县教育纪律检查委员会"成立。派驻县教育局的纪检组履行纪检和监察两项职能，在县纪委、监察局授予的职权范围内开展工作。

加强党的纪律建设。2016年1月1日起施行新修订《中国共产党纪律处分条例》，明确违反政治纪律、组织纪律、廉洁纪律、群众纪律、工作纪律和生活纪律六类违纪行为，开列负面清单，重在立规。将党的十八大以来严明政治纪律和政治规矩、组织纪律、落实中央八项规定、反对"四风"等全面从严治党的实践成果制度化、常态化，画出了党组织和党员不可触碰的底线。

加强政纪建设——依据相关文件精神，加强对事业单位工作人员和公务员的管理。加强党的政治建设——落实领导责任，抓住"关键少数"，强化制度保障，加强监督问责。对落实党的政治建设责任不到位、推进党的政治建设工作不力，以及违反党的政治纪律和政治规矩的行为严肃追责问责。加强党的组织建设——包括党的组织制度、党的中央组织、党的地方组织、党的基层组织、党的干部、党的纪律、党的纪律检察机关、党组等内容。加强党的思想建设——党的十八大以来，剑阁县教育系统党建工作中思想建设与党中央决策部署一致。教育系统按上级的要求，分别开展了系列活动——2014年党的群众路线教育实践活动、2016年"三严三实"专题教育、2017年"两学一做"学习教育、2018年"大学习、大讨论、大反思"活动、2019年"不忘初心、牢记使命"主题教育、2020年的党史学习教育等。系列教育活动一个紧接一个，从机关干部到学校党员干部、普通教职工，全员参与，个个受到教育。

四

剑阁县人民政府教育督导委员会，从2008年至2023年，结合法治国家的需要，在全县教育系统进行了"五五""六五""七五""八五"四个阶段的五年普法工作。在普法工作中，以各种教育法规为主要内容，以学校为主阵地，以各种政治学习、教育培训、课堂活动为载体，采取多种形式，深入开展普法宣传教育工作，着力推动全县教育系统依法行政、依法治校、依法执教工作，促进剑阁教育事业健康和谐发展。

2015年，广元市教育局部署全市中小学校实施为期六年（2015年8月至2020年9月）的"三养"（以法养心、以法养行、以法养境，简称"三养"）模式教育法治改革试点，并被四川省教育厅确定为省级部署试点。

剑阁县教育系统紧紧围绕"依法治教，促进教育和谐发展"主题，通过"开展八大活动、抓实五大环节、营造四大环境"（简称"854"工作法），不断推进"以法养心、以法养行、以法养境"

法治教育模式，逐步建立健全了剑阁县"1234"法治教育工作体系，达到依法治教依法治校的目的。各校制定学校章程，剑阁县学校章程核准领导小组于2017年8月和2018年2月分两批次对全县88所学校送审的"学校章程"予以评议，同意自批复下达之日起实施修订后的学校章程。

剑阁县教育系统根据《四川省中小学校素质教育督导评估指标体系》，对全县所有学校进行考评，并将此结论运用到学校、校长的年度考核之中。县政府教育督导委员会、县教育局分别于2014年6月中旬、2014年10月下旬、2015年10月中旬组织市、县督学等相关人员及各责任区督学，对照"办学思想、制度建设、规范办学、德育管理、教学管理、办学效益"6大A级指标、29个B级指标，严格按照听汇报、进课堂、查资料、看现场、走访群众、师生座谈、集体评议、交换意见等程序，对木马中学、鹤龄小学、剑门中学等35所学校的素质教育工作进行了评估。剑阁县教育局于2017年12月、2020年12月、2022年12月对剑阁县辖区内所有公、民办幼儿园（班、教学点）的办园行为进行了三次督导评估，发现许多优点，同时也发现了一些问题，写出了督导评估报告。

中共剑阁县教育局党组根据上级有关文件精神，草拟了《剑阁县深化新时代教育督导体制机制改革的实施意见（审议稿）》，于2021年12月，经县十八届人民政府第八十次常务会议审议，原则同意。其主要内容由六部分组成：总体要求、深化教育督导管理体制改革、深化教育督导运行机制改革、深化教育督导问责机制改革、深化督导队伍建设和管理改革、深化教育督导保障机制改革。这六部分内容进一步优化了管理体制，完善了运行机制，强化了结果运用，落实了教育督导职能。

2017年春，剑阁县有各级各类民办小学与民办幼儿园30所、校外培训机构"白名单"学校（证照齐全）56所，有民办培训机构教职工95人，有"黑名单"学校2家。全县有民办中等职业学校1所、在校学生69人、教职工13人。2018年审批通过了23所校外培训机构；2019年审批通过了33所校外培训机构、营利性民办幼儿园3所。民办教育和民办机构，一定程度上弥补了政府办学的不足。

2019年5月6日，剑阁县与神州天立控股集团正式签订投资及办学合同，引进优质民办学校——剑门关天立国际学校。实行小学、初中和高中一体化全程优质教育培养模式，学校以"川北一流、全省知名"为目标，打造设备一流、管理精细、特色鲜明、办学水平和质量俱佳的优质名牌学校。2020年9月1日开校招生，首批共招生907人。2023年6月，剑门关天立学校迎来首届中高考，成绩达到预期目标。

2017年秋季开始，剑阁县教育局在剑阁中学、白龙中学、剑门关高中与剑阁职中、武连职中，举办普职融通改革试点。普职融通的对象为中考成绩在当年普高最低控制线上，重点高中录取线下的所有学生。这部分学生须注册中职学籍。普职融通采取"1+2"模式，即在普通高中学习一年的文化课程，再进入职业高中学习两年的专业技能知识，三年后可参加高考或高职单招考试进入大学学习。剑阁职中于2018年6月正式启动普职融通工作，到2022年秋，已经接纳2019届—2022届共四届普职融通班学生，共计125人。剑阁职中首届普职融通班取得了可喜的成绩，2019届共有两名学生上了本科线，其余学生均考上了相应的高职院校。

2018年9月至2022年6月，剑门中学将剑门小学2018年秋季的六年级200余名学生纳入"五四"学制改革试点。该项工作得到了剑阁县教育局、剑门镇党委政府、剑门关镇小学及试验学生的家长的大力支持。这届学生在升学考试中能取得这样的成绩，有人认为，是因为小学只进行了五年学习。通常情况下，小学六年级都在进行复习，准备小学升初中的小考，而在剑门中学"五四"学制试点的学生，这一年没有参加应试教育，而在按计划地接受素质教育，因此，这一届学生在中考前，就有时间进行初中阶段的学习。

剑阁县教育局根据四川省委、省政府要求，积极构建县域教育高质量发展体系。剑阁教育坚持"六办一建"总思路，强力推进教育发展"五项改革"，实施教育提质"八大行动"，全力推进教育现代化高质量发展。"六办一建"是指办优质高中、办品牌职教、办标准化初中、办特色小学、办普惠幼儿园、办最美乡村学校、建劳动实践基地，旨在构建优质均衡的基本公共教育服务体系。"五项改革"是指教育评价改革、课堂教学改革、学区制治理改革、教育督导机制改革、"县管校聘"改革，旨在构建现代教育县域治理体系。"八大行动"是指强党建重引领行动、固根本育新人行动、转作风强师德行动、强班子做表率行动、强素质提能力行动、优质量树口碑行动、保安全守底线行动、惠民生促发展行动，旨在构建教育高质量发展保障体系。

"五项改革"中的"学区制治理改革"，得到四川省教育厅领导的高度认可，成为全省"学区制治理改革"的试点县。剑阁县教育局重视"教育品牌"建设，构想建设一批品牌学校、名牌校长、金牌教师、王牌学生，打造"雄关论教"品牌。争创义务教育优质均衡县，办好人民满意的教育。

2013年5月9日，剑阁县教科局根据上级文件精神，编制《剑阁县普通高中"拔尖人才培养工程"实施意见》（剑教科〔2013〕51号），决定于2013年秋季开始，在剑阁中学、剑州中学、剑门关高中开办"英才培养基地班"，实行"小班化教学，个性化培养，科学化管理，精细化服务"的模式。剑阁中学举办"名校英才班"2个，招生60人；剑州中学举办"名校基地班"1个，招生30人；剑门关高中举办"成都七中剑门英才班"1个，招生30人。三所学校四个班一个年级共计招收120名基地班学生。这一工作，开展到现在，效果良好，既保住了剑阁大多数优质生源，又让高考升学时考上重点大学的人数上升。

剑阁县教育局充分发挥审计工作在教育事业发展中防范风险、确保资金安全、规范内部管理中的作用，对全县教育系统所属单位有计划地进行内部审计。2019年7至8月由教育局党工委牵头，规划财务项目股具体负责，抽调教育督导责任区业务能力较强的会计12人组成内部审计工作组，对离任的19所学校校长进行经济责任审计，出具审计报告19份，共审计资金29 076.752 9万元，发现差旅费报销审核不严等6个方面的问题，提出整改意见建议109条，进一步提高了学校法定代表人依法行政意识、责任意识、效益意识和管理水平。

五

学前教育是基础教育的一环，也是剑阁县整个教育体系中的短板和薄弱环节——投入不足，资源短缺，师资薄弱，存在独立公办园"少"、小学附属园"弱"、民办园"乱"三个问题。独立公办园不足3.1%。小学附属园占全县学前教育的67.4%。"十三五"期间，剑阁教育实施幼教"雏鹰起步"工程，学前教育在第三期行动计划中得以快速发展。"十四五"期间，剑阁县大力发展公办幼儿园，积极扶持普惠性民办幼儿园，进一步优化和扩大学前教育资源总量。以"小学化"治理为重点，通过星级园创建、送教下乡、人员培训、帮扶结对等多种方式提升幼儿园保教质量。新老县城新增两所独立公办园，重点加大对乡镇园投入，12个学区新、改、扩建一批标准化幼儿园（元山、鹤龄、武连、龙江等）。其间，新增香江幼儿园、鼓楼幼儿园、清江翰林幼儿园3所独立公办园，弥补了剑阁县独立公办园先天不足的缺陷。截至2023年秋季，全县共有各类幼教机构87个、在园幼儿10 541人。全县有幼儿园教职工1 025人（其中幼教编制86人、小学教师编制105人），自聘代课教师和保育人员639人。县域内常住适龄儿童学前三年毛入园率达95.8%，普惠性幼儿园覆盖率达94.6%，公办园在园幼儿占比达69.5%。

为深入贯彻《幼儿园教育指导纲要》《3~6岁儿童学习与发展指南》，解决剑阁县农村幼儿园保教质量不高、城乡幼儿教育发展不均衡、示范性幼儿园对广大农村幼儿园示范引领作用发挥不充分、共同发展难实现等问题，根据剑教函〔2018〕33号文件精神，2018年5月，剑阁县普安幼儿园牵头成立了剑阁县学前教育教研联盟：在教育主管部门的指导和支持下，经过城乡幼儿园结对帮扶、分组示范、分片引领、学区联盟四个阶段的实践探索，建立了县域内全覆盖的农村幼儿教育联盟发展共同体；以共同体为载体，构建了农村幼儿教育联盟发展的长效机制，探索了农村幼儿教育联盟发展的有效策略，形成"共建·共享·共成长"的联盟发展理念；带动了农村幼儿园规范、优质发展，整体提高了全县幼儿教育保教质量，促进城乡幼儿教育均衡发展，为县域内农村幼儿教育在示范引领、层级带动、双向互动中共同发展提供了样本。2021 年，剑阁县被确立为四川省幼小衔接试点县，县教育局印发了《剑阁县教育局关于大力推进幼儿园与小学科学衔接的指导意见》，建机制、强推进、破难点、促成效，以"六通关""六适应"活动为切入点，开设幼小衔接课程，为儿童搭建从幼儿园到小学过渡的阶梯，初步形成了剑阁幼小衔接教育发展新生态。根据广元市教育局《幼儿园星级评定标准（试行）》（广教〔2011〕81 号）、《剑阁县幼儿园星级评定及管理暂行办法》（剑府办发〔2020〕28 号）文件精神，2020 年剑阁县启动县星级幼儿园评估认定工作，2021年、2023 年分三步走对全县公、民办幼儿园进行全覆盖综合评估认定。同时，积极开展广元市星级幼儿园创建，市三星级以上幼儿园由县教育局初评，市教育局复核、认定，一星级、二星级幼儿园由县教育局组织评估认定，报市教育局备案。截至 2023 年 12 月，全县有五星级幼儿园 5 所（市级4 所、县级 1 所），四星级幼儿园 3 所（市级），三星级幼儿园 5 所（市级 3 所、县级 2 所），二星级幼儿园 17 所（县级），一星级幼儿园 41 所（县级）。

2008 年至 2017 年秋，全县各级各类的学校数量没有变化。2017 年秋，全县学校布局调整，江口中小学、龙源中小学、香沉中小学、东宝中小学与所在乡镇的中学合并成九年一贯制学校，柳垭、抄手、闻溪、田家、义兴、凉山九年一贯制学校撤销附属初中转为完全小学。2021 年秋，撤销开封、白龙中学的高中，撤销武连职中高中部，全部办初中。撤销普广小学、鹤鸣小学，撤销王河小学的初中。2019 年，全县有九年一贯制学校 9 所、在校学生 4 809 人；有普通初中 8 所、在校学生 5 286 人；有小学 60 所、在校学生 25 324 人。2022 年，撤销演圣小学、香沉小学的初中，办完全小学；撤销时鼓、摇铃、马灯、碗泉小学。

2019 年，全县有普通高中 5 所、在校学生 13 033 人，其中剑阁中学为省属重点高中，剑州中学、剑门关高中为市属重点高中，开封中学、白龙中学为普通高中。2020 年秋季，剑门关天立学校（十二年一贯制民办学校）高中部首批招生。2021 年，全县高中阶段学校布局调整，撤销开封中学、白龙中学的高中部，学生安置到剑阁中学、剑门关高中，老师根据志愿考调到剑阁中学或剑门关高中。2022 年春，剑门关高中被认定为四川省二级示范普通高中学校。

剑阁县特殊教育学校成立于 2008 年 2 月 3 日，同年 3 月 11 日在县教育行政会上举行了授牌仪式。学校附设在剑阁县实验学校内，实行"一套班子两套人马"的管理模式。学生主要是全县及周边县区残疾儿童。2014 年秋，在龙江小学内开设特教班。2019 年 8 月，剑阁县特殊教育学校随剑阁县实验学校整体搬迁至剑阁县普安镇文峰路 21 号（原文峰中学校区）。2020 年春，全县有特教教职工 25 人，其中剑阁县实验学校 20 人、龙江小学 5 人。全县有特教专业毕业的老师 15 人、转岗教师 8 人、市级骨干教师 2 人、县级骨干教师 5 人。所有教师均接受过特殊教育短期培训。

六

剑阁职业教育十多年来的发展变化与国家职业教育政策的发展变化同步。国家投入大、政策倾斜时，发展就快；反之，发展则慢。2008 年前后，鹤龄职中、剑阁电大职业高中部、新科职业学校、武连职中（又名"七一学校"，系灾后重建特殊党费援建学校）、剑阁职中，都面向剑阁的初中毕业生招收职高学生。2010 年剑阁电大职业高中部、2012 年秋鹤龄职中停止招生。2021 年秋，武连职中停止招收职业高中学生，办初中。新科职业学校（民办学校）主要搞短期培训，辅以高中阶段的职业学历教育，学生人数保持在 100 人以内，仅有少量的学生升入大学，2021 年秋停止中职学历教育招生。2011年秋，剑阁职中在黑龙江援建的灾后重建中，由普安镇的唐家坪整体搬迁到新县城下寺镇的拐枣坝，学校面貌发生了很大的变化，学校硬、软件设施设备提档升级，计划招生（学历教育）规模在5 000人，短期培训规模在2 000人左右。

2018年后，职业高中的办学方向由以前的"以就业为导向"转变为"以升学为导向"。国家高职招生政策发生变化：由以前大量的职高毕业生就业，转变为大量的职业毕业生升入高等职业技术学院学习；严格限制普通高中招生人数，实行普职比（45∶55）大体相当的政策；国家加大对职业教育的投入，让职业教育走上了发展的快车道。

2019年剑阁职中开始为期三年的"双示范建设"（省级示范职业中学和省级示范专业的创建），总投资2 000万元左右。2022年，剑阁职中又争取到四川省为期三年的"三名（名专业、名实训基地、名教师）工程建设"项目，国家投资总额在2 000万元左右。剑阁职业教育通过剑阁职中的"双示范建设"和"三名工程建设"，无论是硬件还是软件都达到了一个相当高的水平。学校的办学业绩受到教育部的充分肯定：2000年成为国家级重点职业中学，2019年荣获教育部授予的"全国教育先进集体"称号。

剑阁县成人教育机构主要有剑阁职中、成人教育中心、老年大学、新科职业学校等，主要工作内容为对农民工进行职业技能培训，对在职人员进行学历、技能提升，对社区居民进行科普、法治、健康、艺术等方面的教育。这是教育的另一种类型，为全民教育服务，取得了一定的成绩。剑阁县老年大学被评为"四川省示范老年大学"，剑阁县社区学院被评为"全国优秀成人继续教育院校"。剑阁成教中心入选2018年全国优秀成人继续教育院校。

七

党的十八大以来，以习近平同志为核心的党中央作出优先发展教育事业、加快教育现代化、建设教育强国的战略部署。党的十九大后，中国开启了全面建设社会主义现代化国家新征程。培养什么样的人、怎样培养人、为谁培养人，正是党的教育方针百年流变中的未变之根本。2021年修订的《中华人民共和国教育法》指出，党的教育方针是：教育必须为社会主义现代化建设服务、为人民服务，必须与生产劳动和社会实践相结合，培养德智体美劳全面发展的社会主义建设者和接班人。

为全面贯彻党的教育方针，落实立德树人根本任务，全面发展素质教育，规范学校办学行为，促进中小学生健康成长，2021年1月到4月教育部办公厅陆续发出五个通知（简称"五项管理"）。剑阁县教育局于4月25日发出通知，要求各校认真对照教育部"五项管理"要求，"一校一案"制订贯彻实施方案，全面排查整改学校管理不到位的问题，覆盖每个年级、每个班级、每个学科，确保学生作业科学、睡眠充足、手机管控有效、读物规范、体质健康"五项管理"要求不折不扣落实到位。

在"五项管理"的基础上，2021年7月24日，中共中央办公厅、国务院办公厅印发《关于进一步减轻义务教育阶段学生作业负担和校外培训负担的意见》（简称"双减"）。一是全面压减作业总量和时长，减轻学生过重的作业负担。这个问题一直在提，但都没有得到切实解决。只要应试教育还存在，这个问题在一些经济、文化落后的地方就必然还会存在。二是减轻家长、学生校外培训负担。十多年来，校外培训机构数量增加，主要从事学科培训，家长和学生特别是大中城市的家长和学生为此负担加重，一定程度上影响到党的教育方针的贯彻落实。剑阁县针对学生作业负担加重问题从教育行政管理方面提出了相应要求，并做出检查、督导，但具体到个别学校、学科，又不是那么理想。剑阁的校外培训机构经过清理，数量有所下降，培训内容除少数学校培训学科知识外，大部分是艺体类培训。而这样的培训机构主要集中在新老县城和中心集镇。

结合"五项管理"和"双减"，进一步规范中小学办学行为，即规范教学行为、规范招生行为、规范办校办班行为、规范考试评价行为、规范教材使用行为、规范教师行为、规范收费行为。

剑阁县教育系统目标工作分为两级：一是上级目标——包括省、市、县民生目标，市教育局下达的业务工作目标，县委县政府下达的部门工作目标；二是下级目标——县教育局向机关股室、直属事业单位、学校下达工作目标，以此为指挥棒，推动各项工作落地落实。教育系统目标管理工作先后经历了独立股室专人管理、并入其他股室兼职负责、又独立管理等历程。县教育局高度重视目标工作，瞄准工作目标，自我加压，把高标准、高质量作为工作的着力点，把上台阶、上水平、争先进作为工作的立足点，克难攻坚、奋勇争先，曾连续四年荣获县委、县政府目标考核一等奖。

学校德育解决为谁培养人的问题，是落实立德树人根本任务的系统工程。2014年4月25日，剑阁县教科局出台《剑阁县中小学德育管理指导意见》，从六大方面进行了规范：加强学校德育管理，认真开展学生良好行为习惯的养成教育，认真搞好班主任队伍建设，认真组织开展德育活动，认真搞好四类特殊学生教育，认真进行三个层面的德育工作考评。

剑阁县教育局在德育教育中不断探索，形成了一些德育特色。一是"红""绿""土"相结合，二是"知""行""践"相结合，三是坚持开展常规德育教育活动，四是强化师生心理健康专题教育。

各个学校在进行德育活动中，站的高度不一定到位，对"德育"的"德"的具体内涵把握不太准。绝大多数学校领导和教师都是按教育局出台的《剑阁县中小学德育管理指导意见》来执行、落实。而新时代，"德育"的"德"的具体内涵应站在"社会主义核心价值观"的高度来理解，这样培养出来的学生才能成为更好的公民。

校园文化建设在促成义务教育基本均衡时，达到高潮。各校都制定了"三风一训"，但因为各种原因，"三风一训"的水平不是很高，校园文化的培育不是很好。"三风一训"的宿命基本是枯于文件，死于展板。深入师生灵魂、化入骨髓还远远不够。

学校安全工作涉及学校的方方面面，剑阁县教育系统主要从安全管理、安全教育、卫生防疫等方面开展活动。全县学校常规性开展下列安全教育活动：防溺水工作，预防学生欺凌和暴力，校园周边综合治理，防灾减灾工作，消防安全与森林防火工作，实验室和危化品安全工作，危险源清理清查和疾病预防工作。十多年来，发生的主要疫情是新型冠状病毒感染。2019年12月至2022年"新二十条"出台，这三年全县教育系统为此花了大量的时间和精力来应对此事。尤其是2022年10月11日，剑阁中学发生新冠疫情，剑阁县所有学校停课一周。剑阁中学的密切接触者近3 000师生转移到广安、广元等地隔离一周，县委县政府为此付出了巨大的努力。

八

教育是一门科学，是科学就要进行研究，而研究的目的则是解决教育教学中存在的问题、提高教育教学质量。剑阁县教育科学研究室制定了《剑阁县中小学幼儿园教育科研工作考核细则》，并以此细则为基础，每年对各校的教育科研进行考评，促进剑阁教育科研的发展。

剑阁县教研联盟是区域、学段教研的重要机构。区域联盟和学段联盟，定期开展教研活动。县教研室对教研联盟进行考核评价。学前教育教研联盟突出"四同行共进"，小初高衔接教育联盟突出衔接，职教联盟突出优势互补，普通高中教研联盟采用互动式、个性化的开放教研模式。

课程开发是课程改革的重要内容。提及剑阁县小学课程开发，在义务教育均衡发展阶段，许多学校都有自己的校本教材。这些校本教材，通常是根据学校的发展历史、学校所处的地理位置、学校的办学特点，选择其中一项或几项来编写，作为学生辅助读物。其中，姚家小学的《翻开姚家这本书》、龙江小学的《我们的学校》被市教育局评为优秀校本课程一等奖。原区所在地的初级中学及剑阁中学、剑门关高级中学、剑州中学，都开发了校本课程，但通常作为学校辅助读物来处理，使用的效果不是想象的那么好。剑阁职中各专业在原来使用的专业课本的基础上，由专业课教师负责、各教研组牵头、学校教科室组织，按项目教学的要求，用近三年的时间，编写了98本专业课校本教材。学生在上课时，通常使用学校教师自己编写的教材。文化课教师编写的校本教材，通常作为课外读物来处理。

剑阁县研学实践基地有剑门关五A景区、见山未见山、金色家园、五指山、双旗美村、剑阁县研学实践基地（原职中老校区）、李榕纪念馆。每个实践基地在申报审批时，都必须有一套教材。因申报时间紧，编撰时间短，这些教材或多或少都有这样那样的问题。

教研队伍主要由两部分人员构成：基础成员是县教研室的工作人员，再就是兼职教研员。兼职教研员由各学校推荐，教研室查核、确定。这样形成了一支专兼结合的教研队伍。这支教研队伍从事了大量的教育教学研究活动。2008—2023年，县级课题立项共271项，其中个人课题54项、集体课题217项。成果获奖共计189项。国家、省、市、行业课题立项，共计102项，成果获奖21项。

无论是国家级、省级、市级，还是县级课题研究，都有一些共同的特点：一是集体课题的主持人常常是学校主要领导，而他们真正从事研究的却很少。二是研究的人数虽然多，但真正在研究中起核心作用的人并不多。三是研究工作做得不够细实，在办公室里研究的成果多。四是研究成果的推广应用不太好。五是研究的动机并不完全是为解决实际问题，有相当一部分人是为评职称而研究。

2013年12月，剑阁县邀请生本教育专家郭思乐教授在县影视文化中心举行为期一周的生本教育培训，各中小学300余人参加。从此，全县掀起了轰轰烈烈的生本教育实践：坚持"课改必改课"的课改理念；坚持"多一把尺子就多一批优生"的观点；坚持"简单、根本、开放"的教师教育核心理念；采取在课堂上让学生充分地"自我探究，自我发现、自我顿悟、自我归总、自我创新"的学生自主学习模式。

涌现出了一批勇于实践的优秀学校和教师，他们在课堂中实践，在实践中反思，在反思中优化，取得了不错的成绩。但是，生本教育理念与实践，在全县范围内坚持的时间不长。生本教育培养了一批优秀教师，但部分教师因此外流。也有一部分学校及教师，仍然坚持生本教育的理念，教育教学效果不错。

2014年2月起，剑阁县实施"名师工程"。截至2023年12月底，剑阁县共有广元名师43名，建立43个"名师工作室"。第一批广元名师共有11人，第二批共有12人，第三批共有14人，第四批共有6人。市县级名师较多，省级名师仅7人，省卓越校长1人，省特级教师8人。省市县名师的评定，在一定程度上激发了优秀教师的工作积极性、荣誉感，在学校或本地区有一定的影响力。名师是有一定的名声、名气、名誉、名利的，这些老师工作积极、主动，教学方法技巧得当娴熟，教学效果较好。但不是所有的名师都明白"站在社会的高度看教育，站在教育的高度看课堂"的道理，眼界和胸怀都还要进一步地开阔。

教育局每学期组织一次教育视导。所谓"视导"，就是对学校教育、教学、教研、行政、后勤等方方面面的工作先"看"，发现学校工作中的优点、不足，再有目的，有针对性地"指导"。视导采取"听—看—查—访—评"的方式进行。全面覆盖随机听课，看师生精神状态、校园文化等，查阅教育教学各类资料，走访师生、座谈，召开视导意见反馈会。视导组成员全员评课，提出指导性意见和建议；视导组组长根据检查汇总情况，亦提出视导意见和建议。但因为视导组成员的水平不一样，视导的效果也大不一样。要给学校提出指导性意见，是要有相当水平才能把这事办好的。

教学质量分析是在教育局的领导下，由县教研室统一组织实施。先进行学业水平监测，再分析。这一举措为教育局准确掌握全县各校的教学质量情况提供了可靠的依据，也为各校对教师进行公正、公平的评价提供了条件。

小学阶段的质量分析，通常是以六年级质量监测和五年级质量抽测为切入点。站在全县的角度，从横向进行比较分析，各校明确自己的位次，清楚自己的优势和不足；从历史纵向比较分析，各校明了自己是前进还是退步。初中阶段的质量分析，通常以中考成绩和七、八年级的期末考试成绩为切入点。站在全市与全县的角度，依据质量考核方案，依据优生、学校完成分和各科平均分及完成分进行核算。高中阶段学生质量监测，由市教育局组织，质量分析由市教育科学研究所完成分析报告，并据此给出报告，考核县区及学校的教学质量。

这只是教学的质量分析，而不是教育质量分析。正因为这个原因，学校领导、教师和学生把分数看得非常重。而教育质量又怎能仅从教学质量一个维度来评判？

九

剑阁县学校基础设施经历三年重建后，校容校貌发生了天翻地覆的变化。三年重建结束后，国家在实行义务教育均衡发展战略的同时，落实教育精准脱贫工程。国家、省、县的投入巨大，学校在软硬件建设上再一次发生了根本性的变化，为教育教学提供了坚实的后勤保障。

"十三五"期间，实施一系列重大工程：学前教育发展专项建设；义务教育重大项目建设；高考综合改革推进；农村教师周转宿舍建设工程；教育灾后恢复重建；教育精准脱贫工程。

"十四五"期间，国家部委关于学校建设的思路是：小学向乡镇集中，初中向中心镇集中，高中向县城集中，资源向寄宿制集中，职业教育向园区集中。剑阁县教育局做好了基础教育学校建设规划编制工作，确定了"十四五"规划学校建设项目，共计116项，投入资金59 341万元，建设规模达11 999平方米。

政府的教育经费投入基本按国家的相关规定执行。由于剑阁是经济落后地区，有时部分项目的投入经费不能按时足额到位，但省对县级政府办学的评估，促进了县政府加大对教育的经费投入，保证了国家对教育政策的落实。

十

2008年5月12日的汶川特大地震给剑阁造成207亿元的重大损失，剑阁县成为全国重灾区之一。全县教育系统91所公办中小学校共倒塌房屋9 032平方米，形成危房542 487平方米，遭毁坏的教学仪器设备达7万余件（套）、体育场地112 000平方米、图书54万余册、课桌凳3万余套。遭毁坏的附属设施达119处，50余名学生受伤，2人遇难，直接经济损失达11.6亿元。

党中央决定黑龙江对口援建剑阁。黑龙江成立援建剑阁灾后重建前线指挥部，依照中央的决策部署和黑龙江省委的要求，结合剑阁灾后重建的实际，制订重建方案。剑阁教育的重建，得到了党和国家领导的关心，得到了社会各界的倾情援助。全县93所中小学校新建校舍550 894平方米，维修加固校舍197 787平方米，购置仪器设备1 416 215台（件、套），添置图书883 527册，恢复相关附属工程93处，重建总投资达1 198.324 4亿元，其中中央重建基金1 189亿元、对口援建资金3亿元、特殊党费资金0.201 9亿元、社会捐赠资金0.137 5亿元、地方自筹资金5.985亿元。

剑阁教育人，发扬不畏灾难、自强不息、感恩奋进的"剑门关精神"，发扬伟大的灾后重建精神，实现了三年重建两年基本完成的目标。

<h1 style="text-align:center">十一</h1>

　　1986 年公布实施的义务教育法，2011 年所有省（区、市）通过了国家"普九"验收。中国用 25 年全面普及了城乡义务教育，实现了适龄儿童和少年"有学上"目标。2013 年开始，剑阁县成立推进义务教育均衡发展工作领导小组，创建义务教育均衡发展县，实现了所有适龄儿童和少年"上好学"的目标。

　　为此，剑阁县制定了《剑阁县教育事业发展"十三五"规划》《剑阁县创建全国义务教育发展基本均衡县实施方案》《剑阁县创建全国义务教育发展基本均衡县工作责任、考评和问责机制》《关于深入推进义务教育均衡发展的实施意见》等文件，全面开始创建工作。

　　2016 年实现各乡镇义务教育初步均衡；2017 年实现县域内义务教育基本均衡。2017 年 4 月，通过市级复核，2017 年 10 月省级验收成功，2018 年被国家认定为"全国义务教育发展基本均衡县"。2022 年 4 月，剑阁县又将创建全国义务教育优质均衡县提上议事日程。

<h1 style="text-align:center">十二</h1>

　　教育扶贫是在国家扶贫开发的大背景下开展的一项重要工作。剑阁县教育局与全县 57 个乡镇党委政府对义务教育阶段学生家庭情况进行调查，确定 7 747 名义务教育阶段建档立卡贫困家庭学生，其中 2014—2018 年 6 319 户 6 418 人、2019 年 1 221 户 1 329 人。

　　剑阁县教育局认真落实国家省市县教育扶贫系列资助、救助政策，"控辍保学"，不折不扣地完成了教育扶贫的相关工作——义务教育有保障和乡乡"有标准中心校"。2020 年 10 月，顺利完成了全县"百日攻坚战"三轮大排查、基础信息数据核查对比、入户摸底排查、系统录入、全国全省脱贫普查验收、普查后质量抽检、贫困户稳定脱贫总基数再排查、全省"五个一"帮扶专项考核、各级绩效考核等。经省验收，成功脱贫。

　　教育扶贫结束后，国家开展东西部协作。省外是浙江丽水、上城先后帮助剑阁教育发展。省内是广安"组团式"结对帮扶剑阁。他们不仅送来了真金白银，更重要的是先进的教育教学理念促进了剑阁教育高质量发展。

大事记

2008 年

1月2日　剑阁中学市级"园林式单位"复查合格。

1月15日　元山小学被广元市关心下一代工作委员会授予"先进集体"称号。

是月　普安中学、下寺小学被中共广元市委、市政府授予"未成年人思想道德建设工作先进集体"称号。

3月5日　元山小学争取革命老区建设委员会资金 60 万元，新建师生食堂破土动工（因"5·12"地震被迫停工）。

3月16日—4月4日　剑阁成人教育中心对全县中小学未取得岗位培训合格证的中层干部进行岗位培训。

是月　县长田中文到西庙小学调研，并提出改造教师宿舍方案。

4月7日　全县教育系统开展"城乡党组织结对进百村帮千家富万民大行动"。

4月20日　普安小学被评为"优秀教育科学实验基地"。

是月　经中国人民解放军总参谋部军训和兵种部首长牵线，剑门关小学与北京海淀区五一小学结成联谊学校，剑门关小学六名教师代表赴北京参加历时 15 天的培训。

5月　总参军训和兵种部捐赠给剑门关小学价值 10 万余元的图书和 10 万元贫困儿童助学金。

5月8日　总参军训和兵种部金一明少将到剑门关小学考察后作出指示：由总参下属五所军级院校分五年连续援建剑门关"八一爱民学校"。

5月12日14时28分　发生 8.0 级汶川特大地震，造成全县 91 所公办中小学校共倒塌房屋 9 032 平方米（301 间），形成危房 542 487 平方米（其中一般危房 235 257 平方米，严重危房 307 230 平方米，共计 18 082 间），毁坏教学仪器设备 69 926 台（件、套）、图书 53 万多册，毁坏附属设施 36 处；全县 10 余万师生中受伤 43 人，死亡 2 人，其中，下寺小学 1 名小学生在上学途中因围墙倒塌遇难，姚家小学 1 名教师被垮塌的女儿墙砸中身亡。各类经济损失达 11.6 亿元。剑阁县成为汶川特大地震重灾县之一。全县中小学被迫停课，高三学生仍坚持在帐篷上课。

5月12日17时　县教育局在普安小学和下寺设立临时办公地点，召开局班子成员紧急会议，全面启动应急预案。

5月12日　公兴小学李周林老师护送学生，返校途中因车侧翻，身受重伤，被评为四川省抗震救灾先进个人。

5月13日　局班子成员分赴各自挂联片区学校，指导学校开展抗震救灾工作。

5月14日、15日、17日、21日　教育局分别下发《关于加强"5·12"灾后学校安全管理及疫病防范工作的通知》《关于进一步做好抗震自救尽早恢复正常教育工作秩序的紧急通知》《关于认真做好"5·12"灾后校舍维修改造管理工作的通知》《关于进一步严肃抗震自救重建家园期间工作纪律的意见》等文件，专题安排了相关工作。

5月15日 重庆双桥红岩建筑安装公司为公兴中学捐款40 000元，捐赠学生校服200余套。

5月19日 全县师生参加国家举行的"5·12"汶川大地震遇难同胞哀悼仪式。

5月20日 四川省教育厅厅长涂文涛、副厅长唐小我深入剑阁中学、剑州中学察看灾情、了解全县高考备考工作。

5月21日 教育局机关召开抗震救灾重建家园会议，安排部署教育系统灾后重建及复课工作。

5月26日 "浙江—广元"情系教育座谈会在市教育局召开，浙江省教育厅副厅长褚子育表示，将竭尽所能、全力支持剑阁学校灾后重建工作。

是日 第一批青川移民1 408人移置剑阁县，县教育局于5月28日召开专题会议，研究青川移民子女就学问题，成立了青川移民子女就学工作领导小组，切实做好青川移民家庭子女就学工作。

5月30日 中煤集团山西平朔抢险队赴川救援队义务为毛坝小学拆除危房4 000余平方米，向学校捐赠现金1万元支持学校灾后重建工作。

6月1日晚 剑阁县教育局抗震救灾重建校园工作会在普安小学召开，会议要求全力以赴确保8月1日全面安全复课。

6月7日 浙江省赴川支教团剑阁支教小组一行14人抵达剑阁县，开展为期1个月的支教活动。

是日 剑阁县宏祥房地产开发公司董事长兼总经理张林一行，为沙溪中学捐赠现金10万元，支援学校灾后重建。

6月10日 中国人民解放军总参谋部军训和兵种部支援剑门关小学捐赠仪式在剑门关小学隆重举行。为剑门关小学捐赠抗震救灾资金50万元、贫困学生助学金10万元和价值10万元的图书资料。

6月12日 国务院学位办综合处副处长卢晓斌赴剑阁县考察学校灾情，看望师生，指导灾后校园重建工作。

6月15日—17日 黑龙江省教育灾情考察小组在黑龙江省教育厅副巡视员尹晓岚的带领下，深入剑阁县各校考察受灾情况。

6月18日 黑龙江省首批支教团抵达剑阁县，当日分赴白龙中学、开封中学等校开展支教工作。

6月19日 中国人民解放军总参群工办为剑门关小学捐赠抗震救灾资金44万余元。重庆市九龙坡区10余家民营企业向剑阁县公兴中学捐款36.964 42万元。

6月26日 中国民建广元市委员会捐资150万元支援西庙小学灾后重建。

是月 在震后一个多月的时间里，全县教育系统广大教职员工抗灾自救，自发投工投劳，翻盖房屋2 000余间，搭建帐篷3 000余顶，拆除危房30余万平方米，剔砖80余万匹，清运废墟5 000余立方米，平整场地10余万平方米，活动板房搭建迅速，维修加固全面进行，危房排除基本结束。

7月1日 剑阁职中下寺新校区启动征地拆迁工作。

7月2日 "全国抗震救灾优秀少年"张庚杰载誉归来，县委宣传部、县文明办、县妇联、县教育局在下寺小学会议室举行了座谈会。

7月3日—5日 全县高三学生参加全国地震考区高考。

7月15日 全市延考县区高考成绩揭晓。剑阁县高考成绩喜人，本科上线目标完成情况居全市6个延考县（区）第一。

7月31日—12月25日 黑龙江省教育厅选派13名中、高职院校优秀教师赴剑阁职中支教。

是月 武连职中确定为中共中央特殊党费灾后重建援建学校。

8月1日 全县中小学复学复课典礼在剑阁县汉阳中学举行，与此同时，全县的90多所中小学都举行了不同形式的复课仪式。

8月11日 哈尔滨工业大学在剑阁中学设立大学生爱心基金，剑阁中学9名学生首批获得共计9 000元的资助。

8月13日 剑阁职中、鹤龄职中、武连职中共计24名学生被四川省教育厅表彰为"中等职业学校省级优秀毕业生"。

8月20日 中共剑阁县教育局直属机关委员会批准成立"剑阁职中黑龙江援教团临时党支部"，李佩欣同志任支部书记。

8月23日 重庆九龙坡区工商联企业家协会向公兴中学捐款39.6万元支援灾后重建。

是月 浙江省援助抄手小学学生课桌椅800套，黑板、讲桌12套。

是月 "剑阁县柳沟初级中学"更名为"剑阁县柳沟中学校"。

是月 黑龙江对口援建，决定投资7 398万元，在新县城渡口社区异地新建剑阁职中。

9月3日—4日 黑龙江省省长栗战书、常务副省长杜家毫等领导，在剑阁县沙溪中学看望慰问受灾群众和师生，指导沙溪中学灾后重建工作。

9月3日 剑阁县教育局"十一五"第二批教育科研课题评审立项10个。

9月10日 剑阁县委县政府表彰全县教育系统抗震救灾先进集体116所学校、先进个人117位教职工。

是月 碑垭小学、西庙小学撤销初中部，学校成为完全小学。

是月 由县政协争取浙江凌达集团资金120万元，援建鹤鸣小学教学楼进入招标阶段。

是年秋 对全省中职六类学生和涉藏地区中职学生免除学费。

10月13日—30日 剑阁县教育基金会完成地震灾区高校新生交通费补助发放工作。一次性补助省内高校录取新生每人150元，省外高校录取新生每人300元。

10月22日 德国集邮协会中国邮票研究会名誉主席卡尔拉·米歇尔女士向广坪小学捐资20余万元支持该校灾后重建。

11月12日 剑阁县教育局受灾师生安全过冬现场会在武连职中召开。

11月20日 "5·12"特大地震后，中国人民解放军总参谋部和北京"五一小学"捐资130万元，为剑门小学修建800余平方米的"爱心楼"破土动工。

12月1日 剑阁职业高级中学校国家职业技能鉴定站对参与2008年度"川电子工"劳务品牌培训的农民工，开展了职业技能鉴定工作。

12月10日 剑阁县教育局举行欢送黑龙江省支教教师座谈会，感谢黑龙江援建老师对剑阁县教育事业的无私奉献。

12月12日 剑阁县教育局举行学校灾后重建实施规划答辩会，科学审定各校重建方案。

12月16日 中国教育电视台"空中课堂"栏目组为剑阁县捐赠远程教育设备56套。

12月17日 四川省政协副主席解洪一行到姚家小学检查工作。

12月30日 2008年高考综合评价，剑阁县名列广元市延考区第一名。

是年 齐齐哈尔大学派来9名大学生到龙源中学支教；湖南理工大学派10名大学生到龙源中学支教，并捐款10万元。

2009年

1月1日—4月10日 剑阁县教育系统开展"作风大整顿，信访大下降"百日活动。

1月8日 普安小学、普安幼儿园、剑阁县职中、实验学校、剑阁中学、开封小学、公兴中学、剑州中学，通过2008年度省级"卫生单位"复查。

1月12日 剑阁县委、县政府召开会议专题研究教育系统灾后重建工作。

是月　碑垭小学接受浙江、黑龙江两省捐赠的学生课桌凳和铁床，告别了学生自带课桌凳和睡木床的历史。

2月10日　黑龙江援建的教育工程项目广坪小学教学楼；易居（中国）公司捐建的柳垭小学学生宿舍（社会力量援建工程），率先竣工投入使用。

2月12日—7月2日　黑龙江省教育厅选派15名第二批支教教师到剑阁职中支教。

3月4日　剑阁中学举行首届"书香满校园"活动，学校为"校园广播站""春笋文学社""记者站""合唱团"和"青年志愿者服务队"等社团授牌。

3月8日　普安小学参加全市中小学生科技创新大赛，选送的40件作品中32件获等级奖，学校获优秀组织奖。

3月9日　开封小学与成都市解放北路第一小学结对帮扶活动正式启动。

3月10日　黑龙江援建的开封中学综合楼、教学楼、办公楼、学生公寓正式开工。

是月　协助国际仁爱基金捐赠135万元援建的公店小学教学楼工程开工。

4月1日　因全市有16万余名学生在板房上课，最早在9月1日才能搬回永久性的教室上课，因此从4月份开始，全市中小学星期六安排行课，星期天正常休息，适当提前放暑假。

4月9日　黑龙江省红十字会向剑阁县教育系统捐款228万元用于修建总面积1600平方米的江石小学教学楼，向抄手小学捐赠近4万元的教学用具。

4月12日　上海德之馨宝洁集团捐资47.5万元给普安小学，建成"德之馨宝洁希望小学"。

4月15日　中国青少年发展基金会发起，一汽丰田公司捐建的第一所希望小学奠基仪式在剑阁县义兴小学举行。此次捐赠奠基仪式受到《光明日报》等全国省市近20家新闻媒体的广泛关注。

4月22日　韩国独资企业青岛丽可医疗器械有限公司董事长郑晓权代表企业向剑阁县正兴小学捐赠50万元人民币和20台电脑。

4月26日　剑阁职中获广元市学生田径运动会中职组团体总分第一名。

4月27日　四川省教育厅有关领导、省电教馆副馆长苏益一行赴开封中学、剑门关中小学调研灾后重建工作，与广元市四县三区的教育局局长在剑门关小学就教育灾后重建工作召开了调研座谈会。

5月7日　全国政协副主席、民建中央第一副主席张榕明，新浪网首席运营官杜虹，在市委书记罗强、市长马华等领导的陪同下，参加由新浪网出资100万元、中央民建出资30万元援建的西庙小学新浪思源教学楼竣工剪彩仪式。

5月8日　中国人民解放军总参谋部军训和兵种部政治部主任金一明少将为剑门小学"爱心楼"落成剪彩。

5月11日　剑阁县教育局在剑门关酒店举行教育系统"5·12"抗震救灾、重建校园纪实作品《师魂》和《瞬间永恒》发行仪式。

是日晚　由剑阁县四大班子及黑龙江前线指挥部主办、县教育系统承办的"剑阁县纪念'5·12'汶川地震一周年文艺晚会"在影视文化中心举行。

5月30日　国务院时任总理温家宝亲笔回信正兴小学五年级学生黄菊等4所学校的9名学生："请剑阁县委办公室转告来信的同学：信已收到。祝同学们儿童节快乐。温家宝　5月30日。"

6月3日　剑阁县教育局成立学生资助管理中心。

6月25日　高考成绩揭晓，全县文考本科上线1179人（不含艺体职教类），超市目标214人，超目标率达22.81%，本科完成情况居全市第一；文考本科上线人数比2008年净增200人，增长率为20.43%，增幅居全市第一。剑阁中学考生王术泽以606分夺得全市文科状元。剑阁中学各项比率指标均超市内两所国重学校。

6月28日　黑龙江省援建的剑阁县特殊教育学校综合楼落成仪式在下寺小学举行。

7月2日 "告别板房"攻坚战工作部署会于剑阁县教育局三楼会议室召开。会议安排了教育系统第四轮恢复重建检查工作。

7月10日 中山大学捐款204万元建成的汉阳中学综合楼竣工仪式在汉阳中学隆重举行。

8月26日 剑阁县教育系统安排部署开学前后甲型H1N1流感防控工作。

8月29日 "九三学社"黑龙江省委援建的剑门中学综合楼落成典礼在剑门中学举行。

是月 普安中学舞蹈"情暖巴蜀 志擎蓝天"荣获"浓香经典杯"四川省第六届中小学生艺术节舞蹈类(中学组)三等奖。

9月1日 黑龙江省援建的剑阁县教育系统49个项目除沙溪中学、剑阁职中、抄手小学三校项目正在加紧施工外,其余46所学校项目完工并投入使用。利用中央资金重建的60个项目中,31个项目主体完工并投入使用,其余项目12月底完工。

9月2日 剑阁县委书记、县人大常委会主任冯安富在县教育局局长罗建明的陪同下,调研剑阁中学教育教学工作。

9月—2010年2月 剑阁县教育系统开展第三批"深入学习实践科学发展观活动"。

9月13日 剑阁职中作为全省首批实施涉藏地区免费教育计划的学校,接收来自阿坝藏族羌族自治州13个县接受"9+3"免费职业教育的89名学子。

9月16日 剑阁职中代表队在14日—16日举行的"广元市第三届职业技能大赛"上,一举夺得34块奖牌,雄踞全市第一。

9月28日 剑阁职中下寺新校区破土动工。

是月 南禅小学教师陈永红被国家人社部、教育部联合授予"全国模范教师"荣誉称号,出席"全国模范教师"表彰大会。

10月4日 四川省教育厅党组成员、纪检书记狄志军深入剑阁职中调研指导涉藏地区"9+3"学生教育工作。

10月5日 义兴小学在全国中小学和中职学校思想道德建设优秀成果展评活动中被评为"先进学校"。教师王丕业、赵通国被评为"先进个人"。

10月26日 四川省委有关领导及省委、省政府有关部门负责人,深入剑阁职中视察"9+3"免费职业教育工作,看望慰问89名涉藏地区学生。

11月15日 剑阁县教育系统"'四讲一提高'主题教育实践活动"结束。

11月19日 剑阁中学教师罗智明、程梅、邱宏、王德伟、何朝龙因长期外出未归,根据相关政策被辞退(剑教函〔2009〕80号)。

是月 涂山小学成为"一汽丰田"捐助学校,首次实现教师电脑办公。

是月 由中央企业援助基金(煤炭科学研究总院)捐建的柳沟小学"博爱综合楼"竣工。由剑阁县人民政府立碑铭载捐方善举,以昭后人。

12月8日 剑阁县教育局出台《义务教育学校绩效考核及奖励性绩效工资分配的实施意见》。

12月18日 西庙小学周如东老师入选《和谐中国 知荣明耻时代先锋人物大典》(12月刊第11版)"时代先锋人物"。

12月30日 防化学院与防空兵学院在剑门小学举行援建交接仪式。

是月 剑阁中学创建"四川省卫生单位"复查验收合格。

是月 剑阁中学、沙溪中学被哈尔滨工业大学授予"优秀生源基地"荣誉称号。

是年 中国人民解放军防空兵学院捐资50多万元为剑门小学18个教室安装了多媒体设备,购置了60套教师办公桌椅、20台电脑,捐资12万元用于改建学校运动场。

是年 德国汉堡市中国邮票集邮协会会长米歇尔一行在四川省对外友好协会会长秦琳的陪同下深入广坪小学看望受灾师生,并捐赠价值20余万元的物资。自此连续5年均来访并捐赠物资礼品。

是年　四川省自然资源厅捐赠公兴小学计算机50台。

是年秋　浙江省为高池小学捐赠学生新式课桌凳250套。

是年　剑阁县教育局出台《义务教育学校校长绩效考核实施办法》。

是年　正兴小学获"韩国利可医疗器械有限公司"捐赠的50万元用于修建教学楼。

2010 年

1月10日　普安小学被《中国教育报》编辑部、中国教育学会、中小学德育研究会评为全国"深入学习实践科学发展观　推进学校德育工作创新"先进学校。

1月14日　四川省教育厅卢旭处长在市教育局杨松林副局长的陪同下，深入剑阁中学校检查规范办学工作。

2月3日　剑阁中学被四川省体育局表彰为2009年度"四川省优秀青少年体育俱乐部"。

是月　剑州中学、公兴小学被广元市教育局、广元市环境保护局、广元市绿化委员会授予"广元市绿色生态校园"称号。

3月24日　剑阁县人大代表视察姚家小学教育教学工作。

3月27日　黑龙江省发改委主任视察沙溪中学灾后重建情况。

4月6日　"利乐助学金发放仪式"在剑阁职中学术报告厅隆重举行。剑阁职中共有115名品学兼优的贫困生每人获得700元的爱心资助。

4月23日—26日　剑阁职中8名学生参加"四川省职业院校学生技能大赛"会计电算化、数控等5个工种的比赛。参赛工种和选手全部获奖，4人获二等奖，4人获三等奖，获奖率达100％。为广元职教争得了荣誉。

是月　鹤龄中学被广元市禁毒委员会授予"广元市禁毒示范学校"。

5月　义兴小学、杨村小学被《中国教育报》编辑部、中国教育学会在"2010年全国中小学和中职学校思想道德建设优秀成果展评活动"中评为"先进学校"。

是月　浙江赛博苏泊尔公司开启援建学校师资培训项目，盐店小学杨得华、孙苍荣、陈强三位校级领导到浙江参加培训学习10天。

5月18日　四川省司法厅扎柯副厅长、四川省教育厅"9+3"办公室罗会岚副主任、四川省发改委社会事业处何萍副处长等组成省"三禁两不"督察小组，在市县相关领导的陪同下到剑阁职校检查指导"三禁两不"专项治理工作。

是日　黑龙江省发改委副主任、援建前线指挥部指挥长刘国会，县委书记冯安富亲临沙溪中学指导工作。

5月19日　防化学院政委王义将军等领导参加了防化学院向剑门关小学献爱心捐赠仪式。学院捐资100多万元修建了综合楼——育英楼，原总参军训部宋举浦副政委亲临学校为"育英楼"落成剪彩。

5月20日　中央电视台军事频道栏目组到剑门关小学录制专题节目《山里娃的快乐》，对援建工作进行了专题报道。

5月25日—26日　黑龙江省政协党组副书记、常务副主席刘海生一行在省市县领导的陪同下，视察黑龙江省对口援建汉阳中学、沙溪中学、剑阁职中重建工作。

6月1日　防化学院长城艺术团一行到剑门关小学与孩子们共度"六一"国际儿童节。

6月19日　剑阁职中电子专业被四川省教育厅评为省级重点专业。

8月9日—23日　西庙小学教师孙苍华带领五年级15名学生参观上海世博会。

9月15日　四川省教育厅批准沙溪中学为合格普通高中并更名为"四川省剑门关高级中学"。

9月25日—27日　黑龙江省政府副秘书长谭文等省政府领导一行10人，黑龙江援建剑阁前线指挥部全体成员，广元市委、市政府及剑阁县委、县政府领导参加了剑门关高级中学项目竣工剪彩。至此，黑龙江省援建的剑阁教育项目圆满收官。

9月27日　龙江小学师生在修城坝参加欢送黑龙江援建人员活动。

9月29日　武连职中举行中共中央特殊党费援建灾后重建项目落成典礼。

截至9月底　剑阁县中小学校投入重建资金8.2357亿元，新建校舍35万平方米，其中黑龙江省第一批、第二批援建资金共3亿元（含设备设施1207万元）。

9月　鹤龄中学停止招收职业高中新生，成为单一初中。

是月　西庙小学撤销初中部，正式成为完全小学。

11月12日　团中央知心姐姐就"孩子如何读好书"到凉山小学作专题讲座。

12月22日　龙江小学通过"广元市艺术教育特色学校"验收。

是月　剑阁中学被四川省文学艺术研究会、四川省学生体育艺术协会命名为"四川省校园文艺人才培养基地学校"。

是月　成教中心举办全县中小学校长岗位培训班。

是月　剑阁中学被广元市语委、广元市教育局授予"广元市语言文字规范化示范学校"。

2011年

1月　普安小学"科技事业档案工作规范化管理"达省二级。

是年春　由于亭子口水库建设，闻溪小学老校区为水库淹没区，学校启动新校区建设。

2月16日—17日　宁波市保税区管委会办公室主任叶万档一行到剑门中学捐赠80万元建设德育广场项目。

3月4日　中国人民解放军总参谋部军训和兵种部宋举浦副政委代表总参到剑门关小学参加了"育英楼"落成典礼和援建交接仪式。

3月28日　剑门中学举行了首届教学节开幕式。

4月4日　剑门中学德育广场顺利开工（同年8月20日竣工）。

4月5日　剑阁中学举行首届"清明祭孔大典"，市县及县内兄弟学校领导参加了大典，活动受到了社会的广泛关注。

5月9日　中国关工委宣讲团到凉山小学就孩子的教育问题作专题报告。

5月10日　普安小学被广元市教育局、广元市语言文字委员会评为"广元市语言文字规范化示范学校"。

5月11日　剑阁职中30位应届毕业生被评为"省级优秀毕业生"。

5月17日　剑阁职中被省委、省政府评为"文明单位"。

是月　剑州中学成立"闻溪河"学生文学社，编译出版社刊《闻溪》。

是月　龙江小学被四川省妇女联合会、四川省教育厅表彰为"四川省示范家长学校"。

是月　四川省剑门关高级中学校全面启动创建市级示范高中工作。

6月1日　工程兵学院副院长张详田大校代表学院全体官兵向剑门关小学捐赠节日慰问金3万元。先后投入60余万元为学校装备了多媒体学术报告厅，设计制作了远景规划图，为学校发展绘就了美好蓝图。

6月4日　剑门中学创建的全市第一所书法教育特色学校授牌仪式举行，来自国家、省、市、县的领导和专家参加了仪式，中国硬笔书法协会主席张华庆到会讲话并为学校题写校名。

6月8日　剑阁中学被四川省教育厅、四川省法治建设领导小组办公室评为第二批"四川省依法治校示范学校"。

6月20日　普安小学被教育部关心下一代工作委员会评为"全国青少年五好小公民主题教育'光辉的旗帜'读书征文活动示范学校"。

是月　剑阁县初中校点布局调整，金仙小学初一停止招生，并将原金仙小学七、八两个年级整体并入公兴中学，金仙小学成为完全小学。

是月　剑阁中学高考本科上线首次突破1 000人大关。

7月24日　广元市委书记罗强视察开封中学工作。

7月25日　龙江小学被中华人民共和国司法部、中央社会治安综合治理委员会办公室、中国关心下一代工作委员会授予"全国青少年普法教育先进单位"称号。

是月　剑阁职中被教育部中国教师发展基金会授予"教育科研先进集体"称号，学校课题研究成果同时获得"一等奖"。

是月　龙江小学学生女子足球队代表广元市参加四川省比赛，获全省第三名，取得广元建市以来最好成绩。

是月　剑门小学被评为四川省依法治校示范校。

8月11日—20日　由黑龙江省援建的占地192亩（1亩≈666.67平方米，下同），新建校舍4万余平方米、运动场2.2万余平方米，总投资1.347 5亿元的新校区正式投入使用，剑阁职中由普安唐家坪老校区整体搬至下寺镇新校区。

8月24日　国家发展改革委副主任穆虹视察剑门关高中工作。

8月25日　剑阁职中、普安中学被评为全国青少年五好小公民主题教育"光辉的旗帜"读书征文活动示范学校。

9月6日　四川省职业教育与成人教育学会会长姜树林到剑阁职中检查工作。

是日　剑阁职中举行新校区落成典礼。副市长、县委书记、县人大常委会主任冯安富，黑龙江省援建剑阁前线指挥部成员、教育厅基建规划处副处长杨臣，市人民政府督学蒋浩，县四大班子领导等出席落成典礼。当晚学校举行隆重庆典晚会。

9月30日　汉阳小学代表剑阁县成功接受了国家"两基"检查验收，并被评为"先进单位"。

是月　龙江小学布局调整基本完成，扩大学前教育，结束村小办学历史。

10月25日　剑阁职中被中共四川省委、省政府授予"四川省文明单位"称号。

11月7日　黑龙江电大校长主任一行到剑阁电大指导工作。

11月8日　工程兵学院博士生导师汪维余和中国人民解放军军事心理训练中心副教授王静，对剑门关小学师生及邻校教师作专题报告。

11月17日　剑阁县发展和改革局签发剑发改发〔2011〕462号文件《剑阁县发展和改革局关于剑门关实验学校建设项目可行性研究报告的批复》。

11月30日　剑阁中学举行与捷恒森（中国）教育投资集团合作签约仪式，剑阁中学被授予"阿根廷洛马斯德萨莫拉国立大学中国友好合作学校"称号。

是月　龙源中学获"2011年县中小学生球类运动会篮球比赛第一名"。

是月　剑州中学编辑出版了校本教材《乡韵——剑阁历史文化拾零》。

是月　解放军军事管理学院专家到开封中学作报告。

12月10日　剑阁职中被广元市人民政府表彰为"广元市民族团结进步模范集体"。

12月28日　广元市教育局组织部分专家、领导对四川省剑门关高级中学创建市级示范高中进行评估验收，与会专家、领导一致同意学校升格为市级示范高中。

12月30日　四川省人社厅张光伟厅长在副市长赵勇等领导的陪同下，到剑阁职中调研"9+3"学生的就业安置工作。

是月　龙江小学荣获广元市"最佳文明单位"称号。

是月　特殊教育综合楼项目正式落户龙江小学。

2012 年

1月7日　剑阁县委常委、宣传部部长杨政国，县委常委、常务副县长侯宏，副县长何春蓉召集县教科局等相关部门负责人召开退休教师服务管理工作会议。

1月10日　普安幼儿园通过"广元市五星幼儿园"市教育局专家评审组评估验收。

1月12日　剑阁县委书记，以及常务副县长侯宏、县教科局局长伍翠蓉等到亭子口水电站淹没区张王中学、张王小学、店子小学等施工现场指导工作，看望、慰问建设工人。

2月22日　南京炮兵学院副政委陈乃强到校调研、规划剑门关小学援建事宜。

3月1日　广元市教育局局长杨松林深入小剑小学调研并现场办公。

3月12日　甘水集中供水站向凉山小学供水，学校结束依赖井水历史。

3月19日　剑阁县教科局主研的省级重点课题《县域中小学教师流动机制建设的研究与实践》和剑阁职中承研的省级课题《农村地区职业高中专业实训教学研究》举行开题报告会。

3月20日—4月27日　剑阁县教科局组织开展全县学校财务检查。

3月21日—22日　广元市教育督导工作会在剑阁召开。

3月30日—31日　伍翠蓉局长带领部分教师、校长、督导办主任一行26人赴重庆铜梁专题考察特色教育、校园文化建设及素质教育。

是月　龙江小学南校区（现剑门关实验学校）教学楼工程破土动工。

是月　各中小学有效教学主题研究活动全面深入推进。县委书记作重要批示。

4月10日—11日　广元市高中综合实践活动课程实施暨校园文化建设现场会议在剑州中学召开。

4月18日　中国科学院纳米科学中心研究员、博士生导师江鹏一行应邀到剑阁中学开展科普教育讲座。

4月19日—22日　剑阁县教科局组织15所学校共19支代表队206名运动员参加广元市第八届青少年学生球类运动会。

4月25日　江口小学校留守儿童之家成立。

4月25日—27日　广元市第四届职业技能比赛在广元市职业中学举行。剑阁职中派出42名参赛师生，勇夺45块金牌，在28个参赛单位中居奖牌总数、团体奖、一等奖三项第一。

4月26日　剑阁职中通过"四川省中职教育学生内务管理示范校"专家组的评估验收。

4月27日—29日　剑阁县"有效课堂教学"试点学校和部分督导办主任、学校校长、教科室主任和教科局相关股室成员共计31人，到南充市参加"全国典型名校'高效课堂教学模式'经验交流暨'高效课堂学校管理'深度解析研讨会"培训。

是月　新疆吐鲁番雪银金属矿业股份有限公司法人代表杨雪银为鸯溪小学再次捐赠人民币10万元。

5月2日　剑阁县89所农村义务教育学校学生43 533人全部吃上"学生营养餐"。

5月7日　剑阁县教科局举行教科系统老干部座谈会，杨代兴、母家武、张茂格、王文海、王茂生、王玉森等老领导参加。

5月9日—10日　《中国考试史》编委、教育部原考试中心主任杨学为一行到剑阁调研。

5月14日　四川省教育厅计财处处长张澜涛到剑门关小学和剑门中学检查义务教育阶段农村学生营养改善计划实施情况。

5月17日　教科系统廉洁学校建设工作推进会在县教科局二楼会议室召开。

5月18日　剑阁县委常委、宣传部部长杨政国，市人大常委会副主任王湖益，副县长何春蓉，局长伍翠蓉观摩普安中学素质教育课外成果展示活动。

5月25日　剑阁县"有效教学推进会"在剑门中学举行，县委宣传部部长杨政国到校指导。

是月　龙江小学被教育部关工委授予"全国优秀家长学校实验基地"。

6月1日　剑阁县委书记带领"四大班子"领导到县特殊教育学校及普安辖区内小学和幼儿园看望少年儿童并和他们欢度"六一"儿童节。

是日　南京炮兵学院院长岳进翔大校及学院其他领导在剑门小学举行了南京炮兵学院援建剑门关小学综合教学楼奠基仪式。向剑门关小学捐赠援建资金80万元；还向6名贫困儿童每人捐赠2 000元助学金。

6月18日　广元市委书记马华一行到江口中、小学视察移民迁建工程。

6月20日　剑阁职中机械加工技术专业被四川省教育厅评为"省级重点专业"。

6月27日　四川省教育厅职成处处长罗大宽到剑阁职中校检查工作。

是月　中央"寄宿制学校布局调整"调查组一行3人深入龙源小学调研学校布局调整。

是月　下寺小学首次设全国高考考点，学校荣获县高考考务工作先进集体称号。

7月4日　四川省书法协会副会长王晋元一行到剑门中学指导工作。

7月12日　下寺小学市级课题《小学课间文化建设的研究与实践》荣获四川省第十五次优秀教育科研成果奖。

7月12日—20日　剑阁县教科系统集中深入开展干部职工作风教育整顿活动。

7月18日　广东省四川广元商会"情系高池"爱心捐赠活动在高池小学举行，为学校硬化操场和20名三好特困学生捐款20万元。

7月24日—25日　哈尔滨工业大学30余名师生莅临剑阁开展为期两天的暑期社会实践活动。

7月29日　在教育部全国青少年"五好小公民"主题教育活动15周年总结表彰大会上，县教科局被授予全国"'文明美德伴我成长'主题教育先进集体"称号；局长伍翠蓉被评为全国先进个人；剑州中学、剑门关高中、元山中学、实验学校4所学校被授予全国"文明美德伴我成长主题教育示范学校"称号。

8月10日　广元市司法局局长、依法治市办主任岳大文等与县委常委、政法委书记李树林一行检查指导剑阁县教科系统普法依法治理工作。

8月22日　特岗教师面试工作在下寺小学进行。

8月31日　局长伍翠蓉主持"剑阁县2012年贫困大学生资助金发放仪式"，共发放39.15万元资助款。

是日　剑阁县城区中小学缺岗教职工选调考试在下寺小学进行。

是月　中华思源工程扶贫基金会"扬帆计划"项目组与盐店小学结对，八年级10名优秀学生赴北京参加"扬帆计划"暑期夏令营活动。

9月3日—4日　四川省教育厅有关领导及副巡视员杨成林莅临剑阁职中、剑门关高中、剑门中学督导开学工作。

9月5日　阿坝州"9+3"教育驻蓉联络协调组组长阿佳一行深入剑阁职中看望涉藏地区学生，指导"9+3"教育工作。

9月10日　剑阁中学教师林习生、汪嘉丽、姚舜因长期外出未归，县教科局根据相关政策作辞退处理。

9月12日—13日　四川省审计厅调研员谭小波一行督查剑阁县农村义务教育学生营养改善计划工作。

9月16日—17日　广元市高三生物教师培训会在剑阁中学举行。

9月19日　剑阁县教育局党组书记白成沛一行赴挂联的柘坝乡举行贫困学生助学金发放仪式，共发放助学金37 000元。

9月27日　剑阁县教科系统"三项建设"（能力素质、思想作风、基层组织建设）工作现场会在剑门中学召开。

是月　武连职中荣获四川省委组织部"创先争优先进基层党组织"称号。

是年秋　闻溪小学撤销初中部，初中学生并入普安中学，闻溪小学由九年一贯制学校成为完全小学。

10月10日　剑门中学主研的省级课题"农村单设初中基于单元导学的学科有效教学模式研究"举行开题仪式，省教科所青春主任到会指导。

10月11日—12日　广元市高三地理教学研讨会在剑阁中学举行。

10月23日　剑阁职中荣获教育部基础教育司"第五届和谐校园先进学校"称号。

10月24日　广元市"农村义务教育学生营养改善计划工作"联合检查组到剑门中学、小剑小学和汉阳小学检查相关工作。

10月29日　剑阁县2012年公招教师面试工作在下寺小学举行。

是月　成教中心举办新任特岗教师培训班。

是月　龙江小学被共青团广元市委、市教育局、市少工委授予"广元市优秀少先队集体"称号。

是月　龙江小学女子足球队获四川省青少年"五人制"足球锦标赛（女子U-11组）第二名并获"体育道德风尚奖"。

11月1日　省级卫生城市复查验收工作组深入剑阁职中、剑门关高中、下寺小学和教科局机关检查卫生工作。

11月20日　重庆市教育考试院院长邱可、四川省教育考试院党委书记刘敏等到剑阁调研工作。

12月20日　剑阁县教科系统学习贯彻党的十八大精神知识竞赛在剑阁县电视台举行。

12月24日　剑阁职中国家职业技能鉴定所获广元市职业技能鉴定指导中心"职业技能鉴定工作先进单位"称号。

12月27日　"剑阁县下寺小学庆祝第四届留守儿童节暨迎新年篝火晚会"联欢活动举行。

12月30日　2012年剑阁中学化学教师左思桥辅导的高三学生3人次在第26届全国中学生化学竞赛中荣获国家级三等奖，8人次获省级一等奖，2人次获省级二等奖，1人次获省级三等奖。

是月　龙源小学召开市级课题"'激趣—导学—互动—评价'四环节有效教学模式的研究"开题会。

是月　普安中学成功创建"广元市素质教育示范学校"。

是年　中国人民解放军南京炮兵学院援建剑门关小学。

2013 年

1月7日　"县成教中心建设启动工作会"召开。

1月10日　剑阁职中被广元市涉藏地区免费中等职业教育计划领导小组表彰为"广元市涉藏地区免费中等职业教育工作先进集体"。

1月23日　剑阁县江口中学、江口小学迁建工程正式动工。

是月　浙江省宁波市鄞州区图书馆为田家小学捐赠资金4万元，购买图书1 762册。

2月2日　剑阁县教育局召开党组、行政会议，研究教科系统改进工作作风、密切联系群众的规定，制定"五型机关"和"八好一满意学校"考核细则、教育教学质量表彰细则、项目管理实施细则，以及机关股室调整情况、推荐信访先进个人、教科局设立"项目办"事宜。

2月11日 剑阁县教育局党组组织党员干部深入挂包帮联系点杨村镇官店村，向34名家庭贫困大、中、小学生共发放助学金3.2万元。

2月20日 张王中学、张王小学合并为九年一贯制学校——张王小学，并入驻新校区。

是年春 闻溪小学由营盘嘴搬迁至孙家坪新校区。

3月5日 剑阁中学校团委和校广播站成员到北庙乡敬老院开展学雷锋敬老慰问活动。

3月7日 四川省教育厅副厅长洪流在市县教育局领导的陪同下到剑门中学检查工作。

是日 南京炮兵学院政治部主任田晓蔚大校一行四人到剑门关小学调研援建成果，捐赠校园文化建设资金22万元和学院研发的最新主战坦克模型。

3月11日 教育局机关干部职工和剑阁职中师生近4 000人开展"共建绿色家园，共促生态文明"植树活动。

3月15日 剑阁县完成"国家教育考试标准化考点及考务指挥平台工程培训"。

3月22日 剑阁县教育局局长伍翠蓉、副局长徐剑锋出席剑阁中学省二级示范学校创建验收汇报会。

4月5日 江口中学、江口小学组织师生向临时过渡校区唐家坪原剑阁职中旧址搬迁。

4月9日—10日 当代著名教育改革家魏书生和江苏省"洋思经验"研究者、创始人之一的刘金玉两位专家，在剑阁中学天一楼举办"剑阁县教师专业成长暨班级管理专题讲座"，300余人参会。

4月15日—16日 剑阁县教育局局长伍翠蓉、副局长杨载章到省教育厅、省发改委、省委统战部和省移民局汇报秦巴山区教育规划工作。

4月15日 "剑阁县第一届学校食堂烹饪技能大赛"在剑阁职中举行。

4月17日 剑阁职中获"广元市涉藏地区免费中等职业教育工作先进集体"。

是日 剑阁县教育局局长伍翠蓉、教育督导室副主任李兆周出席剑阁电大创建省级示范电大验收活动。

4月18日 四川省纪委接待来剑阁考察剑门中学廉洁细胞建设工作的江西省纪委，市纪委书记陈泉、剑阁县委书记陪同考察。

4月19日 "九三"学社中央副主席从斌到剑门中学检查捐建资金使用情况。

4月21日—24日 县教科局在剑门关高中举行中小学校长培训班。

4月29日 "4·20"雅安芦山发生里氏7.0级地震后，全县教科系统向芦山灾区共计捐款50多万元。

5月8日 剑阁县红十字会及爱心企业人士共计15人到亭子口电站库区移民搬迁的江口中学、江口小学过渡校区普安镇唐家坪看望、慰问师生。

5月9日 县教科局组织全县高完（职）中、单设初中和九年一贯制学校校长召开专题会议，安排部署高中2013年创新拔尖人才选拔培养工作。

5月10日—12日 广元市"剑门杯"小学生足球联赛在剑阁职中、下寺小学举行。下寺小学女子甲组队和乙组队获冠军。

5月13日—7月15日 全县教育系统开展"实现伟大中国梦，建设美丽繁荣和谐四川"主题教育活动。

5月14日 剑阁县首届高中"名校英才班"举行选拔考试，共招收180名优秀初中毕业生。

5月22日 中国人民解放军装甲兵学院政治部主任黄志启带领学院官兵和艺术团成员莅临剑门关小学，看望、慰问该校师生，向剑门关小学捐赠"六一"儿童节礼物和3万元慰问金，调研接力援建工作。

是日　局机关党委书记杨光勇带领党委办和相关股室人员，深入挂联帮扶的杨村镇官店村，开展"情系'三农'，助民双抢"党员志愿者服务活动。

5月27日　广元市教育局组织的"全市信息化建设工作会议"在剑门关高中举行。

5月30日　四川省委第一巡视组组长秦刚一行9人先后到教科局机关和下寺小学督查"实现伟大中国梦、建设美丽繁荣和谐四川"主题教育活动开展情况。

是月　四川电大副校长韦盛奇等专家组一行验收剑阁电大"省示范性县级电大"创建工作。

是月　韩国丽可医疗器械有限公司捐赠18万元用于正兴小学幼儿园的基础建设。

6月6日　四川省教育考试院副院长魏城松等莅临剑阁检查指导高考工作。

6月8日　广元市副市长赵爱武先后到剑门关高中、下寺小学和剑阁职中考点视察高考情况。

6月27日　在广元市委组织部组织的广元市"实现伟大中国梦、建设美丽繁荣和谐四川"主题教育活动演讲比赛决赛中，剑阁中学教师李红梅以96.50分的高分荣获大赛一等奖。

是月　鹤龄中学职高学生全部毕业离校，学校成为单设初中。

是月　剑阁电大被四川广播电视大学授予"省示范性县级电大"称号。

7月1日　剑阁县教科系统党风廉政教育暨"七一"表彰大会召开。

7月3日　"剑阁县首届青少年科普文化节启动仪式"在剑门关高中举行。

7月5日　装甲兵学院副政委汪志高大校一行4人到剑门关小学落实援建工作，并代表学院捐赠运动场建设资金15万元。

7月8日—9日　由市政协秘书长李培勇带队的"广元市政协民主评议义务教育均衡发展工作组"一行5人，先后深入剑阁县小剑小学、剑门关小学、剑门关高中等中小学校调研义务教育均衡发展工作。

8月7日　县委副书记、县长陈勇到剑门关高中、香江国际实验学校、大仓小学在建工地和剑阁中学调研。

是日　中国地质大学师生13人在凉山小学对农村学生生活现状进行调查，资助现金3 800元，拍摄微电影在陕西卫视播放。

8月8日　市委书记马华深入剑阁中学调研学校党建和民生工作。

9月1日　江口中学、江口小学迁入新校区正式开学。

9月6日　省教育厅体卫艺处处长卢旭，省卫生厅食品安全监督处处长余明远，检查剑门关高中开学安全工作。

9月9日　"剑阁县庆祝第29个教师节座谈会"在教科局召开。

9月11日　宣传部副部长、县文联主席郭子松等同志对教科系统2013年上半年宣传思想文化工作进行检查指导。

9月11日—13日　中国发展基金会调研剑阁县农村学生营养改善计划工作实施情况。

9月11日　省教育厅巡视组组长周雪峰检查剑门关高中开学工作。

9月22日　省人力资源社会保障厅副厅长徐毅带队的省农村学生营养改善计划检查组一行，先后深入汉阳小学、小剑小学和剑门中学实地检查农村学校营养改善计划实施情况。

9月27日　中纪委、监察部、交通运输部对剑门关高中进行工作检查。

是月　龙江小学启动以翰林（李榕）文化为主题的校园文化建设。

10月18日　广元市普通高中政治学科教师培训会在剑门关高中举行。

10月18日—21日　剑阁县教育和科学技术局在剑阁县影视文化中心举办"全国生本教育理论与实践研习班"。

10月22日　剑门中学"农村初中小组合作学习教学推进策略研究"课题获四川省第五届普教

教学成果二等奖。

10月23日 汉阳小学代表剑阁县接受国家"成人教育国家级示范学校"检查验收。

是日 剑阁县创建"国家级职业教育和成人教育示范县"工作汇报会在剑阁县举行，县委书记等领导参加并汇报工作。

10月23日—31日 教科局副局长何中强一行4人对全县学校关工委"六有""六好"工作进行考核验收。

10月—11月 开封中学、剑门中学等学校先后选派优秀教师赴陕西宜川中学考察学习"生本教育"，全县掀起"生本教育"热潮。

是月 世界冠军陈静、张山、刘玲到柏垭小学参加体育用品捐赠活动。

11月1日—2日 副县长何春蓉带队，局长伍翠蓉带领基教股、教研室和部分学校校长、骨干教师赴陕西省宜川县考察学习学校德育教育和有效课堂教学工作。

11月9日—14日 剑阁县教育代表团一行29人，在县政协副主席蒋茂成、教科局局长伍翠蓉带领下，赴广州参加生本教育学习培训。

11月27日 "剑阁县学校体育工作暨体育教师应急救护知识培训会"在剑门关高中举行。

11月28—12月11日 "剑阁县2013年中小学球类运动会暨第十三届艺术节开幕式"在剑门关高中举行。全县34个代表队共计2000多人参加。

是月 汉阳小学被定为"国培计划"（2013）——四川省农村中小学（幼儿园）骨干教师置换脱产研修项目"优秀基地学校"。

是月 根据上级政策，凡是曾经在剑阁县各级公办学校代课、代职而被辞退的人员，由工作学校提供证明，并通过政府购买社会养老保险。这一举措，解决了这部分人员过去多年无法参与社保的难题。

12月15日 剑阁县教育学会物理教学专业委员会2013年年会在剑门关高中举行。

12月16日 剑门中学举行了第三届师生书画大赛，市书协马林主席、县委宣传部部长杨正国、县人大常委会副主任王湖益等书画专家到场指导并献艺。

12月30日 "剑阁县教科系统关爱留守儿童送温暖行动暨下寺小学更名仪式"在下寺小学举行。"剑阁县下寺小学"更名为"剑阁县龙江小学校"。

12月—2014年6月30日 全县教育系统开展"党的群众路线教育实践活动"。

是月 汉阳小学、抄手小学被广元市公安局、广元市教育局授予"交通安全示范学校"。

是月 张王籍企业家魏建川为张王小学捐资88888元。

是年 浙江省海宁市教育工会援助公兴小学计算机30台。

是年 开封小学获"广元市德育工作先进单位"称号。

是年 剑阁县教育系统《灾后重建志》编纂完成，时间为2008.05.12至2011.12.31，因故未成书。

2014 年

1月2日 广元市委书记马华到亭子口电站库区迁址新建的江口中学、江口小学调研。

1月8日 广元市教育局副局长向聪兰一行，携带55套学生床上用品和5000元慰问金，到挂联的小剑小学开展"走基层、解难题、办实事、惠民生"活动，并指导"最美乡村学校"建设工作。

1月11日 北京大学华冠企业管理培训学校与创富人生LF25猛虎队向东宝中学捐赠价值近30万元的设备设施。

2月26日　四川省教育科研所专家到剑阁中学指导高三备考工作。

3月4日　剑阁中学党委召开"深入开展党的群众路线教育实践活动"动员大会。县委、县政府重点工作巡视督导组第十一督导组领导参加会议。

3月20日　广元市佳铭小额贷款有限公司董事长、剑阁县工商联副主席左学虎先生为剑阁中学捐款8万元。

3月24日　剑阁县人民医院部分党员干部与剑阁中学23名贫困优生开展结对帮扶活动。

3月28日　剑阁职中"清江文学社"在学术报告厅召开成立大会。

3月30日　龙江小学获四川省小学生足球比赛女子组一等奖、广元市冠军。

是月　成教中心增设社区教育科。

4月3日　开封小学、国光小学、碗泉小学、高池小学部分领导和老师到迎水小学参加生本课堂教学交流活动。

4月3日—6日　演圣小学生本实验班教师代表11人赴陕西宜川中学考察学习生本教育。

4月10日　防空兵学院政治部副主任杜建新大校一行3人与剑门关小学签订共建协议。

4月14日　中华人民共和国国防部原部长梁光烈上将到剑门关小学调研并慰问师生，题词"博学笃志"。

4月19日　剑阁成教中心教学综合楼在下寺修城坝正式动工修建。

4月19日—20日　成教中心举办2013年晋升初级专业技术职务教师培训班。

4月26日—27日　剑阁职中在"四川省2014年中等职业学校学生技能大赛"上，荣获3个一等奖、3个二等奖、1个三等奖，占省赛广元市代表队获奖总数的78%。

4月30日　演圣小学七年级学生涂志霄、李海芹被广元市体校招收。

是月　义兴小学李智获得全国初中数学联合竞赛三等奖，侯建刚获得优胜指导奖。

是月　义兴小学4名学生在"2014年第二十四届全国初中应用物理竞赛"中获四川省一、二、三等奖，赵通国、肖军容分别获得二、三等指导奖。

5月5日　剑门关高中顺利通过"四川省中小学幼儿园语言文字规范化示范校"验收。

5月13日　剑门中学学生孙悦在广元市文轩教育杯"走复兴路 圆中国梦"学生演讲比赛中，荣获一等奖，被推荐到北京参加暑期夏令营活动。

5月16日　剑门中学的"农村初中小组合作学习教学推进策略研究"课题获省政府二等奖。

5月19日　剑门中学被评为四川省首批校本研修示范校。

5月21日　北京五一小学校长陈珊一行4人到剑门关小学联谊献教，并研讨了"高效课堂教学"。

5月27日　剑阁职中"职业技能鉴定所"成立。

是月　元山小学、公兴小学、杨村小学、龙江小学、国光小学、姚家小学、广坪小学荣获四川省教育厅少年百科知识竞赛组委会颁发的第二十二届少年百科知识竞赛"优秀集体"奖。

6月1日　防空兵学院为剑门关小学捐赠3万元节日慰问金。

6月20日—23日　木马中学、公兴中学43名教师赴宜川考察宜川中学生本教育。

是月　组织公兴小学全校师生进行"红十字初级救护培训"。

7月　龙江小学被评为全国青少年五好小公民"美丽中国 我的中国梦"主题教育活动示范学校。

8月20日　江口中学、江口小学迁往现址。

8月25日—30日　成教中心举办全县中小学体育教师培训班。

9月9日　剑阁职中党委书记李文峰参加广元市庆祝第三十个教师节暨首届"广元名师"表彰大会并作为优秀校长代表发言。

9月16日　广元市人大常委会副主任武彬一行检查剑门关高中体育活动开展情况。

是月　龙江小学顺利完成双语幼儿园分流接收工作，龙江小学幼儿园在园人数达 923 人，已成为全县规模最大的附属幼儿园。

是年秋　特殊教育培智班正式开班招生，龙江小学形成小教、幼教、特教三位一体的办学格局。

10月17日　广元市第五届职业技能竞赛在剑阁职中举行。

是日　全国第一个教育扶贫日，各校纷纷开展捐款活动。

10月20日　剑阁职中 54 名师生参加广元市第五届职业技能大赛并勇夺 47 块奖牌。在 34 个参赛单位中又一次雄踞第一。

是月　剑阁电大被中央广播电视大学评为"招生工作先进县级电大"。

是月　金仙籍爱心人士罗清平先后两次给金仙小学附设幼儿园捐赠价值达 10 万元的幼儿活动设备。

是月　龙江小学被四川省委宣传部、省人力资源和社会保障厅、省精神文明建设办公室、省教育厅、团省委、省少工委表彰为"四川省优秀少先队集体"。

是月　小剑小学与广元市 081 中学开展"相约中国梦，携手共成长"城乡学生手拉手结对活动，双方部分学生交换体验一周。

11月6日　四川省剑阁中学校园电视台（兼山电视台）在经过两个月的试运行后正式成立。

11月24日　剑阁职中五个市级职教专项科研课题，在创业楼会议室举行了开题报告会。

是月　北京市海淀区五一小学、太平路小学、北京邮电大学附属小学结对帮扶田家小学，对田家小学开展教师培训、教育教学研讨、教学设备资助等活动。

是月　成教中心高级教师杨成永独著的《我的教育思考》出版发行。

12月27日　剑阁职中校长李文峰一行到广东考察学生实习与就业情况，并看望了正在广东实习的高三学生。

是年　剑阁职中南禅校区正式划拨给南禅小学使用。

2015 年

1月5日　由省委宣传部副部长李酊带队的省"法律进学校"第一督查组到剑门关小学督查法律进学校工作。

1月21日　剑阁职中团委被共青团四川省委授予"五四"红旗团委的称号；剑阁职中高 2014 级团总支被团省委授予"五四"红旗团支部称号。

1月27日　县委书记看望、慰问鹤龄小学留守儿童，为鹤龄小学 100 名贫困留守儿童代表共发放 100 床棉被和 400 双袜子等御寒物品。

1月31日　北京大学华冠企业管理培训学校与创富人生 LF35 超梦队爱心人士和志愿者为汉阳中学爱心捐赠价值近 20 万元的设备，慰问资助贫困学生，组织师生、家长互动开展心灵成长体验活动，进行心理疏导，开展感恩励志教育。

3月11日　中华职业教育社、中华同心温暖工程基金会"温暖工程助学行动"捐资助学仪式在剑阁职中举行，100 名学生受到每人 2 000 元的资助。

3月24日　第 20 个"世界防治结核病日"，剑阁县卫生计生局、县疾控中心、普安镇中心医院及县教育局在剑阁中学开展了"结核病防控"宣传活动。

3月26日　剑阁县组织 91 所公立学校校（园）长、35 所民办教育机构举办者、12 个教育督导办主任和教育、公安等相关部门负责人在电信局五楼收听收看"全国学校安全工作电视电话会议"。

是月 木马中学全体师生参加了 26 公里的"远足"活动。

4月14日 "剑阁县 2015 年民办教育工作会议"召开。

4月22日 召开局党组会议，开展中心学习组"讲政治、守纪律、守规矩"专题学习反思活动，听取了筹办教育系统文化刊物（《剑溪桥》）情况汇报，通报 2015 年项目规划方案，讨论剑阁县人民政府关于加快发展现代职业教育意见。

4月27日 在 2015 年四川省中等职业学校学生技能大赛上，剑阁职中 15 名选手在 9 个项目的比赛中，勇夺 4 个二等奖、11 个三等奖，获奖率达 100%。

是日 剑阁职中机械加工教研组被广元市总工会授予"工人先锋号"称号。

5月22日 四川省教育纪工委书记狄志军、省教育考试院副院长魏成松和省教育考试院招生二处处长王军一行，检查指导剑阁 2015 年高考备考工作。

5月26日 江口镇老促会为江口中学、江口小学在四川省扶贫开发协会争取 40 万元专项资金，用于奖励优秀老师和优秀学生。

是月 元山小学、杨村小学被四川教育报刊社授予"第二十三届少年百科知识竞赛""优秀集体"。

6月8日 广元市副市长、市招考委主任赵爱武带领市保密局局长谢安和市教育局纪检组组长王学敏莅临剑阁巡视高考工作。

6月17日 "北京市海淀区太平路小学帮扶剑阁县田家小学捐赠仪式"在田家小学举行。捐赠 8 台电脑、2 套教学投影仪、10 套书架、5 000 册图书、2 台打印机、全套鼓号装备和 370 个书包，总价值 15 万元。

6月19日—21日 剑阁中学高 2015 级英才班 81 名师生，展开了为期 3 天的"挑战自我、熔炼团队"基地班拓展训练。

6月24日 高考成绩揭晓。全县本专科上线 4 961 人；本科上线 1 745 人（含艺体），其中，文考本科上线 1 272 人，重点本科上线 238 人。

是日 原公兴中学毕业生杨力仁同学在剑门关高级中学就读，被北京大学录取。

是月 中国人民解放军总参谋部政治部陈立河大校为田家小学捐赠台式电脑 10 台。

7月23日 召开局专题会议，研究江口中学初中物理抽考检测考试中关于漏题情况相关人员的处理事宜。

是月 全国苏泊尔小学首届"硕源奖"暨游学活动开启，盐店小学王清秀老师获奖并赴北京参加为期两周的游学活动。

8月6日—10日 全省中小学足球锦标赛（丙组）在剑门关高中举行。

8月11日 县教育局召开干部职工大会，传达县委十一届八次全会精神；就做好教育局脱贫攻坚工作做了部署安排。

8月20日—23日 成教中心举办全县中小学班主任培训班、全县公（民）办幼儿园园长培训班。

8月23日 黑龙江省原援建剑阁前线指挥部总指挥刘国会一行，在冯安富、张世忠等的陪同下，先后到剑门关高级中学和剑阁职中考察。

8月25日 普安小学、龙源小学、东宝小学、江口小学、汉阳小学 5 所学校首批"留守儿童之家示范项目"项目设备、设施全部安装到位、调试完毕。

8月26日 2015 年四川省教育科研资助金项目课题研究阶段成果评审结果公布，广元市共有 16 项成果获奖，剑阁县上报的 6 项成果全部获奖。其中一等奖 1 项，二等奖 1 项，三等奖 4 项。

9月15日 四川省基础教育学业质量监测在全省同时进行，剑阁中学作为监测样本校之一，圆满完成了监测任务。

9月17日—18日　"广元市初中数学教师提高培训"在剑门关高级中学举行。来自全市4县3区的初中数学教师180余人参加培训。

9月25日　四川省扶贫开发协会在江口镇召开"扶贫专项基金"奖励表彰大会。四川省扶贫开发协会会长颜继禄参加会议。

9月28日　龙江小学成功举办首届李榕学术研究年会。编写的系列校本教材《我们的学校》《李榕先生故事》《李榕诗词楹联选粹》《李榕先生事状碑帖》等获剑阁县教育科研成果二等奖。

是月　剑阁县香江国际幼儿园正式开办，首批招生128人，教职工17人。

是月　龙江小学男、女足球队代表广元参加四川省2015年度青少年足球锦标赛，分别获得第四、五名，创造广元历史最好成绩，成功创建"全国首批青少年校园足球特色学校"。

是月　龙江小学荣获全国2015年度"幼儿教学先进单位"称号。

10月11日　剑阁县体育局和剑阁县足球协会主办、剑阁职中承办的"剑阁县第二届8人制足球联赛"在剑阁职中足球场隆重举行。

10月12日　举行剑阁县推进生本教育专题微电影《奔跑的花蕾》审片会。

是日　剑门关高中通过省级"阳光体育示范校"评估验收。

10月12日—15日　教育部关工委读书活动组委会办公室主任冯国鹏以及《课堂内外》杂志社知名主编乐乐姐姐一行4人，先后深入白龙小学、杨村小学等学校开展公益讲座。

10月19日　广元市教科所在剑门中学召开"农村初中课堂教学成果推广会暨有效课改研讨会"，省、市、县教科所领导和全县各中小学教科室主任共270余人参加会议。

10月21日　"剑阁县2015年校长论坛"在剑门关高中举行。

10月26日—30日　剑阁成人教育中心完全搬迁至下寺办公办学。

10月27日　四川省2015年乡村学校少年宫项目建设现场会在龙江小学举行。

10月29日　全国双拥办副主任、总政群工办主任李辉少将一行到剑门关小学调研军民共建工作。

是月　高池小学荣获四川法制报社"2014—2015年上半年广元地区宣传工作先进集体"称号。

是月　贵人鸟首座发光运动场在涂山小学落成，中国扶贫基金会项目处长郝德旻，贵人鸟营销副总裁袁卫东，原中国足球队队长、亚洲足球先生范志毅，中国长跑世界冠军孙英杰参加落成典礼。

12月15日　剑阁籍成功人士李锦江为西庙小学捐赠价值25万元的防寒服100套。

12月16日　四川广播电视大学党委书记、校长罗大玉一行三人视察剑阁成教中心工作。

12月21日—27日　按照"幼师国培计划"，剑阁县教师进修校举办农村幼儿园教师培训班。

12月22日　普安小学、普安中学、剑阁县实验学校、剑门关高级中学、剑阁县剑门关镇雄关社区、普安镇小玲珑社区、下寺镇人民社区，被广元市妇联、广元市教育局命名为"广元市示范家长学校"。

是月　龙江小学被省委依法治校领导小组办公室、省委宣传部、省教育厅、省司法厅表彰为"四川省依法治理示范学校"。

是年　县委县府研究决定：将原成教中心教学楼、原教育宾馆、兼山书院、原教研室办公楼、原教育局办公楼及会议室划拨给普安小学改造使用。

2016 年

1月4日　剑门中学12套教师周转房工程建设启动。

1月8日　义务教育阶段全体教师在本校参加教材、新课标考试。

1月14日　四川省教育厅副厅长洪流在市、县教育行政主管部门领导陪同下视察了剑阁中学。

是月 义兴小学徐玉富获"四川省农村义务教育学校教师贡献奖"。

2月25日 苍溪职中教师刘小兵带队到剑阁职中参加全市中职学生技能大赛，在下寺镇清江河救人牺牲。事后全市教育系统开展"'小兵大爱'强师德师风 促成长成才"专题教育活动。

2月26日 四川省中职学生技能大赛广元市选拔赛（数控加工技术、车加工技术、装配钳工技术、焊接技术和电子产品装配与调试5个工种）在剑阁职中开赛。

3月7日—8日 绵阳师范学院在剑阁成教中心召开"国培计划"（2016）中西部项目工作推进会，成立县国培工作领导小组，在全县90多所中小学，遴选80位教师赴绵阳师范学院脱产研修。

3月18日—4月1日 全县80名遴选出的"种子教师"在绵阳师范学院脱产研修学习。

3月22日 剑阁职中王清秀、李娇婷等19名选手参加了2016年四川省中职学生技能大赛12个工种的竞赛，勇夺3个一等奖（广元仅剑阁职中获得一等奖）、2个二等奖、7个三等奖，取得了奖牌总数居全省参赛学校第二、综合排名第五的优异成绩。

3月26日 广元市副市长赵爱武、市教育局局长杨松林、副局长赖永红一行深入剑门关高中调研高三教学工作。

3月28日 经县委宣传部和县精神文明办批准，在沙溪社区、修城社区、清江社区、渡口社区、雷鸣社区和三江社区成立"社区教育学习中心"。由剑阁社区学院负责指导管理。

是月 金仙小学档案室创建迎省检合格，市县档案局下发验收达标文件并颁发了证书。

4月1日 剑阁职中隆重举行2016年全省中职学生技能大赛庆功会，县委书记到会祝贺并作重要讲话。

4月7日 中华同心温暖工程基金会向剑阁职中100名学生发放助学金，每生每年1800元，学校配套200元，即每生每年获得2000元助学金。

4月8日—11日 剑阁县2016年"农信杯"足球和篮球初中、小学组比赛在剑阁职中、剑门关高中举行。涂山小学校园足球队首次参加剑阁县校园足球联赛并获小学男子组第三名。

4月11日 剑阁中学师生开展"'小兵大爱'强师德师风 促成长成才"专题教育活动。

4月15日 九州教育集团著名专家尤红建到剑阁职中做题为《基于校企合作背景的技能教学思路》的讲座。

4月21日—23日 在2016年广元市青少年篮球比赛和校园足球联赛中，剑阁职中男子篮球队和女子篮球队均以一场不败的全胜战绩获得中职组比赛男、女冠军，女子足球队斩获高中女子组季军。

4月22日 刘小兵同志英雄事迹宣讲报告会最后一场在剑阁职中举行。

4月24日 剑阁中学高63级学生回母校聚会，再叙同窗情谊。

5月7日 近300人参加的"国培计划"（2016）中西部项目第一轮送教下乡在普安中学举行了开班典礼。

5月12日 剑阁职中学生赵东鑫、王清秀、李娇婷代表四川省参加在天津举行的"2016年全国中职学生技能大赛"。赵东鑫勇夺装配钳工技术比赛二等奖。

5月26日 剑阁县人民政府在剑阁职中举行2016年技能大赛（国赛和省赛）总结表彰大会。市教育局副局长黄廷全、县人大常委会副主任王湖益、副县长何春蓉等领导出席了表彰会。

是日 成都市关心下一代基金会"明珠关爱基金"捐赠5万元为正兴小学购买办公设施。

是月 省教育厅统计截至2015年12月31日，在乡村学校工作满30年（包括退休教师在内）的教师，教育部和人力资源社会保障部将向他们颁发"乡村教师三十年荣誉证书"。

是月 四川省教师职称改革实施办法出台：中小学教师实行统一职称，原中学高级教师改为高级教师，小学高级和中学一级教师合并为一级教师，小学一级教师和中教二级合并为二级教师，小学二级教师和中教三级合并为三级教师。

是月　义兴小学李成斌、徐菲菲、舒锐获得第十九届"天才杯"全国儿童绘画、书法大赛铜奖，肖军容老师获得全国儿童艺术教育创作辅导二等奖，论文《浅谈初中美术愉快教学》获得金奖。

6月25日　在2016年职教对口高考和高职单招考试中，剑阁职中本科上线20人，较上一年增加2人，增长率为11%；专科上线270人，较上一年增加32人，增长率为14%，总上线率达100%。

6月29日　"剑门蜀道旅游国际专家讲座"在剑阁职中学术报告厅举行。来自美国的贾和普（Hope Justman）女士和来自日本的德村志成博士，分别做了专题发言。

6月30日　由中国商务部主办、中国国际扶贫中心承办的"2016年亚非拉欧国家司法处级政府官员研修班"部分学员到剑阁职中，实地考察职业教育服务农村发展和减贫情况。

是月　北京邮电大学附属小学向田家小学捐赠电脑一体机2台、数码摄像机1台、数码照相机1台。

是月　龙江小学附属幼儿园荣获"第八届'当代杯'全国幼儿教师职业技能大赛"优秀组织奖。

是月　剑阁县纪委在龙江小学拍摄的专题片《尘封的宝藏——寻踪李榕点滴旧事》，在四川省电视台公共频道播放。

7月11日　由中国商务部主办、中国国际扶贫中心承办的"2016年亚洲国家城乡协调发展与减贫研修班"18名学员来到剑阁职中，实地考察职业培训。

是月　财政部驻川专员李军处长到涂山小学校检查学生营养改善计划工作。

是月　公兴小学被中国未成年人网评为2016年第二季度"优秀小记者站"。

8月25日—30日　成教中心开展为期5天的新招教师培训，全县107名新招聘的公招教师、特岗教师参加。

8月31日　剑阁县香江国际实验学校建成招生，小学一到六年级共10个班，初中一年级3个班。

9月1日　由剑阁中学高三女生组成的剑阁县代表队参加广元市"国际女儿节"凤舟赛以排名第三的总成绩，荣获2016年广元市国际女儿节凤舟赛一等奖。

9月12日—13日　剑阁中学、普安中学、普安小学分别荣获"广元市首届'文轩教育杯'中小学校园课本剧大赛"高中组二等奖、初中组二等奖、小学组二等奖。

9月24日—26日　中国科学院老科学家科普演讲团专家分别在剑阁职中、剑门关高中、剑阁中学、普安中学、普安小学等校做科普讲座。

9月28日—29日　"四川省初中优质课展评活动"在达州中学举行，剑阁中学卢永金老师荣获化学组一等奖。

10月11日　县委副书记汪化彬，县委常委、组织部部长周建明，县纪委副书记唐守忠出席教育局职工大会并分别讲话，宣布县委任命决定：县城乡规划建设和住房保障局局长王晓明任剑阁县教育局党组书记，主持教育局全面工作。

10月13日　王晓明主持召开县教育局党组会，研究教育系统重点工作。

10月17日　中国人民解放军信息工程大学和剑门关小学签署了共建协议并赠送了慰问金6万元。

10月下旬至11月中旬　教育局视导组李炜、张天锦、贾建平、尚翠丽、何丽等对柳沟、白龙两个片区的学校和直属学校进行教育教学常规管理视导，并提交了视导报告。

10月24日　剑阁县教育系统党风廉政建设专项整治会在县成教中心召开。副县长郭扭只主持会议，县委常委、纪委书记母雪龙出席会议并讲话。县教育局党组书记、局长王晓明代表县教育局党组做表态发言。

10月25日 县教育局党组书记王晓明主持研究义务教育均衡发展工作。会议安排了制定《剑阁县义务教育均衡发展实施方案》，学校布局调整，剑州中学、文峰中学和普安小学改造等事宜。

10月27日 由省人社厅和广元市政府主办，市人社局和剑阁县政府承办的"全省就业扶贫招聘会·剑阁专场"，在剑阁县就业扶贫培训基地——剑阁职中举行。四川省副省长王铭晖、省人社厅厅长戴允康、浙江省就业局王平洋、广元市委书记王菲、剑阁县委书记等200多位省市县领导视察招聘会现场。

10月29日 县教育局原党组书记、局长伍翠蓉被撤职，接受组织调查。县委常委会任命王晓明同志担任县教育局局长。

是月 龙江小学成功创建"四川省第四届文明单位"。

是月 教育局要求各中小学设立教育扶贫专干，待遇按中层领导对待。

11月1日 县教育局党组书记、局长王晓明调研剑阁县实验学校工作。

11月3日—4日 省教育厅副总督学沈成军来剑检查改薄项目实施情况。市教育局党组书记、局长杨松林，副县长郭扭只，县教育局党组书记、局长王晓明陪同检查。

11月7日 王晓明主持召开局党组会，研究加快普安城区义务教育均衡发展和普安学校布局调整工作。

11月8日 县教育系统法律警示教育会议召开，中学校长、高中三个年级组长、教办主任、局领导参加会议。与会人员观看了《象牙塔的蜕变》警示片。

11月14日 团省委、团市委相关领导和东京海上日东公司的志愿者们一行20人到剑门关实验学校开展了"关爱农民工子女"志愿者活动。

11月17日 剑阁县教育系统扶贫推进现场会在盐店小学召开。

11月22日 王晓明主持专题会议，研究讨论教育系统目标绩效考核工作。局班子全体成员、机关股室长、教育督导办主任、校长代表、教师代表参加研讨。会后安排张天锦同志牵头起草《剑阁县学校教育工作目标考核细则》。

11月24日 县委常委、宣传部部长张春华在剑州中学主持召开普安义务教育均衡发展座谈会，县教育局党组书记、局长王晓明主持会议。

11月25日 中共剑阁县教育局党组向县委机构编制委员会请示，成立"剑阁县学生资助管理中心"，核定编制5名（从剑阁成人教育中心编制中调剂5名），其中设主任1名、副主任1名。

11月26日 县教育局召开党组专题民主生活会，县纪委通报查处的教育系统典型违纪案件。

11月27日 广元市职业教育学会德育工作现场会在剑阁职中举行。

11月29日 民盟中央社会服务部副部长段海溪，教育处处长王强，调研员、副处长龚亮，民盟广元市委副主委、秘书长何炜一行莅临剑阁中学，调研学校信息化建设推进情况。

是月 全县教师在网上进行教师资格注册申报工作。

12月6日 团中央办公厅书记办副主任张晓博和团中央组织部副主任赵晓堃到剑阁中学视察共青团改革工作。团省委领导张建强、团市委副书记何明珍、团县委书记雍松涛陪同。

是日下午 县教育局党组书记、局长王晓明主持召开局党组会，讨论通过县教育系统项目建设、财务管理办法和普安原成教中心房屋移交普安小学管理事宜。

12月9日 四川省深入推进"法律进学校"工作现场会在剑阁职中召开。

12月10日 广元市职业中学校德育管理现场会在剑阁职中召开。市教育局党总书记、局长杨松林出席，县教育局党组书记、局长王晓明参加会议。

12月13日 2016年教育系统行风效能评议会召开。

12月17日 剑阁县民办教育工作总结暨《中华人民共和国民办教育促进法》修正案解读会议，在教育局二楼会议室召开。教育局职成股全体人员和33所民办幼儿园园长参加会议。

12月26日　县教育局机关人事调整：唐守荣任教育股股长，何心忠任教育督导室主任，杨永丰任人事股股长，李炜任教研室副主任（主持工作）。筹备设立教育考试中心。

是月　"剑阁县未成年人心理成长指导中心"在龙江小学建成。

是月　占地20亩、投资3 000万元的"李榕家风教育基地"项目在龙江小学启动建设。

是年　县教育局拨付300万元资金给普安小学，改造原教育宾馆、原成教中心教学楼。

是年　开封中学学生公寓、食堂由县政府出资收购，结束由原投资方管理收费的历史，移交学校自主管理。

2017 年

1月10日　广元市人民政府副市长吴桂华、市教育局局长杨松林一行5人在副县长郭扭只、县教育局局长王晓明的陪同下，调研了剑阁中学、剑州中学、剑门关高中、剑阁职中、普安幼儿园、香江国际幼儿园。

1月16日　全县高三"一诊"成绩分析会在剑阁中学召开，副县长郭扭只，县教育局党组书记、局长王晓明出席并讲话。

1月17日　县教育局招考宣传文秘人员考试在成教中心六楼会议室举行，来自县内外各地人员40余人参加考试。王继伟、王娟考入机关工作。

是月　汉阳小学食堂获省食药监管局餐饮食品安全量化等级评定"A级单位"称号。

是月　鸯溪小学获四川省爱国卫生运动委员会授予的"卫生单位"称号。

2月28日　省教育厅基教处副处长张正华带队的省政府教育督导室春季开学专项检查组一行3人，在市、县教育局领导的陪同下，莅临剑阁县专项督查春季开学工作。

是月　原文峰中学整体并入剑州中学，成为剑州中学初中部。

3月1日　广元市利州中学、苍溪县嘉陵镇初级中学、剑门中学一行35人到剑阁中学参观交流"四川省剑阁中学（北京四中网校）智慧课堂"建设情况。

是日　县教育局修订并实施《剑阁县教育局法律顾问管理制度》《剑阁县教育局法律顾问工作考核办法》。

3月12日　剑阁县教育工作会议、剑阁县创建全国义务教育基本均衡县专题培训会议在成教中心六楼会议室召开。四川省人民政府督学、剑阁县创建全国义务教育基本均衡县工作总顾问唐勇做专题培训。

3月20日　民主建国会中央常委、民主建国会天津市委主委、天津中华职教社主任欧成中带领天津现代职业学院、天津商务职业学院、天津市第一商业学校等中高职院校负责人一行，到剑阁职中参观，并签订对口帮扶协议。

是日　县委政法委在剑门关实验学校召开黄有斌同志"见义勇为"表彰会。

3月23日　中共剑阁县委第三巡察组巡察教育系统意见反馈会召开，县委第三巡察组组长沈继红代表巡察组反馈了4个方面共70个问题，提出了整改要求。

3月28日　剑阁县龙江小学、剑阁县实验学校、剑门关实验学校、香江国际实验学校、田家小学五校校长到北京市海淀区参加"全国智慧教学"研讨——走进五一小学活动。同时到太平路小学和北京邮电大学附属小学进行访问学习。

3月29日　剑阁县2017年校园足球比赛小学、初中组在剑阁职中举行。

是月　香沉中学与香沉小学合并为九年一贯制学校，杨显荣担任香沉小学校长。

4月7日　市教育局党组书记、局长杨松林一行4人在县教育局局长王晓明的陪同下调研剑阁县高中工作。

4月10日 县教育局党组书记、局长王晓明主持召开县教育局巡察整改推进会，专题研究县委巡察反馈问题整改情况。

4月17日 县教育局召开党组（扩大）会议。县委组织部宣布县教育局班子调整，徐剑锋、杨再章、曹正海不再担任县教育局党组成员，徐剑锋、杨再章、何中强提名免去副局长。何中强转任县人民政府总督学，蒲继强、王勋勇、何晓明任县教育局党组成员，拟任副局长。

4月19日 剑阁县教育系统党风廉政暨校园安全、信访稳定、义务教育均衡、教育脱贫会在县成教中心召开。县委常委、宣传部部长张春华，副县长郭扭只出席会议并讲话。与会人员观看了警示教育片《教育之殇》，会议宣布了新任党组成员。

4月24日 县教育局党组书记、局长王晓明调研龙江小学教育教学工作。

4月28日 剑阁县义务教育均衡发展全过程督导汇报会召开，省教育厅规划处处长王羽，县委常委、宣传部部长张春华，出席会议并讲话。

是月 成立剑阁县香江国际幼儿园党支部。选举出支部委员，并分工。

是月 广元市教育局局长杨松林带领上海闵行区政协副主席到小剑小学捐赠10万元采购教学设备（3套一体机、2套电脑、空气能热水器、洗衣机、消毒柜）并邀请小剑小学教师到上海闵行区交流学习1周。

5月3日 省教科所所长刘涛一行4人到剑门关高中调研指导教学工作。

5月4日 剑阁中学纪念"五四"运动98周年文艺晚会暨表彰大会隆重举行。县委常委、宣传部部长、县总工会主席张春华，县作协主席张永平，县教育局副局长王勋勇及部分兄弟学校领导、家长代表及剑阁中学5 000余名师生参加了晚会。

5月8日 成立剑阁县教育基金会"旅外人士扶贫助学专项基金"。

5月19日 "剑阁县旅外人士教育扶贫专项基金"捐赠仪式在剑门关高中隆重举行。县长张世忠，县政协主席孔金山，宣传部部长张春华，副县长郭扭只，县教育局党组书记、局长王晓明等出席捐赠仪式。成都宏科鞋业有限公司董事长王法龙、四川现代彩钢建房有限公司董事长左泰明、四川金锣旅游开发有限公司董事长杨丕清等19位旅外爱心人士参加捐赠仪式。

5月25日 省教育厅巡视员魏成松、省教育考试院副院长张刚、工会主席周连勇赴剑阁检查2017年高考备考工作。副市长吴桂华，市教育局党组书记、局长杨松林，副县长郭扭只，县教育局党组书记、局长王晓明陪同检查并汇报。

5月30日 2017年全国职业院校技能大赛中职组赛场（长沙站）上，剑阁中职选手朱鹏飞代表四川省参赛，荣获计算机检测维修与数据恢复赛项个人三等奖。

6月1日 中国人民解放军信息工程大学指挥军官基础教育学院副政委闫海校一行5人到剑门关小学与孩子们共度"六一"，并送来节日慰问金6万元。

是日 浙江莲都区慈善总会为西庙小学贫困学生共计捐款1万元。

是日 《中共剑阁县委关于成立中共剑阁县教育工作委员会有关事项的通知》（剑委任〔2017〕45号）批准成立中共剑阁县教育工作委员会（简称县教育党工委），并明确全县教育系统党组织由原来属地管理归口为县教育党工委统一管理。全县有各级各类学校146所、党组织126个，其中党委5个、党总支2个、民办学校独立（联合）党支部5个、党员1 902人。

6月1日—4日 全国职业院校技能大赛机械装配技术赛项在浙江省杭州市浙江机电职业技术学院成功举办。剑阁职中选手赵东鑫、杨晓峰分别获得两个三等奖。

6月7日 龙江小学协助拍摄的李榕家风专题片《克勤克俭、负耒横经》在中纪委网站首页展播。

6月19日—23日 受北京市海淀区五一小学邀请，教育局局长王晓明一行6人，参加了海淀区五一小学"中国学生发展核心素养的校本化实践"中外学术研讨会，考察了海淀区2所小学1所中学、有意投资剑阁优质民办教育的企业，与海淀区教育工委进行了工作交流对接。

6月22日　全县高考成绩发榜。2017年在高考参考人数较2016年减少502人的情况下，文考本科上线1 285人，比2016年增加103人，增长率为8.7%，本科上线人数稳居全市县区第二；重本上线380人，比2016年增加61人，增长率为19.1%。全面完成了市上下达的目标任务。剑阁是全市唯一既实现了文考本科上线正增长又完成了全市目标任务的县区。

7月11日　县教育局向县委编办报送《关于优化调整布局有关学校编制工作的请示》。通过乡镇人大主席团决议，报县政府同意，合并江口中小学、龙源中小学、杨村中小学、东宝中小学、香沉中小学，办成九年一贯制学校。合并后，江口镇学校名称为"剑阁县江口嘉陵学校"；龙源镇学校名称为"剑阁县龙源育才学校"；杨村镇学校名称为"剑阁县杨村小学校"；东宝镇学校名称为"剑阁县东宝小学校"；香沉镇学校名称为"剑阁县香沉小学校"。

7月12日　义务教育均衡推进会在剑阁职中召开，全县各教育督导办主任，义教专干和中小学校长共280余人参加会议。

7月17日　受15日、17日两场暴雨影响，江口小学食堂外新增一处地质灾害点，危及学校师生安全和下方场镇居民安全。县教育局党组成员、副局长蒲继强和安全办人员赴江口小学现场查看灾情，指导应急处置，并向县政府申请解决资金300万元，用于扎堡坎和修复围墙。

7月18日　根据档案局、教育局联合发文《关于做好学校档案工作规范化管理等级认定、复查和档案移交工作的通知》（〔2017〕14号文件）通知安排，对盐店小学、毛坝小学、义兴小学、高池小学、张王小学和高观小学等6所小学档案工作规范化管理等级认定工作进行督查。

7月25日　中共剑阁县教育局党组请示县委编办，报县委、县政府同意，文峰中学整体搬迁至剑州中学，撤销原文峰中学建制，保留四川省剑州中学牌子。

7月26日　截至2017上半年，剑阁县教育局引进招聘招录事业单位工作人员及公务员55名，引进脱贫攻坚专门人才32名，招聘特岗教师70名，促进157名大学生就业。

是日　剑阁县考生录取情况：①专项计划共179人，其中国家专项提前批1人、国家专项152人、高校专项5人、地方专项21人。②免费师范生5人。③本科提前批14人、一本162人（其中艺术体育40人、职教师资本科4人）。④高职单招录取686人。

7月27日　《剑阁县中小学校领导人员管理暂行办法（试行）》发布。

是月　普安中学荣获"四川省文明校园"称号。

8月4日　教育工作汇报会召开。县委常委、宣传部部长张春华，副县长郭扭只出席并讲话。县教育局党组书记、局长王晓明汇报换届以来全县教育工作。

8月29日　县教育局对机关内设机构进行调整，设立办公室、教育股、民办教育管理股、目标督查管理股、规划财务项目股、人事股、安全办、信访股、党委办。

9月10日　中国人民解放军军委训练管理部首长给剑门关小学发来教师节慰问信并捐赠办公电脑20台。

是日　剑阁县驻蓉退休教师欢庆第33个教师节大会在成都市三圣乡红太阳山庄农家乐举行。180余位剑阁县驻蓉退休教师参加了大会。

9月17日—23日　剑阁职中汽修专业王锐、机加专业母秋尧、计算机专业王志鸿、电子专业张梅4名学生赴港参加中华职教社研习营。

9月20日　上海市闵行区政协主席祝学军，闵行区委常委、统战部部长李红珍等一行14人，在省市县相关领导的陪同下，赴剑门中学、小剑小学考察验收教育帮扶项目。闵行区帮扶剑阁教育项目，捐赠学校多媒体一体机、办公电脑、热水机、校园广播系统等总价值20余万元，还将陆续对校长和教师开展提高培训。

9月20日—22日　市政府对剑阁县创建全国义务教育发展基本均衡县工作开展市级复核工作。

剑阁县顺利通过市级复核。

9月24日 中国诗词大会第三季"花开剑门"节目录制组来到剑门关。剑阁中学24名学生、16位老师代表参加节目录制。

9月25日—27日 中国科学院老科学家科普演讲团分别到剑阁中学、普安中学、剑门关高中、剑阁职中,为师生作专题讲座。

9月29日 剑阁县创建全国义务教育发展基本均衡县市级复核问题整改暨迎省评估动员会在成教中心六楼会议室召开。全县各中小学校长、园长、督导办主任、机关股室负责人、扶贫专干参加会议。会上,剑门中学、盐店小学、江石小学、公兴中学校长作了问题整改表态性发言。

是月 新疆吐鲁番雪银矿业股份有限公司"化林雪银希望小学教育扶贫专项基金"捐赠仪式举行。共捐赠100万元。

是月 凉山小学、羊岭小学、抄手小学由九年一贯制改制为完全小学。

是月 江口中小学、杨村中小学、东宝中小学、香沉中小学、龙源中小学合并为九年一贯制学校。

是月 上海闵行区为鹤鸣小学捐赠价值10万元的教育教学设备。

10月14日 机关干部职工深入杨村镇长湖村、柏梓村、三合村、官店村开展"三同"(同吃同住同劳动)活动。

10月21日 在剑阁职中举行的剑阁县2017年首届扶贫培训专班圆满结业。

10月26日—27日 县上抽调教育系统35名干部统一安排到贫困村开展脱贫攻坚初验工作。

是月 龙江小学男子足球队取得代表广元市参加2018年省运会的资格。

11月1日—3日 四川省人民政府督导评估剑阁县创建全国义务教育发展基本均衡县工作,剑阁县以98分的高分通过。

11月10日 县教育局召开行风效能评议大会。县教育局局长王晓明汇报教育工作。县行风效能评议员罗晓明、黄长松等10人全面评议教育系统行风效能工作。

11月16日 绵阳市剑阁商会"情系桑梓,筑梦教育"给剑门关高级中学捐赠100万元,设立"绵阳市剑阁商会剑门关高中教育扶贫专项基金"。中共剑阁县委副书记、县长张世忠,县教育局党组书记、局长王晓明出席捐赠仪式。

是日 全市美丽乡村学校建设与管理现场会在小剑小学召开。副局长王勋勇出席并致辞。

11月21日 县教育局召开干部职工会,县委组织部宣布成立中共剑阁县委教育工作委员会,县委教育工委副书记杨启文到位履职。

11月24日 剑阁籍旅外成功人士祁有德、段增勇、戚鑫、冯元文、张德荣、李克全、杨海泉共7人分成3组分别到剑门关高中、剑阁中学、剑阁职中为部分师生作人生励志讲座。

是月 鹤鸣小学、小剑小学、北庙小学被广元市教育局评为首批"美丽乡村学校"。

12月1日 广元市、剑阁县教育局、新华文轩公司在剑门中学举办"爱心奉献,播种希望"文轩教育"太阳星"公益助学活动。奖励优秀学生4人,每人1 000元;资助贫困学生4人,每人1 000元;资助贫困教师3人,每人2 000元。新华文轩公司还特意邀请了教育专家一贤老师作学术报告。

12月6日 阿坝县关工委督查调研剑阁职中"9+3"免费教育工作。

是日 张王小学档案室建设获档案工作规范化管理证书(省三级)。

12月8日 剑阁县2017年学校食品安全应急演练在剑门关实验学校举行。县教育局、县市场监管局、县卫计局、县人民医院、剑门、下寺、江口片区及所辖学校食堂分管领导,剑门关高中、剑阁职中分管领导、学校师生等800多人参加了观摩活动。

是月 龙江小学成功创建"四川省文明校园"。

是月　四川省人民政府授予龙江小学赵剑蓉同志四川省"特级教师"称号。

是年　广元市妇联、剑阁县妇联联合给广坪小学修缮"儿童之家"，资金达2万余元；广元市妇联、四川力发律师事务所、广元市081中学等单位联合捐赠给广坪小学100余套被盖，300余套学习、生活用具。

2018 年

1月8日　四川省2018年职业院校技能大赛剑阁职中学生荣获1个一等奖、5个二等奖、9个三等奖。

1月9日—14日　副县长郭扭只，教育局党组书记、局长王晓明带领教育股股长唐守荣、办公室副主任张天锦和职业中学、初中学校校长一行6人赴广东省东莞市、惠州市、深圳市考察职业教育、小学教育、教育扶贫工作等。

1月11日　召开剑阁县"国培计划"（2016）中西部项目工作研讨会，启动"国培计划"（2016）网络研修与校本研修整合项目和教师工作坊项目第二阶段培训。

1月16日　龙江小学荣获教育部"国防教育特色学校"称号。

2月24日　县委编办批复县教育局内设机构为：办公室、教育股、人事股、规财股、监察室、督导室、民办教育管理股、教育工委办公室、目标督查管理股、后产股、学前教育管理股、党委办、安全办。

是月　撤销城北小学附属幼儿园，普安幼儿园在城北小学设立城北分园。

3月19日　县委、县政府在白龙中学召开大会，宣布任命原剑阁中学党委副书记左坤周为白龙中学党委书记、校长。

3月21日　教育局局长王晓明深入抄手小学、柳垭小学、凉山小学、柳沟小学、垂泉小学、秀钟小学、正兴小学、武连职中等学校，督查教育扶贫、教育联盟、义教均衡、校园安全等工作。

3月22日—25日　剑阁县2018年"包商村镇银行杯"校园足球赛剑阁片区比赛在剑阁职中、剑门关高级中学运动场举行。来自剑阁县小学、初中、高中38支男、女代表队展开了激烈的角逐。

3月22日　市政府副总督学赵兴献、市政府督学杨泰一行5人到江口嘉陵学校实地察看了新建综合楼项目实施情况。

3月28日　剑阁中学与普安实验小学一年一度的手拉手联谊活动在剑阁中学运动场拉开帷幕。剑阁中学七年级和普安镇实验学校六年级6个班共计300余名师生参与了此次活动。

3月31日　全国人大常委会副委员长蔡达峰视察抄手小学，剑阁县乡村教育振兴工作受到国家领导人的高度评价。

4月2日—3日　市教科所王锡安副所长带领语文、英语、物理、化学、政治、历史、生物7个学科的教研员，对剑阁高三工作进行视导。

4月16日　中华人民共和国教育部考试中心蒋超（原命题处处长）、北大秘书长陈远平在副县长郭扭只、教育局局长王晓明及剑门关高中校长邓思勇陪同下，考察了剑门关高中。

4月17日　市文化局和消防支队领导检查位于剑阁中学校园内"剑州文庙"的安全、保护等工作。

4月23日　市委宣传部副部长带领浙江、黑龙江省的20多位网络名人参观考察了剑门关高中。

4月29日　剑阁职中被省教育厅、省财政厅、省人力资源和社会保障厅确定为"2019四川省示范中等职业学校建设计划"单位。

是月　涂山学子、沈曼传媒文化有限公司董事长郑孟云为母校捐赠10万元购买课桌凳，助力义教均衡和教育脱贫。

5月3日 县教育局召开党组（扩大）会议，专题研究部署"大学习、大讨论、大调研"活动，会后召开了党组中心组（扩大）会议。

5月9日 剑阁县学前教育联盟启动会在普安幼儿园举行。

5月13日 黑龙江省委常委、省政府常务副省长一行10余人（当年参与援建人员）对四川省剑门关高级中学进行回访。广元市委副书记、市长邹自景，市人大常委会主任邓光志，剑阁县县长张世忠，县教育局及学校相关领导等陪同。

5月14日 "5·12"十周年纪念座谈会在温泉酒店召开。局长王晓明在会上作了《铁人精神传剑州 大爱催开教育花》的发言。教育局对口与黑龙江省杨臣、陈方斌及黑河学院有关领导举行座谈会，达成意向性合作协议。

5月18日 中央电视台第九套《纪录频道》栏目组走进龙江小学采访报道剑阁历史文化名人李榕。

5月21日 县教育局召开2018年度第九次党组会议。会议研究了学校后备干部入库、校（园）长2017年度考核评定工作、教师大比武、开展校外培训机构专项整治、驻村帮扶、安全生产、党的建设、作风纪律深化活动等工作。

5月28日 剑阁县校外培训机构专项治理行动联席会召开。

5月30日 广元市委书记王菲莅临剑门关小学调研"大学习、大讨论、大调研"活动，并向少先队员致以节日祝贺。市委书记王菲寄语广大少年儿童传承红色基因，争做新时代优秀少年。

5月31日 广元市政协副主席唐容华、剑阁县政协副主席周清秀一行到张王小学看望留守儿童。

6月5日 市语委、市国学研究会在广元职业信息技术学院举行了"广元市2018年中华经典吟诵比赛"决赛。剑门关实验学校派出39名同学参赛，获集体二等奖，1人获个人二等奖。

6月17日—21日 剑阁中学高2018级基地班学生139人在学校组织安排下，开展了由广元蜀道企业管理有限公司承办的为期5天的拓展训练。

6月19日 教育局副局长蒲继强、人社局副局长孙红军带领教育局人事股、部分学校负责人赴绵阳师范学院、西华师范大学、乐山师范学院、宜宾学院招聘教师。

6月23日 高考成绩放榜。普高一本上线364人，本科1 163人，分别超目标40人、55人。特优生"亮""量"兼备，全县理科最高分获得者为剑门关高中魏维芮（672分），文科最高分获得者为剑门关高中马太华（610分），全县600分以上特优生达84人。英才班体现绝对优势，全县英才班111人，一本上线107人，一本率达97%，本科率达100%。剑阁职中最高分为630分，整体上线率为99.7%。剑门关高级中学魏维芮考取清华大学。

6月26日 剑阁县城遭受搬迁县城以来的最大洪水。

6月27日 剑阁县教育局与浙江省丽水市莲都区教育局签署《东西部扶贫协作框架协议》。

6月29日 2018年县十八届人大三次会议、县政协十届三次会议人大代表和政协委员建议提案办理结束。县教育局共收到县政府办转来提案及建议15件，包括安全管理1件、幼儿教育1件、队伍建设3件、项目建设1件、素质教育3件、教育管理5件、留守儿童管理1件。从建议及提案来看，人们对优质教育的需求愿望不断增强。

7月3日 全县第三次少先队代表大会在紫金大酒店四楼会议室召开。县教育局局长王晓明出席并致辞。县四大班子领导张春华、王湖益、袁春华等领导出席会议并作讲话。共青团剑阁县委、县教育局、县少工委授予罗文岐等10名同学2017年度"剑阁县优秀少先队员"称号，授予王小惠等10名教师2017年度"剑阁县优秀少先队辅导员"称号，授予剑阁县实验学校少先队大队部等5个集体2017年度"剑阁县优秀少先队集体"称号。

7月4日 县纪委新派驻教育局纪检组入驻县教育局。组长王强、副组长蒲丽娟与机关全体职工见面。

是日 剑阁教育史上第一个"普职融通班"开班典礼在剑阁职中学术报告厅隆重举行。

7月9日 县教育局召开机关职工会议，民主推荐机关人员出任校级领导干部人选，经过民主推荐、民主测评、党组会议讨论，范清凤、贾晓刚被推荐为校级领导人选。

7月17日 县教育局召开提拔（13人）及交流（16人）校长任前廉政谈话会。

7月18日 国家脱贫攻坚督查验收组到剑阁验收脱贫攻坚工作，抽签确定柏垭乡、姚家乡、江石乡接受验收。柏垭小学、姚家小学、江石小学全体教职员工下到贫困户协助验收工作。

是日 县委组织部召开浙广合作丽水市莲都区来剑阁援建人员工作安排筹备会。赴剑阁教育援建人员是丽水市莲都区老竹民族学校副校长（主持工作）钟国友，拟挂职剑阁县教育局，挂职职务为剑门关高级中学校校长助理。

7月25日 县教育局召开全县教育督导责任区工作会议，宣布了县教育督导责任区主任名单、首批责任督学名单，颁发了聘书，授予12个教育督导责任区印章，聘任首批责任督学25人。

8月24日 龙江小学特教班冯丹丹参加省残运会获得50米自由泳、50米仰泳和200米自由泳冠军。

9月20日 广元市教育局机关、市直属学校党委（总支）书记、各县区教育局党工委书记、局长一行62人在市教育工委书记、局长杨松林的带领下，在剑阁职中举行了市教育局党组中心组（扩大）学习会议。

是月 县委、县政府任命罗平同志为开封中学党委书记、校长。

是月 海宁市许村商会给小剑小学捐赠价值1万元的学生被盖。

10月17日 全国义务教育发展基本均衡县国家教育督导检查组专家，对剑门关实验学校、高观小学、普安中学、龙源育才学校、剑门关高级中学等校义务教育均衡发展工作进行督导评估。县委常委、副县长张世忠出席汇报会。

10月18日 四川省教育考试院党委委员、命题中心主任何星原携高考语文、数学、英语命题专家组成员一行4人赴剑门中学指导初中教育教学工作。

10月25日 中共广元市委书记王菲一行到鹤龄中学调研教育扶贫工作，了解教育扶贫工作推进情况。

是日 成教中心被中国成人教育协会评为"优秀成人继续教育学院（培训机构）"。

11月12日 "剑阁·莲都东西部扶贫协作"结对学校交流活动启动仪式在剑门关高中科技楼二楼会议室举行。

11月19日 中央电视台走进龙江小学，拍摄的以李榕家规家风为题材的纪录片《新时代 好家风 广元行》在CCTV-9发现之旅频道《纪录东方》栏目播出。

11月21日 中央军委训练管理部政治工作局副主任徐剑大校和政治工作局双拥办主任盛威大校来到剑门关小学（剑阁县八一爱民学校）调研，并捐赠援建专项资金15万元。

11月23日 "2018年外研社杯"全国中职英语"教学之星"大赛，剑阁职中教师张洪先获得一等奖，成为广元市中职学校唯一获得此项殊荣的教师。

11月24日 广元市政府督学杨泰，在市教育局职成科副科长、"9+3"办公室主任王恒满的陪同下，在剑阁职中调研督查涉藏地区"9+3"免费教育计划工作。

12月10日 浙江省丽水市职中一行5人抵达剑阁职中开展东西部扶贫协作工作。

12月13日 全县德育工作会现场观摩活动在剑门关高中举行。全县中小学校校长、德育分管领导200余人观摩了学生社团活动和团队活动。

是月 剑阁县通过国家督导评估被认定为"义务教育发展基本均衡县"。

是月 县投资近3 000万元的川北家规家风教育基地——李榕纪念馆在龙江小学开工建设。

是月　广元市春蕾爱心协会朱玉玲会长等爱心人士给广坪小学 328 名学生每生捐赠价值 100 多元的爱心运动鞋一双。

是月　普安小学由原来的直属学校划归普安教育督导责任区管理。

2019 年

1月3日　县教育局开展 2018 年教育系统互助基金评审工作。2018 年度共筹集互助基金 71.96 万元，合计发放 71.3 万元，共有 213 名教职工享受教职工互助基金，其中在职职工 96 人、退休职工 117 人。

1月5日—8日　剑阁职中 30 名师生代表广元市参加四川省 2019 年中等职业学校技能大赛 13 个赛项的比赛，共计获得 3 个一等奖、3 个二等奖、10 个三等奖，获奖总数与学校综合排位再次名列广元第一、全省前三。

1月8日　剑门关实验学校创建"四川省艺术教育特色学校"工作，高分通过四川省教育厅体卫艺处副处长杨荔带队的专家组一行 6 人的复核验收。

1月10日　"雪银教育扶贫专项基金"资助贫困学生发放仪式在剑阁县莺溪小学举行。爱心企业家杨雪银捐资 100 万元助学。

1月16日　2019 年四川少儿艺术节优秀少儿春晚节目展播在成都市建川博物馆演艺剧场举行，剑阁县教育局选送的《有魅力的他》被评为舞蹈类少年组一等奖，剑阁县教育局青少年校外活动中心被组委会授予"艺术人才培训基地"。

1月25日　县教育局在三楼会议室召开脱贫攻坚帮扶力量和援彝干部人才"暖心行动"谈心谈话会议。

2月10日　县教育局组织的"留守儿童感受魅力新县城"活动在剑门关镇和下寺镇举行。参加本次活动的 44 名儿童来自鹤龄小学和元山小学，其中留守儿童 37 人、困境儿童 7 人。

2月27日　县教育局开展空军青少年航空学校 2019 年度招生工作。

2月28日　剑阁职中 27 名学生赴浙江丽水职高，参加为期 1 年的素质技能提升、综合岗前学习。

3月11日—12日　浙江省丽水市莲都区名校长、名教师教学研讨暨结对学校送教活动在剑阁县普安小学、剑门关小学如期开展。

3月12日　为落实县教育局开展"红、绿、土"主题德育系列活动安排，剑阁县各中小学广泛开展了"护我青山绿水，共享蓝天白云"环保主题活动。

3月14日　县长张世忠赴剑州中学督查学校食品卫生安全工作。

3月19日—20日　全市教师培训管理者研讨会、全市教师培训工作会在剑阁县召开，参会人数达 200 余人。

3月20日　中央军委训练管理部政治工作局副主任徐剑大校、政治工作局双拥办主任盛威大校一行 6 人到剑门关小学专题研究落实援建工作。

是日　四川省阳光保险总公司、广元市金融局向金仙小学捐赠体育用品、电子白板、桌椅等设施设备，价值达 20 万元。

3月25日　县教育局开展高 2019 级单招面试辅导工作。剑阁职中对剑门关高中参加单招的 200 余名学生进行面试培训。

4月2日—4日　县学前教育教研联盟分 6 组奔赴全县 12 个教育督导责任区，对 14 所一级联盟园、20 所二级联盟园同步开展幼儿园"去小学化"专项督查。

4月13日　中国科学院院士、十三届全国人大常委会副委员长、九三学社中央主席武维华到剑门中学调研九三学社援建设施设备的使用情况。

4月15日　副县长郭扭只组织县教育局、县经商局、县发改局、县财政局等部门召开联席会议，研究优质民办教育引进事宜，逐项落实神州天立集团投资办学合同协议细则。

4月16日　剑阁县个私协会常务理事单位雪亮眼镜行走进剑阁中学，捐赠总价值约为59 900元的100副眼镜。

是月　全县教育系统开展"千名教师访万家"和"一个都不少"活动。

5月15日　剑阁县鼓楼幼儿园正式成立。核定事业编制26名（从普安幼儿园连人带编划入22名），其中园长1名、副园长2名。

5月31日　中国人民解放军信息工程大学研究生院贾宏乾政委一行，莅临剑门关小学为"剑阁县剑门关少年军校"揭牌。

6月10日—13日　欧美篮球进校园签名活动在剑门关高中、剑阁职中、香江国际实验学校、龙江小学举行。

6月19日　四川省关工委常务副主任、省政协原副主席陈官权在省、市、县关工委领导陪同下调研了剑阁中职农村青年职业技能培训工作。

6月25日　四川省军区副司令员邵荣德少将一行走进剑门关小学，对学校管理、基础设施建设等方面进行了视察调研。

是日　剑阁县禁毒教育基地开馆仪式在剑阁职中举行。

是月　国家卫生健康委人口家庭司司长杨文庄一行到普安幼儿园调研工作。

7月17日　剑阁中学高82级校友赵彦杰，向母校捐赠了他的个人发明国家专利证书140本。

8月4日　龙江小学男子足球队获四川省青少年锦标赛男子08组比赛冠军。

9月9日　剑阁职中荣获"全国教育系统先进集体"称号。

9月25日　四川电视台教育频道专题报道龙江小学足球工作。

9月29日　来自全市各中、小学的校长、信息技术教育负责领导100余人，在广元市教育局副局长谢正臣的带领下，来到剑阁中学，现场观摩了剑阁中学省级智慧教育学校创建工作。

是月　中央军委训练管理部向剑门关小学捐赠40万元配备了14间教室的班班通一体机设备。

10月10日　中共剑阁县委教育工作委员会批准成立剑阁县鼓楼幼儿园党支部。

10月11日　广元市委第三巡回组对剑阁中学、剑门关高中开展"不忘初心、牢记使命"主题教育情况进行了督查。

10月12日　县政府总督学何中强带领剑门小学杜中江、刘春燕和马秋玲三位老师到中央军委训练管理部、北京市五一小学、培英小学、太平路小学培训学习。

10月14日　剑门中学八年级师生前往西安参加为期6天的研学旅行。

10月18日　广元电大校长、党委书记罗兴发一行3人到广元电大剑阁分校开展"不忘初心、牢记使命"主题教育调研工作。

10月29日　县教育系统召开"不忘初心、牢记使命"主题教育调查研究成果交流会。

10月30日　县教育系统召开2019年教研联盟工作研讨会。

是月　浙江莲都区慈善总会为西庙小学贫困学生共计捐款1万元。

是月　汉阳小学与成都爱心人士达成深度对口帮扶协议，并当场获赠4万元，用于学校改善办学条件。

11月4日　副县长郭扭只、县教育局局长王晓明和剑门关小学校长李玉富到中央军委训练管理部、北京市五一小学、培英小学、太平路小学培训学习。

11月12日　剑门关天立国际实验学校建设工程项目举行开工仪式。

是日　县教育系统"初心杯"主题教育演讲比赛在龙江小学礼仪讲坛举行。

11月22日　剑阁县学前教研联盟开展阶段性研讨暨新教师培训会。

是月　安踏基金会捐助马灯小学师生衣物等物品，价值近8万元。

12月11日　中共鼓楼幼儿园支部委员会正式成立，刘建容当选为支部书记。

12月16日　剑门中学师生荣获中国科技馆发展基金会四项大奖。

12月17日　广元市政府副秘书长李庆华调研开封中学运动场项目工程。

12月23日　广元市2019年中等职业学校技能竞赛在剑阁职中举行。

是年　广元市春蕾爱心协会朱玉玲会长等爱心人士给广坪小学278余名学生每生捐赠校服一套。

2020 年

1月26日　新型冠状病毒感染（简称"新冠"）疫情暴发，县教育局制定了《剑阁县教育局关于成立应对新型冠状病毒感染应急指挥部的通知》，成立了应对新型冠状病毒感染应急指挥部，加强全县教育系统新冠疫情防控领导。

1月27日　县教育局制定下发了《剑阁县教育局关于全县在校学生2020年春节期间出行情况排查方案》，对全县幼儿园及中小学学生春节假期行踪坚持"四个一"全覆盖大排查。

1月30日　县教育局局长王晓明深入香江国际实验学校、剑门关高中等5所县城学校督查新型冠状病毒感染疫情防控工作。

2月6日　县教育局共产党员突击队分小组与渡口社区干部共同对"康居人家"小区978户住户开展疫情防控网格化蹲点值守和排查工作。

2月10日　受新冠疫情影响，开学时间延期，剑阁县各中小学教师通过QQ微信、钉钉、腾讯会议等方式向在家的学生开展"停课不停教、停课不停学"线上教学活动。

2月14日　剑阁职中心理咨询老师伍丹通过"腾讯课堂"为剑阁职中全体师生举办心理干预线上讲座。全校师生通过手机、平板电脑、笔记本电脑等终端聆听了本次讲座。

2月18日　剑阁县特殊教育学校推出"停课不停教，停课不停学"线上教学活动，依托微信和各种网络直播平台进行线上答疑和布置学习任务，免费提供各种课程资源和心理辅导、康复训练等服务，满足特殊学生的学习需求，缓解家长的焦虑情绪，做到"开学虽延期，学习不延误"。

2月19日　县教育局副局长王勋勇、教育股股长唐守荣等一行3人深入剑阁中学、剑门关高中、剑州中学督查新冠疫情防控期间高三在线教学工作。

3月9日　四川云教电视课堂开始线上教学，全县中小学生开始观看学习。

是日　副县长郭扭只带头开展"五进"活动，到县教育局调研教育系统疫情防控工作。

3月10日　县教育局召开疫情防控及开学准备工作督查汇报会。局领导班子，办公室、安全办、教育股、民管股、人事股、后产股、县电教教仪站、教育扶贫办、县教研室主要负责人参加会议。

3月12日　县教育局召开教育系统疫情防控暨脱贫攻坚工作会。局长王晓明传达学习中央、省、市关于疫情防控及脱贫攻坚工作指示精神，安排部署新冠疫情防控、线上教育教学、脱贫攻坚等工作。

3月19日　副局长王勋勇、教育股股长唐守荣、普安幼儿园副园长杨晓庆等一行9人，走访慰问援鄂护士曹秋艳在普安幼儿园就读的女儿唐欣芮及其家人。

3月29日　县教育局召开剑阁县2020年春季开学综合评估工作培训会。

3月30日　县教育局领导走访、慰问剑门关高中援凉山州雷波县教师齐永朋、王雪萍夫妇及其亲人。

是日　剑阁职中组织部分教师进行开学复课相关工作环节（入校、上课、分段放学、就餐、就寝、应急处置等）的演练。

3月31日　县委宣传部部长杜嫣然、县人大常委会主任张大勇分别到剑州中学、武连职中督导2020年春季学期开学准备工作。

4月1日　剑阁县7所学校3 474名高三年级学生2020年春季学期开学复课。各高中学校，从体温检测到宿舍安排，从分散就餐到进班上课，各环节操作规范严谨，开学工作平稳有序。

4月4日　剑阁中学全体师生深切哀悼抗疫烈士和逝世同胞。

4月7日　剑阁县初三年级顺利开学复课，3 095名学生到校完成报名注册。高一和高二年级将于4月9日至14日开学复课。

是日　新华文轩出版传媒股份有限公司剑阁分公司向剑阁县中小学捐赠防疫宣传挂图400余份，向5所普通高中学校捐赠医用口罩、消毒液共83件，捐赠物资总价值10 000余元，助力开学复课。

4月8日　县长张世忠率领副县长郭扭只、县教育局、县生态环境局、县自然资源局、县住建局、县征收中心以及下寺镇相关责任人，深入调研剑门关天立国际学校项目建设推进情况，研究解决存在的困难和问题。

4月13日　四川省军区副司令员郦斌、办公室参谋舒斌，市军分区司令员徐阳、政委易长运、动员处处长赵爱一行，在县长张世忠，县政协、县人武部、退伍军人事务局等领导的陪同下，深入剑门关八一爱民学校视察军民共建工作。

4月14日—16日　剑阁县教育局组织开展为期3天的2020年春幼儿园开学复课应急演练观摩暨综合培训现场会，至此，全县幼儿园有序复课。

4月15日—16日　局长王晓明深入姚家小学、北庙小学、剑阁县实验学校、鼓楼幼儿园、剑阁中学、柳沟中学、柳沟小学、开封小学、开封中学、王河小学、元山中学、元山小学、剑门关小学、剑门中学检查疫情防控和开学复课工作。

4月17日　剑阁职中邀请省教学诊改专委会委员、省示范校建设专家委员会专家郑果在学术报告厅举办了专业建设专家培训会。

4月19日—20日　剑阁职中汽车运用与维修专业现代学徒制的90余名学生接受第三方的技能考评。

4月24日　县教育局组织县扶贫开发局、民政局、残疾人联合会、县总工会、退伍军人事务局等部门召开了剑阁县家庭经济困难学生认定工作信息共享协调会。

4月23日—24日　县教育局在县成教中心开展为期2天的创客教育骨干教师操作培训，对小盖茨机器人使用方法进行了培训。

5月12日　市教育局局长杨松林深入汉阳中学、汉阳小学、小剑小学督查学校教育教学管理工作。

5月12日—15日　县教育局分别在香江国际实验学校、普安小学、开封小学、公兴中学4个培训点对"鸿合""希沃"交互式平板的课堂使用进行中小学教师信息技术应用能力提升培训。本次培训共8场600人次。

5月13日　县教育局纪检组组长杨碧艳、副组长白胜念深入剑阁中学、北庙小学、柳沟中学、柳沟小学督查党员干部、公职人员违规借支、拖欠、挪用公款及违规占用公房清理及信访维稳工作。

5月14日　鼓楼幼儿园荣获四川省幼儿体育大会线上亲子运动会一等奖。

5月19日—27日　县人大常委会调研组对剑阁县贯彻落实《幼儿园管理条例》情况进行了为期4天的专题调研，组织召开剑阁县学前教育发展座谈会，县教育局汇报全县学前教育发展情况，县发改局、财政局、自然资源局、民政局、住建局、市场监管局、县委编办等部门发言。

5月26日—27日 剑阁县教育脱贫攻坚工作推进会先后在剑门片区、普安片区、白龙片区、开封片区成功召开。县委教育工委副书记、县教育局党组成员杨启文主持会议并讲话。

5月27日 剑阁县学前教育教研联盟第二片区引领园鼓楼幼儿园组织召开春季线上研讨会。元山、开封、武连、普安4个督导责任区一、二级联盟园,民办园分管领导、园长、骨干教师等共计36人参加。

6月1日 县教育局局长王晓明陪同县委书记张世忠慰问剑门关实验学校建档立卡贫困家庭子女、留守儿童代表20人。

是日 剑阁职中省示范校建设项目接受省教育厅专家组的全面考核。副县长郭扭只,市、县教育局相关领导出席并指导工作。

6月2日 市县教育基金会领导、剑门中学历届校友代表、剑门关镇政府领导、兄弟学校校长和剑门中学全体师生齐聚剑门中学德育广场,举行了剑阁县教育基金会剑门中学"剑之道"专项基金成立仪式。

6月3日 县教研室在剑阁中学召开"2019年度剑阁县教研课题"开题大会。县教研室党支部书记、副主任李炜,教研员罗有鹏,剑阁中学相关领导和课题参研人员共计70余人参加了会议。

6月6日晚 "川越视界 天府师说"大型公益培训——四川省李佳名园长工作室线上论坛《重拾游戏精神,唤醒身份意识》开播,刘晏名师在线作了《从爱玩到慧玩,培育教师游戏精神》专题讲座,全县幼儿园教师上线学习。

6月8日 四川大学华西口腔医院口腔预防科党支部书记、四川省儿童口腔疾病综合干预项目技术组组长、副主任医师尹伟在剑阁县普安中学举办了口腔健康知识讲座。

6月9日 市教育工会主席杨元一行在县人民政府总督学何中强的陪同下,深入普安中学巡视初中实验操作技能考试。

6月10日 四川省教育考试院党委副书记、纪委书记舒欣在命题中心主任吕登山、研究生招生处处长乔木、办公室副主任张孝海等领导同志陪同下,深入剑阁县调研《教育部办公厅关于加强国家教育考试工作队伍建设的意见》贯彻落实情况,并在县教育局召开了调研座谈会。会议由广元市招生考试中心主任杨青锋主持。

6月10日—12日 剑阁县在全市率先举行为期3天的中小学思想政治课教师培训活动。全县158名专、兼职思想政治课教师参加了培训会。

6月15日 2020年四川省剑阁县骨干教师、管理干部综合能力提升培训班赴浙江丽水莲都区为期1周的培训圆满结束,56名学员安全返回剑阁。

6月29日 剑阁县2020年名师管理工作会在剑阁成教中心召开。县教育局党组成员、副局长蒲继强等40人参加会议。

7月1日 李榕纪念馆建成开馆。

7月2日 剑门中学六、七年级师生在学校德育广场举行了太极剑术比赛。县教育局、县体育局、剑门关镇人民政府、剑门教育督导责任区相关领导和部分家长代表参加了活动并担任评委。

7月3日 四川广播电视大学党委副书记、校长尹析明,党校办主任黄社运一行到剑阁电大督导调研。

7月7日 县委书记张世忠在代县长范为民、宣传部部长杜嫣然、县政府副县长郭扭只、县教育局局长王晓明等领导同志的陪同下,先后深入剑门关高中、县教育考试中心巡视指导2020年全国普通高校招生考试剑阁考区高考工作。

7月16日 浙江省丽水市莲都区心理健康教研员、剑阁县教研室副主任(对口扶贫协作挂职)张艳,在剑阁县香江国际实验学校举办《关注孩子成长 笑对幸福人生》专题讲座。

是日　鸯溪小学举行粉笔字大赛，对青年教师前期粉笔字打卡练习情况进行了检测。

7月17日　剑阁县青少年校外活动中心在剑门关实验学校举行2020年暑期公益体育培训班开班仪式。本次暑期公益体育培训面向县城学校义务教育阶段学生招收学员共84人，培训日期为7月17日—26日，由剑门关实验学校承办，培训内容有篮球、乒乓球、足球3个项目。

7月19日　北京民福社会福利基金会向马灯小学捐赠价值23万余元的学生学习、生活用品。

7月24日　据不完全统计，剑阁县2020年高考2 742人参考，文考一本上线311人，上线率为11.3%；本科上线1 692人（含艺体和职教，下同），上线率为61.7%，较上一年增长4.3%；600分以上63人。全县一本和本科上线率连续五年实现正增长。

8月23日　为期3天的剑阁县中小学党组织书记培训班开班仪式在剑门关天立学校学术厅举行。县委教育工委书记、县教育局党组书记、局长王晓明出席会议并讲话，县委教育工委副书记杨启文主持开班仪式。

8月28日　剑阁县发展和改革局印发《关于调整剑阁县公办幼儿园收费标准的通知》（剑发改价格〔2020〕8号），全县公办幼儿园保教费收费标准调整为：五星级幼儿园每生每期1 500元，四星级幼儿园每生每期1 350元，三星级幼儿园每生每期1 200元，二星级幼儿园每生每期1 050元，一星级幼儿园每生每期900元，无星级幼儿园每生每期750元。普惠性民办幼儿园保教费标准参照同星级幼儿园收费标准上浮不超过30%。

8月31日　经县十八届人民政府第五十四次常务会通过，《剑阁县幼儿园星级评定管理暂行办法》（剑府办发〔2020〕28号）正式出台，建立了学前教育质量与收费挂钩的激励机制。

是日　剑阁县教育局印发《剑阁县教育局关于星级幼儿园的通知》（剑教〔2020〕59号），首批认定县星级幼儿园12所。

是日　"剑门关天立国际学校"首批招收小学、初中、高中新生，共计800余名。

是日　广元市政协主席杨凯，在剑阁县政协主席孔金山、县委统战部部长何超、副县长郭扭只和县教育局局长王晓明等的陪同下，深入剑阁县剑门关天立学校，宣讲了省委十一届七次全会和市委七届十二次全会精神，调研了项目建设和学校开学准备工作。

9月3日　县委书记张世忠带领县长范为民，政法委书记杨明学，常务副县长王静，县纪委书记、县监委主任彭鸿，公安局局长罗宏，县人大常委会副主任王湖益，县政协副主席袁春华等相关领导到剑阁职中检查开学工作，并参观了"剑阁县禁毒教育基地"。

9月10日　剑阁县召开2020年教师节座谈会。县长范为民出席会议并讲话。县人大、县政府、县政协相关领导参加会议。会议由县委常委、宣传部部长、总工会主席杜嫣然主持。

9月12日　浙江省委统战部副部长王利月在市、县统战部负责同志陪同下，调研了剑门关高中浙广教育对口帮扶情况。

9月20日　浙广东西部扶贫协作2020年剑阁县第三批30名骨干教师、管理人才赴浙江省丽水市莲都区交流学习培训班顺利开班。

9月22日　四川省总工会党组书记、常务副主席胥存在市总工会党组书记、常务副主席康铭，县总工会主席杜嫣然的陪同下，就中职教育与学校工会工作进行了实地调研。

9月23日—24日　浙江省丽水市莲都区教育局副局长陈真伟带领莲都区名校长、名教师一行30人，分中学组和小学组赴剑阁县开展"送教到校"交流活动。

9月28日　常务副县长王静带领县公安局、县消防和县应急管理局、开封镇党委政府等部门领导深入开封中学调研学校工作。

10月12日　剑阁县教育局在剑门关天立学校学术报告厅召开2020年秋季教学质量监测分析会和关爱学生工作会。

10月12日—14日　县教育局在剑门关高中举行创客社团教育师资专题培训会。

10月13日—20日　普安教育督导责任区同普安市场监督管理所、普安派出所、普安各社区安监员组成督察组，对普安辖区6所民办幼儿园、18所校外培训及托管机构进行了专项监督检查。

10月15日　剑门关实验学校与北京市海淀区太平路小学、剑阁县田家小学结为手拉手友谊学校，开展了语文、数学、英语学科课堂教学研讨、德育工作专题讲座等活动。

10月20日　广元美时美化妆品连锁管理有限公司向元山小学捐赠价值3万元的消毒液、酒精、口罩等防疫物资，助力学校疫情防控工作。

是日　中国科学院自动化研究所研究员、博士生导师、高技术创新中心主任、中国自动化学会机器人竞赛工作委员会副主任原魁教授，在剑门小学会议室为剑门中学七、八年级同学分别作了题为《离我们越来越近的机器人》和《人工智能ABC》科普讲座。剑阁县科协秘书长及剑门中学部分领导和老师及七、八年级全体学生共500余人聆听了讲座。

10月23日　剑阁职中举行了纪念抗美援朝70周年系列活动。

是日　剑阁县居住绵阳的近300名退休教师在绵阳市游仙区首尔酒楼宴会大厅举行重阳节联欢大会。

10月23日—24日　剑阁县2020年秋心理健康教育教师培训会在剑阁职中召开。全县各中小学、幼儿园心理健康教师（辅导员）及小组负责人200人参加了此次培训。

10月26日—30日　木马小学以"珍爱生命 拒绝校园欺凌"为主题，开展了心理活动周系列活动。

11月2日　剑阁县2020年学前教育工作会在龙江小学附属幼儿园召开。

11月3日　经东西部扶贫协作莲都—剑阁结对帮扶选派干部、剑阁县教研室副主任（挂职）张艳牵线，浙江实利电机有限公司向开封中学捐赠了价值30.4万余元的课桌椅760套。

11月8日　香江国际实验学校党员干部一行27人，赴旺苍县红军城开展"传承优良传统，弘扬红军精神"红色主题教育，近距离感受红军精神，接受革命传统教育。

是日　剑阁县国培计划2020年中西部项目新教师入职、青年教师助力培训启动仪式在剑阁成教中心举行。省教师教育培训项目办公室副主任、省教育科学研究院教师发展研究所所长汪桂琼，剑阁县人大常委会副主任周清秀，广元市教师发展中心主任程勇，剑阁县教育局副局长王勋勇，成教中心副主任、县国培办主任程锦荣等领导出席。县国培办全体工作人员、专家团队、参培教师共计200余人参加仪式。

11月10日　广元市利州区南鹰小学杨凤秀教育专家团队来到剑阁县元山小学，开展了以"践行生本理念，推进高效课堂"为主题的教研活动。开封、元山、武连、柳沟4个教育督导责任区主任和辖区学校校长、分管教学的副校长、骨干教师等60余人参加了本次活动。

是日　广元市高中数学陈正文和张光海名师工作室在剑阁中学开展高中数学联合教研活动。苍溪中学、苍溪实验中学、朝天中学共20名老师和剑阁中学高中数学老师参加了此次教研活动。

11月11日—13日　县教育局人事股领导，元山小学、公店小学校长一行5人赴雷波县开展了送教、捐赠和慰问援彝支教教师活动。

11月12日　四川省副省长罗强调研剑门关高级中学。

11月13日—14日　剑阁县实验学校少年军校代表队参加在成都市举办的全国首届少年军校国防科技体育运动会，获得团体二等奖。

11月16日　国家二级心理咨询师、发展与教育心理学硕士研究生、莲都小学专职心理教师张婷赴剑阁县龙江小学校开展剑阁—莲都东西部扶贫之心理健康送教活动。浙江省丽水市经济开发区中学心理教师赵永莉到剑州中学开展了心理健康送教活动。

11月16日—17日　剑阁县举办2020年"新华文轩杯"中小学生乒乓球、羽毛球比赛。

11月18日　北京五一小学校长陈珊，副校长冯剑平、毕研环，教学主任隋红军等6人组成的专家团队走进剑门关小学，与剑门关小学开展"手拉手"联谊教研活动。县教研室领导、各友邻学校校长和全县小学相关学科教师参加了本次活动。

11月24日　县教育局、县财政局、县发改局、县民政局联合印发《剑阁县普惠性民办幼儿园认定和管理实施方案》，进一步规范民办幼儿园管理。

11月25日　四川省教育学会农村教育分会近100名会员代表，深入剑阁县龙江小学和小剑小学，考察两校的校园环境、文化特色。

12月17日　北京市海淀区图强第二小学与剑阁县普安小学举行了以"资源共用、智慧共享，助推山区教育特色发展"为主题的"手拉手友谊学校"签约仪式和首次联合教研活动。

12月21日—25日　剑门关实验学校举办了第一届"芝兰杯"校园足球联赛。

12月25日　广元市人民政府副市长、公安局局长方万云，广元市司法局党委副书记、局长杜培胡，剑阁县副县长、公安局局长罗宏等一行到剑阁职中开展"七五"普法实地调研。剑阁职中党委书记、校长李文峰等校级领导陪同调研。

12月26日—27日　剑阁县举行了"国培计划"幼师项目送教下乡与工作坊混合研修第二阶段集中培训活动。

12月28日　县长范为民在剑阁中学天一楼学术报告厅以《固本培元、立根塑魂、志存高远、激发教书育人干事创业激情》为题，为剑阁中学师生讲了一堂思想政治理论课。

12月28日—31日　剑阁县人民政府教育督导委员会办公室、县教育局组织对县域内的95所公、民办幼儿园的办园条件、安全卫生、保育教育、队伍建设、内部管理等方面进行督导评估。

12月29日　中广核（剑阁）风力发电有限公司为剑阁县教育基金捐赠爱心奖教助学资金30万元。

是日　中共剑阁县委书记张世忠，在剑门关高中学术报告厅，为剑门关高中师生作了一次主题为《把稳思想之舵 筑牢理想之基 厚植家国情怀 造就有担当有作为的时代新人》的思想政治理论报告。

12月30日　小学二组教研联盟学校白龙小学、剑门关小学、公兴小学、南禅小学、鹤龄小学以及鹤龄小学对口帮扶学校羊岭小学、石城小学7校教研联盟活动在鹤龄小学举行，7所成员校的校长、分管教育教学的领导以及音、体、美专业老师参加了此次活动。

2021 年

1月1日—4日　龙江小学U11、U10男女足球队及毛坝小学U12男子足球队参加2021年广元市青少年足球精英训练营比赛。龙江小学男U11、男U10、女U10分别以大比分的全胜战绩获得冠军，女U11获得亚军；毛坝小学U12男子足球队夺取本组别冠军。

1月7日　中共广元市委宣传部、广元市教育局举行2020年全市中华文化优秀校本课程读本的评选工作结束，《翻开姚家这本书》《小学生礼仪实践课程》《莲之韵》荣获一等奖，《上善若水厚德载物》《白龙纸偶》《李榕的故事》《翠云廊》（上）（下）荣获二等奖，《校本课程开发》《茶艺》荣获三等奖。

1月11日　剑阁县教育局在2019年度全县综合目标绩效考评中荣获一等奖。

1月26日—27日　剑阁县教育考试中心获2020年省书法水平测试发展创新奖；迎水小学、正兴小学、普安小学、涂山小学、南禅小学、龙源育才学校、白龙中学、龙江小学获优秀组织奖；20位教师获优秀工作者称号。2020年全县书法水平测试设龙江小学、剑阁中学、开封小学、白龙小学4个考点，报考2 391科次（硬笔2 313科次、毛笔78科次），同比增长795科次，增长率为57.5%。

2月5日 中共剑阁县委办公室、剑阁县人民政府办公室关于印发《剑阁县学前教育深化改革规范发展实施方案》（剑委办函〔2021〕5号）的通知，建立覆盖城乡、布局合理的学前教育公共服务体系，为学前适龄儿童提供更加充裕、更加普惠、更加优质的学前教育，更好地实现幼有所育。

3月3日 剑阁县教育局召开新县城3所小学（龙江小学、剑门关实验、香江国际）课后服务试点工作会。

3月8日 2021年剑阁县教育系统工作会在剑阁县剑门关天立学校召开。县委教育工委书记、县教育局党组书记、局长王晓明出席会议并讲话。

3月17日 王河小学邀请剑阁县教研室副主任（挂职）张艳为王河小学师生举办了心理专题讲座。

3月18日 教育部等六部门印发《义务教育质量评价指南》，明确义务教育质量评价包括县域、学校、学生三个层面，要求在实施工作中注重优化评价方式方法，不断提高评价工作的科学性、针对性、有效性。

3月19日 元山小学邀请浙江丽水莲都区心理健康教研员、剑阁县教研室副主任（挂职）张艳以《陪伴，是必须且幸福的》为题，为该校1 500余名家长举办了心理健康教育讲座。

3月20日 四川省教育厅印发《四川省教育厅关于进一步提高中小学课堂教学质量的指导意见》（以下简称《意见》），《意见》提出要"严禁超标、超前教学""摒弃低效重复的题海战术""合理调控课后作业"等要求。

3月30日 剑阁县2021年春季小规模学校联盟（二组）教学研讨活动在吼狮小学举行。小剑小学、莺溪小学、普广小学、摇铃小学、樵店小学、鹤鸣小学、金仙小学、长岭小学、吼狮小学各学校校长、教务主任、数学教师共计40余人参加本次活动。

4月2日 "德国客尼专家（德国工业机器人、机电一体化和数控专业专家史蒂芬·曼宁）进校园——课程教学法专题培训开班仪式"在剑阁职中举行。来自全省14所职业院校的专业带头人、骨干教师、青年教师等40余人参加了本次培训。

4月6日 县教育局机关党史学习教育读书班正式开班。县委教育工委书记、县教育局党组书记、局长王晓明带头讲党史课。

4月7日 普安小学以"红心向党"为主题开展了班级文化建设活动，学校组织行政领导、年级组长和教代会代表开展了校园班级文化建设检查评比。

4月7日—8日 广元市教育科学研究所所长袁仕伦带领九位高考学科的教研员深入剑阁中学进行了教育教学工作视导。

4月8日 剑阁县人大常委会《中华人民共和国政府采购法》执法检查座谈会在剑阁县教育局召开。

4月9日 剑阁县教育局教育股股长唐守荣一行6人到剑阁中学，通过随堂听课、查看资料、问卷调查、座谈会等形式，对初中年级的教育教学工作进行视导。

4月12日—16日 剑阁中学八年级全体学生赴广元市示范性综合实践基地开展了为期1周的综合实践教育活动。

4月13日 剑阁县教育系统党史学习教育培训在剑门关高中举行。县教育局全体班子成员，全县各学校党组织书记、校（园）长、分管教学副校长、德育处主任，教育督导责任区主任、督学，县教育局机关及直属事业单位全体干部职工共340余人参加了培训会。

4月19日 剑阁县2021年中小学生田径运动会在剑阁职中开幕。

4月23日 迎水小学结合校本"大阅读"活动，开展了以"童心向党，阅读伴成长"为主题的"世界读书日"活动。

4月24日　剑阁县2021年"文轩杯"机器人大赛在剑门关高中举行。本次赛事由剑阁县教育局主办，剑门关高中和新华文轩出版和传媒有限责任公司剑阁分公司承办，有32所学校，139支队伍，领队、选手、裁判和工作人员共计320余人参赛。

4月25日　教育部举行新闻通气会，教育部基础教育司司长吕玉刚介绍《关于加强义务教育学校作业管理的通知》有关情况。

4月26日　县委书记张世忠在剑阁经开区调研清江翰林学校选址工作。

是日　剑门关高中4 000余名师生齐聚运动场，举行"阳光大课间训练成果"展示活动。

是日　教育部（四川省）李佳名园长工作室"走进剑阁"实践研修活动暨剑阁县幼儿教师素质能力提升培训会在龙江小学拉开帷幕。部分公办园园长及骨干教师代表、全县民办园园长及教师代表，共计210余人参加了活动。

4月28日　广元市2021年校园足球联赛暨最佳阵容遴选活动落下帷幕，龙江小学荣获小学男子甲组、乙组，女子乙组三项冠军，并获得小学女子甲组第五名的好成绩。

是日　剑门中学480名师生参加了红军血战剑门关红色研学旅行活动，首次开展"红星耀剑门、童心永向党"红色研学旅游活动之"青春小长征"活动。

4月29日—30日　剑阁县教育局学前教育管理股股长刘晏带领县学前教育教研联盟园长及骨干教师一行36人前往绵阳市实验幼儿园、机关幼儿园、花园实验幼儿园及开元实验幼儿园开展了为期两天的集中研修学习活动。

5月7日　广播电视大学剑阁分校更名为广元开放大学剑阁分校。

5月8日　剑阁职中2020级毕业生吴庆龄于2020年被评为广元市教育之星。

5月14日　中华职业教育社党组成员、副总干事李英爱在市县相关人员陪同下，考察剑阁职中后说："能够在经济欠发达地区做实职业教育技能教学工作，非常不错！"

5月17日　剑阁县2021年中小学生篮球运动会在剑门关高中拉开帷幕。县教育局、县文旅体局、县体育中心、县青少年校外活动中心负责人及剑门关高中校长参加了开幕式。

5月19日　剑阁县2021年高中阶段招生入学工作会议在剑阁职中学术报告厅举行。各初、高中学校校长，部分初中学校分管副校长，县教育局相关股室长参加了会议。

5月25日　剑阁县教育系统庆祝建党100周年"青春向党迎百年·矢志力行建新功"主题演讲决赛活动在龙江小学举行。剑阁中学选送的参赛选手唐慧以驻村扶贫第一书记的亲身经历，深情地分享了扶贫工作的点点滴滴，她极富感染力的演讲深深打动了评委老师和在场观众，夺得了本次决赛一等奖。

5月26日　剑阁县教育系统安全防疫稳定工作会在剑阁成人教育中心召开。县教育局领导班子成员，局办公室、县学校安全事务中心、县农村义务教育学生营养改善事务中心、县教育考试中心、县教育股相关负责人，各中小学校长，教育督导责任区主任参会。

5月28日　四川校安视界科技有限公司、北京东方中原集团公司、成都锦熙光显信息技术有限公司、成都星通科运科技有限公司、北京智合物联科技有限公司共5家公司，为汉阳小学校捐赠累计20万元的教学设施设备：200套课桌凳，价值8万元；4套多媒体设备，价值12万元。

5月30日　县委决定李锦钟同志任县委教育工委书记、县教育局党组书记，唐永红同志提名为县教育局局长人选；决定免去王晓明同志县委教育工委书记、县教育局党组书记职务，提名免去县教育局局长职务，任县卫生健康局党组书记，提名为县卫生健康局局长人选。

是日　剑阁县教育基金会理事长蒲志军、秘书长蒲红华到龙江小学看望并慰问特教班的孩子，为所有特殊孩子捐赠了运动校服一套。

5月31日　剑阁县金鑫燃气有限公司向开封小学捐赠60 000元用于奖学奖教。

6月1日　县委书记张世忠带队来到普安小学开展"六一"儿童节慰问活动，为小朋友们送去节日祝福，并通过他们向全县少年儿童致以节日的问候、向全县广大教师和少儿工作者致以崇高的敬意。

6月7日 高考第一天，县委书记张世忠带队深入剑阁县高考各考点巡考，要求做好高考期间各项工作，确保高考顺利进行。

6月13日—15日 普安幼儿园8名骨干教师分4组奔赴白龙、公兴、鹤龄、江口4个教育督导责任区，深入广坪、香沉、锦屏、木马等10所附属幼儿园，开展入园指导工作。

6月15日 "上城剑阁一家亲，'粽'情端午爱同行"爱心捐赠活动在剑阁县香江国际幼儿园举行。浙江省杭州市上城区人大常委会副主任、区总工会主席干海代表上城区总工会为幼儿园提供5 000元办学经费，同时，向两位特困孩子送上助学金各1 000元，参加本次活动的领导也为家庭贫困幼儿捐赠书包以及学习用具。

6月21日—28日 剑阁县教育局、发改局、财政局联合行动，组建3个星级评估小组，对申报且符合星级评定条件的33所公办幼儿园和8所民办幼儿园进行综合评估。

6月23日 四川省委、广元市委决定：杨祖斌同志任中共剑阁县委委员、常委、书记，张世忠同志不再担任中共剑阁县委书记、常委、委员职务。

6月25日 剑阁县学前教育联盟第三片区教研现场会在剑门关小学附属幼儿园召开。参加本次活动的有剑阁县学前教育股股长刘晏、香江国际幼儿园园长蒲秀菊、第三片区联盟园教师，共计80余人。

6月28日 丽水市城运物流有限公司向剑阁县教研室、龙江小学、上寺小学、柏垭小学捐赠价值11.03万元的教育教学设备。

6月28日—7月16日 剑阁县教育局以教育督导责任区主要负责人为组长，组织专人，成立12个专项检查小组，对全县教育系统各单位财务、项目管理工作进行了专项检查。

6月29日 剑阁县教育系统"学党史、正师风、强师魂"专项治理工作推进会在剑阁职中召开。县委教育工委书记、县教育局党组书记李锦钟出席会议并讲话。

6月30日 武连教育督导责任区特别邀请浙江省丽水市莲都区心理健康教育专家张艳在武连镇会议室召开心理健康专题讲座。辖区6所中小学及教育督导责任区共计114名干部职工聆听了本次讲座。

7月1日 上午8点全县教育系统各级党组织认真组织党员干部职工和学生，收看了庆祝中国共产党成立100周年大会现场直播，认真聆听了习近平总书记的重要讲话。

7月5日—6日 浙江省莲都区心理健康教研员张艳为剑阁县幼儿教师进行了心理健康教育专题培训。来自12个教育督导责任区的公、民办幼儿园全体行政领导、专任教师，共计600余人，在白龙中学、剑阁中学分别参培。

7月9日—14日 剑阁县教育局组织全体教职员工开展了"学党史、正师风、强师魂"第一阶段暑期专项治理活动。各校组织教职员工观看警示教育片，针对学风、教风、校风、师德、法纪观念5大方面24项重点治理内容，对标对表全面排查问题，提出整改措施时限，开展批评与自我批评，签订师德师风承诺书，进行师德师风宣誓，专项治理活动成效明显。

7月11日 县委教育工委书记、县教育局党组书记李锦钟，县教育局副局长王龙（挂职）一行深入香江国际实验学校师德师风学习会场，现场了解师德师风专项治理活动开展情况。

7月13日—16日 全县公办学校财务人员参加了剑阁县教育局举办的2021年教育系统会计核算培训。

7月15日 杭州上城区人社局与剑阁县人社局签订"劳务协作战略合作框架协议"。从剑阁选派30名职业高中学生赴杭州市建设职业学校接受职业教育和职业培训。

7月19日 30名学生搭乘飞机从广元到达杭州市建设职业学校。

7月25日　开封小学女子排球队代表剑阁县在"中孚杯"广元市第三届运动会中荣获青少年组女子排球丙组冠军。

7月25日—8月6日　"中孚杯"广元市第三届运动会青少年组足球比赛，剑阁县共派出男女各3支（共6支）代表队参赛，都取得了骄人的成绩。男子甲组（高中组）以三战全胜战绩，获得男子甲组足球项目冠军；男子乙组（初中组）获得五胜一负的战绩，通过抽签获得该组别亚军；女子甲组（高中组），以四胜一负的战绩，通过抽签获得该组别的亚军；女子乙组（初中组），获得了第四名的成绩。男女丙组（小学组）双双夺冠。

7月26日　县委教育工委书记、县教育局党组书记李锦钟主持召开了干部纪律作风整顿工作推进会，局机关、直属事业单位全体干部职工参加了会议。

是日　"剑阁品学兼优学子2021（成都）夏令营"开营仪式在成都市广元宾馆会议室举行，广元市人民政府副秘书长、市人民政府驻成都办事处主任常晓梅，剑阁县教育局局长唐永红，县委教育工委副书记杨启文，教育界代表，剑阁县旅外人士扶贫助学专项基金全体理事出席开营仪式，剑阁县教育基金会成员，相关学校带队老师、学生参加了开营仪式。

7月27日　县教育局组织机关干部、督导责任区主任、中小学校（园）长召开了教育系统疫情防控工作推进会、12~17周岁学生疫苗接种工作推进会，安排部署疫情防控和疫苗接种工作，组建疫情防控工作专班，进一步压实防疫责任，扎实推动各项防控措施和疫苗接种工作落实落细落地。

8月8日　教育部通知秋季学期学生返校有三条"硬杠杠"：学校疫情防控条件达不到当地疫情防控要求的，不能返校；学校各项防控措施落实不到位的，不能返校；有效应急预案和演练落实不到位的，不能返校。

8月8日—9日　剑阁县3个组别6支代表队参加广元市第三届运动会青少年组乒乓球比赛，勇夺小学男子团体第四、女子团体第四、初中男子团体第四、女子团体第二、高中男子团体第四、女子团体第五的好成绩，创造了剑阁县青少年乒乓球队参加市运会的历史最高纪录。

8月13日　县教育局发出通知：全县中小学、幼儿园师生员工要做好开学前14天健康管理和监测，所有师生员工开学前14天要返回剑阁，学校要准确了解、掌握其14天的行程及身体健康状况，师生身体无异常方可返校。

8月16日　剑阁县青少年举重代表队在广元市第三届运动会青少年组举重比赛项目中，勇夺5金2银4铜，取得男子团体第五名、女子团体第四名的好成绩。

8月17日　剑阁县青少年武术代表队在广元市第三届运动会武术比赛中，共获得5金1银4铜，团体赛甲组第四名、乙组第三名、丙组第二名的成绩。

8月22日　县教育局在二楼会议室召开2021年学校秋季学期开学暨疫情防控工作视频调度会。县委教育工委书记、县教育局党组书记李锦钟出席会议并讲话，县教育局局长唐永红主持会议

8月23日　剑阁县教育系统组织学习中共中央办公厅、国务院办公厅印发的《关于进一步减轻义务教育阶段学生作业负担和校外培训负担的意见》。

8月24日　县教育局组织教育督导责任区业务干部，新老县城小学及中心集镇学校校长、分管副校长，局机关相关股室负责同志参加省教育厅关于推进"五项管理"和课后服务工作培训视频会。

8月25日　"旅外人士扶贫助学专项基金"发放仪式在县教育局举行。此次"旅外人士扶贫助学专项基金"共发放资金30万元，奖助95名教师和学生。其中，受助高中生50人每人2000元，大学生25人每人4000元，优秀高三教师20人每人5000元。

8月27日　剑阁县新老县城学校选调乡镇学校教师进城考试在剑阁职中举行。

8月30日　四川省教育厅等4部门联合下发《关于进一步加强和规范教育收费管理的通知》，提出了规范教育收费的"十条禁令"：①严禁强制学生购买平板电脑或教育App；②严禁违背学生

意愿强制学生参加课后服务；③严禁对正常教育教学管理事项进行收费；④严禁擅自设立服务性收费项目；⑤严禁擅自设立代收费项目；⑥严禁收取或变相收取借读费和赞助费；⑦严禁收取或变相收取择校费；⑧严禁强制或者暗示学生购买教辅软件或资料；⑨严禁非营利民办学校取得或转移办学收益；⑩严禁民办学校收费备高收低或备低收高。

9月1日 根据四川教育服务经济发展、做好乡镇区划和村级建制调整"两项改革""后半篇"文章的要求，剑阁县进行基础教育学校布局调整。撤鹤鸣小学，师生并入南禅小学。撤普广小学，师生并入剑门关实验学校。撤王河小学初中部，学生并入元山中学。撤开封中学、白龙中学高中部，学生根据自愿原则并入剑阁中学和剑门关高中；45岁以下的老师，通过考调，进入剑阁中学或剑门关高中。"剑阁县武连职业中学"更名为"剑阁县武连中学"，从当年秋季起，不再招收职业高中学生，在校两个年级的职业教育，接受剑阁职中的指导。

9月1日起 这些教育政策正式实施：实施义务教育的公办学校不得举办民办学校；义务教育学校课后服务"5+2"实行全覆盖；保护未成年人远离性侵害；保护未成年人远离欺凌；禁止公开学生的考试成绩及排名；禁止手机带入课堂；学生课间休息的自由不容侵犯；中小学生定期视力监测报送。

9月6日 河北嘉人科技有限公司、成都才赋教育咨询有限公司助学捐赠鸳溪小学：多媒体触控一体机2台，校服100套，童装148套，学生学习、生活用品礼包200个，家庭困难学生礼包21个，篮球等体育器材。

9月8日 县教育局组织开展了"周三夜学"活动。活动由县委教育工委副书记、局党组成员杨启文主持，县委教育工委书记、局党组书记李锦钟主讲，局机关及直属事业单位全体党员干部职工74人参加学习。

9月10日 剑阁县庆祝第37个教师节暨表扬大会在县影视文化中心隆重召开，县委书记杨祖斌出席会议并讲话。

是日 剑阁县2021年秋季教育行政工作会在成教中心六楼召开。县委教育工委书记、县教育局党组书记李锦钟，县教育局局长唐永红出席会议并讲话。会议由县委教育工委副书记、县教育局党组成员杨启文主持。

9月22日—24日 全县中老年教师示范课网络教研活动在下寺、普安等11个赛点同步开展。参赛的162位中老年教师平均年龄为52.5岁，最大的59岁。

9月25日 剑门关小学迎来了一群特殊的客人。朱德总司令外孙刘敏、国务院秘书长罗青长之子罗振、吴忠将军之子一行5人在县委常委、人武部部长邓强，县人民政府副县长谢家远等领导的陪同下，参观了剑门关八一爱民学校。

9月26日 广元市第三届运动会青少年组剑阁代表团总结暨表扬大会在剑门关实验学校隆重召开。剑阁县共选拔高中、初中、小学运动员350余人，选聘教练员38人，自7月9日起进行了为期14天的紧张集训，于7月21日至8月18日分批次、分项目参加了广元市第三届运动会青少年组的田径、篮球、足球、乒乓球、羽毛球、排球、武术、游泳和举重9个大项、33个组别的激烈角逐。取得了骄人成绩：集体项目获名次奖35个，体育道德风尚奖6个；个人获名次奖159个，其中获金牌24枚、银牌23枚、铜牌29枚。

9月26日—28日 浙江上城—四川剑阁东西部协作首届课堂教学展示暨教育协作活动，在剑门关高级中学、龙江小学、剑门关实验学校、香江国际实验学校、剑门关天立国际学校开展。本次活动包含学校结对签约仪式、专家讲座、学科教研等内容。参与活动的校（园）长、教师2000多人次，是近几年剑阁县教育局举办的规模最大的教育协作活动。

9月27日 在剑门关实验学校举行了"上城区—剑阁县首届课堂教学展示暨教育协作"小学德育专场观摩活动。共青团广元市委、杭州市上城区教育局、共青团剑阁县委、剑阁县教育局相关领导，剑阁县各中小学（幼儿园）德育干部、团队干部140余人参加了此次活动。

10月12日 杭州技师学院院长邵伟军在广元中华职业教育社秘书长孙志波的陪同下，访问了剑阁职中。

10月13日 剑阁县教育局2021年中小学教师职称评审工作会在二楼会议室召开。县教育局局长唐永红、副局长蒲继强出席会议并讲话，会议由人事师培股股长杨永丰主持。

是日 由杭州市委常委、统战部部长陈新华率领的杭州市统一战线帮扶团，在广元市政协副主席唐容华等领导的陪同下，参观调研剑阁职中。

10月14日 "中国雏鹰计划"川渝教研服务中心负责人陈聪，在龙江小学附属幼儿园开展了"幼儿园如何开展幼儿园体育活动"的专题研讨会，剑阁县学前教育教研联盟引领园、一级联盟园园长、负责人，共40余人参加了本次会议。

10月15日 北京市海淀区图强第二小学与普安小学、南禅小学联合开展了手拉手教研活动，并举行了手拉手学校揭牌仪式。北京市海淀区图强第二小学党委书记、校长黄学英及专家团队，县人民政府总督学何中强，县教研室语文教研员苟海泉，普安教育督导责任区主任何心忠，普安督导责任区兄弟学校部分教师及普安小学全体师生参加活动。

10月17日 剑阁县2021年第二次高等教育自学考试圆满结束。本次自考共有1 104名考生报考2 449科次，全县设1个考点、26个考场。

10月19日 东西部协作2021年剑阁县教育系统管理干部教育行走研修班开班典礼，在杭州市百瑞运河商务酒店隆重举行。剑阁县教育局副局长王龙（挂职）致欢迎词，培训班40名学员在县委教育工委副书记杨启文的带领下参加了开班典礼。

10月21日 绵阳师范学院剑阁校友会第二届改选会在县教育局三楼会议室举行。改选县教育工委书记李锦钟为绵阳师范学院剑阁校友会第二届会长。

10月22日 剑阁县职业教育高质量发展座谈会在剑阁职中召开。县委教育工委书记、县教育局党组书记李锦钟出席座谈会并讲话，县教育局相关直属事业单位、机关股室负责人，剑阁职中校级领导、中层处室主任参加座谈会。

10月22日、25日 广元市2021年教师教学技能大比武（剑阁赛区）半决赛在成教中心成功举行。本次比赛由县教育局主办、成教中心承办。比赛设简笔画、三笔字、普通话、学前教育教师环创与教玩具制作4个项目。经各学校预赛，各教办、直属学校初赛，层层选拔，共推出138名选手参加半决赛。

10月23日 广元开放大学剑阁分校2021年秋季新学员开学典礼在成教中心六楼学术报告厅举行。成教中心党总支书记、主任程锦荣参加开学典礼并讲话，典礼由成教中心工会主席唐福主持。

10月23日—26日 广元市第二届残疾人文化艺术节在市文化艺术中心广场举行，剑阁县特殊教育学校学生代表参加了舞蹈、美术、书法、工艺品等项目的比赛，共获得了1银1铜3优秀的好成绩。

10月26日 广元开放大学剑阁分校揭牌仪式在剑阁成教中心五楼会议室举行。

10月27日 剑阁县"有你有我"心理教师成长营首次活动在龙江小学举行，来自剑门关高级中学、普安小学、汉阳中学等11所学校的13名教师参加活动，县教育局副局长王龙（挂职）主持活动并讲话。

10月29日 县教育局召开中小学教师信息技术应用能力提升工程2.0工作推进会暨核心专家工作部署会。县人民政府总督学何中强、县中小学教师信息技术能力提升工程执行办主任赵从海和县教师信息技术应用能力提升工程19位核心专家参加会议。

11月1日—5日 剑阁县教育局组织开展了义务教育阶段学校教育教学工作视导。

11月2日 广元市人大常委会副主任吴桂华、市人大教科文卫委员会主任委员赵泽中、市人大社会建设委员会主任委员何开金、市教育局局长何开莉一行 10 人莅临剑阁县，深入李榕纪念馆研学基地、双旗美村劳动教育基地、剑山未见山劳动教育基地、石洞沟现代农业园区（水池村）、金色家园劳动教育基地，视察剑阁县研学旅行和劳动教育工作。

11 月 3 日 剑阁县教育局在剑门关天立学校举行了 2021 年"幼小衔接"中期工作推进会，全县 10 所"幼小衔接"试点学校校（园）长、副校（园）长、部分骨干教师，学前教育股、教研室等相关股室，副局长王勋勇、王龙（挂职）出席了会议。会议以"培训+汇报+研讨+专家答疑"的形式进行，由王龙主持会议。

11 月 4 日下午 县教育局组织召开全县教育系统学校安全及疫情防控工作调度会，副县长谢家远出席会议并讲话，县卫健局副局长郭宏杰、县教育局副局长吴俊宏（挂职）参加会议，会议由县教育局局长唐永红主持。

11 月 6 日 县卫健系统、教育系统相关负责人召开全县 3~11 岁人群新冠病毒感染疫苗接种工作部署会，为正式启动疫苗接种做好各项工作准备。

11 月 8 日—12 日 教育局组织开展了对下寺教育督导责任区、剑阁中学、剑门关高中、剑州中学、剑门关天立学校的教育教学视导工作。

11 月 9 日 剑阁县 3~11 岁儿童新冠疫苗接种点"儿童专场"全面开启。针对 3~11 岁人群的新冠疫苗接种工作，剑阁县制订了接种方案，分两个阶段进行，预计 11 月底完成全县适龄儿童第一针疫苗接种，12 月底完成全程接种。截至 11 月 10 日 19 时，全县累计接种 4 357 人，居全市首位。

11 月 10 日 剑阁县全面启用国内先进的"启明心理云平台"，高效完成了全县学生的心理普查，在此基础上，由浙江挂职龙江小学的田庆云副校长为全县各中小学心理健康教师做了一场"心理危机筛查工作交流"线上专题培训。

11 月 15 日—12 月 3 日 剑阁县香江国际实验学校举办了以"缤纷科技梦 快乐嘉年华"为主题的第三届校园科技节，开展了科普宣传、科幻绘画、科学实验、科技体验、科技展示、科技竞赛等 6 大活动。

11 月 17 日 广元市教育局、广元市语委联合开展了广元市 2021 年中华经典诵写讲演系列活动，剑阁县在此次活动中荣获诵经典系列一等奖 2 个、二等奖 1 个、三等奖 1 个，写经典系列（书法）二等奖 3 个、三等奖 9 个，写经典系列（原创诗文）二等奖 1 个、三等奖 12 个，讲经典系列三等奖 2 个。

是日 县教育局召开机关全体干部职工大会，县委教育工委副书记杨启文传达学习了党的十九届六中全会精神。

11 月 23 日 县委教育工委书记、县教育局党组书记李锦钟带队深入柳沟教育督导责任区调研学校教育教学、领导班子建设等工作。县教育局副局长王勋勇、教育股股长唐守荣参与调研。

11 月 23 日—24 日 浙江上城区挂职县教育局副局长王龙（挂职）在元山教育督导责任区主任李栋成的陪同下，调研了辖区内 8 所学校教育教学和疫情防控工作。

11 月 24 日 县委副书记、县长范为民深入剑阁职中、剑门关高级中学实地调研产教融合、提质扩容项目建设用地保障工作。

11 月 26 日 县教育局主持召开了"剑阁县校外培训机构营转非工作"联席会议。参加会议的有剑阁县民政局、剑阁县市场监管局及 20 余家校外培训机构。

是日 剑阁县 2020 年政府履行教育职责评价迎省检筹备会在县教育局二楼会议室召开。副县长谢家远出席会议并讲话。

是日 杭州市上城区采荷中学与普安中学"初中语文学科课堂教学专题研讨"活动在普安中学举行。

11月30日　工贸惠家联盟爱心团队、广元教育视界栏目组向樵店小学捐赠价值上万元的100套床上用品。

12月1日—2日　四川大学华西口腔医院预防口腔科党支部书记尹伟一行10人先后深入剑门关高级中学、剑阁中学、普安中学和剑门中学，对370名九年级学生进行了口腔健康情况调查和龋齿防护宣教活动。

12月1日—3日　县教育局副局长王龙（挂职）带领杭州市上城区的名师周化胜、杭州市凤凰小学心理学教育专家——挂职龙江小学的副校长田庆云一行，对公兴教育督导责任区学校开展了为期3天的调研、送课工作。

12月2日　185名体育教师云集剑阁中学运动场，参加剑阁县2021年中小学体育教师技能达标测试。

12月3日—5日　县教育局机关干部分别深入各自挂联村组及时"认门""认亲"调整后的脱贫户，开展"三同"活动。

12月6日　县教育系统"有你有我"心理教师成长营第三次活动——"儿童社会情感学习"主题赛课在香江国际实验学校开展。

12月7日　剑阁县武连小学成功召开课后延时服务家委会专项工作推进会。会后，60名家委会成员分组观摩了该校22个特色兴趣小组活动，反响热烈。

是日　由广元市政府督学唐军领队，市树人幼儿园园长阴文联、市机关幼儿园副园长母瑶琴组成的星级幼儿园评估组一行3人，在县教育局相关人员的陪同下，对剑阁县鼓楼幼儿园进行了为期1天的现场验收评估。剑阁县鼓楼幼儿园高分通过广元市五星级幼儿园评估验收。

12月9日　剑阁县组织师生听太空授课——"天宫课堂"第一课定于15:40开始，神舟十三号乘组航天员翟志刚、王亚平、叶光富将在空间站进行太空授课。

12月9日—10日　学前教育教研联盟第三片区指导小组一行5人，在香江国际幼儿园园长蒲秀菊的带领下，到剑门、城北督导责任区开展送培送教活动。

12月9日—11日　全县各学校认真贯彻落实县教育局会议精神，分别开展了"千名教师访万家"活动，把党的政策和温暖送到千家万户。

12月11日　四川省2021年书法水平测试在剑阁县设龙江小学、剑阁中学、开封小学、白龙小学4个考点，共2 573名考生参加硬笔和毛笔书法水平测试。

12月14日　市政府副市长刘素英赴剑门关天立学校调研项目推进工作。副县长谢家远、县教育局局长唐永红及剑门关天立学校主要负责人陪同调研。

12月16日　县委教育工委书记、县教育局党组书记李锦钟深入元山镇广爱村、时古村、石楼村调研乡村振兴工作，组织召开县教育局驻村帮扶工作队谈心谈话会。

是日　四川省巩固脱贫成果实地评估工作组一行深入元山中学、东宝小学实地评估"乡乡有标准中心校"工作。

是日　副县长谢家远在县教育局三楼会议室主持召开县域教育高质量发展座谈会。

12月20日—24日　县学前教育教研联盟第一片区开展了教师置换交流及送教下乡活动。引领园普安幼儿园派出3名骨干教师，分别与白龙、公兴、鹤龄教育督导责任区一级联盟园一名教师进行为期1周的置换交流。

12月21日　千训基金会"一对一"助学金发放仪式在鹤龄中学三楼会议室举行。向12名受资助学生代表发放了人均1 000元的助学金。

12月22日—24日　县教育局举办中小学教师信息技术应用能力提升工程2.0培训团队信息化指导力提升研修班。

12月25日　"1+X"建筑信息模型（BIM）职业技能等级证书考试在浙江省杭州建校鲁班楼

BIM 中心顺利举行。此次考试，为全市首次跨东西部学校开展的"1+X"建筑类专业证书考核，参考考生为在该校交流学习的四川省广元市剑阁职中 30 名学生。

12 月 28 日 广元市教育局下发文件，鼓楼幼儿园被评为广元市五星级幼儿园。

12 月 28 日—29 日 剑阁县举行了中小学思想政治课教师及德育干部培训活动。185 名专、兼职思想政治课教师及德育干部参加培训。

12 月 29 日 县教育局党组在二楼会议室召开 2021 年全面从严治党"四责同述"专题会。局领导班子成员、机关股室和直属事业单位负责人，教育督导责任区主任，部分教育系统党代表、人大代表、政协委员 40 余人参加会议。会议由县纪委监委第二纪检监察室干部董子贵主持。

是日 广安实验学校与姚家小学结对帮扶签约启动仪式在姚家小学举行。

2022 年

1 月 1 日 自 2021 年 11 月疫情防控形势严峻以来，县教育局 4 支志愿服务队，已在香江国际一期和二期、康居人家、雷鸣社区 4 个点位坚守 60 余天，累计服务 700 余小时，扫码查验 14 000 余人次。

1 月 2 日 县委教育工委书记、县教育局党组书记李锦钟，县教育局局长唐永红带领班子成员分别深入剑门关高级中学、剑阁中学、剑州中学看望并慰问高三全体师生，为师生加油鼓劲。

1 月 5 日 由龙江小学承办的"剑阁县 2021 年心理健康教师成长营成果展评活动"顺利举行。

1 月 6 日 国光小学一、二年级用"非纸笔测试"的游戏方式，对学生考试进行评价。语文设置了"社交达人""欢乐朋友""穿越'诗'空""拼音王国"等闯关环节，数学设置了"开心小卖部""能说会算""走出迷宫""小小建筑师"等闯关环节。

是日 鹤龄小学党支部书记、校长任泽邦一行在鼎屏四小一班人的陪同下参观了校园文化建设。参观完毕，正式签订校际《结对共建协议》及学科教师结对协议。两校校长还就文化共建、课程建设等工作进行了深度交流。

是日 在四川省智能制造职业技能大赛暨 2021"天府工匠杯"工业技能大赛中，剑阁职中参赛选手刘映超、卫星垚荣获工业机器人技术应用（双人赛）（学生组）一等奖。

1 月 6 日—7 日 县教育局局长唐永红携县委教育工委副书记杨启文、县教育局副局长王龙（挂职）等一行到广安开展考察交流。广安区教科体局副局长赵俊淞，东方小学党支部书记、校长杜先慧携班子成员全程陪同。

1 月 7 日 四川长鑫珈诚建筑劳务有限公司总经理许从长一行 3 人来到香江国际幼儿园向 35 名留守儿童捐赠了价值 5 000 元的学习用品及食品。

1 月 8 日 剑阁县青少年校外活动中心香江国际实验学校分站举行 2021 年秋特长培训期末成果展示和总结表彰活动。青少年校外活动中心的领导和老师、该校行政领导及值班老师一起观摩了成果展示。

1 月 10 日 剑阁职中产教融合建设项目正式破土动工。剑阁职中产教融合建设项目为 2021 年债券项目，概算投资 12 000 万元，项目计划分两期实施。第一期债券资金 5 000 万元已到账，拟建设产教融合实训中心及附属工程 19 769.16 平方米；第二期 7 000 万元，拟建设实训楼 4 000 平方米、风雨操场 2 000 平方米，购置实习实训设备 850 件（台、套），及相关附属设施等。

1 月 13 日 为进一步落实"双减"政策，规范办学行为，县教育局召开了剑阁县校外培训机构工作会。县教育产业工会主席祁学刚主持会议并讲话。民办教育管理股、安全管理事务中心相关人员及 31 家校外培训机构举办者参加会议。

1 月 14 日 经四川省民政厅审定，剑阁县教育基金会在 2021 年度社会组织评估中获得 3A

等级。

1月17日　县教育局举行学校推荐后备干部入库人选综合测试。考试分设成教中心、普安中学、白龙小学、开封小学4个考点，本着"德才兼备、以德为先"的用人标准和"公开、平等、竞争、择优"的原则，对推荐的后备干部入库人选进行综合测试。

是日　杭州市上城区援教剑阁县教育局专技人才工作座谈会在李榕纪念馆召开。县委教育工委书记、县教育局党组书记李锦钟，县委教育工委副书记杨启文，县教育局副局长王勋勇出席座谈会并讲话。

1月18日　成都市新东方文化艺术培训学校有限公司向汉阳小学捐赠学生课桌椅300套、会议桌椅100套，价值24万余元。民盟剑阁县支部委员会副主任徐兴明、汉阳小学校长唐剑峰以及师生代表20余人参加了捐赠仪式。

1月20日　剑阁县2022届高三"广元一诊"成绩分析暨后期工作推进会在剑门关高级中学召开。县委教育工委书记、县教育局党组书记李锦钟，县教育局局长唐永红出席会议。县教育局教育股、县教研室相关人员，县内4所高中学校校长、分管教学副校长、教务主任、教科室主任、高三年级组负责人参加会议。

2月9日　县委常委、宣传部部长、县总工会主席廖兴泉赴剑阁中学调研校园安全、疫情防控、教育教学管理等工作，并看望、慰问高三师生。县教育局局长唐永红陪同。

2月17日　上午9:00，剑阁职中"双示范"项目建设教师教学能力提升培训开班仪式在学校学术报告厅隆重举行。培训专家、机构负责人、学校领导及参培师生共200余人参加了开班仪式。

2月18日　副县长谢家远在县教育局局长唐永红的陪同下先后前往龙江小学、香江国际实验学校、香江国际幼儿园开展春季学校开学工作专项检查。

2月23日　教育部发布消息：义务教育后实行"普职分流"非常必要，完善"职教高考"，缓解中考分流压力，推动中职向"就业与升学并重"转变，使"职教高考"成为高职招生主渠道。

2月25日　江口嘉陵学校在开学之初举行了一次面向全体老师的专题培训。培训会由县教育局副局长王龙（挂职）主讲。

2月26日　剑阁职中2022届高三成人仪式暨高考百日冲刺誓师大会在学校副校长张兴林主持下隆重举行，校级领导、教学系列干部、高三年级全体师生、高一高二年级学生及班主任、高三学生家长代表参加了会议。

3月1日—4日　县教育局诚邀市教科所18名专职教研员，连同县教研室全体教研员和部分兼职教研员，分三路深入课堂，开展2022年春季教育教学视导工作。本轮视导主要围绕高三二轮复习备考和乡镇学校课堂教学展开，视导组分别深入剑阁中学、剑门关高中、剑州中学、白龙小学和柳沟小学，采取课堂观摩、学科研讨、查阅资料、送教到校和座谈交流等多种形式进行。

3月2日　剑阁县全面启动中小学学区制管理改革，将87所中小学校划分为9个学区、1个高中教育联盟，以城带乡、以强扶弱的县域基础教育城乡一体化教育体系初步形成。

3月7日　剑阁县全面实施中小学教师信息技术应用能力工程2.0培训。4 230名教师历时3个多月，完成了微能力点选择和课程学习任务，提交课件、微课和优课作品10 000余件。

3月8日　龙江小学把每年仅有一个名额的年度感动校园人物颁发给了来自杭州市上城区凤凰小学的支教老师田庆云，这是近10年来学校第一次将这一荣誉授予一位非学校在编教师。颁奖词为："你代表的不仅是你一个人，是杭州市凤凰小学和龙江小学的情谊，是上城与剑阁的教育协作，是东西部协作的时代印记，是党中央共同发展政策的有力见证。"

3月10日　剑阁县第一届中小学生体育节系列活动——校园足球比赛在剑阁职中、剑门关天立学校拉开帷幕。来自全县中小学的37支代表队570名运动员在这里释放运动活力，演绎青春风采，点燃激情梦想。

3月10日—4月12日　剑阁县教育局组织开展2022年春季千名教师"课堂教学大比武活动"，全县3 100名教师参加，其中320名教师参加县级决赛，39名教师被推荐参加市级竞赛。

3月11日　下午3:30，剑阁县第六学区第一次联席会议在剑阁中学会议室召开。学区内各校相关领导参会，会议由学区长，剑阁中学党委书记、校长何雄林主持。

3月14日　广安职业技术学院副教授王怀林一行，在县教育局副局长吴俊宏（挂职）的陪同下，分别深入剑阁中学、剑门关高中、剑州中学、剑阁职中开展高职单招宣传工作。

3月15日　县委书记杨祖斌以"四不两直"的方式，突击暗访了普安镇居家隔离点、剑阁中学疫情防控工作。

是日　普安小学携手县书法家协会，开展了"翰墨飘香传薪火，百年书院国粹扬"的"书法进校园"活动。县教育局副局长王勋勇、副局长王龙（挂职），县书法家协会主席朱光泽出席活动。

3月15日—17日　剑阁县"国培计划"——（2021）中西部骨干项目县级农村骨干教师（学前段）培训项目第二次集中培训（专题研修）在普安幼儿园、鼓楼幼儿园举行，来自全县公、民办幼儿园的40名骨干教师及国培指导教师参加培训。此次培训以专题讲座+现场观摩+案例分享+交流研讨形式进行，共呈现4堂专题讲座、2节优质示范课、6个班本课程案例分享、2个优质早操活动；进行了1次半日活动观摩、2次教研活动研讨。

3月17日　剑阁县教育局、共青团剑阁县委及剑阁县禁毒办在剑阁职中联合开展了"禁毒知识进校园"专题讲座。

3月22日　县教育局召开2022年春教育质量分析会。县委教育工委书记、县教育局党组书记李锦钟，县教育局局长唐永红出席会议并讲话。

是日　剑阁中学高2020级1 000余名师生开展了以"感受古蜀道魅力，坚定梦想，携手奋进"为主题的青春励志远足活动。

3月24日　剑阁县教育局创建了首个红色国防教育共同体。剑门关小学、羊岭小学、长岭小学和秀钟小学4所学校分别开展了第一次红色国防教育共同体主题活动。

3月27日　县教育局联合共青团剑阁县委、县应急管理局、县消防救援大队在龙江小学开展了森林防、灭火安全知识进校园宣传活动。

3月28日　剑阁县高考励志教育暨誓师大会在剑门关高级中学召开。县委书记杨祖斌出席誓师大会，并预祝大家旗开得胜、金榜题名。县委副书记冀健华主持誓师大会。

3月30日　县委教育工委书记、县教育局党组书记李锦钟到剑阁职中调研指导职业教育工作。县委教育工委副书记杨启文，教育工委办、教育股、考试中心以及剑阁职中相关负责人参加调研。

4月1日—5月30日　举办县中小学"向阳花"艺术节——师生美术书法作品大赛，共收到教师作品473件，学生作品1 554件，并评选出706个等次奖、16个优秀组织奖、48个优秀指导教师。

4月8日　剑阁中学申报的科研成果"普通高中综合实践活动校本课程开发与实施策略"获得2021年四川省教学成果二等奖。

4月9日　县委常委、宣传部部长、县总工会主席廖兴泉在县教育局局长唐永红的陪同下，调研督导莺溪小学、鹤龄中学和木马中学疫情防控、校园安全及学校规划发展等工作，鹤龄镇党委政府及相关教育督导责任区主要负责同志陪同调研。

4月11日　四川省人民政府公布了2021年四川省教学成果奖获奖通知，剑阁县教育系统3个课题获奖。基础教育教学成果奖二等奖2个：剑阁县龙江小学的"以家规家风教育基地为载体的传统文明教育实践策略"，四川省剑阁中学"普通高中综合实践活动 校本课程开发与实施策略"。职业教育教学成果奖二等奖1个：四川省剑阁职业高级中学校与广元富远丰田汽车销售服务有限公司联合研究的课题"四方三目标：农村中职汽车运用与维修专业现代学徒制培养模式创新与实践"。

4月12日　剑阁县初中教师2022年教学大比武决赛顺利完成。本次比赛设置了剑阁中学和剑门关高级中学两个赛点。决赛实现了语文、数学、英语、音乐、体育、信息技术等13门学科全覆盖。参赛选手们一路过关斩将，在经历了学校初赛、学区半决赛后，最终119位老师脱颖而出，进入决赛。

4月12日—13日　剑阁县教育局组织开展了2022年全县中小学班主任弘扬"五四精神"主题班会展评交流活动。活动分普安小学、普安中学和剑阁中学3个赛点进行，小学、初中及高中共计24名经过学区初赛遴选出来的班主任参加了展评交流活动。

4月13日　县政协主席向坤道带领全县部分政协委员，实地视察了剑阁职业高级中学产教融合建设项目。

是日　四川省李文峰卓越校长工作室授牌启动仪式在剑阁职中举行。此举标志着广元市（职教学段）首个省级卓越校长工作室建设工作正式启动。2021年12月，全省确定中小学（含职教）100名首批卓越校长工作室成员，其中19名为中职卓越校长，剑阁职中校长李文峰在列。

4月15日—18日　举办剑阁县中小学生体育节系列活动之校园足球比赛。比赛设有小学、初中、高中三个组别，共有17个学校、37支代表队、570名运动员参加。在比赛中共产生22个名次奖、4个体育道德风尚奖、4个优秀组织奖、12名优秀裁判员和15名优秀指导教师。

4月21日　以"民谣增自信，艺术促成长"为主题的剑阁县推进艺术教育、弘扬地域音乐研讨会暨剑阁县教师合唱团筹备工作会在剑门关高中举行。副县长谢家远出席会议并讲话。会议由县委教育工委书记、县教育局党组书记李锦钟主持。

4月24日　剑阁县教育高质量发展推进会在教育局二楼会议室召开。会议深入贯彻落实全国、全省和全市教育工作会议精神，全面总结2021年全县教育工作，安排部署2022年教育改革发展任务。县委常委、宣传部部长、县总工会主席廖兴泉出席会议并讲话，副县长谢家远主持会议并安排部署当前重点工作。

是日　剑阁县教育系统党风廉政建设会在教育局二楼会议室召开。县委教育工委书记、县教育局党组书记李锦钟出席会议并讲话。县纪委监委驻县教育局纪检监察组组长、县教育局党组成员杨碧艳就深入推进党风廉政建设工作作了安排部署。

4月26日　剑阁县教育局在教育局三楼会议室召开关于成立音乐、体育、美术、书法、科技教育专业委员会工作筹备会。县教育局副局长王勋勇、教育股股长唐守荣以及部分学科专业骨干教师参加会议。

4月28日　县教研室组织全县九年级教师分学科、分时段在剑阁中学、剑州中学和普安中学召开中考改革课堂教学研讨现场会。本次研讨活动共涉及语文、数学、英语、化学、物理、历史、道德与法治等7个中考文化学科。各初中学校分管教学的领导、九年级统考科目教师代表共194人按学科分组参加研讨活动。3个研讨会活动现场、7名专兼职教研员指导备考、9人模拟试卷命题分享、15节复习研讨课、24堂复习策略专题讲座、55人课堂点评。

4月29日　北京大学护理学院博士生导师、循证护理研究中心主任王志稳教授为剑阁考生开展了主题为"护卫生命、理佑健康"的宣讲活动。剑阁中学、剑门关高级中学、剑州中学、剑门关天立国际学校100余名师生参加活动。

5月6日　剑阁县2022年义务教育质量监测样本校业务培训视频会在教育局二楼会议室召开。县委教育工委书记、县教育局党组书记李锦钟主持会议并讲话。

5月9日　县委书记、县委教育工作领导小组组长杨祖斌主持召开县委教育工作领导小组第四次全体会议。县委副书记、县长、县委教育工作领导小组常务副组长范为民出席会议。审议通过了《中共剑阁县委教育工作领导小组2022年工作要点》《剑阁县推进教育高质量发展十条措施》《剑阁县深化新时代教育督导体制机制改革的实施意见》《剑阁县2022年教育布局调整方案》等。

5月12日　为期6天的剑阁县提琴智慧教育进校园校本师资培训（第一期）圆满结束，培训班结业典礼音乐会于当天下午在香江国际实验学校举行。

5月12日—13日　县教育局组织29个督查视导组，对29所参加国家义务教育质量监测参测样本学校的测试准备工作，进行了一轮全面督查视导。督查视导采取"听、看、查、访、评"的方式进行。各督查视导组听样本校校长汇报抽测准备工作；看校园环境和学校管理、任课教师参加教研活动的相关资料；认真检查了各样本学校对《组织工作手册》的执行情况，查阅了监测方案、表册等过程资料；走访、座谈了抽测学科的部分师生；随机听评了全覆盖抽测学科的课。

5月13日　四川省妇联、省文明办联名发文，表扬了一批省五好家庭、省"最美家庭"、省家庭工作先进集体和先进个人，剑阁县龙江小学校被评为四川省"家庭工作先进集体"。

5月上旬　开封中学以"自省、他省和众省"的"三省"课例研究为依托，把课程改革切实推向深入。县教育局副局长王龙（挂职）一行来到开封中学，与全校师生一起开展了为期两天的教学研讨活动。

5月18日—19日　剑阁县校外培训机构国、省监管双平台建设培训会分别在普安和下寺召开。民办教育管理股全体工作人员和全县31家校外培训机构负责人参加会议。

5月18日　省委办公厅、省政府办公厅印发了《关于进一步减轻义务教育阶段学生作业负担和校外培训负担的实施方案》（以下简称《实施方案》）。结合四川省实际，《实施方案》提出了14条工作举措，减轻学生作业负担和校外培训负担（以下简称"双减"），缓解学生家庭焦虑，营造良好教育生态。

5月19日　剑阁职业高级中学及其机械加工技术、旅游服务与管理专业，"智能制造+"实训基地成功入选四川省中等职业教育名校名专业名实训基地"三名工程"首批拟立项建设单位。

5月20日　四川省剑阁职业高级中学校进入四川省中等职业教育"名校名专业名实训基地"建设首批拟立项建设单位公示名单。

5月21日　"雄关论教"以"聚焦教研、高效管理"为主题，在剑门关天立学校开展了第二期线下研讨活动。县委教育工委书记、县教育局党组书记李锦钟参加活动并交流发言。县教育局副局长王勋勇、王龙（挂职），全体参培学员及志愿者共同参加了本次活动。

5月27日—6月30日　墨韵剑门——剑阁县中小学"向阳花"艺术节暨2022年师生书法、作品展在剑阁县李榕纪念馆（龙江小学）举行。

5月27日　在龙江小学李榕纪念馆三楼召开了剑阁县学校音乐、美术、书法、体育、科技、心理健康教育专业委员会成立大会暨各专业委员会主任工作会。出席本次会议的领导有县委教育工委书记、县教育局党组书记李锦钟，县教育局局长唐永红，县教育局副局长王勋勇和音乐、美术、书法、体育、科技、心理健康学校教育专业委员会的主任、副主任及秘书长共计28人。本次会议由县教育局副局长王龙（挂职）主持。

5月31日　"六一"儿童节即将到来之际，政协原主席孔金山携县政协委员个私协会成员走进高观小学，开展"关爱留守儿童"节前慰问活动。县教育局局长唐永红陪同。

6月2日　广元市吉利"梦想少年团"成员前往西昌卫星发射中心，观看吉利星座01组卫星发射。本次活动由杭州帮扶广元工作队组织，龙江小学五（5）中队学生赵筱作为剑阁县唯一一名"梦想少先团"成员参与了本次"西昌观星行"活动。

6月4日　四川省剑阁职业高级中学校产教融合建设项目2020年5月经剑阁县发改局批复立项，概算总投资1.2亿元，拟新建：产教融合实训车间11 000平方米及附属工程10 500平方米；实训楼4 000平方米；风雨操场2 000平方米；采购实习实训设备850台（件、套），相关附属工程等。

6月6日　市教育局局长何开莉赴剑阁县检查指导高考备考工作。市巡考组组长、市人民政府总督学张毅，县委常委、宣传部部长、县总工会主席廖兴泉，县招委主任、副县长陈映儒，县教育局局长唐永红陪同检查。

是日 县委书记杨祖斌带队前往剑门关高级中学、剑阁职业高级中学考点看望慰问高考备考师生，检查指导疫情防控、安全保密和后勤保障等工作。县委副书记、县长范为民，县人大常委会主任张大勇，县政协主席向坤道一同慰问。剑阁县高考报名考生3 899人，共设有剑门关高级中学、剑阁职业高级中学两个常规考点以及龙江小学一个隔离考点，考场112个。

6月8日 白龙镇小学校开展防溺水主题教育，邀请白龙消防站专职消防员走进课堂，采用互动问答、现场演示以及播放防溺水安全警示片等形式，向学生讲解夏季防溺水"六不准""一会""四知"等知识，并结合生活中的部分溺水案例，讲解了私自下河游泳的严重后果，增强了学生的安全意识。

6月17日 剑阁县第四学区在汉阳小学召开幼小双向衔接工作研讨会。剑阁县教育局党组成员、副局长王勋勇，副局长王龙（挂职），学前教育股股长刘晏、副股长魏林应邀出席会议。第四学区各成员学校校长、分管教学副校长、幼儿园负责人以及部分幼儿园、小学骨干教师共47人参加了此次研讨会。

6月22日 广元市人大常委会副主任吴桂华、市人大教科文卫委主任赵泽中、副主任张大鸿一行近60人在县人大主任张大勇等领导的陪同下，来到剑阁中学，对深入实施教育提质工程相关工作进行了调研。

6月23日 店子小学邀请家长代表参观学校课后延时服务展示活动。

是日 剑阁县红色国防德育共同体在长岭小学开展"传承长征精神，赓续红色基因，培育时代新人"的红色国防德育共同体研学活动。早上10:00，县教育局及各共同体学校相关领导前往长岭小学——剑阁县第一个中共党组织的诞生地，也是剑阁县第一个苏维埃政府的诞生地。

6月26日 龙江小学分别派出男女甲乙组4支代表队参加2022"奔跑吧·少年"儿童青少年主题健身活动暨广元市"剑门关杯"校园足球联赛比赛，龙江小学足球队最终斩获男子甲组、女子乙组冠军女子甲组亚军。

6月30日 广元市2022年学前教育宣传月总结暨"幼小衔接"工作现场推进会在剑阁县召开。市教育局副局长李英出席会议并讲话。剑阁县人大常委会副主任钟瑞致辞。市教育局基础教育科科长、教科所所长，川北幼专学前教育学院负责人，各县（区）教育局分管领导及相关科（股）室负责人，省市两级"幼小衔接"试点校（园）相关负责人参加会议。

是日 剑阁县"雄关论教"管理干部沙龙培训班全体学员及部分受邀学校校长齐聚一堂，剑门关实验学校附属幼儿园开展以"雄关论教 明辨方向 探研衔接规律 增强衔接能力"为主题的沙龙培训第三次活动。

7月1日 县教育局直属机关党委开展了"七一"主题党日暨党员干部廉政家风教育系列活动，局机关及直属事业单位党员干部职工参加活动。

是日 广元市教育局组织专家组对剑阁县鼓楼幼儿园创建省级示范性幼儿园进行复核评估。

7月4日 普安幼儿园大班年级在广元市大中小学示范性劳动教育基地（金色家园）举行"小小兵军事成长营——剑阁县普安幼儿园2022年幼儿军事成长训练暨毕业典礼"。

7月6日 剑阁县2022年结核病防控工作培训会在县教育局二楼会议室召开。会议以电视电话形式对全县各级各类学校、托幼机构、各医疗卫生单位进行培训。

是日 剑阁县学校体育教育专业委员会、学校音乐教育专业委员会工作推进会在剑阁中学召开。县教育局副局长王龙（挂职）出席会议并讲话，教育股相关负责人及各教育督导责任区的28名音乐专干参加会议。

7月7日 剑阁县学校美术教育专业委员会第一次会议在龙江小学李榕家风纪念馆三楼会议室

召开。县教育局副局长王龙（挂职）出席会议并讲话，美术教育专委会秘书长李莎主持会议。会议传达学习了省市有关会议和文件精神，解读了《专委会工作办法》，听取了美术专委会前期工作的开展情况。

7月8日—11日 浙江省新家庭儿童成长发展中心创始人方鹏一行到剑阁县考察交流。广元市中华职业教育社秘书长、机关主任孙志波，剑阁县政协副主席何仕钦，剑阁县委统战部副部长郭玉奎，县教育局局长唐永红，副局长王龙（挂职）陪同考察。

7月11日 县教育系统宣讲团第三分团赴剑州中学，作了学习贯彻习近平总书记来川视察重要指示精神和省第十二次党代会精神专题宣讲。

是日 县教育局科技教育专业委员会在香江实验学校召开第一次全体委员会议。

7月12日 以教育督导责任区为考点组考，全县小学语文、数学，初中语文、数学和英语共计1 491名教师参加了试题研究竞赛。男教师50周岁（含50周岁）以下、女教师48周岁（含48周岁）以下原则上必须参赛，其余教师自愿参加。竞赛试题以近5年全县中考和小考内容组卷，其中语文学科涉及语文知识积淀和教学理论、数学涉及奥赛。

是日 杭州市上城区帮扶剑阁县专技人才见面座谈会在县委组织部召开，上城区教育局四级调研员董善刚、县政府办公室副主任潘汉军（挂职）、县委教育工委副书记杨启文等相关领导及专技人才参加会议。会议由县委组织部副部长李勇主持。

7月14日—15日 广安市委教育工委书记、市教育和体育局党组书记、局长黎均平带队到剑阁县考察，并召开对接工作座谈会。会议由剑阁县委常委、副县长、广安市对口帮扶剑阁县工作队领队杜海燕主持。剑阁县人大常委会副主任钟瑞致辞。县委教育工委书记、县教育局党组书记李锦钟，县教育局局长唐永红，副局长吴俊宏（挂职）参加会议。

7月15日 2022年剑阁县校（园）长暑期读书班（第一阶段）暨"雄关论教"管理干部沙龙培训班第四次活动在剑门关天立学校举行。杭州市天长小学校长楼朝辉、杭州市教育科学研究所前所长施光明应邀作专题讲座。县教育局副局长王龙（挂职），各教育督导责任区干部、部分校（园）长、雄关论教参培学员及志愿者参加活动。

7月19日 县教育局顺利完成"互联网+课堂教学"大比武作品评审工作。此次评审活动共抽取县域内教研电教人员、优秀学科教师31人参与评审，755件推荐作品参与决赛，其中课件275件、微课206件、优课274件。

7月26日—8月1日 剑阁县教育系统骨干管理干部（教师）一行45人，在县教育局副局长王龙（挂职）的带领下，奔赴浙江杭州，于西子湖畔的发现教育研究院，参加为期7天的专业素养提升培训。

7月27日—8月2日 剑阁县"雄关论教"管理干部沙龙培训班一行40人，在县教育局副局长王勋勇的带领下，赴浙江上城开展研训暨第五次活动。

7月28日 在2022年四川省职业院校教师教学能力大赛中剑阁职中3个教学团队12位教师，获得二等奖1个、三等奖2个的优秀成绩。

8月14日—20日 剑门关高级中学教师一行20人赴北京化工大学参加"教育振兴乡村——北京化工大学2022年高中教师学科能力提升营"活动。本次提升营活动涉及英语、数学、物理、化学、生物5大学科。为贯彻落实《"十四五"县域普通高中发展提升行动计划》关于"实施县中托管帮扶工程"的部署要求，加大对教育基础薄弱县普通高中帮扶力度，带动和促进提升县中整体办学水平，教育部决定组织实施部属高校县中托管帮扶项目。四川省有8所县域高中入选县中托管帮扶项目学校，剑门关高级中学是广元市唯一一家。北京化工大学与剑阁县人民政府、剑门关高级中学共同签署"部属高校县中托管帮扶合作"框架协议，就推动剑阁教育高质量发展建立起合作关系。暑假期间，托管帮扶工程正式启动。

8月18日　剑阁县教育基金会"旅外人士扶贫助学专项基金"发放仪式在县教育局二楼会议室举行。本次是剑阁县"旅外人士扶贫助学专项基金"自2017年以来的第六次捐赠，已累计捐款2 494 901元，奖助师生570人。

8月20日　第十八届"永隆慈善助学金"剑阁县发放仪式在剑门关高级中学举行。副县长王文波出席仪式并讲话。广元市教育基金会理事长宋怀忠、县教育局局长唐永红参加仪式。四川永隆集团自成立以来，一直秉承"诚信经营、回报社会"的理念，于2005年设立"永隆慈善助学金"，长期资助全市品学兼优、家庭贫困的大学新生实现大学梦。截至目前，"永隆助学金"已连续实施18年，累计资助3 700余名广元贫困学子圆梦，捐助总额达1 600余万元。本次为剑阁87名贫困大学新生捐助26.4万元。

8月21日　杭州市上城区委副书记、区长惠海涛，上城区教育局副书记、副局长曹婕一行20余人到剑门关高级中学考察东西部智慧教育协作项目。剑阁县委副书记冀建华，县委常委、副县长周展（挂职），县委教育工委书记、县教育局党组书记李锦钟等陪同考察。

8月22日　剑阁县教育局荣获2022年"奔跑吧·少年"儿童青少年主题健身活动暨广元市"剑门关杯"校园球类比赛先进单位的称号。

8月29日　为喜迎第三十八个教师节，8月县教育局在全县教育系统开展了"我的教育故事"主题征文活动，收到了许多老师的优秀稿件，即日起，剑阁教育微信公众号将开辟专栏，陆续刊发那些直面人心的教育故事。

9月1日　杭州市上城区援教剑阁县专业技术人才（教师）座谈会在县教育局三楼会议室召开。县政府办公室副主任潘汉军（挂职），县委教育工委副书记杨启文，龙江小学、剑门关实验学校、香江实验学校相关负责人及专技人才参加会议。会议由县教育局副局长王龙（挂职）主持。

9月3日　四川省委常委、组织部部长于立军实地察看了剑阁职中的疫情防控工作。

9月5日　受新冠疫情影响，全县中小学开学时间延迟至9月5日、6日，分期分批开学。

9月9日　剑阁县隆重举行庆祝第三十八个教师节暨表扬大会。县委书记杨祖斌出席会议并讲话。县委副书记、县长范为民主持会议。县人大常委会主任张大勇、县政协主席向坤道出席会议。

9月13日　全县中小学、幼儿园组织全体教职工为9月5日发生6.8级地震的甘孜州泸定县捐款10余万元，帮助灾区渡过难关。

9月15日　剑阁县教育局心理健康教育专委会第二次会议在剑阁中学举行。县教育局副局长王龙（挂职）、教育股相关负责同志、心理健康教育专委会成员参加会议。教育股相关负责人介绍了剑阁县心理健康教育现状。来自杭州市上城区援教剑阁县心理健康教育的教师罗国兰对专委会成员从学生心理危机筛查和干预等方面进行了一次专业培训。

是日　来自杭州市濮家小学教育集团和杭州市胜利小学的专技老师陈青来、程珂磊，在县教育局副局长王龙（挂职）的带领下，送教到第四学区成员学校——汉阳小学。第四学区五所学校领导和教师共计40余人参加活动。

9月19日　杭州市上城区惠兴中学心理辅导站站长罗国兰（现挂职剑阁县教育局教育股副股长）赴元山教育督导责任区调研心理健康教育工作。

9月22日　武连职中信息化市级课题"农村中学教师信息化教学能力提升策略研究"课题结题工作顺利结束。

9月23日　上剑第二届东西部教育协作之班主任工作专场如期举行。全县80多所中小学校的班主任通过直播形式一起收看了杭州市胜利小学孙平老师的"适性德育下班干部的培养策略"专题讲座。

9月27日　四川省教育评估院书记、院长陈立兵带领专家团队一行13人赴剑阁县调研剑门关高中提质扩容工程及全县普通高中发展规划等工作。

9月28日—29日 为期两天的"东西协作、共育未来——浙江上城·四川剑阁第二届东西部教育协作周活动"在剑阁县举行。本次活动，除在本地已有的6位专技教师外，浙江杭州上城区还派了17位专家、领导、骨干教师组团来剑，活动涉及课堂观摩、专家讲座、专题会议、评课教研、结对签约等内容，参与师生5 600余人次，还吸引了苍溪、旺苍、青川等县区校（园）长、教师参加本次活动。

10月8日 剑阁县香江幼儿园"构建'H-E-H'培训模式 聚焦骨干教师高质量发展"典型案例获四川省国培计划典型案例三等奖。

是日 四川省教育厅官网公布了《四川省2021年国培计划优秀典型案例获奖名单》《四川省2021年国培计划优秀成长案例获奖名单》，剑阁县有8项优秀案例获得省级等级奖（特等奖1项、三等奖7项），在全市获奖数中位列第一。其中，"国培计划"优秀典型案例"'四步五环'精准定向'两线五驱'助力提升"获特等奖，将由四川省教师发展中心推荐到教育部。

10月9日 剑阁县教育局荣获广元市"文化传承强国有我"青少年书画传习大会优秀组织奖。全县教育系统有10名教师获书画传习大赛先进个人称号；1名教师获优秀指导教师奖；4名教师的4个书画教学案例获奖。

10月11日 开展第七轮常态化全域全员免费核酸检测。

是日 自2022年10月11日起，剑阁中学、南禅小学受剑阁县10月11日确诊新冠病毒无症状感染病例（蒲元松）的影响，发生校园疫情。县委县政府坚强领导、果断处置，县教育局接到通知后立即进入应急处置状态，启动教育系统疫情防控应急预案，全力以赴救治患者，全力以赴维护稳定，全力以赴处置舆情，全力以赴恢复秩序。全县教育系统共确诊新冠无症状感染者5人，其中剑阁中学3人（职工1人、学生2人）、南禅小学2人（学生2人）。集中隔离师生5 142人（含剑阁中学校内隔离师生879人），分布在县内县外16个隔离点，其中广安隔离点2 273人、县外市内隔离点754人、县内学校（白龙中学、公兴中学、鹤龄中学、木马中小学）隔离点2 083人、零散隔离点32人。10月24日起，教育系统师生职工均陆续隔离结束，经市县疫情防控指挥部判定，可以解除隔离并陆续返校，返校后继续执行三天三检管控措施。10月25、26日，隔离师生在结束管控措施的前提下，全县学校基本完成复课复学，恢复正常教学秩序。

10月12日 剑阁县应对新冠疫情应急指挥部决定自2022年10月12日凌晨6时至10月15日凌晨6时，在全县范围内实行临时性社会管控。对下寺镇全域、普安镇全域实施临时性管控措施：①加强人员流动管理。全体居民原则居家，非本村（社区）村（居）民原则不得进入，小区（院落）内不闲逛不扎堆不聚集，原则上每户居民每2天可安排1人凭24小时核酸检测阴性证明外出购买生活物资，外出时间控制在1小时内。承担城市基本运行保障、医疗保障和疫情防控等重要工作的人员，凭通行证或单位证明以及24小时核酸阴性证明出入小区。严格限制与其他乡镇及周边县区的车辆人员流动，临时性社会管控期间，两镇人员一律不得离开辖区，特殊情况离开辖区的需持24小时核酸检测阴性证明，经村（社区）审批同意后方可离开。②开展全员免费核酸检测。确保"应检尽检、不漏一人"。检测完毕马上返回住所，不得在外逗留。③强化交通管控。除救护、消防、公安、抢险救援等执行紧急任务的特种车辆外，其他从事保供应、保民生、保防疫、应急运输的相关车辆，凭通行证通行，其他车辆禁止上路通行。调整公交运营频次，巡游出租车不停运，严格司乘人员核酸管控要求，乘坐公共交通工具需持24小时核酸阴性证明。④规范行业场所管理。除保障市民基本需要的生活超市（含农贸市场）、药店、医疗机构、生鲜快递、电商配送、餐饮类企业（不提供堂食、只提供外卖）外，其他营业场所、门店暂停营业。各类会议、培训、演出、比赛、广场舞等聚集性活动暂停举办。各类娱乐场所、公共文体场所、景区景点等暂停开放营业。宗教活动场所暂时关闭。各类养老院、儿童福利机构等实施封闭管理。寄宿制学校实行封闭管理，非寄宿制学校实行线上教学。⑤严格门诊就诊管理。暂停个体门诊部、个体诊所营业，暂停日常门诊和健康体检业务，保留急诊和发热门诊、分娩、血透、放化疗、手术等急危重服务科室。红黄码病人按规定到辖区红黄码定点医院就诊。有紧急就医需求的，报村（社区）同意后凭有效证明，可以乘坐私家车前往就诊，原则上陪同人员不超过1人。⑥全力保障群众基本需求。商超、农贸市场等保供场所，按照疫情防控要求，严格执行测温、扫码、戴口罩、查验24小时核酸阴性证明等措施。加强对区域内独居老人、孕产妇、残疾人、慢性病人及重疾患者等特殊人群的关心关爱，带着感情做好就医及生活服务保障工作。⑦切实维护生产秩序。保障市民生活和城乡基本运行的水、电、燃气、燃油、通信、环卫、粮油肉菜等公共服务类企业以及具备闭环生产条件、承担重要生产任务的工业企业，在落实好各项疫情防控措施的基础上，可开展正常生产经营。⑧严格党员干部管理。辖区各级党政机关、县属企事业单位和广大党员干部按照"双报到"要求，除承担疫情防控和单位值班工作的人员外，其他人员就地就近转化为村（社区）志愿者，主动参与村（社区）防疫工作、志愿服务和敲门行动。各级党政机关事业单位干部职工原则居家办公，承担城市基本运行保障、医疗保障和疫情防控等重要任务的工作人员凭通行证或单位证明及24小时内核酸阴性证明通行。

10月12日—18日 受剑阁"10·11"疫情的影响，剑阁县新老县城寄宿制学校的学生、教职员工全部住校。

10月12日—24日 教育局印发《关于做好当前线上教学工作的通知》，通知要求，在特殊时期各院统筹做好疫情防控和教育教学工作，全覆盖开展居家和集中隔离学生线上教育教学，实现停课不停学、不停教。

10月13日 "10·11"突如其来的疫情，给全县师生的学习生活按下了"暂停键"。剑阁县教育局发出《致全县家长的一封信》《致全县学生的一封信》。

10月16日 上午10时中国共产党第二十次全国代表大会在北京人民大会堂开幕。剑阁县教育局机关，各中小学、幼儿园通过电视、网络等形式，组织广大教职员工、学生收看党的二十大开幕盛况，大家认真聆听了习近平总书记向大会所作的报告。

10月22日—23日 剑阁县教育局选派由吴玖远、董跃明等7位教师组成的帮扶工作队，到凉山州雷波县瓦岗九年一贯制学校开展支教工作。7名工作队员在支教学校开展了第一次示范课活动。

10月28日 共青团剑阁县委向共青团广元市委成功争取到中国光华科技基金会、欧姆龙（中国）有限公司的光华书海工程图书捐赠项目落地剑阁。各类图书共计690件、21 068册，总价值约为100万元，定点捐赠到剑阁县实验学校，经过签收、清点、入库后，将尽快投入使用。因疫情原因，捐赠方委托团委副书记郭茂金到场进行捐赠。

是日 剑阁县教育系统学校保安、宿管、食堂等后勤工作人员疫情防控工作培训会在教育局二楼会议室召开，县疾控中心专家到会作了相关业务培训。

10月30日 剑阁职中高一全体师生在操场举行了2022年秋社团活动开班仪式。

10月31日—11月2日 县教育局组织开展为期3天的心理健康教育专题巡讲。本次巡讲由县教育局教育股副股长罗国兰（挂职）主讲，惠及柳沟教育督导责任区6所学校。

10月31日—11月4日 省教科院公示2022年度四川省教育科研拟立项课题518项。剑阁县教育局上报材料8项，成功申报6项，其中资助金项目课题3项、乡村教育发展专项课题3项。成功申报数量位于广元市4县3区第一。剑阁教育系统现有在研课题134项，其中省级课题8项、市级课题40项、县级课题86项（含个人课题44项）。本年度有30余项课题荣获省市成果奖。

是月 举行"喜迎二十大 奋进新征程"教职工篮球比赛，来自各教育督导责任区、高中学校、局机关共22支篮球队约262名运动员参加了比赛。

11月1日 剑阁县校外艺术体育培训机构分类归口管理移交工作会在县文化旅游和体育局一楼会议室召开。县教育局、县文化旅游和体育局相关领导、股室人员及校外培训机构负责人参加会议。会议由县教育局民办教育管理股负责人张聪主持。

11月4日—2023年1月4日　由剑阁县教育局主办的传习书画·墨韵剑门——剑阁县教育局学校美术专委会首届作品展在剑阁县李榕纪念馆（龙江小学）举行。

11月4日　剑阁县教育局传达学习党的二十大精神会议在成教中心举行，县委教育工委书记、县教育局党组书记李锦钟主持会议并讲话。局机关、直属事业单位全体干部职工参加会议。

11月4日—10日　剑阁县金仙小学等19所小微学校陆续收到杭州市建兰中学学生捐赠的爱心冬衣2 943件，惠及1 286位学生和部分有需要的村民。杭州建兰中学家委会联合中国狮子联会浙江六和服务队还为剑阁县毛坝小学24名男女足球队员购买了价值8 000多元的24套卫衣和冬季长款羽绒服。此次活动，得力于来自杭州第六中学支教挂职于剑阁县教育局副局长的王龙，他花了大量的时间为此次活动做前期准备。

11月8日　全县理、化、生学科中心组在县教研室副主任徐曦（挂职）的主持下，在公兴中学举行了有120多位教师参与的首次线上教学研讨活动。基于"互动课堂+在线教研+视频会议"的平台发挥了重要的交互功能，活动圆满结束。

是日　剑阁县教育局心理健康教育专委会第三次会议在教育局三楼会议室召开。县教育局副局长王勋勇、王龙（挂职），教育股相关负责同志以及心理健康教育专委会全体成员参加会议。

11月9日　县教育局在三楼会议室召开2022年目标工作推进会，了解前期目标工作完成情况，部署后期目标冲刺任务。县委教育工委副书记杨启文主持会议并讲话，直属事业单位、机关股室主要负责同志参加会议。

11月11日　国务院联防联控机制综合组发布《关于进一步优化新冠肺炎疫情防控措施 科学精准做好防控工作的通知》，公布进一步优化防控工作的二十条措施。

11月12日　开封小学校启动了第二届读书节活动。本届读书节以"书香为伴"为主题，包含"升级一批班级图书角""评比一批阅读之星""展示一批读书笔记"三大主题活动，整个读书节活动将持续到2023年春季学期末。启动仪式采用网络直播形式举行，学校1 000余名师生在教室通过线上参加了启动仪式。

11月13日　剑阁中学高二男生张燊坠楼死亡。剑门关高级中学高三女生赵鑫怡从之江楼四楼跳楼致残。同月8日，剑阁中学高三学生吴爱民从宿舍楼三楼跳楼致残。这三次跳楼事件后，县委县政府要求全县五所高完中（含职中）安装防高坠网，其余所有学校安装防高坠设施。

11月15日　剑阁县教育系统"雄关论教"管理干部沙龙培训班奔赴杭州，开启为期6天的研学之旅。

11月16日　市教育督导组对剑阁县政府履行教育职责评价进点会在剑阁召开。市委教育工委委员、市人民政府总督学、市教育督导组组长张毅主持会议。县委常委、常务副县长王仕雄代表县人民政府向督导评价组汇报剑阁县2022年县人民政府对教育履职的情况。

11月17日　剑阁县实验学校举办了第七届"生活小达人"劳动技能比赛。本次劳动技能比赛围绕学生日常生活，按年级设置了不同的比赛项目。梳头发、理书包、戴红领巾、叠衣服、穿鞋带、包饺子、套被子……比赛中，选手们手指灵活穿梭，眼神专注认真，组员团结合作，在细节处彰显了实验学校孩子们过硬的生活技能。

11月18日　县委教育工委副书记杨启文一行来到剑门关站出站口，代表县教育局看望、慰问坚守在疫情防控一线的职工，并为他们送去慰问品。根据县委统一安排，县教育局选派5名职工自2022年9月起在剑门关高铁站卡口开展疫情防控值守工作，在值守期间，选派职工仔细查阅出站人员的健康码、行程卡、核酸报告等，登记来返剑人员。

11月22日　县教育局开展了"心理健康教育初级能力"培训。培训特别邀请了全国第一位心理健康教育特级教师、全国中小学心理健康教育十佳专家、浙江省特级心理专家钟志农为剑阁县心理健康教师队伍作专业引领，参加本次培训的有全县中小学德育工作人员。

11月24日 2022年秋季城北教育督导责任区教务处主任培训会在城北小学举行。

是日 省专家组蔡平常一行8人在市委教育工委、市教育局党组书记黄廷全，市基教科科长黄雄心，剑阁县教育局主要负责人和分管负责人的陪同下，前往普安镇和下寺镇，对鼓楼幼儿园、龙江小学创建省级示范性幼儿园、义务教育优质发展共同体领航学校进行实地抽查评估。

是日 四川省教育厅开展2022年四川省义务教育优质发展共同体领航学校实地抽查，龙江小学代表广元地区（共有5所学校）接受省专家组实地抽查，受到了各界领导及专家组高度肯定。5月21日，学校筹备领航学校资料。7月4日，广元市对龙江小学创建工作开展了初审，提出了整改意见。9月15日，教育局副局长王勋勇一行对创建工作做了周密部署。

11月29日 普安幼儿园开展了"看见儿童，科学支持——2022年秋小班区角游戏教研月活动"。活动以班为单位，全体师幼参加，历经三个阶段：第一阶段，分管领导蹲班查看找问题，年级组集中研讨找典型，全园共同学习找方法；第二阶段，班级师幼调整改进；第三阶段，全园观摩研讨，梳理经验。

11月30日 中共剑阁县教育局党组召开全面从严治党"四责同述"专题会议，县纪委监委驻县教育局纪检监察组组长白胜利主持会议并讲话。县教育局班子成员、中层以上干部，县纪委监委驻县教育局纪检监察组，"两代表一委员"、特约监察员和管理服务对象代表参加会议。

12月1日 全县初中物理教师及县教研室理、化、生学科中心组成员相聚普安中学，开展物理教学研究。

12月2日 在2022年广元市基础教育考核中获得多个奖项：剑阁县教育局荣获基础教育质量综合考核奖一等奖；剑阁中学、剑门关高级中学分别获得省级示范高中二、三等奖；剑州中学获市级示范类高中二等奖。剑阁中学、剑门关高级中学获拔尖创新人才培养工作先进单位称号。

是日 剑阁县教育局获广元市2021—2022学年度德育工作先进单位称号。

12月8日 国家发布疫情防控新十条。从此，全国疫情防控全面放开。

是日 县教研室在剑门中学举办了以"立足学生发展，聚焦核心素养，强化学科实践，打造化学思维课堂"为主题的联合教研活动。县教研室副主任徐曦（挂职）主持活动，剑门中学理综组全体教师和全县各初中学校化学教师通过"现场+腾讯会议"参加本次研讨活动。

是日 剑门关高级中学举行"学习二十大·永远跟党走·奋进新征程"主题团日活动暨"一二·九"集中入团仪式。县委书记杨祖斌专题导学党的二十大精神和省委十二届二次全会精神，现场见证30名优秀青年鸣誓言志、集中入团，教育引导广大剑阁青年争做有信仰、有理想、有本领、有担当、有德行的"五有青年"。县委副书记冀健华出席活动。

是日 为纪念"一二·九"爱国运动、弘扬时代主旋律、增强全体师生的责任感和使命感，普安中学举办了纪念"一二·九"爱国运动歌咏比赛。

12月9日 由剑阁县教育局主办，剑阁县书法、美术教育专委会和剑阁县青少年活动中心承办的"墨韵剑门"——剑阁县书法、美术教育专委会主任罗小敏、冯启千个人书画双人展在县教育局一楼大厅开幕。

12月12日 广元市人民政府副市长蒙宇在广元市教育局副局长杨元、剑阁县人民政府副县长王文波、剑阁县教育局局长唐永红、剑阁县市场监督管理局食品安全总监罗萍的陪同下，赴剑阁职中督查学校食品安全工作。

12月13日 广元市教育基金会、广元市教科所为柳垭小学捐赠价值3万余元的智能自控太阳能路灯，给学校师生带来光明和温暖，照亮乡村孩子们的求学路。

12月16日 民进四川省委员会"同心·彩虹行动"——剑阁县教育管理干部能力提升培训班开班仪式在教育局二楼会议室召开。民进广元市委员会副主委、市教育局副局长李英到会致开幕词。县委教育工委书记、县教育局党组书记李锦钟主持开班仪式。

12月16日—18日　在广元市教育局主办的2022年第二届大蜀道职业院校技能大赛中，剑阁职中荣获一等奖9个、二等奖11个、三等奖10个。9名老师获"优秀指导教师"称号，再次创下参赛学校一等奖、奖牌总数、获奖率及综合排名4个第一的骄人成绩。

12月19日　剑阁县教育基金会助学捐赠活动在凉山州雷波县瓦岗九年一贯制学校操场举行。剑阁县委教育工委书记、县教育局党组书记李锦钟，县委教育工委副书记杨启文，剑阁县教育基金会理事长蒲志军，雷波县教育局相关领导以及学校全体师生参加活动。活动由剑阁县白龙小学副校长、支教帮扶工作队队长吴玖远主持。

12月28日　东西部协作援教教师，挂职于剑阁县教育局任副局长的王龙教育格言书法捐赠作品展在李榕纪念馆举行。广元市文联主席王湖益，剑阁县委常委、宣传部部长、县总工会主席廖兴泉出席活动并讲话。活动由书法教育专业委员会主任罗小敏主持。

是年　疫情防控"二十条"和"新十条"发布，学校正常的教育教学工作被打乱，学生在家线上学习。全县义务教育阶段的学校，没有举行统一的期末考试。

2023年

1月1日　从2023年高考开始，教育部明确取消"体育特长生、中学生奥林匹克竞赛、科技类竞赛、省级优秀学生、思想品德有突出事迹"5类全国性高考加分项目。

1月10日　剑阁县教育局召开2022年度机关股室及直属事业单位负责人对标竞进工作述职展评会。会议采取先述职、后测评的方式进行。

1月11日　县委教育工委副书记杨启文、剑阁县教育基金会理事长蒲志军代表百盛联合杭温铁路有限公司工会委员会和爱心人士苟效忠先生分别向禾丰小学捐资15 000元、5 000元。

1月12日　为持续推动区域义务教育优质均衡发展，共享共富成果，杭州师范大学东城实验学校教师徐曦赴四川剑阁，任剑阁县教育科学研究室副主任，开启为期7个月的支教活动。

1月15日—16日　在县教育局二楼会议室开展剑阁县开展中小学党组织书记、校长"教育提质工程"研讨活动，共商剑阁教育大计。县委教育工委书记、县教育局党组书记李锦钟，局长唐永红全程参与并作指导。研讨会由副局长王勋勇主持。

是月　剑阁县心理健康教育案例入选省委宣传部组织编著的《把好事办实 把实事办好——四川省"我为群众办实事"案例选》。

2月1日　开展学校党组织书记、校（园）长对标竞进述职展评活动。此次活动共设4个会场，各学校书记、校（园）长围绕2022年度的工作内容和工作成果，结合自身"德""能""勤""绩""廉""思"等方面进行汇报与反思，分享在过去一年中取得的成就、经验及提升教育教学品质的智慧思考。受邀请的市教科所相关领导、教育局班子成员、教育督导责任区主任、特级教师代表参与评分。

2月2日　县教育局举办"雄关论教"校（园）长教育管理大讲堂。会上，15位书记、校长以办好人民满意的教育为目标，聚焦落实立德树人根本任务，以深化素质教育为主题，从学校管理、队伍建设、教育教学质量、教学教研、学校发展、校园文化、学校党建等方面开展课题研讨。

2月10日　剑阁县举行2022年教育系统"我的教育故事"征文比赛颁奖暨2023年师生读书活动启动仪式。副县长陈映儒参加启动仪式。活动中，县教育局负责同志宣读了《我的教育故事》征文比赛获奖名单。陈映儒及教育局部分领导为《我的教育故事》征文比赛中获奖教师代表颁奖。各学校围绕"书相伴、心致远"的主题，开启新学期富有各校特色的校园师生阅读。

2月21日　广元市教育局局长何开莉一行深入剑阁调研指导高三教学工作，并看望、慰问奋战在备考一线的高三师生。

2月23日　城北教育督导责任区召开2023年春季教育教学工作会议，普安镇人民政府人大主席孙翠芳、辖区7所学校校长、教育督导责任区全体干部参加会议。会议由责任区主任杨得华主持。

2月26日　广元市剑阁县教育考察团在剑阁县教育局局长唐永红的带领下赴广安市友好访问，对接"组团式"帮扶工作。27日上午，考察团首站到达广安二中考察交流，广安市教体局普职成科科长尹崇晓、广安区教科体局副局长赵俊淞陪同观摩考察。

2月27日　剑阁中学在学校操场隆重举行以"成长、感恩、拼搏、圆梦"为主题的2023年成人典礼暨2023届高考百日冲刺誓师大会。全校师生及高2023届学生家长共5600余人参加大会。

2月28日　剑阁教育足球代表队在县体育中心参加2022年"全民健康 健康中国"中西部地区县域乡村足球系列活动暨2022年四川省"百城千乡万村·社区"足球系列活动（剑阁赛区）。以4胜1负的战绩获得本次活动的冠军。

是日　四川开放大学副校长刘纯龙一行赴广元开放大学剑阁分校，开展"县级分校达标工程"省级考评验收工作。广元开放大学党委书记、校长赖永红，剑阁县人民政府副县长陈映儒，县委教育工委书记、县教育局党组书记李锦钟陪同考察。

2月28日—3月1日　县教育局局长唐永红带队赴广安开展招商引资活动，考察教育研学基地建设项目及工业园区企业。县经信科局副局长邓鑫（挂职）、县教育局副局长吴俊宏（挂职）及相关股室负责人参加。

3月4日—6日　县教育考试中心工作人员走进各高（职）中学校，对高职单招和高考综合改革进行宣讲。

3月6日—8日　市级农村初中英语6名骨干教师走进苍溪中学、昭化区虎跳初级中学等4所学校开展第二阶段的跟岗研修。

3月7日　东宝小学举行了"凝聚四方之力共谋幸福成长"主题捐赠仪式。县教育基金会理事长蒲志军，东宝镇党委委员、人大主席严威，武连教育督导责任区主任伏云，杭州市上城区援剑教师陈杰以及社会爱心人士参加捐赠仪式。仪式上，杭州市澎博幼儿园、杭州市澎雅幼儿园、东宝镇党委政府、东宝镇爱心人士、东宝镇各村党支部及各友邻单位向东宝小学捐赠资金共计61720元。

3月13日　2022年"童语同音"计划师资培训项目开班仪式在剑阁县举行。"童语同音"项目负责人、高等教育出版社教师发展中心主任于晓溪，国家语言文字工作督导评估专家、四川省督学张兴明出席开班仪式。县教育局副局长王勋勇、学前教育管理股股长刘晏以及来自苍溪和剑阁县的100名幼师学员参加开班仪式。

3月16日—17日　剑阁县学校安全管理干部培训暨上城—剑阁东西部协作"儿童平安护航计划"项目讲师培训在成教中心会议室举行。培训由杭州同心博爱公益服务中心授课。来自全县107所学校的230余名学校安全管理干部参加培训。县人民政府总督学王挺革主持培训启动仪式并全程参与培训。

3月17日　2023年全县教育系统党建工作会议在龙江小学会议室召开。县委宣传部副部长袁剑成就意识形态工作作了安排部署。县纪委监委驻县教育局纪检监察组组长白胜利安排了2023年教育系统党风廉政建设暨反腐败工作。教育局在家领导班子成员、直属事业单位和局机关股室负责人、教育督导责任区主任、学校党组织书记及副书记、党建办主任（党务工作者）、党委学校纪委书记、党总支学校纪检监察员参加会议。

是日　在四川省教育厅工程办组织的第三、四批典型案例推荐活动中，剑阁县推送的4所学校6个案例分获省一、二、三等奖。鼓楼幼儿园一等奖1个、二等奖1个，普安中学一等奖1个，龙江小学二等奖2个、三等奖1个。

是日　四川省武胜烈面中学党总支书记、校长邓刚一行到剑州中学开展"组团式"帮扶工作。

县教育局局长唐永红及剑州中学相关负责人一同参加。

3月23日　剑阁县教育系统2023年财务人员业务培训会议在香江实验学校召开。县教育局副局长杨光勇，规财股全体干部、教育督导责任区财务负责人，各中小学、幼儿园及直属事业单位会计共计100余人参加会议。

3月24日　剑阁县2023年中小学教育装备暨实验教学信息化管理培训在龙江小学举行。全县78所中小学分管教育装备的负责人，理化生、科学实验员，推进智慧教育教学骨干教师及县电教站全体职工共195人参加培训。培训由县教育局副局长王勋勇主持。

3月27日—31日　县教育考试中心组建两个宣讲团，深入全县各初中学校，向九年级学生及家长宣讲国家教育考试招生政策。

3月29日—30日　剑阁成教中心开展了2023年送培到校第一轮教师培训活动。5个培训班于3月29日分别在开封小学、白龙小学、柳沟小学、普安小学、鹤龄小学举行了隆重的开班典礼。县教育局副局长王勋勇、机关党委书记黄晓芳，学前教育股、人事师培股、工委办、开封教育督导办、白龙教育督导办、柳沟教育督导办、普安教育督导办、鹤龄教育督导办相关负责人，培训指导团队、培训管理团队、参培教师共174人参加开班典礼。

是月　在广元市2022年"课堂教学大比武"暨"基础教育精品课"遴选系列活动中，剑阁县教师章家棋等25人分获初中教师课堂教学竞赛一、二、三等奖，何朝霞等40人分获基础教育精品课一、二、三等奖。

4月7日—8日　广元市第一届"文轩杯"职业院校"说专业 说产业 说课程 说教材"活动在剑阁举行。市委教育工委书记、市教育局党组书记黄廷全出席开幕式并讲话。市教育局局长何开莉主持开幕式。剑阁县人民政府副县长谢家远、广元市职业教育与成人教育学会会长吴小平、新华文轩广元分公司副总经理苟飞出席开幕式并先后致辞。市委教育工委委员，市教育局党组成员、副局长杨元，剑阁县委教育工委书记、县教育局党组书记李锦钟出席开幕式。

4月13日　柳沟中学党支部书记、校长唐永一行12人赴武胜县沿口初级中学参加教学研讨及观摩学习活动。

4月15日—16日　广元市第三届"千训杯"创客机器人竞赛活动在苍溪县体育馆成功举办。剑阁县教育局派出18所学校105支120人的参赛队伍，参加了机器人编程、战斗机器人对抗、飞行器挑战、创意寻迹、超级轨迹和机器人创意6个大项的竞技，经过激烈比拼，张虹川等57名同学共取得了40个等次奖和优秀奖的好成绩。

4月17日　广元市剑阁、青川片区普通高中语文学科基于单元整合的多文本教学研讨会在剑阁中学召开。广元市教科所所长袁仕伦、县教育局副局长王勋勇出席会议。会议还吸引了广元中学、广元外国语学校、万达中学、树人中学、八二一中学、旺苍东城中学等60余名教师参加。

4月20日　省级教育科研课题集中开题暨全市中小学教科室主任培训活动在剑阁县举行。四川省教育科学规划办副主任、省教育科学研究院科研管理所所长王真东，广元市教科所副所长王锡安出席活动并讲话。县委教育工委书记、县教育局党组书记李锦钟宣读开题报告。县教育局局长唐永红致辞。

4月20日—22日　2023年小提琴智慧教育进校园第二届教育峰会暨公益项目交流会在剑阁县举行。中宣部机关老干部局书记、办公厅原主任薛启亮，中国关心下一代工作委员会副秘书长郝毅，中国关心下一代健康体育基金会理事长、中国校园健康行动领导小组办公室主任孙建新出席会议并讲话。剑阁县人大常委会原副主任、关心下一代工作委员会执行主任周清秀致欢迎辞。县教育局局长唐永红作交流发言。

4月21日—26日　四川省第十届残疾人运动会暨第五届特殊奥林匹克运动会（以下简称"省残特奥会"）开幕式在乐山举行。剑阁县特殊教育学校共派出3名学生参加标枪、铅球等6项竞赛项目。豆鑫德摘得男子标枪金牌、铅球银牌；朱福恒获得男子滚球单打银牌、男子滚球双打铜牌。冯灿灿获得女子肢残 4×50 米接力赛金牌、女子肢残组 S6 100 米仰泳银牌。

4月21日 在剑阁龙源育才学校举行的第一届"理想教育励学金"发放仪式上，来自湖南省长沙市望城区的北大高才生、华南理工大学客座教授朱湘莲向 29 名品学兼优的学生发放励学金 23 200 元，并勉励他们勤奋学习、刻苦钻研、常怀感恩，将这份爱与关心传递下去。

4月22日 龙江小学、剑阁县实验学校、开封小学、白龙小学四个考点顺利完成 2022 年省书法水平测试（加考）工作。本次考试共设 115 个硬笔书法考场和 6 个毛笔书法考场，共 3 445 人参考，参考人数比 2021 年增长 33.8%。

4月24日—26日 剑阁县 2023 年中小学"乐运动"体育节田径比赛在剑阁职中操场举行。下寺教育督导责任区获得小学组团体总分第一名，剑阁中学分别获初中组团体总分、高中组团体总分第一名。剑阁职业高级中学获得团体操比赛一等奖。第一学区和第六学区分别获得小学组和中学组 20×50 米往返混合接力赛第一名。

4月26日—28日 由县教研室组织的小学数学青年教师优质课展评决赛活动在普安小学举行。活动经过学校初赛和各学区半决赛，共有 10 位青年教师进入决赛阶段。

4月26日 "八一爱民学校"揭牌仪式在剑门关小学举行。中央军委训练管理部领导，县委副书记冀健华，县委常委、组织部部长王建，县委常委、人武部部长李贵阳出席仪式。县教育局相关负责人及学校全体师生参加仪式。

是月 中华职业教育社第三届"最美职校生"网络评选活动获奖名单公示。剑阁县职高学子卫星垚荣获全国第三届"最美职校生"称号。中华职业教育社为他发放 1 万元奖学金，并邀请他赴江苏南京参加颁奖典礼、到北京参加夏令营，同时，将提供实习就业岗位。

5月5日 四川省剑阁中学 2021 级学生赵孙东哲被评为四川省优秀共青团员。

5月9日—10日 广元市 2023 年省级示范校（幼儿园）创建工作现场会在剑阁县召开。市委教育工委书记、市教育局党组书记黄廷全出席会议并讲话。县政协副主席何仕钦参加会议并致辞。

5月12日 广安市委教育工委书记，市教育和体育局党组书记、局长黎均平赴剑阁县调研教育"组团式"帮扶工作，并亲切慰问了广安市教育"组团式"帮扶剑州中学全体帮扶教师。县教育局局长唐永红陪同调研。

5月15日 广安市副市长文阁带队到剑州中学考察"组团式"帮扶工作。

5月18日—20日 鼓楼幼儿园综合类玩教具《剑门雄关》代表广元市参加四川省第九届幼儿园优秀自制玩教具获奖作品展演活动。

5月19日 广安市对口帮扶剑州中学项目之一，首批价值 65 万元的 24 台信息化教育教学设备顺利运抵学校并迅速安装，改善教学条件。

5月20日—27日 东西部协作 2023 年剑阁县教育系统管理人才及骨干教师专业素养提升培训班一行 41 人，在剑阁县委教育工委书记、县教育局党组书记李锦钟的带领下，赴杭州市上城区开展为期 1 周的研学活动。

5月22日 四川省教育厅发布《关于公布 2022 年四川省级示范幼儿园名单的通知》，剑阁县三所学校被认定为省级示范校、园：剑阁县鼓楼幼儿园被认定为四川省示范性幼儿园；剑阁县龙江小学被认定为四川省义务教育优质发展共同体领航学校；剑门关高级中学被认定为四川省二级示范性普通高中。

5月26日 全县举行了小学语文、数学、英语和科学学科教学研讨会。会场按照不同学科分别设在剑门关实验学校、龙江小学和香江实验学校。全县各学校分管教学负责人和小学学科教师代表近 300 人参加研讨活动。

5月31日 县委书记杨祖斌带队前往剑阁县龙江小学开展慰问活动，向全县广大少年儿童送上节日祝福，向全县广大教师和少年儿童工作者致以诚挚慰问，祝福孩子健康茁壮成长。

6月10日 广元开放大学剑阁分校第三期"村党组织带头人学历提升计划"第四次集中面授辅导开班典礼在县成教中心六楼学术报告厅举行。

6月13日 普安幼儿园举办了2023年剑阁县第二学区学前教育宣传月幼小衔接现场会，会议由副园长陈倩主持。普安幼儿园大班年级家长，普安教育督导责任区、第二学区学区长学校相关负责人线下参加。普安幼儿园小、中班年级家长，第二学区18所公、民办幼儿园的教师及家长线上参加。

6月20日 广元市普通高中最低录取分数控制线出炉。广元市2023年中考总分为920分。普通高中学校最低录取分数控制线为526.6分。普通高中学校录取分数线：广元中学710分，苍溪中学676.7分，剑阁中学578.3分，旺苍中学583.1分，宝轮中学607.5分，苍溪城郊中学609.1分，青川中学528.9分，元坝中学526.6分，朝天中学526.9分，广元外国语学校747.6分，广元天立学校689.9分，川师大万达中学708.6分，剑门关高级中学573.2分，广元市实验中学526.7分，广元市八二一中学650.1分，广元市树人中学526.7分，苍溪实验中学547分，剑阁剑州中学538.7分，旺苍东城中学539.9分，青川一中526.7分，苍溪天立学校526.9分，剑阁天立学校526.8分，旺苍博骏公学528.8分，蜀北英才学校527.6分。

6月28日 省委教育工委副书记、教育厅党组成员、副厅长崔昌宏，教育厅基础教育处处长何庆、四级调研员邓燕一行到剑门关高级中学进行调研。

7月1日 剑阁县教育系统"铸魂增智强党性，担当实干建新功"党课竞赛决赛、庆祝建党102周年暨学校党建工作推进会在龙江小学举行。县委教育工委书记、县教育局党组书记李锦钟及局党组行政班子全体成员出席会议。

7月5日 四川省中小学教师信息技术应用能力提升工程执行办公室公布了第三、四批中小学教师信息技术应用能力提升工程2.0获奖案例名单。优秀案例上榜：鼓楼幼儿园、普安中学一等奖，普安幼儿园二等奖，龙江小学二等奖2项、三等奖1项。

是日 鼓楼幼儿园《攻玉以石"五战"式研修提效》组织实施案例作为全市唯一、全省唯二整校推进案例，入选全国中小学教师信息技术应用能力提升工程2.0典型案例。

7月6日 四川省教育学会公布了2023年度教育科研课题立项评审结果名单，剑阁县剑门关高级中学课题"自主发展导向的讲座式校本研修实施策略研究"成功立项。

7月7日 2023年四川省学生信息素养提升实践活动数字创作类、计算思维类项目获奖名单正式出炉。剑阁县李志菊、袁秀蓉、姜燕等十几位老师指导的学生作品分获省级一、二、三等奖。

7月11日 剑阁县召开了2023年中小学、幼儿园副校级及以上管理干部培训会。县委教育工委书记、县教育局党组书记李锦钟出席会议并讲话，县成教中心党总支书记、主任程锦荣致欢迎辞。

7月13日—17日 剑阁县各学校组织开展了"千名教师访万家"活动。全县1 000余名教师走村入户，深入学生家中零距离交流，搭建起"家校联系"的暖心桥。

7月14日 四川省第五届"立德树人"创新案例获奖名单正式出炉，剑阁县在此次征集评选活动中获奖26项，其中，一等奖8个、二等奖6个、三等奖12个。获奖总数名列广元市前茅。

7月14日—15日 剑阁县开展了2023年中小学团队干部培训。

7月17日 省教育厅、省发改委公布了2022年"四川省绿色学校"名单，剑阁县龙江小学等26所学校榜上有名。

7月24日 杭州市上城区援教剑阁县专业技术人才（教师）座谈会在教育局三楼会议室召开。

7月25日 习近平总书记在剑阁县翠云廊古蜀道考察。

8月2日 剑阁县教育局召开干部职工大会，传达学习习近平总书记来川来广视察重要指示精神。局班子成员、机关及直属事业单位全体干部职工参加会议。

8月14日 剑阁县教育基金会"旅外人士扶贫助学专项基金"发放仪式在教育局二楼会议室举行。县委常委、县人民政府副县长刘建安出席仪式并讲话。县教育局局长唐永红致辞。旅外人士代表戚鑫、冯元文、祁有德、董子雄以及县教育基金会、相关高中学校负责学生资助工作的同志和品学兼优贫困高中生、大学生代表参加仪式。

8月21日 广元市剑阁县特殊教育学校教师李建容，被省教育厅授予"最美教师"称号。此项称号 全省仅 10 名，她是广元唯一获得此称号的教师。

8月23日 剑阁县举行教育系统 2023 年"雄关论教"学校特色展评活动。局领导班子成员，机关股室及直属事业单位干部职工，教育督导责任区主任，全县公办中小学、幼儿园党组织书记、校（园）长共 200 余人参加。

8月24日 剑阁县召开 2023 年教学质量对标竞进工作会。县教育局班子成员，全县公、民办学校党组织书记、校（园）长及分管教学副校长、教务主任，教育督导责任区主任，局机关股室及直属事业单位全体干部职工参加会议。

8月25日 剑阁县中小学生研学实践教育营地揭牌仪式在原剑阁职中举行。县人大常委会副主任鄢家华出席仪式。

是日 剑阁县召开教育系统党风廉政教育警示大会。

8月26日 第二届青少年书画传习大会全省决赛获奖名单公布。剑阁县 3 名学生分获中国画类初中组一、二、三等奖。中国画类获奖名单：初中组剑门关高级中学学生刘立章一等奖、剑门关高级中学学生王涛二等奖、剑门关高级中学学生蒋玲睿三等奖。

8月26日—29日 剑阁县 2023 年新入职教师培训在成教中心六楼会议室举行。县委教育工委书记、县教育局党组书记李锦钟参加开班仪式并讲话。2023 年新入职的 168 名教师参加培训。

8月28日 剑阁县教育局、剑阁县发展局、剑阁县财政局联合发文，公布 2023 年度星级幼儿园评估认定结果，剑门关实验学校附属幼儿园等 30 所公、民办幼儿园被评为县星级幼儿园。

8月30日 剑阁县 11 位教育管理干部及骨干教师启程赴杭州上城区开启为期 1 学期的跟岗学习之旅。

8月31日 剑阁职业高级中学李勇生获四川省教育厅、人力资源社会保障厅授予的"四川省优秀教师"称号，他是职业教育类全市唯一荣获该称号的教师。

是月 教育局徐剑峰历经 6 年的撰述，近 160 万字的《红楼梦品鉴》书稿，已交河海大学出版社，即将公开出版。

9月1日 剑阁县第四所独立公办幼儿园剑阁县清江翰林幼儿园正式开园。

9月2日 由中国校园健康行动领导小组办公室和剑阁县教育局主办、香江实验学校承办的提琴智慧教育校本师资培训（教材第二期）结业典礼音乐会在香江实验学校举行。

9月5日 广元市教育技术与电化教育中心公布了 2023 年"互联网+教育"教学大比武系列活动之教育装备研究优秀论文征集活动获奖名单。剑阁县 11 所学校教师的优秀论文分获一、二、三等奖。

9月8日上午 剑阁县教育高质量发展大会召开。县委书记杨祖斌出席大会并讲话。县人大常委会主任张大勇、县政协主席向坤道出席大会。

9月12日 剑阁县举办初中语文试题命制研讨活动。县教育局副局长王勋勇参加活动并讲话。全县各初中学校语文教研组长及初三年级语文教师代表参加活动。

9月14日 剑阁县 2023 年中年教师优质课展评活动在剑阁职中举行。县教育局局长唐永红出席前期培训会，县教研室主任唐学良主持培训会。

9月22日上午 县教育局党组召开理论学习中心组（扩大）学习会议，传达学习中央、省委学习贯彻习近平新时代中国特色社会主义思想主题教育第一批总结暨第二批部署会议精神以及市委、县委主题教育工作部署会议精神，对教育系统学习贯彻习近平新时代中国特色社会主义思想主题教育进行工作安排。县委教育工委书记、县教育局党组书记李锦钟主持会议并讲话。

9月26日 广安—剑阁第二届"组团式"教育帮扶联合教研活动在剑州中学开幕。

9月26日—27日 广元市"剑门关杯"校园球类调赛暨四川省第四届"贡嘎杯"青少年校园体育联赛选拔赛举行。剑阁县三所学校四支代表队参加，剑阁中学获高中男子篮球第二名；龙江小学获男子足球第二名、女子足球第一名；江口嘉陵学校获小学女子足球第二名。剑阁中学男子篮球队、龙江小学女子足球队将代表广元市参加四川省第四届"贡嘎杯"青少年校园体育联赛决赛。

10月9日 县教育局组织召开全县中小学心理健康筛查线上培训会。培训由东方启明心理健康研究院教师陈玥彤主讲。各学校心理健康教育工作负责人、专兼职心理教师参加培训会。

10月15日 江口嘉陵学校成功创建"全国青少年校园足球特色学校"。

10月20日 四川省关心下一代工作委员会公布了第六批"四川省青少年社会实践教育基地"名单。剑阁县两所教育基地上榜——剑阁县翠云廊绿色生态教育基地、剑阁县剑门关小学红色国防教育基地。

10月22日 剑阁县入选四川省首批示范性义务教育学区制治理改革试点县。

10月24日 广元市学校音乐周展演活动在川北幼专举行，全市26个合唱团同台竞技。剑阁县3个师生合唱团参演，喜获一等奖1个、二等奖2个。剑阁教师"蜀道之声"和剑阁职中"追梦"合唱团将代表广元市参加四川省西部学校音乐周演。

10月27日 四川省第四届（2023年）"立德树人"优秀实践创新案例分会场展示活动在剑阁县剑门关高级中学、龙江小学、普安幼儿园举行。来自全省21个市（州）教育学会、教科院（所）以及部分教育行政部门负责人、中小学校校长、幼儿园园长、教师代表共400余人分3组前往剑阁县相关会场进行参观交流。

10月31日 剑阁县教育局承研的2023年度四川省普教科研重大课题（牵头研究）"'两项改革'背景下基础教育高质量发展研究"子课题"县域义务教育学校学区制改革实践研究"在剑州中学举行开题论证会。

11月11日 剑阁县举行"幸福园丁"三年成长行动启动仪式暨第十五期"雄关论教"大讲坛活动。县教育局党组书记李锦钟出席会议并讲话，局长唐永红主持会议，副局长王勋勇解读了《剑阁县"幸福园丁"三年成长行动实施方案》。

11月14日 在广元市教育局开展的2023年课堂教学大比武暨基础教育精品课遴选系列活动中，剑阁县推荐的119个精品课作品中，85个作品获得市级等次奖，推荐作品获奖率达71.4%，占市获奖总数的比率为28.23%。推荐"国家课程"91个作品，69个获得市级等次奖（8个一等奖、14个二等奖、47个三等奖，推荐作品获奖率达75.8%，占市获奖总数的比率为26.54%）。推荐"地方课程"1个作品，获得市级三等奖。推荐"实验课程"17个作品，15个获得市级等次奖（2个一等奖、2个二等奖、11个三等奖，推荐作品获奖率达88.2%，占市获奖总数的比率为41.67%）。

11月15日 全县中小学学科教研活动在白龙中学和白龙小学两个会场进行，义务教育阶段相关学科教研员、学校教科室主任及学科教师共360余人参加。

11月30日 由四川省教育学会主办的"深入学习党的二十大精神，推动基础教育高质量发展"学术研讨会在内江师范学院高桥校区举行。会上，剑阁县教育局党组书记李锦钟作了《以"学区制治理"为抓手 着力推动县域教育高质量发展》的经验交流发言。

12月3日 剑阁职中派出17支团队，参加由省教育厅主办的2023年"中银杯"四川省职业院校技能大赛，圆满完成本届比赛所有项目。共荣获一等奖3个（智能制造设备技术应用、艺术设计）、二等奖 6 个（植物嫁接、通用机电设备安装与调试、物联网应用与服务、大数据应用与服务、导游服务、产品数字化设计与开发）、三等奖 8 个（工程测量、现代加工技术、建筑信息模型建模、新能源汽车维修、单片机控制装置安装与调试、产品数字化设计与开发）。

12 月 28 日 广元市教育局公布第八批星级幼儿园名单（广教函〔2023〕228 号），剑阁县龙江小学附属幼儿园、剑门关实验学校附属幼儿园成功创建为市五星级幼儿园；剑阁县元山小学附属幼儿园、剑阁县鹤龄小学附属幼儿园成功创建为市四星级幼儿园；剑阁县公兴小学附属幼儿园、剑阁县武连小学附属幼儿园、剑门关小学附属幼儿园成功创建为市三星级幼儿园。

12 月底 剑阁县学前教育学区联盟 2023 年度工作总结会暨首届园长论坛在 5 个学区联盟引领园普安幼儿园、鼓楼幼儿园、香江幼儿园、剑门关实验学校附属幼儿园、龙江小学附属幼儿园分片组织召开，全县公民办幼儿园汇报并参与年度工作考核。

第一篇　党群组织

第一章　中国共产党剑阁县教育系统组织机构

第一节　中共剑阁县委教育工作委员会

2017 年 6 月 1 日，成立"中共剑阁县委教育工作委员会"，简称"县委教育工委"。

县委教育工委的主要职责为：负责贯彻执行党的路线、方针、政策和国家的法律、法规；指导教育系统党的建设、党的理论宣传和师生思想政治教育等工作；负责教育系统干部队伍建设和监督工作；负责指导教育系统纪律检查和党风廉政建设工作；指导学校党的统一战线工作和工会、共青团、妇联等群众团体工作；负责落实县委对教育安排部署的工作。

县委教育工委办公室主要责任：县委教育工委办公室作为县委教育工作委员会的日常办事机构，负责协调和处理教育工委的日常事务，确保各项决策和部署的顺利实施。

教育工委设书记 1 名（一般由教育局党组书记兼任），专职副书记 1 名（副科级）。

表 1-1　中共剑阁县委教育工作委员会人员任职简况

姓名	性别	籍贯	职务	任职时间	备注
王晓明	男	四川剑阁	书记	2016.10—2021.05	
杨启文	男	四川剑阁	副书记	2017.10.31—	
王勋勇	男	四川剑阁	委员	2018.02.13—	
杨光勇	男	四川剑阁	委员	2018.02—2019.03	
李锦钟	男	四川剑阁	书记	2021.05—	

表 1-2　中共剑阁县委教育工作委员会办公室人员任职简况

姓名	性别	籍贯	学历	职务	任职时间
杨　亮	男	四川利州	大专	党员干部管理中心干部	2018.03—2019.08
李雨航	男	四川盐亭	本科	党员干部管理中心干部	2018.08—2020.10
张天锦	男	四川剑阁	大专	主任，兼任党员干部管理中心主任	2019.08—2023.08
张晓红	女	四川剑阁	本科	副主任	2019.08—2023.08
				党员干部管理中心主任	2023.08—
孙兴宗	男	四川剑阁	本科	党员干部管理中心副主任	2019.08—2021.06
魏松生	男	四川剑阁	本科	工作人员	2020.11—
舒邦伟	男	四川剑阁	本科	工作人员	2022.08—2024.02
郭绍军	男	四川剑阁	本科	工作人员	2023.08—

第二节　中共剑阁县教育局党组

2001年12月至2011年3月，中共剑阁县教育局党组简称"教育局党组"。2011年3月，因机构调整，成立"中共剑阁县教育与科学技术局党组"，简称"教科局党组"。2015年1月，再次因机构调整，改为"中共剑阁县教育局党组"，简称"教育局党组"。

教育局党组主要职责：贯彻执行党的教育方针和国家的政策法规，落实上级党委、政府有关教育工作的决策部署；指导教育系统党建和师生思想政治工作；研究拟订全县教育发展规划和政策、规章制度，并对执行情况进行指导和监督检查；按照干部管理权限做好干部的选拔、培养、考察、奖惩、任免和管理工作；指导全县教育系统党风廉政建设、统一战线、群团、工会工作等。

表1-3　中共剑阁县教育（与科学技术）局党组人员任职简况

姓名	性别	籍贯	学历	职务	任职时间	备注
杜中贵	男	四川剑阁	本科	书记	2005.08—2009.07	
李国民	男	四川剑阁	本科	成员	2000.01—2009.11	
张全林	男	四川剑阁	本科	成员	2007.01—2012.08	2011.03—2012.08 任教科局党组成员
李　琦	男	四川剑阁	本科	成员	2008.01—2009.08	
张雪梅	女	四川剑阁	本科	成员	2008.01—2019.05	
杨载章	男	四川剑阁	本科	成员	2007.03—2017.04	2011.03—2015.02 任教科局党组成员
聂俸彬	男	四川剑阁	本科	成员	2007.04—2016.12	2011.03—2015.02 任教科局党组成员
罗建明	男	四川剑阁	本科	书记	2009.07—2011.03	
				成员	2011.03—2011.12	
徐剑锋	男	四川剑阁	本科	成员	2010.12—2017.04	
何中强	男	四川剑阁	本科	成员	2011.03—2022.05	
王　俊	男	四川剑阁	本科	书记	2011.03—2011.12	
白成沛	男	四川剑阁	本科	书记	2011.12—2015.01	
伍翠蓉	女	四川剑阁	本科	成员	2011.12—2015.01	
				书记	2015.01—2016.10	
杨光勇	男	四川剑阁	本科	成员	2012.11—2019.04	
曹正海	男	四川剑阁	本科	成员	2013.06—2017.04	
王晓明	男	四川剑阁	本科	书记	2016.10—2019.05	
蒲继强	男	四川剑阁	本科	成员	2017.04—2022.04	
王勋勇	男	四川剑阁	本科	成员	2017.04—	
何晓明	男	四川剑阁	本科	成员	2017.04—2022.04	
杨启文	男	四川剑阁	本科	成员	2017.10—	
杨碧艳	女	四川剑阁	本科	成员	2019.07—2022.05	
李锦钟	男	四川剑阁	本科	书记	2021.05—	
黄晓芳	女	四川剑阁	本科	成员	2021.12—	
左坤周	男	四川剑阁	本科	成员	2022.10—	
杨光勇	男	四川剑阁	本科	成员	2022.05—	
王廷革	男	四川剑阁	本科	成员	2022.07—	
白胜利	女	四川剑阁	本科	成员	2022.05—	

第三节　派驻纪检监察组

一、纪检组沿革及职能

县教育局纪检组，全称系"中共剑阁县纪律检查委员会派驻县教育局纪检组"，简称"纪检组"。2017年6月1日，成立"中共剑阁县教育纪律检查委员会"。派驻县教育局纪检组履行纪检和监察两项职能，在县纪委、监察局授予的职权范围内开展工作。其职能是：

（1）监督检查管辖单位及系统党组织和领导干部贯彻执行党的路线、方针、政策、决议和国家法律法规及各项规章制度的情况，实施《中国共产党章程》和《中华人民共和国行政监察法》规定范围内的监督检查。

（2）督促检查管辖单位及系统抓好党风廉政建设责任制的落实，对涉及重大决策、重要人事任免、重大项目和大额度资金使用等情况实施监督，对党组织及领导干部贯彻执行民主集中制情况进行监督检查。

（3）受理管辖单位及系统党组织、党员和行政监察对象违反党纪政纪行为的检举、控告；按照上级纪检监察机关的要求查办管辖单位及系统党组织、党员和监察对象的违纪违法案件。

（4）在管辖单位及系统组织开展纠正部门和行业不正之风工作，加强监督检查，切实解决损害群众利益的突出问题。

（5）履行组织协调职能，指导管辖单位及系统党组织加强党风廉政建设，督促建立健全教育、制度、监督并重的惩治和预防腐败的机制和体制。

（6）承办县纪委、县监察局交办的其他事项。

表1-4　县纪委监委派驻教育局纪检组人员任职简况

姓名	性别	籍贯	学历	职务	备注
王　强	男	四川剑阁	本科	组长	2018.07—2019.06
蒲丽娟	女	四川剑阁	本科	副组长	2018.07—
白胜念	男	四川剑阁	本科	副组长	2018.07—2022.05
史文碧	男	四川剑阁	专科	组员	2018.07—
杨碧艳	女	四川剑阁	本科	组长	2019.07—2022.05
白胜利	女	四川剑阁	本科	组长	2022.05—
冉勇生	男	四川剑阁	专科	副组长	2022.05—
何虹娇	女	四川旺苍	本科	组员	2020.09—
胡　月	男	陕西汉中	本科	组员	2022.08—2023.12
张雪梅	女	四川剑阁	大专	组长	2006.08—2019.05 部门纪检组

表1-5　县教育局纪检监察工作机构

姓名	性别	籍贯	学历	职务	备注
唐映泉	男	四川剑阁	大专	股长	
张雪梅	女	四川剑阁	大专	组长	2006.08—2019.05
何荣忠	男	四川剑阁	大专	干部	
魏玉诗	男	四川剑阁	大专	股长	

表1-5（续）

姓名	性别	籍贯	学历	职务	备注
王　娟	女	四川剑阁	本科	干部	
黄世立	男	四川剑阁	本科	干部	

二、纪检监察法律法规的演进

（一）党纪

2016年以前施行《中国共产党纪律处分条例》，党的十八大以来，随着形势发展，该条例已不能完全适应全面从严治党新的实践需要，为此，党中央决定自2016年1月1日起施行新修订的《中国共产党纪律处分条例》。新修订的《中国共产党纪律处分条例》坚持依规治党与以德治党相结合，围绕党纪戒尺要求，明确违反政治纪律、组织纪律、廉洁纪律、群众纪律、工作纪律和生活纪律等6类违纪行为，开列负面清单，重在立规。将党的十八大以来严明政治纪律和政治规矩、组织纪律、落实中央八项规定、反对"四风"等全面从严治党的实践成果制度化、常态化，画出了党组织和党员不可触碰的底线。《中国共产党纪律处分条例》分为总则、分则、附则3编，共11章133条。2018年7月31日，中共中央政治局召开会议，分析研究当前经济形势，部署下半年经济工作，审议《中国共产党纪律处分条例》。8月26日，新修订的《中国共产党纪律处分条例》公布，自2018年10月1日起实施。2023年12月，中共中央印发了修订后的《中国共产党纪律处分条例》，修订后的《中国共产党纪律处分条例》共3编158条，自2024年1月1日起施行。

为全面从严治党、维护党的纪律、规范纪检机关监督执纪工作，根据《中国共产党章程》，于2017年1月8日，中国共产党第十八届中央纪律检查委员会第七次全体会议通过《中国共产党纪律检查机关监督执纪工作规则（试行）》。

（二）政纪

1. 对事业单位工作人员的管理条例

2008年3月人力资源社会保障部会同中央组织部起草了《事业单位人事管理暂行条例（送审稿）》。2011年11月24日，国务院法制办公布《事业单位人事管理条例（征求意见稿）》（共10章68条）。

2012年9月1日施行《事业单位工作人员处分暂行规定》，该规定共7章48条。由总则、处分的种类和适用、违法违纪行为及其适用的处分、处分的权限和程序、处分的解除、复核和申诉、附则7章构成。

2014年7月1日起施行《事业单位人事管理条例》（共10章44条），该条例为规范事业单位人事管理、保障事业单位工作人员合法权益、建设高素质的事业单位工作人员队伍、促进公共服务的发展而制定。2023年11月6日，中共中央组织部、人力资源社会保障部发布《事业单位工作人员处分规定》。

2. 对公务员的管理

为了规范公务员的管理，保障公务员的合法权益，加强对公务员的监督，促进公务员正确履职尽责，建设信念坚定、为民服务、勤政务实、敢于担当、清正廉洁的高素质专业化公务员队伍，根据宪法，制定《中华人民共和国公务员法》。2006年1月1日起施行《中华人民共和国公务员法》，2018年12月29日，第十三届全国人民代表大会常务委员会第七次会议修订，自2019年6月1日起施行。

三、纪检监察实施情况

1. 党的纪律建设

2016年9月对广元市《阳光问政》涉及剑阁县高中教辅材料征订代购使用管理存在的问题进

行调查整改；2019 年 2 月，开展党员干部干事创业精气神不够、患得患失、不担当不作为专项整治；2 月开展党员干部、公职人员"赌博敛财"问题专项整治。3 月在全系统开展排查整治"天价烟"背后"四风"问题有关工作。

2. 党的作风建设

2016 年制订作风效能评测工作实施方案。2018 年组织全系统开展"作风纪律深化年"活动，进行九大专项整治。2019 年进一步深化"作风纪律深化年"活动；进行对群众关心的利益问题漠然处之、空头承诺、推诿扯皮，以及办事不公、侵害群众利益问题专项整治；2018 年 3 月开展形式主义、官僚主义专项整治。2018 年在全系统征求领导班子及其成员作风纪律问题意见建议，4 月开展教育系统"为官不为"问题专项整治；2018 年在全系统开展深入整治政治上的"两面人"专项活动；2018 年在全系统对照剖析、开展作风纪律问题自查自纠工作。

3. 党的制度建设

2010 年开始在全系统建立廉勤监督委员会，形成了全域覆盖的基层学校廉勤监督网络。基层学校廉勤监督委在强化对学校领导干部廉政勤政情况的监督、维护群众切身利益、化解校园矛盾以及促进基层民主政治建设等方面发挥了很好的作用。制定剑阁县教育局"三重一大"事项决策制度和重大案件通报制度。2016 年对全系统校（园）长开展履行"两个责任"约谈工作；每年组织全县各学校校（园）长进行述职（责）述廉。2017 年对全系统各学校领导班子开展"双述双评"测评。每年向编办报送行政权力责任清单。

2019 年印发《关于违反中央八项规定精神突出问题整治工作方案》（剑教工委〔2019〕41 号）。教育系统建立完整配套的监督制度，逐步实现党内监督工作的制度化、法律化。完善党内监督体系，拓宽监督渠道，把党组织监督、党员群众监督、党员干部之间的监督和专职机关的监督结合起来，形成党内完善的监督体系，使党内监督既有制度上又有体系上的保证。完善党内监督责任制和检查制度，做到责任明确，功过分明，提高了监督的权威性和有效性。在权力授予过程中，加强了对选拔任用领导干部工作的监督指导，同时对权力的行使过程实行严格监督。健全对领导干部的任免、奖惩制度，防止滥用权力。

4. 反腐倡廉建设

2015 年 5 月在全系统开展学校领导办公用房及干部职工请客情况专项检查；6 月在全系统开展"升学宴"专项治理工作，在暑期集中开展师德师风学习教育活动；7 月在全系统开展"三公"经费及惠民政策落实情况专项检查；12 月在全系统开展廉洁细胞建设、落实中央八项规定、解决群众身边"四风"和腐败问题等工作检查。2018 年 3 月开始深入整治教育扶贫领域腐败和作风问题，整治"四风"问题新表现，开展"微权力、微腐败"专项治理。2019 年 4 月 30 日对全县中小学办公用房进行清理整改。

5. 效能建设

（1）"庸懒散浮拖"专项整治。2014 年 12 月，根据《中共剑阁县教科局党组关于开展教科系统庸懒散浮拖问题专项整治工作的实施方案》，教科局安排三个督查组，分别由党组书记、纪检组长、机关党委书记带队，对全县学校开展"庸懒散浮拖"专项治理工作进行了督查。采取不打招呼、直接深入学校现场查看、座谈了解、查阅资料的方式进行。采用"效能值班紧盯上班纪律，重点工作每月兑现，工作考核绩效挂钩"三实招，有效治理干部庸懒散问题。

（2）"马上办"专项活动。2017 年 7 月，县教育局根据县委、县政府"双提双破"要求，制订《剑阁县教育局"马上办"工作实施方案》，成立"马上办"办公室，公布"马上办"投诉举报渠道（来信、来电、网络三渠道）。这一活动的开展，对持续巩固县委巡察反馈问题整改成效、切实转变工作作风、提高机关效能的作用显著。

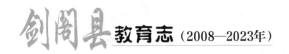

6. 行风评议

从 1998 年开始，社会各行各业举行行风评议。剑阁县教育系统每年举行一次行风效能建设评议座谈会。座谈会上，教育局党组向行风效能评议团、校长代表、教师代表、家长代表汇报效能建设工作，县特邀监察员评述，党组主要负责人作表态性发言，对教育局内设机构及直属事业单位作风效能量化测评。行风效能评议团由县特邀监察员、县纪律教育纪检组同志构成。

教育系统根据行风效能建设评议反馈意见，定期作出整改。如 2016 年《剑阁县教育局关于 2016 年行风效能建设评议反馈意见整改情况报告》中提到 15 个方面的问题，做到件件有落实、事事有回音："教育宣传力度不够，社会认可度和知晓度不高"的问题；"机关人员下乡在学校报销车费、油费"的问题；"个别教师体罚学生、违规补课"的问题；"新招教师流动、改行，留不住人才"的问题；"学校不姓教、校长不姓教问题突出"的问题；"评优晋级评职没有很好起到调动一线教师工作积极性作用"的问题；"个别学校和教办违反中央八项规定，将违规接待费用转移到学校食堂"的问题；"学校食堂食材采购合同商与实际供货商不一致，大米入库单上只写袋数没有斤数，收货员权力大"等问题；"教师五险一金未完全到位"的问题；"学校收费项目及标准未公开，向学生推销保险、教辅、报刊"的问题；"剑门关高中收网播资源费 1 020 元、剑阁中学初中收智慧课堂费 5 000 多元"的问题；"有些教辅材料没有价格，由教师口头定价"的问题；"社会教育培训机构管理不规范"的问题；"加强校园周边环境综合治理"的问题；"学生冬季每周一早上 8 点到校，安全隐患突出"的问题。

7. 纪律处分的事件

党的十八大以来，剑阁县教育系统共有 97 人次受到党纪、政纪、法律的处理。

教育系统领导干部通常因下列事由受到惩处：违反招投标法、违反廉洁自律规定、乱收费、行贿受贿、违规发放津（补）贴、违反财经纪律、工作失职、违反工作纪律、违反廉洁纪律、贪污、履职不力、监管不力。教育系统教师、职员通常因下列事由受到惩处：有偿补课、校园食品安全问题、危险驾驶、猥亵儿童、六年级考试作弊、泄露学生信息、赌博、虚报学生信息、乱订教辅资料。

受到惩处的人员中，最严重的判刑 8 年，次之的行政开除、拘役、行政警告、行政撤职、开除党籍、降低岗位等级，最轻的诫勉谈话。

第四节　局直属机关党委

2006 年 5 月，成立"中共剑阁县教育局直属机关委员会"，简称"直属机关党委"；2011 年 3 月，更名为"中共剑阁县教育与科学技术局直属机关委员会"，简称"教科局党委"；2015 年 1 月，更名为"中共剑阁县教育局直属机关委员会"，简称"局直属机关党委"。

2008 年 1 月—5 月，教育局机关党委辖局机关及直属事业单位党支部和直属学校党（委）支部，代管县直属学校党组织。

2010 年 12 月，成立青少年校外活动中心党支部；2017 年 9 月，因学校布局调整，撤销文峰中学党支部，整建制转移到剑州中学党委。

2018 年 5 月，随着中共剑阁县委教育工作委员会的成立，按照县委组织部要求，学校党支部划转至教育工委，同时县直属学校（成教中心、剑阁中学、剑州中学、剑阁职中、剑门关高中）党组织由中共剑阁县委机关工作委员会直接管理，教育局机关党委不再代管。

2018 年 5 月至今，机关党委所辖党组织有教育局机关党支部、教研室党支部、教育局机关离退休党支部、青少年活动中心党支部。

表 1-6　剑阁县教育局机关党委人员任职情况简况

姓名	性别	籍贯	学历	职务	任职时间	备注
杨载章	男	四川剑阁	本科	书记	2007.03—2012.11	
杨光勇	男	四川剑阁	本科	书记	2012.11—2019.04	
徐剑锋	男	四川剑阁	本科	委员	2012.11—2018.11	
何雄林	男	四川剑阁	本科	委员	2012.11—2018.11	
杨启文	男	四川剑阁	本科	委员	2018.11—	
杨得华	男	四川剑阁	本科	委员	2018.11—2022.08	
李炜	男	四川剑阁	本科	委员	2018.11—	
何印	男	四川剑阁	本科	委员	2018.11—2019.09	
黄晓芳	女	四川剑阁	本科	书记	2021.12—	

表 1-7　剑阁县教育局机关及直属事业单位党支部人员任职简况

支部名	职务	姓名	学历	行政职务	任职时间	备注
局机关党支部	书记	唐天剑	本科	退管股股长	2003.01—2012.12	
	书记	王建新	本科	知识产权股股长	2012.12—2015.10	
		安克斌	本科	2016.10 起，历任后产股股长、办公室主任	2015.10—2017.02	
		李晓勇	本科	历任办公室主任、扶贫办主任	2017.02—2018.11	
		杨得华	本科	办公室主任	2018.11—2022.08	
		李清伟	本科	办公室主任	2022.08—	
	副书记	吴方杰	本科	办公室主任	2003.10—2012.12	
		李晓勇	本科	办公室主任	2012.12—2015.10	
教研室党支部	书记	何子明	本科		2000.01—2013.09	
	书记	王晓崽	本科		2013.09—2018.10	
	书记	李炜	本科		2018.10—	
局机关离退休党支部	书记	杨代兴	本科		2000.01—2009.10	
		王本怀	本科		2009.10—	
	副书记	黄道敏	本科		2000.01—2009.10	
青少年活动中心党支部	书记	李玉富	本科	青少年活动中心主任	2010.09—2011.09	
	书记	赵从海	本科	青少年活动中心主任	2011.09—2018.10	
	书记	何印	本科	青少年活动中心主任	2018.10—2019.09	
	书记	龚俊	本科	青少年活动中心主任	2019.10—	

第五节　党组中心学习组

2009 年 7 月，党组中心组成员调整为：罗建明任组长，杨载章为副组长，李国民、张全林、李琦、张雪梅、聂俸彬为成员，何玉萍为秘书。

2009 年 11 月，党组中心组成员李国民、李琦调出。

2011 年 3 月，党组中心组成员调整为：罗建明、王俊任组长，杨载章为副组长，张全林、张雪梅、聂俸彬、徐剑峰、何中强为成员，何玉萍为秘书。

2011年12月，党组中心组成员调整为：伍翠蓉、白成沛任组长，杨载章为副组长，张雪梅、聂俸彬、徐剑峰、何中强为成员，何玉萍为秘书。

2012年11月，党组中心组成员调整为：伍翠蓉、白成沛任组长，杨光勇为副组长，张雪梅、聂俸彬、徐剑峰、何中强为成员，何玉萍为秘书。

2013年6月，增加曹正海为中心组成员。

2014年2月，党组中心组成员调整为：伍翠蓉、白成沛任组长，杨光勇为副组长，张雪梅、聂俸彬、徐剑峰、何中强、李兆周、周清秀、何雄林、李文峰、邓思勇为成员，张晓红为秘书。

2015年2月，党组中心组成员调整为：伍翠蓉任组长，杨光勇为副组长，张雪梅、聂俸彬、徐剑峰、何中强为成员，张晓红为秘书。

2017年4月，党组中心组成员调整为：王晓明任组长，杨光勇为副组长，张雪梅、何中强、蒲继强、王勋勇、何晓明为成员，张晓红为秘书。

2017年10月，增加杨启文为党组中心组成员。

2018年6月，党组中心组成员张雪梅调出。

2019年4月，党组中心组成员调整为：王晓明任组长，杨启文为副组长，何中强、蒲继强、王勋勇、何晓明、祁学刚为成员，张晓红为秘书。

2021年7月，党组中心学习组调整为：李锦钟任组长，杨启文为副组长，王勋勇、王廷革、左坤周、杨光勇、黄晓芳为成员，张天锦为秘书。

第六节　党建工作

一、党的政治建设

（1）落实领导责任。坚决把思想和行动统一到党中央决策部署上来，深刻领会加强党的政治建设的目的、意义、任务、要求，进一步强化责任，切实承担好本系统党的建设主体责任，把加强党的政治建设各方面工作抓紧抓实抓好。

（2）抓住"关键少数"，带头贯彻《中共中央关于加强党的政治建设的意见》，充分发挥"关键少数"带动"绝大多数"的示范引领作用。

（3）强化制度保障。把建章立制贯穿全过程各方面，建立健全长效机制，形成系统完备、有效管用的政治规范体系，真正实现党的政治建设有章可循、有序可依。

（4）加强监督问责。对落实党的政治建设责任不到位、推进党的政治建设工作不力，以及违反党的政治纪律和政治规矩的行为严肃追责问责。

二、党的组织建设

党的组织建设，是指党的组织制度、党的中央组织、党的地方组织、党的基层组织、党的干部、党的纪律、党的纪律检察机关、党组等内容，主要包括民主集中制建设、党的基层组织建设、干部队伍建设和党员队伍建设等。党的组织体系是依据党的纲领和章程、按照民主集中制的原则自下而上组织起来的统一整体。党要实现各个历史时期的政治任务，必须始终把加强党的组织建设摆在突出位置。党内民主建设是党的组织建设的重要任务，其主要内容包括：以保障党员民主权利为基础，以完善党的代表大会制度和党的委员会制度为重点，从改革体制机制入手，建立健全充分反映党员和党组织意愿的党内民主制度；按照集体领导、民主集中、个别酝酿、会议决定的原则，完善党委内部的议事和决策机制等。

每年开展"三分类、三升级"活动。2018 年 4 月组织全系统学习《中共剑阁县委组织部关于进一步加强基层组织建设推进扫黑除恶专项斗争深入开展的通知》；2018 年 5 月对基层学校党组织和在职党员社区"双报到"情况进行全面清理；2018 年 10 月同意剑阁县香江国际实验学校支部委员会开展选举工作；2019 年 1 月成立剑阁县教育系统退役军人服务管理党支部；2019 年 8 月组织全系统学习《关于加强全省党支部标准化规范化建设的意见》；2019 年 11 月开展履行抓党建主体责任不力专项整治和软弱涣散党组织专项整治；2019 年 11 月组织全系统学习《广元市基层党建工作例会制度（试行）的通知》；2019 年 10 月同意剑阁县鼓楼幼儿园成立党支部。11 月同意中共剑阁县鼓楼幼儿园支部委员会选举工作。2019 年 2 月将"两新"组织工作纳入 2019 年党建工作重要内容，对分布在 12 个乡镇的 78 所民办机构"两新"工作开展情况进行排查。

表 1-8　2009—2019 年剑阁县教育系统党组织建设情况统计表

（直属学校外以教办为单位填写）

单位	类别	年份											备注
		2009	2010	2011	2012	2013	2014	2015	2016	2017	2018	2019	
剑阁中学	党委/个	1	1	1	1	1	1	1	1	1	1	1	
	支部/个	4	4	4	4	4	4	4	4	4	4	4	
	党员/人	140	145	134	125	120	130	129	127	128	131	130	
	学生党校/个	1	0	0	0	0	0	0	0	0	0	0	
	入党积极分子/人	210	0	0	0	0	0	1	0	2	0	3	
	发展党员/人	66	71	67	64	0	0	0	1	0	2	0	
剑门关高中	党委/个	1	1	1	1	1	1	1	1	1	1	1	
	支部/个	4	4	4	4	4	4	4	4	4	4	4	
	党员/人	62	65	67	74	77	83	87	88	90	90	90	
	学生党校/个	1	1	1	1	1	1	1	0	0	0	0	
	入党积极分子/人	7	11	8	9	6	12	7	5	3	2	2	
	发展党员/人	2	3	2	3	2	3	2	1	1	0	1	
剑州中学	党委/个	1	1	1	1	1	1	1	1	1	1	1	
	支部/个	2	2	2	2	2	2	2	2	2	2	2	
	党员/人	93	90	85	76	76	84	87	83	111	107	107	
	学生党校/个	1	1	1	1	1	1	1	1	0	0	0	
	入党积极分子/人	30	26	25	20	18	4	3	2	2	2	2	
	发展党员/人	17	16	14	8	5	2	1	1	0	1	0	
剑阁职中	党委/个	1	1	1	1	1	1	1	1	1	1	1	
	支部/个	4	4	4	4	4	4	4	4	4	4	4	
	党员/人	58	66	75	81	88	92	92	94	94	94	94	
	学生党校/个	1	1	1	1	1	1	1	1	1	1	1	
	入党积极分子/人	5	8	10	25	10	2	3	5	5	2	1	
	发展党员/人	2	5	4	13	4	1	1	2	0	1	0	

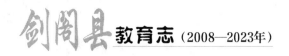

表1-8（续）

单位	类别	年份											备注
		2009	2010	2011	2012	2013	2014	2015	2016	2017	2018	2019	
开封中学	党委/个	1	1	1	1	1	1	1	1	1	1	1	
	支部/个	3	3	3	3	3	3	3	3	3	3	3	
	党员/人	38	39	41	41	41	42	44	46	49	50	50	
	学生党校/个	0	0	0	0	0	0	0	0	0	0	0	
	入党积极分子/人	1	2	0	0	1	2	2	3	1	0	0	
	发展党员/人	0	1	2	0	0	1	2	2	3	1	2	
白龙中学	党委/个	1	1	1	1	1	1	1	1	1	1	1	
	支部/个	3	3	3	3	3	3	3	3	3	3	3	
	党员/人	72	70	68	62	53	52	48	43	46	51	51	
	学生党校/个	0	0	0	0	0	0	0	0	0	0	0	
	入党积极分子/人	5	6	3	3	3	3	3	4	5	8	2	
	发展党员/人	3	3	2	1	2	2	1	2	0	6	6	
成教中心	党委/个	1	1	1	1	1	1	1	1	1	1	1	
	支部/个	1	1	1	1	1	1	1	1	1	3	3	
	党员/人	26	28	28	29	31	31	31	33	33	31	31	
	学生党校/个	0	0	0	0	0	0	0	0	0	0	0	
	入党积极分子/人	0	0	3	4	0	0	0	0	3	0	0	
	发展党员/人	0	0	1	1	0	0	0	0	1	0	0	
下寺教办	总支/个	0	0	0	0	0	0	0	0	0	1	1	2018年龙江小学成为党总支
	支部/个	6	6	6	6	6	6	6	6	6	8	8	2018年龙江小学成立3支部
	党员/人	105	105	108	102	112	108	109	107	109	115	112	
	学生党校/个	0	0	0	0	0	0	0	0	0	0	0	
	入党积极分子/人	8	7	8	6	8	7	8	7	7	9	10	
	发展党员/人	2	2	1	2	1	1	2	1	1	2	1	
普安教办	支部/个	10	10	10	10	10	10	10	10	10	10	11	2019年新增鼓楼幼儿园
	党员/人	188	195	199	197	189	190	192	198	196	201	199	
	学生党校/个	0	0	0	0	0	0	0	0	0	0	0	
	入党积极分子/人	12	15	15	14	13	14	13	15	10	12	13	
	发展党员/人	2	2	3	2	3	2	3	4	2	2	3	

单位	类别	年份											备注
		2009	2010	2011	2012	2013	2014	2015	2016	2017	2018	2019	
城北教办	支部/个	7	7	7	7	7	7	7	7	7	7	7	
	党员/人	85	82	84	83	83	84	86	89	86	88	90	
	学生党校/个	0	0	0	0	0	0	0	0	0	0	0	
	入党积极分子/人	9	10	9	8	9	8	7	9	8	9	8	
	发展党员/人	3	3	2	1	2	3	2	2	1	1	2	
开封教办	支部/个	5	5	5	5	5	5	5	5	5	5	5	
	党员/人	80	84	85	82	81	82	82	83	81	80	82	
	学生党校/个	0	0	0	0	0	0	0	0	0	0	0	
	入党积极分子/人	6	7	8	6	9	7	6	8	6	8	7	
	发展党员/人	2	1	2	1	2	1	2	2	2	2	1	
元山教办	支部/个	7	7	7	7	7	7	7	7	7	7	7	
	党员/人	100	101	105	108	102	106	109	106	110	104	108	
	学生党校/个	0	0	0	0	0	0	0	0	0	0	0	
	入党积极分子/人	8	8	9	9	7	8	9	7	10	8	8	
	发展党员/人	2	3	2	2	4	3	2	3	2	1	2	
柳沟教办	支部/个	6	6	6	6	6	6	6	6	6	6	6	
	党员/人	72	75	75	78	77	76	76	75	77	79	78	
	学生党校/个	0	0	0	0	0	0	0	0	0	0	0	
	入党积极分子/人	7	8	9	8	7	9	8	7	9	8	8	
	发展党员/人	2	3	2	2	3	3	2	3	2	2	1	
白龙教办	支部/个	6	6	6	6	6	6	6	6	6	6	6	
	党员/人	69	72	73	75	74	74	76	77	79	74	79	
	学生党校/个	0	0	0	0	0	0	0	0	0	0	0	
	入党积极分子/人	8	7	9	7	7	9	9	8	6	7	8	
	发展党员/人	3	3	2	2	2	4	2	3	2	1	2	
公兴教办	支部/个	8	8	8	8	8	8	8	8	8	8	8	
	党员/人	80	82	84	81	82	83	84	83	86	84	81	
	学生党校/个	0	0	0	0	0	0	0	0	0	0	0	
	入党积极分子/人	9	10	12	12	11	12	10	11	10	12	10	
	发展党员/人	2	3	3	2	2	3	1	2	3	3	2	
武连教办	支部/个	6	6	6	6	6	6	6	6	6	6	6	
	党员/人	122	129	125	132	130	129	125	129	132	128	130	
	学生党校/个	0	0	0	0	0	0	0	0	0	0	0	
	入党积极分子/人	6	7	6	7	8	7	6	7	6	7	6	
	发展党员/人	2	2	2	3	2	3	2	2	3	2	2	

表1-8(续)

单位	类别	年份											备注
		2009	2010	2011	2012	2013	2014	2015	2016	2017	2018	2019	
鹤龄教办	支部/个	8	8	8	8	8	8	8	8	8	8	8	
	党员/人	95	99	96	97	99	95	95	101	96	98	99	
	学生党校/个	0	0	0	0	0	0	0	0	0	0	0	
	入党积极分子/人	10	9	8	7	9	8	9	9	8	8	9	
	发展党员/人	2	3	3	4	3	2	3	2	2	2	2	
江口教办	支部/个	5	5	5	5	5	5	5	5	5	5	5	
	党员/人	79	82	84	79	83	83	78	81	83	80	82	
	学生党校/个	0	0	0	0	0	0	0	0	0	0	0	
	入党积极分子/人	5	4	6	4	6	5	6	5	6	5	6	
	发展党员/人	2	2	2	3	2	2	1	2	1	2	1	
剑门教办	支部/个	6	6	6	6	6	6	6	6	6	6	6	
	党员/人	96	90	92	94	93	94	92	91	91	95	96	
	学生党校/个	0	0	0	0	0	0	0	0	0	0	0	
	入党积极分子/人	4	5	4	5	6	6	5	6	8	7	8	
	发展党员/人	2	3	3	2	2	2	2	3	2	1	2	

三、党的思想建设

2018年3月组织全系统学习宣传贯彻习近平总书记来川视察重要讲话精神；2018年8月组织全系统学习宣传贯彻市委七届七次全会和县委十二届七次全会精神；2018年10月组织全系统学习全国教育大会精神；2018年7月组织开展全县教育系统暑期思想政治学习教育活动，组织全系统开展庆祝建党98周年活动；2019年7月组织全系统开展庆祝建党98周年活动；2020年4月印发《落实省委第三巡视组巡视广元市反馈意见教育系统整改方案》（剑教工委〔2020〕15号），对中共剑阁县委宣传部进行省委巡视组巡视反馈"思想政治建设较为薄弱"问题整改进行报告。

表1-9 剑阁县教育系统党建工作中思想建设演进情况

年份	活动名称	活动目标与内容	实施纪要
2014	党的群众路线教育活动	【目标】教育引导党员干部牢固树立宗旨意识和马克思主义群众观点，改进工作作风，解决突出问题，赢得人民群众的信任和拥护，夯实党的执政基础，提高为人民服务的本领，使干部作风进一步转变、干部关系进一步密切、为民务实的清廉形象进一步树立，持续保持党的先进性和纯洁性 【内容】高举中国特色社会主义伟大旗帜，坚持以马克思列宁主义、毛泽东思想、邓小平理论、"三个代表"重要思想、科学发展观为指导，紧紧围绕保持党的先进性和纯洁性，以为民务实清廉为主要内容，以县处级以上领导机关、领导班子和领导干部为重点，切实加强全体党员马克思主义群众观点教育，把贯彻落实中央八项规定作为切入点，进一步突出作风建设，坚决反对形式主义、官僚主义、享乐主义和奢靡之风，着力解决人民群众反映强烈的突出问题，提高做好新形势下群众工作的能力，保持党同人民群众的血肉联系，发挥党密切联系群众的优势，为推动经济持续健康发展、全面建成小康社会、实现中华民族伟大复兴的中国梦提供坚强保证。党的群众路线教育实践活动全过程，要贯穿"照镜子、正衣冠、洗洗澡、治治病"的总要求	

表1-9（续）

年份	活动名称	活动目标与内容	实施纪要
2016	"三严三实"专题教育	【目标】推动领导干部自觉践行"三严三实"，在深化"四风"整治、巩固和拓展党的群众路线教育实践活动成果上见实效，在守纪律讲规矩、营造良好政治生态上见实效，在真抓实干、推动改革发展稳定上见实效。引导做"忠诚担当干净"的好干部。 【内容】 （1）严以修身。就是要加强党性修养，坚定理想信念，提升道德境界，追求高尚情操，自觉远离低级趣味，自觉抵制歪风邪气 （2）严以用权。就是要坚持用权为民，按规则、按制度行使权力，把权力关进制度的笼子里，任何时候都不搞特权、不以权谋私 （3）严以律己。就是要心存敬畏、手握戒尺、慎独慎微、勤于自省，遵守党纪国法，做到为政清廉 （4）谋事要实。就是要从实际出发谋划事业和工作，使点子、政策、方案符合实际情况、符合客观规律、符合科学精神，不好高骛远，不脱离实际 （5）创业要实。就是要脚踏实地、真抓实干，敢于担当责任，勇于直面矛盾，善于解决问题，努力创造经得起实践、人民、历史检验的实绩 （6）做人要实。就是要对党、对组织、对人民、对同志忠诚老实，做老实人、说老实话、干老实事，襟怀坦白，公道正派。要发扬钉子精神，保持力度、保持韧劲，善始善终、善作善成，不断取得作风建设新成效	剑教党组〔2015〕34号
2017	"两学一做"学习教育	【目标】着力解决党员队伍在思想、组织、作风、纪律等方面存在的问题，使广大党员进一步坚定理想信念，提高党性觉悟；进一步增强政治意识、大局意识、核心意识、看齐意识，坚定正确的政治方向；进一步树立清风正气，严守政治纪律和政治规矩；进一步强化宗旨观念，勇于担当作为，在生产、工作、学习和社会生活中起先锋模范作用，为党在思想上政治上行动上的团结统一夯实基础，为协调推进"四个全面"战略布局、贯彻落实新发展理念提供坚强的组织保证 【内容】 （1）学党章党规。着眼明确基本标准、树立行为规范，逐条逐句通读党章，全面理解党的纲领，牢记入党誓词，牢记党的宗旨，牢记党员义务和权利；认真学习《中国共产党廉洁自律准则》《中国共产党纪律处分条例》等党内法规，学习党的历史，学习革命先辈和先进典型 （2）学系列讲话。着眼加强理论武装、统一思想行动，认真学习习近平总书记关于改革发展稳定、内政外交国防、治党治国治军的重要思想，认真学习以习近平同志为核心的党中央治国理政新理念新思想新战略，引导党员深入领会系列重要讲话的丰富内涵和核心要义，深入领会贯穿其中的马克思主义立场观点方法 （3）做合格党员。着眼党和国家事业的新发展对党员的新要求，坚持以知促行，做讲政治、有信念，讲规矩、有纪律，讲道德、有品行，讲奉献、有作为的合格党员。坚定自觉地在思想上政治上行动上同以习近平同志为核心的党中央保持高度一致，经常主动向党中央看齐，向党的理论和路线方针政策看齐，做政治上的明白人	剑教直党委〔2016〕5号；剑教党组〔2017〕34号；剑教党组〔2017〕47号

表1-9（续）

年份	活动名称	活动目标与内容	实施纪要
2018	"大学习、大讨论、大反思"活动	【目标】深化学思践悟，持续推进"两学一做"学习教育常态化制度化，进一步学懂弄通做实习近平新时代中国特色社会主义思想和党的十九大精神，切实提高理论素养；进一步解放思想、转变干部作风，以"三严三实"要求推动党的十九大决策部署和习近平总书记对四川工作重要指示精神落地落实 【内容】大学习：深入学习习近平新时代中国特色社会主义思想和党的十九大精神，深入学习习近平新时代中国特色社会主义思想"四川篇"，重点学习领会习近平总书记关于新时代治蜀兴川历史方位、总体要求、第一要务、根本动力、开放格局、重中之重、价值取向、生态重任、法治保障、政治保证等重要论述。大讨论：围绕学习贯彻习近平新时代中国特色社会主义思想"四川篇"，紧密结合实际，就如何落实"五位一体"总体布局、"四个全面"战略布局，牢固树立和认真践行新发展理念，落实以人民为中心的发展思想，进一步解放思想、破除"盆地意识"，进一步深化改革、扩大开放等重点问题开展研讨，理清发展思路，提出针对性强、务实可行的对策措施。大调研：讲究方式方法，重在提高调研实效，坚持解放思想、实事求是，坚持问题导向、目标导向，坚持从严从实、作风深入，让调研成果真正体现实际、反映实情，为科学决策服务	剑教工委〔2018〕14号；剑教工委〔2018〕12号；剑教工委〔2018〕22号
2019	"不忘初心、牢记使命"主题教育	【目标】理论学习有收获，思想政治受洗礼，干事创业敢担当，为民服务解难题，清正廉洁做表率 【内容】力戒形式主义、官僚主义。教育引导党员领导干部牢记党的宗旨，坚持实事求是的思想路线，树立正确政绩观，真抓实干，转变作风，把学习教育、调查研究、检视问题、整改落实贯穿主题教育全过程，努力取得最好成效	剑教工委〔2019〕28号
2021	党史学习教育	【目标】学史明理、学史增信、学史崇德、学史力行 【内容】中国史，党史，改革开放史	剑教工委〔2021〕18号
2023	"习近平新时代中国特色社会主义思想"主题教育	【目标】学思想、强党性、重实践、建新功 【内容】习近平新时代中国特色社会主义思想，习近平总书记来川来广视察重要指示精神	剑教工委〔2023〕18号

第二章 民主党派

2015 年 5 月 18 日，《中国共产党统一战线工作条例（试行）》（以下简称《条例》）正式颁布施行。《条例》将民主党派职能完善为"参政议政、民主监督，参加中国共产党领导的政治协商"。这是中国共产党在总结多党合作经验基础上对民主党派基本职能作出的新的科学概括，是多党合作理论的重要创新。2019 年底，剑阁教育系统民主党派基层组织有：中国农工民主党、中国民主建国会、中国民主同盟。共有 16 名老师参加民主党派。

表 1-10 剑阁县教育系统民主党派成员名录（部分）

姓名	性别	文化程度	职称	工作单位	党派名称	参加时间	党派任职情况
刘 芬	女	大学	中学高级	香江国际实验学校	中国农工民主党	2005.01	剑阁县支部第一、二届副主委，总支第一届副主委
李政荣	男	大学	高级教师	普安中学	中国农工民主党	2006	无
袁 兵	男	本科	讲师	县成人教育中心	中国农工民主党	2014.10	下寺支部主委
罗清华	女	本科	讲师	县成人教育中心	中国民主建国会	2016.12	无
梁 颖	女	本科	高级讲师	县成人教育中心	中国民主建国会	2007.12	无
苟松泉	男	本科	中高	剑阁中学	中国农工民主党	2006.06	无
彭 丽	女	本科	中一	剑阁中学	中国民主建国会	2012	支部主委
李国安	男	本科	中高	剑阁中学	中国民主同盟	2010.05	无
何志明	男	本科	中一	剑阁中学	中国民主建国会	2017.12	无
杨茂生	男	本科	中一	剑阁中学	中国民主建国会	2017.12	无
李勇生	男	研究生	高级	剑阁职中	中国民主建国会	2016.11	学习宣传专委会主任
陈晓燕	女	本科	中一	剑阁职中	中国民主同盟	2014.08	无
梁银成	男	大学	高级教师	剑州中学	中国农工民主党	2006.05	无
高怀林	男	大学	一级教师	剑州中学	中国农工民主党	2002.07	无
魏长生	男	大学	一级教师	剑阁县龙江小学校	中国农工民主党	2005.01	无
马秀莲	女	大学	一级教师	剑阁县龙江小学校	中国农工民主党	2005.01	无
何雪娥	女	大学	一级教师	剑阁县龙江小学校	中国民主建国会	2012.12	无
何 静	女	大学	一级教师	剑阁县龙江小学校	中国民主建国会	2018.11	无
须茜茜	女	大学	二级教师	柳沟中学	中国国民党	2022.09	无

第三章　群团组织

第一节　中国共产主义青年团

一、中国共产主义青年团历史沿革

中国共产主义青年团,简称共青团,原名中国社会主义青年团,是中国共产党领导的一个由信仰共产主义的中国青年组成的群众性组织。共青团中央委员会受中共中央委员会领导,共青团的地方各级组织受同级党的委员会领导,同时受共青团上级组织领导。1920年8月,全国各地在准备建党的同时组织了社会主义青年团。

1921年7月,中国共产党成立。

1922年5月,在党的直接领导下,中国社会主义青年团在广州召开第一次全国代表大会,成立了全国统一的组织。1925年1月,在团的第三次全国代表大会上,决定将中国社会主义青年团改名为中国共产主义青年团。1927年,在汉口召开代表大会,规定了团的宗旨。

1935年11月,为团结一切抗日青年,反对日本帝国主义的侵略,党决定将共青团组织改造成为民族解放性质的抗日救国的青年团体。抗日战争胜利后,为适应新形势和新任务的需要,党中央在1946年10月提议建立民主青年团。

1949年元旦,党中央又作出建立中国新民主主义青年团的决议。1949年4月,召开新民主主义青年团第一次全国代表大会,宣告中国新民主主义青年团正式成立。1957年5月,中国新民主主义青年团召开第三次全国代表大会,决定把团的名称改为中国共产主义青年团。大会还决定把新中国成立前后的中国社会主义青年团、共产主义青年团和新民主主义青年团的历次代表大会衔接起来。“文化大革命”10年,团的工作被迫处于停顿状态。1978年10月,中国共产主义青年团第十次全国代表大会召开。

1982年12月,共青团第十一次全国代表大会召开。1988年5月,共青团第十二次全国代表大会召开。1993年5月,共青团第十三次全国代表大会召开。1998年6月,共青团第十四次全国代表大会召开。2003年7月,共青团第十五次全国代表大会召开。2008年6月,共青团第十六次全国代表大会召开。2013年6月,共青团第十七次全国代表大会召开,会上选举产生现届团中央组成人员。

2016年8月2日,中共中央办公厅印发了《共青团中央改革方案》。

二、中国共产主义青年团的基本任务

中国共产主义青年团在新时代的基本任务是:高举中国特色社会主义伟大旗帜,以习近平新时代中国特色社会主义思想为指导,坚定不移地贯彻党在社会主义初级阶段的基本路线,以经济建设为中心,坚持四项基本原则,坚持改革开放,切实保持和增强政治性、先进性、群众性,把培养社会主义建设者和接班人作为根本任务,把巩固和扩大党执政的青年群众基础作为政治责任,把围绕

中心、服务大局作为工作主线，用社会主义核心价值体系教育青年，在建设中国特色社会主义的伟大实践中，造就有理想、有道德、有文化、有纪律的青年，努力为党输送新鲜血液，为国家培养青年建设人才，团结带领广大青年，自力更生，艰苦创业，积极推动社会主义经济建设、政治建设、文化建设、社会建设、生态文明建设，踊跃投身全面建设社会主义现代化国家、全面深化改革、全面依法治国、全面从严治党实践，为实现"两个一百年"奋斗目标、实现中华民族伟大复兴的中国梦贡献智慧和力量。

中国共产主义青年团团旗旗面为红色，象征革命胜利；左上角缀黄色五角星，黄星周围环绕以黄色圆环，象征中国青年一代团结在中国共产党的周围。团旗为长方形，其长与高为三与二之比。

三、团组织活动

剑阁县教育系统共青团的工作，在2015年前，由教育局德体艺卫股负责，2015年后，该项工作由教育局教育股负责。规模较大的中学，设团委；规模较小的中学设团总支。团委书记或总支书记由学校党委或党支部任命，按学校中层干部对待。学校共青团的工作由团委或团总支负责。各班设团支部，班主任是本支部天然的政治辅导员。各校团委（团总支）利用重大节日（清明节、"五四"青年节、国庆节、"一二·九"、元旦等），开展纪念、庆祝活动。共青团思想建设和组织建设都取得较好成绩。

四川省"两红两优"获奖名单（2012—2017年）：

2012年度，剑阁中学高二11班学生邱荟宇、郑渊分别获优秀团员、优秀团干称号。

2014年度，四川省剑阁职业高级中学团委获五四红旗团委称号，剑阁中学高2014级团总支获五四红旗团支部称号。

2015、2018年度，白龙中学团委获五四红旗团委称号。

表1-11 剑阁县共青团系统获奖名单

序号	年度	获奖单位	姓名	奖项名称
1	2015年度	剑阁县白龙中学高2014级2班学生	贾晓霞（女）	优秀共青团员
2	2015年度	剑阁县鹤龄中学初2014级5班学生	李雪梅（女）	优秀共青团员
3	2015年度	剑阁中学高2015级10班学生	刘姝伶（女）	优秀共青团员
4	2015年度	剑阁县汉阳镇人民政府科员	曾 辉	优秀团干部
5	2015年度	剑阁县剑州中学团委书记	母利珍（女）	优秀团干部
6	2015年度	剑阁县普安中学校团委书记	王小惠（女）	优秀团干部
7	2015年度	剑阁中学初中年级团总支	—	五四红旗团支部
8	2015年度	剑阁县姚家小学辅导员	王银华（女）	优秀团干部
8	2016年度	剑阁县元山初级中学教师	李秋红（女）	优秀共青团员
9	2016年度	四川省剑阁职业高级中学团委书记	邓智勇	优秀团干部
10	2016年度	剑阁县鹤龄中学政教副主任兼团委书记	熊朝江	优秀团干部
11	2016年度	剑阁县开封中学团委	—	五四红旗团委
13	2017年度	四川省剑州中学高二七班学生	张川兰	优秀共青团员
14	2017年度	四川省剑阁职业高级中学团委书记	邓永梅	优秀团干部
15	2017年度	四川省剑阁中学团委	—	五四红旗团委
17	2017年度	剑阁县公兴中学团委	—	五四红旗团委

表1-11（续）

序号	年度	获奖单位	姓名	奖项名称
18	2017 年度	剑阁县盐店小学校八年级团支部	—	五四红旗团支部
19	2017 年度	剑阁县剑阁职中 2.3 班团支部	—	五四红旗团支部
20	2018 年度	剑阁县剑阁中学	王祥波	优秀共青团员
21	2018 年度	四川省剑门关高级中学团委书记	张开潮	优秀团干部
22	2018 年度	中国共产主义青年团剑阁县职业高级中学委员会	—	五四红旗团委
23	2018 年度	中国共产主义青年团剑阁县汉阳初级中学初 2016 级 3 班支部委员会	—	五四红旗团支部

第二节　中国少年先锋队

一、中国少年先锋队发展历史

在中国少年儿童运动发展的历史上，不同的革命历史时期，有不同的革命儿童组织：第一次国内革命战争的劳动童子团、土地革命战争时期的共产儿童团和少年先锋队、抗日战争时期的抗日儿童团、解放战争时期的儿童团和少先队、社会主义现代化建设中的中国少先队。

1949 年 10 月 13 日是中国少年先锋队建队日。

从 1949 年中华人民共和国建立到 1966 年"文化大革命"爆发，这中间的 17 年是中国少先队走向正轨、蓬勃发展的时期。"文化大革命"期间，少先队受到摧残。少先队组织的名字、标志被取消，代之以"批判走资派"为目标的"红小兵"组织。直到 1978 年，少先队得以重建。改革开放后，邓小平同志发出了"教育要面向现代化，面向世界，面向未来"的指示。少先队确立了"面向新世纪，造就新主人"的目标。

二、中国少年先锋队性质和任务

中国少年先锋队（简称"少先队"）是中国少年儿童的群众组织，是少年儿童学习共产主义的地方，是建设社会主义和共产主义的预备队。

中国少年先锋队的创立者是中国共产党。中国共产党委托中国共产主义青年团直接领导中国少年先锋队。中国少年先锋队每年都会举行少先队代表大会（简称"少代会"），并选举新一任大、中、小队干部。

少先队的作风是：诚实、勇敢、活泼、团结。

团结教育少年儿童，听党的话，爱祖国、爱人民、爱劳动、爱科学、爱护公共财物，努力学习，锻炼身体，参与实践，培养能力，立志为建设中国特色社会主义现代化强国贡献力量，努力成长为社会主义现代化建设需要的合格人才，做共产主义事业的接班人。维护少年儿童的正当权益，让儿童努力学习，将来成为对社会有用的人才。

1922 年 2 月 13 日，世界上第一个由工人阶级政党领导的少先队组织，在苏联莫斯科诞生了。刚成立的少先队，没有特殊的标志。那时的饥饿、困难正威胁着苏联人民，他们当然考虑不到少先队的标志问题。列宁的夫人克鲁普斯卡娅十分关心下一代的成长，建议共青团给少先队员们设计一种特有的标志。在一次接受新队员的大会上，来参加会议的先进女工把自己的红色三角头巾解下来系在少先队员的颈部上，勉励他们说："戴着它，别玷污了它！它的颜色同革命烈士的鲜血的颜色是一样的!"红领巾就这样诞生了。

1949年10月13日,中国少年先锋队采用该标志。

红领巾是少先队员的标志。它是红旗(队旗)的一角,是用烈士的鲜血染成的。每个少先队员都应该佩戴它和爱护它,为它增添新的荣耀。

三、剑阁县少先队获奖名单(部分)

表1-12 剑阁县少先队获奖名单(部分)

序号	年度	获奖单位	姓名	奖项名称	颁奖单位
1	2014	剑阁县普安小学校	刘天秀	四川省优秀辅导员	四川省委宣传部 四川省少工委 四川省教育厅
2	2014	剑阁县普安小学校六(2)班	隆承溪	四川省优秀少先队员	四川省委宣传部 四川省教育厅
3	2018	剑阁县普安小学校	杨 丽	四川省优秀乡村少年宫辅导员	四川省少工委 四川省教育厅
4	2018	剑阁县普安小学校少先队大队	—	四川省优秀少先队集体	四川省教育厅 四川省精神文明建设办公室 四川省少工委
5	2019	剑阁县秀钟小学校三(1)班	晋琪涵	广元市新时代好少年	广元市委宣传部 广元市教育局等
6	2023	剑阁县普安小学校六(1)班	陈沛儿	广元市新时代好少年	共青团广元市委 广元市教育局 广元市少工委
7	2023	剑阁县普安小学校少先队大队	—	广元市优秀少先队集体	共青团广元市委 广元市教育局 广元市少工委

第三节 县教育工会

一、沿革与性质

剑阁县教育工会自1956年建立至2023年,历时67载。其全称为"中国教育工会剑阁县委员会",简称"县教育工会"。县教育工会属地方性特殊产业工会组织,是全县教育工作者最广泛的群众组织,全县各中小学校的工会则是县教育工会的基层组织,它是共产党组织领导的教职工自愿参加的工人阶级群众性组织,是党联系广大教职工的桥梁和纽带,是教书育人、管理育人、服务育人和维护学校安定团结以及正常教学秩序的社会政治团体。

二、领导体制与职能

(一)领导体制

根据工会与地方相结合的原则,剑阁县教育工会受省市教育工会和剑阁县总工会的双重领导:县教育工会则直接领导全县中小学校教育工会组织。县教育工会领导机构实行委员会制,主席属于副科级。设专职干部2~3人。县属各中小学校工会设正、副主席。学校基层工会委员会名额,按会

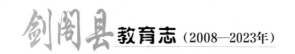

员人数定：35 人以下的，设主席或组织委员 1 人；200 人以下的，设委员 3~7 人；201~1 000 人的，设委员 7~15 人；1 001~5 000 人的，设委员 15~21 人。学校工会主席享受同级党政领导副职待遇。县教育工会及所属中小学校基层工会委员，均由会员代表大会或会员大会民主产生，选举产生的工会主席，按照《中国工会章程》的规定和干部管理的权限，报有关党委和上级工会审查批复。

教育工会下设办公室，办公室主任依据《中华人民共和国工会法》《中国工会章程》《工会基层组织选举工作暂行条例》和《剑阁县教育工会工作职责》等法律法规和政策，处理工会日常事务。

（二）教育工会工作职能

纵深推进工会标准化建设，重点是干部队伍建设和职工之家重建。开展系列劳动竞赛，提高教职工劳动技能、管理水平和教育教学质量。抓好文明单位、卫生单位的上档升级工作，做好每年文明单位、卫生单位的复查验收工作。做好机关、省级文明单位的准备工作。深化学校民主管理，健全教代会监督机制，在维护集体利益、维护教职工合法权益的同时，发挥桥梁、纽带作用，共同维护全县教育系统的平安、和谐、稳定。继续开展帮贫助困活动，以及金秋助学、残病及留守儿童关爱、集中送温暖活动。开展春节慰问特困教师活动等。全面做好工会法人登记、换证工作和经审工作。深入开展城乡环境综合治理"进机关""进学校""进家庭"活动。确保领先地位。加强计划生育三结合工作，确保部门挂联乡镇的目标工作完成。以征文、演讲、庆祝晚会、职工运动会等为载体，深入开展公民道德与素质教育活动。组织教育战线作出较大贡献的老干部、劳动模范、工会干部、先进个人外出学习考察。完成股室挂联教办和学校的目标任务：一是加强与挂联教办及所属学校的联系，全面了解教办和各学校的工作情况；二是与挂联股室和分管领导一道，经常深入挂联教办和学校了解情况，解决存在的困难和问题。完成局党组和上级工会分配的其他工作，积极参加县总工会和县妇联召开的会议及组织活动。

表 1-13　县教育工会工作人员任职简况

姓名	性别	籍贯	学历	职务	任职时间	备注
曹正海	男	四川剑阁	大学	工会主席	2008.01—2017.03	
祁学刚	男	四川剑阁	大学	工会主席	2019.03—2022.02	
杨慧清	女	四川剑阁	大学	工会办主任	2008.01—2012.01	
何玉萍	女	四川剑阁	大学	工会办主任	2012.01—2022.03	
母丹丹	女	四川剑阁	大学	工会办干部	2022.09—	

三、政务公开　校务公开

（一）公开内容

凡是涉及全县教育长远发展的规划部署，涉及干部、教职工切身利益的规定和要求，以及干部、教职工特别关注的重大决策、财务、人事内容，原则上都应实行公开。

（1）全县教育发展总体规划，班子五年任期工作规划，年度工作计划以及阶段性工作的决策过程公开，广泛咨询吸取并采纳民意。

（2）教科局财政预算和决算，各项收支及债权债务，扶持捐赠款项和救灾救济款项的收支，接待费用和公车使用等情况公开，严格按规定办事。

（3）基建项目的立项、招标、承包及建设进度，验收结算等情况的公开，确保集体资金的安全与使用。

（4）社会力量办学的审批条件、审批依据、审批结果、年度检查结果。

（5）教师资格认定、人员调入、学校教师招聘的条件、对象、程序、结果等公开，做到公开透明、平等竞争、择优录用。

（6）上级规定的收费项目、依据、标准和实际执行情况的公开，取信于民，规范操作。

（7）局领导班子实行任期工作目标责任制，落实廉政规定的考核评议情况的公开，取信于民，严于自律。

（二）公开方式

实行政务公开的方式应根据公开的内容、目的、范围和现实条件而定，力求简便易行、快捷准确，注重实效。重点围绕教科局的重大决策部署，以及广大干部教职工普遍关注的热点难点问题，通过有效的途径和适宜的方式予以公开。主要采取如下两种方式：

（1）举办政务通报会。通过邀请部分干部教职工代表，每季度召开一次会议，由县教科局指定有关负责人负责主持会议，通报政务信息，回顾总结工作，吸取经验教训，提出工作计划和要求，并就政务工作释疑解难。

（2）设立政务公开栏。在教科局办公楼一楼大厅设立政务公开栏，公布按要求应公开的各项内容、政务活动的相关决定的有关政策法规，以及政府有关职能部门的办事程序、收费标准等。公开栏的内容根据各个时期的工作重点和社会热点的转移，每月更新。

（三）监督措施

实行政务公开是科教系统组织建设的一项重要内容和任务，县教科局把政务公开列入重要日程，加强领导、精心部署，采取得力措施，建立健全有关制度，并经常检查和加强监督措施，确保各项制度和政务工作的贯彻落实。

（1）加强纪检的监督。局纪检组要对干部的提拔、表彰提出意见和建议；监督凡投资额在10万元以上的基建工程项目；每年对财务收支情况进行一次常规审计，对政务公开的内容进行专项审计；每半年进行一次班子民主生活会，开展批评与自我批评；对不按规定进行政务公开并造成恶劣影响的，要给予严肃查处。

（2）加强内部监督。局领导班子要加强对政务公开工作的组织领导，建立以局长挂帅、办公室和有关部门具体落实的领导机制，并每季度召开一次联席会议，专门研究和改进政务公开工作；成立政务公开监督小组，具体负责审查、监督政务公开内容的实施情况。

（3）加强群众的监督。要聘请部分单位的有关人员为政务公开监督员，并赋予他们职责和职权；要在局机关和各中小学设立举报意见箱和举报电话，接受群众的投诉。

四、相关制度

（1）预审制度；（2）民主评议制度；（3）责任追究制度；（4）反馈制度；（5）备案制度；（6）公开承诺制度；（7）目标考核制度；（8）政务公开领导小组职责；（9）政务公开监督领导小组职责。

五、主要工作绩效

加强理论学习，提高干部素养。组织工会干部认真学习《中华人民共和国工会法》《中华人民共和国劳动法》等法律法规，开展形式多样的职工教育活动，做好业务报刊的征订发放工作，整顿干部作风，提升干部素养和理论水平。加强干部队伍建设。按照《中华人民共和国工会法》相关程序，调整少数工会干部，把政治素质好、业务水平高、协调能力强、群众信得过的中青年同志选拔调整到工会干部岗位，同时也将一部分德能勤绩优良的工会干部推荐到行政一线工作，全系统干部队伍建设机制健全，有序推进。

完善民主监督机制，依法维护教职工的合法权益。健全党委、纪检、工会联席民主评议制度。

开展对工会主席、政工干部的法治教育和业务培训。教代会机制健全，定期召开，民主监督和维护作用得到有效发挥。重大支出、基建维修、承包招标、批量采购、奖惩考核、岗位设置、职称评选等教育工会和教职工代表全过程参与。

健全了教职工诉求表达机制，及时转达答复，协调解决教职工反映的最关心、最直接、最现实的利益问题，充分发挥了桥梁和纽带作用，极大限度地维护了教育系统的和谐稳定。

积极开展送温暖活动。教育工会为教育系统困难职工免费体检300余人。

开展金秋助学行动和学生资助活动，共资助学生215人76 000元。完善困难职工调查和建档工作，开展送温暖座谈慰问活动。开展女职工大病保险及教职工住院医疗互助保险活动。搞好卫生单位、文明单位的复查验收工作。加强中小学爱国卫生宣传教育，开展"讲文明、树新风"主题活动。普安中学、柳沟小学、抄手小学顺利创建为市级最佳文明单位。田家小学、鹤龄小学顺利创建为市级文明单位。做好教科局在职教职工和离退休职工互助基金工作。完成计划生育、计生三结合、部门挂联乡镇工作目标。

第四节　县教育基金会

一、剑阁县教育基金会历史沿革

1995年，剑阁县教育基金会成立，其主管单位是"四川省教育厅"。

2005年6月22日，四川省民政厅批准《剑阁县教育基金会章程》，并予登记。

2015年1月8日，剑阁县教育基金会业务主管单位由"四川省教育厅"变更为"广元市教育局"。

2019年10月15日，剑阁县教育基金会被四川省民政厅认定为慈善组织并取得"慈善组织公开募捐资格证书"。

二、组织机构

教育基金会理事（2008—2023年）名录：

罗建明、张全林、徐剑峰、张雪梅、聂俸彬、曹正海、李兆周、杨光勇、未晓红、孙丽蓉、吴方杰、蒲红华、白成沛、杨载章、何中强、李晓勇、杨德华、蒲志军、杨永丰、罗非、李朝旭、苟红相、郭次东、王法龙、祁有德、黄松、张文华

教育基金会监事长、监事（2008—2023年）名录：

杨载章、伍翠蓉、王晓明、李光耀、左长、张天锦

表1-14　2008—2023年教育基金会人员在职任职情况

姓名	性别	籍贯	学历	职务	任职时间	备注
熊克文	男	四川剑阁	大学	理事长	2008.01—2010.09	
吴方杰	男	四川剑阁	大学	理事长	2010.10—2020.10	
蒲志军	男	四川剑阁	大学	理事长	2020.10至今	
杨光勇	男	四川剑阁	大学	秘书长	2010.10—2014.05	
蒲红华	女	四川剑阁	大学	秘书长	2014.05至今	

三、主要工作内容

2004 年国务院公布《基金会管理条例》，剑阁县教育基金会年初修订了《剑阁县教育基金会章程》，制定了完整的内部管理制度：一是理事会议制度；二是秘书处工作制度；三是各类人员岗位制度；四是资金内部管理制度；五是票据管理制度；六是印章、证书使用制度；七是档案管理制度；八是教育基金募集暂行办法；九是专项基金管理办法；十是奖励优秀教师、先进教育工作者办法；十一是参与讨论了剑委办〔2012〕69 号《关于建立和完善全县社会救助管理体系的通知》文件的起草实施，并根据此文件制定了贫困大中小学生资助实施细则；十二是制定了组织开展"园丁之家"活动办法。一系列制度的建立和完善，为确保县教育基金会未来健康稳定持续发展奠定了良好基础。

剑阁县教育基金会根据 2005 年 4 月颁布实施的《基金会管理条例》《民间非营利组织会计制度》以及 2016 年 9 月颁布实施的《中华人民共和国慈善法》《慈善组织认定办法》《慈善组织公开募捐管理办法》等一系列政策法规，根据 2005 年 6 月修订的《剑阁县教育基金会章程》，在壮大基金、奖教奖学、支教助学、基金增值等方面，做到"依法行善，以法兴善"。为缩小全县区域教育差距、促进全县教育的均衡发展作出了积极贡献。

截至 2019 年底，剑阁县教育基金会的（专项）基金项目有 17 个：剑阁县化林雪银希望小学教育扶贫专项基金项目；剑阁旅外人士扶贫助学专项基金项目；教师节奖励项目；剑阁知青爱心捐赠专项基金项目；剑阁县品学兼优家庭贫困女童帮扶项目；剑门关高中教育扶贫专项基金项目；教育扶贫日专项基金项目；"高三专项"奖励项目；"留守儿童"关爱项目；"可好助学专项基金"项目；江口教育扶贫专项基金项目；剑门中学"剑之道"专项基金项目；中央彩票公益金教育助学项目；"书香广元·一木环保"校园公益活动项目；浙江捐赠儿童衣物项目；"广州助学金"奖助项目；永隆慈善助学金项目。

表 1-15　2008—2023 年基金会募集资金，本金及开支情况统计　　　　单位：万元

项目		年　份											
		2008	2009	2010	2011	2012	2013	2014	2015	2016	2017	2018	2019
募集资金		146.79	234.95	147.59	104.45	31.17	101.5	161.16	75.17	164.09	254.71	128.89	245.55
资产		654.59	670.44	679.22	753.48	710.31	747.14	756.87	797.86	832.55	962.01	944.11	1 009.41
开支情况	支教助学	91.75	254	89.87	102.23	98.47	93.41	166.12	53.29	121.1	113.23	120.13	195.01
	奖教奖学	7.55	5.16	11.92	5.46	3.93	5.59	23.69	16.31	35.64	21.97	52.65	63.92
	小计	99.3	259.16	101.79	107.69	102.4	99	189.81	69.6	156.74	135.2	172.78	258.93

表 1-16　2008—2020 年社会各界捐资助学情况　　　　单位：万元

序号	项目名称（捐赠方）	捐赠金额	用途	资助年度
1	黑龙江鸡西市个体私营劳动者协会	28.837 6	资助 16 名困难学生就学	2008—2015
2	李嘉诚基金会助学金	58.2	资助 582 人次困难学生就学	2009—2012
3	中山大学捐助汉阳中学教学楼	204	修建汉阳中学教学楼	2009
4	黑龙江前指挥部捐款	46.084 3	全县奖教助学、支教助学	2010—2015
5	新特药专项基金（蓉康鑫专项基金）	29.5	资助 12 人从小学至读研毕业	2007—2019
6	广西壮族自治区红十字会	24	资助 120 人次困难学生就学	2008—2010

表1-16（续）

序号	项目名称（捐赠方）	捐赠金额	用途	资助年度
7	剑阁县教育发展均衡基金	105	全县奖教助学、支教助学	2012—2016
8	江口教育扶贫专项基金	50	江口嘉陵中小学校奖教、支教	2015至今
9	剑阁县旅外人士扶贫专项基金	117.388	全县高中奖教、支教	2017至今
10	雪银希望小学扶贫专项基金	100	鸯溪小学奖教、支教	2017至今
11	可好助学专项基金（尤宗林、范戬蓉夫妇）	108	全县事实无人抚养540人次	2018至今
12	剑门关高中绵阳商会扶贫专项基金	100	剑门关高级中学奖教、支教	2017至今
	合计	971.0099		

表1-17 剑阁县旅外人士2017—2019年捐款统计　　　　　　　　单位：元

序号	姓名	捐赠单位名称及职务	基金职务	2017年捐款金额	2018年捐款金额	2019年捐款金额	2017年活动费用金额	2018年活动费用金额	2019年活动费用金额	小计
1	王法龙	成都宏科鞋业有限公司董事长	理事长	36 000	—	50 000	17 000	10 000	3 000	116 000
2	左泰明	四川现代彩钢建房有限公司董事长	常务副理事长	50 000	—	50 000	17 260.34	10 000	3 000	130 260.34
3	祁有德	广元鑫楠生态农业开发有限公司	秘书长	30 000	—	30 000	27 260.34	5 000	8 500	100 760.34
4	何安海	杭州和黄药业有限公司董事长	副理事长	45 000	—	40 000	—	5 000	3 000	93 000
5	戚鑫	四川艾明物业管理有限公司董事长	副理事长	15 000	—	20 000	—	5 000	53 000	93 000
6	冯元文	四川蜀门客栈管理有限公司董事长	监事长	30 000	—	20 000	12 260.34	5 000	3 000	70 260.34
7	王梁成	四川兴达塑料有限公司董事长	副理事长	30 000	—	30 000	—	—	—	60 000
8	程剑新	江苏柯瑞电机工程股份有限公司	副理事长	9 000	—	20 000	—	—	20 000	49 000
9	杨丕清	个人	副理事长	45 000	—	—	—	—	—	45 000
10	张德荣	四川新天地投资集团董事长	副理事长	30 000	—	10 000	—	—	—	40 000
11	左佳明	成都佳强明燊科技有限公司总经理	副理事长	—	15 000	20 000	—	5 000	—	40 000
12	董子雄	个人	副理事长	15 000	—	15 000	—	5 000	3 000	38 000
13	李克全	个人	副理事长	30 000	—	—	—	—	—	30 000
14	伍刚	北京宇嘉集团有限公司	副理事长	—	—	30 000	—	—	3 000	33 000
15	母东生	深圳市泰利龙包装材料有限公司	副理事长	10 000	10 000	10 000	—	—	—	30 000
16	王凯	个人	副理事长	15 000	—	10 000	—	3 000	—	28 000

序号	姓名	捐赠单位名称及职务	基金职务	2017年捐款金额	2018年捐款金额	2019年捐款金额	2017年活动费用金额	2018年活动费用金额	2019年活动费用金额	小计
17	张勇	成都靖鑫商贸有限公司（物资）	理事	17 840	—	10 000	—	—	—	27 840
18	岳桂明	四川驰恒专用汽车制造有限公司	理事	15 000	—	10 000	—	—	—	25 000
19	王明宏	四川锐信路桥工程有限公司	理事	—	10 000	10 000	—	—	—	20 000
20	舒波	欧胜皮业有限公司	理事	—	10 000	10 000	—	—	—	20 000
21	侯国跃	个人	理事	—	10 000	10 000	—	—	—	20 000
22	李剑	四川牧春昌德生态农业开发有限公司	理事	15 000	—	3 000	—	—	—	18 000
23	向运忠	成都星浪电子科技有限公司	理事	15 000	—	3 000	—	—	—	18 000
24	王绍茂	个人	理事	3 000	6 000	6 000	—	—	—	15 000
25	王万泉	深圳市映山红实业发展有限公司	理事	10 000	—	3 000	—	—	—	13 000
26	唐怀钊	深圳市振嘉实业有限公司董事长	副理事长	10 000	—	3 000	—	—	—	13 000
27	龚从勇	深圳市优源水务环境工程技术有限公司	理事	10 000	—	3 000	—	—	—	13 000
28	龚洪芳	深圳市夏特科技有限公司	理事	10 000	—	3 000	—	—	—	13 000
29	薛军泰	个人	理事	9 000	—	3 000	—	—	—	12 000
30	黄正德	四川德信建筑工程有限责任公司	理事	—	5 000	5 000	—	—	—	10 000
31	段增勇	（四川省社科院）	副理事长	10 000	—	—	—	—	—	10 000
32	敬有权	个人	理事	10 000	—	—	—	—	—	10 000
33	孙玉洪	北京杰凯心血管健康基金会	理事	—	—	10 000	—	—	—	10 000
34	梁爱民	—	理事	—	—	10 000	—	—	—	10 000
35	杨洪池	新疆拓方基础工程挖运有限公司	理事	—	—	10 000	—	—	—	10 000
36	王文举	深圳市和记玻璃有限公司	理事	3 000	3 000	3 000	—	—	—	9 000
37	宋芙榕	个人	理事	3 000	3 000	3 000	—	—	—	9 000
38	郑伟生	个人	理事	3 000	3 000	3 000	—	—	—	9 000
39	左大伟	成都开源智创工程机械设备有限公司	理事	3 000	—	3 000	—	—	—	6 000

表1-17（续）

序号	姓名	捐赠单位名称及职务	基金职务	2017年捐款金额	2018年捐款金额	2019年捐款金额	2017年活动费用金额	2018年活动费用金额	2019年活动费用金额	小计
40	杨德明	成都鑫楠科技有限公司	理事	3 000	—	3 000	—	—	—	6 000
41	杨海泉	成都百航科技有限公司	理事	3 000	—	3 000	—	—	—	6 000
42	刘国明	广州市莲塘印象旅游开发有限公司	理事	3 000	—	3 000	—	—	—	6 000
43	魏可平	个人	理事	3 000	—	3 000	—	—	—	6 000
44	祁有国	深圳市鑫楠电子有限公司	理事	—	3 000	3 000	—	—	—	6 000
45	李 蓉	个人	理事	—	3 000	3 000	—	—	—	6 000
46	杨小平	个人	理事	—	3 000	3 000	—	—	—	6 000
47	郑为民	个人	理事	6 000	—	—	—	—	—	6 000
48	李培峰	个人（物资）	理事	—	3 840	—	—	—	—	3 840
49	廖仁海	个人	理事	3 000	—	—	—	—	—	3 000
50	杨冠峰	个人	理事	3 000	—	—	—	—	—	3 000
51	李 虎	深圳市和记宏鑫玻璃幕墙工程有限公司	理事	—	3 000	—	—	—	—	3 000
52	贾安双	深圳市浩联科技有限公司	理事	—	—	3 000	—	—	—	3 000
53	张政明	—	理事	—	—	3 000	—	—	—	3 000
54	曹正乔	深圳博创达伟业光电有限公司	理事	—	—	3 000	—	—	—	3 000
55	罗远航	—	理事	—	—	3 000	—	—	—	3 000
56	雷春林	—	理事	—	—	3 000	—	—	—	3 000
57	张 林	—	理事	—	—	3 000	—	—	—	3 000
58	张正玉	成都靖鑫商贸有限公司总经理	理事	—	—	3 000	—	—	—	3 000
59	唐永坤	蜀信天成商贸有限公司	理事	—	—	1 200	—	—	—	1 200
60	重庆剑阁商会	重庆剑阁商会	理事单位	—	—	—	—	—	68 000	68 000
	合计		—	560 840	90 840	522 200	73 781.02	53 000	167 500	1 468 161.02

第二篇　行政机构

第一章　剑阁县教育局

第一节　机构沿革及职能

一、机构沿革

民国 18 年（1929 年）7 月 1 日，剑阁县知事公署改称剑阁县政府，县政府下设教育局，称为剑阁县政府教育局。

民国 35 年（1946 年）6 月 1 日，剑阁县政府调整直属机构，设三室八科，剑阁县政府教育局改为剑阁县政府教育科。

中华人民共和国成立后，1949 年 12 月 18 日剑阁县人民政府成立，次年 1 月，原剑阁县政府教育科正式改为剑阁县人民政府教育局。

1955 年剑阁县人民政府改称剑阁县人民委员会，剑阁县人民政府教育局更名为剑阁县教育局。后改为剑阁县文化教育局（简称剑阁县文教局），20 世纪 80 年代改为剑阁县教育委员会（简称剑阁县教委），90 年代末复改为剑阁县教育局。

2003 年 9 月剑阁县人民政府驻地由普安镇迁至下寺镇后，翌年，剑阁县教育局迁往新县城下寺镇办公。

2011 年，根据《剑阁县人民政府机构改革方案》，剑阁县教育局与剑阁县科学技术局合并组建剑阁县教育和科学技术局，挂剑阁县知识产权局牌子。

2015 年初，根据中共剑阁县委员会、剑阁县人民政府《剑阁县人民政府职能转变和机构改革方案》（剑委〔2015〕7 号），原剑阁县教育和科学技术局负责的科学技术管理等职责划归重组后的剑阁县经济商务和科技信息化局，剑阁县教育和科学技术局重新改组更名为剑阁县教育局。

局机关内设 13 个部门，下设 12 个派出机构，局机关驻剑阁县下寺镇隆庆街 3 号。

剑阁县教育局是剑阁县人民政府工作部门，主管剑阁县教育工作。

二、职能职责

（1）贯彻执行党和国家教育工作的方针、政策和法律法规，负责起草有关政策规定并监督实施。

（2）拟定全县教育体制改革政策和教育事业发展规划，负责各级各类教育的统筹规划和协调管理，指导各级各类学校的教育教学改革和中小学布局结构的调整，负责全县教育系统基本信息的统计、分析、发布工作，指导教育信息化建设工作。

（3）负责义务教育的宏观指导与协调，推进全县义务教育均衡发展，促进教育公平，指导普通高中教育、幼儿教育和特殊教育工作，推进基础教育教学改革，全面实施素质教育。

（4）统筹和指导全县教育督导工作，负责组织和指导对中等及中等以下教育、扫除青壮年文盲工作的督导检查和评估验收工作，指导基础教育发展水平和质量的监测工作。

（5）协调、指导高等教育和以就业为导向的职业教育的发展与改革，组织实施民族地区免费中等职业教育工作。

（6）负责本部门教育经费的统筹管理，参与拟订筹措教育经费、教育拨款、教育基建投资的政策措施，监督全县教育经费的筹措和使用情况，指导国（境）外教育援助、教育贷款和教育合作项目的执行。

（7）指导少数民族教育工作，协调对少数民族地区的教育援助。

（8）统筹规划、综合管理全县民办教育，规范民办教育办学秩序，促进民办教育事业健康发展。

（9）主管全县教师工作，负责实施教师继续教育和专业技术职务资格评审的有关工作，组织指导教师资格制度的实施和教育系统人才队伍建设，会同有关部门加强县直属学校领导班子建设。

（10）指导各级各类学校的思想政治、德育、体育卫生与艺术教育、国防教育、安全和稳定工作。

（11）贯彻执行国家语言文字工作的方针政策，拟订语言文字工作中长期规划和工作计划，指导普通话推广和普通话师资培训工作。承担剑阁县语言文字工作委员会的具体工作。

（12）组织指导教育系统对外交流与合作，负责全县出国留学人员和教育系统来剑外籍教师、专家及留学人员的有关管理工作。

（13）负责普通高校、成人高校、中等专业学校的招生考试工作和高等教育自学考试工作。

（14）承担县政府公布的有关行政审批事项。

（15）承办县政府交办的其他事项。

三、剑阁县教育局领导任职简况

表 2-1 剑阁县教育局领导任职简况

姓名	职务	任职时间	分管工作	备注
杜中贵	党组书记局长	2008.01—2009.05	主持教育局党组、行政全面工作；联系人事股、教育工会	
王俊	党组书记	2011.03—2011.12	主持教育局党组全面工作	
罗建明	党组书记	2009.05—2011.03	主持教育局党组、行政全面工作	
	局长	2009.05—2011.12	主持教育局行政全面工作	
杨载章	副局长	2008.01—2017.04	协助党组书记、局长分管思想政治工作、党务、师德师风建设、师培、退管、帮扶等工作；机关事务及教育宣传、计划基建财务、项目、学生资助等工作；完成局长、党组书记交办的其他工作。联系党办、退管股、人事股、办公室、计财股、基金会、学生资助管理中心	党组成员、机关党委书记
张全林	副局长	2008.01—2012.08	协助党组书记、局长分管思想政治工作、师德师风建设、人事师培、退管、安全稳定、综合治理、信访和群众工作、行政事业审批等工作，完成党组书记、局长交办的其他工作。联系人事师培股、退管股、安稳办、信访和群众工作室、行政事业审批股	党组成员
李琦		2008.01—2009.08	协助党组书记、局长分管教育教学、教育教学研究、教育招生考试等工作。联系基础教育股、职成教股、教研室、教育学会、县招生自考办、县青少年校外活动中心、关工委办公室	党组成员
徐剑峰	副局长、县人民政府教育督导室主任	2010.12—2017.04	协助党组书记、局长分管教育教学管理、教育招生考试、体育卫生艺术教育、教育教学研究、关心下一代等工作，完成党组书记、局长交办的其他工作。联系基础教育股、职成教股、体卫艺股、教研室、教育学会、关工委办公室	党组成员

表2-1（续）

姓名	职务	任职时间	分管工作	备注
李兆周	县人民政府督导室副主任	2008.01—2014.10	协助局长具体负责教育督导、工作督查、目标等工作，完成局长交办的其他工作。联系教育督导办公室、目标办、县青少年校外活动中心	
张雪梅	纪检组组长	2008.01—2019.05	协助党组书记、局长分管纪检、监察、党风廉政建设、效能建设、财务监管、教学仪器装备等工作，完成党组书记、局长交办的其他工作。联系纪检组、监察股、效能办、财务监管中心、教仪站	党组成员
任绍林	县人民政府督导室主任	2008.01—2010.11	协助局长分管计划财务、后勤产业、教育督导工作。联系计财股、后勤产业股、财务监管中心、教育督导室	
聂俸彬	招办主任	2008.01—2016.12	协助党组书记、局长分管大学中专招生、自学考试等工作，完成党组书记、局长交办的其他工作。联系招生股、自考股、综合股	党组成员、
曹正海	工会主席	2008.01—2017.04	协助局长分管工会工作、精神文明建设、城乡环境综合治理、卫生单位创建、计划生育、后勤产业帮扶等工作，完成局长交办的其他工作。联系工会办公室、后勤产业股	
伍翠蓉	局长	2011.12—2014.12	主持教科系统行政全面工作	党组成员
	党组书记、局长	2015.01—2016.10	主持县教育局党组、行政全面工作	
白成沛	党组书记	2011.12—2015.01	主持教科系统党组工作，分管党务工作。联系系统平安工作	
何中强	县人民政府总督学	2011.04—2022.04	负责教育综合体制改革、依法行政、系统法治建设、政策法规建设、教育督导、城乡统筹发展、义教均衡、教育技术装备、教育信息化等工作。负责教育工委、教育局党组安排的其他工作。 分管科普股、高新成果股、教育督导委员会办公室、县教育局电教教仪工作站、修志办	党组成员
王晓明	党组书记、局长	2016.10—2021.05	主持县教育局党组、行政全面工作，负责审计工作	2017.10—2021.05任县委教育工委书记
何晓明	副局长	2017.04—2022.04	负责系统教育规划、财务管理、移民搬迁、招商引资、固定投资、大宗物资采购、审计统计、项目基建等工作。负责教育工委、教育局党组安排的其他工作。 分管规划财务项目股、筹建办	党组成员
杨启文	县教育工委副书记	2017.10—	负责县委教育工委日常工作；负责县委教育工委管理的各中小学党组织干部队伍建设和教育管理；负责教育系统党风廉政建设、效能建设、行风政风建设、意识形态、纪检监察、廉勤委工作，教育系统统战工作、直属机关党建、局机关日常事务管理、文书档案、机要保密、信息宣传、信息公开、教育基金、学生资助、东西部协作、乡村振兴、驻村帮扶、农业农村、东西部协作和省内对口帮扶、青少年校外教育、教育"网红"培育、党史地志、模范机关创建、政务接待、文书档案、市县和局机关目标管理、学校资产、营养改善计划、食品安全、教育服务、环保、节能、城乡环境综合治理等工作。负责教育工委、教育局党组安排的其他工作。 分管局办公室、教育工委办公室、教育基金会、后产股、目标督查管理股、学生营养中心、乡村振兴办公室、驻村帮扶工作队、县学生资助中心、修志办	

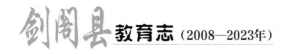

表2-1（续）

姓名	职务	任职时间	分管工作	备注
王勋勇	副局长	2017.04—	负责学前教育、义务教育、普通高中教育、职业和成人教育、特殊教育、民办教育、民族教育、控辍保学、科学技术、教材教辅、课后服务、双规双减、研学实践、语言文字、学校德育、学生思政教育、心理健康教育、家校协作、精神文明建设、学校共青团和少先队工作、关心下一代工作、教育监测评估、国防教育、双拥工作、文明校园、教育技术装备、教育信息化建设、网络安全；负责教育科学与研究、系统新闻发言人、乡村教育振兴等工作。牵头负责教育系统两项改革"后半篇"文章、高考综合改革、学区制改革、课堂教学改革、县中振兴、教育提质工程、教育高地建设、名学校工程、名教育集团工程等工作。承担教育工委、教育局党组安排的其他工作。 分管教育股（县语言文字工作委员会办公室）、学前和民办教育管理股、县教育科学研究中心（县学生发展中心）、县教育信息化中心。联系教育学会、学校体育艺术协会	县教育工委委员、党组成员
蒲继强	副局长	2017.04—2022.04	负责教育系统干部人事师培、退管、师德师风建设、行政事业审批、信访稳定；负责学校地质灾害防治与防汛、学校卫生防疫和疾病预防、预防邪教、校园禁毒、社会综合治理、校园周边环境整治等工作。负责教育工委、教育局党组安排的其他工作。 分管人事师培股、安全事务中心、信访股	党组成员
杨碧艳	纪检监察组组长	2019.07—2022.05	主持县教育局纪检监察组全面工作。 负责监督指导教育系统党风廉政建设、行风政风建设、行政效能建设等工作	党组成员
祁学刚	工会主席	2019.03—2022.02	局驻村帮扶脱贫攻坚、乡村振兴工作，教育系统精神文明建设、工会、卫生单位创建、计划生育、教师互助基金、妇女儿童工作，社会力量办学、民办教育、校外教育，教育工委、教育局党组安排的其他工作。 分管民办教育管理股、县青少年校外活动中心	
杨光勇	副局长	2022.06—	负责系统学校发展规划、教育统计、教育经费、收费管理、财务管理、移民搬迁、国有资产、招商引资、固定投资、政府采购、项目基建、保障农民工工资、大中专招生考试、自学考试、成人高考、书法水平考试、高中学业水平考试等工作。牵头负责天府旅游名县巩固提升（创建国家全域旅游示范区）、宝龙新区开发建设、推动县域经济高质量发展工作。承担教育工委、教育局党组安排的其他工作。 负责系统教育规划、财务管理、移民搬迁、招商引资、固定投资、大宗物资采购、审计统计、项目基建、信访稳定等工作。 负责教育工委、教育局党组安排的其他工作。 分管规划财务项目股、筹建办、信访股	党组成员（2012.11—2019.04任县教育局直属机关党委书记）
李锦钟	县教育局党组书记	2021.05—	主持县委教育工作领导小组秘书组、县委教育工委、县教育局党组全面工作。 负责教育系统党建、干部队伍建设、监察审计、教育改革、教育督导、争先创优等工作	县委教育工委书记
唐永红	局长	2021.05—	主持县教育局行政全面工作。负责教育系统疫情防控、安全信访、项目建设、教育教学质量管理、目标管理、乡村振兴、招生考试等工作。负责教育工委、教育局党组安排的其他工作	

表2-1（续）

姓名	职务	任职时间	分管工作	备注
黄晓芳	机关党委书记	2021.12—	负责直属机关党建、局党组中心组学习、学校领导班子建设、干部人事管理、干部教育培训、教师队伍建设、师德师风、教师发展、教师培训、退役军人事务、退休教师管理、行政审批、教育系统信访维稳、领导信箱办理、人民来信来访办理、网上群众路线、网络舆情处置、系统工会、妇女青年、职工之家建设、文明城市和文明单位创建等工作。牵头负责新时代教师建设、卓越教师培养工程（名师工程）、教育家型校长培养工程（名校长工程）和"县管校聘"改革。承担教育工委、教育局党组安排的其他工作。 分管人事股（行政审批股）、信访股、退休人员管理股、县教师发展中心。 负责机关党建工作，分管疫情防控、安全信访等工作	党组成员
王廷革	县人民政府总督学	2022.07—	负责政府履行教育职责评价、教育综合体制改革、依法治校、依法行政、法治建设、政策法规、社会信用体系建设、教育督导、教育评估、教育系统审计、义教优质均衡、系统对标竞进工作、省市县和教育系统目标管理工作、国家安全、综合治理、应急管理、反恐防暴、防汛减灾、森林防灭火、网络诈骗、扫黑除恶、防邪禁毒、校园周边环境整治等安全管理工作。牵头负责教育督导机制改革、教育评价改革、系统"双随机、一公开"、公平竞争性审查、互联网+监管工作。承担教育工委、教育局党组安排的其他工作。 分管教育督导委员会办公室（政策法规股）、目标督查管理股、县学校安全事务中心、教育督导专班、安全生产专班	党组成员
左坤周	学生资助中心主任	2022.10—	负责学校后勤管理服务、爱国卫生运动、学生资助、营养改善计划、食品安全、大宗物品采购、教育服务、涉教保险、环保、节能、河（湖）长制、城乡环境综合治理、民营经济发展、学校体育教育、艺术教育、劳动实践教育、卫生与健康教育（含献血）、学生体质健康监测、学校疫情防控、卫生和疾病预防、综合防控儿童青少年近视、卫生单位创建、健康促进县创建等工作。牵头负责质量强县、优化营商环境和民生工程。承担教育工委、教育局党组安排的其他工作。 分管体卫艺和劳动实践教育管理股、县学生服务保障中心、卫生防疫专班。联系学校体育艺术协会	党组成员
白胜利	纪检监察组组长	2022.05—	主持纪检监察组全面工作	党组成员
吴俊宏	副局长	2021.06—2023.06	协助负责省内对口帮扶、学校地质灾害防治与防汛工作、学校卫生防疫和疾病预防、预防邪教、校园禁毒、社会综合治理、校园周边环境整治等工作，协助黄晓芳分管疫情防控、安全信访等工作。负责教育工委、教育局党组安排的其他工作，协助分管剑阁县学校安全事务中心	挂职（来自广安）
王 龙	副局长	2021.06—2022.12	协助负责东西部协作、教育教学、教研、德育工作。负责教育工委、教育局党组安排的其他工作。 协助分管教育股、县教研室	挂职（来自浙江上城）
陈 杰	局长助理	2023.02—	负责上城与剑阁教育帮扶联络和局长交办的相关工作，协助分管教育教学、教育科研、教育信息化等工作，承担教育工委、教育局党组安排的其他工作	挂职（来自浙江上城）
董安军	副局长	2023.06—	指导剑州中学组团式人才帮扶、广安对口帮扶及结对学校教育教学等工作，协助分管学校德育、心理健康教育、学校后勤管理服务等工作，承担教育工委、教育局党组安排的其他工作	挂职（来自广安）

第二节　内设机构和部分直属事业单位职能职责

　　根据《中共剑阁县委机构编制委员会关于设立县教育党工委党员干部管理中心等有关机构编制事项的批复》（剑编发〔2017〕66号）和县教育局"三定"方案，特制订剑阁县教育局内设机构和部分直属事业单位职能职责。

一、内设机构设置

（一）办公室

（二）教育股

（三）人事师培股

（四）规划财务项目股

（五）教育督导委员会办公室

（六）学前教育管理股

（七）民办教育管理股

（八）监察室

（九）目标督查管理股

（十）县委教育工委办公室

（十一）直属机关党委办公室

（十二）信访股

（十三）学校后勤与产业管理股

二、内设机构职能职责

（一）办公室

承担机关文电、会务、机要、保密、文书档案、政务公开、政务综合协调、绩效管理、教育信息与宣传、督查督办和机关后勤管理工作；组织实施全县教育方面的对外交流与合作；牵头办理人大代表建议、政协委员提案工作；承办教育年鉴编纂工作；负责教育信访件的收发；承担党组、行政交办的其他事项。

（二）教育股（挂"剑阁县语言文字工作委员会办公室""关心下一代工作委员会"牌子）

承担全县各类学校教育教学管理工作，负责推进义务教育均衡发展和保障各类学生接受义务教育；参与教育教学综合改革和统筹规划工作；负责幼儿入学、中小学招生考试工作，拟订教育教学质量评估标准，组织审定中小学地方教材；负责中小学学籍管理工作；指导学校教辅资料订购使用工作；负责中小学德育工作、体育工作、卫生健康教育、艺术教育、普通高中教育、职业教育、成人教育、民族教育、特殊教育和中小学布局调整工作，拟订并组织实施有关教师、学生体育艺术等各类竞赛的办法，组织实施学生体质监测工作；指导校园文化建设工作；承担县语言文字、关工委、少先队、学校共青团、青少年科普等工作；承担全县中等职业教育统筹规划、综合协调和管理工作；指导中等职业教育教学改革、教材建设、实训基地建设和中等职业学校教师培养培训工作；组织实施"9+3"涉藏地区免费中等职业教育计划；承担扫除青壮年文盲的指导实施工作，积极做好高等教育的申报和管理等工作；指导全县学校国防教育和学生军训工作；承担党组、行政交办的其他事项。

（三）人事师培股（挂"行政事业审批股"牌子）

负责教育系统的机构编制、组织干部、人事人才、劳动工资福利、社会保险、离退人员的服务管理；负责全县教育系统人事档案等工作；负责全县中小学教师队伍、干部队伍建设和培训工作；负责全县教师师德师风建设工作；指导学校人事管理制度改革和教师资格制度的实施；负责教师专业技术职务资格评审、教育系统专家管理工作；会同有关部门拟订学校教职工编制标准；负责机关和直属单位干部选拔和管理工作；指导教师进修学校的教育教学改革和师资培训工作；指导学校教师绩效工资考核发放工作；承担中小学、幼儿园的新师资培养和在职教师继续教育工作；指导县教育人才服务中心和县教师继续教育办公室工作；承办有关行政审批事项，负责窗口工作；负责干部培训、建立教育系统后备干部人才库；承担高校毕业生离校前的就业指导和服务工作；负责出国留学、中外合作办学和外援（籍）教师、专家的有关管理工作；承担党组、行政交办的其他事项。

（四）规划财务项目股

组织拟订全县教育事业发展规划和年度计划；负责向上向外争取资金和项目，做好项目建设规划管理；负责机关和学校经费预决算及财务管理、国有资产管理工作，承担教育系统经费筹措、各类拨款、基建投资、招商引资、移民搬迁等工作，参与学生资助工作；监督管理全县教育经费使用情况；承担全县教育基本信息统计、分析和发布工作；指导国（境）外教育援助、教育贷款和教育合作项目的执行；承担教育项目建设的具体工作。承担教育系统内部审计工作，对系统内下属学校（单位）的财务收支、基建维修工程概算和预决算、国有资产管理等经济活动及效益进行内部审计监督，并提供相应政策法规咨询服务等。监督校务财务公开工作。承担党组、行政交办的其他事项。

（五）教育督导委员会办公室（挂"政策法规股"牌子）

负责全县教育督导工作，既督学又督政，组织实施教育督导与评估的政策措施和制度规定；负责督导检查各乡镇、学校贯彻党和国家的教育方针、政策和法律法规、条例的执行情况；发布教育督导报告；做好责任区督学聘任工作，承担对责任区督学的工作考核评价工作；承担县人民政府教育督导委员会的具体工作；承担政策法规工作，负责教育系统法治建设和依法行政有关工作，做好法律进学校和普法工作；承担深化教育改革各项工作；承担义务教育均衡发展工作；承担党组、行政交办的其他事项。

（六）学前教育管理股

认真贯彻落实《幼儿园工作规程》《幼儿园管理条例》《幼儿园教育指导纲要（试行）》《3至6岁幼儿发展指南》。承担全县学前教育管理工作，提出学前教育发展规划建议；组织实施幼儿园教学计划和教学大纲，落实国家省市关于幼儿园课程设置和教材建设的政策规定，指导学前教育教学改革工作；指导幼儿园园长和教师培养工作，检查指导全县学前教育教学研究工作，定期组织教研活动与交流活动，提高幼儿教师业务水平和教学能力，提高学前教育保教质量。开展星级评定工作。承担党组、行政交办的其他事项。

（七）民办教育管理股

承担全县民办教育学校和校外培训机构办证核实、审批工作；指导民办学校及校外培训机构的教育教学管理工作和安全工作；承担管理和督查全县民办教育学校和校外培训机构工作；拟订全县民办教育发展的中长期规划、年度计划，审核报批校外培训机构；监督管理校外培训机构依法规范办学，对校外培训机构教育、教辅人员进行考核和资格审定；协助有关部门对民办教育学校和校外培训机构进行考核和年检工作。承担党组、行政交办的其他事项。

（八）监察室

承担教育系统纪检监察、党风廉政建设、反腐败工作、政风行风及效能建设工作；组织开展系统内纪律作风建设，治理教育乱收费，对教育业务工作进行监察，做好纪检信访、相关案件的调查处理工作等。承担党组、行政交办的其他事项。

（九）目标督查管理股

承担全县教育系统目标管理和督查工作。督促检查中央、省、市、县党政重要文件、会议、决议、决定和工作部署贯彻落实情况。督促检查党组会、局务会决定事项的贯彻落实情况。完成市县下达的目标管理和督查工作任务。负责全县学校督查督办工作和目标管理工作的指导、协调、服务。负责全县教育总目标（包括市县下达目标）的分解落实以及目标的调整，做好阶段目标的制定、检查、考核、奖惩。指导学校目标考核奖励工作。承担党组、行政交办的其他事项。

（十）县委教育工委办公室

承担全县学校党的理论宣传、思想政治教育工作，基层服务型党组织建设、学习、教育、管理及队伍建设、党建扶贫，党内政治生活等党的建设工作，并进行监督检查；指导全县幼儿教育、基础教育、高中教育、职业教育、成人教育和民办教育党的建设工作。负责对全县教育系统贯彻党的路线、方针、政策，对县委关于全县教育系统基层党建工作的决议、决定和指示情况进行指导检查。负责对全县教育改革发展、教育系统党的建设重大问题进行调查研究。负责教育系统统一战线与群众工作。承担县委教育工委管理的干部队伍建设，负责县委教育工委办公室日常工作等；指导系统基层党组织建设工作；承担考核选拔各中小学党组织管理的干部，组织系统党员、干部参加理论培训工作；参与调查系统内违反党纪政纪案件。承担意识形态、思想政治、"两学一做"、"三会一课"、党务公开等工作；承担县委教育工委交办的其他事项。

（十一）直属机关党委办公室

负责局直属机关党委的日常工作；开展党组中心组学习；指导直属学校党建、统战和民主管理工作；按照教育工委、党组、局直属机关党委的部署，落实直属机关党的建设具体工作，督促指导直属事业单位、直属学校党的建设工作，承担直属机关统一战线、意识形态、思想政治、党务公开、"两学一做"、"三会一课"、脱贫攻坚（驻村帮扶）等工作；承担党组、行政交办的其他事项。

工会办负责教育系统基层工会组织建设；指导各学校工会换届改选、常规工作和会费收、管、用工作；指导学校教代会工作，推进学校民主建设，维护教育系统干部职工的合法权益；建立困难干部职工档案，救济扶助教育系统困难干部职工；有计划地组织开展文体活动；负责教育系统双拥、妇女儿童工作、精神文明建设、卫生单位创建、计划生育、教师互助基金等；承担党组、行政交办的其他事项。

工会办与直属机关党委办合署办公。

（十二）信访股

负责制订实施全系统年度信访工作计划，负责拟订并实施教育系统信访工作的制度、办法、实施细则，负责信访法规的宣传教育；负责受理教育系统的来信、来访、来电、来邮，承办上级机关转办、交办的信访事项；负责向有关单位转办、交办信访事项，并督促检查办理情况；研究分析指导检查教育系统信访工作；直接调查处理、组织或参与协调有关信访问题，负责有关信访件的复查；会同处理突发性群体信访事件；及时向局领导及上级机关提供信息和解决问题的建议；协助其他单位涉教信访工作；负责全县教育系统信访负责人培训工作。承办局党组、行政交办的其他事项。

（十三）学校后勤与产业管理股

负责实施农村义务教育阶段学生营养改善计划工作。做好农村义务教育学生营养餐管理工作。指导和监督检查农村义务教育学生营养餐改善计划工作。做好食品卫生安全教育管理工作。负责大宗食品招标采购配送验收工作。负责学校后勤服务和改革工作的指导；承担学校环保、节能减排和城乡综合治理、教育服务工作及制度建设；指导学校爱国卫生、环境建设与低碳工作；负责校舍校产档案资料的收集、整理、完善、建档和保管；承担党组、行政交办的其他事项。

三、部分直属事业单位职能职责

（一）剑阁县学生资助管理中心

承担全县学校学生资助管理工作。宣传、贯彻落实国家对各类学校的资助政策；负责大学生生源地信用助学贷款的日常管理工作；负责收集、整理、汇总学生的家庭经济状况、生源地信用助学贷款需求等信息。调查、认定贷款学生家庭经济困难情况。建立学生信用和贷款资格评议小组，编制贷款预案。办理生源地信用助学贷款的申请、初审等管理工作。建立与贷款学生家庭的联系制度。负责向上级学生资助管理办公室、高等学校和经办银行定期报送贷款学生的有关信息等。负责中等职业技术学校学生助学金及高中贫困学生、义务教育学校贫困寄宿学生生活补助费发放工作。做好其他学生资助工作。承担党组、行政交办的其他事项。

（二）县委教育工委党员干部管理中心

贯彻执行县委教育工委有关党员培训工作方针、政策，制订教育系统党员教育培训工作规划和年度计划；承担教育系统党员管理工作，贯彻落实保持共产党员先进性长效机制；负责教育系统入党积极分子培训和发展党员工作；负责教育系统党费的收缴、管理、建账工作；负责党员和党组织信息库的建设和党内年报工作；负责基层党组织党刊、杂志、学习资料的征订发放工作和党员电化教育工作；组织制作政策宣传、典型宣传、党员教育等各类电教片。

四、重点工作专班职能职责

（一）灾后重建办公室

2009年3月，教育局成立灾后教育重建办公室和工作组，具体负责项目学校灾后重建工作。

李国民（兼）任主任，李晓勇、丁勇权、袁洪章、何心中、李碧文、张天锦任副主任。按法规政策要求，负责组织各中小学灾后重建工作；负责指导、督促各工作组抓好灾后重建落实工作；负责组织接受国家、省、市、县重建项目的检查工作；负责做好涉及重建相关部门的协调沟通联络工作。办公室下设置七个工作小组。①项目规划设计组：负责项目论证、规划、编报工作；负责编制项目年度实施计划；负责指导学校抓好项目图纸设计、图纸审批等工作；负责制订项目进度计划；负责报送各项目资料。②立项招标组：负责做好项目前期工作（包括可研、立项、招标清单、财政评审等）；负责指导学校做好各项目的招投标工作；负责协助有关职能部门做好各项目的审计工作。③工程管理组：负责学校项目的施工合同、监理合同、廉政合同、安全合同等的签订、审查等把关工作，确保合同的合法性、规范性和完整性；负责对项目质量、安全、进度、资金等环节工作进行全过程监管，确保工程质量和安全；负责项目工程的竣工验收工作。④资金保障组：负责按县资金管理办法及时拨付项目资金；负责组织培训指导各校财务人员业务，做到专户专人专账管理灾后重建资金；负责项目学校建立资金台账工作；负责按规定收、退各项目的履约保证金；负责黑龙江等援建项目的对口协调及基础超深管理等工作。⑤效能督办监察组：负责项目实施中的违纪案件的查处；负责监管项目资金是否规范使用；负责重建工作中的矛盾纠纷的排查、调解；负责处理项目实施过程中群众来信来访。⑥宣传组：负责系统灾后重建的宣传报道工作；负责撰写灾后重建检查汇报材料及各项会议的总结、经验材料；负责宣传县内项目学校灾后重建中的典型人物和事件；负责通过《剑阁教育》和《剑阁教育督查通报》等媒体，及时对外报道灾后重建动态；负责灾后重建宣传展板、音像制品等工作。⑦资料收集及进度上报组：负责做好重建工作会议会务及记录工作；负责做好办公室值班和后勤工作；负责按时报送各项目进度报表；负责分类和集中收集建立各项目资料档案工作；负责按月考核、公示学校重建工作情况。

（二）教育扶贫、乡村振兴办公室职责

2016年6月，剑阁县教育局成立教育扶贫办公室，负责统筹协调安排教育扶贫工作，制订教育扶贫方案和计划，并牵头组织实施；广泛宣传、贯彻落实教育扶贫政策，分脱贫年度和类别建立全县建档立卡户贫困家庭子女上学台账，确保无一名义务教育阶段学生因贫辍学或未入学，落实学生资助政策确保应助尽助；承担教育扶贫工作的日常事务，分年度归档扶贫档案资料；承担党组、行政交办的其他事项。脱贫攻坚结束后，2021年12月，县教育局成立乡村振兴办公室，负责乡村振兴的相关工作：东西部协作、省内对口帮扶、教育人才"组团式"帮扶、驻村帮扶、乡村振兴等。

（三）筹建办公室

筹建办公室（简称"筹建办"）成立于2017年10月，负责教育系统重点工程项目建设：2017.10—2019.06，负责剑阁县清江教育园区项目前期规划建设及征拆工作；2018.08—2021.08，招引神州天立教育投资有限责任公司，协调推进剑阁县剑门关天立学校建设；2020.09—2023.09，负责剑阁县清江翰林幼儿园项目建设；2021.08至今，负责剑阁县清江中学前期规划建设及征拆工作；2023.03至今，统筹协调推进及监管剑阁县学前教育项目（扩建剑阁县香江幼儿园，维修改造剑阁县普安幼儿园，新建龙源育才学校附属幼儿园、东宝小学附属幼儿园、王河小学附属幼儿园、涂山小学附属幼儿园、香沉小学附属幼儿园、开封小学附属幼儿园、公兴小学附属幼儿园，下寺和普安镇新选址幼儿园项目建设）；2019.12—2022.04，招引西部发展控股集团有限公司，筹建剑门关数字科技职业学院（因"十四五"高校设置规划及办学许可审批等原因未建）。

（四）修志办公室

2019年5月，剑阁县教育局成立修志办公室，负责编纂《剑阁县教育志（2008—2023年）》。《剑阁县教育志（2008—2023年）》涵盖"党群组织""行政机构""直属事业单位""政策法规与教育综合改革""基础教育""职教成教""教育教学管理""教师队伍""教育科研""财务与项目""灾后重建""义务教育均衡发展""教育扶贫与乡村振兴""人物述录"等主题，共计十四篇七十七章。

（五）疫情防控专班

疫情防控专班于2022年11月28日成立。负责完善工作方案，健全工作机制，统筹各方面力量，压实工作责任，做好疫情防控期间学校的工作；加强对学校疫情防控工作的指导、监督和检查，确保各项防控措施落实到位；及时掌握并报告疫情信息，针对疫情实行科学、规范、有效的防控措施；组织开展对学校师生的宣传教育，做好师生员工的健康监测和行踪报告，及时发现并隔离观察疑似病例；督导检查学校各项防控措施的落实情况，对不落实、不规范的问题及时整改；组织开展学校疫情防控工作的科学研究，为学校提供科学、规范、有效的防控措施和建议；统筹协调学校与卫生健康等部门的联系，及时沟通疫情信息，协同开展防控工作；收集、整理、分析学校疫情防控工作相关数据和信息，为领导决策提供参考；及时总结和推广学校疫情防控工作的先进经验、典型事迹等。

第三节 内设机构人员任职简况

表 2-2 内设机构人员任职简况

机构名称	姓名	性别	职务	任职时间	备注
办公室	刘建西	男	主任	2007.06—2010.10	
	王秀杰	女	副主任	2007.09—2017.08	
	安克斌	男	副主任	2007.09—2015.08	
			主任	2017.09—2018.09	
	任泽邦	男	副主任	2008.02—2009.12	
	母剑勇	男	文秘	2006.03—2010.10	
			副主任	2009.02—2012.03	
	杨梅	女	文秘	2008.07—2011.10	
	李春霞	女	文秘	2010.02—2010.05	
	宋开友	男	文秘员	2008.05—2009.08	
	梁志军	男	工作人员	2007.06—2010.10	
	魏可雄	男	工作人员	2007.06—2010.10	
	蒲志军	男	工作人员	2007.06—2017.08	
	高金玉	男	工作人员	2007.06—2017.08	
	张育生	男	工作人员	2007.06—2013.03	临聘
	李祖刚	男	工作人员	2007.06—2011.10	临聘
	吴方杰	男	主任	2009.09—2011.08	
	杨梅	女	文秘	2010.10—2011.10	
	王海鹰	女	文秘	2011.xx—2011.10	
	何孝智	男	工作人员	2011.04—2013.10	临聘
	邝松林	男	主任	2011.10—2013.03	
	赵立勤	男	文秘	2013—2016.02	
			副主任	2016.02—2016.06	
	王海鹰	女	文秘	2011.03—2013.03	
	张天锦	男	副主任	2011.11—2018.09	
	李晓勇	男	办主任	2013.03—2017.08	
	王治锦	男	副主任	2016.07—2017.08	
	王海鹰	女	文秘员	2013.03—2014.04	
	王显平	男	工作人员	2015.05—2016.02	
	梁颖	女	工作人员	2015.01—2016.10	
	李显章	男	工作人员	2016.08—2017.08	
	黄世立	男	工作人员	2014.11—2015.06	
	田宇飞	女	工作人员	2014.04—2016.08	
	范清凤	男	工作人员	2016.02—2017.04	
	汤瑶	女	工作人员	2016.08—2017.01	
	王天娇	女	工作人员	2017.04—2017.11	

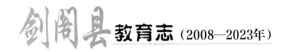

表2-2（续）

机构名称	姓名	性别	职务	任职时间	备注
	王继伟	男	工作人员	2017.02—2017.08 2021.06—2022.05	
	王娟	女	工作人员	2017.02—2018.02	
	罗琴	女	工作人员	2019.03—2019.09	
	杨聪明	男	工作人员	2013.03—2017.08	
	张茶花	女	工作人员	2017.11—2018.09	
	杨得华	男	主任	2018.10—2022.02	教研室上挂
	李清伟	男	主任	2022.02—	
	李敏	女	工作人员	2021.08—2023.12	鹤龄中学上挂
	徐莎	女	工作人员	2022.04—2022.09	龙源育才学校上挂
	易凡淑	女	工作人员	2022.09—	羊岭小学上挂
	杨清华	女	工作人员	2020.05—	
	袁媛	女	工作人员	2020.07—	
	张恒	男	工作人员	2022.08—	
	赵国	男	工作人员	2023.08—	
	杨聪明	男	工作人员	2013.03—2017.08	
基础教育股	罗云鹤	男	股长	2008.12—2010.07	沙溪中学上挂
	蒙立勇	男	股长	2010.08—2012.09	开封中学上挂
	何龙	男	股长	2012.10—2016.06	剑门关高中上挂
	李炜	男	股长	2016.07—2016.12	教研室上挂
	唐守荣	男	股长	2016.12—2022.12	普安中学上挂
	母友志	男	副股长	2006.09—2010.06	剑门中学上挂
	梁玉钊	男	副股长	2009.02—2009.12	武连小学上挂
	张远钦	男	副股长	2010.07—2012.08	剑门中学上挂
	魏玉诗	男	副股长	2012.10—2018.01	教研室上挂
	杨永丰	男	副股长	2012.09—2013.02	柳沟中学上挂
	唐智学	男	副股长	2006.06—2017.10	剑门关高中上挂
	贾晓刚	男	副股长	2013.07—2017.08	开封中学上挂
	梁颖	女	副股长	2016.12—2017.08	成教中心上挂
	李强	男	副股长	2020.06—	教育资助中心上挂
	李华侨	男	副股长	2018.06—2019.07	剑门关高中上挂
	蔡伯民	男	工作人员	2006.08—2009.03	由下寺小学借入
	何瑞蓉	女	工作人员	2007.04—2010.09	由普安小学借入
	邵明慧	女	工作人员	2009.03—2015.08	由实验学校借入
	周密	女	工作人员	2010.07—2017.12	
	杨玉波	男	工作人员	2018.03—2019.09	由县教研室借入
	隆和平	男	工作人员	2018.01—2019.07	由教研室借入
	陈蕃	女	工作人员	2018.01—	由后产股借入
	王永泉	男	工作人员	2018.07—2019.07	公兴小学上挂
	杨思玉	男	工作人员	2019.07—2020.09	普安小学上挂

机构名称	姓名	性别	职务	任职时间	备注
	刘娉娉	女	工作人员	2019.07—2020.09	普安幼儿园上挂
	李清伟	男	工作人员	2019.10—	由剑阁中学借入
	尚智兮	男	工作人员	2020.02—	由县电教教仪站借入
	蒋潇雅	女	工作人员	2020.02—	由县教育党工委借入
	罗国兰	女	副股长	2022.07—2023.01	浙江挂职
	王正飞	男	副股长	2022.02—	剑门关高中上挂
	刘新昭	男	副股长	2021.12—2023.09	
	齐坤勇	男	股长	2022.11—	
	赵义君	女	工作人员	2022.02—	长岭小学上挂
	许烨	男	工作人员	2023.09—	高池小学上挂
人事师培股	段志林	男	股长	2008.01—2016.11	教研室上挂
	杨永丰	男	负责人	2016.12—2023.08	教仪站上挂
	张天锦	男	负责人	2023.08—	张王小学上挂
	邓勇亭	男	副股长	2010.07—2017.03	成教中心上挂
	冯伟	男	副股长	2013.09—2017.09	江口中学上挂
	陈国清	男	副股长	2017.02—2019.09	龙源中学上挂
	赖超	男	工作人员 副股长	2019.08—2022.03 2022.04—2022.08	吼狮小学上挂
	李小园	男	工作人员 副股长	2019.08—2023.08 2023.09—	
	王春芳	女	工作人员	2016.08—	
	孙丽蓉	女	工作人员	2008.02—2010.07	
	李春霞	女	工作人员	2010.01—2012.03	
	龚晓芳	女	工作人员	2013.01—2017.09	
	黄世立	男	工作人员	2015.10—2016.04	
	母元莉	女	工作人员	2014.10—2016.07	青少年校外活动中心上挂
	高怀秋	女	工作人员	2008—2017.05	
	唐艳	女	工作人员	2017.06—2021.01	
	李权颖	男	工作人员	2018.09—2019.08	柏垭小学上挂
	钟涛	男	工作人员	2021.01—	
	郭永贵	男	工作人员	2021.07—	鹤龄小学上挂
	管建云	男	工作人员	2021.10—	鹤龄小学上挂
	蹇发财	男	工作人员	2021.08—	高观小学上挂
	王敏	女	工作人员	2022.04—	
	张俊丽	女	工作人员	2013.02—2022.08	剑阁实验学校上挂
	李敏	女	工作人员	2022.08—	公店小学上挂
退管股	苏洪钟	男	股长	2014.03—2017.04	

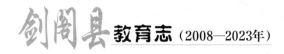

表2-2(续)

机构名称	姓名	性别	职务	任职时间	备注
规划财务项目股	李晓勇	男	计财股长	2008.01—2012.08	
	刘剑西	男	计审股长 规划财务项目股长	2012.09—2016.11 2016.12—2017.08	
	李光耀	男	规划财务项目工作人员 规划财务项目股长 计财股长	2016.12—2017.08 2017.08—2023.08 2023.09—	
	张荣成	男	规划财务项目股工作人员 规划财务项目股副股长	2008.01—2014.03 2014.04—2016.12	
	王仲什	男	规划财务项目股副股长	2008.01—2017.09	
	徐泽强	男	规划财务项目股副股长	2008.01—2016.12	
	赵锐兴	男	规划财务项目股工作人员 副股长	2012.08—2014.07 2014.08—2016.12	
	张远钦	男	项目办副股长 规划财务项目股工作人员	2012.12—2016.12 2016.12—2017.08	
	刘仁志	男	项目办工作人员 规划财务项目股工作人员	2014.01—2016.07 2016.08—2018.08	
	龚晓芳	女	规划财务项目股工作人员	2017.08—2018.08	
	王敏	女	规划财务项目股工作人员	2018.08—2019.08	
	徐兴光	男	规划财务项目股工作人员 副股长	2018.08—2022.08 2022.09—	
	朱开剑	男	规划财务项目股工作人员	2019.08—	
	奉佳敏	女	规划财务项目股工作人员	2020.09—2021.09	
	王丕业	男	规划财务项目股工作人员	2021.09—2023.08	
	杨月星	女	规划财务项目股工作人员 计财股	2022.01—2023.08 2023.09—	
	吴玖远	男	规划财务项目股工作人员	2022.04—2022.09	
	王舒	女	规划财务项目股工作人员	2022.10—	
职成股	苟国民	男	股长	2008.01—2017.10	2017.11—2020.10 任项目督办股长
	唐素蓉	女	工作人员	2010.07—2017.10	
民办教育管理股	贾彪	男	股长	2017.11—2018.11	上挂
	李晓勇	男	股长	2018.11—	借调
	唐素蓉	女	工作人员	2017.11—	
	张聪	男	副股长	2021.09—	剑门关实验学校上挂
教育督导室	敬锡东	男	主任	2006.09—2016.12	教育局
	田中明	男	副主任	2006.09—2011.09	
	刘仁志	男	副主任	2019.08 至今	
	李晓勇	男	工作人员	2003.09—2006.08	西庙小学上挂
	张天锦	男	副主任	2010.01—2010.08 2016.09—2017.08	张王中学上挂
	邓天锐	男	工作人员	2011.09—2013.08	
	黄有斌	男	工作人员	2014.03—2015.08	江口中学上挂
	贾健平	男	工作人员	2014.05—2017.09	剑阁职中上挂

机构名称	姓名	性别	职务	任职时间	备注
	范清凤	男	工作人员	2017.04—2018.09	汉阳中学上挂
	何心忠	男	主任	2016.12—2019.08	
	李显章	男	工作人员	2016.07—2017.07	公兴小学上挂
	田宇飞	女	工作人员	2017.09—2019.08	
	王继伟	男	工作人员	2017.09—2017.10	
	王显平	男	工作人员	2016.11—2018.08	主要在扶贫办
	陈宗利	男	工作人员	2018.09—2019.08	张王小学上挂
	陈素贤	女	工作人员	2020.09—	
	李莉	女	工作人员	2022.04—	吼狮小学上挂
	敬小凤	女	工作人员	2022.11—	普安督导责任区上挂
县委教育工委办	张天锦	男	主任	2019.08—2023.08	
	张晓红	女	副主任	2019.08—	
	孙兴宗	男	党员干部管理中心副主任	2019.08—2021.07	
	杨亮	男	党员干部管理中心干部	2018.03—2019.08	
	李雨航	男	党员干部管理中心干部	2018.08—2020.11	
	魏松生	男	工作人员	2020.11—	
	舒邦伟	男	工作人员	2022.08—	
	郭绍军	男	工作人员	2023.09—	
体卫艺股	高丽芳	女	股长	2008.01—2010.10	
	王雄安	男	股长	2010.10—2013.01	
	任泽帮	男	股长	2013.02—2013.08	
	严强	男	股长	2013.08—2017.09	
	李强	男	工作人员	2011.09—2015.05	
			副股长	2015.06—2017.07	
	何瑞蓉	女	副股长	2010.10—2014.10	
工会办	杨慧清	女	工会办主任	2008.01—2012.01	
	何玉萍	女	工会办主任	2012.01—2022.03	
	母丹丹	女	工作人员	2022.09—	
监察股	唐映泉	男	股长	2008.01—2016.05	
	黄世立	男	工作人员	2016.06—2018.12	
	魏玉诗	男	股长	2018.01—2018.06	
	王娟	女	工作人员	2017.10—2018.06	
	何荣中	男	工作人员	2013.03—2016.02	剑门小学上挂
行政事业审批股	王仲什	男	股长	2012.06—2017.02	

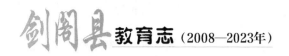
机构名称	姓名	性别	职务	任职时间	备注
关工委办	李树伦	男	主任	2008.01—2010.10	
	唐天剑	男	副主任	2008.01—2010.10	
	何瑞蓉	女	副主任	2014.09—2016.10	
	田中明	田	副主任	2010.10—2012.10	
	魏玉诗	男	执行主任	2018.09—	
	陈蕾	女	办公室主任	2018.01—	
	何中强	男	主任	2010.10—2016.09	
	邓天锐	男	副主任	2012.10—2014.10	
监察审计股	王子仁	男	工作人员	2016.11—2017.02	
	张荣成	男	工作人员	2017.03—2017.08	
信访股	王子仁	男	股长	2010.02—2017.10	
	贾小刚	男	股长	2017.10—2018.07	
	何印	男	股长	2017.01—2017.09	
	王俊臣	男	股长	2018.07—	
	杨树森	男	工作人员	2011.03—2017.09	
	梁志军	男	工作人员	2017.03—2018.07	
	黄大勇	男	工作人员	2018.07—2019.07	
	王万兵	男	工作人员	2019.07—2022.08	
	唐守一	男	工作人员	2021.09—2022.08	
	向茂勇	男	工作人员	2022.09—	秀钟小学上挂
	卫俊竹	女	工作人员	2022.11—	
后产营养办	张正利	男	股长	2008.01—2010.06	
	魏晓东	男	副股长	2008.01—2010.06	
			股长	2010.07—2016.10	
	梁玉福	男	工作人员	2010.09—2017.08	
	安孝华	男	副主任	2015.09—2017.08	
	安克斌	男	副主任	2017.02—2017.08	
	蒙立勇	男	负责人	2017.02—2017.08	
	赵兴锐	男	副主任、副股长	2017.08—2019.06	主持工作
			主任	2019.07—	
	王辉	男	副主任、副股长	2017.08—	
	龚晓芳	女	副主任	2018.12—	

机构名称	姓名	性别	职务	任职时间	备注
重建办	李国民	男	主任	2009.03—2010.12	
	李晓勇	男	常务副主任	2009.03—2010.12	
	赵锐兴	男	工作人员	2008.01—2017.02	
	伏太明	男	工作人员	2009.03—2010.12	
	张天锦	男	副主任	2009.03—2010.12	
	丁勇权	男	副主任	2009.03—2010.12	
	方杰	男	工作人员	2009.03—2010.12	
	李碧文	男	副主任	2009.03—2010.02	
	高怀荣	男	工作人员	2009.03—2010.12	
	何心中	男	副主任	2009.03—2010.12	
	郭永昌	男	工作人员	2009.10—2010.12	
	袁洪章	男	工作人员	2009.01—2010.12	
	梁自东	男	工作人员	2009.01—2010.12	
	冯剑梅	女	工作人员	2009.01—2010.12	
修志办	唐守荣	男	主任	2019.05—	兼
	张天锦	男	副主任	2019.05—	兼
	魏祥前	男	工作人员	2019.05—	剑阁职中上挂
	王继伟	男	工作人员	2019.05—2021.06	香江国际学校上挂
教育扶贫与乡村振兴办	王显平	男	扶贫办主任	2016.06—2017.07	
	李显章	男	扶贫办干部	2016.06—2017.07	
	李晓勇	男	扶贫办主任	2016.07—2018.10	
	伏太明	男	扶贫办主任	2018.08—2021.09	
	孙仁宗	男	扶贫办干部	2019.09—2020.08	
	赵华阳	男	工作人员、负责人	2021.12—	杨村小学上挂
筹建办	刘建西	男	主任	2017.10—2018.08	
			工作人员	2018.09—2020.03	
	安克斌	男	主任	2018.08至今	
	徐兴光	男	工作人员	2017.10—2018.08	
	杨怀昌	男	工作人员	2017.10至今	
	邓才兵	男	工作人员	2018.09至今	
	王秀杰	女	工作人员	2019.05—2019.09	
	刘娉娉	女	工作人员	2019.09—2023.08	
	罗晓琼	女	工作人员	2020.12—2023.08	
疫情防控专班	杨永生	男	负责人	2022.11—	
	洪彩生	男	工作人员	2022.11—	
	罗云松	男	工作人员	2022.11—2023.03	
	印杉	女	工作人员	2022.11—2023.03	

第二章 剑阁县人民政府教育督导委员会

第一节 历史沿革

1995 年颁布的《中华人民共和国教育法》明确规定"国家实行教育督导制度和学校及其他教育机构教育评估制度"，以法律的形式确立了教育督导的地位。至此，剑阁县教育督导工作与全国各地一样，成立了剑阁县人民政府教育督导室，督导室定位为正科级单位。自成立之日起至 2020 年，其办公地点挂靠教育局。

2008 年为进一步加快农村义务教育改革与发展步伐，促进教育事业健康、均衡发展，剑阁县教育局根据《四川省关于进一步加强农村教育工作的决定》（川教发〔2004〕6 号）和《四川省人民政府办公厅关于进一步加强教育督导工作的意见》（川办发〔2005〕3 号）文件精神，结合剑阁县教育管理与发展的实际，经局党组研究，并报请县人民政府同意，决定设立普安等 12 个教育督导办公室。各教育督导办公室设主任 1 人、工作人员 2~3 人，履行对辖区内各乡镇、学校的教育教学、安全稳定督导、管理等职责。

2013 年为贯彻落实《教育督导条例》和国家及省《中长期教育改革发展和规划纲要（2010—2020 年）》，进一步健全教育督导制度，推动督学工作规范化、常态化、制度化，督促和引导普通中小学校、中等职业学校及幼儿园贯彻执行教育法律法规、规章和国家教育方针政策，规范学校办学行为，提高教育教学质量，根据《教育部关于加强督学责任区建设的意见》（教督〔2012〕7 号）精神，结合四川省实际，建立教育督导责任区。剑阁县为贯彻落实《中华人民共和国教育法》和《国家中长期教育改革和发展规划纲要（2010—2020 年）》，进一步健全剑阁县教育督导体制，根据国务院办公厅《关于成立国务院教育督导委员会的通知》（国办发〔2012〕45 号）和《广元市人民政府办公室关于成立广元市人民政府教育督导委员会的通知》（广府办函〔2012〕230 号）精神，经县政府研究，决定成立剑阁县人民政府教育督导委员会。

县教育督导室的主要职责包括：贯彻落实教育督导政策、措施；研究制定全县教育督导总体规划和政策措施；统筹指导全县教育督导工作；聘任县政府督学；发布剑阁县教育督导报告。

第二节 职能职责

剑阁县人民政府教育督导室是县人民政府的职能部门，教育督导是一种教育行政监控职能活动。其主要任务是：监督、检查下级人民政府、同级教育行政部门和各类学校贯彻执行国家有关教育工作的方针、政策、法规的情况；评价下级人民政府、同级教育行政部门和学校的教育管理水平、办学水平和教育质量；督导、评估下级人民政府及同级教育行政部门和学校的工作；向上级或平级反映下级部门和教育工作者的意见和要求，并提出处理的思路与策略。

督导工作的具体内容是：剑阁地区的社会和经济状况，包括生产结构和生产发展水平、人口数量和分布结构、就业情况、社会风气等；剑阁县的教育基本状况，包括各级各类学校的数量、分布、特别是义务阶段教育和高中阶段教育的各种基本数据和育人质量情况；县教育局的组织状况和工作状况，包括机构设置和人员配备、内部分工和工作制度，特别是教育方针、政策、法律法规和上级指示的执行情况，以及教育思想的端正程度；全县教育管理体制状况，包括乡、镇的"分级管理"的具体做法和效果，教育局和学校的关系等；全县教育事业发展计划的制订和实施状况，包括各级各类中小学校在发展中的协调性、义务教育阶段与高中教育阶段以及职业技术教育、成人教育的统筹程度等；全县各类学校的干部队伍和教职工队伍建设状况，包括数量、质量、培养和培训措施等；教育经费状况，包括经费的来源、数额、分配和使用的合理程度，特别是地方经费的筹集、教育附加的征收以及各类经费情况；全县各级各类学校基本建设和设备状况，包括现状、问题和解决办法等；教育改革的进展状况，包括改革的指导思想、改革内容和措施，以及实际效果等；社会各界关心和支持教育的状况；学校的办学的指导思想和基础教育课程改革状况，包括是否全面贯彻党的教育方针，是否有办学特色等；学校的领导体制和领导班子状况，包括党政关系、校长作用、校内组织状态、班子成员结构和团结协作情况以及领导方式等；学校办学水平和教学质量评估；中小学教师队伍状况，包括数量和质量、超编和缺编情况，积极性的发挥程度，工作和生活条件等；中小学的全面教育状况，包括德育、智育、体育、美育、劳动技术教育的实施情况和相互关系，以及育人的实际效果和质量水平；全县中小学教师学科教学研究和教育科研及其成果推广应用情况；课外和校外活动状况，包括活动的类别、活动的经常性和广泛性程度、指导力量和实际效果等；后勤物资保障状况，包括后勤人员队伍建设、校园建设、教学设备条件、生活设施、校办工厂的生产和收益，以及办学经费的数额和使用情况等；学校内部规章制度的状况，包括规章制度是否健全、合理，实施效果等；校风建设状况，包括学生的学风、教师的教风和领导的作风以及校容校貌等；留守儿童的生活、学习状况等；学校与社会各方面的关系状况，包括学校和学生家长的关系，社会对学校的支持程度和学校对所在乡、镇的影响作用等。

教育督导室的基本职权包括：对全县各乡镇人民政府的教育工作和学校工作实施行政监督；制订、修订并实施教育督导方案的职权；要求被督导对象根据规定实施自我评估和自我检查以及提交阶段性自查报告的职权；在教育督导现场制止危及师生安全等重大紧急事件的现场处置权；公开发布教育督导报告的职权；要求被督导对象纠正存在的问题的职权；接受投诉并进行调查（提出处理建议）的职权。

第三节　内设机构

教育督导室内设办公室，办公室配备主任和副主任各 1 人；根据督导工作需要还配备 1 名工作人员。其职能与任务是：在教育督导室的领导下，对乡镇人民政府、12 个教育办事处、中小学、幼儿园教育教学工作进行监督、检查、评估、指导，保证国家有关教育方针、政策、法规的贯彻执行和教育局签订的各项目标的实现。

表 2-3　剑阁县人民政府教育督导委员会及其办公室

姓名	性别	籍贯	学历	职务	任职时间	行政职务	备注
任绍林	男	四川剑阁	本科	主任	2007.05—2010.02	—	
徐剑锋	男	四川剑阁	本科	主任	2010.02—2017.04	副局长	
李兆周	男	四川剑阁	本科	副主任	2007.05—2014.10	—	
何中强	男	四川剑阁	本科	—	2011.04—2017.03	副局长	
				县人民政府总督学	2017.04—2022.02	—	
王廷革	男	四川剑阁	本科	县人民政府总督学	2022.07 至今	—	

表 2-4　股室工作人员任职简况

姓名	籍贯	学历	职务	任职时间	备注
李晓勇	四川剑阁	本科	工作人员	2003.09—2006.08	西庙小学上挂
陈二毛	四川剑阁	本科	工作人员	2017.09—2018.07	龙江小学
敬锡东	四川剑阁	本科	主任	2006.09—2016.12	
田中明	四川剑阁	本科	副主任	2006.09—2011.09	
张天锦	四川剑阁	本科	副主任	2010.01—2010.08 2016.09—2017.08	
邓天锐	四川剑阁	本科	工作人员	2011.09—2017.06	
黄有斌	四川剑阁		工作人员	2014.01—2015.08	江口中学上挂
贾健平	四川南部	本科	工作人员	2014.05—2017.09	剑阁职中上挂
范清凤	四川剑阁	本科	工作人员	2017.09—2018.07	
何心忠	四川剑阁	本科	主任	2016.12—2019.08	
李显章	四川剑阁	本科	工作人员	2016.07—2017.07	公兴小学上挂
田宇飞	四川剑阁	本科	工作人员	2017.08—2019.09	
王继伟	四川剑阁	本科	工作人员	2017.09—2017.10	
王显平	四川剑阁	本科	工作人员	2013.08—2015.04	
陈宗利	四川剑阁	本科	工作人员	2018.07—2019.08	张王小学上挂
刘仁志	四川剑阁	本科	副主任	2019.08 至今	
陈素贤	陕西宁强	本科	工作人员	2020.09—	
李 莉	四川剑阁	本科	工作人员	2022.04—	
敬小会	四川剑阁	本科	工作人员	2022.11—	

第四节　教育督导责任区

一、教育督导责任区工作人员任职简况

表 2-5　教育督导责任区工作人员任职简况

机构名称	职务	姓名	任职时间	备注
普安责任区	主任	邝松林	2006.09—2011.08	
		唐守荣	2011.09—2019.08	
		何心忠	2019.09—	
		王洪卫	2010.09—2011.08	副主任
	工作人员	廖宗顺	1995—2014.01	政工干部
		袁天容	1995—2011.09	会计
		左思波	1997.09—2009.01	业务干部
		李润禾	2009.02—	业务干部
		敬小凤	2011.11—	会计、政工干部
		李栋成	2013.08—2018.07	政工干部
		杨在初	2015.09—	
		王文波	2018.09—	
		何子金	2022.09—	政工干部
		何雷昌	2022.09—	
		李瑞民	2022.09—	
		邝松林	2017.09—	
公兴责任区	主任	赵子武	1999.07—2007.07	
		张元茂	2007.07—2010.07	
		高峻峰	2010.07—2019.07	
		苟建政	2019.07—2023.05	
	工作人员	李淑东	2003.07—	政工干部
		杨培章	1983.07—2014.07	会计
		李建伟	2003.06—2023.05	业务干部
		张光彦	2012.05—2023.05	会计
元山责任区	主任	李栋成	2018.07 至今	
		沈光辉	2011.08—2018.07	
		袁仕干	2010.08—2011.07	
		蒲定标	2003.08—2010.07	
	工作人员	范清林	2013.09 至今	政工干部
		吴兴怀	2009.03 至今	会计
		杨　旭	2006.08 至今	业务干部
		贾君美	2016.05 至今	安全后勤干部
		赵成贤	2006.08—2016.03	政工干部

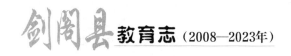

表2-5（续）

机构名称	职务	姓名	任职时间	备注
开封责任区	主任	赵治林	2000.09—2010.08	
		张骞	2010.09—2011.08	
		罗祥成	2011.09—2018.08	
		张骞	2018.09—2019.08	
		姜庆先	2019.09—2022.08	
		李自明	2022.09 至今	
	工作人员	王玉玺	1988.09—2017.03	政工干部
		严维义	1993.09—2018.01	会计
		张骞	1993.09—2010.08	业务干部
		李维斌	2010.09—2017.08	业务干部
		唐文祥	2016.10 至今	政工干部
		程朝柏	2018.09 至今	业务干部
柳沟责任区	主任	杨旭	2007.04—2010.08	
		蒲定标	2010.09—2011.08	
		张骞	2011.09—2015.08	
		王钿森	2015.09—2019.08	
		陈国建	2019.09—	
	工作人员	杨桂森	2000.10—	政工干部
		孙翠富	1997.09—2018.01	会计
		朱巨波	1998.09—2010.08	业务干部
		贾明泉	2010.09—	业务干部
		王丕业	2018.09—2020.08	督学
		刘钊云	2018.09—	督学
		刘强	2019.09—	督学
		樊希甫	2023.11—	业务干部
剑门责任区	主任	郑云成	2001.09—2010.08	
		母友志	2010.09—2011.08	
		张庭福	2011.09—2015.08	
		何兴忠	2015.09—2019.07	
		王钿森	2019.07—	
	工作人员	蒲定强	1993.09—2017.08	政工干部
		赵仕林	2013.08—2017.08（安全）；其中2017.09—（政工）	
		母友生	1993.09—2016.08	会计
		陈小芳	2016.09—2019.08	
		张羽红	2008.09—	业务干部
		陈刚德	2022.09—	党建
		罗明富	2022.09—	财务后勤
		张志	2022.09—	安全

机构名称	职务	姓名	任职时间	备注
城北责任区	主任	何心忠	2007.09—2009.04	主任
		唐守荣	2009.02—2011.08	主任
		罗云鹤	2011.09—2022.08	主任
		杨得华	2022.09至今	主任
	工作人员	赵大祥	2006.02—2018.04	会计
		袁仕干	2006.02—2009.01	副主任兼业务干部
		李翠兰	1993.09—2016.06	会计
		王显平	2010.09—2013.08	业务干部
		郑仕明	2010.09至今	政工干部
		李思林	2013.09至今	业务干部
		蒲文锦	2013.09—2021.07	扶贫专干
		邓叔亭	2018.09至今	安全信访（督学）
		张荣昌	2018.09至今	财务后勤（督学）
		王爱民	2019.10至今	扶贫专干
武连责任区	主任	王武君	2008.01—2009.01	
		左思波	2009.02—2010.08	
		罗云鹤	2010.09—2011.08	
		袁仕干	2011.09—2015.08	
		张骞	2015.09—2018.08	
		伏云	2018.09至今	
	工作人员	冯俊虎	2008.01至今	业务干部
		周运聪	2010.09至今	会计
		王道清	2011.09—2023.01	政工
		徐邦友	2023.02	政工、会计
		王俊	2018.09至今	安全、防疫
		王武君	2009.02—2015.08	工作人员
		权德恒	2008.09—2014.08	工作人员
江口责任区	主任	何海潮	2007.07—2010.07	主任
		左思波	2010.07—2022.07	主任
		贾国林	2022.07—	主任
	工作人员	张文敏	2003.07—2018.07	业务干部
		卫棋	2007.07—2017.12	政工
		张越昌	1998.06—2018.03	会计
		何文辉	2013.09—2015.08	安全
		王显军	2017.07—	督学
		张文成	2018.07—	督学
		张天严	2018.08—	督学

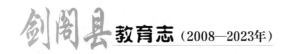

表2-5（续）

机构名称	职务	姓名	任职时间	备注
白龙责任区	主任	郑国才	2008.09—2010.08	
		王继秦	2010.09—2018.08	
		蒲剑峰	2018.09—2022.08	
		姜庆先	2022.09至今	
	工作人员	唐 雄	2008.09—2015.08	政工干部
		何文辉	2015.09至今	政工干部
		赵体用	2008.09—2017.12	会计
		何宗泉	2008.09—2013.06	业务干部
		刘志成	2008.07—2016.09	业务干部
		苟雷成	2011.09至今	业务干部
		王志泽	2022.09至今	业务干部
		罗小军	2018.09—2019.08	业务干部
鹤龄责任区	主任	王仲仁	2007.07—2010.05	
		何心忠	2010.06—2015.07	
		杨星雄	2015.08—2022.08	
		何贵林	2022.09至今	
	工作人员	李兆林	2008.09—2011.08政工，2011.09至今业务干部	业务干部
		杨怀斌	2011.09至今	政工干部
		王光明	2008.09—2011.08	业务干部
		苟越昌	2008.09至今	会计
		刘锦波	2022.09至今	安全
下寺责任区	主任	邓天锐	2008.09—2011.08	
		王洪卫	2011.09—	
	工作人员	杨星雄	2010.09—2012.08	政工干部
		罗中森	2013.09至今	政工干部
		李玉章	2008.09—2010.08	业务干部
		朱巨波	2010.09—2023.07	业务干部
		叶乃武	2008.09—2013.08	会计
		袁天容	2014.09—2018.12	会计

二、督学名单

2023年3月，剑阁县人民政府及教育督导室分别聘任了第一批"剑阁县人民政府督学""剑阁县第二届教育督导责任区责任督学"，督学名单附后。

（一）剑阁县人民政府督学名单

1.县级有关部门县督学（11人）

王成熙　县人大教科文卫委主任

张华兰　县政协教科文卫委主任

王丽萍　县发展和改革局副局长

梁小丽　县财政局副局长

罗永赟　县委编办副主任

杨　凤　县人力资源社会保障局副局长

何建伟　县公安局副局长

杨定兴　县自然资源局总规划师

郭宏杰　县卫健局副局长

罗　萍　县市场监管局安全总监

蒲皓旻　县应急管理局副局长

2. 县教育系统县督学（9人）

王勋勇　县教育局副局长

唐守荣　县教育局教育股原股长

何雄林　四川省剑阁中学校原党支部书记、校长

伏大庆　剑阁县龙江小学校原党支部书记、校长

黄有勇　四川省剑阁中学校原纪委书记

李国安　四川省剑阁中学校原副校长、高级教师

沈光明　四川省剑门关高级中学原纪委书记

王治锦　四川省剑门关高级中学原党委副书记

李映伦　四川省剑门关高级中学原副校长、高级教师

（二）剑阁县第二届教育督导责任区责任督学名单

表2-6　剑阁县第二届教育督导责任区责任督学名单

教育督导责任区	责任督学						
剑阁县下寺教育督导责任区	王洪卫	罗中森					
剑阁县普安教育督导责任区	何心忠	王文波	李润禾	杨在初	李瑞民	何雷昌	何子金　敬小凤
剑阁县城北教育督导责任区	杨得华	王爱民	郑仕明				
剑阁县柳沟教育督导责任区	陈国建	刘　强	刘钊云				
剑阁县武连教育督导责任区	伏　云	王　俊	冯俊虎	徐邦友			
剑阁县开封教育督导责任区	李自明	唐文祥					
剑阁县元山教育督导责任区	李栋成	贾君美	杨　旭				
剑阁县公兴教育督导责任区	苟建政	罗小军	高俊峰	李建伟	李淑东	张光彦	
剑阁县白龙教育督导责任区	姜庆先	蒲剑峰	苟雷成	何文辉	王志泽		
剑阁县鹤龄教育督导责任区	何贵林	李兆林	杨怀斌	苟越昌	刘锦波		
剑阁县江口教育督导责任区	贾国林	王显军	张天严				
剑阁县剑门教育督导责任区	王钿森	张羽红	赵仕林	罗明富	陈刚德	张　志	

第三篇　直属事业单位

第一章　剑阁县教育科学研究室

第一节　机构演变与建设

一、历史沿革

1956 年，县文教科设立教学研究室，简称"教研室"；1964 年，更名为"教学视导室"，简称"视导室"；1971 年，撤视导室而恢复教学研究室；1985 年之前剑阁县文教局教学研究室与文教局教育股合署办公，于 1985 年 6 月迁址剑阁县教师进修学校独立办公；1996 年，由文教局分离而生的剑阁县教育委员会，将其改为"剑阁县教育委员会教育研究室"，简称"教研室"；2001 年 12 月，教育委员会易名为教育局，其全称又为"剑阁县教育局教育研究室"，简称"教研室"；2010 年 10 月由"剑阁县教育局教育研究室"更名为"剑阁县教育科学研究室"，仍简称"教研室"。

二、岗位设置

2016 年 8 月，原有 25 个岗位调减为 22 个：管理岗位 1 个（九级）；专业技术岗位 21 个，五级 2 个，六级 3 个，七级 3 个，八级 3 个，九级 3 个，十级 3 个，十一级 2 个，十二级 2 个。2020 年有在岗人员 16 人，在教研室上班 12 人，上挂 1 人；其中，3 月退休 1 人，8 月退休 1 人。

根据《中共中央　国务院关于深化教育教学改革全面提高义务教育质量的意见》（2019 年 6 月 23 日）、《教育部关于加强新时代教育科研工作的意见》（2019 年 10 月 24 日）、《教育部关于加强和改进新时代基础教育教研工作的意见》（2019 年 11 月 20 日）"省、市、县三级教研机构应配齐所有学科专职教研员"的要求和规定，剑阁县专职教研员岗位应设置不少于 40 个。但县编委没有按此政策执行。县教研室的工作人员有部分同志的编制在县教研室，可人却在教育局别的股室做事。

第二节　机构任务与职能职责

教育科学研究是教育事业的重要组成部分，是保障基础教育质量的重要支撑，对教育改革发展具有重要的支撑、驱动和引领作用。

一、主要任务

服务学校教育教学，引领课程教学改革，提高教育教学质量；服务教师专业成长，指导教师改进教学方式，提高教书育人能力；服务学生全面发展，深入研究学生学习和成长规律，提高学生综合素质；服务教育管理决策；加强基础教育理论、政策和实践研究，提高教育决策的科学化水平。

二、主要职能职责

1. 指导中小学教学科研，助推质量提升

（1）加强教师队伍培训，提升综合素质。

（2）强化课堂教学指导，提升业务水平。

（3）加强联盟和学科组建设，整合优质资源。

（4）注重课题研究与成果推广，探索学校发展的新动力。

（5）优化教育行为的研究，体现立德树人工作的新作为。

（6）组织学业水平监测评估，提升教学质量。

（7）组织竞赛展评，深化改革成果。

（8）指导创新创建，彰显特色亮点。

2. 为主管部门提供决策咨询，发挥参谋服务作用

（1）提供新课改的实施策略，为主管部门指导课改提供政策依据。

（2）提供具有前瞻性的教育教学发展研究成果，为主管部门抓教育均衡发展提供思路方法。

（3）充分解读国家教育方针与政策，厘清关系，为地方办学方向和规范办学行为提供决策保障。

第三节　教研员任职简况

表 3-1　教研员任职简况

姓名	性别	籍贯	学历	职称	职务	任职时间	备注
左思强	男	四川剑阁	本科	高级教师	主任 中学语文、理论教研员	2002.09—2010.06	（2006.08—2010.06 任主任）
杨旭	男	四川剑阁	本科	高级教师	主任 中学数学、理论教研员	2010.06—2016.12	
李炜	男	四川剑阁	本科	高级教师	支部书记、副主任 中学数学、理论教研员	2010.06—2016.07 任副主任，2016.07—2016.12 任基础教育股股长，2017.01—2018.07 任副主任主持工作，2018.08 至今任支部书记、副主任	2014.05 任剑阁县教育学会理事长
左长	男	四川剑阁	本科	高级教师	主任 思想政治教研员	2018.07—2022.11	
何子明	男	四川剑阁	本科	高级教师	支部书记 中学数学教研员	2008.09—2012.08 任支部书记	2016.01 退休
张远钦	男	四川剑阁	本科	高级教师	支部书记 道法教研员	2012.09—2013.03	
王晓鬼	男	四川剑阁	本科	高级教师	支部书记 中学历史、地理教研员	2001.09—（2013.08—2018.07任教研室书记）	2010.07—2013.07 到汉阳中学、木马中学任校长

姓名	性别	籍贯	学历	职称	职务	任职时间	备注
魏玉诗	男	四川剑阁	专科	高级教师	副主任 小学数学教研员	1991.08—（其间，2006.08—2012.08 任教研室副主任，2012.09—2017.12 任教育股副股长，2018.01—2018.06 任监察室主任）	2022.10 退休
罗有鹏	男	四川剑阁	本科	高级教师	副主任 英语教研员	2007.04—（其间，2007.04—2018.07 任副主任）	2022.12 退休
王俊臣	男	四川剑阁	本科	高级教师	副主任 中学道法、地理教研员	2013.07—（其间，2013.07—2016.07 任副主任，2017.01—2018.08 任教育股副股长，2018.09 至今任信访股股长）	
李金红	男	四川剑阁	本科	一级教师	副主任 理论教研员	2010.08—（2019.09 任副主任）	
杨玉波	男	四川剑阁	本科	一级教师	副主任 中学数学教研员	2018.08—（2019.09 任副主任）	2018.09—2019.08 上挂教育股办公
刘晏	女	四川剑阁	本科	高级教师	副主任	2019.08—	普安幼儿园上挂
陈全相	男	四川剑阁	高中	一级教师	—	2002.09—	教育基金会主任、县教育督导室办公室任主任，2009.09 退休
田中明	男	四川剑阁	专科	一级教师	—	2002.09—	借调于基金会，上挂督导室、目标办，2014.02 退休
段志林	男	四川北川	专科	高级教师	小学语文教研员	2002.09—2016.12	上挂人事股股长 2017.01 退休
梁义德	男	四川剑阁	本科	高级教师	中学语文教研员	2009.04—2016.11	2016.12 退休
蒋岚	女	四川剑阁	本科	高级教师	小学科学教研员	1993.09—2020.03	2020.03 退休
苟海荃	女	四川剑阁	本科	高级教师	小学语文教研员	1996.09—	
贾俊义	男	四川剑阁	专科	高级教师	中学物理教研员	2003.09—2020.07	2020.08 退休
尚翠丽	女	四川剑阁	本科	高级教师	小学道法、语文教研员	2003.09—	
何安全	男	四川剑阁	本科	高级教师	中学化学、生物教研员	2010.09—	
何丽	女	四川剑阁	本科	一级教师	中学道法、艺体、幼教教研员	2011.08—	
唐素蓉	女	四川剑阁	本科	高级教师	中学道法教研员	2003.09—（2010.07 上挂民办教育股）	
杨树森	男	四川剑阁	本科	一级教师	中学化学教研员	2007.11—2009.06	

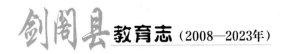

表3-1(续)

姓名	性别	籍贯	学历	职称	职务	任职时间	备注
贾国林	男	四川剑阁	本科	一级教师	中学英语教研员	2010.09—2011.08	
齐坤勇	男	四川剑阁	本科	高级教师	中学道法、历史教研员	2010.06—2012.08	
杨得华	男	四川剑阁	本科	高级教师	化学教研员	2018.07—	上挂教育局办公室主任
白杨	男	四川剑阁	本科	二级教师	语文教研员	2019.09—	上挂教育局办公室文秘
苗鹏	男	四川剑阁	本科	一级教师	英语教研员	2018.07—2019.07	国光小学上挂教研室
张全林	男	四川剑阁	本科	二级教师	数学教研员	2019.07—2020.07	盐店小学上挂教研室
樊希甫	男	四川剑阁	本科	一级教师	化学教研员	2018.07—2019.07	姚家小学上挂教研室
梁艳	女	四川剑阁	本科	一级教师	理论教研员	2023.09—	
李莉	女	四川剑阁	本科	一级教师	物理教研员	2023.09—	
苟美鸥	女	四川剑阁	本科	一级教师	英语教研员	2023.09—	
李籽璠	女	四川剑阁	本科	一级教师	生物教研员	2023.09—	
唐学良	男	四川剑阁	本科	高级教师	主任	2023.09—	
张艳	女	浙江丽水	本科	高级教师	副主任 心理学教研员	2022.07—2022.12	浙江挂职
徐曦	男	浙江上城	本科	高级教师	副主任 科学教研员	2023.01—2023.07	浙江挂职
刘文华	女	浙江上城	本科	高级教师	副主任 语言教研员	2023.07—2023.12	浙江挂职

第二章 剑阁县教育考试中心

第一节 历史沿革及职能职责

一、历史沿革

剑阁县教育考试中心由原剑阁县大学中专招生委员会办公室于2017年4月机构改革而来，现隶属于县教育局的二级机构。

二、职能职责

负责组织县辖区的相关考试工作。

（1）认真贯彻落实国家、省、市招生工作方针、政策，坚持公平、公正、公开原则，综合管理全县招生考试各项工作。

（2）认真做好招生考试试卷安全保密工作。

（3）负责普通高考、成人高考、自学考试等国家教育招生考试的宣传、报名、资格审查、组考及档案管理工作。

（4）负责组织管理全县高中阶段学校招生考试的报名、考试、录取工作。

（5）负责组织管理全县省书法水平测试等非学历证书考试的报名、考务、证书发放工作。

（6）组织各级各类学校招生报名、考试、体检、志愿填报、录取、查分、信息发布等工作，组织征订普通高校招生考试资料，指导、督促学校做好考生资格审查工作。

（7）完成全县招生考试各项统计工作，协助调查处理招生工作中的违法违纪案件。

（8）完成招生考试工作的调研，并做好招生考试工作的宣传报道；负责制定全县普通高校招生与考试的有关规章制度、措施、办法，并组织实施。

（9）完成县招生委员会及教育局交办的其他工作。

第二节 成员任职简况

表3-2 2008—2020年县教育考试中心工作人员简况

姓名	性别	籍贯	工作时间	职务	任职时间	备注
聂俸彬	男	四川剑阁	2007—2016	县招办主任	2007—2016	
王 辉	男	四川剑阁	2006.09—2017.08	县招办自考股股长	2006.09—2017.08	
何 印	男	四川剑阁	2007.03—2011.07	县招办招生股股长	2008.05—2011.07	上挂 2010.03—2010.12 上挂省教育考试院

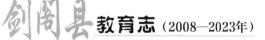

表3-2（续）

姓名	性别	籍贯	工作时间	职务	任职时间	备注
卫云峰	男	四川剑阁	2008.09—2017.08	县招办招生股股长	2013—2017	借用
苟政之	男	四川剑阁	2010.01—2013.12	工作人员	—	白龙中学借用
罗必胜	男	四川剑阁	2012.02—	县招办招生股副股长 县教育考试中心副主任	2013—2017 2019.06—	2012.02—2017.08 借用
邝松林	男	四川剑阁	2013.03—2017.08	县招办综合办公室主任	2013.03—2017.08	上挂
唐学良	男	四川剑阁	2017.07—	县教育考试中心主任	2017.07—2023.09	
龚 俊	男	四川剑阁	2017.07—2019.06	县教育考试中心副主任	2017.08—2019.06	
何春波	男	四川剑阁	2017.03—2017.08	工作人员	—	借用
赵翠萍	女	四川剑阁	2018.01—	工作人员	—	
刘 良	男	四川剑阁	2018.01—2023.08	工作人员	—	
			2023.09—	副主任	—	
陈宗利	男	四川剑阁	2019.04—2019.08	工作人员	—	上挂
邓 琳	女	四川剑阁	2019.09—	工作人员	—	
缑建梅	女	四川剑阁	2020.03—	工作人员	—	
梁兴越	男	四川剑阁	1994.09—2009.01	县招办副主任 县招办综合股股长	1998.05—2003.08 2003.09—2009.01	
唐晓成	男	四川剑阁	2009.04—2010.07	工作人员	—	借用
袁建红	女	四川剑阁	2010.09—2011.07	工作人员	—	借用
杨永丰	男	四川剑阁	2023.08—	县教育考试中心主任		
李雅婷	女	四川剑阁	2023.09—	工作人员	—	
郑 博	男	四川剑阁	2023.09—	工作人员	—	

第三节　剑阁县高考考场变迁及考场标准化建设

2008年发生"5·12"汶川特大地震，剑阁县高考考点学校也出现房屋变形、开裂和损坏现象，严重影响使用安全。县级有关部门高度重视高考用房使用，在5月底前完成了所有危房加固工作，全部经专家组鉴定达到"可使用"标准，保证了剑阁县2008年普通高考的顺利进行，实现了"平安"高考。

2009年，因受2008年"5·12"汶川特大地震影响，剑州中学部分高考场地在重建过程中，故2009年剑阁县普通高考设在剑州中学的59个文科考场中，有35间板房，经公安、保密、消防等单位检查，符合高考考场设置要求，经请示广元市招委，同意作为高考考场使用。

2012年，剑阁高考考点发生大迁移，由老县城普安迁至新县城下寺，是新县城设立考场的第一年，视频监控考场建成并投入使用。

2018年，按教育部和省招考委统一部署，四川省计划从2018年起，用2年时间完成国家教育考试网上巡查系统的高清升级和标准化考点的新建扩建工作，完善考点基础设施建设，维护国家教育考试的公平公正和安全。剑阁县积极贯彻省、市文件精神，到各考点学校进行现场考察。

2019年，县人民政府主要领导和分管领导同意县教育考试中心《关于国家教育考试网上巡查系统高清升级和新建考点建设资金的请示》（剑教考〔2018〕23号），县财政局落实项目建设资金。

第四节　书法水平测试

根据《教育部关于中小学开展书法教育的意见》等文件精神，由四川省教育考试院主考，联合四川省书法家协会、四川省硬笔书法家协会共同举办的四川省书法水平测试2018年首次在剑阁设立考点。剑阁县考区考点设在龙江小学，本次测试全县共有31个硬笔考场、8个毛笔考场，共报考940科次，报考人数居全省第二名，参考合格率高达95%。

以后各年，剑阁考区都组织全县中小学生参加书法水平测试考试，并且每年参考人数、科次都以5%左右的幅度增加。合格率为88%~95%。

第三章　剑阁县电教教仪工作站

第一节　历史沿革

自 2008 年以来，由于县主管部门教育局的易名，电仪站的全称也发生了变化：2012 年 1 月 13 日更名为教育和科学技术局电教教仪工作站，2018 年 4 月 2 日再次更名为教育局电教教仪工作站。其间人员编制也发生了变化：2010 年 10 月 26 日定编为 5 人，2011 年 11 月 28 日再次定编为 7 人。其性质为县教育局直属事业单位，办公经费由财政事业经费支出，属于财政全额拨款公益一类单位。

第二节　职能职责

贯彻执行国家、省、市教育技术工作的方针、政策，制定本县教育技术事业长远规划和年度工作计划，完成各类学校教育信息化发展的组织、协调、管理、指导、考核等任务。负责规划、指导、管理、协调、供配、服务各级各类学校教育技术装备工作。组织、指导各学校开展电化教育科研课题活动；指导各类功能室管理人员培训工作；配合上级教育行政部门改进和加强各学校计算机及网络运维工作。组织、协调纳入本级教育部门预算的教育信息化和教育技术标准化装备的政府采购活动；检查纳入本级教育部门预算的单位对政府采购目录范围的教学仪器设备安装和验收等的执行情况。组织开展中小学教育技术成果评选、经验交流、师生各类应用及教育研讨推广等活动。配合上级教育行政部门对各中小学实验教学和教育信息化进行评估验收。指导、管理各中小学开展理科实验教学、信息技术应用能力提升项目培训、智慧教育课堂融合等业务。组织教师开展教学资源的研究、开发、征集、评选、审查、整合和报送等基础教育资源建设工作。组织、指导各类学校教育技术综合业务统计及信息采集工作。指导学校做好初（高）中理科实验操作考试（查）、通用技术实践考查和普通高中信息技术上机操作考试工作，督促学校开齐开足实验教学及信息技术课程。负责全县中小学教育技术设备的建设与配置、管理与应用、培训与考核、咨询和技术服务工作。

第三节　工作人员任职简况

表 3-3　工作人员任职简况

姓名	性别	籍贯	学历	职务	任职时间	备注
杨晓蓉	女	剑阁	本科	会计	2003.09—	
孙　彬	女	剑阁	专科	出纳	2003.09—	（上挂、借调）

姓名	性别	籍贯	学历	职务	任职时间	备注
王洪强	男	剑阁	本科	站长	2003.09—2010.06	（上挂、借调）
王冠华	男	剑阁	专科	工作人员	2006.12—2010.08	（上挂、借调）
郑朝东	男	剑阁	本科	副站长	2013.09—	
张正利	男	剑阁	本科	站长	2010.07—2017.12	
陈晓余	男	剑阁	本科	驻村扶贫第一书记	2014.09—	
陈继泽	男	剑阁	本科	副站长	2018.09—	
李平华	女	剑阁	本科	工作人员	2013.09—	（上挂、借调）
赵从海	男	剑阁	本科	站长	2018.01—2023.08	
王　娟	女	剑阁	本科	副站长	2023.08—	主持工作

电教站退休人员名录

张利华（女）　　敬元学（已故）

第四节　教育信息化

一、"智慧广元"教育信息化建设项目实施情况

根据国家、省信息化建设相关规定，六届市政府第47次常务会议研究决定，全市教育信息化建设采取市上统筹规划、企业投资建设、政府购买服务、分期付款的方式实施。市上统一招标确定投资建设单位（长虹信息系统有限公司），各县区政府分别与中标投资建设单位签订合同，市、县、区财政以5年分期付款的方式分别向中标建设单位支付相关费用。教育信息化建设项目（一期）内容包括：县汇聚中心硬件基础建设，县汇聚中心软件建设，88所学校与市平台接入建设，81所学校LED信息发布系统建设，4所学校校园网系统建设，346套班班通设备建设，11套自动录播系统建设，10间计算机网络教室建设。合计投资2 813.055万元。

二、智慧校园建设情况

剑阁中学与成都七中直播教学同步，通过精品录播教学应用及"四川云教"助推教育教学质量提升；校园网、门户网站和教育管理平台、数字教学资源、校园电视台、校园监控建设；通用技术设计、同步课堂、智慧课堂等教育信息化创新应用；教育信息化与美术（电子绘画板）教育融合；电子阅览室及"数字图书馆"的使用；极课大数据的应用和阅卷分析系统的展示。

剑阁中学做到"五有"：一有设备——包括师生电脑、宽带网络、教学一体机、智慧学习环境等；二有应用——包括教学应用（同步课堂、网络课堂、智慧课堂、空间教学、数字化实验）、教研应用（网络备课、远程教研、在线培训）、管理应用（教学管理、德育管理、常规管理等）、日常应用（网上娱乐、父母沟通、睡前故事等）；三有创新——创客教育、人人通网络学习空间应用等；四有资源——包括数字资源、在线学习资源、电子图书等；五有成效——应用体现不同特色。剑门关高级中学与成都七中联合办学，多年通过网络直播教学班，开展基于互联网的跨地区、跨学校的教学策略与方法研究。根据高中新课程改革，开展通用技术课程的开发与资源利用。开展省级

课题"数字化背景下学校教学管理现代化的研究与实践"研究，开展绿色数字化校园建设研究。

三、智慧课堂试点班建设情况

2016—2019年建成试点班终端总数达2 922个，建成班级61个。

四、计算机、班班通多媒体远程教学设备、专递课堂（录播教室系统、视频会议系统、同步课堂）系统建设情况

（一）计算机

表3-4　教育督导区各学校计算机配备情况

项目名称	办公用计算机							网络教室					合计（台）
	灾后重置前学校原有数	"5·12"灾后重置采购					小计（台）	学校受赠、自主采购	政府采购网络教室	智慧广元教育信息化（一期）	2017年"义教均衡"采购云计算机教室	小计（台）	
		第1次采购笔记本电脑	第2次采购办公电脑	第3次采购办公电脑	第4次终结采购笔记本电脑	第4次终结采购台式计算机							
总计	856	190	192	449	76	106	1 869	361	1 021	444	3 874	5 700	7 569

（二）班班通多媒体远程教学设备

表3-5　教育督导区各学校班班通多媒体远程教学设备配备情况

项目名称	"5·12"重建及2010—2013年"农薄计划"采购	智慧广元教育信息化（一期）		2018年"以奖代补"学校采购	2018年"义教薄改"资金采购	学校受赠调拨及自建	2019年"义教薄弱环节改善与能力提升"	2019年"综合奖补"采购	2020年学校报批自建	2020年"综合奖补"采购	截至2020年12月实施（不含拆旧改造及县域调整）		
		85吋电子白板	65吋一体机								总计	其中电子白板	其中一体机
合计	413	268	78	49	28	140	167	65	55	94	1 357	681	676

（三）专递课堂（录播教室系统、视频会议系统、同步课堂）系统

表3-6　教育督导区各学校专递课堂系统建设情况

精品录播系统教室	视频会议系统	2017年同步课堂	2018年同步课堂	2019年同步课堂	2020年同步课堂	合计（间）
12	12	10	16	6	4	60

五、"三通两平台"建设情况

（一）"宽带网络校校通"

依据"整体建设、分期付款、同步监测、即时服务"的原则，与电信公司合作"剑阁教育城域网链路和设备租赁服务项目"，在全市范围内为教育信息化"三通两平台"率先建成1 000兆到校、100兆到班的信息高速公路，县域学校"校校通"实现率达100%。服务年限自2018年10月起，至2021年10月止，每年投入租金140万元（其中网络设备租赁70万元/年，链路宽带自费70万元/年），为全县教育系统建成1 000兆到校100兆到班的宽带网络"校校通"。

（二）"优质资源班班通"

建成班班通多媒体系统 1 357 间（套），配套资源服务与管理平台实现共建共享。各项目建设验收合格后，分批次集中开展技术培训和应用培训。累计购置教师教学办公计算机 1 869 台，新建和改造学生计算机教室 89 间（新增学生用计算机 3 874 台），师生共有计算机 7 569 台。依托县教育技术装备管理与应用监测平台实现了设备和资源信息化管理，做到了在线监测存储容量、CPU 及内存运行状态、设备教学时长、软件资源使用和用电节能等即时产生报表，同时实现了可远程开启、重启、关闭系统设备等功能。

（三）"网络学习空间人人通"

现已建成 11 个精品录播室、38 间简易录播室、103 间标准化的计算机网络教室，47 所学校建成标准化校园网络系统。为此全县中小学师生通过教育资源公共服务平台实现师生实名制空间管理，教师注册激活 2 500 人，占全部教师的 64.42%；学生注册激活 12 700 人，占全部学生的 26.45%。接入腾讯企业微信平台 87 所学校，为全县教师和学生提供了教学资源、消息通知、班级活动、管理办公、家校沟通、后勤安防等应用，实现了县、校、班级、家庭的数字化智慧管理，大大推进了全县的"智慧校园"建设。开展专项技术培训 284 人次。

（四）教育资源公共服务平台

根据《教育厅技术物资装备处关于印发〈中小学数字校园建设指导手册〉（试行）的通知》要求，剑阁县以推进"数字剑阁"和"智慧剑阁"建设为契机，打造剑阁教育资源服务平台和剑阁教育信息管理平台，完成一网（专用光纤接入）、一中心（专用中心机房）、一平台（基础设备配置平台）、四模块（校园网络系统、班班通设备、计算机网络教室、多功能厅）系统建设。建成同步课堂学校 36 所（以强带弱同步教学试点班级 36 个），精品录播教室 12 间；建成"智慧课堂"试点班级 61 个共 2 922 个终端；建成"书香剑阁"数字图书馆，满足全县所有中小学学生开展在线阅读活动。

（五）教育管理公共服务平台

建成教育城域网管理平台，以县数据中心为主节点，建立连接本县内各级各类学校、教育机构的专用宽带网络，使各学校之间在网络监测、数字图书、装备管理、视频会议、同步教学、明厨亮灶、校园安全等方面做到了互联互通、信息互动、资源共享，实现教育教学及科研资源的充分整合以及集中管理。"智慧广元"教育信息化建设项目（一期）中的县级汇聚中心已为 88 所学校建成教育管理公共服务平台市级接入终端；分四批次开展中小学教师信息技术应用能力提升项目培训 4 144 人；建成教育系统视频安全监控系统和视频会议系统及同步课堂管理系统；建成教育技术装备监测与管理系统；建成教育管理公共服务 16 个子系统建设平台。

（六）"学乐云"管理应用平台建设情况

"学乐云"管理应用平台自 2019 年 10 月建设至今有 84 个用户，该平台拥有 3 651 名教师、40 191 名中小学生。各级学校利用该平台开展了在线教学活动。授课总数达 7 864 节，授课教师数 500 人。其中，语文在线授课 134 人，制作课件 137 件，发布作业 258 次；数学在线授课 150 人，制作课件 153 件，发布作业 290 次；英语授课 66 人，制作课件 65 人，发布作业 126 次。在线授课有序地推进了中小学的教学活动。

六、千训基金机器人社团学校建设情况

2019 年 11 月，浙江千训爱心慈善基金会与广元市教育基金会签署捐赠协议，向剑阁县新老县城及中心集镇所在地的 30 所学校捐赠智能机器人共 300 套，受赠学校共计 30 所。每校 10 套，每套价值人民币 3 840 元。开展为期 3 年共 6 次的师资培训、指导参赛和技术服务。

第五节　教育技术装备

一、各中小学音乐、体育、美术教学器材配备统计

表3-7　小学音乐、体育、美术教学器材配备（种/台/套/件）

项目名称	小学班数	小学人数	音乐		体育		美术	
			实配种类	实配数量	实配种类	实配数量	实配种类	实配数量
合计	762	29 392	1 614	9 884	3 092	32 428	1 702	20 567

表3-8　中学音乐、体育、美术教学器材配备（种/台/套/件）

项目名称	班数	人数			音乐		体育		美术	
		小学人数	初中人数	高中人数	实配种类	实配数量	实配种类	实配数量	实配种类	实配数量
合计	250	4 402	10 750	8 654	737	5 554	1 466	16 782	897	14 306

二、各中小学功能室配备统计

表3-9　理科实验室和仪器保管室、艺体专用教室和器材保管室（种/台/套/件）

项目名称	班数（个）	学生人数（人）	理科实验室和保管室						艺体专用教室和保管室				图书				计算机网络教室	
			普通教室		数学、科学、物理、化学、生物实验室		数学、科学、物理、化学、生物保管室		音乐、美术专用教室		音乐、美术、体育保管室		阅览室		藏书室			
			间数	面积/m²	间数	面积/m²	间数	面积/m²	间数	面积/m²	间数	面积/m²	间数	面积/m²	间数	面积/m²	间数	面积/m²
合计	1 109	44 669	1 306	85 807.4	187	14 635.84	274	10 241.13	234	15 812.72	292	10 779.88	83	6 616.23	94.5	5 963.66	125	9 208.07

表3-10　理科（小学数学、科学）实验教学仪器（种/台/套/件）

项目名称	初中班数	初中人数	小学班数	小学人数	小学数学				小学科学			
					应配种类	实配种类	应配数量	实配数量	应配种类	实配种类	应配数量	实配数量
合计	46	1 599	762	29 392	3 933	3 743	114 126	117 617	11 523	10 981	215 107.5	220 013.34

表3-11　理科（初中数学、物理、化学、生物）实验教学仪器（种/台/套/件）

初中班数	人数			数学				物理				化学				生物			
	小学人数	初中人数	高中人数	应配种类	实配种类	应配数量	实配数量	应配种类	实配种类	应配数量	实配数量	应配种类	实配种类	应配数量	实配数量	应配种类	实配种类	应配数量	实配数量
250	4 402	10 750	8 654	529	510	11 201	11 227	3 910	3 741	42 251	42 230	4 071	3 967	149 109	150 344	3 956	3 809	95 726	97 022

三、各中小学纸质图书配备统计

表 3-12　各中小学纸质图书配备情况　　　　　　　　　　　　　　单位：册

单位名称	A 类	B 类	CK 类	NX 类	Z 类	馆藏总数
合计	2 230	43 670	738 403	229 054	61 060	1 074 417

四、专业教师（名）

表 3-13　专业教师配备情况　　　　　　　　　　　　　　　　　　单位：名

学科	物理	化学	生物	音乐	体育	美术	信息技术	科学
合计	170	137	96	141	213	141	94	22

注：①统计截止时间为 2020 年 4 月 1 日；②专任教师统计以最高教师资格证书为准。

五、教育技术装备指导使用情况

一查管理规范。督查学校是否建立管理人员岗位责任制、明确工作职责，学校各类设施设备器材、图书资料是否全部登记入账、纳入学校固定资产管理。仪器器材设备是否按照科学分类入橱（架、筐），做到陈列有序，整齐美观，取用方便。各功能室是否配备管理用计算机，推广网络办公，实现信息共享。

二查使用常态。督查学校是否建立健全各功能教室使用制度和规范地使用、借还记录表册。各学校是否按照部颁课程标准，开齐开足开全相关实验课、操作课、活动课，积极参加主管部门举办的各类优质课大赛活动。督查学校是否加强各学科专任教师特别是年龄偏大教师的信息技术设备使用培训，实现全体专任教师基本掌握信息技术设备使用的基本技能，做到日常备课教研信息化、网络化和课堂教学多媒体化，提高备课效率和课堂教学效果。

三查运行安全。督查学校是否建立设备保管安全和防范措施，第一责任人是否明确，清点检查定期组织。确保设备使用安全，加强对尖锐、锋利等设备、器材的保管，提示并监护学生安全使用。确保药品双人双锁双签领等使用安全，是否建立对师生突发事故做好简易治疗、急救和转治应急措施。确保设备用电、防火、防潮、防雷等安全。

四查教师专业。督查检查学校是否抓好各室专（兼）职人员管理。加强业务送培参培，制订功能室管理人员培训和培养计划。落实工作激励机制，各学校对各功能室管理人员，在职称评定、职务聘任、调资、晋级、评奖等方面，与学科任课教师一视同仁。严格交接手续，各室管理人员工作岗位出现变动的，学校按照相关规定，严格办理财产和业务移交手续，保证财产安全和工作的连续性。

六、组织实验操作考试情况

表 3-14　初中理化生实验操作考试情况统计表　　　　　　　　　　单位：人

类别	2008	2009	2010	2011	2012	2013	2014	2015	2016	2017	2018	2019	2020
初二生物实考人数	—	—	—	—	—	—	—	—	—	—	—	3 834	4 194
初三理化实考人数	9 714	9 520	9 381	7 565	7 280	6 127	5 276	4 289	3 852	3 497	3 331	3 510	3 769
合计	9 714	9 520	9 381	7 565	7 280	6 127	5 276	4 289	3 852	3 497	3 331	7 344	7 963

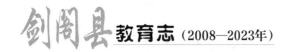

七、2008—2020 年教育技术装备建设财政投入情况

表 3-15　2008—2020 年教育技术装备建设财政投入一览表

项目批次	序号	项目名称	品牌	合同总价/万元	完成时间
"5·12"灾后重置（第一批共16+1个项目）	1	手提电脑（财务用机 192 台）	惠普	137.856 0	2008.09.18
	2	输出设备（打印机、传真机、扫描仪、复印机等共 245 台）	基士得耶理想	93.600 0	2009.10.13
	3	办公电脑（16+178＝194 台）	清华同方	91.600 0	2009.10.29
	4	中小学美术、卫生器材共 4 599 台（套、件）	浙江先锋	35.355 0	2009.10.29
	5	中小学体育器材共 5 527 台（套、件）	扬州扬子江	124.928 3	2009.11.03
	6	投影系列（移动型 32 套）	鸿合	111.391 0	2009.12.16
	7	中小学音乐器材共 1 628 台（套、件）	蜀东	98.005 5	2009.12.16
	8	播放设备（电视机 172 台+DVD 20 台）	长虹	60.008 0	2009.12.16
	9	中小学理科实验教学仪器［164 231 台(套、件)］	泰州江南	207.700 0	2009.10.24
	10	中学化学、生物实验室设备（实验室 41 间、准备室 11 间）	江都树人	187.558 0	2010.01.15
	11	短焦投影系列（60 套）	鸿合	205.580 0	2010.01.15
	12	数码影像设备（照相机 97 台、摄像机 90 台）	SONY	106.592 0	2010.05.11
	13	音响设备（校园广播 49 套、组合音响 46 台、录音机扩音机 231 台）	湖山	145.821 5	2010.08.04
	14	中小学物理、科学设备（实验室 78 间、准备室 9 间）	绵阳英才	162.841 0	2011.11.02
	15	计算机网络教室（43 间 1 002 台）	清华同方	375.154 0	2011.05.05
	16	追补广播系统（6 套 6 所学校）	湖山	14.561 0	2011.01.06
		县职中（模拟驾驶系统）	…	30.000 0	学校竞争性谈判采购
"5·12"灾后重置（第二批共6个项目）	17	中小学理科实验仪器设备［41 636 台(套、件)］	绵阳英才	81.169 1	2011.11.16
	18	图书室、阅览室设备（书架 485 个、期刊架 63 个、目录柜 38 个、工具书柜 178 个、借阅台 55 个、阅览桌 372 张、阅览椅 2 503 把、报刊架 62 个）	北京新东方	109.808 8	2011.12.31
	19	电脑设备（2 个页面表）	清华同方	169.385 0	2012.03.27
	20	一体印刷、打印、复印、传真、彩色打印、输出（285 台套件）	理想	96.568 0	2011.12.26
	21	投影系统（19 套）	鸿合	94.980 0	2011.11.14
	22	舞台音响 21 套、录音机 238 台、扩音机 54 台、广播系统 11 套，合计 324 台（套）	湖山	106.931 0	2012.04.09
"5·12"终结采购	23	"5·12"灾后重置剩余资金采购教学设备（多媒体 24 套、计算机 106 台、笔记本 76 台、打印机 117 台、碎纸机 28 台，合计 351 台（套）	四川文轩优课清华同方	123.275 0	2015.11.16

表3-15(续)

项目批次	序号	项目名称	品牌	合同总价/万元	完成时间
2010—2013年("农薄"改造计划)	24	2010年"薄改"计划 图书(省厅采购配发3所学校共39 277册)	省厅采购配送	80.000 0	2011.10
	25	2010年"薄改"计划 实验教学仪器	山东鄄城	34.670 4	2013.06.04
	26	2010年"薄改"计划 音体美教学器材	泰州鸿运	79.927 5	2012.06.18
	27	2010年"薄改"计划 多媒体远程教学设备38套	优课	52.440 0	2012.05.28
	28	2010-图书管理系统及编目	四川汇松	19.080 0	2012.05.24
	29	2011年"薄改"计划 图书(省厅采购配发3所学校共57 063册)	省厅采购配送	72.000 0	2012.06
	30	2011年"薄改"计划 实验教学仪器	山东鄄城	47.368 0	2013.06.04
	31	2011年"薄改"计划 音体美教学器材	四川中轩	73.630 9	2013.07.18
	32	2011年"薄改"计划 多媒体远程教学设备44套	优课	60.720 0	2013.03.12
	33	2011-图书管理系统及编目	四川汇松	41.150 3	2013.04.10
	34	2012年"薄改"计划 图书(省厅采购配发6所学校共45 099册)	省厅采购配送	59.000 0	2013.03
	35	2012年"薄改"计划 实验教学仪器	陕西枫瑞	99.981 1	2013.09.03
	36	2012年"薄改"计划 音体美教学器材			
	37	2012年"薄改"计划 多媒体远程教学设备43套	鸿合	58.480 0	2013.09.10
	38	2012-图书管理系统及编目	成都润祥和	56.338 3	2013.11.19
	39	2013年"薄改"计划 图书(省厅采购配发2所学校共3 637册)	省厅采购配送	5.000 0	2013.11
	40	2013年"薄改"计划 实验教学仪器	山东鄄城	53.832 4	2015.04.03
	41	2013年"薄改"计划 音体美教学器材	四川卓文	101.797 4	2014.10.16
	42	2013年"薄改"计划 多媒体远程教学设备42套	成都建海	57.510 0	2014.07.02
"智慧广元"信息化一期	43	"智慧广元"教育信息化(一期)	长虹 卓越 雅图 清华同方 联想 浪潮 浙大万鹏	2 813.055 0	2015—2019
2017年创建全国义务教育基本均衡发展县	44	义教均衡发展中小学理科实验教学仪器	山东菏泽	268.060 6	2017.08
	45	义教均衡发展中小学实验室52间、准备室设备共80间	四川九红	280.549 0	2017.08
	46	义教均衡发展中小学生用计算机(云计算机网络教室89间)	锐捷	1 345.291 0	2017.08
	47	义教均衡发展中小学音乐教学器材	山东鄄城	229.332 1	2017.08
	48	义教均衡发展中小学体育教学器材	四川英才	399.715 3	2017.08
	49	义教均衡发展中小学美术教学器材	山东省华泰	518.866 8	2017.08
	50	义教均衡发展36所中小学纸质图书及书架622个	新华文轩	1 033.248 9	2017.08

表3-15（续）

项目批次	序号	项目名称	品牌	合同总价/万元	完成时间
2017—2019年实施教育信息化	51	县教育局食品安全监测管理系统（主会场1套分会场12套）	网动北京	145.405 0	2017.12
	52	28所中小学校构建"同步课堂"	网动	130.593 5	2017—2019
	53	教育系统88所学校及单位教育城域专网	中国电信	280.000 0	2018.10
	54	49所中小学集中购置班班通设备50套	鸿合	133.757 5	2018.12
	55	教育技术装备（剑门关高中：实验仪器、艺体器材，创客、心理教室、班班通）	山东训福新华文轩鸿合惠城	356.764 6	2019.12
	56	2018—2019年部分学校（剑阁中学、柳沟小学、鹤龄小学、木马中学、公兴中学等）自建班班通设备15套	鸿合（学校自购）	42.000 0	2018—2019
	57	剑门关高中投入70万元采购班班通设备25套，剑门关小学投入34.5万元采购班班通设备14套	鸿合山东训福	104.500 0	2019.10
	58	2019年网络安全及辅助设备（1套）、同步课堂（4间）、班班通多媒体专用教室设备（28套）	锐捷鸿合	149.800 0	2019.12
	59	千训机器人（30所）	浙江千训	115.200 0	2019.12
	60	2019年义务教育薄弱环节改善与能力提升为30所中小学采购多媒体远程教学设备167套、网络设备50套及装备监测县级管理平台1套	希沃	485.360 0	2019.12
2020年实施教育信息化	61	2019年"综合奖补"资金为18所中小学购置班班通设备65套及15所学校班班通设备拆旧改造39套	鸿合	177.910 0	2020.05
	62	2020年"综合奖补"资金为30所学校新建班班通设备90套及12所学校班班通设备拆旧改造58套	鸿合	273.490 0	2020.11
累计投入13 143.652 8万元					

第四章 剑阁县成人教育中心

第一节 历史沿革

1956年，经中共绵阳地委批准，四川省剑阁县教师进修学校正式成立，办学地址在剑阁县普安镇小东街13号，主要承担全县小学教师的中师函授学历教育培训和中小学校长及中层干部的岗位培训。1993年9月，开展中小学教师"三沟通"专科学历教育培训；还与四川师范学院（现西华师范大学）和绵阳师范学院等大学联合举办中小学教师学历培训。

广元广播电视大学剑阁分校于1979年组建教学班；1991年经四川省电大批准设立工作站；1994年经广元市人民政府批准成立"广元广播电视大学剑阁分校"，办学地址在剑阁县普安镇河东街42号，一直承担着全县各行业干部职工的大中专学历教育培训工作。校长由历届分管教育的县委副书记或政府副县长兼任。

2003年10月，剑阁县城从普安镇搬迁至下寺镇。剑阁县人民政府发文《关于广元电大剑阁分校与剑阁县教师进修学校合并办学的批复》（剑府函〔2003〕77号），将剑阁县教师进修学校与广元电大剑阁分校合并为"四川省剑阁成人教育中心"，办学地址在剑阁县普安镇小东街13号。原剑阁县教育局普安镇办公用房全部由成教中心接管使用。剑阁成教中心主任一直由历届分管教育的副县长兼任。它是剑阁县唯一一所具有国民高等教育办学资质的公立学校，承担着全县5 000多名中小学教师及幼儿教师的继续教育和社会各行业多层次的大学学历教育及短期技能培训的职能。

2009年，中共剑阁县委、县政府决定将剑阁成人教育中心搬迁至下寺镇。校址确定在剑门关大道北段339号。教学综合楼列为灾后重建资金项目。在县教育局等行政部门的大力支持下，经过全体成教中心班子成员和教职工的共同努力，总建筑面积4 800平方米的教学综合楼终于全面竣工。2015年10月，剑阁成人教育中心正式搬迁至下寺镇办学。原普安校区的校舍全部转交普安小学管理使用。

2016年4月，经中共剑阁县委宣传部发文《关于开办市民学校加强市民教育的通知》（剑委宣发〔2016〕4号）批准，在成教中心成立剑阁县市民学校。2017年4月，经中共剑阁县委机构编制委员会批准，成立剑阁社区学院，增挂"剑阁社区学院"吊牌。市民学校和社区学院主要承担全县社区居民的思想道德和劳动技能培训。

第二节 职能职责、成绩及办学模式

一、职能职责

一是实施本地区基础教育阶段各级各类教育机构教师的继续教育。二是开展各类学历培训，为地方政治经济建设服务。三是为本地区的在职职工提供信息技术、普通话等职业技能的培训和服务。四是组织开展全县范围的社区教育活动，提升居民（村民）的思想道德水平和法律素养。

二、取得的成绩

剑阁成教中心先后获得"四川省小学教师继续教育基地""四川省计算机教育示范基地""四川省中小学教师信息技术等级检测考点""四川省合格县级教师培训机构""四川省档案工作三级单位""广元市最佳卫生单位""广元市文明单位""广元市劳务开发培训基地"等称号。2018年10月，剑阁成教中心被中国成人教育协会评为"优秀成人继续教育学院（培训机构）"。

三、办学模式

剑阁成人教育中心以"博学明理、立德树人"为校训，按照"课程改革和开放办学"的管理思路，坚持"短期培训与学历教育"相结合的办学模式。在教师教学基本功培训方面，注重"三笔字"和"普通话"训练，每两年举办一次"基本功大比武"活动，检验培训效果；在课堂教学方面采用"走下去"与"请回来"的教师集中培训方式，让中小学教师接受全员培训；为了发挥名教师的"传帮带"辐射作用，成立了"名师工作室"领导小组，在全县中小学挖掘人才、打造名师，使一批中青年教师在教学实践中脱颖而出、展露风采。在学历教育方面，针对社会发展需求，不仅组织中小学教师学历提升培训，而且开展社会各行业人才的学历教育，为剑阁县经济社会发展做出了积极的贡献。

第三节　领导任职简况、教职工名录及学生入学情况

一、领导任职简况

表3-16　领导任职简况

姓名	性别	籍贯	学历	职务	任职时间	备注
邓益平	男	四川剑阁	大学	主任	2008.01—2010.08	县人民政府副县长（兼）
何春蓉	女	四川剑阁	大学	主任	2010.09—2016.08	县人民政府副县长（兼）
郭扭只	男	四川	研究生	主任	2016.09—	县人民政府副县长（兼）
费春山	男	四川剑阁	本科	党支部书记、常务副主任	2008.01—2010.10	
				党支部书记	2010.11—2012.07	
周清秀	女	四川剑阁	本科	副主任	2008.01—2010.10	
				常务副主任	2010.11—2016.06	
程元军	男	四川剑阁	本科	党总支书记、常务副主任	2016.07—2019.03	
郑柏林	男	四川剑阁	本科	副主任	2008.01—2017.12	
杨成永	男	四川剑阁	研究生	副主任	2010.07—2017.12	
聂仕玖	男	四川剑阁	本科	副主任	2009.07—2013.01	
侯利民	男	四川剑阁	本科	党支部副书记	2008.01—2009.06	
李忠荣	男	四川剑阁	本科	工会主席	2008.01—2009.06	
郭子仲	男	四川剑阁	本科	党支部副书记	2013.02—2017.08	
				副主任	2017.12—2022.04	

表3-16（续）

姓名	性别	籍贯	学历	职务	任职时间	备注
程锦荣	男	四川剑阁	本科	副主任	2013.02—2020.12	2019.04—主持学校工作
				党总支书记、主任	2021.01—	
母志健	男	四川剑阁	本科	学历教育科科长	2008.01—2009.07	
				党支部副书记	2009.08—2013.01	学校党支部选举任命
				纪检监察员	2013.02—2017.08	
唐福	男	四川剑阁	本科	工会主席	2009.07—2020.10	学校任命
邓勇亭	男	四川剑阁	本科	非学历教育科科长	2008.01—2010.07	
王作家	男	四川剑阁	本科	招生办主任	2010.09—2011.08	
				党支部副书记、招生办主任	2011.09—2013.07	
左思荣	男	四川剑阁	专科	后勤科科长	2007.09—2012.07	
梁颖	女	四川剑阁	本科	办公室主任	2008.01—2010.07	
				非学历教育科科长	2010.08—2015.07	
				社区教育科科长	2020.09—2023.07	学校任命
王清彦	男	四川剑阁	本科	招生办公室主任	2008.01—2010.08	
				办公室主任	2010.09—2020.08	
敬奇国	男	四川剑阁	本科	中专部副主任	2007.09—2010.08	
袁兵	男	四川剑阁	本科	学历教育科副科长	2007.09—2009.08	
				学历教育科科长	2009.09—2023.07	
王茂波	男	四川剑阁	本科	后勤科副科长	2010.08—2012.07	
				后勤科科长	2012.08—2023.07	
何晓东	男	四川剑阁	本科	招生办副主任	2011.08—2013.08	
				招生办主任	2013.09—2023.07	
杨术强	男	四川剑阁	本科	非学历教育科副科长	2010.09—2015.08	
				非学历教育科科长	2015.09—2023.07	
赵剑松	男	四川剑阁	本科	非学历教育科副科长	2015.08—2018.02	2016.04起任高观乡茶坪村第一书记
				党办副主任	2018.03—2023.07	
				学历科科长	2023.07—	
杨廷禄	男	四川剑阁	本科	学历教育科副科长	2015.08—2023.07	
苟仕博	男	四川剑阁	本科	社区教育科副科长	2015.08—2023.07	
				招生办主任	2023.07—	学校任命
王志雄	男	四川剑阁	本科	办公室副主任	2018.03—2023.07	学校任命
				办公室主任	2023.07—	学校任命

表3-16（续）

姓名	性别	籍贯	学历	职务	任职时间	备注
王子涵	女	四川剑阁	本科	党办副主任	2015.08—2018.02	
				非学历教育科副科长	2018.03—2023.07	学校任命
				师培科科长	2023.07—	学校任命
袁仕纯	男	四川剑阁	本科	学历教育科副科长	2018.03—2023.07	学校任命
李春霞	女	四川剑阁	本科	专职副书记	2022.04—	
母 芳	女	四川剑阁	大专	副主任	2022.02—	
神国锋	男	四川剑阁	大专	纪检员	2022.11—	
李小平	女	四川剑阁	本科	党政办副主任	2023.07—	学校任命
刘俊华	女	四川剑阁	本科	学历科副科长	2023.07—	学校任命
卜翼明	男	四川剑阁	本科	社教科副科长	2023.07—	学校任命

二、教职工花名录

（一）在职教职工（39人）

周清秀* 梁 颖* 邢晓莉* 徐小华* 魏毅琼* 唐春芳* 罗清华* 田胜会* 赵 敏*
李红梅* 李小平* 敬小会* 刘俊华* 王子涵* 何 芳* 母 芳* 李春霞* 王晓燕*
王 萍* 姜春梅* 唐 剑 李国永 唐 福 杨廷禄 郭子仲 程锦荣 梁天明
何晓东 王建安 袁 兵 袁仕纯 王茂波 杨术强 刘朝佳 赵剑松 苟仕博
王志雄 卜翼鸣 神国峰

注："*"表示女性，本书下同。

（二）退休教职工（26人）

李桂英* 王宁江* 李江兰* 王林秀* 魏丽芳* 马桂华* 蒲剑红* 孙 彬* 黎 敏*
王 蓉* 梁翠琳* 李忠荣 罗建明 高怀荣 左思荣 杨子强 蒯 煜 王作家
费春山 揭建新 聂仕玖 王清彦 郑柏林 邓勇亭 杨成永 马 强

三、电大学员情况

表 3-17　电大学员情况

学历	2016 年		2017 年		2018 年		2019 年		2020 年		2021 年		2022 年		2023 年	
	班数	人数	班数	人数	班数	人数	班数	人数	班数	人数	班数	人数	班数	人数	班数	人数
中专	—	—	—	—	—	—	—	—	—	—	—	—	—	—	—	—
专科	17	224	20	312	22	254	25	244	17	92	39	364	35	296	41	198
本科	12	147	14	182	17	145	15	153	14	84	32	208	33	157	37	194
合计	29	371	34	494	39	399	40	397	31	176	71	572	68	453	78	392

第五章　剑阁县青少年校外活动中心

第一节　历史沿革及成员任职简况

一、历史沿革

2001 年，剑阁县青少年校外活动中心由四川省青少年校外教育工作联席会议办公室资助体彩公益金 180 万元（其中 60 万元为专项设备费），县财政配套筹集资金 260 余万元建成。活动中心坐落在剑阁县新县城下寺镇沙溪坝学士街，2003 年开工建设，2005 年 8 月竣工并投入使用。中心建筑面积为 2 526 平方米，户外活动场地面积为 223 平方米，绿化面积为 769 平方米。

剑阁县青少年校外活动中心是县教育局直属事业单位之一，核定编制 12 人。中心开设了图书室、展览厅、美术书法室、舞蹈室、跆拳道室、器乐培训室等 10 多个功能活动室。

二、职责职能

（1）负责做好全县青少年学生校外活动和社会实践活动的总体规划、组织落实和管理工作。

（2）面向青少年，面向学校，面向社会，在青少年中广泛开展爱国主义、社会主义、集体主义教育，加强以社会公德、文明诚信为主要内容的道德教育，引导青少年树立正确的人生观、价值观和世界观。

（3）为全县青少年学生提供安全文明健康的校外活动场所，开展丰富多彩、形式多样的青少年学生校外文学、艺术等教育活动，开办各类兴趣特长培训班，培养各类艺术人才，为全面推进素质教育服务。

（4）组织全县青少年参加全国（包括省市）的各类竞赛活动，注重培养和发现优秀人才。

三、成员任职简况

表 3-18　剑阁县青少年校外活动中心工作人员任职简况

姓名	性别	籍贯	学历	职务	任职时间	备注（上挂、借调）
龚　俊	男	剑阁	大学本科	主任	2019.09.19 至今	
李玉富	男	剑阁	大学本科	主任	2010.04—2011.09	
李　成	男	剑阁	大学本科	副主任	2010.04—2019.08	
				教师	2019.09 至今	
刘林英	女	剑阁	大学本科	副主任	2010.04—2011.08	
刘学君	女	剑阁	大学专科	教师	2010.04—2017.10	
王雪琴	女	剑阁	大学本科	教师	2010.04—2018.08	
张慧芳	女	剑阁	大学本科	教师	2010.04 至今	

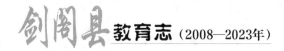

表3-18（续）

姓名	性别	籍贯	学历	职务	任职时间	备注（上挂、借调）
邓兴平	男	剑阁	大学本科	教师	2010.08—2019.08	
				副主任	2019.09至今	
何敏	女	剑阁	大学本科	教师	2010.08至今	
付会	女	剑阁	大学本科	教师	2010.09至今	
母元莉	女	剑阁	大学本科	教师	2010.09—2015.10	
严钰	女	剑阁	大学本科	教师	2011.02至今	
赵从海	男	剑阁	大学本科	主任	2011.09—2018.01.05	
邢晓萍	女	剑阁	大学本科	副主任	2012.09—2019.08	
				教师	2019.09至今	
何印	男	剑阁	大学本科	主任	2018.01—2019.09	
林晓敏	女	剑阁	大学本科	教师	2018.09至今	
杨欣桦	女	剑阁	大学本科	教师	2022.09至今	
杜春燕	女	通江	大学本科	教师	2023.09至今	
王静鸥	女	剑阁	大学本科	教师	2023.09至今	
唐伶俐	女	朝天	大学本科	教师	2023.09至今	

四、退休人员名录

刘学君　王雪琴　李成　邢晓萍

第二节　主要工作内容

一、机构建设

为了扩大校外教育活动的普及面，让更多的孩子受益，青少年校外活动中心立足新县城，相继在全县中小学建设校外活动分站：剑门中小学活动分站、白龙小学活动分站、开封小学活动分站、武连职中活动分站、元山小学活动分站、剑阁实验学校分站、剑阁普安小学活动分站、剑阁香江国际小学活动分站、剑门关实验小学活动分站、新县城宣传文化中心活动分站。

二、培训项目

青少年校外活动中心自2012年与广元阳光舞校合作、积极优化教师资源，打造了中心品牌培训项目：中国舞、拉丁舞、跆拳道、美术。强化优势培训项目的同时积极探索课外教育活动的模式，有效整合教育资源，突出和增强课外活动的特色与活力，不断拓展新的培训项目，相继开设了武术、古筝、书法、茶艺、小篮球、足球、乒乓球、珠心算、趣味英语、主持人、街舞等培训班。

三、社会公益活动

从校外活动中心建立以来，主动积极地履行职责，截至2023年底，承办主要社会公益活动29

项。如：

2010 年 7 月组织剑门关镇的少先队员参观了剑门关红军纪念馆。

2012 年 5 月中心结合剑阁县丰富的社会资源和厚重的历史文化，充分体现青少年校外活动中心的公益性职能，自 2013 年开始举行了 7 期"爱我家乡、放飞梦想"雄关体验营活动，活动以剑门关、翠云廊为实践基地，把三国文化、蜀道文化、红色文化、感恩教育等作为主要课题，让更多的学生了解家乡的风土人情、历史文化，在活动中体验快乐、增长知识，培养学生热爱家乡、为建设家乡而努力学习的价值目标。中心培训班的优秀学员，主要是武连职中、武连小学、秀钟小学、石城小学、金仙小学的学生，共有 1 500 余人参加。

2015 年，中心与龙江小学共同组建的龙江小学男子、女子足球队参加四川省青少年足球锦标赛男女丙组（广元剑阁赛区）比赛取得佳绩，参加 2016 年春剑阁县"农信杯"校园足球和青少年篮球比赛获得冠军，参加 2017 年广元市校园足球联赛，获得男子冠军、女子亚军的优异成绩。

2019 年 7 月，举办了"礼赞新中国，奋进新时代"关爱留守儿童夏令营活动。

2023 年 5 月 12 日至 20 日，活动中心开展硬笔书法作品评选活动，共计推选 259 件优秀作品参加首届四川省中小学生硬笔书法大赛。

四、各类比赛演出活动

截至 2023 年底，校外活动中心承办各类比赛演出 28 项。如：

2011 年 4 月，承办了以建党 90 周年"光辉历史"为主题的全县中小学生演讲比赛。

2013 年，承办剑阁县教科系统"实现伟大中国梦，共筑美丽教育梦"庆祝国际"六一"儿童节文艺晚会。

2018 年 6 月 23 日，成功举办广元市少儿艺术人才大赛剑阁分赛。选送的《茶艺工作坊》视频荣获广元市二等奖，活动中心荣获广元市先进单位称号。

2023 年 5 月 12 日至 20 日，活动中心开展硬笔书法作品评选活动，共计推选 259 件优秀作品参加首届四川省中小学生硬笔书法大赛。

五、组织承办各类现场会情况

近 10 年，剑阁县青少年活动中心组织承办各类现场会 11 次。如：

2012 年 12 月 6 日，携手武连职中，举办了"在红旗下幸福成长"大型文艺汇演和摄影、书画展。

2014 年 7 月，成功举办"美丽剑阁、幸福家园"首届美术、书法大赛，共 1 050 份作品参赛，最终评出获奖作品 98 幅，入展作品 191 幅，获组织奖 6 个。

2022 年 10 月，在教育局的组织下，承办教育系统 2022 年"喜迎二十大 奋进新征程"教职工篮球赛。

六、培训成果

活动中心自成立以来，各类培训、参赛、考级活动得到社会各界的高度评价，学员人数逐年增加，每年有 2 万余人次参加各类活动、400 余人次参加考级活动，考级通过率达 100%。

2015 年，拉丁舞学员参加第六届中国成都国际体育舞蹈公开赛选拔赛，荣获集体一等奖 1 个、二等奖 1 个，11 名学员分别取得个人名次。

2016 年，拉丁舞学员参加第八届中国西部中心城市体育舞蹈公开赛，获得集体一等奖 1 个、二等奖 6 个，22 人分别获得个人名次。

2017 年，组织跆拳道学员先后参加"琳龙服饰杯"四川省大众跆拳道锦标赛和全国青少年宫系统跆拳道锦标赛（西南分区赛）暨首届西南地区青少年跆拳道公开赛，分别取得1个第三名、5个第五名的好成绩，中心队被授予"优秀运动队"称号，跆拳道教练孙超被评为"跆拳道优秀教练员"。

2018年，跆拳道学员参加"中国体彩杯"2018年四川省大众跆拳道系列赛（广元站），获得竞技团体三等奖、综合团体三等奖。邓怀松获得男子青年乙组58kg第一名，赵鑫怡获得女子少年甲组+52kg第二名，邹胜咿获得女子儿童甲组+46kg第二名，张政获得男子儿童丙组31kg-A第二名，其他8名选手均获奖。

2019年，选拔拉丁舞学员参加第十一届中国西部中心城市体育舞蹈公开赛、第十届中国体育舞蹈国际公开赛选拔赛，获得集体一等奖3个、集体二等奖7个、集体三等奖1个。其中15人获个人第一名，60人分别获得个人第二名、第三名的好成绩。

2020年立足各站点特色培训项目，加强培训管理。拉丁舞、中国舞已成为中心品牌培训项目，2020年1月组织培训班学员参加四川教育电视台（隶属于四川省教育厅）主办的梦想舞台·时代少年2020首届新春少儿艺术会演，拉丁舞《摩登女孩》《战士》获少年组金奖，中国舞《梦娃》获幼儿组银奖，拉丁舞《我爱你中国》获少儿组银奖。

2023年，组织拉丁舞学员参加2023第十五届中国西部中心城市体育公开赛、第十四届中国成都体育舞蹈国际公开赛热身赛，其中1人获个人一等奖，2人获个人二等奖，3人获个人三等奖。

第六章　剑阁县学校安全事务中心

第一节　历史沿革及成员任职简况

2015年8月"剑阁县学校安全稳定办公室"更名为"剑阁县学校安全管理办公室",2017年10月又更名为"剑阁县学校安全事务中心"。

表3-19　成员任职简况

姓名	性别	籍贯	学历	职务	任职时间	备注
高坤雄	男	四川剑阁	大学	学校安全稳定办公室主任	2007.11—2008.07	
梁志军	男	四川剑阁	大学	学校安全稳定办公室副主任	2007.11—2018.07	(退休)
杨树森	男	四川剑阁	大学	工作人员	2008.08—2012.09	
任泽邦	男	四川剑阁	大学	学校安全稳定办公室主任	2008.08—2013.01	
王冠华	男	四川剑阁	大学	工作人员	2000.07—2017.08	
高金玉	男	四川剑阁	大学	工作人员	2010.01—2013.09	
杨永丰	男	四川剑阁	大学	学校安全稳定办公室主任	2013.02—2016.11	
贾彪	男	四川剑阁	大学	学校安全稳定办公室副主任	2013.09—2016.11	
				学校安全稳定办公室主任	2016.12—2017.08	
陈国清	男	四川剑阁	大学	学校安全稳定办公室副主任	2017.02—2017.08	
				学校安全事务中心主任	2019.09—	
严强	男	四川剑阁	大学	学校安全事务中心主任	2017.09—2019.08	
李强	男	四川剑阁	大学	学校安全事务中心副主任	2017.07—2020.06	
蹇洪宪	男	四川剑阁	大学	学校安全事务中心副主任	2018.04—2021.06	
魏可雄	男	四川剑阁	大学	工作人员	2018.01—2021.05	退休
母城芳	女	四川剑阁	大学	工作人员	2020.06—	
王敏	女	四川剑阁	大学	工作人员	2018.01—2018.04	
张惠	女	四川剑阁	大学	工作人员	2021.06—	
刘新昭	男	四川剑阁	大学	工作人员	2021.07—2022.02	
张恒	男	四川剑阁	大学	工作人员	2021.07—2021.10	
陈绍印	男	四川剑阁	大学	工作人员	2021.07—2022.04	
				副主任	2022.05—	

表3-19（续）

姓名	性别	籍贯	学历	职务	任职时间	备注
杨永生	男	四川剑阁	大学	工作人员	2021.07—2022.04	
				副主任	2022.05—2022.11	
卫俊竹	女	四川剑阁	大学	工作人员	2022.03—2022.11	
傅卫兵	男	四川剑阁	大学	工作人员	2022.11—	
洪彩生	男	四川剑阁	大学	工作人员	2022.10—2022.11	

第二节　职能职责及工作内容

一、职能职责

贯彻落实校园安全工作的法律法规，负责全县校园安全管理工作。全面掌握全县学校安全稳定工作状况，积极加强"平安校园"的创建工作，制定学校安全稳定工作考核目标，加强对学校安全稳定工作的督导检查，及时了解学校安全教育状况，有针对性地组织学校开展安全教育及应急疏散演练。督促学校建立健全校园安全管理长效机制，确保师生人身和校园财产安全。负责全县校园安全管理人员的安全教育及培训工作。负责制订全县校园安全及突发事件应急预案，建立校园安全稳定工作责任制和事故责任追究制，及时消除安全隐患，做好教育系统各种突发公共安全事件的预防和应急处置工作。负责全县校园"三防"建设、食品卫生安全、寄宿生安全、消防安全、特种设备安全、传染病防控工作，以及校方责任险的投保和学生平安保险的划分工作。负责全县校车安全管理工作及道路交通安全。负责联系和协调公安局、交警队、消防队、交通局、安监局、工商局、药监局、卫生局、质检局、疾控中心等部门，配合相关部门做好反邪教组织的警示教育工作，并协助"县综治办"加强对校园和校园周边环境的综合治理，共同做好校园安全稳定工作。完成领导交办的其他工作。

二、工作内容

（1）落实校园消防安全检查一季度一次制度，灭火器等消防器材检查实行专人负责，并将检查人员、检查日期、检查部门张贴公示，切实开展火灾隐患排查整治。各学校结合11月9日全国消防安全宣传教育日，大力开展消防知识和火灾逃生知识宣讲，不断加强消防安全教育。

（2）加强传染性疾病、流行性疾病的预防，坚持学生晨检制度、因病缺课追踪制度、复课证明登记制度、青少年伤害监测月报制度、新生体检入学制度等，落实流行疾病防控工作方案，严格执行学校突发公共卫生事件报告制度，切实把疾病防控各项措施落到实处。

（3）坚持开展"三月中小学生防溺水知识集中宣传月"活动，各学校把防溺水教育落实到每一名学生，教育学生做到"六不"：不私自下水游泳，不擅自与他人结伴游泳，不在无家长或教师带领的情况下游泳，不到无安全设施、无救援人员的水域游泳，不到不熟悉的水域游泳，不熟悉水性的学生不擅自下水施救。同时通过"告家长书"、发一则短信、开一次家长会、做一次家访等方式，告知家长务必承担起学生离开学校后的安全监管职责，提醒家长在放学后、周末和节假日加强对学生的看护和教育。

（4）严格落实门卫管理制度和节假日领导带班值班守校制度。各学校明确门卫和校门口安全管理的分管领导干部及其责任，健全落实门卫值班、巡查交接班、领导带班以及外来人员、车辆进出、学生请假出校统一登记等制度。

（5）除配备校园安保人员外，进一步加强人防物防技防等三防建设，添置各类防恐防暴器材。各学校基本配备齐全钢叉、防暴手套、辣椒水等技防器材和一键报警、视频监控等设备。

（6）各学校严格实行一月一次的应急演练制度，开展地质灾害逃生演练、危化品事故逃生演练、防震避震逃生演练、火灾逃生演练等应急演练，提高了师生应对各种突发事件的能力，确保遇险时能有效应急避险。

（7）开展了"防邪集中宣传月"活动。各学校将防邪知识日常宣传和集中宣传结合起来，切实提高师生自觉抵御邪教侵蚀的意识和运用法律武器同邪教组织做斗争的能力。

（8）继续开展全县"中小学生欺凌防治落实年行动"。县教育局协调组织相关部门建立健全防治学生欺凌工作机制，推动综治、法院、检察院、公安、民政、司法、人力资源和社会保障等部门及共青团、妇联、残联等组织落实职责分工，加强协作，共同治理，基本形成学生欺凌防治齐抓共管、责任落实到位、管理制度健全、预防措施有效、处置程序规范的工作局面，推动形成学生欺凌防治工作长效机制，有效遏制学生欺凌事件的发生。

（9）各学校认真贯彻落实上级交通安全管理要求，坚持"教育为主、预防为先"原则，实行学生签字离校制度、放学排队出校制度、家长接送制度、分片区路长制度等，会同交警部门和广运集团，教育引导学生乘坐有资质营运车辆，打击三无车辆搭载学生的非法行为，保证学生上放学安全有序。在12月2日全国交通安全日，各学校组织学生利用广元市学校安全管理网上学习平台，学习安全交通知识。

（10）各学校坚持每学期开展至少一次的女生安全教育，向女生进行生理心理健康知识宣讲，提升女生安全自护意识和能力。

（11）在全系统推动了风险分级管控和隐患排查治理双重预防机制建设工作，各学校对安全风险点进行了分级公示，对隐患排查治理落实专人负责，提高了学校安全风险防范治理能力。一是坚持人防、物防、技防并重，把"三防"建设纳入学校标准化建设，加快推进校园视频实时监控与公安"天网"对接工作和校园一键报警与"110"平台联网工作。二是继续完善双重预防机制建设，健全安全事故化解和"警校共育"工作机制。三是加强与保险部门的合作机制，根据自愿原则，引导学生家长参保，充分发挥商业保险在化解学校安全风险方面的重要作用。

（12）防溺水工作。各学校要持续抓好预防溺水安全教育，及时发放《致全国中小学生家长的一封信》，回收并保管好该信回执。建立周末和节假日安全提醒制度，督促家长或其他监护人履行好监护职责，切实做好学生溺水事故的防范工作。

（13）道路交通安全工作。各学校要经常性开展交通安全教育，积极协调配合公安交管等部门加大对非法接送学生车辆的整治力度。

（14）预防学生欺凌和暴力。各学校要按照《四川省加强中小学生欺凌综合治理实施方案》要求，严格学校日常安全管理，完善对学生不良行为的早期干预机制，从源头上预防学生欺凌和暴力行为的发生。

（15）校园周边综合治理。各学校要持续开展"护校安园"专项行动，推进平安校园建设。

（16）防灾减灾工作。各学校要做好防灾减灾知识宣教普及工作，提高师生避险减灾能力。

（17）消防安全与森林防火工作。各学校要持续开展消防知识、森林草原防火教育和消防安全检查。在全县森林防火期间（每年1月1日至5月31日），严禁学生野炊、烧烤、燃放烟花爆竹、点放孔明灯等野外用火活动，坚决防止发生森林、草原火灾。

（18）实验室和危化品安全工作。各学校要按照《全省教育系统危险化学品安全综合治理实施方案》要求，落实实验室安全管理制度，排查和消除实验教学安全隐患，确保实验教学以及学生实习实训的安全。

（19）危险源清理清查和疾病预防工作。各学校要定期清理清查校园内的流浪猫狗、蛇虫鼠蚁、管制刀具、易燃易爆等危险源，及时清除。切实做好消杀灭和疾病预防知识宣讲，落实好疾病预防控制制度。

（20）加强应急能力建设。各学校要继续完善并严格执行应急值班值守制度，完善各类专项应急预案，做好相应的防护措施。认真落实好中小学每月1次、幼儿园每季度1次应急疏散演练的要求，提高演练的针对性、实效性。完善突发学校安全事件信息报送机制，严格落实"突发事件发生后，30分钟内电话报告、1小时内书面报告"的规定，坚决杜绝迟报、漏报、瞒报。妥善处置平息事件，协调相关部门做好社会稳定工作，安抚民心。

（21）以黑恶乱线索摸排上报和行业乱点乱象治理为抓手，继续深入推动扫黑除恶专项斗争工作。

第七章 剑阁县农村义务教育学生营养改善事务中心

第一节 历史沿革及成员任职简况

一、历史沿革

2020年4月"剑阁县农村义务教育学生营养改善办公室"更名为"剑阁县农村义务教育学生营养改善事务中心",为县教育局管理的公益一类事业单位,设主任一名。

二、成员任职简况

表3-20 成员任职简况

姓名	性别	籍贯	学历	职务	任职时间	备注
张正利	男	四川剑阁	本科	股长	2007.10—2010.06	
魏晓东	男	四川剑阁	本科	副股长	2008.01—2010.06	
				股长	2010.07—2016.10	
梁玉福	男	四川剑阁	本科	工作人员	2010.09—2017.08	
安孝华	男	四川剑阁	本科	副主任	2015.09—2017.08	
安克斌	男	四川剑阁	本科	副主任	2017.02—2017.08	
蒙立勇	男	四川剑阁	本科	负责人	2017.02—2017.08	
赵锐兴	男	四川剑阁	本科	副主任、副股长	2017.08—2019.06	主持工作
				主任	2019.07—	
王 辉	男	四川剑阁	本科	副主任、副股长	2017.08—	
龚晓芳	女	四川剑阁	本科	副主任	2018.12—	

第二节 学生食堂标准化建设

学校食堂是学校后勤服务保障体系的重要组成部分,学校食堂的安全、卫生,食品的质量、价格,食堂的管理、服务,直接影响到师生的生活质量和身心健康,影响到学校教育教学工作正常推进,影响到学生营养改善计划的顺利实施。根据《中华人民共和国食品安全法》,国务院《农村义务教育学校食堂管理暂行办法》,教育部、国家卫生健康委《学校食堂与学生集体用餐卫生管理规定》,四川省教育厅《四川省农村义务教育学生营养改善计划学校食堂(伙房)建设标准(征求意见稿）》，广元市《学校食堂管理办法》，剑阁县学校于2013年4月1日制定实施细则。

一、设备设施

（一）食堂建设

（1）食堂建设要本着节俭、安全、卫生、实用的原则，严禁超标准建设，选址需距污染源25米以上，应南向或东南向，独幢建筑设计。食堂建设面积按就餐人数测算，餐厅每座最小面积不得小于1.4平方米，座位人数按就餐人数的1/3计算，餐厅与厨房（含辅助部分）面积比为1：1。就餐学生在50人以下的寄宿制学校或就餐学生数在80人以下的非寄宿制学校宜建学生伙房，其建筑面积不小于33平方米。

（2）食品处理区设置在室内，按原料加工、半成品加工、成品供应的流程合理布局；物流通道、员工通道、餐具回收通道宜分开设置，不互相交叉。

（3）食堂内员工厕所采用水冲式，不设在食品处理区，厕所门与食品加工间不直接相通。

（二）功能间的设置

（1）学校食堂应具备以下基本功能间（室）：食品安全管理办公室（营养改善计划管理办公室）、更衣室、粗加工间、主食库房、营养改善计划食品专用库房、副食库房、蔬菜库房、切配间、烹调间、面点间、配售间（含预进间，预进间内应有洗手消毒设施）、杂物间。

（2）烹调间面积最低不得小于8平方米。操作间及库房室内墙面用瓷砖贴至墙顶，库房内有数量足够的物品存放架或存放台，辅料、半成品、成品存放台分开设置，存放台离地隔墙10厘米以上，有通风、防潮、防晒设施。餐厅层高不低于3米，墙面应有1.5米以上瓷砖或其他防水、防潮、利于清洗的材料制作的墙裙，地面应由防水、防滑、无毒、易清洗的材料建造；操作间地面具有一定坡度，易于清洗，排水渠道通畅并设有可拆卸的盖板；食堂窗台室内一侧向下倾斜45度角或采用无窗台设计。

（3）加强自制泡菜管理，如条件限制不能设置泡菜专间，则泡菜坛应放入蔬菜库房，坛口（或库房门）需上锁。食品添加剂专柜需放置在副食库房并上锁。粗加工间动物、植物、水产品清洗池分设，水池数量、容量与加工数量相适应。餐具清洗消毒水池应专用，采用不易积垢、易清洗、不透水的材料制作。

（4）配售间及餐厅紫外线消毒灯、灭蝇灯应分布均匀，悬挂高度距离地面1.8~2米。食堂售饭窗口和学生营养餐专供窗口分设，售饭台面采用不锈钢、石材或瓷砖贴面，有保温设施。售饭窗口安置"三防"设施，餐厅正门设置风幕机或防蝇帘。

（三）食堂供水管理

食堂供水应符合《生活饮用水卫生标准》（GB5749—2022）要求且取得相关部门用水许可。用餐场所应设置足够数量的自来水供水装置。有四季供应开水、冬天供应热水的设备和条件。

（四）餐厅文化建设

结合校园文化建设，营造浓厚的餐厅文化氛围。教育学生掌握健康的营养知识，养成良好的饮食习惯，树立节约光荣、浪费可耻的饮食观。宣传专栏、宣传标语及宣传画要外形美观、色彩搭配合理、内容贴切。

二、制度建设

（一）办理相关证照

（1）餐饮服务许可证（食堂管理办公室上墙）。

（2）食堂量化分级管理等级评定公示牌（放置于食堂门口醒目位置）。

（3）从业人员健康证（从业人员上岗时随身佩戴）。

（4）食品流通许可证（出售成品食品的商店上墙）。

（二）成立组织机构

（1）学校膳食委员会（餐厅集中上墙，公示组成人员名单、职责）。

（2）学生家长委员会（餐厅集中上墙，公示组成人员名单、职责）。

（3）食品安全领导小组（餐厅集中上墙）。

（三）制订安全应急预案及实施方案

（1）食品安全应急预案（餐厅集中上墙）。

（2）预防食物中毒措施（餐厅集中上墙）。

（3）突发食品安全事故应急处置流程示意图（餐厅集中上墙）。

（4）学校食堂临时停水、停电、停气应急预案。

（5）食堂消防应急预案。

（6）营养改善计划实施方案。

（7）食品安全目标责任书。

（8）校长、教职工营养改善计划应知应会卡。

（9）告学生及家长书。

（10）准入准出供货合同。

（四）健全各项制度

（1）学校食堂管理与监督制度（食品安全管理办公室上墙）。

（2）食堂卫生管理制度（食品安全管理办公室上墙）。

（3）食堂卫生检查制度（餐厅上墙）。

（4）卫生防疫制度。

（5）食品从业人员管理制度。

（6）学校食堂从业人员健康检查及培训制度（食品安全管理办公室上墙）。

（7）餐饮用具清洗消毒管理制度（烹调间上墙）。

（8）学校食堂食品采购索证制度（库房上墙）。

（9）食品采购验收制度（库房上墙）。

（10）食品库房管理卫生制度（库房上墙）。

（11）粗加工管理制度（粗加工间上墙）。

（12）烹调加工管理制度（烹调间上墙）。

（13）面食制作卫生管理制度（面点间上墙）。

（14）配餐间管理制度（配餐间上墙）。

（15）食品添加剂使用与管理制度（副食库房上墙）。

（16）备餐及供餐安全制度（配售间上墙）。

（17）餐厅卫生管理制度（餐厅上墙）。

（18）餐厨废弃物处置办法（烹调间上墙）。

（19）切配管理制度（切配间上墙）。

（20）食品试尝和留样制度（配售间上墙）。

（21）就餐管理制度（餐厅上墙）。

（22）学校领导和值班人员陪餐制度（餐厅上墙）。

（23）饮用水安全管理制度。

（24）特种设备管理制度（锅炉房、实验室上墙）。

（25）食品安全卫生隐患整改和处罚办法。

（26）公共卫生事件报告及处置制度。

（27）卫生事故行政责任追究制度。

（28）餐饮用具消毒办法及要求。

（29）供货商及从业人员的准入和退出机制。

（五）职能职责

（1）学校食品安全管理人员职责（食品安全管理办公室上墙，标识责任人）。

（2）食堂卫生管理检查人员职责（食品安全管理办公室上墙，标识责任人）。

（3）学校食品从业人员健康检查及培训责任人职责（食品安全管理办公室上墙，标识责任人）。

（4）学校食堂食品采购索证人员职责（库房上墙，标识责任人）。

（5）食堂采购验收人员职责（库房上墙，标识责任人）。

（6）食品库房管理人员职责（库房上墙，标识责任人）。

（7）烹调加工人员职责（烹调间上墙，标识责任人）。

（8）面食制作人员职责（面点间上墙，标识责任人）。

（9）食品添加剂管理人员职责（副食库房上墙，标识责任人）。

（10）餐厨废弃物处置管理人员职责（烹调间上墙，标识责任人）。

（11）粗加工人员职责（粗加工间上墙，标识责任人）。

（12）切配人员职责（切配间上墙，标识责任人）。

（13）餐具清洗消毒管理人员职责（烹调间上墙，标识责任人）。

（14）食品试尝留样人员职责（餐厅上墙，标识责任人）。

（15）备餐及供餐人员职责（备餐间上墙，标识责任人）。

（16）餐厅卫生管理人员职责（餐厅上墙，标识责任人）。

（17）特种设备操作人员职责（锅炉房上墙，标识责任人）。

（18）有毒有害物品管理人员职责（有毒有害物品存放室上墙）。

（六）规范记录表册

（1）剑阁县学校食堂食品原（辅）料入库登记表。

（2）剑阁县学校食堂食品原（辅）料出库登记表。

（3）剑阁县学校食堂食品添加剂保管、使用登记表。

（4）剑阁县学校食堂试尝留样记录表。

（5）剑阁县学校食堂库房食物销毁登记表。

（6）剑阁县学校食堂餐厨废弃物处置登记表。

（7）剑阁县学校食堂餐饮用具消毒记录表。

（8）剑阁县学校食堂从业人员花名册。

（9）剑阁县学校食堂从业人员培训活动记录册。

（10）剑阁县学校食堂从业人员晨检记录表。

（11）剑阁县营养改善计划食品原料入库登记表。

（12）剑阁县营养改善计划食品原料出库登记表。

（13）剑阁县营养改善计划食品学生领取签字表。

（14）领导及值班人员陪餐记录表。

第三节　过程管理

一、供餐环节及流程

（一）采购

（1）学校食堂及营养改善计划所需的大宗食品由县政府集中招标采购，肉禽食品在畜牧食品部门审核合格的定点屠宰企业内或在当地动物卫生监督分所备案的从事肉禽食品销售的人员处购买，价格不得高于当地市场价格。

（2）其他副食、蔬菜及营养品，由学校行政考察，提出采购方案，经学校行政、廉勤委、教代会通过并公示后，在乡镇纪委的监督下集中定点采购。确定供货商时必须签订食品安全合同，合同中须明确准入准出条款。

（3）采购实行双人采购，每次采购时应做好详细采购记录备查。采购人员每学期轮换一次。

（二）供货

（1）学校安排专人负责接收货物，接收货物时要核验生产日期、产品质量，索取产品质量合格证、检验报告，确认食品符合卫生安全标准后方可登记接收。

（2）将当日（次）索取的票证粘贴在上日（次）食品入库登记表（册）背面待查。

（三）保管

（1）学校要坚持食品贮存管理制度、出入库管理制度和库存盘点制度，认真填写食品出入库登记表并做好翔实的记录。

（2）食品贮存应当分类、分架，隔墙、离地 10 厘米以上存放，定期检查，及时处理变质或超过保质期限的食品，做到生菜与熟菜隔离、食物与杂物隔离、成品与半成品隔离、食品与非食品隔离。

（3）规模较大的学校，应由两个以上人员签字验收。

（四）加工

（1）烹调人员工作时须穿工作服，戴工作帽、口罩。

（2）食品当餐加工、当餐食用，需要熟制加工的食品应烧熟煮透，中心温度应不低于 70 度。

（3）加工过程中严禁超范围、超剂量、超标准使用色素和添加剂，认真填写食品添加剂使用登记表，做翔实的记录。

（4）不得向学生提供腐败变质、感观异常、可能影响学生健康的食物，不得销售冷荤凉菜、四季豆（扁豆）。

（5）食品在烹饪后给学生食用前间隔时间最长不得超过 2 小时。

（五）试尝和留样

（1）每餐次的成品食品在配售前半小时应有专人试尝并做好试尝记录，有异常情况应立即中止配售。

（2）配售给学生的食品必须分类留样，样品不得低于 100 克，在 2℃~8℃ 温度下，保存在留样柜中 48 小时后无异常情况发生时才能销毁处置，留样时需在留样盒外注明留样日期、时间、品名、留样量、留样人员、审核人员，用家庭生活用保鲜膜密封保证其不相互串味，做好翔实的记录。留样盒应购买陶瓷、不锈钢等材质制作的容器，留样柜需上锁。

（六）配售（领取）

（1）从业人员在预进间内二次消毒保洁后才能进入配售区给学生配售食品。待售食品容器需加盖保温、防尘、防蝇，食品中心温度不得低于60℃。

（2）营养改善计划采用食堂供餐模式的，所供食品必须在营养改善计划专供窗口给学生分发；学生食堂所供食品在食堂供餐窗口配售。

（3）给学生配备不锈钢餐盘（具）或学生自带碗筷，尽量不使用一次性纸质餐盒（具）。

（七）消洗消毒

（1）食品加工结束后应及时清理加工场所，做到操作间食（物）品归类存放、摆放有序。食堂地面无污物残渣，干净整洁。定期消毒，科学掌握消毒液剂量，保证浸泡或蒸煮、照射时间，有翔实的消（杀）毒记录。

（2）提倡采用热力方法进行消毒，化学方法消毒时须用流水冲洗干净，紫外线照射消毒时须保证足够的照射时间。

（八）废弃物处置

及时处置餐后垃圾，泔水应定点专人处置，并有翔实记录；库存食品发生腐烂变质或过期时应专人及时销毁，并做好翔实记录。废弃物处置时应分类处置。

二、从业人员管理

（1）食品安全管理人员原则上每年应接受累计不少于40小时的餐饮服务食品安全培训。

（2）坚持从业人员晨检制度，晨检应有翔实记录。

（3）监督、检查、教育从业人员养成良好的个人卫生习惯，坚持做到"四勤、四不、四要"，严禁从业人员在食品加工场所、配售区吸烟吐痰、乱倒乱放。

（4）建立从业人员培训教育制度，不断提高从业人员业务水平和职业道德，树立良好的服务意识。

三、满意度测评

（1）坚持对学生食堂满意度测评及民主公开评议供货商制度。满意度测评要纳入准入合同和目标责任书。每学期测评不得低于两次，对发生食品安全事故、服务质量差、连续两次满意度测评低于60%的供货商，应终止供货合同，取消其配送资格。

（2）膳食委员会、家长委员会及教代会要对食堂管理建言献策，要开展食品安全隐患排查、膳食营养搭配，食堂饭菜及服务质量满意度评价等活动，每学期不低于两次，并有翔实的活动记录。学校行政要对各方面提出的合理化建议认真分析，制订方案，及时整改并公示。

四、资金管理

（1）学校食堂财务纳入学校财务统一管理，实行专账核算。营养改善计划资金收支情况必须设立专门台账，明细核算。

（2）严禁虚报、冒领、套取、挤占、挪用营养改善计划资金，严禁克扣、贪污挪用学生自愿入伙费。必须在规定时间内按要求按合同及时划拨和支付营养改善计划资金。

（3）从严管理和使用学生自愿入伙费，坚持"成本核算、保本经营、据时收取、据实结算"的原则，科学、严格核算学生生活费成本。食堂成本核算应以食堂的日常经营服务活动所必需的各项料、工、费为基本内容。与学生生活无关的生活、接待费、交通费、差旅费及其他支出不准计入食堂成本。

（4）每月或学期结束后，要根据实际支出情况与学生家长结算，多退少不补，将余额如数退还给在学校食堂就餐的学生或学生家长，结算情况需公示。

第四节 实施营养改善计划

剑阁县是营养改善计划国家试点县,从 2012 年 5 月起,全县农村义务教育学校开始实施营养改善计划。除县城下寺镇 4 所学校按规定不实施营养改善计划外,其余农村义务教育学校、小学教学点学生全部实施了营养改善计划。

一、探索供餐模式

2012 年 5 月刚开始实施营养改善计划时,剑阁县实行"蛋奶"供餐模式;2012 年秋季,实行"蛋奶+X"模式;2013 年春季,有 15 所学校试行食堂供餐模式,其余学校实行"蛋奶+X"模式;2013 年秋季,全县实行早、午餐相结合的"5X+2Y"食堂供餐模式;2015 年春季学期起至现在,全县实行"5X+3Y"食堂供餐模式。每周一、三、五早上搭配牛奶,周二、四早上搭配鸡蛋,周二、三、四午餐搭配营养加餐(荤菜),这份荤菜按照当地学生口味习惯、营养需求、季节特点制作营养餐。

二、加强资金监管,严格监督管理

剑阁县营养改善计划资金按照专户管理、专账核算、国库集中支付的要求严格管理,由各实施学校申报,县营养办审核,县财政集中支付,剩余资金按规定滚动到下一年使用。每生每天 4 元钱的膳食补助全部用于制作营养餐供应给学生。

地方应承担的膳食补助专项资金已足额落实,年度预算是单列下达,县财政每年安排 300 万元资金专门用于学校食堂聘用编外工勤人员开支。资金拨付符合财政国库管理有关规定,结转结余资金管理符合相关要求。

三、实行"四统一",规范大宗物资采购

米、面、油、蛋、奶等大宗食品全县实行政府招标采购、配送,做到了"四统一"(统一招标、统一采购、统一价格、统一配送),严格执行索证、验收制度,都有产品合格证明、供货清单,并由专人验货,确保了食品原材料质量、安全。采购程序规范合法,库房严格按主副食分开、生熟分开设置,各功能区设置科学、合理,配售间设有营养改善计划专供窗口。

四、重视食品安全,加快食堂标准化建设

一是加强领导,做到食品安全警钟长鸣。教育局成立了学校食品安全工作领导小组,班子成员挂片,股室联区,人员定校,一岗双责,层层落实食品安全。二是把握重点,加强食品安全源头监管。三是严格程序、规范操作,确保过程环节安全可控。四是实施明厨亮灶工程,加强食品制作过程监管。全县已完成明厨亮灶工程学校 51 所,占 58%,其余学校在 2017 年 6 月前全部完成。

五、信息公开,接受社会监督

一是全县营养改善计划实名制学生信息管理系统数据、"双月通报"数据填报真实准确。二是全县实施学生营养改善计划的 88 所中小学都在显著位置公开了受益学生人数、营养改善补助收支及食堂财务管理、学校食堂饭菜价格等信息。三是全县实施营养改善计划的 88 所中小学全部纳入了"阳光校餐"项目试点工作,并有专人负责按时、真实填报数据。

六、加快食堂标准化建设，改善学生就餐环境

一是加快食堂建设步伐、加大改造力度，改善学生就餐环境。二是完善食品安全制度。截至2014年12月底，国家累计投入资金3 900万元，新建、维修及改建食堂32 619平方米，目前已经全面完工。建立食品安全宣传栏，完善防鼠、防蝇、防潮、防腐、防病菌带入及交叉感染、防投毒等设备设施。三是升级更换餐厨设施。四是开展食堂标准化建设和示范食堂创建活动，83所农村义务教育学校87个食堂量化分级A级食堂1个、B级食堂86个。五是实施明厨亮灶工程，加强食品制作过程监管。87个食堂已全部完成明厨亮灶工程。

表3-21　剑阁县2016年春季农村义务教育学生营养改善计划中央专项资金预算分解表

统计时间：2016年2月23日

项目名称	小学学生/人	初中学生/人	合计学生数/人	金额（226天）/元	备注
合计	24 771	9 588	34 359	31 050 000	

表3-22　2017年春季剑阁县农村义务教育学生营养改善计划学生人数统计表

统计时间：2017年2月20日

小学生人数	初中生人数	合计	备注
25 799	9 228	35 027	

说明：2016年实施学生营养计划的学校共有88所，其中小学54所（含民办学校3所）、初中19所（含特教学校1所）、九年一贯制学校15所；年初受益学生34 359人，年底受益学生35 005人。

第五节　"明厨亮灶"工程

根据《四川省食品药品监督管理局办公室关于印发〈四川省餐饮服务环节"明厨亮灶"工程实施方案〉的通知》（川食药监办〔2015〕145号）、《四川省教育厅关于在全省学校食堂推进"明厨亮灶"工程建设的通知》（川教〔2015〕318号）和《剑阁县食品安全委员会关于分解市人民政府2016年食品安全工作目标任务的通知》（剑食安委发〔2016〕2号）文件精神，剑阁县教育局制定了《剑阁县学校食堂"明厨亮灶"工作通知》，对全县学校食堂"明厨亮灶"工作进行了周密安排。

一、阶段任务

1. 第一阶段任务

剑门关高中、龙江小学、剑阁职中、高观小学、柏垭小学等51所学校于2016年12月前完成"明厨亮灶"工程。

2. 第二阶段任务

其余36所学校于2017年6月前完成"明厨亮灶"工程。

二、实施形式

1. "视频厨房"

"视频厨房"形式是指在食品加工制作场所安装摄像设备，通过视频传输技术（无线或有线）和显示屏，使消费者在就餐场所观看餐饮食品加工制作过程的厨房展现形式。

学校食堂应该做到以下工作：

（1）建设学校食堂食品安全视频监控系统，将关键部位、重要环节，通过实时动态画面全面清晰地展示和实时监控。显示屏设置在就餐场所显著位置。师生等就餐者通过视频直播的方式，对餐饮食品制作过程进行实时监督。

（2）食堂主要出入口、库房、粗加工间、烹调间、备餐间、餐具洗消间、面点间等食品加工操作区域（同样也是食品安全关键部位）安装高清视频摄像头等监控设备，通过网络传输连接到学校相应管理部门网络平台，监控厨房环境卫生状况、原料清洗、切配、烹饪、餐用具清洗消毒及备餐间内的场景，实现对食堂食品加工全过程的动态监控。

（3）学校设有食堂视频监控室，且有专人负责查看学校食堂当天的实时情况和一周的视频监控回放，以便检查是否符合规范，如果发现问题立即通知食堂进行整改。发现隐患，通过屏幕截图，作为违章的证据。

（4）学校食堂监控录像应存储 1 个月以上。通过储存录像来查阅过往食品生产加工情况。

（5）利用互联网络，将学校食堂展示的动态画面接入电子监管信息平台，实现家长在线查询，监管部门远程监控。家长可以通过视频，监督学校的食堂后厨是否安全。

2. "透明厨房"

"透明厨房"形式是指采取透明玻璃窗（或玻璃幕墙）或设置参观窗口等方式方法，使就餐者能够直接观看餐饮食品加工制作过程的厨房展现形式。

学校食堂采用"透明厨房"展示方式的，应尽量采取透明玻璃窗（或玻璃幕墙）展示，不宜设置透明玻璃窗（或玻璃幕墙）的，可设置 1 个或多个透明参观窗口，以满足师生观看关键部位和环节加工制作过程的要求。

3. "隔断厨房"

"隔断厨房"形式是指采取隔断矮墙（柜）将操作间与就餐场所隔开，使师生能够直接观看餐饮食品加工制作过程的厨房展现形式。

学校食堂采用"隔断厨房"展示方式的，其隔断矮墙（柜）高度不得低于 1.2 米高于 1.5 米，可加装透明防尘设施。

各校可以根据本校实际情况选择具体的实施形式。

第八章 剑阁县教育工委党员干部管理中心

一、历史沿革

为全面落实从严治党决策部署，推进党建工作系统抓、抓系统，切实加强全县教育系统基层党建和党员教育管理工作，于2017年6月发出《中共剑阁县委关于成立中共剑阁县委教育工作委员会有关事项的通知》（剑委任〔2017〕45号）。在成立中共剑阁县委教育工作委员会（简称"县教育党工委"）的同时，按照《中国共产党章程》有关规定，成立中共剑阁县教育工委党员干部管理中心。

二、职能职责

（1）负责全县教育系统党员队伍建设的管理和指导。

（2）制定发展党员规划，对预备党员进行考察，对转正党员进行审批。

（3）负责全县教育系统党员管理工作的规划、协调和指导，包括民主评议党员、处置不合格党员、党内表彰、困难党员慰问、组织关系的管理和指导、党员的党籍和党龄管理等工作。

（4）负责全县教育系统党员教育的规划、指导和协调。

（5）负责全县教育系统党员、党组织统计和党费管理工作。

三、成员任职简况

表3-23　成员任职简况

姓名	性别	学历	职务	任职时间	备注
孙新宗	男	本科	副主任	2017.06—2019.09	
张天锦	男	本科	主任	2019.09—2022.05	
张晓红	女	本科	主任	2022.05—	

四、2019—2023年党员轮训内容

全县教育系统党员干部轮训，通常情况下，由县教育局或乡镇党委或学校党委（党总支）组织，进行集中或分散的专题学习。学习的内容根据上级党组织的要求，选择重点内容。基本上每年在结合实事的基础上，都有专门的主题。党员每年参加集中培训和集体学习时间一般不少于32学时，基层党组织书记和班子成员每年参加集中培训和集体学习的时间不少于56学时。

2019年，在全县教育系统举行全体党员的轮训，培训内容为"十三届全国人大二次会议学习""基层党组织书记培训""党的十九届四中全会精神学习"。

2020年全县教育系统党员培训学习的主要内容为："'不忘初心、牢记使命'主题教育培训""基层党组织书记培训""党的十九届五中全会精神"。

2021年全县教育系统党员培训学习的主要内容为："党史学习教育培训""基层党组织书记培

训""十九届六中全会精神学习"。

2022年全县教育系统党员培训学习的主要内容为："基层党组织书记培训""学党史感党恩跟党走主题教育培训""党的二十大精神学习"。

2023年全县教育系统党员培训学习的主要内容为："基层党组织书记培训""2023年两会会议精神学习""党的二十大精神学习"。

表3-24　县教育工委入党积极分子备案表

填表时间：2020年8月10日

序号	姓名	所在党支部（单位）	性别	出生时间	申请入党时间	支部派人谈话时间	推荐方式	支部确定为积极分子时间	教工委备案时间	备注
1	王兴	龙源育才学校党支部	男	1990.01	2018.09.20	2018.09.28	党员推荐	2019.04.23	2019.04.30	
2	母述财	新科职校党支部	男	1990.12.09	2019.01.04	2019.01.26	党员推荐	2019.07.15	2019.08.30	1990.12.09
3	苗婷婷	木马中学党支部	女	1994.12.23	2020.06.10	2020.07.06	党员推荐	2021.01.08	2021.04.09	
4	杨城	姚家小学党支部	男	1991.07.22	2019.09.09	2019.09.27	党员推荐	2020.04.01	2020.04.08	
5	刘玲	义兴小学党支部	女	1996.02.08	2020.06.04	2020.07.02	党员推荐	2021.03.12	2021.03.12	
6	赵得志	香江国际实验学校党支部	男	1996.01.25	2020.09.01	2020.09.09	党员推荐	2021.03.12	2021.03.12	
7	李之君	开封小学党支部	女	1993.06.22	2020.06.27	2020.7.20	党员推荐	2021.02.25	2021.02.26	
8	张文均	剑门中学党支部	男	1991.10.13	2020.09.16	2020.10.14	党员推荐	2021.03.16	2021.03.25	
9	吴沁	武连职中党支部	女	1988.11.02	2020.10.01	2020.10.01	党员推荐	2021.01.07	2021.03.25	
10	何燚	吼狮小学党支部	女	1992.08.13	2019.10.21	2019.11.20	党员推荐	2020.05.25	2020.05.25	
11	姚芮	鼓楼幼儿园党支部	女	1994.08.16	2020.09.13	2020.09.24	党员推荐	2021.03.15	2021.03.15	
12	匡莉	公兴小学党支部	女	1998.01.16	2019.10.16	2019.11.08	党员推荐	2021.03.03	2021.03.19	
13	王景浩	公兴小学党支部	男	1994.08.25	2020.06.05	2020.06.28	党员推荐	2021.03.03	2021.03.19	
14	舒秋萍	剑门关小学党支部	女	1995.08.09	2020.07.03	2020.07.15	党员推荐	2021.01.18	2021.03.12	
15	曾苏芳	剑门关小学党支部	女	1997.04.21	2020.07.01	2020.07.15	党员推荐	2021.01.18	2021.03.12	
16	何艳	武连小学党支部	女	1994.02	2019.06.07	2019.06.18	党员推荐	2020.01.23	2020.03.15	
17	汪怡	垂泉小学党支部	女	1994.01.01	2020.07.01	2020.07.13	党员推荐	2021.02.27	2021.04.09	
18	陈琦	垂泉小学党支部	男	1997.01.03	2019.11.07	2019.11.18	党员推荐	2020.06.04	2020.06.04	
19	谭荣	垂泉小学党支部	女	1995.08.12	2020.07.01	2020.07.13	党员推荐	2021.02.27	2021.03.11	
20	姜珊	普安小学党支部	女	1995.09.04	2020.09.01	2020.10.10	党员推荐	2021.03.14	2021.03.14	
21	谢美	西庙小学党支部	女	1994.10.27	2020.09.23	2020.10.20	党员推荐	2021.03.27	2021.03.27	
22	解苗苗	龙江小学党总支小教党支部	女	1989.07.27	2020.11.16	2020.12.15	党员推荐	2021.05.16	2021.06.08	
23	张鹏	南禅小学党支部	男	1990.09.13	2020.08.28	2020.09.15	党员推荐	2021.03.19	2021.03.19	
24	袁琪	涂山小学党支部	女	1994.04.25	2020.06.12	2020.06.24	党员推荐	2021.04.08	2021.04.21	
25	李平生	涂山小学党支部	男	1996.12.14	2020.05.12	2020.05.27	党员推荐	2021.04.08	2021.04.21	
26	廖丹丹	涂山小学党支部	女	1992.08.02	2020.04.15	2020.04.28	党员推荐	2021.04.08	2021.04.21	
27	郭小燕	城北小学	女	1990.10.15	2021.03.20	2021.04.15	党员推荐	2021.11.05	2021.11.08	
28	何兰	迎水小学党支部	女	1993.10.28	2021.03.03	2021.03.15	党员推荐	2021.10.22	2021.11.08	
29	赵慧玲	迎水小学党支部	女	1993.10.12	2021.03.22	2021.04.13	党员推荐	2021.10.22	2021.11.08	
30	刘雨欢	开封小学党支部	女	1998.08.04	2021.06.01	2021.06.23	党员推荐	2021.12.06	2021.12.06	
31	王春健	白龙小学党支部	男	1992.09.29	2021.05.20	2021.05.24	党员推荐	2021.12.03	2021.12.09	

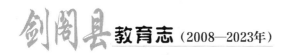

表3-24（续）

序号	姓名	所在党支部（单位）	性别	出生时间	申请入党时间	支部派人谈话时间	推荐方式	支部确定为积极分子时间	教工委备案时间	备注
32	赵聪	公兴小学党支部	男	1994.01.06	2021.06.08	2021.06.23	党员推荐	2021.12.09	2021.12.10	
33	王洋	公兴小学党支部	男	1995.04.10	2021.06.02	2021.06.23	党员推荐	2021.12.09	2021.12.10	
34	张鸿琼	店子小学党支部	女	1991.08.15	2021.06.01	2021.06.12	党员推荐	2021.12.07	2022.01.18	
35	王洁	吼狮小学党支部	女	1996.06.25	2021.05.20	2021.06.17	党员推荐	2021.12.08	2021.12.08	
36	李彦东	吼狮小学党支部	女	1998.09.24	2021.05.20	2021.06.17	党员推荐	2021.12.08	2021.12.08	
37	马瑜	木马中学党支部	女	1994.08.20	2021.05.15	2021.06.10	党员推荐	2021.12.09	2022.01.18	
38	尹月明	鹤龄小学党支部	女	1995.05.20	2021.05.10	2021.05.21	党员推荐	2021.12.27	2021.12.28	
39	汪萍	鹤龄小学党支部	女	1994.04.05	2021.05.12	2021.05.21	党员推荐	2021.12.27	2021.12.28	
40	罗文	鹤龄小学党支部	女	1993.09.23	2021.05.20	2021.05.21	党员推荐	2021.12.27	2021.12.28	
41	张明欣	鹤龄小学党支部	女	1995.03.07	2021.05.15	2021.05.21	党员推荐	2021.12.27	2021.12.28	
42	蹇凌君	剑门关天立学校党支部	女	1997.02.03	2021.05.04	2021.05.30	党员推荐	2021.11.05	—	
43	许利	剑门关天立学校党支部	女	1987.03.13	2021.03.03	2021.03.20	党员推荐	2021.09.25	—	
44	王敏	毛坝小学党支部	女	1996.09.16	2021.10.27	2021.11.04	党员推荐	2022.04.28	—	
45	徐腊梅	正兴小学党支部	女	1993.12.01	2021.06.19	2021.07.07	党员推荐	2022.01.05	—	
46	李涵	正兴小学党支部	女	1995.06.21	2021.06.19	2021.07.07	党员推荐	2022.01.05	—	
47	吴军地	正兴小学党支部	男	1995.08.22	2021.06.19	2021.07.07	党员推荐	2022.01.05	—	
48	杨月星	实验学校党支部	女	1995.09.25	2021.06.19	2021.07.07	党员推荐	2022.01.05	2022.03.07	
49	刘慧	上寺小学党支部	女	1995.09.04	2021.09.20	2021.10.10	党员推荐	2022.03.30	—	
50	王蛟洋	锦屏小学党支部	男	1990.09.12	2021.09.10	2022.09.15	党员推荐	2022.03.21	—	
51	杨加雷	金仙小学党支部	男	1995.08.19	2021.06.03	2021.06.15	党员推荐	2022.03.21	—	
52	何文东	杨村小学党支部	男	1991.01.20	2021.11.12	2021.11.25	党员推荐	2022.05.13		
53	潘晓	碗泉小学党支部	女	1993.10.04	2021.03.04	2021.04.01	党员推荐	2022.01.04	2022.01.04	
54	杨丽娟	碗泉小学党支部	女	1994.08.11	2021.06.10	2021.07.07	党员推荐	2022.01.04	2022.01.04	
55	邱燕	碗泉小学党支部	女	1993.08.15	2021.04.05	2021.04.29	党员推荐	2022.01.04	2022.01.04	
56	谢汶君	鸳溪小学党支部	女	1997.02.18	2021.06.22	2021.07.13	党员推荐	2022.03.10	2022.03.10	
57	罗怡婷	柳沟小学党支部	女	1994.10.12	2021.01.28	2021.02.19	党员推荐	2021.08.30	2021.08.30	
58	邓米扬	汉阳中学党支部	女	1994.07.08	2022.03.17	2022.04.12	党员推荐	2022.10.20	2022.10.25	
59	樊文林	姚家小学党支部	男	1995.09.11	2022.10.13	2022.11.01	党员推荐	2023.04.17	2023.04.20	
60	王银华	姚家小学党支部	女	1981.10.13	2022.10.13	2022.11.01	党员推荐	2023.04.17	2023.04.20	
61	吴长林	公兴小学党支部	男	1994.11.11	2022.09.23	2022.10.14	党员推荐	2023.04.19	2023.04.28	
62	罗利钦	公兴小学党支部	女	1993.11.26	2022.09.26	2022.10.14	党员推荐	2023.04.19	2023.04.28	
63	郑珊	长岭小学党支部	女	1992.11.02	2022.09.10	2022.10.09	党员推荐	2023.05.10	2023.05.10	
64	赵露萍	迎水小学党支部	女	1992.01.21	2022.11.09	2022.11.11	党员推荐	2023.05.17	2023.05.23	
65	李明洋	元山小学党支部	女	1999.03.14	2022.10.09	2022.11.08	党员推荐	2023.06.07	—	

第九章 剑阁县学生资助管理中心

第一节 历史沿革及职能职责

一、成立时间

2009年4月挂牌成立剑阁县学生资助管理中心。2010年10月26日经县委机构编制委员会研究，同意成立县学生资助管理中心。2017年9月资助中心重组。2018年10月8日进行事业单位法人变更登记，变更后法人为：杨启文。

二、成立背景

家庭经济困难学生资助工作，历来受到党中央、国务院和省委、省政府的高度重视，是关系到教育事业持续、协调、健康发展，关系到科教兴国战略和人才强国战略的全面实施的一项重要工作。

根据国发〔2007〕13号、教财〔2007〕14号、川办函〔2008〕250号、川教〔2009〕38号、川教函〔2010〕264号等文件精神、各县（市、区）教育行政部门要尽快成立学生资助管理中心，配备相应的专职工作人员，人员编制从各县（市、区）教育行政部门现有教育事业编制中调剂落实；提供相应的办公场所，配备必要的办公设备，以确保学生资助管理中心正常开展工作；县级财政部门要按照预算管理的要求，为学生资助管理中心安排相应的业务经费。

为此，剑阁县人民政府办公室印发了《关于成立剑阁县学生资助管理中心的通知》（剑府办函〔2009〕42号）文件，剑阁县于2009年4月17日决定成立学生资助管理中心。

2009年11月12日剑阁县人民政府办公室下发《关于调整剑阁县学生资助管理中心组成人员的通知》（剑府办函〔2009〕272号），资助中心下设办公室，办公室设在县教育局，与县教育基金会办公室合署办公，办公室主任由吴方杰同志担任，并由其负责日常事务。

2010年11月10日剑阁县机构编制委员会下发《关于成立县学生资助管理中心的通知》（剑编发〔2010〕47号），经2010年10月26日县委机构编制委员会研究，同意成立县学生资助管理中心，与县教育基金会合署办公，实行"两块牌子、一套人马"的管理模式。主要负责国家助学贷款管理和中等职业学校的国家助学金管理、中小学阶段家庭经济困难学生资助政策落实工作。

2017年9月，由于人事变动、股室调整，经县教育局党组研究决定，单独设立剑阁县学生资助管理中心，将分设在各个职能股室的属于资助中心职责职能的重新划归县学生资助管理中心，资助中心工作人员专职负责日常事务。

三、职能职责

（1）高等教育的资助管理工作。按照现行资助体系相关政策要求，负责本县高等教育的资助管理工作，主要是国家助学贷款以及建档立卡本专科特别资助项目的落实。

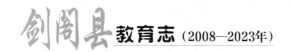

（2）中等职业学校和普通高中的资助管理工作。按照现行资助体系相关政策要求，负责本县中等职业学校和普通高中的资助管理工作。

（3）义务教育阶段学生的资助管理工作。按照现行资助体系相关政策要求，负责本县义务教育阶段学生的资助管理工作，落实以"三免一补"为主要内容的义务教育阶段资助贫困家庭学生资助政策。

（4）学前教育的资助管理工作。按照现行资助体系相关政策要求，负责本县学前教育的资助管理工作。

（5）资助政策宣传工作。会同当地有关部门组织新闻媒体在本县范围内，利用广大人民群众和学生喜闻乐见的形式，开展家庭经济困难学生资助政策宣传和咨询等工作。

（6）完成其他有关资助工作。

第二节　成员任职简况

表3-25　成员任职简况

姓　名	性别	学历	职务	任职时间	备注
张茶花	女	本科	副主任	2020.03—2021.05	
王天娇	女	本科	工作人员	2017.10	
罗　非	女	本科	工作人员	2017.09	
梁　颖	女	本科	副主任	2017.09—2020.01	借用
吴方杰	男	本科	主任	2009.04—2017.09	上挂
左坤周	男	本科	主任	2022.10—	
蒲红华	女	本科	工作人员	2012.06—2017.09	上挂

第三节　工作内容

一、国家资助政策

1. 学前教育免保教费

从2011年秋季学期起，建立四川省困难儿童学前教育资助制度，对经县级以上教育行政部门审批设立的普惠性幼儿园的在园家庭经济困难儿童、孤儿和残疾儿童，每人每月减免保教费100元（川财教〔2011〕224号）。

从2016年春季学期起，将全省除民族自治州、自治县以外的其余132个县的建档立卡贫困家庭幼儿全面纳入面上的保教费减免范围，并据实免除保教费。其中：在公办幼儿园就读的建档立卡贫困家庭幼儿，按照实际收费标准据实免除；对在教育主管部门批准设立的民办幼儿园就读的建档立卡贫困家庭幼儿，按当地同类型公办幼儿园免费补助标准给予等额补助，其收费标准高于财政补助标准的部分，由学生家庭承担（川财教〔2015〕230号）。

减免标准为每生每年1 000元，其中建档立卡贫困家庭在园幼儿据实免除，民办幼儿园参照同类型公办幼儿园标准执行。

2. 义务教育阶段"三免一补"

从 2017 年春季学期起，统一城乡义务教育学生"两免一补"政策。对城乡义务教育学生免除学杂费、免费提供教科书，对家庭经济困难寄宿生补助生活费（国发〔2015〕67 号）。

根据国发〔2015〕67 号文件精神，结合四川省实际，进一步完善四川省城乡义务教育经费保障机制，提出以下实施意见：深化实施城乡义务教育"三免一补"政策，继续对城乡义务教育学生免除学杂费、免费提供教科书和作业本，对家庭经济困难寄宿生补助生活费；民办学校学生同步、同标准享受"三免一补"政策，免费提供教科书和作业本的财政补助标准按照公办学校学生标准执行，民办学校教科书费、作业本费以及经物价部门审批备案的学杂费收费标准高出部分由学生家庭负担（川府发〔2016〕9 号）。

调整完善学生生活补助政策。从 2019 年秋季学期起，将义务教育阶段建档立卡学生，以及非建档立卡的家庭经济困难残疾学生、农村低保家庭学生、农村特困救助供养学生等四类家庭经济困难非寄宿生纳入生活补助范围。确定家庭经济困难寄宿生生活补助标准为年生均小学 1 000 元、初中 1 250 元，家庭经济困难非寄宿生生活补助标准为年生均小学 500 元、初中 625 元（川财教〔2019〕111 号）。

3. 普通高中教育资助政策

从 2010 年秋季学期起，中央与地方共同设立国家助学金，用于资助普通高中在校生中的家庭经济困难学生。省财政厅、省教育厅按照中央"适当向贫困地区和民族地区倾斜"的要求，确定各地资助面，其中：三州及内地民族县、民族待遇县和国家扶贫开发工作重点县为 36%，其余地区为 28%。四川省国家助学金平均资助标准为每生每年 1 500 元（川财教〔2010〕330 号）。

从 2014 年春季学期起，按照 30% 贫困面计算，免除全省家庭经济困难高中学生学费（川财教〔2014〕8 号）。

经国务院批准，从 2015 年春季学期起普通高中国家助学金标准由年生均 1 500 元提高到 2 000 元（财教〔2015〕91 号）。

4. 中等职业教育资助政策

从 2012 年秋季学期起，对全省公办中等职业学校全日制正式学籍一、二、三年级在校学生免除学费（艺术类相关表演专业学生除外），扩权试点县执行标准为 1 950 元，执行免学费政策的中等职业学校包括中等职业学校、技工学校、职业高中、普通中专、成人中专和高等职业技术学院附属中专部（川财教〔2012〕298 号）。

从 2012 年秋季学期起，将中等职业学校国家助学金资助对象调整为全日制正式学籍一、二年级在校涉农专业学生和非涉农专业家庭经济困难学生（川财教〔2012〕298 号）。（同一文件，内容不一致）

从 2015 年春季学期起，中等职业学校国家助学金标准由年生均 1 500 元提高至 2 000 元（川财教〔2015〕262 号）。

5. 国家助学贷款

全日制普通本专科学生（含第二学士学位、高职学生，下同）每人每年申请贷款额不超过 8 000 元，年度学费和住宿费标准总和低于 8 000 元的，贷款额度可按照学费和住宿费标准总和确定。全日制研究生每人每年申请贷款额度不超过 12 000 元，年度学费和住宿费标准总和低于 12 000 元的，贷款额度可按照学费和住宿费标准总和确定（财教〔2014〕180 号）。

6. 建档立卡特别资助

从 2016 年秋季学期起，对全省 2020 年前入学的建档立卡贫困家庭中职学生按每生每年 1 000 元的标准发放生活补助，对 2016 年至 2020 年新入学的建档立卡贫困家庭全日制本专科学生给予每生每年 4 000 元的补助（学费和生活费各 2 000 元），直至相应学业阶段结束（川财函〔2017〕436 号）。

二、资助统计

表 3-26　建档立卡贫困家庭大学生资助统计

年份	2016	2017	2018	2019
人数	195	803	1 098	1 268
金额/万元	78	321.2	439.2	507.2

表 3-27　建档立卡贫困家庭中职学生资助统计

年份	2016	2017	2018	2019
人数	329	823	1 162	1 319
金额/万元	16.45	41.15	58.1	65.95

表 3-28　教育扶贫救助基金

年份	2016	2017	2018	2019
人次	157	217	765	1 687
金额/万元	19.56	20.85	72.13	146.125

表 3-29　普高助学金

年份	2015	2016	2017	2018	2019
人次	7 930	6 348	5 874	5 997	6 708
金额/万元	743.21	634.8	587.4	599.7	670.8

表 3-30　中职助学金

年份	2015	2016	2017	2018	2019
人次	4 557	2 841	2 920	2 946	3 332
金额/万元	323.195	285.475	295.9	292.56	309.5

表 3-31　义务教育阶段寄宿生生活补助

年份	2015	2016	2017	2018	2019
人次	25 973	25 315	24 965	25 735	33 316
金额/万元	1 430.07	1 388.63	1 367.3	1 419.25	1 897.431 2

表 3-32　幼儿免保教费

年份	2015	2016	2017	2018	2019
人次	3 142	6 260	6 051	6 514	7 002
金额/万元	157.067	313.645	301.935	329.76	354.4

表 3-33　国家助学贷款

年份	2016	2017	2018	2019
人数	436	830	1 018	780
金额/万元	333.16	643.03	796.18	598.06

表 3-34　中职免学费

年份	2015	2016	2017	2018	2019
人次	5 754	4 847	4 274	4 291	4 779
金额/万元	559.23	471.5	415.82	417.45	462.5

表 3-35　普高免学费

年份	2015	2016	2017	2018	2019
人次	7 741	6 714	6 475	6 673	6 708
金额/万元	261.71	228.06	243.57	278.2	280.74

第四篇　政策法规与教育综合改革

第一章　学法普法

第一节　普法工作

2008—2023 年，中国经历了"五五""六五""七五""八五"四个阶段的五年普法工作。剑阁教育系统在普法工作中，以各种教育法规为主要内容，以学校为主阵地，以各种政治学习、教育培训、课堂活动为载体，采取多种形式，深入开展普法宣传教育工作，着力推动全县教育系统依法行政、依法治校、依法执教工作进程，促进剑阁教育事业健康和谐发展。

一、成立机构

教育局首先成立了以局长为组长、局股室负责人和基层校级领导为成员的普法工作领导小组，并对小组成员具体负责普法工作职责及任务进行了分解，在明确职责的情况下，使任务落实到人。各校成立了"五五普法、依法治校"工作领导小组，建立了一套完善的普法、学法、用法的相关制度，制订了开展"五五"普法、依法治校工作计划。各校在教育局的统一领导下，聘请了法律顾问并配备了法制副校长。法制副校长在全校学生中举行了《中华人民共和国未成年人保护法》《中华人民共和国预防未成年人犯罪法》等法制知识讲座。

二、普法的对象和内容

（一）普法的对象

一是面向社会和服务对象积极开展教育方面法律法规的普法宣传教育活动。教育局和其他部门每年联合开展了"法制赶场"活动。向前来赶场的百姓宣传、讲解《中华人民共和国义务教育法》《中华人民共和国未成年人保护法》以及《中华人民共和国防震减灾法》等相关法律知识。据统计，"六五"普法期间，五年共发放 20 000 余份宣传资料，接受上百人次的问题咨询。二是以青少年学生、教师、机关干部为重点普法对象，开展形式多样的法治宣传教育，着力提高广大干部、师生的法律素质，全面推进依法行政和依法治教工作。

（二）普法的内容

领导干部主要学习了《中华人民共和国宪法》《中华人民共和国教育法》《中华人民共和国教师法》《中华人民共和国未成年人保护法》《中华人民共和国义务教育法》《中华人民共和国预防未成年人犯罪法》《学生伤害事故处理办法》《教育行政处罚暂行实施办法》《中华人民共和国刑法》《中华人民共和国刑事诉讼法》《中华人民共和国治安管理处罚法》《中华人民共和国土地管理法》《中华人民共和国土地承包法》《中华人民共和国城乡规划法》《大中型水利水电工程建设征地补偿和移民安置条例》《国务院关于完善大中型水库移民后期扶持政策的意见》《信访条例》《中华人民共和国森林法》《房屋拆迁条例》等法律法规。

组织全体师生员工认真学习《中华人民共和国宪法》《中华人民共和国国旗法》《中华人民共和国教育法》《中华人民共和国义务教育法》《中华人民共和国教师法》《中华人民共和国职业教育法》《中华人民共和国国防教育法》《中华人民共和国国家安全法》《中华人民共和国未成年人保护

法》《中华人民共和国预防未成年人犯罪法》等法律法规。采取中心组学习、集体培训、法制讲座及自学等不同形式，分段实施，确保计划、教材、课时、师资"四落实"。

三、落实普法工作采取的措施

一是利用每周的政治学习时间安排全体职工集中学习相关法律法规，将普法学习内容与业务素质学习内容有机地结合起来，安排教师进行重点学习、掌握重点。二是采取多种形式，使普法工作健康有序地进行。许多学校组织学生参加社会实践活动、开设"校园之声"广播站，定期出黑板报，开展丰富多彩的主题班会、团日活动。定期进行知法、守法教育。采取专题讲座、报告会等形式以英雄模范人物的事迹、光辉形象和崇高精神鼓舞学生。各校还对学生进行《中小学生日常行为规范》和《中小学生守则》的强化教育和训练。三是围绕每年12月4日普法宣传日，开展形式多样、生动活泼的宣传活动，请学校法律顾问义务为教职工和学生提供法律咨询。同时举办由全体学生参加的"法律知识竞赛"活动。四是各校规范了升降国旗制度，在每周一的升旗仪式上，坚持围绕爱国主义主题，开展由学生自拟题目自写讲稿的"国旗下讲话"活动。五是进行"禁毒"宣传，参加"禁毒知识竞赛"，许多学校举办了"禁毒知识讲座"，参观"禁毒图片"展览，扎实开展了预防艾滋病的教育。六是重视预防未成年人的不良行为的矫治工作。对严重违反学校纪律、受到了学校纪律处分的学生，各校班主任倾注爱心，做了大量细致的思想工作，帮助其树立信心，鼓励他们参加学校的有益活动，发挥其特长，对他们的进步和成绩给予肯定和表扬，使他们在各个方面都有了很大的进步。七是开展"法律七进"主题活动。就"法律进学校"工作，从组织领导、健全制度、注重教育内容和方式方法等方面进行法治教育布置。印发了《剑阁县教育局"法治教育进校园"宣传教育月实施方案》《剑阁县教育局关于"法治教育进课堂"实施方案》《法律进机关和法律进学校（2014—2016）三年行动实施方案》《剑阁县教育局关于开展国家宪法日暨法制宣传日活动方案》等一系列文件，加强对学校法治教育工作的指导。八是开展青少年"法律伴我健康行，争做守法小公民"主题教育。

学校以课堂教学为主渠道，构建"1234"法治教育体系。"1"指打造"一个环境"奠基础。把法治文化深入融合在校园文化中，把与师生生活实际联系紧密的法律知识用电子屏、宣传栏、标牌、展板以生动、活泼的形式呈现在校园里，让老师和同学们能在生活中处处学法，时时知法，事事守法，营造良好的学法普法工作氛围。"2"指健全"两个体系"作保障。一是健全组织体系，二是健全制度体系。"3"指推进"三个融合"为目标。一是与课堂教育教学深度融合，二是与德育工作深度融合，三是与学校管理深度融合。"4"指开展"四项活动"。一是广泛开展社团活动，二是广泛开展主题教育，三是开展"小手牵大手"活动，四是开展警校共育活动。

四、依法治校示范校建设

（1）2004年制定了《剑阁县中小学校依法治校工作规程》（以下简称《规程》），该规程从办学指导思想、办学行为、学生管理、班子建设、教师队伍管理、校产管理等方面从法的角度全方位予以规范，这在全省是开创性的，省教育厅给予了高度评价。《规程》实施以来，有力地规范了中小学校尤其是农村学校的办学行为，基层反映良好。

（2）依法治校示范校创建。按照稳步推进、注重实效的指导思想，分级分阶段拟订了创建示范校的目标。到2008年全县学校实现一校一章程，提高学校依法办学的自觉性，健全各项教育管理制度、民主监督机制，增强依法维护学校及师生合法权益的意识，进一步规范各种办学行为。

五、取得的成效

发挥教代会职能作用，依法治校，推进校务公开。各校坚持每学期一次的教职工代表大会制度，做到了学校各项制度的制定，重大问题、学校热点、难点问题的解决都由全体教职工参与讨论，研究决定。各校对教职工关心的热点问题全部实行公开。一是干部、教师的岗位设置、聘任公开；二是教师职称评审工作公开；三是干部教师的年度业绩考核公开；四是"两免一补"资金的发放公开；五是财务工作公开；六是教职工及学生关心的热点问题公开。凡是在政务公开允许范围内的事项，都努力做到公开、透明。

加强法治教育，做好信访稳定工作，为和谐剑阁做贡献。加大信访问题处理的力度，坚持依法治访。组织干部、教师和退休教师集中学习国家《信访条例》等有关法规政策，开展依法治访的宣传教育。教育局实现了"大事不出，小事也不出"，去市、赴省、进京访为零的目标，为建设和谐剑阁做出了教育人应做的贡献。

"六五"普法以来，教育系统已成功创建省级依法治校示范校 2 所、市级依法治校示范校 3 所、县级依法治校示范校 9 所。有 6 所学校被县委、县政府表彰为"普法工作先进集体"，4 人被县委、县政府表彰为"普法工作先进个人"；剑阁县龙江小学校被司法部、中央综治委、中国关工委评为全国青少年普法教育先进单位。

据不完全统计，2006 年，全县各级各类学校共开辟法治宣传阵地 296 个，举办法治讲座 157 次，举办法治宣传橱窗 156 期，观看电影、录像 168 次，上法治宣讲课 750 余节，下发教师法治教育读本 2 000 余册，《"五五"普法读本》达到了乡镇中心校以上学校人手一册，有力推动了剑阁县教育系统的普法工作。

第二节　"三养"模式教育治理改革

2015 年，广元市教育局部署全市中小学校实施为期六年的（2015 年 8 月至 2020 年 9 月）"三养"模式（即：以法养心，以法养行，以法养境，简称"三养"）教育法治改革试点，并被省教育厅确定为省级部署试点。

成立了剑阁县教育局依法治教领导小组，印发了《剑阁县教育局关于进一步推进"三养"模式建设法治学校的实施意见》《关于进一步深入推进"法律进学校"活动的通知》等文件，明确了工作目标和具体内容，确保改革项目稳步推进。

一、扎实深入推进试点改革

（一）着力宣传教育，突出"以法养心"

一是充分发挥课堂教学主渠道作用，利用《法治教育进课堂》等指导用书，结合各学科 730 个法治教育渗透点，将法治教育与学科教育紧密结合，大力推行"三养"法治教育模式试点改革，切实做到教材、师资、课时、经费、考试"五落实"。二是抓好学生行为习惯养成教育。注重不同学段的学生的特点——学前教育、义务教育阶段突出规则意识教育，高中阶段突出法律知识和法治原则教育，形成了富有特色的养成教育目标体系。三是大力开展法治宣传教育活动。结合春季"法治宣传月"、秋季开学"法治宣传周""12.4 国家宪法日"以及五四、国庆等节日节点，采用"3+X"模式开展法治宣传教育活动。建设模拟法庭，开辟法治第二课堂，开展以案说法活动，增强学生自觉抵制违法犯罪行为的意识。四是搭建"互联网+法治教育"平台，利用网络等媒体大力开展法治教育。

（二）着力机制建设，突出"以法养行"

一是强化教育系统法治领导机构和工作机构建设。明确了党政主要领导法治工作负责制，不定期召开专题会议，并将依法治校工作纳入目标考核，适时跟踪检查，严格考核，使"法律进学校"工作落到实处。二是推动现代学校制度建设。以章程建设为抓手，明确学校章程为各校制度建设、教育管理的"基本法"。三是依法规范办学行为和招生行为。健全教育教学管理制度，认真贯彻落实有关校园安全的法律及规定，大力实施校务公开制度，健全信息公开的机制，保证教职工、学生、社会公众对学校重大事项、重要制度的知情权，完善预警机制，强化预防和妥善处理事故的能力。四是切实维护师生的合法权益。加大师生权益保护力度，各校建立了师生申诉制度，成立了调解室、心理辅导室，保证教师、学生受到平等、公正对待。依法处理多起涉教学生伤害事故，改善了以前拿钱买平安的处境。五是积极探索学校自主管理。完善学校内部治理结构，充分发挥教职工代表大会监督作用，强化学生自主管理，建立健全家长委员会制度，推进学校决策科学化、民主化、法治化。

（三）着力网络构建，突出"以法养境"

构建学校、家庭、社会"三位一体"青少年法治教育网络，扩大法治教育的覆盖面与影响力。一是将法治教育与校园文化建设相融合。利用学校走廊、橱窗、板报打造"法治教育长廊"，通过教室、寝室、食堂等处悬挂标语、张贴法治宣传画册，营造校园法治文化氛围。二是将法治教育与家庭环境相融合。建立以家庭教育为源头、学校教育为核心、村（社区）教育为辅助的教育网络，组建普法队伍，通过家长委员会开展家长法治培训，以"一人办报，全家学法"为抓手，广泛开展"法律进学校"活动，同时结合法治扶贫向农村人口开展政策、法律知识宣传，全县师生带动数万家长、群众加入学法、用法大队伍，推动形成了全社会学法、用法的良好局面。三是将法治教育与社会环境相融合。建立"警校共建"普法机制，聘请公安、司法等部门基层政法干警、律师及其他法律工作者担任法治副校长，每年至少开展两次专题法治教育活动，将普法与校园安全治理相结合，创立良好社会环境。

二、打造自主改革试点

确定剑门关小学、剑阁职中为县级试点学校，积累典型经验，打造特色亮点。

三、取得的主要成效

（一）法治宣传教育成效显著

一是与司法局一起拍摄了法治微电影《法治小花山乡开》，在全县教育系统展播。二是设立学校法律图书角，全县学校法律图书角总面积近2 400平方米，图书达2万余册，让师生受到法治文化熏陶。三是组织中小学生全面参与2018年全国学宪法讲宪法网络知识大赛；组织全县学生参加四川省2017年"学宪法讲宪法"演讲比赛，获省高中组三等奖；组织学生参加2017年全省教育系统"宪法与我"征文比赛，获省三等奖。青少年法律知识普及率大幅提升。

（二）依法治校水平逐步提升

一是全县88所公办学校、35所民办学校、27所民办培训机构均设立章程，并于2018年6月全面完成了核准、备案，各校以章程为学校"基本法"，扎实推进依法治校。二是通过大力开展学校治理和安全"三防"建设，常态化开展食堂食品安全检查，扎实做好疾病防治工作，依法依规维护平安稳定，2017年剑阁县创建"阳光食堂"校园工作经验在国家级媒体报道推广；教育扶贫、关爱留守儿童、残疾儿童少年"送教上门"等工作获省、市表彰。三是"示范创建"提亮增色。成功打造剑门关小学为市级法治教育示范基地，成功创建省、市、县各级依法治校示范学校21所，常态化开展校际参观、学习、交流，发挥辐射带动作用。

（三）"三位一体"教育网络逐渐形成

一是利用家长会、家代会，开展"一人办报、全家学法"等活动，推进"家校共育"普法模式，增强家长、学生法律意识，丰富法律知识。二是全县中小学校全面落实了法治副校长、法律顾问的聘任，县教育局配合县检察院在15所中学校设立"青少年阳光检查站"，并聘请熟悉未检工作的检察官担任各校的法治辅导员，举办"未检进学校"等专题法治讲座，增强了青少年学生法律敬畏感，预防了青少年学生违法犯罪。

第二章　依法治教　依法治校

第一节　依法治教

剑阁教育系统紧紧围绕"依法治教，促进教育和谐发展"主题，通过"开展八大活动、抓实五大环节、营造四大环境"（简称"854"工作法），不断推进"以法养心、以法养行、以法养境"法治教育模式（简称"三养"模式），逐步建立健全了剑阁县"1234"法治教育工作体系。

一、打造"一个环境"

把法治文化纳入校园文化建设，有机融合社会主义核心价值观和优秀文化传统，通过学校走廊、墙壁、橱窗、板报、教室、宿舍、食堂等，把与师生生活联系紧密的法律知识用电子屏、宣传栏、标牌、展板等，以生动活泼的形式呈现在校园里，让老师和同学们能在生活中处处学法，时时知法，事事守法，营造浓厚的法治环境氛围，让学生潜移默化地接受法治文化熏陶。

二、健全"两个体系"

1. 组织体系

成立以局长为组长、副局长为副组长、党组成员和各职能股室负责同志为成员的普法依法治理领导小组。

领导小组下设办公室，办公室设在督导室，由何心忠同志兼任办公室主任，负责日常工作。健全工作运行机制，构建从局党组到基层学校齐抓共管的工作格局。

把普法工作纳入教育工作目标考核范围，为开展普法和依法治理工作夯实基础。定期召开局务会议，研究部署普法工作，解决法治进校园工作中存在的问题。全县中小学校均设立专门的法治机构，明确1名分管副校长主抓，配备1~2名专兼职人员负责依法治校具体事宜，做到"有牌子、有办公室、有专职人员、有工作制度、有工作专卷"；配备由公、检、法、司各部门干部担任的兼职法治副校长，聘请法治辅导员，全面推进法治教育"进机关、进学校、进课堂"。重点抓了"四项教育"。

（1）抓干部职工教育。利用每周政治学习时间，组织机关和学校教职员工集中学习相关法律法规，将普法与业务学习有机结合，增强依法行政、依法治校、依法治教意识。

（2）抓家长和监护人教育。督查、指导学校充分利用家长会、家长学校向广大家长和监护人宣传《中华人民共和国义务教育法》《中华人民共和国未成年人保护法》《中华人民共和国预防未成年人犯罪法》等有关法律法规，使广大家长明确自己作为监护人应尽的责任和义务。

（3）抓青少年法治教育。以学校为主阵地，以课堂教学为主渠道，以课题研究为切入点，深入开展形式多样、适应学生生理和心理特点的普法宣传教育活动。

（4）抓群众法治宣传教育。按照上级主管部门和县法建办的安排，利用消防日、禁毒日、世界无烟日、环境保护日、"12·4"法制宣传日、法制赶场日等，印发宣传资料、办黑板报、拉横幅、张贴宣传标语等，大张旗鼓地宣传普法和依法治教工作的重大意义，使普法依法治理工作深入人心。

2. 制度体系

切实做到"八个落实"：

（1）落实机关普法"四个一"制度。教育局机关坚持每半年举办一次法律法规宣传教育活动；每季创办一期学法守法宣传专栏；机关干部每半年写一篇学法守法心得体会；每年开展一次学法守法经验交流。法律进机关活动形成长效机制，学法用法实现常态化。

（2）落实教职工法治教育培训考核制度。对广大教师进行以《中华人民共和国教育法》《中华人民共和国义务教育法》《中华人民共和国教师法》《中华人民共和国未成年人保护法》《中华人民共和国预防未成年人犯罪法》《中华人民共和国劳动合同法》《中共中央国务院关于进一步加强和改进未成年人思想道德建设的若干意见》等为主要内容的学习培训，组织全体教职员工及机关干部职工每年参加全县普法考试，整体增强和提升法律意识和执法水平。

（3）落实普法教材、读物征订及学习活动。征订《青少年普法读物》《法治日报》等，编印《法治宣传资料》，狠抓学生、教职工和机关干部的普法学习。坚持每周例会在学习党的路线、方针、政策的同时，安排普法学习内容；通过专题讲座、写心得体会、交流发言和举办法治小报展评、书画竞赛、征文比赛等，有计划、全方位地开展法治教育活动。

（4）落实"三务"公开制度。教育局设立"党务、政务、财务"公开栏，对干部勤政廉洁、工作业绩表现和"三公"经费支出、项目资金分配、干部人事任免、教师考调等社会关注度高的"三重一大"事项及时公开，教育警示领导干部廉洁自律，广泛接受群众监督。督促学校将贫困学生生活补助、营养餐管理、校务财务、职称评定、评优晋级、绩效考核等适时公示，加大指导和查处力度。同时充分利用局网站及时公开政务信息，发布通知要求，主动接受社会监督；借助报纸、网络、电视等新闻媒体及时宣传报道教育系统开展的重大活动和取得的可喜成绩，保障广大人民群众的知情权。

（5）落实行政执法和责任追究制度。完善《首问负责制实施细则》和《责任追究制实施细则》等，严格依照法定权限和程序管理事务，进一步规范执法行为和教育教学行为。对重大事项的决策、学校项目建设、电教设备招标等加大监督检查力度，同时严格按照细则予以责任追究。

（6）落实法治副校长和法治辅导员聘任。聘请法治副校长和法治辅导员，举办以"交通、禁毒、防火、防盗、防溺水、防拐卖、防邪、防震减灾"等为主题的普法讲座；开设法治教育课，利用思想品德课、法治健康课和主题班队会、社会实践活动等，加强法律法规的学习教育。邀请并配合当地派出所、县司法局、防邪办、禁毒委等有关部门，警校共育，定期开展"八进"校园活动，举办普法系列图片展，进一步夯实法治教育进校园工作。

（7）落实"三防"建设及综合治理。进一步抓好"人防、物防、技防"建设，严格门卫管理制度，落实安全管理职责，加强门卫值班管理，对出入校园的人员严格核实身份并登记。积极配合县综治办、文化、公安等对辖区内学校、幼儿园的安全、食堂卫生、消防、周边环境进行综合治理。对不合格的社会力量办学限期整改或依法取缔。

（8）落实信访维稳制度。设立专门的信访办公室，专人负责信访接待工作。完善《剑阁县教育局接待群众来信来访制度》，建立主要领导接待处理信访事务日，按"分级负责，归口办理"原则，依据党和国家的方针、政策、法律和法规，及时有效地处理群众来信来访，正确回答群众提出的问题，依法解决相关诉求。对一时难以办理或不合理要求，耐心细致地做好解释疏导工作并及时上报。

三、推进"三个融合"

1. 与课堂教育教学深度融合

各中小学校进一步明确学校法治教育的地位、目标、内容和工作体制，把法律素质教育纳入学校教育的总体布局，将法治教育纳入学校教学计划，与课堂教育教学深度融合，切实做到教材、师资、课时、经费、考试"五落实"。根据不同学龄段学生的生理、心理特点和接受能力，不断提高宣传教育的针对性，发挥课堂教学的主渠道作用，有计划有针对性地开展法治教育。同时积极开辟"第二课堂"，利用主题班会、专题讲座、知识竞赛、法律征文演讲比赛等多种形式，开展生动活泼的青少年学法用法实践活动。

2. 与德育工作深度融合

通过"全纳全过程教育、课堂主渠道教育、专题教育、党政团队班社活动、重要节日节点活动、仪式活动、文艺演讲参观、以案说法"八大德育教育活动，开展法律知识竞赛、手抄报展评、法治安全讲座、以案说法等，达到"教育一名学生，带动一个家庭，影响整个社会"的目的与成效。剑阁县龙江小学被司法部、中央综治委、中国关工委评为全国青少年普法教育先进单位；剑阁中学、剑门关小学被评为省级依法治校示范学校；县教育局被县委县政府表彰为综合治理先进单位；等等。

3. 与学校管理深度融合

用法治思维、方式管理和处理学校事务，通过强化"领导机构、队伍建设、规则保障、执行落地、督查考评"五大环节抓法治建设。注重学校法治副校长、法治辅导员和法律顾问队伍建设；注重规则制度建设，健全学校章程、议事规则程序、日常管理制度、校务公开制度、教师及学生申诉制度、纠纷调解制度、经费保障制度等；注重学校法制队伍建设，开展对学校干部职工、班主任、教师法治专题教育培训。把学校单纯的行政管理转为依法治理，健全学校治理秩序，优化学校治理结构，提高学校治理能力，依法治人、治事、治财，规范学校办学行为；遇到重大问题寻求法律帮助，借助法律手段解决问题、化解矛盾，促进学校特色发展、内涵发展，为学校持续健康发展提供法治保障。

四、开展"四项活动"

1. 广泛开展社团活动

形成以"党组织领导，行政负责，团队实施，班级执行，社团落实"的法治宣传教育运作机制，坚持以党政团队班社活动为主线，依托当地法律援助中心、文化宫、图书馆、监狱、看守所等作为法治宣传教育基地，开展"模拟法庭""我是法律小博士""法律讲堂"等形式多样的法治社团活动，推动"法治教育进学校"纵深发展。

2. 大力开展"主题教育"活动

利用升旗仪式、开学典礼、成人礼和每年12月4日"法制宣传日"、秋季开学第一周"法制宣传教育周"、四月份"法制宣传月"，制作法治专栏，开设法律图书角，举办法治知识竞赛、演讲比赛，开展"远离毒品，珍爱生命""争当环保小卫士""道路交通安全""应急避险"等法治专题教育活动，通过丰富多彩的活动培养学生知法守法的行为操守，积极探索"法治教育进校园"新途径。

3. 积极开展"小手牵大手"活动

组织开展青少年喜闻乐见的法治教育活动，以"一人办报，全家学法"为主题，开展"小手牵大手"活动，形成"小手牵大手，孩子带家长"的全民学法氛围，构建以家庭教育为源头、学校教育为核心、村（社区）教育为辅助的"三结合"法治教育网络，健全从小学到中学的渐进、科学、合理的法治教育体系，形成教育合力。

4. 协同开展"警校共育"活动

充分利用社会资源，建设一支法治宣传教育志愿者队伍，主动联系当地公安、司法、综治等部门，调动各行业、各部门积极性，整合资源，形成合力，加强警校共育，创立良好社会环境。借助法院、少管所等社会资源建立法治教育基地、青少年犯罪预防警示教育基地，增强青少年学生法律敬畏感，预防和减少青少年学生违法犯罪行为。

第二节　依法治校

为贯彻落实教育部《依法治教实施纲要（2016—2020年）》和《四川省教育系统深入推进依法治教行动计划（2015—2020年）》以及剑阁县人大常委会《关于开展第七个五年法治宣传教育的决

议》（剑人为〔2017〕1号）精神，进一步推进依法行政、依法治校和"七五"法治宣传教育，剑阁县教育系统全面推进依法治校工作。

一、推进依法行政

（一）转变对学校的行政管理方式

积极推进教育治理体系与治理能力现代化建设，深入推进"管、办、评"分离，努力提高政府及教育主管部门"管"教育的针对性、学校"办"教育的规范性、社会"评"教育的科学性。县教育局要从具体行政管理为主转向依法监管为主，尊重学校办学自主权，要从过多过细直接管理活动转向主动提供协调服务，保障学校自主办学合法权益。

（二）深化教育行政审批制度改革

要全面推行政务公开制、服务承诺制、首问负责制和社会监督制，将行政审批项目的依据、内容、条件、程序、时限、结果及相关事项上墙上网，进一步简化办事流程。要扎实推进放管结合，做好下放权力的事前、事中、事后监管，建立权责清单制度、监管抽查制度、跟踪评估制度、责任追究制度，进一步提升监管水平。要严格执行规范性文件审查和备案制度。

（三）健全科学民主的决策机制

要把与群众利益密切相关和社会高度关注的决策事项作为重大行政决策的公示内容。把公众参与、专家论证、集体讨论、合法性审查、廉洁性和风险性评估等程序作为重大行政决策的法定程序。把依法决策、科学决策、民主决策作为重大行政决策的基本原则。

二、推进依法治校

（一）加强学校章程建设

各级各类学校要结合自身实际修订学校章程，并将章程作为改革发展、依法治校的基本依据，作为统领学校各项制度建设的基本遵循。学校章程修订要按照民主公开原则，广泛征求校内外各方意见，经教代会讨论通过，报教育行政部门备案。对2015年前核准的学校章程进行修订。

（二）完善民主监管机制

各级各类学校要充分发挥教职工在学校民主管理和监督中的重要作用，把职称评定、绩效分配、项目建设、发展规划等重大事项提交教职工代表大会审议。要把学校学籍管理、招生入学、培养目标与课程设置、教育教学质量、基本建设招投标、收费标准等重要事项及时向师生、家长和社会公开，接受监督。要支持和鼓励教职工通过不同形式和渠道对学校班子和管理部门的工作提出意见，进行考评。要建立健全家长委员会制度，支持家长委员会有效开展工作，主动接受广大家长的监督。

（三）尊重和保护学生合法权益

各级各类学校要贯彻落实《中华人民共和国义务教育法》《中华人民共和国未成年人保护法》《中华人民共和国预防未成年人犯罪法》，保障学生的人身权、财产权、受教育权不受非法侵害，杜绝体罚、变相体罚、校园暴力等造成的学生伤害等侵权行为。保障学生在教育教学设施、资源使用、学业考核、品行评价、奖励资助等方面受到公平公正对待，杜绝违规收费、歧视后进学生、弄虚作假、暗箱操作等违法违规现象。

（四）尊重和保障教师合法权益

各级各类学校要依法制定权利义务均衡的教师聘任合同制度，在教师职位聘用、继续教育、奖惩考核、后续保障等方面进行明确的约定，保障教师享有合法权益和待遇。要依法建立教师职业道德规范，强化师德师风建设，提高广大教职工依法执教的能力。

（五）完善校内纠纷解决机制

各级各类学校要依据《中华人民共和国教育法》《中华人民共和国义务教育法》等相关法律制定教师、学生申诉制度，畅通师生维权申诉渠道。要健全校内纠纷解决机制，运用信访、调解、申诉、仲裁等各种争议解决方式，妥善处理学校内部各种利益纠纷。

（六）完善依法治校工作运行机制

各级各类学校要将依法治校纳入整体工作规划，制订实施方案，明确岗位职责，拟订目标任务，提出具体措施。要聘请至少1名法律顾问，建立法律顾问体系，提供法律咨询服务，推进建章立制、内部管理、权益保护、民主监督、社会参与、法治宣传等工作的落实。

三、剑阁县依法治校示范学校评估标准（试行）

表 4-1　剑阁县依法治校示范学校评估标准（试行）

序号	一级指标	分值	二级指标	分值	三级指标	分值	评估方式
一	领导重视，工作机制健全	10	1. 学校领导形成了依法规范行使权利，依法保障学校、教师、学生权益，依法实施改革措施、审查管理活动的治校理念和工作方式	3	（1）学校领导重视依法治校工作，并将其列入重要议事日程 （2）在学校决策、管理中贯彻依法治校理念 （3）学校领导班子定期研究解决学校依法治校问题	1 1 1	查阅工作记录、会议记录等资料
			2. 依法治校工作机制健全，有专门的工作机构和人员，有依法治校实施方案并得到落实	7	（1）学校有专门的法制工作机构和工作人员 （2）中小学聘请了法制副校长或法制辅导员，市属中等以上学校应聘请法律顾问 （3）学校有明确的依法治校工作规划和实施方案 （4）有年度工作计划和工作总结 （5）各部门形成具体的工作目标和要求，规定任务得到落实 （6）法制工作机构或人员在学校决策管理过程中能够发挥参谋和助手作用 （7）学校出台有关管理措施、对外签订的合同、实施的改革方案等，有从法律方面评估和论证的环节	1 1 1 1 1 1 1	查阅工作制度、计划、方案、工作记录等相关资料
二	学校章程和管理制度完善	20	1. 有依法制定的学校章程	6	（1）依法按程序制定了内容比较完善的学校章程 （2）学校章程已得到行政主管部门审核批复 （3）学校章程的修改符合规定程序 （4）学校章程向全体教职工、学生及家长公示，学校的办学活动围绕章程进4行	2 1 1 2	查阅相关资料，座谈
			2. 有完善的与章程相配套的各项管理制度	8	（1）依法建立完善的教育教学制度 （2）依法建立完善的人事管理制度 （3）依法建立完善的财务管理制度 （4）依法建立完善的学生管理制度 （5）依法建立完善的师资管理制度 （6）依法建立完善的后勤保障制度 （7）依法建立完善的安全管理制度 （8）各项管理制度公开，建立相应档案、汇编	1 1 1 1 1 1 1 1	查阅相关资料
			3. 有制定规章制度的程序性制度，且议事规则和程序明确、规范	6	（1）学校的主要规章制度，均按照法制统一和法律保留的原则进行过审查、清理，不存在与法律法规、规章和有关规范性文件的规定相抵触的内容，层次合理、简洁明确 （2）学校管理制度的制定过程中建立依法审查程序，能够听取各方面意见特别是利益相关人的意见，实施前经过公示，符合程序和期限 （3）学校的各种办事程序，各种内部组织的组织规则、活动程序、议事规则等形成制度化的规定	2 2 2	查阅工作记录、会议记录等相关资料，座谈

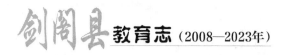

表4-1(续)

序号	一级指标	分值	二级指标	分值	三级指标	分值	评估方式
三	自主办学，管理规范，教学质量高，社会声誉好	22	1. 自觉遵守国家法律法规，依法按章程自主办学，教育教学管理制度健全，成效突出	11	(1) 学校办学活动以育人为本，能够全面贯彻国家教育方针 (2) 教育教学效果突出、质量优良，形成良好的校风、学风，社会声誉良好 (3) 学校严格依法招生，招生活动规范、公开、透明，选拔机制与程序公平、公正 (4) 有健全的教育教学管理制度，课程设置、教材选择等环节合法规范，教学计划完善、秩序良好，对教学质量有规范的监控、评估和反馈机制 (5) 依法设置的各种学术评价机构能够独立开展活动、行使职能，学术评价的过程和标准公开、公平、公正 (6) 对学校内设机构、教师开展的培训、补课等活动，建立相应的管理规范 (7) 学校内部的各种评优、选拔机制公开透明、公平、公正	1 2 1 3 2 1 1	查阅相关制度资料，与师生、学生家长座谈或随机调查
			2. 学校管理体制完善，决策机制科学、民主、规范，组织机构和职能部门健全，分工合理，职责明晰	7	(1) 法定的各种学校内部组织机构健全，并能依法行使职权、开展活动。中小学健全校长负责制，有完善的校长决策程序；民办学校和中外合作办学机构依法建立学校董事会或者理事会，有健全的议事规则，并能够按期开会履行职责 (2) 按照精简、高效的原则设置各种职能部门，职能部门职责与权限清楚，分工明确、合理；重要的部门、岗位的权力受到合理的监督 (3) 建立规范化的决策机制，重大决策经过科学、民主的论证，必要的事务以听证会等方式听取各方面的意见 (4) 实行校企分离，学校参与举办的各种经济组织与学校之间的法律关系清楚，管理规范	2 2 2 1	查阅相关制度资料，与师生座谈或随机调查
			3. 学校安全管理制度健全，无安全隐患和责任事故；加强校园周边环境治理，校园秩序良好	4	(1) 学校安全工作制度健全，安全工作有专人负责 (2) 学校设施符合安全标准，按照要求建立了应对突发事件及学生伤害事故的处理预案，无责任事故 (3) 学校综合治理工作有专人负责，周边环境文明、健康、安全	1 2 1	查阅相关资料，座谈，查看相关设施
四	尊重和维护教师、学生的合法权益	10	1. 教师在职务评聘、继续教育等方面的合法权益得到保护，教师的权利和义务明确，并得到落实	5	(1) 依法聘任教师，建立规范的教师聘任合同制度，依法明确学校与教师的权利与义务 (2) 在教师职务评聘、继续教育、奖惩考核等方面建立明确的制度规范 (3) 教师的人身财产安全得到有效保障	2 2 1	查阅相关资料，与师生座谈或随机调查
			2. 学校坚持以学生为本，尊重学生人格，学生的各项权利得到有效保护	5	(1) 学校的学生管理制度体现以学生为中心、维护权利的指导思想，体现公平公正和教育为本的价值理念，学生的基本权利得到尊重和保护，并能够以适当方式参与学校相关的管理活动 (2) 对学生进行的奖惩行为，规则明确、程序正当、重视证据、公平公正，学生的知情权、陈述权、申辩权得到相应保障 (3) 学校没有发生过体罚或者变相体罚学生，限制人身自由以及侮辱歧视学生等现象，没有违法违规向学生乱收费用等情况	1 1 1	查阅相关资料，与师生座谈或随机调查

表4-1（续）

序号	一级指标	分值	二级指标	分值	三级指标	分值	评估方式
					（4）对受过处分的学生不歧视，处分的期限与后果明确，给予相应的教育悔改机会	1	
					（5）学生的人身财产安全得到有效保障，没有发生由于学校过错而出现的学生伤害事故；中小学落实《中华人民共和国未成年人保护法》和《中华人民共和国预防未成年人犯罪法》卓有成效，依法保护未成年学生的各项权利	1	
五	校务公开，民主监督机制健全	10	1. 依法设立的工会和教职工代表大会机制健全，运转正常，能够发挥积极的作用	4	（1）有健全的工会和教职工代表大会组织 （2）有健全的教职工代表大会工作制度，涉及与教职工切身利益相关的事务，以及学校发展重大事项，要经过教职工代表大会讨论通过 （3）工会发挥好保障教职工合法权益的作用	1 2 1	查阅组织制度、工作记录、会议记录等，与教职工座谈
			2. 积极推行校务公开，落实各项措施，保证教职工对学校重大事项决策的知情权，保证学生、家长和社会对招生、收费等事务的必要的知情权	3	（1）有健全的校务公开组织、工作方案，坚持按制度落实校务公开工作 （2）有明确地向教职工和学生公开的项目和公开栏设置 （3）有明确地向社会、学生家长公开的项目和公开栏设置	1 1 1	查阅相关材料，与师生和学生家长座谈
			3. 建立校内监督机制和有效的信息沟通渠道，使学生、家长以及教师对学校管理决策、教育教学活动的意见、建议能够及时反映给学校领导、行政部门，并得到相应的反馈	3	（1）建有家长学校或家长委员会，并坚持开展活动，建立与社区、家长的稳定、规范的联系制度 （2）有健全的校内监督机制，监督方式明确有效 （3）设有意见箱或校长信箱，有听取教职工、学生对学校工作意见的组织机构、人员等，对意见和建议能及时反馈	1 1 1	查阅相关材料，与师生和学生家长座谈
六	建立公平、公正的校内争议解决机制	8	1. 建立校内教师申诉、职务评聘复核等相关制度，使在教师职务评聘、待遇、奖惩等活动中产生的争议有相应的解决途径	3	（1）建立相关规章制度并得到有效落实 （2）有处理相应问题的机构和人员 （3）教师申诉处理机构的组成和议事规则公正、公开	1 1 1	查阅工作记录、规章制度等相关资料
			2. 建立学生申诉制度，处理因学生对学校处分不服而产生的争议，保护学生权益	3	（1）建立学生申诉制度 （2）有专门的学生申诉处理机构 （3）学生申诉处理机构的组成和议事规则公正、公开	1 1 1	查阅议事记录等相关材料，与学生座谈
			3. 学校建立并综合运用信访、调解、仲裁等各种争议解决机制，依法妥善处理学校内部的各种矛盾和争议，维护教师、学生的合法权益	2	（1）学校建有专门处理校内争议的信访、调解或仲裁机构和人员 （2）各种争议的解决程序合法，处理公正，结果公开	1 1	查阅资料，与教职工座谈

表4-1（续）

序号	一级指标	分值	二级指标	分值	三级指标	分值	评估方式
七	加强法制宣传教育，法治氛围浓厚	20	1. 认真做好教育普法工作，目标任务明确，措施有力，工作落实	4	（1）建立由学校主要领导负责的普法工作机构 （2）普法工作有计划、有措施、有检查、有总结，任务到岗，责任到人 （3）普法工作得到落实并取得显著成效	1 2 1	查阅工作计划、记录、总结等资料
			2. 学校领导、教师的法律学习形成制度，法律素质明显提高，形成良好的法治氛围	5	（1）建立并坚持学校领导学法制度，将法制学习宣传教育列入校长任期目标责任制 （2）建立并坚持教师学法制度，教师法律考试考核合格 （3）形成体现法治精神的良好育人环境，教师、学生认同学校的管理，体现了公平、公正的法治精神，依法办事成为自觉行为 （4）学校及其教师、学生无严重违法犯罪行为发生 （5）尊重法律权威，发生法律争议时积极应诉，认真落实行政申诉、行政复议决定及司法判决等法律文书中要求学校履行的义务	1 1 1 1 1	查阅相关资料，与教职工和学生座谈
			3. 青少年学生法治教育以课堂为主渠道，做到计划、课时、教材、师资"四落实"	4	（1）法治教育有明确的计划 （2）法治教育课时达到规定要求 （3）有适合青少年学生的专门的法治教育教材 （4）有专门的法制课教师	1 1 1 1	查阅相关资料，与教职工和学生座谈
			4. 聘请了法制副校长或法制辅导员	3	（1）聘请了法制副校长或法制辅导员 （2）法制副校长或法制辅导员工作职责明确，有工作计划并得到落实 （3）法制副校长或法制辅导员积极发挥作用，定期与学校领导班子研究法制工作，积极协助做好校园综合治理	1 1 1	查阅相关资料，与教职工和学生座谈
			5. 法治宣传教育活动形式多样，丰富多彩	4	（1）学校、年级或班级每年定期组织法制专题教育活动 （2）学校设有法制宣传栏、法制活动室、法治教育园地等；设有校外法治教育基地，积极开展生动活泼的法治教育活动	2 2	查阅相关资料和设施，实地考察、座谈

四、县级"依法治校示范学校"建设

县依法治县办、县委宣传部、县教育局、县司法局联合开展了依法治校示范校评估认定工作。经学校申报、县级评估验收，于2018年7月和2020年2月，分两批次同意认定香江国际实验学校、普安中学、鼓楼幼儿园、剑阁县樵店小学校4所学校为"剑阁县依法治校示范学校"。

第三节　学校章程建设

根据县教育局《关于全面推进依法治教工作的实施意见》（剑教发〔2017〕18号）及《剑阁县学校章程修订和备案办法（试行）》文件精神，剑阁县教育系统全面开展学校章程建设工作。

县教育局对章程进行备案。各教育督导办、各校要成立章程修订领导小组及咨询组、工作组等工作机构，做到人员落实、分工明确。

各校在校内外深入开展调研，召开专题座谈会，征集全校各层面、相关单位以及校友和其他社

会人士等各方意见，广泛凝聚智慧，经反复修订后使章程的内涵、结构、体例、用语等完善。在2018年2月底前全面实现"一校一章程"目标。

各校要把修订后的章程作为制定学校相关制度、实施教育教学活动和自主管理的主要依据，及时对学校的各项规章制度进行清理和完善，形成由学校章程、管理制度、工作措施、评价工具构成的"四层一体"治理体系，具备学校内部科学治理的"一揽子"解决方案，以健全学校自我管理、自我约束、自主发展的运行机制，切实提高办学水平。

根据《剑阁县学校章程核准办法（试行）》，剑阁县学校章程核准领导小组于2017年8月和2018年2月，分两批次对全县88所学校送审的《学校章程》予以评议，同意批复自下达之日起，实施修订后的学校章程。

核准后章程为最终文本，未经法定程序不得修改。各校应当将章程作为依法自主办学、实施管理和履行公共职能的基本准则和依据，按照建设中国特色现代学校制度的要求，完善法人治理结构，健全内部管理体制，依法治校，科学发展。

表4-2 剑阁县学校章程通过核准名单（第一批56所学校）

剑阁中学	剑州中学	普安小学	剑门关高中	普安中学	鹤鸣小学
江石小学	龙源育才学校	田家小学	闻溪小学	城北小学	柳垭小学
姚家小学	盐店小学	柘坝小学	公兴中学	香沉小学	公兴小学
圈龙小学	金仙小学	长岭小学	吼狮小学	涂山小学	白龙小学
碑垭小学	摇铃小学	广坪小学	禾丰小学	店子小学	西庙小学
柳沟中学	柳沟小学	毛坝小学	义兴小学	凉山小学	垂泉小学
东宝小学	马灯小学	高池小学	杨村小学	鹤龄小学	鸯溪小学
羊岭小学	锦屏小学	樵店小学	木马小学	柏垭小学	汉阳中学
张王小学	汉阳小学	龙江小学	王河小学	上寺小学	普广小学
剑门关实验学校	香江国际实验学校				

表4-3 剑阁县学校章程通过核准名单（第二批32所学校）

成教中心	剑阁职中	武连职中	白龙中学	木马中学	普安幼儿园
鹤龄中学	开封中学	元山中学	剑门中学	实验学校	南禅小学
抄手小学	北庙小学	武连小学	秀钟小学	正兴小学	开封小学
碗泉小学	迎水小学	国光小学	元山小学	演圣小学	时古小学
公店小学	禾丰小学	石城小学	小剑小学	高观小学	剑门关小学
香江国际幼儿园	江口嘉陵学校				

第三章 "两基"工作

一、全县教育基本情况

2011年，剑阁县辖57个乡镇，68.79万人口，行政村544个，有公办学校91所〔其中普通高中5所、职业高中3所、单一初级中学16所、九年一贯制学校21所、六年制中心小学46所（行政村小11所）〕、成人教育中心1所、公办示范幼儿园1所。全县有民办学校42所。2010年全县有在校学生73 438人，其中小学生28 346人（包括特教生132人）、初中生25 568人、普通高中生14 693人、职业高中4 831人。全县有在园幼儿10 191人、在职教职工4 913人。

剑阁县1985年普及初等教育，1998年接受四川省"两基"工作评估验收，荣获四川省及全国"两基"工作先进县称号。近几年，先后被评为四川省实施体育达标先进单位、四川省幼儿教育先进单位、四川省中小学校长岗位培训先进单位、四川省规范教育收费示范县、四川省"素质教育实验县"和"课改实验县"。2008年5月，剑阁县教育工作顺利通过了省人民政府的督导评估。

二、"两基"迎国检工作进展情况

剑阁县委、县政府充分认识到，"两基"工作接受国检是剑阁县的一件大事，在全县教育事业发展中具有里程碑意义。因此，县委、县政府成立了"两基"迎国检工作领导小组，组织有关人员参加省、市"两基"工作培训，共同研究迎国检工作。同时，制定了《剑阁县"两基"迎国检工作实施方案》，明确了工作职责，划定了工作的实施阶段。主要做法如下：

一是宣传发动。为落实省市"两基"迎国检会议精神，2010年8月26日召开了"两基"迎国检工作动员大会，对"两基"迎国检工作进行了全面安排部署，与各乡镇、有关部门签订了"两基"迎国检工作责任书，并落实了"两基"工作专用经费。会后，全县迅速行动，扎实有效地推进各项工作。各乡镇、教育督导办、学校，利用媒体、橱窗、黑板报、发放宣传资料等多种形式宣传《中华人民共和国义务教育法》《中华人民共和国未成年人保护法》等法律法规。"两基"工作开展情况在剑阁电视台、剑阁县人民政府资源信息网、剑阁县党政公众网、新华网、广元日报等新闻媒体报道。制发了《剑阁县"两基"工作督导简报》六期，及时通报迎检进展情况。

二是自查自纠。按省市"两基"工作统一安排，县政府制定了工作行事历，每月认真了解各部门、各乡镇工作进展情况，严格考核。县委书记冯安富、县长田中文等四大班子领导多次深入乡镇、学校检查指导"两基"迎检工作。先后召开了三次部门工作协调会，对经费投入、办学条件、教师编制等工作进行了深入研究，解决了存在的问题，加强了部门之间的沟通与协调。各乡镇实行乡镇干部联村，村组干部包户，走村入户摸清家底，核实数据；乡校联动查找问题，宣讲政策；部门协作解决难题，推动工作。认真做到"四查"：查认识是否到位，"两基"工作是否深入人心；查管理是否落实，适龄少儿是否受到良好教育；查数据是否准确，各类统计是否真实有效；查档案是否详尽，资料是否全面客观反映教育发展过程。在三次迎检工作通报会上，分别通报了各乡镇适龄儿童入学、文盲人员的脱盲、学生异动、学校常规管理等情况，对工作不力的乡镇和部门进行问责。

三是督查整改。2011 年 3 月 5 日和 3 月 17 日，分别组织基教、计财、人事、督导、电教等负责人、"两基"办业务人员参加省、市"两基"迎国检工作培训会议，领会精神，提高业务水平。2011 年 3 月 23 日，县政府组织全县县级各部门召开部门联席会，组织乡镇分管领导、学校"两基"工作人员，召开两基工作业务培训会议，进一步强化措施，明确任务，扎实推进"两基"迎检工作。县分管领导带领教育督导室、"两基"迎检办工作人员深入 12 个乡镇和学校开展第二轮"两基"复查，并指导"两基"迎国检工作。通过察看校园环境、查阅两基档案资料、听取乡镇领导汇报和教师座谈等方式，对所到乡镇的教育工作进行了全方位的检查和指导。对各乡镇"两基"工作中存在的问题进行了全面排查，督促整改。

2011 年 4 月 10 日，全面完成数据统计、录入、复查工作，并于 5 月初将自查报告报送广元市人民政府，"两基"档案组建工作初步完成。对剑门、普安等 4 个片区 15 个乡镇 28 所学校的控辍保学、校园文化、扫盲工作、档案建设等方面进行了重点督查。

三、两基各项指标完成情况

2010 年，全县义务教育阶段小学适龄儿童入学率达 100%，初中阶段入学率达 99.03%，残疾少年儿童入学率达 84.54%；在校生年辍学率小学控制在 1% 以下，初中控制在 2% 以下；小学毕业班毕业率为 100%，初中毕业率为 99.82%；15 周岁人口中初等教育完成率为 99.69%，17 周岁人口初级中等教育完成率为 99.70%；乡镇成人学校办学面达 100%，青壮年非文盲率为 99.97%，15 周岁人口文盲率为零。2009—2011 年，县财政补助扫盲经费 35 万元，乡镇成人学校自筹扫盲经费 20.57 万元。

全县中小学校投入重建资金 8.235 7 亿元，新建校舍 351 849 平方米，全县校舍建筑总面积为 626 922 平方米，义务阶段学校生均校舍建筑面积达 11 平方米以上。通过灾后重建，全县城乡学校面貌焕然一新，硬件设施得到根本性改变。

合理安排中央、省、市划拨的农村中小学危改资金，2007 年以来，共计投入资金 1 123 万元（2008 年纳入灾后重建），共改扩建校舍面积 21 801 平方米，全面完成了 C 级危房的维修加固工程，全县学校无 D 级危房。

教育系统干部队伍得到充实，为全县教育发展提供了坚强的组织保障。为加强干部队伍建设，先后开展了廉政警示教育、作风整顿建设、效能建设、教育管理、法纪教育等一系列教育学习活动，中小学校长岗位培训面达 100%，合格率达 100%。新补充教师合格率达 100%。全面实施教师聘用制，逐级按岗聘用。2011 年 9 月，全县小学教师学历达标率为 99.95%，初中教师学历达标率为 98.18%。

实施农村中小学现代远程教育工程，建成计算机网络教室 77 间、实验室 156 间、艺体美术卫生劳技室 222 间。灾后重建，投入 3 402 万元用于配置教学仪器设备，其中 2010 年底通过政府采购中心公开招标采购教学仪器设备 2 400 万元，数量 52.785 4 万台（套、件），其余 1 002 万元教学仪器设备配套资金通过政府招标采购。教学仪器设备配齐学校小学 61 所，配齐率达 91.04%；初中 38 所，配齐率达 92.68%。生均图书小学达到 18 册，初中达到 26 册。

贯彻落实国家有关政策法规，不断完善"以县为主"的教育投入和管理体制，强化财政对教育的保障功能，教育经费基本做到了"三个增长"。教育费附加和地方教育附加足额征收并全部用于教育。全县教职工工资从 2003 年起全额纳入预算，且一律实行打卡直发，无拖欠教职工工资情况。2007 年至 2010 年 12 底月上级财政补助"两免一补"资金已全部到位，并足额拨付到各校和学生本人。针对学校"普九"负债，2007 年 11 月，县政府组织教育、审计、财政等部门对全县"普九"债务进行清理和锁定，"普九"债务共计 1.308 4 亿元。按制订的削减债务方案进行了分步化解。截至 2009 年底，全县"普九"债务已全部化解。

四、存在的问题

一是随父母打工外出读书的儿童、少年办理相关证明和手续较难；二是部分学校灾后重建校舍建起来了，而地面硬化、围墙、堡坎、绿化等配套设施资金不足，还未完善；三是广大人民群众对优质教育需求期望值高，应试教育现象短期难以消除，素质教育推进任重道远，教育均衡发展还有较长的路要走；四是档案资料还需进一步规范；五是师资结构与现代教育要求还有差距；六是边远地区生源较少的学校，公用经费难以维持正常运转；七是教育技术装备、设备、图书配备不足，与省定标准还有一定差距。

第四章　素质教育评估

县政府教育督导委员会、县教育局根据《四川省中小学素质教育督导评估指标体系》要求，分别于 2014 年 6 月中旬、2014 年 10 月下旬、2015 年 10 月中旬，组织市、县督学等相关人员及各责任区督学，对照"办学思想、制度建设、规范办学、德育管理、教学管理、办学效益"6 大 A 级指标 29 个 B 级指标，严格按照听汇报、进课堂、查资料、看现场、走访群众、师生座谈、集体评议、交换意见等程序，对木马中学、鹤龄小学、剑门中学等 35 所学校的素质教育工作进行了评估。

一、基本情况

（一）办学思想端正，办学目标明确

从评估的学校看木马中学、上寺小学、王河小学、涂山小学、东宝小学、义兴小学等的教育教学活动能全面贯彻党的教育方针，体现全面育人的办学理念，促进了学校的内涵发展。学校年度工作计划落实到位，有明确的符合素质教育思想的办学目标和育人目标，基本能满足学生全面发展和个性发展的需求。

柳沟小学以"坚持科学发展，规范办学行为，构建山区特色，打造和谐校园"为办学理念，鹤龄小学以"为学校的可持续发展创造条件，为学生的终身发展奠定基础"为办学理念，龙源小学以"敬畏生命、相信孩子、尊重科学、遵循规律"为办学理念，公兴小学和木马小学都以"一切为了学生，为了学生一切，为了一切学生"为办学理念，均确立了鲜明的办学理念。

姚家小学以"教学从生活开始，教育与生命同行"为办学理念，以"学生成才，教师成长，学校发展"为办学目标，不断激励师生踊跃参加各类教育教学实践活动，在丰富多彩的实践活动中达到师生的共同进步。元山中学明确提出"以人为本，以德立校，彰显个性，全面发展"的办学理念，意在培养"体魄更壮、情商更高、志向更远、会学习、能力强"的农村青少年，致力于创办农村示范学校，有力地促进学生全面发展。

（二）管理机制健全，依法治校落实

学校各项规章日益完善，结合实际对以往的制度进行了修订，健全了行政管理制度、财务管理制度、安全卫生管理制度、后勤与环境管理制度及评价机制等。香沉小学、盐店小学、闻溪小学、义兴小学、凉山小学、锦屏小学等校内务管理到位，职责落实，坚持了校务公开制度，严格执行财务制度和财务纪律，固定资产管理得到加强。盐店小学、抄手小学学校环境实现了绿化、美化、净化。木马中学、香沉小学等校学生全面发展的评价体系基本完善，同时学校还建立了以师德水平、教育业绩、教育研究成果等为主要指标的教师综合评价体系。汉阳小学、白龙小学、杨村小学等学校采取多种方式进行安全教育，增强安全防范意识和防范能力，尤其是公兴小学的女生教育活动效果明显。加强突发事件应急管理，定期组织师生开展应急演练。学校卫生保健制度健全，做好学生常见病、传染病的防控及预防接种等工作。积极开展心理健康辅导活动。

建立和完善促进学生全面发展的评价体系。各校学生素质教育评价报告单制度坚持较好。汉阳小学发挥学生自主管理作用，用量化评分方式对学生行为习惯进行评价，有效促进了学校管理水平的进一步提升。各校对教师的评价制度上，建立了以师德水平、教育业绩、教育研究成果等为主要

指标的综合评价体系，为教师业绩、评优晋级以及绩效工资科学发放提供了有力依据。

（三）严格管理程序，办学行为规范

各校能严格执行课程计划，开齐课程，开足课时。不挤占音、体、美、信息技术、综合实践等课程的教学时间。坚持教育教学"六认真"，采取措施，切实推进生本教育，努力提高课堂效率。重视教师职业道德建设，教师为人师表，爱岗敬业，尊重学生。学校能严控考试次数，严格按招生计划招生，确保了适龄儿童、少年免试就近入学，实行均衡编班，学籍管理档案健全。严格作息时间，保障了学生休息权利。绝大多数学校严格执行了国家和省相关规定，控制课外作业量，减轻学生过重课业负担。

按课程计划组织教学，无违规补课和乱收费行为。规范考试行为，严格考试次数。考试采取等级和评语评价办法。规范招生编班行为。实行均衡编班，没有以实验班、特长班等名目设立重点班、快慢班，不以学生获奖、竞赛和考试成绩等作为编班依据，严格控制了超大班额的出现。加强电子学籍管理，健全学籍档案，规范了学生入学、休学、毕业及转入转出手续。

教师普遍遵守中小学教师职业道德，为人师表，爱岗敬业，尊重学生，没有对学生进行体罚和变相体罚的现象。

（四）坚持德育首位，抓住立德树人根本

木马中学、张王小学、香沉小学、店子小学、碑垭小学等校狠抓学校日常德育教育，注重德育活动实效；注重发挥课堂教学德育主渠道作用，基本形成了全员参与和全方位育人模式。德育内涵不断扩展，渗透到心理、法制、安全、环保、网络、诚信、感恩等主题教育之中。德育工作有制度、有计划、有内容，学生会、少先队、共青团及班级管理作用得到发挥，并能自主积极开展爱国主义教育活动。

德育机构健全，职责明确。有与学校规模相适应的品德课专兼职教师。校外德育工作网络健全，学校、社区、家庭沟通良好。日常德育工作开展好，充分发挥了少先队组织、班级组织对学生的教育管理作用。汉阳小学和柳沟小学把学生的行为习惯养成教育和学生的思想品德操行结合起来，公兴小学的文明礼仪伴我行系列活动开展得有声有色。各校在3月开展了学雷锋活动、祭奠英烈、感恩教育等教育活动。学校通过国旗下讲话、有意义的节假日或国家重大日子、社会实践、德育基地等方式具体落实《公民道德建设实施纲要》《中共中央关于进一步加强和改进未成年人思想道德建设》的具体要求，汉阳小学春游翠云廊，参观汉阳二龙村工业园区，秋游广元示范村——汉阳中心村，感受"下普快速通道"建设等都让学生耳目一新。学校以少先队组织为龙头，多渠道、多形式地开展"五爱"教育活动；定期开展社区、学校、家庭三结合的德育网络教育活动，定期召开家长会，虚心听取家长的意见，内容丰富多彩，活动生动活泼。

鹤龄中学增强了德育常规管理工作制度的可持续性，在对待少数学生违纪问题上，强化了教育后的惩戒作用，对严重违纪学生坚持采取适当的纪律处分，起到了处分一个、教育一片的作用。

（五）教学管理加强，教学中心地位凸显

各校制订有符合学校实际的教学工作计划，建立了有效的教学管理制度，严格执行国家课程计划，组织开展教学工作。教师能认真备课、上课，认真布置、批改作业。部分学校能积极实施生本教育，突出学生主体地位，提高课堂教学效率。大部分学校能开展好演示实验，培养学生观察、实验、探究的能力。盐店小学等校图书室、阅览室、微机室使用率较高。涂山小学"每天读书半小时，幸福生活一辈子"的读书活动形成常态化。大多数学校都能贯彻"健康第一"原则，按规定配备专职体育教师，上好体育课，开展好大课间活动和眼保健操，保证学生每天1小时体育锻炼，坚持开展春秋两季学校运动会。开展了学生体质健康测试工作，东宝小学、南禅小学等校均开设了音乐、美术、书法、武术等10多个课外兴趣小组，激发学生的学习潜能，保证每年开展一次校级艺术展演活动；学校教研制度健全，教研活动有保障，努力更新了教师教育观念，转变了教育思想，教师课改意识明显增强。

坚持落实教学管理"六认真"和教师教学"六认真"，建立了有效的教学管理制度。根据国家义务教育课程标准，制订符合学校实际的教学工作计划，组织开展教学。严格执行课程计划，合理选用教学用书，合理使用课程资源，有效实施国家、地方课程和校本课程。逗硬执行教学常规的周查、月考核制度。加强对课堂教学的管理和研究。强力推进生本高效课堂，提高课堂教学效率，突出学生主体地位，关注个体差异，满足不同类型学生的学习发展需要。通过校本教研和各种形式的课改教研活动，更新教育观念，转变教育思想，促进教师主动投身于课程改革实验，教师课改意识较强。重视科技、艺术、体育、审美各类教育，注意培养学生综合素质与培养学生学有专长相结合，促进学生自主、生动、全面地发展。龙源小学的语文学科开展的课内海量阅读，充分利用图书室和班级图书角资源，促进学生自主开展海量阅读，让师生通过阅读品味书香、感受经典、陶冶性情、提高修养、提高成绩。公兴小学已顺利完成县级课题"农村小学生良好阅读习惯培养的实践研究"，白龙小学的课题"学科教学中学生创造能力的培养与研究"获县级二等奖。

（六）办学效益彰显，素质教育内涵丰富

各校整合文化教育资源，在办学特色上狠下功夫，各类素质教育活动切实开展。学生自觉遵守《中小学生守则》《中小学生日常行为规范》，有良好的生活和行为习惯。通过生本课堂的探讨、实践，绝大部分学校学生心理素质良好，积极进取，乐观开朗，能正确评价并约束自己的行为，能积极与同学、老师和家长进行沟通和交流。涂山小学、南禅小学、抄手小学坚持质量强校，以教学质量建设为中心，以改变教师教学方法、转变学生学习方式为重点，教育教学质量有所提高。木马中学采取学生自主管理模式，已取得初步成效，教育教学质量位居全县同类学校前列。

各校都注重挖掘文化积淀，在办学特色上下功夫，形成一定的办学特色。白龙小学、鹤龄小学、杨村小学、公兴小学等校学生课外兴趣小组活动常态化，不仅促进了学生素质的全面发展，还保证了学生每天1小时的体育活动锻炼时间，并以跳绳、投沙包、民间体育游戏等为载体，将课外体育活动纳入学校体育教学计划；每学期举办多种形式的体育活动竞赛，取得好的效果。

实施素质教育也取得一些成效。汉阳小学2013年被命名为广元市交通安全示范学校、剑阁县廉洁学校建设示范学校。龙源小学获得县级教育科研先进单位、广元市德育工作先进集体、全市宣传工作先进集体、剑阁县八好一满意学校、剑阁县学雷锋做美德少年主题教育先进集体、剑阁县2013年球类运动会小学乒乓球比赛优秀集体、剑阁县先进留守儿童之家、剑阁县六好基层关工委先进组织、第二十一届少年百科知识竞赛优秀集体奖等十余个荣誉称号。柳沟小学荣获省第十一次教育科研成果三等奖、市级最佳文明单位、广元市基础教育课程改革先进集体、示范食堂、剑阁县八好一满意学校、教育工作先进集体、先进党支部等殊荣。鹤龄小学2013年获得了广元市第六届教育科研成果三等奖、剑阁县教育科研先进单位、市级文明单位、广元市德育先进单位、剑阁县示范食堂、平安建设工作先进集体、廉洁示范学校等殊荣。白龙小学2013年荣获廉洁示范学校、年度教学质量考核一等奖、广元市德育工作先进集体、剑阁县依法治校示范学校、全县"六好"基层关工委先进集体、县"双百佳"先进集体、剑阁县八好一满意学校等荣誉。

各校以正确的育人观引领学校工作，注重挖掘地方文化教育资源，在办学特色上狠下功夫，各类素质教育活动切实开展。姚家小学开展系列读书活动，每月举行一次读书成果展示，开阔了学生视野，丰富了学生生活，得到了广大师生、家长的好评。柳垭小学积极争取省、市国税局等挂联部门援助资金20余万元，建起了温馨的"留守儿童之家"。对学生行为规范的检查和每月校园之星的评比，有助于学生形成良好的行为习惯，养成诚实、正直、谦让的优良品质，"在学校能做个好学生，在家里做个好孩子，在社会做个好少年"成为全体学生不懈的追求。鹤龄中学依托马鞍山红色文化资源，以革命传统教育弘扬民族精神文化，学校德育教育通了地气，使师生倍感亲切。汉阳中学每月坚持开展"六星"争优活动，突出对学生正面引导，让更多的学生树立自尊自信。与此同时还推出"忠、孝、雅、诚"系列教育活动，教室里开辟"践行忠孝，体验雅诚"专栏，配套开展了学生科普及生态环境旅游交通教育，学校的德育教育针对性、丰富性、实践性增强，有效性得到保证。剑门中学对部分班级实行了"军衔"晋级制，以"不想当将军的士兵不是好士兵"的理念来激发学生立志拼搏，积极进取。学校精心设计校园人文景观，格言、警句随处点缀，名人字画、师生作品等琳琅满目，学校既是优美和谐的家园，又是学生学习生活的乐园。元山中学多媒体教室、美术室、实验室、图书阅览室等教学设施齐备，并保证了较高的使用率。学校重视体育工作，在县区组织的各类比赛中取得佳绩。学生社会实践活动紧贴元山本地的历史、经贸和习俗风情，为学生喜闻乐见。公兴中学积极践行生本理念，以教育的理想追求理想的教育，探索构建学生自主管理模式，已取得初步经验。

二、存在的问题

（一）素质教育推进力度需进一步加大

个别学校在一定程度上仍存在对推进素质教育认识不够、工作不到位、凡事牵着鼻子被动走、做事按部就班的情况，没有大胆创新、勇于改革的勇气，对学校办学思想、办学理念、办学目标的定位不很准确，还没有完全形成办学特色，工作缺乏突出亮点。

（二）师资结构需进一步优化

一是缺编现象存在。如杨村小学编制为40人，而现有在职在编教师仅有30人，缺编10人；柳沟小学编制为60人，而现有在职在编教师仅有55人，缺编5人。由于"民转公"教师多，正值自然退休高峰期，这种现象在全县普遍存在。二是教师年龄结构偏大，教学方式陈旧。老年教师所占比例过大，致使农村学校教学氛围不活、不新、没有生气，只注重考试分数，少了对学生素质教育的培养，一定程度上影响了学生正常成长。公兴小学、白龙小学、鹤龄小学教师年龄偏大，均在50岁左右。老年教师偏多，年轻教师太少，三五年后教师老龄化现象将更为严重，有可能出现断层，不利于学校教育持续发展。三是师资配备不齐，专业学科师资得不到保证，主要是音、体、美、信息技术学科教师缺乏。如杨村小学没有专业的音乐老师，汉阳小学没有体育教师，基本上是其他学科教师兼任，教师基本谈不上专职，更谈不上专业，只是维持教学基本运转而已。由于缺少教师，有的音、体、美专业教师到了学校，除了教授所学专业课程外还要教授语文、数学等，造成了专业教师没有专职，如公兴小学的数学老师还教授语文课程，龙源小学的体育、美术老师均在上语文、数学课程。

（三）学校办学条件需进一步改善

2008年地震之后，虽然大多学校的硬件设施都有较大幅度的改善，但随着城镇化步伐的加快，大多数生源涌向交通便利、教育资源比较富集的地方，学生人数急剧增长造成了学校硬件建设和配套设施的紧张，甚至出现大量的功能室被挤占的现象。柳沟小学、白龙小学、鹤龄小学就因为学生人数猛增、教室不够，"大班额"现象突出，功能室被挤占，教学改革和学校管理难度加大，给学校办学带来不小的困扰。

（四）教师教学负担需进一步减轻

农村家长纷纷外出打工，造成了农村留守儿童多、单亲孩子多的现象。如龙源小学、杨村小学留守儿童比例达到70%，1—3年级单亲孩子比例达到10%～20%，4—6年级单亲比例在8%左右。孩子基本是爷爷奶奶代管。由于爷爷奶奶年龄偏大，基本没什么文化，因而农村家庭教育的缺位现象严重。而把本应由家庭、家长承担的教育责任全推给教师和学校，要求教师在学习上、生活上给予这些学生更多关心和照顾，这无疑加重了教师的负担。

（五）教学方式需进一步改进

在现代教学方法上还存在"穿新鞋，走老路"现象，学校功能室、设施设备使用率低等现象依然存在。对现有图书使用和管理不到位，小学数学、科学实验仪器使用率很低。

（六）素质教育政策没有吃透

个别校长没有深入研究《四川省中小学素质教育督导评估体系》，对素质教育的理解不深、认识不够，对其精髓和内涵把握不准，过于肤浅，存在片面性、功利性、盲目性。

（七）学校管理不够精细化

部分学校办学思想缺乏提炼；没有制定学校未来发展规划，办学目标模糊，工作思路不够清晰；学校文化品位不高。

（八）规章制度执行不到位

学校规章制度制定不少，但未能很好进行完善和修订，针对性不够、执行力不强，流于形式。

（九）教学功能用房使用不好

个别学校教学用房和辅助用房紧张，学校的功能室或被挤占或被闲置，使用率不高。实验教学落实不到位，实验室、图书室等未很好地使用，分组实验没有很好开设。部分学校现代教育技术设备配备不足。

（十）教师学科结构不够配套

存在音乐、美术、信息技术、综合实践活动课教师专业不专职的现象，生命生态安全等课程未坚持上好。老教师疏于先进教育理念学习，疏于掌握新知识、新技能；对近几年新进年轻教师在教师素养上培养力度还不够。

（十一）生本教育推进不深入

一些学校生本教育应付敷衍，认识不清，行动缓慢。语言文字能力发展未列入学生综合素质评价范围。部分学校教研与教学实际脱节，教学教研"两张皮"，低效课堂仍是普遍现象。

（十二）学校对档案资料不重视

学校领导没有对各项资料认真审核把关，大部分文本资料撰写质量不高，表述不够准确，格式不够规范。上述问题的存在，较为严重地影响到学校素质教育的整体推进。

三、评估结论

第一批评估（2014年1月8日）

优秀单位：

剑阁县木马中学校	剑阁县盐店小学校	剑阁县东宝小学校
剑阁县涂山小学校	剑阁县王河小学校	剑阁县义兴小学校
剑阁县抄手小学校	剑阁县南禅小学校	

合格单位：

剑阁县东宝中学校	剑阁县凉山小学校	剑阁县城北小学校
剑阁县国光小学校	剑阁县上寺小学校	剑阁县羊岭小学校
剑阁县锦屏小学校	剑阁县店子小学校	剑阁县碑垭小学校
剑阁县金仙小学校	剑阁县香沉小学校	剑阁县演圣小学校

第二批评估（2014年7月4日）

优秀单位：剑阁县龙源小学校　　剑阁县白龙小学校

合格单位：剑阁县公兴小学校　　剑阁县柳沟小学校　　剑阁县汉阳小学校

　　　　　剑阁县杨村小学校　　剑阁县鹤龄小学校　　剑阁县木马小学校

第三批评估（2014 年 12 月 5 日）

优秀单位：剑阁县姚家小学校　　剑阁县剑门中学校

合格单位：剑阁县元山中学校　　剑阁县鹤龄中学校　　剑阁县柳垭小学校

　　　　　剑阁县汉阳中学校　　剑阁县公兴中学校

第五章　督导体制机制改革

教育督导，是教育领导机关代表国家行使检查、督促的职责，对下级机关及各级各类学校的工作进行视察、监督、指导的活动。教育督导可以使领导机关掌握各级教育事业发展的实际情况，为决策提供可靠依据，并能起到协助基层改进工作，提高教育、教学和管理质量的作用。

中共剑阁县教育局党组根据《关于深化新时代教育督导体制机制改革的意见》（厅字〔2020〕1号）、《四川省深化新时代教育督导体制机制改革的实施意见》（川办发〔2020〕71号）精神，草拟《剑阁县深化新时代教育督导体制机制改革的实施意见（审议稿）》（以下简称《实施意见》）（详见附录重要文献），于2021年12月，经县十八届人民政府第八十次常务会议审议，原则同意。

《实施意见》是县教育局在全面系统调研、广泛听取各方意见的基础上，针对剑阁县督导工作面临的问题和挑战，研究提出本县教育督导工作发展的主要思路和举措，各相关单位十分重视和支持，就此提出一些意见和建议，并经过多次修改而成。

其主要内容由六部分组成：总体要求、深化教育督导管理体制改革、深化教育督导运行机制改革、深化教育督导问责机制改革、深化督导队伍建设和管理改革、深化教育督导保障机制改革。这六部分内容进一步优化了管理体制，完善了运行机制，强化了结果运用，落实了教育督导职能。

剑阁县根据国务院、四川省教育督导条例的相关规定，对三个方面进行了重点改革：

（1）健全机构设置。理顺管理体制，落实专职人员编制，确保教育督导机构独立行使职能。结合在校学生规模及地理位置情况，分片设立教育督导责任区——一般由5~8名责任督学组成，设主任、副主任各1名，在县教育督导委员会的领导下，对责任区内学校开展经常性督导工作，完成县教育督导机构下达的专项督导任务。

（2）配齐配强各级督学。重视教育督导队伍建设，充实教育督导力量，优化督学队伍结构，扩大专职督学比例。县督学按工作职能要求和专业需要，应配备相关专业专家和具有丰富教育管理经验及教学业绩的教育专业人才，约25人。责任督学原则上按照学校学生总人数配备督学数：学生总数1 000人及以上规模学校配备1名督学；学生总数500~1 000人规模2所学校配备1名督学；学生总数500人以下规模3所学校配备1名督学。

表4-4　配备责任督学数

学校规模	所数/所	应配备督学数/人	备注
1 000人及以上	18	18	含天立学校
500~1 000人	14	7	
500人以下	84	28	含民办幼儿园
小计	116	53	

（3）落实教育督导条件保障。按照《教育督导条例》第一章第五条和《四川省教育督导条例》第一章第五条规定，县政府将教育督导所需经费按县督学每人每年0.5万元、责任督学每人每年1万元列入本级财政预算，共计65.5万元。设立专账，实行报账制，由教育督导委员会办公室统筹安排。按规定妥善解决教育督导工作人员尤其是兼职督学因教育督导工作产生的通信、交通、食宿、劳务等费用。在办公用房、设施设备等方面，为教育督导工作提供必要条件，保证教育督导工作有效开展。

第六章　办园行为督导评估

一、基本情况

2017 年秋季，全县共有幼儿园 100 所，其中公办独立园 2 所、小学附属园 64 所、民办幼儿园 34 所。有星级园 71 所，其中五星级 1 所、二星级 39 所、一星级 31 所。在园幼儿 13 621 人，其中公办园 9 942 人、民办园 3 679 人。所有园中办园规模在 360 人及以上的 8 所，200~360 人的 11 所，100~200 人的 22 所，100 人以下的 59 所。有教职工 849 人，其中公办 590 人（临聘 400 人）、民办 259 人。有专任教师 547 人（有编制 118 人、临聘 429 人），安保、后勤等 78 人。取得大专及以上学历的 438 人，约占总职工人数的 51.6%，取得幼儿教师资格证的 233 人，约占专任教师的 42.6%。2020 年，全县幼儿园减至 95 所，其中，公办幼儿园 67 所、民办幼儿园 28 所；2022 年全县幼儿园减至 86 所，其中民办幼儿园 25 所、公办幼儿园 61 所。

二、办园行为督导评估的依据及范围

根据国务院教育督导委员会办公室《关于开展幼儿园规范办园行为专项督导检查的紧急通知》（国教督办函〔2017〕91 号）精神，四川省教育厅《四川省幼儿园办园行为督导评估办法》（川教〔2017〕112 号），及广元市教育局《关于开展幼儿园规范办园行为专项督导检查的紧急通知》（广教函〔2017〕489 号）文件要求，剑阁县教育督导委员会办公室组织相关人员于 2017 年 12 月、2020 年 12 月、2022 年 12 月对辖区内所有公、民办幼儿园（班、教学点）的办园行为进行了三次督导评估。

三、督导评估内容及方式

以《幼儿园工作规程》《幼儿园办园行为督导评估办法》为基本依据，主要内容包括办园条件、安全卫生、保育教育、教职工队伍、内部管理五个方面，含一级指标 5 项、二级指标 23 项、三级指标 53 项（其中关键指标 15 项必须达标）、采分点 194 个。

督导评估主要采取现场观察、座谈访谈、资料查阅、数据统计（《教育部幼儿园办园行为督导评估系统》）等方式进行。

四、督导评估程序及要求

（1）印发督导评估通知。县教育督导室向幼儿园发出书面督导评估通知，并提前一周向社会公示。

（2）自查自评。各幼儿园接到督导评估通知后，登录督导评估系统，填报有关数据，提供佐证材料，开展自评工作。同时，加强自查自纠，建立问题清单，逐项及时整改，写好书面自评报告上报教育督导室。

（3）县级督评。县教育局、县教育督导室成立督查评估工作组，按年度分批次对本县所有幼儿园进行实地督导评估。

（4）结果反馈。督导评估结束时，督导组向幼儿园口头反馈评估意见，听取幼儿园说明和申辩。督导办根据督导组报告、幼儿园自评报告和社会公众意见、对教职工和家长反映问题的核查结果，于实地督导结束后两周内形成督导意见书，明确评定等次，发送幼儿园。

（5）整改复查。幼儿园根据督导意见书，采取措施进行整改，并按要求将整改情况报督导室。

（6）督导室根据督导评估情况，形成县级幼儿园办园行为督导评估报告，上报市教育督导部门。

五、结果认定及运用

（一）评估结果认定

评估结果分为"优秀""良好""合格""不合格"四个等级。督导评估满分为1 000分，评估得分在950分及以上且关键指标均达标为优秀，评估得分在850~950分且关键指标均达标为良好，评估得分在750~850分且关键指标均达标为合格，750分以下为不合格。

（二）评估结果运用

（1）将幼儿园办园行为督导评估结果向社会发布，接受社会监督。

（2）将督导评估报告报送县人民政府，作为制定学前教育政策、加强幼儿园监管的依据。

（3）及时总结、推广幼儿园规范办园的先进经验和典型案例，表彰规范办园的幼儿园。

（4）督导评估结果作为普惠性幼儿园奖补资金发放、各类幼儿园年检、确定级类和园长评优评先的依据。

（5）申报省级示范性幼儿园的前提必须为督导评估结果优秀等次。省级示范性幼儿园督导评估结果为良好等次以下的，由评审机关取消其相应称号。

（6）督导评估不合格的幼儿园，按照整改期限，制订整改方案限期整改，并及时申请接受复查评估。

六、主要成绩

（一）办园条件得到改善

通过实施第一、二、三期学前教育行动计划，新老县城、中心集镇、部分民办幼儿园不断加大投入，新建、改建校舍，办园条件有了长足的发展。新建了香江国际幼儿园，以及开封、武连、元山、杨村、木马等中心镇幼儿园，改扩建南禅、剑门关实验、公兴、柳沟、普安幼儿园鼓楼分园等并投入使用，硬件设施有了大幅度改善。第三期行动计划累计投入资金9 853万元，新建标准化公办幼儿园10所，改、扩建公办幼儿园6所，增加普惠性学位1 800个。加大了幼儿园场地建设力度，选择安全区域设立园区，消除危房隐患，实现运动场所软化，设置完备监控设施，配置足够消防、卫生设备，园所场地条件明显改善。幼儿园证照齐全、无危房，办园规模、班额、户外场地基本符合规定，教学、生活、安全、卫生等设备设施较齐全。增加购买保教设施，各类教玩具、适合幼儿阅读的图书、幼儿专用床上用品，教玩具符合安全质量标准和环保要求，确保幼儿园日常各项保教工作正常开展，极大地改善了办园条件。合理设置功能场室和班级区域，增加场室特色氛围，配合多样化的教育活动，促进幼儿科学健康快乐成长。

（二）安全卫生保障有力

幼儿园各项安全管理制度健全，配齐保安人员和安全设施，安装有校园监控设备，加强饮食卫生安全监管和检查，开展"明厨亮灶 请您监督"行动，督促幼儿园建立标准食堂，严把食品进出关。督促幼儿园严格遵守有关校车安全管理规定，定期对接送学生的车辆进行安全检查。各幼儿园高度重视安全卫生，检查、考核等过程翔实，措施得力，资料齐全。晨午检、消毒、接送、缺勤幼儿跟踪等落实较好，不少幼儿园每天对幼儿测量体温，锦屏、樵店小学附属园各班将安全教育单独成册，涵盖交通、防火、防拐骗、如厕、上下楼梯等，内容全面。大部分幼儿园做到对教职工、幼儿进行健康检查，近年来全县幼儿园无重大安全责任事故，无公共卫生事件。

（三）保育教育日趋规范

2013年秋季以来，认真学习贯彻《3~6岁儿童学习与发展指南》《幼儿园工作规程》《幼儿教师专业标准》《广元市幼儿园一日常规细则》等国家及地方幼教法规，教师观念、教育行为有较大转变，县城公办园积极推进游戏化教学。普安幼儿园充分发挥龙头示范作用，实施开放办园、挂牌帮扶乡镇园，"走班选课"、区角活动特色鲜明，联合10所城乡幼儿园开展课题研究，极大地推动了城乡幼儿园户外活动的开展；龙江小学集体备课、阅读及"叮咯咙咚呛"音乐工作坊、户外混龄游戏等探索效果良好，香江国际园区域活动常态化，游戏化的环境和材料支持到位。乡镇幼儿园一日活动安排表、学期保教工作计划、每周活动安排表较规范，识字、写字、拼音和加减法等"小学化"教育现象得到明显遏制。

（四）"游戏化"教学取代"小学化"现象，保障幼儿健康成长

一是剑阁县先后制定了《规范保教行为 纠正幼儿园"小学化"倾向》和《剑阁县幼儿园"小学化"专项治理工作实施方案》，教师观念、教育行为有较大转变，以"现场观摩—分组研讨—集中培训"的形式，着力纠正违背幼儿身心发展规律和认知特点的错误行为，如提前教授拼音和汉字等小学内容、强化知识技能训练等，推进幼儿园科学保教，推行游戏化教学。二是多种形式实现幼教观念升级。刘晏名师工作室市级课题"乡镇幼儿园户外体育活动的开展与研究"，以具有户外场地优势的乡镇幼儿园为主体，各园确定研究方向。旧的幼儿园与时俱进，通过行业学习、交流优化幼儿园日常保教模式，丰富各类幼儿户外保教活动；新的幼儿园采取与国内优质幼教连锁机构合作的方式，确保幼儿园日常保教活动丰富多彩、开展有序。三是深化家园联系合作，很多幼儿园结合各类节日主题举办家长开放日活动，既丰富幼儿的日常活动，又加深了家长与幼儿园的沟通联系，有助于幼儿进一步教育培养。

（五）师资队伍全面提升

一是补充独立公办园专业师资。近三年公招20名幼儿教师全部补充到两所公办园，确保新教师专业、快速的发展路径，为培养乡镇幼儿园管理人员奠基。二是发挥基地校培训带动作用。普安幼儿园成功创建"广元市幼儿教师专业化发展基地校""四川省校本研修示范学校"，发挥强大的师资优势，对全县幼儿教师进行业务指导和集中培训。2015年秋—2017年春，实施省"幼师国培—送教下乡"项目，对全县幼儿骨干教师进行了两年八次的连续追踪培训，为各级各类幼儿园培养了一批种子教师，薪火相传地带动农村幼教的发展。三是抓好教育科研工作。开展全县"课题成果推广会""教研周""全员教研""教师基本功大赛"等活动。为认真贯彻《3~6岁儿童学习与发展指南》精神，还举办了语言和科学领域赛课活动，以赛促能，提升教师教学水平。四是落实幼师劳动保障。剑阁县出台了《剑阁县幼儿园星级评定管理办法》，把用人单位和劳动者是否依法购买"五险"作为一票否决内容，规范临聘人员的聘用、管理，依法保障幼儿教师工资及时足额发放、逐步实现同工同酬。各幼儿园越来越重视师资建设，通过提高待遇加大力度招聘优秀教师，依法依规为教师购买社会保险。五是配备足够数量的保教人员保障幼儿日常安全，每班配备了两名教师，确保在各种情况下均有老师在场看护幼儿。

（六）内部管理进一步加强

近年来，县教育局结合开学工作检查、幼儿园年检和年度目标考核等工作，加强幼儿园检查指导，幼儿园内部管理水平得到了较大提升。独立公办园管理规范，大部分小学附属园有分管领导，实行园长负责制，开封小学、柳沟小学附属园管理人员配备扎实，值得借鉴。幼儿园收费执行上级规定，实行收费公示制度，无乱收费现象。儿童伙食费基本能做到专款专用，招生行为规范，家园联系较为紧密。

七、存在的主要不足或困难

近几年来，剑阁县学前教育整体水平实现了提升，保教工作取得了可喜成绩，但全县学前教育发展面临的困难、存在的问题依然很多，主要表现在：

（1）独立公办普惠性幼儿园数量少，学前教育师资编制严重不足。由于受"财政编制只减不增"政策制约，具备独立办园条件的乡镇和人口集中的社区及城镇小区获批成立独立公办幼儿园难，相应地，幼教师资编制数量也就严重不足。这是目前制约剑阁县学前教育发展的最大体制障碍。

（2）吸引力不强，幼教师资队伍极不稳定。由于人事编制等问题，公办幼儿园临聘教师占教师总数的68%。全县农村幼儿教师以临聘人员为主，部分乡镇中心小学附设园幼儿教师以小学教师转岗为主，大多没有受过专业培训且年龄较大。民办幼儿园具备幼儿园教师资格的教师更是极少，临聘教师、转岗教师相当一部分毕业于非师范类学校，专业水平不高，难以满足幼儿教育的需求，严重制约了剑阁县学前教育的发展。

（3）办园条件不够均衡。新建新开办的幼儿园规划起点较高，办园条件较好，园内场地比较充足，各类证照比较齐全。办园时间较长的幼儿园，特别是部分民办幼儿园大多未取得消防合格等证明，园舍、户外场地和绿化面积较小，户外玩具和图书未及时更新，园外未设置限速标识和减速带。

（4）幼教师资存量不足。公办附设幼儿园在职教师年龄偏大，且专业不对口。民办幼儿园自行聘请的年轻教师幼儿教育资格证书持有率不高。农村偏远幼儿园难以招聘到专业教师，幼儿园普遍存在教师流动性较大的现象。

（5）保教工作水平有待提升。农村幼儿园环境创设和区域设置不够丰富，不能深入开发园本课程用于教学教研，幼儿一日活动开展不够充足，少数幼儿园仍存在小学化倾向，保教质量有待进一步提高。

受地域经济和政策体制制约，偏远农村和交通不便、条件较差的幼儿园很难招聘到优秀的学前教育管理人才和专业的幼儿教师，即使招聘到了也很难留住。

八、督导建议

（一）加大政策保障力度

一是项目、资金的投入。加大对公办幼儿园项目、资金的支持力度，保证学前教育的投入。提高幼儿园生均公用经费标准，保障公办幼儿园的正常开支，结束"自收自支、以园养园"的做法。二是增加幼教编制。全县在园幼儿总数约为中小学生的33.8%，幼儿教师编制仅占2%，远远落后于中小学师资配备。建议启动幼儿园机构、编制核定工作，按照《四川省幼儿园教职工配备标准》"教职工与幼儿的比例为全日制幼儿园1：5~1：7，半日制幼儿园1：7~1：9"的要求，在三年内逐步配齐公办幼儿园教职工，以满足正常的教学需要。三是购买服务。对幼儿园自聘教师按3.5万元/人的标准拨付薪资和社会保险金，财政、教育加大检查考核力度，督促用人单位用好用对资金。四是出台普惠性幼儿园收费办法。根据物价水平，参照市内各县区幼儿园收费标准，调整剑阁县幼儿园收费项目和标准，制定并出台具有导向性的《剑阁县星级幼儿园收费标准》，鼓励各园所改善办园条件，提高办园质量，创建三星以上幼儿园，并享受相应的收费标准，以提高教师待遇，吸引优质师资，让家长合理分担学前教育成本。

（二）合理规划建设配套幼儿园

在新老县城及中心集镇大力发展公办园，逐步剥离中心集镇小学附属幼儿园，积极探索幼儿园独立法人资格和集团化办园的新路子。积极协调发改、规划、国土等部门，明确要求新建小区配套幼儿园要与小区同步规划、同步建设、同步验收、同步交付使用。

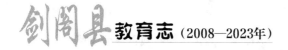

（三）加强对幼儿园的督查、考核，建立奖惩制度

对办园质量较高的要通过不同形式进行奖补，以弥补其办园经费的不足。把幼儿园办园质量纳入目标考核，作为公办园目标奖、民办园年检和奖补资金发放的主要依据。

（四）加强对民办幼儿园的管理

坚持属地管理的原则，明确乡镇政府的责任，加大民办幼儿园的监管力度，教育主管部门要加强业务指导，提高保教质量。

表4-5　2020年剑阁县幼儿园办园行为督导评估情况统计表

学校	办园性质	得分	等次			
			优秀	良好	合格	不合格
合计（95所）			26	62	7	
剑门关小学附属幼儿园	公办	90.5	√			
汉阳小学附属幼儿园	公办	83.5		√		
张王小学附属幼儿园	公办	76		√		
小剑小学附属幼儿园	公办	90	√			
高观小学附属幼儿园	公办	83		√		
江口嘉陵学校附属幼儿园	公办	91.5	√			
剑阁县卉圃幼儿园	民办	73			√	
剑门关爱心幼儿园	民办	86.5		√		
木马小学附属幼儿园	公办	91.5	√			
柏垭小学附属幼儿园	公办	84		√		
鸳溪小学附属幼儿园	公办	90.5	√			
鹤龄小学附属幼儿园	公办	93.5	√			
樵店小学附属幼儿园	公办	80		√		
石城小学附属幼儿园	公办	82.5		√		
鹤龄红平果幼儿园	民办	80.5		√		
鹤龄同心幼儿园	民办	78		√		
杨村小学附属幼儿园	公办	92	√			
羊岭小学附属幼儿园	公办	85.5		√		
锦屏小学附属幼儿园	公办	89		√		
圈龙小学附属幼儿园	公办	77		√		
香沉小学附属幼儿园	公办	81		√		
公兴小学附属幼儿园	公办	92	√			
官店幼儿园	民办	73			√	
公兴贝蕾幼儿园	民办	82		√		
金仙小学附属幼儿园	公办	91.5	√			
长岭小学附属幼儿园	公办	88		√		
吼狮小学附属幼儿园	公办	89		√		
涂山小学附属幼儿园	公办	90.5	√			
公兴新星幼儿园	民办	88		√		
金仙晶星幼儿园	民办	80		√		
公兴七彩幼儿园	民办	74.5		√		

表4-5(续)

学校	办园性质	得分	等次			
			优秀	良好	合格	不合格
龙江小学附属幼儿园	公办	93.5	√			
剑门关实验学校附属幼儿园	公办	95.5	√			
香江国际幼儿园	公办	96	√			
普广小学附属幼儿园	公办	82.5		√		
上寺小学附属幼儿园	公办	83.5		√		
春蕾幼儿园	民办	64.5			√	
才智幼儿园	民办	85		√		
创新双语幼儿园	民办	76.5		√		
博思慧智幼儿园有限公司	民办	94.5	√			
爱贝祺幼儿园	民办	74			√	
姚家小学附属幼儿园	公办	91	√			
柳垭小学附属幼儿园	公办	87		√		
抄手小学附属幼儿园	公办	78		√		
北庙小学附属幼儿园	公办	75.5		√		
盐店小学附属幼儿园	公办	90	√			
西庙小学附属幼儿园	公办	85		√		
凉山小学附属幼儿园	公办	75.5		√		
义兴小学附属幼儿园	公办	90	√			
白龙小学附属幼儿园	公办	88		√		
碑垭小学附属幼儿园	公办	83		√		
广坪小学附属幼儿园	公办	85		√		
摇铃小学附属幼儿园	公办	79		√		
禾丰小学附属幼儿园	公办	84.5		√		
店子小学附属幼儿园	公办	89		√		
白龙小天使幼儿园	民办	88.5		√		
津津幼儿园	民办	89		√		
华府幼儿园	民办	91.5	√			
毛坝小学附属幼儿园	公办	81		√		
垂泉小学附属幼儿园	公办	83		√		
柳沟小学附属幼儿园	公办	93	√			
武连小学附属幼儿园	公办	91	√			
东宝小学附属幼儿园	公办	85		√		
秀钟小学附属幼儿园	公办	79		√		
马灯小学附属幼儿园	公办	80		√		
正兴小学附属幼儿园	公办	78		√		
普安幼儿园	公办	99	√			
龙源育才学校附属幼儿园	公办	84		√		
鹤鸣小学附属幼儿园	公办	82.5		√		
江石小学附属幼儿园	公办	84.5		√		

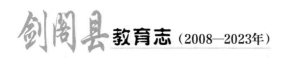

表4-5（续）

学校	办园性质	得分	等次			
			优秀	良好	合格	不合格
阳光幼儿园	民办	75		√		
启元幼儿园	民办	80		√		
洪光小学校	民办	68.5			√	
博爱幼儿园	民办	89		√		
鼓楼幼儿园	公办	98.5	√			
南禅小学附属幼儿园	公办	84.5		√		
田家小学附属幼儿园	公办	80		√		
闻溪小学附属幼儿园	公办	78		√		
康乐幼儿园	民办	85.5		√		
心语幼儿园	民办	79		√		
苗苗幼儿园	民办	90	√			
名门幼儿园	民办	90	√			
开封小学附属幼儿园	公办	94.5	√			
高池小学附属幼儿园	公办	89		√		
迎水小学附属幼儿园	公办	87		√		
碗泉小学附属幼儿园	公办	83		√		
国光小学附属幼儿园	公办	82.5		√		
幸福幼儿园	民办	72			√	
元山小学附属幼儿园	公办	95	√			
演圣小学附属幼儿园	公办	86.5		√		
王河小学附属幼儿园	公办	84.5		√		
柘坝小学附属幼儿园	公办	83		√		
时古小学附属幼儿园	公办	82		√		
元山镇星苗幼儿园有限公司	民办	81.5		√		
公店育苗幼儿园	民办	74			√	

第七章　办学体制改革

第一节　民办教育管理

一、民办教育发展现状

2017 年春，剑阁县有各级各类民办小学与民办幼儿园 30 所，在校幼儿学生 3 415 人（其中龙源洪光有 10 个小学生），建档立卡学生 358 人，寄宿生 398 人，留守儿童 1 244 人，随班就读残疾幼儿 9 人。有教职工 325 人（教师 197 人、保教人员 128 人），参加社保 325 人，教职工月均工资 2 133 元；支部 3 个（公店育苗支部 3 名党员、剑门关爱心幼儿园 7 名党员、新科支部 12 名党员），党员 20 人。27 所非营利性幼儿园收费执行《剑阁县发改局和剑阁县教育局关于进一步规范剑阁县公立幼儿园收费标准的通知》（剑发改价格〔2017〕2 号）文件规定的所属乡镇中心幼儿园收费标准；3 所营利性幼儿园在面向社会公示后，收费 1 460~6 000 元；教职工月平均工资 2 133 元。校外培训机构"白名单"学校（证照齐全）56 所，民办培训机构教职工 95 人。民办中等职业学校 1 所（此校于 2019 年 10 月完善了市教育局发的办学许可证，属于市教育局直接管理的学校），在校学生 69 人，教职工 13 人。

自民办教育管理股成立以来，全县审批民办学校情况如下：2018 年审批通过了 23 所校外培训机构；2019 年审批通过了 33 所校外培训机构，营利性民办幼儿园 3 所。

二、国家对民办教育的管理政策

国家对民办教育采取积极鼓励、大力支持、正确引导、依法管理的方针政策。为了进一步规范民办教育的办学行为，促进民办教育的健康发展，依照《中华人民共和国民办教育促进法》《中华人民共和国民办教育促进法实施条例》及《四川省民办教育机构分类设置标准（试行）》等法律法规管理民办学校。

三、民办教育体制改革

民办教育是指非财政性的投资办学，它包括个人、团体、企业、事业等利用非财政资金举办教育。它对中国教育事业的大发展起着十分重要的作用。一是弥补了公办教育供给的不足；二是民办教育的兴起打破了公办教育大一统的局面，为教育的多元化发展和竞争作出了贡献；三是改善教育公平，提高教育效率，扩大教育自由，创新办学思路和教育方式，推动教育改革，并为中国教育改革提供了丰富的经验；四是减轻了财政办学压力，促进了教育产业发展。

四、县教育局出台民办教育管理政策及实施情况

教育局出台了《剑阁县民办教育管理办法》（剑教函〔2018〕21 号），严格按不同层次的民办教育机构的设置标准加强对民办学校进行管理。每年春、秋两季民办教育股和安稳办、辖区教育督

导办、属地小学一起对民办学校教育教学、安全工作进行督导检查。每年年初对上一年的民办教育工作进行年检，并作通报。

五、民办教育机构准入、审批情况

幼儿园和校外培训机构准入及审批情况如下：

农村幼儿园开办注册资金不少于 50 万元，城区不少于 100 万元。城区幼儿园规模不少于 6 个班，农村不少于 3 个班。小班不得超过 25 人，中班不得超过 30 人，大班不得超过 35 人。室外地面游戏场地人均不少于 4 平方米，园区绿化率不低于 30%，人均面积不少于 2 平方米。幼儿园不得建在高层建筑内，且有独立院落和出入口；室外游戏场地有防护措施，幼儿用房安排在三层以下，且有两个安全通道并保持畅通。园舍产权明晰合法，租用场地办学的，须签订 4 年以上的房屋租赁协议并取得房屋主管部门核发的《房屋租赁备案证》，必须取得与幼儿园名称一致、与实际情况吻合的消防验收意见书及相关职能部门的房屋建筑安全鉴定证明材料，食堂必须符合《食品经营许可证》的许可要求，幼儿园园长应具有《教师资格条例》规定的教师资格证，具有大专以上学历，有 3 年以上幼儿园工作经历和一定的工作管理能力，并取得教育行政部门核发的幼儿园园长岗位培训合格证书，教师、保育员、保健人员、食堂工作人员、财会人员等应具备相应的岗位资格资质，持证上岗。

校外培训机构不得聘用中小学在职教师，聘用外籍教师必须符合国家有关规定，机构必须有符合安全条件的固定场所，必须符合卫生、食品经营管理规定要求，必须取得与培训一致、与实际情况吻合的消防验收意见书及相关职能部门的房屋建筑安全鉴定证明材料，租用场地必须提供与场地合法产权人签订的不低于 4 年以上租赁期的租赁合同。办学场地必须在五层以下，建筑面积不少于 300 平方米，同一培训时段内生均面积不少于 3 平方米，确保不拥挤，易疏通。

以上条件具备后，举办者按"提交申办报告—教育局评估验收—核发批文—颁发办学许可证—相关部门办理登记手续"程序走完申办流程。

六、民办教育机构管理、年检考核情况

每年 3 月份对上一年民办教育工作进行年检。2018 年民办学校年检情况如下：全县参加年检的学校有 33 所民办幼儿园，其中优秀级 5 所、合格 20 所、基本合格 4 所、不合格 4 所（已取缔）。

第二节 引进优质民办学校——剑门关天立国际学校

为了推动剑阁县城市建设、促进教育事业健康快速发展和满足人民群众对优质教育资源的需求，按照县委、县政府指示精神，2018 年 12 月由县政府郭扭只副县长牵头，县教育局、县商务和经济合作局、县住建局、县自然资源局、县财政局、县环保局、县法制办等县级部门组成招商组，迅速启动引进优质民办学校招商工作。

一、招引优质民办学校

2016 年以来由市县领导、知名人士和县级部门牵线搭桥和推荐，有 14 家集团公司或教育投资企业来剑阁考察投资兴办优质民办学校，其中有 11 家集团公司或教育投资企业经过几次接触交流后就没有了回应。经过深入接触了解，有一定程度投资意向的有"新希望教育集团""绵阳东辰教育集团""神州天立教育集团"。

招商组通过对 3 家公司所提条件的分析，综合研判认为，与神州天立教育集团有达成投资意向

并实现在剑阁县建设优质民办学校的可能。

2019 年 4 月 26 日，剑阁县教育局向县人民政府提出《关于审议〈剑阁县引进优质民办学校项目投资及办学合同〉〈剑阁县引进优质民办学校项目投资及办学合同补充协议〉的请示》（剑教〔2019〕54 号）。

2019 年 5 月 5 日，县十八届人民政府第三十七次常务会议审议《剑阁县引进优质民办学校项目投资及办学合同》（以下简称《合同》）及补充协议。会议议定：原则同意《合同》及补充协议。县教育局及司法局对《合同》及补充协议修改完善后，再提请县委常委会议审定。

2019 年 5 月 5 日，县人民政府党组向县委常委会提出《关于审议〈剑阁县引进优质民办学校项目投资及办学合同（审议稿）〉〈剑阁县引进优质民办学校项目投资及办学合同补充协议（审议稿）〉的请示》。

2019 年 5 月 5 日，十二届县委第八十八次常委会审议《剑阁县引进优质民办学校项目投资及办学合同》及《剑阁县引进优质民办学校项目投资及办学合同补充协议》。会议原则同意，并强调，本着合作互利、兴教利民、平等自愿、诚信协商原则，尽早签订合同，确保项目及时落地建设。

2019 年 5 月 6 日，剑阁县与神州天立控股集团正式签订投资及办学合同。

二、神州天立控股集团情况

神州天立控股集团有限公司是一家大型民营企业实体，总部位于成都，旗下有神州天立教育投资有限责任公司、天立教育国际控股有限公司等七家公司，其中天立教育国际控股有限公司于 2018 年 7 月在香港成功上市（股票简称：天立教育/股票代码：01773.HK/市值约 38 亿元人民币）。该集团官网介绍，集团现有四川成都、泸州、宜宾、内江、广元、西昌、雅安、资阳、德阳、达州，内蒙古乌兰察布，山东东营、潍坊、日照，河南周口，贵州遵义，云南彝良、保山等学区（含开学、在建、筹建），涵盖了从幼儿园到高中四个学段，在校人数达 30 000 余人；已荣获中国教育创新示范单位、全国品牌实力教育集团、全国综合实力教育集团等殊荣。所办学校已为美国麻省理工学院、英国伯明翰大学、英国利物浦大学、加拿大女王大学、澳大利亚维多利亚大学和国内的清华大学、北京大学、香港中文大学、香港大学等国际国内知名高校输送数名学子，是中国基础教育的创新者和引领者。

三、与神州天立控股集团对接磋商情况

自 2018 年 8 月 19 日以来，市人大常委会副主任、中共剑阁县委书记先后 3 次招商会见神州天立教育投资集团投资部李洪春副总裁、蒲志国投资总监等一行，明确表示：欢迎并支持各类教育集团来剑阁县举办优质民办学校，要求县级相关部门做好配合工作，积极公开、择优对接谈判。

中共剑阁县委副书记、县人民政府张世忠县长 2 次组织县委常委、常务副县长王静，县人大常委会王湖益副主任，县政府郭扭只副县长，县政协周清秀副主席，以及县商务和经济合作局、县自然资源局、县住建局、县财政局、县教育局、县水务局、县环保局、县经信科局、县税务局、县法制办、县体育局和县房屋土地征收中心等部门召开专题论证会和洽谈会等，并与神州天立控股集团有限公司董事局罗实主席进行了 3 次招商会谈。

2018 年 12 月 5 日张世忠县长、县政府郭扭只副县长带领县商务和经济合作局、县自然资源局、县住建局、县教育局、县水务局等部门负责人一行与神州天立控股集团有限公司董事局罗实主席，神州天立教育投资集团投资部李洪春副总裁、蒲志国投资总监，天立教育集团川东地区总校长黄永贵等集团领导在剑阁县下寺镇翰林社区教育园区现场第一次招商会面，就剑阁县招引教育集团投资兴办优质民办学校的投资环境、初步规划设想、政府给予的相关支持、优惠政策进行了初步招商沟通交流。

2019年2月21日神州天立控股集团有限公司董事局罗实主席带领神州天立教育投资集团投资部李洪春副总裁、蒲志国投资总监，天立教育集团川东地区总校长黄永贵，神州天立控股集团陶毅运营总监，神州天立教育投资集团马金华运营总监等一行赴剑阁与中共剑阁县委副书记、县人民政府张世忠县长，县委常委、常务副县长王静，县人大常委会王湖益副主任，县政府梁赛副县长及县商务和经济合作局、县自然资源局、县住建局、县财政局、县教育局、县水务局、县经信科局、县税务局、县法制办、县体育局和县房屋土地征收中心等县级部门负责人再次招商会谈，就剑阁县引进教育集团投资建设优质民办学校进行了洽谈。会上天立集团再次明确表达来剑阁投资兴办优质民办学校的意愿，双方此次初步达成10个方面的意向：学校选址，建设规模，办学规模，办学目标，办学运营模式，用地取得方式，学校建设期限，教师编制，公开公平招商，优惠支持政策。

2019年3月1日中共剑阁县委副书记、县人民政府张世忠县长，县政府郭扭只副县长带领县教育局、县商务和经济合作局、县住建局、县财政局、县自然资源局、县政府办公室负责同志等一行赴神州天立教育集团总部，与神州天立控股集团有限公司董事局罗实主席带领的神州天立教育投资集团投资部李洪春副总裁、蒲志国投资总监，神州天立控股集团品牌推广部谢娟部长等集团领导磋商谈判，并达成了5个方面的招商合作意向：用地面积、土地价格及开发强度，政策支持补助额度，县本级管理使用的政府性基金及县级留存税收，运动场事宜，几个推进时间节点约定。

四、剑阁县招引神州天立控股集团建设优质民办学校合同的基本内容

（一）建设规模

学校总建筑面积约为5.5万平方米，计划投资约4.35亿元人民币（含土地出让金、前期运营亏损、学校教学智能化等投入）。

（二）办学规模及目标

（1）办学规模：学校拟实行小学、初中和高中一体化全程优质教育培养模式，小学和初中学段近期拟计划按照30个教学班、高中学段近期拟计划按照24个教学班设置，近期招生规模达到3 000人以上，远期可根据办学情况逐步扩大到4 000人。

（2）办学目标：学校以"川北一流、全省知名"为目标，高标准、高起点、规范化建设和运营学校，打造为设备一流、管理精细、特色鲜明、办学水平和质量俱佳的优质名牌学校。建成投入使用后3年内达到市级示范学校标准、5年内达到省二级及以上示范学校标准，确保在8年后建成"川北一流、全省知名"的学校，具体办学目标另经双方协调确定。

（三）项目选址及用地面积

项目选址于剑阁县下寺镇翰林社区（西成高铁剑门关站前广场以西），总占地面积约为140亩，其中教育教学区占地面积不少于100亩，配套教职工住房占地面积约30亩（准确界限和面积以规划红线图为准）。

（四）用地性质及开发强度

教育教学用地土地性质为教育科研用地，面积不少于100亩，容积率为0.8和1.0之间；配套教职工住房用地面积约30亩，土地性质为住宅用地，容积率≤2.5。

（五）地块取得方式及地价

县政府提供给投资人（或其在剑阁县注册的学校）教育教学用地以挂牌方式供地，土地出让金先向县财政全额缴纳，县政府再按照《中华人民共和国民办教育促进法》等相关法律法规和政策规定全额补助给投资人，用于支持民办教育学校建设；配套教职工住房用地以公开拍卖方式出让。

（六）学校建设期限

自取得以上土地使用权后，整个项目分两期建设，首期建设应在确定土地使用权后的第二年秋季建成并投入使用，必须实现开校招生。

（七）县政府给予的政策支持

（1）投资人（或其在剑阁县注册的学校）依法挂牌出让取得教育用地，土地出让金先全额缴纳给县财政，县政府再根据相关规定和政策等额补助给投资人（或其在剑阁县注册的学校），用于支持优质民办学校建设。

（2）县政府按工程进度给予投资人（或其在剑阁县注册的学校）2.0亿元人民币现金补助，作为支持学校建设和前期办学运营补助。

（3）学校在建设过程中，教育教学用房所涉及的政府性基金，依法全额缴纳。

（4）协调水、电、气、通信、城市管网等部门按照当地公办学校的收费标准收取投资人（或其在剑阁县注册的学校）在学校建设及运行期间的初装费用和使用费。

（5）县体育局建设实施的运动场占地面积约34.1亩，投资约600万元，将土地使用性质调整为教育科研用地，并划拨给投资人管理使用，同意投资人（或其在剑阁县注册的学校）在不改变用途的情况下，可增添相应的设施设备和配套建设，但节假日和县上有体育赛事活动时要保证免费对外开放。

（6）县政府负责为引入的优质民办学校提供100名公办空编教师编制，若该校承担部分义务教育阶段就近入学、划片招生任务，政府通过购买服务方式在新学校开学前三年每年提供10名（三年共30名）公办名优教师到该学校任教并承担这部分教师的政府性基本工资，福利、五险一金和绩效奖补部分由投资人承担。

（7）学校建设和运营期间，享受国家、省、市（州）、县（区）对民办教育发展的各项扶持优惠政策。政府协助学校申请国家、省、市（州）对学校的各项政策优惠。

（八）几个推进时间节点约定

（1）2019年3月底成功招商，实现正式签约。

（2）2019年6月底政府完成征地拆迁、组织土地挂牌和公开拍卖出让、签署土地出让协议并移交给投资人（或其在剑阁县注册的学校）。

（3）2019年8月底前学校开工建设。

（4）2020年8月1日前县政府实现剑阁县下寺镇龙江大道西沿线建成通车，同期学校一期工程全面建成，实现2020年9月1日开校招生。

第三节　普职融通

2017年秋季开始，剑阁县教育局在剑阁中学、白龙中学、剑门关高中与剑阁职中、武连职职，举办普职融通改革试点。在全县高中学校全面开展普职融通工作，加大职业教育比例，形成职业教育规模。

一、试点背景

《国家中长期教育改革和发展规划纲要（2012—2020）》指出，要"树立人人成才观念，面向全体学生，促进学生成长成才。树立多样化人才观念，尊重个人选择，鼓励个性发展，不拘一格培养人才"，"促进各级各类教育纵向链接，横向沟通，提供多次选择机会，满足个人多样化的学习和发展需要"。按照《广元市教育局关于实施普职融通育人模式改革试点工作的意见》（广教〔2017〕142号）文件精神，通过将普通高中教育和职业教育进行融合和再造，让学生在均等地具备文化素质的同时，也具备基本的生活技能、职业意识、职业道德，为今后实现个人的充分、自由、最佳化发展提供保证。

二、普职融通的对象及普职融通开展模式

普职融通的对象为中考成绩在当年普高最低控制线上、重点高中录取线下的所有学生。这部分学生须注册中职学籍。

普职融通开展采取"1+2"的模式进行，即在普通高中学习1年的文化课程，再进入职业高中学习2年的专业技能知识，3年后可参加高考或高职单招考试进入大学学习。

三、普职融通试点工作进展情况

表4-6　普职融通试点工作进展情况

时间	工作内容
2019.03.12	剑阁职中与剑阁中学、白龙中学、剑门关高中就2018级普职融通学生工作合作协议细节进行商谈
2019.04.24	剑阁职中对剑阁中学、白龙中学、剑门关高中2018级普职融通学生做了如何学好专业等的介绍
2019.05.16	对2018级普职融通学生考勤
2019.06.20	对2018级普职融通学生转校做好准备
2019.06.26	2018级普职融通班学生（54人）移交剑阁职中；普职融通班学生（100人）在武连职中注册
2019.06.28	剑阁职中对2018级普职融通班学生进行摸底考试
2019.06.27	普职融通专业了解、选择（单独组班）
2019.07.01	2018级普职融通班正式在职中开始上课
2018.09.05	武连职中和剑州中学、开封中学启动2019级普职融通工作
2019.11.05	召开规范中职招生通知精神会议
2019.11.06	各普高学校制订好本校学生进入2019级普职融通班的方案
2019.11.07—08	各普高学校召开学生及学生家长会议，向学生及家长宣传和解释普职融通班的政策，确定2019级普职融通班人员名单
2019.11.09—15	剑阁职中、武连职中到各普高学校与2019级学生及家长签订普职融通协议，并取得学生基本信息
2019.11.16—28	剑阁职中、武连职中完成2019级普职融通学生（102人）中职注册工作，各普高学校注销其2019级普高学籍，并做好在本学期末的转校工作准备

四、剑阁职中职普融通工作开展情况

2018年春在剑阁县教育局的组织下，剑阁职中、剑门关高中负责普职融通的相关领导赴苍溪职中考察、调研普职融通工作，学习他们的成功经验。剑阁职中于2018年6月，正式启动普职融通工作，已接纳2019—2022届共四届普职融通班学生，共计125人。采取"1+2"模式，每月深入普高学校，开展教学、常规、考勤等相关工作。剑阁职中首届普职融通班取得了可喜的成绩，2019届共有两名学生上了本科线，其余学生均考上了相应的高职院校。2019年秋季，剑阁职中普职融通3个年级共有学生85人，其中高一13人、高二55人、高三17人。除了高一还在原普高学校学习，其余高二、高三均在剑阁职中，这些学生在校学习、纪律表现较好，已经融入剑阁职中这个大家庭。为了继续开展好普职融通工作，剑阁职中群策群力，采取相应措施，做好普职融通工作。

五、取得的主要成效及存在的问题

改变了学生和家长观念。多年来，很多家长和学生一直鄙视职教，基础再差都碍于面子想方设法在普高混。经过普职融通宣讲，部分家长和学生观念发生改变，能面对现实、量体裁衣，懂得了适合自己的才是最好的，愿意选择相对容易成功的成才之路。形成了普职融通新局面。2017 级就融通了 56 人，2018 级融通了 154 人。截至统计时间，2019 级已融通 102 人。带动了职中的校风和学风。各普通高中严格的管理和对文化课的重视，使学生已形成较好的学习习惯，融通到职中后习惯依旧，为全校做出了表率，职中已号召全校各班都向普职融通班学习。

在普职融通试点工作中，也存在一些问题。融通的学生质量有待提高。普职融通不是给普教丢包袱、砍尾巴，融通工作确实融通的是普高成绩最差甚至行为习惯最差的学生，其学科成绩较差。没有相应的经费支撑融通工作。普职融通对于职中来说，纯属贴本，花费大量的人力、物力、财力才能维持现状。

融通的时间最好是普高高一结束，最迟应该是高二第一学期结束。融通的规模最好是能在职高单独成班。

第四节　五四学制改革试点

2018 年 9 月至 2022 年 6 月，剑门中学将剑门小学 2018 年秋季的六年级 200 余名学生纳入五四学制改革试点。该项工作得到了剑阁县教育局、剑门镇党委政府、剑门关镇小学及试验学生的家长的大力支持。剑门中学制定了《剑阁县剑门中学校试点"四年制初中"实施方案》。成立了以中共剑阁县委教育工委书记、剑阁县教育局党组书记、局长王晓明任组长，局党组成员为副组长，教育局各股室长为成员的工作领导小组；以剑门中学校长黄金富、剑门关小学校长李玉富为组长，以剑门中学、剑门小学的副校级领导为副组长，剑门中小学中层干部为成员的工作小组。以剑门中学现有教师队伍为主体，由主管部门从全县遴选急需学科的优秀年轻教师组建教师队伍。

一、教学管理

（一）课程设置

表 4-7　课程设置情况

学科	语文	名著阅读	国学经典	数学	思维训练	英语	典范英语	德与法	科学实验	体育与健康	音乐	美术	信息技术	校本综合	班会心理	合计
节数	6	1	1	6	1	6	1	1	1	3	2	2	1	1	1	34

统一选择教材。周课时 34 节，每节课 40 分钟，作息时间与七至九年级一致，在教学内容安排上符合六年级学生身心发展水平。"班会心理"每周五下午放假前第二节进行，结合本地学生的生活实际，借鉴使用成都七中育才学校学道分校德育校本教材。校本课程"德与法""科学实验""校本综合""班会·心理"的设置、开发与使用由学科组优秀教师统一研究，并结合学科教师素养、人数，以及学生基础现状、发展潜质，家庭教育支持的能力与力度而定，可以借鉴成都七中育才学校学道分校的已有成果并校本化。课程整合。学科内课程整合由学科组优秀教师根据教材统一研究形成初步意见，教学过程中备课组再次根据教学实际情况修订，并交学科组广泛交流、听取意见建议和研究后确定整合方案。跨学科的整合和综合实践活动课由学校行政牵头、相应学科优秀教师等参与研究确定。

（二）学籍管理

六年级学生学籍由中小学负责教务的同志共同管理，管理员共同拥有小学六年级学生学籍管理的用户名和密码。小学负责六年级学生学籍监督，中学实际负责六年级学生复转插停等学籍管理。

（三）过程管理

完善并规范教学常规管理、考核制度，改进教学过程检查的形式和方式，提高检查的针对性和有效性，突出考核的及时性和督导性。如课前的教案（助学单）、作业批改、课堂教学行为、功能室的使用等，把实验实践课程纳入教学常规检查。

（四）教学考核

在试点初期，对小学出口质量的考核由县教育局选择全县五年级进行。试点学校的六年级的质量考核单列，不与非试点学校的六年级进行评比。试点学校的七至九年级纳入全县统一考核评比。学校内部制订以增量性评价为主的综合性方案。认真实施省级科研课题"基于生命成长的教学评价研究"，实行学科评价与操行评价相结合的原则，立足校情制定有效的教育评价制度，重视过程性评价。将教育管理制度与综合实践活动、学科教材、学科教学、日常习惯、校园环境相结合，落实在日常的教育实践之中。将学生的兴趣点、兴奋点与工作的着力点相结合，坚决避免教育的教条化、空洞化和说教式，让学生在潜移默化中受到教育，并不断总结、升华适合本地的富有特色的校园文化。签订目标责任书，明确责任分工，明确工作角色，面向社会公示，自加压力，主动完成各自的目标任务。教学考核要公开及时全覆盖。

二、试验结果

根据2022年春季八年级学业水平监测成绩分析（县抽测），剑门中学前100名学生3名，前300名学生6名，前500名学生14名。优生的比例较前后一个年级分别高出12%、21%。2022年中考，考入剑门中学基地班的人数较2021年净增4人。

这届学生在升学考试中能取得这样的成绩，有人认为，是因为在小学只进行了5年的学习。通常情况下，小学六年级都在进行复习，准备小学升初中的小考，而在剑门中学五四学制试点的学生，这一年没有参加应试教育，而在按计划地进行素质教育，因此，这一届学生在中考前就有时间进行初中阶段的学习。

第八章　县域教育高质量发展体系建设

剑阁县，因"山峰如剑、栈阁相连"而得名，是革命老区、旅游大县、农业大县、文化大县。全县辖区面积为 3 204 平方公里，辖 29 个乡镇、总人口为 68 万人。2023 年秋，全县共有各级各类学校 141 所（个）（公办学校 84 所，其中普通高中 3 所、中等职业学校 1 所、单设小学 58 所、九年一贯制学校 5 所、单设初中 11 所、特教学校 1 所、成教中心 1 所、独立公办幼儿园 4 所；民办教育机构 57 个，其中幼儿园 25 所、十二年一贯制学校 1 所、培训机构 31 个），教职工 4 615 人，学生 62 280 人（其中高中生 13 284 人、初中生 14 670 人、小学生 23 974 人、在园幼儿 10 388 人）。

党的二十大指出，要加快建设高质量教育体系，发展素质教育，促进教育公平。加快义务教育优质均衡发展和城乡一体化，优化区域教育资源配置，强化学前教育、特殊教育普惠发展，坚持高中阶段学校多样化发展。

中共中央、国务院出台的系列文件，如《关于深化教育教学改革全面提高义务教育质量的意见》《深化新时代教育评价改革总体方案》《关于深化新时代教育督导体制机制改革的意见》《关于全面深化新时代教师队伍建设改革的意见》，特别是近期教育部等三部委出台的《关于实施新时代基础教育扩优提质行动计划的意见》，为教育高质量发展提供了遵循、指明了方向。剑阁立足县域实际，加快推进体系建设，探索"学区制"治理路径，着力破解制约教育高质量发展的难题。

第一节　体系建设

剑阁县教育局以新时期教育发展目标为引领：党中央提出，建设教育强国，为中华民族伟大复兴提供有力支撑。省委、省政府指出，加快推进教育现代化，建设教育强省。到 2025 年，全省分批遴选 1 000 所省级示范性幼儿园、1 000 所义务教育办学管理标准学校、100 所省级引领性示范普通高中、100 所省级特色办学普通高中。市委、市政府明确指出，实施教育提质工程，建设区域教育高质量发展新高地。县委、县政府要求，加快推进教育大县向教育强县转变，建设义务教育优质均衡发展县。剑阁教育坚持"六办一建"总思路，强力推进教育发展"五项改革"，实施教育提质"八大行动"，全力推进教育现代化高质量发展。

一、坚持"六办一建"总思路，构建优质均衡基本公共教育服务体系

以跻身全省教育"双百双千"学校为引领，大力践行"快乐教育，幸福成长"理念，全力抓好普高优质发展、职教品牌发展、初中标准化发展、小学特色发展、幼儿园普惠发展。一是办优质高中，引导高中学校特色发展、多元发展、错位发展，辐射带动县域教育发展，积极争创省级示范性高中。二是办品牌职教，擦亮剑阁职中"国重"品牌，创建成全省"双示范"中职学校，推进剑阁职业教育现代化。三是办标准化初中，开展义务教育标准化管理示范校、特色校评估认定工作，创建"四川省义务教育优质均衡发展共同体领航学校"。四是办特色小学，建设城乡小学教育共同体，走特色发展之路，做实做深"一校一品"。五是办普惠幼儿园，建设设施一流、理念先进、

特点鲜明的普及普惠幼儿园，争创更多省市级五星示范园。六是办最美乡村学校，打造最美乡村教育，培养最美乡村教师、最美乡村学生，在家门口享受城区同等的教育资源。七是建劳动实践基地，加强劳动教育，建好劳动教育实践基地，引导学生热爱劳动、参与劳动、享受劳动成果。

二、全面深入推进"五项改革"，构建现代教育县域治理体系

一是强力推进教育评价改革，用好考核评价指挥棒，深化教学质量和教育教学评价改革，推动学校综合办学水平提升。二是强力推进课堂教学改革。积极适应新高考改革，在课本、课标、课堂、课程、课题"五课"上下功夫，开展教师技能大竞赛、课堂教学大比武、教育科研大讲坛三大活动。打造有效课堂、高效课堂。三是强力推进学区制管理改革，建立9个学区1个教育联盟，采取"七同"模式，城乡结合、强强联盟，推进基础教育一体化、优质均衡发展。四是强力推进教育督导机制改革，建强县督学、责任督学队伍，创新教育督导体制机制，改革教育督导方式方法，聚焦督政督学重点内容，提高教育督导的威慑力。五是深化"县管校聘"改革，搞好试点工作，总结成功经验，全县逐步推广。

三、实施教育提质"八大行动"，构建教育高质量发展保障体系

一是实施强党建重引领行动。稳慎推进党组织领导的校长负责制，坚持党对教育事业的全面领导，抓好全系统意识形态工作，牢牢掌握教育系统意识形态工作领导权和发言权；深化党风廉政建设，加大"关键少数"监督力度，着力关键岗位权力风险监管，营造教育系统风清气正政治生态。二是实施固根本育新人行动。坚持五育并举，厚植社会主义核心价值观，以读书节、体育节、科技节、艺术节"四节"活动为抓手，大力开展体育艺术、劳动实践教育、心理健康教育，加强学校卫生健康教育，做好家校共育。三是实施转作风强师德行动。深化纪律作风建设、强化师德师风专项治理。以"四有好老师"为标准，常态化教育，涵养师德修养。开展师德师风标兵评选活动，树典型、强引领，营造向善向美的人文环境。四是实施强班子作表率行动。树立鲜明的用人导向，凭德才、凭实绩、凭能力选用干部，打造一支政治过硬、作风过硬、业务过硬、廉洁过硬、有理念、懂管理、钻业务的优秀教育管理团队。五是实施强素质提能力行动。持续开展读书活动，组织开展教师技能大竞赛、课堂教学大比武、教育科研大讲坛三大活动。实施教师素质能力提升工程，加大教师校本培训力度，着力提升教师课堂教学能力、课后服务能力、课题研究能力、信息技术应用能力、班级管理能力。六是实施优质量树口碑行动。坚定不移地把提升教育教学质量作为核心工作，着力于课堂教学质量、课后服务质量，强化过程管理，充分发挥教育教学质量监测"指挥棒"作用，始终把教育教学质量的优劣作为衡量一个校（园）长工作优劣、一所学校好坏的重要标尺。七是实施保安全守底线行动。严格落实安全生产党政同责，落实校（园）长第一责任人责任。以最高的重视程度、最严的纪律要求、最实的工作作风、最细的工作措施抓好学校安全工作，坚决守牢学校安全底线。八是实施惠民生促发展行动。进一步着力优化农村基础教育布局，有序推进"十四五"学校项目建设规划落地落实，抓项目、找资金，争取最大限度地改善学校办学条件。扎实抓好学生资助工作，按政策要求使用好助学金、奖学金。

为全力保障推动教育提质"八大行动"高效运行，教育局先后出台制度文件《剑阁县教育高质量发展体系建设实施意见》《剑阁县中小学幼儿园高品质发展指导意见》《中小学教师专业发展指导意见》《中小学（幼儿）发展指导意见》《幸福园丁三年成长行动计划》《学区治理改革实施方案》《教育教学评价改革实施办法》《全面推进家校共育工作实施方案》等系列文件，进一步推动工作落地落实，为剑阁教育高质量发展护航。

第二节　学区制治理改革

剑阁县全面落实党中央和省市关于深化教育体制机制改革的决策部署，稳慎推进学区制治理改革，促进县域学校优势互补、融合共进、优质均衡发展，加快教育强县建设。

一、"学区制"改革背景

《中共中央办公厅、国务院办公厅关于构建优质均衡的基本公共教育服务体系的意见》指出："完善集团化办学和学区制管理办法及运行机制，促进校际管理、教学、教研紧密融合，强化优质带动、优势互补、资源共享，加快实现集团内、学区内校际优质均衡，为县域义务教育优质均衡发展奠定基础。"《四川省新时代深化改革推进基础教育高质量发展实施方案》明确要求，探索实施学区制管理，推动形成以城带乡、以强带弱、城乡一体的辐射式学区，实现学区内学校协同发展和教师统筹调配使用。剑阁县学校布点多，乡村学校办学条件薄弱、师资结构性缺编严重，城乡教学质量差距大、内涵特色发展不鲜明、优质生源流失严重等现实问题突出，与县域经济社会的快速发展不相适应，基础教育学校布局调整，建立中小学学区制管理模式，势在必行。

二、"学区制"改革措施

根据县域学校办学条件、师资配置、管理水平、教育质量、学校分布等实际情况，城乡统筹，强弱搭配，将基础教育学校划分为 9 个学区、1 个高中教育联盟，形成"学区共同体""联盟共同体"。

一是明确学区长学校与成员学校权责。学区长学校对成员学校教育教学组织管理有指导督导权、教育资源协调调配权、人事任免提议权、教师交流调配权、教育教学考核评价权，统筹协调成员学校完成教育教学目标，提升教育教学管理水平和学校治理能力；副学区长学校协助学区长学校履行相关职能职责。各成员学校保持法人资格不变，在学区长学校的引领下积极参与学区发展规划、工作目标、管理制度的研究制定，对本校教育教学工作的组织实施负主体责任，参与学区重大改革和重大事项的决策，组织落实学区各项改革措施、管理制度，完成学区安排的各项任务。

二是建立学区联席会议制度。联席会议是学区管理的领导机构，负责制定学区的发展规划、工作目标、工作计划，制定并完善学区的各项规章制度，组织协调各项教育教学活动，统筹学区教育资源，对学区有关重大事项作出决定等，全力提升学区内每一所学校的管理水平和办学水平。联席会议定期召开，召开时间、次数由学区长决定。

三是实行学区长工作负责制。学区长全面负责学区管理工作，统筹安排学区教育教学、教研活动，积极推进学区内学校的硬件、课程资源、师资及教育教学活动共享，加强学区内教师的培训、学习、交流，促进学区内学校的融合发展，对学区内学校的教育教学工作进行检查和指导，推动学区各项计划任务落实，定期进行学区教育教学工作成效评估，不断探索总结学区管理机制特点，定期向县教育局汇报学区的工作情况。

四是完善办学成果展示机制。定期开展读书节、艺术节、体育节、科技节、教育科研等交流活动，检验学区办学成效，充分展示教研成效和师生的知识能力、运动技能和艺术特长，集中宣传学区内学校风貌和办学成果，增强师生对学区的归属感和荣誉感，整体提升学区办学品质，赢得社会对教育的认可和肯定。

五是运行"七同"模式。优质资源同享，突破资源平衡难题，努力实现学区内学校资源共享，一体化共同发展。规范管理同标，统一管理学校课程实施、学生核心素养、教育教学常规。教育科研同步，实行联合教研，统筹开展学科备课、教学研讨、听课观摩、赛课竞技、课题研究等活动。教师发展同进，建立教师定期轮岗交流制度，统一调配教师，通过跨校兼课、支教、走教、轮岗等方式，促进教师交流。学生成长同育，统筹规划"六一""国庆"等节日的庆祝活动，联合开展学区体育节、艺术节、科技节、读书节等活动，培育"知识扎实、特长鲜明、身心健康"的学生。特色创建同推，大力推进文明校园创建，科学规划学区内校园文化建设，形成"一校一特色""一学区一品牌"的良好育人环境。教育质量同评，统一开展教学质量监测，统一考核、评比，形成学校、年级、班级良性竞争。

三、"学区制"改革经验和成效

自改革以来，剑阁教育成绩喜人。学区制管理改革经验在《四川教育》上发表，剑阁县亦成功入选四川省"首批示范性义务教育学区制治理试点县"。普安鼓楼幼儿园成功创建省级五星示范园，龙江小学成功创建全省首批义务教育优质均衡发展共同体领航学校，剑门关高中成功创建省二级示范性普通高中。剑阁职中李文峰被授予"四川省李文峰卓越校长工作室"的荣誉，鼓楼幼儿园园长刘建容成功入选教育部"双名计划"川渝名师名校长工作室成员。全县44人先后获评省市优秀教师、模范班主任、优秀教育工作者等荣誉称号。剑阁县特殊教育学校李建容老师荣获"四川省最美教师"称号；剑阁职中李勇生老师被评为"四川省优秀教师"。2023年高考重本上线人数较上一年增长135%，本科文考上线人数较上一年增长30.2%；中考普职比连续两年上升12个百分点。教育教学质量显著提升，学前教育普及普惠率达94.7%；义务教育巩固率达98%，高中阶段毛入学率为96%，本科上线率达53.7%，中职高考上线率达96%。先后承办全国提琴智慧教育进校园第二届教育峰会、全省乡村少年宫现场会、全省"立德树人"案例现场会、全省研学旅行现场会、广元市教育提质发展现场会、广元市"幼小衔接"现场推进、广元市省级示范校创建现场会、广元市职业院校"说专业、说产业、说课程、说教材"活动、广元市职业教育"三名工程"建设研讨会。《四川剑门关高中牢记习近平总书记殷殷嘱托 探索走出山区普通高中跨越发展新路》被省委办公厅《四川信息》刊发；《心理健康教育，让山区孩子更阳光自信》作为全省县区教育系统唯一案例被省委宣传部《把好事办实 把实事办好》刊载。

表4-8　剑阁县中小学学区制管理学校组建名单

(a) 小学类

序号	学区长学校	副学区长学校	成员学校	挂联领导	联络员	备注
第一学区	龙江小学	柳沟小学武连小学	柳沟、武连片区其他完全小学及上寺小学	何中强	赵从海	
第二学区	实验学校	白龙小学公兴小学	白龙、公兴片区其他完全小学	何晓明	李光耀	
第三学区	普安小学	元山小学开封小学	普安、元山、开封片区其他完全小学	杨启文	杨得华	
第四学区	剑门关实验学校	城北小学剑门关小学	城北、剑门片区其他完全小学	蒲继强	杨永丰	
第五学区	香江国际实验学校	木马小学鹤龄小学	江口、鹤龄片区其他完全小学	祁学刚	张天锦	

（b）初中类

序号	学区长学校	成员学校	挂联领导	联络员	备注
第六学区	剑阁中学	普安中学、白龙中学、公兴中学、元山中学、木马中学	王勋勇	唐守荣	
第七学区	剑门关高中	剑门中学、汉阳中学、鹤龄中学、开封中学	王　龙	唐学良	
第八学区	剑州中学	柳沟中学、武连中学	吴俊宏	陈国清	

（c）综合类

序号	学区长学校	成员学校	挂联领导	联络员	备注
第九学区	剑门关天立学校	演圣小学、香沉小学、龙源育才学校、姚家小学、杨村小学、江口嘉陵学校、东宝小学、盐店小学	王　龙	王俊臣	

（d）高中类

序号	学区长学校	成员学校	挂联领导	联络员	备注
第十学区	高中学校每学年轮流担任	剑阁中学、剑门关高中、剑州中学、剑门关天立学校	王勋勇	左　长	高中教育联盟

第三节　教育品牌建设

2004 年 5 月 16 日，时任浙江省委书记习近平为剑门关高中之江教学楼掀土奠基。2023 年 7 月 25 日，习近平总书记来川来广视察，听取了剑门关高级中学办学情况汇报，叮嘱要把教育办得更好。剑阁县教育局全力做好教育品牌建设：建设一批品牌学校、锻造一批名牌校长、培塑一批金牌教师、培养一批又一批的王牌学生，打造"雄关论教"品牌，争创义务教育优质均衡县，办好人民满意的教育。

一、建设品牌学校提升办学竞争力

加快推进剑门关高中提质扩容，争创省一级示范性普通高中。深度挖掘剑阁中学"兼山书院"中华优秀传统文化底蕴，建成省一级示范性普通高中；加强剑阁职中与企业联合办学，致力培养"大国工匠""大国技师"，争创全省"双示范"中职学校。鼓励剑州中学艺体类特色发展，加快建成省二级示范性普通高中。义务教育推进优质均衡发展，争创更多义务教育优质均衡发展共同体领航学校。学前教育提升保教保育质量，争创更多的省市五星级示范性幼儿园。

二、锻造名牌校长增强教育引导力

积极为校长搭建交流平台，办好"校长论坛"，推动学校校长专业化成长。鼓励支持学校校长外出培训，学习先进教育理念、管理方法、治校策略，打造一支政治过硬、办学理念先进、示范性强的校长队伍。在现有的"四川省李文峰卓越校长工作室"基础上，建设更多的名校长工作室，不断提升剑阁教育的知名度和美誉度。

三、培塑金牌教师激发教学内动力

启动"幸福园丁"三年成长计划，开展教师"五阶研训"梯队培养，选派更多优秀管理者、教师走出去培训学习，走出去学习先进教育教学经验，聘请教育学者、专家、名师等能人来剑挂职支教、送课下乡、开展专题讲座，培养一批高水准的学科带头人。扎实开展教师技能大竞赛、课堂教学大比武、教育科研大讲坛三大活动，用好名师工作室，推评一批师德高尚、业务精湛的金牌教师。

四、培养王牌学生提高教育创造力

始终坚持为党育人、为国育才初心使命，全面落实立德树人根本任务，聚力培养学生人文底蕴、科学精神、学会学习、健康生活、责任担当、实践创新六大核心素养，持续办好体育节、艺术节、科技节、读书节等活动，力争让每一个学生都成才，让更多的学生考上"985""211""双一流"大学，让更多的优秀学生成为各行各业、各条战线上的精英翘楚。

五、提升"雄关论教"品牌影响力

借势借力东西部协作和省内对口帮扶等平台，以"县域义务教育学校学区制改革实践研究""雄关论教——东西部协作背景下中小学校长学习发展共同体剑阁样式的构建与实践"等省级课题为抓手，扎实开展"组团式"帮扶、"校对校"结对、"四同步"教育协作，开展"雄关论教"沙龙学习，举办"雄关论教"校长大讲堂，编发"雄关论教"论文集、组织"雄关论教"特色展评，持续擦亮"雄关论教"品牌。

第九章　基地班建设

2013年5月9日，县教科局根据《广元市普通高中拔尖创新人才培养行动计划（试行）》（广教〔2013〕27号）精神，审核剑阁中学、剑门关高中、剑州中学的拔尖人才培养教育工作方案，编制《剑阁县普通高中"拔尖人才培养工程"实施意见》（剑教科〔2013〕51号），决定于2013年秋季开始，在剑阁中学、剑州中学、剑门关高中开办"英才培养基地班"（以下简称基地班）。实行"小班化教学，个性化培养，科学化管理，精细化服务"的模式。剑阁中学举办"名校英才班"2个，招生60人；剑州中学举办"名校基地班"1个，招生30人；剑门关高中举办"成都七中剑门英才班"1个，招生30人。3所学校4个班1个年级共计招收120名基地班学生。

一、基地班培养目标

集中拔尖学生进行高针对性的个性化教育，培养具有远大抱负、国际视野、基础知识与创新能力兼具、发展潜力巨大的优秀学生，使学生在品格、智力、能力和身心诸方面得到充分发展，为国家基础科学研究做出更大贡献。

（1）向北京大学、清华大学、复旦大学、浙江大学、上海交通大学、南京大学等一流大学输送研究型人才。

（2）向中山大学、武汉大学、中国科学技术大学、中国人民大学、国防大学等其他"985工程""211工程"重点院校输送一批高层次人才。

（3）为中央音乐学院、中央美术学院、中央戏剧学院、北京体育大学、空军航空航天大学（空飞）等专门学院输送高层次专门人才。

二、保障措施

（一）优配师资

充分发挥高中学校名师的基础性中坚作用。学校要从专业功底、教学能力、高考业绩、敬业精神等方面，立足本校选择教学经验丰富、教学感情深厚、有较高威望和较大影响力的教师承担拔尖班教学任务。

统筹选配授课教师团队。基于剑阁县和各学校高中教师队伍实际，为了最大限度发挥优秀教师的作用，要在县教科局统筹指导下，组建拔尖人才班级授课教师团队，立足各校实际需求，在全县考调教学名师，充分满足拔尖班教学需要。

适当引进优秀教师。把优秀教师引进纳入县委和政府高层次人才引进政策体系，按照剑阁县学科建设需要，对较为关键和相对薄弱的学科引进一批优秀教师，弥补师资短板。

建立优秀后备教师团队。要努力优化教师选聘办法和程序，做好空编新进教师的择优选拔录用。提早深入高校，扩大选择范围，真正录用一批优秀大学毕业生，确保教师队伍整体水平的提升。

（二）优化教育方案

加强精细化管理。各校要制定《拔尖班教学工作计划》《拔尖班德育工作计划》《拔尖班班主任工作职责》《拔尖班教师工作职责》《拔尖班工作考核方案》等系列制度，整体构思和系统设计拔尖班学生的培养目标、评价系统、课程安排、教学组织，严防教育教学管理的随意性和零碎化，确保工作有序高效开展。

落实个性化的教学方案。三所普通高中学校要按照"个案化教学、个性化指导、面对面辅导"的总体要求，切实落实"四清"制度（堂堂清、天天清、周周清、月月清）、纠错制度和学生成长档案追踪制度，有针对性地进行个性化训练，做到"讲必练、练必阅、阅必评、错必纠"。

突出特色发展。学校要紧密结合办学传统、生源特点、师资状况，找准着力点，有所侧重，办出特色。剑阁中学在一流名牌大学上突破，剑州中学加强学科特色教育，做强文科。剑门关高中要依托成都七中直播班的资源，提升重本数量与质量、打造艺体特色。剑阁中学、剑门关高中要继续加强与哈尔滨工业大学的联系，各校要充分利用好秦巴山区连片扶贫相关政策，不断拓展与著名高校联系的数量，打通高中阶段与普通高校早交流、早对接的通道，拓宽学生的视野。

建立资源共享平台。全县有计划地推行联校科研活动，拔尖班级教育教学资源共享，做到校内与校外相结合、集中教育与分散指导相结合、短时集训参观与长时指导帮助相结合，继续利用好、发挥好成都七中等的优势资源，用足用好校内校外资源。

丰富课程设置、满足学生个性需求。各校对拔尖人才班级课程单独设置，包括统一课程（国家课程、整合的校本课程）、个性课程（奥赛课程、自主招生课程）、研究性学习课程、实践活动课程（户外生存、夏令营等）。加强课外实践活动，推进学生活动组织社团化、活动课程化、辅导个性化、评价过程化，建立兴趣导向、体系开放、形式灵活、合作探究、渠道互通、选择多样的课外活动机制。

加强学科特长生的培养与指导，组织参加全国中学生奥赛、青少年科技创新大赛等活动，让学生跻身更高平台，实现更大突破。

加强有效课堂实践。坚定不移地推进课堂教学改革，切实构建高效课堂教学模式，开展启发式、探究式、讨论式、参与式教学，激发学生的好奇心和求知欲望，培养学生浓厚的学习兴趣和问题意识，引导学生主动参与、积极思考、大胆质疑，着力提高独立思考和自主学习的学习能力和学习品质。

注重非智力因素培养，将学校、班级打造成学生的精神特区。要创新学生管理和德育工作，培养学生追求卓越、敢于争先的竞争进取意识，锲而不舍、顽强拼搏的坚韧意志，热爱生活、关注社会、胸怀天下的人文情怀，为学生终身学习和长远发展打牢根基。

（三）强化政策支撑

学校自主招生保障优质生源。初中学校根据学生在初中阶段考试成绩综合排名情况和发展潜力进行推荐，高中学校视情况可以采取综合测评的形式组织选拔，按30人的班额标准单独组建。

设立专项资金提供经费保障。为保障拔尖班教学、教研工作及指导活动顺利开展，建立了有效的工作津贴与考核奖励机制。县政府设立专项资金，将高中统筹部分提取150万元作为"拔尖人才"专项培育基金，由教科局统一管理，专款专用，用于拔尖班级的教师津贴、奖教奖学、教育教学活动开展等，高中学校要切实为拔尖班培养提供财力支持。

三、建立机制

教师竞聘机制。对拔尖人才班级教师的选聘条件和过程要公开，教师竞争上岗、签约履职，每学期对任课教师进行全面考核，在尊重学生及家长意见的基础上进行动态管理和调整，建立能上能下的竞争机制，充分激发拔尖班教师的内驱力。

教师奖励机制。根据拔尖班级的履职情况，建立拔尖班级教师的特殊津贴，在聘用期间的基本待遇年总额不少于8万元（含工资、绩效考核及奖励补助等）。

质量评价机制。学校对拔尖人才班级要单独制订考核方案，单列考核奖惩，对优秀教师予以表彰奖励。市县教育（科）局对举办拔尖人才班级的过程管理、德育工作、教学工作、特色发展、教研工作等进行专项评估、考核，对成效显著、成绩突出的学校进行表彰奖励。

家校对接机制。构建家校联系平台，实现家校共育对接。"拔尖创新人才基地班"学校与家长签约承诺，确保在管理服务、教育培养、生活关怀等事项充分发挥学校、家庭、社会三位一体的教育功能，三者之间要紧密联系、相互协调、理念合拍、方法相容、经常沟通、形成合力。向家长开放课堂，定期向家长反馈教情和学情。

优秀学生奖励机制。每学期对成绩优异学生分层次给予奖励，对三年后考上一流大学的学生予以终端奖励。

四、招生考试

教育局根据学校推荐及上年秋季期末考试成绩，确定全县参加选拔性考试学生名单。剑阁中学、剑门关高中的初中学生不纳入本次选拔考试序列，两校根据县教育局下达的直升名额，自行确定进入本校基地班级的人选。所有参加基地班级考试的学生必须签订《剑阁县高2016级基地班选拔考试参考承诺书》方能参加本次基地班选拔考试。

由教研室出题、教育股组织考试、录取。2016年基地班招生总人数为120人，班额4个。剑阁中学2个班，剑州中学1个班，剑门关高中1个班，每班30人（剑阁中学校内直升22人、剑门关高中校内直升15人）。教育局根据选拔考试总成绩将前120名（含剑阁中学校内直升22人、剑门关高中校内直升15人）按志愿录取到三所学校。

表4-9　基地班招生人数统计表

	2013		2014		2015		2016		2017		2018		2019		2020	
	计划招生	实际到校	计划招生	实际到校	计划招生	实际到校	计划招生	实际到校	计划招生	实际到校	计划招生	实际到校	计划招生	实际到校	计划招生	实际到校
剑阁中学	60	53	60	47	60	56	60	54	60	50	80	64	80	63	80	50
剑门关高中	60	35	60	32	60	36	60	41	60	45	60	42	60	40	100	42
剑州中学	30	30	30	29	30	29	30	28	30	29	30	30	30	29	30	29
合计	150	118	150	108	150	121	150	123	150	124	170	136	170	132	210	121

五、教育成果

从2013年秋季起，剑阁县启动创新人才培养"11345"战略，全面推行"拔尖人才培养工程"。基地班开办以来取得了优异成绩。在2013年秋季期末考试中，全市前3名中有两名为剑阁县基地班同学，分别是第一名周尧同学和第三名佘加燕同学。全市前50名中，剑阁县基地班占15人，前100名中，剑阁县基地班学生占28人；整个基地班120名中，上600分的有47位同学，上550分的有94位同学，上530分的有111位同学。获得了市县领导的赞誉和全县老百姓的高度信任。

表 4-10　2015 年首届基地班各校上线情况

	语文		数学		英语		物理		化学		生物		总分	
	本一	本二	本一	本二	本一	本二	本一	本二	本一	本二	本一	本二	本一	本二
分数线	98	89	96	76	111	92	73	54	64	45	58	43	485	406
剑阁中学	53	60	50	60	44	59	41	59	24	55	42	55	55	59
剑门关高中	25	30	27	30	16	28	24	30	13	30	24	30	23	30
剑州中学	20	27	19	28	15	27	15	28	11	29	14	20	19	28
合计	98	117	96	118	75	114	80	117	48	114	80	105	97	117

表 4-11　基地班学生升学情况

	2016			2017			2018			2019			2020		
	参考人数	一本人数	二本人数	参考人数	一本人数	二本人数	参考人数	一本人数	二本人数	参考人数	一本人数	二本人数	参考人数	一本人数	二本人数
剑阁中学	53	53	0	47	47	0	56	56	0	54	54	0	50	50	0
剑门关高中	60	50	10	62	54	8	63	56	7	64	57	7	70	64	6
剑州中学	30	24	30	30	26	30	30	22	30	30	21	30	30	20	30
合计	143	127	40	137	127	38	149	134	37	148	132	37	150	134	36

第十章 义务教育质量监测

一、监测内容

义务教育阶段四、八年级学生科学（小学科学，初中物理、地理、生物，下同）、艺术（包括音乐和美术，下同）、劳动与综合实践（含《生态·生命·安全》《可爱的四川》，下同）学业质量，以及课程开设、课程教学、条件保障、教师发展和学校管理等相关影响因素。

二、监测对象及样本学校

（一）监测对象

2022年春季学期义务教育阶段四、八年级学生（具体名单以省下发的"学生名册密件"为准）。样本校校长，科学、艺术、劳动与综合实践全体专兼职教师。

（二）样本学校

1. 初中（12所）

公兴中学　白龙中学　鹤龄中学　剑阁中学　剑州中学　演圣小学　元山中学

剑门中学　普安中学　剑门关高中　江口嘉陵学校　龙源育才学校

2. 小学（17所）

龙江小学　柳沟小学　东宝小学　柏垭小学　北庙小学　吼狮小学

高池小学　南禅小学　香沉小学　普安小学　鹤龄小学　公兴小学

开封小学　元山小学　白龙小学　香江国际实验学校　剑门关实验学校

三、监测时间

现场测试时间为2022年5月25日—26日。测试场次与时间安排如下：

表4-12　测试场次及时间

时间		场次	学生测试	校长与教师网络问卷填答
5月25日	上午	学生科学测试	四年级 09：00-10：00	09：00至10：30填答完成
			八年级 09：00-10：30	
		学生科学相关因素问卷填答	四年级 10：30-11：30	
			八年级 11：00-12：00	
	下午	学生艺术测试1	四年级 14：00-15：00	
			八年级 14：00-15：00	
		学生艺术相关因素问卷填答	四年级 15：15-16：15	
			八年级 15：15-16：15	
		学生艺术测试2和3	四年级 16：30-17：10	
			八年级 16：30-17：10	

表4-12（续）

时间		场次	学生测试	校长与教师网络问卷填答
5月26日	上午	学生劳动与综合实践测试	四年级 09:00-10:00	
			八年级 09:00-10:30	
		学生劳动与综合实践相关因素问卷填答	四年级 10:30-11:30	
			八年级 11:00-12:00	

4-13 教育管理督查清单

重点内容	关键指标	督查要点
规范办学行为	落实课程方案	（1）开齐开足开好国家规定课程；规范使用审定教材，严禁违规征订和使用教辅，不得引进境外课程、使用境外教材 （2）加强课程建设，特别是德育、体育、美育、劳动教育等课程建设，重视法治教育、安全教育和心理健康教育，有效开发和实施地方课程、校本课程
	规范教学行为	（1）健全学校教学管理规程，统筹制订教学计划；按照课程标准实施教学，不随意增减课时、改变难度、调整进度等 （2）完善教师集体备课制度，健全教学评价制度，注重教学诊断与改进；校长深入课堂听课、参与教研、指导教学 （3）健全作业管理办法，统筹调控作业量和作业时间；严控考试次数，不公布考试成绩和排名；实现课后服务全覆盖，提高课后服务质量。防止学业负担过重
	优化教学方式	（1）积极学习应用优秀教学成果和信息化教学资源，注重启发式、互动式、探究式教学，推进信息技术与教育教学深度融合 （2）坚持因材施教、教好每名学生，精准分析学情，重视差异化教学和个别化指导，培养学生自主学习能力，帮扶学习困难学生 （3）强化实践育人，积极开展劳动教育和综合实践活动，培养学生的社会责任感、创新精神和实践能力
	加强师德师风建设	（1）按照"四有"好老师标准，健全师德师风建设长效机制，积极选树先进典型，严肃查处师德失范行为 （2）关心教师思想状况，加强思想政治工作和人文关怀，帮助解决教师思想问题与实际困难，促进教师身心健康 （3）加强教师职业道德建设，做到爱岗敬业、关爱学生、为人师表。严禁体罚和变相体罚、讽刺、挖苦学生
五项管理	作业管理、睡眠管理、手机管理、读物管理、体质健康管理	（1）控制作业总量，优化作业设计、统筹作业管理、加强作业指导是否落实 （2）学生作息时间是否规范，睡眠时间是否有保障。学生手机是否按要求严格管理。严格选择、推荐学生课外读物，把控读物标准 （3）体质健康监测达标，掌握1~2项体育运动技能，合理用眼，养成良好的健康生活习惯
"双减"	减轻学生学业负担，提升课后服务、教育教学水平	加强作业管理，大力提升课后服务水平，全面提高学校教育教学水平

表 4-14　学科关键指标

重点内容	关键指标	督查要点
学科监测内容	科学（小学科学，初中地理、生物、物理）	（1）学校是否给教师准备了教参（包括教师用书、学科配套地图等地理教具，实验室器材，材料） （2）教师是否认真学习了课标，对教材是否熟悉 （3）教师是否将教材内容进行梳理（基础知识、实验、探究）、有针对性地教学 （4）是否严格按照教材内容完成教学任务（科学理解、科学探究、科学思维） （5）是否引导学生积极参与实践，采用多种形式引导学生积极参与课程实践体验，引导学生科学理解、科学探究、科学思维、初步养成科学态度以及主动承担社会责任 （6）教师是否合理利用现代化教育技术为教育服务、提高教学质量
	劳动与综合实践	（1）教师是否认真学习了课标，对教材是否熟悉，是否将教材内容进行梳理并有针对性地教学，是否严格按照教材内容完成教学任务 （2）有条件的学校是否有校园地，学生是否通过亲身参与劳动与技术实践活动获得直接劳动体验 （3）教师是否促使学生主动认识并理解劳动世界、逐步树立正确的劳动价值观、养成良好的劳动习惯和热爱劳动人民的思想情感 （4）是否遵循学生身心发展规律、把握学生认知特点和生活实际，是否帮助学生形成积极的人生态度和健全的人格 （5）是否引导学生理解并遵守公共空间的基本行为规范、初步形成集体思想和组织观念，培养对中国共产党的朴素感情，为自己是中国人感到自豪，形成初步的"家国情怀"，热爱祖国和家乡 （6）学生是否围绕日常生活开展服务活动，能处理生活中的基本事务，初步形成生活学习自理能力，养成自立精神及尊老尊师爱幼、热爱生活的态度，具有积极参与学校和社区生活、家务劳动的意愿 （7）学生是否能在教师的引导下，结合学校、家庭生活中的现象，发现并提出自己感兴趣的问题；能否将问题转化为研究小课题，体验课题研究的过程与方法，提出自己的想法，形成对问题的初步解释 （8）学生是否通过动手操作实践，初步掌握手工设计与制作、家务劳动的基本技能；是否学会运用信息技术，设计并制作有一定创意的数字作品；能否运用常见、简单的信息技术解决实际问题，服务于学习和生活 （9）学生是否认识四川的历史、文化、地理环境、经济社会发展、人文风情等；是否形成爱祖国、爱家乡，维护民族团结、国家统一的情感，增强振兴四川、建设家乡的责任感；是否学会运用所学知识和方法去分析四川历史、社会和自然中的问题，提高综合实践能力
	音乐	（1）学校是否给教师准备了教参（包括教师用书、配套光碟），教师是否认真学习了课标，对教材是否熟悉 （2）教师是否将教材内容进行梳理（基础知识、合唱曲目、乐器音色、作家作品、乐器演奏）并有针对性地教学 （3）是否严格按照教材内容完成教学任务（基础知识、基本技能、审美体验） （4）教师是否合理利用现代化教育技术视听结合、声像一体、资源丰富等优点，为教育服务，提高教学质量 （5）学生是否学习并掌握了必要的音乐基础知识和基本技能，教师是否在教学中拓宽学生文化视野，发展音乐听觉与欣赏能力、表现能力和创造能力，形成基本的音乐素养
	美术	（1）课程设置情况 （2）教师配备情况 （3）功能室、器材配备、使用情况 （4）美术教师培训情况 （5）美术教师教研情况 （6）学生美术活动开展情况 （7）学生美术技能掌握情况 （8）美术教材使用情况 （9）学生参加美术竞赛情况

四、具体做法

根据《四川省人民政府教育督导委员会办公室关于开展 2022 年度四川省义务教育质量监测的通知》，剑阁县作为 18 个样本县之一，于 5 月 25 日—26 日接受了全省义务教育质量监测。

剑阁县辖 29 个乡镇，面积为 3 204 平方公里，总人口约为 64.8 万人。全县 2022 年春季，有义务教育阶段学校 82 所，其中完全小学 59 所、单设初中 11 所、九年一贯制 8 所、高中学校附设初中 3 所、十二年一贯制学校 1 所（民办）。2022 年四川省义务教育质量监测剑阁县共抽取样本校 29 所：初中样本校 12 所，其中单设初中 6 所、高中学校附设初中 3 所、九年一贯制学校 3 所；小学样本校 17 所，其中完全小学 15 所、九年一贯制学校 2 所。

成立了以县人民政府分管教育副县长、县教育督导委员会主任为组长，县教育局党组书记、局长为副组长，县教育局其他班子成员、机关股室及直属事业单位主要负责人、各教育督导责任区主任、学区长学校校长为成员的质量监测工作领导小组，各样本校也成立了领导小组，全县一盘棋，统一指挥，步调一致，确保了义务教育质量监测工作的高效组织实施。

县教育局及各样本校组建了工作专班，成立了具体工作实施小组，建立了微信工作群，统筹选用相关工作人员，科学规划，周密部署，多方联动，协同工作，负责义务教育质量监测各线、各块、各环节具体实施工作。

严格落实县教育局领导、责任区督学、学区长学校领导挂联样本校制度，实行领导包片、干部联校，落实挂校人员蹲点驻校督导责任，深入学校一线督查、指导与培训，协调处理和帮助解决有关问题和困难。

加强制度建设，进一步完善和细化方案预案。根据《四川省人民政府教育督导委员会办公室关于开展 2022 年度四川省义务教育质量监测的通知》等文件精神，结合剑阁县实际，分别制定了《剑阁县 2022 年四川省义务教育质量监测实施工作方案》《新冠疫情防控方案》和《突发事件应急处置预案》，印发了《工作推进行事历》《现场测试工作方案》《保密管理安排意见》《计算机教室及链路保障工作方案》等，将《组织工作手册》和《现场操作手册》规范装订成书并及时下发。各样本校也结合学校实际，一校一策，制订了具体实用、操作性强的方案和预案，上交县教育局备案。

接到文件通知后，通过教育局党组会、机关职工会、学区长会、责任督学会、样本校校长会及各类工作人员培训会等，对义务教育质量监测政策文件进行详细宣讲和解读，明确质量监测工作的重要性和必要性，进一步统一全县教育系统的思想认识。各样本校通过行政会、教职工会、学生会、家长会等会议及微信工作群等平台积极宣传义务教育质量监测工作的目的和意义，提高了家长及师生认识水平，增强了参与的积极性和主动性，营造了良好的质量监测工作氛围。利用剑阁教育微信公众平台向社会公布本地监督专线，接受社会监督。监测期间，各样本校按照统一要求，在校门口悬挂了横幅，在校园内悬挂了固定宣传标语，统一制作了公示栏，利用校内电子显示屏、宣传展板、简报等宣传，自觉接收广大师生、家长及社会的监督。

重视各类人员培训指导，切实提高业务能力和水平。采用"走出去""请进来"的方式先后组织到广元市昭化区、利州区学习考察，听取兄弟县区的经验交流；邀请绵阳市游仙区教研室领导来县传经送宝、授课指导和培训。除组织参加省直播培训会外，还组织了多轮次的视频会、直播会、现场会、动员会、推进会、专题业务培训会，线上线下结合，以会促训。组织召开县级专题研究会 8 次、业务培训会 7 次，各样本校的培训、模拟演练也全覆盖多轮次开展。通过各种形式的培训，相关人员逐步明确了目标、细化了责任、熟悉了规则、掌握了方法，确保了全县义务教育质量监测各项工作有序推进。

高度重视保密工作，严把监测工具保密关。制定了《剑阁县教育局 2022 年四川省义务教育质量监测工具保密管理安排意见》，严格按照高考保密管理要求，加强监测工具保密管理。启用了高考保密室，严格按相关要求，清点、登记、入柜、上锁、加封，安排专人24小时轮流值班值守并详细记录。各样本校均规范设置了保密室和保密柜，严守保密纪律，严格操作流程，认真值班守护，全部按省上统一要求和时间节点领取、运输、存放、保管、分发、回收、回送检测工具，无一泄密事件发生，确保了监测工具的安全、保密。目前所有监测工具，已按有关要求，于5月27日组织专人专车运送至四川省教育评估院。

县教育局印发了《剑阁县2022年义务教育质量监测计算机教室及链路保障工作方案》，测试前，电教教仪站同志逐校排查摸底，发现的个别学校计算机配置低、网络信号差、下载难、安装难等问题，通过培训信息员、更换加装内存条、更换计算机、添置路由器、备用网络填答测试教室等办法逐一得到解决。测试期间，组建了专业服务团队，实行"三级护航"，分片挂校，负责各样本校的网络填答技术支持和测试期间的应急处置。县教育局积极与县卫健局、国网剑阁供电公司、中国电信剑阁分公司等县级部门（单位）沟通联系，函请相关部门支持配合，各部门高度重视，行动迅速，立即研究部署，落实专人负责，制订工作方案和应急处置预案，提前介入样本校摸排、指导、处置，监测期间，安排了工作人员驻校值勤，为各样本校的防疫安全、电力供应及网络通畅等提供服务和保障。29所样本校设备设施运转正常，所有测试数据按时成功上传，没有出现任何故障。各样本校强化安全管理，严守防疫纪律，严格防控措施，针对测试生、非测试生，以及测试、教学、休息、活动等各方面，管理无缝对接、不留真空，校园秩序井然，后勤服务到位，各项保障有力，确保了测试工作安全高效。

加强信息核实，确保数据客观精准。剑阁县按质量监测统一要求，严格审核确认各类信息，在规定时间内上报了剑阁县义务教育阶段所有学校基本信息，组织各样本校及时上报了参与测试的教师和学生信息，做到了精准填报，准确无误。全县初中12所样本校情况如下：上报3 614名八年级学生的信息；35位校长的信息；测试490名科目任课教师的信息，其中地理50人、"可爱的四川"54人、劳动68人、美术29人、音乐29人、生物47人、物理58人、生态62人、综合93人。全县小学17所样本校情况如下：上报2 486名四年级学生的信息；52位校长的信息；测试1 036名科目任课教师的信息，其中科学111人、音乐70人、美术76人、劳动247人、综合201人、生态212人、"可爱的四川"119人。其余信息也严格遵照有关要求和时间节点上传报送。

加强队伍建设，严格监测（工作）人员选派。剑阁县高度重视监测工作人员的选用及培训，确保测试人员明白自身工作职责、掌握操作流程与工作规范。卫健局督促属地卫生院共选派经验丰富的医护人员29名，测试前指导学校消杀，测试期间驻校指导防疫工作及学生疾病救治等情况的应急处置。在全县责任督学和机关干部队伍中，精心挑选政治素质过硬、作风和纪律严明的29位同志担任主监测员，负责全面监督、指导样本校测试工作；按交叉选派的原则，在非本校非测试学科教师中共选派业务素养高、工作能力强的58名监测员分别担任29所样本校监测员；各样本校也按要求严格选用司时员、安保人员、信息员、网络维护员等工作人员。

29所样本校严格遵照《组织工作手册》和《现场操作手册》要求，按规定规范设置和布置测试场地及测试教室，按标准提供学生测试工具，统筹安排测试人员，规范组织实施了质量监测工作。县教育局统一制作了工作人员胸牌，下发了各校宣传标语样例、宣传栏样例及测试用各功能室门签、柜签、座位签样例，下发了各类表册电子文档，进一步细化了各监测点及测试用各功能室布置要求。测试期间，统一要求学生穿校服，教师着正装，提振师生精气神。

29名主监测员、58名监测员按时到岗到位，严格操作规程，严格遵照《组织工作手册》及《现场操作手册》按部就班落实各项监测工作；全体工作人员顾全大局，严守工作纪律，尽职尽责，默契配合，整个监测过程组织规范严谨，秩序井然，无差错漏洞，无冒名顶替等违规舞弊行为，无大规模缺测现象发生；参测师生遵守测试守则，服从安排，认真作答，考风正，考纪优，无违纪违规行为；县教育局像抓高考一样抓考风考纪，高起点、高水平组织实施，保证了监测数据的真实性、客观性和监测过程的规范性、安全性。

加强过程督查，严明工作纪律。按照"要组织有序、要保障到位、要程序规范、要操作熟练、要状态良好、要环境整洁、要纪律严明"的工作要求，采取对样本校定点督查和随机抽查相结合的模式，分三个阶段，深入全县29所样本校，采用"听—查—看—访—评"的方式，针对各样本校质量监测考场布置、考务准备、测试组织、疫情防控、网络使用、电力供应、师生演练及应急处置等工作开展情况进行全方位巡查指导，及时发现问题，督促整改纠正。测试期间，省市视导员及县教育局领导又兵分三路对全县29所样本校测试工作全覆盖全方位巡查，确保了各样本校测试工作平安顺利，万无一失。测试结束后，县教育局安排各样本校及时总结了测试工作，规范收集规整档案资料，上交了书面总结，及时召开了总结会，对工作出色、成绩突出的单位或个人予以表扬，同时将本次质量监测准备及实施情况纳入机关股室及学校年度目标绩效考核，对相关情况及时如实通报，对工作不力、造成不良后果的，按有关规定追究相关人员责任。

剑阁县2022年全省义务教育质量监测工作，做到了领导重视到位、安排部署到位、措施落实到位、保障服务到位，组织严密、程序规范、操作标准，确保了采集数据的真实、客观，全县测试工作圆满顺利、优质高效。

第十一章 政府履行教育职责评价

一、教育基本情况

2021 年秋季，全县有各级各类教育机构 177 所包括：公办学校 89 所，其中单设小学 60 所（附设幼儿园 55 所）、九年一贯制学校 9 所（均附设幼儿园）、单设初中 8 所、普通高完中 5 所、公办中等职业学校 2 所、特教学校 1 所、成教中心 1 所、独立公办普惠性幼儿园 3 所；民办教育机构 88 所，其中民办普惠性幼儿园 27 所、民办非普惠性幼儿园 3 所、民办职业中学 1 所、民办十二年一贯制学校 1 所、教育培训机构 56 所。全县在校学生总数为 73 086 人，在岗教职工 4 665 人，退休教师 2 857 人。

二、履行教育职责情况

（一）全面加强党对教育工作的领导和教育系统党的建设

（1）全面加强党对教育工作的领导。剑阁县始终坚持教育优先战略，加强对教育系统党建领导，多次召开县委常委会、县政府常务会，专题研究教育发展改革工作。县委县政府主要领导多次深入全县各类学校调研，专题听取工作汇报，解决全县学校布局、义务教育基本均衡发展等问题。剑阁县建立并完善了县级领导挂联学校制度，在"六一"国际儿童节、教师节等节日期间，县级主要领导深入挂联学校开展慰问活动，召开庆祝大会，表彰教师和教育工作者。

（2）严格落实县委思政课建设主体责任。成立县委教育工作领导小组，召开县教育工作会议和教育大会。县委教育工委、县委宣传部牵头主抓思想政治工作。自 2018 年 5 月成立县委教育工委以来，全县各学校按照《关于加强中小学党的建设工作的意见》要求，认真落实学校党建工作第一责任人职责，规范开展党组织活动和群团活动。一是召开党员大会、述职评议大会，认真落实党建述职制度；二是强化组织建设，规范阵地建设，完善党员活动室配置，落实"三会一课"制度；三是深入推进"两学一做"学习教育常态化。

（3）严格规范执行党建各项制度。一是规范组织设置和换届程序。全县 50 名以上党员的学校，成立了党总支；10 名以上党员的党支部，设立了党小组；各学校严格按照换届程序，及时向上级党组织请示，确保党组织及时换届。二是严格组织生活。党支部定时召开支委会、党小组会、党员大会，开展党课活动；利用"七一"等重要节日开展主题党日活动，组织各类志愿服务活动；各学校规范使用"三册两本"，并接受县委教育工委和县委组织部调阅评分。三是严格党员发展管理。积极引导优秀教师向党组织靠拢，以教学第一线中青年骨干教师为重点发展党员，2018—2019 年各学校发展党员 24 名。

（二）统筹推进新冠疫情防控和教育改革发展

（1）科学开展疫情防控工作。一是迅速建立健全健康管理制度，对所有师生员工进行行程追踪，先后摸排师生 7 万余人。二是印发了《剑阁县教育局关于加强新冠疫情防控物资管理的通知》，对防控物资的筹措方式、管理使用等进行了规范。同时，全县各级各类学校实行校园封闭管理，规范开展消杀、环境整治等活动。

（2）有序开展在线教育。依据教育部和省、市工作部署和剑阁县实际情况，指导学校"因校定案，一校一案"，完成延期开学期间在线教育教学任务。各学校针对初三、高三毕业班学生抓好思想道德教育、心理危机干预、教学效果跟踪等工作。2020年2月—4月，全县有4 500余名教师参与在线授课，50 000余名学生参与在线学习；开通在线教育心理咨询热线87部，学生咨询1 350次。

（3）深化教育教学管理改革。一是坚持问题导向和质量导向，以增量性评价为方向，修订完善了《剑阁县中小学年度目标任务教育教学质量考核方案》和《剑阁县学校工作目标责任书》。二是加强督导责任区制度建设，聘任责任督学24名。

（4）深化教育综合配套改革。深入推进依法治校，积极申报新一轮省教育体制改革试点项目，持续做好教育审批制度"废立改"工作，做好"双随机、一公开"等工作。

（三）教育保障落实情况

（1）依法落实教育投入。一是建立健全教育经费使用管理责任体系和工作机制。按全县落实一般公共预算教育支出逐年只增不减的要求，2019年一般公共财政预算教育经费69 388万元，增长1.13%。职业高中生均一般公共预算教育经费10 492.8元，增长0.42%；普通高中生均一般公共预算教育经费9 423.71元，增长0.04%；普通初中生均一般公共预算教育经费15 360.46元，增长0.05%；普通小学生均一般公共预算教育经费11 615.87元，增长0.01%；幼儿园生均一般公共预算教育经费3 912.26元、增长0.1%。二是落实教育公用经费财政拨款基准定额政策，对义务教育学校（含民办学校）按普通小学每生每年650元、普通初中每生每年850元的基准定额补助公用经费；高中每生每年500元、职业高中每生每年1 950元、幼儿园每生每年50元、义务教育寄宿制学校按照寄宿生年生均200元标准补助公用经费，农村地区不足100人的学校按100人核定公用经费，特殊教育学校和随班就读残疾学生按照每生每年6 000元标准补助公用经费。三是保障义务教育教师年平均工资收入高于公务员年平均工资收入。

（2）加强教师队伍建设。一是全面加强教师队伍思想政治工作，全面落实"八查八看"，严格执行负面清单制度，健全师德失范行为信息报告制度。二是按照教职工与学生比例、教职工与班级比例，严格执行机构编制"三个一"审批制度，落实编制"实名制"管理办法；核定全县中小学教职工编制4 380名，机动编制74名用于引进高层次人才，2020年新招教师150人。三是深化"县管校聘"教师管理体制改革，开展中小学思政课教师、团队研修、骨干教师、名师专项培养高级研修等培训15次，积极申报国培项目（国培中西部项目、国培幼师项目等）1个。

（3）统筹城乡教育一体化发展。一是持续加强薄弱学校校舍建设。实施"学前教育三年行动计划"，投入资金9 853万元，新建龙江小学、剑门关小学等附属幼儿园7所，改扩建鼓楼幼儿园等16所幼儿园，增加普惠性学位1 800个。实施"高中教育普及攻坚计划"，投入资金1.02亿元，新建剑门关高中综合楼、学生宿舍、艺术楼，改造剑阁中学综合楼，新建剑阁职中实训楼。实施"特殊教育提升计划"（第二期），投入90万元，新建学生资源教室。实施"义务教育学校新（改扩）建计划"，投资5 624万元，新建白龙小学二校区（第一期）等。二是全力推进教育信息化建设。推进"班班通"建设，投入资金1 500余万元，采购交互式一体机502套。推进"人人通"空间建设，基本实现师生全员参与；规划实施"三个课堂"，充分利用信息化、学区化、集团化等措施扩大优质教育资源覆盖面。三是完善高考综合改革基础保障条件。县国家教育考试标准化考场高清升级已完成并投入使用，剑阁中学考场已建成。全县五所普高物理、通用技术、信息技术、卫生、科技、心理咨询、生涯规划指导中心等仪器器材及设施设备均配置到位。

（四）立足优质协同，推进各类教育跨越发展

（1）公益普惠发展学前教育。大力实施第三期学前教育行动计划，建成龙江小学附属园、剑门关小学附属园、白龙小学附属园等一批公办园，完成市下达小区配套幼儿园治理目标任务。

（2）均衡发展义务教育。推进校长教师交流轮岗制度常态化。采取"划片招生、就近入学、随机摇号、公民同步"等措施，全县学校基本消除 56 人以上的大班额，无 66 人以上的超大班额。创建"美丽乡村学校"13 所，夯实农村教育根基。

（3）错位特色发展高中教育。加快推进剑阁中学创建省一级示范高中工作，完成剑门关高中创建省二级示范工作。扎实推进生源稳控"三年计划"，确保 2019 年优质生源留剑率不低于 98%。通过外引内联、公民互动、联盟共进等方式，在剑门关高中、剑阁中学组建高中拔尖创新人才培养导师团队，同时办好英才班，向一流高校输送剑阁优秀学子 92 人。

（4）融合多元发展职业教育。深化产教融合、校企合作，兴办"订单班""冠名班"，探索共建"校中厂""厂中校""学生实训基地""职工培训中心"；整合培训资源，大力开展新型职业农民培训、就业技能培训、劳动力转移技能培训。

（5）关爱保障特殊教育发展。完成 16 间特殊教育资源教室建设任务。推进"普教特教"共融。开展残疾儿童入学鉴定，确保"三残"儿童 100% 得到教育安置。实行残疾学生从义务教育到高中阶段免费教育，学前教育阶段残疾儿童全部纳入保教费减免范围。

（6）促进规范发展民办教育。建立健全党组织参与民办学校决策和监督机制，研究制定普惠性民办幼儿园扶持政策。完成剑门关天立学校一期建设，2020 年秋季已开班办学。

（7）延伸开放发展成人教育。持续做好成人高考、高等教育自学考试、电大现代远程开放教育和网络教育等工作，通过脱产、业余和函授等多种形式，满足成人学习需求。进一步扩大社区教育资源供给，加快发展城乡社区老年教育，办好社区学院。

（8）创新个性化发展校外教育。组织校外教育机构专项督导检查 12 次，进一步增强校外教育服务能力。

（五）规范学校办学行为

剑阁县始终坚持依法治校、依章管校，认真贯彻《教育部关于当前加强中小学管理规范办学行为的指导意见》《四川省义务教育课程设置方案》《广元市中小学常规管理 50 条》等精神严格规范全县各学校办学行为。

（1）加强学校课程管理、常规考核。加强学校体育艺术工作，坚持以体育、艺术、科技为素质教育突破口，开展阳光大课间、春秋季运动会、艺体展演、科技节等系列活动，保证所有学生每天一小时的校园体育锻炼时间。

（2）科学规划学校校点布局。合理调整学校招生班数、各年级招收人数，按照小学每班 45 人、初中每班 50 人的标准均衡、随机分班。统筹教育教学资源，严格按照户籍所在地就近入学安排适龄儿童、学生入学。全县公办学校不存在重点学校和重点班。

（3）严格控制学生课外作业量。学生到校、上课、睡眠、体育锻炼等时间均符合上级要求，无占用双休日、节假日、寒暑假组织学生集体补课或上新课的现象。同时，以"法律进校园"为契机，在全县中小学推广"三养"法治教育模式，进一步规范学校办学行为。

第十二章 内部审计

按照《审计署办公厅关于印发 2019 年度内部审计工作指导意见的通知》《四川省内部审计条例》《教育系统内部审计工作规定》《中共剑阁县委审计委员会关于进一步加强内部审计工作的意见》的相关要求，发挥审计工作在教育事业发展中防范风险、确保资金安全、规范内部管理和促进提高效益的作用，县教育局对全县教育系统所属单位有计划地开展内部审计工作。

一、内审机构

一是成立了全县教育系统内部审计工作领导小组，以教育局党组书记、局长为组长，分管副局长、县教育工委副书记为副组长，办公室设在教育局规划财务项目股，具体负责内审工作。二是教育局主要领导亲自抓、分管领导具体抓，主管单位、教育督导责任区一级抓一级、层层抓落实、齐抓共管。三是健全内审机构，由熟悉教育内审业务的规划财务项目股股长李光耀同志负责内部审计日常事务，常设审计人员 4 人——规划财务项目股徐兴光、剑门关教育督导责任区会计陈小芳、剑阁县龙江小学校会计魏长生、剑门关高级中学校会计赵大祥，各教育督导责任区会计负责指导辖区内财务工作。

二、内审方式

以"一审二帮三促进"为内审工作的出发点和归宿点，审计采用详查与抽查、现场与送达审计相结合，依托单位业务数据、财务数据和行业相关数据运用计算机审计分析查找疑点，采取现场核实、询问相关人员、查阅相关会计资料和会议纪要及合同等方式进行审计。

三、审计的内容和重点

1. 全面了解被审计单位的基本情况，摸清家底，掌握单位资产负债和收入支出的真实情况

（1）基本情况包括法人代表、财务负责人、领导班子和中层干部配备、单位经济性质、财政财务隶属关系、职责范围、业务活动、经费来源、内设机构、有无独立核算下属机构、总人数、其中财政供给人数、聘用人员人数、离退休人数。

（2）资产债务方面：年末货币资金、存货、债权，债务和净资产，任期内债务变化及国有资产保值增值情况。

（3）收入支出总体方面：财政拨款总额、主要结构及其他收入支出情况。

2. 重大政策落实和重要风险防控

（1）机构人员三定方案、三重一大决策落实情况。

（2）乡村振兴政策落实情况。贫困幼儿免保教费补助、贫困住校生生活补助（四类人员非住校也纳入补助）等专项资金支出程序是否合规、政策是否公开、审核是否严格、结果是否公示；享受人员是否符合条件、是否存在不符合条件人员享受、是否与学习成绩挂钩；支付方式是否直接打到学生或家长银行卡上。

（3）债务风险防控落实情况。核实隐性的债务规模、内容、增减趋势、原因和如何化解；检查

账内债务规模和变化情况。

（4）中央八项规定落实情况。是否违反中央八项规定乱发钱物，公务接待是否只减不增，公务用车是否符合预算。

3. 单位收入审计

（1）财政供养人员预算情况。查看单位是否严格按照人事部门核定的人员数量、工资标准预算人员经费收入，是否存在虚报和未上班人员享受财政工资福利的情况，调整预算是否准确。

（2）公用经费和薄弱学校改造、贫困住校生生活补助、贫困幼儿免保教费补助等专项资金预算情况。查看学校是否严格按照规定的政策、人数、标准、项目申请公用经费，是否多报学生人数套取公用经费，专项资金预算依据是否充分、是否存在套取。

（3）事业收入等管理情况。各项收费是否按照国家物价政策收取，是否存在强制和无依据收费，是否全额入账，是否执行收支两条线；收费标准是否公示，入账收入是否与业务数据一致。

（4）幼儿保教费、食堂等收入管理情况。幼儿保教费、伙食费收费是否按照国家物价政策收取，是否存在强制和无依据收费，是否全额入账，是否执行收支两条线；食堂收费标准是否公示，入账收入是否与业务数据一致。

4. 支出管理情况

（1）人员经费支出管理。人员工资支出是否与财政预算一致，是否存在人员吃空饷情况；绩效工资方案是否经过职代会通过，是否存在收入差距过大或搞平均主义吃大锅饭现象。

（2）公用经费支出情况。公用经费支出是否制度健全、严格执行制度，内部分工是否明确、不相容职务是否分离；支出要素是否齐全，是否坚持按预算支出，是否存在超预算支出。

（3）食堂支出管理情况。一是制度是否健全，人员配备是否齐全，是否有分管领导具体分管，是否有具体人员直接管理；二是大宗食品米、面、奶、油是否履行由县教育局代理公开招标程序，肉、蔬菜、干杂采购是否由领导班子和职工代表集体决策，学校参照招投标办法公开招标，价格是否合理；三是物品的验收是否严格，是否做到入出库管理，是否建有库管明细账，账实是否一致；四是会计是否分项核算、成本核算，费用分摊是否合理，是否负担不属于食堂的开支，是否坚持非营利性原则。

5. 工程建设、政府采购和资产管理情况审计

检查单位除工程建设外符合政府采购的购置项目是否履行程序，是否履行验收把关，质量是否合规。对符合标准的低值易耗品、固定资产的管理是否严格执行验收、领用、保管、调拨、登记制度，是否账实相符；资产是否落实到人，领新是否见旧，对非正常损耗是否建立赔偿制度、执行情况如何，是否存在重复建设、损失浪费；抽查一定的物资、一定的项目。

6. 往来账管理情况

关注往来款的真实性、合法性，审查有无在往来科目列收列支隐瞒收支，应收款中有无个人长期借款未收回，是否采取措施，效果如何；应付款中有无收入性质资金；往来款长期挂账等问题。

7. 内部控制制度执行情况

一般支出是否手续齐全、合理合规；公务卡目录项目是否采用公务卡或银行卡支出以保障支出的真实性。

上述未反映的其他财务问题。

2019 年 7 至 8 月由教育党工委牵头、规划财务项目股具体负责，抽调教育督导责任区业务能力较强的会计 12 人组成内部审计工作组，对离任的 19 所学校校长进行经济责任审计，出具审计报告 19 份，共审计资金 29 076.752 9 万元，提出整改意见建议 109 条，进一步提高了学校法定代表人依法行政意识、责任意识、效益意识和管理水平。

四、内审发现存在的主要问题

（1）会计队伍建设方面。财务人员业务能力参差不齐，整体素质亟待提高；个别会计得过且过，将就应付，工作消极被动，推诿拖拉，敷衍塞责。

（2）会计账簿不健全。学校设有总分类账和明细账，但账册打印不全，装订不规范；记账凭证填写不规范，要素不齐；现金日记账和银行存款账填写不完整，没有按时对账。

（3）会计科目使用不当。部分学校没有按《政府收支分类科目》、新《政府会计制度》设置科目，致使会计科目混乱不全，账务不规范。

（4）会计入账资料不规范。对于学校在实施的设备采购和大型维修等项目，政府采购、合同、预结算书、竣工验收报告、决算报告等过程性佐证资料不全。

（5）差旅费报销审核不严。印证资料不齐全，差旅费报销单填写不规范；未严格履行相关职责，出差补助的项目、标准、天数，存在错报现象，差旅费超支；个别学区把关不严，差旅费开支太多太随意。

（6）工程项目重工程审计轻财政决算批复，固定资产不能及时入账；国有资产管理漏洞大，未建立固定资产台账，固定资产的使用、处置未按规定履行审批手续，造成国有资产流失。

第五篇　基础教育

第一章　学前教育

第一节　学前教育管理机构

一、历史沿革

学前教育管理工作，在2017年4月剑阁县教育局内设机构调整前，由教育股负责。根据中共剑阁县委机构编制委员会《关于同意设立县教育考试中心等有关机构编制事项的批复》（剑编发〔2017〕17号）文件，增设学前教育管理股，文件中未核定事业编制人数。根据剑阁县学前教育的实际，学前教育管理股由普安幼儿园园长刘晏兼职任股长，魏林为工作人员（从普安幼儿园上挂）。根据中共剑阁县委机构编制委员会办公室《关于县教育局机关内设机构调整的通知》（剑编办〔2023〕4号）文件，学前教育管理股更名为学前和民办教育管理股，2023年将学前教育股和民办教育股的职能职责合并，原民办教育管理股工作人员罗骁琼一并划转。

二、职能职责

（1）贯彻执行国家的有关法律法规、方针、政策和上级主管部门关于学前教育工作的规定。

（2）承担全县学前教育的统筹管理工作，制定全县学前教育事业发展规划并组织实施。

（3）建立学前教育有关制度、协调各部门处理学前教育相关工作。

（4）统筹幼儿园教学常规管理、安全、卫生保健工作；负责全县各类幼儿园检查和评估，会同相关部门指导和推动家庭幼儿教育，指导幼儿园开展教育教学改革，开展0~6岁儿童家长及看护人科学育儿指导。

（5）指导开展学前教育科研工作；协助人事股做好幼师队伍建设与管理工作；协助法规安全股做好疾病预防工作；协助规财股做好幼儿园建设规划、争取项目资金等工作。

（6）负责监督检查幼儿园的办园方向和办学行为；参与幼儿园招生计划审核。

三、工作人员的任职简况

表5-1　工作人员任职简况

姓名	性别	民族	学历	职务	任职时间	备注
刘　晏	女	汉	本科	学前教育股股长	2017.09—2019.08 2019.09—	兼职 上挂
魏　林	女	汉	本科	工作人员	2020.04—2023.08	上挂
罗骁琼	女	汉	本科	工作人员	2019.09—	上挂

第二节　学前教育发展概况及工作措施

一、学前教育发展概况

剑阁县学前教育优质资源严重短缺，发展相对滞后，2008年"5·12"特大地震后，剑阁县唯一一所独立公办园——普安幼儿园在黑龙江援建下，原址重建教学综合楼，办园条件得到极大改善。2010年秋季，全县有幼儿园113所，其中独立公办园1所、小学附属幼儿园60所、民办幼儿园52所。在园幼儿总数为10 758人，学前3年入园率为62.1%。

2010年，国务院印发了《关于当前发展学前教育的若干意见》（国发〔2010〕41号），明确了学前教育公益普惠的基本办园方向，出台了10条强有力的政策措施，要求各级政府切实落实责任，加快学前教育改革发展。按照党中央、国务院的决策部署，2011年以来，教育部会同有关部门推动各地连续实施三期行动计划，加快发展普惠性学前教育。第一期（2011—2013年）行动计划，以扩大教育资源为主，首先解决"入园难"。第二期（2014—2016年）行动计划，继续扩大教育资源总量，在"有园上"的同时，实现"上得起"，剑阁县积极向上争取学前教育发展专项资金，2015年第二所独立公办园——剑阁县香江国际幼儿园开园招生，新建了开封、公兴、鹤龄、江口、木马等5所小学附属幼儿园，改建了柳沟、南禅、义兴等小学附属幼儿园。第三期（2017—2020年）行动计划，剑阁县加大公办园建设，完善提质机制，实施科学保教，为基本普及"有质量"的学前教育而努力。2019年5月，剑阁县普安幼儿园鼓楼分园独立建制，剑阁县第三所独立公办园——剑阁县鼓楼幼儿园诞生，同时，新建了剑门关实验学校、龙江小学、武连小学、元山小学、鹤龄小学、白龙小学、杨村小学、姚家小学等一批标准化幼儿园。2021年教育部启动《"十四五"学前教育发展提升行动计划》，主要任务是补齐普惠资源短板，完善普惠保障机制，全面提升保教质量。

2021年秋剑阁县有幼儿园95所，其中公办园67所、民办园28所，省级示范园1所，市五星级、四星级幼儿园各1所。有在园幼儿14 746人，教职工1 026人，学前三年毛入园率为91%，普惠率为92.6%，公办园在园幼儿占比为69.9%。

长期以来，学前教育存在独立公办园"少"、小学附属园"弱"、民办园"乱"三个问题。独立公办园先天不足，仅占全县学前教育的3.1%。小学附属园占全县学前教育的67.4%。小学附属园存在的问题主要有三点：一是管理弱——办园不规范，大班额、保育缺失、小学化普遍；二是师资缺—不专业、年龄大、代课、包班；三是条件差。小学附属园占全县学前教育的29.5%，除了几所高端民办园外，大多数民办园也存在条件差、师资弱、收费乱、宣传乱等问题。

学前教育规范化、专业化程度决定基础教育质量，办好小学附属园逐渐成为主管部门和各小学学校领导的共识。

"十三五"时期，剑阁教育加强各类教育的统筹协调发展，实施幼教"雏鹰起步"工程，学前教育在第三期行动计划中得以快速发展。

城乡统筹"建"起来。公益普惠发展学前教育。建成龙江小学等5所小学附属公办幼儿园，2所非普惠性民办园转成普惠性民办幼儿园。

克难攻坚"管"起来。学前教育管理弱化，导致幼儿园各自为政、乱象丛生，从教育部2012年发出纠正小学化倾向，2017年开始实施办园行为规范化督导评估，到2019年小学化专项治理，再到"幼儿园违规开展保教活动核查治理"，还有《指南》《规程》《专业标准》给出的方向，密度力度愈来愈大，立规矩、强管理迫在眉睫。2017年县教育局成立学前教育管理股，小学附属园设学前教育管理办公室，根据国家、省市政策节点，推进"办园行为规范化督导评估""小学化治理"

"星级园评估""学前教育工作会"等专项治理行动，统一号令，逐步规范，幼儿园各自为政、乱管、不管的局面得到改变。

精准施策"优"起来。一是建强队伍优师资。改变农村幼教现状的关键在教师，教育主管部门和业务股室加大幼教师资的招引和在职培训。一是调整义教编制，补充幼教师资。通过公招、特岗计划招引幼师98人，充实乡镇园。二是薪火相传，培育种子教师。以城乡师徒结对1+1，新教师发展联盟等形式，精心呵护新教师成长。三是持续跟进国培项目，培养骨干教师梯队。2015年县教育局初遇国培，相约成长。两年（2015—2017年）来，在项目组共同努力下，剑阁县幼师国培开展集中培训、跟岗研修、送教下乡、外出参观等活动，撰写的工作案例《薪火相传 逐梦前行——借力国培促进区域内教师专业发展》荣获四川省教师培训优秀成果评审二等奖。

帮扶引领优质量。在努力提升教师专业水平的同时，充分发挥省级示范园、优质园的示范引领作用，全面实施帮扶计划，帮助乡镇园改善办园条件，提高管理水平，提升保教质量，促进城乡幼儿园均衡发展。

2009年普安幼儿园支教帮扶新县城两所小学附属园，扶持其从无到有、从小到大地发展壮大起来；

2015—2017年普安幼儿园定点挂牌帮扶6所乡镇公办园；

2018年，成立剑阁县学前教育教研联盟，由省级示范性幼儿园普安幼儿园牵头，组建"14所一级联盟园+26所二级联盟园"的城乡联盟发展共同体。

2019年，普安幼儿园与同根同源的鼓楼幼儿园、香江国际幼儿园各领风骚，形成当下"3+N"的片区联盟，各帮扶20多所农村园，联盟范围向民办园延伸。

带着资源共享、管理互通、发展共荣的愿景，帮扶园从制度建设、校园改建规划、环境创设、送教教研、课题研究、教师跟岗、管理人员置换等方面全方位帮扶引领，指导14所一级联盟园组织召开现场会，形成了"半日活动观摩+现场教研、管理沙龙+专题讲座"的现场会模式，引领园帮扶——一级联盟园、引领园+二级联盟园帮扶——二级联盟及其他乡镇园运行模式，在技能培训、竞课、教学大比武、学习故事分享的历练中，一批优秀教师脱颖而出，2020年剑阁县6名教师在全市课堂教学决赛中全部获得一等奖。

内涵发展优成效。本着问题即课题、研修即发展的理念，强化园本研修，深化课题研究，促进园所内涵发展。近五年，共推出6个课题，其中普安幼儿园3个省级课题，鼓楼幼儿园在研1个省级课题，香江国际幼儿园、龙江小学各在研1个市级课题。目前三所引领园根据各自的优势领域，在园本课程的基础上，探索构建班本课程，"三亲课程""自然课程""食育课程""职业体验课程"……小学附属园利用开阔的场地优势，开展户外体育游戏、户外体能大循环园本特色活动，着力纠正幼儿教育小学化现象，以期达成"文明其精神，野蛮其体魄"的育人宗旨。

"十四五"期间，剑阁县大力发展公办幼儿园，积极扶持普惠性民办幼儿园，进一步优化和扩大学前教育资源总量。实施一批省定学前教育民生实事项目，新建龙源、香沉、涂山、东宝、王河等小学附属幼儿园，改扩建普安幼儿园、香江幼儿园。2023年9月，剑阁县第四所独立公办园——位于新县城占地15亩、总投资4 500万元的清江翰林幼儿园开园招生，弥补了剑阁县独立公办园先天不足的缺陷。以"小学化"治理为重点，通过星级园创建、送教下乡、国培计划、城乡结对帮扶等多种方式提升剑阁县幼儿园保教质量。

截至2023年秋季，全县共有各类幼教机构87个、在园幼儿10 541人。全县幼儿园教职工1 025人（其中幼教编制86人、小学教师编制105人），自聘代课教师和保育人员639人。县域内常住适龄儿童学前三年毛入园率为95.8%，普惠性幼儿园覆盖率为94.6%，公办园在园幼儿占比为69.5%。

二、工作内容

（一）贯彻落实政策

学习党的教育方针和国家的有关法律法规和政策，全面贯彻落实《幼儿园管理条例》《幼儿园工作规程》《3~6岁儿童学习与发展指南》《中共中央 国务院关于学前教育深化改革规范发展的若干意见》《国务院办公厅关于开展城镇小区配套幼儿园治理工作的通知》等文件精神。制定剑阁县第三期学前教育行动计划（2017—2020年）、城乡公办幼儿园项目建设规划，编制了学前教育"十四五"规划，出台了《剑阁县学前教育深化改革规范发展实施方案》《剑阁县幼儿园星级管理暂行办法》《剑阁县普惠性民办幼儿园认定和管理实施方案》，确立分级管理目标，建立结构合理、协调灵活、反馈及时的科学管理机制。召开学前教育工作会，深入第一线检查各项工作实施情况。初步建立了"广覆盖、保基本、有质量"的学前教育公共服务体系。

（二）科学规划布局

坚持政府主导，把握公益普惠方向，落实政府学前教育规划、投入、队伍建设、监管等责任，着力扩大普惠性学前教育资源供给。"十三五"以来累计投入资金9 853万元，新建标准化幼儿园10所，改、扩建幼儿园6所，增加普惠性学位1 800个，配备了基本的保教设施，极大改善了办园条件。新县城以香江国际幼儿园、龙江小学附属园、剑门关实验学校附属园为标杆，老县城以普安幼儿园、鼓楼幼儿园为龙头，木马小学、柳沟小学、杨村小学、姚家小学、武连小学、元山小学、鹤龄小学、剑门小学、白龙小学等附属幼儿园成为片区示范园，有力地带动了一般乡镇小学附属园和民办园的发展，白龙华府、博思慧智等优质民办园应运而生，苗苗、新苗等一批普惠性民办园也加大投入、规范发展，有效缓解了城乡入优质公办园难、入民办园贵的问题。

（三）强化师资力量

（1）补充新教师。受国家顶层学前教育编制架构的影响，长期以来，剑阁县仅有幼教编制86个，且集中在3所独立公办园。近五年动态调整义教编制150个，通过公招、特岗计划新招52名幼儿教师，补充到中心集镇及大的建制镇附属幼儿园，小学附属园无正式幼儿教师的情况得以缓解。

（2）加强教师在职培训。2015年以来，剑阁县分别承担了四川省幼师国培项目3个，采取集中培训、观摩学习、送教下乡、影子跟岗等方式，培训公民办幼儿园教师、园长、保育员1 000余人。

（3）加大名优教师培养。积极开展幼师技能大赛、教学大比武、联合教研等活动，近三年在全市赛课活动中143人次获奖，一等奖占全市的31.5%；现有学前教育市级名师工作室2个，省级名园长工作室成员1人，通过名师送教、讲座、课题研究，培养了一批市县名优教师，成功创建"广元市幼儿教师专业发展基地学校"、全市幼儿园中唯一的一所"四川省校本研修示范学校"。

（四）规范督导管理

（1）督导指导，规范管理。学前教育管理股和民办教育管理股加强对全县幼儿园的管理与指导，200人以上的小学附属园设立学前教育管理办公室，设幼教办主任1名，专职管理小学附属园日常事务，规模较大的小学附属园另设分管领导，幼儿园管理向专业化逐步过渡。加强学前教育专项督查，县政府教育督导室、专职督学、幼教教研员组成专项督查组，每年在全县开展学前教育专项督导2次，规范办园行为，促进学前教育健康发展。

（2）互动共进，联盟发展。2018年成立"剑阁县学前教研联盟"，构建了"核心园、一级联盟园、二级联盟园"三级辐射网络，城乡结对、强弱结对，分别由普安幼儿园、香江国际幼儿园、鼓楼幼儿园3所独立公办园牵头，分片区开展联盟教研，以达到"资源共享、管理互通、活动共推、课题共研、发展共荣"的目标。自成立以来，开展片区联盟现场会13次，入园指导30余次，城乡幼儿园互推互助，抱团发展，有效地提升了办园水平、保教质量。

（3）治理"小学化"，推进游戏化。2018年教育部办公厅下发《关于开展幼儿园"小学化"

专项工作的通知》，为此，剑阁县先后制定了《规范保教行为纠正幼儿园"小学化"倾向》和《剑阁县幼儿园"小学化"专项治理工作实施方案》，分别在开封小学、龙江小学、元山小学召开全县"小学化"治理研讨会、去"小学化"推进会，以"现场观摩—现场研讨—集中培训"的形式，着力纠正违背幼儿身心发展规律和认知特点，提前教授小学内容、强化知识技能训练等错误行为，推进幼儿园科学保教，实行游戏化教学。

（4）完成小区配套幼儿园治理工作。根据《国务院办公厅关于开展城镇小区配套幼儿园治理工作的通知》精神，协调自然资源局全面摸排，锁定治理对象白龙华府小区配套幼儿园——剑阁华府幼儿园有限责任公司，由营利性幼儿园转为普惠性幼儿园。经反复宣讲政策、约谈、多方谈判，于2020年6月29日签订《剑阁县城镇小区配套幼儿园转普惠性幼儿园框架协议》，2020年8月4日正式签订《剑阁县白龙华府营利性民办园转普惠性民办幼儿园》协议。2020年8月11日，剑阁县教育局、财政局、发展和改革局联合发文认定剑阁华府幼儿园有限责任公司为普惠性民办幼儿园，2020年9月起剑阁华府幼儿园提供普惠学位。同时，力促爱贝祺幼儿园转办普惠性民办园，有效解决县城经济开发区幼儿入园难、入园贵问题。

（五）多措并举促发展

（1）课题共研，精进教学。坚持问题即课题、研究即发展的原则，组织联盟园课题共研。课题研究呈现级别高、范围广、研究实的特点。省级课题"农村幼儿教育集团办园、联盟发展的机制和策略研究"，核心园与联盟园同步研究，这一课题荣获2019年四川省教育科研成果阶段性二等奖。市级课题"乡镇幼儿园户外体育活动的开展与研究"，让具有户外场地优势的幼儿园确立小专题，开展研究。如：公兴小学附属幼儿园的篮球运动小专题、江口小学附属幼儿园体能游戏大循环专题初见成效。市级课题"在整合活动中培养幼儿语言能力的实践与研究"也已成功立项。

（2）调整收费，健康发展。剑阁县普惠性幼儿园保教费收费标准长期过低，保教费最高收费为每生每期850元、最低每生每期550元。该收费标准自2010年以来10年未做调整，远远低于周边市县，在社会经济、工资、物价全面上涨的前提下，造成剑阁县普惠性幼儿园运转困难、发展滞后。2020年4月—8月，连同发改等部门通过深入调研、成本核算，合理制定了公办幼儿园的保教费收费标准，并出台《剑阁县幼儿园星级评定管理暂行办法》，幼儿园严格按照核定星级标准收取费用。

第三节　学前教育联盟

为深入贯彻《幼儿园教育指导纲要》《3~6岁儿童学习与发展指南》，解决剑阁县农村幼儿园保教质量不高、城乡幼儿教育发展不均衡、示范性幼儿园对广大农村幼儿园示范引领作用发挥不充分、共同发展难实现等问题，根据剑教函〔2018〕33号文件精神，2018年5月，由剑阁县普安幼儿园牵头，成立了剑阁县学前教育教研联盟；在教育主管部门的指导下、支持下，经过城乡幼儿园结对帮扶、分组示范、分片引领、学区联盟四个阶段的实践探索，建立了县域内全覆盖的农村幼儿教育联盟发展共同体；以共同体为载体，构建了农村幼儿教育联盟发展的长效机制，探索了农村幼儿教育联盟发展的有效策略，形成"共建·共享·共成长"的联盟发展理念，带动了农村幼儿园规范、优质发展，整体提高了全县幼儿教育保教质量，促进城乡幼儿教育均衡发展，为县域内农村幼儿教育在示范引领、层级带动、双向互动中共同发展提供了样本。

一、农村幼儿教育联盟发展机制

（一）联盟网络

构建以省示范园为核心园，其分园为集团园，中心集镇园为一级联盟园，乡村园为二级联盟园的农村幼儿教育集团办园、联盟发展互动网络。

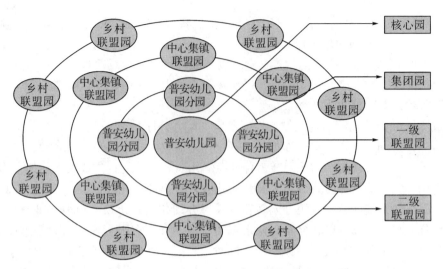

图 5-1　农村幼儿教育集团办园、联盟发展模式图

（二）运行机制

第一阶段（2018.04—2019.08）：1+N

将全县 12 个教育督导责任区划片组建 6 个联盟小组，以剑阁县普安幼儿园为核心园，以香江国际幼儿园、开封小学、白龙小学、鹤龄小学等 14 所幼儿园为一级联盟园，以嘉陵、上寺等 26 所小学附属园为二级联盟园。层级辐射带动，核心园带动一级联盟园，一级联盟园带动二级联盟园。

表 5-2　剑阁县农村幼儿教育集团办园、联盟发展共同体

核心园	集团园（3 所）	一级联盟园（14 所）	二级联盟园（26 所）	教育督导责任区（12 个）	联盟小组负责人（6 人）
剑阁县普安幼儿园	总园　　鼓楼分园　　城北分园	南禅小学附属园	鹤鸣小学附属幼儿园	普 安	陈 倩
			田家小学附属幼儿园		
		姚家小学附属园	盐店小学附属幼儿园	城 北	
			抄手小学附属幼儿园		
		木马小学附属园	嘉陵小学附属幼儿园	江 口	
			柏垭小学附属幼儿园		
		香江国际幼儿园	张王小学附属幼儿园	下 寺	蒲秀菊
			汉阳小学附属幼儿园		
		龙江小学附属幼儿园	上寺小学附属幼儿园		
		剑门关实验学校附属园	普广小学附属幼儿园		
		剑门关小学附属园	小剑小学附属幼儿园	剑 门	
		元山小学附属园	王河小学附属幼儿园	元 山	袁 琳
			演圣小学附属幼儿园		
		开封小学附属园	迎水小学附属幼儿园	开 封	
			高池小学附属幼儿园		
		武连小学附属园	东宝小学附属幼儿园	武 连	刘娉娉
			马灯小学附属幼儿园		
		柳沟小学附属园	垂泉小学附属幼儿园	柳 沟	
			凉山小学附属幼儿园		
		白龙小学附属园	禾丰小学附属幼儿园	白 龙	杨晓庆
			广坪小学附属幼儿园		
		公兴小学附属园	涂山小学附属幼儿园	公 兴	
			香沉小学附属幼儿园		
		鹤龄小学附属园	杨村小学附属幼儿园	鹤 龄	刘建容
			锦屏小学附属幼儿园		
			羊岭小学附属幼儿园		

第二阶段（2019.09-2021.12）：3+N

由教育主管部门（学前教育管理股）指导，将12个督导责任区划为三大片区，由普安幼儿园、鼓楼幼儿园、香江国际幼儿园3所引领，12所一级联盟园，80所二级联盟园组成。

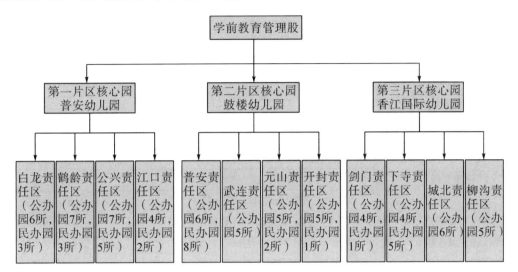

图5-2 学前教育管理股督导责任区划分

第三阶段（2022.01—）：5+N

在《剑阁县中小学学区制管理改革实施方案》（剑教函〔2022〕19号）小学类五个学区中，将新老县城5所优质公办园作为核心引领园融合其中，形成5个"学区联盟"共同体，学区长学校、核心引领园共同指导帮扶学区内学前教育工作。

第一学区联盟：龙江小学及其附属幼儿园，柳沟、武连责任区内公、民办幼儿园。

第二学区联盟：实验学校及普安幼儿园，白龙、公兴责任区内公、民办幼儿园。

第三学区联盟：普安小学及鼓楼幼儿园，普安、元山、开封责任区内公、民办幼儿园。

第四学区联盟：剑门关实验学校及其附属幼儿园，城北、剑门关责任区内公、民办幼儿园。

第五学区联盟：香江实验学校及香江幼儿园，鹤龄、江口责任区内公、民办幼儿园。

（三）成员职责

核心园职责：核心园起草联盟章程、实施方案、年度计划，调研分析联盟园现状及需求，组织全县联盟活动；创新分园管理模式，提高集团园示范效能，组建帮扶小组，带动联盟园规范化、特色化、优质化发展。

集团园职责：各集团园根据本园名优、骨干教师专长，建设专家型教研团队，以指导联盟园发展为驱动，专项研究、重点突破，总结经验，提炼成果，为联盟发展提供管理、保教、后勤等全方位的指导。

表 5-3 集团园专项研究任务

团 队		成 员	园 所
管理教研组		各部分领导、集团园负责人	总园、鼓楼分园、城北分园
领域工作室	语言领域	"悦读"课程教研小组	总园、鼓楼分园、城北分园
	科学领域——数学认知	幼儿数学游戏化教学研究小组	
	社会领域	"亲社会"课程构建小组	
	艺术领域——创意美术	幼儿创意美术教学研究小组	
	艺术领域——音乐游戏	音乐游戏课程构建小组	
	科学领域——科学探究	"亲自然""亲农耕"课程构建小组	
		科学探究小游戏课程教研小组	
	健康领域	情景体育游戏课程教研小组	总园中班组
		民间体育游戏课程教研小组	城北分园
		主题早操创编教研小组	各园年级组长
区角游戏教研组		小、中、大、大大班教研组长、教研员	总园、鼓楼分园
环境创设教研组		联盟小组长	总园、鼓楼分园、城北分园
选课游戏教研组		大班、大大班教研组长、教研员	鼓楼分园
保育教研组		保育员	总园
后勤教研组		后勤领导、组长、保管、采购、疾病防控、膳食委员会负责人	总园

一级联盟园职责：深刻剖析自我问题及需求，认真参与各项联盟活动，落实小组改革计划，规范办园和保教行为，逐步形成本园特色；组建教研团队指导二级联盟园，承办观摩与学习活动，带动本片区幼儿园规范发展。

二级联盟园职责：加强与各级联盟园的交流互动，积极参与联盟活动，接受联盟园指导，规范办园和保教行为，提高办园质量和效益。

（四）组织机构

1. 领导组

组 长：学前教育股股长   核心园园长

副组长：各教育督导责任区主任   各联盟学校校长（幼儿园园长）

组 员：各教育督导责任区业务干部   核心园副园长

一级联盟园分管领导和园长   各联盟小组长

2. 工作组

组 长：核心园园长

副组长：各教育督导责任区业务干部   一级联盟园校长   各联盟小组长

组 员：一级联盟园分管领导和园长

3. 督查组

组 长：教育局业务副局长

副组长：学前教育股股长   教育科学研究室主任

组 员：核心园园长   副园长   学前教育股   教育科学研究室

教育督导责任区相关人员   各联盟小组负责人

二、农村幼儿教育联盟工作内容

（一）构建管理互通平台

利用互联网、学校网站、微信群、QQ群等建立管理互通平台，形成管理交流制度，联盟园将重要材料文稿、重大工作安排和活动开展、管理制度改革优化及时交流通报，促进联盟园互学共进。

（二）开展片区联合教研

各片区教研联盟小组结合片区内幼儿园实际情况，制订工作计划和活动方案，扎实开展各项活动。全年活动不少于6次。

（三）加强常规管理指导

（1）召开工作例会。定期召开工作例会，商讨计划、方案，通报总结近期工作，对联盟工作中发现的问题和困惑及时研究剖析，制定解决措施，明确分工，落实责任。布置落实下一步工作。

（2）深入检查指导。核心园与一级联盟园组织人员深入片区内各幼儿园了解情况，对幼儿园常规管理工作把脉问诊、查找不足，同时对症开方、引领指导，帮助幼儿园制订切实可行的实施方案，并加强跟踪督查，提高幼儿园管理水平。指导工作要实现联盟内全覆盖，上级联盟园对下级联盟园每年指导不得少于2次。

（3）组织现场观摩。定期轮流在片区内组织环境创设、课堂教学、早操及户外活动观摩、展评等活动，以活动促园所发展，为教师提供学习和参考的范本。

（4）教师联合培养。采用"专家名师+引领园骨干教师，联盟小组长+种子教师，联盟小组成员+联盟园新教师"等方式进行城乡教师联合培养，让教师在专家引领、同伴互助、个体反思和实践锻炼中提升专业水平。

（5）开展集中教研。定期开展联合教研活动，内容涵盖保教一日活动常规、课程构建、活动开展等。

（6）组织网络研讨。充分发挥网络优势开展研讨交流活动，如线上分享专题研讨、集体备课、案例赏析、课程建设等，加强教师之间的沟通联系，指导教师的教学实践，提高教研工作实效。

（四）建立联盟共享资源库

人力资源共享。引领园整合名优骨干教师资源，开展送教送培、置换培养、专题指导、走校上课等活动，签订支教或兼职支教协议，持续指导示范。

教育资源共享。建立联盟资源库，共享制度、课程、优质教案、活动方案、科研成果等教育资源。

物质资源共享。联盟园间开展过剩和稀缺物资漂流活动。如六一、亲子运动会等互借道具、服装等。

（五）构建多元评价体系

联盟领导组、工作组根据《剑阁县幼儿园督导评估细则》《剑阁县幼儿园目标考核细则》等评价标准，从办园条件、师资队伍、园务管理、卫生保健、教学工作、示范辐射六个方面对联盟园分层量化考核、动态评估。联盟领导组不定期入园检查改革成效、考核片长工作；两年一次星级幼儿园复查验收、办园行为督导评估；一年一次目标考核。联盟小组每月一次入园检查与指导。

第四节　幼小衔接

一、基本情况

2021年春，剑阁县有幼儿园95所，其中公办园67所、民办园28所，省级示范园1所，市五星级、四星级幼儿园各1所；在园幼儿14 746人，教职工1 026人，学前三年毛入园率为91%，普惠率为92.6%，公办园在园幼儿占比为69.9%。2021年7月剑阁县被省教育厅确立为幼小衔接试点县，现有幼小衔接省级试点学校（园）3所、县级试点学校12所、幼小衔接学区共同体6个、成员学校59所。

二、全县幼儿园与小学科学衔接攻坚行动

为深入贯彻落实教育部《关于大力推进幼儿园与小学科学衔接的指导意见》（教基〔2021〕4号），推进幼儿园与小学有效衔接，全面实施入学准备和入学适应教育，制定《剑阁县教育局关于大力推进幼儿园与小学科学衔接的指导意见》。

（一）目标任务

一是双向衔接。强化衔接意识，建立幼小协同合作机制，改变小学与幼儿园教育各自为政的状况。二是科学衔接。转变幼儿园和小学教师及家长的教育观念和教育行为，减缓衔接坡度，帮助儿童顺利实现从幼儿园到小学的过渡。三是有效衔接。建立行政推动、教育科研支持、教育机构和家长共同参与的机制，整合多方资源，实现有效衔接。

（二）实施步骤

第一阶段：学习研讨阶段（2021年5月—6月）。县教育局成立幼小衔接组织机构，研究制订幼小衔接工作实施方案，明确相关股室、学校、幼儿园的职责分工；确立幼小衔接试点小学和幼儿园；组织试点学校召开专题研讨会，学习《幼儿园入学准备教育指导要点》《小学入学适应教育指导要点》，明确试点学校的任务要求。

第二阶段：探索实验阶段（2021年7月—2022年6月）。鼓楼幼儿园牵头，剑门关实验学校、剑门关天立学校小学部共同研究，制订工作计划；组织开展幼小衔接联合教研、观摩、主题论坛、家园共育等活动；申报幼小衔接科研课题；梳理总结试点工作经验，初步构建幼儿园入学准备教育课程、小学入学适应教育课程；召开幼小衔接研讨会，交流经验，安排部署，做好整体推进的各项准备。

第三阶段：全面推进实施阶段（2022年9月—2023年7月）。2022年秋季学期开始，县域内幼儿园、小学、校外培训机构全面推行入学准备和入学适应教育。加强幼儿园和小学深度融合，开展幼小联合教研活动，鼓励教师撰写教育随笔、典型案例、故事等。

第四阶段：成果提炼推广阶段（2023年9—12月）。收集整理相关资料，梳理幼小衔接教育经验，撰写论文，完善课程体系，编撰成册，并全面总结推广。

（三）主要措施

（1）做好入学准备教育。幼儿园要认真贯彻落实《3~6岁儿童学习与发展指南》和《幼儿园教育指导纲要》，树立科学衔接、为儿童后继学习和终身发展奠基的理念，从入园开始实施稳定、持续的衔接教育，帮助幼儿在自理能力、社交能力、学习品质、基础认知储备等方面做好准备，防止和纠正"小学化"现象，激发对小学生活的积极期待和向往，为孩子搭建平稳上升的阶梯。

（2）实施入学适应教育。小学要强化衔接意识，主动向幼儿园咨询、交接，把入学适应教育作

为深化义务教育课程教学改革的重要任务，纳入一年级教育教学计划。一年级上学期设置为入学适应期，合理调整课程结构，安排内容梯度，减缓教学进度。地方课程、校本课程和综合实践活动重点安排入学适应教育活动；国家课程主要采取游戏化、生活化、综合化等方式实施，强化儿童的探究性、体验式学习，坚决纠正超标教学、盲目追赶进度的错误做法。

（3）建立联合教研制度。县教研室把幼小衔接作为教研工作的重要内容，纳入年度教研计划，推动建立幼小学段互通、内容融合的联合教研制度。教研员要深入幼儿园和小学，指导教研活动、课题研究，总结推广好做法好经验。鼓励小学和幼儿园建立学习共同体，加强教师在儿童发展、课程、教学、管理等方面的研究交流，及时解决幼小衔接实践中的突出问题。

（4）完善家园校共育机制。幼儿园和小学要完善家园校共育机制，与家长共同做好衔接工作。积极宣传国家政策，宣传幼小双向衔接的科学理念，了解家长在儿童入学准备和入学适应方面的困惑及意见建议，帮助家长认识过度强化知识准备、提前学习小学课程内容的危害，缓解家长的压力和焦虑，营造良好的家庭教育氛围，积极配合幼儿园和小学做好衔接。

（5）加大综合治理力度。校外培训机构不得对学前儿童违规进行培训，对违规开展培训的机构进行严肃查处并列入黑名单，纳入全国信用信息共享平台，按相关规定实施联合惩戒；小学严格执行免试就近入学，坚持零起点教学；幼儿园不得设学前班，不得提前教授小学课程内容，不得布置读写算家庭作业；出现大班幼儿流失的情况，要及时了解原因和幼儿的去向，并向教育局报告。县教育局会同有关部门持续加大治理力度，对办学行为严重违规的幼儿园、小学和校外培训机构，追究校长、园长和有关教师的责任。

三、深入推进幼儿园与小学双向衔接

（一）总体目标

加强幼小深度融合，形成长效机制，探索构建幼小衔接课程体系，助力基础教育质量提升，促进儿童全面健康发展。

（二）工作内容

成立"幼小衔接"学区共同体；建立幼小双向互访、联合教研制度；深入研究、初步构建幼小衔接教育地方课程；多方协同、探索家校园共育策略。

（三）步骤及措施

第一阶段（2022年2月—3月）：学习提升。根据全县学区制管理学校组建方式，成立六个幼小衔接学区共同体。由牵头学校组织开展研讨，形成幼小衔接活动方案和行事历，将幼小衔接工作纳入校（园）务工作计划。

各小学、幼儿园深入学习《教育部关于大力推进幼儿园与小学科学衔接的指导意见》，重点解读《幼儿园入学准备教育指导要点》《小学入学适应教育指导要点》，开展"共读一本书""好书分享"等活动，夯实教师理论基础，提升专业水平。（推荐书目：蒙特梭利《吸收性心智》、孙瑞雪《捕捉儿童敏感期》、钱志亮《入学早知道》）。

第二阶段（2022年4月—7月）：活动推进。问题导向"三个调查"：开展一年级新生入学问题调查，儿童入学家长普遍关注的问题调查，幼儿园及小学教师对幼小衔接的认识、困惑调查。

小、幼联动"三个一致"：以观摩、沙龙、研讨等形式深化研修，促进小学教育与幼儿园教育价值观一致、理念一致、行动一致，形成衔接共识。

互动共建"六个一"：小学围绕儿童入学前、入学时、入学后三个时间节点，做好环境、作息时间、课程内容、教学方式、师生关系等方面的衔接，重点做好两个方面的工作：

第一，初上小学三部曲。一建——建立师生、生生间融洽、和谐的人际关系，对学校、班级建立归属感；二建——在教学方式上与幼儿园靠近，由游戏化、生活化、综合性逐步过渡到分科学

习，在上学时间、时长上靠近幼儿园，逐步向小学作息时间过渡；三调整——在内容上适当降低学习难度，适当减缓教学进度，科学调整学业量。

第二，幼小衔接"六个一"活动：给幼儿园孩子上一节课；掌握课堂游戏一组；开展入学礼（或迎新班会）一次；低段小学生每年回幼儿园体验生活一次；建立小学生成长评价档案一份/生；初步构建入学适应课程一套。

幼儿园要聚焦儿童入学关键经验和核心素养，做好"爱上一年级六个通关"活动，开展"我向往的小学""时间规划师""生活小达人""我爱阅读与分享""智慧通关大挑战""运动小达人"六个通关主题活动，培养儿童时间观念、任务意识、独立性、专注力、求知欲等学习品质，帮助儿童做好入小学的身心准备、生活准备、社会准备和学习准备。

现场观摩：以学区为单位，牵头学校同步组织开展现场观摩及研讨活动，指导学区成员学校开展幼小衔接工作。

家校园"四方会谈"：邀请小学教育专家、幼儿园代表、大班家长代表、小学一年级家长代表，举行专题讲座、座谈会、家长微论坛等活动，聚焦大班家长在幼小衔接中的困惑，由小学专家给出专业解答，小学家长给出针对性建议。印发科学做好入学准备手册、幼儿好习惯培养追踪手册、入学准备自评表等，引导家长同幼儿园自觉配合，合力做好儿童入学准备。

总结报道"三及时"：及时收集整理过程中的视频、图片、文字等资料，及时总结提炼各类活动、典型经验、优秀案例，创新宣传形式，及时宣传报道，以在主流媒体、论坛发表文章等形式进行广泛宣传。

第三阶段（2022年8月—2023年8月）：经验推广。全面汇总，初步构建幼儿园入学准备教育课程、小学入学适应性课程（2022年8月）。

实践验证，2022年秋季学期开始，幼儿园、小学全面推行入学准备和入学适应教育，建立常态化幼小协同合作机制，加强在课程、教学、管理和教研等方面的持续研究合作。情况追踪，进一步完善，形成基于儿童敏感期的"幼小衔接"剑阁经验并推广。

表5-4　剑阁县"幼小衔接"学区共同体名单

序号	牵头学校	核心学校	骨干学校	成员学校
第一学区	龙江小学	龙江小学及附属幼儿园	柳沟小学武连小学	凉山小学、义兴小学、毛坝小学、垂泉小学、秀钟小学、正兴小学、马灯小学、上寺小学
第二学区	实验学校	实验学校普安幼儿园	白龙小学公兴小学	碑垭小学、店子小学、广坪小学、摇铃小学、禾丰小学、金仙小学、吼狮小学、圈龙小学、涂山小学、长岭小学
第三学区	普安小学	普安小学鼓楼幼儿园	元山小学开封小学	南禅小学、田家小学、江石小学、闻溪小学、柘坝小学、公店小学、时古小学、迎水小学、碗泉小学、国光小学、高池小学、王河小学
第四学区	剑门关实验学校	剑门关实验学校及附属幼儿园	城北小学剑门关小学	北庙小学、抄手小学、柳垭小学、西庙小学、汉阳小学、张王小学、小剑小学
第五学区	香江国际实验学校	香江国际实验学校香江国际幼儿园	木马小学鹤龄小学	高观小学、柏垭小学、樵店小学、羊岭小学、锦屏小学、鸯溪小学、石城小学
第九学区	剑门关天立学校（小学部）	剑门关天立学校（小学部）博思慧智幼儿园		演圣小学、龙源育才、香沉小学、姚家小学、杨村小学、江口嘉陵学校、东宝小学、盐店小学

【剑阁县"幼小衔接"试点学校结对名单】

第一组　剑阁县普安幼儿园（牵头学校）& 剑阁县普安小学
第二组　剑阁县鼓楼幼儿园（牵头学校）& 剑阁县实验学校
第三组　剑阁县香江国际幼儿园（牵头学校）& 剑阁县香江国际实验学校
第四组　剑门关实验学校附属幼儿园 & 小学部
第五组　剑阁县龙江小学附属幼儿园 & 小学部

第五节　星级评定

一、剑阁县幼儿园星级评定管理暂行办法主要内容

《剑阁县幼儿园星级评定管理暂行办法》（剑府办发〔2020〕28号）经县十八届人民政府第五十四次常务会议通过。

《剑阁县幼儿园星级评定细则（试行）》由6个一级指标、14个二级指标、48个三级指标构成。6个一级指标分别是办园条件、教职工队伍建设、园务管理、安全卫生保健工作、教育工作、示范辐射作用；14个二级指标分别是园舍场地、设施设备、办园经费、人员配备、队伍管理、行政常规管理、后勤与财务管理、安全工作、卫生保健工作、教育教学常规、教育改革与教研工作、家长工作、社区工作、示范辐射作用。

幼儿园设置五个星级，由高到低分别为"五星幼儿园""四星幼儿园""三星幼儿园""二星幼儿园""一星幼儿园"。星级幼儿园按照"总量控制、空一评一"的原则进行评定，其中五星级幼儿园占比为10%，四星级幼儿园为15%，三星级幼儿园为20%，一、二星级幼儿园占比不受限制。幼儿园星级评定工作由县教育行政管理部门牵头，发改、财政等部门参与，进行综合评估、审核、认定及公示。幼儿园星级评定是衡量各幼儿园保教水平的重要基础，是各幼儿园政策扶持、收费调整、评优评先、目标考核等的重要依据。

幼儿园星级评定以《剑阁县幼儿园星级评定细则（试行）》为依据，总分值为150分。各幼儿园星级评定总分须达到130分以上方可认定相应星级。

星级幼儿园评定工作每年开展一次，由县教育行政管理部门根据幼儿园申请，组织县级相关部门及专家进行现场评定核查。

幼儿园星级评定采取定性、定量相结合的方法，通过看（教育活动、资料）、听（汇报、座谈）、问（问卷调查、个别访问）、评（评分、评级）等方法进行综合评定与核查。

幼儿园星级评定等级由县教育行政管理部门认定并授牌，同时报市教育局备案。已评定的星级幼儿园满两年后可申报高一级星级。

星级幼儿园实行动态管理。由县教育行政管理部门组织相关专家进行督导评定，对已认定的星级幼儿园每三年开展一次复评，不合格者予以通报批评或降星级处理。已认定为市级星级园的，原则上执行县级同等星级幼儿园政策，并按县级星级园复查评定周期接受县教育行政管理部门组织的复查评定。星级幼儿园应严格按照核定星级标准收取费用，收取的费用主要用于改善办园条件、师资队伍建设、加强教育教学等。要建立规范的财务管理制度，收取费用单独核算收支，确保账目清楚，严禁挪作他用。

二、星级幼儿园评估认定情况

根据广元市教育局《幼儿园星级评定标准（试行）》（广教〔2011〕81号）、《剑阁县幼儿园星级评定及管理暂行办法》（剑府办发〔2020〕28号）文件精神，2020年剑阁县启动县星级幼儿园评

估认定工作，分三个年度全覆盖对全县公、民幼儿园进行综合评估认定。同时积极开展广元市星级幼儿园创建，市三星级以上幼儿园由县教育局初评，市教育局复核、认定，一星级、二星级幼儿园由县教育局组织评估认定，报市教育局备案。

【2020年度星级幼儿园评估认定】

根据《剑阁县教育局关于星级幼儿园认定的通知》（剑教〔2020〕59号）、《剑阁县幼儿园星级评定及管理暂行办法》（剑府办发〔2020〕28号）精神，县教育局组织星级评定专家组对全县2所独立公办幼儿园、9所小学附属幼儿园和1所普惠性民办幼儿园进行了综合评估。现将评定结果公布如下：

五星级幼儿园：剑阁华府幼儿园

四星级幼儿园：剑阁县香江国际幼儿园　剑阁县鼓楼幼儿园

三星级幼儿园：剑阁县龙江小学附属幼儿园　剑阁县元山小学附属幼儿园
　　　　　　　剑门关实验学校附属幼儿园

二星级幼儿园：剑阁县鹤龄小学附属幼儿园　剑阁县公兴小学附属幼儿园
　　　　　　　剑阁县武连小学附属幼儿园

一星级幼儿园：剑门关小学附属幼儿园　剑阁县白龙小学附属幼儿园
　　　　　　　剑阁县姚家小学附属幼儿园

【2021年度星级幼儿园评估认定】

根据《剑阁县幼儿园星级评定及管理暂行办法》（剑府办发〔2020〕28号）精神和县教育局、县财政局、县发改局《关于开展2021年度星级幼儿园现场评估的通知》（剑教函〔2021〕67号）安排，2021年6月—8月，由县教育局、县财政局、县发改局联合组建星级评定专家组，对全县33所小学附属幼儿园和7所普惠性民办幼儿园进行了现场评估和综合认定。现将评定结果公布如下：

三星级幼儿园　　开封小学附属幼儿园

二星级幼儿园

柳沟小学附属幼儿园　　南禅小学附属幼儿园　　演圣小学附属幼儿园

杨村小学附属幼儿园　　王河小学附属幼儿园　　店子小学附属幼儿园

木马小学附属幼儿园　　香沉小学附属幼儿园　　涂山小学附属幼儿园

剑阁县才智幼儿园（民办）　剑阁县津津幼儿园（民办）

龙源育才学校附属幼儿园

一星级幼儿园

秀钟小学附属幼儿园　　正兴小学附属幼儿园　　马灯小学附属幼儿园

柏坝小学附属幼儿园　　东宝小学附属幼儿园　　锦屏小学附属幼儿园

田家小学附属幼儿园　　广坪小学附属幼儿园　　碑垭小学附属幼儿园

剑阁县康乐幼儿园（民办）剑阁县爱心幼儿园（民办）圈龙小学附属幼儿园

小剑小学附属幼儿园　　江石小学附属幼儿园　　高池小学附属幼儿园

迎水小学附属幼儿园　　时古小学附属幼儿园　　羊岭小学附属幼儿园

樵店小学附属幼儿园　　柳垭小学附属幼儿园　　长岭小学附属幼儿园

【2023年度星级幼儿园评估认定】

根据剑阁县教育局、剑阁县发展和改革局、剑阁县财政局《关于公布2023年度星级幼儿园评估认定结果的通知》（剑教函〔2023〕78号）、《剑阁县幼儿园星级评定管理暂行办法》（剑府办〔2020〕28号）精神和县教育局、县财政局、县发改局《关于开展2023年度星级幼儿园现场评估的通知》（剑教函〔2023〕18号）安排，2023年6月，由县教育局、县财政局、县发改局联合组建星级幼儿园评定专家组，对全县26所小学附属幼儿园和16所普惠性民办园进行了现场评估和综合认定，现将评定结果公布如下：

五星级幼儿园：剑门关实验学校附属幼儿园 龙江小学附属幼儿园

四星级幼儿园：元山小学附属幼儿园 鹤龄小学附属幼儿园

三星级幼儿园：剑门关小学附属幼儿园 剑阁县爱贝祺幼儿园（民办）

二星级幼儿园：白龙小学附属幼儿园 义兴小学附属幼儿园

　　　　　　　剑阁县启元幼儿园（民办） 剑阁县博爱幼儿园（民办）

　　　　　　　剑阁县苗苗幼儿园（民办）

一星级幼儿园：毛坝小学附属幼儿园 凉山小学附属幼儿园 国光小学附属幼儿园

　　　　　　　金仙小学附属幼儿园 莺溪小学附属幼儿园 禾丰小学附属幼儿园

　　　　　　　石城小学附属幼儿园 闻溪小学附属幼儿园 西庙小学附属幼儿园

　　　　　　　盐店小学附属幼儿园 北庙小学附属幼儿园 抄手小学附属幼儿园

　　　　　　　汉阳小学附属幼儿园 张王小学附属幼儿园 江口嘉陵学校附属园

　　　　　　　高观小学附属幼儿园 柏垭小学附属幼儿园 剑阁县心语幼儿园（民办）

　　　　　　　剑阁县小天使幼儿园（民办）剑阁县清江翰林幼儿园参照三星级幼儿园试行

截至 2023 年 12 月，全县有五星级幼儿园 5 所（市级 4 所、县级 1 所）、四星级幼儿园 3 所（市级）、三星级幼儿园 5 所（市级 3 所、县级 2 所）、二星级幼儿园 17 所（县级）、一星级幼儿园 41 所（县级）。

第六节　园点设置

一、独立公办幼儿园

剑阁县普安幼儿园

剑阁县普安幼儿园始建于 1951 年，位于剑阁县普安镇西街 102 号，占地面积 2 005 平方米，现有 15 个教学班、612 名幼儿，77 名教职员工，专任教师 43 人（其中大学本科及以上学历 32 人、大学专科 11 人），高级教师 13 人，中级及以上专业技术职务 9 人，市级骨干教师 6 人、县级骨干教师 10 人，市级名师 1 人。

普安幼儿园以"顺应天性，启迪心智，健康成长"为办园理念，以"快乐儿童、专业教师、智慧家长"为办园目标。遵循"生活即教育，环境即教育，游戏即教育"的原则，根据本地儿童的发展特质，用丰富的游戏回应童年的需求，因地制宜地开展"亲社会、亲自然"活动，让孩子成为"健康、勇敢、快乐、自信"的儿童。实施"教师幸福成长工程"，构建"团队成长'3+5'"模式，发挥名优、骨干教师的示范引领作用，让教师学有示范、赶有目标、研有套路，在学习、实践和竞争中百炼成钢，造就了一支阳光、优雅、乐业的年轻化师资队伍。

普安幼儿园坚持"科研兴园"，以市级课题"家园共育的实践与研究"、省级课题"城乡接合部幼儿教育中隔代教育问题及对策研究""农村隔代教育幼儿亲情补偿策略研究""剑门古蜀道文化背景下农村幼儿园'最美家乡'主题园本课程的开发研究"等课题研究为抓手，建立"家园教育共同体"，逐步让家长从旁观者转变为参与者，从参与者转变为合作伙伴，家园共育促进幼儿身心健康成长。

经过几代普幼人的共同努力，普安幼儿园现已发展为一所办学理念先进、文化底蕴深厚、教学业绩突出、在市县范围内具有较强引领作用的独立公办幼儿园。先后被评为四川省示范性幼儿园、广元市五星级幼儿园、四川省托幼工作先进集体、四川省巾帼文明示范岗、四川省校本研修示范学校、广元市教育科研先进单位。

表 5-5 幼儿入园统计表

		2019	2020	2021	2022	2023
幼儿园	班数	20	18	18	18	15
	人数	865	872	750	786	612

表 5-6 领导任职简况

姓名	性别	籍贯	职务	任职时间	备注
刘晏	女	四川剑阁	园长	2003.08—2019.06	
			党支部书记	2018.11—	
贾月普	女	四川剑阁	副园长	2008.01—2018.08	
			党支部书记	2008.01—2018.10	
邢晓萍	女	四川剑阁	副园长	2008.01—2012.07	
刘建容	女	四川剑阁	教导主任	2010.09—2013.08	
			副园长	2013.09—2019.08	
杨晓庆	女	四川剑阁	教科室主任	2011.09—2018.08	
			副园长	2018.09—2019.08	
			副园长	2019.09—2022.04	主持工作
			园长	2022.05—	
罗玉莲	女	四川剑阁	工会主席	2008.01—2011.09	
梁春梅	女	四川剑阁	工会主席	2011.09—	
李春霞	女	四川剑阁	教导主任	2008.01—2010.08	
刘娉娉	女	四川剑阁	教务处副主任	2015.09—2017.08	
			教务处主任	2017.09—2022.04	
			副园长	2022.05—2023.08	
杜玲玲	女	四川剑阁	教务处副主任	2019.08—2022.04	
			教务处主任	2022.05—2023.08	
孙红云	女	四川剑阁	教科室主任	2008.01—2009.08	
陈倩	女	四川剑阁	教科室副主任	2015.09—2018.09	
			教科室主任	2018.09—2022.04	
			副园长	2022.05—	
刘雪平	女	四川剑阁	教科室副主任	2022.05—	
蒲秀菊	女	四川剑阁	德育处主任	2009.09—2014.08	
杨玉生	女	四川剑阁	总务主任	2008.01—2012.07	
杨玲	女	四川剑阁	总务处主任	2013.09—2019.09	
袁琳	女	四川剑阁	德育处副主任	2015.09—2017.08	
			德育处主任	2017.09—2022.04	
			副园长	2022.05—	
黄昕灵	女	四川剑阁	德育处副主任	2022.05—	

学校教职员工名录

在职教职工（43 名）：

刘　晏*	杨晓庆*	梁春梅*	陈　倩*	刘雪平*	杨剑蓉*	王　蒙*	母会清*	黄昕灵*
龚　芸*	李飞燕*	赵　静*	王雪明*	唐海南*	张　娟*	李用剑	李　娟*	贾　静*
何春蓉*	宋　露*	程建芳*	崔荣华*	母小庆*	左银霞*	罗小淋*	张　瑞*	聂明珏*
徐　翠*	滕明玥*	杨　颖*	袁　琳*	母　华*	熊　俊*	唐金平*	寇婷婷*	张森慧*
左清红*	唐毓彬*	李申艳*	何丽君*	王　舒*	申尚千*	韩秀云*		

退休教职工（13 名）：

| 任建琼* | 张小珊* | 罗玉莲* | 范小清* | 陈继红* | 蒋君丽* | 魏正蓉* | 杨玉生* | 蒲雪蓉* |
| 杨慧清* | 梁玉芳* | 贾月普* | 李跃先 | | | | | |

剑阁县鼓楼幼儿园

剑阁县鼓楼幼儿园位于普安镇烟街 29 号，由一所完全小学（原实验学校）改建而成，是全县第三所独立公办园，前身为普安幼儿园鼓楼分园，2019 年 5 月独立建制。占地面积 5 620 平方米，建筑面积 5 961 平方米，现有 15 个教学班、在园幼儿 700 余名，教职工 66 人（带编教师 25 人、临聘人员 41 人）。学历达标率为 100%，有高级教师 4 人、中级教师 9 人，市级名师 1 人，市县骨干教师 14 人。先后获得全国足球特色示范园、四川省示范性幼儿园、广元市五星级幼儿园、广元市宣传工作先进单位、广元市食堂工作先进单位、剑阁县依法治校示范学校等荣誉称号。

鼓楼幼儿园以"守一方苍翠，护一粒花籽"为办园宗旨，以"微小处创生，守护下成长"为办园理念，以"智信仁勇，陶陶有仪"为培养目标，争取"一年规范、三年发展、五年特色"。坚持保教并重，尊重幼儿身心发展的规律和学习特点，以游戏为基本活动，全面落实《幼儿园指导纲要》和《3~6 岁儿童学习与发展指南》。

鼓楼幼儿园坚持课程育人。在守护文化背景下，创生守护园本课程，实施五大领域课程，促进儿童全面发展。立足"儿童社会角色职业体验"特色课程，大力开展班本活动和项目活动，促进孩子个性化发展。坚持科研兴园。积极推进教育科学研究，开展省级课题"农村儿童社会职业角色体验园本课程开发与研究"。坚持环境育人。本着"整体设计，分步实施，急用先建，逐步达标"的思路，改建新教学楼、综合楼、特教楼、操场、舞台、大门、生态园区等，建成"一室""一厅""一中心""两园""六馆"幼儿专用活动室，开展丰富的社团活动、劳动实践等活动。园内现已成为鸟语花香，绿树成荫，温馨雅致、充满野趣挑战的儿童幸福成长的童话院子。

表 5-7　幼儿入园统计表

		2019	2020	2021	2022	2023
幼儿园	班数	8	9	13	15	15
	人数	378	449	609	713	718

表 5-8　领导任职简况

姓名	性别	籍贯	职务	任职时间	备注
刘建容	女	四川剑阁	园长	2019.07—	
			党支部书记	2019.12—	
杨　玲	女	四川剑阁	副园长	2022.05—	
周　娟	女	四川剑阁	德育主任	2022.05—	

表5-8（续）

姓名	性别	籍贯	职务	任职时间	备注
杨　超	女	四川剑阁	教科室主任	2022.05—	
张　婕	女	四川剑阁	教务副主任	2022.05—	
王佳丽	女	四川剑阁	总务副主任	2022.05—	

学校教职工名录

在编在职教职工（25 名）：

刘建容*　杨　玲*　周　娟*　杨　超*　张　婕*　王佳丽*　郑群英*　程　婧*　李　涛

梁靖彬*　蔡秀琼*　杨贵华*　姚　芮*　张　倩*　李小泉*　苟晓燕*　杨秀梅*　杜　雯*

王　纯*　胡巧丽*　杨惠蓉*　谈燕娥*　唐　玲*　田　珊*　黄立娇*

剑阁县香江幼儿园

剑阁县香江幼儿园创办于 2015 年 9 月，位于剑阁县剑门新区西南端，属政府投资、开发商代建项目，是新县城首所独立公办幼儿园。幼儿园占地面积为 3 420 平方米，建筑面积为 2 026 平方米，绿化面积为 2 023 平方米。现有教职工 36 人（在编在岗教师 10 人、临聘教职工 26 人），本科学历 12 人、大专学历 9 人，学历达标率为 100%。其中省级骨干教师 1 人，市、县级骨干优秀教师 10 人。幼儿园共开设小、中、大共 8 个教学班，现有在园幼儿 362 人。剑阁县香江幼儿园原名为剑阁县香江国际幼儿园，于 2023 年 4 月更名。

幼儿园与水结缘，以香江命名，提出了"江水"育人、文化治园的方略。建园以来，秉承"水润童蒙 自然成长"的办园理念，坚守"让生命在流淌中闪光，让成长在奔流中更美"的办园使命，上善若水、井然有序，构建了"心、静、勤、创、和"与"德、智、体、美、劳"师幼"五育"课程。在"海纳百川，润物无声"的教风中，教师以博大的胸怀和奉献精神，尊重、呵护每一个孩子；在"滴水穿石，水到渠成"的学风中，孩子们循序渐进，全面发展。

办园以来，在县委、县政府、教育主管部门的关心支持下，在全园教职工的不懈努力下，幼儿园取得长足发展。园所先后获得四川省"食堂管理 A 级单位""卫生单位""无烟单位""优秀教育报刊学刊用刊先进集体"，广元市"四星级幼儿园""学校安全管理工作先进集体""平安校园""教育宣传信息工作先进单位""学校食品安全工作先进集体"，剑阁县"依法治校示范校""2021 年德育工作先进集体""先进基层党组织"称号，广元市市级课题"在整合活动中发展幼儿语言能力的实践研究"荣获市"第十届教育科研优秀成果二等奖""校（园）长谈校训"一等奖。县教育局用实力和奋斗回应社会及家长关切。

学校先进的理念、一流的设备、过硬的师资、优质的服务都深深赢得了社会及家长的认可。幼儿园用最真诚的行动向家长践行着"播撒幸福的种子，倾听花开的声音"的承诺。

表 5-9　幼儿入园统计表

		2019	2020	2021	2022	2023
幼儿园	班数	7	7	7	8	8
	人数	380	371	350	392	362

表 5-10　领导任职简况

姓名	性别	籍贯	职务	任职时间	备注
蒲秀菊	女	四川剑阁	副园长	2015.08—2017.08	
			园长	2017.09—	
王秀杰	女	四川剑阁	副园长	2017.08—	
苟红梅	女	四川剑阁	保教副主任	2015.08—2018.08	
			教务主任	2018.09—	
杨雪容	女	四川剑阁	政教副主任	2015.08—2018.08	
			总务主任	2018.09—	
扈　蓉	女	四川剑阁	教务副主任	2021.05—	

学校教职工名录

教职工（10名）：

蒲秀菊* 王秀杰* 苟红梅* 杨雪容* 扈　蓉* 王俊文* 敬清瑶* 何　莅* 刘　颖* 郑　婷*

剑阁县清江翰林幼儿园

剑阁县清江翰林幼儿园是由县委、县政府投资 4 500 万元兴建的一所高标准、高配置的独立公办园，学校位于下寺镇翰林社区，占地面积为 15 亩，建筑面积 7 524.48 平方米，户外活动面积 6 500 平方米。学校建设规模为 15 个教学班，可容纳 450 名幼儿。

学校环境布局科学合理，办园条件一流，是一所高标准、高起点的花园式幼儿园，拥有蜀汉风格的建筑设计，教学区、办公区、功能区三大区域合理布局。种植、丛林探索、沙水、艺术长廊等 8 大户外生态功能区，将室内与室外、运动与探索、游戏与学习融为一体，能适应儿童游戏特点，满足不同年龄段幼儿的动作发展需要。

学校自 2021 年 11 月开工建设，于 2023 年 7 月正式开园，全园共有教职员工 19 人，其中专业教师 10 人、临代人员 9 人，共招收幼儿 100 人。学校以"健体养正、自然天成"为办园理念，致力于培养健康、自信、明理、智慧的卓越儿童。

表 5-11　幼儿入园统计表

		2019	2020	2021	2022	2023
幼儿园	班数	—	—	—	—	4
	人数	—	—	—	—	100

表 5-12　学校领导任职简况

姓名	性别	籍贯	职务	任职时间	备注
刘娉娉	女	四川剑阁	副园长	2023.08—	主持工作
杜玲玲	女	四川剑阁	总务主任	2023.08—	
魏　林	女	四川泸州	教务主任	2023.08—	
鲜　欢	女	四川剑阁	德育副主任	2023.08—	

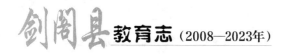

学校教职工名录

刘娉娉* 杜玲玲* 魏 林* 鲜 欢* 文 静* 王碧涛* 廖世林* 蒲紫蓉* 张 敏*

二、全县各级各类幼儿园设置

表 5-13　剑阁县 2023 年秋季学前教育机构统计

责任区	幼儿园名称	园所性质	责任区	幼儿园名称	园所性质
普安责任区 （15所）	剑阁县普安幼儿园	独立公办	公兴责任区 （7所）	剑阁县香沉小学附属幼儿园	公办附属
	剑阁县戴楼幼儿园	独立公办		剑阁县金仙小学附属幼儿园	公办附属
	剑阁县龙源育才学校附属幼儿园	公办附属		剑阁县长岭乡小学校（附属幼儿园）	公办附属
	剑阁县田家小学附属幼儿园	公办附属		剑阁县吼狮小学附属幼儿园	公办附属
	剑阁县江石小学校附属幼儿园	公办附属		剑阁县圈龙小学校附属幼儿园	公办附属
	剑阁县南禅小学附属幼儿园	公办附属		剑阁县涂山小学附属幼儿园	公办附属
	剑阁县闻溪小学校附属幼儿园	公办附属	白龙责任区 （8所）	剑阁县白龙小学附属幼儿园	公办附属
	剑阁县阳光幼儿园	普惠民办		剑阁县碑垭小学校附属幼儿园	公办附属
	剑阁县启元幼儿园	普惠民办		剑阁县广坪小学附属幼儿园	公办附属
	剑阁县康乐幼儿园	普惠民办		剑阁县禾丰小学校附属幼儿园	公办附属
	剑阁县心语幼儿园	普惠民办		剑阁县店子小学校附属幼儿园	公办附属
	剑阁县博爱幼儿园	普惠民办		剑阁县小天使幼儿园	普惠民办
	剑阁县洪光幼儿园	普惠民办		剑阁县津津幼儿园	普惠民办
	剑阁县苗苗幼儿园	普惠民办		剑阁县华府幼儿园	普惠民办
	剑阁县普安镇名门幼儿园有限责任公司	民办（营利性）	鹤龄责任区 （10所）	剑阁县鹤龄小学校附属幼儿园	公办附属
城北责任区 （7所）	剑阁县西庙小学校附属幼儿园	公办附属		剑阁县杨村小学附属幼儿园	公办附属
	剑阁县城北小学附属幼儿园	公办附属		剑阁县羊岭小学校附属幼儿园	公办附属
	剑阁县盐店小学附属	公办附属		剑阁县锦屏小学附属幼儿园	公办附属
	剑阁县北庙小学校附属幼儿园	公办附属		剑阁县椎店小学校附属幼儿园	公办附属
	剑阁县抄手小学校美美幼儿园	公办附属		剑阁县壹溪小学校附属幼儿园	公办附属
	剑阁县柳垭小学附属幼儿园	公办附属		剑阁县石城小学校附属幼儿园	公办附属
	剑阁县姚家小学校附属幼儿园	公办附属		剑阁县红平果幼儿园	普惠民办
柳沟责任区 （5所）	剑阁县京山小学校附属幼儿园	公办附属		剑阁县同心幼儿园	普惠民办
	剑阁县义兴小学附属幼儿园	公办附属		剑阁县官店幼儿园	普惠民办
	剑阁县垂泉小学附属幼儿园	公办附属	江口责任区 （5所）	剑阁县江口嘉陵学校附属幼儿园	公办附属
	剑阁县毛坝小学附属幼儿园	公办附属		剑阁县木马小学校附属幼儿园	公办附属
	剑阁县柳沟小学附属幼儿园	公办附属		剑阁县高观小学校附属幼儿园	公办附属
武连责任区 （4所）	剑阁县武连小学附属幼儿园	公办附属		剑阁县柏垭小学附属幼儿园	公办附属
	剑阁县秀钟小学附属幼儿园	公办附属		剑阁县卉圃幼儿园	普惠民办
	剑阁县东宝小学附属幼儿园	公办附属	剑门关责任区 （5所）	剑阁县张王小学附属幼儿园	公办附属
	剑阁县正兴小学附属幼儿园	公办附属		剑阁县汉阳小学校附属幼儿园	公办附属
开封责任区 （5所）	剑阁县高池小学附属幼儿园	公办附属		剑阁县剑门关小学附属幼儿园	公办附属
	剑阁县国光小学附属幼儿园	公办附属		剑阁县小剑小学附属幼儿园	公办附属
	剑阁县开封小学附属幼儿园	公办附属		剑阁县爱心幼儿园	普惠民办
	剑阁县迎水小学校附属幼儿园	公办附属	下寺责任区 （9所）	剑阁县龙江小学附属幼儿园	公办附属
	剑阁县幸福幼儿园	普惠民办		剑门关实验学校附属幼儿园	公办附属
元山责任区 （6所）	剑阁县元山小学附属幼儿园	公办附属		剑阁县香江幼儿园	独立公办
	剑阁县演圣小学附属幼儿园	公办附属		剑阁县青江翰林幼儿园	独立公办
	剑阁县王河小学校附属幼儿园	公办附属		剑阁县上寺小学附属幼儿园	公办附属
	剑阁县柘坝小学校附属幼儿园	公办附属		剑阁县春蕾幼儿园	民办
	剑阁县元山镇星苗幼儿园有限公司	民办（营利性）		剑阁县才智幼儿园	民办
	剑阁县育苗幼儿园	普惠民办		剑阁县博思慧智幼儿园有限公司	民办（营利性）
	剑阁县公兴小学附属幼儿园	公办附属		剑阁县爱贝祺幼儿园	民办

第二章 义务教育

第一节 发展概况及课程设置

一、发展概况

2008 年至 2017 年秋，全县各级各类的学校数量没有变化。2017 年秋，全县学校布局调整，江口中、小学，龙源中、小学，香沉中、小学，东宝中、小学合并成九年一贯制学校，柳垭、抄手、闻溪、田家、义兴、凉山九年一贯制学校撤附属初中成为完全小学。2021 年秋，撤开封、白龙中学的高中，撤销武连职中高中部，全部办初中。撤销普广小学、鹤鸣小学，撤销王河小学的初中。2019 年，全县有九年一贯制学校 9 所，在校学生 4 809 人；普通初中 8 所，在校学生 5 286 人；小学 60 所，在校学生 25 324 人。2022 年，撤销演圣小学、香沉小学的初中，办完全小学。撤销时鼓、摇铃、马灯、碗泉小学。

二、课程设置

每学年教学时间为 39 周。一至八年级每学年上课 35 周，复习考试时间为 2 周，学校机动时间为 2 周；九年级全学年上课 33 周，复习考试时间为 2 周，第二学期毕业复习考试时间为 4 周，学校机动时间为 2 周。小学每课时按 40 分钟计算，初中每课时按 45 分钟计算。

学校在保证周总时长不变的情况下，确定各门课程周课时数，采取长短课时结合的方式，自主确定每节课的具体时长，并可根据实际统筹使用劳动、综合实践活动、团队活动、地方课程和校本课程课时。

在义务教育三年级、五年级和八年级的上学期开展《习近平新时代中国特色社会主义思想学生读本》教学活动，切实增强培根铸魂、启智增慧的育人作用，其课时在道德与法治课、班团队课、校本课程中统筹安排，平均每周 1 课时。

在义务教育阶段语文课程中，要按照课程标准要求开展书法教育，其中三至六年级的语文课程中，每周安排 1 课时的书法课；在义务教育阶段美术（艺术）等课程中，要结合学科特点开展形式多样的书法教育。义务教育一至二年级、七至九年级由各地从语文、美术等课程中每周安排 1 课时的书法课。

国家和四川省要求开展的中华优秀传统文化、革命传统文化、安全教育、生态与环境教育、心理健康教育、防艾禁毒教育、公共卫生与疫情防控教育、消防安全与森林草原防火教育、国防教育、民族团结进步教育等专题教育在地方课程、校本课程中统筹实施，其中心理健康教育课程每两周不少于 1 课时。

义务教育地方课程"可爱的四川"与研学实践课程整合实施，每周 1 个课时。其中校内教学，四至六年级每学期共 4 课时，七、八年级每学期共 5 课时；其余课时集中用于校外研学活动实践，原则上学生参加学校组织的研学实践活动每学年开展不少于 1 次，四至六年级共 1~2 天，七、八年级共 3~4 天。

加强团队活动的安排，小学一年级至初中二年级每周安排 1 课时，可统筹使用综合实践活动或校本课程课时。

学校根据实际需要，按照学生和家长自愿原则组织开展课后服务。课后服务内容应组织学生做作业、自主阅读、开展体育活动，以及娱乐游戏、拓展训练、观看适宜儿童的影片等，防止让课后服务变相成为集体教学或"补课"。

表 5-14 四川省义务教育课程计划表（2021 年修订）

类别	学科		一年级	二年级	三年级	四年级	五年级	六年级	七年级	八年级	九年级	总课时
国家课程	道德与法治		2	2		2		2	3		3	
	习近平新时代中国特色社会主义思想学生读本		—	—	2		2		—	2		694
	语文		8	8	7	7	6	6	5	5	5	1 985
	数学		4	4	4	4	4	4	5	5	4	1 322
	外语		—	—	2	2	2	2	3	3	4	622
	社会	历史							2	2	2	206
		地理							2	2	—	140
	科学		1	1	2	2	2	2	—	—	—	350
	生物		—	—	—	—	—	—	3	2	—	175
	物理		—	—	—	—	—	—	—	2	3	169
	化学		—	—	—	—	—	—	—	—	3	99
	体育与健康		4	4	3	3	3	3	3	3	3	1 009
	艺术	音乐	2	2	2	2	2	2	1	1	1	523
		美术	2	2	2	2	2	2	1	1	1	523
	信息技术		—	—	1	1	1	1	1	1	1	243
	劳动		1	1	1	1	1	1	1	1	1	313
	综合实践活动		1	1	1	1	1	1	1	1	1	313
地方课程	生命·生态·安全		1	1	2	1	2	2	1	1	1	418
	可爱的四川		—	—	1	1	1	1	1	—	—	175
	家庭·社会·法治		—	—	—	—	—	—	—	1	1	68
学校课程			1	1	1	1	1	1	1	1	1	313
周总课数			27	27	30	30	30	30	34	35	35	278
学年总课时			945	945	1 050	1 050	1 050	1 050	1 190	1 225	1 155	9 660
晨（夕）会			每天不超过 20 分钟									
体育活动			切实保障体育课时，没有体育课的当天，在下午课后组织学生进行 1 小时集体体育锻炼并将其列入教学计划，确保学生每天锻炼 1 小时。健康教育每学期不少于 4 课时。实行大课间体育活动制度，每天上午统一安排 25~30 分钟的大课间体育活动，组织学生做好广播体操、开展集体体育活动；坚持每天上、下午组织学生做眼保健操，每次 5 分钟									

第二节　校点设置

龙江小学

剑阁县龙江小学校地处剑阁县下寺镇，由清朝翰林李榕罢官回家乡开办的学馆"镜默斋"发展而来，迄今已有150多年的办学历史。学校占地70亩，办有小学教育、学前教育和特殊教育，在校师生2 700余人，是一所城乡结合的完全小学。学校坚持立德树人根本任务，以德育为首位，以质量为中心，五育并举，全面发展，深入推进素质教育，优化校园文化建设，推进学校内涵发展，形成了校园文化引领、教师专业发展、推进课堂改革及活动育人的办学特色。

学校提炼出"以礼育人"的办学理念、"让每个孩子幸福"的育人目标、"小龙人礼达天下"的校训、"与孩子的脉搏一起律动"的教风、"好习惯伴我健康成长"的学风、"书声琅琅，墨韵飘香；知行礼让，活力飞扬"的校风及"共登青云梯"的发展愿景。学校有省特级教师2名、市学术带头人1名、市名师3名，省骨干教师4名、市骨干教师24名、县骨干教师22名，正高级教师1名、高级教师32名、一级教师87名、初级教师28名。

学校以"李榕纪念馆"为校园文化载体，将传统家风文明教育活动植入校园，使家风文明与家庭教育、红色教育、劳动教育、社会教育、课堂教学相结合。学校长期大力发展足球特色体育活动，每个班级配备一个足球筐，每名孩子一个足球，每周一节足球课，每期一次校园足球联赛，全员参与足球活动。

成绩见证发展。学校先后荣获"全国中小学节约型校园建设示范校""全国青少年普法教育先进单位""全国国防教育特色校""全国校园足球特色学校""中国楹联教育基地校""全国优秀家长学校实验基地""四川省文明单位""四川省文明校园""四川省义务教育优质发展共同体领航学校""四川省未成年人思想道德建设工作先进单位""四川省家庭工作先进集体""四川省优秀少先队集体"等称号。

表 5-15　幼儿入园、学生入学统计表

		2019	2020	2021	2022	2023
幼儿园	班数	16	15	16	16	15
	人数	698	705	698	775	677
1—6年级	班数	38	37	38	38	39
	人数	1 791	1 738	1 791	1 785	1 800

表 5-16　领导任职简况

姓名	性别	籍贯	职务	任职时间	备注
袁洪章	男	四川剑阁	党支部书记	2008.01—2009.01	
			校长	2008.01—2009.01	
王泽辉	男	四川剑阁	副校长	2008.01—2009.07	
			副书记	2009.08—2018.08	
田紫林	女	四川剑阁	工会主席	2008.01—2010.08	

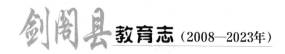

表5-16（续）

姓名	性别	籍贯	职务	任职时间	备注
吴朝利	女	四川剑阁	教科室主任	2008.01—2010.08	
			副校长	2010.09—2016.08	
张知勇	男	四川剑阁	教科室副主任	2008.01—2010.08	
			办公室主任	2010.09—2015.08	
			副校长	2015.09—2022.08	
王永芳	女	四川剑阁	教务处主任	2008.01—2010.08	
			副校长	2010.09—2012.08	
刘志明	男	四川剑阁	总务主任	2008.01—2018.08	
赵立勤	男	四川剑阁	德育主任	2008.01—2013.08	
宋开友	男	四川剑阁	教务处副主任	2008.01—2010.08	
伏大庆	男	四川剑阁	党总支书记	2009.02—2022.08	
			校长	2009.02—2022.08	
孙红云	女	四川剑阁	幼教部主任	2009.02—2010.01	
			副校长	2010.09—2016.08	
杨明智	男	四川剑阁	副书记	2009.09—2010.08	
苟习发	男	四川剑阁	工会副主席	2010.01—2012.08	
			工会主席	2012.09—2014.08	
李玉章	男	四川剑阁	副校长	2010.09—2018.08	
陈二毛	男	四川剑阁	教务处主任	2010.09—2015.08	
张忠仁	男	四川剑阁	教科室副主任	2010.09—2011.08	
贾德军	男	四川剑阁	德育处副主任	2010.09—2013.08	
			德育处主任	2013.09—2015.08	
			工会主席	2015.09—2018.08	
			纪检监察员	2018.09—2019.08	
			副校长	2019.09—2022.08	
刘逸	男	四川剑阁	教务处副主任	2010.09—2012.08	
			德育处副主任	2012.09—2015.08	
			德育处主任	2015.09—2018.08	
			总务处主任	2018.08—2019.08	
			党总支副书记	2018.12—	
敬红鸣	女	四川剑阁	幼教副主任	2010.09—2012.08	
			教科室主任	2012.09—2015.08	
			教务主任	2015.09—2018.08	
			工会主席	2018.09—	
杨星雄	男	四川剑阁	副校长	2012.09—2015.08	

表5-16（续）

姓名	性别	籍贯	职务	任职时间	备注
何朝霞	女	四川剑阁	教科室副主任	2012.09—2015.08	
			教科室主任	2015.09—2018.08	
			副校长	2018.09—	
赵辉	女	四川剑阁	幼教部副主任	2012.09—2015.08	
			幼教部主任	2015.09—2022.08	
			副校长	2022.09—	
宋开春	男	四川剑阁	教务副主任	2012.09—2014.08	
			办公室主任	2014.09—2018.08	
			教科室主任	2021.09—	
王琴	女	四川剑阁	幼教部副主任	2012.09—2015.08	
吴晓莉	女	四川剑阁	办公室副主任	2015.09—2018.08	
			办公室主任	2018.09—	
王永寿	男	四川剑阁	德育处副主任	2015.09—2018.08	
			德育处主任	2018.09—2022.08	
			党建办主任	2018.09—	
岳雪艳	女	四川剑阁	学前教育副主任	2015.09—2022.08	
			学前教育主任	2022.08—	
敬小会	女	四川剑阁	教务处副主任	2015.09—2017.08	
王黎秀	女	四川剑阁	教科室副主任	2015.09—2017.08	
余江	男	四川剑阁	德育副主任	2018.09—2022.08	
			德育办主任	2022.09—	
钟小梅	女	四川剑阁	教科室副主任	2018.09—2021.08	
张君华	女	四川剑阁	教务处副主任	2018.09—2019.02	
黄帅	男	四川剑阁	教务副主任	2019.09—2022.08	
			教务主任	2022.09—	
梁玉钊	男	四川剑阁	党总支书记	2022.09—	
蒲雪梅	女	四川剑阁	校长	2022.09—	
马淼	男	四川剑阁	教科室副主任	2022.09—	
周元	男	四川剑阁	总务副主任	2022.09—	
解苗苗	女	四川剑阁	教务副主任	2022.09—	
张莉	女	四川剑阁	教科室副主任	2022.09—	
郭宁	女	四川剑阁	学前教育副主任	2022.09—	
李华萍	女	四川剑阁	学前教育副主任	2022.09—	

教职员工名录

在职教职工（148 名）：

伏大庆	梁玉钊	蒲雪梅*	梁义生	王洪卫	李玉章	杨菊花*	顾肖蓉*	王泽辉
赵剑蓉*	张知勇	刘志明	杨锦蓉*	靳晓玲*	梁学菊	冯德琼*	何翠琴*	何朝霞*
何志英*	吴静秋*	杨秀萍*	黄艳	张晓敏	严晓晓	徐华平*	姚波	邵娟*
何润芳*	朱雪明*	罗永祥	刘晓蓉*	吴晓莉*	敬红鸣*	岳雪艳*	涂小甫	梁秀玲*
王永芳*	何增华	王丽蓉*	胥建伟	魏长生	张正春	何晓红	王永寿	冯小妍*
马秀莲*	唐晴	郭明庭	杨勇	岳安树	冯启钎	熊英	冯启宝	梁诚
张翠碧*	罗碧琼	马发国	杨桂林	张丽	赵立勤	王黎秀	李长江*	余江
祁碧芳*	蒲玉萍*	宋开春	母红梅	袁秀蓉	郑润琴	付朝霞*	赵辉	韩琼华*
梁先	李红英*	苟海斌*	李新秋*	张永林	何雪娥*	王会明*	梁丽琼*	王志君*
李文*	王芳	吕晓琴*	李雪妮*	王小英*	武晓君*	黄蓉	张君华*	曹桂华*
张莉*	范文利*	张仕斌*	王丽红*	付红	蔡伯民	王翠	何光良	孙克梅*
刘逸	任新俊	杨杰琼*	何俊	黄帅	周元	郭明生	高建红*	杨晓丽*
李秀芹*	张凤娟	邵娟*	袁钦睿	蒲丽佳*	刘俊一	母秀佳*	赵海英*	马淼
何婷*	范媛媛*	唐秋实*	孙亚兰	刘俐利*	李元忠	李华萍*	何静	张正秀*
杨文静*	柳洋洋*	吴倩	张超	邓小芳	解苗苗*	李苗	宫林利*	吴佼娇*
杨敏*	林旋	田小强	郭宁	李小清	贾春雨	刘佳欣	易秋露*	马秋玲*
叶子*	尚洁花*	张思思*	谢鑫					

退休教职工（88 名）：

王精一	刘学秀*	李怀英*	陈登荣	吴友秀*	秦春榕*	赵勇荣	宋琼秀*	杨基础
罗青茂	安秀英*	吕玉秀*	刘金平	罗映海	谢自友	梁进禄	梁进波	何菊英*
张素清*	孙文和	董泽英*	吴兴仁	吴立坤	何秀华*	祁忠廉	李志清*	戴平蓉*
李兰芳*	王菊英*	赵秀容*	贾春泽	吴富华*	田紫林*	叶乃武	张绍英*	罗永清
何玉华*	邢春芳*	梁英*	肖秀华*	林巧银*	程英*	冯志亮	宋文富	袁洪章
孙柏和	刘学君*	张秀荣*	郭明雪*	张绍发	冯文敏*	张翠华*	冯启慧*	何开清
杨明智	赖其秀*	母自德	梁玉莲*	柯平英*	尤丽芳*	张锦玲*	王小平*	尤宗华*
刘华蓉*	何俊	马金先	史荣华*	梁举文	孙苍莲*	宋早冬	徐全英*	李晓明*
夏正洪	张开科	罗清培	苟习发	昝黎明	何雪芹*	王凤刚*	王仲实	王炜烈
赵立策	苏晓红*	苟娣云*	李元志	王四红*	孙红玉*	何晓莲*		

剑门关实验学校

剑门关实验学校位于剑阁县下寺镇大仓街 217 号，是一所公办全日制小学（设有附属幼儿园），成立于 2014 年 8 月，同年 9 月开始招生。学校办学理念为"教小学如养芝兰"。育人目标是"涵养如兰气质，奠基幸福人生"，培养"像剑门兰一样卓然成长"的阳光少年。校训为"像剑门兰一样卓然成长"，激励剑阁的孩子们像兰花一样卓然而立，自强不息，不以无人而不芳。

学校形成了以剑门兰为载体的校园文化体系。在教育教学活动中，学校秉承"教小学如养芝兰"的育人理念，做到了：以爱为前提，高度尊重学生、真心关爱学生；教育学生，以德为先，始终坚持人品比能力重要、习惯比成绩重要的理念，并落实到教育教学、活动开展的每一个细节中；坚持"学生成长、学校发展、教师成功"三位一体的成长理念，将教师的成长与学生的成长、学校发展放在同等重要的位置。

学校形成了"雅、正、廉、和"的校风。全校师生在党中央立德树人思想的指引下，树立了崇高的追求："成生命之儒雅，养生命之正气，全人生之清白，致人生之和谐。"现在的剑门关实验学校，教师儒雅，学生行为习惯良好；班子廉洁行政，教师廉洁从教；学风浓，校风正；校园和谐稳定，处处充满温馨、和谐、向上的育人氛围。

学校综合师生比达 1∶15，教师平均年龄为 38.3 岁，专业结构基本合理；学历为本科及以上的教师有 87 人，占比为 87.9%。目前，学校有在职教师 99 名，其中省骨干教师 1 名、市骨干教师 17 名、县骨干教师 19 名。近年来，全校 40 余名教师荣获国家级、省级、市级、县级优秀教师奖。众多优秀教师先进事迹被各类媒体报道。

学校大力推进"五育并举"，落实"双减"任务，强化"五项管理"，开展课后服务，坚持文化育人、课程育人、活动育人，深化课堂教学改革，突出艺术熏陶和劳动教育，全面推行素质教育。学校先后荣获"全国青少年校园足球特色学校""全国少儿美术教育示范单位""全国'红旗飘飘，引我成长'示范学校""四川省艺术教育特色学校""四川省第六届幼儿绘画比赛先进集体"等荣誉称号。

表 5-17　幼儿入园、学生入学情况

		2019	2020	2021	2022	2023
幼儿园	班数	8	8	8	10	10
	人数	402	444	448	551	499
1—6 年级	班数	23	25	27	29	30
	人数	1 080	1 143	1 306	1 395	1 486

表 5-18　领导任职简况

姓名	性别	籍贯	职务	任职时间	备注
梁玉钊	男	四川剑阁	校长	2015.09—2022.08	
			党支部书记	2015.09—2022.08	
黄有斌	男	四川剑阁	副校长	2015.09—	
邵明慧	女	四川剑阁	副校长	2016.09—2022.08	
			副书记	2022.09—	
陈二毛	男	四川剑阁	工会主席	2016.09—	
王　琴	女	四川剑阁	学前办主任	2017.09—2022.08	
			副校长兼执行园长	2022.09—	
杨树森	男	四川剑阁	总务处主任	2017.09—2022.08	
梁会霞	女	四川剑阁	办公室主任	2016.09—2022.08	
伏太明	男	四川剑阁	纪检监察员	2018.09—2022.08	
杨怀昌	男	四川剑阁	总务处副主任	2015.09—	
刘小华	女	四川剑阁	教务处主任	2017.09—	
李师生	男	四川剑阁	德育处主任	2017.09—	
杨　博	女	四川剑阁	教科室主任	2017.09—	

表5-18（续）

姓名	性别	籍贯	职务	任职时间	备注
伏清华	女	四川剑阁	学前办副主任	2019.09—2022.08	
			学前办主任	2022.09—	
熊玉丽	女	四川剑阁	学前办公室副主任	2019.09—	
何孔善	男	四川剑阁	党支部书记	2022.09—	
			校长	2022.09—	
赵建军	男	四川剑阁	总务处主任	2022.09—	
赵 彬	女	四川剑阁	党建办副主任	2022.09—	
陈 娟	女	四川剑阁	教务处副主任	2022.09—	
兰秀蓉	女	四川剑阁	教科室副主任	2022.09—	
肖庆雄	男	四川剑阁	德育处副主任	2022.09—	

学校教职员工名录

在职教职工（99名）：

何孔善　梁会霞*　母元莉*　邵明慧*　王秀茗*　黄有斌　刘小华*　熊玉丽*　伏清华*
昝丽玲*　陈二毛　蒲永红*　郭繁荣　李晓利*　王 琴*　杨树森　刘树华*　徐泽慧*
蒲晓玲*　王翠芹　杨怀昌　徐桂莲　杨 瑛*　左建清　尤桂玉*　伏太明　程玉芹*
母建容*　张俊丽　赵彩芹　郭亨文　李金秋*　李秀梅*　唐春芳　杨 博*　张 聪
李小红*　何晓欧*　刘江琴*　蒲佳丽*　杨清明　吴彦洁*　张 盼*　陈 娟*　唐小蓉
杨子虎　洪阿萍　刘小燕　白 敏*　赵 燕　李师生　赵悦均*　李思君*　卫菊兰
何小清*　袁晓勇　赵 彬*　贺学梅*　王小锋　杨 琴*　肖庆雄　张 洁*　邓 佳
何 妮*　姜 杉　贾文雄　兰秀蓉　谢晓芳*　方 奎*　石 姣*　张万保　谈 丽*
王建霞*　熊玉梅*　杨 婷*　安勇全　李坤霞*　李小红　高芳红*　董新梅　杜明敏
张诗瑶*　李佳芯*　黄 艳*　张 昱　赵建军　彭 菊*　魏 萍*　徐 童*　刘 霞*
侯 建　杜 星*　徐 媛*　杨 琴*　徐 瑞*　邓才兵　赵志亮　刘 瑶*　杜承刚

退休教职工（14名）：

岳其富　尤永清*　彭玉兰*　杜会明*　黄茂华*　任洪生　冯志全　安克聪　杨显慧
杨扶政　李元荣　吴多金　孙 蓉*　杨清明

香江实验学校

　　剑阁县香江国际实验学校创建于2016年9月，是一所九年一贯制公办学校，位于剑阁县下寺镇拐枣坝工业园区，学校依山傍水，环境优美。2017年秋季撤销初中部，成为完全小学。2022年5月学校更名为"剑阁县香江实验学校"。学校占地面积14 692平方米，建筑面积11 721平方米，有设施设备先进的功能室23间。现有教学班28个，学生1 492人，教职工110人，其中省级骨干教师1人，市级骨干、优秀教师16人，县级骨干、优秀教师34人。

　　学校以"让每一朵花都芳香"为办学思想，坚持"阳光生活、自信成长、书香育人、全面发展"的办学理念。着力"平安校园、德育校园、质量校园、活动校园、书香校园"建设。以"规范、优质、特色"为发展目标，以"有特色、争一流"为办学目标，一年一个工作重点，促进学校优质特色发展。

师生秉承"尚德、明责"的校训，构建了"责任教育"文化体系。教师以"敬业，爱生"为师德核心，构建"12345"教师专业成长体系，以校本研修和教育科研为抓手，通过"四课五环"课堂模式，促进教师专业成长。通过"芳香课程群""四大节"主题活动、社团课程等，培养"习惯好、人格健全、全面发展"的香江学子。学校以"文化、课程、艺体"为特色，促进学生全面发展和个性成长，为学生终身发展奠基。创新构建"1371"第五学区管理模式，全力推进学区城乡一体化发展，努力实现教育共富。

通过七年的发展，学校先后获得教育部读书活动先进单位、四川省卫生先进单位、四川省A级食堂、广元市平安校园、广元市艺术特色学校、提琴智慧教育示范校、县先进基层党组织、县目标考核优秀单位、县教学质量考核一等奖等各类表彰荣誉40余次。2021年学校获剑阁县小学男子篮球赛冠军，2022年学生男子篮球队获得市第4名，多名篮球特长学生被选拔进入省级高水平运动队训练。学生在省市科技创新、编程、机器人、艺术等比赛中获得表彰和奖励1 000余人次。

目前，学校校园文化精致、常规管理精细、活动开展精彩、课程类型丰富、艺术特色彰显、科技氛围浓厚、教学质量优异，深受社会各界好评。学校正以创建"四川省义务教育优质发展共同体领航学校""四川省劳动实验学校"为契机，全面落实立德树人根本任务，促进学生德、智、体、美、劳全面发展，奋力创建一流的现代化小学。

表5-19 学生入学统计表

		2016	2019	2020	2021	2022	2023
1—6年级	班数	10	21	26	27	28	28
	人数	419	1 093	1 261	1 375	1 429	1 488
7—9年级	班数	3	—	—	—	—	—
	人数	91	—	—	—	—	—

表5-20 领导任职简况

姓名	性别	籍贯	职务	任职时间	备注
何龙	男	四川剑阁	校长	2016.07—	
			党支部书记	2018.05—	
刘芬	女	四川剑阁	副校长	2016.08—2022.08	
何瑞蓉	女	四川剑阁	工会主席	2016.08—2022.08	
李华东	男	四川剑阁	教务处主任	2016.08—	
			副校长	2018.09—	
余国燕	女	四川广元	教务处副主任	2016.08—2022.08	
			教务处副主任	2022.08—	
袁小明	男	四川剑阁	政教处副主任	2016.08—2018.09	
			政教处主任	2018.09—2022.07	
			副书记	2022.07—	
陈珺	女	四川剑阁	教科室副主任	2016.08—2017.08	
张远钦	男	四川剑阁	副校长	2017.09—2019.09	
			廉勤委主任	2019.09—2022.08	

表5-20（续）

姓名	性别	籍贯	职务	任职时间	备注
王小惠	女	四川剑阁	政教处副主任	2018.09—2022.08	
			党建班主任	2022.08—	
鲜明海	男	四川剑阁	办公室副主任	2018.09—2022.08	
			总务处主任	2022.08—	
贾 彪	男	四川剑阁	总务处主任	2018.11—2022.08	
薛艳梅	女	四川剑阁	教科室主任	2018.08—2019.09	
			副校长	2019.09—2022.09	
彭 婷	女	四川剑阁	办公室副主任	2022.08—	
蒲海军	男	四川剑阁	教务处副主任	2022.08—	
严映林	男	四川广元	教务处副主任	2022.08—	
谯小芳	女	四川剑阁	德育处副主任	2022.08—	
张光军	男	四川剑阁	教科室副主任	2022.08—	

学校教职工名录

在职教职工（85名）：

何 龙　张远钦　贾 彪　李华东　王继伟　蒲海军　袁小明　李松柏　母少斌
张科勇　李会生　鲜明海　张光军　刘 继　严映林　唐怀波　赵荣生　苟 伟
任权贵　唐丕强　何瑞蓉*　魏剑蓉*　魏秀梅*　樊晓玲*　李平华*　梁 莉*　余国燕*
王小惠*　黄鲜明*　李 黎　徐雅芬　唐小丽　郭春芳　袁利平*　王建芳*　蒲 雪*
敬会平*　何 文　任雪梅*　王 瑕　杨芙蓉*　魏桂蓉*　王 菲*　杨 梅*　杨德华*
刘泳岐*　李 霞　罗 容　王 瑞　附晓丽*　叶心妍*　谯小芳*　林菊华*　徐清林*
李春玉*　彭 婷　徐志慧*　邱芯潞*　王晓平*　李 艳*　赵闻杰*　左文秀*　郭 维*
杨昌伟*　曾运运*　李 佳　王兴利*　严桂芳*　李 蕾*　朱 瑞*　母 琳*　刘晓燕*
杨文淳*　毕双双*　姚绒霞*　张 莉*　孔祥雯*　虞美珍*　张 萌*　赵 敏*　仇 水*
杨海滨*　马 菱*　龙 艳*　岳晓媛*

退休教职工（1名）：

刘 芬*

上寺小学

上寺小学校位于剑阁县城最北端的上寺场，学校始建于新中国成立初期，由私塾逐渐演变为全日制小学，1984年由上寺庙搬迁至现址曹家坪。巍峨的铁佛山、金峨山、汉王山从西、北、东三面环绕，秀丽的清江河自正前方蜿蜒而行，特殊的地理环境和区域优势给学校增添了无尽的灵气与发展潜力。

学校占地面积7 337平方米，建筑面积4 237平方米，其中教学用房934平方米。现有1—6年级共6个教学班。有在校学生68人，在职教师23人（高级职称教师6人、中级职称13人、初级职称4人）。上寺小学现有多媒体教室1间、自然实验室1间、图书阅览室1间、图书2 250册，是一所全日制小学校。

学校以"勤学苦练，立志成才"为办学理念，紧紧围绕"办环境优美、队伍优秀、管理优良、成果优异的学校"的办学目标，坚持"强化管理，确保安全，突出质量，提升品位"的工作思路，形成了"民主、和谐、求真、向上"的校风、"踏实、严谨、创新、进取"的教风、"乐学、静思、自主、合作"的学风，有效地推进了素质教育，提高了教育教学质量，促进了学校的长足发展。

近年来，上寺小学的各项工作都取得了优异的成绩：在全县教育教学质量考核中荣获第一名；在比学班质量评比中荣获第一名；荣获目标考核优秀单位、县"八好一满意学校"称号，被评为县级师德师风建设先进集体、学校安全工作先进单位、先进基层组织、文明单位等。

表 5-21　幼儿入园、学生入学统计表

		2019	2020	2021	2022	2023
幼儿园	班数	2	2	2	2	1
	人数	49	33	32	32	7
1—6年级	班数	6	6	6	6	6
	人数	139	152	91	90	68

表 5-22　领导任职简况

姓名	性别	籍贯	职务	任职时间	备注
唐志辉	男	四川遂宁	校长	2008.09—2010.07	
			党支部书记	2008.09—2010.07	
袁东平	男	四川剑阁	工会主席	2008.08—2021.08	
			教导副主任	2008.09—2010.08	
冯文平	男	四川剑阁	教导副主任	2010.09—2012.07	
安孝华	男	四川剑阁	校长	2010.09—2015.08	
			党支部书记	2010.09—2015.08	
陈仕文	男	四川剑阁	教科室副主任	2010.09—2019.08	
			教科室主任	2013.09—2018.08	
林奉熙	男	四川剑阁	后勤服务经理	2000.09—2010.08	
			总务主任	2010.09—2012.08	
罗云才	男	四川剑阁	政教主任	2012.09—2014.08	
			教务主任	2012.09 至今	
			政教主任	2014.09—2015.08	
母建蓉	女	四川剑阁	教务副主任	2012.09—2016.08	
梁　鸿	男	四川剑阁	总务副主任	2012.09—2014.09	
			总务主任	2014.09 至今	
杨学斌	男	四川剑阁	副校长	2013.09—2021.08	
王君朝	男	四川剑阁	校长	2015.09 至今	
			党支部书记	2015.09 至今	
杨永生	男	四川剑阁	政教主任	2015.08—2018.08	
姜楠茜	女	四川剑阁	德育处副主任	2019.09—2022.08	
			德育处主任	2022.08 至今	

学校教职工名录

在职教职工（23名）：

王君朝	罗云才	姜楠茜*	王冠华	杨子懿*	李琳英*	梁　鸿	王　俊	陈仕文
徐　琴*	唐　嫚*	赵建均	张文平*	赵建宝	吴　芳*	冯治山	梁从贵	袁东平
刘桂军	安克斌	刘　慧*	冯文平	杨学斌				

退休教职工（16名）：

冯志松	赵生锡	曹丽蓉*	王瑞亮	高菊芳*	何正宽	冯文清	曹文雄	冯文福
赵喜明	林奉熙	何彦先	刘代华	梁明芳*	夏国芳*	徐春华*		

普广小学

剑阁县普广小学是一所农村寄宿制完全小学，始建于1950年9月。校园坐落于石瓮山坳，临高速、傍高铁，群山环绕，绿树掩映，有良田美池桑竹之属，无城镇喧闹繁忙之感。

1994年经历撤乡并镇，2009年完成灾后重建，2010年布局调整，全面撤并村小。校园占地3 045平方米，建筑面积1 960余平方米，学生活动场地1 100余平方米，分教学区、功能区、师生宿舍和食堂4个区域，布局错落有致，校园环境宜人。

普广小学现有教职工13人，其中男教师7人、女教师6人；高级教师0人、一级教师6人；县级骨干教师6人；党员4人；本科6人、专科7人。

学校校舍建筑面积1 960平方米，其中教辅用房480平方米，生均9.6平方米。有功能室276平方米，有音乐室、美术室、体育保管室、理科仪器室、实验室、计算机网络教室、图书阅览室各一间，设备设施齐全。有体育运动场1 100平方米，生均22平方米。有篮球场1个、羽毛球场1个、乒乓球台2张，足球场与篮球场共用，排球场与羽毛球场共用，基本满足学生运动、休闲需要。近两年，各级政府为普广小学在基础建设方面投入近50万元，社会捐资25万元，校容校貌焕然一新。

近年来，学校接受乐山大佛慈善功德会、成都主导科技有限公司、民福社会福利基金会等部门的捐赠钱物，累计达27万余元。

近三年来学校先后荣获剑阁县"目标考核优秀单位"（2次）、"教育教学质量考核一等奖"（2次）、"教育质量二等奖"、"下寺镇先进基层党组织"（3次）等荣誉。

2021年9月，剑阁县普广小学校合并至剑门关实验学校。

表5-23　幼儿入园、学生入学统计表

		2017	2018	2019	2020	2021
幼儿园	班数	1	1	1	1	1
	人数	13	12	12	9	12
1—6年级	班数	6	6	6	6	6
	人数	42	50	41	39	38

表5-24　学校领导任职简况

姓名	性别	籍贯	职务	任职时间	备注
张万龙	男	四川剑阁	校长兼党支部书记	1999.01—2010.08	
梁政显	男	四川剑阁	校长兼党支部书记	2010.09—2011.08	
范春元	男	四川剑阁	校长兼党支部书记	2011.09—2012.08	

表5-24（续）

姓名	性别	籍贯	职务	任职时间	备注
王成俊	男	四川剑阁	校长兼党支部书记	2012.09—2015.08	
杨正勇	男	四川剑阁	校长兼党支部书记	2015.09—2019.08	
张　聪	男	四川剑阁	校长兼党支部书记	2019.09—2021.08	
安克聪	男	四川剑阁	教导主任	1996.09—2010.08	
			工会主席	2003.03—2018.08	
安　云	男	四川剑阁	教科室主任	2004.09—2010.08	
			教导主任	2010.09—2015.02	
			副校长兼教务主任	2014.09—2015.01	
孟利红	女	四川剑阁	副校长兼教务主任	2014.09—2019.07	
赵建军	男	四川剑阁	教科主任	2010.09—2021.08	
			副校长负责教务	2019.09—2021.08	
			工会主席	2018.09—2021.08	
张文杰	男	四川剑阁	德育主任	2018.09—2020.08	

学校教职工名录

在职教职工（14名）：

徐　媛*　赵彩芹*　杨清明　杨子虎　李思君*　卫菊兰*　贾文雄　张万保　赵建军

徐　童*　吴多金　孙　蓉*　杨清明　张　聪

退休教职工（6名）：

任洪生　冯志全　安克聪　杨显慧　杨扶政　李元荣

文峰中学

剑阁县文峰中学校，位于普安镇鹤鸣山麓、闻溪河畔。学校始建于1973年，占地11 060平方米，1975年取名"剑阁县城关第二小学"，1988年更名为"剑阁县文峰中学校"，2003年经县委、县政府批准升格为唯一的一所县直属初中学校。

学校常设24个教学班，有1 300名在校学生、93名在岗教职工。有专任教师89人，其中高级教师11人、中级教师37人，省级骨干教师2人，市级骨干教师、模范班主任、优秀教师、师德标兵48人。

文中人始终秉持"励精图治，求实创新"的校训，踏实工作，锐意进取。2010年6月，伏云同志担任校长，学校着力解决了教师集资建房、消防通道、后山坡脏乱差等长期阻碍学校发展的遗留问题，修建了综合楼、运动场、前校门和消防通道，校园面貌焕然一新。

学校全面实施素质教育，创建剑阁一流初中，铸造学校特色发展。课改科研并行，打造高效课堂。考察洋思中学、宜川中学等名校，邀请魏书生、刘金玉等名家到校献课、开设讲座，结合校情学情，申报确立市级课题"农村初中高效课堂教学与研究"，与成都七中联办网络直播班，尽享名校优质资源，构建了以生本理念为指导、以小组学习为基础的"四段式"教学模式，提升了课堂效益和育人质量，促进了教师专业化发展，培养了学生自主学习能力。每年教师参加市县竞课获奖20多人次，升入基地班学生近30人，达全县总数的1/6，学校连续六年获得"素质教育质量二等奖""教育质量考核特优送培突出贡献奖"，被县教科局授予"生本教育示范学校"称号。校本培训有声有色。学校开设了书法、演讲、篮球、二胡等38个兴趣小组，聘请校内有特长的教师和10余位校外专业教师作指导，学生根据自己爱好自愿参加小组，每周三下午三、四节课定时开展活动。活动的有效开展，发展了学生特长，提高了学生素质，每年有近300人次在省、市、县的各项竞赛中获奖。学校迎来了剑门中学、剑门关高级中学等县内外30多所学校的观摩学习。爱心教育成为教育的主旋律。学校设立贫困学生爱心基金，师生每期举行一次募捐活动，按月资助贫困学生，定期看望慰问文峰籍高中学生。请成都中医药大学博士配制菜谱，实行营养配餐。坚持开展经典诵读、阳光大课间等活动，学生打造寝室、教室文化，开展野炊远足活动。

学校师生以我是文中人感到由衷骄傲，各项工作呈现跨越式发展，得到了各级领导和社会各界的一致好评，荣获"广元市校风示范学校""广元市教育科研示范学校""广元市艺术教育特色学校""广元市课改先进学校""广元市体育传统项目学校""广元市卫生先进单位""广元市文明单位""广元市综合治理模范单位""四川省档案工作三级达标单位""剑阁县办学水平甲级一等学校""四川省书法教育特色学校"等100多项荣誉。

2017年春，剑阁县教育局进行教育布局调整，文峰中学校与四川省剑州中学校合并。

表5-25　学生入学统计表

		2012	2013	2014	2015	2016
7—9年级	班数	24	23	22	21	20
	人数	1 305	1 351	1 195	1 080	973

表5-26　领导任职简况

姓名	性别	籍贯	职务	任职时间	备注
杨成永	男	四川剑阁	校长	2008.01—2010.06	
高江林	男	四川剑阁	书记	2008.01—2015.08	
张荣昌	男	四川剑阁	德育处主任	2008.02—2008.08	
			党支部副书记	2008.09—2010.08	
刘树润	男	四川剑阁	副校长	2008.01—2010.08	
尤富国	男	四川剑阁	副校长	2008.01—2008.08	
王仲蓉	男	四川剑阁	教务处副主任	2008.01—2009.04	
			教务处主任	2009.04—2012.08	
			党支部副书记	2012.09—2015.10	
			副校长	2015.11—2016.12	
王平安	男	四川剑阁	教务处副主任	2008.01—2010.08	
			教科室主任	2010.09—2011.08	
			教务处主任	2011.08—2016.12	
张志	男	四川剑阁	教科室主任	2008.01—2010.08	
王洪志	男	四川剑阁	教科室副主任	2008.01—2010.08	
王思蜀	男	四川剑阁	副校长	2010.09—2013.08	
王万兵	男	四川剑阁	德育处副主任	2008.01—2010.08	
			德育处主任	2010.09—2013.08	

姓名	性别	籍贯	职务	任职时间	备注
李国齐	男	四川剑阁	总务处主任	2008.01—2010.08	
郑燕鸣	男	四川剑阁	总务处副主任	2008.01—2009.08	
刘平章	男	四川剑阁	办公室副主任	2008.01—2009.08	
			办公室主任	2009.08—2010.08	
张明辉	男	四川剑阁	工会主席	2008.01—2016.12	
袁加洪	男	四川剑阁	总务处副主任	2009.04—2010.08	
			办公室主任	2010.09—2011.06	
伏云	男	四川剑阁	校长	2010.06—2016.12	
陈强	男	四川剑阁	副校长	2010.09—2015.08	
			党支部书记兼副校长	2015.09—2016.12	
魏雄	男	四川剑阁	教务处副主任	2010.09—2012.08	
			教科室副主任	2012.09—2013.08	
			教科室主任	2013.09—2016.12	
聂周生	男	四川剑阁	德育处副主任	2010.09—2012.08	
			教务处副主任	2012.09—2016.12	
李朝光	男	四川剑阁	总务处副主任	2010.09—2013.08	
			总务处主任	2013.09—2016.12	
王义国	男	四川剑阁	办公室副主任	2011.08—2015.08	
			办公室主任	2015.08—2016.12	
杨军	男	四川剑阁	副校长	2013.09—2016.12	
梁强	男	四川剑阁	团委书记	2009.09—2011.08	
			德育处副主任	2011.09—2013.08	
			德育处主任	2013.08—2016.12	
吴建军	男	四川剑阁	团委书记	2012.09—2016.12	
			德育处副主任	2015.09—2016.12	
陈珺	女	四川剑阁	教科室副主任	2015.08—2016.12	

学校教职工名录

教职工（93名）（2016年秋）：

高江林	梁强	李康	罗少建	王友剑	何志朝	杨方崇	王国礼	邢邦桥
王术沛	郑乔生	魏仁斌	何孝欧	王仲蓉	何智灵	刘和章	田建成	伏云
刘平章	吴建军	贾彦	杨军	聂周生	梁宝清	陈强	魏雄	袁庆
梁松林	鲜怀和	徐子翼	尚智兮	孙国甫	杨荣洲	岳茂生	张明辉	王洪智
尤德超	杜永彦	何正雄	杨川林	张江湖	梁德清	王义国	李朝光	罗尚勇
范成林	刘志敏	孙甫均	王显伟	李国齐	史建明	敬小刚	杨勇	王平安
王秀梅*	李碧枝*	谢汶秀*	岳晓蓉*	赵翠萍*	何文秀*	杨秀明*	王永利*	贾利蓉*
魏美芳*	孙静*	崔素君*	奂素霞*	徐春莉*	杨彩霞*	梁晓清*	蒋雪晴*	杨秀萍*

杨碧华*　王建春*　梁碧枝*　李巧蓉*　赵　红*　王锦兰*　李春利*　王志红*　邓　琳*

李建勤*　姜秀琼*　白锦秀*　杜立蓉*　赵月红*　陈　娟*　王　琳*　王彩云*　梁蕊裙*

苟立恒*　罗顺华*　唐花蓉*

退休教职工（30名）（2016秋）：

王正元　苏全俊　刘成业　唐立安　吴国元　邹胜才　赵建明　袁本学　王玉安

刘登安　贾兴汉　唐克亮　罗树发　蒲元康　何嵩安　邓武山　赵联琴*　樊玉英*

李曰慧*　罗华英*　周德容*　郭慧兰*　何惠君*　邓玉莲*　朱秀华*　伏秀英*　徐惠芳*

肖国蓉*　何兴华*　高淑芳*

普安中学

剑阁县普安中学校，创建于1985年，坐落在剑州古城城北路48号，西倚汉阳山麓，东临闻溪河畔。学校经过多届普中人的共同努力，现已发展为市县内颇具示范引领作用的单设初中学校。

普中师生始终铭记"艰苦创业，严谨治校"的校训，秉承"滋德弘道，启智兴邦"的办学理念，确立了"让身心和谐发展"的育人理念和"用品质锻造品牌"的办学宗旨。形成了"正念、正行、正气、正道"的校风和"尽心、尽力、尽善、尽美"的教风，以及"求实、求是、求进、求精"的学风。

学校占地面积22 314平方米，建筑面积10 369平方米，教学设施齐备，办学环境良好。现有25个教学班、在校学生1 284人；教职工91人，89名专业教师中大学本科以上学历的80人，省级优秀教师1人、省级骨干教师3人，市级名师2人、市级骨干教师10人，县级骨干教师16人。

灾后重建及义务教育均衡发展期间，国家先后投入1 100余万元从根本上改变了普安中学的办学条件，学校新建了可容纳27个标准教学班的教学楼、1 500人入住的标准学生公寓和1 500人同时就餐的国家A级标准食堂。学校拥有功能齐全的实验室、音乐室、美术室、多媒体教室、电子备课室，每间教室都安装交互式电子白板和投影仪，基础设备设施完善。

均衡配备的教育资源真正实现了教育公平。2018年10月，学校义务教育基本均衡县的创建工作，经教育部韩呼生同志为组长的验收组验收，获高分通过，受到上级主管部门的一致好评。

近年来，普安中学先后荣获"国家教学科研基地学校""广元市素质教育示范学校""广元市最佳文明单位"，"四川省文明校园"等荣誉称号和"四川省教育科研成果二等奖""广元市第九届教育科研优秀成果一等奖"等奖励100余项。教育教学质量年年创新高，2010年至今，普安中学每年中考成绩均位居全县前列，连续10多年获"剑阁县教育教学质量奖"；在"广元市人才基地班"选拔考试中，2017至2023年普安中学连续多年上线人数名列全县第一。

表5-27　学生入学统计表

		2019	2020	2021	2022	2023
7—9年级	班数	21	21	23	24	25
	人数	1 112	1 141	1 163	1 228	1 284

表5-28　学校领导任职简况

姓名	性别	籍贯	职务	任职时间	备注
王继秦	男	四川剑阁	校长 书记	2008.01—2010.06	
邓周亭	男	四川剑阁	书记	2008.01—2012.08	
梁永华	男	四川剑阁	副校长	2008.09—2009.09	

姓名	性别	籍贯	职务	任职时间	备注
杨在初	男	四川剑阁	副校长	2008.09—2009.09	
王锡洪	男	四川剑阁	教务主任	2008.09—2009.09	
			副校长	2009.09—2014.06	
			书记	2014.06—2018.07	
何述继	男	四川剑阁	德育主任	2008.09—2009.08	
			副校长	2009.09—2018.09	
王松青	男	四川剑阁	德育副主任	2008.09—2010.09	
李玉美	男	四川剑阁	总务主任	2008.09—2011.09	
袁正福	男	四川剑阁	教科主任	2008.09—2009.09	
			副书记	2009.10—2011.07	
高志国	男	四川剑阁	团委书记	2008.09—2012.09	
			德育副主任	2012.09—2019.09	
			德育主任	2019.09—	
蒲忠东	男	四川剑阁	教务副主任	2009.09—2010.09	
			教务主任	2010.09—2018.09	
			廉勤委主任	2018.09—2022.09	
谭力	男	四川剑阁	德育副主任	2009.09—2010.09	
			德育主任	2010.09—2015.09	
			工会主席	2013.09—	
杨友双	男	四川剑阁	教科副主任	2009.09—2010.09	
			教科主任	2010.09—2022.09	
左长	男	四川剑阁	校长	2010.06—2018.07	
李中凡	男	四川剑阁	教务副主任	2011.03—2022.09	
杨永华	男	四川剑阁	副校长	2011.09—2019.09	
孙平	男	四川剑阁	总务副主任	2011.03—2013.09	
			总务主任	2023.03—2015.09	
			德育主任	2015.09—2019.09	
王小惠	女	四川剑阁	团委书记	2012.09—2016.09	
王建波	男	四川剑阁	总务副主任	2015.09—2018.09	
			德育主任	2019.09—2022.09	
母志博	男	四川剑阁	德育副主任	2019.09—2022.09	
			教务副主任	2022.09—	
任咏	男	四川剑阁	团委书记	2016.09—	
齐坤勇	男	四川剑阁	校长　书记	2018.07—2022.08	
孙涛川	男	四川剑阁	副校长	2018.09—	

表5-28（续）

姓名	性别	籍贯	职务	任职时间	备注
汪小华	女	四川剑阁	教科副主任	2018.09—2022.09	
			教务副主任	2022.09—	
李宇全	男	四川剑阁	总务副主任	2018.09—2021.09	
			总务主任	2021.09—	
尚朝分	男	四川剑阁	总务副主任	2019.09—2022.09	
			德育副主任	2022.09—	
王思蜀	男	四川剑阁	校长 书记	2022.08—	
刘径竹	女	四川剑阁	党建办主任（副）	2022.09—	

学校教职工名录

在职教职工（89名）：

王思蜀	齐坤勇	唐守荣	李晓青*	杨永华	孙涛川	杨友双	何述继	王锡洪
蒲忠东	李中凡	谌贵全	任锦织	张兴军	王建华*	罗陶诗	胡正庭	尤富国
王清莹*	李宇全	王江兰*	严维强	杨国洪	陈冬梅	袁洪	冯剑梅*	何章云
杨秀琼	杨庭贵	张治众	李大海	谭力	赖强	李勇沉	文光蓉*	梁晓康
罗文兴	杜晓华*	高志国	张军平	李仕仲	王芬*	何涛	何小荣*	母志博
汪小华	杜玉白	程少康	何春华*	侯元光	王莉*	尚朝分	孙平	李丽丽*
王荣芳*	肖继平*	李羽*	徐志伟	王松林	袁凤英*	徐桂梅*	袁翠蓉*	陈桂华*
蒲丽平	叶淑琼*	张明珍	任咏	杨宗林	刘泾竹*	彭小丽	左雪娟*	李军
邓艳梅*	王梦佳*	王婵*	塞林芮*	尚贵芳*	唐宇	张萌*	张倩*	贺治薇*
高倩*	杨紫莉*	廖佳莉*	李焰蓉*	徐铭佩*	王勇	何伟	张玉翠*	

退休教职工（46名）：

郭志成	袁正福	罗茂贵	王泽普	王耕涛	刘子远	张慧莲*	郭秉益	范祖英*
廖全蓉*	李政荣	杜先玲*	聂玉成	杨奇生	李才多	张润秋*	徐光华*	梁述光
郑秀清*	范淑勋	肖长富	贴映甫	梁述伦	杨多恩	侯清昌	姜文钊	李玉美
沈彩云*	张力平	唐玉珍*	赵光喜	左素明*	赵联湘	张晓波	唐翠先	张金鸣
赵会芳	王培鼎	梁永华	李素梅*	李素琼*	梁春明*	田文	刘翠容*	魏兰英*
张咏梅*								

普安小学

剑阁县普安小学，地处剑阁县普安镇小东街15号，始创于明正德十四年（1519年），史称"兼山书院"；光绪三十一年（1905年）更名为剑阁县立高等小学校；民国24年（1935年）更名为剑阁县第一小学；民国25年（1936年）更名为剑阁县普安小学；民国28年（1939年）更名为四川省立剑阁乡村师范学校附小；1950年更名为剑阁县城关小学；1972年更名为剑阁县城关镇小学；1975年更名为剑阁县城关镇第一小学；1983年更名为剑阁县普安镇第一小学；1988年更名为剑阁县普安小学。

学校现有教职工97人，其中本科以上学历者75人，占比为77%；有高级教师30人、一级教师46人；有省骨干教师3名，市名师2名、市骨干教师19名，县骨干教师16名。教师学历的达标率为 100%。

学校经历"5·12"灾后重建、义教均衡、教育扶贫快速发展后，办学条件全面达标。学校占地面积 12 340 平方米，建筑面积 9 721 平方米，其中教学及辅助用房 6 558 平方米，体育运动场馆面积 8 100 平方米。配有标准的科学实验室、音乐教室、美术教室、师生图书室（阅览室）、数学及体育器材室，设有综合型多媒体教室 1 个、多功能网络教室 3 个、教师多媒体软件制作室 1 个，配齐了班班通，常规教学仪器品种和数量按国家一类标准配齐配足。小学数学科学仪器配备达标率为 98.42%；音体美器材配备达标率为 96.10%；计算机网络教室有两间配有学生用计算机 93 台，每百名学生拥有 6.1 台；现有藏书 22 870 册，生均 15.02 册。

学校围绕"为孩子美好未来奠基"的办学理念优化校园育人环境，以"启智明德 笃行致远"为校训、以"勤奋和谐 传承创新"为校风、以"博学善导 厚生乐教"为教风、以"乐学善思 合作进取"为学风，形成了"中华优秀传统文化与科技创新高度融合"的办学特色，通过"抓教风强素质、抓校风树形象、抓学风提质量、抓'兼山书院'管理建校园文化建设载体"，将优秀传统文化植入校园，使文明礼仪与家庭教育、红色教育、劳动教育、社会教育和课堂教学相结合，得到了社会各界的一致好评。

自 20 世纪 80 年代至今，学校先后获得"全国〈双优〉先进学校""全国科学教育实验基地""全国首批传统文化教育基地学校""全国少年先锋队红旗大队""全国阳光阅读教育活动征文先进集体""四川省校风示范学校""四川省文明校园""四川省红旗中队""四川省青少年科技教育示范学校""四川省艺术教育特色学校""四川省体育传统项目学校先进集体""新时代好少年""全国主题教育读书活动先进集体""四川省体育先进学校""广元市文明校园""剑阁县小学教育质量考核一等奖""剑阁县德育工作先进集体"等 300 余项荣誉和奖励。

学校先后培养了一大批名优教师，获得国家级荣誉称号的有 7 人次，获得省一级荣誉称号的有 11 人次。

表 5-29　学生入学情况

		2019	2020	2021	2022	2023
1—6 年级	班数	29	30	30	30	31
	人数	1 567	1 577	1 575	1 554	1 592

表 5-30　领导任职情况

姓名	性别	籍贯	职务	任职时间	备注
张庭福	男	四川剑阁	校长、党支部书记	2008.01—2011.08	
王文波	男	四川剑阁	校长	2011.09—2018.07	
母朝虎	男	四川剑阁	校长、党支部书记	2018.07—	
杜永生	男	四川剑阁	副校长	1998.08—2010.08	
			党支部书记	2011.08—2018.07	
梁义生	男	四川剑阁	副校长	2003.09—2010.08	
严三元	男	四川剑阁	副校长	2010.09—2011.08	
张德勇	男	四川剑阁	副校长	2010.09—2018.09	
赵定金	男	四川剑阁	副校长	2011.09—2022.07	
杨明剑	男	四川剑阁	副校长	2018.09—	

表5-30(续)

姓名	性别	籍贯	职务	任职时间	备注
杨思玉	男	四川剑阁	副校长	2018.09—	
王秀春	女	四川剑阁	党支部副书记	2003.12—2008.07	
苟习发	男	四川剑阁	党支部副书记	2008.01—2010.08	
黄炜	女	四川剑阁	教务主任	2007.11—2015.08	
			纪检监察员	2015.08—2022.06	
			副校长	2022.07—	
张文润	男	四川剑阁	工会主席	2007.09—2013.08	
唐甫	男	四川剑阁	工会主席	2013.08—2019.08	
李彩霞	女	四川剑阁	政教副主任	2010.09—2015.08	
			德育主任	2015.09—2018.08	
李秀琼	女	四川剑阁	教务副主任	2010.09—2015.08	
			教务主任	2015.09—2018.08	
薛艳梅	女	四川剑阁	教科室主任	2007.09—2017.09	
刘天秀	女	四川剑阁	德育副主任	2016.09—2019.08	
			教科室主任	2019.09—2022.06	
			副校长	2022.07—	
唐建林	男	四川剑阁	政教主任	2011.10—2012.08	
			总务主任	2012.08—2022.06	
			工会主席	2022.07—	
王泽义	男	四川剑阁	总务主任	2009.09—2012.08	
魏晓华	女	四川剑阁	办公室主任	2011.09—2018.08	
王彩霞	女	四川剑阁	教务副主任	2019.09—2022.06	
			教务主任	2022.07—	
杨丽	女	四川剑阁	德育副主任	2019.09—2022.06	
			德育主任	2022.07—	
赵彬	女	四川剑阁	办公室副主任	2019.09—2021.08	
肖军容	女	四川剑阁	办公室副主任	2022.07—	
赵倩	女	四川剑阁	教务处副主任	2022.07—	
张光波	男	四川剑阁	德育处副主任	2022.07—	
罗超	男	四川剑阁	总务处副主任	2022.07—	

学校教职工名录

在职教职工(97名):

王文波	母朝虎	赵定金	张德勇	唐甫	何文春	张光波	罗仕德	白旭东
杨思玉	王志高	杨明剑	傅军元	陈剑平	袁兴旺	唐建林	何凌峰	罗超
薛芳*	蔡水英*	杨晓蓉*	聂成凤*	张莉媛*	赵宇霞*	陈桂华*	张彩蓉*	黄炜*

尹成芳*	李晓芹*	李春媚*	杨建清*	吴雪华*	杨雪萍*	张　琳*	梁晓阳*	田春梅*
张永秀*	李剑英*	沈德碧*	邢晓剑*	王锦蓉*	罗彩芳*	张正蓉*	李艳萍*	王春梅*
王　堰*	李　宏*	赵晓梅*	李建芳*	王彩霞*	刘天秀*	王晓云*	田小芳*	赵小碧*
沈江艳*	杨林燕*	梁小艳*	贺枫林*	王晓霞*	吴　艳*	魏秀梅*	何玲芳*	孙　婷*
杨　丽*	杨小莉*	母建琼*	罗寒梅*	肖　玫*	杨灵敏*	梁　英*	尤剑君*	高　萍*
肖军容*	郑文君*	李和芬*	薛　倩*	张小凤*	郭　丽*	赵　倩*	尤晓倩*	赵　娟*
唐水清*	胡　悦*	赵明雪*	易　靖*	张晓霞*	杨志祯*	张依依*	刘婷婷*	董红霞*
姜　珊*	刘兴欢*	苟洋曼*	何　柳*	王　清*	王秀苹*	熊　丽*		

退休教职工（78 名）：

何剑军	王泽义	王　贵	王银生	文志发	何怀尧	严正培	袁　林	刘昌荣
涂建国	唐成贵	母光友	赵兴均	罗荣山	吴旭林	范文清	陈拂君	唐从玉
杜永生	季洪友	韦大鹏	刘朝伟	孙彩云*	官玉芳*	母明英*	程清华*	李才会*
蒲国蓉*	王道琼*	王晗光*	王孝之*	王秀春*	王秀蓉*	戴桂珍*	范安钦*	何素琼*
何秀清*	奂素兰*	杨庆英*	杨秀芳*	白秀华*	曹玉英*	姚德茂*	姚青英*	曾孔玉*
张德平*	张　静*	张美芬*	李淑媛*	唐素英*	钱立秀*	史　萍*	唐春林*	母春芳*
唐守莲*	赖淑珍*	杨秀兰*	蒋明珍*	李含聪*	李明华*	张相菊*	赵雪清*	郑素凤*
李晓梅*	梁素珍*	刘群道*	罗秀珍*	贾元璧*	唐秀芳*	王碧蓉*	王忠华*	唐　虹*
袁加兰*	魏晓华*	蒲玉芳*	郑　瑛*	戚秀梅*	贾淑琴*			

剑阁县实验学校

剑阁县实验学校成立于 1993 年 8 月，原址位于普安镇烟街 29 号，2017 年 7 月开始陆续搬迁至普安镇文峰路 21 号办学，2019 年 9 月，搬迁结束。1995 年设置聋哑班，2001 年成立少年军校。2008 年成立剑阁县特殊教育学校并附设于实验学校内，采用"一个校址，两所学校，一套班子，两支队伍"的办学模式。

2008 年"5·12"汶川大地震后，学校启动灾后维修加固项目，于 8 月 1 日顺利实现复学。2009 年，黑龙江援建新建特教教学综合楼交付使用，灾后设备配置到位，办学条件得到改善。2011 年校刊《白鹤》创刊，收录学生优秀文学作品。2013 年，学校成立乡村学校少年宫，开展学生兴趣活动。2017 年 11 月，全国义务教育发展基本均衡县创建顺利通过省督导评估。2018 年 10 月，剑阁县实验学校由县教育局直属划转普安教育督导责任区管理。2022 年春季，全县学区制管理改革，剑阁县实验学校为剑阁县中小学第二学区学区长学校，辖白龙小学、公兴小学等 12 所小学。2023 年 9 月，学生食堂竣工投入使用。

2023 年秋季，学校占地面积 11 495.96 平方米，建筑面积 7 114.92 平方米。学校共有学生 1 551 人（其中特教 91 人），学生主要来源于全县各地和县外迁入户。在编在岗教职工 120 人（其中特教 27 人），平均年龄 43.8 岁。教师学历合格率达 100%。有省特级教师 1 人、省名师 1 人、省骨干教师 3 人、市名师 2 人、市骨干 13 人、县骨干 18 人。

多年来，学校立足学生全面培养与全面发展，聚焦育人方式变革，立足高效课堂建设，坚持五育并举，因材施教，突出文化育人、活动育人、服务育人，构建教育发展良好生态。学校成立"教育·因你而美好"学习团队，青蓝结对，促进教师专业成长。建立家长学校，构建家校社三位一体的育人格局。依托少年军校、普特融合、科技创新教育促进学校特色发展。通过演讲节、风筝节、六一儿童节、科技节、家庭才艺展演、生活小达人比赛、元旦节等活动，充分展示学生艺术才能，促进学校内涵发展。创建劳动实践基地，培养学生劳动综合素养。全校师生齐心协力，努力创建成

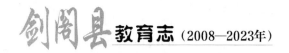

四川省义务教育优质发展共同体领航学校。

近年来，学校先后获得"全国优秀家长学校实验基地""全国科学教育实验基地""四川省心理健康教育实验学校""省少年军校""省书法水平测试工作先进集体""市艺术教育特色学校""市校园文化建设先进学校""市教育科研先进学校""县素质教育质量一等奖"和"年度目标考核优秀单位"荣誉称号和奖励近100项。

表 5-31　学生入学统计表

		2019	2020	2021	2022	2023
1—6 年级	班数	27	28	28	28	28
	人数	1 380	1 422	1 453	1 445	1 551

表 5-32　领导任职简况

姓名	性别	籍贯	职务	任职时间
伏大庆	男	四川剑阁	校长、党支部书记	2008.01—2009.02
邵明慧	女	四川剑阁	副校长	2008.01—2009.02
廖琪稳	男	四川剑阁	工会主席	2008.01—2010.08
唐述林	男	四川剑阁	党支部副书记	2008.01—2011.08
梁森林	男	四川剑阁	党支部书记	2010.06—2012.08
张安民	男	四川剑阁	副校长	2008.04—2018.08
张明强	男	四川剑阁	教科室主任	2008.09—2012.08
			工会主席	2010.09—2022.08
李国胜	男	四川剑阁	教导副主任	2008.01—2010.08
			总务主任	2010.09—2022.08
李瑞民	男	四川剑阁	校长	2009.02—2022.08
			党支部书记	2018.09—2022.08
严三元	男	四川剑阁	党支部书记	2012.09—2018.08
张文润	男	四川剑阁	副校长	2013.09—2018.08
王金兰	女	四川剑阁	教科室副主任	2012.09—2018.08
高坤雄	男	四川剑阁	党支部书记、校长	2022.08—
罗　心	女	四川剑阁	政教副主任	2012.09—2015.08
			德育处主任	2015.09—2022.08
			党支部副书记	2022.08—
何星才	男	四川剑阁	政教主任	2008.01—2012.08
			副校长	2012.09—
苟清泉	女	四川剑阁	教导副主任	2010.09—2012.08
			教导主任	2012.09—
			副校长	2018.09—

表5-32（续）

姓名	性别	籍贯	职务	任职时间
冉慧	男	四川剑阁	特教教务副主任	2010.09—2012.08
			特教教务主任	2012.09—2022.08
			特教副校长	2022.08—
王开盛	男	四川剑阁	办公室副主任	2012.09—2015.08
			办公室主任	2015.09—
郭凤鸣	女	四川剑阁	教务副主任	2015.09—2018.08
			教科室主任	2018.09—
杨华	女	四川剑阁	德育处副主任	2018.09—
杨平	男	四川剑阁	教务处副主任	2018.09—
李丽萍	女	四川剑阁	教务处副主任	2019.09—

学校教职工名录

在职教职工（117名）：

白继垚* 陈猛 陈苗苗* 陈薇* 程丽红* 程楠* 董志宏 冯文娟* 高坤雄

高利君* 苟红梅* 苟清泉* 郭凤鸣* 何白菊* 何军华* 何林 何星才 黄正娟*

贾晓燕* 贾新民 姜凤玉* 姜燕芳* 敬永芳* 李彩琼* 李东凡 李国胜 李鸿

李建容* 李剑峰* 李洁* 李俊* 李丽萍* 李敏* 李清芬* 李瑞民* 李晓霞

雪清* 李艳萍* 李玉红* 李玉华* 梁含* 梁琼华* 梁婉青* 梁瑛* 刘剑蓉*

刘晓芳* 罗丽容* 罗心* 罗雪梅* 雒梓如* 吕秀君* 聂馨* 齐玉华* 欠丽君*

宋佳* 宋雅娴* 苏艳* 唐海蓉* 唐林* 唐甜甜* 唐小静* 田春英* 王芙容*

王金兰* 王钦* 王清梅* 王薇* 王小平* 王晓英* 王一茜* 王玉杰* 王云霞*

王耘 魏利初* 武春芳* 徐娟* 许婷婷* 杨定香* 杨桂兰* 杨鸿 杨华*

杨会蓉* 杨琳* 杨平 杨小云* 杨艳强 杨永清* 印杉* 袁剑蓉* 袁敏

袁潇* 袁小利* 张婧* 张明强 魏上昆 张娜* 张芹* 赵海燕* 赵剑蓉

赵亚萍* 郑慧 郑学清* 周子琴* 左利明* 冉慧 罗成奎 梁彦军 王开盛

母建军 蒲剑雄 刘芳* 罗琳* 孙小燕* 徐海榕* 杨桂芳* 王玲钰* 杨月星*

退休教职工（34名）：

董桂英* 谢晓玉* 高雪蓉* 袁贵荣* 蒲彩荣* 奂大坤 母乾毅* 周著兰* 魏可丽*

冷红* 李锦兰* 朱斗贵 陈清玉* 何晓红* 范晓蓉* 唐述林 何菊华* 梁森林

蒲莲清* 蒲凤英* 王成莉* 王成华* 张志华* 黄英名* 贾菊芬* 唐立清* 陈海梅*

侯泽莲* 黄正红* 刘和萍* 蒲柳青* 张安民 张元茂 杜俊桦*

南禅小学

南禅小学坐落在普安镇双剑村，始建于1960年，建校初名为城郊小学，20世纪70年代迁址于南禅寺，更名为城关三小，80年代更名为南禅小学。2006年原卧龙小学并入南禅小学，2021年原鹤鸣小学并入南禅小学。

学校占地面积10 500平方米，校舍建筑面积5 863.17平方米。面向普安镇行政村及进城务工人员子女招生，现有在校学生522人，小学部13个教学班，幼儿园3个教学班。现有教职工46人，

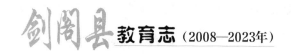

其中全国模范教师 1 名，市县级骨干教师 12 名、市级模范班主任 2 名、市级优秀教师 1 名，县级优秀班主任 7 名、县级优秀教师 9 名。

学校校园环境幽雅，绿树成荫。震后新建教学楼、学生公寓，2017 年建成乡村学校少年宫并投入运行，2018 年新食堂建成使用。

学校坚持教学中心，抓管理促效益，抓服务促质量，抓科研促成绩，构建和谐平安校园。学校先后获得"安全管理先进集体""目标考核优秀单位""教育质量三等奖""教育教学成绩跨越式发展奖"等荣誉和奖励。学校承研的课题荣获省级教育发展改革研究成果三等奖、市级教育发展改革研究成果二等奖。

表 5-33 幼儿入园、学生入学统计表

		2019	2020	2021	2022	2023
幼儿园	班数	3	3	3	3	3
	人数	90	78	65	53	32
1—6 年级	班数	15	14	13	13	13
	人数	682	621	588	522	490

表 5-34 领导任职简况

姓名	性别	籍贯	职务	任职时间	备注
严 强	男	四川剑阁	校长、党支部书记	2008.01—2011.08	
郭庚林	男	四川剑阁	校长、党支部书记	2011.09—2019.07	
伏明达	男	四川剑阁	校长、党支部书记	2019.07—	
袁兴龙	男	四川剑阁	党支部副书记	2008.01—2012.08	
姚少奇	男	四川剑阁	副校长	2008.01—2013.08	
唐 甫	男	四川剑阁	副校长	2008.01—2013.08	
刘宗和	男	四川剑阁	工会主席	2008.01—2012.08	
王长安	男	四川剑阁	教务主任	2008.01—2013.08	
			工会主席	2013.09—	
邓光杰	男	四川剑阁	教科室主任	2008.01—2011.08	
刘锦南	男	四川剑阁	后勤主任	2008.01—2012.08	
蒲小磊	男	四川剑阁	政教主任	2008.09—2015.08	
			副校长	2015.09—2018.08	
程朝虎	男	四川剑阁	教务主任	2013.09—2015.08	
			副校长	2015.09—2018.08	
贾安银	男	四川剑阁	副校长	2018.09—	
李彩霞	女	四川剑阁	副校长	2018.09—2022.08	
杨建平	男	四川剑阁	德育副主任	2013.09—2015.08	
			德育主任	2015.09—	
陈丽宇	女	四川剑阁	教务主任	2015.09—2022.08	
			党建办主任	2022.09—	

姓名	性别	籍贯	职务	任职时间	备注
袁小彦	男	四川剑阁	教科室主任	2011.08—2016.08	
梁　敏	女	四川青川	教务处副主任	2018.09—2022.08	
			教务处主任	2022.09—	
李秦章	男	四川剑阁	总务处副主任	2018.09—2020.08	
			总务处主任	2020.09—	
冯裕雪	女	四川剑阁	教务处副主任	2022.09—	
梁现军	男	四川剑阁	原鹤鸣小学副校长	2021.09—2022.08	
吴文婷	女	四川剑阁	原鹤鸣小学教务主任	2021.09—2022.08	
李　俊	女	四川剑阁	原鹤鸣小学德育主任	2021.09—2022.08	
			德育副主任	2022.09—	

学校教职工名录

在职教职工（46名）：

伏明达	贾安银	袁小彦	梁现军	王长安	杨建平	陈丽宇*	梁　敏*	李秦章
梁志斌	程朝虎	母春艳*	赵凤娟*	徐泽安	刘继杨	魏　彬	李春华*	高秀琴
向荣生	母丹丹*	张　鹏	陈永红	冯裕雪*	万福泽	王　萍*	蒲小磊	贾　林
李在平	唐正东	赵宝青*	冯晓琳*	郝　敏*	徐　娇*	王　薇*	李　俊	刘艳梅*
丁雪娟*	黄　菊*	张丽萍*	王家超	罗晓浩*	王平安	李　文	赵晨成*	吴军地
蒲　珊*								

退休教职工（93名）：

蒲琼英*	张平英*	李素芸*	尹琼华*	武　茂	姚桂华*	刘学珍*	唐伯礼	母莲英*
蒲元清	何翠华*	张三华	王玉清	刘树元	陈春英*	何子明*	蒲文秀*	陈树清
张维莲*	詹辉容*	杨东华*	蒲绍怀	李静华*	王敬秋*	李湘甲*	王学生	高明秀
母　森	朱学林	吴秀英*	刘子杰	罗玉秀*	徐光容*	王康容*	徐秀碧*	唐淑芳
王国远	彭秀兰*	梁桂芳*	聂建华*	罗素莲*	魏久华*	贾根成	刘伦华*	刘国华*
陈秀兰*	陈炳钊	王瑞华*	吴素琼*	熊永慧*	秦荣先*	李秀芳*	朱子玉	孙　清*
罗素霞*	邓元福	郑学武	戴子尧	严丽君*	王者森	魏翠兰*	母明伦	刘宗和
张华生	李锦长	袁兴龙	唐伯泽	王锡茂	钟全礼	王珍芳*	王洪强	王莲秀*
刘锦南	王　忠	贾明珠*	邓光杰	武　江*	赵秀娟*	王　丽*	姚少奇	刘春蓉*
母菊秀*	左雪芹*	田晓蓉*	李军雄	梁桂华*	苟明芳*	母德鸿	何建军	杨秀华*
胡大剑	刘永寿	杨洪才						

龙源小学

剑阁县龙源小学校位于剑阁县龙源镇剑南路239号，距剑阁老县城22公里。学校占地面积5.2亩，建筑面积4 898平方米。

1906年，剑阁学正杨祖培到龙源建立初级小学，在龙源寺前殿永宁院内设2个教学班，有3名教师，最初学生人数为37人。1912年，更名为龙源寺高级小学校。1940年，更名为龙源乡中心国民学校。1950年1月12日，成立剑阁县龙源乡人民政府，设中心校1所、村小学14所。

多年来，剑阁县龙源小学校坚持以"敬畏生命，相信孩子，尊重科学，遵循规律"的办学理念为指导，践行"勤学敏行，宏志立德"的校训，一直强化"科学、环保、务实、求真、精细、高效、人本"的管理特色，营造"团结、勤奋、求实、创新"的校风。

2005 年，剑阁县龙源小学校实施全员寄宿制教育，撤并学生不足 20 人的村小。2009 年，学校规划资金 98 万元用于灾后重建，修建了 360 平方米的学生厨房和 144 平方米的学生厕所。同时，申请资金对教学楼、广厦楼、综合楼加固维修。2010 年，黑龙江援建的新食堂正式投入使用。新建了垃圾站、洗碗槽，将旧教学楼后的坝子开辟为幼儿园的操场，新开幼儿园大门，使幼小管理从区域上基本分离；同时，得到黑龙江援助的学生铁床 225 架、课桌凳 400 套，全部村小被撤并到中心校寄宿就读。2014 年，新建了校门和门卫室。学校充分发挥寄宿制的时间管理优势，科学合理安排学生的学习和生活，把学习教育和生活教育有机结合，使学生在和谐的集体环境中，身心得到健康成长。

剑阁县龙源小学校始终坚持全面育人、和谐发展、创造适合农村学生发展教育的办学思想，以及素质全面、身心健康、学会求知、善于创新的育人目标，大胆进行教育改革。先后获得广元市"卫生先进单位"，剑阁县"办学水平甲级三等学校"，剑阁县"文明单位"，剑阁县"教育科研先进学校"，剑阁县"教育质量三等奖"等荣誉和奖励。

2017 年 7 月与龙源中学合并。

龙源中学

剑阁县龙源中学校创办于 1973 年，地处剑南公路 22 公里处，位于龙源镇场镇 11 号。占地面积 36 400 平方米，建筑面积 11 372.2 平方米。

剑阁县龙源中学环境清幽，风景秀丽，服务于"六乡一镇"（江石乡、禾丰乡、高池乡、店子乡、义兴乡、摇铃乡和龙源镇），覆盖人口 4 万余人。龙源中学以"环境友好，文化经典，质量一流，管理规范"为办学目标，以"精韧不怠，日进有功"为校训，以"诩文明，助化导"为办学理念，以"明体达用，卓然为当代器"为办学宗旨，以教育教学质量管理为核心，以教学过程管理"三个六认真"为抓手，以教育科研为基础，以规范办学行为为保障，以细节管理和细节教育为主线，从学校实际出发寻找新契机，实施了"六位一体"（依法治校、质量兴校、安稳固校、保障活校、文化美校、宣传誉校）的管理举措，细化管理元素，取得了较好成绩：教育教学质量综合考核自 1995 年以来连续 22 年受到市、县教育行政部门教育质量表彰奖励，居全县同级同类学校前茅；学校先后被评为市、县"目标考核优秀单位"、广元市"卫生先进单位"、广元市"绿色生态校园"、广元市"学校安全工作先进集体"；县"社会治安综合治理达标单位""安全文明单位""园林式单位""剑阁县名学校""剑阁县示范初中""剑阁县常规管理示范性学校""剑阁县语言文字规范化合格学校"等荣誉。

2008 年"5·12"大地震后，齐齐哈尔大学派出 9 名大学生到龙源中学支教，湖南理工大学派出 10 名大学生到龙源中学支教，并捐款 10 万元。2008 年至 2010 年灾后重建，修建了行政办公楼、教学综合楼，新建师生厨房和宿舍、感恩广场等。改装电路，安装 250 kVA 的变压器。同时购买办公所用的各种设备设施、建设各种教学功能室及学生食堂的设备设施，2009 年投资 60 余万元美化学校校园环境。2013 年，投资 15 万元多维修学校围墙。2016 年，副县长郭扭只、县委常委宣传部部长张春华、县教育局局长王晓明到龙源中学调研"义教均衡"工作。

2017 年 7 月，与剑阁县龙源小学合并。

龙源育才学校

2017年7月，剑阁县龙源小学与剑阁县龙源中学合并，更名为剑阁县龙源育才学校，成为一所农村九年一贯制学校。

剑阁县龙源育才学校坚持"教育从生活开始，与生命同行"的办学思想、"爱满天下，乐育英才"的校训，不断完善"目标导向，制度保障，过程管理，民主监督"的管理模式，本着"生有特长，师有特点，校有特色"的目标，逐渐形成了"勤奋，守纪，友善，爱校"的校风、"敬业，爱生，求实，创新"的教风、"诚实，好学，积极，进取"的学风。

2017年9月，广元市教育局督导室完成对剑阁县龙源育才学校"义教均衡"复核工作。2017年秋，原龙源中学和原龙源小学44套教师周转宿舍项目、新建1 497平方米学生食堂项目动工。2018年底，教师周转房、学生食堂竣工验收。同年，学校"义教均衡"工作接受义务教育发展基本均衡县国家督导评估组检查。2019年春，完成新建食堂的设备招标采购，9月投入使用。同年又新征地12亩，拟建教学楼和运动场，进一步完善学校办学条件。2019年底，新建1 270平方米教学楼项目动工。2020年春，向水务局争取资金完成洪水渠应急治理及水毁恢复建设工程两个建设工程项目，将新建校区与老校区连成一体。2020年秋，新建教学楼投入使用，小学三年级和四年级学生迁入新建教学楼。2021年秋，小学一、二年级学生迁入新建教学楼。9月，成立乡村少年宫，12月建设完成。同年，启动应急项目整改维修改造旧食堂二楼和四楼、学生洗碗池、洗澡室等设施。2021年10月，县教育局局长唐永红携教育局安全办、普安教育督导办一行莅临剑阁县龙源育才学校，对学校的整体规划予以指导。2021年11月，省督导检查组到龙源育才学校进行政府履行教育职责评估工作实地核查。2022年春，旧食堂二楼和四楼、学生洗碗池、洗澡室等维修改造项目完成验收。2023年10月附属幼儿园新建项目开始动工。2023年11月，省委教育工委副书记、教育厅党组成员、副厅长崔昌宏调研剑阁县龙源育才学校学前教育建设项目。

剑阁县龙源育才学校办学质量效果显著。2018年荣获县"初中教育质量一等奖"、县"小学教育质量三等奖"。2019年荣获县中小学篮球比赛小学男子、女子第一名，初中男子第五名。2020年，中考质量居同类学校第一名，荣获学校目标考核优秀单位称号。2021年，荣获四川省第十六届中小学生优秀艺术人才大赛先进单位、市"书香广元，一木环保"校园公益活动先进集体称号，获县中小学生篮球比赛初中男子第一名、小学女子第二名。2022年，荣获广元市"剑门关杯"学生篮球赛"男子第五名"；县高中英才基地班考试上线12人，中考体育成绩居全县第三名。

表5-35 儿童入园、学生入学统计表

		2019	2020	2021	2022	2023
幼儿园	班数	4	4	4	4	4
	人数	153	131	117	91	70
1—6年级	班数	16	16	14	13	12
	人数	741	678	612	530	471
7—9年级	班数	9	10	11	12	12
	人数	395	471	510	558	521

表 5-36　领导任职简况（剑阁县龙源小学）

姓名	性别	籍贯	职务	任职时间	备注
李思林	男	四川剑阁	校长	2008.01—2009.11	龙源小学
梁玉钊	男	四川剑阁	支部书记、校长	2009.12—2015.08	龙源小学
何子金	男	四川剑阁	支部书记、校长	2015.09—2017.07	龙源小学
陈广翔	男	四川剑阁	支部书记	2008.01—2009.11	龙源小学
董子文	男	四川剑阁	副校长	2011.09—2017.07	龙源小学
伏太明	男	四川剑阁	副校长	2009.12—2013.08	龙源小学
唐连章	男	四川剑阁	工会主席	2010.01—2013.08	龙源小学
陈玉安	男	四川剑阁	工会主席	2013.09—2017.07	龙源小学
			副校长	2015.09—2017.07	龙源小学
伏仁智	男	四川剑阁	副校长	2013.09—2017.07	龙源小学
邓正春	男	四川剑阁	总务主任	2008.01—2011.08	龙源小学
何继高	男	四川剑阁	总务主任	2011.09—2017.06	龙源小学
唐　晴	女	四川剑阁	教科副主任	2010.09—2015.07	龙源小学
母建军	男	四川剑阁	政教主任	2013.09—2016.08	龙源小学
李建银	男	四川剑阁	教务主任	2011.09—2017.07	龙源小学

表 5-37　领导任职简况（剑阁县龙源中学）

姓名	性别	籍贯	职务	任职时间	备注
黄金富	男	四川剑阁	校长	2008.01—2010.06	龙源中学
陈国清	男	四川剑阁	支部书记、校长	2010.07—2015.08	龙源中学
陈国建	男	四川剑阁	支部书记、校长	2015.09—2017.07	龙源中学
杜章林	男	四川剑阁	党支部书记	2008.01—2010.08	龙源中学
罗丛旭	男	四川剑阁	副校长	2008.01—2017.06	龙源中学
杨显荣	男	四川剑阁	副校长	2010.09—2013.07	龙源中学
杨国栋	男	四川剑阁	副校长	2013.09—2015.07	龙源中学
仲和平	男	四川苍溪	教务主任	2010.09—2015.08	龙源中学
			副校长	2015.09—2017.06	龙源中学
苟宗虎	男	四川剑阁	政教主任	2010.09—2015.08	龙源中学
			支部副书记	2015.09—2017.06	龙源中学
张志磊	男	四川剑阁	教科主任	2008.01—2015.08	龙源中学
李润禾	男	四川剑阁	副校长兼教务	2008.01—2008.09	龙源中学
杨延定	男	四川剑阁	总务主任	2008.01—2010.06	龙源中学
李国志	男	四川剑阁	总务主任	2010.09—2015.08	龙源中学
沈　杰	男	四川苍溪	副校长	2012.09—2016.08	龙源中学
王荣强	男	四川剑阁	政教副主任	2012.09—2013.08	龙源中学

表 5-38　领导任职简况（剑阁县龙源育才学校）

姓名	性别	籍贯	职务	任职时间	备注
陈国建	男	四川剑阁	支部书记、校长	2017.07—2019.07	
郭庚林	男	四川剑阁	支部书记、校长	2019.07—	
罗丛旭	男	四川剑阁	副校长	2017.07—2022.08	
董子文	男	四川剑阁	副校长	2017.07—2022.08	
陈玉安	男	四川剑阁	副校长	2017.07—	
仲和平	男	四川苍溪	副校长	2017.07—	
苟宗虎	男	四川剑阁	支部副书记	2017.07—	
张志磊	男	四川剑阁	工会主席	2017.07—2022.08	
何继高	男	四川剑阁	总务主任	2017.07—2022.08	
			副校长、工会主席	2022.09—	
黄耸	男	四川剑阁	政教副主任	2014.09—2021.08	
李国辉	男	四川剑阁	教务副主任	2018.09—2022.08	
			教务主任	2022.09—	
杨澜	女	四川剑阁	教科室副主任	2018.09—2022.08	
			教科室主任	2022.09—	
鲜体聪	男	四川剑阁	德育主任	2022.09—	
魏潼川	男	四川剑阁	党建办副主任	2022.09—	
杨子坤	男	四川剑阁	教务副主任	2022.09—	
刘小莹	女	四川利州	学前教育管理办公室副主任	2022.09—	

学校教职工名录

在职教职工（82 名）：

陈国建	陈国清	陈荣燕*	陈珊*	陈晓红*	陈兴松	陈玉安	邓斌	董子文
杜清平	伏国武	高玉芳	苟宗虎	苟宗太	郭庚林	何继高	何小芹*	洪晓蓉*
黄正中	季聂军	贾丽*	姜龙霞*	李晨*	李国辉	李锦三	李润禾	李文娟*
李小燕*	李云龙	梁柏林	梁洁*	梁艳*	刘丽*	刘小莹	罗丛旭	罗梦*
罗庄蕊*	蒙立芳*	蒲姗伲*	蒲昭名	蒲仲兴	钱鑫月*	尚丽芳*	唐丹*	唐丹霞*
唐怀林	唐露*	唐瑶*	唐勇	王国安	王加俊	王潇潇*	王兴	王永安
王志礼	魏潼川	夏禄平	鲜体聪	向帆*	向玉琳*	徐芳*	徐莎*	杨彩虹*
杨海	杨澜*	杨婷*	杨小丽*	杨燕*	杨在初	杨子坤	张开枫	张巧*
张水泉	张志磊	赵静*	郑聪生	仲和平	左海霞*	梁娜*	刘宏	岳娇*
蒲莉萍*								

退休教职工（53 名）：

徐宗尧	陈雪锋*	李永安	陈建坤	蒲玉芳*	陈义生	唐连章	陈富	王清寿
杨延定	杜章林	王锡君	叶正荣	唐清寿	张绍惠	伏国芬*	张特生	唐社章
唐莲蓉*	唐中章	邓正春	徐宗瑜	洪碧华*	冯大熙	程述兰*	李仕章	陈继英*
唐学章	李敬华*	何长清	冯大煦	冯成珊	冯金美	唐桂兰*	刘福生	王明华

王玉芳* 　洪仕璧 　张志珍* 　唐建德 　刘树松 　陈廷武 　管昌宗 　洪绍湘 　唐寿生

李培森 　张相如 　徐宗普 　陈广全 　唐业生 　王旭国 　管丽蓉* 　邝松林

鹤鸣小学

剑阁县鹤鸣小学校，地处普安镇（原剑阁老县城）南部的偏僻山村，东靠田家乡，南接龙源镇，西邻江石乡，北倚老县城。距普安镇（老县城）12公里，是一所环境清幽、布局合理的六年制完全小学。学校始建于1951年，时为鹤鸣村小，由田家乡中心校管辖。1970年建成鹤鸣中心小学，独立成校。鹤鸣小学服务于普安镇所辖五个行政村（鹤鸣、银山、同心、白虎、丰光），覆盖人口4 500余人。

建校以来，特别是灾后重建和创建全国义务教育基本均衡县以来，学校得到了极大的发展。目前，学校占地面积6 226平方米，建筑面积1 373平方米，运动场1 720平方米，拥有多媒体教室、科学实验室、音乐室、美术室、图书室、计算机室、心理咨询室、学生宿舍、食堂等，设施齐全，功能齐备，器材充裕。鹤鸣小学现有教职工14人、专任教师14人（专任教师中高级教师3人、中级教师4人，教师学历合格率达100%）、市级骨干教师2人。有在校学生54人（含幼儿11人）。

长期以来，学校严格执行部颁教学计划，坚持"一切为了学生的发展"的办学思想，不断完善"以德立校、法制治校、特色兴校、质量强校"的管理模式，本着"播撒阳光、快乐成长"的办学理念，设计了"建设有文化的校园，塑造有理想的教师，培养有素质的学生，办成有特色的学校"总体思路，牢记"阳光、快乐、健康、向上"的校训，逐渐形成了"团结、向上、勤奋、创新"的校风、"勤奋、乐学、求实、进取"的学风、"严、实、细、活"的教风。

学校以"爱心"教育为核心，以"阳光活动"为载体，丰富多彩的德育活动、艺术活动、户外实践活动、劳动体验等充分让学生在活动中学习、成长，教师在活动中发展，学校在活动中形成特色。让爱通过活动得到传递，让校园洒满快乐的阳光。

鹤鸣小学先后获县级"目标考核优秀单位""先进基层党组织"，以及四川省第二十三届少年百科知识竞赛优秀集体奖、义务教育质量考核三等奖等荣誉和奖励，在市县级"教学大比武"活动中多名教师获奖，多人次学生在艺术人才大赛中获奖。鹤鸣小学于2017年被市教育局评为首批"美丽乡村学校"。

2021年8月因布局调整，剑阁县鹤鸣小学校整体并入剑阁县南禅小学校。

表5-39　幼儿入园、学生入学统计表

		2016	2017	2018	2019	2020
幼儿园	班数	1	1	1	1	1
	人数	20	18	16	14	11
1—6年级	班数	6	6	6	6	6
	人数	59	58	53	50	43

表5-40　领导任职简况

姓名	性别	籍贯	职务	任职时间	备注
朱斗贵	男	四川剑阁	书记、校长	2008.01—2009.02	
陈国建	男	四川剑阁	书记、校长	2009.03—2010.08	
杨永华	男	四川剑阁	书记、校长	2010.09—2011.08	
刘　平	男	四川剑阁	书记、校长	2011.09—2013.08	

姓名	性别	籍贯	职务	任职时间	备注
蒲雪梅	女	四川剑阁	校长	2013.09—2017.07	
唐守一	男	四川剑阁	书记、校长	2017.07—2022.08	
苟永泰	男	四川剑阁	教导主任	2008.01—2009.07	
梁现军	男	四川剑阁	教科室副主任	2008.01—2009.02	
			教科室主任	2009.03—2012.08	
			副校长	2012.09—	
			支部书记	2014.04—2017.06	
吴文婷	女	四川剑阁	教务副主任	2013.09—2016.08	
			教务主任	2016.09—2022.08	
李俊	女	四川剑阁	政教副主任	2016.09—2018.08	
			德育主任	2018.09—	

学校教职工名录

在职教职工（14 名）：

唐守一　梁现军　吴文婷*　孙继聪　王锡庆　李　文　王平安　刘艳梅*　黄　菊*
李　俊　丁雪娟*　罗晓浩*　张丽萍*　蒲　珊*

退休教职工（12 名）：

王明鑫　王明阳　唐培先　王益章　孙　德　梁庭华　昝　良　徐林邶　王文禹
朱光友　唐桂芳*　唐建华*

江石小学

剑阁县江石小学位于剑阁县龙源镇江石村剑南路 235 号，是一所全日制小学，始建于 20 世纪 20 年代，迄今已近百年历史。学校占地面积 5 789 平方米，建筑面积 3 121 平方米。现有小学班 6 个，在校学生 86 人；附设幼儿园 1 所，在校幼儿 37 人。近三年学龄儿童入学率、义务教育达标率、巩固率、小学毕业率均达到 100%。

学校现有在职教职工 19 人、离退休教师 19 人。教师学历达标率为 100%，有专科以上学历教师 19 人，有高级教师 3 人、一级教师 9 人，市优秀校长 1 人、市优秀教师 2 人，县优秀校长 1 人、县级骨干教师 1 人、模范班主任 3 人、县优秀教师 3 人。

江石小学是剑南线上一颗璀璨的明珠。学校灾后重建初步完成，新建教学楼 1 024 平方米、学生宿舍 576 平方米、师生食堂 471 平方米；维修加固教师宿舍、办公综合楼 1 050 平方米；开辟幼儿园室内游乐场 80 平方米。安装了校园监控、远程教育、广播、网络、移动摄影等系统，实验室、图书室等设备设施全面更新。师生生活学习和工作环境优美舒适，学校焕然一新。

学校坚持科学发展，积极推进素质教育，以教育教学为中心，以安全稳定为重点，以全面发展为目标。抓管理促效益，抓服务促质量，抓科研促成绩，构建了和谐平安校园。先后获得安全卫生工作先进单位、安全管理工作先进集体、目标考核优秀单位、教育质量三等奖、生源稳控先进集体、教育质量追赶跨越先进集体、教育教学质量进步奖等荣誉和奖项。

表 5-41　学生入学统计表

		2019	2020	2021	2022	2023
幼儿园	班数	3	3	3	3	3
	人数	57	56	46	37	37
1—6年级	班数	6	6	6	6	6
	人数	141	117	104	100	86

表 5-42　领导任职简况

姓名	性别	籍贯	职务	任职时间	备注
陈刚德	男	四川剑阁	校长、党支部书记	2008.01—2017.08	
伏太明	男	四川剑阁	校长、党支部书记	2017.09—2018.08	
杨显荣	男	四川剑阁	校长、党支部书记	2018.09—	
许卫	男	四川剑阁	副校长、工会主席	2012.09—	
杨正勇	男	四川剑阁	教导主任	2008.01—2012.08	
李树芳	男	四川剑阁	工会主席	2008.01—2012.09	
刘莉	女	四川剑阁	教科室副主任	2013.09—2016.09	
孙仁宗	男	四川剑阁	德育副主任	2015.09—2018.08	
			德育主任	2018.09—2022.08	
白金玉	女	四川剑阁	教务副主任	2019.09—2020.08	
			教务主任	2020.08—	
黄莎莉	女	四川广元	德育副主任	2019.09—2020.08	
			总务主任	2020.08—	
豆艳	女	四川剑阁	党建办副主任	2021.09—	

学校教职工名录

在职教职工（19名）：

杨显荣　许卫　赵敬文　白金玉*　黄莎莉*　张利梅*　何艳梅*　梁静宜*　刘芸芸*　徐利容*　何铭*　豆艳*　李灵灵*　郑琪南*　祝旭青*　高童*　敬小凤*　李晓芳*　李朗*

退休教职工（19名）：

罗华元　蒲茂生　罗子伦　昝烈　罗树彰　唐载发　王金卫　李树芳　唐子明　李涛三　张显如　张秀芳*　姜彩云*　罗桂英*　唐丽蓉*　沈丽君*　王在莲*　陈晓莉*　李素芳*

田家小学

剑阁县田家小学校位于剑苍公路旁，距剑阁县老县城普安镇15公里，是一所农村学校。学校环境清幽，风景秀丽。学校招生服务于田家乡8个村（双峰村、龙池村、中风村、石泉村、响水村、共和村、石庆村、田庙村），覆盖人口7 000余人。

学校始建于1953年，建校时仅有两个教学班，1968年9月起开始设初中部，2017年7月停办初中部，现为完全小学。从 1953 年（月份不祥）开门办学之初只有 20 多名学生、2 名教师（樊柱国和王天河老师）。1955 年 9 月正式挂牌建校，有 4 个教学班、70 多名学生。学校开始设立校长，董树朝同志任第一届校长。初建新校，董树朝校长带领全体师生艰苦奋斗，吃苦耐劳，劳学结合，学校初具规模。

60 多年来，特别是创建全国义务教育基本均衡县以来，学校得到了极大的发展。目前，学校占地面积 6 346 平方米，建筑面积 5 944 平方米，运动场 4 532 平方米，校园全部绿化，道路、操场全硬化，装备了科学实验室、云计算机网络教室、美术教室、音乐教室、图书室、舞蹈室等功能室，安装了电子白板教室、多媒体教室共 3 间，生均存书已达 18 册。学校修缮了老教学楼，新建了教师生活周转房、教学综合楼、教育文化长廊，学生有了动手操作的实践基地。

2023 年秋季招收 9 个教学班（其中幼儿班 3 个），有学生 199 人、教职工 23 人。专任教师中，大学专科及以上学历者 23 人，学历达标率为 100%，其中高级教师 6 人，市级骨干教师 1 人，市、县级优秀教师 8 人，县级骨干教师 2 人，有 10 人次获得市、县级优质课、技能竞赛、说课比赛奖励，形成了一个以"家"文化为核心的优秀办学群体。

学校拥有全县独一无二的学生劳动教育实践基地（学校 2014 年起接手原科技局的科技示范园作为学校劳动教育的实践基地），学生能够在实践基地实际动手操作，大大地提高了学生的动手能力和劳动技能，劳动实践基地的效益现已辐射到普安周边的一些学校。

学校于 2014 年起与北京海淀区的五一小学、太平路小学、北京邮电大学附属小学等结成手拉手友谊学校，每学期都会互派老师进行教学交流研讨活动，县教育局也分批选派年轻优秀的老师去北京跟岗学习锻炼。10 年来，去北京培训学习的优秀老师已从田家小学走出 20 多位，到全县各个学校都成了教学的骨干或精英。

表 5-43　学生入学统计表

		2019	2020	2021	2022	2023
幼儿园	班数	4	3	3	3	3
	人数	94	85	68	68	50
1—6 年级	班数	9	6	6	6	6
	人数	272	217	215	179	149

表 5-44　领导任职情况

姓名	性别	籍贯	职务	任职时间
李瑞民	男	四川剑阁	校　　长	2008.01—2009.01
杨在初	男	四川剑阁	校长、党支部书记	2009.02—2013.08
方　杰	男	四川剑阁	校长、党支部书记	2013.09—2018.08
杨国栋	男	四川剑阁	党支部书记、校长	2018.09 至今
郭庚林	男	四川剑阁	副校长	2008.01—2009.01
杨永华	男	四川剑阁	副校长	2008.01—2010.08
唐晓成	男	四川剑阁	副校长	2010.09—2013.08
杨正勇	男	四川剑阁	副校长	2013.09—2015.08
杨　林	男	四川剑阁	副校长	2015.09—2019.08
梁东国	男	四川剑阁	副校长	2015.09—2022.08

表5-44（续）

姓名	性别	籍贯	职务	任职时间
王习涛	男	四川剑阁	教务主任	1997.09—2009.08
王习涛	男	四川剑阁	副书记	2009.09—2018.08
许 卫	男	四川剑阁	政教主任	2008.01—2013.08
杨子镔	男	四川剑阁	教科室主任	2008.09—2018.08
杨子镔	男	四川剑阁	工会主席	2015.12至今
程大俊	男	四川剑阁	总务主任	2007.09—2018.08
罗 安	男	四川剑阁	政教主任	2012.09—2018.08
魏尤剑	男	四川剑阁	教务主任	2013.09—2022.08
徐永茂	男	四川剑阁	教科室副主任	2015.09—2016.08
母 浩	男	四川剑阁	政教主任	2015.09至今

学校教职工名录

在职教职工（23名）：

杨国栋	母 浩	杨子镔	方 杰	何心忠	程大俊	赵 安	梁安生	王水生

李林存　刘荣东　张懿蔚*　张怡玲*　唐桠桠*　康舒益*　魏林霞*　王凤娟*　蒋雯音*
马 艳*　肖 萧*　张 丽*　李俊霖*　王 璇*

退休教职工（33名）：

陈朝清　梁育生　黄大均　孙继均　谭福藻　田武朝　田之寿　田中瑜　廖宗顺
魏丛朝　魏可立　魏茂初　魏万成　魏玉成　魏玉仲　武 斌　杨佐枝　赵从远
赵文才　朱元德　武文长　王习涛　田子兵　曹中琼*　杜明英*　李宇星*　蒲碧莲*
王春英*　魏茨清*　魏兴珍*　文星秀*　昝秀珍*　何素华*

闻溪小学

剑阁县闻溪小学校创建于1955年，校名为白图乡小学，学校类型为初级小学，校址为白图寺；1955—1960年白图乡并入江口乡，校名和校址未变；1960—1968年成立闻溪人民公社，学校更名为闻溪公社小学，为完全小学，校址未变；1972年学校从白图寺迁至闻溪老场镇，学校性质未变；1980年经上级部门批准学校升格为九年一贯制学校；2006—2011年撤销所有村小学，集中在中心校办学，并于2012年秋季停办初中，学校由九年一贯制学校变更为完全小学；2011年随着亭子口水库的建设，新校区建设启动；2013年春季随闻溪场镇整体搬迁至现在的新校区（普安镇营盘社区青云街211号）。

新校区地处闻溪河畔，毗邻剑阁县普安镇。校园三区（教学区、运动区、生活区）布局科学合理，校内绿树成荫，环境优美。学校一直承担着本辖区4个行政村的义务教育任务，其服务面积54.02平方公里，人口0.8127万人。学校教育设施先进，学校占地面积9560平方米，建筑面积4592平方米，拥有标准的科学实验室、阅览室、云计算机网络教室、音乐教室、美术教室、图书室、舞蹈室、体育保管室等功能室。小学数学、科学实验仪器配备达标率为94.81%。音体美器材配备达标率为95.5%。云计算机网络教室现有计算机46台、图书3205册。学校现有6个教学班、96名学生、在职教职工20人。

学校秉承"以优质教育服务为宗旨，以学生个性发展为中心，以提高教育教学质量为根本"的办学理念，确立了让学生成长、让学生成人、让学生成才的办学目标，以"溪园文化"为主题，以"四园"为阵地，以"静、竞、进、敬、净、镜"文化为主线，彰显"红、绿、土"文化内涵，打造"绿色校园、书香校园、安全校园"，培养师生爱校园、爱家乡、爱祖国的情怀。

学校曾先后荣获剑阁县园林式单位、剑阁县安全文明单位、剑阁县卫生先进单位、县级文明单位、语言文字规范化合格学校称号，以及素质教育质量一等奖、二等奖、三等奖。2019年，学校被评为广元市"美丽乡村学校"。

表5-45　幼儿入园、学生入学统计表

		2008	2009	2010	2011	2019	2020	2021	2022	2023
幼儿园	班数	1	1	1	2	2	2	2	2	2
	人数	31	38	61	62	62	40	41	37	30
1—6年级	班数	7	6	6	6	6	6	6	6	6
	人数	377	297	249	175	185	155	130	113	95
7—9年级	班数	6	6	5	3					
	人数	352	321	245	128					

表5-46　领导任职简况

姓名	性别	籍贯	职务	任职时间	备注
王文波	男	四川剑阁	书记、校长	2008.01—2011.08	
何玉鑫	男	四川剑阁	书记、校长	2011.09—2013.08	
陈广翔	男	四川剑阁	副书记	2013.09—2018.08	
张荣昌	男	四川剑阁	书记、校长	2013.09—2018.08	
武中生	男	四川剑阁	副校长	2008.01—2018.08	
聂银成	男	四川剑阁	书记、校长	2018.09—	
陈晖	男	四川剑阁	副校长	2008.01—2022.08	
沈杰	男	四川苍溪	工会主席	2018.09—	
杨文勤	男	四川剑阁	教务主任	2008.01—2012.08	
孙朝坤	男	四川剑阁	总务主任	2008.01—2018.08	
唐建林	男	四川剑阁	政教主任	2008.01—2012.08	
杜柏松	男	四川剑阁	教科室主任	2010.09—2012.08	
杨明剑	男	四川剑阁	政教主任	2014.09—2017.08	
梁凤明	男	四川剑阁	教科室主任	2015.09—2022.08	
魏尤剑	男	四川剑阁	副校长	2022.09—	
韩磊	男	甘肃康县	教务副主任	2018.09—2022.08	
			教务主任	2022.09—	
蔡水英	女	四川剑阁	德育副主任	2018.09—2022.08	
			党办主任	2022.09—2023.08	
张廷东	男	四川剑阁	总务副主任	2018.09—2022.08	
			总务主任	2022.09—	

学校教职工名录

在职教职工（20 名）：

陈文琴*	孙朝坤	黄 亚*	沈 杰	张廷东	陈 晖	李胜男*	梁凤明	尤剑平
李剑英*	李子贵	马兴艳*	王 晗*	赵 军	魏尤剑	王小元	韩 磊	聂银成
梁 萧*	张荣昌

退休教职工（26 名）：

孙文现	孙文学	孙友学	朱依明	梁继芳*	陈广翔	魏学芳*	魏华英*	梁钦毓
朱友枝	吴天科	梁现钊	郑国锦*	李南生	何明明	孙步顺	蒲绍奎	梁卓生
孙铭宗	朱绍德	武中生	杨玉珍*	朱绍金	李忠安	唐成生	岳寿生

城北小学

剑阁县城北小学校地处四川省剑阁县普安镇城北三江口 108 国道、下普快速通道和普安绕城路交会点，是一所城郊接合部的完全小学。学校始建于 1988 年，占地面积 3 000 平方米，教学及辅助用房 1 234 平方米，体育活动用地达 1 600 平方米。学校主要面向城北社区居民以及各乡镇进城务工人员子女进行招生，现有 7 个教学班、283 名在校学生。目前，学校有 21 名教师，其中高级教师 7 人、一级教师 9 人；本科学历教师 16 人、大专学历教师 5 人，教师学历合格率达 100%。

2008 年以前建成专用教学楼、学生宿舍楼、综合楼各 1 栋。2009 年 9 月，耗资 134.7 万元的学生宿舍楼竣工，建筑面积 600 平方米。2013 年 8 月，耗资 47.6 万元改建师生食堂，面积 176 平方米。学校配有标准的科学实验室、云计算机教室、美术室、音乐舞蹈室、图书室和阅览室。音体美器材配备达标率为 95.52%。计算机网络教室配有计算机 46 台。学校现有藏书 5 020 册，生均 17.7 册。

学校把体育、美育和"经典诵读"作为办学特色精心打造，着力内涵发展，特色彰显，以"让每一朵花炫出光彩，让每一个生命更精彩"为办学理念，注重学生多元化发展，秉承"办有温度的教育，做有情怀的教师，育有特长的学生"的"三有思想"，奋力营造"养成良好习惯，终身受益"的校风、"为人师表、敬业奉献"的教风和"快乐学习，健康成长"的学风。

学校曾被剑阁县人民政府授予学校办学水平综合评估"甲级三等"学校、剑阁县教育质量先进单位等多种殊荣。2009 年 9 月荣获剑阁县小学毕业班教学质量一等奖，2020 年 5 月荣获学校工作目标考核优秀单位称号，2021 年 10 月荣获广元市教育宣传信息工作先进单位称号。

表 5-47　幼儿入园、学生入学统计表

		2019	2020	2021	2022	2023
幼儿园	班数	—	—	—	—	3
	人数	—	—	—	—	70
1—6 年级	班数	7	7	8	7	7
	人数	332	321	302	270	283

表 5-48　领导任职简况

姓名	性别	籍贯	职务	任职时间	备注
赵定金	男	四川剑阁	校长	2008.01—2009.01	
			党支部书记	2008.01—2011.08	

姓名	性别	籍贯	职务	任职时间	备注
严三元	男	四川剑阁	校长	2009.02—2010.08	
伏明达	男	四川剑阁	校长	2010.09—2019.06	
			党支部书记	2011.09—2019.06	
李怀明	男	四川剑阁	校长	2019.07—	
			党支部书记	2019.07—	
李玉金	男	四川剑阁	工会主席	2010.08—2013.08	
梁玉峰	男	四川剑阁	工会主席	2013.09—2019.09	
蒲许章	男	四川剑阁	副校长	2008.11—2018.08	
李秀琼	女	四川剑阁	副校长	2018.09—	
陈俊	女	四川剑阁	教务主任	2012.09—	
王在清	男	四川剑阁	政教主任	2010.09—2013.08	
王彬	男	四川剑阁	政教副主任	2013.09—2015.08	
王彬	男	四川剑阁	德育主任	2015.09—	
陈俊	女	四川剑阁	教科室副主任	2008.11—2012.08	
王大文	男	四川剑阁	教科室主任	2015.09—	
荣胡惠	女	四川自贡	党建办副主任	2022.09—	
唐红英	女	四川剑阁	总务副主任	2022.09—	
郭小燕	女	四川广元	教务副主任	2022.09—	

学校教职工名录

在职教职工（21名）：

李怀明　　王　彬　　王大文　　郭青红　　赵明聪　　梁玉峰　　樊加兴　　孙继超　　袁　媛*

李秀琼*　陈　俊　　郭小燕*　唐红英*　荣胡惠*　唐学新*　梁景婷*　程晓艳*　王晶晶*

李艳瑜*　赵妍婷*　贾　榕*

退休教职工（15名）：

郑会萍*　向莉娅*　贾春秀*　刘德清*　黄　雯*　黄　丁　　杨银生　　王在清　　李玉金

蒲许章　王建君*　孙步山　　龙仁杰　　王　竟　　杨天玉

北庙小学

北庙小学位于姚家镇北庙社区的孤玉山麓。20世纪初期建私塾学堂，1946年政府在此创办了公立小学，1969年创建农中，成为九年一贯制学校，2014年布局调整为一所六年制完全小学。校园占地面积9 600平方米，建筑面积4 143平方米，活动场地3 000平方米，绿化面积2 300平方米，原北庙乡4个行政村适龄儿童在此就学。

学校现有专任教师20人，其中高级教师3人、一级教师8人；市级骨干教师1人、县级骨干教师2人、县优秀班主任3人、县优秀教师4人、县优秀学科教师6人。学校现设有义务教育6个小学教学班及附属幼儿园2个教学班，有小学生82人、幼儿学生35人。

经"5·12"灾后重建后校园景致更为迷人：园外古柏掩映，翠绿清新；园内花园棋布，四季如春。学校布局更为科学，三区分离井然有序，学习娱乐互不干扰，功能室齐全，设施设备完备。

学校经过多年的积淀，围绕生态文明的自然之美、科学发展的和谐之美、温暖感人的人文之美，提炼出自然、和谐、温暖的校园文化。学校坚持"相信我能行，努力求成功"的办学理念，围绕"爱国、孝亲、尊师、重友"校训，秉承"微笑、快乐、自信、幸福"的校风、"立德、树人、忠诚、敬业"的教风、"自主合作、乐学善思"的学风，依法治教，办学效益彰显。

学校先后获得"学校安全工作先进单位"、县"文明单位"、城乡环境综合治理"进学校"先进单位、"学校目标考核优秀单位"、"教育信息宣传工作先进集体"、首批广元市"最美乡村学校"、"教育教学质量奖"等殊荣。

表 5-49　幼儿入园、学生入学统计表

		2008	2009	2010	2011	2012	2013	2014	2019	2020	2021	2022	2023
幼儿园	班数	1	1	2	2	2	2	2	2	2	2	2	2
	人数	45	43	110	98	95	94	95	85	50	55	43	35
1—6年级	班数	10	10	6	6	6	6	6	6	6	6	6	6
	人数	358	360	258	222	212	201	189	146	138	138	88	82
7—9年级	班数	6	6	3	3	3	2	1	—	—	—	—	—
	人数	246	243	123	121	118	89	31	—	—	—	—	—

表 5-50　领导任职简况

姓名	性别	籍贯	职务	任职时间	备注
苟建政	男	四川剑阁	校长	2008.01—2010.08	
蒲长发	男	四川剑阁	党支部书记	2008.01—2010.08	
罗万成	罗	四川剑阁	副校长	2008.01—2022.08	
刘平	男	四川剑阁	教科室主任	2008.01—2010.03	
蒲天娇	男	四川剑阁	教务主任	2008.01—2010.03	
			副校长	2010.03—2013.08	
郑安生	男	四川剑阁	教科室主任	2010.09—2015.08	
			副校长	2015.09—2022.08	
唐永	男	四川剑阁	书记、校长	2010.08—2015.08	
邓叔亭	男	四川剑阁	书记、校长	2015.09—2017.08	
			书记	2017.08—2019.08	
蒲雪梅	女	四川剑阁	校长	2017.08—2022.08	
蒋潇雅	女	四川剑阁	教务副主任	2013.08—2016.08	
贾政友	男	四川剑阁	政教主任	2013.08—2021.12	
张凯	男	四川剑阁	政教主任	2015.09—2022.08	
樊希甫	男	四川剑阁	党支部书记	2019.09—2022.08	
			书记、校长	2022.09—2023.11	
孙仁宗	男	四川剑阁	副校长	2022.09—	2023.11 主持工作
郑福平	男	四川剑阁	教务副主任	2022.09—	
张玲玲	女	四川剑阁	政教主任	2022.09—	

学校教职员工名录

在职教职工（19名）：

樊希甫　孙仁宗　罗万成　郑安生　张玲玲*　郑福平　王银初　孙可地　罗明益

董丽*　李肖*　梁俊*　程美霞*　彭敬*　罗小雨*　罗晓勇　刘述效　戴伍权

张立生

退休教职工（26名）：

聂玉林　唐世德　梁雪林　唐振齐　张莲秀*　郑邵　姜文甫　王青英*　郝瑞生

靳廷明　李金华*　李钊林　陈华英*　王学勤　唐学成　母健霖　刘术智　钟玲*

张淑君*　蒲长发　涂建民　杨青*　卫诚业　李玉琼*　姚仕元　蒲兴建

柳垭小学

柳垭小学位于剑阁县老县城普安镇以南10公里、国道108旁的柳垭场庠柳巷17号，交通便利。

学校创办于1950年秋，几易校址，从最初的高岑山麓的起觉寺一、二年级到村完小再到九年一贯制义务教育，现又发展为完全小学。1985年8月建成8间教室的一楼一底的教学楼。1996年春季，学校自筹资金84.6万元，建教职工宿舍楼。灾后重建，国家投入350余万元建教学楼和综合楼。易居（中国）公司捐赠145万元修建学生公寓。2012年财政局拨付85万元修建师生食堂。2017年补充配备大量的教学仪器和多媒体设备。学校占地面积7 131.33平方米，总建筑面积5 708.4平方米。

学校服务于柳垭村（原柳垭村、红双村、石庙村）和前锋村（原前锋村、闻风村）。现有义务教育教学班6个、学生115人，幼儿班2个、幼儿38人。学校现有在编在岗教职工24人，其中高级教师11人、一级教师11人、二级教师2人；有市级骨干教师4人、优秀教师2人，县级模范班主任6人；其中本科学历者19人、专科学历者5人，学历合格率达100%。

学校以"惠教于民、无私奉献、勤奋进取、勇于创新"为教育目标，以"玉兰花儿开，朵朵放光彩"为办学理念，围绕"勤思善学，健康向上，办'市县级乡村示范型学校'"的办学目标，以"勤"为柳小精神，培养"美丽、勤奋、向上、阳光"的儿童、少年。教育教学质量连续多年居全县同类学校前茅，是剑阁县同类学校的一面旗帜。

学校曾获得"广元市文明单位""广元市最佳卫生先进单位""剑阁县社会治安综合治理模范单位""剑阁县校风示范学校""剑阁名校"等荣誉称号。

表5-51　幼儿入园、学生入学统计表

		2008	2009	2010	2011	2012	2013	2014	2015	2016	2019	2020	2021	2022	2023
幼儿园	班数	4	3	3	3	3	3	3	3	3	2	2	2	2	2
	人数	94	103	111	128	131	135	110	110	78	51	51	50	41	38
1—6年级	班数	6	6	6	6	6	6	6	6	6	6	6	6	6	6
	人数	285	284	254	209	201	205	208	224	238	196	173	147	128	115
7—9年级	班数	6	5	5	5	4	4	3	3	3	—	—	—	—	—
	人数	283	281	279	224	193	150	114	97	94	—	—	—	—	—

表 5-52　领导任职简况

姓名	性别	籍贯	职务	任职时间	备注
李天文	男	四川剑阁	校长、书记	2008.01—2009.10	
赵从海	男	四川剑阁	副校长	2008.01—2008.08	
方 杰	男	四川剑阁	校长、党支部书记	2009.10—2011.08	
刘 平	男	四川剑阁	副校长	2009.08—2011.08	
聂银成	男	四川剑阁	教导主任	2008.01—2009.02	
			副校长兼教导主任	2009.03—2010.08	
			校长、党支部书记	2011.08—2018.07	
何杰兮	男	四川剑阁	校长、党支部书记	2018.08—	
杨学斌	男	四川剑阁	副校长	2011.08—2013.08	
唐守一	男	四川剑阁	副校长	2011.08—2017.07	
蒲春金	男	四川剑阁	副校长	2013.08—2015.08	
李国志	男	四川剑阁	副校长	2015.08—2018.08	
贾长成	男	四川剑阁	教科室主任	2009.03—2012.08	
			教导主任	2012.09—2015.08	
			副校长	2015.08—	
杨 林	男	四川剑阁	教导主任	2015.09—2019.08	
刘 丹	女	四川剑阁	教导主任	2019.09—2021.08	
龙 勇	男	四川剑阁	教科室主任	2008.01—2008.08	
王莉花	女	四川剑阁	教科室主任	2012.09—2018.08	
张国庆	男	四川剑阁	政教主任	2008.01—2011.08	
张海斌	男	四川剑阁	团支部书记	2008.01—2009.02	
			政教主任	2009.03—2022.08	
王立成	男	四川剑阁	总务主任	2019.09—2022.07	
			党建办主任	2022.08—	
王青林	男	四川剑阁	支部副书记	2022.08—	
赵 兰	女	四川苍溪	教导主任	2022.08—	
罗 超	男	四川威远	团支部书记	2009.03—2016.08	
穆秋歌	男	四川剑阁	团支部书记	2016.09—2017.08	
			大队辅导员	2017.09—2021.08	
张 静	女	甘肃文县	大队辅导员	2022.09—	

学校教职工名录

在职教职工（24名）：

何杰兮　贾长成　王青林　王立成　赵 兰*　罗云鹤　李思林　李天文　张 静*

王洪梅*　洪绍东　郝春生　蔡玉祥　谯碧霞*　李志菊*　顾光荣　蔡学平　石海燕

王海蓉*　王春燕*　杨久波　陈 悦*　杨 林　郝述琼*

退休教职工（17名）：

| 杨玖兵 | 钟洪敏 | 王锦明* | 王玉红* | 秦文瑞 | 蔡正林 | 梁映芳* | 程菊兰* | 樊玉璧 |
| 王伟生 | 薛秀兰* | 聂玉兰* | 敬彦雄 | 唐　田 | 杨桂华* | 何桂芝* | 李　蓉* | |

西庙小学

剑阁县西庙小学校地处剑阁县西部，东与凉山乡接壤，西与秀钟毗邻，北与盐店柳垭交界，南与柳沟接界。学校始建于1905年，是一所农村完全小学。学校生源地为原西庙乡的7个自然村，覆盖人口7 000人，服务半径为8公里。

学校一直加大硬环境建设、内环境美化，现占地面积9 000平方米，建筑面积1 836平方米。学校现有6个义务教育教学班、在校学生166人。有教职工23人，其中专任教师22人。有中级及以上职称者12人，有市、县骨干教师4人。学校现有藏书4 613册，有标准的科学实验室、音乐教室、美术教室、计算机网络教室、图书阅览室，校内闭路电视网、班班通等教学设备设施齐全先进。

学校先后荣获"文明单位""平安校园""安全工作先进单位""教育教学工作先进单位""园林式单位""县卫生先进单位""教学质量优秀单位""优秀基层党组织"等多项荣誉。

表5-53　幼儿入园、学生入学统计表

		2008	2009	2019	2020	2021	2022	2023
幼儿园	班数	3	3	3	3	3	3	2
	人数	102	91	76	64	62	52	36
1—6年级	班数	6	6	6	6	6	6	6
	人数	336	304	255	233	188	164	126
7—9年级	班数	4	2	—	—	—	—	—
	人数	188	75	—	—	—	—	—

表5-54　领导任职简况

姓名	性别	籍贯	职务	任职时间	备注
尤富国	男	四川剑阁	校　长、书记	2008.08—2010.08	
何孔善	男	四川剑阁	副校长	2008.09—2010.08	
			校长、书记	2010.09—2015.07	
张　磊	男	四川剑阁	政教副主任	2008.09—2009.08	
武子国	男	四川剑阁	政教主任	2009.09—2010.08	
			副校长	2010.09—2015.08	
敬太兵	男	四川剑阁	团支部书记	2008.01—2010.08	
			政教主任	2010.09—2015.08	
			副校长	2015.09—	
何晓峰	男	四川剑阁	教科室主任	2010.09—2015.08	
			工会主席	2015.09—	
王志刚	男	四川剑阁	政教主任	2012.08—2015.07	
			教务主任	2015.08—	

表5-54（续）

姓名	性别	籍贯	职务	任职时间	备注
薛 冰	男	四川剑阁	政教主任	2016.09—2019.08	
唐晓成	男	四川剑阁	校长、书记	2018.08—	
王 兰	女	四川剑阁	少先队辅导员	2019.09—2022.08	
赵 国	男	四川旺苍	政教副主任	2019.09—2021.10	
张 凯	男	四川剑阁	副书记	2022.08—	
何连武	男	四川剑阁	德育副主任	2022.08—	
梅奉雪	女	四川旺苍	党建办副主任	2022.08—	
何 芬	女	四川旺苍	少先队辅导员	2022.09—	

学校教职工名录

在职教职工（23名）：

唐晓成　敬太兵　王志刚　赵 国　李全生　何 波　何晓峰　张秋菊*　王 兰*
梅奉雪*　孙贵源　高 静*　许胜友　何连武　周如东　蒲春晓　杨君慧*　谢 美*
徐丽琴*　梁 丽*　何 芬*　蒋维亚*　张 凯

退休教职工（22名）：

郝素英*　李翠兰*　梁国富　王祥生　杨荣生　杨胜春　赵素芳*　孙文英*　郑建成
孙苍华*　许树才　母文明　赵玉恒　何玉成　孙爱琼*　孙志敏*　张大勇　谢新莉*
蒲文锦　许义成　杨秀华*　母元杰

盐店小学

剑阁县盐店小学校地处剑阁、江油、青川三县（市）交界处，创办于1952年，现为一所九年一贯制学校。学校占地面积3.22万平方米，共有教学班13个，其中初中教学班4个、小学教学班6个、幼儿班3个。有在校学生500余人，其中初中学生近200人、小学学生200余人。有在职教职工47人，具有专科及以上学历者46人，学历达标率为100%。其中本科及以上学历者36人，约占76.6%。教师学历合格率达100%。

2008年以前建成专用教学楼、学生宿舍楼、师生厨房、教职工宿舍、综合办公楼各1栋，建筑面积3 366平方米，校园硬化面积4 500余平方米，围墙270余米。学校还规划建设配套实验室4间、功能室3间、图书阅览室3间、办公室9间，有花园2 000余平方米、运动场3 000余平方米，文化长廊100余米。实现校园的美化、香化，配套设施设备逐渐完善。

近年来，学校一直坚持"育人为本、科研兴教"的办学理念，把教育教学工作做到实处、落到细微处，2012年研究结题县级科研课题"农村学校学生良好阅读习惯培养策略研究"，连续3年教学质量综合考核名列县同类学校前列。学校一贯牢固坚持"千教万教教人求真，千学万学学做真人"和"爱即教育"的德育育人宗旨，把学生的德育教育作为学校教育的首要任务，构建平安、有序的生活环境。学校努力营造良好的校园文化氛围、培养学生良好的兴趣和一技之长，不断丰富学校内涵，一步一步建成具有自身特色的乡镇学校。

表 5-55 幼儿入园、学生入学统计表

		2019	2020	2021	2022	2023
幼儿园	班数	4	3	3	3	3
	人数	137	126	108	100	30
1—6年级	班数	8	7	6	6	6
	人数	310	304	290	251	242
7—9年级	班数	6	5	5	5	4
	人数	202	204	215	202	175

表 5-56 领导任职简况

姓名	性别	籍贯	职务	任职时间	备注
李玉金	男	四川剑阁	党支部书记、校长	2008.01—2009.11	
孙苍荣	男	四川剑阁	副校长	2008.01—2012.08	
陈 强	男	四川剑阁	副校长	2008.01—2010.08	
王清秀	女	四川剑阁	政教副主任	2008.01—2010.08	
			教科室主任	2010.09—2022.08	
刘泽波	男	四川剑阁	政教主任	2008.01—2010.08	
隆和平	男	四川剑阁	教务副主任	2010.09—2012.08	
			副校长	2012.09—2017.09	
张国庆	男	四川剑阁	副校长	2013.09—2018.08	
李占林	男	四川剑阁	教导主任	2008.01—2009.11	
			工会主席	2008.01—2009.11	
罗定金	男	四川剑阁	工会主席	2010.09—	
何新建	男	四川剑阁	政教副主任	2010.08—2013.08	
			政教主任	2013.09—2015.08	
			副校长	2015.09—2018.08	
杨得华	男	四川剑阁	党支部书记、校长	2009.12—2018.07	
杨 渊	男	四川剑阁	教务副主任	2013.09—2018.08	
			教务主任	2018.09—	
张全林	男	四川剑阁	教科室副主任	2014.09—2022.08	
			教科室主任	2022.09—2023.10	
吴玖远	男	四川剑阁	政教副主任	2015.08—2017.08	
蒲天骄	男	四川剑阁	党支部书记、校长	2018.08—	
罗 安	男	四川剑阁	副校长	2018.09—	
王莉花	女	四川剑阁	副校长	2018.09—2022.08	
张玉金	男	甘肃武威	德育副主任	2019.08—2022.08	
			德育主任	2022.09—2023.10	

姓名	性别	籍贯	职务	任职时间	备注
唐 敏	女	四川青川	教务副主任	2019.08—2022.08	
			总务主任	2022.09—2023.10	
张 兴	男	甘肃文县	德育副主任	2022.09—	
马小琼	女	四川广元	教务副主任	2022.09—	
李金华	女	四川苍溪	党建办副主任	2022.09—	

学校教职工名录

在职教职工（47名）：

蒲天骄	罗 安	罗定金	张国庆	王清秀*	杨 渊	孙贵宏	杨元全	郑仕明
叶小梅*	付朝武	郭晋君*	姜文富	赵永峰	甘崇文	卫春莲*	王春生	李 艳*
郑直译*	陈书琼*	蒲龙生	陈圆雯*	马小琼*	李晓芳*	张 兴	向慧琴*	蔺凤池*
梁 雪*	李 源*	李金华*	孙 玲*	赵 燕*	杨 沛*	唐 蓉*	王 洁*	樊钊成
赵 彬	李 馨*	王 静*	王 丽*	秦飞燕*	孙 钊	李 芳*	侯春华*	赵 杨*
贺桂兰*	杨小玉*							

退休教职工（29名）：

邓天福	伏文彬	付加贵	贾季坤	王绍明	杨永新	张焕宗	赵菊华*	桂文远
李玉生	张正培	徐奎生	田中秀*	聂志明	王清玉	孙苍荣	李占林	梁永成
王永金	唐守杰	贾菊华*	蔡正雄	刘泽波	贾玉林	左安雄	王泽文	王小国
曹正海	肖岱华*							

抄手小学

剑阁县抄手小学校始建于1949年，现为一所农村寄宿制小学。学校1991年由原址皇柏大道抄手铺迁入现址城北镇民主村一组抄手场镇。学校东临108国道，背依皇柏古道，南、北至村民林地，西临民主水库及下普快速通道，占地面积18 000平方米。

2008年以前建成专用教学小青瓦房，教师宿舍楼、综合楼各1栋。灾后由黑龙江省援建了师生餐厅净美楼、学生宿舍乐善楼、教室及功能室合并的真知楼各1栋，经几任校长对校舍进行多次维修、整改、提升，现学校建筑面积7 156平方米，运动场面积3 500平方米。现有附属幼儿园1所，有幼儿班2个、幼儿23人；有小学班6个、学生94人，有教职工30人。

2017年义教均衡国家验收合格，其间学校自筹资金添置现代化教学一体机4台，规划建设实验室2间、功能室5间、图书阅览室2间、办公室9间，新增绿化面积890余平方米、文化长廊100余米，逐步完善了配套设施。

近年来，学校始终坚持以德育人，大力落实立德树人根本任务。学校深入践行社会主义核心价值观，将"真、善、美"的校训根植于"红、绿、土"主题德育教育活动之中，扎实开展红色革命、绿色生态、乡土文化教育，通过"知、行、践"予以实施，形成了"抓学生良好习惯养成，促进学生优秀品质形成"的办学特色。学校努力营造良好的校园文化氛围，不断丰富学校内涵，正朝着管理一流、环境一流、质量一流的广元市最美丽乡村学校奋力前行。

学校先后获得四川省绿色学校、广元市文明单位、广元市美丽乡村学校、2020年目标考核"优秀单位"，2022年目标考核一等奖等荣誉和奖励。

表 5-57　幼儿入园、学生入学统计表

		2008	2009	2010	2011	2012	2013	2014	2015	2016	2019	2020	2021	2022	2023
幼儿园	班数	3	3	3	3	3	3	3	3	3	3	3	2	2	2
	人数	80	79	82	75	50	62	65	64	60	46	45	37	31	23
1—6年级	班数	9	8	7	6	6	6	6	6	6	6	6	6	6	6
	人数	421	339	285	224	208	173	183	202	212	180	157	129	112	97
7—9年级	班数	6	6	6	6	4	4	3	3	3	—	—	—	—	—
	人数	422	373	313	274	186	149	107	88	73	—	—	—	—	—

表 5-58　领导任职简况

姓名	性别	籍贯	职务	任职时间	备注
张文成	男	四川剑阁	校长、党支部书记	2008.01—2011.08	
李映连	男	四川剑阁	副校长	2008.01—2012.08	
王君朝	男	四川剑阁	副校长	2008.01—2010.08	
聂银成	男	四川剑阁	副校长	2010.08—2011.08	
何勇军	男	四川剑阁	政教主任	2008.01—2012.08	
			党支部副书记、副校长	2008.01—2018.08	
范光辉	男	四川剑阁	政教副主任	2009.09—2011.08	
			政教主任	2011.09—	
袁登松	男	四川剑阁	教科室副主任	2009.04—2012.08	
			教科室主任	2011.09—2013.07	
刘久伦	男	四川剑阁	教务主任	2008.01—2012.08	
			工会主席	2008.01—2017.02	
			总务主任	2012.08—2018.08	
苟清泉	女	四川剑阁	教务副主任	2008.01—2008.08	
范清凤	男	四川剑阁	教科室副主任	2008.01—2010.08	
吴玉明	男	四川剑阁	教科室副主任	2009.05—2011.08	
严强	男	四川剑阁	校长、党支部书记	2011.08—2013.08	
刘锦波	男	四川剑阁	副校长	2011.08—2012.07	
张光湘	男	四川剑阁	副校长	2012.07—2018.08	
王青林	男	四川剑阁	教务副主任	2012.08—2015.08	
			教务主任	2015.08—2022.08	
姜庆先	男	四川剑阁	校长、党支部书记	2013.08—2017.07	
蒲春金	男	四川剑阁	工会主席	2017.02—2018.07	
蒲海军	男	四川剑阁	政教副主任	2013.09—2017.07	
何子金	男	四川剑阁	校长、党支部书记	2017.07—2022.09	
杨永生	男	四川剑阁	副校长	2018.09—	

表5-58（续）

姓名	性别	籍贯	职务	任职时间	备注
李生勇	男	四川剑阁	总务副主任	2018.08—2022.07	
			总务主任	2022.07—	
王莉花	女	四川剑阁	党支部书记、校长	2022.09—	
张海斌	男	四川剑阁	党支部副书记	2022.08—	
张小艳	男	四川剑阁	党建办副主任	2022.07—	
罗军	男	四川剑阁	总务副主任	2022.07—	
母建军	男	四川剑阁	教务副主任	2022.07—	

学校教职工名录

在职教职工（26名）：

王莉花* 李莎莎* 刘静* 刘晓莉* 马丹* 唐文秀* 庹丽* 杨金华* 张小艳*
夏倩* 范光辉 何子金 敬井元 李生勇 刘红光 罗皓文 罗军 马长兵
母建军 母建文 孙安 魏连钦 严强 杨永生 张光湘 张海斌

退休教职工（25名）：

蒲碧芳* 刘勇 刘希明 袁玉琼* 杨乐荣 李映连 王政安 李桂玲* 石文彬
田中实 邢全政 梁国秀* 刘炳章 刘永琛 金长容* 梁在琪 刘秀芳* 邢素华*
李文健 孙必福 杨仕华 冯德辉 刘仁国 刘久伦 张玉琼*

姚家小学

剑阁县姚家小学校是一所九年一贯制农村寄宿制学校，地处剑阁县西北边缘，与青川县毗邻。学校由姚家小学校区和附属幼儿园校区组成，总占地面积12 971平方米。

姚家小学创建于1958年，原是北庙小学分校，校址设在现姚家镇元宝村姚家场，1965年迁至姚家镇场镇。2004年，四川金融系统筹资修建的"金融爱心楼"教学楼正式投入使用；"5·12"地震后，黑龙江省援建的学生住宿楼、食堂、综合楼于2010年全面竣工，正式投入使用；2020年5月，占地面积达6 000多平方米的附属幼儿园新校区投入使用。

姚家小学有标准教室14间，均配备了多媒体教学设备；有标准实验室和艺体学科专用教室8间、标准篮球场1个、综合体育场1个、微机室1间；有图书室1间、小蜗牛图书馆1间，藏书22 000余册。附属幼儿园有9间多功能教室及各种配套用房20余间。姚家小学现有14个教学班、学生500名，其中小学247人、初中176人、幼儿77人；有专任教师50人，其中高级教师13人，市级骨干教师4人，市级先进教育工作者3人，县级骨干教师1人，市、县、区各级优秀教师、班主任、学科带头人15人。

近年来，学校不断健全制度，完善机制，规范管理，先后荣获四川省教师职业技能训练示范学校、四川省档案管理达标三级单位、广元市教育科研先进学校、广元市文明单位、广元市依法治校示范学校、剑阁县目标考核先进单位、县语言文字规范学校、县星级留守儿童之家、县素质教育督导评估先进单位等数十项荣誉称号。学生在市、县举行的"四川省艺术人才大赛""科技创新大赛"中获奖多达400余人次。

表 5-59　幼儿入园、学生入学统计表

		2019	2020	2021	2022	2023
幼儿园	班数	4	4	4	4	4
	人数	141	132	119	90	77
1—6 年级	班数	12	12	10	8	7
	人数	418	383	330	281	248
7—9 年级	班数	6	6	6	7	5
	人数	194	192	204	265	176

表 5-60　学校领导任职情况

姓名	性别	籍贯	职务	任职时间	备注
田伯明	男	四川剑阁	校长	2008.01—2010.08	
			党支部书记		
陈国建	男	四川剑阁	副校长	2008.01—2010.08	
			校长	2010.09—2015.08	
			党支部书记		
王岚	男	四川剑阁	副书记	2008.01—2016.12	
裴邦文	男	四川剑阁	教务主任	2009.09—2019.08	
			副书记	2019.09—2022.01	
樊希甫	男	四川剑阁	教务副主任	2008.09—2009.08	
			教务主任	2009.09—2013.08	
			副校长	2013.09—2019.08	
刘钊云	男	四川剑阁	总务主任	2008.01—2010.08	
			教务主任兼总务主任	2009.09—2010.08	
			副校长	2010.09—2013.08	
王少杰	男	四川剑阁	教科室副主任	2008.01—2009.08	
王志高	男	四川剑阁	政教主任	2008.01—2008.08	
姜友甫	男	四川剑阁	团支部书记	2008.09—2010.08	
蒲春金	男	四川剑阁	教科室主任	2010.09—2013.08	
杨林旭	男	四川盐亭	政教副主任	2009.09—2011.08	
			政教主任	2011.09—2013.08	
苟永泰	男	四川剑阁	总务主任	2009.09—2016.08	
徐光霞	女	四川剑阁	团支部书记	2010.09—2014.08	
			德育副主任	2018.09—2019.08	
			德育主任	2019.09—2022.08	
李荣	男	四川剑阁	副校长	2013.09—	

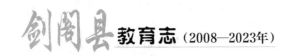

姓名	性别	籍贯	职务	任职时间	备注
吴德春	男	四川剑阁	总务副主任	2013.09—2015.08	
			总务主任	2015.09—2019.10	
			工会主席	2019.11—	
刘良	男	四川剑阁	政教副主任	2013.09—2015.08	
			政教主任	2015.09—2018.01	
高坤雄	男	四川剑阁	校长	2015.09—2022.08	
			党支部书记		
冯斌	男	四川剑阁	教务副主任	2015.09—2017.08	
			教务主任	2017.09—2022.08	
王学平	男	四川剑阁	教科副主任	2015.09—	
王银华	女	四川剑阁	团支部书记	2014.09—2017.08	
				2019.09—	
苟海燕	女	四川剑阁	团支部书记	2017.09—2019.08	
蹇红星	男	四川剑阁	副校长	2019.10—2022.08	
涂长青	男	四川剑阁	教务副主任	2019.09—2022.07	
			教务主任	2022.08—	
杨天程	男	四川剑阁	德育副主任	2019.10—2022.08	
			党建办主任	2022.09—	
樊文林	男	四川剑阁	德育副主任	2022.08—	
敬奇国	男	四川剑阁	校长	2022.09—	
			党支部书记		

学校教职工名录

在职教职工（50名）：

敬奇国	江光荣	汤晶*	赵晓燕*	唐利琼*	王力	梁显昌	王学平	邢海蓉
王瑛*	袁志东	徐光霞*	许惠群*	苟海燕*	刘晓国*	曾仲凯	苟文	王银华*
李荣	吴德春	孙静*	邢安美	孙继熊	涂长青	樊文林	刘清勇	魏春林
姚佳	杨成建	梁永生	隆丽娇*	邢海梅*	罗晓琼*	何兴碧*	苟艳*	文颞*
杨天程	张庆	刘华恬*	杨秋菊*	李慧君*	杜春燕*	范亚*	何佳*	衡柳君*
李文凤*	王倩*	杨德华	张巧巧*	郑棚芳				

退休教职工（17名）：

蒲武	孙碧英*	樊明泽	梁国泰	郭龙提	姚青青*	王岚	杨秀蓉*	梁现清
苟永泰	奂雪华*	姚春英*	张禄生	蔡光旭	梁庚生	裴邦文	杨春秀	

剑门中学

剑门中学创建于1959年，原校名为四川省剑阁县剑门初级中学校，为绵阳地区地属区级单设中学。1960年秋季首次招生，招生规模为3个班、学生160人，招生范围为汉阳区的4个公社，江口区的高观、张王 2 个公社和城关区的北庙、姚家、闻溪 3 个公社。办学伊始，学校属于剑门区（原汉阳区）的重点中学，多在全区及周边乡镇招收初中新生。其中，1978 年和 1988 年曾两度兼办普通高中。1992 年秋由于撤区并镇，学校由原来剑门区级中学，变更为剑门镇所辖中学。招生范围仅限于剑门关镇小学毕业生，但周边乡镇慕名来读的学生不少。2010 年 9 月，学校更名为"四川省剑阁县剑门中学校"。2012 年在校学生数为历史的最高峰，达到 1 377 人。现占地面积 3.1 万平方米，校舍面积 1.5 万平方米。现有教职工 72 人、教学班 16 个、学生 802 人。

学校以办人民满意教育为宗旨，围绕"立德树人，文化经典，质量一流，管理规范"这一办学思想，以"用理想的农村教育实现农村教育的理想"为共同愿景，以教育教学质量管理为核心，以教学过程管理"三个六认真"为抓手，以教育科研为基础，确立了"让农村孩子享受到更多更公平的优质教育"的剑门教育梦，明确了"让老师感受职业的尊严与幸福、让学生品味读书的价值与快乐"的共同使命。学校以"为培养具有中国脊梁和天下情怀的现代人奠基"为育人目标，以"始终追寻仁义天下的道德理想、凝练和而不同的学校文化、完善尊重规律的治理体系、搭建人人出彩的发展平台"为治校方略，科学实施"五位一体"（依法治校、质量兴校、科研强校、保障活校、文化美校和农村初中教职工绩效评价体系）管理模式，学校致力于办成一所有宽度、有温度、有亮度的川北农村一流初级中学。

几十年间，学校一路走来，风雨兼程。1961 年学校贯彻党中央"调整、巩固、充实、提高"的八字方针，动员部分年龄大的学生回乡参加农业生产。"文化大革命"期间停课闹革命，学校的正常秩序受到影响。但学校在曲折中不断前进，不同时期，创造了不同的辉煌。2020 年在全面打赢脱贫攻坚战之际，剑门中学按照国家确定的脱贫攻坚"两不愁三保障"目标，一鼓作气打赢教育脱贫攻坚战，全力迎战"义教均衡"国检，教育脱贫已取得了胜利，实现了建档立卡贫困人口基础教育基本公共服务全覆盖，义务教育办学条件达到标准化，各项资助政策落实落细落地。先后获得了"省民主管理先进学校""省校风示范学校"等几十项殊荣。几十年来桃李满天下，他们或成为单位的领导或行业的精英或社会的建设者。

随着中国特色社会主义进入新时代，学校的发展迎来了新的机遇，初中教育一度成为剑阁的一面旗帜，学校连续多年获得县单设中学质量表彰奖。近几年来，学校亮点层出不穷。教学改革成效显著，课堂教学面貌一新，市教科所两度在全市初中学校推广改革成果。教学成果两次获得四川省人民政府普教教学成果奖，多人次获得市县奖励。学校被省教科所评为首批校本研修示范校。学校以信息技术为突破口，促进农村教育的现代化，建成广元市第一个农村初中科技馆、广元市第一个农村初中创客工作室、全市第一个以学校命名的专项基金"剑阁县教育基金会剑门中学剑之道专项基金"。学校获得国家科学馆的一等奖，在艺术人才大赛、体育比赛、演讲大赛、创客机器人大赛等活动中，取得优异的成绩，学生进入高中发展潜力大，育人质量进一步提升，学生全面发展，综合素质良好。

表 5-61　学生入学统计表

		2019	2020	2021	2022	2023
7—9 年级	班数	19	15	17	17	16
	人数	849	747	839	822	802

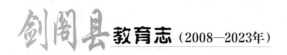

表 5-62 学校领导任职简况

姓名	性别	籍贯	职务	任职时间	备注
张宗焱	男	四川剑阁	支部书记、校长	2022.09—	
朱培林	男	四川剑阁	政教副主任	2008.01—2012.08	
			教务主任	2012.09—2022.08	
			党支部副书记	2022.08—	
王 斌	男	四川剑阁	教务主任	2008.02—2012.08	
			副校长	2012.09—	
蹇红星	男	四川剑阁	工会主席	2022.08—	
王建波	男	四川剑阁	副校长	2022.09—	
李国飘	男	四川剑阁	政教处主任	2019.08—	
蹇玉伟	男	四川剑阁	总务处副主任	2010.08—2012.08	
			总务处主任	2012.08—	
赵玉梅	女	四川剑阁	团委书记	2009.09—2018.02	
			廉勤委主任	2017.09—2022.08	
			党建办主任	2022.08—	
李翠芳	女	四川剑阁	教务处主任	2022.08—	
张文均	男	四川剑阁	少先队辅导员	2018.09—	
			德育副主任	2022.08—	
贾 莉	女	四川广元	教务处副主任	2022.09—	
郭永剑	男	四川剑阁	总务处副主任	2022.08—	
唐 冲	男	四川剑阁	团委书记	2022.09—	
张远钦	男	四川剑阁	支部书记、校长	2008.01—2010.08	
黄金富	男	四川剑阁	校长	2010.09—2018.08	
			支部书记、校长	2018.09—2020.12	
王钿森	男	四川剑阁	代理支部书记、校长	2020.12—2022.08	
杨德松	男	四川剑阁	支部副书记	2008.01—2011.08	
肖剑军	男	四川剑阁	副校长、工会主席	2008.01—2011.08	
			党支部书记、工会主席	2011.09—2018.09	
何俊平	男	四川剑阁	副校长	2008.01—2022.08	
贾国荣	男	四川剑阁	教科室主任	2008.01—2018.08	
			工会主席	2012.09—2022.08	
李师生	男	四川剑阁	教务处副主任	2013.09—2014.08	
张怀图	男	四川剑阁	政教处主任	2009.09—2018.08	
			办公室主任	2018.09—2019.08	

表5-62（续）

姓名	性别	籍贯	职务	任职时间	备注
唐 超	男	四川剑阁	教科室副主任	2017.09—2018.08	
			教科室主任	2018.09—2019.08	
			办公室主任	2019.09—2020.08	
黄有志	男	四川剑阁	团委书记	2008.09—2009.08	
范春元	男	四川剑阁	剑门中学副校长	2010.09—2011.09	
袁小明	男	四川剑阁	教科室副主任	2015.09—2016.08	
杨子钦	男	四川剑阁	政教处副主任	2014.09—2018.08	
			政教处主任	2018.09—2019.08	
刘光荣	男	四川剑阁	总务处主任	2008.01—2010.08	
崔金玉	男	四川剑阁	团委书记	2018.02—2021.08	
苏 洲	男	四川剑阁	团委书记	2021.09—2022.08	
赵庭海	男	四川剑阁	廉勤委主任	2012.09—2017.08	

学校教职工名录

在职教职工（72名）：

苏 洲	陈 永	崔金玉	冯彩生	郭永剑	杨洪宇	何俊平	黄有志	贾国荣
蹇洪星	蹇玉伟	李发科	李国飘	梁建林	刘 茂	刘少华	蒲灿林	任建平
孙汉锋	唐 超	唐 冲	涂健康	王 斌	王建波	肖剑军	熊杰林	杨 雯
杨子瑜	余明松	袁剑雄	张德生	张怀图	张开远	付远航	张文锋	张文均
张宗焱	赵 虎	赵庭海	朱培林	白丽容*	杨冬梅*	冯贵容*	贾 莉*	江利琼*
李翠芳*	李金莲*	李 蓉*	刘莉蓉*	马菽蔓*	母秀琼*	母芸华*	权智琳*	丁华英*
唐晓静*	涂春秀*	王 莉*	王 静*	王 茜*	王小燕*	王玉梅*	向迎春*	余 琴*
杨利雁*	杨雪琼*	张琼方*	张琼华*	张素蓉*	赵玉梅*	赵玉琼*	杨 熔*	魏 莉*

退休教职工（17名）：

杨玉贵	冯万凯	黄绪贵	赵光辅	母友志	刘光荣	袁文生	张 琪	吴树银
杨德松	杨子国	陈秀英	张全独	杨 莉*	吴洁琼*	唐满英*	魏桂蓉*	

汉阳中学

剑阁县汉阳初级中学校位于汉阳镇下街1号，国家级4A风景区——翠云廊畔，三国古蜀道穿校而过，是一所农村寄宿制单设初级中学。始建于1998年夏的剑阁县汉阳中学，其前身为剑阁县汉阳小学，1998年中、小学分校后，成立独立的单设初级中学，占地面积11 000平方米，建筑面积7 376平方米。现有教学班8个、学生250余名、教职工36名，是全县单设乡镇初级中学校中规模较大、质量较高的学校之一。

自"5·12"地震后建有标准化的教学楼、办公楼、学生住宿楼、食堂等；按照义教均衡标准建有物理、化学、生物实验室，还有音乐、美术、图书、计算机网络等专用教室，各班教室配有现代化的电教设备，网络到班。

校园环境优美，布局合理。近年来，学校先后获得"目标考核先进单位""高中送培先进单位""初中教育质量二等奖""广元市交通安全学校"等十多项表彰和奖励。

表 5-63　学生入学统计表

		2019	2020	2021	2022	2023
7—9 年级	班数	9	8	7	7	8
	人数	256	250	235	224	220

表 5-64　学校领导任职简况

姓名	性别	籍贯	职务	任职时间	备注
刘明	男	四川剑阁	书记	2008.01—2012.08	
杨永丰	男	四川剑阁	校长	2008.01—2010.06	
王小巍	男	四川剑阁	校长	2010.06—2012.08	
王爱民	女	四川剑阁	校长	2012.08—2019.07	
			书记	2012.08—2015.08	
高燕林	男	四川剑阁	副校长	2010.08—2018.08	
			书记	2015.08—2018.08	
杨林	男	四川剑阁	书记、校长	2019.07—	
范清凤	男	四川剑阁	副校长	2010.08—2018.08	
杨绍军	男	四川剑阁	教务处副主任	2004.08—2007.08	
			教务处主任	2007.08—2010.08	
			副校长	2010.08—	
			工会主席	2010.09—	
李国志	男	四川剑阁	副校长	2018.08—	
蹇红星	男	四川剑阁	教科室副主任	2009.08—2010.08	
			教务主任	2010.08—2019.08	
杨子钦	男	四川剑阁	教务主任	2019.08—	
张文波	男	四川剑阁	教科室副主任	2008.08—2009.08	
张磊	男	四川剑阁	政教主任	2011.08—2012.08	
杨文勤	男	四川剑阁	政教主任	2012.08—2022.08	
何明海	男	四川剑阁	总务副主任	2010.04—2011.08	
			廉勤委主任	2011.08—	
			总务主任	2011.08—	
刘义	男	四川剑阁	德育副主任	2022.08—	
杜祖鑫	男	四川剑阁	总务副主任	2022.08—	
李小园		四川剑阁	团委书记	2014.09—2019.08	
李沙	女	四川青川	团委书记	2019.09—2020.08	
				2023.09—	
唐永秀	女	四川剑阁	团委书记	2020.09—2021.08	
邓米扬	女	四川剑阁	团委书记	2021.09—2022.08	
周永强	男	四川剑阁	团委书记	2022.09—2023.08	

学校教职工名录

在职教职工（35 名）：

杨 林	杨绍军	李国志	杨子钦	杨文勤	何明海	唐永秀*	任绪道	杜祖鑫
李 沙*	龚庭香*	李国锋	周永强	王彦平	邓米扬*	范桂珍*	李光伟	魏国彬
董晓军	李清蓉*	蒲煦霞*	杨良善	张晓华*	罗小东	杨 蓉*	李灿星	杨绍光
袁仕进	杨文东	王 强	苟向蓉*	王爱明*	刘 义	王小倩*	张文波	

退休教职工（8 名）：

刘 明	揭剑章	张淑芳	母友生	刘静芳	杨玉兰	陈会基	范永顺

剑门关小学

剑门关小学又名剑门关八一爱民学校，是一所农村完全小学。学校始建于 1906 年，历经 22 任校长，百年校史，百年辉煌。2006 年，中央军委为纪念红军长征胜利 70 周年，决定沿长征路援建 112 所爱民学校。剑门关小学有幸成为中央军委训练管理部、中国人民解放军总参谋部在四川援建的唯一一所八一爱民学校。10 多年来，学校在总参军训部、总参所属五所军事大学（中国人民解放军防空兵学院、防化学院、工程兵学院、南京炮兵学院、装甲兵学院），现中央军委训练管理部政治工作局、信息工程大学的持续爱心接力援建下，先后接受捐助 600 余万元，修建了八一爱民教学楼、男生宿舍、艺术楼、办公楼等，学校的办学条件得到了极大的改善。

2006 年，学校挂牌"剑门关八一爱民学校"；2019 年，授牌"剑门关少年军校"。现有 19 个教学班，在校学生 983 人（含幼儿人数）。现有教师 69 人，市、县骨干教师 19 人，高级教师 19 人。学校以国防部原部长梁光烈上将的寄语"博学·笃志"为校训，以"做一颗红色的小新星"为办学理念，"红色国防+"为校园文化主题，积极培养德智体美劳全面发展的具有红色基因的优秀时代好少年。学生乐学、好学、善学，学风优良。学校环境优美，特色彰显，教育教学质量逐年攀升。学校先后涌现了"全国德育先进工作者"母桂生，"全国优秀教师"欧蜀琼等一批爱岗敬业、乐于奉献的名师。考上北京大学的蒲春燕、军事学院的张蜜等是学校优秀学子的代表。

学校先后荣获"四川省文明校园""四川省依法治校示范校""广元市示范学校""广元市德育工作先进集体""广元市拥军优属先进单位""广元市最佳文明单位""剑阁县双拥工作先进集体""国防教育示范基地"等 60 多项殊荣。

表 5-65　幼儿入园、学生入学统计表

		2019	2020	2021	2022	2023
幼儿园	班数	6	5	6	6	5
	人数	264	280	220	183	144
1—6 年级	班数	29	24	21	20	19
	人数	1 112	1 040	948	890	839

表 5-66　领导任职简况

姓名	性别	籍贯	职务	任职时间	备注
李玉富	男	四川剑阁	校长	2011.08—2018.08	
			党支部书记、校长	2018.08—	

表5-66(续)

姓名	性别	籍贯	职务	任职时间	备注
余金涛	男	四川剑阁	党支部副书记	2008.01—2008.08	
			党支部书记	2008.08—2018.08	
邓志中	男	四川剑阁	副校长	2008.01—2018.08	
杜中江	男	四川剑阁	副校长	2015.08—2022.08	
			党支部副书记	2022.08—	
刘春燕	女	四川剑阁	副校长	2019.09	
赖超	男	四川苍溪	副校长	2022.08—	
徐兴光	男	四川剑阁	教科主任	2015.08—2018.08	
			副校长	2018.08—	
蒋志莲	女	四川遂宁	工会主席	2015.08—2022.08	
何荣忠	男	四川剑阁	纪检监察员	2012.08—2022.08	
范学武	男	四川剑阁	政教主任	2015.08—2019.08	
杨丽萍	女	四川剑阁	教务主任	2015.08—2019.08	
王洪	男	四川剑阁	总务主任	2012.08—2018.08	
唐永春	男	四川剑阁	政教副主任	2015.08—2019.08	
			德育主任	2019.09—	
杜会蓉	女	四川剑阁	教务副主任	2015.08—2019.08	
			教务主任	2019.09—2022.08	
梁玉福	男	四川剑阁	总务副主任	2018.08—2022.08	
			总务主任	2022.08—	
郭丽萍	女	四川广元	教务副主任	2019.08—2022.08	
			教务主任	2022.08—	
曾苏芳	女	甘肃陇南	教科副主任	2022.08—	
朱琳	女	四川剑阁	教务副主任	2022.08—	

学校教职工名录

在职教职工（69名）：

李玉富	余金涛	何荣忠	魏清英*	蒋志莲*	龙玉华*	梁冬梅*	张羽红*	王钿森
魏晓琴*	蒲仕容	张蓉*	梁正勇	李永霞*	杜中江	王清林*	徐兴光	朱玲霞*
张晓芳*	王荻*	刘春燕	魏剑林	王小燕*	母晓容*	周石麟	刘建芳*	郭美华*
姜清林*	娄建军	罗雪梅*	贾玉梅*	梁玉福	刘继清	杜会蓉	王永利*	唐永春
李慧*	徐利*	杨晓艳*	郭丽萍*	王培枫	李春利*	杨汉蓉*	王祖倩*	梁莎
徐海元	雷金菱*	王婷*	罗琴	曾苏芳*	马利萍*	李凤*	侯玉谰*	赵春燕
高久容*	刘玲*	朱琳	赖超	何小良	张谦	代绮蔓*	刘乃青	徐慧*
李玲*	舒秋萍*	张莎莎*	徐丽*	岳敏*	王俊霞*			

退休教职工（52 名）：

张武荣	肖金富	魏光选	刘玉富	李三堂	朱华荣	岳含之	罗文友	郑文升
母仔育	揭树林	杨炳良	刘春海	母正清	刘荣生	林迪庄	冉荣生	徐林文
母明福	岳含松	张碧春	卫 俊	李树全	石正海	张碧福	邓志中	魏光乾
王兴顺	梁剑林	顾卫东	仲绍明	母明清	袁兴华	王 洪	舒 眉*	林学惠*
张晓清*	唐兴碧*	梁秀英*	李芝英*	岳雨林*	刘翠清*	杨培秀*	吴剑琼*	母培清*
刘秀华*	魏翠蓉*	岳秀芳*	母翠华*	苟春兰*	聂志秀*	徐玲英*		

汉阳小学

汉阳小学位于四川省剑阁县汉阳镇翠云社区居委会的南瓜山，紧靠 108 国道，北与新县城相连，距国家级 5A 风景区剑门关 4 公里、翠云廊 1 公里，距新县城 27 公里；南与老县城相接，距老县城 20 公里。学校于 1998 年 8 月由原汉阳小学（现汉阳中学）新迁至现址分设而成，占地 10 598.56 平方米，建筑面积 6 599 平方米。学校是一所全日制、寄宿制完全农村小学，现有小学教学班 11 个、学生 318 人、住宿生 239 人、留守儿童 193 人；幼儿园有 4 个教学班、幼儿 88 人、住宿生 5 人、留守儿童 52 人。在编在岗教职工 37 人，其中高级教师 9 人、一级教师 13 人、二级教师 13 人、三级教师 1 人、高级技工 1 人；市级骨干教师 9 人、县级骨干教师 12 人；幼儿园代课教师及管理员共 8 人；食堂临聘工人 5 人。

学校倡行"树汉柏仪品·养阳刚浩气"的办学理念，秉承"守正质朴·笃行致远"的校训，以"传承绿色文化，彰显生命价值"为主题，以"诚信做人，规范做事"为育人准则，以德育为首位，以教学为中心，以教研为先导，以活动为载体，全面实施素质教育，实现"家长放心的学校，学生喜欢的乐园，老师留恋的家园，社会满意的教育"的终极办学目标。

近年来，汉阳小学在教育教学和科研方面都取得了丰硕的成果，累计 20 多项殊荣：中国陶行知研究会农村教育实验专业委员会会员单位、四川省餐饮食品安全量化等级评定 A 级单位、广元市最佳文明单位、广元市教育科研先进单位等。

表 5-67 幼儿入园、学生入学统计表

		2019	2020	2021	2022	2023
幼儿园	班数	4	4	5	6	4
	人数	151	149	134	140	88
1—6 年级	班数	12	12	12	12	11
	人数	479	435	403	400	308

表 5-68 领导任职简况

姓名	性别	籍贯	职务	任职时间	备注
安孝华	男	四川剑阁	校长、党支部书记	2008.01—2010.08	
孙涛川	男	四川剑阁	教务主任	2008.09—2010.08	
魏康熙	男	四川剑阁	副校长、工会主席	2008.09—2010.08	
魏国彬	男	四川剑阁	政教主任	2008.09—2010.08	
刘青秀	女	四川剑阁	教科室主任	2009.09—	

表5-68（续）

姓名	性别	籍贯	职务	任职时间	备注
田伯明	男	四川剑阁	校长、党支部书记	2010.08—2019.08	
			廉勤委主任	2019.09—2022.08	
龚永彬	男	四川剑阁	副校长、工会主席	2010.09—2018.08	
刘春燕	女	四川剑阁	教务主任	2010.09—2019.08	
高居相	男	四川剑阁	政教主任	2010.09—2022.08	
周林和	男	四川剑阁	副校级纪检监察员	2011.09—2022.08	
杨柏富	男	四川剑阁	副校长	2017.09—	
			工会主席	2018.09—	
唐剑峰	男	四川剑阁	校长、党支部书记	2019.09—	
杨丽萍	女	四川剑阁	副校长	2019.09—	
赵成武	男	四川广元	教务员	2019.09—2021.08	
			政教员	2021.09—2022.08	
			党建办副主任	2022.09—	
张文杰	男	四川剑阁	总务员	2021.09—2022.08	
			总务主任	2022.09—	
徐娇	女	四川剑阁	教务员	2019.09—2022.08	
			教务副主任	2022.09—	

学校教职工名录

在职教职工（37名）：

唐剑峰	杨柏富	张文杰	赵成武	高居相	田伯明	刘国生	陈益锐	龚永彬
周林和	王庆南	戚霞*	龚亚军*	银华*	梁春华*	杨小青*	蒲林明*	徐娇*
杨丽萍*	刘青秀*	王晓莉*	王小燕*	母清安	杨星贤	胥建国	刘宇遥	何金坪*
刘明杰	赵敏羽*	燕星蓉*	宋静*	杨婷婷*	廖梦婕*	洪金蓉*	赵锡生	边红梅*
唐永年								

退休职工（27名）：

刘绍贤	刘秀蓉*	王明武	刘永生	杜长禄	朱华枝	侯锐华*	徐绍英*	魏天炳
赵志培	梁仔林	魏国勃	魏康熙	张瑞生	刘建芳*	舒春蓉*	向元明	梁锡光
杨正林	魏红莲*	袁世少	魏水	吕桂英*	刘剑鸣	王桂蓉*	母建生	李贵

小剑小学

剑阁县小剑小学校创办于1965年，坐落于巍峨的鸡心寨下，崎岖的小吊岩旁，清幽的小剑山间。学校占地面积5 060平方米，目前有5个教学班（其中2个小学单式教学班、2个小学复式教学班、1个幼儿班），学生总数38人，教职工12人。学校提出"爱洒阳光，快乐成长"的办学理念，以"美丽乡村学校"为办学目标，以留守儿童关爱为核心，希望用爱的教育成就农村孩子的梦想。

经过义务教育基本均衡县创建后，学校发生了巨大的变化。学校新建教师周转房、食堂等总面积达 450 平方米；教学设施设备日益完善，拥有 1 间"同步课堂"教室，以及计算机教室、实验仪器室、心理咨询室、图书室、阅览室、音乐室、美术室、器材保管室等多功能设施；增添了电脑、视频监控、数字音响广播、"班班通"等现代化的教育教学设备；配置了大量体育、音乐、美术、科学等器材。

社会各界关爱进入校园。近年来，学校先后接受了中央人民广播电台"乡村之声"栏目、四川电视台科教频道、广元电视台、剑阁电视台的采访报道，提高了学校知名度。省、市、县各级领导多次深入小剑小学看望、慰问留守儿童；上海市闵行区政协捐资 10 万元，购买了一大批教育技术装备，极大地改善了学校的办学条件；中国电信广元分公司为小剑小学学生捐赠价值 45 万元的"学子卡"；广元树人幼儿园为小剑小学捐赠价值 1 万多元的玩具和草坪；近两年收到广元开放大学、广元市八二一中学教育帮扶资金 7 万余元，更换了教育教学设施设备，改善了校园环境。

学校坚持"科研兴校，科研强校"的指导思想，与广元实验小学、剑阁县龙江小学、广元树人幼儿园等学校结对子，定期派教师参与教研活动。借助小微学校联盟，七所学校定期开展研讨活动，相互取长补短，抱团发展，效果明显。在"有效教学"研究中探索新思路，教师根据课堂内容改变授课地点，花园内、乒乓台上、校园外、实践基地内都可以是课堂，提高了课堂效率。开展"每周一课"活动，人人参与，人人过关。发挥骨干教师、教学能手的示范和引领作用，促使教师学习课改精神和理念，积极钻研新教材。通过系列措施，小剑小学教师的教学水平提高了，教师正在由"教书型"向"科研型"转变。同时，学校教学质量明显提升，近三年连续获得县教育局教学质量表彰。

学校先后被评为"四川省卫生单位""广元市绿色生态学校""广元市文明单位""广元市星级留守儿童之家""广元市首批美丽乡村学校""剑阁县最佳文明单位""剑阁县学校安全管理先进单位""2021 年德育工作先进单位""2023 年教育教学质量二等奖"等荣誉和奖励。

表 5-69　幼儿入园、学生入学统计表

		2019	2020	2021	2022	2023
幼儿园	班数	1	1	1	1	1
	人数	12	17	20	16	8
1—6 年级	班数	4	3	3	3	4
	人数	51	50	44	39	30

表 5-70　领导任职情况

姓名	性别	籍贯	职务	任职时间	备注
徐邦友	男	四川剑阁	校长、党支部书记	2008.01—2010.08	
王君朝	男	四川剑阁	校长、党支部书记	2010.09—2011.08	
蒲雪梅	女	四川剑阁	教务副主任	2010.09—2011.08	
			教务主任	2011.09—2012.08	
			副校长	2012.09—2013.08	
郭永昌	男	四川剑阁	校长、党支部书记	2011.09—2015.08	
余国燕	女	四川广元	教务副主任	2012.09—2013.08	
			教务主任	2013.09—2014.08	
			副校长	2014.09—2016.08	

姓名	性别	籍贯	职务	任职时间	备注
陈宗利	男	四川剑阁	政教副主任	2013.09—2014.08	
			政教主任	2014.09—2015.08	
武子国	男	四川剑阁	校长、书记	2015.09—2022.08	
陈小芳	女	四川剑阁	教务主任	2019.09—2022.07	
			副校长（主持学校工作）	2022.08—	
余垚	男	四川成都	德育副主任	2019.09—2022.07	
			德育主任	2022.08—	

学校教职工名录

在职教职工（12名）：

陈小芳*　王红梅*　范秀梅*　熊　芳*　罗　丹*　李　阳*　杨　琅*　尹　丽*　赵从海
余　垚　王玉军　杨聪明

退休教职工（8名）：

蒲定强　吕昌贵　戚兴林　聂在华　刘在清　梁正清　张天福　范玉泉

张王小学

剑阁县张王小学校位于剑阁县东北部，嘉陵江畔。地处剑门关风景区剑门山系延伸地带，距新老县城仅30余公里。学校始建于新中国成立之前，校址几经更易。1989年中、小学分设，2013年春再合并为九年一贯制学校。2017年根据实际布局调整，撤并初中后成为一所全日制完全小学。

坐落于张王镇场镇青龙街186号的张王小学现有教学班6个、小学生130人（另有在园幼儿63人），有专任教师27人（含上挂市、县教育局和督导责任区各1人），教师学历合格率达100%。学校占地面积11 684平方米，校舍面积5 426.27平方米，教辅用房1 425平方米，运动场面积4 660平方米。有计算机65台（其中学生使用46台）、图书3 728册，学校固定资产为1 258.62万元，教学仪器设备价值59.76万元，办学条件主要指标全部达标。

学校秉承"以诚治学，培养习惯，发展个性，奠基未来"的办学理念，以"让每一个学生得到健康发展"为培养目标，把"乐观、乐学、善行、善思"作为校训，把"让读书成为好习惯""教为学服务，教与学相长""敏而好学，不耻下问"分别作为学校的校风、教风和学风。

在上级领导的关心和支持下，学校办学条件逐步改善，师资力量明显增强，办学效益逐年提升。学校先后被评为四川省第十五届中小学生艺术人才大赛（广元赛区）先进集体、广元市安全工作先进集体、广元市少先队工作先进集体、广元市学校安全管理先进集体、广元市第二批"美丽乡村学校"，相继获得剑阁县年度目标考核优秀单位、剑阁县文明校园、剑阁县教学质量二等奖等荣誉。

表 5-71　幼儿入园、学生入学统计表

		2013	2014	2015	2016	2019	2020	2021	2022	2023
幼儿园	班数	2	2	3	2	2	3	3	3	3
	人数	66	56	118	77	79	79	85	73	64

		2013	2014	2015	2016	2019	2020	2021	2022	2023
小学1—6年级	班数	6	6	6	6	6	6	6	6	6
	人数	222	216	220	233	195	165	141	129	130
初中7—9年级	班数	3	3	3	3	—	—	—	—	—
	人数	110	91	83	62	—	—	—	—	—

表5-72　领导任职简况

姓名	性别	籍贯	职务	任职时间	备注
龚永彬	男	四川剑阁	校长书记	2008.01—2010.07	
杜光鹏	男	四川剑阁	教导主任、工会主席	2008.01—2012.12	工会主席至2015.08
			副校长	2013.01—2022.07	
母仔彬	男	四川剑阁	教科室主任	2008.09—2010.06	
			副校长	2010.07—2013.01	
			书记	2013.02—2013.06	
			校长、书记	2013.07—2017.07	
母友寿	男	四川剑阁	教科室副主任	2008.01—2013.01	
			教科室主任	2013.02—2015.07	
			工会主席	2015.08—2022.08	
姜庆先	男	四川剑阁	校长	2013.02—2013.08	
李杰林	男	四川剑阁	政教副主任	2013.02—2013.08	
岳　诚	男	四川剑阁	政教副主任	2012.09—2013.08	
			教务副主任	2013.09—2015.07	
			教务、主任	2015.08—2022.08	
王成北	男	四川剑阁	教科室副主任	2015.08—2021.07	
			教科室主任	2021.08—	
王安良	男	四川剑阁	政教副主任	2015.08—2021.07	
			政教主任	2021.08—	
张友财	男	四川剑阁	后勤副主任	2015.08—2021.07	
			后勤主任	2021.08—	
王东晓	男	四川剑阁	校长、书记	2017.07—	
范学武	男	四川剑阁	副校长	2019.09—	
魏晓蓉	女	四川剑阁	教务副主任	2022.08—	

学校教职工名录

在职教职工（27名）：

王晓东　　张天锦　　杜光鹏　　范学武　　赵仕林　　贺　倩*　李文科　　张永欢*　冯启坤

权星如*　母友寿　　母晓梅*　蒲丽琼*　魏晓蓉*　李伯生　　王玉霞*　王成北　　张　敏*

任友雄　　姜云平　　张友财　　刘森尧　　张万海　　岳怀伟　　刘东波　　王安良　　岳晓蓉*

退休教职工（25名）：

张联海　　杨如玉*　　魏　聪　　魏连生　　马长生　　朱建生　　母建生　　杨文枝　　任友坤

母清周　　母银祥　　李文连　　向春发　　刘朝伦　　任召志　　梁坤林　　母徐林　　刘映凡

任大奇　　岳翠联*　　王永萍*　　魏永龙　　张庭福　　王玉璋　　安孝国

江口嘉陵学校

2013年亭子口水利枢纽工程建设，江口中、小学校由原来老场镇迁址新建。2017年8月江口中、小学合并，更名为剑阁县江口嘉陵学校。江口嘉陵学校是一所九年一贯制学校，地处剑阁县东北部边缘，嘉陵江与闻溪河交汇处，距离剑阁县城大约45公里。学校环境优美、风光宜人、文化深厚、设备配套、师资雄厚、制度完善、管理严格、校风优良。学校现有初中生190人、小学生532人、幼儿158人，有教职员工62人。

经过国家义教均衡、教育扶贫政策的实施，学校先后增添了17个班的多媒体教学设备、19 536册图书、60余台学生电脑，配齐了各功能室的实验器材。2019年学校领导联系了当地在外创业成功人士蒲映广并得到大力支持，其捐赠了价值4万多元的学生桌凳100套，2020年8月又无偿捐赠价值10多万元的幼儿设备1套。学校利用中央资金进行运动场改建，乡村学校师生能享受到灯光篮球场和足球场。

近年来，在全校教职员工辛勤耕耘下，学校呈风正心齐、勠力同心的良好发展态势。全县基地班招生考试共10多人被录取，小考中考成绩居全县前列，先后获得县文明单位、县校风示范单位、县"八好一满意"学校、县教育教学目标考核先进单位、市级卫生单位、县目标考核追赶跨越先进集体、市级文明校园、广元市中小学球类运动会小学女子足球类第四名和第二名等荣誉和奖励。2023年12月，学校创建为全国青少年校园足球特色学校。

表5-73　幼儿入园、学生入学统计表

		2019	2020	2021	2022	2023
幼儿园	人数	159	158	146	149	110
	班数	5	5	5	5	4
1—6年级	人数	569	523	473	406	360
	班数	15	13	12	12	12
7—9年级	人数	177	190	197	195	161
	班数	6	6	6	6	6

表5-74　领导任职简况

姓名	性别	籍贯	职务	任职时间	备注
杨星雄	男	四川剑阁	校长	2008.01—2011.08	江口小学校
			书记校长	2009.01—2011.08	
杨柏富	男	四川剑阁	教务主任	2006.08—2012.08	江口小学校
			副校长	2012.09—2017.08	
周林和	男	四川蓬溪	教科室主任	2009.09—2011.08	江口小学校
刘晓华	女	四川剑阁	教务主任	2012.09—2014.08	江口小学校

表5-74(续)

姓名	性别	籍贯	职务	任职时间	备注
张光湘	男	四川剑阁	政教主任	2009.08—2010.08	江口小学校
			副校长	2010.09—2012.08	
王显军	男	四川剑阁	书记、校长	2010.08—2017.08	江口小学校
王洪刚	男	四川剑阁	教科室主任	2012.09—2018.08	江口小学校
杨林旭	男	四川盐亭	副校长	2013.09—2018.08	江口小学校
蒲元波	男	四川剑阁	政教主任	2013.09—2017.08	江口小学校
			政教主任	2017.09—2022.08	江口嘉陵学校
			党建办主任	2022.08—	江口嘉陵学校
黄正达	男	四川剑阁	教务主任	2015.09—2017.08	江口小学校
			教务主任	2017.09—2022.08	江口嘉陵学校
			政教主任	2022.08—	
王雄安	男	四川剑阁	书记、校长	2006.09—2008.10	江口中学
张春平	男	四川剑阁	教务主任	2006.09—2009.08	江口中学
			副校长	2009.09—2009.08	
黄有斌	男	四川剑阁	政教主任	2006.09—2009.08	江口中学
			副校长	2009.09—2013.08	
周廷贵	男	四川剑阁	总务主任	2007.09—2017.08	江口中学
			总务主任	2017.09—2022.08	江口嘉陵学校
王继伟	男	四川剑阁	教务主任	2007.09—2013.08	江口中学
			副校长	2013.09—2017.08	江口中学
			副校长	2017.09—2018.08	江口嘉陵学校
尤德超	男	四川剑阁	教科室主任	2009.09—2010.08	江口中学
			政教主任	2010.09—2013.08	
			政教主任、工会主席	2013.08—2015.08	
张　志	男	四川剑阁	副校长	2010.09—2013.08	江口中学
			书记、副校长	2013.09—2016.08	
			书记	2016.09—2017.08	
汪玉霞	男	四川剑阁	教科室主任	2010.09—2013.08	江口中学
			副校长	2013.09—2017.08	
			副校长	2017.09—2022.08	江口嘉陵学校
			副书记	2022.08—	
杨在初	男	四川剑阁	校长	2013.10—2015.08	江口中学
贾升朝	男	四川剑阁	教务主任	2013.09—2016.08	江口中学
刘　强	男	四川剑阁	校长	2015.09—2017.08	江口中学
			书记、校长	2017.09—2019.08	江口嘉陵学校

表5-74（续）

姓名	性别	籍贯	职务	任职时间	备注
何 印	男	四川剑阁	书记、校长	2019.09—	江口嘉陵学校
王德波	男	四川剑阁	副校长	2019.09—	江口嘉陵学校
高照勇	男	四川剑阁	副校长	2019.09—2021.08	江口嘉陵学校
王顺心	男	四川剑阁	副校长	2022.08—	
左谏明	男	四川剑阁	政教主任	2018.09—2022.08	江口嘉陵学校
			副校长	2022.08—	
吴玉亮	男	四川剑阁	教务主任	2018.09	江口嘉陵学校
魏松生	男	四川剑阁	教科室主任	2018.09	江口嘉陵学校
张文雄	男	四川剑阁	后勤主任	2022.08—	江口嘉陵学校
母四春	男	四川剑阁	党建办副主任	2022.08—	江口嘉陵学校

学校教职工名录（2017年）

2017年江口中学教职工（26名）：

刘 强　周廷贵　魏松生　王彦涛　吴玉亮　刘江成　王政贤　张文雄　雷顺林
母泗春　张必政　张柏林　姜有甫　唐 静*　白春艳*　张永凤*　李 菁*　汪玉霞*
张 丹*　李雅婷*　王 凤*　田秀明*　吴秀英*　梁钟芳*　何慧君*　蒋红梅*

2017年江口小学教职工（33名）：

王显军　何 杰　戚松山　廖锷山　何海跃　杨全林　张忠高　刘乃青　刘春英*
杨 柳*　朱 秘*　张 婷*　范入丹*　赵 霞*　韩喜红*　何 芹*　何晓佳*　蹇丽君*
李 可*　李 玲*　李梦霞*　张长青*　刘志清*　黄正达　蒲元波　王彩云*　张德选
柳洋洋*　马 琳*　颜荣周　王洪刚　杨百富　杨林旭

学校教职工名录

在职教职工（63名）：

何 印　马义兰　周廷贵　岳成林　魏松生　王彦涛　吴玉亮　左谏明　刘江成
王德波　王政贤　黄正达　蒲元波　朱晓风　张文雄　何 杰　刘 强　戚松山
雷顺林　母四春　何海跃　杨全林　张柏林　张忠高　王显军　姜有甫　王顺心
杨开勇　雍小红*　刘春英*　唐 静*　王建明*　朱 秘*　张 婷*　白春艳*　张永凤*
王丹丹*　汪玉霞*　杨 芳*　赵 霞*　韩喜红*　何晓佳*　蹇丽君*　李 可*　田秀明*
李 玲*　李梦霞*　王 芳*　李瑞林*　刘志清*　何慧君*　马 琳*　蒋红梅*　马 琼
陈 红*　侯璐瑶*　李双双*　杨 倩*　冉春阳*　靳丫丫*　邓露萍*　董紫婷*　张小雪

退休教职工（46名）：

何进朝　颜继林　颜继清　张有明　雷文显　刘思彦　蒲含贵　刘启松　王成功
冉成明　母培田　张正书　冉全山　蒲绍祥　黄大权　张俸明　杜祖德　张玉石
张碧华　张越昌　母秋生　李东生　蹇富元　颜荣周　张德选　鲁成松　戚国升
魏可嘉　鲜金海　张绍明　张宗义　杨钰芳　张长青*　刘菊章*　王文珍*　苏仕芳*
阳莉华*　李桂芳*　祝玉珊*　黄永湘*　唐 淑*　程映卓*　雷秀华*　王彩云*　冉秀英*
吴秀英*

木马中学

　　四川省剑阁县木马初级中学校是一所寄宿制农村初级中学，地处剑苍路距普安镇 26 公里的木马场镇，有着 50 多年的办学历史。学校占地面积 15 317 平方米，其中房屋建筑面积 9 338.64 平方米，操场 5 162.5 平方米（篮球场 3 个，全部硬化），绿化面积 816 平方米，教学、活动、生活区分离。木马镇、店子镇、樵店乡、陈江乡所辖学生就读于木马中学，有在校学生 380 人。现有教职工 36 人，其中高级教师 9 人、中级教师 9 人；有市、县级骨干 6 人，市、县优秀教师 18 人。现有教学班 9 个。

　　学校环境优美、设施设备配套齐全。2008 年后，木马中学新建综合楼、学生公寓，硬化学校操场，购学生床 380 套、课桌 440 套，建网络教室 1 间，购电脑 46 台。2020 年至 2021 年义教均衡期间，学校筹集 60 余万元购物理、化学、生物、数学、音乐、美术、体育设备 1 套，筹集 10 余万元购图书 7 500 余册。2019 年至 2023 年期间学校自筹资金购一体机 8 套，上级配备 2 套，实现班班通。

　　2023 年，学校继续遵循"转观念，树形象，提质量，改面貌，促和谐，求发展"的办学思路，秉承"责立家乡、任当中国"的校训，坚持"立德树人，五育并举，全面发展"的办学理念，以教育教学为中心，狠抓制度建设和内部管理，加强教师队伍建设，努力提升教师的职业道德和质量意识，以生本德育和生本有效课堂为抓手，扎实推行教学改革，提升了课堂的有效性和德育活动的实效性。

　　学校组织了篮球、乒乓、竖笛、合唱、书法、国画、信息技术、英语口语等 9 个学生社团，定期开展活动，期末进行汇报表演，学生的兴趣爱好得到培养，艺术素养得到提升，丰富了学生的校园活动。

　　2019 年，木马中学初中毕业生王苏同学以 662 分荣膺广元市高考文科状元，被北京大学录取，木马中学荣获"高中教育发展结果考核特优名优培养奖"，广元市人民政府奖补 5 万元。学校成功创建广元市"市级平安校园"、广元市"文明校园"，被评为德育工作先进集体、中考体育先进集体、学习型党组织、先进基层党组织、市五四红旗团支部、目标考核优秀单位。

表 5-75　学生入学统计表

		2019	2020	2021	2022	2023
7—9 年级	班数	9	9	9	9	9
	人数	308	334	373	419	380

表 5-76　领导任职简况

姓名	性别	学历	籍贯	职务	任职时间
王爱民	女	本科	四川剑阁	校长	2008.01—2012.08
张宗焱	男	本科	四川剑阁	副校长	2008.01—2010.08
苟奇国	男	本科	四川剑阁	副校长	2008.09—2009.09
刘强	男	本科	四川剑阁	副校长	2008.09—2009.09
杨军	男	本科	四川剑阁	副校长	2010.08—2013.09
王晓嵬	男	专科	四川剑阁	校长	2012.09—2013.08
张宗焱	男	本科	四川剑阁	书记校长	2013.09—2022.08

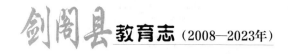
表5-76（续）

姓名	性别	学历	籍贯	职务	任职时间
蒲元坤	男	本科	四川剑阁	书记校长	2022.09—
郭绍军	男	本科	四川剑阁	副校长	2013.09—
黄大勇	男	本科	四川剑阁	教务主任	2008.01—2012.08
				副校长	2012.09—
张天良	男	本科	四川剑阁	政教副主任	2010.09—2012.08
				教务主任	2013.09—2022.08
				副书记	2021.09—
王洋	男	本科	四川剑阁	政教副主任	2013.09—2015.08
				政教主任	2015.09—
				工会主席	2021.09—
刘才华	女	本科	四川剑阁	教务副主任	2008.09—2012.08
王容成	女	本科	四川剑阁	教务副主任	2022.09—
严勇益	男	本科	四川剑阁	教科室主任	2008.01—2012.08
杨发双	男	本科	四川剑阁	教科室副主任	2013.09—2015.08
				教科室主任	2015.09—
李治	男	本科	四川广元	团委书记	2013.09—2018.08
				总务副主任	2018.09—2022.08
				教务主任	2022.09—
张国锦	男	本科	四川剑阁	总务副主任	2022.09—
何杨	男	本科	四川剑阁	政教主任	2008.01—2009.08
王立武	男	本科	四川剑阁	政教副主任	2011.08—2013.08
郭勇熙	男	本科	四川剑阁	德育处副主任	2019.09—
杨光祥	男	本科	四川剑阁	团委书记	2018.09—2022.08
张耘耀	男	本科	四川旺苍	团委书记	2022.09—

学校教职工名录

在职教职工（36名）：

蒲元坤　左思波　左　玉*　胡兰兰*　任小丽*　王　蓉*　韩　笑*　黄大勇　张国锦
魏　昱*　李治　王　婷*　李伟　赵小红*　王容成*　王洋　马　瑜*　杨发双
赵敏　郭亚丽*　任文明　郭勇熙　罗中青　尹成福　张天良　郭绍军　张耘耀
苏春燕*　罗永相　李方龙　苟　燕*　汪娜娜*　赵　燕*　牟欢欢*　岳丹婷*　张　婷*

退休教职工（11名）：

王本成　李光华　杜祖辉　郭绍玺　杨发俭　张文敏　徐泽枝　王正兴　陈桂英*
文宣慧　黄正中

木马小学

剑阁县木马小学位于剑阁县东北部，距剑阁老县城 25 公里，东与昭化区陈江乡和青牛乡接壤，是一所农村完全小学。学校始建于光绪三十二年（1906 年）。学校占地总面积 7 628.26 平方米，建筑面积 8 226.03 平方米。学校依山而建，环境优美，为木马镇所辖 8 个行政村和 1 个居委会适龄儿童提供基础教育服务。学校现有专任教师 39 人，大专及以上学历者 39 人，达标率为 100%。学校现有小学教学班 12 个、幼儿班 5 个，在校学生 566 人。

"5·12"大地震突袭，学校房屋 100% 受损，拆除教学楼、师生食堂、老学生宿舍楼、教师办公室等师生用房近 3 000 平方米，维修加固学生宿舍楼、教工宿舍等 2 000 多平方米。灾后恢复重建具体情况为：1 800 平方米的教学楼（包括天桥和校门）被规划为黑龙江援建工程，投资 284 万元，980 平方米的学生宿舍和 430 平方米的师生食堂被列为中央资金重建工程，投资 279 万元；所有工程总投资 563 万元，于 2009 年 3 月开工，经过 6 个月的艰苦施工后全部竣工。

木马小学的"留守儿童之家"，于 2014 年被评为"星级留守儿童之家"。2016 年 9 月成立少年宫，开设舞蹈、器乐、棋艺、书画、经典诵读、心理咨询、羽毛球、篮球、乒乓球等项目。每周二、周四全面开班。孩子们根据自己的兴趣爱好自选少年宫活动室，参加率高，收效显著，娱乐性好；少年宫真正是孩子的快乐园。每年在四川省艺术人才大赛中，均有多人获奖。

学校先后获得"广元市星级留守学生之家""师德建设先进集体""四川省优秀艺术人才大赛先进单位""目标考核优秀单位""少年百科知识竞赛优秀集体""四川省绿色学校""东西部教育协作儿童平安护航计划转训活动先进集体"等荣誉称号。

表 5-77　幼儿入园、学生入学统计表

		2019	2020	2021	2022	2023
幼儿园	人数	226	229	210	202	175
	班数	5	5	5	5	5
1—6 年级	人数	533	502	460	400	391
	班数	12	12	12	12	12

表 5-78　学校领导任职简况

姓名	性别	籍贯	学历	职务	任职时间	备注
王显军	男	四川剑阁	本科	校长、书记	2008.01—2010.08	
张天严	男	四川剑阁	本科	校长、书记	2010.08—2018.08	
王军生	男	四川剑阁	本科	校长、书记	2018.08—	
汪小华	女	四川剑阁	本科	教科室主任	2018.01—2010.08	
郑怀生	男	四川剑阁	专科	后勤主任	2008.01—2010.08	
李怀明	男	四川剑阁	本科	教导处主任	2008.01—2009.03	
				副校长	2009.04—2011.07	
张贵杰	男	四川剑阁	本科	教务副主任	2009.09—2010.08	
				教务主任	2010.09—2011.08	

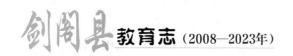
表5-78（续）

姓名	性别	籍贯	学历	职务	任职时间	备注
尤思政	男	四川剑阁	本科	政教处副主任	2008.01—2010.08	
				教科室主任	2010.09—2012.01	
				教务主任	2012.01—2012.08	
				副校长	2012.09—	
严勇益	男	四川剑阁	本科	副校长	2012.09—	
母秀华	女	四川剑阁	本科	教科室副主任	2011.08—2013.08	
				教科室主任	2013.08	
邢国波	男	四川剑阁	专科	德育处副主任	2010.09—2012.08	
				德育主任	2012.09—	
杜敏	男	四川剑阁	本科	教务副主任	2013.08—2015.08	
				教务主任	2015.09—	
郑虎	男	四川剑阁	本科	总务副主任	2019.08—2022.08	
				总务主任	2022.09—	

教职工名录

在职教职工（39名）：

王军生	张 天	严勇益	郭绍钦	尤思政	黄正国	郑勇生	王浩然	邢国波
杜 敏	王国江	郑 虎	颜德林	张德龙	母雪彬	陈亚鹏	何发荣	母彦江
李春梅*	杨均蓉*	张春芳*	母秀华*	梁润英*	侯冬梅*	李莉明*	魏艳霞*	雷佳玲*
王 婷*	罗雪燕*	田双双*	林倩榕*	白玉琳*	张玉娟*	康玉平*	李沂珉*	向 雪*
赖 毅*	邢慧婷*	徐 畅*						

退休教职工（18名）：

张绍柏	石明珠	王永生	李清龙	王在雄	李春松	张全健	郭海先	王明嵩
郑怀生	卫 棋	石光成	尤德强	王明富	李培勇	王仁和	熊正洪	张述兰*

高观小学

剑阁县高观小学校位于剑阁县东北方向，始建于1952年，建校初校址位于高观场玄穹观。1965年迁至现址（高观乡黄坪村二组）。学校占地面积13 340平方米，教学及辅助用房1 326平方米。学校拥有科学实验室、图书室、音乐室、美术室、云计算机网络教室等多个功能室。学校现有小学生108人，专任教师24人，在职教师学历达标率为100%；有高级教师6人、中级及以上专业技术职务者10人，有市级骨干教师3人、县级骨干教师6人。

高观乡2018年升格为高观镇，2020年撤高观镇并入剑门关镇。

在高观乡党委和政府的关心支持下，在历届教师的辛勤耕耘下，高观小学的办学质量一直稳居全县前列，学校先后获得"中小学思想道德建设工作先进集体""教育科研先进学校""教育目标考核优秀集体""小学教育质量考核一等奖"等荣誉称号。

近年来，学校挖掘了四川省非物质文化遗产——高观皮影，利用课外活动时间，聘请高观皮影传承人母培德给兴趣班的孩子授课，为高观乡非物质文化传承做出了自己应有的贡献。"书香启智，足球健体"的校园特色正在逐步彰显。

表 5-79 幼儿入园、学生入学统计表

		2019	2020	2021	2022	2023
幼儿园	人数	81	65	62	58	45
	班数	3	3	3	3	3
1—6 年级	人数	194	168	145	123	108
	班数	6	6	6	6	6

表 5-80 学校领导任职简况

姓名	性别	籍贯	职务	任职时间	备注
戚文林	男	四川剑阁	书记	2008.01—2011.08	
杜泽周	男	四川剑阁	校长	2008.01—2009.02	
郭庚林	男	四川剑阁	校长	2009.02—2011.08	
王君朝	男	四川剑阁	书记、校长	2011.09—2015.08	
张文成	男	四川剑阁	书记、校长	2015.09—2017.08	
吴朝利	女	四川剑阁	书记、校长	2017.09—	
蒲元坤	男	四川剑阁	副校长	2008.01—2010.08	
陈金玉	男	四川剑阁	教务主任	2008.01—2010.08	
			副校长	2010.09—	
杨正勇	男	四川剑阁	教务主任	2008.01—2009.08	
魏彦林	男	四川剑阁	政教副主任	2010.08—2012.08	
			政教主任	2012.08—2016.08	
母少斌	男	四川剑阁	教务副主任	2013.09—2016.08	
王国汉	男	四川剑阁	教务副主任	2018.09—	
张晓英	女	四川剑阁	后勤副主任	2018.09—	
江汶芮	女	四川剑阁	德育副主任	2018.09—2020.08	调出
杨 清	女	四川广元	教务副主任	2022.09—	

学校教职工名录

在职教职工（24 名）：

吴朝利* 张文成 陈金玉 王国汉 张晓英* 张开宪 塞发财 韩林杰 刘琳琳*

刘玉勤* 李 建* 杨 清* 何 红* 董翠霞* 陈昱静* 王秋萍* 崔建华* 刘瑞平*

刘小慧* 杨 雁* 梁琳竺* 邓莉娟* 何 婷* 赵 娅*

退休教职工（21 名）：

戚文林 何德均 李洪德 蒲永清 陈海南 魏文周 魏宪生 魏富生 母 均

雷正文 魏煜初 魏全山 张正甫 梁永莲 母建华 魏述华 塞明智 李映芳

李永康 母中容 张平芳

柏垭小学

剑阁县柏垭小学校始建于1926年柏垭青云观私塾，历经三次迁址，1953年正式迁入原乡公所，到1963年迁入现柏垭乡政府位置，最终于1971年迁入现柏垭小学位置，地处剑苍路距普安老县城20公里处。校园占地总面积8 170平方米，生均占地面积47.5平方米，总建筑面积3 838平方米，校园多株法国梧桐枝繁叶茂，环境清幽，风景秀丽。学校招生服务范围为木马镇柏垭村、共同村、新庙村、柳青村、井泉村及周边毗邻乡镇村，覆盖人口7 000余人。

学校位于柏垭场镇中部，前后校门临街，西南毗邻乡村田园。2023年秋在校学生172人（其中幼儿园学生41人、小学131人），8个教学班（其中幼儿园2个班、小学6个班）；现有教职工23人、在职教职工17人，其中副高级教师2人、中级教师8人。"5·12"地震后，经过黑龙江省的灾后重建和现代重工（中国）对口援建教学楼、学生宿舍楼、运动场硬化，再经过义务教育基本均衡创建，教育扶贫项目建设，学校拥有多媒体教室、云计算机网络教室、科学实验室、音乐室、舞蹈室、美术室、图书室、阅读室、体育室等功能室，全面实现班班通，设施齐全，功能齐备，器材充裕。柏垭小学的办学条件发生了天翻地覆的变化，孩子们也能在家门口享受同城市孩子一样的优质教育。

学校秉持"养成好习惯 成就好人生"校训，以"尚德崇文 健康发展"的教育理念，从日常的学习习惯、活动习惯、就餐习惯、就寝习惯等方面细节入手，强化训练，形成良好的个人习惯，通过"礼仪教育，让孩子做一个懂得感恩、文明礼貌的人"特色教育，形成"遵纪守法 团结和谐 开拓进取 求真务实"的校风、"敬业爱生 严谨治教 厚德博学 勇于创新"的教风、"尊师敬友 乐学好问 勤学多练 全面发展"的学风。

2020年7月25日，学校接受了国务院脱贫攻坚督查组教育扶贫控辍保学专项督查，督察组组长、水利部副部长魏山忠对柏垭小学的控辍保学工作予以充分肯定并给予高度评价。学校先后获得多项荣誉称号和奖励：2012年、2019年目标考核优秀单位，2022年目标考核一等奖；2011—2012年度、2016—2017年度、2021—2022年度教育质量三等奖；广元市2019—2020年度教育宣传信息工作先进单位；2019年成功创建省级卫生学校、省级无烟学校。

表5-81　幼儿入园、学生入学统计表

		2019	2020	2021	2022	2023
幼儿园	班数	3	3	3	3	2
	人数	69	68	74	63	41
1—6年级	班数	6	6	6	6	6
	人数	199	184	164	142	131

表5-82　领导任职简况

姓名	性别	籍贯	职务	任职时间	备注
张天严	男	四川剑阁	校长	2008.01—2010.08	
			党支部书记	2008.01—2010.08	
张荣昌	男	四川剑阁	校长	2010.09—2013.08	
			党支部书记	2010.09—2013.08	
蒲元坤	男	四川剑阁	校长	2013.09—2022.08	
			党支部书记	2013.09—2022.08	

表5-82(续)

姓名	性别	籍贯	职务	任职时间	备注
贾德军	男	四川剑阁	校长	2022.09—	
			党支部书记	2022.09—	
王清安	男	四川剑阁	教科室副主任	2008.09—2009.08	
			教导主任	2009.09—2011.08	
			副校长	2011.09—2015.08	
廖俊军	男	四川剑阁	政教副主任	2011.09—2013.08	
			政教主任	2013.09—2015.08	
			副校长	2015.09—	
李权颖	男	四川剑阁	教导副主任	2011.09—2013.08	
			教导主任	2013.09—2019.08	
			副校长	2015.09—2019.07	
杨 珊	女	四川剑阁	教导副主任	2018.09—2022.08	
			教导主任	2022.09—	
王顺心	男	四川剑阁	德育主任	2019.09—2022.08	
			政教副主任	2013.09—2019.08	
朱碧泓	女	四川剑阁	党建办副主任	2022.09—	

学校教职工名录

在职教职工（17名）：

贾德军 廖俊军 喻 波 王清安 王 浩 杨 珊* 朱碧泓* 杨丽红* 武 倩*
李泞均* 梁晓云* 王晓慧* 高 媛* 代彩霞* 蒲 婷* 彭 慧* 杨博雯*

退休教职工（19名）：

廖俊杰 魏炳朝 张 泉 黄正刚 王治发 彭在荣 魏 陵 魏光文 姜文泽
肖进锋 郭联荣 刘少勤 魏仁春 程映泽 张佑永 吕桂华* 王英明* 郭林英*
张卓清*

鹤龄中学

四川省剑阁县鹤龄中学是2004年8月25日由原四川省剑阁县鹤龄职业中学，与原剑阁县鹤龄初级中学校合并组建而成的剑阁县教育局直属高完中，融普、职于一体，实行"一套班子、两块牌子"、两个校区、统一规划、分部管理的办学体制。2010年9月职业高中开始暂停招生，2013年6月高中学生全部毕业离校，实行单一初中办学模式。

学校地处剑阁、苍溪、元坝、阆中四县（区、市）交界处，实行封闭式管理，在60多年的办学历史中，积累了丰富的办学经验，形成了优良的办学传统，办学效益突出，社会反响良好。

学校教学设施齐备，办学实力雄厚，现占地近44亩，建筑面积达2.9万多平方米，建有标准化塑胶运动场、学生艺术楼，配备有理化生实验室、微机室、多媒体教室、录播教室、师生图书阅览室等，有25个教学班，在校学生1 297余人。92名在职教职工中，有高级教师30人、一级教师21人，省、市、县骨干教师11名，市、县名教师4名，市县优秀教师、模范班主任20余人。专任教师均达到本科学历。目前，学校积极推行素质教育，着力课堂教学改革，提升课堂教学的有效

性，打造高效课堂，继续加强教师的培训工作，以适应教育快速发展的新形势。

学校先后获得各类荣誉和奖励 28 项："省首批合格职中""省少年百科知识竞赛优秀集体""市示范学校""市素质教育示范学校""市最佳文明单位""市园林式单位""市综合治理模范单位""市初中教育质量考核二等奖""省、市教育科研成果二等奖""市五四红旗团委""剑阁县名校""县目标考核优秀单位""县科研先进学校""县初中教育质量考核一等奖"等。

表 5-83　学生入学统计表

		2008	2009	2010	2011	2012	2019	2020	2021	2022	2023
7—9 年级	班级	30	26	26	22	20	21	24	24	24	24
	人数	2 015	1 796	1 559	1 100	920	1 057	1 239	1 224	1 357	1 297
高一至高三	班级	8	7	7	2	1	—	—	—	—	—
	人数	480	384	279	104	42	—	—	—	—	—

表 5-84　学校领导任职简况

姓名	性别	籍贯	职务	任职时间	备注
王钿森	男	四川剑阁	书记、校长	2008.01—2012.08	
罗中森	男	四川剑阁	工会主席 副校长	2008.01—2010.08	
苟锡飞	男	四川剑阁	副校长	2008.01—2011.08	
苟润林	男	四川剑阁	党支部副书记	2008.01—2010.08	
苟顺昌	男	四川剑阁	副校长	2008.01—2012.08	
齐坤勇	男	四川剑阁	书记、校长	2012.08—2018.07	
罗茂德	男	四川剑阁	办公室副主任	2008.01—2008.08	
			办公室主任	2008.08—2014.08	
			工会主席	2010.09—2013.12	
			副校长	2012.08—2017.08	
范文雄	男	四川剑阁	副校长	2012.08—2022.08	
杨国栋	男	四川剑阁	纪检监察员	2012.08—2013.08	副校级
尚君明	男	四川剑阁	书记、校长	2018.07—2022.09	
苟宗奎	男	四川剑阁	副校长	2019.09—2022.09	
苟国江	男	四川剑阁	书记、校长	2022.09—	
苟宗志	男	四川剑阁	副校长	2022.11—	
王洪昊	男	四川剑阁	副校长	2022.09—	
苟顺昌	男	四川剑阁	教务处主任	2008.01—2008.08	
侯朝祥	男	四川剑阁	教务处副主任	2008.01—2006.08	
李国飘	男	四川剑阁	教务处副主任	2009.03—2013.08	
			政教处主任	2013.09—2019.09	
王家之	男	四川剑阁	教务处副主任	2019.09—	

表5-84（续）

姓名	性别	籍贯	职务	任职时间	备注
罗显志	男	四川剑阁	教科室主任	2008.01—2014.08	
			工会主席	2013.12—2022.08	
陈继泽	男	四川剑阁	生产实习处副主任	2009.03—2015.08	
			教科室主任	2015.08—2018.03	
王作勇	男	四川剑阁	教务处副主任	2008.01—2008.08	
			教务处主任	2008.08—2014.08	
苟宗志	男	四川剑阁	教务处副主任	2009.03—2014.08	
			教务处主任	2015.08—2019.09	
郭海燕	女	四川剑阁	教务处副主任	2015.08—2019.09	
			教务处主任	2019.09—	
杨政康	男	四川剑阁	教科室副主任	2019.09—2022.09	
			教科室主任	2022.09—	
杨永业	男	四川剑阁	总务处主任	2008.01—2010.08	
杨恩建	男	四川剑阁	总务处副主任	2009.03—2012.08	
			总务处主任	2012.08—2018.08	
熊朝江	男	四川剑阁	总务处主任	2022.09—	
罗映波	男	四川剑阁	总务处副主任	2022.09—	
王洪昊	男	四川剑阁	政教处副主任	2009.03—2013.08	
			教务处副主任	2013.08—2015.08	
			办公室主任	2015.08—	
杨怀亮	男	四川剑阁	生产实习处主任	2008.01—2010.08	
万志军	男	四川剑阁	生产实习处副主任	2008.01—2009.03	
范文雄	男	四川剑阁	政教处主任	2008.01—2013.08	
熊朝江	男	四川剑阁	政教处副主任	2015.08—2019.09	
			德育处主任	2019.09—2022.09	
张玉川	男	四川剑阁	德育处副主任	2019.09—2022.09	
			德育处主任	2022.09—	

学校教职工名录

在职教职工（92名）：

苟国江	王怀超	王鹏宗	刘公章	罗显志	王发照	王作勇	李国朝	范文雄
王舜之	孟元华	苟宗志	罗茂德	苟学太	杨国勇	杨政康	王洪昊	梁彦之
王作东	张雄	王光松	杨寿山	李初明	李本贵	李养全	罗明月	熊朝江
赵宗桂	张全举	罗映波	张玉川	刘锦杰	王家之	张卓	岳小丰	祝颖
王先春	唐苏美*	罗玉蓉*	李鸿雁*	杨凤梅*	杨剑蓉*	王子秀*	何雪清*	袁慧敏*
胡艳*	左菊明*	郑阳平	李燕*	李敏*	余亮*	蒲凤*	何晓雪*	王娟*

谭 琼[*]　唐雨蝶[*]　张 希[*]　蒋 艳[*]　程 娇[*]　张韵笛[*]　李桃霞[*]　何国英[*]　吴 欢[*]

李 浩　唐智慧[*]　张 鹏　孙晓兰[*]　王统华[*]　白 露[*]　苟春容[*]　朱富强　李 莎[*]

赵齐玉[*]　袁童森　何菊贤[*]　朱金霞[*]　王 莉　余 瑶[*]　安 森　董 荣　王坤丽[*]

石 琴[*]　王 欢[*]　梁 慧[*]　李翠芹[*]　郭海燕　刘玉容[*]　罗云瑜　李秋容[*]　王永红[*]

蒲晓菡[*]　罗国蓉[*]

退休教职工（31 名）：

王跃生　杨恩建　苟润林　冉甫荣　郑长荣　曹国兴　杨永业　孙代珍[*]　何永谦

王正恒　苟锡飞　罗魏邦　王理明　张怀仲　杨 彪　梁 进　李克勤　李先觉

孙元洪　熊建海　杨怀猛　陈继祥　杨树敏　郭荣熙　杨怀贵　范祖雄　杨怀亮

薛荣强　王仲仁　薛捍民　李方琼[*]

鹤龄小学

剑阁县鹤龄小学校，始建于民国 15 年（1926 年），地处剑阁、苍溪、昭化三县区交界之中心集镇——鹤龄镇，占地面积约 15 000 平方米。学校办学历史悠久，文化底蕴深厚。学校环境优美，舒适宜人，是一所农村义务教育寄宿制完全小学。

2023 年秋季学校有 25 个小学班和 8 个幼儿班，在校学生共 1 362 人，全校共有教职员工 115 人。学校拥有一支师德高尚、业务过硬的教师队伍。现有专任教师 82 人，其中本科教师 65 人、专科教师 17 人；有高级教师 18 人、一级教师 22 人，省级骨干教师 1 人、市级骨干教师 7 人、县级骨干教师 5 人；教师学历合格率达 100%。

学校办学条件日趋完善，设施设备更加齐备。小学生均教辅用房 4.93 平方米，生均运动场 5.4 平方米，生均图书 17.3 册，每百名学生拥有计算机 8.3 台。数学（科学）仪器达标率为 97.37%，音体美仪器达标率为 95.95%，师生比为 1∶16.3。各班教室配备了现代化的一体机教学设备，建立了标准的科学实验室、美术室、舞蹈室、音乐室、云计算机室、图书室等功能室，配齐了数学（科学）、音体美仪器，综合办学条件达标。

历年来，鹤龄小学校始终坚持德育首位、教学中心的原则，秉承"为学校可持续发展创造条件，为学生终身发展奠定基础"的办学理念。学校倡行"志存高远，笃行勤学"的校训，发扬"修身敬业，爱生如子"教风，严格落实"双减"政策和"五项管理"，以发展学生素质为根本，以促进教师成长为关键，以提高课堂教学效率为原则，大力推行课堂教学改革，做实课后服务，广开艺术特色课程，根据自身特长，推出了创意美术、手工制作、棋类、钢琴、古筝、非洲鼓、街舞等 25 个特色内容共 46 个班，全校学生参与率高达 99.99%。像舞蹈、合唱、电子琴、古筝、绘画、手工、书法、乒乓球、羽毛球、篮球、武术等一批深受孩子们喜爱的艺体类科目正蓬勃开展。

近年来，学校先后被评为市级文明单位、廉洁学校建设示范学校、八好一满意学校、广元市艺术教育特色学校、"两基"工作先进集体、年度目标考核优秀单位、红色教育基地学校，荣获教育质量考核三等奖、学前教育管理二等奖等。

表 5-85　幼儿入园、学生入学统计表

		2019	2020	2021	2022	2023
幼儿园	班数	10	11	11	10	8
	人数	430	397	352	294	235
1—6 年级	班数	29	29	29	29	28
	人数	1 332	1 312	1 256	1 221	1 127

表 5-86 领导任职简况

姓名	性别	籍贯	职务	任职时间	备注
任泽邦	男	四川剑阁	书记、校长	2013.08—	
王思江	男	四川剑阁	德育主任	2005.07—2007.08	
			副校长	2007.09—2022.06	
			党支部副书记	2022.07—	
王玉清	女	四川剑阁	德育副主任	2014.09—2018.08	
			德育主任	2018.09—2022.06	
			副校长	2022.07—	
薛发春	男	四川剑阁	教务主任	2008.09—2015.08	
			副校长	2015.09—	
高能平	男	四川剑阁	德育副主任	2015.09—2018.08	
			德育主任	2018.09—2022.06	
			副校长	2022.07—	
王进春	男	四川剑阁	教务副主任	2014.09—2017.08	
			总务主任	2018.09—	
蔡青	男	四川南充	教务副主任	2018.08—2022.08	
			教务主任	2022.08—	
熊烨	男	四川盐亭	教科室副主任	2018.08—2022.08	
			党建办主任	2022.08—	
王席军	男	四川剑阁	德育副主任	2022.07—	
汪萍	女	四川剑阁	教务副主任	2022.07—	
王富利	女	甘肃陇南	学前管理办副主任	2023.08—	

学校教职工名录

在职教职工（81 名）：

任泽邦	黄近松	杨贵莲	薛发春	王思江	杨怀锋	王载军	陈友福	杨波
王进春	蔡青	伏洪杰	江汛	熊烨	管建云	高能平	郭永贵	王席军
金楷耀	杨钰昼	梁云鹏	张森	郑虎林	王绍容*	刘瑛*	左莉*	王玉清*
胡清华*	梁晓芳	王丽蓉*	靳晓艳*	何秋怡*	昝孟君*	林娜*	陈容*	刘小玲*
郭彦*	王秀月*	段彦琴*	穆小燕*	罗颖其*	尹丽*	孙莉*	汪萍*	胡瑶*
王珊*	苟晓蓉*	张爽*	蒋坤*	曹俭霞*	田娅娅*	张霜*	李璐*	方晓娇*
尹月明*	李嘉欣*	罗文*	张家丽*	唐翠萍*	张明欣*	郑娟*	佘璇*	何欢*
张瑜*	梁香萍*	曹晏宁*	杨婷*	张桃*	张雪婷*	王富利*	耿雪*	周媛*
黄光林*	李睿澜*	何丹*	杨怡*	杨棵涵*	杨彩明*	李冯娟*	甘琳聪*	恩扎结合*

退休教职工（63 人）：

陈大德	王奉生	王锡贵	杨思森	王德才	薛荣庆	陈光宏	王资贵	雍思德
杨洪润	何润生	张发义	杨洪熙	邝国发	母志银	郭子熙	陈继荣	杨明远
林候体	左灼元	张洪清	何满普	郭绍熙	杨树劲	王仕美	何禾	李恭全

薛占旋	陈继云	张正全	范跃成	杨玉乾	王声朗	冉镐荣	王立军	左大兴
杨 彦	郭树周	李兆凡	陈友兴	张舒汉	贾国庆	王作生	王学臣	严正辉
母训吾	杨树新	赵文俊	罗华生	王英华*	梁青枝*	薛惠华*	王慧英*	李术英*
薛红英*	侯永珍*	郭子兰*	王术英*	罗绍英*	何月英*	苟何蓉*	张雪芳*	杨素琴*

锦屏小学

锦屏小学校地处分香公路6公里处，位于锦屏乡场镇10号。在"5·12"地震后，国家拨付重建资金425万元，新建了综合楼、学生公寓和学生食堂。学校拥有功能齐全的实验室、多媒体室、图书室、美术室等基础设施设备。学校现设学前班2个、义务教育班6个，在校学生203人。占地面积26 910平方米，建筑面积8 180平方米，藏书8 000余册，有微机室1间，电脑32台，多媒体教室1间，物理、化学实验设备设施完善，固定资产总值7 436 091元。现有教职工29人，其中15人达到了本科学历，6人达到了专科学历，教师合格率为100%。有小学高级（含中学一级）教师9人、小学一级（含中学二级）教师2人，高级烹调师1人。有市、县级骨干教师3人。从1970年至今，锦屏小学教学成绩一直名列全县前茅，多次获市、县表彰。

从2006年9月起，锦屏小学对食堂进行全面改革，将个人承包经营转化为学校集体经营，新添了6万多元的设施设备，落实了各项制度，规范了食堂操作，确保了师生食品卫生安全。

学校坚持"转观念、树形象、提质量、改面貌，和谐稳定、快速发展"的办学思路，以"让学生成才、让家长放心、让社会满意、办一流学校"为办学目标，以科学管理为手段、以精细管理为突破口，以培养学生品行和行为习惯为切入点，以科研兴校，营造学习氛围、打造育人环境为强大动力，已初步形成"尊重学生体验，关注学生发展"的育人理念。

锦屏小学毕业班教育教学质量综合考核连续25年受到市、县教育行政部门教育质量表彰奖励，居全县同级同类学校前茅；学校先后被评为县目标考核优秀单位、广元市文明单位、广元市绿色生态校园、广元市学校安全工作先进集体、剑阁县常规管理示范性学校，办学水平评估为甲级三等。

表5-87 幼儿入园、学生入学统计表

		2008	2009	2010	2011	2012	2013	2014	2015	2016	2019	2020	2021	2022	2023
幼儿园	班数	2	1	2	2	2	1	1	1	1	3	3	3	3	3
	人数	56	20	41	46	69	89	157	87	83	84	84	72	66	57
1—6年级	班数	6	6	7	6	6	6	6	6	6	6	6	6	6	6
	人数	372	346	352	309	304	309	318	320	308	285	255	214	173	144
7—9年级	班数	6	5	4	3	3	3	3	3	3	—	—	—	—	—
	人数	190	250	223	161	126	112	99	98	101	—	—	—	—	—

表5-88 学校领导任职简况

姓名	性别	籍贯	职务	任职时间	备注
何雷昌	男	四川剑阁	校长	2008.01—2010.08	
张宗焱	男	四川剑阁	校长	2010.09—2013.08	
王思蜀	男	四川剑阁	校长	2013.09—2017.07	
孙涛川	男	四川剑阁	校长	2017.08—2018.07	
苟顺昌	男	四川剑阁	校长	2018.07—	

姓名	性别	籍贯	职务	任职时间	备注
杨玉林	男	四川剑阁	副校长	2003.09—2009.08	
王晓明	男	四川剑阁	政教主任	2008.01—2013.08	
			工会主席	1996.09—2003.08 2007.09—2021.07	
			副校长	2013.09—2021.07	
杨国栋	男	四川剑阁	政教副主任	2003.10—2007.08	
			副校长	2007.09—2013.08	
郭绍军	男	四川剑阁	教务主任	2007.11—2012.08	
			副校长兼教务主任	2012.09—2013.08	
张怀寿	男	四川剑阁	教务副主任	2008.01—2009.08	
王军华	女	四川剑阁	教科室副主任	2012.09—2013.08	
			教务副主任	2013.09—2021.07	
左谏明	男	四川剑阁	政教副主任	2012.09—2018.08	
王成鑫	男	甘肃天祝	政教副主任	2018.09—2021.08	
杨明清	男	四川剑阁	教务主任	2000.09—2003.08	
苟建锋	男	四川剑阁	政教主任	2000.09—2003.08	
苟清泉	女	四川剑阁	教务副主任	1998.09—2004.08	
苟钦朝	男	四川剑阁	总务主任	1998.09—2001.08	
李崇明	男	四川剑阁	总务主任	2001.09 至今	
俞永都	男	四川广元	副书记	2022.09 至今	
李小芳	男	四川广元	教务副主任	2022.09—2023.07	
王蛟洋	男	四川剑阁	德育副主任	2022.09 至今	

学校教职工名录

在职教职工（21名）：

苟顺昌　　王晓明　　王军华*　　李崇明　　李兆林　　李红琳*　　杨友俊　　张怀寿　　蒲秀华*

杨智坤　　李梅芳*　　王钰清*　　王蛟洋　　张瀚月*　　秦余莉*　　李　敏*　　潘　利*　　张　艺

廖　敏*　　俞永都　　林　阳

退休教职工（19名）：

王伟君　　王全兴　　王全信　　王子金　　王剑之　　范惠祥　　王韩生　　王文乾　　范松祥

王定福　　苟燕翱　　赵宗雄　　赵宗兴　　杨政武　　王光红　　苟康林　　苟宗玉　　范永和

王玉明*

石城小学

剑阁县石城小学位于剑阁县东南边陲，与苍溪县接壤，与阆中市相邻，距县城近100公里，学校生源地涉及两个行政村共29个组，总人口6 000余人。

石城小学创建于新中国成立以前，位于上寺庙、下寺庙，属于羊岭小学（原太平小学）所辖的教学点，1982年单设中心校。现有在岗教职工21人（含特岗教师5人），其中高级教师3人、一级教师 2 人，45 岁以下的青年教师占教师队伍的 86%，学历达标率为 100%，有市县骨干教师 4 人。学校现有学生 129 人，住校学生 129 人，留守学生 118 人，有 8 个教学班（其中有幼儿大、中、小班学生 23 人，小学 6 个教学班、学生 106 人）。

石城小学建校以来，办学条件不断改善，"5·12"地震前在台湾塑料大王王永庆捐助下，修起了两楼一底近 1 000 平方米的教学楼。地震后，黑龙江、浙江援建近 1 200 平方米的综合大楼，学校面貌发生了巨大变化。校园占地面积 5 327 平方米。新建了标准的云计算室和多媒体教室、学校宿舍、图书室、阅览室、实验室、仪器室、留守儿童活动室、工会活动室、会议室、教师办公室、食堂餐厅等，功能室齐备，学校环境优雅，各种建筑布局合理，是真正的"花园式"学校，2019年被评为"最美乡村学校"。

学校开辟了学生社会实践基地，把"红、绿、土"的文化融入"知、行、践"的活动中去，先后有 100 余名学生在市、县的各项竞赛活动中获奖，高效课堂初显成效。

学校在教育科研上进行了大胆的尝试和充分的实践，县级科研课题"农村学校弱差生的转化"已顺利结题。几年来，在运用科研课题与教学工作中，教师们总结了不少的经验与得失，撰写论文50 多篇，有多篇论文在不同刊物上发表。

学校创建成为"县级文明学校"，连续多年获得县"教学质量奖"和"年度考核优秀单位"等荣誉，并成功创建为广元市"最美乡村学校"。

表 5-89　幼儿入园、学生入学统计表

		2019	2020	2021	2022	2023
幼儿园	人数	59	52	41	31	23
	班数	2	2	2	2	2
1—6 年级	人数	196	166	141	127	106
	班数	6	6	6	6	6

表 5-90　学校领导任职情况

姓名	性别	籍贯	职务	任职时间	备注
杨怀斌	男	四川剑阁	校长、党支部书记	2008.09—2010.08	
蒲元坤	男	四川剑阁	校长、党支部书记	2010.09—2013.08	
王松青	男	四川剑阁	校长、党支部书记	2013.09—2018.06	
蒲春金	男	四川剑阁	校长、党支部书记	2018.07—	
李廷建	男	四川剑阁	教导主任、副校长	2008.01—2018.08	
舒邦伟	男	四川剑阁	副校长	2018.09—2022.08	
曹国松	男	四川剑阁	政教主任	2008.01—2017.08	
郭永贵	男	四川剑阁	德育主任	2015.08—2017.11	
严荣	男	四川剑阁	总务主任	2015.08—	
冯鑫	男	四川剑阁	教科室副主任	2015.08—2019.07	

学校教职工名录

在职教职工（21 名）：

蒲春金　杨怀斌　严　荣　唐小青*　杜　珊*　邓　蕾*　冯　鑫　胡　江*　范金秀*
常慕瑶*　贾利平*　赵　寒*　刘　珊　薛凤川*　何　敏*　张菊容*　魏银惠*　贻　苗*
练　威　刘　杰*　侯听潭*

退休教职工（11名）：

刘三军　　王启国　　王德建　　王继顺　　张洪凯　　伏子禹　　王治斌　　张洪涛　　李洪周
李廷建　　杜锦方

鸯溪小学

剑阁县鸯溪小学校是一所六年制完全小学，坐落于鹤龄镇化林3A红色旅游景区内。学校始建于1953年，当时为祠堂办校，起源于"化林院"。地处苍溪、昭化、剑阁三县区交界处，东临嘉陵江，西依新官梁，南与苍溪鸯溪乡隔江相望，北依三龙山，占地面积5 597平方米，校舍面积3 719平方米，各类资产共计471万元。

学校生源辐射化林、白鹤、印合、绿水、金银、苏山六村，现有普教班6个，在校学生112人；附属幼儿班2个，在园幼儿22人。现有教师19人，拥有本科学历者14人，平均年龄30岁，其中有高级教师3人，有省优秀教师1人，市、县优秀教师8人。

近年来，学校抓住了灾后重建、学校改薄、义务教育均衡发展等机遇，配套设施逐渐完善，教育教学设施逐渐齐备。学校结合化林本土文化底蕴，确立了"让每一个生命蓬勃生长"的办学理念，秉持"扎根大地 向上生长"的校训，倡导"励志励学，勤勉勤奋"的校风、"博学善教，敬业厚生"的教风、"乐学善思，合作共进"的学风，学校管理逐步规范化、精细化，教学质量连年攀升，每届六年级毕业生都有优秀学生考入鹤龄中学、剑阁中学基地班。

学校在推进具有剑阁特点的"红、绿、土"校园文化建设中，以团队活动为抓手，丰富校园文化生活；以化林红色文化为素材，厚植学生家国情怀。走廊处红色小故事、化林精神等挂图陈列其间，环境"绿"与人文"红"相互辉映，共同烘托出一座"小而美"的校园。

近年来，学校先后14次获得省市县先进单位称号和奖励：省级卫生单位，广元市最美乡村学校，县小学教育教学质量考核等次奖。学校连续七年被评为县目标考核"优秀单位"。

表5-91　幼儿入园、学生入学统计表

		2019	2020	2021	2022	2023
幼儿园	班数	2	2	2	2	2
	人数	35	38	51	31	22
1—6年级	班数	6	6	6	6	6
	人数	159	152	136	124	112

表5-92　学校领导任职简况

姓名	性别	籍贯	职务	任职时间	备注
王舜之	男	四川剑阁	校长	2008.01—2015.08	
			党支部书记	2008.01—2015.08	
李洪涛	男	四川剑阁	教科室副主任	2008.01—2009.08	
			教务主任	2009.08—2018.07	
			副校长	2018.07—	
张增剑	男	四川剑阁	德育主任	2013.09—	
王　静	女	四川苍溪	教务副主任	2018.08—2021.08	
谢汶君	女	四川剑阁	教务副主任	2022.09—	

表5-92（续）

姓名	性别	籍贯	职务	任职时间	备注
王光明	男	四川剑阁	校长	2015.09—2019.07	
			党支部书记	2015.09—2019.07	
李权颖	男	四川剑阁	校长	2019.07—	
			党支部书记	2019.07—	

学校教职工名录

在职教职工（19名）：

李权颖　　李洪涛　　张增剑　　王雯娟*　　杨　婷*　　王玉娇*　　母晓娟*　　何一平*　　郭前芳*
燕歆昀*　　谭春蓉*　　谢汶君*　　周　薛*　　蔡　鑫*　　王　杰　　杜梦婷　　陇华超　　冯绍铭
黄　涛

退休教职工（25名）：

王显银　　张舒彦　　李培珩　　张宝元　　吴文跃　　严正华　　张茂梧　　张正显　　梁富林
贾开森　　何永斌　　马怀清　　曹明江　　张春鲜　　梁元福　　王正中　　蒲作文　　何树海
王登杰　　罗星尧　　王平周　　罗明和　　严天席　　张培山　　何绍伟

羊岭小学

剑阁县羊岭小学校位于羊岭镇新靠街157号，距新县城下寺110公里。全镇辖区面积66.7平方公里，辖11个村和1个居委会、103个居民小组，拥有农业人口4831户18591人。在这片红色土地上，有红四方面军强渡嘉陵江时在羊岭艰苦卓绝斗争中形成的"四个第一"的史实（红军渡过嘉陵江后西进的第一站，石城刻第一个《十大政纲》，剑阁县境内马鞍山打响第一枪，建立第一个区苏维埃政府）。

羊岭小学的前身是民国22年（1933年）由私塾先生王小山在祠堂坝王氏祠堂"至圣堂"里创办的一所当时只有10多个富家子弟就读的私塾。1950年9月乡政府在地主王荣安民房内建立了一所全日制小学，首任校长是王帮本，1952年9月校址迁至羊岭老街苟春林家。第二任校长是谢殿文，1957年9月迁至庙坝后屋头，1958年在政府支持下，发动师生修建了一所能容纳12个教学班的太平公社小学。随着学生人数增多，小学一、二年级容纳不下，1969年9月至1972年9月租用王尊全老家办复式班。1972年9月经上级批准一校分为太平中学和太平小学两校。由于学生人数连年递增，1977年9月又迁至原地主王荣安民房内并新建了一所全民制完全小学直至1984年7月。由于学校不断发展，规模不断扩大，加之羊岭镇辖区面积较大，1982年9月，经上级批准，又单设石城小学（石城小学招生范围为原茶角村、蒲花村、桥河村、灵泉村四个村）。1996年因学校生员大幅度增加，将剑阁县羊岭小学校的初中部分为剑阁县羊岭小学校和剑阁县羊岭初级中学校（初中部还曾办过两届高中班），此间生员达到历史高峰。2009年9月，增设幼儿园并办园至今。2016年9月根据义务教育均衡发展要求，全县再进行学校布局大调整，剥离剑阁县羊岭小学校初中成为一所全日制完全小学。

学校现有9个小学教学班、3个幼儿班，有在校学生190人。在编教职工23人，教师学历达标率为100%。拥有大专学历的有3人，占教师总数的13.6%；拥有本科学历的有19人，占教师总数的86.4%。具有高级职称的8人、中级职称的3人。有县级以上骨干教师5人，教师荣获市、县级表彰10多人次，荣获国家、省级荣誉奖励8人次。教师在县级以上刊物发表论文30余篇。学校被评为市级普法先进集体、县目标考核优秀单位，办学水平综合评估为甲级三等。

表 5-93 幼儿入园、学生入学统计表

		2009	2010	2011	2012	2013	2014	2015	2016	2019	2020	2021	2022	2023
幼儿园	班数	3	3	3	3	3	3	3	3	3	3	3	3	3
	人数	101	107	109	113	117	102	103	104	115	83	73	63	35
1—6年级	班数	8	7	8	8	7	7	7	7	7	6	6	6	6
	人数	403	336	313	328	313	305	296	293	265	228	203	172	155
7—9年级	班数	7	5	5	4	3	3	3	3	—	—	—	—	—
	人数	326	228	187	138	103	87	71	52	—	—	—	—	—

表 5-94 领导任职简况

姓名	性别	籍贯	职务	任职时间	备注
赵杰林	男	四川剑阁	校 长 支部书记	2008.01—2010.08	
刘锦波	男	四川剑阁	副校长	2008.01—2011.08	
杨永红	男	四川剑阁	副校长	2008.01—2010.08	
杨学斌	男	四川剑阁	政教主任	2008.01—2008.08	
			副校长	2008.09—2010.08	
杨正诗	男	四川剑阁	教导主任	2008.01—2010.08	
梁会霞	女	四川剑阁	教科室主任	2008.01—2010.08	
杨怀斌	男	四川剑阁	校 长	2010.09—2011.08	
刘锦波	男	四川剑阁	副校长	2010.09—2011.08	
杨学斌	男	四川剑阁	副校长	2010.09—2011.08	
梁会霞	女	四川剑阁	教科室主任	2010.09—2011.08	
杨正诗	男	四川剑阁	教导主任	2010.09—2011.08	
张文成	男	四川剑阁	校 长	2011.09—2015.08	
刘锦波	男	四川剑阁	副校长书记	2012.09—2015.08	
梁会霞	女	四川剑阁	教科室主任	2011.09—2015.08	
			工会主席	2011.09—2015.08	代
杨正诗	男	四川剑阁	教务主任	2011.09—2015.08	
王春艳	女	四川剑阁	教科室主任	2009.09—2012.08	
杨正海	男	四川剑阁	政教副主任	2011.09—2015.08	
李燕华	女	四川剑阁	教科室副主任	2012.09—2015.08	
王舜之	男	四川剑阁	校 长	2015.09—2018.07	
刘锦波	男	四川剑阁	副校长 支部书记	2015.09—2018.08	
杨正诗	男	四川剑阁	教务主任	2015.09—2018.08	
			工会主席	2015.09—2018.08	
杨正海	男	四川剑阁	政教主任	2015.09—2018.08	

姓名	性别	籍贯	职务	任职时间	备注
李燕华	女	四川剑阁	教科室主任	2015.09—2017.08	
蒋　坤	女	四川剑阁	教科室主任	2017.09—2018.08	
严映林	男	四川剑阁	教务副主任	2015.09—2018.08	
李自明	男	四川剑阁	校长、书记	2018.07—2022.09	
刘锦波	男	四川剑阁	副校长	2018.09—2022.08	
杨正诗	男	四川剑阁	工会主席	2018.09—2022.08	
严映林	男	四川剑阁	教务主任	2018.09—2019.08	
杨正海	男	四川剑阁	政教主任	2018.09—2022.08	
蒋　坤	女	四川剑阁	教务副主任	2019.09—2021.08	
杜松宇	男	四川剑阁	德育副主任	2019.09—2022.08	
梁东国	男	四川剑阁	校长、书记	2022.10—	
杜松宇	男	四川剑阁	德育主任	2022.09—	
胡海燕	女	四川剑阁	教务副主任	2022.09—	
何雨霞	女	四川剑阁	德育副主任	2022.09—	

学校教职工名录

在职教职工（23名）：

梁东国	刘锦波	杨正诗	杨正海	贾丽娇*	杜松宇	杨　川	唐剑文	杨正洪
寇志奇	梁　亮	文　敏	何雨霞*	张瑞雪*	胡海燕*	白　雪*	候秀梅*	杨玉兰*
张振榆	文　秀*	张　秋	李自明	易凡淑*				

退休教职工（37名）：

黄贵廷	苟霞云*	梁子海	杨武生	王兴绪	陈志华*	刘　刚	郭少义	杨北辰
寇永清	王志连	刘志全	梁茂芝	陈晓霞*	伏道德	杨成之	赵　钦	王德兹
杨全东	李素芳*	王克金	王德雍	杨均南	杨文远	梁子业	王学文	杨永润
杨子勤	王洪军	王洪波	赵杰林	谢小欧	王步霞*	左学金	左　文	王仲远
王雪波*								

杨村小学

剑阁县杨村小学校位于剑阁县西南白鹤公路15公里处、杨村镇人民政府（2020年与锦屏乡合并，现辖14个村社）所在地——杨村场镇龙鞍社区教育路102号，距离县城约60公里。杨村小学现有教学班17个（其中小学班12个，在校学生441人；幼儿班5个，在园幼儿167人），有教职工58人，其中专任教师41人，高级专业技术职称者10人、一级专业技术职称者6人，市级骨干教师6人，县级骨干教师15人，获县级及以上表彰的先进教育工作者、模范班主任、优秀教师22人。有临聘教职工16人。

"5·12"灾后重建，黑龙江投资600余万元在杨村镇教育路102号建成一所新学校，2009年9月杨村小学整体搬迁至此。学校占地面积12 000余平方米，校舍建筑面积6 000余平方米，校内运动场两个共2 500余平方米。校园布局合理，附属幼儿园设校园内。教学仪器设备总值达30余万元，学校设有科学实验室、仪器设备保管室、计算机网络教室、电子备课室、图书室、音乐室、美术室、阅览室等教学功能室，17间普通教室均安装了电子白板，图书室藏书20 000余册，每年订阅各类报刊10余种。

2012年，国家投资修建了12套教师周转房，解决了教师住宿难题；2016年国家投资360万元在小学校园内新建幼儿园教学楼1幢，占地600平方米，共8间教室，2017年春正式投入使用。2017年初，投资20多万元，高标准创建乡村学校少年宫，开设了葫芦丝、科技制作、舞蹈、健美操、绘画、电子琴等特色活动项目，让每位少年儿童都能根据自己的兴趣与爱好参加到活动中去。

2017年9月因布局调整，杨村中、小学合并为杨村小学。2016—2018年，值教育脱贫和创建全国义务教育基本均衡县之际，学校先后获得40余万元校舍维修改造等项目资金，对教学辅助用房和功能室、学生宿舍进行维修改造，新建了淋浴室，添置了教育教学仪器、器材及生活设施设备。

2019年班班安装电子白板。国家又投资400余万元，对学校房屋墙体、学生食堂全面翻新，改建运动场2个，新建200米塑胶跑道2条、标准塑胶运动场和足球场各一个。

2022年7月杨村小学初中撤并至鹤龄中学。

10多年来，学校先后获得各项荣誉和奖励17项："第八届全国中小学和中职学校思想道德建设优秀成果展评活动"优秀学校、"第二十三届少年百科知识竞赛"优秀集体，"全国青少年五好小公民'老师您好·我的好老师'主题教育读书活动"优秀组织奖等。

表 5-95　幼儿入园、学生入学统计表

		2014	2015	2016	2017	2018	2019	2020	2021	2022	2023
幼儿园	班数	2	4	4	4	5	5	5	6	6	5
	人数	80	188	185	232	245	233	242	262	234	167
1—6年级	班数	13	12	12	13	12	12	12	12	12	12
	人数	627	653	673	682	664	679	712	537	496	441
7—9年级	班数	—	—	—	6	5	5	5	4	—	—
	人数	—	—	—	224	174	162	156	128	—	—

表 5-96　领导任职简况

姓名	性别	籍贯	职务	任职时间	备注
贾彪	男	四川剑阁	校长、党支部书记	2008.01—2010.08	
曹明剑	男	四川剑阁	校长、党支部书记	2010.09—2011.08	
李怀明	男	四川剑阁	校长	2011.09—2019.08	
			书记	2011.09—2016.09 2018.08—2019.08	
贾国林	男	四川剑阁	校长	2019.09—2022.08	
刘平	男	四川剑阁	校长	2022.09—	
王兴文	男	四川剑阁	教科室主任	2008.01—2009.08	
			教务主任	2009.09—2017.08	
			副校长	2012.09—2018.08	
王成俊	男	四川剑阁	副校长	2008.09—2011.08	
			党支部书记	2016.09—2018.08	

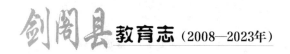

表5-96（续）

姓名	性别	籍贯	职务	任职时间	备注
苟宗志	男	四川剑阁	副校长	2019.09—2022.10	
罗梦江	男	四川剑阁	政教主任	2013.09—2016.08	
			副校长	2016.09—2022.08	
李朝正	男	四川剑阁	副校长	2019.09—	
陈丽宇	女	四川剑阁	教科室主任	2012.09—2014.08	
舒邦伟	男	四川剑阁	教务主任	2012.09—2016.08	
梁冬生	男	四川剑阁	总务主任	2012.09—2016.08	
袁立文	男	四川剑阁	政教主任	2015.09—2017.08	
母丹丹	女	四川剑阁	教科室主任	2015.09—2017.08	
洪彩生	男	四川剑阁	德育主任	2020.09—2022.09	2022年上挂教育局
高骞虎	男	甘肃	教科室副主任	2022.09—	
王家超	男	四川剑阁	党建办副主任	2022.09—	
王晓东	男	四川剑阁	校长	2008.09—2017.08	杨村中学
王军	男	四川剑阁	教务主任、副校长	2008.09—2012.08 2012.09—2014.08	杨村中学
左宗顺	男	四川剑阁	政教主任	2008.09—2010.08	杨村中学
张雄	男	四川剑阁	教科室主任	2009.09—2010.08	杨村中学
王德波	男	四川剑阁	教务副主任	2012.09—2016.08	杨村中学
			教务主任	2016.09—2017.08	杨村中学
			教务主任	2017.09—2019.08	杨村小学
何波	男	四川剑阁	政教副主任	2011.09—2012.08	杨村中学
			政教主任	2012.09—2015.08	杨村中学
			副校长	2015.09—2017.08	杨村中学
			副校长	2017.09—2019.08	杨村小学
王建军	男	四川剑阁	教科室副主任	2012.09—2016.08	杨村中学
			教科室主任	2016.09—2017.08	杨村中学
			教科室主任	2017.09—	杨村小学
赵华阳	男	四川平昌	政教副主任	2015.09—2017.08	杨村中学
			教科室副主任	2017.07—2018.08	杨村中学
			德育主任	2018.09—	杨村小学 （2021.12上挂教育局）
苟国才	男	四川剑阁	总务副主任	2010.09—2015.08	杨村中学
			总务主任	2015.09—2017.08	杨村中学
			总务主任	2017.09—	杨村小学

学校教职工名录

在职教职工（40名）：

刘平	王兴文	罗梦江	李朝正	王建军	苟国才	高骞虎	李明泽	附川徽
李建川	张强	杨梦南	王军	王开化	班一	杨虎	范浩洋	王建旭
李元勇	龙瑞丽*	赵贵连*	梁娇*	蒲霞国*	周培旭*	王子怡*	张洁(大)*	
经若愚*	王巧月*	贾婷*	张洁(小)*		赵丽娇*	杜丹*	王林霞*	成淑梅*
侯月*	张艳平*	杨婷*	王欢*	杨红梅*	郑小凤*			

退休教职工（39名）：

刘茂林	何毓津	侯宽仁	王仲篪	赵宗恒	谢作定	王国富	范永杰	王海泉
王有基	王以武	王定楼	范琼林	王正雄	王季康	蒲伦之	王明普	苟宗海
李春凡*	范文和	贾秀珍*	夬光泰	李月华*	王松枝	范浩林	王本仁	苟文相
王红梅*	赵春水*	侯思东	杜国强	李国森	何大海	王建柏	王玉霞*	苟彦文
王建池	李林	王成俊						

樵店小学

剑阁县樵店小学校坐落于剑阁县东南部，北与昭化区接壤，东临苍溪县，南靠阆中市，距离县城80公里。学校1953年始建于樵店乡蒲李村一组（水磨河大院），历经多次迁址至蒲李村六组至今。现有2个幼儿班、6个义教教学班，学生113人，教职工21人。有高级教师3人，市、县级骨干教师1人。

2021年，学校校舍面积为3 059平方米，占地面积6 550平方米。学校配有图书室、计算机室、书法室、舞蹈室、音乐室等，其中有图书共3 801册、计算机35台，以及各种书法用品、音乐器材等。

樵店小学遵循"立德树人、知行合一"的办学理念，凸显三大特色：一是劳动树人，二是环境化人，三是活动育人。

10多年来，学校先后获得县级各类表彰和奖励14次。2021年度学校喜获教育教学质量二等奖，2022年度获目标考核二等奖。樵店小学办学质量得到了学生、家长及社会各界的一致好评。

表5-97　幼儿入园、学生入学统计表

		2019	2020	2021	2022	2023
幼儿园	班数	2	2	2	2	2
	人数	41	38	36	35	25
1—6年级	班数	6	6	6	6	6
	人数	156	133	129	108	88

表5-98　学校领导任职简况

姓名	性别	籍贯	职务	任职时间	备注
曹明剑	男	四川剑阁	校长	2008.10—2010.08	
杨朝南	男	四川剑阁	德育主任	2008.10—2012.08	
罗中生	男	四川剑阁	校长	2010.09—2012.08	
张锡武	男	四川剑阁	教务主任	2008.10—2010.08	
			教务主任兼副校长	2010.09—2012.08	

表5-98（续）

姓名	性别	籍贯	职务	任职时间	备注
苟顺昌	男	四川剑阁	校长	2012.09—2018.08	
王才林	男	四川剑阁	教科主任	2008.10—2012.08	
			教务主任兼教科主任	2012.09—2015.08	
			副校长	2019.09—2021.12	免职
范清凤	男	四川剑阁	校长	2018.07至今	
			党支部书记		
俞永都	男	四川广元	教务处副主任	2015.09—2018.09	
			教务处主任	2018.09—2022.09	调离
冯光荣	男	四川广元	政教处副主任	2018.09—2022.09	
			政教处主任	2022.09至今	
刘 瑾	女	四川广元	政教处副主任	2022.09至今	

学校教职工名录

在职教职工（16名）：

范清凤　杨朝南　冯光荣　杨光辉　田舒心　刘 瑾*　胡 玉*　苏雪萍*　白梦垠*
王紫君*　罗丽苹*　贺韵洁*　王羽佩*　薛 梅*　刘佳琳*　胡 欢*

退休教职工（2名）：

蒲仕清　左直荣

白龙中学

四川省剑阁县白龙中学，位于全国小集镇重点建设示范镇白龙镇八庙山下，临津河畔，是一所具有较大规模的农村普通中学。学校创建于1955年，办学历史悠久，底蕴丰厚。学校始定名为"四川省剑阁县第三初级中学"，1972年增设高中，1980年经省教育厅批准升格为高完中并更为现名。2021年8月，县委县政府对高完中进行布局调整，白龙中学不再开办高中阶段的教育，成为单一初中。

学校占地总面积53 313平方米，建筑面积34 177平方米，绿化面积4 357平方米，校园环境优美，布局合理，教学硬件设施完善。教学区有教学楼3幢和综合楼2幢，配备了多媒体教室、音乐室、美术室、仪器室、实验室、图书室、阅览室、微机室、录播室、学术报告厅、心理咨询室等多种功能室；生活区有教师公寓楼3幢、学生公寓2幢和学生食堂1幢；活动区有面积达18 000平方米的标准化运动场和2座花园。崭新的校容校貌、先进的设施设备和优美的育人氛围，为师生提供了幽雅的教学环境。

白龙中学现有教学班19个，在校学生800余人。学校拥有一支团结实干、开拓创新的高素质的教师队伍，现有在职教职工113人，其中专任教师109人，高级教师53人，一级教师46人，县级骨干教师30余人，市级骨干教师10余人，省级骨干教师1人，师资力量雄厚，教学技能精湛。

学校在半个多世纪的办学实践中，凝成了"爱国读书、求实向上、勤勉诚朴、民主创新"的优良传统，以"读书启智、育人铸魂、敬畏生命、呵护未来、传承文明"为办学理念，始终秉承"砺志、冶情、笃学、悟道"的校训，形成了"文明、博爱、团结、和谐"的校风、"敬业、育人、乐教、严谨"的教风、"勤奋、守纪、善思、好问"的学风，学校坚持面向全体、全面发展的育人目标，为社会培养了数以万计的各类人才。

近年来，学校先后荣获"四川省五四红旗团委""四川省第十二届中小学生优秀艺术人才大赛先进单位"、市级"文明单位""教育科研先进集体""体育达标先进学校""学校德育工作先进集体"等称号，"白龙纸偶"被评为剑阁县终身学习品牌项目。

表5-99　学生入学情况

		2019	2020	2021	2022	2023
7—9年级	班数	17	18	19	19	19
	人数	879	872	901	870	826
高一至高三	班数	12	11	—	—	—
	人数	492	404	—	—	—

表5-100　领导任职简况

姓名	性别	籍贯	职务	任职时间	备注
张志成	男	四川剑阁	党总支书记	2022.09—	
王治清	男	四川剑阁	副校长	2022.09—	
			党建办主任	2019.09—2022.08	
			教科室副主任	2015.09—2019.08	
何畅	男	四川剑阁	副校长	2022.09—	
			教务副主任	2019.09—2022.08	
何文学	男	四川剑阁	副校长	2022.09—	
			总务副主任	2021.11—2022.08	
			德育处副主任	2019.09—2021.11	
蒲涛	男	四川剑阁	纪检监察员	2022.09—	
			办公室主任	2015.09—2022.08	
			信息处副主任	2010.09—2015.08	
左坤周	男	四川剑阁	党委书记、校长	2018.03—2022.08	
程锦荣	男	四川剑阁	办公室主任	2008.01—2010.08	
李成生	男	四川剑阁	工会主席	2010.09—2022.08	
			教科室主任	2008.01—2010.08	
刘成基	男	四川剑阁	教务主任	2013.09—	
			教科室主任	2010.09—2013.08	
			德育副主任	2008.01—2010.08	
杨志军	男	四川剑阁	信息处主任	2015.09—	
			教科室处副主任	2010.09—2015.08	
王志全	男	四川剑阁	体卫艺主任	2015.09—	
			德育副主任	2010.09—2015.08	

表5-100（续）

姓名	性别	籍贯	职务	任职时间	备注
王在荣	男	四川剑阁	总务处主任	2022.02—	
			总务副主任	2010.09—2022.01	
梁秀明	男	四川剑阁	党委办公室副主任	2019.09—	
何泽波	男	四川剑阁	德育处主任	2010.09—	
			总务副主任	2008.01—2019.08	
			兼职纪委副书记	2019.09—2022.08	
敬利城	男	四川剑阁	教科室主任	2015.09—	
			教务处主任	2013.08—2015.08	
			教务处副主任	2010.09—2013.08	
杨学功	男	四川剑阁	总务后勤主任	2008.01—2022.08	
梁鹏程	男	四川剑阁	德育副主任	2015.09—	
孟国荣	男	四川剑阁	团委书记	2019.02—	
杨 志	男	四川剑阁	团委副书记	2019.02—2021.08	
石讯明	男	四川剑阁	教务处副主任	2019.09—	
王旅民	男	四川剑阁	教科室副主任	2019.09—	
贾莉蓉	女	四川剑阁	团委副书记	2021.12—	
贾秀英	女	四川剑阁	德育处副主任	2019.09—	
罗明伟	男	四川剑阁	德育处副主任	2021.10—	
梁跃春	男	四川剑阁	工会办公室主任	2020.08—	
刘松文	男	四川剑阁	教科室副主任	2019.09—	
王忠义	男	四川剑阁	德育副主任	2021.03—2021.08	
杨绍师	男	四川剑阁	总务副主任	2021.03—2021.08	
王 勇	男	山东枣庄	团委副书记	2020.08—2021.08	
曹锡文	男	四川剑阁	文科支部书记	2020.11—	
刘子平	男	四川剑阁	理科支部书记	2020.11—	
何拥军	男	四川剑阁	党支部副书记	2010.09—2013.04	
			教务主任	2008.01—2010.08	
刘成基	男	四川剑阁	教务处主任	2015.09—	
			教科室主任	2013.09—2015.08	
			德育副主任	2008.01—2013.08	
黄旭煜	男	四川剑阁	副校长	2015.09—2022.08	
			办公室主任	2013.05—2015.08	
			教科室副主任	2008.01—2013.04	
张常青	男	四川剑阁	校长、党支部书记	2009.12—2018.03	
何锦明	男	四川剑阁	副校长	2010.09—2022.08	

表5-100（续）

姓名	性别	籍贯	职务	任职时间	备注
杨 阳	男	四川剑阁	副校长	2010.09—2013.03	
黄友勇	男	四川剑阁	副校长	2010.09—2013.03	
王本奇	男	四川剑阁	副校长	2008.01—2017.09	
魏俊富	男	四川剑阁	副校长	2008.01—2019.08	
张大军	男	四川剑阁	纪检监察员	2013.04—2016.08	
			教务处主任	2010.09—2013.03	
			教务处副主任	2008.01—2010.08	
张德鹏	男	四川剑阁	办公室副主任	2010.09—2013.08	
何汉民	男	四川剑阁	体卫艺副主任	2010.09—2020.08	
李万全	男	四川剑阁	副校长	2008.01—2014.08	
贾锡荣	男	四川剑阁	副校长	2008.01—2014.08	
张秀华	女	四川剑阁	工会主席	2008.01—2010.08	

学校教职工名录

在职教职工（109名）：

张志成　何锦明　李成生　何拥军　刘成基　敬利成　何泽波　杨学功　罗继安
王栖平　杨宗建　何文志　石讯明　杨 坤　蒲双生　王志全　尤国强　吴剑锋
王在荣　王德康　孟国太　王治清　敬应波　王强芝　蒲 涛　梁秀明　高新林
郑树勇　母晓东　袁安银　石先平　王云生　王小诗　王旅民　梁鹏程　王晓东
孟国荣　赵春蓉　唐 兴　杨国雄　沈国全　唐丛林　李雄全　张宇昌　苟占海
梁跃春　杨志军　赵子彦　程清兰*　赵小波　唐树松　赵子剑　杨红英*　谯碧君*
王玉红*　李华清*　杜从容*　苏碧蓉*　李彩霞　贾莉蓉*　杨 远　黄 涛　洪艳华*
肖素娟*　嘉丽蓉*　李群先　何 艳*　曹锡文　何 畅　洪彩华*　赵瑞*　徐 涛
何 潘*　何文学　贾秀英*　刘子平　王忠义　洪晓梅　罗 霞　蒲小勇　张 莉
昝 凡　曾祯南　杨雁冰　许 勇　王柏霖　苏剑波　罗明伟　吴海林　石万利
杨 娟*　李祥蓉　母丽钧*　罗翠英*　杜丽荣*　何秋华*　魏可蓉*　王阳春*　杜建芸*
王 红*　张新丽*　徐 刚　郑彩霞*　李 姝*　姜伯明　袁瑞宇　许从河　赵子海
左坤周

退休教职工（75名）：

曹 楚　陈 丽*　李云先　梁纯武　梁评熙　林建生　刘彩芳*　刘国顺　刘荣田
罗海元　罗顺伟　罗胜林　蒲茂贤　蒲玉满　孙可珍*　唐淑华*　涂禄书　杨云熙
袁正生　张秀华*　赵秀华*　刘润增　赵宗驰　郑启伦　钟光兆　周光荣　左雪琴*
王作溥　谢作敏　杜润兰　杜元周　付远志　高玉海　苟锡会　苟有林　赵体用
郭彩兰*　何丽琼*　何三惠　何绍禄　何树庆　何秀芝*　黄文勤　贾锡荣　李春茂
李春勤*　李光烈　李海波　李万全　王政碧　杨光源　杨理生　杨树贵　雍怀寿
王静旭　杜树安　李 明　陈 琳　何元才　何增荣　何正满　夬文聪　黄继全
刘 毅　蒲雨虹　苟政芝　李琼章　徐伯林　刘仁坤　何汉民　任雪梅　周桂华
王本奇　张晓清*　罗绍义

白龙小学

剑阁县白龙镇小学校始建于1906年，在陕西会馆设立初级小学堂。1926年更名为剑阁县第四高级小学校，时设6个班；1972年附设初中；1978年在青丰、古楼两村附设民办初中班；1991年学校自筹资金修建幼儿园、教学楼及办公用房共计4 458平方米、绿化带5 000平方米，成为广元市花园式学校；1994年白龙小学初中部单设为白龙镇初级中学，小学正式迁至现址。

2008年中央下拨专项资金310万元、维修加固资金30万元，用于修建教学综合楼1 767平方米，硬化学校活动场地3 280平方米；2015年投入整改资金500万元，修建学校综合楼2 500平方米，并维修厨房及教学楼；2017年规划征地106亩，高规格修建能容纳近2 000人的第二校区；2018年，白龙小学启动第二校区建设；2019年6月开工兴建，学校现占地面积52 668平方米，建筑面积41 095平方米。已建成教学楼、师生食堂、信息艺术综合楼、学生宿舍、幼儿园综合楼、教师周转宿舍、运动场（一期）、校门等项目及相关附属工程，并投入使用，正在兴建围墙项目。

学校分为1校两部（幼儿部、小学部），幼儿部现有9个班，幼儿教师18人，幼儿242人；小学部现有37个教学班，教师110人，学生1 800人。其中有小学高级教师25人，一级教师32人，二级教师58人，三级教师3人，特岗教师1人；有大学本科学历教师93人，专科学历教师28人，中师学历教师2人；有中共党员35人。

近几年来，学校高举一面旗帜——素质教育，突出两个建设——师资队伍建设、校园文化建设，树立三种风气——科学研究的风气、团结协作的风气、求实进取的风气，抓好四项工程——名师培养工程、特色活校工程、信息化程度提高工程、环境品位提升工程，实现"五个"一流——一流队伍、一流设备、一流质量、一流环境、一流管理。学校在继承上发展，在求实中创新。

在市级课题"小学学科教学中学生创造能力的培养"研究中，获市级奖的教师有26人，获县级奖的教师有35人，撰写国家级论文120篇、省级160篇、县级103篇；学生获奖的有17人，获奖和发表的文章有310篇，18名教师被评为市、县级优秀教育工作者和学科带头人。该课题2010年12月圆满结题，并获得三等奖。

几年来，学校先后获得"《国家体育锻炼标准实行办法》先进单位""广元市文明单位""广元市学校示范单位""广元市交通安全学校""广元市卫生先进单位""广元市普法依法治理先进单位""剑阁县目标考核优秀单位""剑阁县教学质量先进单位""剑阁县幼儿园教育先进集体"等多项荣誉称号。

表5-101　幼儿入园、学生入学统计表

		2019	2020	2021	2022	2023
幼儿园	班数	645	492	377	341	279
	人数	12	13	11	10	9
1—6年级	班数	2 230	2 131	1 965	1 891	1 763
	人数	41	41	39	38	37

表5-102　学校领导任职简况

姓名	性别	籍贯	职务	任职时间	备注
杨新荣	男	四川剑阁	校长	2008.01—2010.08	
			党支部书记	2010.08—2013.08	

表5-102（续）

姓名	性别	籍贯	职务	任职时间	备注
蒲剑峰	男	四川剑阁	校长	2010.08—2019.07	
			党支部书记	2013.08—2019.07	
隆和平	男	四川剑阁	党支部书记、校长	2019.08—2023.10	
高培乾	男	四川剑阁	党支部书记	2008.01—2010.08	
			工会主席	2010.08—2016.02	
刘志诚	男	四川剑阁	副校长	2008.01—2012.08	
王明国	男	四川剑阁	副校长	2008.01—2012.08	
贾红英	女	四川剑阁	教务处主任	2008.01—2009.04	
			副校长	2009.04—2019.09	
周树林	男	四川剑阁	教科室副主任、主任	2008.11—2012.08	
			副校长	2012.08—2019.09	
何宗国	男	四川剑阁	教务处副主任、主任	2008.11—2012.08	
			副校长	2012.08—2018.08	
贾建林	男	四川剑阁	副校长	2018.09—2022.08	
			党支部副书记	2022.09—2023.10	
陈宗利	男	四川剑阁	副校长	2019.09—2022.08	
尚英明	女	四川剑阁	教务副主任	2012.09—2015.08	
			教务主任	2015.09—2019.08	
			副校长	2019.09—2023.10	
吴玖远	男	四川剑阁	工会主席	2019.09—2022.08	
			副校长	2022.09—2023.10	
杜军林	男	四川剑阁	总务处副主任	2013.09—2018.08	
			总务处主任	2018.09—2023.10	
杨泉	男	四川剑阁	总务处副主任、主任	2010.08—2018.08	
			办公室主任	2018.08—2021.08	
何刚	男	四川剑阁	政教处副主任	2012.08—2015.08	
			政教处主任	2015.08—2018.10	
赵子辉	男	四川剑阁	党支部副书记	2013.09—2018.11	
蒲玉清	女	四川剑阁	教科室副主任	2013.09—2015.08	
			教科室主任	2015.09—2022.08	
			工会主席	2022.09—2023.10	
唐小丽	女	四川剑阁	教务处副主任	2015.08—2017.08	
尤桂玉	女	四川剑阁	教科室副主任	2015.09—2021.08	
张春	男	四川剑阁	政教处副主任	2019.09—2022.08	
			德育处主任	2022.09—2023.10	

表5-102（续）

姓名	性别	籍贯	职务	任职时间	备注
张永健	男	安徽滁州	党建办公室副主任	2022.09—2023.10	
王仁义	男	四川剑阁	德育处副主任	2022.09—2023.10	
王春健	男	四川剑阁	总务处副主任	2022.09—2023.10	
吕峰远	男	四川青川	教务处副主任	2022.09—2023.10	
刘 飞	男	四川广元	教务处副主任	2022.09—2023.10	
周 欢	女	四川广元	学前办公室副主任	2022.09—2023.10	

学校教职工名录

在职教职工（124名）：

隆和平　贾建林　尚英明*　吴玖远　蒲玉清*　杜军林　张春　张永健　王仁义
王春健　吕峰远　刘飞　周欢*　严小燕　王永江　张萌*　谢利明*　徐佳琦*
蒲剑峰　昝小翠*　程明华　夏夌*　王翕*　李悦*　红保姐*　唐雪菲*　王应忠
房春丽　杨岚*　董婧*　秦娜*　王秋*　吴潘*　卢江菲*　杨佳*　谢欢
王秋月*　何树芳*　石秀萍*　刘芳*　袁雪艳*　周清文*　何丹*　何宗国　邓艳萍
曾芳　刘心婷*　徐强*　杨婷婷*　罗珮宁*　张文秀*　张晓丰　叶晓芬*　朱彩霞
王东梅　贾莉侠*　石俊*　贾青梅*　苏焕梅*　陈帖*　王琳惠　陈启贤*　苟述华
左冬青　杨宇春*　张娟*　周倩文*　阳星星*　周洪波　伏仁智*　赵子忠　赵艳红
刘丽*　赵春梅*　徐慧玲*　高超　张红丽*　徐子山　王志忠　李芯*　吴旻雅
张芸菁*　谷春颖*　梁永秀　左春蓉*　母雷　陈晓燕*　王国富　王萍*　邓俊
杨雄平　杨泉　程云霞*　朱清莉*　赵子松　母娟*　邓丽萍*　董开海　贾红英
李晓会*　徐清明　邓毅　龙通兵　白秋菊*　赵静*　杨梦洁*　郑继蓉*　文华杰
张仕林　江道海　王剑宗　母晓玲*　何刚　何蓉*　何文书　杨明锋　管欣荣
周树林　赵洁*　唐嘉均*　何文辉　赵仕明　赵洪荣　何秋虹*

退休教职工（84名）：

高培乾　刘志诚　何宗成　郑国才　唐雄　邓天敏　杨子杰　赵容芳*　曹国强
王端琼*　邓青林　赵良庆*　贾子林　杨新荣　何信林　贾渊普　贾继普　贾彦明
杨翠华　何宗泉　杨锦昌　杜知生　胥洪琼*　杨培林　赵华英*　何孔书　杨剑章
何春兰　李碧云*　杜武　何秀琴*　杜春鲜　王再之　苏丽琴*　罗子秀　贾桂凡*
马廷贞*　王锡保　杜志萍*　何桂方*　何柏林　杜光忠　杨兴发　程大雄　杨培海
贾秀君　沈华钦　鲜宇顺　何孔凡　杨荣先　赵子松　蒲美英*　李淑廉*　黄齐
杜培森　刘会明*　何兴福　秦明秀*　程大敏　程大福　赵朝杰　杜玉生　赵建兰
王明国　何宗秦　何三勇　王锡强　杜光怀　赵雪琴*　王中林　何丽蓉*　贾松凡
徐建华　伏大定　赵子辉　燕秀林*　何武　王继秦　王芳琼*　罗志坚　张素春
李玉兰*　何子茂　王晓明

碑垭小学

剑阁县碑垭小学系一所全日寄宿制完全小学，学校占地16 592平方米，建筑面积4 588平方米，运动场地面积3 570平方米。生活区、教学区、活动区分离。校园环境优美，栽种了雪松、垂柳、桂花、枫叶和花草，硬化、绿化地面1 460平方米，99级台阶掩映于绿树红花之中。

2008年"5·12"汶川特大地震后，利用中央灾后重建专项资金和黑龙江援建资金近400万元，重建了学生宿舍楼987平方米，新建了综合楼和食堂及其附属设施；投资27万元增添了教学设施设备，建成了多媒体教室、计算机网络教室、阅览室、科学实验室，音、体、美、科学等学科功能室，设施设备齐全，共有图书9 870册。

目前学校有小学班6个，幼儿班2个，共有学生116人。现有教职工21人，其中17人达到了专、本科学历，小学高级教师2人、小学一级教师4人，有市、县级骨干教师3人。从2012年春季起执行国家营养改善计划，规范了食堂操作，确保了师生食品卫生安全。

学校先后获得"安全工作先进单位""常规管理合格学校""综合治理先进单位""市卫生先进单位""示范学校""市文明单位"等20余种殊荣。

表5-103　幼儿入园、学生入学统计表

		2019	2020	2021	2022	2023
幼儿园	人数	36	32	31	35	28
	班数	2	2	2	2	2
1—6年级	人数	170	139	133	144	88
	班数	6	6	6	6	6

表5-104　领导任职简况

姓名	性别	籍贯	职务	任职时间	备注
蒲剑峰	男	四川剑阁	校长兼书记	2008.01—2010.08	
何雷昌	男	四川剑阁	校长兼书记	2010.08—2017.07	
李显章	男	四川剑阁	校长兼书记	2017.07—	
杨国林	男	四川剑阁	副校长	2011.09—2018.08	
梁政显	男	四川剑阁	教务主任	2008.01—2010.08	
伏仁志	男	四川剑阁	教务主任	2008.01—2012.08	
王树容	女	四川剑阁	教务副主任	2016.09—2018.08	
左飞燕	女	四川剑阁	教务副主任	2022.09—	
周艳鲜	女	四川剑阁	政教副主任	2019.09—2020.08	
刘莎	女	陕西宁强	党建办副主任	2022.09—	
左思志	男	四川剑阁	总务主任	2019.09—	
王洁	女	四川剑阁	扶贫专干	2016.09—2018.08	
周霞	女	四川泸州	大队辅导员	2018.09—	

学校教职工名录

在职教职工（17名）：

李显章　左思志　杨建　杨鹏　何锦秀*　左飞燕*　周霞*　刘莎*　高丽娇*

徐丽*　王淋燕*　梅安英*　李昕阳*　刘丹*　张美良*　陈诗娴*　赵何梅*

退休教职工（23名）：

奂光培　鲜玉田　杨继清　梁成分　梁成生　杨桂英　王丕国　杨会琼　敬银林

王步伸　　梁政寿　　左思文　　刘余德　　罗　跃　　杨培东　　杨云梯　　罗　良　　梁立新
杨　方　　梁子林　　高金林　　杨国林　　苟建成

店子小学

剑阁县店子小学校坐落在剑阁县店子镇卧龙山下，始建于1950年。2001年，剑阁县原店子中学与店子小学合并为九年一贯制小学。2011年春季最后一批初中学生并入剑阁县白龙中学，自此，单一小学的模式保持至今。2012年5月因亭子口水利枢纽工程建设，学校整体搬迁到现址。新校区占地16 000多平方米，有9个教学班，181名在校学生，19名专任教师，所有教师全部达到国家规定学历。

近年来，学校借助库区搬迁、义教均衡、教育扶贫政策的东风，努力缩小校际差距，校际差距越来越小，店子小学的办学条件进一步得到改善。学校建有远程教育资源接收系统，以及一体机教室、图书室、实验室、阅览室、标准篮球场、足球场、乒乓球活动场和健身场。

学校构建了以古诗文阅读为核心的"书香校园"文化体系，全力开展"阳光大课间"活动及"校园足球"特色运动，大力投资并办好了幼儿教育，确立"求真务实、立德树人"的师德理念，努力打造"办学规范、基础扎实、特色鲜明、社会满意"的品牌形象，促进了学校的进一步发展。

近年来，学校被剑阁县委县政府授予文明单位的称号，五次荣获县教育局教育质量考核等次奖，2020年被中共广元市政法委员会、广元市公安局、广元市教育局授予市级"平安校园"称号。

表5-105　幼儿入园、学生入学统计表

		2008	2009	2010	2019	2020	2021	2022	2023
幼儿园	班数	3	3	3	3	3	3	3	3
	人数	112	111	113	82	77	68	56	42
1—6年级	班数	7	7	6	6	6	6	6	6
	人数	361	359	296	242	214	186	152	139
7—9年级	班数	3	3	3	—	—	—	—	—
	人数	168	131	112	—	—	—	—	—

表5-106　领导任职简况

姓名	性别	籍贯	职务	任职时间	备注
苟雷成	男	四川剑阁	校长	2008.01—2011.08	
赵兴培	男	四川剑阁	党支部书记	2008.01—2011.08	
谯思军	男	四川剑阁	教务主任	2008.01—2018.08	
唐　勇	男	四川剑阁	政教主任	2008.01—2012.08	
			副校长	2012.09—2018.08	
黄正中	男	四川剑阁	教科室主任	2008.01—2017.08	
梁政显	男	四川剑阁	校长	2011.09—2018.08	
			党支部书记	2011.09—2018.08	
刘　辉	女	四川剑阁	政教主任	2012.09—2018.08	
张鸿琼	女	四川剑阁	德育主任	2022.09—	

表5-106（续）

姓名	性别	籍贯	职务	任职时间	备注
杨丽娟	女	四川剑阁	教科室主任	2017.09—2018.08	代
			教务主任	2022.09—	
王松青	男	四川剑阁	校长	2018.09—2022.10	
			党支部书记	2018.09—2022.10	
谯思军	男	四川剑阁	总务主任	2018.09—2022.08	
蒲明叶	男	四川剑阁	副校长	2017.09—	
王万兵	男	四川剑阁	党支部书记	2022.09—	
			校长	2022.09—	

学校教职工名录

在职教职工（19名）：

王万兵	蒲明叶	杨丽娟*	张鸿琼*	刘　辉*	黄正中	谯思军	罗明娟*	何　静*
张　媛*	严　旺	唐　勇	杨　敏*	覃　蓉*	王　蕊*	仲星旭	苟雷成	何加诚*
蒲文慧*

退休教职工（46名）：

洪仕良	张　直	杜自平	程国恒	刘述阳	张节文	王丽琴*	杜宗伦	郑富方
李茂南	杜建相	魏建生	杜正泉	李雪红*	张河琳	尤坤章	杨彦如	杜汶鲜
赵兴培	蒲茂生	许素芹*	尤思坤	黄　培	尤思早	王太君	王文虎	黄友理
梁志红*	蒲连均	李作良	魏子孝	程国训	张建伦	蒲志新	蒲红英*	张治柱
杜先忠	杜培根	王明生	蒲新荣	杜南兮	杜琼英*	苟丽华*	张月芝*	王利芹*
何彩玲*

广坪小学

剑阁县广坪小学校创办于民国 25 年（1936 年），学校东临碑垭，南接吼狮，交通十分便利。学校占地面积 12 350 平方米，建筑面积 2 524 平方米。全校现有 9 个教学班（其中幼儿班 3 个），在校学生 150 人。现有正式教职工 19 人（含特岗 3 人），其中高级教师 6 人、一级教师 8 人，大学本科 12 人，专科 7 人，教师学历合格率达 100%。有市县级骨干教师 6 人，市县级优秀教师 8 人，市县级模范班主任 4 人，参加市县级青年教师赛课获奖 30 余人次。

学校办学条件良好，基础设施齐全。教学楼（思源楼）、学生宿舍（圆梦圆、礼婧阁）、学生食堂餐厅（汉堡馆 1 个）、综合楼（致远楼 1 栋）、运动场以及教辅用房配套配齐。科学实验室、多媒体教室、计算机网络教室、仪器（器材）室、图书阅览室、音乐美术教室等功能室一应俱全。

学校主研的 3 个课题成果获得市级三等奖，教师参加各类比赛也多人次受到上级表彰和奖励。近 5 年来学校荣获过县教学质量表彰二、三等奖。2023 年 3 人获县级优秀学科教师表彰，1 人获市级表彰；为上一级的学校输送优秀学生数百人，被各级领导和家长称赞为"学生成才的沃土"。2019 年 12 月，学校成功创建广元市"美丽乡村学校"。2023 年 4 月第一期 23 名小提琴学员代表学校在第二届提琴智慧教育峰会音乐晚会上表演，学校获得了"提琴智慧教育示范校"的殊荣。

表 5-107　幼儿入园、学生入学统计表

		2019	2020	2021	2022	2023
幼儿园	班数	3	3	3	3	3
	人数	65	51	45	47	45
1—6年级	班数	6	6	6	6	6
	人数	213	190	160	131	105

表 5-108　领导任职简况

姓名	性别	籍贯	职务	任职时间	备注
邓叔亭	男	四川剑阁	书记、校长	2008.01—2015.08	
王志泽	男	四川剑阁	教务主任	2008.01—2009.08	
			副校长、教务主任	2009.09—2016.08	
唐天杰	男	四川剑阁	政教副主任	2011.09—2013.08	
			政教主任	2013.09—2017.08	
			副校长	2017.09—2022.08	
何孔松	男	四川剑阁	工会主席	2010.09—	
王继秦	男	四川剑阁	校长	2015.09—2016.08	教办主任代
何燕	女	四川剑阁	教务副主任	2015.09—2017.08	
			教务主任	2017.09—2021.05	
王志泽	男	四川剑阁	书记、校长	2016.09—2022.08	
张新武	男	四川剑阁	德育副主任	2019.09—2022.08	
			德育主任	2022.09—	
陈宗利	男	四川剑阁	书记、校长	2022.09—	
张亚	男	四川剑阁	党支部副书记	2022.08—	
刘金强	男	四川广元	党建办副主任	2022.08—	
罗小兰	女	四川广元	总务处副主任	2022.08—	

学校教职工名录

在职教职工（19名）：

陈宗利　张亚　刘金强　张新武　何孔松　罗小兰*　石训昌　何大强　赵君娜*
周渝惠*　巫清清*　唐天杰　袁建超　杨晓春*　曹清云*　邓思鸿　刘华增　邓仕顺
王志泽

退休教职工（28名）：

邓天孝　梁光兮　邓相　罗发生　罗少昌　梁崇山　何启明　何启林　蒲新伦
蒲玉勋　刘聪　左建明　何子成　郑从勤　郑楚平　郑杰平　袁朝汉　袁兴春
袁静　马宗剑　邓思健　何清德　杨聪林　袁国顺　袁在法　王丽蓉*　奂玉红*
王勇志

禾丰小学

剑阁县禾丰小学校始建于 1966 年，占地 16 800 平方米，建筑面积 3 537.23 平方米。学校位于四川省剑阁县境中部，紧邻剑（阁）南（部）公路，距老县城普安镇 31 公里；三面青山环绕，两条河流交汇，交通方便，景色优美，气候宜人。学校办学历史悠久，底蕴深厚，先后培养出四川省妇联党组书记、主席王华蓉，清华大学博士、世界研究固态相变与组织优化的领军人物徐平光，青白江区政协委员王定江，广元市教育局原局长李金河等优秀人才。

学校服务于原禾丰乡所辖的 6 个自然村。现有在校学生 130 人，设 6 个小学教学班、1 个幼儿班。现有教职工 25 人，专任教师 20 人，全部为本科学历，其中高级教师 4 人、一级教师 7 人、二级教师 9 人，市级骨干教师 2 人、县级骨干教师 3 人。图书室、阅览室、计算机网络教室、实验室、舞蹈室等各种仪器设备设施完备，2016 年建成乡村学校少年宫。

学校先后被评为"广元市美丽乡村学校""广元市文明单位""广元市平安校园"，三次荣获"县教育质量"等次奖，连续七年被县教育局评为"目标考核优秀单位"；2015 年"农村小学数学典型错例的管理与研究"科研成果获广元市一等奖。

表 5-109　幼儿入园、学生入学统计表

		2019	2020	2021	2022	2023
幼儿园	班数	2	2	2	2	1
	人数	44	39	39	28	25
1—6 年级	班数	6	6	6	6	6
	人数	223	203	170	154	131

表 5-110　领导任职简况

姓名	性别	籍贯	职务	任职时间	备注
王显平	男	四川剑阁	党支部书记、校长	2008.01—2010.08	
何三勇	男	四川剑阁	教导主任	2008.01—2012.08	
魏从树	男	四川剑阁	教科室主任	2008.01—2011.08	
王勇章	男	四川剑阁	后勤主任	2008.01—2011.02	
何文辉	男	四川剑阁	党支部书记、校长	2010.09—2013.08	
贾建林	男	四川剑阁	教务主任	2008.01—2013.08	
			副校长	2013.09—2018.08	
徐兴泉	男	四川剑阁	德育副主任	2012.09—2022.08	
			德育主任	2022.09—	
刘平	男	四川剑阁	党支部书记、校长	2013.09—2022.08	
伏仁智	男	四川剑阁	副校长	2018.09—2022.08	
张芹	女	四川剑阁	政教处副主任	2016.09—2021.10	
李刚	男	四川广元	教务副主任	2016.09—2018.08	
			教务主任	2018.09—	
王培	男	四川剑阁	工会主席	2016.09—	

表5-110(续)

姓名	性别	籍贯	职务	任职时间	备注
杨 静	女	四川剑阁	总务副主任	2021.09—	
李彩霞	女	四川剑阁	党支部书记、校长	2022.09—	
杨青松	男	四川剑阁	党建办副主任	2022.09—	

学校教职工名录

在职教职工（20名）：

李彩霞* 喻吉桃* 王 培 岳玉洁* 徐兴泉 邹 洁* 李 刚 高 南* 杨 静*
苏怀清* 杨青松 谷俊霖 王体安 李金茂 李志华* 何春容* 田洪艳* 张明英*
程芸芸* 方 操*

退休教职工（29名）：

王泽安 李映碧* 冯煜华 王宗成 王宗舜 蒲三泽 徐次光 徐建旭 王树章
刘树育 徐建义 王继容* 王勇章 王树堂 徐树南 管树章 蒲连奇 徐阳生
王 和 王文忠 蒲绍成 杨永康 张 建 管素华* 李金科 梁玉华* 梁朝峰
魏从树 王玉碧*

摇铃小学

剑阁县摇铃小学创办于1954年，位于于白龙镇摇铃场（原摇铃乡）。1971年小学开始附设初中班。2005年9月，停办初中，成为单设小学。学校占地面积8 184平方米，运动场面积860平方米，校舍建筑面积1 177平方米。学校有图书室（1 750册），标准化的小学科学实验室，计算机教室（22台），以及多媒体教室、音乐室、美术室、体育室等多功能室，室内设施设备齐全。

摇铃小学有教职工14人、临聘人员4人，其中高级教师3人、一级教师4人、初级教师7人。学校有1—6年级6个教学班，在校学生68人；幼儿园1个教学班，在园幼儿15人。覆盖了原摇铃乡6个行政村。

2008年汶川地震后，学校在黑龙江人民的援助下，拆除危房，新建了师生食堂，改建了教师宿舍，学校面貌焕然一新。

学校以"优化育人环境，创办示范学校"为奋斗目标，坚持以"让每一颗心灵充满阳光"为办学理念，进一步深化课程改革和课堂教学改革，加强校本研究，突出学校特色建设，全面提高教育教学质量。

在师生的共同努力下，2020年度学校荣获全县学校目标考核二等奖；2021年学校荣获剑阁县教育局对标竞进先进集体称号。

2022年8月，学校合并到白龙小学。

表5-111 幼儿入园、学生入学统计表

		2016	2017	2018	2019	2020	2021	2022
幼儿园	班数	2	2	1	1	1	1	1
	人数	68	59	46	38	34	22	15
1—6年级	班数	6	6	6	6	6	6	6
	人数	142	130	110	96	82	75	68

表 5-112 领导任职简况

姓名	性别	籍贯	职务	任职时间
蒲天骄	男	四川剑阁	书记、校长	2012.09—2017.08
高燕林	男	四川剑阁	书记、校长	2017.09—2019.08
母松平	男	四川剑阁	书记、校长	2019.07—2022.08
赵 彬	男	四川剑阁	教务主任	2012.09—2022.08
			会计	2012.09—2022.08
张 亚	女	四川剑阁	德育主任	2019.07—2022.08
万 毅	男	四川苍溪	教科室主任	2016.09—2022.08
杨雄平	男	四川剑阁	工会主席	2020.07—2022.08
王树斌	男	四川剑阁	工会主席	2010.09—2020.06
康玉平	男	四川广元	廉勤委主任	2019.07—2022.08

学校教职员工名录（截至 2022 年春）

在职教职工（18 名）：

母松平　张 亚　万 毅　赵 彬　杨雄平　王树斌　赵子松　张 谦　康玉萍
王秋月　昝小翠　何 丹　何文书　郑琪楠　张海鸥　高秀兰　何群芳　赵聪田

退休教职工（13 名）：

罗庭成　罗庭怀　杨登文　杨育林　石先强　赵兴建　郑华英　郑树林　赵定军
赵兴定　洪映琦　赵洪荣　何 武

公兴中学

剑阁县公兴中学坐落在公兴镇九龙村赵家坝，坐北向南，背靠九龙山，拥抱九龙河。

学校始建于 1958 年，时称"剑五中"。1960 年中学停办，公兴小学迁到该校。1967 年恢复初中招生，1975 年开始招收高中，1994 年高中并入白龙中学，公兴小学附设初中并入公兴中学，自此公兴中学走上了单一初级中学办学轨道。学校占地 26 482 平方米，建筑面积 13 550 平方米，原金仙老区及白龙碑垭的一部分均是公兴中学的招生范围。现有 24 个教学班，学生 1 100 余人，教职工 87 人，其中高级教师 26 人、一级教师 25 人，高级技工 2 人，教师学历达标率为 100%。

2008 年汶川地震后，损毁严重，学校利用国家拨款并借助黑龙江援建新建了教学楼、办公楼、学生宿舍、学生食堂等，一改以前的布局结构，学校面貌焕然一新。近三年来，24 个教学班全部装上了一体机，新增图书 25 000 余册，装修大型阅览室、电教室各 1 个，微机室、生物、理化等实验室一应俱全，塑化了学生运动场，教学楼、办公楼、学生宿舍等建筑墙面全部硬化、美化、安全化，让广大师生有了更安全、舒适的学习生活环境。近三年来，优生选拔人数居全县前列，得到了教育主管部门的充分肯定，也赢得了社会的普遍赞誉。

近年来，公兴中学先后获得省级"优秀卫生单位""田径传统体育项目学校""绿色学校"，市级"文明单位""园林式单位"，县级"综合治理先进单位""教育科研先进集体""示范学校""学生科技竞赛优胜单位""教学质量追赶跨越""县目标考核先进集体"等荣誉。

表 5-113 学生入学统计表

		2019	2020	2021	2022	2023
7—9 年级	班数	18	18	21	24	24
	人数	978	986	1 056	1 205	1 130

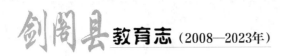

表 5-114　领导任职简况

姓名	性别	籍贯	职务	任职时间
陈明文	男	四川剑阁	副校长	2008.01—2012.09
王作家	男	四川剑阁	校长兼书记	2008.01—2010.08
郑建东	男	四川剑阁	副校长	2009.09—2017.09
王俊臣	男	四川剑阁	校长兼书记	2010.09—2013.07
杨仕平	男	四川剑阁	主任	2008.01—2010.09
			副校长	2010.09—2017.08
王丕业	男	四川剑阁	校长兼书记	2013.08—2017.02
杨仕军	男	四川剑阁	教务副主任	2008.01—2010.08
			教务副主任	2010.08—2015.09
			副书记	2015.09—2022.07
高俊峰	男	四川剑阁	代校长	2017.02—2017.07
姜庆先	男	四川剑阁	校长兼书记	2017.07—2019.07
杨林	男	四川剑阁	副校长兼教务主任	2017.07—2019.07
高燕林	男	四川剑阁	教务副主任、主任	2008.01—2010.09
张海霞	女	四川剑阁	教务副主任	2012.09—2015.09
			教务主任	2015.09—2017.09
胥红	女	四川剑阁	教务副主任	2015.09—2017.09
杨林	男	四川剑阁	副校长兼教务主任	2017.09—2019.09
何学芝	男	四川剑阁	教科室主任	2018.01—2012.09
蒲朝燕	男	四川剑阁	教科室副主任	2008.01—2011.09
李润平	男	四川剑阁	教科室副主任	2011.01—2013.09
			教科室主任	2013.10—2022.07
高燕	女	四川剑阁	教科室副主任	2015.09—2017.09
			办公室副主任	20214.09—2016.09
王永全	男	四川剑阁	政教处副主任	2008.01—2010.09
鲜怀志	男	四川剑阁	政教处副主任	2009.09—2010.09
赵兴广	男	四川剑阁	政教处副主任	2010.09—2012.09
李显章	男	四川剑阁	政教处副主任	2010.09—2015.09
唐海军	男	四川剑阁	政教处副主任	2012.09—2013.09
			办公室主任	2010.09—2016.09
王建成	男	四川剑阁	政教处副主任	2014.09—2015.09
李国宏	男	四川剑阁	总务处副主任	2008.01—2011.09
杨志远	男	四川剑阁	总务处副主任	2012.09—2014.09
			总务处主任	2014.10—
杨仁杰	男	四川剑阁	工会主席	2008.01—2018.04

姓名	性别	籍贯	职务	任职时间
李华侨	男	四川剑阁	党支部书记、校长	2019.07—2022.09
苟国江	男	四川剑阁	副校长	2019.07—2022.09
何 波	男	四川剑阁	副校长	2019.07—2022.09
李国树	男	四川剑阁	教科室副主任	2019.07—2022.07
			教务主任	2022.07—
蒲建全	男	四川剑阁	副校长	2008.01—2018.05
			工会主席	2019.007—2022.07
赵晓永	男	四川剑阁	政教处副主任	2018.09
			政教主任	2019.007—2022.07
			党建办主任	2022.07—
李士星	男	四川剑阁	政教副主任	2019.07—2022.07
			总务处副主任	2022.07—
袁立文	男	四川剑阁	办公室副主任	2017.09
			办公室主任	2019.07—2022.07
			德育处主任	2022.07—
杨仕涛	男	四川剑阁	德育处副主任	2019.07—
聂晓楠	女	四川剑阁	教务处副主任	2022.07—
王松青	男	四川剑阁	党支部书记、校长	2022.09—

学校教职工名录

在职教职工（77名）：

郑晓蓉* 郑 清* 李静华* 王雅君* 王小曼* 黄丽芳 杨春梅* 马喜红* 张 敏*
袁曙红* 杨政超 王敬普 何明华* 李雨虹* 敬基永 马在兵 张申卫 郑鹏庚
严吉平 李国树 郑建东 张玉龙 王正平 王 萍 王步法 苟清梅* 白 玥*
袁 畅* 聂晓楠 梁红梅* 乔 过 杨义聪 梁显雄 蒲小丽* 刘婷婷* 王 岚*
杨罗欢* 罗 鸿 王启诗 刘 丹* 董 斌 肖 霄 赵晓永 龙 辉 何 波
王 露* 陈 锦 杨仕军 邱云鹏 邢慧琼* 徐敏光 李华明 成芳宏 都瑶瑶*
蒲建全 姜雅兰 李自明 杨得胜 苏 婷* 李士星 宋立倩* 张安平 郑绍虎
梁 伟 杨小丽* 罗锦刚 张开尧 梁志平 李润平 蒲安国 杨仕涛 杨志远
何 刚 贾 莎* 王斯琪* 王松青 张 超

退休教职工（26名）：

何学芝 李锦作 梁红光 蒲玉永 罗相春 郑光荣 奂光禹 李茨微* 张映福
杨寿章 杨玉梅* 张培荣 蒲定尧 姜怀彬 苟奇昌 徐甫生 杨 阳 杨 斌
陈明文 杨晓梅* 何建秀* 郑志东 李茂相 杨仕平 王妍华* 赵永红*

公兴小学

1951年，在土主庙街上将没收地主的房屋作为校舍，建立公兴小学。1954年因校舍不足迁至离街1公里的古庙——灵芝寺，建成完全小学，时有教学班8个、学生300余人、教职工15人。1961年因公兴中学停办，小学便迁入公兴中学。1969年中学恢复，小学又迁回原址并附设初中班。1984年得力于绵阳地区教育局拨款6万元、地方集资2万元，于1985年开始在现址——公兴新场镇修建教学楼1幢及其他配套设施，建筑面积1700平方米，1987年秋新学校建成，学校迁入该址。这一年，学校有教学班15个（小学9个、初中6个）、学生700余人。1994年秋，附设初中班并入公兴中学，办成完全小学；集中全镇六年级学生。时有教学班15个、学生820人、教职工45人；下辖九龙、大凉、茶垭、文林、凤凰5所村小。5所村小共有25个教学班、810名学生、32名教职工。1997年3月撤九龙村小。1998年由于中心校教学用房紧张，学校集资修建教辅用房2000余平方米。同年中心校将村小五年级全部收回中心校。村小留有4个教学点。当时中心校达到20个教学班，有学生1200人、教职工61人。2003年9月撤茶垭村小。同年由教师集资、学校借资、老板垫资共150万元修建（16套）2100平方米教职工住房。2007年国家"普九"债务锁定后3年内全部偿还了欠债。2005年秋村小三、四年级学生收回中心校就读。2007年秋撤大梁、文林、凤凰村小，学生全部回中心校就读，从此村小办学历史结束。2008年汶川地震后，学校灾后重建，国家拨款800余万元，修建学生宿舍、教学楼和综合楼近5000平方米。2013年国家下拨专项资金修建学生食堂500平方米。

学校占地面积25679平方米，其中教学及辅助用房面积5259.4平方米，生均达4.4平方米；体育活动用地面积14293平方米，生均达11.97平方米。学校配有标准的科学实验室，数学科学仪器配备达标率为96.89%；有标准的音乐室和美术室，音体美器材配备达标率为97.9%；计算机网络教室配有计算机96台，每百名学生拥有计算机8台；学校现有图书18996册，生均15.91册。学校各项教学设施设备均已达到义务教育均衡标准。2023年秋，学校有教职工71人，其中高级教师11人、一级教师18人，省、市、县骨干教师16人；有普教班24个、学生1194人，幼儿班8个、幼儿415人。

学校先后被评为市级文明校园、市平安校园、县"八好一满意"学校、常规教研先进单位、义务教育先进单位、学前教育先进单位、先进基层党组织，获目标考核优秀单位、教育质量考核优秀奖等40余项殊荣。

表5-115　幼儿入园、学生入学统计表

	2015年		2016年		2017年		2018年		2019年		2020年	
	班数	人数	班数	人数	班数	人数	班数	人数	班数	人数	班数	人数
幼儿园	8	354	9	404	9	423	9	423	9	442	8	415
1—6年级	26	1082	28	1199	27	1220	27	1249	27	1258	26	1194
合计	34	1436	37	1603	36	1643	36	1672	36	1700	34	1609

表5-116　领导任职简况

姓名	性别	籍贯	职务	任职时间	备注
李才林	男	四川剑阁	支部书记	2007.09—2010.08	
范青林	男	四川剑阁	校长	2006.09—2011.08	
			校长、党支部书记	2010.09—2011.08	
方杰	男	四川剑阁	校长、党支部书记	2011.09—2013.08	

表5-116（续）

姓名	性别	籍贯	职务	任职时间	备注
母朝虎	男	四川剑阁	校长、党支部书记	2013.09—2018.07	
何孔善	男	四川剑阁	校长、党支部书记	2018.07—2022.08	
杨星雄	男	四川剑阁	校长、党支部书记	2022.09—	
左大宇	男	四川剑阁	副书记	2022.09—	
高安民	男	四川剑阁	副校长	1999.09—2010.08	
杨小青	女	四川剑阁	副校长	2009.09—2022.09	
王永泉	男	四川剑阁	副校长	2010.09—2019.07	
李显章	男	四川剑阁	副校长	2015.09—2016.08	
张俊梅	女	四川剑阁	副校长	2018.09—2022.09	
王春林	男	四川剑阁	副校长	2019.09—	
杨俸旸	男	四川剑阁	副校长	2022.09—	
张新昌	男	四川剑阁	工会主席	2015.09—2022.09	
梁正龙	男	四川剑阁	教务主任	2007.10—2009.03	
张俊梅	女	四川剑阁	教务副主任	2010.09—2015.08	
			教务主任	2015.09—2019.09	
何文	女	四川旺苍	教务副主任	2015.09—2017.08	
高能平	男	四川剑阁	教务主任	2019.09—2022.08	
赵艳	女	四川剑阁	教务副主任	2019.09—2021.08	
罗利钦	女	四川剑阁	教务副主任	2022.09—	
杨小青	女	四川剑阁	教科室主任	2004.09—2009.08	
罗丽蓉	女	四川剑阁	教科室副主任	2011.09—2013.08	
郑学清	女	四川剑阁	教科室副主任	2015.09—2017.08	
张菊华	女	四川元坝	教科室副主任	2019.09—	
何晓敏	女	四川剑阁	教科室副主任	2022.09—	
蒲海军	男	四川剑阁	政教副主任	2007.04—2013.08	
罗志明	男	四川剑阁	政教主任	2013.09—2015.08	
			总务主任	2015.09—2018.08	
高能平	男	四川剑阁	政教副主任	2015.09—2018.08	
			德育主任	2018.09—2019.08	
徐寅	男	四川剑阁	政教副主任	2015.09—2017.06	
鲜体聪	男	四川剑阁	德育副主任	2018.09—2022.08	
李玉涛	男	四川剑阁	德育副主任	2019.09—2022.08	
赵聪	男	四川剑阁	德育副主任	2022.09—	
贾政友	男	四川剑阁	后勤副主任	2011.09—2013.08	
陈晓梦	女	四川阆中	学前教育管理办公室副主任	2019.09—	

学校教职工名录

在职教职工（71 名）：

何孔善	罗志明	张新昌	高能平	李周林	高国勇	何洪波	李必强	廖先长
李玉涛	王景浩	鲜体聪	赵俊明	罗仕海	鲜继明	王晓通	徐书景	王宝才
王春林	赵 聪	王 洋	陈 述	杨小青*	张俊梅*	何宝玉*	梁秀萍*	蒲碧荣*
苟晓红*	郑志红*	李永玉*	徐艳梅*	杨钏媛*	王晓霞*	张菊华*	赵冬洁*	杨加利*
蒲茂琼*	袁志碧*	罗利钦*	梁佳英*	谢艾君*	何晓敏*	邓丽娟*	赵小凤*	王春花*
母 萍*	景 妮*	李 敏*	赵 艳*	张 洁*	王 璇*	高 猜*	李 静*	何 钦*
吴 丹*	杨 颖*	张 清*	田 密*	唐 青*	唐 晶*	张 雪*	孔祥凤*	陈晓梦*
李婷婷*	向坤蓉*	柴华敏*	龙霞霞*	匡 莉*	李 芮*	黄 竣*	丹真巴珍*	

退休教职工（34 名）：

李之升	李连英	郑述凡	蒲松生	张政勇	袁思谋	苟素华	袁 凯	罗文坤
母碧琼	李康平	何国新	梁建兮	罗明兴	高琴芳	郑明荣	郑维凯	王乔林
李才林	赵子武	杨培章	何子新	罗远根	梁琼光	高安民	蒲国东	蒲元林
田金华	赵述奎	王树焰	罗祥生	郑健康	袁全勇	李菊青		

香沉中学

剑阁县香沉中学位于剑阁南部，坐落于剑阁、苍溪、阆中的接合部，距县城 110 公里。学校始建于 1951 年 1 月，原址为香沉寺。香沉小学自 1964 年首次开办初中以来，教学成绩显著。1976 年学校因教学成绩突出，获赠金仙区公所一块《心血哺秀》木质硬匾。1980 年初中、小学分开办学，香沉小学迁往卫星村小学，香沉中学居于原址，现具体位置为香沉镇老街 1 号，学校承担着香沉镇 10 个行政村的义务教育教学任务，服务人口 1.1 万人，服务面积 50 平方公里。学校占地面积 9 297 平方米，建筑面积 5 435 多平方米，绿化面积 2 500 平方米，运动场面积 2 600 平方米，教学辅助用房 2 614 平方米。

学校建立了以人为本、规范合理的管理机制。根据学校规模、工作需要，设置了教务处、德育处、团支部、总务处等行政机构。学校形成了行政、教学、德育三块，教务处、总务处、辅导组三线，学校、部门、年段的三级管理网络。

2017 年 1 月香沉中学和香沉小学合并，成为一所九年一贯制学校；学校初中部 2019—2022 年连续四年荣获剑阁县同类学校教学质量二等奖。

2022 年 7 月学校初中部停止办学，至此香沉再无初中。

表 5-117 学生入学统计表

		2017	2018	2019	2020	2021
7—9 年级	班数	3	3	3	3	3
	人数	145	140	146	152	158

表 5-118 领导任职简况

姓名	性别	籍贯	职务	任职时间	备注
姜庆先	男	四川剑阁	校长	2008.01—2009.09	
李茂钦	男	四川剑阁	教务主任	1996.09—2012.09	
伏太明	男	四川剑阁	教科室主任	2008.01—2009.09	

姓名	性别	籍贯	职务	任职时间	备注
李栋成	男	四川剑阁	校长、书记	2008.01—2010.08	
李海朝	男	四川剑阁	政教主任	2009.09—2017.01	
陈国清	男	四川剑阁	校长、书记	2009.09—2010.08	
母晓强	男	四川剑阁	副校长、工会主席	2008.01—2010.09	
			校长、书记	2010.09—2013.09	
曹新文	男	四川剑阁	总务副主任	2012.09—2014.09	
			总务主任	2014.09—2016.09	
杨显荣	男	四川剑阁	校长、党支部书记	2013.09—2017.01	
母志波	男	四川剑阁	总务副主任	2016.09—2017.01	

学校教职工名录

2017年秋在职教职工（17名）：

杨显荣　　李海朝　　郑从武　　郑海生　　母志喜　　母志波　　苟浩君　　梁显阳　　白小华*

马丽平*　权智林*　邢慧琼*　郑林海　　李国武　　赵春燕　　尤小倩　　王亚洲

2017年秋退休教职工（11名）：

王建荣　　母志新　　母学昌　　杨宴林　　赵子文　　王子吉　　宋文生　　严　尧　　李茂钦

张全明　　李赢全

吼狮小学

剑阁县吼狮小学地处剑阁县南部边陲的吼狮乡，是一所完全中心小学。学校坐落在西南第一人工湖、3A级风景区——升钟水库上游。

学校创办于1952年9月，一直承担着本地区8个行政村的义务教育任务。其服务面积42.80平方公里，服务人口0.91万。学校原址在吼狮乡老场镇，1989年修建初中新校区，2002年9月后，停招7—9年级，1—6年级迁至现校区，并陆续改建。学校现占地9.5亩，建筑面积3 208平方米，教学及辅助用房900平方米，生均6.04平方米。体育活动用地2 600平方米，生均17.45平方米。配有标准的小学科学实验室和教学仪器室，理科仪器配备达标率为93.20%；配有音乐、美术专用教室，规范的塑胶运动场，音体美器材配备达标率为95.52%。云计算机网络教室配有计算机31台，每百名学生拥有22.81台。图书室现有藏书2 300册，生均15.44册。

学校现有学生77人，教职工21人，专任教师15人（特岗4人）。其中有大学专科及以上学历者15人，高级教师4人，中级及以上专业技术职务者2人，市级骨干教师1人，县级骨干教师2人。

学校有党支部、廉勤委、工会、政教处、教导处、教科室、少先队、总务处等组织机构，下设有安全、卫生、后勤、图书等专项管理机构，学校领导班子团结向上，开拓创新。

学校坚持"追求发展 享受快乐"的办学理念，传承了"明德允能 健行不息"的校训，逐步形成了"文明 守纪 健康 上进"的校风、"博学 乐教 严谨 创新"的教风、"好学 勤思 善悟 互助"的学风。学校始终坚持"以育人为本""以教学为中心""让每个孩子绽放生命的光彩"的办学思想，大力实施新课程改革，努力规范办学行为，深入推进素质教育，促进教育质量的全面提高。学校成功创建了"县级文明单位""县级卫生单位"，还多次获得县级"教育质量奖"。

表 5-119　幼儿入园、学生入学统计表

		2019	2020	2021	2022	2023
幼儿园	班数	2	2	2	2	1
	人数	33	30	19	14	9
1—6年级	班数	6	6	6	6	6
	人数	136	125	114	94	77

表 5-120　领导任职简况

姓名	性别	籍贯	学历	职务	任职时间	备注
杨得华	男	四川剑阁	本科	校长、书记	2008.01—2009.08	
程朝柏	男	四川剑阁	本科	校长、书记	2009.09—2010.08	
罗小军	男	四川剑阁	本科	校长、书记	2010.09—2013.08	
刘钊云	男	四川剑阁	本科	校长、书记	2013.09—2018.08	
张小军	男	四川剑阁	本科	副校长	2014.09—2018.08	
袁森林	男	四川剑阁	本科	校长、书记	2018.09—	
杨国贵	男	四川剑阁	本科	工会主席	2014.09—2023.10	
梁跃春	男	四川剑阁	本科	教务主任	2008.01—2013.08	
蒲志国	男	四川剑阁	本科	教科主任	2008.01—2009.08	
罗志明	男	四川剑阁	本科	政教主任	2009.09—2013.08	
王安全	男	四川剑阁	专科	教务主任	2013.09—2018.08	
				扶贫专干	2018.09—2023.12	
赖超	男	四川剑阁	本科	教科主任	2013.09—2018.08	
				教务主任	2018.09—2022.08	
敬沙沙	女	四川剑阁	本科	教科副主任	2020.09—2022.08	
杨凯文	男	四川剑阁	本科	德育主任	2019.09—	
杨婷婷	女	四川剑阁	本科	教务副主任	2018.09—2022.08	
何燚	女	四川青川	本科	教务副主任	2022.09—	

学校教职员工名录

在职教职工（21名）：

袁森林　杨凯文　杨国贵　王安全　梁波　王雪*　党欢　李莉*　丁琳*
杨春燕*　罗利蔚*　何燚*　李彦东　曾程玉*　杨孟*　王静*　梁丽*　许海英*
袁琴华*　郑桂芳*　王琴兰*

退休教职工（27名）：

高居文　袁加奇　蒲新彩　赵启华　高清生　李志高　罗杰　王森林　唐坤山
王炳生　何庚明　任伯兴　赵述和　梁现模　何清许　蒲茂喜　何坤芝　何伯龙
何奇禄　邓芝润　张小康　张维强　邓春生　唐正怀　田菊*　唐月秋*　何三建

金仙小学

剑阁县金仙小学校位于剑阁县金仙镇交通街 94 号，清光绪三十一年（1905 年）始建，占地面积 9 000 平方米，建筑面积 6 020 平方米，招生范围为金仙镇大顺村、赛金村、小桥村、西河村和金仙社区，是一所农村寄宿制完全小学。

学校 2023 年秋季学期在校学生 224 人，其中小学生 164 人、幼儿学生 60 人；教职工 31 人，其中在岗在编专任教师 24 人、代职代课人员 7 人；在岗在编专任教师中，大学本科文化程度的 20 人，占 83.3%，专科文化程度的 4 人，占 16.7%，学历达标率为 100%。

学校在 2008 年灾后重建中，通过拆除和新建学生公寓、学生食堂、厕所，加固教学楼，实现了教育教学用房及教育教学辅助用房数量、质量“双达标”；在脱贫攻坚和义教均衡创建中，配齐配足了各教室、功能室教育教学设施设备；2020 年，建成乡村少年宫。学校通过多方筹集资金截至 2022 年秋季完成小教 6 个教学班“班班通”配备。目前，学校具备按国家课程标准开齐开足各类教育教学活动的基本条件。

学校坚持“为党育人为国育才”办学方向，常抓校风教风学风建设，建成了“全面育人、全员育人、全过程育人”的育人格局和“抓日常、抓经常、抓长效”的养成教育特色。

学校是市级“卫生文明单位”，4 次获县“目标考核优秀单位”奖，1 次获县“‘两基’工作先进集体”奖，2 次获县“教育教学质量（小学）”等次奖，2019 年获县“校园球类运动会（小学女子篮球组）第四名”。

表 5-121 幼儿入园、学生入学统计表

		2008	2009	2010	2019	2020	2021	2022	2023
幼儿园	班数	3	3	3	3	3	3	3	3
	人数	64	62	61	47	29	73	67	60
1—6 年级	班数	6	6	6	7	7	7	7	6
	人数	258	261	259	259	249	212	187	164
7—9 年级	班数	4	4	4	—	—	—	—	—
	人数	180	186	185	—	—	—	—	—

表 5-122 领导任职简况

姓名	性别	籍贯	职务	任职时间	备注
张元茂	男	四川剑阁	校长	2008.01—2009.01	
			党支部书记		
郑建东	男	四川剑阁	副校长	2008.01—2009.09	
鲜继明	男	四川剑阁	副校长	2008.01—2018.07	
袁森林	男	四川剑阁	政教主任	2008.01—2010.09	
罗云清	男	四川剑阁	后勤经理	2008.01—2013.07	
罗成卯	男	四川剑阁	教务主任	2008.01—2018.08	
赵从海	男	四川剑阁	校长	2009.02—2011.08	
			党支部书记		

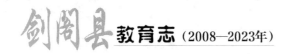

表5-122（续）

姓名	性别	籍贯	职务	任职时间	备注
何印	男	四川剑阁	校长	2011.10—2015.08	
			党支部书记		
李松柏	男	四川剑阁	教科室副主任	2011.07—2014.08	
			教科室主任	2014.09—2016.08	
李自明	男	四川剑阁	校长	2015.09—2017.02	
			党支部书记		
何杰兮	男	四川剑阁	校长	2017.03—2018.07	
			党支部书记		
张小军	男	四川剑阁	副校长	2018.09—	
陈绍印	男	四川剑阁	德育副主任	2020.09—2022.08	
			德育主任	2022.09—	
刘书宏	女	四川广元	党建办副主任	2021.09—	
杨加雷	男	四川剑阁	总务副主任	2021.09—	
邢慧婷	女	四川剑阁	教务副主任	2021.09—2023.08	
张康明	男	四川剑阁	教务副主任	2010.09—2014.08	
			政教主任	2014.09—2018.08	
			工会主席	2003.09—2022.08	
蒲登奎	男	四川剑阁	后勤副主任	2013.09—2017.07	
			后勤主任	2017.08—2022.08	
杨林旭	男	四川盐亭	校长	2018.07—	
			党支部书记		

学校教职工名录

在职教职工（24名）：

杨林旭	张小军	张康明	蒲登奎	罗成卯	张光海	张泗海	杨加雷	陈绍印
何宗桥	张进	蒲翠云*	刘书宏*	孟梅*	蒲艳*	伏锦绣*	戚慧*	陈逍道*
刘倩*	张相钊*	王铭雪*	周怡*	向琼芳*	陈琼*			

退休教职工（45名）：

蒲勤生	杨成生	袁大华	张新平	高培章	高继伦	蒲定国	高绍兴	罗彦杰
田明俊	高建科	杨继全	张明礼	张明连	张明俊	罗春武	何华生	缑绍福
何友昌	高继恕	袁加顺	罗云清	罗晓康	唐绍军	付代明	罗明武	张长安
张远勤	张明雄	李茂毕	蒲容章	高绍全	张体余	罗钊雄	罗锦屏	梁洪树
杨发勤	田海华	罗尧	罗震	刘跃	张奎	梁红梅*	张碧莲*	李玉蓉*

工作期间死亡教师（2人）：

蒲新伟（2018年12月死亡）　刘甜（2023年7月死亡）

圈龙小学

剑阁县圈龙小学校，始建于民国 14 年（1925 年）。校址在圈龙庙内，1940 年改名为保国民学校。1963 年，县文教科拨款 3 000 元，各大队投工投料，1964 年在新丰村苟家岩修起 3 幢土木结构的校舍，建成圈龙中心校。1989 年秋，中小学分设，圈龙小学仍留在原址，圈龙初级中学迁址新丰村袁家角老徒弟山下。

2003 年 8 月 13 日，圈龙初级中学与小学合并为九年一贯制学校，校名恢复为剑阁县圈龙小学校。中心校位于场镇南北两端，占地总面积 15 913 平方米，建筑面积 5 255 平方米。其中，初中校区（北端）占地面积 12 333 平方米，建筑面积 2 349 平方米；小学部校区（南端）占地面积 3 580 平方米，建筑面积 2 816 平方米。

圈龙小学校现在是一所全日寄宿制完全小学。学校招生范围为公兴镇金山村、太吉村、圈龙村、金陵村、三泉村 5 个行政村。2008 年地震后，学校灾后重建教学楼、食堂、学生宿舍。2017 年实施义教均衡，学校修建教师宿舍。学校占地总面积 15 393 平方米，建筑面积 3 792 平方米，运动场 3 900 平方米，学校面貌发生了巨大变化，硬件设施得到进一步配置，各种功能室齐全，学校图书室藏书生均 18.6 册。目前学校拥有固定资产 578 万元，其中教学仪器设备 32.257 万元。

学校现设有小学教学班 6 个、附属幼儿班 2 个，在校学生总人数近 259 人，现有在岗教师 25 人，其中专科学历的 3 人、本科学历的 22 人，教师学历达标率为 100%。教师荣获县级以上表彰奖励达 10 人次，获国家级奖励 5 人次。学校多次获得县级表彰，2021 年度获得县教育局"教学质量追赶跨越奖"。

表 5-123 幼儿入园、学生入学统计表

		2019	2020	2021	2022	2023
幼儿园	班数	3	3	3	3	3
	人数	40	31	58	45	37
1—6 年级	班数	6	6	6	6	6
	人数	264	260	232	220	199

表 5-124 领导任职简况

姓名	性别	籍贯	职务	任职时间	备注
附雄德	男	四川剑阁	校长	2008.01—2009.07	
			党支部书记	2008.01—2009.07	
蒲建全	男	四川剑阁	校长	2009.08—2010.07	
			党支部书记	2019.08—2010.07	
王军生	男	四川剑阁	副校长	2010.08—2018.07	
			党支部书记	2010.08—2018.07	
苟述禹	男	四川剑阁	副校长	2008.01—2010.07	
王步法	男	四川剑阁	政教主任	2008.01—2010.07	
梁政显	男	四川剑阁	校长	2018.08 至今	
			党支部书记	2018.08 至今	

表5-124（续）

姓名	性别	籍贯	职务	任职时间	备注
罗永刚	男	四川剑阁	教务主任	2008.01—2018.07	
			副校长	2010.08—2022.09	
左冬青	女	四川剑阁	政教主任	2012.08—2018.07	
杨俸旸	男	四川剑阁	政教副主任	2015.08—2018.07	
			德育主任	2018.08—2022.09	
王娅霖	女	四川广元	德育副主任	2019.08—2022.08	
			德育主任	2022.08至今	
周　田	男	四川广元	党建办副主任	2022.08至今	
王科全	男	四川宜宾	总务副主任	2022.08至今	

学校教职员工名录

在职教职工（25名）：

李淑东	梁政显	罗永刚	周　田	王科全	游洪彬	张文强	钟培元	蒲华林
郑晓蓉*	王娅霖*	李文姚*	陈宏宇*	左林琴*	蔡丽莎*	罗华君*	但明月*	何枚蓉*
陈香宇*	温　琦*	王晓颖*	李　朗*	王　宇*	安　庆*	李　丽*		

退休教职工（26名）：

李洪斌	袁朝海	袁朝锐	苟全成	李月章	苟占周	杨习庚	高洪满	苟占南
苟述佳	苟锦和	何怀宝	何政荣	梁银朝	何玉荣*	李国奇	杜诗南	刘国忠
苟述禹	李云章	王明昭	梁　松	李金荣	梁文帮	郭贡生	李升平	

涂山小学

剑阁县涂山小学校始建于1964年1月，1984年跟随政府搬迁到东河村所在地——现涂山镇政府右侧。学校位于剑阁县南边，距县城110公里，与南部、阆中接壤，是剑阁县唯一含村小的完全小学，承担着涂山镇4个行政村的义务教育任务，服务人口1.4万人，服务半径11.5公里。学校占地面积17 203平方米，建筑面积5 160平方米，绿化面积3 700平方米，运动场面积5 400平方米，教学辅助用房2 713平方米。学校现有学生271人，其中普教在校213人、幼儿在园58人；有7个普教班，4个幼儿班（含村小1个）；现有专任教师32人，其中高级教师6人、一级教师4人、二级教师11人，有特岗教师1人；有本科学历教师22人、专科学历教师10人。校园整体规划科学，功能完善，布局合理，环境优美。

"5·12"特大地震后，涂山小学搬迁重建，中心校综合楼重建受捐资金500万元。重新规划了白板教室、科学实验室、图书室、音乐室、集体办公室等功能活动场所，改变了学校"一校一室"的办学历史，为学校更加全面化、更加功能化提供了保障。2008年秋季涂山小学由九年义务教育学校转型为六年制寄宿完全小学，更加科学、精准、有效地承载着偏远山区的教育使命。

学校借教育扶贫和教育均衡发展之势，优化了办学条件，中国扶贫基金会贵人鸟首座"发光运动场"填补了乡村学校无标准运动场的空白，教师长期缺编现象就此结束，校园育人氛围更加浓厚、育人环境更加优雅，专用计算机教室建成、白板教室全覆盖、网格化办公，有效实现了教学手段信息化。"践行红色教育，根植爱国情怀"特色课程的构建，已成为剑阁办好优质学校的一张名片。

近三年，涂山小学 2020 年成功创建广元市第一批乡村温馨校园，荣获 2021 年度目标考核优秀单位称号、2022 年度目标考核一等奖和教育教学质量二等奖、2023 年度教育教学质量一等奖。

表 5-125　幼儿入园、学生入学统计表

		2019	2020	2021	2022	2023
幼儿园	班数	4	4	4	4	4
	人数	100	114	112	85	58
1—6 年级	班数	14	12	10	8	8
	人数	371	328	285	257	213

表 5-126　学校领导任职简况

姓名	性别	籍贯	职务	任职时间	备注
张建荣	男	四川剑阁	党支部书记	2008.01—2011.07	
高峻峰	男	四川剑阁	校长	2008.01—2010.07	
郑述俊	男	四川剑阁	副校长	2008.01—2011.07	
王军生	男	四川剑阁	政教主任	2008.01—2010.07	
何玲芳	女	四川剑阁	教务主任	2008.01—2011.08	
母朝虎	男	四川剑阁	校长	2010.08—2013.07	
			党支部书记	2011.08—2013.07	
袁森林	男	四川剑阁	副校长	2010.08—2018.07	
张新昌	男	四川剑阁	政教主任	2010.08—2012.07	
			副校长	2012.08—2014.07	
袁瑞祥	男	四川剑阁	教务主任	2011.08—	
罗小军	男	四川剑阁	校长	2013.08—2018.07	
			党支部书记	2013.07—2018.07	
李长禄	男	四川剑阁	教科室主任	2013.08—2018.07	
			工会主席、教科主任	2018.08—2022.07	
赵通国	男	四川剑阁	校长、书记	2018.08—	
王红刚	男	四川剑阁	副校长	2018.08—2022.07	
张玲玲	女	四川剑阁	德育副主任	2019.08—2022.07	
袁琪	女	四川剑阁	教务副主任	2022.08—	
赵薇	女	甘肃文县	党建办副主任	2022.08—	
李平生	男	四川剑阁	总务副主任	2022.08—	

学校教职工名录

在职教职员工（32 名）：

高峻峰　罗小军　赵通国　蒲雪琴*　李长禄　袁瑞祥　王才林　付代军*　张玲玲*
罗云芳*　张林*　鲜彬玉*　刘太霞　杨颖*　廖娜娜*　王兰*　赵薇*　屈唐丽*
袁琪*　李平生　李佳芮　任剑龙　刘文双*　何莎*　付艺　何艳梅*　张洁*
向赟　辜荟蓉*　李静　马小英*　何娇*

退休教职工（20名）：

郑国伟	郑述俊	李芝泉	何祝林	张诗昌	蒲林生	何长春	张建荣	姜怀述
郑朝平	袁冰生	姜志长	袁天全	高登状	李完生	姜银成	郑忠朝	李映杰*
吴素珍*	王玉英*

香沉小学

剑阁县香沉小学位于剑阁南部，坐落于剑阁、苍溪、阆中的接合部，距县城110公里。学校始建于1951年1月，原址为香沉寺。现具体位置为香沉镇会龙街70号。2017年1月香沉中学和香沉小学合并，成为一所九年一贯制学校；2022年7月学校初中部停止办学，至此香沉再无初中。学校承担着香沉镇5个行政村的义务教育教学任务，服务人口1.1万人，服务面积50平方公里。学校占地面积14 000平方米，建筑面积4 000多平方米，绿化面积3 500平方米，运动场面积3 200平方米，教学辅助用房2 614平方米。学校现有学生335人，9个普教班、4个幼儿班。其中普教在校252人、幼儿在园83人。学校现有专任教师35人，其中高级教师8人、一级教师9人、二级教师14人、三级教师2人、特岗教师2人，本科学历教师31人、专科学历教师4人。

学校设置了教务处、德育处、少先队部、总务处等行政机构。学校形成了行政、教学、德育三块，教务处、总务处、辅导组三线，学校、部门、年段的三级管理网络。

2008年"5·12"特大地震后，学校新建了教学楼、学生宿舍、师生食堂，受捐资金700多万元。近年来借教育扶贫和教育均衡发展之势，学校建成了专用计算机教室、图书阅览室、音乐室、舞蹈室、自然科学实验室；特别是希沃教学一体机教室的全覆盖，有效实现了教学手段的信息化，为学校推进素质教育发挥了重大作用；学校学前教育也迎来春天，2022年国家专项债学前项目资金1 272万元落户香沉小学，这是学校教育史上浓墨重彩的一笔，为学校农村儿童的健康成长奠定了坚实的基础。

课后延时服务中的音乐舞蹈、书法美术、经典诵读、科技制作、篮球足球等特色课程的构建，已成为学校的一张名片。香沉小学2020年成功创建广元市第一批乡村温馨校园，2021年荣获四川省书法水平测试工作先进集体称号，2022年获年度目标考核一等奖。

表5-127　幼儿入园、学生入学统计表

		2017	2018	2019	2020	2021	2022	2023
幼儿园	班数	5	5	5	4	119	104	83
	人数	195	204	180	153	5	4	4
1—6年级	班数	12	12	12	11	376	307	250
	人数	446	434	442	412	11	10	8
7—9年级	班数	3	3	3	3	3	—	—
	人数	145	140	146	152	158	—	—

表5-128　领导任职简况

姓名	性别	籍贯	职务	任职时间	备注
杨洪润	男	四川剑阁	校长、书记	2008.09—2010.08	
母志卫	男	四川剑阁	教务主任	2008.09—2010.09	
梁东国	男	四川剑阁	副校长兼政教主任	2012.09—2015.08	

姓名	性别	籍贯	职务	任职时间	备注
李栋成	男	四川剑阁	校长、书记	2010.09—2013.08	
蒲明叶	男	四川剑阁	副校长	2015.09—2016.08	
任明杰	男	四川剑阁	政教主任	2012.09—2016.08	
何杰分	男	四川剑阁	校长、书记	2013.09—2017.02	
陈苗苗	女	新疆	教务主任	2015.09—2018.08	
罗春燕	女	四川南充	教科主任	2015.09—2017.08	
魏坤生	男	四川剑阁	政教主任	2016.09—	
杨显荣	男	四川剑阁	校长、书记	2013.09—2018.08	
郑海生	男	四川剑阁	副校长	2017.09—2022.08	
母志波	男	四川剑阁	总务副主任	2016.09—2018.09	
			总务主任	2018.09—	
母晓强	男	四川剑阁	校长	2018.07—	
			党支部书记	2018.07—	
魏坤生	男	四川剑阁	德育副主任	2018.09—2022.08	
			德育主任	2022.08—	
杨婷	女	四川广元	教务副主任	2018.09—2022.08	
			教务主任	2022.08—2022.09	
郑江海	男	四川剑阁	总务副主任	2018.09—2022.08	
			总务主任	2022.08—	
樊小花	女	四川广元	党建办副主任	2022.08—	
杨俊博	男	四川广元	德育副主任	2022.08—	

学校教职工名录

在职教职工（35名）：

苟建政	母晓强	李海朝	杨俊博	郑从武	郑海生	母志喜	母志波	母志勇
苟浩君	梁显阳	郑江海	魏坤生	魏华初*	吴光娣*	樊小花*	白小华*	唐薛燕*
李俊*	左清华*	罗晓宴*	熊丽*	杨丽君*	贾艳萍*	丁会兰*	陈菊梅*	杨静衫*
王丹*	陈静*	魏秋燕*	赵蓉*	李玉莲*	王小燕*	王莹*	甘敏洁*	

退休教职工（50名）：

王志海	李子秦	郑建平	李茂林	张全明	母熙忠	王志明	邓达君	郑建烈
李永奇	李国富	郑德之	赵正国	苟硕林	王建荣	杨光林	郑金林	母学平
母志新	母学昌	王子宴	杨宴林	母泽荣	赵子文	王子吉	母志培	赵周成
赵文普	杨本庚	宋开武	杨清华	宋文生	蒙子忠	郑培之	严尧	李树全
母安全	李茂钦	赵炳学	母从国	郑国荣	李国武	母志卫	赵正程	李显明
罗大惠*	母玉秀*	杨雪珍*	李国惠*	李菊芳*				

长岭小学

剑阁县长岭小学位于剑南金仙镇长岭社区政府街 59 号，属于升钟水库淹没区。学校占地 22 亩，校舍面积 4 071 平方米，运动场 5 268 平方米，固定资产总值 899.7 万元（其中仪器设备总值 33 万元），2017 年实施义教均衡配备计算机室电脑 46 台、图书资料 3 200 册。

学校 2023 年秋季有在编专业技术教师 17 人、临代幼儿教师 2 人、食堂工人 2 人、宿管老师 1 人、代课老师 2 人。有在校小学生 106 人、在园幼儿 40 人。

以长岭双桥村升钟起义烈士陵园为长岭小学德育基地。学校有 2 名全国优秀教师——袁思康（于 2023 年 6 月去世）和边晓林，有 10 余名教师在国家、省、市级刊物获奖或刊发，4 名教师受到省、市级表彰，18 人次获得县级骨干教师、先进教师称号。

2009 年 3 月 27 日，黑龙江省对口援建长岭小学，由广元市鑫治建设有限公司在原址重建 1 000 平方米学生宿舍楼一幢，总投资 142 万元。2009 年 4 月 7 日，中央投资 192 万元，建宿舍、食堂 1 000 平方米以及附属工程、化粪池，维修加固。黑龙江捐赠学生桌凳 275 套、学生床 138 架。其他企业捐赠收音机 21 部、汽油发电机 1 台、黑板 8 张、彩色电视机 1 台、EVD 影碟机 8 台、彩条篷布若干件。

2016 年，学校向上级争取资金 88 万元，其中 60 万元用于改造扩建学校操场，剩余资金用于将教师住宿楼顶用机制瓦翻盖，装修了教师办公室和学校会议室。2019 年，将已使用 10 年的食堂进行全面改造，并封闭了后校园 2021 年新建综合楼。

近年来，学校累计获得市县各类奖励 12 次。

表 5-129　幼儿入园、学生入学统计表

		2008	2009	2010	2019	2020	2021	2022	2023
幼儿园	班数	1	1	1	2	2	2	2	2
	人数	28	14	36	65	35	53	55	40
1—6 年级	班数	7	6	6	6	6	6	6	6
	人数	325	246	208	184	159	143	115	106
7—9 年级	班数	6	6	3	—	—	—	—	—
	人数	282	317	166	—	—	—	—	—

表 5-130　领导任职简况

姓名	性别	籍贯	职务	任职时间	备注
郑仕明	男	四川剑阁	书记、校长	2008.01—2010.08	
何杰兮	男	四川剑阁	书记、校长	2010.09—2013.08	
伏太明	男	四川剑阁	书记	2013.09—2017.07	
			校长	2015.09—2017.07	
严体树	男	四川剑阁	副校长	2010.09—2015.08	
			支部书记	2015.09—2019.08	
			支部副书记	2019.09—2022.08	
付仕涛	男	四川剑阁	德育副主任	2018.09—2022.07	
			德育主任	2022.09—	

表5-130(续)

姓名	性别	籍贯	职务	任职时间	备注
张海生	男	四川剑阁	教科主任	2003.09—2022.07	
边晓林	男	四川剑阁	副校长	2015.09—2023.08	
			支部副书记	2023.09—	
李维斌	男	四川剑阁	书记、校长	2017.07—	

学校教职工名录

在职教职工（17名）：

李维斌	边晓林	张海生	严体树	罗 文	付仕涛	何秋蓉*	张俊明	王玉香*
朱娟娟*	李 欢*	郑 珊*	赵义君*	李 超	李欣恬*	李 莉*	陈雨薇*	

退休教职工（26名）：

李永舜	付朝启	杨金生	李永鹏	李茂林	曾仁艳	张培雄	梁树生	蒲定安
何满生	母代勋	王怀甫	何天敏	张树贤	李仕美	母元祝	袁思康	杨全生
张焕松	李光业	梅春双	杨锦平*	李康泉	张碧蓉	杨翠平	袁松林	

柳沟中学

1968年3月，由柳沟农技校改建的剑阁县柳沟中学，是一所全日制初级中学校。1969.02—1990.07学校名为"剑阁县柳沟初级中学校"，所在地为剑阁县柳沟乡，校址位于苟家岩；1990.09—2007学校名为"四川省剑阁县柳沟初级中学校"；2008年学校更名为剑阁县柳沟中学校。

1978—1981年学校系完全中学，1981年停招高中生，1990年迁入现址时，将原电站房改建为学生宿舍，新修教学楼一幢。1990—1993年再次招收高中生，1993年全县调整中学布局，将柳沟中学办为单一初级中学。

新学校依山傍水，前倚柳沙河，后枕杨家岭。总体布局呈现出"一桥二坎三面四宝"的特点——一条石龙、二道坡、三个平面、四大文物。"5·12"大地震后，台湾东莞致通电脑有限公司捐资190余万元修建"致通教学楼"，建筑面积2 083平方米。中央资金400万元用于修建学生宿舍楼，建筑面积3 328平方米；操场及排水系统投资130余万元。2009年，剑阁县国地资源局投资治理滑坡工程百余万元。经过重建，学校结束了无围墙历史。学校灾后重建项目中，"锦绣阁"爱国主义教育基地是柳沟中学一个新的亮点，吸引了不少观众前来考察和学习。2017年学校再次注入138余万元资金，完善了功能室建设和运动场整治，各种教学设备设施达标，为师生开展各种活动创造了条件。

现在，学校占地面积23 150平方米，建筑面积10 052平方米，实现了班班有触摸式电子白板，功能室齐全，教学设施完全能满足教育教学需要。学校现有教学班10个、498名学生，有专职教师35人（其中高级教师13人），学历达标率为100%。

2017年，柳沟中学被市教育局、市综治办、市公安局联合授予"广元市平安校园"称号；2018年，柳沟中学荣获广元市"文明校园"、广元市"平安校园"称号。

表 5-131 学生入学统计表

		2019	2020	2021	2022	2023
7—9年级	班数	9	10	11	11	10
	人数	374	452	523	527	498

表 5-132　领导任职简况

姓名	性别	籍贯	职务	任职时间	备注
齐坤勇	男	四川剑阁	校长	2008.01—2010.08	
			党支部书记	2008.01—2010.08	
杨永丰	男	四川剑阁	校长书记	2010.09—2012.08	
王钿森	男	四川剑阁	校长	2012.09—2015.08	
			党支部书记	2012.09—2015.08	
唐永	男	四川剑阁	校长	2015.09—	
			党支部书记	2015.09—	
冉小林	男	四川剑阁	副校长	2008.01—2010.08	
邓勇	男	四川射洪	副校长	2008.01—2017.08	
			工会主席	2008.09—2017.08	
王思蜀	男	四川剑阁	副校长	2008.01—2010.08	
唐能	男	四川蓬溪	教务主任	2008.01—2018.08	
张初远	男	四川苍溪	总务主任	2008.01—2018.08	
王绍军	男	四川剑阁	政教主任	2008.01—2022.08	
			工会主席	2019.09—	
王松青	男	四川剑阁	副校长	2010.09—2013.08	
王万兵	男	四川剑阁	副校长	2013.09—2018.08	
孙新宗	男	四川剑阁	教科室主任	2009.09—2012.08	
贾峻升	男	四川剑阁	教务副主任	2012.09—2017.08	
何新建	男	四川剑阁	副校长	2018.09—	
张海霞	女	四川剑阁	副校长	2018.09—	
钱小莉	女	四川广安	教务副主任	2018.09—2022.08	
			教务主任	2022.09—	
李尧林	男	四川剑阁	德育副主任	2018.09—2022.08	
			德育主任	2022.09—	
			党办主任	2022.09—	
尚高明	男	四川剑阁	总务副主任	2018.09—2022.08	
			总务主任	2022.09—	

学校教职工名录

在职教职工（35 名）：

曹冬梅*　戴波　邓勇　杜玉全　樊玉琴*　冯子春　郭光俊　何绍福　何新建

侯虹*　梁彩云*　何子俊　李绍聪　李尧林　母仕伟　钱小莉*　尚高明　唐鸿钧

唐能　唐永　王绍军　王凤莲*　王小敏　武俊宇*　肖明芳　须茜茜*　易志强

余操　杨莉*　杨军　张丽娟*　张海霞　张初远　张玉明　王小虎

退休教职工（10 名）：

侯仕荣　陈本继　崔守富　张白华　冉小林　刘建生　刘素梅* 张庭俊　朱晓欧*
陈永年

柳沟小学

剑阁县柳沟小学校位于 108 国道上的"红色"古镇柳沟镇人民政府所在地——柳沟场南端，距离县城约 55 公里。学校招生范围为柳沟镇所辖 12 个村、社区，现有教学班 14 个（其中义教班 10个）、在校学生 510 人（其中义教生 374 人）。现有教职工 39 人，其中专任教师 38 人，专任教师中有高级专业技术职称的 11 人、一级专业技术职称的 18 人，有市级骨干教师 4 人、县级骨干教师4 人，获县级及以上表彰的先进教育工作者、模范班主任、优秀教师有 19 人。

学校占地面积 7 000 余平方米，校舍建筑面积 6 200 余平方米，校内运动场面积 3 000 余平方米（二校区已列入"十四五"规划）。教学仪器设备总值达 117.9 万余元，学校设有科学实验室、仪器设备保管室、计算机网络教室、电子备课室、图书室、音乐室、美术室、阅览室等教学功能室，12间普通教室均安装了电子白板，图书室藏书 8 200 余册，每年订阅各类报刊 10 余种。

2008 年汶川大地震后，学校获得 400 余万元的灾后重建资金，新建了综合楼一栋，建筑面积2 000 余平方米，扩建操场 1 800 平方米，砌幼儿园河堤堡坎近 300 立方米，新建了学校大门及门卫室。

2015 年起，学校利用中央扶持学前教育资金 200 多万元对原有校园进行布局调整，使小学部与附设幼儿园相对独立，建成了近 1 600 平方米的塑胶田径场、篮球场、羽毛球场和 700 余平方米的人工草坪足球场。同时，对综合楼、教学楼、教职工会议室、行政办公室进行调整，添置了设备，改造了标准化幼儿教室 6 间，购置了 30 多万元的保教设备，并加强了现代教育信息技术装备工作，实现了班班安装电子白板。

2016 年初，投资 20 多万元，高标准创建了乡村学校少年宫，开设了葫芦丝、科技制作、舞蹈、健美操、绘画、十字绣等特色活动项目。

2016 至 2018 年，学校先后获得 120 余万元的"全面改薄"、校舍维修改造等项目资金，对教学辅助用房和功能室、学生宿舍进行了维修改造，新建了淋浴室，添置了教育教学仪器、器材及生活设施设备。2019 年，开始筹备新建教师周转房，2020 年春季已投入使用，解决了 20 位教师的住宿难题。

学校先后获广元市"星级留守儿童之家""禁毒教育示范学校""学校艺术教育先进单位"，县教育局"八好一满意学校""示范食堂"等 20 多项荣誉称号；连续四年获教育局"目标考核先进单位"称号；2015 年科研课题"农村小学生隔代教育问题及对策研究"顺利结题，并获广元市第二届教育发展改革研究优秀成果二等奖；2020 年小学毕业班质量监测成绩名列全县同级同类学校第一名。

表 5-133　幼儿入园、学生入学统计表

		2019	2020	2021	2022	2023
幼儿园	班数	5	5	4	4	4
	人数	192	185	172	182	136
1—6 年级	班数	12	12	12	12	10
	人数	523	481	435	409	374

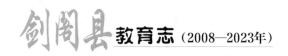

表 5-134　领导任职简况

姓名	性别	籍贯	职务	任职时间	备注
唐彦旭	男	四川剑阁	党支部书记	2008.01—2015.08	
何子金	男	四川剑阁	校长	2008.01—2010.08	
梁玉峰	男	四川剑阁	副校长	2009.09—2013.08	
苟建政	男	四川剑阁	校长	2010.09—2013.08	
王贵章	男	四川剑阁	副校长	2011.09—2022.08	
程朝柏	男	四川剑阁	校长	2013.09—2017.06	
			党支部书记	2015.09—2018.08	
文新江	男	四川剑阁	副校长	2013.09—2022.08	
何雷昌	男	四川剑阁	校长	2017.07—2022.08	
			党支部书记	2018.09—2022.08	
李秀琼	女	四川剑阁	教导副主任	2008.01—2008.08	
李金红	男	四川剑阁	政教副主任	2008.01—2008.08	
			教导主任	2008.09—2009.08	
董勇缔	男	四川剑阁	教科副主任	2008.09—2009.03	
			教导副主任	2008.09—2010.08	
			教导主任	2010.09—2013.08	
舒红霞	女	四川剑阁	工会主席	2008.01—	
			教科副主任	2010.09—2013.08	
			教导主任	2013.09—2022.08	
梁现福	男	四川剑阁	总务主任（会计）	2008.08—2015.08	
齐玉华	女	四川剑阁	教科副主任	2009.04—2013.08	
			教科主任	2013.09—2014.08	
揭小明	男	四川剑阁	教科副主任	2014.09—2019.08	
杨梅	女	四川旺苍	总务副主任	2015.09—2016.08	
梁冬生	男	四川剑阁	总务主任	2017.09—2022.08	
唐守一	男	四川剑阁	校长	2022.08—	
刘年强	男	四川剑阁	政教副主任	2009.04—2012.08	
			政教（德育）主任	2012.09—2022.07	
			党支部副书记	2022.08—	
吴文婷	女	四川剑阁	副校长	2022.08—	
岳诚	男	四川剑阁	副校长	2022.08—	
罗怡婷	女	四川剑阁	德育副主任	2022.08—	
范媛媛	女	四川剑阁	党建办副主任	2022.08—	
亢炜	女	四川剑阁	德育副主任	2019.09—2022.07	
			德育主任	2022.08—	

学校教职工名录

在职教职工（42 名）：

| | | | | | | | | |
唐守一　何雷昌　刘钊云　王贵章　文新江　张大胜　岳　诚　揭小明　杨　明
梁冬生　王逢李　毛翊仁　何绍斌　刘年强　张玉兰*　杨明华*　唐晓君*　刘术蓉*
舒红霞*　吴金莲*　李玉芳*　范媛媛*　舒　薇*　宋　敏*　亢　炜*　冉小丽*　梁艳*
刘志维*　罗怡婷*　陈春燕*　姜　蓉*　杨　璇*　吴文婷*　代玉琳*　郭艺丹*（回族）
唐海霞*　陈星竹*　王　琪*　朱牧枫*　张　茜*　张　雪*　宋　丹*

退休教职工（29 名）：

贾成泽　附从明　王祀太　梁现福　亢　顺　刘自成　肖常郭　孙　科　涂碧泉
昝树文　李才顺　顾德华　张绍熹　昝国强　李如建　舒天涛　王　迥　张友全
潘叶舟*　周兰玉*　何玉兰*　龚桂英*　孙友芳*　何明华*　张新华*　罗春蓉*　昝绍碧*
赵永兰*　袁建兰*

垂泉小学

剑阁县垂泉小学是一所完全小学，位于剑阁县西南，地处柳沟镇垂泉新街 45 号，老 108 国道旁，东临柳沟，南倚武连，西靠东宝，北接秀钟，距县城 75 公里。学校创建于 1952 年，占地面积 6 800 平方米，建筑面积 2 943 平方米，运动场 2 000 平方米。学校服务于原垂泉乡 7 个村（清泉村、回龙村、宝珠村、柏杨村、春光村、清水村、寿山村）。学校现有义务教育教学班级 6 个、学生 64 人，幼儿班级 2 个、幼儿 14 人。学校现有在编在岗教职工 13 人、2 名临代幼儿教师，已全部达到专科以上学历，教师队伍年轻化。

灾后重建学生宿舍、厕所、食堂总面积达 763.6 平方米，总投资 148 万元，其中中央集资 103 万元、黑龙江援建资金 45 万元。安装校园安全防护设施，安装全套监控摄像头。后连续积极改善校园内部设备设施、体卫艺设备。办公室维修及设备设施，总投资 10 万元。维修翻新老教学楼，安装校园广播网，新建幼儿园专用厕所，维修教师周转房等。

义教均衡期间，学校的办学条件、学校管理、队伍建设、教育教学、规范办学、均衡办学、特色办学等工作获得教育部专家的高度认可。

近几年来，学校坚持以学生为本，面向全体学生，全面推进生本教育，努力培养学生德、智、体、美、劳全面发展。2018 年被评为广元市最美乡村小学；2019 年 9 月荣获"广元市信息宣传先进集体""广元市学习型单位"称号；两次荣获"剑阁县教育局目标考核"等次奖。

表 5-135　幼儿入园、学生入学统计表

		2019	2020	2021	2022	2023
幼儿园	班数	2	2	2	2	2
	人数	44	31	23	14	14
1—6 年级	班数	6	6	6	6	6
	人数	102	101	94	84	66

表 5-136　领导任职简况

姓名	性别	籍贯	职务	任职时间	备注
文新江	男	四川剑阁	书记、校长	2008.01—2008.12	
母锦喜	男	四川剑阁	书记、校长	2009.01—2010.05	

姓名	性别	籍贯	职务	任职时间	备注
彭玉芝	女	四川剑阁	副校长	2008.09—2017.07	
张志	男	四川剑阁	副校长	2017.08—2018.02	
母松平	男	四川剑阁	副校长	2018.03—2019.08	
贾安银	男	四川剑阁	政教主任	2009.09—2015.08	
揭小明	男	四川剑阁	教科副主任	2013.09—2015.08	
张亚	男	四川剑阁	政教主任	2017.09—2019.08	
何芳	女	四川剑阁	书记、校长	2010.06至今	
李玲	女	四川广元	教务副主任	2018.09—2022.08	
			党建办主任	2022.09至今	
陈琦	男	甘肃文县	德育副主任	2022.09至今	
尤一萍	男	四川剑阁	总务副主任	2022.09至今	

学校教职工名录

在职教职工（13名）：

何芳* 李玲* 陈建华* 尤一萍* 汪怡* 刘小琴* 徐子清* 谭荣* 陈琦

赵英* 朱子娟* 孙凤翎* 林利娟*

退休教职工（13名）：

李登武 贾勇 董英华 赵林元 彭玉芝* 贾明国 郭开富 吴居礼 舒丽芬*

贾兴煜 李翠屏* 贾兴俸 秀蓉*

凉山小学

剑阁县凉山小学校始建于1956年，当时校名为凉山铺小学，校长是杨成宝，设初小一至三年级，学生30余人，校舍设"文昌"庙。学校南靠108国道，北接翠云长廊"拦马墙"，交通便捷，教学环境优美。

1957年3月，清凉、新华村设耕读小学，开展识字教学。1959年3月，增设高小四、五年级，升为完小。1971年9月，设初中部。1985年9月，中小学分校，初中迁至甘水场，命名为甘水中学。2008年7月，黑龙江援建学生宿舍、食堂（总值250余万元）。时任校长为唐永。2012年7月，实施校安工程，进行厕所改造。2013年实现普教区和幼教区分离。添置设备，改善教师办公环境。2017年9月，学校初中剥离。

学校现有学生85人（幼儿园学生16人），教职工24人（含代课教师2人、食堂工人2人、门卫1人、学生管理员1人），教师中本科15人、大专5人。有教学班级7个（小学6个、幼儿园1个）。招生范围按照原凉山乡行政区域招生。凉山小学是四川省首批"绿色学校"之一，被中国教育学会授予"深入学习实践科学发展观先进学校"称号。

2008年7月，黑龙江捐赠255万元修建学生公寓和标准化食堂。2008年10月，黑龙江捐赠学生课桌850套、铁床260架。2008年11月，国家投入41万元进行灾后校舍维修加固。2009年3月—2013年7月，国家投入27万元添置和配备教学仪器、设施设备、多媒体教室、生化实验室、数码影像、图书室、校园广播室、监控设施等。2009年4月，国家投入120万元处理附属工程。2009年10月，国家投入150万元偿还普九债务。2010年11月，校门改造，操场硬化，"两基"迎国检。

2012 年 7 月，实施校安工程，进行厕所改造。2013 年实现普教区和幼教区分离，添置设备，改善教师办公环境。2015 年 12 月，国家投入 10 万元维修化粪池及学生公寓。2016 年 4 月 7 日，省投入 48 万元改建教师周转房 420 平方米及附属工程。2017 年实施义教均衡，国家投入 80 万元维修教学楼 1 200 平方米，改扩建运动场 600 平方米，购置仪器设备。2022 年秋改造 12 间教室及办公室照明设备，价值约 15 万元。

近年来，学校先后三次获得"义务教育质量考核"等次奖，尤其是 2018 年获得一等奖，两次获得"目标考核优秀单位"的称号。2018 年 11 月被评为四川省第十四届中小学优秀艺术人才大赛（广元赛区）先进单位。

表 5-137　学生入学统计表

		2008	2009	2010	2011	2012	2013	2014	2015	2016	2019	2020	2021	2022	2023
幼儿园	班数	1	1	2	2	2	2	3	3	2	2	2	2	2	1
	人数	58	61	88	80	81	98	79	66	60	37	33	25	25	16
1—6 年级	班数	9	8	7	6	6	6	6	6	6	6	6	6	6	6
	人数	371	321	298	266	267	207	200	192	195	150	125	94	83	69
7—9 年级	班数	6	6	6	3	3	3	3	3	3	—	—	—	—	—
	人数	311	298	255	192	199	82	72	86	71	—	—	—	—	—

表 5-138　领导任职简况

姓名	性别	籍贯	职务	任职时间	备注
唐　永	男	四川剑阁	书记、校长	2008.01—2010.08	
罗明富	男	四川剑阁	书记、校长	2010.09—2022.08	
龚继泽	男	四川剑阁	书记、校长	2022.09—	
王红刚	男	四川剑阁	副书记	2022.09—	
伏跃东	男	四川剑阁	副校长	2009.04—	
李金红	男	四川剑阁	副校长	2009.04—2010.09	
唐小成	男	四川剑阁	政教主任、工会主席	2007.11—2009.04	
梁玉峰	男	四川剑阁	教务主任	2004.09—2009.03	
李　云	男	四川剑阁	教科室主任	2008.08—2010.08	
			副校长	2010.09—2013.08	
徐玉清	男	四川剑阁	政教副主任	2010.09—2013.08	
			政教主任	2013.09—2014.08	
			教务主任	2014.09—	
罗仕德	男	四川剑阁	教务副主任	2010.09—2013.08	
			教务主任	2013.09—2014.08	
何强春	男	四川剑阁	政教副主任	2018.09—2022.08	
			政教主任	2022.09—	
梁小菊	女	四川剑阁	教务副主任	2018.09—2022.08	
			教务主任	2022.09—	

表5-138（续）

姓名	性别	籍贯	职务	任职时间	备注
舒用军	男	四川剑阁	总务主任	2012.09—	
徐智慧	女	四川剑阁	教科室主任	2013.09—2017.12	
罗云松	男	四川剑阁	党建办副主任	2022.09—	

学校教职员工名录

在职教职工（18名）：

龚继泽	王红刚	舒用军	田小嵘	伏跃东	何强春	徐玉清	王用松	罗云松
罗明富	何银平*	何晓蓉*	梁小菊*	田彩梅*	袁丹丹*	刘　姗*	邓婉秋*	王立华*

退休教职工（17名）：

赵光富	唐国金	陈国举	罗映松	孙皆春	陈伊湘	周文惠	邓光福	邓光寿
聂玉金	孙琼兮*	张竹英*	郑玉英*	王志英*	陈淑湘*	管翠英*	刘小青*	

毛坝小学

毛坝小学地处剑阁西南，位于柳沟、开封两镇交界处，柳开路贯穿全乡。

2023年秋学校有学生154人（含幼儿班）、教职工21人（含临聘人员）。教师全部达到专科及以上学历，其中有高级教师3人、一级教师7人；有市级骨干教师1名、县级骨干教师2名，优秀学科教师4名。

2008年灾后重建，学校搬至毛坝元山村元山小学复课，2009年9月学校完工，搬回老校区。学校占地面积12 000平方米，总建筑面积5 000多平方米，国有资产总值423多万元，义教均衡优化教育资源配置，其中各类教学仪器设备总值40多万元，图书馆馆藏纸质文献3 000余册。按照配备标准分类配备了云计算机网络教室、学科实验室、音乐室、美术室、全覆盖校园监控等设备、设施，为创新办学奠定了良好的基础。学校招生主要涵盖辖区内5个行政村及周边地区。

学校以足球为特色，秉持"团结拼搏、奋发向上、永争一流"的精神，坚持"课程+活动+文化"三结合的校园足球推进模式，2020年被评为"美丽乡村学校"，2021年被教育部评为"全国青少年校园足球特色学校"，2022年被评为"亚运足球梦想学校"。

表5-139　幼儿入园、学生入学统计表

		2019	2020	2021	2022	2023
幼儿园	班数	2	2	2	2	2
	人数	54	52	53	60	53
1—6年级	班数	6	6	6	6	6
	人数	204	182	156	121	101

表5-140　领导任职简况

姓名	性别	籍贯	职务	任职时间	备注
贾明泉	男	四川剑阁	校长兼党支部书记	2008.01—2010.08	
贾安乐	男	四川剑阁	副校长	2008.01—2008.08	
刘全昌	男	四川剑阁	教科主任	2008.01—2015.08	

表5-140(续)

姓名	性别	籍贯	职务	任职时间	备注
舒清林	男	四川剑阁	教务副主任	2008.01—2008.08	
			教务主任	2008.08—	
孙涛川	男	四川剑阁	校长兼党支部书记	2010.09—2017.08	
苗　鹏	男	四川剑阁	政教副主任	2009.09—2010.08	
			政教主任	2010.08—2012.08	
			副校长	2012.09—2019.07	
杨　明	男	四川剑阁	政教主任	2014.09—2019.08	
彭福雄	男	四川剑阁	校长兼党支部书记	2017.09—	
张　鑫	男	四川剑阁	政教副主任	2015.9- 2017.08	
			政教主任	2017.08—2022.08	
唐　艳	女	四川苍溪	教务副主任	2022.09—	
鲜小艳	女	四川剑阁	党政办副主任	2022.09—	

学校教职工名录

在职教职工（19名）：

彭福雄　舒清林　贾明泉　唐　艳*　冯志群*　鲜小艳*　张　倩*　王继业　罗　垚*
梁金花*　李　婷*　张盛梅*　夏　捷*　赵银凤*　李翠萍*　蔡　锐*　王　敏*　陈　鑫*
刘　珊*

退休教职工（15名）：

何荣章　罗仕华　吴仕林　舒国生　郑桂莲*　刘德蓉*　徐玉满　吴居端　孙翠富
舒奎林　何占兴　舒彦伦　刘全昌　罗义明　吴金培

义兴小学

　　剑阁县义兴小学位于剑阁的南边，与原来的高池乡、毛坝乡、凉山乡和龙源镇接壤，距新县城近70公里。义兴小学创建于1950年，位于义兴场西边，占地面积25 200平方米，建筑面积5 398平方米，距场镇160米，2017年秋剥离初中而转变为完全小学，招生范围为原义兴乡所辖村社区适龄少年儿童。目前共有教职工27人（其中正式教职工16人、特岗3人、临聘人员8人），退休教师25人。有高级教师8人、一级教师5人；本科17人、专科2人，学历达标率为100%；有市、县骨干教师5人。有9个教学班。其中，幼儿3个教学班，有学生73人；小学6个教学班，有学生170人。

　　"5·12"地震后，在黑龙江、中央资金的援助下，新建了教学楼、学生公寓、餐厅等，学校面貌发生了巨大变化，校园占地19.95亩；在创建义务教育基本均衡县中，新建了标准的云计算教室、图书室、阅览室、实验室、仪器室、打印室、留守儿童活动室、会议室、办公室等功能室，音体美、科学、数学等仪器配备率达标。

　　近年来，学校创建成为"市级文明学校"，学校多年连续获得"教学质量奖""年度目标考核优秀单位"等荣誉称号，在2018年2月成功创建为省卫生单位和无烟单位。

表 5-141 幼儿入园、学生入学统计表

		2008	2009	2010	2011	2012	2013	2014	2015	2016	2019	2020	2021	2022	2023
幼儿园	人数	62	80	86	105	125	133	120	122	126	80	72	82	87	73
	班数	1	2	2	3	3	3	3	3	3	3	3	3	3	3
1—6年级	人数	398	381	292	240	208	196	206	229	244	269	255	211	177	170
	班数	7	7	6	6	6	6	6	6	6	6	6	6	6	6
7—9年级	人数	514	498	377	223	165	121	99	81	73	—	—	—	—	—
	班数	6	7	6	3	3	3	3	3	3	—	—	—	—	—

表 5-142 学校领导任职简况

姓名	性别	籍贯	职务	任职时间	备注
王丕业	男	四川剑阁	校长	2008.01—2010.09	主持工作
贾安乐	男	四川剑阁	副校长	2008.09—2010.08	
伏跃东	男	四川剑阁	教导主任	2008.01—2009.08	
赵通国	男	四川剑阁	教科室主任	2008.01—2010.08	
			副校长、书记	2010.09—2018.08	
徐玉富	男	四川剑阁	教导主任、工会主席	2008.01—2010.10	
			副校长、工会主席	2010.11—	
李星寿	男	四川剑阁	总务主任	2008.01—2010.08	
何子金	男	四川剑阁	校长	2010.09—2015.08	主持工作
侯建刚	男	四川剑阁	政教主任	2008.01—2015.08	
			副校长	2015.09—	
李文金	男	四川剑阁	教科室主任	2010.09—2016.08	
李昀	男	四川剑阁	总务主任	2010.09—	
敬奇国	男	四川剑阁	校长、党支部书记	2015.09—2022.08	主持工作
左大宇	男	四川剑阁	政教副主任	2015.09—2022.08	
何炳全	男	四川剑阁	校长、书记	2022.09—	主持工作
尤芝林	男	四川剑阁	教务主任	2010.09—	
王小明	男	四川青川	教务副主任	2022.09—2023.08	

学校教职工名录

在职教职工（19名）：

何炳全　徐玉富　侯建刚　尤芝林　李昀　杨桂森　李玉勤　李海燕*　苟爱民
梁丽萍*　徐丽蓉　附慧君*　徐广生　舒友军　梁举秀*　朱露*　张罗娟*　蒋花兰*
向敏力*

退休教职工（25名）：

侯瑞崇　赵友健　黄强　蒲定标　侯国强　邓异章　李星寿　唐智勇　唐宪生
张映文　李福林　王绍屏　赵玉湘　钱诗钊　侯自华　姜太福　李金生　舒定昌
唐智勤　李宝生　聂洪林　侯文杰　尹志文　侯玲*　胡玉莲*

武连中学

剑阁县武连中学校（原四川省剑阁县武连职业中学）位于四川省剑阁县武连镇，地处广元、绵阳两市和剑阁、梓潼、江油三县（市）交界处、108 国道要冲。学校始建于 1969 年，是广元市唯一一所办在农村乡镇的普教和职教相结合的农村职业高中。2008 年遭受"5·12"汶川特大地震后，受惠于中共中央组织部特殊党费援建，故又名剑阁七一中学。

学校融普教、职教于一体，占地面积 31 540 平方米，建筑面积 10 299 平方米。学校现有教学楼、学生公寓楼、食堂、行政办公楼、教工住宿楼、实训楼、科技楼各 1 幢，建有舞蹈实训中心 4 个共 620 平方米、电子电工实训室 300 平方米、实训操作平台 24 台（套）、3D 打印人工智能增材制造实训室 160 平方米、实训操作设备 20 台（套）、计算机实训操作室 2 个共 140 平方米、计算机 120 台、工艺美术实训室 2 个 120 平方米、农学专业实训基地大棚 4 个 800 平方米、校外实训基地 6 000 余平方米、工艺广告设计实训部 1 个 50 平方米，室内外写真机和书画装裱机各 1 台、摄像机 2 台、美容美发实训室 60 平方米、实训操作平台 10 台（套）。教学仪器设备资产价值达到 500 余万元，校内实训基地工位数共计达 970 个。

办学期间，学校以"优质初中，特色高中"为办学目标，围绕"联合办学、订单培养、高端发展"特色办学。紧跟时代步伐和市场需求，拓宽办学渠道，引进优秀学校和企业，走校校合作、校企合作、普职融通之路，突破两个不可能。

自办学（职教）以来为电子科技大学、四川农业大学等本专科院校输送了 3 000 余名优秀学子，涌现了焉家华（剑阁县人民政府驻北京办事处主任）、李文峰（四川省剑阁职业中学校长）等优秀人才，创造了农村职教史上的奇迹。

2020 年秋，武连职业中学高中部合并到四川省剑阁职业高级中学，截至 2023 年春，职业高中教育全部结束，武连职业中学转型为一所纯乡镇初级中学，更名为剑阁县武连中学校。截至 2023 年秋，学校有教职工 38 人，高级教师 20 名、一级教师 4 名、二级教师 14 名，市县骨干教师 8 名。历年来，多名教师先后被县政府、县教育局评为"优秀教师""优秀班主任""教育先进工作者"等，学历合格率达 100%。目前全校有初中教学班 6 个，学生共计 187 人。

学校经过探索，形成了"12345"的德育体系："一"是一个理念；"二"是两部模式；"三"是三大主题；"四"是指四个平台；"五"是指五种活动。以"感恩"为主线，追求环境育人，学校积极打造花园式校园，营造浓厚的校园文化氛围，很好地发挥校园隐性育人功能。

近年来，学校先后获四川省"创先争优先进基层党组织"，广元市"德育工作先进集体""五四红旗团委"，剑阁县"五好领导班子"、高考质量"二等奖"等 14 项荣誉称号和奖励。《共产党员网》《语言文字报》《教育导报》《四川质量报》《广元日报》，剑阁电视台、广元电视台等媒体，先后就学校的美育教育、学生自主管理、校园文化、学生党校、特色办学等工作进行了多次专题报道。

表 5-143 学生入学统计表

		2019	2020	2021	2022	2023
7—9 年级	班数	5	6	6	6	6
	人数	194	169	205	204	187
高一至高三	班数	5	6	4	2	—
	人数	211	204	167	123	—

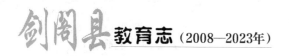

表5-144 领导任职简况

姓名	性别	籍贯	职务	任职时间	备注
敬从革	男	四川剑阁	校长兼党支部书记	2008.01—2009.02	
			党支部书记	2009.02—2012.08	
唐学良	男	四川剑阁	校长	2009.02—2012.08	
			校长兼党支部书记	2012.08—2017.07	
伏云	男	四川剑阁	校长兼党支部书记	2017.07—2019.07	
高燕林	男	四川剑阁	校长兼党支部书记	2019.07—2023.10	
蒲荣安	男	四川剑阁	副校长	2008.01—2012.08	
徐仁煜	男	四川剑阁	党支部副书记	2008.01—2012.08	
王俊	男	四川剑阁	副校长	2009.03—2013.07	
安孝强	男	四川剑阁	副校长	2012.08—2022.08	
何炳全	男	四川剑阁	副校长	2014.08—2018.07	
何洪波	男	四川剑阁	纪检监察员	2012.08—2018.07	
杨新林	男	四川剑阁	纪检监察员	2018.08—2020.08	
蒲越生	男	四川剑阁	工会主席	2008.08—2010.08	
敬从革	男	四川剑阁	工会主席	2010.08—2012.07	
贾茂林	男	四川剑阁	工会主席	2012.08—2018.07	
王顺强	男	四川剑阁	工会主席	2019.08—2023.10	
冯斌	男	四川剑阁	党支部副书记	2022.09—2023.10	
安孝强	男	四川剑阁	政教主任	2008.01—2015.08	
王勇	男	四川剑阁	政教副主任、主任	2015.08—2023.10	
张锐	男	四川剑阁	教务副主任	2019.08—2020.08	
何洪波	男	四川剑阁	教务主任	2008.01—2015.08	
王顺强	男	四川剑阁	教务副主任、主任	2012.08—2019.08	
唐海军	男	四川剑阁	教务主任	2017.09—2018.03	
张锐	男	四川剑阁	教务主任	2018.08—2019.08	
刘新昭	男	四川剑阁	教务主任	2019.08—2022.08	
王俊	男	四川剑阁	教科室主任	2008.08—2009.03	
吴昌洪	男	四川剑阁	教科室主任	2010.08—2014.08	
张秋	女	四川剑阁	教科室主任	2017.08—2018.05	
贾茂林	男	四川剑阁	总务主任	2008.01—2015.08	
刘勇	男	四川剑阁	总务副主任	2018.08—2020.08	
刘勇	男	四川剑阁	总务主任	2020.09—2023.10	
王志雄	男	四川剑阁	办公室主任	2012.08—2017.08	
何炳全	男	四川剑阁	招生就业处主任	2010.08—2018.08	
张和荣	男	四川剑阁	生产实习处主任	2013.08—2019.08	
杨川	男	四川剑阁	生产实习处副主任	2019.08—2022.08	

学校教职员工名录

在职教职工（38 名）：

伏 云	张和荣	赵 斌	何洪波	高燕林	王群忠	帖道胜	安孝强	何 平
罗子军	高 廉	唐晓艳*	杜继政	王顺强	严 志	何翠华*	岳 锋	王 勇
吕昌林	罗金秀*	冯 斌	黄 耸	刘 勇	邓 丽*	刘剑波	陈敬元	文 超
谢 玲*	王江福	冉晓群*	杜前娅*	邓早梅*	唐 菊*	康玲凤*	龚楸舰	宋 倩*
刘亚平	罗德芹*							

退休教职工（19 名）：

黄开诚	刘 涛*	王武君	蒲越生	严 玉*	王武君	杨玉安	苟国相	敬从革
徐仁煜	蒲荣安	吴荣学	赵有勤	肖开华*	唐国荣	任清源	贾春燕*	李永康
贾茂林								

武连小学

剑阁县武连小学成立于 1926 年，地处剑阁、梓潼、江油三县（市）交界处，坐落于武连镇老街 37 号，占地面积 12 960 平方米，在校学生 520 人，在职教师 45 人，均为专科以上学历，高级教师 12 人，省级优秀教师 1 人，市名师 1 人，市级骨干教师 9 人，市县优秀教师 43 人。学校依山傍水，花木葱翠，环境幽雅。学校凭借厚重的历史文化底蕴、鲜明的办学特色、优异的教育教学质量、良好的社会口碑，成为剑阁县农村小学窗口学校、示范学校。

学校成功建立"团结向上 纯洁友善"——爬山虎的梦主题校园文化，围绕这一主题文化，学校各项工作做到了精细化管理，处处彰显出蓬勃的生机、温馨的育人气息。

学校想方设法更新教室陈旧破烂的课桌椅、窗帘、书包存放柜、班级文化展示栏，楼道处用麻线以竖琴形式悬挂师生丝带绣作品，配备了标准化丝带绣、电子琴、葫芦丝、阅览室、阅读沙龙、读书长廊、读书亭等活动场所。实实在在、真真切切地增强师生学习、生活的幸福感、获得感。

积极开展爬山虎读书系列活动——读书心得分享、故事演讲、古诗词飞花令、家校经典诵读展演；开展爬山虎专题教研——教学思维导图展示、集体教研文化浸润、PPT 设计大赛、师徒结对帮扶以及爬山虎心语涵养；开展爬山虎德育主题教育——根植陆游爱国情怀古诗词远足活动，"两弹一星"精神体验及劳动，红色主题教育研学，教室、餐厅、宿舍、操场文明礼仪养成教育；开展爬山虎教职工文体团建活动——歌咏、踏青、球类比赛、游戏。孜孜不倦、春风化雨，武连小学的师生们快乐地成长着。

优美的校园环境、和谐的人际关系、励志的向上状态，构成了最美的温馨校园。

表 5-145 幼儿入园、学生入学统计表

		2019	2020	2021	2022	2023
幼儿园	班数	6	6	6	6	4
	人数	192	209	199	175	131
1—6 年级	班数	12	12	12	12	12
	人数	520	485	431	412	398

表 5-146 武连小学领导任职简况

姓名	性别	籍贯	职务	任职时间	备注
梁玉钏	男	四川剑阁	校 长	2008.01—2009.02	

表5-146（续）

姓名	性别	籍贯	职务	任职时间	备注
王强明	男	四川梓潼	党支部副书记	2008.01—2011.08	
			党支部书记	2011.09—2018.11	
赵安海	男	四川剑阁	副校长	2008.01—2010.08	
吴金泉	男	四川剑阁	副校长	2008.01—2010.08	
田兴荣	男	四川剑阁	教科室主任　工会主席	2008.01—2010.08	
杨清兴	男	四川剑阁	教务主任	2008.01—2010.08	
			副校长	2010.09—2019.08	
张志勇	男	四川剑阁	政教主任　工会主席	2008.01—2011.07	
			副校长	2011.08—2022.07	
李勇华	男	四川剑阁	教科室主任	2008.01—2018.08	
			工会主席	2012.09—2022.08	
帖道慧	男	四川剑阁	总务主任	2008.01—2018.08	
宇何明	男	四川剑阁	总务副主任	2015.09—2019.08	
			总务主任	2019.09—	
高坤雄	男	四川剑阁	校长	2009.03—2015.08	
郭永昌	男	四川剑阁	校长	2015.09—2017.07	
陈刚德	男	四川剑阁	校长、书记	2017.08—2022.08	
付佳艳	女	四川剑阁	教务副主任	2019.09—2020.08	
			教务主任	2020.09—	
谢清	女	四川达州	教务副主任	2019.09—	
温洋	男	四川剑阁	教务主任	2008.01—2019.08	
			副校长	2019.09—	
舒邦伟	男	四川剑阁	党支部副书记	2022.09—	
莫森	男	四川旺苍	少先队辅导员	2012.03—	
薛艳梅	女	四川剑阁	党支部书记、校长	2022.09—	

学校教职员工名录

在职教职工（53名）：

薛艳梅* 王湘云* 何艳* 刘霞* 李晓丽* 何艳* 罗晓清* 帖玉秀* 王小婉*

张瑞雪* 谢清* 李红艳* 蹇凤英* 魏春梅* 杨钧淋* 奉静* 孙洁* 刘晓燕*

杨馥鸿* 刘晓庆* 杨凤鸣* 吕菊英* 李小丹* 何希曦* 张秋* 付佳艳* 龙玲玲*

庞莉* 张婷* 王俊 陈刚德 石中保 黄虎 张志勇 李健 舒邦伟

温洋 宇何明 何绍军 王强明 莫森 王开元 杨清模 李勇华 李果

帖道慧 杨麒 杨清兴 顾晓利 黎世勇 梁拥军 刘自雄 杨正洋

退休教职工（70名）：

刘晓明* 肖启芬* 杨正友 赵元文 拜大聪 岳小玲* 何秉玲* 黄美全 王仕春

帖友邦	梁　芳*	田宗菊*	杨荣兴	李芳荣	张三保	刘安秀*	王　英*	张仁朝
杨朝堂	罗宗华	扈秀清*	张义珍*	龙天元	顾传华	王芝贵	唐秀珍*	赵清华*
吴金泉	谢子祥	贾玉政	蒲玉秀*	冯翠华*	杜永廉	周远秋	黄志诚	汪智琼*
贾怀英*	杨玉才	邱太清	田兴荣	何亚英*	赖蓉华*	赵安海	李小平	张如伦
曹金秀*	李小玉*	帖仕楷	杨友才	杨玉成	吕丽华*	贾春蓉*	王明发	杨占和
胡义芳	李琼华*	刘桂芝*	何成金	王佐堂	魏安福	严　敏*	左桂华*	张国泽
杨兴富	王建元	王兆清	禹桂林	张开文	杨龙学	陈继鸿		

东宝中学

剑阁县东宝中学位于剑阁、梓橦、江油两县一市交界的东宝场镇，是一所农村示范初中。其前身是东宝小学，1988年结合办学的需要，与小学分校，更名为剑阁县东宝初级中学，校址位于东宝镇交通街7号。

学校总占地面积为17 581平方米，其中建筑面积5 217平方米。学校有6个教学班，教职工32人，在校生184名，高级教师3人、一级教师13人；有市级骨干教师3人、县级骨干教师8人，教师学历达标率为100%。

2008年"5·12"地震后，学校修建了新的住宿楼和食堂。2013年底，在华冠培训学校和LF25猛虎队等爱心人士的帮助下，学校获得了20多万元的教学物资，教学条件得到了极大改善。

学校坚持课改兴校，教学质量名列全县前列；学校坚持特色办学，认真开展学生社团活动；学校坚持创新办学，2007年9月，第一个实现了学生用餐改革；学校坚持规范办学，学风浓郁，校风纯正。学校有初中毕业生3 218人，其中升入重高的546人、升入普通高中和职高的2 672人。

学校教职工先后有89篇文章发表于各级学术刊物。在各类竞课中，有9人次获市级一等奖，有26人次获县级一、二等奖。学校连续3年获初中毕业班教学质量一、二、三等奖，连续3年获目标考核优秀级。学校被评为广元市卫生单位、最佳文明单位、教师职业技能示范学校、初中办学水平甲级二等，被授予县级示范初中称号。

2017年9月，原剑阁县东宝初级中学、剑阁县东宝小学校合并为剑阁县东宝小学校。

表5-147　领导任职简况

姓名	性别	籍贯	职务	任职时间	备注
伏　云	男	四川剑阁	党支部书记	2008.01—2010.06	
			校长		
刘　强	男	四川剑阁	党支部书记	2010.07—2015.06	
			校长		
杨国栋	男	四川剑阁	党支部书记	2015.07—2017.01	
			校长		
李林山	男	四川剑阁	教务主任	2008.01—2010.08	
			副校长	2010.09—2017.08	
何三文	男	四川剑阁	教科室主任	2008.01—2013.08	
			副校长	2013.09—2017.08	
伏　勇	男	四川剑阁	副校长	2010.09—2013.08	
王方见	男	四川剑阁	政教副主任	2008.01—2009.08	

表5-147（续）

姓名	性别	籍贯	职务	任职时间	备注
张仕康	男	四川剑阁	教务主任	2010.08—2017.08	
郭亨文	男	四川眉山	团委书记	2008.01—2010.08	
			政教主任	2010.08—2015.08	
何中刚	男	四川剑阁	政教副主任	2013.08—2015.08	分管教科室工作
			政教主任	2015.09—2017.08	
郭春芳	女	四川剑阁	团委书记	2010.09—2014.08	
徐 俊	男	四川剑阁	团委书记	2014.09—2017.08	

东宝小学

剑阁县东宝小学位于剑阁、梓潼、江油两县一市交界地带，地处东宝镇燕子山脚下、西河河畔，坐落于东宝镇交通路21号。2017年9月中、小学合并为剑阁县东宝小学校，属九年一贯制学校，分设两个校区，距离县城约110公里。

东宝小学现有教学班17个（其中小学班8个，在校学生233人；初中班6个，在校学生187人；幼儿园3个，在园幼儿66人），现有教职工52人，其中专任教师50人，专任教师中有高级专业技术职称的18人、一级专业技术职称的16人，市级骨干教师5人、县级骨干教师16人，获县级及以上表彰的先进教育工作者、模范班主任、优秀教师26人。

东宝小学原校舍因"5·12"汶川大地震严重受损，黑龙江援建投资840余万元，修建了2 300平方米的学生住宿楼、690平方米的学生食堂、810平方米的综合楼。学校占地面积36 618余平方米，校舍建筑面积12 060余平方米，校内运动场17 000余平方米。校园布局合理，附属幼儿园暂设校园内。2023年9月，学校附属幼儿园新建项目工程被列入剑阁县学前教育建设第一期项目，现已开工实施，预计2024年9月正式投入使用。

近年来，办学条件逐步优化，教育设施齐全，教学仪器设备总值达152万余元，学校设有科学实验室、仪器设备保管室、计算机网络教室、电子备课室、图书室、音乐室、美术室、阅览室等教学功能室，图书室藏书16 600余册，每年订阅各类报刊10余种。

剑阁县东宝小学这所古老的学校青春永存，先后被评为"首批省级校风示范学校""广元市文明学校""广元市最佳卫生先进单位""剑阁名校"。2008年以来学校先后荣获各类奖项和荣誉21项：多次获得"教学质量"等次奖，先后被评为"目标考核优秀单位""德育工作先进集体""广元市绿色学校"。2023年学校获"广元市乡村温馨校园""广元市艺术特色学校"称号。

表5-148　幼儿入园、学生入学统计表

		2019	2020	2021	2022	2023
幼儿园	班数	5	4	4	3	3
	人数	108	114	103	75	66
1—6年级	班数	12	12	10	9	8
	人数	431	364	311	267	233
7—9年级	班数	6	6	6	6	6
	人数	189	196	189	207	187

表 5-149　领导任职简况

姓名	性别	籍贯	职务	任职时间	备注
伏明达	男	四川剑阁	校长、党支部书记	2008.01—2010.08	
王道清	男	四川蓬溪	校长、党支部书记	2010.09—2011.08	
徐邦友	男	四川剑阁	校长、党支部书记	2011.09—2022.08	
周云聪	男	四川剑阁	教科室主任	2008.01—2009.08	
			副校长	2009.09—2010.08	
王殿远	男	四川剑阁	教务主任	2008.09—2010.08	
伏　勇	男	四川剑阁	政教副主任	2008.09—2010.08	
徐　刚	男	四川剑阁	教务副主任	2010.09—2012.08	
			教务主任	2012.09—2015.08	
			副校长	2015.09—	
杨德果	男	四川剑阁	教科室副主任	2010.09—2011.08	
顾元勇	男	四川剑阁	政教副主任	2010.09—2013.08	
罗海贤	男	四川剑阁	教科室副主任	2011.09—2015.08	
			教科室主任	2015.09—2017.08	
			教务主任	2017.09—2019.08	
			总务主任	2019.09—	
刘玉富	男	四川剑阁	政教副主任	2013.09—2019.08	
敬　燕	男	四川剑阁	教务副主任	2013.09—2019.08	
李林山	男	四川剑阁	副校长	2017.09—	
何三文	男	四川剑阁	副校长	2017.09—	
张仕康	男	四川剑阁	教务主任	2017.09—2019.08	
何中刚	男	四川剑阁	政教主任	2017.09—	
徐　俊	男	四川剑阁	教务副主任	2019.09—2022.08	
			教务主任	2022.09—	
李　阳	女	四川剑阁	政教副主任	2019.09—2020.08	
唐　剑	男	四川剑阁	德育副主任	2022.09—2023.08	
罗昀燕	女	四川广元	党建办副主任	2022.09—	
王瑞聆	女	四川剑阁	教务副主任	2022.09—	

学校教职工名录

在职教职工（52名）：

伏　勇　李晓荣　王永安　马凤琼*　王本万　杨　蓉*　郭永生　刘玉富　徐　刚

谭开巧*　罗海贤　刘晓雪*　王瑞聆*　王琪玥*　易晓琪*　罗昀雁*　敬　燕*　何天元

徐文科　周　烨*　赵　峨*　刘利均*　徐邦友　王道清　白　柯　冯俊虎　徐文东

李林山　何三文　王春松　王　毅　刘　英*　张仕康　何中刚　何艳君*　张正强

陶万铭　徐　俊　王利君*　杨登科　杨永玲*　王述梅*　黄　静*　温　艳*　苏小芳*

赵光勇　陈仕军　李　磊　程　蕾*　陈　燕*　钟雪梅*　魏　薇*

退休教职工（33名）：

蒋光兰*	王宇昌	文兴义	王福宽	王翠萍*	杨述明	王玉玲*	邓　会*	杨云彬
毛永发	权德恒	陈治文	敬荣碧	李成全	杨安全	吴大义	鲍自忠	王本原
王　臣	辛文诗	袁仕干	何学军	陶会春*	王芝甫	何会珍*	叶洪福	唐忠民
杜全珍*	唐永登	王永德	王锡志	王治国	申碧朝*			

马灯小学

剑间县马灯小学位于广元市剑阁县和绵阳市梓潼县两县交界地带的马灯乡三江村。校园占地面积18 550平方米，建筑面积6 941平方米，绿化面积6 991平方米。设施配套，设备齐全。现有教学班8个（其中幼儿班2个），在校学生118人（其中幼儿29人），专任教师18人（其中中师1人、专科9人、本科8人），教师学历合格率达100%。校内道路、活动场地全部硬化，环境清幽整洁，一年四季芳草绿树鲜花点缀成趣，是求知成才的好处所。

近年来，学校秉承"和谐发展、知行合一"的办学理念，构建了"育人为本、质量是根、特色为翼、体艺双馨"的素质教育格局，教学质量连续十余年名列全县同级同类学校前列，分别荣获县一、二、三等奖；教育科研成绩显著，所承担的市级科研课题获市级成果一等奖，教师发表省级以上研究论文30余篇。学校连续十余年被县教育局评为"优秀单位"，先后创建了县级"优秀职工之家""综合治理达标单位""示范学校""甲级三类学校""教学质量先进单位"和市级"最佳卫生单位""文明单位"等。

2022年马灯小学撤并，师生并入武连小学。

表5-150　学校领导简况

姓名	性别	籍贯	职务	任职时间	备注
王道清	男	四川蓬溪	校长、党支部书记	2008.01—2010.08	
徐邦友	女	四川剑阁	校长、党支部书记	2010.09—2011.08	
彭福雄	男	四川剑阁	校长、党支部书记	2011.09—2017.06	
严立祥	男	四川剑阁	兼工会主席	2007.09—2010.08	
龚继泽	男	四川剑阁	教务主任	2007.09—2010.08	
			副校长	2010.09—2017.06	
			校长、党支部书记	2017.07—2022.08	
梁拥军	男	四川剑阁	教科主任	2007.09—2022.08	
			工会主席	2010.09—2022.08	
伏　俊	男	四川剑阁	团队工作	2009.09—2017.08	
			政教主任	2012.09—2019.09	
黎世勇	男	四川剑阁	兼出纳	2008.02—2022.08	
			总务主任	2015.09—2022.08	
顾晓利	男	四川剑阁	兼团队工作	2014.09—2018.08	
			德育主任	2019.09—2022.08	

学校教职工名录

2022 年春在职教职工（21 名）：

| 龚继泽 | 梁拥军 | 黎世勇 | 顾晓利 | 王开元 | 田定全 | 刘自雄 | 陈继鸿 | 禹桂林 |

顾元勇　龚邦德　严 敏*　党玉华*　王芙蓉*　王鹏娟*　罗文静*　陈秋宇*　贾小红*

何翠玲*　杨全芳*　梁天菊*

退休教职工（见武连小学退休教职工）。

秀钟小学

　　秀钟小学始建于 1950 年，三迁校址后确定于现所处位置。学校 1964 年增办初中，1992 年分设秀钟初级中学校，2003 年又合并为九年一贯制义务教育学校。2006 年起中心校集中办学，实行学生寄宿制。学校现有 8 个教学班（含学前教育 2 个班），学生 101 人（其中学前教育 26 人），教职工核编 20 人，在职 18 人，专任教师 18 人，其中高级教师 4 人、一级教师 7 人，市级骨干教师 1 人，市级模范班主任 1 人，县级骨干教师 1 人，获县级及以上表彰的先进教育工作者、模范班主任、优秀教师共计 12 人。学校是一所小而精的全员寄宿制农村小学。

　　灾后重建了教学楼、学生宿舍楼、食堂、综合楼、厕所，由中央投资 117 万元、中国红十字会捐资 120 万元、黑龙江援建资金 283 万元，加附属工程资金共投资 539 万元。恢复重建面积 13 700 平方米。2020 年成功创建"广元市美丽乡村学校"。

　　近年来，学校办学条件逐年改善，教育设施齐全，教学仪器设备总值达 48 万余元，学校设有科学实验室、仪器设备保管室、计算机网络教室、电子备课室、图书室、音乐室、美术室、阅览室等教学功能室，图书室藏书 3 511 册，每年订阅各类报刊 10 余种。

　　2013 年，学校投资近 50 万元，修校门、砌堡坎。2015 年春，学校争取资金 80 万元，对教学楼、综合楼、学生公寓外墙全面翻新，改造教师公寓 23 套，解决了教师住宿问题。2014 年以来，投资近 20 万元，对校园进行了绿化、美化。2020 年，投资 15 万元，创建了乡村学校少年宫。

　　学校先后获得"广元市优秀少先队集体""学校德育工作先进集体""义务教育阶段教学质量三等奖""县教育成果二等奖""县级文明单位""县书法水平测试工作二等奖"等荣誉称号和奖励。

表 5-151　幼儿入园、学生入学统计表

		2008	2009	2010	2011	2012	2013	2014	2015	2016	2017	2019	2020	2021	2022	2023
幼儿园	班数	3	3	3	3	3	3	3	3	3	2	2	2	2	2	2
	人数	129	150	134	117	124	110	130	117	103	95	56	52	40	38	26
1—6 年级	班数	7	7	7	6	6	6	7	6	6	6	6	6	6	6	6
	人数	363	351	340	321	330	316	298	303	274	266	198	163	120	96	75
7—9 年级	班数	6	6	6	4	4	3	3	3	3	3	—	—	—	—	—
	人数	312	305	289	197	176	118	94	103	78	73	—	—	—	—	—

表 5-152　领导任职简况

姓名	性别	籍贯	职务	任职时间	备注
刘兴旺	男	四川剑阁	校长、党支部书记	2008.01—2009.02	
徐逃平	男	四川剑阁	校长、党支部书记	2009.03—2015.08	
贾国林	男	四川剑阁	校长、党支部书记	2015.09—2019.07	

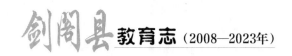

表5-152（续）

姓名	性别	籍贯	职务	任职时间	备注
王永泉	男	四川剑阁	校长、党支部书记	2019.08 至今	
王文海	男	四川剑阁	副校长	2008.01—2012.08	
母镜喜	男	四川剑阁	副校长	2012.08—2013.08	
胡大生	男	四川剑阁	工会主席	2008.01—2011.10	
			总务主任	2008.01—2010.08	
吴岚锋	男	四川剑阁	政教处副主任	2010.09—2013.08	
			工会主席	2011.11—2020.08	
			副校长	2013.09 至今	
杨卿	男	四川剑阁	教务副主任	2014.09 至今	
			工会主席	2020.09 至今	
王剑贤	男	四川剑阁	教务主任	2008.01—2010.08	
			政教处主任	2010.09—2014.08	
张聪	男	四川剑阁	政教处主任	2008.01—2010.08	
			教务处主任	2010.09—2012.08	
			副校长	2012.09—2013.08	
王贵章	男	四川剑阁	教科室主任	2008.01—2011.08	
岳良水	男	四川剑阁	总务主任	2010.09—2016.08	
聂睿佳	女	四川剑阁	教科室主任	2012.03 至今	
杨庭锡	男	四川眉山	政教处副主任	2014.09—2016.08	
向茂勇	男	四川苍溪	教务处副主任	2017.09 至今	
洪彩生	男	四川剑阁	政教处副主任	2017.09—2020.08	
冉志强	男	四川宣汉	总务副主任	2021.09—2023.08	
王薛	女	四川营山	少先队辅导员	2023.09 至今	

学校教职工名录

在职教职工（19名）：

王永泉　　杨卿　　吴岚锋　　陶虹宇*　　向茂勇　　赵谦*　　宋小东　　王薛*　　叶海林
李红春*　岳良水　王毓芹*　杨庭锡　　蒲清荣　　周运聪　　钟诚　　向艳秋*　王兰*
罗菜永

退休教职工（26名）：

吴思林　　王文海　　刘在雄　　王玉芝　　王方权　　齐坤林　　胡大生　　王文金　　何中元
黄嘉清　　赵光明　　赵如芝　　向一善　　王贵礼　　杨子玉*　刘作凡　　胡大松　　王玉功
王伦贤　　王贵祥　　王登福　　王富炳　　钱立武　　蒲清章　　王全林*　谭久琼*

正兴小学

剑阁县正兴小学地处距老县城48公里处的西南边陲小镇——原正兴乡场镇，位于西河源头，紧邻剑盐公路。学校始创于1952年春，校舍布局紧凑，校园环境优美，是一所完全小学。学校占地面积6 162平方米，建筑面积3 492平方米。从2007年起全面撤并村小，实行全寄宿制办学模式。学校现有教职员工21人，教学班6个，学前班1个，在校学生74人。

正兴小学生源主要来自学校周边的原星火、河西和郭沟几个村，其余的基本流入武连和开封。师生人数不足100人。教师核编14人，实际在编教师15人，特岗教师2人，共17人。生师比为4.35∶1，超过了省定21.1∶1的标准。有副高级教师4人、中级职称3人，达到了省定35%的标准。

2008年"5·12"大地震以后，学校得到了中央资金147万元、韩商丽可集团捐款50万元，修建了教学楼、食堂及配套用房1 050平方米，黑龙江援建资金91万元，在政府和教育局的统一规划下，重建学生宿舍楼700平方米，教学楼900平方米，食堂150平方米。正兴小学于2009年10月全面竣工，旧貌换新颜。

2012年，学校幼儿园顺利通过二星级验收；2013年，韩国丽可医疗器械有限公司捐赠18万元用于幼儿园基础建设；2014年，学校硬化外操场；2015年，修建办公楼，硬化内操场，乡村少年宫申报成功并投入运行。2017年，成都明珠关爱基金会捐赠电脑3台、A3打印机1台、幼儿桌面玩具200套，软化幼儿活动场地200平方米，极大地改善了学校基础设施和办学条件。2020年，北京民福社会福利基金会为正兴小学捐赠户外大型游乐设施1套、教学一体机1台、电脑5台、学生床上用品120套、校服300余套、爱心图书3 000多册，让农村孩子感受到了浓浓的爱心和温暖。

近年来学校先后获市县各类荣誉称号和奖励11项：质量优秀单位、教育科研先进单位、精神文明单位、卫生先进单位、目标考核一等奖等。

表5-153　幼儿入园、学生入学统计表

		2019	2020	2021	2022	2023
幼儿园	班数	2	2	2	1	1
	人数	29	36	33	21	13
1—6年级	班数	6	6	6	6	6
	人数	124	105	94	73	61

表5-154　领导任职简况

姓名	性别	籍贯	职务	任职时间	备注
徐逃平	男	四川剑阁	党支部书记、校长	2008.01—2009.02	
刘兴旺	男	四川剑阁	党支部书记、校长	2009.03—2009.09	
何 芳	女	四川剑阁	教务主任	2008.01—2009.09	
			副校长	2009.10—2010.06	主持工作
尚继容	女	四川剑阁	教务主任	2009.10—2017.08	
母代伟	男	四川剑阁	政教副主任	2010.02—2011.08	
			政教主任	2011.09—	
			工会主席	2019.11—	
罗维常	男	四川剑阁	工会主席	2010.09—2017.09	
彭福雄	男	四川剑阁	副校长	2010.07—2011.08	主持工作
敬奇国	男	四川剑阁	党支部书记、校长	2011.09—2015.08	
李朝正	男	四川剑阁	教科室副主任	2012.09—2016.11	
			教科室主任	2016.12—2019.08	

表5-154（续）

姓名	性别	籍贯	职务	任职时间	备注
唐剑锋	男	四川剑阁	党支部书记、校长	2015.09—2019.07	
李建银	男	四川剑阁	教务主任	2017.09—2022.08	
杨正勇	男	四川剑阁	党支部书记、校长	2019.07—	
周梦洁	女	四川绵阳	教务副主任	2019.10—2021.08	团队及德育工作
伏　俊	男	四川剑阁	副书记	2022.09—	

学校教职工名录

在职教职工（17名）：

李志勇　刘兴旺　杨正勇　母代伟　梁椿丽*　伏　俊　叶青萍*　徐腊梅*　韩　娟*

吴志民　母梦舒*　史春玲*　李　涵　张勋毅　罗　迪　陈小珺*　何晓燕*

退休教职工（20名）：

蒋开秀　姜永素*　徐德明*　田学珍*　李时蓉*　田桂珍*　郭忠福　田映尧　吴怀培

何福朝　吴学恩　吕绍文　杨怀朝　郭星书　姜国现　吴安荣　罗维常　杨晓兰*

尚继蓉*　杨清莲*

开封中学

四川省剑阁县开封中学毗邻绵阳、南部，坐落在川北重镇——剑阁县开封镇。学校创建于1955年，1998年合并开封镇初级中学，1983年升格为高完中，更名为四川省剑阁县开封中学。2021年秋全县教育布局调整，开封中学成为单设初中。学校占地面积91亩，建筑面积60 660平方米。学校承担了开封、元山、武连三区的普通高中教育以及开封、碗泉、迎水、高池和国光五个乡镇的初中义务教育阶段教育工作。现有教学班21个，在校学生898余人，教职工98人。学校在"5·12"汶川大地震灾后重建和2018年国家实施教育均衡战略中，抓住发展机遇，优化布局，不断深化教育改革，办学条件全面改善、育人质量大幅提升。2008年至2021年，中高考质量位列市县前茅。在广元市同类高完中中，学校6次荣获市高中教育质量一等奖，4年荣获广元市高中教育质量二等奖，已成为全市农村普通高中教育的一面旗帜。

学校师资力量雄厚，拥有一支专业水平高、业务素质强的教师团队。其中，高级教师41人，一级教师42人，初级教师10人、工人2人，特岗3人。有省级骨干教师1人、市级骨干教师16人、县级骨干教师19人；有市高考优秀学科教师26人、县中考级优秀教师18人。学历达标率为100%。

学校坚持"明德博学、慎思笃行"的办学理念。学校以"以德立校、依法治校、民主理校、科研兴校"为办学目标；以"科学求真、人文求善"为校训，形成了"务实求真、团结进取、乐教乐学、至臻至善"的校风、"乐于奉献、勤于学习、敏于思考、善于研究"的教风、"兴趣浓厚、毅力持久、方法科学、习惯良好"的学风。开封中学教师传承甘于寂寞、乐于奉献、努力拼搏、勇争一流的精神，培养了大批的高质量人才，他们被南开大学、同济大学、吉林大学、四川大学、中南大学、北京科技大学、上海交通大学、哈尔滨工业大学、重庆大学、北京工业大学、中国地质大学、首都经济贸易大学、中国民航飞行学院等国内知名院校录取，赢得市、县领导的高度评价和地方百姓的广泛赞誉。

学校共四个区域：一区（集教学、科研、师生运动和学生公寓于一体的功能区）、二区和三区（教职工宿舍和运动、休闲区），四区为独立运动区。学校环境优美，硬件设备一应俱全。配备现代化的理、化、生实验室，舞蹈和音乐室、绘画室、录播厅、微机室，藏书5万余册的图书室、阅览室。校园监控、网络全覆盖，班班均实现无粉尘白板教学和网络教学；新建拥有300米环形塑胶跑道的运动场；拥有能容纳200人的大型学术报告厅和容纳100余人的云教研中心，为师生提供更为舒适、便捷的工作、学习和休闲环境。

学校先后荣获市高中教育质量一等奖，以及市文明单位、市卫生先进单位、市教育科研技术先进单位、县先进基层党组织、县目标考核优秀单位等称号。

表5-155　学生入学统计表

		2019	2020	2021	2022	2023
7—9年级	班级	20	21	19	21	21
	人数	644	707	781	871	884
高一至高三	班级	11	11	—	—	—
	人数	486	531	—	—	—

表5-156　领导任职简况

姓名	性别	籍贯	职务	任职时间	备注
梁奇财	男	四川剑阁	校长	2007.03—2012.09	
			书记	2011.08—2012.08	
杨子健	男	四川剑阁	书记	2006.03—2011.07	
曹代华	男	四川苍溪	校长、书记	2012.09—2017.02	
罗祥成	男	四川剑阁	副校长	2008.01—2014.09	
			副校长主持工作	2017.02—2017.08	
窦林章	男	四川剑阁	政教处主任	2004.09—2006.08	
			副校长	2006.09—2014.09	
			副校长主持工作	2017.09—2018.09	
程锦荣	男	四川剑阁	副校长	2010.09—2013.01	
罗平	男	四川剑阁	校长、书记	2018.09—2022.09	
李春	男	四川剑阁	办公室主任	2008.01—2010.08	
			副书记	2007.09—2008.08	
			副校长	2008.09—2022.09	
郭良辉	男	四川剑阁	工会主席	2008.01—2016.11	
			教科室主任	2008.01—2010.08	
刘在敏	男	四川剑阁	教务处主任	2008.01—2014.09	
魏习海	男	四川剑阁	政教处主任	2008.01—2013.01	
			纪委书记	2013.01—2022.08	
			副校长	2022.09至今	
侯剑锋	男	四川剑阁	总务处副主任	2008.01—2010.08	
			总务处主任	2010.09—2019.08	
			党委办主任	2019.09至今	

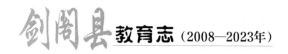

表5-156（续）

姓名	性别	籍贯	职务	任职时间	备注
李海军	男	四川南部	团委书记	2000.09—2007.03	
			办公室副主任	2008.09—2010.09	
贾晓刚	男	四川南部	教务副主任	2008.01—2010.08	
			办公室主任	2010.09—2013.08	
唐兴寿	男	四川剑阁	教科室副主任	2008.01—2010.08	
			教科室主任	2010.09—2013.08	
			代工会主席	2013.09—2015.07	
何锦明	男	四川剑阁	体卫艺副主任	2008.09—2010.08	
高明国	男	四川剑阁	体卫艺副主任	2009.09—2010.08	
			体卫艺主任	2010.09—2015.08	
邵丽芳	女	四川剑阁	团委书记	2010.09—2015.08	
			体卫艺主任	2015.08—2017.08	
			工会主席	2017.09至今	
罗全	男	四川剑阁	办公室副主任	2010.09—2013.08	
			办公室主任	2013.09至今	
蹇峰荣	男	四川剑阁	教务处副主任	2010.09—2014.08	
			教务处主任	2014.09—2016.08	
马在烈	男	四川剑阁	教科室副主任	2010.09—2014.08	
			教科室主任	2014.09—2017.09	
			党委副书记	2017.09—2022.08	
			书记	2022.09至今	
何爱民	男	四川剑阁	政教处副主任	2010.09—2013.01	
			德育处主任	2013.02—2019.08	
			工会副主席	2020.09至今	
涂国强	男	四川剑阁	办公室副主任	2015.09—2019.08	
			德育处主任	2019.09—2022.08	
			纪检监察员	2022.09至今	
敬天辉	男	四川剑阁	信息处副主任	2010.09—2019.08	
张忠洪	男	四川剑阁	总务处副主任	2010.09—2019.08	
			总务处主任	2019.09至今	
何自秀	女	四川泸州	教务处副主任	2014.09—2017.08	
			教务处主任	2017.09—2019.08	
李曦泽	男	四川剑阁	党委办副主任	2019.09—2021.08	
			信息处主任	2021.09至今	

表5-156（续）

姓名	性别	籍贯	职务	任职时间	备注
任俊武	男	四川盐亭	教务处副主任	2019.09—2021.08	
			教务处主任	2021.09—2022.08	
			副校长	2022.09至今	
王春彦	女	四川德阳	教科室主任	2019.09—2022.08	
李永苹	女	四川剑阁	教科室副主任	2019.09—2021.08	
王义杰	男	四川剑阁	德育处副主任	2019.09—2021.08	
蒲皓	男	四川剑阁	德育处副主任	2019.09—2021.08	
吴成	男	四川剑阁	德育处副主任	2020.09—2021.08	
			德育处主任	2022.09至今	
任禹璋	男	四川剑阁	教务处主任	2019.09—2021.08	
刘汉福	男	四川剑阁	体卫艺处副主任	2017.09—2019.08	
			体卫艺主任	2019.09—2022.08	
			教务处主任	2022.08至今	
梁顶	男	四川剑阁	体卫艺处副主任	2019.09—2022.08	
			体卫艺处主任	2022.09至今	
田鹏	男	四川剑阁	团委书记	2014.09—2019.08	
			体卫艺处副主任	2019.09—2020.06	
			信息处副主任	2020.07—2021.08	
李静	女	四川剑阁	团委书记	2019.09—2021.08	
张红	女	四川剑阁	廉勤委副主任	2020.09—2021.09	
敬宗奎	男	四川剑阁	校长	2022.09至今	
孙江鸿	女	四川剑阁	办公室副主任	2021.09至今	
缑扬	男	四川剑阁	德育处副主任	2017.02—2019.08	
			总务处主任	2019.09至今	
梁小琼	女	四川剑阁	德育处副主任	2015.09—2016.08	

学校教职工名录

在职教职工（94名）：

窦林章	何子状	李春	郝南生	魏习海	田兴卫	侯剑锋	何爱民	刘渊
马在烈	涂国强	吴广强	王邦双	贾成满	鲁安斌	罗全	敬映文	潘文渊
李仕钦	杨洪	贾思龙	缑扬	吴文玉	张忠洪	贾周元	冯星波	敬飞
杨照	张祥兵	徐国江	赵星红	敬宗奎	王建林	王克平	贾维国	严子喻
何晓斌	王志军	陈翔	蒲文驰	贾雄	何天茂	蒲江齐	郭凌辉	李新燕
刘汉福	黄万刚	贾大轶	李兴龙	任俊武	刘猛	严维洪	李曦泽	张强
梁顶	吴成	王正波	杨树科	李维汉	王钊	向本君	周川	唐文祥
刘华扬（特岗）	邵丽芳*	张翠芳*	袁庆珍*	李建兰*	赵碧琴*	任秀蓉*	何明华*	
郭永秀*	张明霞*	何容*	郭文华*	贾春容*	梁金秀*	高丽红*	孙江鸿*	刘青*

梁小琼* 李桂珍* 何　霞* 李智华* 张雪梅* 朱小婷* 王　维* 陈　艳* 高铭君*

梁孟娟* 何雪容* 罗　佳* 安　娟*（特岗）　唐　黎*（特岗）

退休教职工（46名）：

蒲长春	杨子健	任锦全	李俊光	赵怀模	鲁永源	周坤明	邓光举	卜文朗
杨金林	郭万舟	蒋光澈	梁国汉	欧文彦	杨培均	唐兴元	梁俸东	吴立培
严体成	赵治林	董文忠	彭开伦	李锦常	李树先	罗祥成	姜国新	张　铮
张祯棋	张　浩	何清凡	李春模	唐庆明	赵阳生	张仕全*	卫　华*	尹菊华*
李雪梅*	王　玉*	管秀清*	薛述钦*	赵　蓉*	刘小平*	唐秀琼*	何玉华*	刘建容*
梁荣华*								

开封小学

剑阁县开封小学位于开封镇，东临西河水，西倚玉兰山，北与碗泉文昌故郡九曲山、梓潼七曲大庙山、江油太白故里、武连魏征故里相连，南与元山、南部相接。学校始建于 1905 年，现有在岗教职工 85 人、退休教师 77 人。小学有 24 个教学班，学生 920 人；幼儿园有 7 个教学班，学生 262 人。全校共有学生 1 182 人。

百年沧桑岁月，促使学校多次迁址、多次易名。1905 年在开封场便设小学，这便是开封小学的前身。1906 年在开封场火神庙设立初级小学校。1923 年在开封场张氏书屋创办"剑阁县第三高级小学校"，并设一女校于张家祠堂（白果树院内）。1936 年春男女合校，改为剑阁县开封小学。新中国成立初，学校一直办在南华宫内（现开封小学校内），桂花树成为学校校树。

"5·12"特大地震灾害给学校造成了巨大的损失。根据《剑阁县灾后重建教育项目实施规划》，开封小学灾后重建项目为教学楼、综合楼、宿舍楼、食堂 4 个单体，建筑总面积为 7 060 平方米，总投资 975 万元。学校随即成立了灾后重建组织机构，正式启动灾后重建系列工作。

三楼一底全框架结构教学楼，占地 600 平方米，建筑面积 2 400 平方米，黑龙江投入援建资金 360 万元。仅用 140 天时间顺利完工，于 2009 年 9 月 1 日正式投入使用。为感激黑龙江人民的善举，并昭示后世子孙，开封小学特立碑记载，并将校名命名为"剑阁县开封镇红十字博爱小学"。

中央援建资金 615 万元，修建了综合楼（占地 434 平方米，建筑面积 1 318 平方米）、宿舍楼（占地 615.4 平方米，建筑面积 2 517.8 平方米）、食堂（占地 360.9 平方米，建筑面积 849.8 平方米）。

2010 年 9 月 1 日，开封小学全面完成重建任务，成为一所设施一流，惠及开封、国光、迎水、碗泉、高池、毛坝、正兴、马灯等 8 个乡镇、8 万余人口的完全小学。

近年来，学校始终坚持以"实施素质教育，培养创新人才"为治校方略，教育教学质量连年名列全县前茅，学校先后获得"全国五好小公民主题教育先进集体""全国爱国主义读书征文活动先进集体""四川省文明单位""四川省卫生先进单位""四川省绿色学校""四川省少年百科知识竞赛优秀集体""四川省艺术人才大赛广元赛区优秀集体""广元市名学校""剑阁县甲级一等小学""剑阁县教育教学质量考核一等奖"等 300 余项荣誉和奖励，被《教育导报》誉为"山区教育的一面旗帜"。

表 5-157　幼儿入园、学生入学统计表

		2019	2020	2021	2022	2023
幼儿园	班数	8	8	8	7	7
	人数	442	433	358	313	262
1—6年级	班数	24	24	24	24	24
	人数	1 138	1 089	1 005	989	920

表 5-158 领导任职简况

姓名	性别	籍贯	职务	任职时间	备注
贾君美	男	四川剑阁	校长	2008.01—2010.08	
赵玉露	男	四川剑阁	党支部书记	2008.01—2012.08	
陈智利	女	四川剑阁	党支部副书记	2008.01—2011.08	
			副校长	2011.08—2022.08	
何毅	男	四川剑阁	党支部副书记	2008.01—2012.08	2022.12 去世
			党支部书记	2012.08—2018.12	
			副校长	2018.08—2022.12	
何素芳	女	四川剑阁	副校长	2008.11—2022.08	
程朝柏	男	四川剑阁	副校长	2008.01—2009.08	
敬小会	女	四川剑阁	教导副主任	2008.01—2010.08	
			教导主任	2010.08—2013.08	
唐文勇	男	四川剑阁	政教副主任	2008.01—2010.08	
			政教主任	2010.08—2013.08	
			教导主任	2013.08—2022.08	
涂健全	男	四川剑阁	总务副主任	2008.01—2010.08	
			总务主任	2010.08—2014.08	
王丕业	男	四川剑阁	校长	2010.09—2013.08	
邵明春	男	四川剑阁	工会主席	2012.08—2022.08	
杨思玉	男	四川剑阁	教科室副主任	2012.08—2014.08	
			教科室主任	2014.08—2018.08	
董子勇	男	四川剑阁	政教副主任	2012.08—2014.08	
			政教处主任	2014.08—	
薛阔太	男	四川剑阁	总务副主任	2012.08—2014.08	
			总务主任	2014.08—2022.08	
			工会主席	2022.08—	
苟建政	男	四川剑阁	校长	2013.09—2019.08	
			党支部书记	2018.12—2019.08	
吴天建	男	四川剑阁	政教处副主任	2014.08—2022.08	
			教科室主任	2022.08—	
王清梅	女	四川剑阁	教务处副主任	2018.08—2022.08	
			教务处主任	2022.08—	
王光明	男	四川剑阁	校长	2019.07—	
			党支部书记	2019.07—	
何其国	男	四川剑阁	副书记	2022.08—	
李建银	男	四川剑阁	副校长	2022.08—	
张鑫	男	四川剑阁	副校长	2022.08—	

学校教职工名录

在职教职工（85名）：

王光明	李建银	何其国	张 鑫（借调统计局）	邵明春	薛阔太	唐文勇
董子勇	吴天建	王清梅*	张雪蓉*	冯 超	李之君*	郭娅汶*	田秋菊*	邓 娟*
顾元勇	罗利琼*	党玉华*	赵 容*	赵文杰*	刘乐琴*	赵云军	王芙容*	何子章
张 贤	梁成金	潘 晓*	王 娇*	敬沙沙*	李春兰*	刘小琳*	郭冬梅*	付 慧*
郑 榕*	李大苍	何明耘*	蔡超华*	宁艳霞*	唐林青*	王 敏*	彭 超	刘应峰
杨彩萍*	王 梅*	贾云凤*	陈彦蓉*	崔蓉华*	梁三志	敬银华*	程秀丽*	任冬梅*
李 芳	唐天海	高丽芳*	赵 航	羊 梅*	余文文*	王玉凤*	杨丽娟*	敬黄香*
李旭慧*	刘晓慧*	邱 燕*	张思思*	李骏翔	任 伟	王 可*	董加鹏	郭 勇
郭 姣	李维斌	何子旭	张志红	刘雨欢*	庞 琴*	杨 蓉*	罗 瑞*	吴广全

吴梦麟*（借调县委办） 李 航*（借调县委组织部） 沙 晶*

程朝柏（借调教办） 王 淋*（借调田家小学） 杨 静*（借调剑门关实验小学校）

退休教职工（77名）：

赵淑文*	王淑芬*	张益生	杨君方	徐承毅	聂汝莲*	刘银洲	严文祥	刘富昌
温碧芳*	高金莲*	刘桂英*	王月卿*	张兴友	蔡文琼*	何柱英*	雷文华*	梁玉芳*
程秀英*	舒仁碧*	吴天用	岳凡国	彭福山	敬从宽	严素珍*	猴从模	李大聪
邹惠琼*	刘安才	刘乃桓	唐翠华*	王邦荣	李秀英*	唐庆艳	陈天江	梁承宇
邹培芳	彭志胜	吴广利	王开宝	李先均	张金佑	姚继平	温建华*	贾明贵
何桂兰	杨永林	高元碧	刘绍聪	伏玉生	高良琼	严维坤	张旭红*	唐 娟*
罗素华	姚泉英*	姚继华*	彭天书*	李建蓉	郭林清	程翠华*	马淑雪*	陈武红*
秦秀华	彭福培	涂建全	崔向阳	宁明琼*	郭林满	梁丽华*	杨 刚	高贵然
何素芳	陈智利*	张忠国	周学工	彭福泽				

高池小学

高池小学创办于民国27年（1938年），学校东临摇铃，西靠开封，南接迎水，北倚义兴，交通十分便利。2017年初中剥离后，学校成为一所乡村完全小学。学校占地面积17 380平方米，建筑面积4 907平方米。全校现有8个教学班（其中幼儿班2个），在校学生近200人。有正式教职员工21人（含特岗1人），其中高级教师5人、一级教师7人，大学本科17人、专科4人。有市级骨干教师1人、市级优秀教师1人，县级骨干教师7人、县级优秀教师7人、县级模范班主任4人，参加市级青年教师赛课获奖者5人，参加县级青年教师赛课获奖者9人。

学校办学条件良好，基础设施齐全。有教学楼、学生公寓、学生食堂餐厅、运动场、校园农场，同时实验室、多媒体阶梯教室、网络教室、"班班通"教室、仪器（器材）室、图书阅览室、音乐美术教室、卫生室、淋浴室、留守儿童之家等功能室一应俱全。

学校以"根植高池莲花土壤，建设培育莲花新人"为办学目标，以"以莲养心，以廉养气，以联养和"为办学理念，以"养圣洁之灵魂，习优雅之行止"为校训，以"大善至刚，大雅至美"为校风，以"情以春泥，洁与灵魂"为教风，以"根心以求真，逐梦以求实"为学风。把莲花作为学校文化核心，以其独特的莲文化教育内涵，熏陶、美化莘莘学子的心灵。

学校2015年起提出"文化立校，尚德树人"的育人目标，创造性地构建了"13562"莲文化德育教育模式。构建起学校特色莲文化校本课程，制定了《剑阁县高池小学校莲文化教育课程建设指导意见》，编写了校本读物《莲之韵》。2021年1月，该读物荣获市中华文化优秀校本课程读本一等奖。

莲文化育人建设提高了学校知名度和影响力。学校 2019 年被县教育局确立为"红、绿、土"文化建设中绿色文化的代表，多次接受国家、省级各类督导评估验收。

自 2015 年以来，学校先后在精神文明、德育安全、招生稳控、教学质量、教育科研、艺术大赛、教育宣传、目标考核、档案管理、无烟卫生等方面荣获县、市、省级近 30 项荣誉和奖励。如"县级德育工作先进单位"、市级文明校园、"省级卫生单位"、中国校园健康行动领导小组办公室授予的"提琴智慧教育示范校"等荣誉称号。

表 5-159　幼儿入园、学生入学统计表

		2008	2009	2010	2011	2012	2013	2014	2015	2016	2019	2020	2021	2022	2023
幼儿园	班数	1	1	1	1	2	2	3	3	3	3	3	2	2	2
	人数	48	59	55	65	101	145	137	112	109	75	58	58	51	50
1—6年级	班数	8	7	7	6	6	6	6	6	8	8	7	6	6	6
	人数	298	248	276	228	237	211	227	264	272	264	232	178	179	122
7—9年级	班数	3	4	4	3	3	3	3	3	3	—	—	—	—	—
	人数	123	163	198	171	152	129	108	85	92	—	—	—	—	—

表 5-160　领导任职简况

姓名	性别	籍贯	职务	任职时间	备注
严三元	男	四川剑阁	校长	2008.01—2009.07	
程朝虎	男	四川剑阁	教务主任	2008.01—2009.08	
王在清	男	四川剑阁	政教主任	2008.01—2010.08	
王　芳	女	四川剑阁	教科主任	2008.01—2011.08	
文新江	男	四川剑阁	校长	2009.09—2011.07	
何　军	男	四川剑阁	副校长	2009.09—	
何　康	男	四川剑阁	政教副主任	2009.09—2010.08	
			教导主任	2010.09—2022.08	
张仕伦	男	四川剑阁	政教主任	2010.09—2022.08	
梁红琳	女	四川剑阁	教科室副主任	2011.09—2022.08	
徐逃平	男	四川剑阁	校长	2015.09—	
李宗华	男	四川剑阁	工会主席	2015.08—	
许　烊	男	四川剑阁	德育副主任	2019.09—	
尹　丽	女	四川剑阁	党建办副主任	2022.09—	

学校教职工名录

在职教职工（21 名）：

徐逃平　何军　侯俊　李宗华　张仕伦　许烊　梁红琳*　李天梅*　刘猛
罗晓蓉*　牛光燕*　尹丽*　王小芳*　何芙*　何采芹*　贾宇　赵建国　罗叶*
梁金露*　何晴*　谢煜*

退休教职工（35 名）：

附兴海　贾政刚　李天清　何天席　梁志兰*　罗国周　贾定昌　附仲生　窦光兴

袁正培	缑子林	罗春兴	赵春英*	梁承志	赵银华*	王均礼	刘乃军	魏伏先
董德朝	王新华	杨思富	唐云祥	罗国涛	罗洪元	何秀连*	罗文金	何正德
张骞	何华生	董树芳*	侯占武	李志成	赵定华*	贾维生	邓利芳*	

国光小学

剑阁县国光小学位于开封镇国光社区，地处剑盐路旁，与王河镇接壤。国光小学始建于1953年，迄今已有70年办学历史。原校址位于国光乡土门村一组，校名为土门小学，1970年随国光乡政府一同迁入现址——国光乡葫芦坝街，1974年更名为国光小学。1994年秋，国光小学初中部合并到开封中学，自此成为一所完全小学。

学校环境优美，教学设备设施齐备。学校占地面积11 800平方米，建筑面积共计2 767平方米，校园绿化率达到60%。在"5·12"汶川大地震后，中央投资150余万元，新建了学生宿舍、餐厅800多平方米，改善了学生的住宿和就餐条件。学校设有科学实验室、仪器设备保管室、计算机网络教室、图书室、音乐室等齐备的教学功能室，同时还配齐了各功能室所需的教学仪器设备。

全校现有在校生114人（其中幼儿29人），是一所乡村小规模寄宿制学校，现有在编在职教师12人，教师学历达标率为100%，有专科以上学历者12人。有高级教师1人、一级教师3人、二级教师8人。有市级骨干教师1人、模范班主任1人、县级骨干教师1人、县优秀教师1人。

近几年，学校先后被评为"市级文明单位""市级教育宣传先进单位""市级防震减灾科普示范学校""县级普法工作先进集体""县级安全文明单位"；五年来，教学质量一直稳居全县同类学校前列并多次获全县教学质量等级奖和教育系统"目标考核优秀单位"称号，学校相关办学成果被《中国教师报》《教育导报》《留守儿童报》和"学习强国"等媒体、平台以及市县教育局宣传报道。

表5-161 幼儿入园、学生入学统计表

		2019	2020	2021	2022	2023
幼儿园	班数	2	2	2	2	2
	人数	42	46	41	33	29
1—6年级	班数	6	6	6	6	6
	人数	121	112	112	96	85

表5-162 领导任职简况

姓名	性别	籍贯	职务	任职时间	备注
李自明	男	四川剑阁	校长、书记	2008.01—2012.07	
唐晓成	男	四川剑阁	校长、书记	2012.07—2018.07	
王万兵	男	四川剑阁	校长、书记	2018.07—2019.07	
苗鹏	男	四川剑阁	校长、书记	2019.07至今	
彭福雄	男	四川剑阁	教务处主任	2008.01—2010.06	
张凤生	男	四川剑阁	政教处主任	2008.01—2018.08	
任蛟	男	四川剑阁	德育处副主任	2016.08—2018.08	
			德育处主任	2018.09—2022.08	
张忠仁	男	四川剑阁	教科室主任	2008.01—2009.08	

表5-162（续）

姓名	性别	籍贯	职务	任职时间	备注
赵 航	男	四川剑阁	教科室副主任	2009.08—2011.08	
			教科室主任	2011.08—2014.08	
徐 初	男	四川剑阁	教科室副主任	2013.08—2015.09	
			教科室主任	2015.08至今	
何 康	男	四川剑阁	支部副书记	2022.09至今	
魏鹏叶	女	陕西宝鸡	德育处副主任	2022.09至今	
向 胜	男	四川剑阁	党办副主任	2022.09至今	

学校教职员工名录

在职教职工（12名）：

苗 鹏　何 康　徐 初　魏鹏叶*　向斯婕*　向 胜　廖珍雄　何小荷*　柳 珊*
张 江　许玲嘉*　孙小蓉*

退休教职工（17名）：

李秀英*　张再朝　岳满国　邵明旭　郭银周　敬志才　郭永聪　杨华生　敬志政
郑召刚　李华生　鲁安江　魏 全　张凤生　王全美　范登志　赵枝东

碗泉小学

剑阁县碗泉小学校创办于1958年，三次迁址，定址于剑阁县与梓潼县交界处的碗泉乡九曲山巅。学校占地面积9 600平方米，建筑面积5 000多平方米。现辖附属幼儿园一所，小学一至六年级六个教学班。学校2022春有教职工17人，其中县级骨干老师2名、县级优秀老师3名，学历达标率为100%。

借助灾后重建及义教均衡，办学条件有了较大改善，学校教学硬件优良、住宿达标，现代教育教学设备齐全。校园环境整洁优美，基本实现了绿化、美化、净化及路面硬化。

学校坚持"爱从这里出发"的办学理念，着力打造以"孝""爱"为教育主线的办学特色。

近年来，学校获"县文明单位""县卫生单位"称号。2017年秋，碗泉小学创建为"广元市美丽乡村小学"。

由于学校布局调整，2022年秋季撤并至开封小学。

表5-163 幼儿入园、学生入学统计表

		2008	2017	2018	2019	2020	2021
幼儿园	班数	1	1	1	1	1	1
	人数	13	18	20	23	21	17
1—6年级	班数	6	6	6	6	6	6
	人数	205	87	90	86	80	66
7—9年级	班数	2	—	—	—	—	—
	人数	100	—	—	—	—	—

表 5-164　领导任职简况（2022 年撤并至开封小学）

姓名	性别	籍贯	职务	任职时间	备注
邵明春	男	四川剑阁	校长、书记	2008.01—2010.08	
程朝柏	男	四川剑阁	校长、书记	2010.09—2013.08	
伏　勇	男	四川剑阁	校长、书记	2013.09—2018.08	
何炳全	男	四川剑阁	校长、书记	2018.09—2022.08	
温　洋	男	四川剑阁	教务主任	2010.09—2019.08	
何子旭	男	四川剑阁	政教主任	2010.09—2018.08	
简兴明	男	四川剑阁	工会主席	2010.09—2022.08	
伏　俊	男	四川剑阁	副校长	2019.09—2022.08	
李维斌	男	四川剑阁	后勤主任	2018.09—2022.08	

教职工名录（2022 年撤并至开封小学）

2021 年秋在职教职工（17 名）：

何炳全　　简兴明　　伏　俊　　李维斌　　何子旭　　邵明松　　赵云军　　任冬梅*　　杨丽娟*

邱　燕*　　董紫婷*　　付　慧*　　赵　容*　　蔡超华*　　王　敏*　　潘　晓*　　张　贤

2021 年秋统计退休教职工（14 名）：

彭福民　　曹登茂　　张育林　　何登刚　　梁秀华*　　王子荣　　彭福宝　　彭开常　　任明泉

赵荣华*　　罗仕长　　严维义　　李秀蓉*　　黄金建

迎水小学

剑阁县迎水小学校地处剑阁西南边陲，是一所历史悠久的农村小学，学校创办于 1959 年 3 月。经过多年的发展，现校园占地总面积 10 500 平方米，校舍建筑总面积 4 505 平方米。1996 年，投资 100 万元修建四楼一底教学楼，建筑面积 1 950 平方米。2008 年地震后新建了 500 平方米的学生食堂、650 平方米的学生宿舍，改建了 550 平方米的教师周转房。按照义教均衡发展有关规定和标准，学校配齐了音乐室、舞蹈室、图书室、美术室、云计算机室、实验室、多媒体教室，达到义教均衡验收标准。

学校现有六年制教学班 6 个、学生 166 人，幼儿班 2 个、学生 64 人。现有专任教师 22 人，其中本科学历教师 16 人、专科学历教师 5 人、中师学历教师 1 人，专任教师合格率为 100%。有县级骨干教师 6 人、市级骨干教师 1 人、省级骨干教师 1 人。

近几年，学校教学质量不断提升，学校获 2013—2014 学年学前教育管理优秀单位称号、2016—2017 学年初中招生送培先进单位称号、2017 年生源稳控先进集体称号，2017 学年、2018 学年获教育教学质量二等奖，获 2017 年、2018 年、2019 年、2021 年度目标考核优秀单位称号。

表 5-165　幼儿入园、学生入学统计表

		2008	2009	2010	2019	2020	2021	2022	2023
幼儿园	班数	2	2	2	3	3	3	3	2
	人数	113	111	102	91	78	90	93	64
1—6 年级	班数	6	6	6	6	6	6	6	6
	人数	259	248	251	243	239	205	188	166

表5-165（续）

		2008	2009	2010	2019	2020	2021	2022	2023
7—9年级	班数	3	3	2	—	—	—	—	—
	人数	114	112	86	—	—	—	—	—

表5-166 领导任职简况

姓名	性别	籍贯	职务	任职时间	备注
程乃学	男	四川剑阁	校长	2008.01—2010.08	
			党支部书记	2008.01—2010.08	
邵明春	男	四川剑阁	校长	2010.08—2011.08	
			党支部书记	2010.08—2011.08	
何贵林	男	四川剑阁	校长	2011.08—2018.08	
			党支部书记	2011.08—2018.08	
伏勇	男	四川剑阁	校长	2018.08—2022.08	
			党支部书记	2018.08—2022.08	
武子国	男	四川剑阁	校长	2022.08至今	
			党支部书记	2022.08至今	
杨少青	男	四川剑阁	副校长	2008.09—2019.08	
任蛟	男	四川剑阁	副书记	2022.08至今	
贾玉元	男	四川剑阁	工会主席	2008.09—2011.08	
王斌	男	四川剑阁	政教主任	2008.09—2019.08	
贾登明	男	四川剑阁	教科主任	2008.09—2019.08	
张利平	男	四川剑阁	政教副主任	2010.09—2012.08	
张恒	男	四川剑阁	教科副主任	2015.09—2019.08	
			德育主任	2019.09至今	
赵文	男	四川剑阁	教务副主任	2019.09—2022.08	
			教务主任	2022.09至今	
何兰	女	四川剑阁	总务副主任	2022.09至今	

学校教职工名录

在职教职工（22名）：

武子国　任蛟　张恒　赵文　杨少青　贾登明　王斌　何涌泉　贾中文
易国亮　何碧容*　赵露萍*　何梦洋*　何兰*　关凤兰*　尹海丽*　赵慧玲*　朱利娟*
张利平*　贾思宪　张艳*　郑秋红*

退休教职工（33名）：

何清会　贾鸣凤　贾康元　何绍洪　陈延经　杨绍吉　贾思周　杨怀林　何大敏
杨柏林　程乃坤　何清海　程建勋　王玉玺　何兴朝　贾玉元　杨绍武　何思兰
程怀生　袁伟明　程朝海　李国繁　程乃学　郭义周　程朝勤　王利民*　马在坤
杨奎林　何清斌　高明江　刘金明　程彦怀　程朝军

元山中学

四川省剑阁县元山中学是一所三年制义务教育初级中学，坐落于三市（广元、绵阳、南充）四县（剑阁、梓潼、盐亭、南部）交界的剑南重镇——元山镇北街。学校始建于1958年，占地面积22 596.09平方米，建筑面积19 858平方米。现有在职教职工60人，其中大学以上学历的教师占86.7%，副高级职称教师28人，中级职称教师20人，初级职称教师12人。学生来源于元山镇、王河镇、演圣镇所辖小学应届毕业生，现有在校学生733人，设15个教学班。

"5·12"大地震后，在党中央的关心和黑龙江人民的大力援助下，新建了教学大楼、综合实验楼、办公楼、学生公寓和学生食堂，增添了设备设施，封闭了校园，极大地改善了办学条件，现已创建为"广元市实验示范学校"。

近几年来，学校按照义务教育均衡发展的有关规定和标准配备了图书资料、实验仪器、音体美器材，完善了微机室、电子阅览室、远程室设备，实施了"班班通"工程，新建了标准的运动场。

历年来，学校先后荣获"全国关心下一代工作先进集体"、省级"劳动技术教育先进学校"、市级"文明单位""最佳卫生单位""先进基层党组织""常规管理先进学校""师德建设示范学校""安全稳定先进单位""教师基本功训练模范学校""五好领导班子先进集体"等荣誉称号。

2013年以来，在广元市拔尖人才选拔考试中，元山中学考入名校英才班的学生的人数连年攀升，现已有66名学生考入名校英才班。2023年元山中学被评为"对标竞进先进集体"。

表5-167　学生入学统计表

		2019	2020	2021	2022	2023
7—9年级	班数	15	15	15	15	15
	人数	489	534	631	748	733

表5-168　学校领导任职简况

姓名	性别	籍贯	职务	任职时间	备注
郭子仲	男	四川剑阁	校长	2008.01—2010.08	
			支部书记、校长	2010.09—2012.09	
沈培斌	男	四川剑阁	支部书记	2008.01—2010.08	
蒙立勇	男	四川剑阁	支部书记、校长	2012.09—2015.08	
那天俊	男	四川剑阁	支部书记、校长	2015.09—2017.07	
王思蜀	男	四川剑阁	支部书记、校长	2017.07—2022.08	
何杨	男	四川剑阁	支部书记、校长	2022.09至今	
李现武	男	四川剑阁	副校长	2008.01—2022.08	
赵子弟	男	四川剑阁	教务主任	2008.01—2009.08	
			副校长	2009.09—2018.08	
赵元雄	男	四川剑阁	政教主任	2008.01—2009.09	
			工会主席	2008.01—2010.09	
			支部副书记	2009.09—2010.09	
郑富光	男	四川剑阁	工会主席	2012.09—2017.04	
杨新林	男	四川剑阁	政教处主任	2008.01—2018.08	

姓名	性别	籍贯	职务	任职时间	备注
赵子松	男	四川剑阁	团委书记	2008.01—2010.09	
王 亮	男	四川青川	团委书记	2010.09—2013.08	
李桂君	女	四川剑阁	团委书记	2019.09—2020.08	
			教务处副主任	2022.09 至今	
侯志东	男	四川剑阁	团委书记	2020.09—2022.08	
			德育处副主任	2022.09 至今	
闫光平	男	四川剑阁	行政办公室主任	2009.03—2018.08	
			德育处主任	2018.09—2022.08	
窦海章	男	四川剑阁	教务处主任	2009.03—2015.08	
何其国	男	四川剑阁	教务处副主任	2010.08—2018.08	
			教务处主任	2018.09—2022.08	
王彩华	女	四川剑阁	教科室主任	2009.03 至今	
代文勤	男	四川剑阁	政教处副主任	2010.09—2018.08	
			党支部副书记	2022.09 至今	
贾均公	男	四川剑阁	总务处副主任	2008.01—2010.08	
			工会主席 总务主任	2010.09—2022.10	
			工会主席	2022.11 至今	
李天佑	男	四川剑阁	总务处副主任	2010.08—2022.08	
王振宇	男	四川剑阁	总务处副主任	2022.08 至今	
贾君美	男	四川剑阁	支部副书记	2012.09—2014.04	
梁玉福	男	四川剑阁	会计	2008.01—2010.09	
魏利芳	女	四川剑阁	会计	2010.10—2017.06	
左宗顺	男	四川剑阁	会计	2017.07 至今	
何春强	男	四川剑阁	德育处副主任	2010.08—2017.08	
苟熙林	男	四川剑阁	德育处副主任	2018.09—2022.08	
			总务处主任	2022.08 至今	
陈 希	男	四川剑阁	教务处副主任	2019.09—2022.08	
			德育处主任	2022.08 至今	
敬天辉	男	四川剑阁	副校长	2019.10 至今	
何小军	男	四川剑阁	副校长	2022.09 至今	
卜文深	男	四川剑阁	团委书记	2022.09 至今	
王 奎	男	四川剑阁	党建办副主任	2022.08 至今	

学校教职工名录

学校教职工（65名）：

何　杨	代文勤	敬天辉	何小军	贾均公	王彩华*	苟熙林	陈　希	王　奎
李桂君*	左宗顺	王振宇	侯志东	凡　威	李现武	闫光平	李天佑	鲁　明
吴丕鹰*	袁玉蓉*	梁朝芹*	聂明礼	杜建兵	王　丽*	徐　千	王　薇*	贾法林
魏利芳*	王晓斌	王凤英*	罗贡贤	王　勇	孙　琳*	田润丽*	宋明清	黄　澡
罗建军	赵　敏*	母　均	卜慧琳*	王泉华*	陈奇贤	蒲登成	刘雪雪*	谢静平*
卜文深	张彩蓉*	冯晓燕*	冯清柏	宋　莲*	蒋　瑶*	李梦莲*	辜兰英*	赵子弟
高彦春	涂怀碧	赵　强	周建平	范清林	张文静*	张　婧*	李孟妃*	张　雪*
兰浩东	袁婷婷*							

退休教职工（50名）：

涂泽生	李得阀	赵光锐	蒲茂德	陈云和*	蒲启凡	赵才先	陈铸贤	黄英章
罗翠屏*	贾仕元	何兴才	杨海先	张朝余	贾菊华*	李建华	董国生	黄雄章
赵元雄	程晓菊*	姚继光	杨清林	陈辛贤	赵成贤	蒲玉芳*	白元才	李大涛
卜元杰	何友银	杨春霞*	那天俊	侯　波*	韩春德	罗仕广	谢元翠*	赵明福
邱　华*	徐　俊	侯朝政	蒲翠英*	董强生	嘉红梅*	刘兴明	崔天俊	何继华*
赵　武	王学文*	沈培斌	李尧生	郝翠华*				

元山小学

元山小学，地处三市四县交界、自古集市繁荣的剑南重镇——元山镇的腹心地带。自清光绪二十年（1894年）建校至今，历经风雨，沧桑百年，几度易址，日益完善。

学校服务半径15公里（元山镇最远村组），方便并确保每一个孩子就近入学。学校现有教职员工近百人，在职教职工75人，现有普教教学班22个，在校学生820余人，校园占地面积11 172平方米。元山小学共有教学及教辅用房4 302平方米，生均教学及教辅用房面积5.25平方米，高于省定标准（3.72平方米）；元山小学共有图书14 550册，生均17.74册，高于省定标准（15册）；元山小学共有教师81人，其中中师学历教师1人、大学专科学历教师21人、大学本科学历教师59人，全部达到省定标准。

近年来，学校坚持"德育为首，教学中心，安全保障"的工作思路，狠抓常规管理和教师队伍建设，发扬"自强不息，进取奉献"的元小精神，学校各项工作都取得了骄人的成绩，取得省市县荣誉20多项，如"先进基层党组织""师德建设先进集体""学校德育工作先进集体""星级留守学生之家""广元市依法治校示范学校""绿色示范学校""目标考核先进单位"，以及教学质量等次奖。

表5-169　幼儿入园、学生入学统计表

		2019	2020	2021	2022	2023
幼儿园	班数	12	10	9	9	9
	人数	518	422	352	323	294
1—6年级	班数	23	24	23	22	21
	人数	946	955	853	857	820

表 5-170 领导任职简况

姓名	性别	籍贯	职务	任职时间
沈光辉	男	四川剑阁	校长	2008.01—2011.08
范清林	男	四川剑阁	校长	2011.08—2013.08
附雄德	男	四川剑阁	书记、校长	2013.09—2018.08
何贵林	男	四川剑阁	书记、校长	2018.08—2022.08
何勇军	男	四川剑阁	书记、校长	2022.08 至今
杨庆全	男	四川剑阁	政教主任	2008.09—2009.08
			副校长	2009.09—2013.08
李芙蓉	女	四川剑阁	副校长	2008.09—2018.08
黄雄章	男	四川剑阁	副校长	2008.09—2010.08
李树周	男	四川剑阁	书记	2008.09—2009.03
李新华	男	四川剑阁	教科室主任	2008.09—2011.08
母勇军	男	四川剑阁	教科副主任	2009.03—2012.08
			教科主任	2012.09—2019.08
			教务主任	2019.09—2022.08
			副书记	2022.08 至今
陈豪	男	四川剑阁	政教副主任	2006.09—2009.08
			政教主任	2009.09—2012.08
			副校长	2012.09 至今
王芝俊	男	四川剑阁	教务副主任	2007.09—2008.08
			教务主任	2008.09—2012.08
			工会主席、教务主任	2012.09—2018.08
			工会主席、教科室主任	2018.09 至今
董英君	男	四川剑阁	教务处副主任	2009.03—2013.08
			政教处主任	2013.09—2018.08
李多皓	男	四川剑阁	政教副主任	2012.09—2018.08
			廉勤委主任	2018.09 至今
李伟如	男	四川剑阁	教科副主任	2012.09—2018.08
			德育处主任	2018.09—2022.08
尤斌	男	四川剑阁	党支部书记	2011.09—2017.08
苟彩霞	女	四川剑阁	教务副主任	2013.09—2019.08
			学前教育办公室主任	2019.09—2022.08
			副校长兼附属幼儿园执行园长	2022.09 至今
韩满德	男	四川剑阁	总务副主任	2018.09—2020.08
			总务主任	2020.09 至今

表5-170（续）

姓名	性别	籍贯	职务	任职时间
邓 雄	男	四川剑阁	德育处副主任	2015.09—2022.08
			党建办主任	2022.09至今
王建琴	女	四川剑阁	教务员	2018.09—2022.08
			教务副主任	2022.09至今
陈凯先	男	四川剑阁	雷波县斯古溪乡中心校副校长（挂职）	2019.12—2021.06
			副校长	2022.08至今

学校教职工名录

在职教职工（80名）：

卜文国　陈 豪　陈凯先　陈雨淳　邓 雄　董跃明　范永红　附雄德　韩聪德
韩满德　何贵林　何永彪　何勇军　贾君美　贾晓聪　贾兴华　柯少诚　赖华元
李大光　李栋成　李多皓　李炯帜　母勇军　蒲永涛　谭本武　涂光平　王建军
王建琴　王芝俊　杨庆勇　杨新林　姚继甫　姚树炯　尤 斌　岳北平　张高林
张 林　张 志　赵映康　左光勇　卜小倩*　徐蜀杰*　邓素华*　符小青*　苟彩霞*
郭连利*　何彩蓉*　何红梅*　何 玮*　贺先婷*　贾雪梅*　李 丹*　李红菊*　李 露*
李明洋*　梁晓翠*　刘春蓉*　毛凤琼*　孟 婷*　裴芙蓉*　彭 婧*　佘素蓉*　陶晓华*
帖春华*　涂凤兰*　王安建*　王 洁*　王介芳*　王 莉*　王露蓉*　王心茹*　文 静*
谢 越*　杨曾艳*　杨 芳*　杨 敏*　杨青青*　姚晓梅*　余义梅*　种玉琴*

退休教职工（91名）：

赵子卫　赵向阳　赵文选　赵文华　赵仕金　赵开宣　赵开培　赵剑洪　赵個全
赵怀林　张志武　张荣祥　张茂林　云朝生　袁再虎　姚述明　杨育俊　杨益德
杨庆泉　徐子玉　魏小明　魏文光　王衍树　涂毓东　宋开初　宋光照　蒙尔容
刘兴玉　刘兴权　刘兴富　刘兴成　刘佳锐　梁思军　李震银　李学奇　李秀林
李新华　李太华　李松贤　李均书　李国屏　李福武　李多寿　李定元　李大荣
李必佐　贾兴润　贾培英　贾 龙　贾君昆　加永基　加润基　加从军　黄明道
侯志德　侯均三　何益民　何 军　何华远　何春金　何朝林　韩世泽　安承俊
杜瑞元　窦明德　董仲荣　董政奇　董国政　董富友　陈子顺　陈永余　陈守宝
陈启勇　曾德海　卜文海　陈光丽*　白 蓉*　赵桂华*　杨玉英*　杨雪萍*　王文艳*
王仕芳*　那述芳*　母钰红*　李芙蓉*　贾述蓉*　侯群芳*　何云芳*　韩雪华*　陈鲜兰*
陈丽华*

时古小学

　　剑阁县时古小学始建于1965年，迄今已有六十余年的历史。学校环境优美，布局合理，是一所全日寄宿制完全小学。生源辖区6个村。学校现今占地总面积10余亩，建筑面积5 000多平方米，绿化面积1 000余平方米。学校现有小学教学班6个、小学生150余人，学前班2个、在校幼儿60余人，教职员工20人。老师学历全部达标，其中，本科学历教师5人、专科学历教师8人。

　　2008年"5·12"汶川大地震，校舍严重受损。灾后重建，学校利用中央援建资金（83.5万元）修建了学生宿舍（413平方米）、食堂（175.7平方米），利用黑龙江援建资金（85.3万元）修建教学楼。这三项工程都于2009年元月批准立项，2009年9月1日投入使用。

按义教均衡发展的要求，多功能活动室、图书室、多媒体教室、运动场等设施设备齐全。生均活动面积达 20 平方米，藏书量达 1 万余册。

学校每年都有十多篇论文在国家、省、市、县级刊物或现场会上发表与交流。2013 年 12 月，时古小学县级科研课题"农村小学培养学生良好书写习惯的实践与研究"开题，2016 年 11 月顺利结题。

2011 年学校荣获剑阁县教科局"素质教育质量一等奖"和"年度目标考核优秀单位"称号。学校先后获得县级"文明单位""卫生先进单位""普法先进单位""城乡环境综合治理模范单位""计划生育合格单位""安全、信访、维稳工作先进集体"称号，2013 年荣获四川省教育厅"21 届少年百科知识竞赛优秀集体"称号。

2022 年 8 月，撤并到元山小学。

表 5-171 领导任职简况

姓名	性别	籍贯	职务	任职时间
袁剑雄	男	四川剑阁	校长	2008.09—2009.08
杨光池	男	四川剑阁	校长	2009.09—2010.08
贾安乐	男	四川剑阁	校长	2010.09—2015.08
母松平	男	四川剑阁	校长	2015.09—2018.04
张 志	男	四川剑阁	校长	2018.04—2022.08
徐天波	男	四川剑阁	教务副主任	2010.09—2012.08
			教务主任	2012.09—2015.08
			副校长	2015.09—2018.08
李 雪	女	四川剑阁	教科副主任	2015.09—2018.08
			教务主任	2018.09—2022.08
左光勇	男	四川剑阁	政教副主任	2015.09—2019.08
			政教主任	2019.09—2022.08
姚树炯	男	四川剑阁	总务副主任	2019.09—2022.08
杨新林	男	四川剑阁	工会主席	2020.09—2022.08

学校教职工名录

在职教职工（15 名）：

张 志　李 雪*　左光勇　杨 力　杨新林　李 凤*　种玉琴*　钱鑫月*　谭本武
文 静*　姚树炯　贾雪梅*　李炯帜　杨春玉　邓碧琼*

退休教职工（8 名）：

李多寿　何云芳*　李碧佐　涂少莲*　李大荣　何 军　李松贤　云超生

王河小学

剑阁县王河小学校，位于王河镇牌坊街 99 号，已有 80 多年的办学历史。学校坐落于环境优美的锦屏山麓和马鞍山腰的交会处。占地面积 18 817 平方米。各种现代化教学、活动设施一应俱全。

学校现有教学班 10 个（含 3 个幼儿班），在校学生 319 人，住校生 200 余人。现有教职员工 43 人，专任教师 31 人，其中高级教师 13 人、一级教师 16 人，市、县级优秀班主任 10 人，市、县级优秀教师 20 余人，省、市、县骨干教师 14 人，本科毕业教师 20 人，专科毕业教师 13 人，教师学历达标率为 100%。学校现有藏书 12 140 册、计算机 69 台。有标准的科学实验室、音乐教室、美术教室、计算机网络教室、师生阅览室，"班班通"教学全覆盖。

"5·12"地震后，黑龙江援建王河小学。学校新建了综合楼、学生宿舍楼和各种运动场所。综合楼宽敞明亮、设施齐备，实验室、图书室、美术室、储备室一应俱全。学生宿舍高端大气，篮球场由塑胶材料铺成。

近年来，王河小学教育教学质量逐步上升，赢得了良好的社会声誉。学校多次荣获四川省绿色学校、广元市文明单位、市级最佳卫生先进单位、县安全文明单位、县文明单位、县园林式单位、县安全保卫先进集体、县目标考核优秀单位、县普法依法治理工作先进单位、县先进党组织、三等甲级小学、食品卫生 B 级单位等称号。

表 5-172　幼儿入园、学生入学统计表

		2019	2020	2021	2022	2023
幼儿园	班数	4	4	4	3	3
	人数	155	150	130	105	87
1—6 年级	班数	12	11	10	9	7
	人数	401	371	319	271	232
7—9 年级	班数	3	3	—	—	—
	人数	102	117			

表 5-173　领导任职简况

姓名	籍贯	职务	任职时间
吴兴怀	四川蓬溪	校长	2008.09—2009.01
那天俊	四川剑阁	校长	2009.02—2015.08
贾安乐	四川剑阁	校长兼党支部书记	2015.09—2013.08
王志勇	四川剑阁	政教 主任	2009.03—2018.08
		工会主席兼廉勤委主任	2018.09—2022.08
张艺潇	四川苍溪	德育主任兼会计	2018.09—2022.08
徐天波	四川剑阁	副校长兼教务主任	2018.09—
张爱民	四川剑阁	总务主任	2013.09—
高明智	四川剑阁	教科室主任	2010.09—
嘉仲成	四川剑阁	政教主任	2002.09—2010.08
		副校长兼扶贫办主任	2010.09—2022.08
窦映柏	四川剑阁	党支部副书记	2022.09—
苟智东	四川剑阁	政教主任	2019.09—2022.08
		党建办主任	2022.09—
李虹娇	四川剑阁	教务副主任	2022.09—

学校教职工名录

在职教职工（33 名）：

贾安乐	窦映柏	徐天波	高明智	张爱民	苟智东	杨　勇	王志勇	嘉仲成
吴兴怀	何朝佐	何贡朝	赵海生	王永川	冯青云	李满如	李大茂	赵如雄
贾琼先	李多锦	郑安全	杨　力	李虹娇*	贾维维*	李　姝*	谢　燕*	马建英*
樊燕琳*	朱家琼*	杨　灏*	冯　璨*	姜苏芝*	白　婷*			

退休教职工（39 名）：

李多洲	贾富帮	嘉厚德	李平安	马国福	王义成	马　鹏	加文福	董兴全
豆培德	马朝贤	李从齐	王茂君	李润贤	李从寿	梁登俊	杨清平	白必慎
王用和	吴元全	吴元江	吴元宇	冯南生	张银昌	郑祥军	高蕴泽	王建国
豆泽年	李大江	马国维	李君民	豆万才	王德邦	赵连保	梁显模	王碧琼*
贾淑芳*	贾菊兰*	罗学芝*						

公店小学

　　剑阁县公店小学地处剑阁最南端的偏僻山区，南接绵阳市的梓潼县二洞乡，西邻梓潼县马迎乡，北靠剑阁县开封镇。学校始建于 1965 年，生源主要来自王河镇公店、荣光、平乐三个村，是全县唯一一所没有幼儿园的公办学校。校园占地面积 11 226 平方米，建筑面积 4 826 平方米，有 6 个教学班，截至 2023 年 9 月有在校学生 68 人。在编在校教职工 17 人，全部为本科学历，有高级教师 3 人、一级教师 2 人、县级骨干教师 3 人。

　　灾后重建中，香港协力仁爱基金出资修建教学楼 1 029 平方米，黑龙江出资修建学生住宿楼 998 平方米，中央财政出资修建综合楼 1 100 平方米，教育局拨款维修加固教职工住宿楼 650 平方米。2017 年按国家义务教育均衡发展标准，配备完善各功能室，硬件设施得以全面提升，有 2 500 平方米运动场，拥有多媒体教室、科学实验室、音乐室、美术室、图书室、学生食堂等，设施齐全，功能齐备，器材充裕。

　　学校培育以"和"为核心的校园文化。建立和谐的师生关系，建成和睦的同事友谊，建设和美的校园环境。追求人心和善、家庭和睦、环境和美、家校和心、事业和顺、社会和谐的愿景目标。

　　学校设立校园实践基地，对学生进行劳动教育。组织春、冬季运动会，集中展现学生体育技能；每期组织一次学生书法绘画手工等才艺展演，挖掘学生艺术特长；开展学生野外拉练，锻炼学生体力和毅力；开展校外清明节扫墓和学雷锋等活动，培养学生良好的品格和行为；开展"追寻红色足迹·传承红色基因"主题研学活动，培养学生的爱国奉献精神。

　　公店小学 2018 年以来荣获市县级平安校园、市县级文明校园、广元市美丽乡村学校、目标考核二等奖、教育教学质量三等奖等荣誉称号和奖励，逐步打造公店小学农村小微学校办学特色。

表 5-174　学生入学统计表

		2019	2020	2021	2022	2023
1—6 年级	班数	6	6	6	6	6
	人数	129	120	103	79	68

表 5-175　领导任职简况

姓名	性别	籍贯	职务	任职时间
赵如雄	男	四川剑阁	书记、校长	2008.01—2010.08

表5-175（续）

姓名	性别	籍贯	职务	任职时间
尤 斌	男	四川剑阁	书记、校长	2010.09—2011.08
严三元	男	四川剑阁	书记、校长	2011.09—2012.08
李自明	男	四川剑阁	书记、校长	2012.09—2015.08
蒲春金	男	四川剑阁	书记、校长	2015.09—2017.01
杨国栋	男	四川剑阁	书记、校长	2017.02—2018.08
窦海章	男	四川剑阁	书记、校长	2018.07—
白剑锋	男	四川剑阁	副校长	2009.05—
王东国	男	四川剑阁	工会主席	2008.09—2022.08
黄 艳	女	四川剑阁	政教主任	2008.01—2021.08
黄金强	男	四川剑阁	德育副主任	2019.09—2022.08
			德育处主任	2022.09—
贾明强	男	四川剑阁	教科室主任	2008.01—2022.08
印 杉	女	四川剑阁	教科室副主任	2022.09—2023.08
李 雪	女	四川剑阁	党支部副书记	2022.09—
熊 宜	男	四川昭化	总务处副主任	2022.09—

教职工名录

在职教职工（17名）：

窦海章　白剑锋　李 雪*　黄金强　熊 宜　郭 涵*　李 佳*　王 佳*　舒 皓

赵小燕*　高 原*　李 敏*　卫俊竹*　吴太玲*　杨 旭　邓慧琼*　伏艳红*

退休教职工（20名）：

赵天政　黄崇森　李秀珍*　陈继汤　王东国　郑国良　王银国　王洪招　赵前程

黄德钊　安光军　杜天友　郑国斌　任德厚　王富国　罗正孝　张春科　黄自强

张桂英*　吴秀芳*

演圣小学

剑阁县演圣小学创办于光绪三十四年（1908年），选址于演圣寺文殊院内，地处剑阁县最南端的演圣镇场镇新演街1号，位于剑阁、南部、梓潼三县交界之处。学校距老县城普安102公里，距剑阁新县城下寺156公里。东去长岭乡，南至元山镇，西到柏坝乡，北达吼狮乡。1971年小学开始附设初中班。1989年9月分校为演圣小学和演圣初级中学，根据学校布局调整，2007年9月又合并为演圣小学，2022年8月撤销初中部，学校变为一所公有制完全小学。学校占地面积23 184平方米，运动场面积2 208平方米，校舍建筑面积7 177平方米。学校有藏书10 750册的图书室、标准化的小学科学实验室。有装备50台计算机的教室，以及多媒体教室、音乐室、美术室、体育室等多功能室，设施设备齐全。

演圣小学现有教职工32人，其中高级教师9人、一级教师11人、初级教师12人。1—6年级7个教学班，在校学生230人；幼儿园3个教学班，在园幼儿90人。覆盖了演圣镇6个行政村1个社区，以及柏坝的南桥村，金仙的西河、桥楼、曙光、红岩村等。

灾后重建中，黑龙江援建三楼一底的学生宿舍楼和一楼一底的师生食堂。创建全国义务教育发展基本均衡县时，学校配备了音乐、美术、体育、数学、科学实验等设施设备。

学校开创了舞狮舞龙活动。学校聘请农村艺人与老师一起培训了舞龙舞狮队伍。在各种活动中的精彩表演，备受关注，全县独树一帜，特色明显。2021年12月14日，演圣小学舞龙舞狮队在剑门关小学参加了全省乡村少年宫活动成果展示，受到各级领导好评。

2022年度学校荣获全县学校目标考核二等奖；2023年学校被评为剑阁县教育局对标竞进先进集体；2023年学校被四川省教育厅评为"绿色学校"。

表5-176　学生人数统计表

		2019	2020	2021	2022	2023
幼儿园	班数	4	4	4	4	3
	人数	128	125	130	104	90
1—6年级	班数	8	8	6	8	7
	人数	309	307	279	266	230
7—9年级	班数	3	3	3	—	—
	人数	110	124	143	—	—

表5-177　领导任职简况

姓名	性别	籍贯	职务	任职时间	备注
母松平	男	四川剑阁	书记、校长	2022.09—	小学
何勇军	男	四川剑阁	书记、校长	2018.09—2022.08	小学
杨光驰	男	四川剑阁	副校长	2008.01—2008.08	小学
			副书记	2009.09—2022.07	小学
郑富光	男	四川剑阁	书记、校长	2008.01—2008.12	小学
附雄德	男	四川剑阁	校长、书记	2009.01—2013.08	小学
母晓强	男	四川剑阁	校长、书记	2013.09—2018.08	小学
何云凡	男	四川剑阁	教科室主任	2008.01—2010.08	小学
			副校长	2010.09—	小学
涂志军	男	四川剑阁	政教副主任	2008.01—2008.08	
			政教主任	2008.09—2012.08	小学
			副校长	2012.09—2022.08	生病免去
何小军	男	四川剑阁	教导主任	2008.01—2013.08	小学
			总务主任	2013.09—2015.08	小学
			工会主席	2015.09—2022.08	小学
梁滔	男	四川剑阁	教务副主任	2013.09—2015.08	小学
			总务主任	2015.09—	小学
李新元	男	四川剑阁	党建办副主任	2022.09—	小学
卜文深	男	四川剑阁	政教副主任	2013.09—2015.08	小学
			政教主任	2015.09—2022.08	小学

表5-177（续）

姓名	性别	籍贯	职务	任职时间	备注
邢永生	男	四川剑阁	教务副主任	2022.09—	小学
王薇	女	四川剑阁	德育处副主任	2022.09—2023.08	小学
田恒	男	四川剑阁	教科室副主任	2011.09—2013.08	小学
			教务副主任	2013.09—20180.08	小学
			教务主任	2018.09—	小学
李伟如	男	四川剑阁	副校长	2022.09—	小学
王春林	男	四川剑阁	政教副主任	2010.09—2013.08	小学
			教科室主任	2013.09—2019.08	小学
何天国	男	四川剑阁	工会主席	2008.01—2013.08	小学

学校教职员工名录

在职教职工（32名）：

母松平　杨光驰　何云凡　李伟如　田恒　梁滔　邢永生　梁国平　沈光辉
涂志军　王国梁　林建明　苏仁贵　李新元　李国树　李彩云*　赵蓉*　钟苇*
刘亚丽*　赵志斌　王鑫*　张卿雅*　董婷*　苏华芬*　冯秀*　杨晓菊　洪立志
侯波　王雨婷*　李泽龙　涂大强　杨艳*

退休教职工（37名）：

何依德　何茂才　李仕元　李龙昌　王剑英　贾宗衡　徐立军　李德镇　何彦明
杨晓春*　王国金　杨仕勇　李长德　何强远　嘉绍举　梁云丰　何天国　何健全
陈秀芳*　谢元秋　白克芹　何天才　张绍富　李建生　何映俸　李荣国　梁祥建
何天强　白云生　涂国庆*　王秀蓉*　何吉远　李云德　张传武　涂光钰　袁智
白大军

柘坝小学

剑阁县柘坝小学位于绵阳、广元、南充三市交界处的柘坝乡场镇，东临吼狮，南接演圣、元山，西衔王河、国光，北至迎水，属升钟水库淹没区，是一所农村完全小学。

学校始建于民国19年（1930年），迄今已有90多年的历史。第一任校长是李大生。新中国成立以后，党和政府十分重视教育，1950年就指派安国恒为校长来柘坝办学，学校在党委和政府关心下得到全面发展。学校现有教学班8个（2个幼儿教学班），在校学生121人（小学生94人、学前教育学生27人），教职工22人（含临代人员6人），大专及以上学历者12人，有中级职称教师3人、高级教师5人，其中专任教师16人，特岗教师6人。学校占地面积12 920平方米，建筑面积2 283.4平方米。

在"5·12"地震后，先后修建了学生宿舍、食堂、教学楼，办学条件得到全面改善，育人质量得到大幅度提升。学校秉承"涵养如水之人"的办学理念，确立了"健强体魄，健全人格，能学习，会生活"的培养目标，全面实施素质教育。目前，学校形成了学风浓、教风正、校风好的良好办学局面。

表5-178　幼儿入园、学生入学统计表

		2019	2020	2021	2022	2023
幼儿园	班数	2	2	2	2	2
	人数	50	46	46	46	27
1—6年级	班数	6	6	6	6	6
	人数	152	128	112	104	94

表5-179　领导任职简况

姓名	性别	籍贯	职务	任职时间	备注
贾晓刚	男	四川剑阁	党支部书记、校长	2018.07至今	
王俊	男	四川剑阁	校长	2013.09—2018.07	
赵如雄	男	四川剑阁	党支部书记、校长	2010.10—2013.08	
窦映柏	男	四川剑阁	副校长	2018.09—2022.08	
刘晓慧	女	四川广元	教务处副主任	2020.09—2022.08	
代文勤	男	四川剑阁	德育处副主任	2018.09—2020.08	
			德育处主任	2020.09—2022.08	
敬银春	男	四川剑阁	总务处副主任	2012.09—2015.08	
			总务处主任	2015.09—2018.08	
何春强	男	四川剑阁	政教处副主任	2017.09—2020.08	
			总务处主任	2020.08至今	
祝伟	男	四川旺苍	政教处副主任	2015.09—2018.08	
冯青云	男	四川剑阁	副校长	2010.09—2013.08	
			书记	2013.09—2017.08	
尤斌	男	四川剑阁	党支部书记、校长	2008.01—2010.08	
张小军	男	四川剑阁	政教处副主任	2008.01—2009.08	
			教务处主任	2009.09—2015.08	
李伦德	男	四川剑阁	总务处副主任	2008.09—2010.08	
贾明强	男	四川剑阁	党支部副书记	2022.09至今	
张艺潇	男	四川苍溪	副校长	2022.09至今	

学校教职员工名录

在职教职工（17名）：

贾晓刚　贾明强　张艺潇　何春强　敬银春　尹成方　王　艳*　童爱琴*　雍　琴*

杨　柳*　李艳梅*　岳玉丽　刘培林　刘　敏*　杨　丽*　董　雪*　申利琴*

退休教职工（29名）：

李会德　梁思田　辛厚明　何培生　何培朝　吴雪林　何文生　何绍柏　杨占良

贾凯先　张小航　唐政全　何明生　杨占国　贾兴政　何清涛　何金华　冯海生

罗春普　何玉昌　凌承钰　梁桂萍　白明生　李伦德　何天荣　贾兴强　董开慧*

曹虹英*　李彦琼*

第三章　普通高中教育

第一节　发展概况

2019 年，全县有普通高中 5 所、在校学生 13 033 人；其中剑阁中学为省属重点高中，剑州中学、剑门关高中为市属重点高中，开封中学、白龙中学为普通高中。2020 年秋季，剑门关天立学校（民办学校，十二年一贯制学校）高中部开始首批招生。2021 年，全县高中阶段学校布局调整，撤销开封中学、白龙中学的高中部，学生安置到剑阁中学、剑门关高中，教师根据自愿考调到剑阁中学或剑门关高中。2022 年春，剑门关高中被认定为四川省二级示范普通高中学校。

第二节　课程设置

根据《教育部关于印发〈普通高中课程方案（实验）〉和语文等十五个学科课程标准（实验）的通知》（教基〔2003〕6 号）和《四川省教育厅、四川省财政厅、四川省人事厅、四川省机构编制委员会办公室关于普通高中课程改革的意见》（川教〔2009〕226 号）精神，制定《四川省普通高中课程设置方案（试行)》，2010 年秋季在全省范围内实施。

一、课程设置的基本原则

一是认真落实教育部《普通高中课程方案（实验)》和各学科课程标准（实验）的基本精神和要求，科学设置普通高中课程。二是努力构建重基础、多样化的课程体系，整体设置必修课，合理设置选修课，为每一位学生的发展奠定基础，同时满足不同学生个性发展需要。三是紧密结合四川省经济社会发展水平和普通高中教育发展实际，有利于课程的顺利实施，有利于调动学校实施课程的积极性和创造性。

二、课程设置

（一）课程结构

普通高中课程由学习领域、科目、模块三个层次构成。

（1）学习领域——普通高中课程设置语言与文学、数学、人文与社会、科学、技术、艺术、体育与健康和综合实践活动八个学习领域。

（2）科目——每一领域由与课程价值相近的若干科目组成。八个学习领域共包括语文、外语（英语、日语、俄语等）、数学、思想政治、历史、地理、物理、化学、生物、艺术（或音乐、美术）、体育与健康、信息技术、通用技术等科目。鼓励有条件的学校开设两种或多种外语。

（3）模块——每一科目由若干模块组成。模块之间既相互独立，又反映学科内容的逻辑联系。每一模块都有明确的教育目标，并围绕某一特定内容，整合学生经验和相关内容，构成相对完整的学习单元。

普通高中课程由必修和选修两个部分构成，并通过学分描述学生的课程修习状况。具体设置如下：

表 5-180 普通高中课程设置及学分表

学习领域	科目	模块		
		必修学分	选修学分 I	选修学分 II
语言与文学	语文	10	根据社会对人才多样化的需求，适应学生不同潜能和发展的需要，在共同必修的基础上，各科课程标准分类别、分层次设置若干选修模块，供学生选择	学校根据当地社会、经济、科技、文化发展的需要和学生的兴趣，设置若干选修模块，供学生选择
	外语	10		
数学	数学	10		
人文与社会	思想政治	8		
	历史	6		
	地理	6		
科学	物理	6		
	化学	6		
	生物	6		
技术	信息技术	4		
	通用技术	4		
艺术	音乐	3		
	美术	3		
体育与健康	体育与健康	11		
综合实践活动	研究性学习活动	15		
	社区服务	2		
	社会实践	6		
学分合计		116	至少获得 22 学分	至少获得 6 学分

注：①学生学习一个模块并通过考核，可获得 2 学分（其中体育与健康、音乐、美术每个模块 1 学分）。②学生每学年在每个学习领域都必须获得一定的学分，三年中需获得 116 个必修学分（包括研究性学习活动 15 学分、社区服务 2 学分、社会实践 6 学分）和至少 28 学分的选修学分（选修 I 至少获得 22 学分，选修 II 至少获得 6 学分），总学分达到 144 学分方可毕业。鼓励学生修习更多的选修模块，获得更多学分。

（二）课程内容

普通高中课程内容为教育部《普通高中课程方案（实验）》和各学科课程标准（实验）规定的内容。语言与文学、数学、人文与社会、科学领域的选修 I 分为选修 IA 和选修 IB。选修 IA 为学校必须开设的、修习人文方向或理工方向的学生按各科目要求必须修习的模块；选修 IB 为各学科课程标准规定的供学生进一步发展、自主选择修习的模块。

课程内容具体安排如下：

表 5-181　普通高中课程设置及模块安排表

学习领域	科目	必修	选修 I		选修 II
			选修 IA	选修 IB	
语言与文学	语文	必修 1、必修 2、必修 3、必修 4、必修 5	传记选读 语言文字应用	选修 IA 之外的选修模块	学校根据当地社会、经济、科技、文化发展的需要和学生兴趣开设的选修模块或专题
	外语（英语为例）	英语 1、英语 2、英语 3、英语 4、英语 5	英语 6 英语 7	选修 IA 之外的选修模块	
数学	数学	数学 1、数学 2、数学 3、数学 4、数学 5	人文方向：选修 1-1、选修 1-2 理工方向：选修 2-1、选修 2-2 与 2-3	人文方向：选修系列 3、系列 4 理工方向：选修系列 3、系列 4	
人文与社会	思想政治	思想政治 1、思想政治 2 思想政治 3、思想政治 4	人文方向： 经济学常识	人文方向：选修 IA 之外的选修模块 理工方向：选修模块	
	历史	历史（Ⅰ） 历史（Ⅱ） 历史（Ⅲ）	人文方向： 选修 1 历史上重大改革回眸 选修 2 近代社会的民主思想与实践	人文方向：选修 IA 之外的选修模块 理工方向：选修模块	
	地理	地理 1 地理 2 地理 3	人文方向： 选修 5 自然灾害与防治 选修 6 环境保护	人文方向：选修 IA 之外的选修模块 理工方向：选修模块	
科学	物理	物理 1、物理 2 人文方向：选修 1-1 理工方向：选修 3-1	理工方向： 选修 3-2 选修 3-4	人文方向：选修 1-2 理工方向：选修 3-1、选修 3-2、选修 3-4 之外的选修模块	
	化学	化学 1、化学 2 人文方向：选修 1 化学与生活 理工方向：选修 3 物质结构与性质	理工方向： 选修 4 化学反应原理 选修 5 有机化学基础	人文方向：选修 1 之外的选修模块 理工方向：选修 3、选修 4、选修 5 之外的选修模块	
	生物	生物 1、生物 2、生物 3	理工方向： 选修 1 生物技术实践	人文方向：选修模块 理工方向：选修 1 之外的选修模块	
技术	信息技术	信息技术基础； 在算法与程序设计、网络技术应用、数据管理技术中任选 1 个模块	未修习的选修模块		
	通用技术	技术与设计 1 技术与设计 2	选修模块		
艺术	音乐	音乐鉴赏； 在歌唱、演奏、音乐与舞蹈、音乐与戏剧表演、创作中任选 1 个模块	选修模块		
	美术	美术鉴赏； 在绘画、雕塑、设计、电脑绘画/电脑设计、书法、篆刻、摄影/摄像、工艺中任选 2 个模块			
体育与健康	体育与健康	在健康教育、田径 2 个系列中，各选 1 个模块；在体操、民族民间体育项目、新兴运动、水上项目、田径、球类等系列中，选修 9 个模块	选修模块		
综合实践活动	研究性学习活动	三年完成至少 3 个专题研究	—		
	社区服务	三年中必须参加 10 个工作日社区服务			
	社会实践	每学年参加 1 周社会实践			

（三）课程安排

普通高中学制为 3 年。每学年 52 周，其中教学时间 40 周、社会实践 1 周、假期（包括寒暑假、节假日和农忙假）11 周。

每学年分为两个学期，每学期分两学段安排课程。一般情况下每学段 10 周，其中 9 周授课，1 周复习考试。每周按 5 天安排教学，原则上每周按 35 学时安排教学，每学时为 45 分钟。

语文、外语、数学、思想政治、历史、地理、物理、化学、生物、信息技术、通用技术科目的每个模块教学时间通常为 36 学时，一般按每周 4 学时安排（1 个学段内完成）或每周 2 学时安排（1 个学期内完成）；音乐、美术、体育与健康等科目的 1 个模块教学时间通常为 18 学时，一般按每周 2 学时安排（1 个学段内完成）或每周 1 学时安排（1 个学期内完成）。

研究性学习活动时间 3 年共计 270 学时；学生每学年必须参加 1 周的社会实践；学生 3 年中必须参加不少于 10 个工作日的社区服务。

四川省普通高中课程具体安排如下：

表 5-182　普通高中课程设置及学时安排指导表

学习领域	科目	模块及学时																			
		第一学年						修习方向	第二学年						第三学年						
		上学期			下学期				上学期			下学期			上学期			下学期			
		学段1	学段2	周学时	学段1	学段2	周学时		学段1	学段2	周学时	学段1	学段2	周学时	学段1	学段2	周学时	学段1	学段2	周学时	
语言与文学	语文	必修1	选修IA：传记选读	4	必修2	选修IB	4		必修3	选修IB	4	必修4	必修5	4	选修IA：语言文字应用	选修IB	4	学校安排一定的选修课程，同时安排总复习			
	英语	英语1	英语2	4	英语3	英语4	4		英语5	选修IB	4	选修IA：英语6	选修IB	4	选修IA：英语7	选修IB	4				
数学	数学	数学1	数学4	4	数学5	数学2	4	人文方向	数学3	选修IB	4	选修IA：选修1-1	选修IB	4	选修IA：选修1-2	选修IB	4				
								理工方向	数学3	选修IA：选修2-1	4	选修IB	选修IB	4	选修IA：选修2-2与2-3	选修IB	4				
人文与社会	思想政治	思想政治1		2	思想政治2		2	人文方向	思想政治3		2	思想政治4		2	选修IA：经济学常识	选修IB	4				
								理工方向	思想政治3		2	思想政治4		2	选修IB		2				
	历史	历史（Ⅰ）		2	历史（Ⅱ）		2	人文方向	历史（Ⅲ）	选修IA：选修1	4	选修IB		2	选修IA：选修2	选修IB	4				
								理工方向	历史（Ⅲ）		2	选修IB		2							

表5-182（续）

学习领域	科目	第一学年 上学期 学段1/学段2	周学时	下学期 学段1/学段2	周学时	修习方向	第二学年 上学期 学段1	学段2	周学时	下学期 学段1	学段2	周学时	第三学年 上学期 学段1	学段2	周学时	下学期
科学	地理	地理1	2	地理2	2	人文方向	地理3		2	选修IA：选修5	选修IB	4	选修IA：选修6	选修IB	4	学校安排一定的选修课程，同时安排总复习
						理工方向	地理3		2	选修IB		2				
	物理	物理1	2	物理2	2	人文方向	选修1-1		2	选修IB		2				
						理工方向	选修3-1	选修IA：选修3-2	4	选修IA：选修3-4		2	选修IB	选修IB	4	
	化学	化学1	2	化学2	2	人文方向	选修1		2	选修IB		2				
						理工方向	选修3		2	选修IA：选修4	选修IB	4	选修IA：选修5	选修IB	4	
	生物	生物1	2	生物2	2	人文方向	生物3		2	选修IB		2				
						理工方向	生物3		2	选修IA：选修1		2	选修IB	选修IB	4	
技术	信息技术	信息技术基础	2	必修（选择）	2	—	—	—	—	—	—	—	选修		2	—
	通用技术	—	—	—	—	—	技术与设计1		2	技术与设计2		2				
艺术	音乐	音乐鉴赏	1	音乐鉴赏	1	—	必修（选择）		0.5	必修（选择）		0.5	选修		1	学校安排一定的选修课程，同时安排总复习
	美术	美术鉴赏	1	必修（选择）	1		必修（选择）		0.5	必修（选择）		0.5				
体育与健康	体育与健康	必修（选择）	2	必修（选择）	2	—	必修（选择）		2	必修（选择）		2	必修（选择）		2	必修（选择） 2
综合实践活动	研究性学习活动	—	3	—	3	—			3			3			3	学校安排一定的选修课程，同时安排总复习
	社会实践	每学年1周				—	每学年1周						每学年1周			
	社区服务	3年中不少于10个工作日														
周学时合计	人文方向		33		33	—			34			34			32	—
	理工方向		33		33	—			34			34			34	—

注：①选修Ⅱ至少需要108学时，内容由学校根据具体情况安排。②各地和学校可根据实际情况对有关学科模块的安排顺序在学年内进行适当调整。

第三节　校点设置

剑阁中学

四川省剑阁中学校地处四川省广元市剑阁县老县城普安镇（剑州古城），办学历史悠久，可上溯至唐宋剑州"官学"、南宋"隆庆府学"、明清"兼山书院"、清末的高等小学堂。1930年剑阁县立初级中学成立，1958年学校升格为高完中，1982年被四川省人民政府命名为首批省级重点高中，2003年被省教育厅复核为省二级示范性普通高中。

剑阁中学占地125亩，背倚卧龙山，俯瞰闻溪河，正对文峰塔。校内松柏苍翠，丹桂飘香，石阶与曲廊顾盼，红花与绿草相映，春华秋实，美景纷呈。宫殿式建筑群文庙、"兼山书院"，古朴典雅，巍峨壮观；教学大楼、综合楼办公楼、学生公寓、标准化餐厅、科技楼、图书楼等标志性建筑气势雄伟；标准化田径运动场、足球场、篮球场气派大方；校史馆、剑阁风情馆、剑州三杰馆等独具特色的校园文化景点和大学墙、二十四孝图意蕴丰富，启人心智。

剑阁中学现有74个教学班，4 600名在校学生，358名教职员工。有四川省特级教师4人，正高级教师3人，副高级教师150人，各级优秀教师、骨干教师180余人；近20年有13名学生考上清华、北大；每年重本、本科升学率都占全市同类学校前三名。

学校依托并挖掘厚重的"兼山文化"，以"全面教育、整全育人"为教育思想，秉持"尊贤重道，守正鼎新"的办学理念，践行"立德立心，力学力行"的校训，彰显"文化怡养，自主成长"的办学特色，形成了"励志勤学、和谐奋进"的校风、"热忱奉献、乐教创新"的教风、"热忱奉献、乐教创新"的学风。优良的学术传统、浓郁的文化底蕴、雄厚的师资力量和独具特色的创新机制，推动剑阁中学取得了一系列深具影响力的教育教学成果，社会效益日益彰显。

学校新一届领导班子以"破局而立，创变而生"的勇气和智慧，坚持"三同质"（"初高中同质""文艺同质""前后勤同质"）、"三原则"（公平公正、多劳多得、优质优酬）和"两自一包"（自主管理、自主考核、经费包干），激励先进，唤醒"躺平"，凝聚剑中合力，激发剑中自豪感，有序、有效推动学校各项工作良性发展。

剑阁中学在生源锐减、入口整体偏差的不利条件下，连续数年实现低进高出、差进优出的奇迹，每年为剑阁县高考本科上线人数贡献50%以上，重本上线人数贡献60%以上，万余名优秀毕业生从这里进入高校深造，培养出了大批各级政要、军界英才、大学教授、媒体新星等各类高级专业人才，为国家建设和社会进步做出了重要贡献。10余年来，母斌、罗尘丁、岳梦阳、何其书等10余位同学先后荣升清华大学、北京大学，有数百人荣升复旦大学、浙江大学、南京大学、中国人民大学、北京师范大学、西安交通大学等重点名牌大学。学校已荣获"全国基础教育名校""国家青少年体育俱乐部""省文明校园""省德育工作先进单位""省校风示范学校""省百所艺术教育特色学校""省依法治校示范学校""省阳光体育示范学校"等百余项荣誉。

表5-183　学生入学统计表

		2019	2020	2021	2022	2023
7—9年级	班数	20	21	22	23	24
	人数	1 013	1 086	1 156	1 223	1 246
高一至高三	班数	56	54	58	56	54
	人数	3 284	3 087	3 617	3 506	3 339

表 5-184　领导任职简况

姓名	性别	籍贯	职务	任职时间	备注
杨青锋	男	四川剑阁	校长	2008.01—2012.09	
			党总支书记	2008.01—2011.04	
			党委书记	2011.04—2012.09	
何雄林	男	四川剑阁	校长	2012.09—2022.10	
			党委书记	2013.10—2022.08	
罗平	男	四川剑阁	党委书记	2022.08—	
尚君明	男	四川剑阁	党委副书记	2022.09—	
			校长		
李国安	男	四川剑阁	副校长	2008.01—2022.10	
黄先金	男	四川剑阁	政教处主任	2008.01—2010.08	
			副校长	2010.08—2022.10	
			党委委员	2011.04—2022.08	
赵鸿	男	四川剑阁	党总支副书记	2008.01—2011.04	
			党委副书记	2011.04—2012.02	
伏天祥	男	四川剑阁	党总支副书记	2010.08—2011.04	
			党委副书记	2011.04—2013.02	
			副校长	2013.02—2022.10	
黄友勇	男	四川剑阁	纪委书记	2013.01—2022.08	
王仲军	男	四川剑阁	工会主席	2008.01—2011.08	
张国江	男	四川剑阁	办公室主任	2008.01—2010.08	
			工会主席	2011.08—2022.08	
曹代华	男	四川苍溪	副校长	2008.01—2012.09	
王志杰	男	四川剑阁	副校长	2008.01—2017.12	
左坤周	男	四川剑阁	体卫艺处主任	2008.01—2010.08	
			办公室主任	2010.08—2015.08	
			党委副书记	2013.10—2018.02	
段晓军	男	四川北川	党委副书记	2022.09—	
杨阳	男	四川剑阁	团委书记	2008.01—2010.08	
			副校长	2022.10—	

表5-184（续）

姓名	性别	籍贯	职务	任职时间	备注
刘绍志	男	四川剑阁	党总支办副主任	2008.01—2010.08	
			党总支办主任	2010.08—2011.04	
			党委办主任	2011.04—2018.02	
			普安镇剑西村党支部第一书记	2014.11—2021.05	
			办公室主任	2015.08—2018.02	
			党委副书记	2018.02—2022.08	
			副校长	2022.10—	
陈继大	男	四川剑阁	德育处副主任	2010.08—2022.09	
			副校长	2022.09—	
张治途	男	四川剑阁	德育处副主任	2010.08—2023.01	
			副校长	2023.01—	
赵润田	男	四川剑阁	党总支办主任	2008.01—2010.08	
何旭平	男	四川剑阁	办公室副主任	2010.08—2019.01	
			宣传办主任	2012.10—2023.07	学校任命
			办公室主任	2019.01—2023.07	
			党委办主任	2023.07—	
王义国	男	四川剑阁	办公室副主任	2019.01—2023.07	
			办公室主任	2023.07—	
徐黎	女	四川剑阁	团委副书记	2013.08—2021.09	
			教科室副主任	2021.09—2023.07	
			人才办主任	2023.07—	
李朝旭	男	四川剑阁	教科室主任	2008.01—2010.08	
			德育处主任	2010.08—2023.07	
詹咏林	男	四川剑阁	德育处副主任	2023.07—	主持工作
左长	男	四川剑阁	教务处主任	2008.01—2010.08	
母志伟	男	四川剑阁	信息技术处主任	2008.01—2010.08	
			教务处主任	2010.08—2023.07	
张光海	男	四川剑阁	教务处副主任	2010.08—2023.07	
				2023.07—	主持工作
景萍	女	四川平武	政教处副主任	2008.01—2010.08	
			教科室主任	2010.08—2023.07	
杜江	男	四川剑阁	教务处副主任	2010.08—2023.07	
			教科室副主任	2023.07—	主持工作
李子军	男	四川剑阁	总务处副主任	2008.01—2008.05	
			总务处主任	2008.05—2023.07	

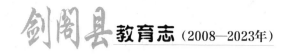

表5-184（续）

姓名	性别	籍贯	职务	任职时间	备注
王军	男	四川剑阁	总务处副主任	2019.09—2023.07	
			总务处主任	2023.07—	
苟建峰	男	四川剑阁	体卫艺处副主任	2010.08—2015.08	
			体卫艺处主任	2015.08—2023.07	
			纪委廉勤委主任	2023.07—	
王智勇	男	四川剑阁	体卫艺处副主任	2010.08—2023.07	
			团委书记	2013.08—2023.07	
			体卫艺处主任	2023.07—	
袁斌	男	四川剑阁	信息处副主任	2008.01—2010.08	
			信息处主任	2010.08—2023.07	
田鹏	男	四川剑阁	信息处副主任	2023.07—	主持工作
李开林	男	四川剑阁	工会副主席	2011.08—2022.05	
魏大军	男	四川南充	招生办副主任	2021.09—2023.07	
			工会副主席	2023.07—	
梁学之	男	四川剑阁	招生办主任	2010.08—2023.06	
李晓琳	男	四川剑阁	理科党支部书记	2018.05—2019.01	
			党委办主任	2019.01—2023.07	
			开封镇马林村党支部第一书记	2021.05—2023.08	
			招生办主任	2023.07—	
李华锋	男	四川剑阁	团委副书记	2008.01—2010.09	
			团委书记	2010.09-013.08	
唐慧	女	四川剑阁	普安镇城东村党支部第一书记	2017.04—2021.05	
			行政后勤党支部书记	2018.05—2023.10	
			团委副书记	2022.05—2023.07	
			团委书记	2023.07—	
李季全	男	四川剑阁	党总支办副主任	2010.08—2011.04	
			党委办副主任	2011.04—2012.08	
姜琳	女	四川剑阁	文科党支部书记	2018.05—2023.10	
			党委办副主任	2023.07—	
何玉鑫	男	四川剑阁	党委办副主任	2023.07—	
官琼瑶	女	四川剑阁	行政办副主任	2023.07—	
赵国玉	女	四川剑阁	行政办副主任	2023.07—	
王义杰	男	四川剑阁	德育处副主任	2023.07—	
刘才华	女	四川剑阁	德育处副主任	2023.07—	
杨建锋	男	四川剑阁	德育处副主任	2023.07—	

表5-184（续）

姓名	性别	籍贯	职务	任职时间	备注
尚子军	男	四川剑阁	信息技术处副主任	2021.09—2023.07	
			教务处副主任	2023.07—	
谭月	女	四川广元	教务处副主任	2023.07—	
张勇平	男	四川剑阁	教务处副主任	2023.07—	
张小文	男	四川剑阁	教科室副主任	2008.01—2009.07	
王再敏	男	四川剑阁	教科室副主任	2010.08—2013.08	
任勇	男	四川剑阁	教科室副主任	2015.08—2023.07	
			创重办副主任	2023.10—	
王兴宝	男	四川剑阁	教科室副主任	2023.07—	
韩丁	男	四川苍溪	教科室副主任	2023.07—	
王建成	男	四川剑阁	教科室副主任	2023.07—	
罗星明	男	四川剑阁	总务处副主任	2010.08—2023.07	
张松友	男	四川剑阁	总务处副主任	2010.08—2023.07	
王明祥	男	四川南部	总务处副主任	2023.07—	
蒲利琼	女	四川剑阁	总务处副主任	2023.07—	
李国生	男	四川剑阁	体卫艺处副主任	2015.08—2022.09	
杨龙	男	四川剑阁	体卫艺处副主任	2023.07—	
孙星元	男	四川剑阁	体卫艺处副主任	2023.07—	
王晓兰	女	四川剑阁	体卫艺处副主任	2023.07—	
王丕奇	男	四川剑阁	信息处副主任	2010.08—2023.07	
张勇生	男	四川剑阁	信息处副主任	2023.07—	
左朋	男	四川苍溪	招生办副主任	2023.07—	
梁树银	男	四川剑阁	工会办副主任	2011.08—2023.07	
彭丽	女	四川剑阁	工会办主任	2023.07—	
张玲	女	四川广汉	团委副书记	2008.01—2010.07	
申强朝	男	四川剑阁	团委副书记	2010.09—2013.08	
何毅	男	四川蓬安	团委副书记	2023.07—	
辛文明	男	四川剑阁	行政后勤党支部书记	2018.05—2021.04	
陈武贤	男	四川剑阁	文科党支部书记	2018.05—2021.04	
程淞	男	四川剑阁	理科党支部书记	2021.09—2023.10	

学校教职员工名录

在职教职工355名：

白碧红*	边 文*	曹桂蓉*	曹 杨*	陈 芳*	陈 菊*	陈 蕾*	陈 霞*	陈秀平*
陈玉莲*	陈玉梅*	陈韵涵*	程瑞玲*	戴海燕*	邓 燕*	董 燕*	范佳玲*	范瑞春*
高春晓*	顾肖琼*	官琼瑶*	管小玉*	郭春艳*	何 燕*	何 菲*	何清华*	哈雪粲*
何玉珍*	何智慧*	胡 琴*	胡文思*	奂 庆*	奂秀屏*	贾 静*	姜 琳*	景 萍*
康玉萍*	李 婧*	李小春*	李晓琳*	李文莲*	李晓钰*	李艳芳*	李艳君*	李英琳*
李永苹*	李 玉*	李 蓉*	刘才华*	刘帝君*	刘佳蓉*	刘天琼*	刘晓青*	刘玉红*
牟 娟*	母春芳*	罗洪英*	罗丽华*	欧 霞*	彭 丽*	彭 燕*	蒲 娇*	蒲利琼*
谯明珍*	青丽芬*	冉秀清*	饶清雯*	任小华*	任 月*	宋小琼*	宋雨寒*	孙 雪*
谭 月*	唐 慧*	唐 佳*	唐 莎*	田洁婷*	田 燕*	帖春梅*	王春兰*	王 芳*
王锦明*	王 梅*	王清娟*	王晓红*	王晓兰*	王秀华*	王雪梅*	王 艳*	魏春燕*
魏霞初*	吴昱璇*	伍顺丽*	肖 菊*	肖琼华*	肖 芸*	谢晓燕*	邢碧蓉*	徐 黎*
严 丹*	杨春梅*	杨冬梅*	杨丽红*	杨晓利*	杨 莹*	易祖燕*	尤桂华*	张 芳*
张 静*	张 丽*	张 敏*	张清蓉*	张小丽*	赵凤菊*	赵国玉*	赵金华*	赵丽佳*
赵丽萍*	赵 敏*	赵 媛*	郑晓清*	郑雪萍*	赖慧萍*	陈玉红*	向素芬*	唐思维*
左雪姝*	刘 芳*	昝孟君*	向 娟*	杨钦茹*	贺雨露*	韩素素*	步嘉雯*	李树梅*
蒲 文	乔 洋	邱国建	蒲绍波	任万建	任 勇	尚君明	尚子军	孙继平
孙继武	孙林元	孙星元	孙志聪	孙志明	唐 军	唐明亮	唐希平	田 鹏
王 安	王柏平	王朝宗	王 川	王德兴	王国志	王浩东	王洪波	王华松
王建成	王金成	王 军	王康明	王 亮	王明亮	王明祥	王丕奇	王丕玉
王荣强	王思源	王 逍	王小平	王晓峰	王晓军	王兴宝	王义国	王义杰
王永军	王正海	王正君	王治奎	王智勇	魏大军	魏润民	文贵生	夏 安
夏 乐	向 导	徐明海	徐阳光	许华军	严三元	颜泽伟	杨北伟	杨国庚
杨 海	杨洪富	杨洪勇	杨 鸿	杨建锋	杨建全	杨 龙	杨茂生	杨秋林
杨绍诗	杨 阳	杨 渊	杨征东	杨忠茂	尤奇生	袁 斌	袁 东	袁 永
袁早坛	昝 卫	昝元钊	詹咏林	张德辉	张光海	张国江	张培武	张清雄
张松友	张廷元	张 雄	张勇平	张勇生	张宇安	张治途	张仲伟	章家棋
赵焕林	赵文勇	赵子伦	郑 博	郑皓威	郑鹏远	郑启建	郑勇明	朱建春
左彪明	左和周	左 朋	左鹏鸿	左思桥	左祥明	王发源	苟 奇	尚 元
王 波	漆 谢	胡 凯	刘 念	杨 城	杜光安	杜国鹏	陈继大	陈继强
陈武贤	邓 军	董重余	陈晓郁	程 蜀	程 淞	程彦彪	曾利鹏	陈 兵
陈永顺	杜 江	杜明亮	段晓军	冯彦鸿	伏大河	伏天祥	付安邦	附 涛
高 文	高勇军	高照勇	苟建峰	苟明波	苟松泉	苟绪阳	苟占洪	郭永全
郭于锋	郭子敬	韩 丁	何伯银	何 泉	何雄林	何旭平	何 毅	何宇航
何玉鑫	何长生	何志明	侯安忠	奂永军	黄先金	黄友勇	贾朝全	贾海普
姜炳德	贾泽泉	蒋宦承	蒋建平	金 超	黎 亮	李 博	李苍生	李朝旭
李春辰	李国安	李科鸿	李坤平	李清伟	李森全	李泗林	李小斌	李映川
李元清	李政民	李子军	梁鉴元	梁树银	梁 鑫	梁耀中	梁枝树	梁志高

刘开玉	刘仁志	刘绍志	卢永金	罗继祥	罗 平	罗万强	罗星明	罗映新
罗勇相	梅显峰	母继霜	母剑林	母晓军	母元林	母志伟	穆秋歌	聂山林
彭继辉	彭中伟	蒲朝燕	蒲军生					

退休教职工118名：

王世培	郭利熔*	钟昌喜	赵开煜	仇昌铺	朱明祥	马传喜	陈秋荣*	王洪斌
洪世彩	梁光宇	陈祖信	贾文玉	杨永长	谢作书	蒲杰民	黄公台	付光祖
王泰松	李永中	杨永飘	孙 勇	陈吉祥	李永培	魏先剑	唐仕富	姚俊民
李英秀*	郑玉英*	王仲军	蒲云玲*	文国清	邹伦智	梁 骊*	黄正强	冯建蓉
张锦生	罗晓清	张正伟	何俊华*	杨瑞峰	尤建英*	王春岚*	罗永华*	唐小英*
王秀华*	李菊华	孙龙太	王志杰	彭永春	卫文旭	罗晓玲*	李晓燕	罗学荣
张新忠	梁文献	胡大清	万正富	张利民*	付福高	刘昌寿	李安全	赵永峰
孙玉会	唐凤琼*	文秀蓉*	蔡玉顺	卫小琴*	苏朝辉*	黎建平	邱培淳	嘉丽华*
蒲怀芝*	张正伟	李媛霞*	万碧莲*	姚小燕*	左思强	彭永碧*	张济生	杨 旭
魏 俊	罗小玉	钟金鸣	唐翠英*	冷 帆	毛游亮	洪树生	任友枢	黄正中
罗春燕*	任汉邦	杨锦霞*	杨继英*	徐宗瑾	王友琦	李开林	杨晓凤*	周长芬*
高能文	王建华*	王洪元	梁学之	何绍锦	徐 斌	辛文明	岳永义	刘树润
宁明英*	李晓燕	樊春玲*	杨 旭	吴先玲	李慧华*	邱桂珍*	赵润田	曹德泰
孙志蓉*								

剑门关高级中学

四川省剑门关高级中学位于下寺镇龙江大道旁，占地面积140亩，建筑面积88 715平方米；在校学生5 094人，教学班级91个，教职工350人，办学规模居全县第一。

学校前身为剑阁县沙溪中学，办学历史最早可追溯至清同治八年（1869年）李榕（翰林）在下寺场举办的私塾，1954年建成剑阁县下寺小学，1988年9月发展为剑阁县下寺初级中学。1991年7月，剑阁县人民政府新建剑阁县沙溪中学，1994年7月，下寺初级中学并入沙溪中学。

2004年5月16日，时任中共浙江省委书记习近平同志带领浙江省党政代表团亲临剑阁县，出席浙江省帮扶项目"之江教学楼"的奠基典礼和捐赠仪式，并亲自为"之江教学楼"奠基。

"之江教学楼"是学校最具纪念意义和历史价值的核心教学资产，建筑面积7 530平方米，设有48间教室、17间教师办公室，当时是全县安全标准最高、单体面积最大的教学楼。"之江教学楼"的建成，不仅极大地改善了剑门关高级中学的办学硬件条件，更是带来了巨大的精神力量。剑门关高级中学将习近平总书记《之江新语》中的"求知善读，贵耳重目"镌刻在教学楼的石碑上，并确立了"求真、善读、贵耳、重目"的校训。习近平总书记奠基后，剑门关高级中学实现了飞跃发展。

2008年，"5·12"汶川特大地震后，黑龙江省对口援建剑阁，是年9月4日，时任黑龙江省省长栗战书同志亲临剑门关高级中学，指导规划学校高规格高标准重建，作出"立足长远、科学规划、全面建设、把沙溪中学建成一所设施齐备功能完善的高完中"指示。灾后重建总投资9 800余万元，学校办学条件彻底改善。

2010年9月，剑阁县沙溪中学被四川省教育厅批准为合格普通高中，同时更名为四川省剑门关高级中学。2012年10月，学校创建成广元市示范高中，成为享誉广元市的优质名校。

由哈尔滨工业大学规划设计的生活区、运动区、教学区三区分布合理；校园平坦、美观、大气、靓丽，学生活动面积宽广；艺术楼、实验室、图书阅览室、微机室、多媒体教室、音体美教学设施设备精良，能完全满足学校教育教学需要，为学生学习提供优质的教育教学资源。

学校拥有一支优秀的教师团队：有正高级教师2人、高级教师138人、一级教师121人。有省级以上优秀骨干教师13人、市级以上优秀骨干教师65人、县级以上优秀骨干教师152人；教师学历达标率为100%，其中研究（修）生学历教师18人。

学校坚持"厚德博学，彰显个性"的办学理念，以"求知善读，贵耳重目"为校训，遵循"求真务实、敬业奉献"的教风，坚持"勤学奋进、感恩诚信"的学风，培育"团结勤奋、开拓创新"的校风，不断丰富办学内涵，提升办学品位。

学校坚持走特色办学之路。举办成都七中网络直播教学班，促进教师专业水平迅速提升；开展社团活动，丰富学生课外生活；加强艺体教学，以足球特色学校为抓手推进素质教育；举办"剑门关讲堂"（道德讲坛和蜀道历史文化讲坛），弘扬社会主义核心价值观，传承中华优秀传统文化，发展学生核心素养，办学质量逐年上升，连续13年荣获广元市基础教育质量一等奖，连续5年均有学生考入北京大学或清华大学。自2008年首届高中毕业，至今已培养15届高中毕业生，为高校输送了4 000余名本科生源，其中"985""211"高校800余人。

学校先后建成"哈尔滨工业大学优秀生源基地校""四川省实验教学示范学校""四川省现代教育技术示范学校""四川省语言文字规范化示范学校""四川省阳光体育示范学校""四川省一级档案室""四川省依法治校示范学校""四川省园林式单位"等特色示范单位，并于2023年5月成功创建为四川省二级示范高中，走上内涵发展和特色发展之路。

表5-185　学生入学统计表

		2019	2020	2021	2022	2023
7—9年级	班数	30	30	36	42	42
	人数	1 583	1 689	1 832	2 010	2 187
高一至高三	班数	43	49	55	53	54
	人数	2 076	2 338	2 669	2 846	2 904

表5-186　领导任职简况

姓名	性别	籍贯	职务	任职时间	备注
邓思勇	男	四川剑阁	党委书记、校长	2008.08—2022.09	
			党委书记	2022.09—	
李华侨	男	四川剑阁	党委副书记、校长	2022.09—	
岳剑东	男	四川剑阁	副校长	2008.01—2022.09	
			党委副书记	2022.09—	
郭晓满	男	四川剑阁	副校长	2022.09—	
何清伟	男	四川剑阁	德育处副主任	2013.08—2018.09	
			体卫艺处主任	2018.09—2022.09	
			副校长	2022.09—	

表5-186（续）

姓名	性别	籍贯	职务	任职时间	备注
徐兴明	男	四川剑阁	总务处副主任	2008.01—2010.09	
			总务处主任	2010.09—2013.09	
			办公室主任	2013.08—2018.09	
			信息处主任	2018.09—2022.09	
			副校长	2022.09—	
王春彦	女	四川剑阁	纪委书记	2022.09—	
郭次东	男	四川剑阁	工会主席	2017.08—	
唐东海	男	四川剑阁	团委副书记	2020.09—2022.09	
			党委办公室主任	2022.09—	
齐永朋	男	四川仪陇	党委办公室副主任	2021.05—	
张开潮	男	四川剑阁	体卫艺主任	2008.01—2013.09	
			政教处主任	2013.09—2018.09	
			团委书记、招办主任	2018.09—2022.09	
			办公室主任	2022.09—	
鄢婷	女	四川剑阁	办公室副主任	2019.12—	
黄大兆	男	四川剑阁	教科室副主任	2018.09—2022.09	
			教务处主任	2022.09—	
王殿远	男	四川剑阁	教务处副主任	2022.09—	
			特创办主任	2023.04—	
陈珺	女	四川剑阁	教务处副主任	2022.09—	
尹成松	男	四川剑阁	人才办副主任	2018.09—2022.09	
			教科室主任	2022.09—	
王逍	男	四川剑阁	教科室副主任	2022.09—	
郭次茂	男	四川剑阁	教科室副主任	2022.09—	
张洪生	男	四川剑阁	教科室副主任	2020.09—2022.09	
			招生办主任	2022.09—	
张金桥	男	四川剑阁	教务处副主任	2018.09—2022.09	
			人才办主任	2022.09—	
苟明湘	男	四川剑阁	政教处副主任	2018.09—2022.09	
			信息处主任	2022.09—	
贾升朝	男	四川剑阁	信息处副主任	2022.09—	
鲜怀志	男	四川剑阁	体卫艺处副主任	2018.09—2022.09	
			德育处主任	2022.09—	
王兴复	男	四川剑阁	德育处副主任	2022.09—	
赵子松	男	四川剑阁	德育处副主任	2022.09—	

表5-186（续）

姓名	性别	籍贯	职务	任职时间	备注
唐兴剑	男	四川剑阁	德育处主任	2013.09—2022.09	
			体卫艺处主任	2022.09—	
吴仕虎	男	四川剑阁	体卫艺处副主任	2022.09—	
李超	男	四川剑阁	体卫艺处副主任	2022.09—	
苟强安	男	四川剑阁	德育处副主任	2020.09—2022.09	
			团委书记	2022.09—	
王成洪	男	四川剑阁	团委副书记	2018.09—	
奂于才	男	四川剑阁	体卫艺副主任	2018.09—2022.09	
			总务处主任	2022.09—	
杜柏松	男	四川剑阁	总务处副主任	2018.09—	
杨志	男	四川剑阁	总务处副主任	2022.09—	
姜远斌	男	四川剑阁	廉勤委主任、体卫艺副主任	2021.09—2023.10	
			总务处副主任	2023.10—	
张波	男	四川剑阁	党委办公室主任	2013.09—2022.09	
			工会副主任	2022.09—	
李华民	女	四川剑阁	办公室副主任	2018.09—2022.09	
			工会副主任	2022.09—	

学校教职工名录

在职教职工（351名）：

邓思勇	岳剑东	李碧武	任春瑛*	王月华*	杨红光	沈光明	王治锦	贾安容
李政有	李志珍*	王云峰	梁森林	张正利	罗中森	何光海	王芪	刘润娟*
贾明生	梁建东	范荣国	杨子宏	杜建学	赵大祥	王清茂	苟会芹*	黄大兆
徐国武	熊克君	李华侨	奂于才	蒲晓鸥*	田子凡	杨北海	郑福林	杜永齐
苟明湘	姜远斌	李文金	梁龙清	罗煦春	罗彦明	庞涛	蒲丛英*	唐兴剑
鲜怀志	徐瑞宗	杨玖海	张开潮	张莉*	王全勇	张万军	梁友平*	杜泽周
孙敬	李平相	史舜	刘学林	王泽惠*	田碧蓉*	杨惠婷*	张国海	陈海明
杨力	罗雪梅*	李映伦	梁益民	王建英*	沈光荣	廖先江	杨仕勇	王建政
桂玉蓉*	付康	张在雄	安孝东	张斗明	何春蓉*	郑和平	李华民*	鲜多君
李大松	梁新之	张金桥	尹成松	何星明	李国义	李亚阑	孙可国	王国忠
王启智	文黎*	杨碧华*	周合林	蹇峰荣	杜朝晖	蒲青芝*	赵怀剑	王明雪*
苟强安	张晓明*	贾升朝	杨晓红*	贾如勇	唐东海	张洪生	陈珺*	杜成国
郭次茂	何劲松	何元全	梁伯友	梁东明*	梁远惠*	罗劲强	蒲黎明	魏勇
王勇国	曹学俊	程成	董希勇	梁晓玉*	王雨青	姚海燕	吴仕虎	李焕章
卫秀华*	唐智学	安孝慧	何江涛	蒲海东	石建民*	刘翠蓉*	郑洪波	梁芝慧
李素芳*	杨利华*	李春利*	杜柏松	何晓成	徐兴明	王兴复	尹君先	付琼花
张娴*	何春波	何清伟	杨光巍	白成栋	李兆红	王永明	杨全生	聂少虎

涂柏生	王永方*	郝春梅*	王殿远	王政飞	刘青华*	张越	梁三春	赵子勇
杜红英*	常仕斌	陈琳*	郭次东	何俊英*	何玉梅*	洪绍山	母锦兰*	母晓莉
唐怀秀*	王江华*	左云霞	蒲姝*	王会容*	左文军	杨华	赵勇	王逍
贾蔓子*	王松波	王雪萍*	王春彦*	王爱茗	苟岭山	赵子松	杨婧*	陈春华*
梁春燕*	李春红	任秀萍*	胡周平*	张新华*	徐凤琼*	左雪容*	陈爱萍*	程芳
樊俊杰	何姝洁*	胡敏*	敬晓翠	李东洋	李应	梁小容*	刘竣红*	刘晓红*
刘晓娟*	罗勇林	母嘉译*	蒲飞全	齐永朋	任鹏程	王成洪	王勇	王跃
杨丽春*	杨文浩	杨玉钊	袁贵	袁清花*	张波	赵森	姚紫燕*	李凤霞
余倩*	冯春	陈晓玲*	雍思勇	何先莲*	程元钊	梁冬梅*	杜静*	郭家强
程小利*	王玉龙	卢原林	梁秋媛*	贾小娟*	李超	张建	张平*	何运红*
李雪蓉*	王晓玉	刘艳*	周婷	王长城	邓迎春*	侯桂英*	李垣*	梁媛
罗燕玲	史川良	王琦*	熊文娟*	徐兴鑫*	杨敏*	杨晓初	张天雨	郑雄仁
邹丹丹*	梁培英*	尹雪容*	李小平	高菁*	樊俊伶	蒋伟	彭琪慧*	杨丰荣*
徐永胜	鄢婷	王晓琳*	王瑞天	高萍*	田薇	李坪*	幸丽梅*	朱伟生
王玉芳*	许绍东	杨君*	任慧娟*	鲁巧容*	孙仕波	熊玖慧*	刘俊霞*	唐雯娇*
鲁雪华*	李国宏	田玲娟*	张建鑫	刘松文	王岚巧*	李红梅*	蒲虹吉*	杨光祥
谢文志	杨志	崔大新	杜秋霜*	谈爱萍*	杜成发	安倩*	陈倩*	樊洪*
郭敏*	李晓佩*	蒲露丹*	苏建英*	谭阳*	王嘉麒	徐莉丹*	杨小芳*	余柏奶*
张杰	赵珊	雷婧*	贾丽萍*	马海祥	何佳*	张晋熙	陈新龙	魏梦娇*
李道伟	王小欢*	杨春*	徐欣*	杨倩倩*	田雨蕾*	赵庆怡*	王梦茹*	魏映竹
李清连*	尹雯丽	李美滢*	齐峻杰*	刘祎*	王坤	杨庆国	何倩*	乔翠晞*
苏雯*	梁钟方*	郑林海	唐敏*	张玉金	徐雪纯*	李巍凡	岳生亮	李清娟*

退休教职工（37名）：

杨学安	王延琼	刘代君	聂安清	刘英*	梁显俊	邓天锐	胡丽华*	蒲蕊芳
蒲云峰	李国林	凌晨森	梁翠蓉*	李桂林	王莉华*	吴广德	左松	蔡伯生
范明开	刘军	唐志辉	安孝华	贾俊仪*	冉雪萍	魏俊富	王永武	李晓敏*
徐月琴*	张菊华	王泽惠*	岳秀芳	郭帮彦	王明锋	朱巨波	那天华*	李丽军
张锦屏*								

剑州中学

四川省剑州中学前身是始建于1907年的普安淑慎女子学校。1912年，淑慎女子学校改为县立女子小学。1927年，在县立女子小学内设乡村女子师范科，1930年2月在此基础上建立剑阁县立初级中学，校址设兼山书院，附设二年制师范科，为剑阁师范雏形，1936年正式建立剑阁师范学校。70年师范办学历程，培桃树李，绽蕊吐华，培育了大批学界精英、教坛骨干。

2001年7月，经四川省教育厅批准更名为"四川省剑州中学校"，转办高中，2005年创建成广元市重点高中。转制后的剑州中学强势崛起，成为广元市普教战线的一支生力军，被誉为全市"普高七星""金砖四校"之一。2017年春，剑阁县文峰中学整体并入，成为学校初中部，学校格局得到完善，规模进一步壮大。目前学校有57个教学班、师生3 000余人。占地93 000平方米，绿化面积18 000平方米，是广元市绿色学校；校园古木参天，绿树成荫，四季花香，环境清幽，是莘莘学子远离喧嚣、静心求学的理想境地。学校现有在编教师260人，其中高级教师115人，省优秀教师、骨干教师28人，市、县骨干教师50余人，广元市名师3人。

学校实施"科研兴校、质量强校、特色名校"方略，实现了"优进优出，低进高出"的承诺，高考升学人数12年连续增长，先后勇夺3届全县高考文科状元、2届理科状元，连续10多年荣获市、县高中教育质量奖。转制20多年来，培养万余名学子升入大学，近千名学子升入浙江大学、南京大学、武汉大学、天津大学、哈尔滨工业大学、电子科技大学等名牌、重点大学。初中质量稳步提升，综合考核稳居全县同类学校前茅。

学校恪守"厚德重器，强学力行"的校训，秉承"德崇先贤育人铸魂，学继兼山读书启智"的办学理念，着力培养具有崇高人格、博大胸怀、健康生命、理性精神的时代公民。坚持"因生制宜、学用相长、多元发展"的办学思路，落实"着眼于未来、着力于素质"理念，积极创新人才培养模式，搭建多元成长平台，实现学生自主发展、个性发展和全面发展。大力实施素质教育，积极推进新高考改革，认真落实"双减"政策，切实加强"五项管理"，围绕"办优初中，办好高中"的近期发展目标，重规范、强内涵、促质量，积极探索艺体特色发展之路。

2022年学校迎来新的发展机遇，被四川省委确定为"组团式"帮扶学校，由广安市第二中学、烈面中学和苍溪中学对口帮扶。新一届班子明确了以"党建引领下的组团式对口帮扶剑州中学实践课题研究"为载体，以"文化引领、管理奠基、平安稳定、活动育人、特色发展"为工作思路，制定了"创建省二级示范高中"的近期办学目标，以及"建成学生向往、家长满意、社会认可的品质高中"的远景办学目标，并提出了"123"提质强校策略。

表5-187　学生入学统计表

		2019	2020	2021	2022	2023
7—9年级	班数	24	24	24	27	26
	人数	1 167	1 145	1 139	1 351	1 387
高一至高三	班数	31	31	29	28	31
	人数	1 357	1 316	1 180	1 162	1 513

表5-188　领导任职简况

姓名	性别	籍贯	职务	任职时间	备注
何雄林	男	四川剑阁	副校长	2008.01—2009.08	主持工作
			校长	2009.08—2012.09	
梁奇财	男	四川剑阁	党总支书记、校长	2012.09—2015.10	
张常青	男	四川剑阁	党委书记、校长	2016.03—2022.09	
左　长	男	四川剑阁	党委书记	2022.09—	
孙景斌	男	四川武胜	校长（挂职）	2022.09—	
伏天祥	男	四川剑阁	副校长	2008.01—2010.08	
张文昌	男	四川剑阁	副校长	2008.01—2022.09	
李炜	男	四川剑阁	副校长	2008.01—2010.08	
张志成	男	四川剑阁	副校长	2008.01—2022.09	
杨清祥	男	四川剑阁	办公室主任	2008.01—2013.08	
			工会主席	2010.08—2022.09	

表5-188（续）

姓名	性别	籍贯	职务	任职时间	备注
王政康	男	四川剑阁	政教处主任	2008.01—2009.04	
			党总支副书记	2009.04—2010.08	
			副校长	2010.08—2022.09	
段晓军	男	四川剑阁	体卫艺副主任	2008.01—2009.04	
			体卫艺处主任	2009.04—2010.08	
			副校长	2010.08—2022.09	
沈光明	男	四川剑阁	党总支副书记	2010.08—2012.08	
杨　阳	男	四川剑阁	纪委书记	2013.02—2022.09	
蒲洲生	男	四川剑阁	党总支书记、工会主席	2008.01—2012.08	
何会明	男	四川剑阁	党总支副书记	2008.01—2009.04	
任治邦	男	四川剑阁	教科室副主任	2008.01—2010.08	
			教科室主任	2010.08—2018.08	
			党委办主任	2018.08—2022.11	
梁泽清	男	四川剑阁	教科室副主任	2008.01—2010.08	
			总务处副主任	2010.08—2013.08	
			党总支办主任	2013.08—2017.08	
			党委副书记	2017.08—2022.09	
王治锦	男	四川剑阁	党总支办主任	2008.01—2013.08	
			办公室主任	2013.09—2017.08	
张智勇	男	四川剑阁	体卫艺处主任	2008.01—2009.04	
			政教处主任	2009.04—2013.08	
			总务处主任	2013.08—2022.11	
黄友勇	男	四川剑阁	教务处主任	2008.01—2010.08	
尚君明	男	四川剑阁	教务处副主任	2008.01—2010.08	
			教务处主任	2010.08—2018.07	
罗雄春	男	四川剑阁	总务处主任	2008.01—2010.08	
苟红相	男	四川剑阁	体卫艺处副主任	2010.08—2013.08	
			政教处主任	2013.08—2022.09	
			党委副书记	2022.09—	
郭晓满	男	四川剑阁	政教处副主任	2013.08—2018.08	
			教务处主任	2018.08—2022.09	
母利珍	女	四川剑阁	政教处副主任、团委书记（兼）	2013.08—2017.08	
			政教处副主任	2017.09—2018.08	
			党委办副主任	2018.08—2022.11	
			教务处主任	2022.11—	

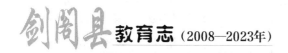

表5-188（续）

姓名	性别	籍贯	职务	任职时间	备注
王启书	男	四川剑阁	团委书记	2011.08—2013.08	
			办公室副主任	2013.08—2016.08	
			办公室副主任	2016.08—2018.08	主持工作
			教科室主任	2018.08—2022.09	
			副校长	2022.09—	
刘涛	男	四川剑阁	政教处副主任	2010.08—2013.08	
			总务处副主任	2013.08—2022.11	
刘子平	男	四川剑阁	教务处副主任	2010.08—	
龚俊	男	四川剑阁	教科室副主任	2010.08—2017.08	
李志兵	男	四川剑阁	体卫艺处副主任	2010.08—2013.08	
			体卫艺处主任	2013.08—2022.11	
			总务处主任	2022.11—	
王晓剑	男	四川剑阁	信息技术处副主任	2008.01—2009.04	主持工作
			信息技术处副主任	2009.04—2010.08	
			信息处主任	2010.09—	
杜俊希	男	四川剑阁	信息处副主任	2010.09—2022.11	
罗平	男	四川剑阁	政教处副主任	2008.01—2009.04	
			信息技术处主任	2009.04—2010.08	
何杨	男	四川剑阁	政教处副主任	2018.08—2022.09	
刘新昭	男	四川剑阁	团委副书记	2016.09—2017.08	
			团委书记	2017.09—2018.08	
			德育处副主任、团委书记（兼）	2018.08—2019.09	
			副校长	2022.09—	
孙敬	男	四川剑阁	总务处副主任	2008.09—2010.08	
			总务处主任	2010.08—2013.01	
陈强	男	四川剑阁	党委办副主任	2018.08—2022.11	
王仲蓉	男	四川剑阁	教务处副主任	2018.08—2022.11	
杨军	男	四川剑阁	教科室副主任	2018.08—2022.11	
王平安	男	四川剑阁	体卫艺处副主任	2018.08—2021.09	
梁强	男	四川剑阁	德育处副主任	2018.08—2022.11	
			德育处主任	2022.11—	
魏雄	男	四川剑阁	教科室副主任	2018.08—2022.11	
			教科室主任	2022.11—	
李朝光	男	四川剑阁	总务处副主任	2018.08—2022.11	
聂周生	男	四川剑阁	教务处副主任	2018.08—	

姓名	性别	籍贯	职务	任职时间	备注
吴建军	男	四川剑阁	体卫艺处副主任	2018.08—	
母志攀	男	四川剑阁	团委书记	2008.01—2011.08	
苟立恒	女	四川剑阁	团委副书记	2018.08—2019.08	
			团委书记	2019.09—2021.09	
			体卫艺处副主任	2021.09—2022.09	
			纪委书记	2022.09—	
黄旭煜	男	四川剑阁	副校长	2022.09—	
何红林	男	四川武胜	副校长（挂职）	2022.09—	
李国生	男	四川剑阁	工会主席	2022.09—	
王在志	男	四川剑阁	党委办副主任	2022.11—	主持工作
王建伟	男	四川剑阁	德育处副主任	2022.11—	
李亚茹	女	四川剑阁	德育处副主任	2022.11—	
何永泉	男	四川剑阁	教务处副主任	2022.11—	
陈建军	男	四川邻水	教务处副主任（挂职）	2023.09—	
赵定佳	男	四川剑阁	教科室副主任	2022.11—	
王显峰	男	四川剑阁	教科室副主任（挂职）	2023.09—	
陈国斌	男	四川剑阁	团委书记	2020.09—2022.11	
			体卫艺处主任	2022.11—	
何飞鹏	男	四川剑阁	体卫艺处副主任	2022.11—	
尤德超	男	四川剑阁	信息处副主任	2022.11—	
向复琴	女	湖北恩施	团委副书记	2022.11—	主持工作

学校教职工名录

在职教职工（267名）（在编256人；帮扶10人；卫生专干1人）：

白建蓉*	白锦秀*	白丽萍*	白文华*	白云志	曹代华	陈国斌	陈 娟*	陈 强
邓国锦	杜德金	杜俊希	杜绍虹	杜永彦	范成林	范共华*	冯汉生	傅卫兵
高 猜*	高怀林	高集斌	苟红相	高 娟*	苟宏宇*	苟立恒*	苟仁友	苟寿朝
苟彦武	苟永朝	管华云*	郭 安	郭 明	郭晓满	何斌汉	何飞鹏	何佳静*
何建春	何建东	何俊英	何 亮*	何文彬	何文秀*	何文政	何孝欧	何永泉
何勇玲*	何玉婷*	何正雄	何志朝	何智灵	胡原方*	奂素霞*	黄良江	黄旭煜
纪莉莉*	贾利蓉*	江秀华	姜相明	蒋朝忠	敬小刚	赖远梅*	李碧枝*	李长保
李朝光	李朝霞*	李春利*	李东祥	李华清	李国生	李 娇*	李金平	李 康
李 欧*	李巧蓉*	李小平	李晓清*	李学文	李亚茹*	李永强	李涌泉*	李志兵
梁宝清	梁 波	梁德清	梁光辉	梁佳敏*	梁 娟*	梁 俊*	梁 强	梁蕊裙*
梁松林	梁素君*	梁晓峰	梁晓清*	廖述君*	林洪森	刘和章	刘平章	刘荣锋
刘润荣	刘 涛	刘新昭	刘雁飞*	刘玉玲*	刘志敏	刘子平	罗 玲*	罗尚勇
罗少建	罗顺华*	罗庭富	罗显建	罗小敏	罗晓荣	马小红	孟子钧	母桔全

母菊惠*	母利珍*	母培顺	母志攀	聂恩源	聂周生	彭 虹*	蒲光树	蒲建明
蒲萍蓉	蒲顺松	蒲秀清	蒲永恺	谯荣华*	冉洪明	任皓辉	任小云*	任治邦
沈克强	沈顺立	宋良荣	孙甫均	孙 静	孙现宗	孙毅宗	唐彩云	唐花蓉
唐让君	唐姝娟*	唐万平	田小利*	王步蒿	王成元	王春梅*	王德仁	王国礼
王洪斌	王洪智	王加文	王建伟	王金忠	王茂生	王平安	王启清	王启书
王树沛	王太勇	王天锦	王显伟	王晓剑	王秀梅*	王 燕*	王 英	王永超
王永利*	王永生	王在志	王政康	王仲蓉	王子忠	魏仁斌	魏仕强	魏 雄
文志远	吴 冬	吴建军	鲜怀和	向复琴*	谢汶秀*	邢邦桥	熊 倩*	徐桂仙
徐建宇	徐子翼	许文林	薛永田	杨彩霞	杨川林	杨建明	杨金蓉*	杨 进
杨 军	杨 莉*	杨 玲*	杨梦兰*	杨明清	杨明忠	杨 娜*	杨 谦*	杨清祥
杨仕洪	杨秀明*	杨秀萍*	杨学君*	杨 勇（A）		杨 勇（B）		杨 园*
雍 星	尤德超	尤红梅*	袁建奎	袁 娜*	袁 庆	袁时文	袁映东	岳茂生
岳晓蓉*	张碧蓉*	张常青	张海燕	张怀永	张江湖	张明爽*	张伟丽*	张文昌
张兴坤	张 燕*	张正军	张志生	张智勇	赵定佳	赵 红*	赵红梅*	赵兴广
赵元军	赵月红*	赵正建	钟月明	周成栋	朱卿瑞*	左彩霞*	左惠芹*	左 长
左俊明	左清太	左新明	贾彬艳*	秦 颂	董 芝*			

孙景斌(广安帮扶)　　何红林(广安帮扶)　　林 欢*(广安帮扶)　　陈姝妮*(广安帮扶)

何思凡*(广安帮扶)　　陈建军(广安帮扶)　　王显峰(广安帮扶)　　贾 昊*(广安帮扶)

陶 军(苍溪中学帮扶)　　　　寇海楼(苍溪中学帮扶)　　　　杨月琚琚*(卫生专干)

退休教职工（95 名）：

王大富	王存永	袁安太	李明生	张荣华*	杨仕贤	王林秋*	刘 耕*	刘大舜
何长江	樊永会*	何孔杰	王翠华*	罗林生	高新民	张舒锦	李长兴	张明远
冯文静*	伏大佳	冯中武	王炳生	贾春发	何会明	罗雄春	吴洲平	冯文松
冉小湄*	梁云清*	唐 凯	蒲洲生	刘红专	张远福	唐茂琼*	罗春霞*	何 碧
袁慧琼*	王永平	贾君洲	张碧芳*	高安业	梁银成	王立芳*	纪昌凡	杨志和
梁红梅*	赵 芳*	李 湘*	杨菊芳*	蒲惠莲	刘成业	周德容	邓玉莲*	贾 彦
袁本学	徐慧芳*	罗树发	何嵩安	樊玉英*	李曰慧*	郭慧兰	朱秀华*	王玉安
唐克亮	高淑芳*	赵联琴*	苏全俊	罗华英*	何惠君*	赵建明	刘登安	伏秀英*
何兴华*	邓武山	蒲元康	郑乔生	高江林	史建明	李国齐	杨方崇	徐春莉*
王锦兰*	蒋雪晴*	王 琳*	杜立蓉*	杨荣洲	梁碧枝*	李建勤*	魏美芳*	孙国甫
张明辉	姜秀琼*	王志红*	崔素君*	王友剑				

第四章　民办教育

剑门关天立学校

剑阁县剑门关天立学校是剑阁县委、县政府2019年通过招商引资，由实力雄厚、享誉全国的神州天立教育投资有限公司斥资4.5亿元创办的一所集小学、初中和高中于一体的高起点、高规格、高品位的现代化民办寄宿制学校。学校占地面积71 244.72平方米，建筑面积32 767.61平方米，位于剑门关高铁站西南侧近500米处；背靠高铁，南临高速，交通便捷。清澈河道贯穿中、小学之间，环境优美，景色宜人，是中国最美山水校园、生态校园之一。

学校于2020年9月开学。学校现有小学部、初中部、高中部3部共计教学班60个，在校学生2 421人（其中县外市内学生600余人，市外学生300余人，省外学生200余人）。学校现有教职工304人，其中县外引进名优骨干教师80余人。强大的师资力量、过硬的配套设备，有效调动了县内外学生入学积极性，提高了适龄学生入学率，增强了剑阁教育在川、陕、甘的影响力。办学三年，为剑阁县节约财政支出约1.5亿元，是剑阁县招商引资较为成功的项目之一。

办学以来，学校先后获得2020年剑阁县促进服务发展先进单位，2021年剑阁县学校工作目标考核特殊贡献奖、优秀单位，剑阁县2021年体育特色发展先进单位等荣誉。

2023年6月，剑门关天立学校迎来首届中、高考，成绩卓然：199人参加高考，本科上线172人，上线率为86%；一本上线112人，上线率为56%；600分以上特优生16人，占比为8%。靳芯泉同学以668分的成绩获剑阁理科第一名。278名学生参加中考，800分以上特优生有16人；全市前200名，剑门关天立学校占6人；全县前10名，剑门关天立学校占8人；700分以上优生有92人；普高硬上线263人，上线率达94.6%。

表5-189　学生入学统计表

		2020	2021	2022	2023
1—6年级	班数	12	17	19	17
	人数	352	536	628	612
7—9年级	班数	7	14	19	18
	人数	243	569	784	765
高一至高三	班数	5	15	22	25
	人数	212	617	873	1 044

表5-190　领导任职简况

姓名	性别	籍贯	职务	任职时间	备注
黄永贵	男	四川绵阳	校长	2020.09至今	

表5-190(续)

姓名	性别	籍贯	职务	任职时间	备注
李 才	男	四川绵阳	执行校长	2020.09—2023.08	
			初中部校长	2020.09 至今	
唐 明	男	四川绵阳	执行校长	2023.09 至今	
李 楠	男	河北衡水	高中部校长	2020.09 至今	
汤长春	男	四川达州	小学部校长	2020.09 至今	
程思文	男	湖北咸宁	副校长	2020.09—2022.03	
何 娟	女	四川巴中	副校长	2022.09 至今	
			工会主席	2022.09 至今	

学校教职员工名录

在职教职工（304 名）：

唐 明	汤长春	郭绍波	李 兰*	宣超群*	王紫桦*	王 燕*	田红霞*	罗 敏*
李海珊*	蒋 英*	范 雯*	曹 云*	李芙蓉*	刘 佳*	左 琴*	杨晓梅*	夏雪姣*
黄 洁*	赵玉军	张凌云*	张海怡*	杨晓萍*	杨青容*	王 磊*	涂 宇*	潘秋琳*
穆天豪	罗通达	王 珍*	王应贤*	廖鸿达	何品雪*	曹 倩*	姜佩欣*	李 逸
徐耀强	马志强	王青青	陈雪莉*	丁 聪	薛 琳*	肖 垚*	杨 芳*	杨 露
张天露*	李 才	朱 娟*	袁 林	向 霞	骆蕊月*	刘艳巧*	刘秀华*	刘淑萍*
陈莎莎*	王淑芸*	张靖承	张翠青	唐 媛	蒋 波	胡 悦*	胡开雄	陈德强
雒亚红*	王 静*	周玉兴	赵坤容	肖 芳*	鲜姗姗*	文玉洲	王 婷*	刘小宇
刘红敏*	杨 霞*	赵 婷*	刘 俊	唐友清	敬加毫	冯金涛	刘志鹏	吴 晗
陈 莉*	蔡倪宏*	周艳娇*	梁晶晶*	母明旭	何 艳*	李 蓉*	吕云彦*	陈 雪*
李小凤*	吴 容*	王麒智	梁 鑫	李 航	冯飞飞	罗 铭	席玉玲*	李 楠
罗通荣	孙 斌	赵文艺*	张婷俞*	鄢 琴*	魏群虎	王娟莉*	韩艳玲*	刁春秀
刘小凤*	王伟月	刘永东	韩 岩	谷 涧	张紫娟*	谢选光	王建敏*	隆 玲*
葛 茜*	付 朋	李妍霏*	姚 宇	余 伟	赵小琴*	杨爱玺*	李梅芳*	邓 庆
谌生萍*	陈 璐*	赵唯羽*	向 筠*	吕涵玉*	伏芳林*	孙双永	周勇斌	秦亚澜
李 浩	邓桂芳*	谢 帆	肖渝凡*	莫倩芸*	梁晓青*	汪利霞*	邱 月*	张小文
王小平	朱 玲*	张玺赫	张 然*	李文静*	国明涛	闫 波	王春明*	卢 娜
侯丽莹*	高清泉	蒋 英*	朱保庆	杨清蓉*	吴 杰	李昌杰	黄 仪	唐 民
梁开颜	李 由	熊光明	宋明亮	韩 亚*	陈 悦*	陈晓秋*	尹培森	王宇豪
于天龙	李孟鲜*	蹇凌君*	魏国祥	席玉玲*	陈亚男*	冉树青*	陈莉霞*	余丝丝*
何 娟	袁铭健*	赵小芳*	孙晓兰	白华秀*	吕玫瑾*	周 蓉*	许 利*	张 倩*
张天怡*	任 莉*	丁 凤*	谯 曼*	翟 全	梁 剑	邓林才	陈小兵	陈 伟
杨绍国	李发双	魏永军	白小平*	杨晓燕*	姚碧芳*	梁 鹰	何 华*	郑 红
刘子碧	苟春秀*	何乃芳*	刘明艳*	何正菊*	王政菊*	张秀珍*	昝春虹*	贾碧英*
何秀芬*	杨明蓉*	杨海霞*	蒲贵清*	张明红*	母雪霞*	唐琼会*	何雪平*	王 琼*
向小兰*	温洪林	付秀华*	徐菊花*	曾宪彬*	何茂兰*	何林英*	王瑞蓉*	何乃蓉*

朱诗莎*	董 涵*	苟源彬*	何飞远*	罗小琼*	刘 燕*	罗爱华*	杨雪梅*	何雨芹*
杨丽娟*	苟凤玲*	王素华*	姚 菊*	邓雪蓉*	田玉蓉*	罗大英*	夏国芸*	夏国娇*
林青艳*	张雪梅*	姚海英*	梁朝碧*	严素华*	徐富兰*	魏 琪*	程秀方*	赵国敏*
贺纪红*	秦保岚*	张剑琼*	伏玉莲*	张 玲*	苟红霞*	严秀蓉*	冯 俊*	范 铭*
张秀芹*	李光菊*	吴秀萍*	贾子燕*	蒲小燕*	严彩丽*	徐和鸣*	王 丽*	杨娟娟*
罗菊兰*	孙小艳*	王彦彬*	何莎璐*	张雨炀*	刘芳艳*	张秀英*	梁小蓉*	华淑丽*
安克英*	王晓岩*	王 英*	李 全	许郭茂	李希廷	梁玉金	何俊兰*	杨 成
马勋礼	罗 金	梁康明	杨翠平*	乔永胜	刘林生	李兴荣		

第五章 布局调整

一、剑阁县基础教育学校布局调整规划

省、市、县委关于做好两项改革"后半篇"文章要求，进一步优化县域基础教育学校布局。按照"幼儿园就近就便、小学向乡镇集中、初中向中心城镇或片区集中、高中向县城集中、资源向寄宿制学校集中"的思路，统筹推进县域基础教育学校布局调整和教育供给侧结构性改革，推动学校布局由"行政区"向"经济区"转变、教师配置由"学校人"向"系统人"转变、管理体制由"管学校"向"管学区"转变，切实提高集约化水平和办学效益，提升教育服务县域发展战略能力。

2025年，全县拟调整中小学35个校点，通过新、改、扩建调整后保留中、小学63所。其中拟撤并中、小学27所，拟撤销高中校点4个、初中校点4个。拟新建普惠性独立幼儿园4所，改、扩建普惠性独立幼儿园13所，每个乡镇至少达到1所公办普惠性幼儿园（含附属园）。

2021年，聚焦涉改乡镇和行政村人民群众接受公平、有质量教育急需，重点推进"空心学校"、生源严重萎缩的小规模学校的撤并整合，拟调整中、小学6所。其中拟撤并小学2所、初中校点1个，拟撤销高中校点3个。

二、优化学校布局调整

围绕优化教育资源配置、提高教育发展质量"两个目标"，主动适应学龄人口流动变化趋势，结合"十四五"规划编制实施方案，从人口变化、地理交通、办学成本、教育质量"四个维度"出发，合理实施学校布局调整。

（1）高中向县城集中。全县现有5所公办普高学校、2所职业高中、1所民办普通高中。2021—2022年将农村高中并入城区或中心镇，撤销学生人数少、生源萎缩、办学质量不高的3所乡镇普通高中和1所职业高中；办好剑阁中学、剑门关高中2所公办普通高中，逐步消除56人以上"大班额"；办好剑门关天立学校，实行公、民办高中"两轮驱动"。布局调整后形成"2所公办普通高中+1所公办职业高中+1所民办普通高中"的高中教育格局。

（2）初中向区域性中心镇集中。按照合理布局、效益最大的原则，突破乡镇行政区划限制，集中在中心镇和县城所在地。2021—2022年撤并教学质量低、生源相对较少的农村薄弱九年一贯制学校初中部，打破镇乡地域限制，统筹设置片区寄宿制初中；根据县城发展情况，突出解决初中学位紧缺问题，在县城建设1所九年一贯制学校和1所单设初中学校。布局调整后设初中校点21个，其中初中校点保留15个、新建2个、高中转变为初中学校4个。

（3）小学向乡镇集中。坚持城乡并重，按照"相对集中"的原则，着力构建以城镇小学、乡镇中心校为主多元协调发展的小学新格局。2021—2023年根据生源情况，分批次、分阶段逐步撤并现有200人以下且生源持续萎缩、起始年级不足一个标准班额的小规模学校。

（4）幼儿园就近就便。"十四五"期间，县城新建、配建4所普惠性幼儿园，改扩建乡镇公办普惠性幼儿园13所。每个乡镇至少办好1所公办普惠性幼儿园（含附属园）。幼儿园一般不寄宿就

读。乡镇新建幼儿园规模以 12 个班、360 人左右为宜。

三、转化利用闲置资源

按照"公益为主、教育优先，综合利用、分类解决"的思路，以"物随生流、合理调配、集中使用"的原则，在对学校布局调整后闲置资产进行全面清理、建档立册的基础上，实施闲置资产利用工程，学校的经费、课桌、仪器、图书、办公用品等可动产，在校点合并前教育行政部门安排人员进行清理登记并分配到资源短缺学校，按"四种类型"解决闲置校舍处置问题，实现功能转换、保值增值，创新供给、满足需求。一是资源利用型。根据各乡镇学前教育入学需求情况，将部分地段较好、设备功能齐全的闲置校舍改建为公办幼儿园，巩固学前教育"80、50"目标。二是功能拓展型。对部分被撤并学校的闲置校舍进行功能改造，用于建设中小学生劳动教育基地、研学实践教育基地，增加育人效益。三是合理处置型。将乡镇政府撤并后闲置资产交由国资部门整合后用作学校教育教学用房。四是科学转化型。推进中心镇和城乡接合部寄宿制集中规模办学，将闲置校舍转化为邻近学校寄宿宿舍，建好配套设施，确保"应住尽住"。

四、合理安排教职员工

针对校点新布局下被撤并学校教师的"进退留转"问题，将教师分为"校长、普通教职员工、临退休教职员工、退休教职员工"四类，按照"人岗相适，就近就便"的原则，以"四种方式"分类施策进行分流安置，推动全县教师队伍优化重组。一是选拔上岗聘校长。通过"教师测民意、专家评素养、党委考实绩"，面向全县符合条件的人员公开选拔学校校长，对于落选的学校校长，综合使用调剂到学校其他领导岗位、参与普通教师竞聘上岗等方式予以消化。二是双向选择聘员工。明确各建制学校给予 20% 的岗位总量实施跨校竞聘，教师可自行选择竞聘上岗去向；对落选人员实行待岗管理，待岗管理结束后，符合条件的在空缺岗位中参加竞聘上岗，对连续三年未竞聘上岗的予以解聘。三是综合施策安临退。对被撤并学校临近退休不足三年的教师、工勤人员、重病患者，采取"就近学校直接聘用一批，随学生分流安置一批，教辅转岗一批"等方式进行安置，逐步消化超编教职工。四是承接管理定归宿。采取区域性集中管理和并入学校承接的方式落实被撤并学校退休教师退管工作，定期开展文体及公益活动，充分营造"老有所乐，老有所为"的良好氛围。

五、布局调整完成情况

（一）幼儿园布局调整

2015 年秋，下寺镇香江国际幼儿园正式开办，办学规模在 300 人左右。2022 年秋季，剑阁县双语幼儿园取消办学资格，停止招生办学，所有学生和教师分散安置到县城的其他几所幼儿园。2023 年秋季，清江翰林幼儿园开园，首批招收学生 101 人。2017 年秋，为解决普安幼儿入园难的问题，将普安的文峰中学撤并到剑州中学，把原文峰中学改建为剑阁县实验学校。

为全面贯彻落实省、市、县委关于做好两项改革"后半篇"文章部署要求，根据《剑阁县基础教育学校布局调整工作方案》，经县委、县政府同意，2021 年对部分中、小学（幼儿园）进行了调整。撤并民办红光小学小学部，将红光小学转变为民办红光幼儿园；撤销民办贝蕾幼儿园、民望幼儿园、朝阳幼儿园建制。

（二）小学、初中学校布局调整

为适应义教均衡合格验收的相关要求，2017 年秋，撤销义兴、凉山、柳垭、抄手、田家学校的初中，由九年一贯制学校变成完全小学。将香沉、东宝、江口、龙源、杨村的中小学合并为九年一贯制学校。

为全面贯彻落实省、市、县委关于做好两项改革"后半篇"文章部署要求，根据《剑阁县基础教育学校布局调整工作方案》，经县委、县政府同意，2021 年对部分中小学（幼儿园）进行了调整：撤并王河小学初中部，保留王河小学建制，其办学类型转变为完全小学；撤销普广小学、鹤鸣小学建制，将普广小学整合到剑门关实验学校，将鹤鸣小学整合到南禅小学。2022 年秋，撤销摇铃、时古、马灯、碗泉小学建制；撤销演圣、杨村、香沉小学初中，由九年一贯制学校变成完全小学。

（三）高中学校布局调整

为全面贯彻落实省、市、县委关于做好两项改革"后半篇"文章部署要求，根据《剑阁县基础教育学校布局调整工作方案》，经县委、县政府同意，2021 年对部分中小学（幼儿园）进行了调整：撤并白龙中学、开封中学、武连职业中学高中部，保留白龙中学、开封中学建制，将武连职业中学校转变为武连中学。

第六章　特殊教育

第一节　国家层面的法律法规

新中国成立以来，中央政府将特殊教育纳入国民教育系列，有一贯的系统的法律法规与文件。

1951年10月1日，周总理签署《关于改革学制的决定》，要求在发展各级各类普通教育的同时，"各级人民政府并应设立聋哑、盲目等特种学校，对生理上有缺陷的儿童、青年和成人，施以教育。" 1989年《关于发展特殊教育的若干意见》，明确提出把残疾少年儿童教育切实纳入义务教育的工作轨道，统一规划，统一领导，统一部署，统一检查。1982年《中华人民共和国宪法》第四十五条明确规定："国家和社会帮助安排盲、聋、哑和其他有残疾的公民的劳动、生活和教育。"这是残疾人教育问题第一次写进国家根本大法，残疾人教育在宪法中成为公民的一项基本权利。

1985年中共中央发布的《关于教育体制改革的决定》指出，在实行九年制义务教育的同时，还要努力发展幼儿教育，发展盲、聋、哑、残人和弱智儿童的特殊教育，首次明确了特殊教育中应当包括弱智教育。这一决定次年被写进《中华人民共和国义务教育法》（以下简称《义务教育法》）。《义务教育法》第九条规定："地方各级人民政府为盲聋哑和智障的儿童、少年举办特殊教育学校（班）。" 2006年修订后的《义务教育法》对特殊儿童、少年的义务教育有了非常大的变化：一方面继承了新中国成立初期就采取的一些对特殊教育的特殊政策，另一方面将改革开放以来形成的具有中国特色的特殊教育成功做法吸收进来——涉及特殊儿童、少年就学的政府责任、受教育形式、经费保障、教师待遇、法律责任等五个方面。

国务院和县级以上地方人民政府应当合理配置教育资源，促进义务教育均衡发展，改善薄弱学校的办学条件，并采取措施，保障农村地区、民族地区实施义务教育，保障家庭经济困难的和残疾的适龄儿童、少年接受义务教育。县级以上地方人民政府设置相应的实施特殊教育的学校（班），特殊教育的学校（班）应当具备适应残疾儿童、青少年学习、康复、生活特点的场所和设施。普通学校应当接收具有接受普通教育能力的残疾适龄儿童、少年随班就读，并为其学习、康复提供帮助。特殊教育老师享有特殊教育岗位补助津贴。在民族地区和边远贫困地区工作的教师享有贫困地区补助津贴——按评定的等级工资加发15%的津贴。特教学校（班）学生人均公用经费标准应当高于普通学校学生人均公用经费标准。

第二节　特殊教育情况

一、历史沿革

剑阁县特殊教育学校成立于2008年2月3日，同年3月11日在县教育行政会上举行了授牌仪式。学校附设在剑阁县实验学校内，实行"一套班子两套人马"的管理模式。学生主要是全县及周边县区的残疾儿童。2014年秋，又在龙江小学内开设特教班。2019年8月，剑阁县特殊教育学校随剑阁县实验学校整体搬迁至剑阁县普安镇文峰路21号（原文峰中学校区）。

二、特教师资力量

至2020年春，共有特教教职工25人，其中剑阁县实验学校20人、龙江小学5人。特教专业毕业的教师共计15人，转岗教师8人；有市级骨干教师2人、县级骨干教师5人。所有教师均接受过特殊教育短期培训。

三、特教学生情况

至2020年春，全县特教学生共有104人。其中，剑阁实验学校有81人，龙江小学有23人。其中智障学生57人、孤独症学生2人、聋哑学生16人、肢体残疾学生23人、重度残疾需送教上门学生6人。有36名学生在普教随班就读。孩子们几乎都来自农村，家庭条件相对贫困。近年来，学校为全部寄宿生免费提供食宿和日常生活用品，切实解决了学生的家庭经济困难。

四、教育教学设施情况

剑阁县实验学校整体搬迁至原文峰中学校区后，特教的学习和生活相对独立，教辅用房齐备。投资新建了1 100平方米的综合楼，维修翻新了学生寝室和教师办公室，改造了学生食堂，配置了资源教室，完善了各类设施设备，环境得到极大改善。

龙江小学特教情况是：有1个教学班、1间面积35平方米的教室、2间70平方米的资源教室；学生食堂、活动场地均与普教学生共享，教学、办公设备完善齐备。

五、特教课程设置

学校按照国家特殊教育发展要求，开设实用语文、实用数学、实用生活、美术、唱游、心理健康、辅助手工、劳技等课程，课程设置齐全。

表5-191 剑阁县特殊教育学校2019年秋季课程设置情况

班级	基本情况										
培智一、二、三、四、五、七年级	科目	语文	数学	生活	康复	唱游	体育	美术	信息	实践与教研	队会	合计
	节次	10	10	3	1	2	2	2	1	3	1	35
聋教八年级	科目	语文	数学	书法	刺绣	律动	体育	美术	信息	实践与教研	队会	合计
	节次	10	10	2	2	2	2	2	1	3	1	35

六、特教成绩

学校本着"补偿缺陷、开发潜能、启迪智慧、完善人格"基本要求，贯彻"一切为了残疾学生，为了残疾学生的一切"的办学理念，让每一位学生能立足社会、回归社会。

近年来，学校办学水平逐年提高，学生外出参赛获得多项殊荣。2015年5月，学生罗洪参加全国第九届残运会暨第六届特奥运动会E组男子篮球比赛获得第一名。2018年7月，学生罗洪、罗子玉参加四川省第九届残运会暨第四届特奥会游泳比赛获金牌。师生艺术作品在学校文化建设中展出，社会实践活动得到社会好评。

第三节 剑阁县人民政府特教提升方案

剑阁县人民政府于 2014 年 10 月与 2016 年 11 月，分别制定了《剑阁县特殊教育提升计划（2014—2016）实施方案》《剑阁县特殊教育提升计划（2017—2019）实施方案》。

1. 总体目标

到 2019 年，剑阁县初步建立布局合理、学段衔接、普职融通、医教结合的特殊教育体系，办学条件和教育质量进一步提升。建立政府投入为主，社会支持、全面覆盖、通畅便利的特殊教育服务保障机制，基本形成政府主导、部门协同、各方参与的特殊教育工作格局。全县基本普及残疾儿童、少年义务教育，视力、听力、智力残疾儿童、少年义务教育入学率达到 95% 以上，其他残疾人受教育机会明显增加。

2. 主要工作任务

建好特教学校。科学制定学校建设发展规划，加大财政对特校的经费投入，按特校新颁建设标准，扩大特校占地面积，改善特校办学条件，力争用三年时间将学校建成办学理念先进、环境幽雅、设施齐全、功能完善、底蕴深厚的现代化特殊教育示范学校。逐年扩大特校办学规模，增加招生类别和人数。

（1）优化教师队伍。招考特教专业教师充实特教专业师资，专业教师比例逐步达到 60%。同时，开展特教教师专业培训工作，提高特教师资专业水平，提升特殊教育教学服务水平。

（2）提升教育教学质量。切实加强和改进教学管理，落实视力、听力、智力特殊教育学校课程方案，为各类残疾儿童提供最适合的教育、训练和康复服务，努力提升教育教学质量。

（3）探索特教两头延伸机制。积极开展各类残疾儿童的学前康复教育探索，实现对残疾儿童的早期教育干预，积极探索开展残疾学生职业技术教育，增强残疾学生适应社会发展的能力。

（4）完善"随班就读"和"送教上门"工作机制。建立以普通学校"随班就读"为主体、特教学校为骨干、送教上门为补充的残疾儿童九年义务教育体系。确保轻度残障儿童、少年随班就读，中度残障儿童、少年进入特校读书，重度残障儿童、少年"送教上门"，让每一个残障孩子都能接受合适的教育。

3. 主要措施

（1）加大投入，改善办学条件，完善办学功能。科学统筹，合理规划学校建设发展蓝图。扩大剑阁县特校的占地面积，解决学校活动场地，加大县本级财政对特校的经费投入购置教学、康复等设备设施，修建"专用教室"、多功能室努力改善办学条件，不断完善办学功能。在全县中小学配备高标准、功能完善、内容丰富的"特教资源教室"，为残障儿童、少年随班就读创造条件，提升随班就读残障学生的综合素质。

（2）落实政策，逐步提高特校生均公用经费标准。三年内力争达到国家规定的每生每年 6 000 元的要求，即 2014 年达到 4 000 元，2015 年达到 5 000 元，2016 年达到 60 000 元。积极推进高中阶段残疾学生免费教育，中等职业学校残疾学生全部纳入中等职业教育免学费范围；普通高中残疾学生全部纳入普通高中家庭经济困难学生免学费范围。落实义务教育寄宿生生活费补助时优先考虑残疾学生。积极争取省、市有关特殊教育的项目支持和相关部门的资金扶持。残疾人就业保障金优先保障特殊教育工作，以保障改善特校办学条件、建设"特教资源室"、外聘特教专业教育师资和为重度残疾儿童、少年"送教上门"等方面的经费开支。

（3）注重专业性，优化师资结构，提升育人水平。落实国家关于特殊教育学校教师配备的编制标准，配齐配足教师，调减非专业教师人员，优化教师学科结构，在招考教师时拿出专项指标，招考语言、盲、聋哑、智障和残障儿童幼教、职教及康复等特教专业教师。到2016年，特校专业教师要占专任教师的60%，建成一支专业化程度高、学科结构合理、育人效果好的特教师资队伍。

（4）落实特校教师待遇，在政策上予以倾斜，将特殊教育学校教师特教津贴标准按照基本工资的15%执行。对普通学校承担残疾学生跟班就读教学和管理工作的教师，在评优、晋级等方面予以优先考虑。重视特教师资的培养、培训工作，积极创造条件，让特教师资参加国培、省培，在省、市内参加各种研训活动和教学竞赛，抓好校本培训，促进特教教师的专业成长。到2016年，特教师资全员培训率达到100%。

（5）加强管理，创新办学模式，提高教育质量。认真落实《特殊教育学校课程设置方案》，严格执行课程计划，开齐科目，开足课时。

（6）严格规范办学行为，切实加强和改进教学管理，强化教育科研，分层教学、个别教学。深入开展"合格课堂、模式课堂、示范课堂、特色课堂"教学研究活动，推进"医教结合、综合康复"实验工作。广泛借鉴先进地区办学经验，通过专家引领、名师指点等方式提升办学内涵和管理水平。

（7）向两头延伸，扩大特教类别，彰显办学特色。改变传统特教观念，努力探究并扩大教育类别，积极研究对孤独症、脑瘫、综合性残疾儿童的接纳、教育方式方法，努力确保各类残疾儿童都能接受义务教育。开设特殊教育幼儿园，让残障儿童也能接受学前教育。加强学校特色建设，努力彰显学校办学特色。积极探索开展残疾学生的职业技术教育，增加经费投入，添置相关职教设备，保证基本的职业教育办学条件。通过内培和外聘等多种形式，解决职教师资问题，满足教学需要。积极开设烹饪、缝纫、电子、汽车美容等适合残疾青少年的专业技术课程，加强技术培训，形成一定的职业技能和就业能力，为残疾学生未来就业之路奠定坚实基础。

（8）特校为骨干，普教为主体，完善特教体系。充分发挥剑阁县特校的龙头示范作用，努力提高剑阁县特校的招生能力，扩大特校招生规模，增加招生类别。剑阁县特校的招生比例按每年10%的比例递增。完善残疾儿童随班就读机制，加强普通学校特殊教育教室、无障碍设施及校本教材建设，为残疾学生提供必要的学习和生活便利，确保义务教育阶段学校创造条件依法接收具有接受一定普通教育能力的残疾儿童、少年随班就读。

（9）开展送教上门活动，县教育局统筹安排特殊教育学校和普通学校教育资源，制订有针对性的教育方案，为确实不能到校就读的重度残疾儿童、少年提供送教上门或远程教育服务，开展合适的个别化教育，并将其纳入学籍管理，依法保障他们接受义务教育的合法权益。

第六篇　职教成教

第一章 职业高中教育

第一节 发展概况

2008 年前后，鹤龄职中、剑阁电大职业高中部、新科职业学校、武连职中、剑阁职中，都面向剑阁的初中毕业生招收职高学生。2010 年剑阁电大职业高中部、2012 年秋鹤龄职中停止招生。2021 年秋，武连职中（又名"七一学校"，系灾后重建特殊学费援建学校）停止招收职业高中学生，办初中。新科职业学校（民办学校）主要搞短期培训，辅以高中阶段的职业学历教育，学生人数保持在 100 人以内，仅有少量的学生升入大学，2021 年秋停止中职学历教育招生。剑阁职中在黑龙江援建的灾后重建中，2011 年秋，校址由普安镇的唐家坪整体搬迁到新县城下寺镇的拐枣坝，学校面貌发生了根本的变化，学校硬件设施设备提档升级，计划招生（学历教育）规模在 5 000 人，短期培训规模在 2 000 人左右。

2018 年后，职业高中的办学方向由以前的"以就业为导向"转变为"以升学为导向"。国家高职招生政策发生变化：由以前大量的职高毕业生就业，转变为大量的职高毕业生升入高等职业技术学院学习；严格限制普通高中招生人数，实行普职比大体相当（45∶55）的政策；国家加大对职业教育的投入，让职业教育走上了发展的快车道。2019 年剑阁职中开始了为期三年的省级示范职业中学和省级示范专业的创建，总投资 2 000 万元左右。2022 年，剑阁职中又争取到四川省的为期三年的"三名（名专业、名实训基地、名教师）工程建设"项目，国家投资总额在 2 000 万元左右。

第二节 剑阁职中创"双示"

根据国发〔2014〕19 号和川府发〔2014〕48 号文件精神，2018 年 4 月 26 日，四川省教育厅、人社厅和财政厅联合下发川教〔2018〕61 号《四川省教育厅 四川省人力资源和社会保障厅 四川省财政厅关于实施中等职业教育质量提升工程的通知》，5 月 31 日省三厅下发《四川省教育厅 四川省人力资源和社会保障厅 四川省财政厅关于实施四川省示范中等职业学校建设计划和四川省中等职业学校示范（特色）专业建设计划的通知》。剑阁职中随即启动省示范校建设项目申报工作，2018 年 12 月，学校的申报书以专家组评分第一名列入省示范校建设名单并公示。2019 年 4 月 27 日，省三厅下发川教函〔2019〕201 号《四川省教育厅等三部门关于下达"四川省示范中等职业学校建设计划"和"四川省中等职业学校示范（特色）专业建设计划"第二批项目学校建设方案及任务书的通知》。随即，剑阁职中省示范校正式启动建设工作。项目总投资 1 550 万元，其中中省资金 1 000 万元，地方政府配套 500 万元，学校自筹 40 万元，企业资金 10 万元。通过三年建设期，将剑阁职中建设成为"管理水平高、教学质量优、综合实力强、办学效益好、办学特色鲜明"的川、陕、甘接合部现代职教名校，形成可借鉴、可推广的办学经验和制度体系，成为服务地方经济发展的重要人才培养基地，在四川省中等职业教育改革发展中发挥示范、引领和辐射作用。

2019年10月启动机械加工技术专业省示范专业申报工作，12月申报获得通过，剑阁职中由此成为第三批示范专业建设学校。项目总投资450万元，其中中省资金300万元，地方配套100万元，学校自筹40万元，企业资金10万元。通过两年的建设，剑阁职中机械加工技术专业成为专业内涵水平领先、人才培养质量上乘的四川一流、国内有较大影响力的省级示范专业点。

依据学校省级示范校项目"建设方案"和"任务书"，建设项目有一级指标6个、二级指标27个、验收要点315个，实际完成338个（规范办学和现代学校有增量），完成率达107%。经过三年建设，学校有新发展，产教融合逐步深入，办学行为更加规范；管理有新进步，制度完善，标准健全，目标明确，治理体系更加成熟；专业有新特色，建设路径清晰，建设方法有效，内涵更加丰富；关键是教师有新成长，职教理念得到进一步更新，对专业的认识更加深刻，对课程的驾驭能力更加娴熟，对教学的内涵理解更加到位。

第三节　专业及课程设置

1. 机械加工技术（含数控技术方向）（省重点、省示范专业）

【培养目标】培养德、智、体、美全面发展，具有综合职业能力，在生产、服务、技术第一线从事数控机械加工的高素质技能人才。

【主要专业课程】机械制图、机械基础、极限与配合及测量技术、钳工工艺与技能训练、车工工艺与技能训练、焊工工艺与技能训练、数控加工基础、CAXA软件应用技术基础、AutoCAD（微机绘图软件）等。

【就业方向】毕业生主要面向各类机械制造企业，从事机械加工、数控操作、质量检测等工作。所有学生均可升入本、专科院校继续深造。

2. 物联网技术应用（省骨干专业）

【培养目标】　物联网属于新兴产业，是继互联网之后全球信息行业的第二个万亿级产业。本专业主要培养能够系统掌握物联网的相关理论、方法和技能，具备通信、网络、传感等技术的综合性专业技术人才。

【主要专业课程】物联网导论、信号与系统、无线通信原理、无线传感器网络、二维条码技术、数据采集与处理、物联网安全技术、物联网组网技术等。

【就业方向】毕业生主要到企事业单位从事物联网软、硬件方面应用、开发、管理等工作。所有学生均可升入本、专科院校继续深造。

3. 旅游服务与管理（含导游、航空、高星级饭店运营与管理专业方向）（省骨干专业）

【培养目标】培养具备导游服务、饭店服务与管理、机场航空服务、商务接待等职业能力的技能型服务人才和管理人才。

【主要专业课程】旅游概论、导游基础、饭店服务与管理（前厅、客房、餐饮等）、航空服务与管理、礼貌礼仪、旅游地理学、形体训练、计算机课程、酒店经营等。

【就业方向】学生毕业后可以面向旅行社、旅游饭店、机场、铁路运输、工商业等单位，从事导游、酒店管理、商务接待等基层服务及管理工作。所有学生均可升入本、专科院校继续深造。

4. 电子电器应用与维修（含机电一体化）（省重点专业）

【培养目标】培养具有现代电子、机电应用技术，能从事电子产品装接、机电安装、设备维护、电器调试与维修等工作的技能型人才。

【主要专业课程】电子技术基础、电工基础、音响设备、数字视听设备、彩色电视机、电冰箱、空调器、机械基础、机电控制技术、工厂配电技术等。

【就业方向】主要面向电子电器设备的生产企业、销售和服务部门，从事日用电器、办公自动化设备的生产、装配、调试、维修和检验等工作。所有学生均可升入本、专科院校继续深造。

5.汽车运用与维修（含汽车营销）（现代学徒制专业）

【培养目标】培养掌握汽车运用技术专业必备的理论知识和技能，从事汽车制造、检测、维修、营销、管理、服务等方面的应用型技术人才。

【主要专业课程】汽车发动机构造与维修、汽车底盘构造与维修、汽车电气设备构造与维修、汽车钣金技术、汽车喷漆技术、汽车装饰与美容、汽车营销、汽车驾驶技术等。

【就业方向】本专业毕业生可在汽车制造或维修企业从事汽车装配或维修、检测等工作，也可以从事汽车及配件销售工作。所有学生均可升入本、专科院校继续深造。

6.建筑工程施工（含园林技术）

【培养目标】本专业培养具备工程识图制图、施工放线、工程预算、安全管理、园林绿化等方面能力的工程类技能人才。

【主要专业课程】建筑施工技术、建筑施工组织、建筑工程测量、建筑识图与构造、建筑工程计量与计价、园林技术、建筑力学与结构等。

【就业方向】学生毕业后能在建筑领域、园林景观和其他建设部门从事工程项目管理、施工技术与管理、监理服务与咨询等工作。所有学生均可升入本、专科院校继续深造。

7.计算机应用（市重点专业）

【培养目标】培养具备计算机应用基础知识，掌握计算机基本操作及维护技能，能熟练应用基础办公、电脑平面设计、动画制作等软件的初中级技术人才。

【主要专业课程】计算机应用基础、文字录入与编辑技术、Office办公软件应用、多媒体应用技术、数据库系统及应用、计算机组装与维护、网络基础、网页设计与开发、广告设计与创意、Photoshop、CorelDRAW等。

【就业方向】毕业生可到企事业单位从事计算机应用、信息管理、数据库建设、计算机组装与维护、信息化网站的规划与建设、信息化网络安全的构建与管理、广告设计、影视后期制作等工作。成绩优秀的学生可升入本、专科院校继续深造。

8.财务会计（含电子商务）

【培养目标】本专业培养通晓财会各项业务，熟悉财务管理制度及会计法规，具有较强的会计实务能力和熟练的会计电算化操作能力，能胜任出纳、会计、统计、审计、财务管理、档案管理、营销等方面工作的应用型人才。

【主要专业课程】基础会计、经济法律法规、税收理论与实务、财务会计、会计电算化、市场营销、电子商务概论、珠算（含点钞和传票算）、网络营销学、电子商务物流管理等。

【就业方向】本专业学生毕业后可到中小企业、事业单位从事出纳、会计、财务管理、审计、营销等实务工作，也可从事行政文员工作。所有学生均可升入本、专科院校继续深造。

9.中餐烹饪与营养膳食

【培养目标】主要培养从事烹饪制作及管理的专业技术人才。

【主要专业课程】烹饪概论、原料加工技术、刀工、中餐烹调技术、面点制作技术、冷盆制作、食品营养卫生、餐饮成本核算、餐厅服务等课程。

【就业方向】毕业生主要面向宾馆、饭店及其他饮食行业，从事营养配餐、膳食管理、烹饪操作、厨房管理等工作。所有学生均可升入本、专科院校继续深造。

10. 学前教育（含幼儿师范教育三年制中师及五年制大专）

【培养目标】本专业培养具备学前教育专业知识，能在托幼机构从事教学工作的教师、学前教育行政人员以及其他有关机构的教学人才。

【主要专业课程】学前心理学、学前教育学、学前卫生学、幼儿园管理、儿童文学、幼儿园活动设计与实践、幼儿手工与玩具设计制作、幼儿园环境创设、音乐综合、舞蹈、幼儿艺术体操、幼儿英语口语与听力等。

【就业方向】各级各类幼教机构的教师、管理工作者，企事业单位文职人员及宣传工作者，小学音乐、美术教师。所有学生均可升入本、专科院校继续深造。

11. 计算机平面设计

【培养目标】本专业培养绘画、广告设计与制作、计算机图形图像处理、产品设计、包装设计、书籍设计、网页设计、报刊排版、电子出版、装饰设计、室内效果设计、影视后期、插画、动漫制作等艺术设计类人才。

【主要专业课程】素描、色彩、速写、计算机应用基础、Photoshop、CorelDRAW、AI、ID、3D MAX、AE、标志设计、字体设计、包装设计、书籍设计、网页设计、广告设计与创意、数码照片艺术处理、插画、动画制作、影视特效制作与后期剪辑合成等。

【就业方向】毕业生可到广告公司、婚纱影楼、照相馆、装饰装潢公司、动画公司、印刷公司、数字媒体机构、网络公司、报社、杂志社等单位从事二维和三维设计制作工作。所有学生均可升入本、专科院校继续深造。

12、现代农艺技术

【培养目标】本专业培养面向乡村振兴、现代农业、智慧农业所需的种植、养殖、农产品加工及畜牧兽医等行业等所必需的基本理论、专业知识和职业技能。

【主要专业课程】植物生产与环境、畜禽营养与饲料、农业经营管理，作物（药材）、果树（蔬菜、花卉）栽培及病虫害防治技术，农产品贮运与加工技术，兽医基础、畜禽生产、畜禽解剖生理等。

【就业方向】主要为四川农业大学、西南科技大学等本、专科院校输送优秀毕业学生，为农技服务站、畜牧兽医站、现代农业示范园、大中型种养殖场（园）、饲料加工与销售企业及自主创业等培养人才。

第四节 "9+3"教育

一、"9+3"教育的背景、目的、实施情况

涉藏地区免费中等职业教育计划（简称"9+3"教育）是指四川涉藏地区学生在本地接受9年义务教育后，再到内地接受3年的免费中等职业教育。这是省委、省政府加快涉藏地区发展、实现长治久安的一项重要举措。其目的和意义主要是着力培养涉藏地区新型人才，为社会主义新牧区提供人才和智力支持，推动涉藏地区经济社会又好又快发展。

2008年秋开始，剑阁职中承担了实施"9+3"教育的任务。招收的"9+3"学生来自阿坝州各县。前四届的学生都在100人左右。毕业后，前四届学生参加阿坝州的公务员、事业单位招考，有许多学生因此走上工作岗位，另一部分学生参加高职对口招考，升入大学学习，只有少部分学生，毕业后就推荐就业。四年以后，"9+3"学生人数逐渐减少，阿坝州针对"9+3"学生投放公务员、事业编制的指标减少，大部分学生考入高职对口院校学习，而这一部分学生中，有少部分是阿坝州

定向委培的，毕业后就自动进入公务员或事业编。

二、"9+3"教育、教学管理的办法、措施

在"9+3"教育、教学工作中，充分领会此项工作的意义和上级主管部门工作措施，立足学生与学校实际，立足学生的发展，注重"耐心引导、真心帮扶、细心教育、诚心关爱"，狠抓制度措施的落实，从而让学生都能学有所长、学有所成。

（1）加强领导，统一认识。首先，学校成立了强有力的"9+3"学生管理小组——由校长任组长，德育副校长任副组长，"9+3"办、政教处、"9+3"驻校教师、各专业部德育主任、"9+3"班班主任、"9+3"学生帮扶教师为成员，定期召开相关会议，研究学生的教育成长问题，针对问题学生、特殊学生共同商讨教育方案和措施。

（2）强化教育管理制度，用制度管人，用制度育人，确保校园平安，开学放假统一接送，确保学生平安到校、平安返家。创设优良的生活、学习条件。让他们安心地在校学习和生活，同时也让家长放心。学校自接收"9+3"学生10多年来，无一例重大安全事故发生，"9+3"学生在校能平安、愉快地生活和学习。

（3）争取各级领导的支持与理解，构建"9+3"教育的大环境。经常与阿坝州教育局以及各县教育局无障碍联络，汇报学校工作，互通信息，交流育人经验，增强教育管理的针对性、实效性，让涉藏地区党政领导放心、让涉藏地区学生家长满意。同时剑阁职中每学期都邀请阿坝州教育主管部门领导到学校看望和慰问"9+3"学生，让远离家乡和父母的学子们能常感受到来自家乡的关怀和关爱。

（4）完善"9+3"学生各种信息资料。负责省、市"9+3"办及相关部门的信息报送和上传下达工作，迎接省、市、县相关领导各种检查。

（5）做好"9+3"学生各方面的宣传报道。负责大型节假日及每月归宿假"9+3"学生活动的安排和实施。制定"9+3"学生放假收假的安排意见和学生假期安全协议，并组织学生签订。结算"9+3"学生放假、收假来往车费并发放。

（6）协助各处室做好"9+3"学生的工作，如：协助政教处做好学生的管理工作；协助体艺卫处开展好学生的各项活动，特别是参加市、县的各种比赛；协助生产实习处做好学生的实习和技能鉴定工作；协助就业办做好学生的就业相关工作；协助党办和团委做好学生的组织发展工作及思想政治工作；等等。

（7）立足实际，以活动为载体，用耐心狠抓学生思想和养成习惯教育。学校以入学教育和新生军训为抓手，充分利用班、团、部和学校会议把"三禁两不""十不准""五项教育"等内容教育常态化，与当地学生的教育融合在一起，不搞特殊化。在强化学生纪律意识、矫正学生的不良习惯、激励学生积极进取、培养学生的爱国主义情怀的同时，加强学生感恩党、感恩祖国、感恩学校、感恩老师和同学的教育与引领。利用节假日、周末和月假，学校积极开展传统节假日师生联谊活动和校外社会实践活动，使其迅速融入学校，适应内地生活。如邀请党政领导与涉藏地区学生一起庆祝藏历新年，与驻剑阁部队官兵举行联欢活动，清明节组织学生赴剑门关红军历史纪念馆开展祭扫等活动。在活动中，"9+3"同学充分感受到了来自剑阁党委和政府的关心，了解了剑阁的历史文化，增进了师生间的友谊。

（8）细化三个"一帮一"和"五个一"制度的工作内容，用真心解决"9+3"学生的生活困难。首先，剑阁职中选择有一定思想境界和教育工作经验、有感召力和亲和力、宽容大度的教师对每一个"9+3"学生进行一对一帮扶。其次，在全校选择政治思想表现好、品行端正又有较强专业技能的学生干部对新生进行一对一结对帮扶。最后，涉藏地区学生的汉语水平、文化基础差异很大，剑阁职中便在班级内部建立了涉藏地区学生一对一结对帮扶机制。要求帮扶教师必须做好"五

个一"，即一周深入课堂听一次课，一周深入寝室查看一次内务整治，一周谈一次话，一月和帮扶学生家长通一次电话，一周填写一次帮扶记录表。同时要求帮扶老师必须了解和熟悉所帮扶学生的基本情况，收集该生信息，建立成长档案；要关心他们的生活，学生生病了要亲自陪护；学生购物要陪同；在"危险期"每周陪帮扶学生听一节课，引导他们与人交往、沟通，学会与人相处，矫正他们的不良行为。学校每学年开学均为学生免费配齐全套学习和生活用品，保证学生一到校就能全身心投入学习。免费为学生购买学生平安保险、监护人责任险、城镇学生医疗保险以及顶岗实习责任保险，免除学生家长的后顾之忧。免费为学生提供校服，并为其购买冬装一套，免费让学生洗澡、洗头、洗涤床上用品。帮扶教师和学生与被帮扶学生不仅仅是师生关系、同学关系，在帮扶过程中，他们还逐渐成了父子（母子）关系、朋友关系。

（9）注重学生基础，改变教学方法，降低课程难度，细心开展教学活动，使学生学有所得。由于大部分"9+3"学生底子薄，文化基础差，学校要求所有科任教师结合教材和班级学生实际，降低课程难度，充分考虑学生的实际接受能力和理解能力，让学生能够听懂、学会，同时要求老师因材施教，利用自习和课余时间为"9+3"学生"开小灶"，弥补初中各科知识，让其尽快适应高中课程难度。在专业技能培养上，实行项目教学法，采用教师指导和"小师傅"教学手段，让学生在"师傅"手把手的帮助下，对各种操作规程烂熟于心，并能够熟练掌握一门技术，为今后的工作打下坚实基础。

（10）结合民族地区发展需要，注重教育脱贫攻坚，用诚心关爱学生，使学生学有所成。为使"9+3"学生能够通过高中三年的学习学有所成，学校及帮扶教师多方联系，采取小班化教学方式，为已顶岗实习或就业学生开辟学习通道，使他们在各种考试中能够取得满意的成绩，做好各方面的服务工作。剑阁职中"9+3"毕业的学生实现了升学与就业的多样化：有的参军，有的成为企业技术骨干，有的成为致富能手，有的成为公务员或者企事业单位的工作人员，还有很大一部分同学升入高职院校学习。

三、学生情况

表6-1　学生情况

	人数	公务员	事业单位	参军	大学	2018定向	党员
2009	70	4	15	5	4	2	18
2010	25	2	11	2	6	0	3
2011	23	1	1	2	7	0	0
2012	24	0	0	2	13	0	0
2013	22	0	0	1	10	0	0
2014	24	0	1	1	21	2	0
2015	34	0	1	0	34	5	0
2016	5	0	0	0	4	0	0
2017	1	0	0	0	0	0	0
2018	8	0	0	0	0	0	0
2019	3	0	0	0	0	0	0
合计	239	7	29	13	99	9	21

四、取得的成绩

经过艰辛付出、摸索和探究，自2009年开始"9+3"免费职业教育以来，剑阁职中"9+3"工作取得了骄人的成绩，得到上级各届领导的充分肯定：剑阁职中于2009年秋开始承担"9+3"免费职业教育计划任务，至今共招收阿坝州籍学生 239 人。在市、县主管部门的领导和关怀下，学校高度重视 "9+3" 工作，首创 "9+3" 工作 "三个一帮一" 帮扶制度与帮扶工作 "五个一" 制度，工作成果获得省委、省政府高度肯定，多次被四川省电视台、广元电视台、《当代职校生》和《广元日报》等多家媒体报道。已毕业学生中，有 36 人考取阿坝州国家工作人员，99 人考入高等院校，2018 年 9 人考取定向培养大学生，中共党员 21 人，并涌现出让么、扎西卓玛、李全瑜、包秋虎、高波等优秀毕业生代表。学校先后获得四川省民族团结进步创建活动示范学校、广元市政府民族团结进步先进集体、"9+3" 教育工作先进集体、剑阁县统战工作先进集体等荣誉。

第五节 校点设置

四川省剑阁职业高级中学校

四川省剑阁职业高级中学校简称剑阁职中，1982 年开办职业教育，1992 年 2 月，学校成为四川省重点职业中学，始用现名。2000 年 5 月，学校成为川北地区第一所国家级重点职业高中。2022 年学校建成四川省 "双示范" 学校，同年 10 月，被列入四川省 "三名工程" 四星级学校。

"5·12" 地震后，在黑龙江和全国人民的无私援助下，学校 2011 年 9 月整体搬迁至现址。学校现有 "一校两区"（本校区和唐家坪教学区），校园占地 299 亩，现有建筑面积 9.5 万余平方米，固定资产总值超过 2 亿元，其中，实验实训设备价值超过 6 000 万元。学校现有在籍学生 4 290 人，教职工 290 人，常年开设建筑工程施工、会计事务、电子电器应用与维修、机械加工技术、汽车运用与维修、旅游服务与管理、中餐烹饪、社会文化艺术、物联网技术应用、计算机应用、平面设计、作物生产技术等 12 个专业。其中机械加工技术、旅游服务与管理专业为省级 "名专业"，"智能制造+" 为省级 "名实训基地" 创建项目。

学校先后荣获 "全国教育系统先进集体" "德育工作先进单位" "教育科研先进集体" "国防教育特色学校"，四川省 "文明校园" "法治教育示范基地" "校园足球特色学校" "劳务开发培训基地" "民族团结进步创建活动示范学校" "中等职业教育学生内务管理示范学校" "劳务扶贫培训工程先进单位" "五四红旗团委"，广元市 "名学校" "民族团结进步模范集体" "语言文字规范化示范学校" "交通安全教育示范学校" "阳光体育示范校" "依法治校示范校"，以及高技能人才摇篮奖等荣誉称号和奖励。

办学 41 年以来，学校培养了数以万计的素质全面、技术过硬的初中级技术人才，为剑阁经济社会的发展做出了突出的贡献，赢得了社会各界的充分认可，被誉为 "川北职教的旗帜，致富当地的摇篮"。

表 6-2 学生入学情况

	1—6 年级		7—9 年级		高一至高三		备注
	人数	班数	人数	班数	人数	班数	
2008	—	—	—	—	2 202	50	
2009	—	—	—	—	2 208	50	
2010	—	—	—	—	2 215	50	
2011	—	—	—	—	2 240	52	
2012	—	—	—	—	2 280	52	
2013	—	—	—	—	2 368	53	

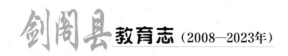

表6-2（续）

	1—6年级		7—9年级		高一至高三		备注
	人数	班数	人数	班数	人数	班数	
2014	—	—	—	—	2 486	53	
2015	—	—	—	—	2 543	55	
2016	—	—	—	—	2 560	55	
2017	—	—	—	—	2 650	56	
2018	—	—	—	—	2 750	56	
2019	—	—	—	—	2 840	61	
2020	—	—	—	—	2 950	65	
2021	—	—	—	—	3 313	69	
2022	—	—	—	—	3 920	76	
2023	—	—	—	—	4 422	84	

表6-3 领导任职简况

姓名	籍贯	职务	任职时间段	备注
贾健平	四川南部	校长、党总支书记	2008.01—2013.11	
李文峰	四川剑阁	副校长	2008.01—2013.07	
		党总支书记、副校长	2013.07—2014.03	主持工作
		党委书记、校长	2014.03—2022.08	
		党委书记	2022.09—	
李维杰	四川剑阁	副校长	2008.01—2022.09	
		党委副书记、校长	2022.09—	
李碧文	四川剑阁	党总支副书记	2010.08—2017.08	
		纪检监察员	2013.01—2017.08	
杨光彦	四川剑阁	工会主席	2008.01—2017.08	
杨 森	四川剑阁	党总支副书记	2008.01—2010.07	
		副校长	2010.08—2017.08	
郑云成	四川剑阁	党总支书记	2010.08—2013.08	
		党委副书记	2013.09—2022.09	
张兴林	四川剑阁	生产实习处主任	2008.01—2009.08	
		副校长	2009.09—	
李思勇	四川剑阁	教务主任	2008.01—2017.08	
		纪委书记	2017.09—2022.08	
		党委副书记	2022.09—	
何杰卓	四川剑阁	政教主任	2008.01—2017.08	
		副校长	2017.09—	
沈苏蓉	四川剑阁	工会主席	2017.09—	

表6-3（续）

姓名	籍贯	职务	任职时间段	备注
李晓霞	四川剑阁	副校长	2017.09—	
母　凤	四川剑阁	建机部德育主任	2010.09—2017.08	
		政教主任	2017.09—2022.08	
		纪委书记	2022.09—	
梁泽清	四川剑阁	副校长	2022.09—	
邓树林	四川剑阁	行政办主任	2007.09—2017.08	
		总务主任	2017.09—2022.09	
蒙立勇	四川剑阁	行政办主任	2017.09—2019.09	
王华南	四川剑阁	行政办副主任	2019.10—2022.09	主持工作
		党政办负责人	2022.09—	
敬天国	四川剑阁	党政办副主任	2022.09—	
李清泉	四川剑阁	招生就业办主任	2004.09—2017.08	
		教务处主任	2017.09—2018.09	
唐庆龙	四川剑阁	教务处副主任	2008.01—2017.08	
洪文锦	四川剑阁	教务处主任	2019.09—	
王思杰	四川剑阁	总务处主任	2008.01—2017.09	
张荣成	四川剑阁	总务处副主任	2017.09—2022.09	
刘映君	四川剑阁	教科室主任	2008.01—2009.09	
李勇生	四川剑阁	教科室副主任	2009.09—2017.08	主持工作
		教科室主任	2017.09—2022.09	
苟明湘	四川剑阁	教科室主任	2022.09—	
贾仁生	四川剑阁	德育处主任	2022.09—	
马三泰	四川剑阁	德育处副主任	2022.09—	
何小波	四川剑阁	生产实习处主任	2009.09—2022.09	
		总务处主任	2022.09—	
王思波	四川剑阁	生产实习处副主任	2010.09—2022.09	
		教务处副主任	2022.09—	
何子益	四川剑阁	教务处副主任	2022.09—	
卫云锋	四川剑阁	教务处副主任	2017.09—2022.09	
		信息处主任	2022.09—	
蒲朝光	四川剑阁	生产实习处主任	2022.09—	
杨方俊	四川剑阁	体卫艺处主任	2010.09—2022.09	
赵建勇	四川剑阁	信息处主任	2010.09—2022.09	
		招生就业办主任	2022.09—	

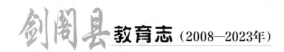

表6-3（续）

姓名	籍贯	职务	任职时间段	备注
杨秋华	四川剑阁	行政办副主任	2017.09—2022.09	
		招生就业办副主任	2022.09—	
毛晓芳	四川剑阁	团委书记	2007.09—2010.08	
		招生就业办主任	2017.09—2022.09	
		工会办主任	2022.09—	
张开翔	四川剑阁	党委办主任	2007.09—2019.09	
		党政办主任	2019.09—2022.09	
邓智涌	四川剑阁	团委书记	2010.09—2017.09	
		信息处副主任	2017.09—2022.09	
		体卫艺处主任	2022.09—	
王登祥	四川剑阁	体卫艺处副主任	2022.09—	
陈晓燕	四川剑阁	体卫艺处副主任	2010.09	
邓永梅	四川剑阁	团委书记	2017.09—2020.09	
朱虹霖	四川剑阁	团委书记	2020.10—2022.09	
		德育处副主任	2022.09—	
王以涛	四川剑阁	总务处副主任	2022.09—	
王德中	四川剑阁	总务处副主任	2010.09—2022.09	
卢莹莹	四川剑阁	团委副书记	2022.09—	主持工作

学校教职工名录

在职教职工（290名）：

阿苦石呷	曹昌华	曹永乐	陈发武	陈思宇	程 洪	程玉德	程志强	邓 洁
邓青松	邓宇成	邓世林	邓树林	邓智涌	杜绍林	杜政军	范春元	冯 伟
付 荣	高云峰	苟富安	苟宏安	苟明湘	贯开培	郭松周	郭兴坤	何安昌
何佳伟	何杰卓	何小波	何旭东	何洋成	何咏诗	何中猛	何子益	洪家扬
洪文锦	侯继松	侯永生	胡 鑫	央永建	贾贵成	贾金国	贾仁生	塞 泽
蒋涛益	敬国明	敬剑泉	敬天国	敬正海	李 鸿	李 松	李朝荣	李 茂
李思飞	李思勇	李涛祥	李维杰	李文峰	李晓勇	李延超	李永峰	李勇生
李友明	李峥嵘	梁 刚	梁 伟	梁都才	梁佳霞	梁建军	梁泽清	凌承杰
刘 波	刘 湘	刘时旭	刘洋钏	刘映君	罗春清	罗中华	马三泰	蒙立勇
母 彪	母 凤	母波涛	母朝安	母劲松	母克勇	聂万虎	彭福启	彭怡然
蒲 华	蒲朝光	蒲海波	蒲剑文	蒲新民	蒲志国	任新武	尚永源	唐美恩
万志军	王 刚	王 俊	王 鹏	王 杨	王柏锦	王帮毅	王德明	王德中
王登祥	王国磊	王华南	王 亮	王树镶	王思波	王显松	王筱轩	王以涛
王永国	王永全	王友泗	王治建	王祖希	卫芸锋	魏伯长	魏先念	魏祥前
吴小虎	吴兴裕	向春宇	谢 平	邢宵飞	徐国文	徐建军	徐建强	徐泽强
杨 勇	杨 浩	杨朝庆	杨 川	杨方俊	杨坤生	杨明磊	杨天翔	杨延攀
杨尧东	杨正泽	尤雪锋	袁 强	岳柏德	岳定龙	昝晓林	张国勇	张洪先

张怀忠	张开翔	张荣成	张荣建	张万龙	张兴林	张有朋	赵建勇	郑　辉
郑飞朝	郑国荣	郑敏锋	郑云成	周　鹏	周学文	朱学林	左宏直	左强周
左友华	蔡白玉*	曾剑琼*	陈晓燕*	陈银华*	成西西*	程晓凤*	邓明凤*	邓永梅*
杜建梅*	杜　倩*	范　琪*	范春梅*	付兴丽*	高芸梅*	苟小玲*	何　瑞*	何建华*
何金枝*	何　利*	胡晓旭*	胡玉松*	黄会容*	姬　萍*	贾秀华*	姜燕栅*	黎小琴*
李　莉*	李　燕*	李　丹*	李建华*	李　锴*	李丽蓉*	李晓霞*	李秀芳*	李银平*
李元秀*	李月华*	梁春容*	梁怀艺*	梁晓霞*	廖鑫颖*	刘　玉*	刘　喜*	刘冰雁*
刘荣秋*	刘晓清*	刘育秀*	隆　丹*	卢莹莹*	罗　霞*	罗永兰*	罗卓海*	毛晓芳*
牟　渊*	母艾华*	母玲华*	母蕊铭*	牛桂姚*	蒲晓清*	权郁雯*	冉梨坪*	任宗玉*
沈苏蓉*	舒　华*	唐　燕*	唐　溢*	唐　燕*（小）	万方圆*	汪静姝*	王　丹*
王　燕*	王春方*	王怀玉*	王娇娇*	王金彦*	王　姗*	王潇倩*	王一帆*	韦清椿*
吴　敏*	吴小春*	伍　丹*	先清艳*	谢　婷*	熊　莲*	徐金灿*	徐清平*	徐桃英*
薛尚婧*	阳　芳*	杨　燕*	杨　颖*	杨桂华*	杨剑容*	杨青梅*	杨秋华*	杨姝垚*
杨俞婷*	姚　琪*	殷芬芬*	袁　敏*	袁剑红*	岳建红*	张　瑶*	张　羽*	张明菊*
张秋慧*	张雪莹*	赵丽君*	赵丽姝*	赵小春*	赵新月*	郑　菲*	郑江红*	仲雅利*
朱虹霖*	左财榕*	欧阳司聪

退休教师（54 名）：

何长松	丁传志	左孔森	王少玄	贾凡章	奂兰芝*	李自力	陈祥君*	王武芝*
王汝礼	黄明生	刘　斌	吴仕贵	蒲雨初	刘必扬	谭永秀*	罗雪兰*	岳永康
刘祥芝*	徐志塘	杨永林	尹志伟	邓润生	蒲文朝	何北平	刘文照	苏洪忠
张志容	贾健平	何国华	袁天容	罗红玉*	任月明*	罗青春	衡朝甫	赵华英
李昱蓉	雍慧君*	王思杰	李　全	王红艳*	杨　森	苟春相	李碧文	王显平
王子仁	唐庆龙	梁怀英*	何绍仕	杨光彦	张正荣	蒲丽蓉*	李　琦	吴方杰

剑阁县武连职业中学

剑阁县武连职业中学位于四川省剑阁县武连镇，地处广元、绵阳两市和剑阁、梓潼、江油三县（市）交界处。学校 1969 年建校，是广元市现存的唯一一所办在农村乡镇、普教和职教相结合的农村职业高中。

2008 年遭受"5·12"汶川特大地震后，受惠于中共中央组织部特殊党费援建，故剑阁县武连职业中学又名剑阁七一中学。2021 年，根据全县教育布局调整，武连职中停止招收职教新生，于2023 年春季最后一批职教学生毕业为止，武连职中全面停办，改为剑阁县武连中学。

学校占地面积 31 540 平方米，建筑面积 10 299 平方米。学校现有 12 个教学班，其中高、初中各 6 个班。高中部开设了现代农艺、电子电工、信息技术、工艺美术、电子商务、3D 打印人工智能增材制造、民族音乐与舞蹈、烹饪等专业。为电子科技大学、四川农业大学、西南大学、四川理工学院、乐山师范学院等本、专科院校输送了 300 余名优秀学子。

学校现有教学楼 1 幢、学生公寓楼 1 幢、食堂 1 幢、行政办公楼 1 幢、教工住宿楼 1 幢、实训楼 1 幢、科技楼 1 幢，建有舞蹈实训中心 4 个共 620 平方米，电子电工实训室 300 平方米，实训操作平台 24 台（套），3D 打印人工智能增材制造实训室 160 平方米，实训操作设备 20 台（套），计算机实训操作室 2 个共 140 平方米，计算机 120 台，工艺美术实训室 2 个 120 平方米，农学专业实训基地大棚 4 个 800 平方米，校外实训基地 6 000 余平方米，工艺广告设计实训部 1 个 50 平方米，室内外写真机和书画装裱机各 1 台、摄像机 2 台，美容美发实训室 60 平方米，实训操作平台 10 台（套）。教学仪器设备资产值达到 500 余万元，校内实训基地工位数共计达 970 个。

学校办学历史悠久，现有教职工 55 人。其中有高级教师 19 名、一级教师 15 名，四川省骨干教师 1 名，广元市名师 2 名，广元市骨干教师 12 名，剑阁县骨干教师 22 名。

表 6-4 学生入学统计

学段	2008 年		2009 年		2010 年		2011 年		2012 年		2013 年		2014 年		2015 年		2016 年		2017 年		2018 年		2019 年		2020 年	
	班数	人数	班数	人数	班数	人数	班数	人数	班数	人数	班数	人数	班数	人数	班数	人数	班数	人数	班数	人数	班数	人数	班数	人数	班数	人数
初中	12	725	12	685	11	589	9	464	7	319	7	313	6	194	6	185	6	164	5	169	5	175	5	194	6	169
高中	4	238	5	294	4	269	6	353	7	351	7	358	6	312	5	220	4	217	5	204	5	235	5	211	6	204
合计	16	963	17	979	15	858	15	817	14	670	14	671	12	506	11	405	10	381	10	373	10	410	10	405	12	373

表 6-5 学校领导简况

姓名	性别	籍贯	职务	任职时间	备注
敬从革	男	四川剑阁	校　长	2008.08—2009.02	
			党支部书记	2009.02—2012.08	
			工会主席	2010.08—2012.07	
唐学良	男	四川剑阁	校　长	2009.02—2012.08	
			党支部书记	2012.08—2017.07	
伏　云	男	四川剑阁	校长兼党支部书记	2017.07—2019.07	
高燕林	男	四川剑阁	校长兼党支部书记	2019.07—	
蒲荣安	男	四川剑阁	副校长	2008.08—2012.08	
徐仁煜	男	四川剑阁	党支部副书记	2008.08—2012.08	
王　俊	男	四川剑阁	教科主任	2008.08—2009.03	
			副校长	2009.03—2013.07	
安孝强	男	四川剑阁	政教主任	2008.08—2015.08	
			副校长	2012.08—	
何炳全	男	四川剑阁	副校长	2014.08—2018.07	
何洪波	男	四川剑阁	纪检监察员	2012.08—2018.07	
			教务主任	2008.08—2015.08	
杨新林	男	四川剑阁	纪检监察员	2018.08—2020.08	
蒲越生	男	四川剑阁	工会主席	2007.08—2010.08	
贾茂林	男	四川剑阁	工会主席	2012.08—2018.07	
王顺强	男	四川剑阁	工会主席	2019.08—	
王　勇	男	四川剑阁	政教副主任、主任	2015.08—	
张　锐	男	四川剑阁	教务副主任	2019.08—2020.08	
			教务主任	2018.08—2019.08	
王顺强	男	四川剑阁	教务副主任、主任	2012.08—2019.08	

表6-5（续）

姓名	性别	籍贯	职务	任职时间	备注
唐海军	男	四川剑阁	教务主任	2017.09—2018.03	
刘新昭	男	四川剑阁	教务主任	2019.08—	
吴昌洪	男	四川剑阁	教科主任	2010.08—2014.08	
张 秋	女	四川剑阁	教科主任	2017.08—2018.05	
贾茂林	男	四川剑阁	总务主任	2008.08—2015.08	
刘 勇	男	四川剑阁	总务主任	2018.08—	
王志雄	男	四川剑阁	办公室主任	2012.08—2017.08	
何炳全	男	四川剑阁	招生就业处主任	2010.08—2018.08	
张和荣	男	四川剑阁	生产实习处主任	2013.08-19.08	
杨 川	男	四川剑阁	生产实习处主任	2019.08—	

学校教职工名录

在职教职工（55名）：

唐国荣	任清源	李永康	伏 云	张和荣	赵 斌	何洪波	高燕林	王群忠
帖道胜	安孝强	何 平	罗子军	高 廉	贾茂林	贾春燕*	唐晓艳*	杜继政
王顺强	严 志	李秀琼*	何翠华*	岳 锋	王 勇	吕昌林	罗金秀*	刘 勇
任新武	苟国林	贾金国	王国磊	何清华*	刘新昭	吴 沁*	杨 川	张有朋
仲雅丽*	杜建梅*	牟 渊	杨姝垚*	何文东	何燕君*	母波涛	王 亮	王 珊*
赵春燕*	刘远孝	何建华	刘剑波	陈敬元	邓明凤*	谢 婷*	王江湖	邓 丽*
辜兰英*								

退休教职工（14名）：

黄开诚	刘 涛*	王武君	蒲越生	严 玉*	王武群	杨玉安	苟国相	敬从革
徐仁煜	蒲荣安	吴荣学	赵有勤	肖开华*				

广元剑阁新科职业技术学校

广元剑阁新科职业技术学校位于剑阁县普安镇城北路65号。学校成立于2000年，2008年经广元市教育局批准，四川省教育厅备案升格为中等职业学历教育学校。学校位于三国重镇、千年历史文化名城——剑阁县普安镇。剑南公路、绕城公路挨校而过，学校环境优美，交通便利，设施设备齐全，师资雄厚，是广大学子求学的理想之地。2021年，全县教育布局调整，学校停止招收学历教育学生，专注职业技能培训。

学校校园占地13.5亩，建筑面积10 147平方米，学校有教师19人，常年有在校学生100余人，学校建有车工、钳工、焊工、电子等专业实训基地8个，可供300人同时操作。

学校在广东、江苏、北京、上海、四川、浙江建有10大就业基地，与10余家公司签订了就业合同，拥有10家校企合作单位。建校20年来，学校始终秉承"立德为先、质量为魂、发展为本、人和为根"的办学方向，累计向高等院校和社会输送各类人才28 320人，得到了社会各界的好评。

学校常年开设计算机应用、电子技术应用、机械加工技术、焊接技术、经济管理等8个学历教育专业，开设有办公自动化、平面设计、水电安装、家电维修等20多个中短期技能培训专业，可常年为社会培养、培训各类技能人才。

表 6-6 学生入学情况统计

	2013 年		2014 年		2015 年		2016 年		2017 年		2018 年		2019 年		2020 年	
	班数	人数	班级	人数	班级	人数	班数	人数	班数	人数	班数	人数	班级	人数	班数	人数
职高	3	185	3	142	3	91	3	89	3	72	3	69	3	50	3	50

表 6-7 学校领导任职简况

姓名	性别	籍贯	职务	任职时间	备注
姚 刚	男	四川绵阳	校长	2008.09 至今	
			党支部书记	2008.09 至今	
杨明卫	男	四川剑阁	教务主任	2008.09 至今	
张庭中	男	四川剑阁	德育主任	2008.09 至今	
王小勇	男	四川剑阁	后勤主任	2008.09 至今	
郭彩丽	女	四川剑阁	办公室主任	2008.09 至今	
			校团委书记	2008.09 至今	

学校教职工名录（11 名）：

姚 刚 杨明卫 张庭中 王小勇 郭彩丽 孙 怡 昝春梅 张 旗 唐 燕 母述鸿 杜文涛

表 6-8 农民工培训统计表

年度	项目	学员人数	结业人数	获证人数	证书种类	培训师资
2015	职业培训 品牌培训	120 80	120 80	120 80	技能合格证 等级证	中、高级农艺师 技师
2016	职业培训 品牌培训	400 112	400 112	400 112	技能合格证 等级证	中、高级农艺师 技师
2017	职业培训	400	400	400	技能合格证	中、高级农艺师
2018	职业培训	823	823	823	技能合格证	中、高级农艺师
2019	职业培训	1 256	1 256	1 256	技能合格证 专项职业能力证书	中、高级农艺师
2020	职业培训	1 058	1 058	1 058	技能合格证 专项职业能力证书	中、高级农艺师

第二章　成人中、高等教育

一、教师情况

剑阁成人教育中心现有教职工 43 人，其中，中学高级讲师 15 人，省市级骨干教师 10 人，县级名校长 1 人，名教师 8 人，广元市教坛新秀 2 人，广元市科技拔尖人才 1 人，拥有一支承担全县中小学教师培训和电大学历教育的优秀教师队伍。每一年举办各种中小学教师短期培训班 30 余场次，将近 3 000 名教师接受县级培训，全体中小学教师均要接受校本培训。电大教学有序进行。每学期招生达到 280 人，涉及专科和本科多个专业。现有在册在籍电大学员 1 130 人。

二、剑阁成人教育中心电大学员情况

表 6-9　剑阁成人教育中心电大学员情况

	2008 年		2009 年		2010 年		2012 年		2013 年		2014 年		2015 年	
	班数	人数	班数	人数	班数	人数	班数	人数	班数	人数	班数	人数	班数	人数
中专	2	109	2	105	—		—		—		—		—	
专科	8	215	8	204	10	69	13	251	15	299	17	251	14	315
本科	4	46	4	45	6	59	11	171	12	138	11	134	10	133
合计	14	370	14	354	16	128	24	422	27	437	28	385	24	448

	2016 年		2017 年		2018 年		2019 年		2020 年		2021 年	
	班数	人数	班数	人数	班数	人数	班数	人数	班数	人数	班数	人数
中专	—		—		—		—		—		—	
专科	17	224	20	312	22	254	25	244	17	92	—	
本科	12	147	14	182	17	145	15	153	14	84	—	
合计	29	371	34	494	39	399	40	397	31	176	—	

三、剑阁成人教育中心办学模式

剑阁成人教育中心以"博学明理、立德树人"为校训，按照"课程改革和开放办学"的管理思路，坚持短期培训与学历教育相结合的办学模式。在教师教学基本功培训方面，注重"三笔字"和"普通话"训练，每两年举办一次"基本功大比武"活动，检验培训效果；在课堂教学方面采用"走下去"与"请回来"的教师集中培训方式，让中小学教师接受全员培训；为了发挥名教师的"传帮带"作用，成立了"名师工作室"领导小组，在全县中小学挖掘人才、打造名师，使一批中青年教师在教学实践中脱颖而出、展露风采。在学历教育方面，针对社会发展需求，不仅组织中小学教师学历提升培训，而且开展社会各行业人才的学历教育，为剑阁县经济社会发展做出了积极、有效的贡献。

第三章 农民工培训

第一节 农民工培训的国家政策

在中国工业化、城镇化过程中，大量农村富余劳动力转移到城市和乡镇就业，农民工成为经济社会转型时期特殊的社会群体。农民工总体素质不高，普遍缺乏适应城镇建设需要的劳动技能，严重影响了其向非农产业和城镇转移。大力开展农民工培训、实现农村富余劳动力向非农产业和城镇转移，是增加农民收入和推进城市化进程的重要举措。为此，国家制定了一系列政策，采取了一系列措施，实施了众多针对农民工的培训工程，各级地方政府也采取优惠措施来吸引和鼓励农民工参加各种培训。

2004年，教育部制定了《农村劳动力转移培训规划》；同年，农业部、劳动和社会保障部、教育部、科技部、建设部、财政部等六部委联合实施了"农村劳动力转移阳光培训工程"，对有意愿转移到二、三产业和城镇就业的农民，由政府财政补贴，在输出地开展转移就业前的职业技能短期培训。

2005年，《国务院关于大力发展职业教育的决定》规定，职业教育要为农村劳动力转移服务，以促进农村劳动力合理有序地转移，促进农民脱贫致富。2006年，国务院发出《国务院关于解决农民工问题的若干意见》，要求大力开展农民工职业技能培训和引导性培训，扩大农村劳动力转移培训规模，提高培训质量。同年，劳动和社会保障部制定了"农村劳动力技能就业计划"。据该计划2006—2010年要对4 000万农村劳动者进行非农技能培训，年均培训800万人；培训合格率达到90%以上，就业率达到80%以上。

2007年，国务院扶贫办牵头实施了"雨露计划"，要求各级扶贫部门整合社会培训资源，公开认定培训基地。对青壮年贫困劳动力进行转移培训。2008年，国务院办公厅发出关于切实做好农民工工作的通知，要求加大对农民工培训的投入，改进培训方式，增强培训效果。

2009年，国务院发出《关于做好当前经济形势下就业工作的通知》，要求加强就业服务和职业培训，促进农民工在城镇再就业。同年，人力资源社会保障部、财政部发出《关于进一步规范农村劳动者转移就业技能培训工作的通知》，要实施分类培训，强化培训的针对性和有效性。

2010年以后，国务院办公厅又发出"关于进一步做好农民工培训工作"系列通知的通知。结合精准扶贫和新时代的要求，针对农民工培训中存在的问题，要求各级政府、培训机构在组织实施农民工职业技能培训的时候，更加注重实效性、针对性，提高农民工职业技能培训的效果。

第二节 培训管理

一、县级部门管理

剑阁县扶贫开发攻坚就业和能力提升指挥部，根据广元市人社局下达的职业培训目标任务并结合剑阁县实际，组织县人社局人力资源开发股协同县就业局社区培训管理股共同制订职业培训工作计划，并向各培训机构下达培训任务。

定点培训机构认定的程序如下：县扶贫开发攻坚就业和能力提升指挥部发布培训项目公告，各培训机构根据公告要求，提交申报材料后，由县人力资源和社会保障部门牵头，组织相关人员组成评审组进行实地考察，再公示拟认定的培训机构名单，公示 5 天无异议后，由县扶贫开发攻坚就业和能力提升指挥部发文公布。

定点培训机构认定坚持"条件公开、自愿申请、平等竞争、择优确定"的原则。2018 年剑阁县公开评审认定的职业培训机构有四川省剑阁职业高级中学、广元剑阁新科职业技术学校、剑阁县农业科技中心、剑阁县蜀道演义电子商务有限公司、剑阁县残疾人就业服务所等 12 个单位。其中，四川省剑阁职业高级中学于 2018 年 7 月被评定为"省级劳务培训基地"。剑阁县扶贫开发攻坚就业和能力提升指挥部，根据各培训机构师资结构、设施设备等情况，下达农民工职业培训任务。

剑阁县扶贫开发攻坚就业和能力提升指挥部，在 2017 年以后，注重过程管理：要求培训机构在培训期间，每天都要上传培训实况录像；查验培训内容、实训效果；参与技能等级鉴定的相关工作，了解培训效果；跟踪再就业情况。

二、培训机构管理制度

（一）培训中心分管领导岗位职责

（1）实施发展规划，争取培训项目，拟订年度工作计划，执行学校规章制度，落实学校的年度工作计划；（2）监督管理培训教育教学、科研活动，保证教育教学质量；（3）健全各项培训管理制度，认真开展培训工作；（4）承担培训秩序管理、培训计划执行管理、培训人员组织管理、培训质量保障管理、培训过程监督管理、师资管理、培训中心临聘教师管理等主要责任；（5）指导、监督和落实培训中心的党建工作。

（二）培训中心教师职责

1. 培训班主任工作职责

（1）热爱本职工作，按时到岗到位，满足学员的后勤保障需求；（2）组织好学员按时到班上课，并做好学员签到工作；（3）为参加培训的学员建立完善的档案，并按要求向人社局、就业局上传相关文字和图片、视频，准备好培训类相关资料；（4）做好学生的安全和教育管理工作，包括学生上课、就寝、请假和生活费的充值等全方位的工作；（5）按人员到位、资料上传和整理情况发放补贴（到位率≥90％：1.2/70％≤到位率<90％：1.0/到位率<70％：0.8）。

2. 任课老师工作职责

（1）热爱本职工作，认真执行培训方案、教学计划和教学大纲，努力完成教学任务；（2）严格遵守培训中心纪律，不旷工、不旷会、不旷课、不迟到、不早退、不随意调课；（3）认真备课，写好教案，做好课前的一切准备工作；（4）关爱学员，尊重学员人格，为人师表；（5）教师讲课理论联系实际，更新观念，注重培训效果，激发学员的学习积极性；（6）加强学员实训管理，严禁学员在课堂嬉闹或做与学习无关的事情；（7）严格要求学员认真执行中心的规章制度，教育学员遵守劳动纪律，爱护公共财产，对违章、违纪的学员进行批评教育；（8）加强自身政治、业务学习，努力提高教学水平，关心学员，注重言传身教，为人师表；（9）积极参加培训中心组织的教学教研活动，完成交办的其他工作任务；（10）协助好班主任做好学员的到位签到工作；（11）按学员反馈情况（到位和教学）的等级发放补贴（A 等：1.2　B 等：1.0　C 等：0.8）。

（三）上课制度

（1）严格执行教学计划，按规定进度授课，不缺课，不随意调课；（2）上课要讲清基本概念，注意知识的系统性、科学性和完整性，做到层次清楚，深入浅出，便于学员理解和记忆；（3）贯彻精讲多练的原则，重视案例分析，使学员通过分析案例的办法，提高掌握知识的理解能力；（4）上课必须有教案，不上无准备之课；（5）课堂教学必须预防缺漏，当堂巩固，注重板书，让学员做好记录，以便复习和更好地应对鉴定考试；（6）做好学员的上课考勤；（7）正确操作多媒体和实训设备，爱护教学仪器、实训设备等。

（四）学员考勤制度

（1）学员参加培训，必须做到不迟到、不早退、不旷课，因事、因病不能上课必须事先履行请假手续，未经批准的一律按旷课论处；（2）严格遵守作息时间，按时到班上课，实行学员来人签到制度（上午8:30—11:30/下午3:00—6:00/晚上7:00—9:00）；（3）学员的考勤由培训单位、任课教师或班主任负责，值班人员进行抽查；（4）学员的出勤情况根据需要不定期地在班级公布，培训班结束后，班主任做好统计；（5）凡出勤率低于80%，取消职业资格认定；（6）按签到次数发放生活补助。

（五）学员守则

（1）严格遵守学校各种规章制度，服从班主任、教师和后勤人员的管理。

（2）上课不迟到、不早退、不旷课，有特殊情况不能听课者须办理请假手续。

（3）遵守课堂纪律，上课专心听讲，认真学习，不看与上课内容无关的报纸杂志，不交谈聊天，不在课堂上打、接电话。

（4）尊敬教师和工作人员，团结学员，礼貌待人。

（5）讲文明、讲卫生，校园及课堂内不穿背心、拖鞋，不吸烟，不随地吐痰，不乱扔垃圾，自觉维护教室、寝室及校园清洁卫生。

（6）爱护教具、课桌、课椅、餐椅、被褥、床等一切公物，若有损坏，照价赔偿。

（7）节约用电，节约用水，严禁浪费。

（8）遵守寝室管理规定，寝室内不大声喧哗，按时就寝，不影响他人休息。

（9）严禁酗酒、赌博，严禁聚众滋事、打架斗殴，若有违反，按《中华人民共和国治安管理处罚条例》追究其相应责任。

（10）杜绝一切不安全事故的发生。

（六）培训学员住宿管理制度

为保证参训学员在四川省剑阁职业高级中学培训中心住宿期间的人身、财产安全，特制定本规定：

（1）需在四川省剑阁职业高级中学培训中心住宿的学员，应持本人有效身份证件到住宿管理人员处登记表，填写培训学员住宿登记，听从住宿管理人员的安排。

（2）自觉执行住宿管理规定，文明住宿，保持和谐、愉快的住宿生活环境。

（3）各位学员请按照管理人员的分配入住，勿将个人床位私下转借他人或擅自调换床位和房间。

（4）入住学员讲究卫生，保持室内及公共环境整洁，爱护公共财物及公共环境，不乱扔杂物，禁止在室内喧哗、赌博、酗酒、打闹或聚众闹事。

（5）学员入住时检查室内设施，爱护室内设施，如有损坏照价赔偿；属于自然耗损的，及时申报维修。

（6）禁止私拉乱接电线、网线；注意用电安全，在室内不得使用大功率电器。

（7）不许在楼道和公共场所堆放个人物品，保证安全畅通。

（8）时刻注意室内的安全，不得擅自更换门锁、撬门锁，离开房间随手关门上锁，避免物品丢失。

（9）严禁携带有毒、有害、管制刀具、枪支弹药、毒品等危险品入住。

（10）遵守交通规则，注意交通安全，培训往返途中，不搭乘三无车辆、船只及其他非载人交通工具。

（11）严格遵守作息时间，晚上10点前必须回房间入睡，不得翻趴大门和围墙，培训期间在食宿地要注意防火、防触电、防雷击、防盗，若遇到暴雨、暴风、雷电、冰雹、地震等极端天气请就近及时避险。

（12）培训住宿期间，不得下河、塘、堰等不安全水域游泳、洗浴，不得寻衅滋事、打架斗殴、酗酒、赌博、嫖娼等。

（13）若遇到或发现不安全因素或者隐患，请及时告知培训机构相关人员。

（七）培训租车制度

（1）培训租车由主管领导审批和派遣，原则上实行"一事一派"。

（2）驾驶人员对司乘人员安全负总责；不得酒驾，严格遵守车辆操作规程，并积极协助培训人员完成培训任务。

（3）租车费用以公里结算（按教育局和学校规定标准执行），原则上一月一结；月末驾驶员要凭《公务用车派遣单》和相关票据经主管部门领导审批后、相关责任人审核签字后统一到学校财务室按程序报销领取。

（4）厉行节约，非公务活动一律不得租用车辆。

（5）培训租车实行同步登记制度，登记台账作为月底结算的重要依据。

（八）教材使用发放管理制度

（1）教材存放于中心资料室，安排人员专管；建立建材入库、出库台账，做到账物相符。

（2）教材管理人员应根据教材使用情况，及时提出教材订购计划。

（3）开班前一天，班主任根据各班培训人数，到资料室领取教材。

（4）教材出库时，必须填写教材领用登记表；填表要求字迹清楚，数量准确，不随意涂改。

（5）教材发放实行学员本人签字领取。

（6）开班后，班主任必须将发放后多余的教材退回资料室。

（7）教材管理人员应经常整理入库教材，及时结算教材款。

（九）财务管理制度

（1）财会室负责培训的日常账务管理。

（2）认真学习国家的教育、财经法律法规、方针政策，运用科学的管理方法，合理安排、使用经费，认真贯彻《中华人民共和国会计法》和《财政法规》《财政专项资金管理办法》等。

（3）建账、记账、算账、报账等工作做到手续齐全，数字准确、存档规范。

（4）出纳负责办理支票和各项经费的报销工作，会计负责各项开支的记账工作。

（5）严格执行事前申请、事后报销制度，不符合规定的不予支付。

（6）财会室建立统一的采购与报账流程，保证培训资料合法、完整，资金使用真实、准确。主动接受上级相关部门的监督，并在每一年度终了时做好财务会计报告。

（十）培训耗材及相关用品采购管理制度

（1）培训耗材或相关用品的购买由培训班主任或相关部门工作人员按专业培训人数和时间提出采购申请，经招生培训办副主任、培训办主任、分管领导、财务、纪检、校长统一审批后，由相关专业老师、实习处主任、培训办主任、会计、纪委书记五人统一采购。

（2）耗材实行询价采购，经销商必须提出真实有效的购销发票和采购目录清单。

（3）培训耗材及相关设备必须严格台账管理，实行由专人管理的入、出库登记制度。设备入、出库时，必须填写入、出库登记表。填表要求字迹清楚，数量准确，不随意涂改。培训结束，由相关领导召集班主任、管理员进行核实清查，做到账账相符，账物相符。

（4）实训耗材及相关物品由班主任代为领取，并按照耗材发放名册据实向培训人员发放，培训结束，班主任将培训学员签字按印的发放名册交由招生培训办存档。

（5）耗材由人为原因造成的损失由具体负责人承担经济责任。

第三节　培训项目及效果

一、培训项目

剑阁县农民工职业培训从2012年开始大规模进行。培训的对象是全县范围内有就业创业需求和培训意愿的城乡劳动者，主要包括：建档立卡贫困户中具有劳动能力的贫困人员，专业合作社、涉农企业负责人，企业员工，村组干部，具有一定劳动能力的残疾人或残疾人家属，库区移民，退伍军人等。2016年前，培训项目主要是职业技能培训、品牌培训、创业培训、家政服务培训、专业技能提升培训、农村实用技术培训等。2017年后（包括2017年）培训项目主要结合脱贫攻坚、精准扶贫工作进行专项职业技能培训：焊工、电工、汽修、种植养殖等技术培训。培训场地，前期主要在培训学员集中的乡镇或村组，后期因培训项目主要是非农业技术，主要在评审认定的培训机构。

表6-10　农民工职业培训情况统计表

项目	职业技能（人次）	品牌培训（人次）	创业培训（人次）	技能提升（人次）	扶贫培训（人次）	岗前培训（人次）	农村实用技术（人次）	退伍军人（人次）	其他（人次）	累计
2012	680	0	300	900	400	1 050	1 600	0	320	5 250
2013	600	0	200	800	200	980	1 800	0	190	4 770
2014	700	0	100	700	600	1 060	2 000	0	300	5 460
2015	970	80	50	600	400	1 000	1 580	0	460	5 140
2016	1 070	112	100	1 060	300	1 060	1 200	0	650	5 552
2017	700	0	0	0	72	0	0	0	0	772
2018	823	0	0	0	99	0	0	0	0	922
2019	1 256	43	0	0	44	0	0	19	0	1 362
2020	1 058	0	0	0	0	0	0	0	0	1 058
合计	7 857	235	750	4 060	2 115	5 150	8 180	19	1 920	30 286

从上表中可以看出，单个培训项目中"职业技能培训"的人数最多，达7 857人次，"退伍军人培训"人数最少，只有19人次。2012—2016年培训的项目种类多，大都为5~8项；培训的人次每年都在5 000左右。2017年以后无论是培训项目还是人次，都较前几年少许多。

二、培训效果

农民工接受两个月左右的培训，参加由劳动部门组织的技能等级鉴定，获证率达98.5%以上，培训合格者发给《培训结业证》和国家相应的《职业资格证书》，并且由培训机构与用人单位联系，推荐就业。剑阁职中先后与"浙江省丽水市莲都经济开发区""四川驰恒专用汽车制造有限公司""四川新能新材有限公司""四川九州电子科技股份有限公司""剑阁县天然气公司"等企业签订了长期培训用工协议。参加培训后这些农民工的月收入均在3 000元以上。实践证明，通过培训的农民工，基本实现了由体力型向技能型输出转变，低收入向高收入转变，短期打工向稳定就业转变，达到了"培训一人，致富一家，影响一片，带动一方"的效果。

第四章　老年教育

第一节　发展概况

2008 年是剑阁老年大学开办第 5 年。学校继续秉持"增长知识、丰富生活、陶冶情操、促进健康，服务社会"的办学指导思想，班子及教师队伍建设进一步加强，课程设置、教学管理、设备设施、规章制度日臻完善，处在全面健康发展的阶段，是四川省"老年大学示范学校"。

是年 4 月 15 日县人民政府下发《关于调整剑阁县老年大学领导班子的批复》，确定邓益平任校长，何海生、夏思发、贾晓玲任名誉校长，李登禄任常务副校长，王汝礼、费春山任副校长。

当年，学校办学经费列入财政预算。

教学工作自是年起逐步完成从综合办班到专业班教学的过渡，相继组建法律、文史、诗词、书法、美术、体育、音乐、舞蹈、卫生保健、烹饪、计算机、按摩、花卉栽培、电器运用、摄影等 15 个专业班，开设了专业课、公共课（时政）、选修课以及"蜀道文化""科普讲座""银发讲坛"等。

学校校址在普安镇里仁巷（原县政府食堂），教学用房 200 平方米。当年自筹经费在该校址处新建门球场、乒乓球场各 1 个，约 300 平方米。

剑阁老年大学自成立以来，都是与县老科协、县老体协三个老年团体相融一体共同发展。随着老年人数的日益增多、各自队伍的壮大、活动内容的拓展深化，工作班子也逐渐扩大。为了加强管理，促进三个老年团体融洽共进、协调发展，2009 年 9 月剑阁县老年大学以"〔剑老年大学〕4 号"文，印发了《剑阁县老年大学、老科协、老体协办公室工作人员会议纪要》（以下简称《纪要》）。《纪要》明确指出：为整合资源，形成合力，老年大学、老科协、老体协三个团体实行三块牌子、一套人马管理，李登禄负责三个团体的全面工作，王汝礼协助做好三个团体的重大问题的讨论、决策，并参加三个团体的活动；张映福负责处理三个团体的内部事务，重点抓好文艺宣传活动与老体协工作，洪仕璧负责教学工作，反馈学员、教师的意见与要求，开展老年教育理论科研活动；张剑锋协助办理办公室事务，负责对外联络和摄影录像等宣传报道工作；艾守诚、赵树奎负责办公室内部事务，重点做好文秘工作和各类档案资料的收集及图书资料的管理，何伯伦负责会计工作，李春兰负责财产管理、电话联络、电器维修。老年大学内部管理分工明确，各项工作协调有序。

2009 年剑阁老年大学晋升四川省 B 级老年大学，李登禄校长荣获"全国先进老年教育工作者"奖章和证书。

2010 年 11 月 9 日县国有资产管理局印发《关于同意有偿划拨国有资产实施相关项目建设的函》（剑国资函〔2010〕29 号），函称：按照《剑阁县灾后重建项目实施规划》《中共剑阁县委、剑阁县人民政府关于加快推进灾后重建项目实施意见》（剑委发〔2009〕1 号和剑府发〔2006〕号文）之规定，经研究同意将财政局、体育局、县委办位于普安镇的国有资产有偿划拨实施相关项目建设。划拨的具体情况如下：位于普安镇原体育局体育活动中心（县委原大礼堂）及附属建筑有偿划拨给县民政局，用作县老年大学、老科协、老体协、老年产业服务站的教学活动用房；位于普安镇县委原办公楼三楼 7 间房划拨给民政局，用作老年大学、老科协的办公业务用房。

2011年6月21日学校第五次迁址，正式迁入县体育中心（县委原大礼堂）。这次迁址，是剑阁县老年大学发展中一次突变与飞跃，学校教学办公用房一举突破1 500平方米，有室外活动场地1 400余平方米，设置了门球场、篮球场、健身活动场、乒乓球场等。学校充分利用这些房产资源扎实有效开展课堂教学，开展第二课堂、第三课堂活动，服务老年人，回报社会。

2012年7月6日老年大学召开创A升级工作会议，要求10个中心乡镇分校全面落实办学"五有"：有牌子、有班子、有经费、有场地、有活动。10月18日，老年大学举行乡镇分校挂牌仪式。校本部设于普安镇原县委大礼堂。10所分校分别设于下寺镇、剑门关镇、柳沟镇、武连镇、开封镇、元山镇、白龙镇、公兴镇、鹤龄镇、江口镇。

老年大学在校总学员人数达到1 500人。

2012年11月13日，李登禄校长参加在绵阳召开的川渝老年大学协作会，会上由省老龄办、省老干局、省教育厅、省文化厅、省老年大学协会，联合发布通知：剑阁县老年大学被评为省A级老年大学，并授牌。这标志着剑阁老年大学的发展步入了一个更高、更新的阶段。

是年10月27日成立剑阁县老年大学"枫林诗社"。李登禄任社长，诗社成员有张映福、张特生、罗华元、洪仕璧、何中辉（已故）、何怀尧、王汝礼、刘树元、李尧生等。"枫林诗社"的建立深化了"文学创作""诗词教育"的课堂教学，为学员展示学习成果搭建了平台。它更深远的意义是普及了古典诗词新声韵创作，圆了一批银发老人学诗、写诗的梦想。

是年学校被列为经费一级独立预算单位。

2013—2015年，全校上下以党的十八大精神为指导，以纪念建校十周年为契机，以把剑阁老年大学办成老年人的学园、乐园、家园，办成剑阁人民满意的老年大学为目标，围绕以下工作任务，继续致力于学校的提质升位：

2015年经复查评估，剑阁老年大学继续跻身省A级老年大学行列。

2016年老年大学以巩固省A级老年大学三轮定级成果为目标，大胆改革创新：强化教学班管理，推进多媒体教学，逐步取代"粉笔+黑板"的授课模式；实施满足不同文化层次要求的分层教学，设立诗词创作研修班（10~15人），组建声乐提高班（20~30人），建立老年大学合唱团，开展庆祝中国共产党建党95周年系列活动，加强对乡镇分校的检查督导评估，促进乡镇分校与校本部同步发展，共同提质升位。

2017年学校全面贯彻落实国务院办公厅印发的《老年教育发展规划（2016—2020年)》，采取有力措施，全方位努力，加强教育教学工作，促进三个课堂协调发展，促进教学班的课内教学和学习团队文化活动并举，加强对各分校的指导、考核，促进全县老年教育质量提升。

是年12月19日县委、县政府以剑委〔2017〕87号文印发了《关于调整县老年大学领导班子的批复》，确定由张大勇、周建明、王静、张春华任名誉校长，郭扭只任校长，杨子强任常务副校长，贾勇任副校长。

2018—2020年学校在新班子领导下，以党的十九大提出的"新时代、新目标、新气象、新作为"为指导思想，着力创新，狠抓质量，在班子、师资队伍、课程设置、学习方式、规章制度、考核奖励、学习成果展示、校园文化建设等方面实现新突破，聚力于省老年大学第四轮评估。

第二节　专业设置

2008—2020年，随着老年教育意识不断深化，学校规模不断扩大，争创省A级老年大学的办学实践，老年大学的专业不断增加，并适时调整。学校先后开设了法律、文史、诗词、书法、美术、体育、音乐、舞蹈、卫生保健、烹饪、计算机、按摩、花卉栽培、电器运用、摄影等15个专业。这些专业对学员是"自助餐"式的，即学员根据自己的兴趣爱好选学其中一个或几个专业，从而形成了 15 个专业班。所有专业的学员都必须参加公共课即时政课的学习。学校还开设了"蜀道文化讲坛""银发讲坛""科普讲座"。

表 6-11　剑阁县老年大学课程设置、班级一览表

序号	课程名称	开设时间	任课教师
1	卫生保健	2003—2020	陈天然　陈彦星　白仕蓉　王国道　王廷志　李文蓉　陈健康　何会蓉
2	按摩	2005—2018	刘作凡　李先平　杜宗光
3	计算机	2003—2020	赵从海　赵剑松　罗海艳　李爱蓉
4	诗词创作	2005—2020	李登禄
5	诗词教育	2005—2020	李登禄
6	文史常识国学基础	2005—2020	李登禄
7	音乐	2003—2020	陈小燕　余其俊　敬红英　苟联昌　王小惠　赵元年　彭　丽
8	舞蹈	2003—2020	尹　静　李春霞　王秀杰　张国蓉　郑新惠　余　红　陈清莲
9	体育	2005—2020	何正荣　刘光烈　罗太宇　何　静
10	书法	2003—2020	张特生　李尧生　朱光泽
11	美术	2005—2020	奂大坤　周成栋　吴洲平
12	法律	2010—2020	王清明　田金强　梁中学
13	花卉	2003—2020	杨子贵　侯锦林　贾锡普　艾守诚　陈国和　罗　启
14	摄影	2005—2020	黄中强　冷　凡　敬永雄　张剑锋
15	烹饪	2004—2020	陈国和　梁宗昭　张剑锋
16	戏曲欣赏	2007—2020	王林乐　母子仁　奂大琚
17	器乐演奏	2011—2020	孙步山　赵兴俊
18	科普讲座	2007—2020	胡宇鸿　李先平
19	时政	2013—2020	王林乐　王汝礼　杨子强
20	银发讲坛	2013—2020	王宗成　何中辉
21	蜀道文化	2013—2020	李登禄　杨子强

第三节　教育教学

全年分春、秋两季开学上课，全年授课 160~170 学时。一般每星期周一至周五上课，如果校外聘请的老师只能在周六、周日上课，则安排在周六或周日上课。但全周不超过五天上课。春、秋两季开学前，教务处即聘请好老师，按聘请情况排好课表，印发给每一位任课老师和每一位学员。课表一旦排定，则不受人为或天气左右，按课表行课。学校或授课老师因特殊情况不能按课表时间授课时，要提前 3~5 天告知教务处，由教务处安排调课，并提前通知学员。

每天上午授课 2 学时，每堂课由班长负责学员签到，学员签到表作为档案资料由教务处收存，期末由教务处统计到人，根据签到情况，评选优秀学员，在散学典礼上给予表彰奖励。

由教务处对老师授课情况进行考核。每学期要召开一次或两次任课老师会议，向老师们传达学校领导对教学工作新的要求，反馈学员对授课的意见。经过多年考核，绝大部分老师授课出勤率均为百分之百。

这种依课表进行的教学活动，被称作"第一课堂"活动。"第一课堂"之外设有"第二课堂"活动，"第二课堂"活动是指由教务处正式安排的每天清早和每天下午的活动，它是学员对课堂学习的补充和延伸。如早晨的体育锻炼，下午进行的音乐、舞蹈、体育、器乐演奏、节目排练、书法、绘画练习等等。

学校每学期、每学年通过举办各种比赛、组织开展节庆假日活动、散学典礼才艺展示等形式，展示课堂学习成果。

学校每三~五年要编印一本校刊《松鹤之光》，2008至2020已编印了第二、三、四、五、六、七辑，在这6辑校刊上学员发表各类文章389篇、发表诗词楹联作品1 128件、书法作品269件、摄影作品188件。

枫林诗社有内部小报《枫林诗稿》，每年编印4期。自2012年创刊至2020年已编印33期，先后有1 000多人次发表诗、词及楹联作品。

还有第三课堂活动，这主要是指学员由学校组织或自主在校外参加的其他社团或有关部门的服务社会的活动。如由学校集体组织参加的政府或部门开展的节庆活动，学员在课余时间里的著书立说，为个人或团体书写楹联匾额，参加社会调研以及社会各项讲座、比赛等。

2008—2020年已有李登禄、李瀛泉等20多位学员出版散文、诗稿、传记、书法等各类著作20多部。

学员通过第一课堂再学习、获得新知，通晓古今，提升内力，通过第二、三课堂展示个人和学校的风采。三个课堂同步驱动，充分调动了广大学员的学习积极性和创造性，他们由衷地称赞老年大学是求知增智的学园、愉悦身心的乐园、温馨和谐的家园。参加老年大学的学习与活动，成为他们晚年生活不可或缺的一部分。

第四节　教师学员人数（校本部）

一、教师人数

每学期开多少门课，就有多少教师。每年有26~30位教师。李登禄校长是终身教育工作者，深知教师的德与才是决定一所学校兴旺发达的关键，非常重视教师的选拔。在老年大学的办学过程中始终坚持高标准选用德才兼备、有一定社会影响力的优秀教师。

二、学员人数

大多来自三个方面的老年人：一是各级各类学校的退休教师；二是机关企事业单位的退休老年人；三是农村老年人。这些老年人文化层次参差不齐，所以课程设置都针对学员实际，设置"自助餐"式的课程，充分满足不同层次学员的学习要求。每年参加学习的学员人数随着老年教育宣传的不断深入和办学条件的不断改善，呈逐年直线上升的趋势。

表6-12　2008—2020年学员人数统计

年度	春季	秋季	年平均
2008	132	155	143.5

年度	春季	秋季	年平均
2009	158	161	159.5
2010	169	210	189.5
2011	225	250	237.5
2012	296	336	316
2013	395	448	418.5
2014	528	630	608.5
2016	639	663	651
2017	690	693	691
2018	730	754	742
2019	800	832	816
2020	因疫情未开学	836	836

第五节 设施设备场地

2011年6月学校正式迁入县体育中心，总房屋建筑面积1 394平方米，大礼堂为学校综合演练厅、第二课堂活动场地。礼堂东侧二楼为第一课堂教室，同时设有图书室、小会议室、书画室；礼堂西侧二楼为校长办公室、器乐演奏室、活动器材保管室；北侧二楼为后勤、财务、教务处办公室，一楼为老年活动室。室外有门球场一个、篮球场一个、羽毛球场一个、乒乓球场一个，合计总面积约1 500平方米。2018年门球场、篮球场、羽毛球场全部建成标准化塑胶球场。

学校有课桌凳210套，其中160套为2012年政府采购，50套实木课桌凳为学校自购。其他办公桌、椅、沙发、箱柜共208件，为县政协、县法院迁往下寺时捐赠。

2011年，从江西购回烫金布青龙、黄龙各一条，价值5 000元，从成都购买川剧锣鼓一套，价值2 235元；2015年购买舞台灯光照明设备一套，价值10 680元；2014年购买摄像机一台，价值11 800元；2015年更新礼堂灯光、线路，价值15 831元；2016年购买电子钢琴一部，价值3 530元，购买多媒体教学设备，价值7 925元；2018年大礼堂安装电子显示屏，价值2.28万元，2016—2019年为老年服务站购买海尔挂式空调9台，价值17 228元。

第六节 经费来源

2008年，剑阁老年大学的办学经费首次列入县财政预算拨款。这样学校的经费有三个主要来源：一是财政拨款。这是最主要的经费来源，是办学经费的基本保障。2012—2015年每年拨款10万元，2016—2020年每年拨款15万元（含分校考核补助经费）。二是学员学费收入，每人每期缴费20元。80岁以上学员免缴。三是社会（企事业单位、社会成功人士）捐赠。

2012年县老年大学被列入一级财政独立预算单位。学校经费主要用于校舍维修、教学设备添置及更新、教师课时酬金、教学活动开支。

第七节　日常管理

老年大学的日常管理由两表制约实行。

第一张表是值日表。老年大学从校长到工作人员（"志愿者"）常年有 10 人左右，每一个人编入值日表，值日表张贴在值班室，同时发给每个人一份。按表轮流值日。如果有人因事不能值日，可私下与后面的值班人员协商调整。

值班人员履行下列职责：①代表学校接待来访者，热情详细回答来访者的咨询提问。不能解答的问题，请示学校领导。②打扫校区内外及厕所清洁，保持全天候干净整洁。③负责校产安全，发生意外，及时报告学校领导。④烧好茶水，保证授课老师及茶园活动室的茶水供应。⑤负责学校大门和教室的开、关。⑥如实填写"值班记录"及茶园收入记录。⑦负责值班交接。在值班表的轮回管控下，全年天天有人值班。严格的值班制度及工作人员的敬业精神，保证了学校的安全和教育教学工作的有序。

第二张表是课表（包括第二课堂活动安排表）。这是学校最权威的文件，从校长到每一个工作人员，自觉遵守。教务处工作人员，按课表跟班参与全学期教学管理，其他工作人员跟班听课率不得低于 55%。

对学员的管理，基于老年人是一个特殊的群体，坚持慎之又慎的理念，确保制度切实可行，强调和谐，强调自主自律，做到"管而不死，活而不乱"。学员选课自主，进出自由，兼之以管理考核，坚持注册制度、考勤制度、学籍制度。

教学管理，坚持李登禄校长概括总结的五项原则：慢节奏，广覆盖，重实践，多样性（教学时间多样性、教学空间多样性、教学媒体多样性、教学师资多元化）、宽要求。五项原则，行之有效。

其他如财务管理、校产管理、档案管理，各有专人，各有职责。

第五章　社区教育

一、发展概况

2015 年 10 月，经教育主管部门批准，组建从事社区教育工作的团队；2016 年，结合文明城市创建，与宣传部联合成立剑阁县市民学校，并建立了修城、清江、雷鸣、沙溪、三江、渡口等社区教育学习中心；2017 年 4 月，经县编委批准，成立剑阁社区学院；2017 年 10 月，成立剑阁县社区教育工作领导小组。由分管副县长任组长的剑阁县社区教育工作领导小组，组建了社区教育工作专家讲师团队，并在剑阁成教中心设立领导小组办公室，负责社区教育日常工作。同年 11 月成功举办广元市（剑阁县）全民终身学习活动周开幕式，剑阁社区学院正式挂牌。学校有社区教育专职工作人员 5 人，外聘专家讲师 17 人，社区专干 6 人。为加强剑阁社区教育工作组织领导筑牢了根基。

二、开展活动及平台

与相关单位、部门协作共建，深入挖掘社区教育资源，广泛开展社区教育活动。在全民终身教育体系构建和学习型社会建设中主动作为，以老年大学、剑门关蜀道文化讲坛、清江民乐协会、晓清艺术培训学校为试验基地，加强单位、部门协作，多元化开展知识讲座、普法宣传、下乡义诊、文化讲坛、书法美术爱好者培训、文艺汇演等社区教育活动，给社区居民带去便捷的医疗服务；深入社区宣讲法律知识，接受群众的法律咨询；传承弘扬剑阁特色历史文化；充盈百姓精神文化生活。在建设"两个文明"进程中发挥了重要作用。

同时，剑阁社区学院积极主动投身脱贫攻坚主战场，利用社区教育学习中心、成人文化技术学校、农民夜校、社会团体等平台，举办各类劳务扶贫项目及知识技能培训。围绕剑阁创建"康养旅游名县"的经济发展主题，深入开展调查研究，为决战脱贫攻坚、同步全面小康提供强有力的精神动力和智力支撑。在省级文明城市创建工作中，广泛开展社区调研、文明劝导、市民学习沙龙等系列活动，举办了文明城市建设、城市管理等专题讲座，以实际行动赢得群众的支持。

为逐步建成县、乡（镇）、村（社区）三级社区教育网络，实现社区教育资源共享，形成"共驻社区、共建社区、共享社区资源"的新局面，以及剑阁社区教育工作的全面深入奠定了扎实的基础。在做好本职工作的同时，积极参加剑阁县精准扶贫工作、创建省级文明城市工作。加入"885"志愿者协会，积极参加各种志愿者活动。

2016 年 4 月 13 日，"剑阁县市民学校"在剑阁电大挂牌开班，设立市民学校办公室，负责市民学校的工作指导和管理，由剑阁电大副主任郑柏林同志任办公室主任；在下寺镇修城坝社区、沙溪坝社区、雷鸣社区、清江社区、渡口社区和三江村挂牌设立社区教育学习中心。从县委宣传部、县文明办、剑阁电大、县城管局、县交警大队等各系统推选出 25 名业务精英组成的剑阁县市民学校讲师团队，承担市民教育和社区教育活动的培训任务。街道建立市民学校完成率达 100%。

"剑阁县市民学校"自开办以来，组织各类社区培训活动，比如：县城管局副局长徐少武同志作了《城乡环境综合治理》的专题讲座，县交警大队姜建森警官进行了《交通安全知识》专题讲座等。各教学点（社区教育学习中心）积极开展系列活动，形式、内容丰富多彩。着力提升市民综合素质，促进文明城市创建，为建设学习型社会奠定了坚实基础。

2017年11月与市校联合承办"广元市（剑阁县）2017全民终身学习活动周开幕式"，同时，"剑阁社区学院"揭牌。开幕式上县民乐协会演奏了《久久艳阳天》《幸福年》，晓清艺术培训学校选送的舞蹈《c哩》，杨村镇马鞍社区带来的省非物质文化遗产"傩戏"表演，受到来自市、县单位部门领导、干部群众共计300余人的好评。

三、取得的成绩

至今，积极将社区教育活动在市、县融媒、微信公众平台等网络媒体进行宣传，在四川省社区教育网发布社区教育活动稿件及作品20余篇（件）。2018年学校获全国"优秀成人继续教育院校"称号。

近5年来，学校推荐的20余人获得市、县全民终身学习教育"百姓学习之星"。"市民学习沙龙""清江民乐""剑阁县大中专学生艾滋病警示教育和防治宣传活动项目"等被评为市终身教育学习品牌项目；表彰广元市社区教育先进个人1人、最美志愿者1人；剑阁成教中心荣获2018年全国优秀成人继续教育院校称号。

先后多次参加市、县电大社区教育工作交流活动，2018年参加在石家庄举办的中国东、西部地区社区学院（大学）结对暨社区教育工作高级研修班活动，顺利结业，并与成都武侯区社区学院达成合作。

第七篇　教育教学管理

第一章　教育管理

第一节　五项管理

为全面贯彻党的教育方针，落实立德树人根本任务，全面发展素质教育，规范学校办学行为，促进中小学生健康成长，2021 年 1 月到 4 月教育部办公厅陆续发出五个通知（简称"五项管理"）：《教育部办公厅关于加强义务教育学校作业管理的通知》（教基厅函〔2021〕13 号）、《教育部办公厅关于进一步加强中小学生睡眠管理工作的通知》（教基厅函〔2021〕11 号）、《教育部办公厅关于加强中小学生手机管理工作的通知》（教基厅函〔2021〕3 号）、《教育部关于印发〈中小学生课外读物进校园管理办法〉的通知》（教材〔2021〕2 号）、《教育部办公厅关于进一步加强中小学生体质健康管理工作的通知》（教体艺厅函〔2021〕16 号）。

剑阁县教育局于 4 月 25 日发出通知，要求各校高度重视，认真组织本校教师学习教育部、省教育厅关于加强"五项管理"的相关文件，深刻领会文件精神，切实增强减轻中小学生负担工作的责任感和紧迫感，扎实推进教育教学改革，不断提高育人实效；要求各校认真对照教育部"五项管理"要求，"一校一案"制订贯彻实施方案，全面排查整改学校管理不到位的问题，覆盖每个年级、每个班级、每个学科，确保学生作业科学、睡眠充足、手机管控有效、读物规范、体质健康等"五项管理"要求不折不扣落实到位；要求各教育督导责任区将"五项管理"工作纳入开学和日常工作检查，督促指导学校认真落实"五项管理"工作，畅通监督举报渠道。县教育局将对各中小学"五项管理"工作不定期开展督导检查并纳入学校年度目标考核；对工作落实不到位、家长反映问题集中的学校进行通报批评、责令整改；对整改不到位的学校进行通报、约谈；对违反规定造成不良后果的，将严肃追究相关负责人责任。

一、加强义务教育学校作业管理

为贯彻落实中央有关精神，进一步规范学校教育教学管理，全面提高教育教学质量，坚决解决一些学校作业数量过多、质量不高、功能异化等突出问题，要求加强义务教育学校作业管理。

（1）增强作业育人功能。作业是学校教育教学管理工作的重要环节，是课堂教学活动的必要补充。各地各校要遵循教育规律、坚持因材施教，严格执行课程标准和教学计划，坚持小学一年级零起点教学。在课堂教学提质增效基础上，切实发挥好作业育人功能，布置科学合理有效作业，帮助学生巩固知识、形成能力、培养习惯，帮助教师检测教学效果、精准分析学情、改进教学方法，促进学校完善教学管理、开展科学评价、提高教育质量。

（2）严控书面作业总量。学校要确保小学一、二年级不布置书面家庭作业，可在校内安排适当的巩固练习；小学其他年级每天书面作业完成时间平均不超过 60 分钟；初中每天书面作业完成时间平均不超过 90 分钟。周末、寒暑假、法定节假日也要控制书面作业时间总量。

（3）创新作业类型方式。学校要根据学段、学科特点及学生实际需要和完成能力，合理布置书面作业，以及科学探究、体育锻炼、艺术欣赏、社会与劳动实践等不同类型作业。鼓励布置分层作业、弹性作业和个性化作业，科学设计探究性作业和实践性作业，探索跨学科综合性作业。切实避免机械、无效训练，严禁布置重复性、惩罚性作业。

（4）提高作业设计质量。学校要将作业设计作为校本教研重点，系统化选编、改编、创编符合学习规律、体现素质教育导向的基础性作业。教师要提高自主设计作业能力，针对学生不同情况，精准设计作业，根据实际学情，精选作业内容，合理确定作业数量，作业难度不得超过国家课程标准要求。各地教育行政部门要经常性组织开展作业设计与实施的教师培训与教研活动，定期组织开展优秀作业评选与展示交流活动，加强优质作业资源共建共享。教研机构要加强对学校作业设计与实施的研究与指导。

（5）加强作业完成指导。教师要充分利用课堂教学时间和课后服务时间加强对学生作业的指导，培养学生自主学习和时间管理能力，指导小学生基本在校内完成书面作业，初中学生在校内完成大部分书面作业。

（6）认真批改反馈作业。教师要对布置的学生作业全批全改，不得要求学生自批自改，强化作业批改与反馈的育人功能。作业批改要正确规范、评语恰当。通过作业精准分析学情，采取集体讲评、个别讲解等方式有针对性地及时反馈，特别要强化对学习有困难的学生的辅导帮扶。有条件的地方，鼓励科学利用信息技术手段进行作业分析和诊断。

（7）不给家长布置作业。严禁给家长布置或变相布置作业，严禁要求家长批改作业。引导家长树立正确的教育观念，切实履行家庭教育主体责任，营造良好的家庭育人氛围，合理安排孩子课余生活，与学校形成协同育人合力；督促孩子回家后主动完成学校布置的作业，引导孩子从事力所能及的家务劳动，激励孩子坚持进行感兴趣的体育锻炼和社会实践；不额外布置其他家庭作业。

（8）严禁校外培训作业。各地要按照国家有关规定，把禁止留作业作为校外培训机构日常监管的重要内容，坚决防止校外培训机构给中小学生留作业，切实避免校内减负、校外增负。

（9）健全作业管理机制。各校教育行政部门要指导学校完善作业管理细则，明确具体工作要求，并在校内公示。学校要切实履行作业管理主体责任，加强作业全过程管理，每学期初要对学生作业作出规划，加强年级组、学科组作业统筹协调，合理确定各学科作业比例结构，建立作业总量审核监管和质量定期评价制度。

（10）纳入督导考核评价。各校教育行政部门要将作业管理纳入义务教育和学校办学质量评价。督导部门要将作业管理作为规范办学行为督导检查和责任督学日常监管的重要内容。学校要把作业设计、批改和反馈情况纳入对教师专业素养和教学实绩的考核评价。各校要设立监督电话和举报平台，畅通反映问题和意见的渠道，切实落实各项工作要求，确保义务教育学校作业管理工作取得实效。

二、加强中小学生睡眠管理

为保证中小学生享有充足的睡眠时间，促进学生身心健康发展，要求进一步加强中小学生睡眠管理。

（1）加强科学睡眠宣传教育。睡眠是机体复原整合和巩固记忆的重要环节，对促进中小学生大脑发育、骨骼生长、视力保护、身心健康和提高学习能力与效率至关重要。各地各校要把科学睡眠宣传教育纳入课程教学体系、教师培训内容和家校协同育人机制，通过体育与健康课程、心理健康教育、班团队活动、科普讲座以及家长学校、家长会等多种途径，大力普及科学睡眠知识，广泛宣传充足睡眠对于中小学生健康成长的重要性，提高教师思想认识，教育学生养成良好睡眠卫生习惯，引导家长重视做好孩子睡眠管理。

（2）明确学生睡眠时间要求。根据不同年龄段学生身心发展特点，小学生每天睡眠时间应达到10小时，初中生应达到9小时，高中生应达到8小时。学校、家庭及有关方面应共同努力，确保中小学生有充足的睡眠时间。

（3）统筹安排学校作息时间。教育行政部门要从保证学生充足睡眠需要出发，结合实际情况合理确定中小学作息时间。小学上午上课时间一般不早于8：20，中学一般不早于8：00；学校不得要求学生提前到校参加统一的教育教学活动，对于个别因家庭特殊情况提前到校学生，学校应提前开门、妥善安置；合理安排课间休息和下午上课时间，有条件的地方和学校应保障学生必要的午休时间；寄宿制学校要合理安排作息时间，确保学生达到规定睡眠时间要求。

（4）防止学业任务过重挤占睡眠时间。中小学校要提升课堂教学实效，加强作业统筹管理，严格按照有关规定要求，合理调控学生书面作业总量，指导学生充分利用自习课或课后服务时间，使小学生在校内基本完成书面作业、中学生在校内完成大部分书面作业，避免学生回家后作业时间过长从而挤占正常睡眠时间。校外培训机构培训结束时间不得晚于20：30，不得以课前预习、课后巩固、作业练习、微信群打卡等任何形式布置作业。

（5）合理安排学生就寝时间。中小学校要指导家长和学生制订学生作息时间表，在保证学生睡眠时间前提下，结合学生个体睡眠状况、午休时间等实际，合理确定学生晚上就寝时间，促进学生自主管理、规律作息、按时就寝。小学生就寝时间一般不晚于21：20；初中生一般不晚于22：00；高中生一般不晚于23：00。个别学生经努力到就寝时间仍未完成作业的，家长应督促按时就寝不熬夜，确保充足睡眠；教师应有针对性地帮助学生分析原因，加强学业辅导，提出改进策略，如有必要可调整作业内容和作业量。各地教育部门要会同相关部门切实加强对辖区内注册登记或备案的线上培训网课平台、网络游戏的规范管理，采取技术手段进行监管，确保线上直播类培训活动结束时间不晚于21：00，每日22：00到次日8：00不得为未成年人提供游戏服务。

（6）指导提高学生睡眠质量。教师要关注学生上课精神状态，对睡眠不足的，要及时提醒学生并与家长沟通。指导学生统筹用好回家后时间，坚持劳逸结合、适度锻炼。指导家长营造温馨舒适的生活就寝环境，确保学生身心放松、按时安静就寝。

（7）加强学生睡眠监测督导。各地教育行政部门要高度重视做好中小学生睡眠管理与指导工作，将学生睡眠状况纳入学生体质健康监测和教育质量评价监测体系，充分利用现代信息技术手段，提高学生睡眠管理的科学性、针对性和实效性。各地教育督导部门要把学生睡眠管理工作纳入日常监督范围和政府履行教育职责督导评价。各地要设立监督举报电话或网络平台，畅通家长反映问题和意见的渠道，及时改进相关工作，确保要求落实到位，切实保障学生良好睡眠，促进学生身心健康。

三、加强中小学生手机管理

随着手机的日益普及，学生使用手机对学校管理和学生发展带来诸多不利影响。为保护学生视力，让学生在学校专心学习，防止其沉迷网络和游戏，促进学生身心健康发展，要求进一步加强中小学生手机管理。

（1）有限带入校园。学校应当告知学生和家长，原则上不将个人手机带入校园。学生确有将手机带入校园需求的，须经学生家长同意、书面提出申请，进校后应将手机交由学校统一保管，禁止带入课堂。

（2）细化管理措施。学校应将手机管理纳入学校日常管理，制定具体办法，明确统一保管的场所、方式、责任人，提供必要的保管装置。应通过设立校内公共电话、建立班主任沟通热线、探索使用具备通话功能的电子学生证或提供其他家长便捷联系学生的途径等措施，满足学生与家长通话需求。加强课堂教学和作业管理，不得使用手机布置作业或要求学生利用手机完成作业。

（3）加强教育引导。学校要通过国旗下讲话、班团队会、心理辅导、校规校纪等多种形式加强教育引导，让学生科学理性对待并合理使用手机，提高学生信息素养和自我管理能力，避免简单粗暴管理行为。

（4）做好家校沟通。学校要将手机管理的有关要求告知学生家长，讲清过度使用手机的危害性和加强管理的必要性。家长应履行教育职责，加强对孩子使用手机的督促管理，形成家校协同育人合力。

（5）强化督导检查。县级教育行政部门要指导学校细化手机管理规定，广泛听取意见、建议，及时解决学校手机管理中存在的问题。教育督导部门要将学校手机管理情况纳入日常监督范围，确保有关要求全面落实到位，促进学生健康成长。

四、加强中小学生课外读物进校园管理

课外读物是指教材和教辅之外的、进入校园供中小学生阅读的正式出版物（含数字出版产品）。

为规范课外读物进校园管理，防止问题读物进入中小学校园（含幼儿园），充分发挥课外读物育人功能，进一步加强中小学生课外读物进校园管理，教育部办公厅制定了《中小学生课外读物进校园管理办法》。

国家教育行政部门负责制定全国中小学生课外读物进校园有关政策，明确推荐标准与要求。省级教育行政部门负责课外读物进校园工作的全面指导与管理。地市、县级教育行政部门要全面把握课外读物进校园情况，负责进校园课外读物的监督检查。中小学校根据实际需要做好课外读物推荐和管理工作。

中小学校课外读物推荐工作须遵守国家相关法律法规要求，坚持以下原则：①方向性。坚持育人为本，严把政治关，严格审视课外读物价值取向，助力学生成为有理想、有本领、有担当的时代新人。②全面性。坚持"五育"并举，着眼于学生全面发展，围绕核心素养，紧密联系学生思想、学习、生活实际，满足中小学生德育、智育、体育、美育和劳动教育等方面的阅读需要，全面发展素质教育。③适宜性。符合中小学生认知发展水平，满足不同学段学生学习需求和阅读兴趣。课外读物应使用绿色印刷，适应青少年儿童视力保护需求。④多样性。兼顾课外读物的学科、体裁、题材、国别、风格、表现形式，贯通古今中外。⑤适度性。中小学校和教师根据教育教学需要推荐的课外读物，要严格把关、控制数量。

进校园课外读物要符合以下基本标准：①主题鲜明。体现主旋律，引领新风尚，重点宣传习近平新时代中国特色社会主义思想，传承红色基因，弘扬民族精神、时代精神、科学精神，彰显家国情怀、社会关爱、人格修养，开拓国际视野，涵养法治意识。②内容积极。选材积极向上，反映经济社会发展新成就、科学技术新进展，以及人类文明优秀成果，具有较高人文、社会、科学、艺术等方面的价值。选文作者历史评价正面，有良好的社会形象。③可读性强。文字优美，表达流畅，深入浅出，具有一定的启发性、趣味性。④启智增慧。能够激发学生的好奇心、想象力、创造力，增长知识见识，提升发现问题和解决问题的能力，增强综合素质。

违反《出版管理条例》有关规定，或存在下列情形之一的，不得推荐或选用为中小学生课外读物：①违背党的路线方针政策，污蔑、丑化党和国家领导人、英模人物，戏说党史、国史、军史的；②损害国家荣誉和利益的，有反华、辱华、丑华内容的；③泄露国家秘密、危害国家安全的；④危害国家统一、主权和领土完整的；⑤存在违反宗教政策的内容，宣扬宗教教理、教义和教规的；⑥存在违反民族政策的内容，煽动民族仇恨、民族歧视，破坏民族团结，或者不尊重民族风俗、习惯的；⑦宣扬个人主义、新自由主义、历史虚无主义等错误观点，存在崇洋媚外思想倾向的；⑧存在低俗媚俗庸俗等不良倾向，格调低下、思想不健康，宣扬超自然力、神秘主义和鬼神迷信，存在淫秽、色情、暴力、邪教、赌博、毒品、引诱自杀、教唆犯罪等价值导向问题的；⑨侮辱或者诽谤他人，侵害他人合法权益的；⑩存在科学性错误的；⑪存在违规植入商业广告或变相商业广告及不当链接，违规使用"教育部推荐""新课标指定"等字样的；⑫其他有违公序良俗、道德

标准、法律法规等，造成社会不良影响的。

中小学校要大力倡导学生爱读书、读好书、善读书，可设立读书节、读书角等，优化校园阅读环境，推动书香校园建设。注重开展形式多样的阅读活动，提高学生阅读兴趣，培养良好阅读习惯。发挥家长在学生课外阅读中的积极作用，营造家校协同育人的良好氛围。建立阅读激励机制，鼓励各地教育行政部门将书香校园建设表现突出的单位和个人纳入相关表彰奖励中，学校要采用适当的形式表彰阅读活动表现突出的师生。

存在下列情形之一的，由教育行政部门责令限期改正，视情节轻重依法依规予以处理；需要追究其他纪律或法律责任的，依纪依法移交相应主管部门处理。①进校园课外读物未按规定程序组织推荐的；②进校园课外读物不符合本办法原则、标准、要求的；③强制或变相强制学生购买课外读物的；④接受请托、牟取不正当利益的；⑤有关行政部门及其工作人员违规干预课外读物推荐的。

五、加强中小学生体质健康管理

为贯彻落实《健康中国行动（2019—2030年）》《关于全面加强和改进新时代学校体育工作的意见》等文件精神，确保2030年《国家学生体质健康标准》达到规定要求，要求各地加强中小学生体质健康管理。

（1）加强宣传教育引导。各地要加强对学生体质健康重要性的宣传，中小学校要通过体育与健康课程、大课间、课外体育锻炼、体育竞赛、班团队活动、家校协同联动等多种形式加强教育引导，让家长和中小学生科学认识体质健康的影响因素，了解运动在增强体质、促进健康、预防肥胖与近视、锤炼意志、健全人格等方面的重要作用，提高学生体育与健康素养，增强体质健康管理的意识和能力。

（2）开齐开足体育与健康课程。中小学校要严格落实国家规定的体育与健康课程刚性要求：小学一至二年级每周4课时，小学三至六年级和初中每周3课时，高中每周2课时；有条件的学校每天开设1节体育课，确保不以任何理由挤占体育与健康课程和学生校园体育活动。

（3）保证体育活动时间。合理安排学生校内、校外体育活动时间，着力保障学生每天校内、校外各1小时体育活动时间。全面落实大课间体育活动制度，中小学校每天统一安排30分钟的大课间体育活动，每节课间应安排学生走出教室适量活动和放松。大力推广家庭体育锻炼活动，有锻炼内容、锻炼强度和时长等方面的要求，不提倡安排大强度练习。学校要对体育家庭作业加强指导，提供优质的锻炼资源，及时和家长保持沟通。

（4）提高体育教学质量。中小学校要聚焦"教会、勤练、常赛"，逐步完善"健康知识+基本运动技能+专项运动技能"学校体育教学模式，让每位学生掌握1～2项运动技能。要创建青少年体育俱乐部，鼓励学生利用课余和节假日时间积极参加足球、篮球、排球等项目的训练。要组织开展"全员运动会""全员体育竞赛"等多种形式的活动，构建完善的"校内竞赛—校级联赛—选拔性竞赛"中小学体育竞赛体系。各级体育教研部门要定期进行集中备课和集体研学。适时对体育课的教学质量进行评价。教师的指导要贯穿课程的整个过程。

（5）完善体质健康管理评价考核体系。要把体质健康管理工作纳入地方教育行政部门和学校的评价考核体系。各地教育行政部门要高度重视体质健康管理工作，建立日常参与、体育锻炼和竞赛、健康知识、体质监测和专项运动技能测试相结合的考查机制，积极探索将体育竞赛成绩纳入学生综合素质评价。对因病或其他不可抗因素不能参加体育竞赛的，要从实际出发，分类指导，进行评价。各校要健全家校沟通机制，及时将学生的体质健康测试结果和健康体检结果反馈家长，形成家校协同育人合力。要严格落实《综合防控儿童青少年近视实施方案》要求，完善中小学生视力、睡眠状况监测机制。

（6）做好体质健康监测。各地各校应全面贯彻落实《国家学生体质健康标准（2014年修订）》

《学生体质健康监测评价办法》等系列文件要求，对体质健康管理内容定期进行全面监测，建立完善以体质健康水平为重点的"监测—评估—反馈—干预—保障"闭环体系。认真落实面向全体学生的体质健康测试制度和抽测复核制度，建立学生体质健康档案，真实、完整、有效地完成测试数据上报工作，研判学生体质健康水平，制订相应的体质健康提升计划。

（7）健全责任机制。省级教育行政部门要统筹本区域体质健康管理工作，定期向党委和政府汇报，督促地方做好相关工作。县级教育行政部门负责具体指导工作，督促学校细化体质健康管理规定，积极推广中小学校选聘"健康副校长"。中小学校要将体质健康管理工作纳入学校的日常管理，定期召开会议进行专题研究，建立健康促进校长、班主任负责制，通过家长会、家长信、家访等形式加强与家长的沟通。

（8）强化督导检查。各地要将学生体质健康管理工作作为督导评估内容，将学生体质管理状况纳入学生体质健康监测和教育质量评价监测体系，开展动态监测和经常性督导评估。督导评估结果要作为考核地方政府和中小学校相关负责人的重要依据。各地各校要畅通家长反映问题和意见的渠道，设立监督举报电话或网络平台，及时改进相关工作，切实保障学生体质健康科学管理。

第二节　"双减"

所谓"双减"，是指为深入贯彻党的十九大和党的十九届五中全会精神，切实提升学校育人水平，持续规范校外培训（包括线上培训和线下培训），有效减轻义务教育阶段学生过重作业负担和校外培训负担。2021年7月24日，中共中央办公厅、国务院办公厅印发了《关于进一步减轻义务教育阶段学生作业负担和校外培训负担的意见》，并发出通知，要求各地区各部门结合实际认真贯彻落实。

一、全面压减作业总量和时长，减轻学生过重作业负担

健全作业管理机制。学校要完善作业管理办法，加强学科组、年级组作业统筹，合理调控作业结构，确保难度不超国家课标。建立作业校内公示制度，加强质量监督。严禁给家长布置或变相布置作业，严禁要求家长检查、批改作业。

分类明确作业总量。学校要确保小学一、二年级不布置家庭书面作业，可在校内适当安排巩固练习；小学三至六年级书面作业平均完成时间不超过60分钟，初中书面作业平均完成时间不超过90分钟。

提高作业设计质量。发挥作业诊断、巩固、学情分析等功能，将作业设计纳入教研体系，系统设计符合年龄特点和学习规律、体现素质教育导向的基础性作业。鼓励布置分层、弹性和个性化作业，坚决克服机械、无效作业，杜绝重复性、惩罚性作业。

加强作业完成指导。教师要指导小学生在校内基本完成书面作业，初中生在校内完成大部分书面作业。教师要认真批改作业，及时做好反馈，加强面批讲解，认真分析学情，做好答疑辅导。不得要求学生自批自改作业。

科学利用课余时间。学校和家长要引导学生放学回家后完成剩余书面作业，进行必要的课业学习，从事力所能及的家务劳动，开展适宜的体育锻炼，开展阅读和文艺活动。个别学生经努力仍完不成书面作业的，也应按时就寝。引导学生合理使用电子产品，控制使用时长，保护视力健康，防止网络沉迷。家长要积极与孩子沟通，关注孩子心理情绪，帮助其养成良好的学习和生活习惯。寄宿制学校要统筹安排好课余学习生活。

二、提升学校课后服务水平，满足学生多样化需求

保证课后服务时间。学校要充分利用资源优势，有效开展各种课后育人活动，在校内满足学生多样化学习需求。引导学生自愿参加课后服务。课后服务结束时间原则上不早于当地正常下班时间；对有特殊需要的学生，学校应提供延时托管服务；初中学校工作日晚上可开设自习班。学校可统筹安排教师实行"弹性上下班制"。

提高课后服务质量。学校要制订课后服务实施方案，增强课后服务的吸引力。充分用好课后服务时间，指导学生认真完成作业，对学习有困难的学生提供补习辅导与答疑，为学有余力的学生拓展学习空间，开展丰富多彩的科普、文体、艺术、劳动、阅读、兴趣小组及社团活动。不得利用课后服务时间讲新课。

拓展课后服务渠道。课后服务一般由本校教师承担，也可聘请退休教师、具备资质的社会专业人员或志愿者提供。教育部门可组织区域内优秀教师到师资力量薄弱的学校开展课后服务。依法依规严肃查处教师校外有偿补课行为，直至撤销教师资格。充分利用社会资源，发挥好少年宫、青少年活动中心等校外活动场所在课后服务中的作用。

做强做优免费线上学习服务。教育部门要征集、开发丰富优质的线上教育教学资源，利用国家和各地教育教学资源平台以及优质学校网络平台，免费向学生提供高质量专题教育资源和覆盖各年级各学科的学习资源，推动教育资源均衡发展，促进教育公平。各地要积极创造条件，组织优秀教师开展免费在线互动交流答疑。各地各校要加大宣传推广使用力度，引导学生用好免费线上优质教育资源。

三、坚持从严治理，全面规范校外培训行为

坚持从严审批机构。各地不再审批新的面向义务教育阶段学生的学科类校外培训机构，现有学科类培训机构统一登记为非营利性机构。对原备案的线上学科类培训机构，改为审批制。各省（自治区、直辖市）要对已备案的线上学科类培训机构全面排查，并按标准重新办理审批手续。未通过审批的，取消原有备案登记和互联网信息服务业务经营许可证（ICP）。对非学科类培训机构，各地要区分体育、文化艺术、科技等类别，明确相应主管部门，分类制定标准、严格审批。依法依规严肃查处不具备相应资质条件、未经审批多址开展培训的校外培训机构。学科类培训机构一律不得上市融资，严禁资本化运作；上市公司不得通过股票市场融资投资学科类培训机构，不得通过发行股份或支付现金等方式购买学科类培训机构资产；外资不得通过兼并收购、受托经营、加盟连锁、利用可变利益实体等方式控股或参股学科类培训机构。已违规的，要进行清理整治。

规范培训服务行为。建立培训内容备案与监督制度，制定出台校外培训机构培训材料管理办法。严禁超标超前培训，严禁非学科类培训机构从事学科类培训，严禁提供境外教育课程。依法依规坚决查处超范围培训、培训质量良莠不齐、内容低俗违法、盗版侵权等突出问题。严格执行未成年人保护法有关规定，校外培训机构不得占用国家法定节假日、休息日及寒暑假期组织学科类培训。培训机构不得高薪挖抢学校教师；从事学科类培训的人员必须具备相应教师资格，并将教师资格信息在培训机构场所及网站显著位置公布；不得泄露家长和学生个人信息。根据市场需求、培训成本等因素确定培训机构收费项目和标准，向社会公示、接受监督。全面使用《中小学生校外培训服务合同（示范文本）》。进一步健全常态化排查机制，及时掌握校外培训机构情况及信息，完善"黑白名单"制度。

强化常态运营监管。严格控制资本过度涌入培训机构，培训机构融资及收费应主要用于培训业务经营，坚决禁止为推销业务以虚构原价、虚假折扣、虚假宣传等方式进行不正当竞争，依法依规坚决查处行业垄断行为。线上培训要注重保护学生视力，每课时不超过30分钟，课程间隔不少于

10分钟，培训结束时间不晚于21点。积极探索利用人工智能技术合理控制学生连续线上培训时间。线上培训机构不得提供和传播"拍照搜题"等惰化学生思维能力、影响学生独立思考、违背教育教学规律的不良学习方法。聘请在境内的外籍人员要符合国家有关规定，严禁聘请在境外的外籍人员开展培训活动。

四、大力提升教育教学质量，确保学生在校内学足学好

促进义务教育优质均衡发展。各地要巩固义务教育基本均衡成果，积极开展义务教育优质均衡创建工作，促进新优质学校成长，扩大优质教育资源。积极推进集团化办学、学区化治理和城乡学校共同体建设，充分激发办学活力，整体提升学校办学水平，加快缩小城乡、区域、学校间教育水平差距。

提升课堂教学质量。教育部门要指导学校健全教学管理规程，优化教学方式，强化教学管理，提升学生在校学习效率。学校要开齐开足开好国家规定课程，积极推进幼小科学衔接，帮助学生做好入学准备，严格按课程标准零起点教学，做到应教尽教，确保学生达到国家规定的学业质量标准。学校不得随意增减课时、提高难度、加快进度；要降低考试压力，改进考试方法，不得有提前结课备考、违规统考、考题超标、考试排名等行为；考试成绩呈现实行等级制，坚决克服唯分数的倾向。

深化高中招生改革。各地要积极完善基于初中学业水平考试成绩、结合综合素质评价的高中阶段学校招生录取模式，依据不同科目特点，完善考试方式和成绩呈现方式。坚持以学定考，进一步提升中考命题质量，防止偏题、怪题、超过课程标准的难题。逐步提高优质普通高中招生指标分配到区域内初中的比例，规范普通高中招生秩序，杜绝违规招生、恶性竞争。

纳入质量评价体系。地方各级党委和政府要树立正确的政绩观，严禁下达升学指标或片面以升学率评价学校和教师。认真落实义务教育质量评价指南，将"双减"工作成效纳入县域和学校义务教育质量评价，把学生参加课后服务、校外培训及培训费用支出减少等情况作为重要评价内容。

五、强化配套治理，提升支撑保障能力

保障学校课后服务条件。各地要根据学生规模和中小学教职工编制标准，统筹核定编制，配足配齐教师。省级政府要制定学校课后服务经费保障办法，明确相关标准，采取财政补贴、服务性收费或代收费等方式，确保经费筹措到位。课后服务经费主要用于参与课后服务的教师和相关人员的补助，有关部门在核定绩效工资总量时，应考虑教师参与课后服务的因素，把用于教师课后服务补助的经费额度，作为增量纳入绩效工资并设立相应项目，不作为次年正常核定绩效工资总量的基数；对聘请校外人员提供课后服务的，课后服务补助可按劳务费管理。教师参加课后服务的表现应作为职称评聘、表彰奖励和绩效工资分配的重要参考。

完善家校社协同机制。进一步明确家校育人责任，密切家校沟通，创新协同方式，推进协同育人共同体建设。教育部门要会同妇联等部门，办好家长学校或网上家庭教育指导平台，推动社区家庭教育指导中心、服务站点建设，引导家长树立科学育儿观念，理性确定孩子成长预期，努力形成减负共识。

做好培训广告管控。中央有关部门、地方各级党委和政府要加强校外培训广告管理，确保主流媒体、新媒体、公共场所、居民区各类广告牌和网络平台等不刊登、不播发校外培训广告。不得在中小学校、幼儿园内开展商业广告活动，不得利用中小学和幼儿园的教材、教辅材料、练习册、文具、教具、校服、校车等发布或变相发布广告。依法依规严肃查处各种夸大培训效果、误导公众教育观念、制造家长焦虑的校外培训违法违规广告行为。

第三节　中小学规范办学行为

根据《教育部关于当前加强中小学管理规范办学行为的指导意见》，按照《四川省人民政府办公厅关于规范办学行为深入推进素质教育的意见》要求，剑阁县规范中小学办学行为。

一、规范教学行为

（1）严格执行课程计划。学校要按照国家和省规定的课程设置和课程计划开齐开足课程，不得挤占音、体、美、信息技术、综合社会实践等课程的教学时间，不得随意调整课程难度和赶超教学进度。

（2）严格控制课外作业量。小学一、二年级不留书面家庭作业，其余年级家庭作业控制在每天1小时以内；初中、高中家庭作业分别控制在每天1.5小时、2小时之内。

（3）严格作息时间。小学、初中、中学生每天在校集中学习时间分别不超过6小时、7小时、8小时，天睡眠时间分别不少于10小时、9小时、8小时，天体育锻炼不少于1小时。走读生早上到校时间，义务教育学生于8:00，高中生不早于7:30。住校生早上统一起床时间，初中不早于7:00，高中不早于6:30；晚自习结束时间，初中不晚于21:00，高中不晚于22:00。不得组织走读生上晚自习。

（4）严禁违规补课。严禁学校以任何名义（包括家长委员会等）占用双休日、节假日、寒暑假组织学生集体补课或上新课。在坚持自愿原则下，对高三毕业班学生，学校可根据教学需要，报教育主管部门批准后，在寒暑假安排适当时间进行补习，但补习时间不得超过假期的三分之一。严禁中小学为社会各类补习班、培训班提供教学设施或场地。

二、规范招生行为

（1）义务教育学校坚持免试就近入学原则。主管教育行政部门要根据招生计划和生源情况合理确定学校招生范围，确保适龄儿童、少年就近入学。学校不得举行任何形式与入学挂钩的选拔性考试和测试，不得以学生竞赛、考试成绩及特长评级作为录取依据。

（2）普通高中实行属地招生原则，由市（州）教育行政部门组织实施。学校要严格执行主管教育行政部门下达的招生计划并在规定区域招生，严格执行择校生"三限"政策，省级以上示范高中招生指标按不低于省规定的比例均衡分配到区域内各初中学校。学校不得委托个人、社会中介机构组织代理招生，不得以金钱、物质、为亲属安排工作以及违反学籍管理规定等不正当手段招揽生源，不得擅自跨市（州）招生。从2009年秋季开学起，停止审批跨市（州）招生，对原经批准可跨市（州）招生的学校，进行清理规范。

（3）严禁违规提前招生。学校须按照主管教育行政部门的统一部署，在规定的时间开展招生工作。高中阶段学校不得在每年初中毕业生学业考试结束前进行招生。严格执行《中华人民共和国义务教育法》相关规定，"依法实施义务教育的学校应当按照规定标准完成教育教学任务，保证教育教学质量"，严禁将未完成九年义务教育的初三学生提前送到高一级学校就读。

（4）实施"阳光招生"。学校招生要做到招生政策、招生计划、招生范围、招生程序、录取方式、收费标准、录取结果"七公开"，其内容必须在当地的主流媒体、教育网站、学校公示栏等公布，自觉接受社会监督。

（5）规范招生宣传。招生宣传由主管教育行政部门负责管理和指导。招生学校不得以任何形式向社会宣传本校高（中）考排列名次；不得利用新闻媒体、宣传车、横幅、校园网站等各种形式宣传炒作高（中）考升学率和高（中）考状元；不得以任何形式发布虚假宣传资料和信息。

三、规范办校办班行为

（1）规范编班办班行为。义务教育学校一律实行均衡编班，严禁以实验班、特长班等任何名目设立重点班、快慢班，严禁将学生获奖、竞赛和考试成绩作为编班依据。严禁在义务教育阶段设立重点校。省级以上示范高中严禁举办复读班和招收复读插班生。一般普通高中在生源不足的情况下，经主管教育部门批准，可以适当招收复读生。按规定控制班额，小学、中学、省级以上示范高中起始年级原则上每班分别不超过45人、50人、55人，采取切实措施化解大班额，消除70人以上特大班额。

（2）规范学校改制行为。全面停止审批改制学校，任何单位和个人不得改变或变相改变公办中小学性质。原义务教育改制学校要按规定清理规范，明确办学性质。公办学校参与举办民办学校，不得影响公办学校正常的教育教学活动，参与举办的民办学校必须做到具备法人资格、校园和教育教学设施、财务、招生、学业证书"五独立"。以国有资产参与举办民办学校的，须按国家有关规定进行资产评估。严禁公办学校校内设置民办校或民办班。对外联合办学必须遵照国家相关的法律法规，履行审批手续，落实国家课程标准。

（3）规范校点布局。小学校点设置原则上应使学生单程行走不超过1.5公里或单程行走时间不超过1小时。地处偏僻、交通不便的村小应予保留，以保证小学低年级学生就近入学。积极创造条件建设寄宿制学校，解决农村留守学生和离校较远学生寄宿问题。

（4）严格学籍管理。建立学生转学、休学、复学等各项管理制度，健全学籍档案，实行学籍信息化管理。严禁弄虚作假，严禁乱开休学、转学、毕（结）业证明，严禁涂改学籍档案等。

四、规范考试评价行为

（1）严格控制考试次数。小学每学期可进行一次期末文化课考试，初中每学期文化课考试不得超过两次，且必须由学校组织命题，并进行考试结果分析。除初中学业水平考试外，市、县级教育行政部门和教研机构不得举行小学、初中区域性统考、联考。初中学业水平考试，市州统考科目不超过五科，其余科目考试在教学任务结束的当年由县级教育行政部门组织实施。普通高中学校要严格控制考试次数，除高三外，原则上不得举行区域性统考或模拟考试。科任老师平时可以根据学科单元学习完成情况进行必要的单元检测。考试内容不超出课程标准规定的要求。小学考试实行无分数评价，采取等级和评语评价办法。初中学业成绩鼓励采用等级评定方法。严禁公布学生考试成绩和按考试成绩给学生排名次、座次。

（2）严格规范竞赛活动。未经省级教育行政部门同意，市、县级教育行政部门、教研机构和学校不得组织中小学生参加任何学科竞赛、考级活动，不得"以赛促销""以赛代销"附带销售任何资料和商品。严禁组织学生参加各种商业性活动。各种学科竞赛以及奥赛成绩不得与中小学校招生挂钩。各市级教育局要对现行中考加分项目及分值进行认真清理，加以规范，从严控制加分项目及分值。

（3）严禁下达升学指标。要按照全面贯彻教育方针，全面实施素质教育的要求，建立健全科学的教育教学考核评价和质量监测制度。市、县级教育行政部门，教研、考试等相关机构和学校不得以任何形式下达升学指标；不得统计公布辖区内学校、班级和考生的高（中）考成绩、上线率及升入示范高中、重点大学等信息，更不得以此排名排位；不得进行高（中）考表彰奖励；不得以考试成绩及升学率为主要标准进行评价和考核奖惩。

五、规范教材使用

（1）严格教学用书选用。各地须在省教育厅公布的中小学教学用书目录中选用教学用书，教材版本调整须报省中小学教材审定委员会核准。积极实行农村义务教育教科书循环使用制度。

（2）严禁违规征订和使用教辅。学校一律不得违规征订和使用教辅资料，也不得允许其他部门、团体和个人在校内组织学生统一征订教辅资料。教师不得推荐或变相推荐和使用教辅资料。为方便学生作业，规范使用印制作业，本着公开公正的原则，由省中小学教材审定委员会审定确定与教材配套的印制作业。印制作业由学生自愿购买，学校不得强行组织学生集体征订。对贫困家庭学生，学校应提供免费印制作业，鼓励有条件的地方免费提供印制作业。印制作业小学仅限于3—6年级的语文、数学、外语3科；初中限于语文、数学、外语、物理、化学5科；高中限于文化课科目。每生每期每科不超过1套。

六、规范教师行为

（1）加强教师职业道德建设。中小学教师严格遵守教育部和省教育厅有关中小学教师职业道德规范的要求，做到爱岗敬业、关爱学生、教书育人、为人师表。教师要关心帮助学习困难的学生，不讽刺、挖苦、歧视学生和体罚学生。

（2）严禁教师有偿补课。严禁在职教师对学生实行有偿家教、有偿补课、举办或参与社会举办的各类收费培训和补习班。严禁教师私自在校外兼课、兼职。提倡教师利用课外时间免费为学生补缺补差。

七、规范收费行为

（1）严格执行收费政策。学校要严格按照国家、省规定项目和标准收费。所有收费项目必须公示，未经公示的收费项目一律不得向学生收取。学校面向学生的收费，必须经物价部门许可，并出具正式票据。

（2）严格服务性收费和代收费管理。学校的服务性收费和代收费必须坚持学生自愿、非营利和学生在校学习生活必需的原则，即时发生即时收取，据实结算，不得与其他收费合并"统一"收取。

（3）严格规范捐资助学行为。严格捐资助学的管理和使用，社会及个人的捐资助学不得与学生入学挂钩。

第四节　新时代教育评价改革总体方案负面清单

为深入贯彻落实中共中央、国务院《深化新时代教育评价改革总体方案》（以下简称《总体方案》），推动教育评价改革工作落地落实，2020年12月印发的四川省贯彻落实《总体方案》的"一个方案、三张清单"中提出了"十不得、一严禁"等事项。根据中央教育工作领导小组要求，就"十不得、一严禁"等事项进行清理规范。剑阁县对照负面清单，开展相关事项清理规范工作。

一、严格禁止类

（1）不得下达升学指标或以中高考升学率考核下一级党委和政府、教育部门、学校和教师。

（2）不得将升学率与学校工程项目、经费分配、评优评先等挂钩。

（3）不得通过任何形式以中高考成绩为标准奖励教师和学生。

（4）严禁公布、宣传、炒作中高考"状元"和升学率。

（5）规范高校教师聘用和职称评聘条件设置，不得将国（境）外学习经历作为限制性条件。

（6）突出质量导向，重点评价学术贡献、社会贡献以及支撑人才培养情况，不得将论文数、项目数、课题经费等科研量化指标与绩效工资分配、奖励挂钩。

（7）不得把人才称号作为承担科研项目、职称评聘、评优评奖、学位点申报的限制性条件。

（8）有关申报书不得设置填写人才称号栏目。

（9）依据实际贡献合理确定人才薪酬，不得将人才称号与物质利益简单挂钩。

（10）各级各类学校不得通过设置奖金等方式违规争抢生源。

（11）在招聘公告和实际操作中不得将毕业院校、国（境）外学习经历、学习方式作为限制性条件。

二、克服纠正类

（1）坚决克服唯分数、唯升学、唯文凭、唯论文、唯帽子的顽瘴痼疾。

（2）坚决克服短视行为、功利化倾向。

（3）坚决纠正片面追求升学率倾向。

（4）坚决克服重智育轻德育、重分数轻素质等片面办学行为。

（5）克服小学化倾向。

（6）纠正片面以学术头衔评价学术水平的做法。

（7）坚决克服重科研轻教学、重教书轻育人等现象。

（8）坚决改变用分数给学生贴标签的做法。

（9）改变相对固化的试题形式，增强试题开放性。

（10）党政机关、事业单位、国有企业要带头扭转"唯名校""唯学历"的用人导向，建立以品德和能力为导向、以岗位需求为目标的人才使用机制。

（11）改变人才"高消费"状况，形成不拘一格降人才的良好局面。

三、控制限制类

（1）淡化论文收录数、引用率、奖项数等数量指标。

（2）教师成果严格按署名单位认定、不随人走。

（3）减少死记硬背和"机械刷题"现象。

（4）严格控制教育评价活动数量和频次，减少多头评价、重复评价，切实减轻基层和学校负担。

（5）严格控制以考试方式抽检评测学校和学生。

第五节　目标考核

目标工作是上级组织对下级部门进行有效管理的一种手段，上级组织根据年度工作安排，通过科学、合理设置不同项目和分值，公正、公平地对下级部门进行考核管理，并将其考核结果与目标绩效奖、领导提拔、晋职晋级、评优、评先等挂钩。目标工作既关系到系统名声名誉，更关系到职工切身经济利益。县教育局高度重视目标工作，瞄准工作目标，自我加压，把高标准、高质量作为工作的着力点；把上台阶、上水平、争先进作为工作的立足点，克难攻坚、奋勇争先，曾连续4年荣获县委、县政府目标考核一等奖。

县教育系统目标工作分为两大级：一是上级目标，包括：省、市、县民生目标；市教育局下达的业务工作目标；县委县政府下达的部门工作目标。二是下级目标。县教育局对机关股室、直属事业单位、学校下达工作目标，并以此为指挥棒，推动各项工作落地落实。教育系统目标管理工作先后经历了独立股室专人管理、并入其他股室兼职负责、又独立管理等历程。

一、股室沿革

目标督查管理股为县教育局内设股室，其前身为"目标办"，成立于 2008 年，设股长 1 人、工作人员 1 人。2013 年撤销目标办，将其职能并入督导室。2016 年将其职能并入办公室，2017 年实行机构改革，设立目标督查管理股，2018 年底并入教育局办公室，由办公室主任兼任。2022 年 5 月从办公室撤出，独立至今。

二、股室职能

承担全县教育系统目标管理和督查工作。督促检查中央、省、市、县党政重要文件、会议、决议、决定和工作部署贯彻落实情况。督促检查党组会、局务会决定事项的贯彻落实情况。完成市、县下达的目标管理和督查工作任务。负责全县学校督查督办工作和目标管理工作的指导、协调、服务。负责全县教育总目标（包括市、县下达目标）的分解落实以及目标的调整，做好阶段目标的制定、检查、考核、奖惩。指导学校目标考核奖励工作。承担党组、行政交办的其他事项。

三、股室成员简况

表 7-1　股室成员简况

姓名	性别	职务	任职时间	备注
田中明	男	目标办主任	2011—2013	
李晓勇	男	督导室	2013—2016	
		办公室主任	2016—2017	
敬国民	男	股长	2017.12—2018.12	
高照勇	男	工作人员	2017.12—2018.12	
杨得华	男	股长（办公室主任兼）	2018.12—2021.10	
白　杨	男	工作人员（办公室兼）	2018.10—2021.05	
王继伟	男	工作人员（办公室兼）	2021.06—2022.05	
		股长	2022.05—	
赵　国	男	工作人员	2023.08—	

四、工作情况

目标督查管理工作，负责全县教育系统目标管理，主要包含以下几个方面：一是民生目标——为省、市、县三级民生实事，包含学前教育免保教费、义务教育阶段困难家庭学生生活费补助、营养膳食计划（营养餐）、普高助学金、为义教阶段进城务工人员随迁子女就读学校提供经费保障、中职学生免学费等学生资助类项目，根据教育系统特点，分春、秋两个学期实施。为提高乡村教师待遇，为农村义务教育阶段教师发放生活费补助，分地域每月补助 200~400 元，随工资打卡发放。另外还有运动场、教师周转房、幼儿园等建设项目。二是"市下目标"——为市委、市政府下达给县委、县政府中涉及教育工作目标，包含建设四川知名教育高地、实施教育提质工程（含义务教育优质均衡发展）。三是市教育工作目标——为市教育局下达的教育业务工作目标，一般包含基础目标、重点工作、创先目标、示范目标和负面清单等内容，满分 100 分。四是县级目标——为县委、县政府下达的县级部门工作目标，主要为经济指标。县教育局被列为非经济部门，其考核内容包含项目投资、产业发展、乡村振兴、党政同责、风险防控、全面从严治党、机关建设等内容，共200分，其中教育局重点职能工作一般为15~20分。

目督股收到各级目标工作任务通知后，根据机关股室、直属事业单位职能职责，将各类目标分解到相关股室和直属事业单位，经局党组会审定后发文实施。一般每月23日前统计报送民生目标实施情况，月底报送教育系统教育局和学校创先争优情况。半年上报各类目标工作半年工作总结，年终进行所有目标工作总结，组织归档各类目标考核档案资料，接受市、县组织的目标考核。在县目标考核中，2018—2021年连续4年获县一等奖。

除了完成上级目标任务，县教育局还对学校、机关股室、直属事业单位进行目标考核。2022年前，均在年初下达相应目标责任书，与校园长、股室长签订目标责任书。年末组织人员，根据目标责任书进行目标考核。实行分类考核，其考核内容主要为：质量目标（70分）、保障目标（30分）、加分项（6分）、否定式考核（10分）、一票否决等。等级一般分为优秀、合格两个等级，优秀占20%，基本没有不合格等级。学校教育教学质量下降明显的（不超过同组学校的20%）、出现党风廉政、安全信访稳定、教育扶贫、教育考试等重大责任事故，目标考核下降一个等次。其考核结果与学校目标奖挂钩，一等奖和二等奖年度相差1 500~2 000元。以此规范学校管理，激励学校争优创先。

2021年5月底，新一届班子上任后，与时俱进，改进目标考核方式方法，不再与学校签订目标责任书，根据中共中央、国务院《深化新时代教育评价改革总体方案》《关于深化教育教学改革全面提高义务教育质量的意见》，教育局研究印发《剑阁县深化新时代教育教学质量评价改革实施办法（试行）》。主要考评学校发展、学生发展、教师发展、保障发展、学区共同发展等工作情况，满分300分。改变以往只考核学校集体，忽视教师发展和学生发展两大个体的弊端，实行分类线上线下相结合考核，机关股室根据日常工作检查、资料收集等情况进行线上打分考核，教育局成立考评组，组织相关人员分组实地线下考核，对照《中小学综合办学水平考核评价细则》，通过听取汇报、民主测评、查阅资料、查看校园文化等方式进行宣传打分考核，使得考核内容更加全面、方法更加科学。

【2017年度学校工作目标考核结果名单】

一等奖

一类小学：龙江小学　剑阁县实验学校

二类小学：剑门关小学　开封小学　武连小学

三类小学：闻溪小学　汉阳小学　北庙小学　义兴小学　石城小学
　　　　　禾丰小学　迎水小学　田家小学　金仙小学　长岭小学

四类小学：正兴小学　莺溪小学　毛坝小学　普广小学　小剑小学

九年一贯制学校：盐店小学　姚家小学

单设初中：普安中学　木马中学　剑门中学

教育督导办：下寺教育督导办　城北教育督导办
　　　　　　普安教育督导办　柳沟教育督导办

公办幼儿园：普安幼儿园

普通高中：剑门关高中　剑阁中学

职业高中：剑阁职中

成人教育：剑阁成人教育中心

【2022 年度学校目标工作考核结果】

一等奖

一类小学：剑门关实验学校（282.62 分）、香江实验学校（277.70 分）

二类小学：公兴小学（282.06 分）、鹤龄小学（281.96 分）、开封小学（279.09 分）

三类小学：涂山小学（272.33 分）、王河小学（267.18 分）、香沉小学（264.26 分）

四类小学：

（A 组）鸯溪小学（276.64 分）、店子小学（271.73 分）、禾丰小学（271.45 分）、柏垭小学（265.08 分）、毛坝小学（264.57 分）

（B 组）垂泉小学（269.57 分）、国光小学（265.88 分）、正兴小学（265.54 分）、抄手小学（259.25 分）、江石小学（253.22 分）

单设初中：鹤龄中学（287.33 分）、木马中学（277.49 分）、剑门中学（276.69 分）

九年一贯制学校：盐店小学（283.03 分）、姚家小学（280.09 分）

高中学校：剑州中学（103.27 分）、剑阁职中（106.70 分）

公办独立幼儿园：鼓楼幼儿园（116.58 分）

成人教育：成教中心（110.6 分）

教育督导责任区：下寺教育督导责任区（282.69 分）、江口教育督导责任区（277.46 分）、鹤龄教育督导责任区（274.70 分）、普安教育督导责任区（273.37 分）

表 7-2　剑阁县中小学校综合办学水平考核评价细则

学校：　　　　　　　　　　　　　　　　　　　　　　　考核时间：　　年　月　日

考核事项	指标分值	评价要素	得分	备注
A1.学校发展（95分）	B1.党建引领（6分）	C1. 坚持党建引领学校发展。学校政治建设得到加强，坚持正确的办学方向；落实中小学党组织领导的校长负责制，党组织班子凝聚力、战斗力强，党政协调配合好；将党建与教育教学工作紧密结合，做到同部署、同推进、同考核，学校党建阵地建设达标。（2分）		
		C2. 学校党组织生活常态化。"三会一课"、民主评议党员、主题党日活动落实好；师生思想政治工作常抓不懈，"双培养"机制落实好；党建品牌创建有效果，党员干部发挥先锋示范作用好。（2分）		
		C3. 落实党风廉政建设和意识形态、统战工作责任制；党组织及班子成员述职述廉落实好。（2分）		
	B2.德育工作（6分）	C4. 落实立德树人根本任务。实施"三全"育人，认真落实《新时代爱国主义教育实施纲要》，开展赓续红色爱国主义文化、培育绿色生态科普文化、传承优秀地方文化等系列德育教育活动，以培养富有家国情怀、民族性格、世界眼光的现代人为德育目标；形成有特色的学校德育教育体系，推进"大思政"教育，并因地制宜建好"大思政课教育基地"。（2分）		
		C5. 大力推动书香校园建设。以文化人，提升校园文化建设水平，形成"一校一品"；建立师生图书室、图书角、阅览室、读书吧等，建立课内外、校内外阅读指导机制，师生读书氛围浓；"三风一训"落实效果好。（2分）		
		C6. 坚持党建带团建队建。做实团队工作，主题团队活动常态化，将社会主义核心价值观融入教育教学全过程；团队阵地建设规范化，活动开展好；建好留守儿童之家，关爱留守儿童，做好关心下一代工作。（2分）		

表7-2（续）

考核事项	指标分值	评价要素	得分	备注
	B3.学校治理（10分）	C7. 坚持依法治校治教。学校学法用法工作推进有力；坚持民主管理，"三重一大"决策制度执行好，落实党务、校务、财务三公开；教代会、工会、群团组织的作用发挥好。（2分）		
		C8. 常规管理做到精细化。健全各项管理制度，坚持用制度管事、管人、管钱；日常规、周常规、月常规监督检查考核评比，奖惩落实，师生精神面貌好、行为习惯良好、校容校貌好。（2分）		
		C9. 家校共育效果良好。家委会、家长会有组织、有阵地、有活动、有效果，社会满意。（1分）		
		C10. 重视教育宣传工作。在主流媒体宣传学校工作特色，讲好剑阁教育故事；完成信息宣传、刊物征订任务，做好公文流转、办理落实工作。（3分）		
		C11. 开展对标竞进工作。学校对标竞进、争先创优，方案具体、活动落实、效果较好；着力打造品牌学校。（2分）		
	B4.规范办学（7分）	C12. 严格规范办学行为。开齐开足开好国家课程、地方课程，严格按照课程标准实施教学；规范选用教材、教辅；做好语言文字工作，大力推广普通话、写规范字。（2分）		
		C13. 落实"双减"政策。严格执行课后服务相关规定，积极探索课后服务课程化实施工作；严格执行"五项管理"及考试管理相关要求，课业负担适当。（3分）		
		C14. 义务教育有保障。定期开展"千名教师访万家"活动，建立适龄儿童信息档案，义务教育阶段适龄儿童入学率达到100%；招生工作规范有序；严格按照划片招生、计划招生。（2分）		
	B5.教学管理（6分）	C15. 教学过程管理精细化。学校教学计划翔实，制度健全，目标明确；教学"六认真"检查、考核逗硬，结果运用有效。常态化开展教情学情调研，全面掌握教育教学情况；开展优秀教案、优秀作业设计、优秀课件等评选。（3分）		
		C16. 培优辅弱工作精细化。做好各学段，特别是毕业生、优生留剑等生源稳控工作；做好学困生的帮扶提升工作，有方案、有措施、有效果。（3分）		
	B6.教学研修（5分）	C17. 坚持校本研修常态化。积极开展校本课程研发，形成一批有特色的校本课程；校本教研有计划、有课题、有实施；教研组、课题组、备课组健全；组织开展国家、省、市、县课题申报研究，形成成果并运用，做到一校至少一课题。（2分）		
		C18. 持续深化课堂教学改革。以打造高效课堂为主导，通过集体备课、磨课、评课等形式建设有效课堂；学校常态化开展合格课、优质课、示范课展评，组织开展课堂教学大比武、教学技能大竞赛、教育管理大讲堂三大活动，着力建设高效课堂。（3分）		
	B7.教育现代化（5分）	C19. 教育信息化应用水平高。做好国家、省中小学智慧教育平台管理与应用，形成国家、省智慧教育平台优质教育资源利用典型案例。开齐各类实验课，做到实验教学"三开"和功能室"全开放"；组织好各类考试、考查学科的过程与绩效管理。（5分）		
	B8.教学成效（50分）	C20. 按教育教学质量考核结果折合计入。（50分）		
A2.教师发展（50分）	B9.正风铸魂（10分）	C21. 常态化教育，涵养师德修养。以"四有好老师"为标准，常态化开展教师思想政治教育和师德师风教育，增强教师职业荣誉感；严格遵守《新时代中小学教师职业行为十项准则》。（3分）		
		C22. 选树先进典型，弘扬正能量。开展师德师风标兵评选活动，树典型、强引领，营造向善向美的人文环境；师生规范使用微信、QQ、视频号等自媒体，讲好剑阁教育故事，弘扬教育正能量。（3分）		
		C23. 完善考评机制，增强纯洁性。每期末开展师德师风考核评价，纳入教师年度考核，作为评优晋级的重要依据；对标师德师风考核负面清单，严查师德失范行为（每年向教育局报告师德评价末位教师1至3人）。（4分）		

表7-2（续）

考核 事项	指标 分值	评价要素	得分	备注
	B10. 挖潜 赋能 （12分）	C24. 用活教师资源。学校各类岗位设置科学，人岗相适，充分调动教职员工的积极性；严格落实教师工作量管理办法，教师工作量足额分配。（4分）		
		C25. 强化能力提升。学校扎实开展教师校本培训，实施好青蓝工程、师徒结对；积极选送教师参加各级各类培训等，用好培训成果。（5分）		
		C26. 着力名师培养。学校有名师培养成长计划，注重骨干教师、优秀教师、名师群体的形成，造就金牌老师；发挥名师工作室的辐射带动作用。（3分）		
	B11. 素养 提升 （8分）	C27. 读书活动常态化。定期、定时组织师生开展读书交流活动，教职工定期完成一定量的读书任务，参与率达到100%。组织教职工撰写并分享读书心得，每学期至少一篇教育教学心得、教育教学案例等，积极参与"我的教育故事"征文比赛。（3分）		
		C28. 专业素养再进修。学校有教师专业提升计划，支持鼓励教师学历再提升、教学技能再培训，督促指导教师考取相关专业资质证书、等级证书；普通话等级合格率达100%，鼓励教师参与书法水平考试，语文、美术和书法教师参与率达100%；教师专业素养测试优秀率达30%，合格率达100%。（5分）		
	B12. 专业 能力 （20分）	C29. 课堂教学能力。教师主动探索课堂教学改革，开展"课本、课标、课程、课堂、课题"等"五课"研究，强化学生核心素养培养；创新课堂教学新模式，注重启发式、互动式、探究式教学，着力构建有效课堂。（4分）		
		C30. 课后服务能力。落实"双减"政策，教师提升课后作业辅导、艺术活动指导能力，有计划、有措施、有效果；对照新课标提高作业与考试命题设计质量；注重差异化教学和个别化指导，有效帮扶学习有困难的学生。（5分）		
		C31. 课题研究能力。教师参与课题研究的积极性与参与率高，学校有大课题，学科有子课题。（3分）		
		C32. 信息技术应用能力。教师能熟练运用信息化手段组织教学，做到信息技术与学科教学深度融合；信息化设备利用率高，实验操作能力强；积极参加教育信息化课题研究；2.0能力提升培训合格率达100%；国家、省智慧教育平台教师注册、使用率达100%。（5分）		
		C33. 班级管理能力。班务管理能力水平不断提升，"五项管理"落实到位；教师育德能力强，班级建设和班风学风好，家庭教育指导能力强。（3分）		
A3. 学生 发展 （70分）	B13. 品德 发展 （15分）	C34. 学生品德行为习惯好，社会主义核心价值观入脑入心入行，集体活动、公益服务参与率达85%以上。（5分）		
		C35. 发挥德育基地作用，学生对中华优秀传统文化和红色革命文化、社会主义先进文化知晓率达85%以上。（5分）		
		C36. 大力选树学生先进典型，组织开展"三好学生"、优秀学生干部、新时代好少年等评选活动。（5分）		
	B14. 学业 发展 （20分）	C37. 组织学生参加学业质量监测中学科水平合格率不低于95%。（4分）		
		C38. 组织学生参加兴趣小组、社团活动、科技活动等，覆盖率达100%；学生参加科技、信息技术应用各类竞赛活动的积极性高且获奖率高。（4分）		
		C39. 组织学生广泛参与阅读活动，普遍有良好阅读习惯和较大阅读量，参与率达100%。（3分）		
		C40. 开展学生职业生涯教育，学生职业向往率达100%。（2分）		
		C41. 小学、初中、高中各类实验操作课程应开尽开，学生能掌握实验操作基本技能，优良率达85%以上。（4分）		
		C42. 开展学生综合素质评价，学生综合素质评价手册应用好，学生、家长认可度高。（3分）		

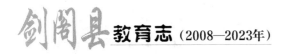

表7-2(续)

考核事项	指标分值	评价要素	得分	备注
A4.保障发展(40分)	B15.身心发展(15分)	C43. 学生每天不少于1小时体育锻炼,每个学生能熟练掌握1至2项专项运动技能;每学期举行1次学校体育运动会,注重培养、选拔特长生参加上一级体育运动竞技活动,大课间活动有特色。(5分)		
		C44. 学生体质健康监测全覆盖,优良率达55%以上,并逐年增长;学校防学生近视工作推动有力,台账管理,近视率每年呈递减态势,小学、初中、高中学生近视率分别控制在38%、60%、70%以下。(5分)		
		C45. 学生参与心理健康、安全、卫生知识课程学习全覆盖,学生健康心理特征明显,能掌握基本卫生常识和安全防范常识;学校"三生"全覆盖纳入台账管理,学生心理筛查、关心关爱全覆盖。(5分)		
	B16.艺术素养(10分)	C46. 学校艺术教育覆盖率达100%,每一个学生至少掌握1项艺术特长;鼓励学生积极参加书法水平测试,参与率逐年递增;鼓励学生积极参加艺术等级考试。(5分)		
		C47. 学生全员参与读书节、科技节、艺术节、体育节"四节"活动;学生参加全国、省、市、县各级艺术人才大赛和各类竞赛评比活动,获奖率高。(5分)		
	B17.劳动与社会实践(10分)	C48. 学校建有相对固定的劳动教育场所,每周不少于1节劳动实践课。学生家务劳动、校内外劳动参与率达100%。(5分)		
		C49. 学生社会调查、研学实践、志愿服务、职业体验参与率达90%以上。(5分)		
	B18.办学条件(6分)	C50. 推动标准化建设。主动改善办学条件,优化学校分区设置,完善学校功能室设施设备;校园环境做到绿化、美化、净化、香化,打造美丽校园;实施学校标准化达标建设,奠定优质均衡发展基础。(2分)		
		C51. 推动智慧校园建设。巩固"三通两平台"建设成果;逐步完成"班班通"等信息化设备的迭代更新;做好门禁系统、视讯系统、一键报警、明厨亮灶等系统的运营维护;逐步提高学校网络安全保障能力。(2分)		
		C52. 多渠道筹措资金。积极多渠道争取社会合法捐赠,用于奖教奖学和改善办学条件。(2分)		
	B19.安全防范(8分)	C53. 校园安全零事故。常态化开展各类安全专题宣传教育;定期开展校园安全隐患排查整改,隐患排查网报,建立安全管理台账;定期开展防震、防火、防水、防电等应急演练;落实安全防范六个100%;开展学生心理健康筛查、健全学生心理档案;常态化抓好疫情防控、多病共防,严格落实"一日三检"和因病请假追踪制度。落实平安校园创建工作。(8分)		
	B20.后产管理(7分)	C54. 食品安全零报告。学校食材采购规范,食品加工严格按规范操作,提高食堂饭菜质量,确保卫生安全;食堂经费管理严格,按时结算、公示;严格按规定实施营养改善计划;学校作业本、校服、教辅等严格按规定执行;工勤人员管理到位。规范自愿入伙费的使用,及时结算支付食堂原材料货款。落实校园节能降耗、环境保护等要求,及时完成学平险、食品安全责任险等强制保险的投保工作,积极开展有关创建活动。(7分)		
	B21.财务项目(5分)	C55. 财务管理零违纪。严格遵守财经纪律,实行收支两条线;专款专用,严禁挪用食堂经费;厉行节约,严格公用经费使用管理,化解债务,严禁负债。(3分)		
		C56. 项目建设零违规。严格执行项目实施管理办法,按规定请示报告;严格执行招投标程序,严禁插手项目;严格项目质量、安全、资金监管,严禁擅自增量。(2分)		

表7-2(续)

考核事项	指标分值	评价要素	得分	备注
	B22.信访稳定(5分)	C57. 稳定工作零信访。依法管理，严格落实属地管理，加强对遗留问题的处置；注重家校沟通，定期开展接访、走访，及时化解涉校、涉教的信访问题；及时掌握、管控好社会舆情。(5分)		
	B23.招生考试(4分)	C58. 考试工作规范化。规范招生考试工作，严格执行招生政策。全力做好小考、中考（含实考、体考）、高考（含学业水平考试）、书法水平测试等考试工作。做好小、中、高考报名与信息采集，专业考试与单招（含空飞、民航招生），专项政策执行，体检与杂志征订，考试组织与管理，资料上交，书法水平测试，其他工作。(4分)		
	B24.乡村振兴(5分)	C59. 控辍保学有力度。巩固教育脱贫成果，并与乡村教育振兴有效衔接，落实"五长"控辍保学机制，做好残疾儿童入学工作，送教上门落实。(2分)		
		C60. 结对帮扶有成效。按要求，创造性做好东西部教育协作和省内教育对口帮扶工作。(2分)		
		C61. 学生资助有保障。加强学生资助、大学生助学贷款等政策的宣传，知晓率达100%，政策兑现率达100%；九类学生资助全覆盖，不漏人、不漏项，严禁挪用。(1分)		
A5.学区发展(25分)	B25.管理同标(15分)	C62. 学校在学区开展"七同"工作的过程实、效果好（由学区长组织学区管理班子按学区方案考核评定）。(15分)		
	B26.提质共进(10分)	C63. 学区成员学校实行质量捆绑考核。学区内各成员学校得分，按捆绑质量得分排名。小学五个学区排名，每下降一个名次扣10%的分；初中三个学区排名，每下降一个名次扣20%的分。九年一贯制学校分别按照在小学、初中学区排名综合计算得分。(10分)		
A6.争先创优(20分)	B27.特色创建(10分)	C64. 参加特色学校、特色项目创建，获得国家、省、市、县认可，凭相关证书或文件分别加5、4、2、1分；参加课题评选、现场会展示、办学经验交流等，获得国家、省、市、县表扬，凭相关证书或文件分别加3、2、1、0.5分。（加分以10分为限）		
	B28.竞赛获奖(10分)	C65. 师生参加各级各类竞赛，单项获得国家、省、市、县奖杯证书分别加3、2、1、0.5分；获得集体奖分别加5、4、3、2分，若分等次的按一等奖、二等奖、三等奖、优秀奖（组织奖）分别计100%、80%、60%、50%；学校业务工作获国家、省、市、县表彰，分别加3、2、1、0.5分。（加分以10分为限）		

表 7-3　剑阁县中小学校教育教学质量对标竞进分类表

类　别		对标竞进学校	所数
高中	一类	剑阁中学、剑门关高中，广元万达中学、苍溪中学、旺苍中学	5
	二类	剑州中学，苍溪县城郊中学、旺苍县东城中学、宝轮中学、朝天中学	5
	三类	剑阁职中，广元职中、利州中专、苍溪职中、旺苍职中	5
	四类	剑门关天立学校，广元天立学校、广元外国语学校、苍溪天立学校、旺苍县博俊公学	5
初中	一类	剑阁中学、剑门关高中、剑州中学、剑门关天立学校，广元万达中学、利州区宝轮中学、苍溪中学、苍溪县城郊中学、旺苍中学、朝天中学	10
	二类	普安中学、白龙中学、开封中学、柳沟中学、元山中学、公兴中学、鹤龄中学、木马中学、剑门中学、汉阳中学、武连中学，广元东城实验学校、苍溪县陵江镇中、旺苍县国华中学、青川县乔庄中学、朝天区之江中学	16
	三类	龙源育才、姚家小学、江口嘉陵、东宝小学、盐店小学，苍溪柏杨小学、江南小学、旺苍黄洋小学、朝天两河口小学、麻柳小学	10
小学	一类	龙江小学、剑门关实验学校、香江国际学校、普安小学、剑阁实验学校，广元南鹰小学、广元北街小学、苍溪县陵江小学、旺苍东河小学、青川县乔庄小学	10
	二类	柳沟小学、武连小学、开封小学、元山小学、公兴小学、白龙小学、鹤龄小学、剑门小学、南禅小学、城北小学，宝轮一小、大石小学、歧坪小学、嘉川小学、青溪小学	15
	三类	演圣小学、杨村小学、香沉小学、义兴小学、王河小学、金仙小学、涂山小学、汉阳小学、羊岭小学、张王小学、木马小学	11
	四类	A 组：店子小学、迎水小学、高池小学、锦屏小学、西庙小学、田家小学、禾丰小学、广坪小学、石城小学、柏垭小学、莺溪小学、高观小学、圈龙小学、柳垭小学、毛坝小学、长岭小学	16
		B 组：上寺小学、江石小学、闻溪小学、小剑小学、抄手小学、北庙小学、秀钟小学、正兴小学、吼狮小学、国光小学、凉山小学、垂泉小学、碑垭小学、公店小学、樵店小学、柘坝小学	16

注：此表作为教育教学质量对标竞进和学校目标考核分类对比。

第二章　德育工作

德育，包含政治教育、思想观点教育、道德和心理品质教育等内容，是中小学素质教育的重要组成部分，对青少年学生健康成长和学校工作起着导向、动力、保证作用。在育人过程中，既位于智育、体育、美育之首又相互渗透，各有其宗。1988 年以后，中小学校长根据教育方针和本校实际，遵循中小学生思想品德形成的规律和社会发展的要求，主持制订切实可行的德育工作计划，通过课内外、校内外各种教育途径，实施《小学德育纲要》《中学德育大纲》。

第一节　德育管理

为全面贯彻党的教育方针，深入推进素质教育，切实加强对全县中小学校德育工作的领导和管理，推进德育管理工作制度化、规范化、科学化，增强德育工作的针对性、实效性和主动性，依据《中华人民共和国教育法》《中共中央　国务院关于进一步加强和改进未成年人思想道德建设的若干意见》《中小学德育工作规程》及市教育局对中小学德育工作管理的要求，2014 年 4 月 25 日，剑阁县教科局出台《剑阁县中小学德育管理指导意见》。

一、德育管理

（一）树立正确德育理念

学校校长要认真研究德育工作，努力提高德育工作素养，坚持以人为本、促进人的全面发展的理念，坚持以育人为本、德育为先的理念，坚持以德育为首、立德树人的理念，坚持学校教职工全员育德的理念，坚持学科教学为育德主渠道的理念，以与时俱进激励人，以诚信为本约束人，以教学相长鼓舞人，以德艺双馨塑造人，育情、育心、育理、育德"四育"并举，寓德育于教育教学全过程。

（二）健全德育工作组织管理机构

（1）学校德育工作实行校长负责的管理体制，建立和完善德育工作领导小组，由校长任组长、分管德育和教学的校级领导任副组长，负责学校德育工作；领导小组成员包括德育处、教务处、教科室、后勤处、共青团（少先队）等部门负责人和年级组长。学校德育管理工作由三个管理系统各司其职，良性运行；行政管理系统由主管德育的副校长、德育处主任、年级组长和班主任组成，具体负责学校德育工作的总体规划和日常管理；学科教学系统由主管教学的副校长、教务主任、教科室主任、教研组长和任课教师组成，负责德育课程管理和学科教学中实施德育的指导；指导监督系统由支部书记、工会主席和团委书记组成，负责学校德育工作的导向、协调和监督，形成学校教职员工全员参与德育工作的良好格局。

（2）学校设立德育处（已设政教处的改称德育处），负责学校德育工作的具体事务，德育主任原则上须经培训合格后才能上岗，德育主任每三年应参加一次轮训。学校建立共青团和少先队组织，有专兼职的团委或团支部书记、大队辅导员，协助德育处教育管理学生。

（3）学校组建"三结合"教育工作机构。学校要建立关心下一代工作小组，整合学校、家庭、社区的教育资源，开展社区教育活动；学校应成立家长委员会，举办家长学校，确定家长接待日、学校开放日。

（三）德育制度管理

学校要建立健全德育工作管理制度，并编辑成册，确保工作有法可依、有章可循。学校德育制度包括学校德育工作人员岗位职责、德育领导小组例会制度、德育计划与总结管理制度、德育课程管理制度、校园文化建设制度、团队工作管理制度、艺术体育工作制度、德育活动管理制度、班级管理制度、学校开放日制度、班主任工作制度、住读生管理制度、学生日常行为规范制度、德育科研管理制度、社区教育工作制度、德育工作检查考评与表彰制度等。

（四）德育课程管理

学校德育处与教务处负责德育课程管理，将班会、团队会和读报课列入课程表，学校要参与开发地方德育课程，开设校本德育课程。学校要发挥学科教学在德育工作中的主渠道作用，把思想政治课程教学与德育工作结合。政治课教师要参与学校德育工作计划制订，形成德育合力，增强德育效果；其他学科教师要根据学科特点，挖掘教学内容中的德育资源，对学生进行思想品德教育。学科教学渗透德育要作为一项教学常规，体现在教研、备课、授课等环节。

（五）德育科研管理

（1）开展德育科研工作。德育科研是创新学校德育工作方法、打造学校德育工作特色、提高德育工作者素质的有效途径。学校要根据学校当前德育工作、学生成长和家庭教育中的重难点和热点问题开展德育科研：市级示范学校要有市级德育科研课题；县级示范学校应有县级德育科研课题；其余学校应有校级德育科研课题。

（2）开展教育案例研究。学校要重视教育个案的分析研究，突出德育工作的针对性和实效性。

（六）校园文化建设管理

校园文化是学校育德的重要途径，是展现学校教育理念、办学特色的重要平台。校园文化建设要突出三个重点：重视校园绿化、美化和人文环境建设，建设富有学校特色的文化墙、艺术长廊、宣传栏、名人雕塑、名言警句、校史室和荣誉室，让校园的每一面墙壁都会说话，让每一个景点都能育人，营造良好的校园文化氛围；建立校园广播站、校园电视台、校报校刊、心理咨询室、校园网站，组建文学、文艺、科技、艺术、体育等学生活动社团，开展形式多样的校园文化活动；提炼校园文化特色，形成具有学校特色的校训，征集设计校徽、校旗和校歌，着力培育良好的校风、教风和学风。

（七）德育经费管理

学校要保证德育常规活动经费投入，保证德育专题活动专项经费落实，保证班主任待遇落实。重点保障教师培训、德育校本课程开发、德育课题研究、培训、活动、表彰等项目的落实，推动学校德育有效进行。

二、认真开展学生良好行为习惯的养成教育

（一）开展日常行为规范养成教育

贯彻落实《中小学生守则》《小学生日常行为规范》《中学生日常行为规范》的要求，让学生在学习、礼仪、纪律、卫生、劳动等方面形成良好的行为习惯、学习习惯和文明礼仪，促进学生知、情、意、行的和谐统一发展，促进学校良好校风的形成。学校要不断改进教育方式，通过学生喜闻乐见的形式如主题班会、专题文艺演出、知识竞赛和参加社会实践活动等，让这些守则和规范入脑入心，人人遵守。学校要制定"学生一日常规"，引导学生自觉遵守，并加强检查与落实，严格学生日常行为规范的评比奖惩。

（二）开展公民道德素养教育

要根据学生的学段和年龄特征，确定公民道德素养教育重点：小学重点养成孝敬父母、团结同学、讲究卫生、勤俭节约、遵守纪律、文明礼貌的良好行为习惯；中学重点形成公民意识、法律意识、科学意识以及诚实正直、积极进取、自立自强、坚毅勇敢等心理品质，养成良好的社会公德和遵纪守法的行为习惯。要广泛开展"传承中华美德，争做文明市民"的社会实践活动。

（三）学生自主教育

尊重学生的主体地位，激发学生主观能动性，帮助学生树立自主教育意识，教会学生自我管理，实现自主参与、自主教育、自主管理，促进其全面而富有个性地发展。

（四）文明礼貌、遵守纪律的教育

学校要反复训练小学生的言行举止，教育和引导其逐步实现文明礼貌行为的自觉化和习惯化，能自觉对不文明言行进行批评。教育学生在公共场合要具有基本的文明礼貌行为，帮助学生提高对文明礼貌行为价值的认识，养成文明礼貌习惯，自觉同不文明行为做斗争。

教育中小学生自觉遵守纪律、社会公德。帮助学生形成正确的纪律观念，提高遵守纪律的自觉性，养成严格遵守纪律的习惯。自觉遵守学校纪律和公共秩序，做到老师在与不在一个样、校内与校外一个样、有人监督与无人监督一个样。

（五）严格加强住读生管理

学校要制定住校生管理制度并严格执行，把学生宿舍变成德育窗口。通过文明宿舍创建，培养学生的自立、自理能力和良好的生活习惯，培养学生社会公德和与人和睦相处的品质。要建立宿舍管理日检查、周小结、月评比的考评制度。

三、认真做好班主任队伍建设

（一）班主任队伍选拔

学校应选拔德才兼备的优秀教师担任班主任。班主任要具有高尚的师德，热爱学生，原则上应有一年以上的教学经验，有条件的学校可以试行由学生选择班主任。新教师应安排担任副班主任。

（二）加强班主任培训

坚持班主任先培训后上岗，每学年开学前，学校对班主任进行一次集中培训，每学期对班主任进行2~3次德育理论和专项业务培训，每学年至少举办一次班主任工作经验交流活动或德育论坛，间周召开一次班主任工作例会，每学年组织一次参观考察学习活动。

（三）加强班级常规管理

班主任要制订《班级学期管理工作计划》，切实加强班级安全管理；组织指导开展班会、团队会（日）、文体娱乐、社会实践、春（秋）游等形式多样的丰富多彩的班级活动；组织学生民主制定或修订班规，民主选举班干部，征集班徽和班级格言，加强班风、学风建设，注重培育班级凝聚力和集体主义观念；班主任要加强学生思想教育和心理健康教育，特别要关爱后进生、关注特殊学生；班主任要认真使用并填写《班主任工作手册》；每学期末，班主任要组织开展学生综合素质评价考核，给每位学生写出激励性的评语，并撰写一篇典型教育案例分析报告。学校要鼓励和支持班主任充分发挥德育工作主要实施者、学生健康成长引领者的重要作用。

（四）加强家校工作联系

学校要定期召开家长委员会和家长会，每期不少于一次。家长学校每学期应举办家庭教育讲座。学校要办好家长接待日和学校开放日活动。班主任要开展家访，每学期家访人数应达到三分之一，要特别重视对特殊家庭学生和农村留守儿童家访。

（五）加强班主任工作考核并落实其待遇

学校每学期对班主任进行一次考核评价和表彰奖励，考核结果与班主任工作津贴挂钩。在同等条件下，班主任在评职、晋级、提干中优先。学校要落实班主任待遇，班主任工作量按不低于满工作量的一半计发津贴。

四、认真组织开展德育活动

德育活动是对学生实施思想教育的重要载体，学校德育活动要有明确的活动目标、内容和具体措施，制订活动的实施方案和安全预案，活动结束后写出活动总结。

（一）抓好德育十大常规活动

1. 时政教育活动

学校要制订时政教育活动计划，以班会、校会和读报课为时政教育载体。每周举行升旗仪式和国旗下的讲话，每周安排2~3次读报课和一次班会课，每月安排主题班会一次，每学期组织一次全校性主题班会评价活动。学校每学期认真组织好爱国主义影视教育。

2. 重大节庆日教育活动及中华优秀传统文化教育

在重要节庆日、纪念日、杰出人物的诞辰和逝世纪念日，以及学生入学入队入团入党、成人宣誓、开学典礼、毕业典礼等有特殊意义的日子，学校要精心设计、确定能打动学生心灵的活动主题形式，使学生在活动中接受潜移默化的入耳入脑入心教育，并内化形成学生自觉的意识，促进学生良好品德形成。大力推进经典诵读活动开展，增进广度，拓展深度，广泛开展亲子诵读、节日诵读等活动，实现"以文化人，以文育人"。

3. 体育艺术教育活动

学校要严格体育艺术课程管理，制订体育艺术教育活动计划，加强师资队伍建设，认真抓好体育艺术教育的普及与提高。学校每天组织学生做好课间操和眼保健操，开展好大课间活动，组织学生每天锻炼1小时，学校每学期举办一次学校运动会和专项体育竞赛活动；学校广泛开展音乐、舞蹈和美术等艺术活动，在重大节庆日举办文艺汇演；有条件的学校可以举办体育节、艺术节、书画比赛、朗诵比赛、演讲比赛、知识竞赛和辩论赛等形式多样的文体活动，每位学生培养至少1项艺体特长，打造具有鲜明特色的体艺传统项目和学生艺术团队。

4. 学生团队教育活动

学校要定期组织开展少先队、共青团、学生会和学生社团活动，充分发挥学生自我管理、自我教育、自我发展的作用。学校要加强学业余党校和青年团校建设，每学期开展3次以上活动。学校党组织要加强指导，把广大青少年学生团结在党团组织周围。

5. 社区及社会实践教育活动

建立社区教育工作机构，形成以学校教育为中心、家庭教育为基点、社会教育为依托的社区教育网络，形成学校、社会、家庭"三结合"的教育合力，探索社区教育新模式。学校要加强与辖区内厂矿、农村、部队、机关和社会团体的联系，聘请社区教育辅导员，开发利用社区教育资源，在校外建立学生社会实践活动、国防教育活动、科技活动和社区活动等德育基地、多途径构建德育活动阵地；让学生了解社区、适应社区，树立服务社区的意识；切实落实以社会实践为主要内容的综合实践活动课程和课时计划，着力提高学生的实践能力和创新精神，每学年寒暑假，学校要认真开展"离校不离教"活动。

6. 劳动教育

形成正确的劳动观点和态度。要让学生懂得劳动的意义，使他们认识到脑力劳动者和体力劳动者都是建设社会主义不可缺少的力量，都是社会财富的创造者，只有分工的不同，没有高低贵贱之分，都应受到尊重。要教育学生在工作和劳动中不怕苦、不怕累，自觉为建设现代化强国而勤奋劳动。爱护公共财物和劳动成果，引导学生养成爱护公共财物的习惯。学生的劳动主要是学习，要学好科学文化知识，就必须刻苦学习，通过学习来锻炼和培养吃苦耐劳、艰苦奋斗、勇于承担责任、敢于创造的优良品质。

7. 集体主义教育

培养学生集体主义观念和正确的价值观。学校要通过教育，使学生认识到集体是个人存在和发展的社会基础，只有在集体中，个人才能更快地进步和充分发挥作用。要因势利导，使学生从小积极参加集体生活和活动，积极成为集体的一员。培养集体主义情感和团结协作精神。要教育学生从小热爱集体、关心他人、团结互助、勇于承担，乐意为集体做贡献，自觉维护集体荣誉。正确处理国家、集体与个人利益的关系。教育学生遵循个人利益服从集体利益、个人与集体利益服从国家利益的原则，引导学生逐步树立全心全意为人民、为集体服务的思想。

8. 道德教育

加强个人品德教育，教育学生具备正直、善良、宽容、勤奋学习和努力工作的良好品质；加强家庭美德教育，教育学生珍爱家庭、孝敬父母、勤劳俭朴；加强感恩和孝德教育，教育学生学会知恩感恩，理解父母养育之恩、师长教诲之恩、朋友帮助之恩、祖国培养之恩，从而孝敬父母，尊敬师长，关爱他人，服务他人；感谢祖国，报效祖国。

9. 爱国主义教育

增强国家和民族意识。开展国旗、国徽知识教育，中国历史、地理教育，国情、省情和县情教育，维护民族团结与关心国家统一大业的教育，以激发和增强学生的民族自豪感，坚定建设中国特色社会主义的信心与决心。按照学生的认识规律、情感培养规律和教学规律，对学生进行爱国主义教育。进行爱国主义教育，要加强针对性，增加现实教育题材的比重，利用爱国主义教育基地，强调学生的社会参与和体验；要加强科学性，按照由近及远，由具体到抽象的原则，教育和引导学生从爱父母、爱老师、爱同学、爱班级、爱学校、爱家乡逐渐扩大到爱祖国、爱一切为祖国做出贡献和争得荣誉的人。

10. 品德评定教育

学校要实行定期评定学生品德行为制度和定期评选"三好"学生、优秀学生干部及先进班集体制度，通过操行评语和评定操行等级等方式对学生进行心理、思想品德教育和优势诱导，鼓励学生发扬优点、克服缺点，促进学生不断自我完善、发展特长。

（二）开展德育十大专题活动

学校要根据教育改革和发展的形势，结合学校德育工作计划的重点内容，针对学生年龄特征，每学期组织开展德育专题活动。

1. 弘扬民族精神教育专题活动

学校要以《中小学开展弘扬和培育民族精神教育实施纲要》为指导，以爱国主义为核心，以国家意识、文化认同、公民人格教育为重点，建设各年段纵向衔接、学校家庭社会横向沟通的民族精神教育体系，丰富课内、课外德育的两大载体，培育和弘扬团结统一、爱好和平、勤劳勇敢、自强不息的伟大民族精神。每年9月定为弘扬民族精神教育月，各校要认真开展好相关活动。

2. 社会主义核心价值观专题活动

学校要深入开展爱学习、爱劳动、爱祖国（简称"三爱"）教育，加强"富强、民主、文明、和谐，自由、平等、公正、法治，爱国、敬业、诚信、友善"的社会主义核心价值观教育，加强感恩教育、诚信教育、审美教育。组织学生观看优秀电影，编排歌舞、小品、情景剧，开展知识竞赛、道德选择判断和参加体验活动等，提高学生的道德素养。

3. 心理健康教育专题活动

学校要高度重视学生心理健康教育，认真落实《中小学心理健康教育纲要》。开设心理健康教育课程，开展好青春期教育，将心理素养教育与品德教育有机结合，切实设立心理咨询室，配备专（兼）职心理辅导教师，举办学生心理辅导专题讲座，采取班级辅导和个别辅导的形式，实施发展性和预防性心理健康教育，培养学生健全的人格和乐观、向上、坚毅等良好的个性心理品质，增强调控自我、承受挫折、适应社会的能力，提高学生心理素质。特别要加强中小学毕业年级学生的心理辅导。

4. 法治、安全教育专题活动

学校要加强学生法治教育，重点学习《中华人民共和国宪法》《中华人民共和国刑法》《中华人民共和国未成年人保护法》《中华人民共和国预防未成年人犯罪法》《中华人民共和国义务教育法》和《治安管理处罚条例》等法律法规，完善法制副校长聘任制度，举办法制讲座，组织参观法治教育基地和法治宣传展览，让学生知法、懂法、守法，争做合格公民。学校加强学生安全教育，注重对学生进行安全意识、安全常识的培养和教育，提高学生的安全防范能力。

5. 廉政文化教育专题活动

学校要结合相关规定，坚持正面引导，采用正面实例和正面说理的方式，开展廉政文化进校园活动，营造校园廉政文化氛围，教育学生清白做人、规范做事、遵纪守法，形成"以廉为荣，以贪为耻"的意识和良好风尚。

6. 生命教育专题活动

学校要通过学科教学、禁毒教育、防邪教育、防艾滋病教育、安全教育、健康卫生教育和青春期教育等专题教育，让学生认识生命、珍惜生命、尊重生命、热爱生命，领悟生命的价值和意义，培养学生科学文明的生活方式。

7. 环保教育专题活动

学校要通过植树节、世界水日、地球日、环境日、爱鸟周、环保科技探索性学习等环保活动，增强学生环境保护的责任感和紧迫感，懂得节约用水、保护环境、爱护动物的知识和行为规范，自觉参与环保。

8. 网络文明教育专题活动

学校要教育学生遵守《全国青少年网络文明公约》，加强对学生文明上网和网络安全的教育，加强对学生进行伦理、道德、人文和法治教育，培养学生遵守网络公德意识。引导学生有效利用网络资源，文明上网，绿色上网。

9. 国防教育专题活动

学校要开展国防教育，增强学生国防意识和纪律意识，让学生体魄强健，掌握一定军事常识。小学开设少年军校和少年警校，初中开展"三防"教育和演练活动，高中开展国防教育和军训活动。

10. 科技创新教育专题活动

学校是构建学习型社会和创新型城区的主载体，学校要高度重视科技创新教育。小学开设科学课程，中学开设综合实践课程；学校要建立学生科技活动小组，配备专（兼）职指导教师，有条件的学校要建立相关科技工作室；学校要组织学生参观高等院校、科研院所和博物馆，到工厂、农村、社区进行社会实践活动；学校每年举办一次科技节，推荐优秀成果参加县、市和国家级竞赛。

五、认真做好四类特殊学生教育

学校要树立正确的办学思想，平等对待学生，关注学生的个体差异，因材施教，促进学生的充分发展。教师应当尊重学生的人格，不得歧视学生，不得侵犯学生合法权益。学校要积极探索对特殊学生的教育方法，认真做好特殊学生的教育工作，以期实现良好校风的形成。

（一）对不良行为学生的教育

（1）学校要准确掌握不良行为学生的情况，对重点人头分类研究，建立个体教育档案；分班级建立帮教小组，采取以环境调整、活动矫正、行为强化、榜样引导、行为考验等方法促进不良行为学生的转化。

（2）学校要优化环境，密切家校联系，健全社区单位联系，加强与公安部门合作，与道德教育、亲情教育和法纪教育结合，多渠道、多方式对不良行为学生进行教育。

（二）对学习困难学生的教育

（1）学校要准确把握学困生的情况，分析学生学习困难的原因，制订个体教育方案；尊重学生个性差异，帮助学生树立克服畏难情绪的信心，激发学习兴趣。

（2）教师要因材施教，在教学中扬长避短，针对学困生设计教学内容、教学方法，加强教学反馈，营造和谐的教学氛围。

（3）加强对学困生进行集中辅导和个别辅导，采用"低起点、缓坡度、勤反馈"的策略，促进学生学有所长；同时要关注学生的兴趣爱好，注重引导，培养学生个性和特长，促进学生学有所获。

（三）对有心理障碍学生的教育

（1）学校要准确把握有心理障碍学生的情况，认真分析原因，归类建档。

（2）学校要营造和谐的育人环境，教师不得歧视有心理障碍的学生，保护学生的隐私；安排专人进行心理辅导，加强情感沟通；密切家校联系，指导家庭教育，促进学生心理健康发展。

（3）对患有严重心理疾病的学生，应建议学生及时到医院心理门诊就治。

（四）对特殊家庭学生的教育

（1）学校要准确掌握留守子女、流动人口子女、单亲家庭子女和贫困家庭子女等特殊家庭学生的家庭情况，建立学生个体档案，保护学生隐私。

（2）学校要切实保护学生平等受教育的权利，营造相互尊重、相互友爱的班级环境，用耐心、爱心和细心培育学生的自信心，增强学生的归属感。

（3）学校要安排专项经费，资助特困学生学习和生活，在师生中开展"心连心，手拉手"的互助活动，帮助特困学生完成学业。

六、认真进行三个层面的德育工作考评

（一）开展学生综合素质考核评价

学校要按照《中学德育大纲》和《小学德育纲要》规定学生素质评定办法。根据新课程改革的要求，学校要积极探索和创新学生素质评价模式。小学开展学生发展性评价，把学生成长情况真实、完整记录到学生发展性记录袋中；中学开展学生综合素质评价，按照"六个维度"通过学生自评、互评和教师评价等方式，考核评价学生素质发展情况。学校要重视对学生平时表现的记录和考评，将过程性评价和终结性评价有机结合。学校应在学期末向学生家长印发《学生综合素质评价报告》，举行全校优秀学生表彰奖励大会。

（二）开展班级德育工作考核考评

学校要制订《班级德育工作考评实施方案》，由学校德育工作领导小组对各班级制订德育工作计划，针对班级日常管理情况、家校工作联系情况、特殊学生教育情况、学生活动组织情况、学生综合素质发展情况，以及撰写德育工作总结和教育案例的情况等进行考核考评，每学期对班级管理和班主任进行一次表彰奖励。学校制订《学校科任教师德育工作评价方案》，要将考核结果纳入教师年度工作考核。

（三）开展学校德育工作考核考评

各级各类学校要坚持"德育首位""立德树人"办学思想，认真落实德育工作常规要求，加大德育工作创新实践，努力提高德育工作实效。县教科局根据印发的《学校德育工作考核实施细则》，实行德育工作考评和德育工作创新实践考评、定性与定量相结合的季度考评。季度考评，学期综合，学年汇总。将结果纳入学校办学水平评价和学校年度综合目标考核。

第二节　德育特色

为全面贯彻落实教育部《中小学德育工作指南》，县教育局以"政治认同、国家意识、文化自信、公民人格"为重点，着力社会主义核心价值观培养，让学生系好成长的第一颗扣子，走好人生第一步。结合剑阁实际，德育工作做好"两个结合"，开展系列活动。

一是"红、绿、土"相结合。"红"即"红色文化"，广泛开展爱国主义教育，筑牢理想信念跟党走。"绿"即"生态文化"，培养学生生态文明家园观念，开展护绿爱绿行动，积极参与生态康养旅游名县建设。"土"即"乡土文化"，教育学生要传承优秀中华文化，特别是剑阁乡土文化，记得住乡愁，弘扬传统美德。

二是"知、行、践"相结合。"知"即教育学生知书明理，有文化，懂礼貌，有教养。"行"即教育学生要言必信、行必果。"践"即教育学生要创新实践。以"知"作基础、以"行"助深化、以"践"助成长，开展研学旅行、亲近自然、亲近社会活动和"我为家乡代言"等活动，让学生弘扬优秀传统、培养生态文明意识、传承红色基因，促进幸福成长。

三是坚持开展常规德育教育活动。开展了"小青草"等爱国主义读书教育系列活动，推送优秀征文、演讲作品124件参加省、市级大赛。剑阁县教育局荣获教育部关心下一代工作委员会"新时代好少年"主题教育读书活动"我为祖国点赞"先进集体称号；举办了全县校园诗歌朗诵大会、中华经典诵写演讲活动，推送优秀作品150余件，2019年香江国际实验学校张光军老师的讲经典作品——《春夜喜雨》被推送至教育部；广泛开展社会实践活动，参加学生近1.8万人次；推选出市级"新时代好少年——晋琪涵"，开展新时代好少年学习宣传活动；开展植树节、清明祭英烈、学雷锋、五四青年节、六一庆祝、开学第一课、庆祝中华人民共和国成立70周年、"一二·九"等主题教育，把社会主义核心价值观融入校园活动；开展防火、防毒、防艾、防溺水、防欺凌、网络安全、卫生安全、交通安全、食品安全等系列活动，丰富了校园生活，达到了活动育人的目的。

四是强化师生心理健康专题教育。2019年10月24日至26日，开展了"剑阁—莲都扶贫协作心理健康教育"活动，来自浙江省丽水市莲都区的张艳、胡先美、谢先钰、孙青云4位国家级心理健康咨询师组成的专家团队走进剑阁，通过网络直播、现场测评、心理疏导、专题讲座等方式对全县近两万名师生开展了为期3天的心理健康教育系列活动，促进了师生身心全面发展，为其健康成长打下坚实基础，活动成效被《广元日报》《四川教育导报》宣传报道。

五是承办剑门蜀道诗歌大会。5月19日下午，第三届剑门蜀道诗歌大会校园诗歌朗诵会在剑门关景区举行。朗诵会由剑阁县人民政府、广元市教育局、广元市作家协会主办，中共剑阁县委宣传部、剑阁县教育局、剑阁县文化旅游和体育局承办。出席朗诵会的嘉宾有县委常委杜嫣然，民进广元市委副主委、广元市政府督学杨泰，县人大常委会副主任周清秀，县政协副主席侯光伟，以及县委宣传部、县文联、县作协、县教育局、县文化旅游和体育局等部门负责人。剑门关高级中学、剑阁职中、龙江小学、香江国际实验学校等师生代表共700余人进行了现场诗歌吟诵展示。

第三节　校园文化建设

2006年5月，教育部下发《关于大力加强中小学校园文化建设的通知》，指出：校园文化是学校教育的重要组成部分，是全面育人不可或缺的重要环节，是展现校长教育理念、学校特色的重要平台，是规范办学的重要体现，也是德育体系中亟待加强的重要方面。中小学校园文化通过校风教风学风、多种形式的校园文化活动、人文和自然的校园环境等给学生潜移默化而深刻的影响。良好的校园文化以鲜明正确的导向引导、鼓舞学生，以内在的力量凝聚、激励学生，以独特的氛围影响、规范学生。大力加强中小学校园文化建设，对于增强德育工作的针对性和实效性，实施引导青少年树立社会主义荣辱观、加强和改进未成年人思想道德建设这一重大而紧迫的战略任务，努力培育有理想、有道德、有文化、有纪律，德、智、体、美全面发展的中国特色社会主义事业的合格建设者和可靠接班人具有十分重要的意义。

加强中小学校园文化建设要贯彻党的教育方针，按照全面推进素质教育的要求，以社会主义荣辱观为导向，以中小学生为主体，以建设优良的校风、教风、学风为核心，以优化、美化校园文化环境为重点，以丰富多彩、积极向上的校园文化活动为载体，推动形成厚重的校园文化积淀和清新的校园文明风尚，使学生在日常学习生活中接受先进文化的熏陶和文明风尚的感染，在良好的校园人文、自然环境中陶冶情操，促进他们全面发展和健康成长。

县教育局印发了《关于进一步加强校园文化建设工作的实施意见》，加强校园物质文化、精神文化建设，以"一校一品"为工作思路，充分发掘地域特色文化资源，不断加强校园文化建设和特色学校打造，探索适应县情的教育内涵发展道路。元山小学的"川戏"、高观小学的"皮影"、杨村小学的"傩戏"、白龙中学的"纸偶"走进课堂，剑门关小学的红色与法治文化、龙江小学的家风文化、普安小学的科普文化、高池小学的"莲"文化、北庙小学"三国名人"文化等各具特色。

第四节　心理健康教育

县教育局高度重视学生心理健康教育，各校相继建立心理咨询室（比如，在龙江小学就建立了全县心理健康咨询中心），通过举办心理健康知识讲座、进行心理咨询，培养学生良好的心理素质，预防心理障碍和心理疾病，促进学生健康成长。

一、学生心理健康状况

剑阁有各级各类教育机构163所，在校学生总数67 818人，脱贫户子女12 039人，留守儿童20 683人。通过对47 606名中小学生心理健康筛查，有心理问题学生数占总筛查人数的比例为1.97%；一般心理问题的学生数842人，占总筛查人数的比例为1.77%；严重心理问题的学生数82人，占总筛查人数的比例为0.17%；高危学生数16人，占总筛查人数的比例为0.03%。

留守儿童心理健康问题主要体现在：一是学习上厌学，压力过大，注意力不集中，考试焦虑，学习困难；在学习方面有症状者为54.46%，症状明显者为23%。二是在人际关系方面存在心理问题的占42%，主要表现在亲子、师生、伙伴关系和对异性的看法等方面的焦虑。三是自我认知方面存在障碍。调查显示，59.2%的学生不能正确评价自己，对自己的评价过高或过低，在自尊心、自信心上出现问题；不少学生情绪不稳定，消极体验过多；缺乏自制力，意志较薄弱。

二、主要做法

剑阁县教育局关注留守儿童、困境儿童心理问题、家庭问题，通过建立心理教师培训学习机制，搭建心理教师展示平台，强化心理咨询辅导，开展心理健康进学校、进特殊人群活动，进一步加强学生心理健康教育。

（一）调查研究，找病根

县教育局组织教育股、教研室等人员，深入全县中小学开展问卷、心理筛查。查找心理问题根源：一是学校"重智轻心"现象仍存在。由于种种原因，应试教育仍受部分家庭追捧，学生学习负担太重，压力过大。二是家长对独生子女溺爱，或家庭教育方式过分苛刻、严格，对孩子要求过高；家庭气氛不民主、不宽松、不和睦；家庭结构极不稳定，父母离异后的单亲家庭或重组后的家庭给学生造成极大的心理伤害。三是社会的局部失衡和心理失范，各种消极因素影响心理转型的青少年。四是学生正值"危机岁月"，处在成长的十字路口，心理发展两极分化严重。

（二）夯实基础，建立制度

县教育局高度重视学生心理健康教育工作，成立了剑阁县学生心理健康教育工作领导小组，负责督促和指导全县学生心理健康教育工作。全县学校将该项工作纳入学校日常工作重点推进，全面落实各中小学校长为心理健康事件防范化解工作第一责任人制度，开展心理辅导和问题跟踪，建立保障学生生命预警机制。将工作开展情况纳入学校年度目标考核。初步形成了学校、家庭、社会"三位一体"联合关爱育人机制，较好解决了心理健康教育工作"5+2=0"的问题，全县87所中小学、幼儿园成立了由校（园）长为组长的学生心理健康教育工作小组，建立了心理问题筛查制度、心理健康教育工作制度，学生心理健康教育工作得到了普遍重视和快速推进。

（三）专家引领，强队伍

东西教育协作以来，县教育局邀请浙江丽水莲都区和杭州上城区的心理健康教育专家开展线下专业培训12期1 080人次，开展心理健康进学校、进特殊人群活动。同步开展日常性线上心理健康教育培训与咨询。全县共有国家二级心理咨询师2名、国家三级心理咨询师8名、专职心理健康教师14名，培训兼职心理健康教师278名。组建了由浙江省丽水市莲都区心理健康教育专家张艳为首席指导专家的剑阁县学生心理健康教育工作专家团队。2019年10月24日至26日，开展了2019年"剑阁-莲都扶贫协作心理健康教育"活动，来自浙江省丽水市莲都区的张艳、胡先美、谢先钰、孙青云4位国家级心理健康咨询师组成的专家团队走进剑阁，通过网络直播、现场测评、心理疏导、专题讲座等方式对全县近两万名师生开展了为期3天的心理健康教育系列活动，促进了师生身心全面发展，为其健康成长打下坚实基础，活动成效被《广元日报》《四川教育导报》宣传报道。

3年来，该专家团队采取集中培训、到校结对指导、心理健康教育知识讲座、在线咨询等方式开展了系列心理健康教育师资培训，解决了全县87所各级各类学校心理健康教师配备问题，实现了学校全覆盖。全县1 000人以上学校至少配备专、兼职心理健康辅导员2名，其余学校至少配备1名。

（四）心理辅导，重效果

与学生面对面，办好健康讲座，送上心灵鸡汤。县教育局邀请心理健康教育专家张艳在全县学校巡回开展心理辅导。2021年3月17日，张艳老师为王河小学全校学生开展"自我探索，做最好的自己""聚焦心理健康，成就幸福人生"辅导；3月19日，赴元山幼儿园、元山小学为1 500余名家长开展心理健康教育专题讲座"陪伴，是必须且幸福的"；3月22日，为剑门关实验学校全体教师开展"拥有阳光心态，成为幸福老师"辅导；5月20日，为剑阁中学教师及高三学生作"开展学校心理健康教育工作的流程和技巧""轻松上阵圆梦六月"心理辅导报告；5月24日，为剑门关高中高三学生讲授团辅课"做最好的自己""赶走焦虑超常发挥"；5月26日，开封中学全校学生举办"远离焦虑 创造奇迹""从容面对 创造奇迹""36条金规"讲座；5月28日，在东宝小学为全体师生家长做心理辅导"有效陪伴 健康成长""认识自我"等。据不完全统计，县教育局共组织40多场不同类别的心理健康专题讲座，共惠及教师8 000余人、学生2万余人，个体咨询达280多人次。

举办成长营，教师再培训，让种子发芽。2021年10月27日，剑阁县举行"有你有我"心理教师成长营活动。13名来自剑阁高中、初中、小学、幼儿园的心理健康教育种子教师参训。除开办讲座外，成长营还开展问卷调查、自我展示、"我们是一家"团队建设、"共同的约定"等团辅活动，解读了《中华人民共和国家庭教育促进法》。心理健康教育通过受训老师站稳学校日常活动主渠道，并将其触角延伸至家庭教育，引导创建良好的家庭情境，助力学生健康发展。

活动育人，倾情关爱，学生自信。县教育局常态化开展校园文化艺术活动。2022年春季，龙江小学、剑门关实验学校、剑门关高中、剑阁中学等87所学校举办体育节、读书节、科技节、艺术节活动，6.78万余名学生参与，让每个学生有机会展示才艺、焕发光彩、增加自信。普安小学、南禅小学、县实验学校、香江实验学校、剑门关小学等25所学校联系社区开展活动60余次，开展爱国主义、安全、法治、德育、文明等主题活动，全面促进未成年人健康成长。鼓楼、普安、香江等幼儿园开展亲子活动，1.4万余名幼儿和家长参与，增进亲子间的感情。建立教师培优辅差制度，帮助学生提高学习能力。关爱特殊学生，举办留守儿童节；减免贫困家庭学生餐费，关爱单亲家庭学生，关爱特殊体质学生。

（五）保障到位，促服务

一是心理咨询室全覆盖。2021年，全县87所学校共投入资金近200万元建成学校心理咨询室97间，总面积2 953平方米，实现学校全覆盖。全县学校心理咨询室建设不断优化，使用情况良好。二是加快建立心理咨询热线，7所规模较大学校开通了心理咨询热线。三是重视心理健康课程开设和资源建设，将心理健康课纳入课表，心理健康活动纳入教育教学重点，常态化开展心理健康教育。四是企业加盟支持，北京东方启明科技公司捐赠启明心理健康管理云平台，实现师生心理健康教育管理信息化、科技化。五是组建心理健康负责人团队，建立学生心理问题筛查、评估、干预制度，建立健全课程体系、宣传普及体系、咨询干预体系、队伍建设体系、组织保障体系。

三、经验启示

高度重视是关键。剑阁县教育局高度重视学生心理健康教育工作，在党组会议、行政会议多次强调和安排，要加强中小学生心理健康教育，坚持系统化、科学化和专业化，坚持全覆盖，特别是要关注边远农村山区，且多次深入学校督查，召开现场会，推动工作有序开展。

队伍建设是核心。一方面要解决编制，引进专职心理健康教师；另一方面要加大兼职心理健康教师的培训。心理健康教育的特殊性决定了师资队伍的专业性，要通过教研、培训、继续教育、讲座等，培养专兼职心理健康教育专家、学科带头人、研究型教师、专兼职教师、班主任，建设一支以专兼职教师为骨干、全体教师共同参与的心理健康教育工作队伍。

活动引导是抓手。学校通过多种途径和方法，如活动课、专题讲座、学科渗透教学、校园文化活动等，开展有利于培养学生心理素质的活动；还要做好社区活动、家庭教育的结合文章，系统地开展工作，心理健康教育才能成为教育质量提升的"助推器"。

长效机制是保障。留守儿童的心理健康教育问题凸显，决定了心理健康教育工作必将长期进行。县教育局要建立中小学心理健康服务体系、课程体系、完善的宣传普及体系、完备的咨询干预体系等，培养好心理咨询师，配置完备的设施设备。学校须开好课程、开足课时，常态化抓实活动育人，促进新时代青少年健康成长。

第五节　关心下一代工作

一、机构沿革

关心下一代工作委员会，简称"关工委"。它是党内一些老同志联名给中央写信，建议成立一个把离退休老同志组织起来对青少年开展革命传统教育的组织。中宣部主持起草了"关于成立全国关心下一代工作委员会的报告"，上报中央，经江泽民等中央领导同志圈阅同意后，1990年2月，中国关心下一代工作委员会正式成立。1991年4月教育部关心下一代工作委员会成立。全国各地相继成立了关心下一代工作委员会。1992年1月，根据国家教委的指示，"教育系统各级关心下一代工作委员会是各级党委和行政部门统一领导下的，以离退休老教育工作者为主体、有现职人员参加的工作机构。""关工委"是以关心、教育、培养青少年健康成长为目的的群众性工作组织，是党和政府联系青少年的桥梁和纽带。

1995年剑阁县教育局成立关心下一代工作委员会。2011年县教育局和县科技局合并后，更名为"剑阁县教育和科学技术局"。2012年4月，原教育局关心下一代工作委员会更名为"剑阁县教育和科学技术局关心下一代工作委员会"，后又更名为"剑阁县教育局关心下一代工作委员会"。2018年9月，县教育局关心下一代工作委员会组成人员如下：王勋勇为主任，魏玉诗为执行主任，唐守荣、杨德华、吴方杰、严强、梁颖、何印、陈蕃为委员，县教育局关心下一代工作委员会办公室设在教育股，陈蕃兼办公室主任，负责日常事务。

二、职能职责

贯彻落实国家教委关于全社会都要关心教育的指标，有针对性地做好青少年的思想教育工作，经常开展常谈心、常交流、常把关、常鼓励活动，教育他们热爱党、热爱社会主义，发动他们开展学雷锋做好事活动；办好青少年教育基地，组织青少年开展有益的文娱、体育活动和社会活动，尤其是组织好学生的寒暑假活动，丰富他们的校外文化活动，不断深化"五小标兵"的评选活动，使他们的德、智、体、美、劳全面得到发展；经常性开展青少年遵纪守法教育活动，促使学校、社会、家庭教育有机地结合起来；注意培养学生的进取向上观念，杜绝本社区内学生的学业流失，严格控制学生的辍学率；对失足青少年，要做深入、细致的教育和挽救工作，对于他们的实际困难要想方设法解决，努力降低重新犯罪率；维护未成年人的合法权益，做好保护儿童的工作，同一切虐待、残害儿童的行为做斗争；做好待业青年的统计工作，协助有关部门做好待业青年的培训和就业安置工作；及时表扬本社区青少年的好人好事。

三、主要工作

剑阁县有中小学幼儿园91所，其中高中7所，单一初中14所，九年制学校和小学70所。全县有中小学生73 000余人、教职工5 000人。2010年以来，全系统加强了关工委工作和队伍建设。目前有关工委93个，专兼职从事关工委日常工作的人员有130余人，其中从领导岗位退下来的老同志和已退休老同志50余人。关工委工作机构有工作人员300余人，参与"五老"工作的老同志有1 000余人。目前，剑阁县从局机关到学校关工委机构健全，工作队伍稳定，学校关心下一代工作已步入良性轨道。关爱工作基本起到了服务教育、培养青少年健康成长的作用。

着力抓好关工委基层组织建设。历任局长都高度重视关心下一代工作，把关心下一代工作纳入党组行政议事日程，纳入教育管理的重要内容，纳入对学校工作考核的目标任务，使关心下一代工作有名有位，关心下一代工作名副其实地成了教育工作不可分割的组成部分。

健全关工委工作网络。2010年春各校原建立的"关工小组"一律更名为"关工委"。全县学校关工委主任均由校长或书记担任，离退休老同志任常务副主任，做到层层有组织，层层有人抓，局关工委主任由局长担任，机关职能股室负责人均作为成员。从机关到学校组织机构健全有力，管理网络畅通有序，工作各司其职，各校关工委组织机构最少由3人组成，每校有1~2个专兼职人员从事关工委日常工作。

广泛吸收"五老"同志加入关心下一代工作队伍。在做老同志工作中坚持聘、学、用、评、情五字法，加强"五老"队伍建设。一是根据工作需要，采取组织动员的方式，上门求贤。根据需要和自愿的原则，选聘"五老"1 000余名。二是采取多种方式对"五老"进行培训，提升他们的素养和信心。三是发挥"五老"优势,展示他们的才能,用其所长。选聘他们担任形势教育报告员、公民道德宣讲员、法治教育宣传员、网吧义务监督员等。四是每年评选表彰关心下一代先进典型。连续两年组织关心下一代工作老同志代表赴外地考察。五是用真情感召、关心他们。局领导和学校领导每逢重大节日都要慰问老同志,看望患重病人员,用真情凝聚他们。

因地制宜,全面加强关工委阵地建设。关工委阵地建设是基层关工委组织建设、创建"六好"关工委重要工作的基础。为使这项工作在全系统得到落实,在 2012 年下达年度目标时,教科局把全面实现"六有"、创建"六好"关工委列为学校工作目标,局关工委还制定了工作考核目标。同时,下发了 2012 年关心下一代工作要点。要求学校必须有专设的办公场地、有工作队伍、有计划、有活动、有资料,学校要为关心下一代工作提供必要的工作经费。剑门关高中关工委不仅有专设的办公室,还配备了电脑、文件柜,还办了工作专栏。县委冯明副书记到该校视察,给予了高度评价。

着力抓好特色教育活动。在中国共产党成立 90 周年前夕,在县关工委的领导下,全系统开展了"学党史、颂党恩、跟党走"主题教育。在全县中小学开展"心向党,讲品德,学雷锋,见行动"的主题教育。

全面启动中小学青少年"六五"普法教育活动。一是各学校都设法治副校长一名、法律顾问一名;二是充分利用政治课,思品课进行法纪教育;三是每周利用一节课外活动时间开展法治讲座,由所聘法律顾问或"五老"宣讲团成员宣讲;四是法治宣教工作纳入学校总体工作,纳入目标考核;五是制作法治教育宣传橱窗;六是开展"法治日"活动,每年都要在高完中学校开展法治教育日活动。下寺小学普法教育活动 2012 年被中央综治委、中央文明办、中国关工委授予"普法教育先进集体"称号,赵立勤同志参加了在北京人民大会堂举行的颁奖仪式。

开展"五好小公民主题教育读书活动"。在青少年中开展读书活动已历时 15 年。2012 年教科局获教育部关工委"光辉的旗帜"读书活动先进集体称号。2013 年教科局又获教育部关工委"文明美德伴我成长"读书活动先进集体称号,剑州中学、剑门关高中、元山中学、实验学校被教育部授予全国"文明美德伴我成长"主题教育"示范学校"称号。局关工委办公室主任何瑞蓉同志受邀参加在北京人民大会堂举行的颁奖仪式并和顾秀莲同志合影留念。

办好"全国优秀家长学校实验基地"。自教育部开办"全国优秀家长学校实验基地"以来,市教育局在新老县城普安小学、实验学校、下寺小学确定 3 所学校为"实验基地"。3 所学校家长学员已达 1 000 余人,它们在全县起到了示范引领作用。全县 90 所学校均建立了家长委员会,30 余所学校开办了家长学校。

建好留守儿童之家,扶残助困,关爱弱势群体。自"5·12"地震后,所有学校都建起了留守"儿童之家"。学生的衣食住行都得到了学校和关工委的全面关照。每校都建立了专门的管理机构和工作队伍,建有规章制度,特别是加大对重点群体的关爱:一是建立了"大手拉小手""一帮一"的帮扶机制;二是加大周末节假日的关心爱护;三是坚持重大节日局领导深入学校慰问;四是免除相关费用。从 2009 年开始,九天建设有限公司已经连续四年对剑阁县贫困学生给予资金援助,每年都要帮扶 10 名贫困生,每生可一次性享受 500 元的资助。关工委积极协助教育基金会和学校做好社会对大中小学生的资助帮扶工作。2010 年倡导全县师生为剑州中学学生马郡敏捐款 5.35 万元治病。慰问老教师、贫困职工经费达 2.9 万元。组织优秀教师 11 名开展外出参观考察活动。2010年接受社会各界的捐助,用于资助贫困大中小学生的金额达 127.17 万元。2011 年用于资助贫困大中小学生的资金达 238.77 万元。社会各界的大力支持和主管部门大量细致的工作,有效地缓解了贫困弱势群体子女上学难、治病难的问题,社会的公益功能得到较大彰显。

四、取得的成绩

县教科局关心下一代工作近年来取得了较大成绩。2011 年，剑阁县教育局关心下一代工作委员会被中国关心下一代工作委员会、中国社会综合治理办公室、中华人民共和国司法部表彰为全国先进集体。剑阁县下寺小学被评为全国青少年普法教育先进单位，伏大庆被评为全国青少年普法宣传教育先进个人，赵立勤被评为全国青少年普法宣传教育优秀辅导员，孙宇函获全国青少年普法宣传教育活动知识竞赛二等奖（学生）。他们参加了在北京人民大会堂举行的颁奖仪式。

2012 年，剑阁县教育和科学技术局关心下一代工作委员会，在教育部关工委"全国青少年五好小公民'光辉的旗帜'主题教育"表彰大会上，获先进集体称号。何瑞蓉被全国关心下一代工作委员会表彰为优秀工作者，剑阁职业高级中学、剑阁县文峰中学、剑阁县普安小学被全国关心下一代工作委员会表彰为示范学校。

第六节　乡村少年宫

2011 年 6 月 22 日，财政部、中央文明办、教育部联合印发《中央专项彩票公益金支持乡村学校少年宫项目管理办法》。全县各校陆续建立乡村学校少年宫。乡村学校少年宫是指依托乡镇中心学校现有场地、教室和设施，进行修缮并配备必要的设备器材，依靠教师和志愿者进行管理，在课余时间和节假日组织开展普及性课外活动的公益性活动场所，面向乡镇学生免费开放，学生可自愿选择参加乡村学校少年宫的各式活动项目。它既是青少年的活动场所，也是推进素质教育的载体和阵地，它的建成极大地满足了农村未成年人对优质教育资源的渴望，为农村未成年人的健康成长和全面发展创造了良好的条件。

自 2011 年实施中央专项彩票公益金支持乡村学校少年宫项目以来，乡村学校少年宫从无到有，从点到面，覆盖面越来越广。2014 年 2 月 20 日，为贯彻落实全国未成年人思想道德建设工作电视电话会议精神，按照省市的统一安排部署，剑阁县精神文明办公室、剑阁县教育和科学技术局、剑阁县财政局出台《关于扎实开展"乡村学校少年宫"建设工作的通知》（剑文明办发〔2014〕1 号）要求全县 54 个乡镇中心校自建一所中心小学乡村学校少年宫。

乡村学校少年宫是依托农村中小学校和社会教育场所，整合利用课外教育资源、强化少年宫功能、组织农村未成年人进行课外实践活动和思想道德建设的重要载体，是未成年人思想道德建设工作测评和创建省级文明城市的重要考评内容。

一、乡村少年宫建设原则

坚持公益性原则。"乡村学校少年宫"始终把社会效益放在首位，面向广大农村未成年人，免费为他们提供开展活动必需的场所、器材、师资，不开展任何以营利为目的的经营活动，不开展收费特长班、培训班。

坚持贴近实际原则。"乡村学校少年宫"无论在建设宗旨、建设规模、硬件配备上，还是在课程设置、时间安排、活动组织上，都要符合农村实际，符合农村未成年人的成长特点和规律。

坚持因地制宜原则。"乡村学校少年宫"建设要量力而行，不贪大求全，不千篇一律，主要利用现有的学校教育教学资源建设，突出特色，打造亮点。

"乡村学校少年宫"建设要利用各乡镇中小学校现有教室、场地，对其功能做一些调整改造，添置必要的活动设施器材，上课时用于课堂教学，放学后、节假日用于开展活动。在校舍比较充裕的学校，可利用空置房屋和场地改建、扩建"乡村学校少年宫"，使活动室与教室分离，相对独立。

二、建设标准

（一）硬件建设

一是有"乡村学校少年宫"管理办公室和辅导员备课、休息场地；二是有完善的体育活动场地及器材（包括田径场、篮球场、排球场、羽毛球场、乒乓球场等）；三是有艺术、科技、文化体育特色活动项目用房及器材（包括多媒体室、图书阅览室、语音室、手工制作室、心理咨询室、音乐室、舞蹈室、书法绘画室、棋艺室等），有条件的学校可以建设合唱室、经典诵读室、影视厅、科技室、荣誉室等；四是各功能地面硬化达标、墙面粉白翻新、门窗更换维修如新。

（二）氛围营造

一是精心设计各功能室文化墙，在教室、楼道张贴名人名言、行为规范、道德准则等，积极营造轻松、活泼的校园文化氛围；二是制作各功能室标牌，如"剑阁县武连小学乡村学校少年宫语音训练室"，同时在标牌上要有辅导员姓名、特长、开放时间等内容；三是做好制度、活动计划（课表）上墙等工作。

（三）活动开展

一是开展主题实践活动。突出思想道德教育内涵，按照社会主义核心价值观要求，广泛开展中国梦、"三热爱"、"做一个有道德的人"等主题教育，深入开展"经典诵读""我们的节日""美德少年"评选等道德实践活动，引导未成年人树立正确的理想信念，培养高尚的思想品质。二是开展才艺技能培训。利用"乡村学校少年宫"组织本地未成年人（不仅限于本校学生）参加各种才艺技能培训，广泛开展音乐、舞蹈、书画、球类、棋类等文体活动和计算机应用技术等培训，把曲艺表演、民乐表演、中华武术等非物质文化遗产作为培训项目，请民俗艺人传授剪纸、陶艺、泥塑、编织等民间制作工艺，让农村未成年人在益智益趣的活动中，既掌握一技之长，又传承优秀民族文化。

（四）软件建设

一是按各项活动、功能室分类制订计划；二是有专业化的教师辅导员和社会志愿者辅导员队伍（有名册，辅导员个人特长简介）；三是具有本校特色的品牌活动项目；四是有学生自愿参加的各种兴趣小组名单；五是有健全的规章制度（含"乡村学校少年宫"使用管理规定、各功能室使用管理规定、少年宫活动部署安排、各岗位人员工作职责、考核评比制度等）；六是有分类、完整的工作记录，档案资料收集齐全、整理规范。

三、组织保障

（一）切实加强组织领导

各乡镇中小学校要充分认识推进"乡村学校少年宫"建设的重要意义，把这项工作摆上重要日程。"乡村学校少年宫"实行校长负责制，由校长担任少年宫主任，副校长或教导主任担任副主任，负责制订符合本校实际的"乡村学校少年宫"建设计划与活动方案，组织实施日常工作与活动开展，少年宫开放的时间每天不少于1小时，节假日免费对校内外学生开放。

（二）完善辅导员队伍建设

要充分发挥各中小学现有师资的作用，加强教师轮训，使在校教师达到一专多能要求；实行特长教师多校互聘制度，通过在一定区域内"乡村学校少年宫"走教、支教，实现师资力量资源共享。要面向社会招募"乡村学校少年宫"义务辅导员、志愿者，组织他们利用个人特长为未成年人提供科技、艺术等方面的教育。要发挥民间艺人、劳动模范、先模人物和"五老"人员的作用，邀请他们担任"乡村学校少年宫"辅导员，丰富课外教育内容，不断壮大和优化辅导员队伍。要制定有关激励奖惩办法，调动学校教师和社会志愿辅导员的积极性和主动性。

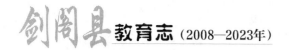

（三）建立健全考核机制

县文明办、县教科局将组织人员对"乡村学校少年宫"建设使用情况进行评估验收，考评结果纳入未成年人思想道德建设测评体系、年度目标考核和文明单位创建，对建设好、影响大、效果显著的"乡村学校少年宫"给予表彰，工作力度小、成效不明显的学校及其主要负责人年度考核不得评选先进集体和个人，并要求限期整改。

第七节　学生综合素质评价

"综合素质评价"是在每个学期末或每个学年末，学校组织的一次对全体在校学生综合素质和能力的评价。综合素质评价来自2006年教育部对全国的初中毕业与高中招生制度的改革，测评展现了素质教育的实质。

综合素质评价一般分为七个维度，即"道德品质""公民素养""学习能力""交流合作与实践创新""运动与健康""审美""表现能力"。七个维度又分别分为若干个项目。等级分别为A（优秀）、B（良好）、C（一般）、D（较差），或者给予评分。

在进行综合素质评价时，老师会给学生分发测评表，首先学生需要给自己打分，然后撰写自我评价和学期总结。随后，全班同学会依次上台朗读自我评价，朗读完毕后，台下的同学就会开始给被测评同学提意见或给五个维度的打分。

班干部或班主任会记录全班同学的打分，最终数据结果是全班同学评分的平均数。或为了公平起见，班主任会分发给学生一张打分表，上面记载着全班同学的姓名和五个维度，以匿名的方式给全班同学（包括自己）打分，然后上交至班主任，整理数据。

然后，学生们去请班主任或代课老师为自己撰写学期评语。九年级的"综合素质评价"数据将计入中考档案和学生档案，作为中考和升学的参考数据。

最终结果的构成来自50%的同学互评和50%的师评。自评不算入其中，只能作为测评参考数据存档。

一般地，测评结果中的A等级要赋予全班大约20%的学生，B等级要赋予50%～60%的学生，C等级则赋予全班15%的学生，D等级赋予全班大约仅5%的学生。

综合素质评价结果的好坏完全取决于该学生平时在学校的言行举止、学习态度和为人处世。这也是高等院校招生的一项重要指标，不可忽视。所以"综合素质评价"关系到升学的问题，重要性有时不次于考试成绩。

但由于个别学生有时对某个同学不满或讨厌，可能会出现结果偏差、不公平或恶意报复等行为。因此，最终结果的数据要由班主任老师审查通过，才能记入档案。如果结果发生偏差，班主任老师会对数据做适当的修正。特别到了初中三年级，测评结果中不能有"C"等级，更不能有"D"等级；如果有，极有可能会影响到升学。所以学生对在校言行举止应该格外地注意。

第八节　劳动教育

一、田家小学学生劳动教育实践基地

剑阁县科技局在1996年1月租赁距离田家乡场镇4.5公里的田家乡石庆村大约80亩土地——租赁使用时间为30年（1996年1月至2025年12月），成立了剑阁县科学实验基地。科技局先后投资新建基础设施设备：鱼塘 2 个（8 亩），生活及生产用房 18 间，约 500 平方米，鸡舍、兔圈 400 平方米，对土地、基础设施进行改造。发展种植和养殖：种植剑阁柴胡等中药材，栽种澳洲杏、清脆李等果树，养殖长毛兔和剑门土鸡等。

2010 年县科技局与县教育局合并，成立剑阁县教育和科技局，剑阁县科学实验基地就属于教科局管理，但直到 2013 年都没有系统地管理。2013 年 10 月，田家小学召开会议，经教代会、行政讨论并报告县教育和科技局同意后决定，由学校出面代为管理基地，发展生态种植和养殖，产品主要供给学校食堂。学校先后投资大量资金进行改造升级，新建食堂约 150 平方米，生产用房约 300 平方米，新修鱼塘 10 亩，对整个基地四周进行防护网封闭，整个园区安装监控设备，硬化地坪 300 平方米，对其他房屋、道路、水渠、晒坝、供排水管网、电路等基础设施进行全面维修，购买农机、农具、生活用品、空调、电视、床、沙发、柴火灶等生活和生产设备。学校安排一名领导进行专门管理，长期聘请两名工人从事日常经营种植、养殖。这是全县独一无二的学生劳动实践基地。学校期望利用独有资源，配备相应的管理人员和专职教职员工，办成全县中小学生的劳动实践教育及研学基地。

二、剑阁县中小学生综合实践教育营地

剑阁县中小学生综合实践教育营地，是剑阁县人民政府招商引资，由广元硕宇翔教育咨询有限公司投资，改建剑阁职中旧校，成立的专门从事校外实践教学和综合素质拓展的办学机构。

营地总投资 6 000 多万元，占地总面积约 260 亩，建设用地约 107 亩，建筑面积约 28 000 平方米。营地设有生活区、综合教学区、拓展训练区、劳动实践区、文体活动区、生命安全教育区。

营地的主要任务是接待剑阁县基础教育阶段学生参加综合实践、劳动教育、研学实践等中小学生社会实践活动。营地以综合实践活动为核心，按照"一个营地+N 个研学点"的布局，开设了"综合实践教育""劳动教育""研学实践教育""爱国主义教育""法治教育""安全教育""爱国主义教育"等课程。

2023 年 9 月正式开营。这年秋季，接待了全县中小学生 15 000 多名。运营状况良好，基本实现了剑阁县中小学生综合实践教育活动的预期目标。

三、剑阁县学生研学实践基地统计

五指山 见山未见山 双旗美村 金色家园 剑门关景区 剑阁县中小学生综合实践教育营地

第三章　教学工作

第一节　学校教学工作计划

教学工作计划，是学校管理者根据教育部的文件精神以及上级部门颁布的教学计划，按照课程标准和教科书的要求，按照教学规律，结合教学实际，制定的教学工作目标及完成目标的措施的方案。教学工作计划是学校教学工作赖以有序进行、顺利完成教学任务、实现培养目标的重要保证。建立学校教学工作计划系统（校、教导处、教研组、个人等计划）是学校科学管理的主要标志。

一、关于教学工作计划的要求

（1）能够与时俱进，体现先进的教学观念和求实精神，有实践意义和切实的指导作用。
（2）有明确的目的性和针对性
（3）能够体现教育教学规律和现实特点，有鲜明的个性。

二、教学计划的构成要素及各要素的说明

1. 指导思想

指导思想是指一个管理组织在一定时期内，为实现一定目标，管理活动发展的指导方针或管理活动中所必须把握的基本原则。

教学计划的指导思想，要把上级的指示精神、新的教学理念与本单位的实际相结合，做到上级精神与本校实际工作相统一。"以全国教育工作会议精神为指针，以《中国教育改革和发展纲要》为依据，全面贯彻教育方针，严格执行新课时计划和课程标准。抓好师资队伍建设，完善目标管理，依法治教，减轻学生课业负担，强化生态教育，促进学生全面发展，实现素质教育目标"。上述指导思想既把上级文件精神与学校教学工作统一起来，又体现了学校的办学思想以及对师生的要求和要达到的标准。制订计划确定指导思想必须善于审时度势，把握现实特点，才能使学校教学工作跟上时代步伐。

2. 工作目标

教学工作目标，是指计划期间的教学工作，为落实教育目标和任务，预计要达到的某种状态或标准。它是指导思想的具体体现。目标内容一要方向正确，二要简明扼要，包括学校教学工作各个主要方面应达到的要求和水平，是指导思想的落脚点。

3. 主要工作任务

主要工作任务和工作目标，是既有联系又有区别的两个概念。其关系是：目标是任务的达成度，任务是目标实施的内容和责任范围。其区别是：任务是以事或责任形式出现的，目标是以活动结果的形式出现的。因此，确定本学期教学工作的主要任务一要有具体事实内容，二要有限定的时间要求，三要有明确的责任范围，四要层次性，五要简短有力。

4. 具体措施

制定措施的要求包括：①要求措施具有可行性，既要从实际出发，量力而行，又要通过努力，尽力完成。②具有可检性，便于操作，可以检查。

措施包括以下内容：

（1）加强教学工作领导的措施。

（2）加强教师队伍建设，提高师资水平的措施。

（3）开展教学研究，促进教学改革的措施。

（4）完善管理制度，稳定教学秩序的措施。

（5）加强学习指导，改进学习方法，提高学生学习积极性的措施

（6）开展课外学习活动的措施。

（7）加强各功能室管理的措施。

5. 学期教学工作具体日程安排

工作日程安排，是计划内容的具体化，是落实计划的时间保证。把主要工作安排在具体的时间内，便于管理者掌握工作进展、程度，及时调整工作步骤。

第二节　教学工作过程管理

一、概述

教学工作由钻研课标、教学大纲和教材，备课，上课，布置作业，辅导，组织考试等环节组成。自 1999 年以来，县教育局教育股、教研室及学校的共同理念是：抓教学工作的环节管理，就体现出教学工作过程调控管理。各学校都制定有《教学过程管理及考核细则》（以下简称《细则》）。《细则》的内容是：备课和备课的基本要求及考核细则，上课和上课的基本要求及考核细则，作业和作业基本要求及作业批改考核细则，辅导和辅导基本要求及自习辅导考核细则，检测与考试和考试基本要求及考核细则。其中，理、化、生教学包括实验和实验教学基本要求及考核细则。

学科教师按照《细则》钻研课标和教材，备课，上课，布置作业，辅导，组织考试等。

二、钻研课标和教材

钻研课标，弄清本学科的教学目标、教材体系和基本内容以及在教学方法上的基本要求；钻研教材，掌握课题的全部内容。这一环节要求教师从具体到抽象，从抽象到具体地去钻研，通过比较、分析、综合、概括，联系起来思考研究。对教材中的一些基本概念，要求弄清其内涵与外延；对一些规律性的基本知识，如定理、定律、法则、公式、原理等等，弄清是如何论证或推导出来的，以及运用范围是什么等。

三、备课

在前述第一环节基础上，联系实际，将教材的内容具体化，理出重点、难点，确定教学目标、教理与教法，设计教学步骤，教学步骤包括学生的学法指导、教学交流互动、评价方法等。

四、上课

学科教师按照《细则》各相关要求上课，同时各校各学科教研组按照实际情况选择或构建课堂

教学量表，按量表评价教学效果。部分中小学校提倡教师针对教学目标的确立和实现、教学内容的处理、教学方法的应用、师生交流互动情况、教学过程的组织、学生参与状况、情感态度状况、教学语言、板书情况等等，进行反思，并写出教后反思日记。

五、作业

按照《细则》要求，教师布置作业要做到三点：一是布置作业以教科书为依据，无论课内作业还是课外作业，都以教材练习为主，不能离开教材另出大量作业题，作业的分量要适当。二是对作业的指导立足于引导学生分析问题，启发学生思考，寻求解决问题的方法，而不是把现成答案告诉学生。三是认真批改作业，并把带倾向性的错误记录下来，针对错误进行评讲。约有60%的教师按教材上的练习布置作业，40%的教师除教材上的题之外还布置练习册上的题。2008年至2020年，虽然教育局明令禁止购买练习册、习题集之类资料，但禁而不止。

六、辅导

从1999年以来，各中小学校教师的教学辅导主要是自习辅导，辅导策略是"抓两头带中间"。一是对理解教材知识点有困难的学生，进行重点辅导；二是对优等生，启发他们寻求多种解题方法，并适当增加作业分量和难度。

七、检测

2000年以来，剑阁县中小学，尤其是初中、高中考试比较频繁。考试分月考、阶段考和期末年终统考。月考制是学校每学月组织一次学科考试，70%的中学月考采取不同年级学生交叉入座、老师交叉监考、统计成绩排名次的方式。阶段考试是半期或期末考试。期末或年终由县教育局组织统考、评卷、统计分数、分析教学质量。

八、视导

以教学视导为抓手，做好教学过程性管理。不断完善教学视导的内容、方式、程序，建立有效的视导形式和机制，科学、有效地开展视导工作，充分发挥视导的指导、督促和评价作用。通过听、看、查、问、谈等方式，从学校行政管理、办学行为、教师队伍建设、教学常规管理、学科教学、学科教研、社团活动开展等方面入手，采取召开教学视导汇报会，听课评课，教研组、备课组交流，组织学校领导座谈会、教师座谈会、学生座谈会，进行师生问卷调查，检查教学管理台账，举行视导反馈总结会等流程调研。通过跟踪调查、现场诊断、问题反馈、成果提炼、经验推广，提出阶段整改意见，形成书面视导报告，定期通报视导结果，进一步促进和规范教育教学过程管理，有效助推质量提升。

第三节 教务工作

一、招生

每年春季，剑阁县发展计划局下达各级各类学校招生计划。幼儿园、小学一年级招生，职高招生在招生学校校长领导下，于期末进行。招生的具体工作，由教务处负责组织进行。初中招生考试由县教育局命题制卷，组织考试、评卷、录取新生，由招生学校发通知书。高中招生考试，由广元市命题制卷，县组织考试，统一评卷，统一录取。

二、编排课程表

教务处按照课程设置编排课程表。编排原则是：文理科课程适当配搭；同一学科的课程适当分散，但不能安排得过于散乱；上午第一、二节课一般不安排体育课，而用以排文字课，自习课一般安排在作业较多的课之后；根据教师的身体、年龄、知识能力等具体情况排课。

三、学籍管理

2005 年以前，剑阁县中小学校学籍管理主要包括学籍卡片管理、学生档案管理以及办理入学、转学、退学、休学、复学和毕业等手续的办理。

2005 年 9 月 20 日，县教育局出台《剑阁县义务教育阶段学校学籍管理规定》，对新生入学、转学、借读、休学和复学、成绩考核和跳级、毕业、升学及奖励和处分、管理权限等，作出具体规定，学校按照这些规定建立学生学籍表，并制成软盘交教育股存档备考备查。2005 年以前的学生学籍管理规定于 2005 年 9 月 20 日废止。

2013 年 8 月 11 日，教育部印发《中小学生学籍管理办法》（教基一〔2013〕7 号）。该办法分总则、学籍建立、学籍变动管理、保障措施、附则 5 章 30 条，自 2013 年 9 月 1 日起施行。

2013 年秋季新学年开学，中国首部全国性《中小学生学籍管理办法》正式实施，中国每个中小学生都将有唯一学籍号，实行"籍随人走、终身不变"。

四、教学档案管理

（一）教师教学档案

该档案的主要内容有：学科教师的基本情况，每学期任课门类、节数、班级、教学工作计划和总结；班主任工作计划和总结，专题经验总结，上公开课的教案，听课记录，月考、期中、期末考试试卷分析，进度计划，教研成果，发表文章情况等。

（二）教学工作档案

该档案的主要内容有：学校各种教学计划、总结、经验材料、报表，期中、期末以及月考试题，毕业生去向花名册，学生各类考试成绩统计，新生入学成绩统计，升学考试的各种数据统计，学生班级日志，教务工作日志等。

五、班级管理

（一）班级教育目标

每学年，学校将县教育局下达的目标再分解下达给年级组，年级组又分解到班级，未设年级组的学校直接下达到班级。目标内容主要有：年级、班级升学目标，统考成绩，安全工作，清洁卫生，班主任德育工作，学生综合素质评价，科任教师教学成绩，学生学习目标，班的优生率、合格率、巩固率等。

班主任根据班级教育目标和班级教育实际，分阶段提出班级教育的子目标。

（二）班级管理内容

剑阁县中小学校班级管理内容主要有以下九个方面：

一是对班级德育工作的管理。具体内容是思想教育、政治教育、法纪教育、品德教育、行为规范训练、心理素质教育等。方法主要为根据社会形势，学生年龄特征、个性特征和思想实际，开展系列活动、班会进行情境陶冶和说服教育、榜样示范、实践锻炼以及综合素质评价等。

二是对班级安全工作的管理。具体内容是防火、防溺水、防交通事故、防踩踏、防欺凌、防意外事故发生。每期开学初，校长与各处室签订安全协议书，各处室与老师签订安全协议书，班主任与学生家长签订安全协议书。层层签订安全协议书，召开班队会，进行宣讲教育，强化安全管理工作，落实安全责任。

三是对班内学生学习的管理。主要有五方面的策略与方法：其一，激发学习动机，培养学习兴趣，端正学习态度，进行学习目的价值观教育；其二，指导学生按照计划、预习、听课、作业、小结和应考的学习过程各环节认真学习；其三，引导学生认识学习特点，掌握科学的学习方法；其四，培养学生自学能力和学习习惯；其五，优化学习环境，建立学习管理机构。

四是对学生课外活动与课余生活的管理。

五是对班级学生集体的管理。管理方法有五：班主任围绕班级目标系列，指导班委会确立共同目标，制订班级工作计划；培养积极分子、班级骨干以形成班集体核心；建立平等、团结、互助、和谐的班级人际关系；树正气，压歪风，形成正向的班集体舆论与气氛；建立科学合理的集体规范，形成良好的班风和传统。

六是对学生问题行为的管理。剑阁县中小学中极少数学生的问题行为的主要表现是厌学、吸烟、离家流浪、早恋、沉迷网吧、赌博、打架斗殴、盗窃等。厌学的主要表现是应付学习、不做作业、逃课、考试作弊等。管理策略与方法主要是：教育为主，预防为辅，正确引导，严格管理，防患于未然；建立和健全学生行为规范的班级管理制度，并严格执行；加强问题行为针对性，立足于教育；与家庭、社会形成合力，控制不良诱因，优化育人环境。剑阁县中小学，尤其是初中，约40%的班主任对问题行为学生的处理办法是转学换环境等。

七是对学生综合素质的评价管理。

八是对教室设备的管理。班主任负责本班教室设备设施的管理［这些设备设施主要有门窗玻璃、电灯、黑板、多媒体（电子白板）、展示台、课桌凳、清洁工具等］：①教育学生爱护设备设施；②安排学生专人管理；③采取谁损坏谁赔偿的办法。

九是对任课教师的管理。每年春季举行六、九年级诊断性监测和总结，科学分析试卷、试题、学情、答题情况，明确差距，精准施策，提升复习备考效率。县教育局组织召开小学、初中、高中毕业班复习研讨会，上示范交流课，举办复习研讨专题讲座，研究考纲考点，交流复习方略，进一步细化小考、中考、高考备考研究。近年来，每年高考本科上线人数逾千人，有多名学生被北京大学、清华大学等重点高校录取，实现了全县教学质量整体大幅提升。

第四节　体育工作

一、学校体育教育工作概述

剑阁县教育系统按照《中共中央、国务院关于加强青少年体育增强青少年体质的意见》《教育部、国家体育总局、共青团中央关于〈开展全国亿万学生阳光体育运动的通知〉的通知》《教育部关于保证中小学体育课课时的通知》等精神，剑阁县教育局在全县中小学校全面实施《学生体质健康标准》，以"达标争优·强健体魄"为目标，大力开展阳光体育运动、大课间和课外体育活动，全面实施新课程改革，加强体育教师队伍建设，开齐、开足、开好体育课程。同时加大经费投入，添加体育运动器材，新建、改建部分活动场馆，不断改善学校体育工作办学条件，保证体育活动的正常开展。学生普遍树立了"终身体育"的意识，养成了良好的体育锻炼习惯，剑阁县学校体育教学工作稳步健康发展。

二、创建体育示范（特色）学校

自2012年开始，剑阁县立足学校体育活动、体育社团、体育赛事，启动省、市、县阳光体育示范学校的创建工作，积极推进足球特色学校创建与校园足球活动开展工作。2012年至2020年，剑阁县成功创建省级阳光体育示范学校2所、市级阳光体育示范学校6所、全国校园足球建设学校6所、省级校园足球特色学校3所、市级校园足球示范学校3所、市级校园足球特色学校3所。2015年，剑阁中学、剑门关高级中学、剑阁职业高级中学、龙江小学被认定为四川省足球特色学校建设单位；2016年，剑州中学被认定为四川省足球特色学校建设单位；2017年，武连小学被认定为四川省足球特色学校建设单位；2018年剑阁中学、剑门关高级中学、剑阁职业高级中学、龙江小学被认定为四川省首批校园足球特色学校。2015年，剑阁中学、剑门关高级中学被评为省级"阳光体育示范学校"，并于2017年顺利通过省级验收。

三、中小学生体质健康测试与上报工作

在遵循《关于2015年开展学生体质健康测试和落实学校体育三个办法有关工作安排的通知》和2014年7月18日教育部公布的最新修订的《国家学生体质健康标准》的基础上，结合剑阁县实际制定了《剑阁县中小学生体育素质测评指标体系（试行）》。从身体形态、身体机能和身体素质等方面综合评定学生的体质健康水平，是国家对不同年龄段学生体质健康方面的基本要求，是测量学生体质健康状况和锻炼效果的评价标准。将学生按照年级划分为不同组别，身体形态类中的身高、体重，身体机能类中的肺活量，以及身体素质类中的50米跑、坐位体前屈为各年级学生共性指标。2014年至2020年，按要求完成全县中小学《国家学生体质健康标准（2014年修订）》测试和数据上报工作，加大测试与上报工作的规范性、科学性，按照规定程序严密组织，明确职责，严格要求，以确保测试工作的安全、顺利，数据真实可信，实现了剑阁县学校测试率和上报率两个100%。

四、构建体育艺术工程

2014年，剑阁县人民政府办公室印发了《剑阁县中小学体育艺术教育五年行动计划（2014—2018年）》。利用五年时间，基本配齐配足体育、艺术教师，开齐开足体育艺术教育课；音体美设备设施、功能教室面积达到相关要求，体育生均活动面积有较大增加；大力开展普及性体育艺术教育活动，全面实施学生体质健康监测，努力使每个学生至少学习两项体育活动技能和一项艺术特长（即"2+1"项目），促进学生身体素质、心理素质和审美素质的全面提高。至2018年底，全县运动场地达标学校比例为92.86%，器材设备达标学校比例为100%，美术、音乐专用教室达标率为100%，美术、音乐器材设备达标率为100%，美术、音乐教师配备率分别为86.09%、87.5%。

五、中考体考

（一）体考项目及分值

自中考实行之日起至2019年，体育作为中考科目按40分计入中考总分，体育分值占比为5.97%。按照《广元市2018年体育中考实施办法》要求，调整考试项目，优化项目分值，完善考试流程，采用"4+X"方式，组织教研室、教育股、县体育骨干全程督查、参与考试过程，确保了体育考试公平公正、安全有序，实现了"安全零事故、投诉零事件"，通过"以考促教、以考促学"，体育艺术"2+1"项目真正落到实处。2020年实施初中毕业及高中阶段学校招生体育考试改革，中考体考进一步增大分值，由40分增至70分。

2021年，全县参考学校24所，毕业人数4 221人，实际参考人数4 221人（含免考人数）。以方便考生、兼顾乡镇和农村学校为原则，就近组织考试工作。全县设置了4个考点（剑阁中学、开封中学、白龙中学、剑门关高中）。2022全县设3个考点（剑阁中学、白龙中学、剑门关高中），2023年全县设高中二个考点（剑阁中学，剑门关高中）。每个考点设体育考试总负责1人，每个测

试项目设项目组长 1 人、测试人员若干人。县教育局体育招生考试领导小组在全县学校抽调体育骨干教师组成考务工作小组，测试在市派督考的指导和监督下进行，组考公开公平公正，成绩真实准确有效。

考试由"必考""抽考""选考"三部分组成，总分 70 分，三部分得分相加即为考生体育考试总分，体育考试分值占中考总分的 8%。63 分以上为优秀，42 分以上为合格。必考项目 2 项各 20 分，共 40 分，男子 1 000 米、引体向上，女子 800 米、1 分钟仰卧起坐。抽考项目 4 选 1，15 分。50 米、1 分钟跳绳、立定跳远、坐位体前屈，于每年 3 月由市教育局组织县区体育专干代表、校长代表、家长代表、学生代表从 4 项中抽签决定 1 项作为当年抽考项目。抽考的目的是检验学校体育教育教学质量，避免应试教育。选考项目 1 项，15 分。由考生自主在篮球、排球、足球、乒乓球、羽毛球五个项目中任选一项。选考项目必须尊重考生本人意愿，充分体现考生的自主性和独立性，任何学校和个人不得作强行要求。

（二）2021 年体育考试成绩数据分析

第一名汉阳中学，参考人数 91 人，平均分 60.2 分，优秀率 50.55%，良好率 28.57%，及格率 20.88%，合格率 100%。

第二名天立学校，参考人数 17 人，平均分 59.7 分，优秀率 70.59%，良好率 5.88%，及格率 17.65%，合格率 94.12%。

第三名白龙中学，参考人数 313 人，平均分 56.7 分，优秀率 31.63%，良好率 27.16%，及格率 36.74%，合格率 95.53%。

第四名柳沟中学，参考人数 109 人，平均分 56.2 分，优秀率 33.94%，良好率 28.44%，及格率 31.19%，合格率 93.58%。

第五名姚家小学，参考人数 55 人，平均分 55.8 分，优秀率 25.45%，良好率 34.55%，及格率 34.55%，合格率 94.55%。

第六名鹤龄中学，参考人数 421 人，平均分 55.6 分，优秀率 22.57%，良好率 33.97%，及格率 39.43%，合格率 95.96%。

第七名杨村小学，参考人数 36 人，平均分 55.4 分，优秀率 25%，良好率 36.11%，及格率 27.78%，合格率 88.89%。

第八名木马中学，参考人数 98 人，平均分 54.7 分，优秀率 23.47%，良好率 25.51%，及格率 46.94%，合格率 88.89%。

第九名剑阁中学，参考人数 344 人，平均分 53.2 分，优秀率 21.22%，良好率 25%，及格率 40.7%，合格率 86.92%。

第十名演圣小学，参考人数 32 人，平均分 52.5 分，优秀率 18.75%，良好率 25%，及格率 40.63%，合格率 84.37%。

第十一名江口嘉陵学校，参考人数 58 人，平均分 52.4 分，优秀率 17.24%，良好率 32.76%，及格率 29.31%，合格率 79.31%。

第十二名剑门中学，参考人数 205 人，平均分 51.1 分，优秀率 34.15%，良好率 30.73%，及格率 29.76%，合格率 94.63%。

第十三名开封中学，参考人数 224 人，平均分 50.5 分，优秀率 16.07%，良好率 19.64%，及格率 48.21%，合格率 83.93%。

第十四名公兴中学，参考人数 326 人，平均分 49.8 分，优秀率 6.44%，良好率 22.09%，及格率 57.89%，合格率 86.42%。

第十五名剑门关高中，参考人数 522 人，平均分 48.5 分，优秀率 8.24%，良好率 20.88%，及格率 46.74%，合格率 75.86%。

第十六名王河小学，参考人数 42 人，平均分 48.3 分，优秀率 14.29%，良好率 9.52%，及格率 47.62%，合格率 71.43%。

第十七名元山中学，参考人数 171 人，平均分 48.3 分，优秀率 4.68%，良好率 26.9%，及格率 45.03%，合格率 76.61%。

第十八名香沉小学，参考人数 50 人，平均分 46.2 分，优秀率 4%，良好率 6%，及格率 56%，合格率 66%。

第十九名普安中学，参考人数 383 人，平均分 45.5 分，优秀率 9.92%，良好率 9.92%，及格率 44.39%，合格率 64.23%。

第二十名武连职中，参考人数 79 人，平均分 45.3 分，优秀率 5.06%，良好率 13.92%，及格率 51.90%，合格率 70.88%。

第二十一名剑州中学，参考人数 389 人，平均分 43.9 分，优秀率 3.08%，良好率 7.46%，及格率 51.16%，合格率 61.7%。

第二十二名盐店小学，参考人数 54 人，平均分 43.6 分，优秀率 1.85%，良好率 9.26%，及格率 50%，合格率 61.11%。

第二十三名东宝小学，参考人数 63 人，平均分 42.4 分，优秀率 1.59%，良好率 12.7%，及格率 42.86%，合格率 57.15%。

第二十四名龙源育才，参考人数 139 人，平均分 40.5 分，优秀率 3.6%，良好率 7.91%，及格率 30.94%，合格率 42.45%。

全县体考总体成绩，从考试项目上看，选考项目和抽考项目成绩相对较差。选考项目中篮球、排球、足球、羽毛球成绩相对较差，乒乓球成绩相对较好。几个选考项目中乒乓球考试的技术要求相对较低，动作技术的掌握相对简单，熟练掌握时间较短，可建议学生选考乒乓球。从数据上看，全县 24 所学校仅 8 所学校的合格率在 90% 以上，9 所学校的优良率在 50% 以上。合格率未达到 90%、优良率未达到 50% 的学校成绩肯定是有问题的，只要初中三年认真练习了考试项目，合格率和优良率是能够很轻松地达到以上标准的。排名后 10 位的学校合格率不正常，在 75.86% 和 42.45% 之间；尤其是后 2 名学校极不正常，合格率分别是 57.15% 和 42.45%。2022 年剑阁县体考目标将根据以上数据制定，各校优良率应达 50% 以上，合格率应达 90% 以上。2023 年对比全市成绩优良率及合格率排名再做调整。

从全市看，剑阁县整体成绩极差，在全市的排名连年倒数，2020 年剑阁县在全市排名倒数第一名，与倒数第二名的苍溪县平均分低 5.5 分，比第一名昭化区低 10.6 分。

六、体育赛事

2008 年至 2023 年，各学校积极开展多形式的体育节、运动会、体育比赛，举办田径赛、球类比赛，通过各类赛事活动，提升学生的竞技技能和团队合作能力。同时，组队积极参加省、市、县比赛，取得较好成绩。

2009 年广元市青少年学生田径运动会，剑阁职中获市团体总分一等奖，实验学校、下寺小学分别组队参加了广元市 2009 年小学足球比赛，获较好成绩。

2011 年举办全县中小学生球类运动会，剑阁中学、普安中学等学校获得团体类集体奖励 44 个、单项个人奖励 200 人次。

2012 年广元市第八届青少年球类运动会，剑阁中学获高中级篮球男子第一名，实验学校获小学组乒乓球团体第二名，元山中学荣获初中组篮球道德风尚奖。同年，下寺小学男女足球队代表广元市参加四川省青少年"五人制"足球锦标赛，获得女子组第二名的优异成绩，并获得体育道德风尚奖。

2013年县教科局和县体育局联合举办中小学生球类运动会，白龙中学、开封中学等获体育道德风尚奖，剑阁中学、剑阁职中等获优秀组织奖，剑阁中学获高中组男子篮球第一名，剑门关高中获高中组女子篮球第一名，下寺与元山教育督导办分获初中组男子、女子篮球第一名。乒乓球比赛中，开封小学、碑垭小学等8所学校获小学组优秀集体称号，剑门中学、文峰中学等6所学校获初中组优秀集体称号。

2014年广元市青少年暨教职工球类运动会中，剑阁中学、剑州中学等11所学校获道德风尚奖，王志全、杨方俊等10人被评为优秀领队，魏晓峰、姜雨静等76人被评为优秀运动员，娄建军、管建云等15人被评为优秀教练员。

2018年，剑阁县教育局参加广元市校园足球联赛并被评为先进单位。龙江小学男子足球队代表广元市参加"2019年四川省青少年足球锦标赛男子08年龄组决赛"获第一名，创广元市历届同类比赛最好成绩。

2018年7月，普安小学徐慧敏、袁瑶凌、万娅楠、王一冰、梁瑶、杨子依、廖柯莹、杨文轩8位同学代表广元市参加四川省第十三届运动会，获体操女子团体第二名；王堡获体操男子团体第三名、男子甲组自由体操第六名；徐慧敏获女子甲组自由体操第八名；廖柯莹获体操女子乙组跳马第八名；杨文轩获得男子丙组跳水第七名。

举办2019年"包商村镇银行杯"校园足球联赛和篮球联赛。共有40所学校96支队伍进行为期4天的县级校园足球联赛和青少年篮球比赛活动，评选106个集体和个人优秀奖；组织7所学校14支队伍参加广元市校园足球联赛和篮球联赛，共获14项奖励，其中龙江小学取得小学男子组第一名的优异成绩。

在2019年四川省青少年足球锦标赛男子08年龄组决赛中，剑阁县龙江小学男子足球队代表广元市参赛，勇夺桂冠，创广元市历届同类比赛最好成绩。主教练张家庚被评为优秀教练，球员王天成、马铭泽分别被评为最佳球员和最佳射手。

2021年剑阁县教育系统组队参加广元市第三届运动会（青少年组），共选拔高中、初中、小学运动员350余人，选聘教练员38人，自7月9日起进行了14天集训，于2021年7月21日至8月18日分批次、分项目参加了广元市第三届运动会青少年组的田径、篮球、足球、乒乓球、羽毛球、排球、武术、游泳和举重9个大项、33个组别的比赛，取得了团体总分第五名和奖牌榜第四名的成绩，其中集体项目获名次奖35个、体育道德风尚奖6个，个人获名次奖159个；获金牌24枚、银牌23枚、铜牌29枚。

剑阁县青少年组比赛团体总分共计1 025分（第一名的旺苍县团体总分为1 953分，比剑阁县高出928分）。田径项目团体总分268分，金牌5枚、银牌10枚、铜牌9枚，全市排名第六名（第一名的旺苍县田径团体总分为641分，比剑阁县高出373分）；游泳项目团体总分130分，金牌4枚、银牌4枚、铜牌6枚，全市排名第五名（第一名的旺苍县游泳团体总分为341分，比剑阁县高出211分）；足球项目团体总分138分，金牌3枚、银牌2枚，全市排名第一名；篮球项目团体总分111分，金牌1枚、银牌1枚、铜牌2枚，全市排名第三名（第一名的利州区篮球团体总分为156分，比剑阁县高出45分）；排球项目团体总分27分，金牌1枚，全市排名第七名（第一名的旺苍县排球团体总分为132分，比剑阁县高出105分）；乒乓球项目团体总分87分，银牌2枚、铜牌1枚，全市排名第四名（第一名的旺苍县乒乓球团体总分为253分，比剑阁县高出166分）；羽毛球项目团体总分36分，铜牌1枚，全市排名第六名（第一名的利州区羽毛球团体总分为253分，比剑阁县高出217分）；武术项目团体总分132分，金牌5枚、银牌2枚、铜牌6枚，全市排名第四名（第一名的苍溪县武术团体总分为266分，比剑阁县高出134分）；举重项目团体总分96分，金牌5枚、银牌2枚、铜牌4枚，全市排名第五名（第一名的树人中学团体总分为356分，比剑阁县高出260分）；九个参赛项目四至八名成绩若干。从以上数据对比可以看出剑阁县和其他县区的差距很大。

第五节　艺术教育

一、学校艺术教育简况

2017年县人民政府办公室印发《剑阁县全面加强和改进学校美育工作的实施意见》，预计到2020年，初步形成从幼儿园到高中美育相互衔接、课堂教学和课外活动相互结合、普及教育与专业教育相互促进、学校美育和社会家庭美育相互协调的现代化美育体系。

各中小学校每学期举办1~2次文艺晚会或游园活动，并且于六一儿童节、"一二·九"或国庆节举办歌咏会或文艺汇演等艺术展演活动，开展学校艺术工作自评。

2008年至2023年，县教育局举办了全县第七至十五届中小学生艺术节活动。以学校为单位面向全体学生与教师、教（科）研人员和教育行政管理人员广泛开展艺术表演、学生艺术实践、艺术作品、中小学美育改革创新优秀案例等项目，经学校、教育督导责任区层层评审推荐，评优推优后参加县级展演，并参加市中小学生艺术展演活动，取得丰硕成果。

2010年，龙江小学被评为市级艺术教育特色学校；2018年，剑阁中学、剑州中学获广元市书画展活动优秀组织奖及先进单位称号。2019年，剑门关实验学校被评为四川省艺术教育特色学校。2018年，东宝小学、剑阁职业高级中学被认定为广元市全国国防教育示范特色学校。2019年，剑门关小学创建为广元市少年军校。

实施"体育、艺术2+1项目"是为贯彻《国家中长期教育改革和发展规划纲要（2010—2020年)》的要求，全面实施素质教育，组织广大中小学生参加科学健康、生动活泼的体育和艺术活动，提高运动能力和艺术素养，促进学生健康成长、全面发展。

为了保证项目持续推进，教育部还要求各地教育行政部门加强体育、艺术教师队伍建设，按照国家教学计划要求配齐体育、艺术教师，加大专业培训工作力度，提高体育、艺术教师业务水平和辅导"体育、艺术2+1项目"的能力。

剑阁县教育局紧抓"全面改薄"工程和义务教育基本均衡县创建等机遇，对照《四川省教育厅关于印发〈四川省小学音乐教学器材配备目录〉等四个目录的通知》（川教函〔2016〕388号）等文件要求，进一步加大学校专用音乐、美术教室建设力度。通过教师公开招聘、特殊人才引进、特岗教师招聘、挂职锻炼等形式，加强艺术教师配备。健全艺术教师培训机制，采用短期培训、置换脱产、跟岗培训、网络研修等多种形式集中培训艺术教师，努力提升艺术教师业务能力。深入贯彻落实《中共中央　国务院关于加强青少年体育增强青少年体质的意见》和国家、省《中长期教育改革和发展规划纲要》。剑阁中学按四川省教育厅艺术教育的大纲并结合四川省百所艺术教育特色学校的要求，通过艺术专业特长生培养课程、音乐课、艺术欣赏课程及课外社团活动开展乐器教学、书法、美术教育。

音乐教师王智勇2008年代表剑阁县参加广元赴西安旅游推介会演唱《请到剑门吃豆腐》；同年获得广元市2009年春节文艺调演"雄风剑门"专场文艺表演一等奖；2010年参加中央电视台"激情广场大家唱·剑门关篇"演唱《剑门豆腐迎客来》。彭丽2009年被评为广元市2009年春节文艺调演"雄风剑门"专场文艺晚会优秀工作者，在广元市2011年高中阶段学校教师教学大比武活动中荣获CAI说课决赛二等奖；2013年在"飞越剑门关——感动剑阁十大人物颁奖暨迎新春文艺晚会"被评为优秀演员。

2010届学生梁琳荣获四川省第五届中小学优秀艺术人才大赛广元赛区声乐类高中组一等奖；2014届音乐专业学生廖星程以全省第六名的成绩考入四川音乐学院，梁靖同学以全省第七名的成绩考入四川师范大学；2016届学生王蒲君秋荣获四川省第十二届中小学优秀艺术人才大赛广元赛区舞蹈类高中组一等奖；2018届音乐专业学生袁青松以全省第十名的成绩考入四川音乐学院。

二、参加历届四川省中小学生优秀艺术人才大赛

县教育局认真组织每两年举办一次的"四川省中小学生优秀艺术人才大赛"，到广元赛区参赛。以学生参赛为契机，促进全县中小学艺术教育工作。参赛对象为承认大赛规则的中小学（包括职中）在校学生，采取自愿报名、自愿选择参加项目的方式。

大赛设舞蹈、器乐、声乐、语言表演、戏剧（暂限川剧）、美术、书法七大类。每类规定了具体内容、表演时限、演唱表演形式、器材准备。按不同的学段分为小学组、初中组、高中组，其中小学组分为小学一组（3年级）、小学二组（4—6年级）。

器乐、声乐、舞蹈、语言表演、戏剧类由四川省学生体育艺术协会在省内大专院校及个别重点中学聘请副高及以上职称、有一定影响力、艺德艺风高尚的艺术专家组到各地进行现场评选。美术、书法类现场作画作书，比赛结束后封卷快递或者送至四川省学生体育艺术协会，由四川省学生体育艺术协会组织专家统一评卷。

舞蹈类（独舞、双人舞、三人舞）：民族舞类、体育现代舞类。民族舞类包括民族舞（民族民间舞）、古典舞、芭蕾舞。体育现代舞类包括体育舞蹈（国际标准舞）、现代流行舞，体育舞蹈（国际标准舞）包括拉丁舞系列（恰恰、伦巴、桑巴、斗牛舞、牛仔舞）、摩登舞系列（华尔兹、探戈、维也纳华尔兹、狐步舞、快步舞），现代流行舞包括爵士舞、街舞、踢踏舞、嘻哈舞。

器乐类（独奏）：西洋乐器（大提琴、中提琴、小提琴、低音提琴、吉他、长笛、短笛、单簧管、双簧管、大管、圆号、长号、大号、小号、中音号、萨克斯）；民族乐器（扬琴、古琴、古筝、琵琶、阮、笛、箫、二胡、笙、唢呐）；键盘乐器（钢琴、手风琴、电子琴、双排键电子管风琴）；打击乐器（爵士鼓、小军鼓、马林巴）。各小专业的要求参见四川省中小学生优秀艺术人才大赛各项目比赛内容及要求。口琴不能参赛。

声乐类（独唱）：童声、美声、民族、通俗。

语言表演类：绕口令、寓言、散文、小说片段、影视剧人物独白、古现代诗词。

戏剧类：暂限川剧（片段）。

美术类：儿童画、国画、水粉画、素描（油画除外）。

书法类：毛笔书法、硬笔书法。

大赛要求：器乐的参赛者自带乐器（钢琴由组委会提供），需背谱演奏，一律不能用任何伴奏和音乐配音。声乐、舞蹈自备伴奏带，自带U盘（盘内只能刻录一首展演曲目，否则责任自负），可将曲目内存于手机，以备用。语言表演：一律不采用任何伴奏和音乐配音。戏剧（限川剧）自带U盘伴奏，穿服装、带道具。小学组：完成川剧表演作品（片段）一个，唱自然，体态优美，有一定的表演、表现能力。初中组：完成川剧表演作品（片段）一个，演唱有韵味，有一定的表现技巧，在演唱中能较准确地刻画人物形象。高中组：完成川剧表演作品（片段）一个，演唱者在表演中要做到旋律优美，韵味悠长，运用娴熟的演唱技巧和嗓音色彩变化来刻画人物；要有表演、身段、音准、字正腔圆。表现出人物的行当和演唱内容的意境。美术、书法：自带毛笔、硬笔（含钢笔、铅笔、圆珠笔、签字笔等）、墨及颜料。由大赛组委会统一出题，作品用纸由考场统一发给。赛区设点现场作画、作书比赛。参赛学生在作品完成后，须用黑色签字笔在作品背面右下角写上自己的学校、班级、参赛号和姓名。

设小学组、初中组、高中组。小学组分为小学一组（3年级）、小学二组（4—6年级）。

演唱、演奏、语言表演时间要求：①器乐、声乐类：小学一组、二组3分钟以内；初中组、高中组4分钟以内。②舞蹈、语言表演类：小学一组、二组3分钟以内；初中组4分钟以内；高中组

5 分钟以内；群舞不分组别一律控制在 5 分钟以内。③戏剧（川剧）：小学组、初中组、高中组均控制在 3 分钟以内。④美术：小学一组、二组 100 分钟以内；初中组 120 分钟以内；高中组 180 分钟以内。⑤书法：小学一组、二组 60 分钟以内；初中组 90 分钟以内；高中组 120 分钟以内。

表 7-4 四川省中小学生优秀艺术人才大赛获奖情况统计表（部分）

县区	一等奖	二等奖	三等奖	未获奖	总计	获奖率	备注
剑阁	162	322	566	344	1 394	75.3%	第十七届
剑阁	132	331	892	49	1 404	96.5%	第十五届

三、学生艺术素质测评工作

2017 年秋季起全面实施中小学生艺术素质测评工作。按照《广元市中小学生艺术素质测评工作方案（试行）》（广教发〔2017〕23 号），统筹指导各县、区开展中小学素质测评工作。结合中小学义务教育音乐、美术课程标准及教材内容，对学生课程学习、课外活动、基础知识、基本技能、校外学习、艺术特长等六个方面的内容进行测评，将测评结果记入学生综合素质档案。

第六节　课后服务

根据《教育部办公厅关于做好中小学生课后服务工作的指导意见》（教基一厅〔2017〕2 号）、《教育部办公厅关于进一步做好义务教育课后服务工作的通知》（教基厅函〔2021〕28 号）、四川省教育厅《关于做好中小学生课后服务工作的实施意见》（川教〔2019〕11 号）等文件精神，在深入调研和县城学校试点的基础上，决定 2021 年秋季在全县义务教育学校全覆盖推广课后服务。

一、相关政策

（1）中共中央办公厅、国务院办公厅下发《关于进一步减轻义务教育阶段学生作业负担和校外培训负担的意见》，指出要通过保证课后服务时间、提高课后服务质量、拓展课后服务渠道，全面提升学校课后服务水平，满足学生多样化需求。

（2）2017 年 2 月，教育部下发《教育部办公厅关于做好中小学生课后服务工作的指导意见》（教基一厅〔2017〕2 号），明确指出：开展中小学生课后服务，是促进学生健康成长、帮助家长解决按时接送学生困难的重要举措，是进一步增强教育服务能力、使人民群众具有更多获得感和幸福感的民生工程。广大中小学校要结合实际积极作为，充分发挥中小学校课后服务主渠道作用，坚持学生家长自愿原则，科学合理确定课后服务内容形式，切实保障课后服务学生安全。

（3）教育部办公厅下发《教育部办公厅关于进一步做好义务教育课后服务工作的通知》（教基厅〔2021〕28 号），明确提出：要充分认识做好课后服务的意义，推动 2021 年秋季学期义务教育学校课后服务全覆盖，争取有需求的学生全覆盖；保证课后服务时间，提高课后服务质量，强化课后服务保障，拓宽课后服务渠道，加强动态监测和督导检查，推动课后服务工作落到实处，更好地服务家长和学生。

（4）四川省教育厅下发《关于做好中小学生课后服务工作的实施意见》（川教〔2019〕11 号），明确指出：课后服务应坚持公益性、非营利性。有条件的地方可由财政投入为主提供课后服务；确实不具备条件的地方，可由政府和学校支持、家长合理分担运行成本，不得以营利为目的。

（5）四川省发改委、四川省教育厅下发《关于进一步规范公办中小学服务性收费和代收费管理工作的通知》（川发改价格〔2019〕246号），指出：公办中小学服务性收费和代收费项目中，以学校为主体实施开展的课后服务，由市（州）、县（市、区）确定具体收费标准，学校按实代收取，不得营利。

（6）《广元市发展和改革委员会广元市教育局关于进一步规范公办中小学服务性收费和代收费管理工作的通知》（广发改〔2019〕305号）明确指出，广元市城区公办义务教育阶段的中小学课后服务试行收费标准为：每生每课时不超过4元，每天不超过2个课时，每生每月不超过160元；对家庭经济困难的学生要减免费用。

二、主要工作

（一）广泛宣传政策

县教育局、教育督导责任区以及各学校领导首先认真学习，领会了课后服务工作的相关政策和实施精神，各校召开教职工会议，进行广泛宣传，让全体教师充分认识到此项工作的重要性。面向学生、家长及社会做好课后服务宣传工作，印发告家长书，解答家长的疑虑。

（二）积极试点

为切实做好剑阁县中小学生课后服务工作，剑阁县于2021年春季学期起在龙江小学、剑门关实验学校、香江国际实验学校三所县城公办小学进行了课后服务试点。一是组建领导小组，制订服务方案。试点学校根据要求组建了以校长为组长，其他校级领导、中层干部为组员的课后服务工作领导小组。学校依据上级政策规定，结合实际情况制订了切实可行的课后服务方案，报教育局审定试行。二是协调相关部门，核定收费标准。县教育局主动对接县发改局，与试点学校共同考察调研、收集资料、开会讨论，及时按照国家相关政策出台试点期间收费文件。三是试点推进顺利，师生和社会满意。课后服务试点工作在很大程度上回应了社会关注的教育热点问题，解决了大部分家长下班时间与孩子放学时间不匹配、接送孩子难，辅导作业难的问题，解决了家长的烦恼。学生也不需要再去校外机构，减轻了部分家庭的经济负担，营造了良好的社会氛围。

（三）全面推进实施

按照教育部要求，2021年9月起，全县义务教育阶段学校课后服务工作全覆盖实施。一是出台方案。县教育局出台了《剑阁县中小学课后服务工作实施方案》（剑教函〔2021〕120号），与发改局会面解读相关政策、协商收费事宜，形成共识。二是全面宣传动员。各校广泛宣传，召开家长会和教师会，征求意见，结合实际研究制订本校《课后服务工作实施方案》，报教育责任区审批备案。三是整体启动实施。各校严格按照教育部、省、市、县相关政策和要求，按照"5+2"模式（即学校每周5天都要开展课后服务，每天至少开展2小时），突出"学业辅导"和"素质拓展"两个重点，全面启动实施课后服务工作。四是进行专题调研。教研室全体教研员分3个小组，对全县中小学课后服务情况开展了一次专题调研。从调研的情况看，各校坚持"5+2"的模式，以作业辅导+素质拓展为内容，按照一校一案有序开展。学生均为自愿参加，整体参与面广，素质拓展的项目丰富多样。此举促进了学生的健康成长，降低了放学后的安全隐患，营造了良好的社会氛围。五是对市内其他县、区的开展情况做了了解。旺苍县、青川县、利州区、昭化区已全面铺开，县城学校课后服务费不超过140元/月（3.5元/小时），乡镇学校不超过120元/月（3.0元/小时），在各校不超过标准的情况下，据实结算；苍溪县城内学校开展，课后服务费不超过140元/月，乡镇学校全面试点。朝天区城内学校及乡镇规模较大学校开展，课后服务费不超过140元/月。

（四）不断提高服务质量

一是提高管理质量。学校管理层要做好顶层设计，学校的实施方案要科学、可行、有效，方案的实施既要有短期效益，也要有深远影响。做好过程管理和指导工作，教师的履职情况、学生的参与状态，学校必须及时掌握。考核计酬，坚持多劳多得、优劳优酬，坚持服务时数、服务质量综合考虑。二是提高服务质量。全校一盘棋，整体筹划，根据不同学段学生的年龄特点和具体情况，安排不同的服务时间和服务内容。一方面要提升学生的学业成绩，另一方面要促进学生全面发展、提升综合素质。三是营造良好氛围。教育全体教职工要支持此项工作，传递正能量，并广泛参与。学校在安排工作时，保证愿意参与的教职工都有岗位，工作量大体均衡，减少学校的内部矛盾，构建和谐校园。

（五）加强督导检查

县教育局将定期开展学校课后服务工作监督检查，把课后服务工作纳入教育教学专项及年终目标考评，教育督导责任区要加强片区学校课后服务指导和监管。对违反有关规定、因信访产生不良影响或因监管失职发生安全责任事故的学校，将要求停止课后服务、进行整改。

从党中央、国务院到地方各级党委政府、从教育部到省市教育主管部门，对落实"双减"任务、实施课后服务工作特别重视，经常深入学校督导检查，对存在的问题及时通报，要求包括"完善经费保障机制"在内的课后服务开展情况每半月上报一次。按照教育部和省、市文件精神，课后服务经费有条件的地方可由财政投入为主提供课后服务；确实不具备条件的地方，可由政府和学校支持、家长合理分担运行成本。结合剑阁县财政实际，以服务性收费的方式解决课后服务经费问题，由县发改局发文实行。收费标准参照广元市区及市内其他县区，新老县城学校每生每课时不超过3.5元，每天不超过2课时，每生每月不超过140元；其余学校每生每课时不超过3元，每天不超过2课时，每生每月不超过120元。对家庭经济困难的学生适当减免费用。高中阶段课后服务参照执行。

三、各校开展活动及效果

课后延时服务先在新县城的五所小学试行，取得成功的经验后，于2021年秋在全县范围内的中小学全面开展。课后延时服务的主要内容有两大项：一是辅导学生在校内完成作业，二是开展各类社团活动。各校基本上所有教职员工都安排了相关的工作内容，其工作量基本差不多。部分学校的部分社团活动的指导教师，由学校聘请社会上的相关专业人员担任。社团活动的种类由各校根据本校师资情况设定。社团服务范围涉及文学、艺术、体育、科技等。每学期或学年结束时，各校都搞课后延时服务汇报展示。

第四章　招生考试工作

第一节　大中专招生工作

一、大中专招生组织机构

剑阁县大学中专招生委员会，简称"招委会"。招委会由分管教育的副县长任主任，县人民政府办公室主任、组织部副部长、宣传部副部长、县纪委副书记、县保密机要局局长、县公安局副局长、县教育局局长为副主任，县发改、信息科、财政、住建、交通运输、文旅体、卫健、应急管理、市场监管、综合执法、生态环境、气象、水电、气等综合口的局委办主要领导为委员。剑阁县高等教育自学考试委员会，简称"自考委"，其主任、副主任和成员任职规定同招委会。两套机构简称"两委"，合署办公，形成两块牌子一套人马的格局。

县委、县人民政府党领导换届，两委成员亦随人事变动而变动。

二、剑阁县大学中专招生委员会、高等教育自学考试委员会成员任职简况

表7-5　剑阁县大学中专招生委员会、高等教育自学考试委员会成员任职简况

姓名	性别	学历	职务	任职时间	党政职务	备注
邓益平	男	本科	主任	2008	县人民政府副县长	何波涛 吴佶 李先义 鄢家华 杨庆国 张俊 李世藩 徐怀峰 张永钦 赵新强 张云伟 李成瑞 杜铭 王顺太 李家明 张德锦 徐万勇 赵平 何天政 敬明洋 解玉水 杨兴宽
杜中贵	男	本科	副主任	2008—2009	县教育局局长	
敬玉林	男	本科	副主任	2008	县委助理调研员	
吴忠敏	男	本科	副主任	2008—2012	县委组织部副部长	
吴成	男	本科	副主任	2008—2015	2008—2014 县委宣传部副部长 2015年市委驻县委副县级宣传员	
李琦	男	本科	副主任	2008—2009	县教育局党组成员	
聂俸彬	男	本科	副主任	2008—2016	县招办主任	
杨明学	男	本科	主任	2009—2011	县人民政府副县长	
梁彦明	男	本科	副主任	2009—2010	县监察局副局长	
罗建民	男	本科	副主任	2010—2011	县教育局局长	
王治中	男	本科	副主任	2010—2016	县公安局副局长	
何春蓉	女	本科	主任	2012—2016	县人民政府副县长	
伍春蓉	女	本科	副主任	2012—2016	县教育局局长	
徐剑锋	男	本科	副主任	2012—2016	县教育局副局长	
赵晓琳	女	本科	副主任	2012	县国家保密局局长	
刘来平	男	本科	副主任	2012—2016	县纪委副书记 县监察局局长	
何跃德	男	本科	副主任	2013—2016	县委办副主任 县委目标督查室主任	

表7-5(续)

姓名	性别	学历	职务	任职时间	党政职务	备注
伏洪恩	男	本科	副主任	2013—2014	县国家保密局副局长	唐学良
田菊芳	男	本科	副主任	2015—2018	县国家保密局局长	左文兴
罗国文	男	本科	副主任	2015	县委组织部副部长	王显锋
李必众	男	本科	副主任	2016—2017	县委组织部副部长	罗映波
郭扭只	男	本科	主任	2017—	县人民政府副县长	杨庆国
王晓明	男	本科	副主任	2017—	县教育局局长	等
王勋勇	男	本科	副主任	2017—	县教育局副局长	
伏大德	男	本科	副主任	2017—2018	县委办副主任 县委目标督查室主任	
唐守忠	男	本科	副主任	2017—	县纪委副书记 监察委副主任	
王锡华	男	本科	副主任	2017—	县委宣传部副部长	
冯剑南	男	本科	副主任	2017—	县公安局副局长	
杨光强	男	本科	副主任	2018—2019	县政府办主任	
李奇凡	男	本科	副主任	2018—	县委组织部副部长	
徐泽海	男	本科	副主任	2019—	县委办公室副主任	

三、高考制度改革

高职院校单独招生(简称"高职单招")是为贯彻落实《国务院关于大力发展职业教育的决定》精神,全面推进素质教育,突出高职教育特色,积极推进高考招生制度改革,选拔综合素质高和具有创新能力、实践能力、特殊才能的优秀高中毕业生进入高职院校学习而推出的重大政策,即高等职业教育院校根据自身专业教学需要设置考试科目,自主命题、考试、评卷、面试、录取。在"高职单招"政策下高中生通过单独招生被高职院校录取后,就不用再参加高考,享受通过高考进入大专院校的学生同等待遇。

中国高职单招最早开始于2007年,后逐步由国家示范性高职院校扩大到各个省市普通高职院校。数以万计的高中、中职、中专毕业学生,通过单招考试走进了理想中的专科学院。单招考试经过十多年的试点、论证、改进已经成为我们国家重要的升学渠道。

2008年,四川省高职单招开始试点,首批试点院校只有两所:四川建筑职业技术学院、成都航空职业技术学院。截至2019年四川省试点院校增加至87所(共90所,其中3所为省外学校)。

从2012年开始,为落实党中央、国务院关于新阶段扶贫宏观战略部署、促进教育公平,国家五部委联合制定实施国家专项计划——重点大学特别是名牌高校招生向贫困地区倾斜,四川省国家专项实施范围县(市、区)有68个,剑阁县属其中之一。

同年,高校专项计划(国家为更好地促进教育公平、让更多的农村学生上大学而出台的一项优惠政策)实施,主要招收边远、贫困、民族等地区县(含县级市)以下高中勤奋好学、成绩优良的农村学生,剑阁县属实施区域。

专项计划的实施,实实在在在为剑阁县学子迈进名牌高校、享受优质教育资源创造了条件,许许多多贫困学子圆了大学梦、名校梦。

2014年,四川省开始实施地方专项计划,剑阁县属实施范围县之一。地方专项计划是指地方高校定向招收实施区域的农村学生的专项计划。实施地方专项计划的高校一般为省属重点大学,在国家专项批次之后,与高校专项计划、国家专项计划隶属于高考3大专项计划。

2016 年，实施高考招生录取四大改革：合并录取批次、直接招录到专业、一档多投、参考"素质评价"。四川提出：创造条件逐步减少高校招生录取批次，合并本科第二、第三批次及专科所有批次；进一步实施以学校为单位按专业大类划线投档，以顺应未来按专业选择志愿而淡化学校因素的趋势；高校招生参考综合素质评价情况（包括思想品德、学业水平、身心健康、艺术素养、社会实践等 5 个方面），择优录取。

2017 年，各家教育主管部门严禁中小学公布学生成绩排名，严禁发布高、中考喜报，在新形势要求之下，省教育考试院也不再下发高考成绩。

2019 年，《政府工作报告》提出国家高职扩招百万任务要求，改革完善高职院校考试招生办法，鼓励更多应届高中毕业生和退役军人、下岗职工、农民工等报考，本年大规模扩招 100 万人。为贯彻落实党中央、国务院的重大决策部署，剑阁县教育考试中心积极响应，联合县人力资源社会保障局、县农业农村局、县退役军人事务局大力宣传，在四川省 2019 年普通高等学校面向退役军人等群体人员招生考试报名者共计 158 人（其中退役军人 141 人、下岗工人 1 人、农民工 13 人、新型农民 3 人）。

四、高考考点变化及标准化建设

2008 年，在一年一度的普通高考即将进行之际，发生了"5·12"汶川特大地震。地震波及四川省不少地区，剑阁县高考考点学校也出现房屋变形、开裂和损坏现象，严重影响使用安全。县级有关部门高度重视高考用房使用，立即行动，密切配合，通力协作，在 5 月底前完成了所有危房加固工作，经专家组鉴定全部达到"可使用"标准，保证了剑阁县 2008 年普通高考的顺利实施，实现了"平安"高考。

2009 年，因受 2008 年"5·12"汶川大地震影响，剑州中学部分高考场地处于重建过程中，故 2009 年剑阁县普通高考设在剑州中学的 59 个文科考场中，有 35 间板房，经公安、保密、消防等单位检查，符合高考考场设置要求，经请示广元市招委，市招委同意作为高考考场使用。

2012 年，剑阁高考考点发生大迁移，由老县城普安迁至新县城下寺，这是新县城设立考场的第一年，视频监控考场建成并投入使用。

2018 年，按教育部和省招考委统一部署，四川省计划从 2018 年起用 2 年时间完成国家教育考试网上巡查系统的高清升级和标准化考点的新建扩建工作，完善考点基础设施建设，维护国家教育考试的公平公正和安全。剑阁县积极贯彻省、市文件精神，到各考点学校现场实地考察设计方案。

2019 年，县人民政府主要领导和分管领导同意县教育考试中心《关于国家教育考试网上巡查系统高清升级和新建考点建设资金的请示》（剑教考〔2018〕23 号），县财政局落实项目建设资金。

表 7-6　剑阁县普通高校招生文、理、艺、职本、专科上线情况统计表

年度	合计	文科				理科				艺体				职教				备注
		小计	本一	本二	专科	小计	本一	本二	专科	小计	本一	本二	专科	小计	本一	本二	专科	
2008	4 178	1 500	20	232	1 248	2 179	149	474	1 556	188	2	79	107	311	26	22	263	
2009	4 416	1 577	37	352	1 188	2 361	123	588	1 650	235	5	109	121	243	9	17	217	
2010	4 750	1 543	31	251	1 261	2 631	129	631	1 871	333	9	129	195	243	6	7	230	
2011	5 214	1 814	27	308	1 479	2 733	164	787	1 782	432	10	158	264	235	4	9	222	
2012	5 007	1 629	31	310	1 288	2 585	157	692	1 736	515	15	172	328	278	6	21	251	
2013	4 811	1 600	21	305	1 274	2 502	125	752	1 625	454	7	154	293	255	6	8	241	
2014	4 958	1 485	22	278	1 185	2 667	141	699	1 827	460	13	185	262	346	4	7	335	
2015	4 844	1 394	27	293	1 074	2 690	210	662	1 818	438	12	166	260	322	9	12	301	

表7-6（续）

年度	合计	文科				理科				艺体				职教				备注
		小计	本一	本二	专科	小计	本一	本二	专科	小计	本一	本二	专科	小计	本一	本二	专科	
2016	4 606	1 509	43	249	1 217	2 431	238	643	1 550	340	10	127	203	326	8	16	302	
2017	4 293	1 387	44	263	1 080	2 238	312	590	1 336	346	6	135	205	322	3	4	315	
2018	3 770	1 256	54	227	975	1 889	289	555	1 045	244	6	97	141	381	9	8	364	
2019	3 397	996	46	228	722	1 581	276	482	823	273	2	113	158	547	6	8	533	

表 7-7　剑阁县普通高校招生（普高类）录取情况统计表

年度	类别		剑阁中学			剑门关高中			剑州中学			开封中学			白龙中学		
			小计	文科	理科	小计	文科	理科	小计	文科	理科	小计	文科	理科	小计	文科	理科
2008	录取人数	小计	1 429	481	948	436	210	226	898	446	452	191	16	175	209	80	129
		重点本科	112	9	103	3	0	3	36	8	28	2	1	1	1	0	1
		一般本科	435	141	294	15	2	13	71	36	35	49	7	42	12	2	10
		专科	882	331	551	418	208	210	791	402	389	140	8	132	196	78	118
2009	录取人数	小计	1 034	387	647	653	332	321	1 057	541	516	149	24	125	124	65	59
		重点本科	79	11	68	4	1	3	60	16	44	7	2	5	0	0	0
		一般本科	585	234	351	44	9	35	106	54	52	40	10	30	8	3	5
		专科	370	142	228	605	322	283	891	471	420	102	12	90	116	62	54
2010	录取人数	小计	1 444	519	925	838	382	456	1 085	487	598	246	35	211	130	44	86
		重点本科	79	13	66	9	2	7	58	17	41	4	0	4	0	0	0
		一般本科	477	155	322	85	22	63	104	48	56	34	5	29	9	2	7
		专科	888	351	537	744	358	386	923	422	501	208	30	178	121	42	79
2011	录取人数	小计	1 485	537	948	992	488	504	1 144	567	577	198	25	173	267	141	126
		重点本科	111	10	101	11	2	9	54	14	40	4	0	4	0	0	0
		一般本科	605	167	438	146	43	103	99	42	57	40	5	35	5	0	5
		专科	769	360	409	835	443	392	991	511	480	154	20	134	262	141	121
2012	录取人数	小计	1 571	652	919	862	426	436	927	482	445	238	24	214	221	57	164
		重点本科	105	11	94	33	8	25	48	10	38	2	0	2	0	0	0
		一般本科	534	167	367	158	63	95	87	31	56	29	4	25	5	1	4
		专科	932	474	458	671	355	316	792	441	351	207	20	187	216	56	160
2013	录取人数	小计	1 441	557	884	897	438	459	770	357	413	248	101	147	223	76	147
		重点本科	89	8	81	25	4	21	35	6	29	2	1	1	0	0	0
		一般本科	489	138	351	186	78	108	74	27	47	50	12	38	5	1	4
		专科	863	411	452	686	356	330	661	324	337	196	88	108	218	75	143
2014	录取人数	小计	1 691	683	1 008	817	368	449	697	342	355	301	42	259	249	88	161
		重点本科	175	70	105	42	10	32	26	5	21	5	1	4	0	0	0
		一般本科	420	128	292	187	90	97	76	36	40	48	13	35	10	1	9
		专科	1 096	485	611	588	268	320	595	301	294	248	28	220	239	87	152

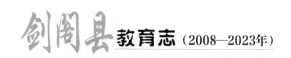
年度	类别		学校名称													
			剑阁中学			剑门关高中			剑州中学			开封中学			白龙中学		
			小计	文科	理科	小计	文科	理科	小计	文科	理科	小计	文科	理科	小计	文科	理科
2015	录取人数	小计	1 691	574	1 117	882	356	526	768	321	447	340	53	287	226	70	156
		重点本科	146	10	136	51	15	36	22	1	21	11	3	8	1	0	1
		一般本科	490	103	387	200	96	104	123	30	93	35	10	25	11	3	8
		专科	1 055	461	594	631	245	386	623	290	333	294	40	254	214	67	147
2016	录取人数	小计	1 546	583	963	875	426	449	842	340	502	248	107	141	179	95	84
		重点本科	154	14	140	71	21	50	15	3	12	8	0	8	1	1	0
		一般本科	374	102	272	234	105	129	146	27	119	30	6	24	8	2	6
		专科	1 018	467	551	570	300	270	681	310	371	210	101	109	170	92	78
2017	录取人数	小计	1 591	619	972	792	386	406	700	335	365	185	63	122	210	89	121
		重点本科	188	16	172	90	22	68	39	2	37	9	0	9	0	0	0
		一般本科	424	125	299	238	108	130	79	24	55	27	3	24	6	1	5
		专科	979	478	501	464	256	208	582	309	273	149	60	89	204	88	116
2018	录取人数	小计	1 364	536	828	745	328	417	588	256	332	116	44	72	195	87	108
		重点本科	181	19	162	110	26	84	21	3	18	5	0	5	0	0	0
		一般本科	374	110	264	239	86	153	68	22	46	17	0	17	14	3	11
		专科	809	407	402	396	216	180	499	231	268	94	44	50	181	84	97
2019	录取人数	小计	1 159	522	637	804	348	456	354	127	227	116	34	82	111	76	35
		重点本科	147	15	132	130	30	100	20	1	19	4	1	3	3	0	3
		一般本科	283	87	196	223	88	135	52	13	39	34	1	33	12	3	9
		专科	729	420	309	451	230	221	282	113	169	78	33	45	96	73	23

2014年8月，剑阁县在剑门关大酒店召开百名优秀学子座谈会。会上，教育局局长报告高考录取情况，剑阁中学校长、高考优秀学生代表发言，县人大、政协、县委书记讲话，县长主持会议。

剑阁优秀学子赋

2014年，剑阁高考取得历史性突破，本科上线1 757人，其中重本上线154人，考入北大2人，被"985""211"名牌重点大学录取133人，录取人数居全市、县、区之首。时县委书记县长倡导并主持召开全县百名优秀学子座谈会，指向明确，寄意深远。因应命作《剑阁优秀学子赋》，以志喜以纪盛。

巍巍剑门，汤汤嘉陵，钟灵毓秀，人杰地灵。五丁开山兮人事悲壮，穷塞渐通大道；政权割据兮战守艰难，蛮昧向往文明。昔黄裳博学，三代高天借心智；申夫俊雅，五洲厚土响足音。伯约斗胆欲回天，万千生灵遭涂炭；诸葛鞠躬以尽瘁，临关树阁秋风黯。然普安兼山旧书院，千年文脉研难断；下寺清江新杏坛，翰林精魂日彰显。所然者何？兵戈扰攘，王旗变幻，腥风血雨，朝飞暮卷，天地翻覆一时间；文化浸染，青葱园田，移风易俗，排杂斩乱，治理综合多能贤！煌煌庠序，滋养一方之水土；莘莘学子，担负家国之承传！

光阴荏苒，岁月飞旋；改革开放，日月新天。虽地处盆周边缘兮，激情超越羁绊；已明知闻溪

538

壅滞兮，文教擦亮金砖。

可敬地方党政，力牵区域统筹之领口；难得社会贤达，牢树教育强县之理念。登高望远，弘扬重教兴学传统；济急纾困，把握改革发展关键。攻坚克难，破体制机制之瓶颈；开源节流，解安全稳定之倒悬。走向不明勤指引，路径不畅促开拓，方法不灵共求索。有效教学风水起，生本教育手脑活。上行下效兮，风气好转；凝心聚力兮，勇往直前。

三年磨一剑，成绩尤斐然：春风化雨，捷报翩翩；蜡炬成灰，喜泪涟涟。十年三高峰，甲午领其先；硬线一千三，重本立史巅；名校群星耀，北大双乌悬。足以振士气，聊可慰心田；足以高起点，技艺求精专；足以正心意，敬业讲奉献；足以推改革，山青花欲燃。

奔走相告诉，父老动欢颜；在校就读生，信心倍增添。恭贺我学子，一朝梦初圆；回顾拼搏路，谁人识苦甘！积累靠平时，决战炎暑天；基础小初起，一步一台阶。寄语众学子，好马快着鞭！

美玉雕琢兮凭巧匠，追求卓越；鲲鹏展翅兮抟九霄，志存高远。仰望星空，必须脚踏实地；怀瑾握瑜，更应勇于实践。继先贤鸿志，谱家国新篇。大气博雅睿智，乃现代教师品位；求真爱国上进，是优秀学子风范。实现理想价值，不只一场考试；追求人生梦想，德业修行在前。涵养美好道德，安身立命根本；获取适用技能，头顶一片蓝天。心无旁骛，书香校园；领异标新，删繁就简。

告别校门，不失儒雅本色；出身社会，不忘师长训诫；浮游商海，不学黑心钱奴；跻身官场，不做贪残鹰犬。为人效力，诚信为本，勤谨恪尽职守；主政为官，廉洁清正，不辱宗师祖先。能行好风，吹拂万物，和煦温柔遍大地；可布时雨，沃野千里，德泽辉光被民间。书到用时，方恨知之甚少；事要经过，才知举步维艰。人生有涯，学无止境；终身嗜学，琴心剑胆。

嗟乎！河岳英灵钟此辈，国家元气在斯文。少怀壮志，天下兴亡舍我其谁；长成报国，负势竞上木秀于林。十载面壁，精骛八极；三冬苦读，心游万仞。深虑而独思，唯陈言之务去；旁搜而远绍，定推陈而出新。

噫！秦岭虽高，扶摇可接；剑门虽险，虎跃龙腾。知人生之短暂，必笃学而长勤。含英咀华，齿颊清芬；弘道归仁，文质彬彬。佩鸣玉以比洁，举圣火而传薪。

幸哉，剑阁优秀之学子！

伟哉，华夏巨龙之传人！

2014 年 8 月 5 日

（作者：徐剑峰）

第二节 成人高校招生

成人高等学校招生全国统一考试，简称"成人高考"，是中国成人高等学校选拔合格的毕业生以接受更高层次学历教育的入学考试，属于国民教育系列教育，已经列入国家招生计划。

成人高考同普通高考一样，都是选拔人才的国家考试，只是由于本身的学习特征需要，才在学习形式等环节上有所区别，进行了一定区分。考生需参加教育部组织的全国统一考试，由各省、自治区、直辖市统一组织录取。成人高考设立之初，是为解决在岗人员的学历教育和继续教育问题，参加者多为成年人，是国家高等教育的重要组成部分。

成人高考分高起专、高起本、专升本，选拔要求因层次、地域、学科、专业的不同而有所区别。学习形式存在全脱产（全日制）、半脱产（业余）、函授（自学为主，集中面授为辅）三种形式。

自 2007 年起，成人高校招生实行网上报名与现场确认结合的方式，剑阁县报名点考生到县招

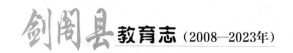

办（现县教育考试中心）现场确认，考试地点由县改至广元市，由市招办统一组织实施。

2018年，退役军人事务部等十二部委《关于促进新时代退役军人就业创业工作的意见》（退役军人部发〔2018〕26号）中关于退役军人"成人高校招生专升本面试入学"政策出台，剑阁县2人报名。剑阁县教育考试中心按照《四川省2018年成人高校招生考务细则》的规定为考生编定考生号。其中，报名顺序号在本县（市、区）当年已报名的专升本考生报名顺序号后依次连续编排。

表7-8　剑阁县成人高校招生统计表

| 年度 | 报考人数 | | | | | 录取人数 |
| | 合计 | 专科 | | | 专升本 | 合计 |
		小计	文科	理科		
2008	112	55	6	49	57	91
2009	310	165	13	152	145	213
2010	296	167	8	159	129	…
2011	218	130	3	127	88	…
2012	296	…	…	…	…	…
2013	132	…	…	64	68	…
2014	…	…	…	…	…	…
2015	…	…	…	…	…	…
2016	168	46	6	40	122	144
2017	316	117	24	93	199	236
2018	279	112	36	76	167	235
2019	284	128	52	76	156	…

第三节　高等教育自学考试

1981年，中国开始试行高等教育自学考试（以下简称"自学考试"）。1988年，《中华人民共和国高等教育法》指出"国家实行高等教育自学考试制度"，以法律形式确定自学考试是中国高等教育的基本制度之一。其任务是通过国家考试促进广泛的个人自学和社会助学活动，推进在职专业教育和大学后继续教育，造就和选拔德才兼备的专门人才，提高全民族的思想道德、科学文化素质，适应社会主义现代化建设的需要。

自学考试制度是世界上规模最大的、最能体现终身教育理念和学习型社会特点的开放式高等教育制度，它以国家考试为主导，以个人自主学习为基础，有广泛的社会教育资源参与助学活动，是富有中国特色的"没有围墙的大学"，是自学成才的摇篮。

每年4月和10月的两次自考，剑阁县由县教育考试中心组织报名和考试，自考毕业证办理时间锁定在每次考试成绩公布之后。

表 7-9　剑阁县自学考试招生统计表

年度	报考人数	报考科次	毕业人数
2008	116	225	17
2009	165	367	11
2010	…	…	…
2011	1 798	3 972	9
2013	679	2 173	5
2016	211	430	…
2017	295	597	…
2018	528	928	…
2019	1 862	4 100	0

第四节　高中阶段学校招生

高中阶段学校招生，实施"阳光招生"，严格执行招生"七公开"政策，做到招生政策、招生计划、招生范围、招生程序、录取方式、收费标准、录取结果公开，并自觉接受社会监督。

招生坚持按高中办学条件、生源状况、办学质量、普职比例下达高中招生计划，并坚持按志愿、按成绩录取。各普通高中不得突破招生计划，班额除剑阁中学不得超过 55 人外，其他学校不得突破 50 人。

剑阁中学、剑州中学、剑门关高中及剑阁职中面向全县招生。白龙中学面向鹤龄、白龙、公兴片区招生；开封中学面向开封、元山、武连片区招生。各初中学校要按时、足额动员和组织初三毕业生到剑阁县高中学校报到注册。各高中学校要做好招生对接工作，加强学生报名注册时段的安全管理和学生报到入学后的控流稳定工作。

职业中学和普通高中的招生，都属于高中阶段学校招生。2010 年秋季，剑阁县成人教育中心停止招收职业高中学生；2012 年秋季，鹤龄职业中学停止招生；2020 年秋，武连职中和新科职业学校（民办）停止招收职业高中学生。职业中学招生的学校由原来的 5 所减少为 1 所（剑阁职中）。2020 年秋，剑门关天立国际学校（民办）高中部按国家、省、市、县教育部门的相关招生政策，开始面向全县内外招收首届学生（从小学到高中），普高招生的学校由 2020 年前的 5 所增加到 6 所。2021 年，剑阁教育布局调整，撤销开封中学、白龙中学高中部，全县招收普通高中的学校减至 4 所。

中职招生实行春季分流。在每年 5 月中旬，教育局给初中学校下达中职送培指标，并作为学校的目标进行考核。中职学校主动与各生源校对接，利用职业教育活动周时间，完成中职预备班的组建工作。2021 年以前（包括 2021 年），中职预备班的组建完成后，报名读职中的学生就到相关的职业学校就读，由中职学校组织复习，准备中考。2021 年后，中职预备班的组建完成后，学生仍在原初中学校就读，于中考前两天到中职学校报到入学，准备中考。

2013 年秋，剑阁普通高中组建"英才班"。于 5 月中旬组织"英才班"招生考试，剑阁中学、剑州中学、剑门关高中按计划招收学生组班入校，在高中学校复习准备中考。2022 年，"英才班"考试组班后，不再到高中学校复习，而在原学校复习，准备中考，中考结束后，再到相关学校报到入学。2023 年，没有组织英才班的招生考试，按上一年秋季的成绩和 4 月中下旬的一诊考试成绩录取"英才班"学生，中考结束后到相关学校报到入学。

党的十八大以后，国家重视职业教育发展，提出普职招生比大体相当的原则。广元市在此基础上确定的普职比在55：45。该政策提出的初期，因为老百姓的思想一时转不过弯，加之普高学籍管理不十分严格，因此，该政策落实得不太好。2021年后，广元市教育局严格普高学生的学籍管理，严格落实招生计划，这一政策落实较好。2022年，剑阁普通高中的升学率还没有达到50%，少部分没有升上普通高中的学生在外地读职高。

剑阁普高学校只招本市、县考上普高的初中毕业生，剑阁中学、剑州中学、剑门关高中还有普高学位，于是县教育局准许这3所学校招收市外就读的在外市、县又没有考上普高的剑阁籍或非剑阁籍初中毕业生。各校按一定标准收取择校费用。

一、普高招生

认真贯彻落实《四川省教育厅关于规范办学行为深入推进素质教育的实施意见》（川教〔2009〕249号）、《四川省教育厅关于做好2011年省级以上示范性普通高中招生考试工作的通知》（川教函〔2011〕149号）、《广元市教育局关于2012年初中毕业生及高中阶段招生考试的通知》（广教〔2012〕12号）文件精神，规范剑阁县普通高中招生行为，高品质发展高中教育，促进剑阁县教育事业持续健康协调发展。

（一）严格执行"三限"政策

根据剑阁县现有高、初中实际情况，向市教育局申报招生计划，经市教育局审核后下达实施。

（1）限人数：普通高中招生坚持按计划、按区域、按志愿、按成绩录取。2012年全县普通高中招生计划数为4 100名，其中剑阁中学1 400名（计划内1 120名，计划外择校生280名），剑州中学1 000名（计划内800名，计划外择校生200名），剑门关高中1 000名（计划内800名，计划外择校生200名），开封中学400名（计划内320名，计划外择校生80名），白龙中学300名（计划内240名，计划外择校生60名）。

剑阁中学、剑州中学、剑门关高中面向全县招生。白龙中学面向合林、白龙、公兴片区招生；开封中学面向开封、元山、武连片区招生。

（2）限等级：2012年招收普通高中新生将继续按照广元市2012年高中阶段学校招生统一考试语文、数学、英语三科总分等级加思想品德、历史、物理、化学、生物、地理、理科实验操作、体育等科的总分等级及学生综合素质评价等级划线录取。

（3）限钱数：各普通高中学校在高中切块优生、计划内新生录取后，6月28日前以书面形式向县教育局报告择校生收费标准及办法，县教育局在此基础上做好指导、协调工作。高中择校生收费严格按照《四川省人民政府关于规范农民修建自用住房、缴纳税费、婚姻登记收费、计划生育收费、中小学教育收费公告》（川府发〔2001〕45号）执行：剑阁中学每期不超过2 500元，三年总额不超过15 000元；剑州中学、剑门关高中每期不超过1 500元，三年总额不超过9 000元；白龙中学、开封中学每期不超过1 000元，三年总额不超过6 000元。各校必须严格执行择校费政策，不得擅自提高择校费标准，也不得擅自减免择校生基本收费，收取择校费的学生免学费。

（二）统一组织，规范招生宣传

（1）县教育局于2012年5月上旬统一安排县内5所普通高中到各初中进行招生宣传，各高中学校4月底前将高一招生简章报县教育局审批。初中校不得在任何时间接纳县外任何学校进行招生宣传。

（2）各普通高中学校要加强招生工作的组织领导，要成立领导机构，要制订本年度招生工作计划并认真落实。严禁虚假宣传，不得相互诋毁。

（3）各初中校点要对2015年的中考及招生工作的有关政策、信息及时向学生和家长进行宣传和解释，要安排专人负责，千方百计、扎实做好初中毕业生的控流工作。4所普通高中学校初中和其余初中学校要确保进入县内高中阶段学校的比例不低于 85%。初中学校按县教育局下达的目标，努力提高剑阁县初中毕业生的升学率和高中阶段的毛入学率。各教育督导办要积极参与指导辖区学校做好宣传解释和生源管理工作。

（三）切块优生分配及志愿填报

（1）四所普通高中学校的初中部优生不纳入全县均衡和优生切块分配。各校要确保本校初中优质生源在县内或本校就读。

（2）剑阁中学 560 名均衡招生计划依据省、市招生政策，按初中学校学籍人数均衡下达到相关初中学校。

（3）切块优生根据上届各校高考本科上线情况，按比例分配。2012 年全县确定 1 200 名切块优生，按剑阁中学 65%（含既均衡又切块的优生）、剑州中学 20%、剑门关高中 15% 的比例分配到初中校点。

在初三中考摸底考试结束后，各初中学校必须按县教育局认定的优生和人数指导学生填报县内高中学校志愿。切块优生的志愿按三所学校互不兼报的原则进行操作。初中学校切块优生志愿登记务必要与市、县招办中考数据库一致，并于 5 月 28 日前将电子文档报教育股。任何初中学校实际切块优生人数不得突破教科局确定的基础人数。个别初中学校实际切块优生确因学生原因不能达到某个普通高中切块目标计划人数的，必须向教科局招生工作领导小组报告说明原因，经同意后方可调剂。中考结束后，初中学校负责组织切块优生按志愿到相应学校报到注册。

（四）分批报到注册

（1）剑阁中学和初中学校必须在 4 月 30 日前做好省示范高中均衡分配学生的学籍登记、申报、审定和上报工作。

（2）各初中学校组织切块定向优生于 6 月 16 日到相应的学校报到注册。

（3）普通高中学校在 6 月 30 日将计划内、计划外招生录取名单通知到所在初中学校，7 月 1 日学生到初中学校领取普通高中录取通知书，7 月 1 日—3 日计划内招收学生到高中学校报到注册。

（4）计划外择校学生在 7 月 4 日—5 日到高中学校报到注册。

（5）初中学校务必做好招生政策宣传工作，确保在规定时间内各类学生完成高中入学报名、注册、缴费工作。

（6）普通高中学校必须做好新生入学报名相关对接服务工作。

（五）加强收费管理

各普通高中学校必须规范收费标准，要严格按照国家、省、市和县教科局、县财政局、县发改局《关于加强普通高中择校生招生工作管理的通知》（剑教科发〔2011〕9 号）文件精神执行。高中学校招收择校生必须在校内醒目位置通过公示牌、公示栏、公示墙等方式，向学生家长公示经县教育局核准的择校生比例、招生人数和收费标准，接受社会、学生、家长的监督和有关部门的检查。

（六）严格招生纪律，查处违纪行为

（1）加强对招生工作的领导，高、初中学校要成立招生工作领导小组，加强领导，认真执行招生政策，严格遵守招生纪律，切实维护招生计划的权威性和严肃性。

（2）严格普通高中学籍管理，控制大班额现象出现。凡违反招生计划，以及违规招收未参加 2012 年高中阶段学校招生统一考试学生就读的学校，将不予办理相关学生的学籍。高中一年级要特别控制 56 人以上的大班额现象出现。9 月初，省厅、市局将对高中大班额情况进行专项检查，凡因自律不强、工作不力出现大班额问题且不能及时化解造成责任事故的，按有关规定追究学校有关人员的责任。

（3）强化过渡时期的安全管理。各校要加强新生报到、注册及在校期间的安全管理。

（4）严格执行责任追究制。全县教科系统干部职工必须遵守"五个严禁"招生纪律。严禁任何组织和个人参与违规招生，严禁招生学校采取各种不正当手段争抢、买卖生源，严禁任何学校和个人以不正当形式诱劝本县学生赴外地学校就读，严禁招生学校擅自突破招生计划，造成大班额。严禁生源学校索要或接受招生学校任何名目的招生费用。招生工作结束后，县教育局将对学校招生计划执行情况进行核查，实行责任追究。

（5）学校要主动协同当地政府、工商、公安、广电等部门打击、整治、劝阻县内县外非法招生人员，对非法张贴的各种广告、招生简章、宣传标语发现后要立即清除。要积极发挥基层组织的作用，把招生政策宣传到村入户，制止各类非法招生行为，严厉打击扰乱正常招生秩序的组织和个人。同时要主动做好维稳工作，维护良好的教育教学秩序。对妨害学校正常教育教学秩序、骗取家长学生钱财的非法招生单位和个人要从重从严予以打击，情节严重的移交司法机关处理。

（6）县教育局将把高中阶段招生工作纳入对教育督导办、生源学校和招生学校的办学质量考核和年度目标考核。同时将进一步加大对参与非法招生的学校和教师个人的查处力度，对违背承诺、参与非法招生的学校领导、教职员工一经查实将严肃处理，并作为年终绩效考核和目标考核的重要依据，实行"一票否决"。

（七）基地班招生

坚持统一考试、统一择优录取的原则。将4月24日—25日全市九年级统考全县成绩前500名学生集中统一检测，择优录取前120名，编成4个班级，其中剑阁中学60人、剑州中学30人、剑门关高中30人。切块优生招生，基地班录取外的全县前600名学生，根据县成绩占位及本人志愿，按比例录入剑阁中学、剑州中学、剑门关高中。切块优生预录完后，各高中学校要搞好初高中衔接教育和军训，确保生源稳定。

二、中职招生

剑阁县严格按照国家、省、市中职招生政策招生。为解决职高招生难的问题，县教育局采用中考前九年级学生分流去职高的操作办法，同时控制职高新生外流。

中职招生分春、秋两季进行，春季招生重点保县内目标，秋季招生重点保县外目标任务完成。

一是统一宣传。招生工作由教育局统一组织实施，各招生学校和生源学校要在教育局、各教育督导办组织下做好扎实的宣传动员工作。中职春招宣传工作要开好四个会：由教育局蹲点干部和教育督导办负责开好生源学校干部会，由蹲点干部、教育督导办及生源学校校长负责开好生源学校教职工会、初三学生会、初三学生家长会。

二是统一组织。教育局与各教育督导办签订中职春招送培养目标责任书，各教育督导办与辖区内生源学校签订中职春招送培养目标责任书。客观、公正地指导学生填写《剑阁县中等职业学校春季招生自愿表》一式三份，并将中职春招学生情况汇总造册一式三份。春招学生自愿表和春招学生汇总名册一份学校存留，一份报教育督导办，一份报县教育局职成股，春招学生汇总名册必须由生源学校校长和招生学校接收联系人共同签字。

三是规范新生管理。各中等职业学校对招收的新生，要切实加强管理，保障学生人身安全，做好学生稳定与控流工作，协助做好春招学生的初中毕业会考工作。初中毕业会考成绩合格的，由原初中学校颁发《初中毕业证书》。

四是严格执行收费政策。各中等职业学校严格按照物价部门审批的收费项目和收费标准收取费用，家庭困难的学生可以分次缴费。

五是积极组织。中考结束后，招生学校要积极组织秋季招生，务必完成各校招生任务，生源学校引导未被剑阁县普、职高录取的学生就读县外的各职业学校。

六是中职招生分两个阶段进行：第一阶段5月中下旬，集中宣传及预录；第二阶段中考完至9月1日，录取、巩固及稳定生源。

第五节　义务教育招生

剑阁县义务教育阶段的招生工作，认真贯彻落实《中华人民共和国教育法》《中华人民共和国义务教育法》《中华人民共和国未成年人保护法》等法律法规和有关政策规定，巩固"普九""义务教育均衡发展"成果，为县内各级学校培养输送数量充足、质量合格生源，为办好让人民满意的剑阁教育，为剑阁"由教育大县向教育强县转变"打下坚实的基础。

一、坚守招生原则，保障入学权利

（一）保障适龄儿童、少年接受义务教育

凡年满 6 周岁（截至 2020 年 8 月 31 日）的儿童、少年都应当接受义务教育。适龄儿童、少年因身体状况需要延缓入学或休学的，应由其父母或其他法定监护人提出申请，报县教育局备案。切实做好控辍保学工作，建立失学辍学适龄儿童工作台账，认真落实联控联保工作机制，确保新生年级学生应读尽读，确保不让一名适龄儿童、少年失学辍学。

（二）全面落实义务教育免试就近入学

坚持适龄儿童、少年免试就近入学的原则，不得采用笔试或者任何变相形式的考试方式选拔或转插生源。根据省委、省政府行政区划调整后教育卫生服务区域保持不变原则，结合全县适龄学生人数、学校分布、学校规模、交通状况等因素，坚持以户籍地和购房居住地相结合，落实"学校划片招生、生源就近入学"的规定，划定学校招生服务范围。

（三）保障特殊群体接受义务教育

实施以就业证明、收入证明、社会保险为主要依据的义务教育随迁子女入学政策，对烈士子女、符合条件的现役军人子女、公安英模和因公牺牲或伤残警察子女及其他各类优抚对象，细化操作程序，严格执行上级政策。各校不得拒收残疾儿童随班就读，听障、视障及中重度以上智障学生原则上到县特教学校就读，大力提升特殊教育普及水平。

（四）坚持均衡发展规范公民同招

结合剑阁教育实际，大力推进常住人口义务教育全覆盖。积极实施教育提质行动，促进义务教育城乡一体化发展。均衡发展公办民办教育，确保全县义务教育优质均衡、科学和谐发展。在县委县政府领导和市教育局指导下，根据公办学校划片招生、民办学校在审批地范围内招生规定，科学制订年度招生计划和具体招生实施方案，实施公办民办学校同步招生录取，规范招生秩序，优化教育生态，全面落实义务教育学校免试就近入学全覆盖。

（五）根据学位供需状况公开透明招生

根据服务区适龄儿童、少年情况和学校学位数量，科学制订各校招生计划和服务范围并及时向社会公布，杜绝大班额、大学校。无空余学位的学校不得招收服务区范围外的学生或插转生源；新老县城和中心大镇学位紧张的学校实施随机派位确定入学资格。学校要通过多种形式向社会公布招生入学信息，通过多种途径为家长、学生和社会提供咨询服务，学位紧张学校要建立学位预警机制，合理引导家长预期，全面实行阳光招生。

二、结合县域实际，精心组织实施

（一）摸清家底，细化方案，扎实做好基础数据摸排

各中小学、教育督导责任区要摸清本乡镇、招生服务片区适龄儿童、少年数据，掌握适龄儿童、少年入学意向，建立适龄儿童、少年底数和入学情况台账。要摸清学校教辅用房面积，明确可

容纳学生数量，明晰招生上限并上报县教育局教育股。教育股会同规财股、人事股、扶贫办等责任股室，共同审定招生计划。

（二）坚持原则，严守底线，统筹推进面上招生入学工作

（1）坚持"划片招生，就近入学"的原则。各学校根据招生计划和招生服务范围，组织学生就近、免试入学，确保新生年级学生应读尽读。学校不得拒绝招生服务范围内符合入学条件的学生入学。努力实现教育资源基本均衡，确保义务教育免试就近入学全覆盖。

（2）一年级新生按剑阁县行政区划调整前户籍所在地划片就近入学。乡镇小学按户籍地招生，一个乡镇只有一所小学的，招收本乡镇的所有适龄儿童。一个乡镇不止一所小学的，依据适龄儿童和少年数量、学校规模、交通状况实行划片招生、就近入学。

（3）七年级新生按剑阁县行政区划调整前户籍所在地单校划片和多校划片入学。乡镇初中学校按照"单校划片、对口直升"的原则，确定各小学对应就读的初中学校。小学未在剑阁县就读需到剑阁县就读初中的小学毕业生，持户口簿和本人学籍证明到户口所在地或父母居住地初中学校就读。

（三）按序验证，随机摇号，重点做好新老县城及中心集镇招生入学工作

（1）新老县城、中心集镇统一登记、公开摇号确定入学资格。符合入学条件的学生人数少于学校招生计划时，该校不允许招收不符合入学条件的新生或转入学生，剩余差额由领导小组统一调剂；符合入学条件的学生人数多于学校招生计划时，采取"随机派位、公开摇号"方式确定入学资格，现场摇号未取得学位的学生到其他有空余学位的学校登记入学。

（2）普安镇、下寺镇城区一年级按照"多校划片、公开摇号"招生。在县教育局和普安镇、下寺镇人民政府的领导下，由普安教育督导责任区、下寺教育督导责任区具体组织实施。招生学校按照下达的招生计划，根据招生范围内学生就读意愿，按以下顺序依次审核确定入学资格。

①户籍和住房双证在学校招生服务区域内的适龄儿童。

②剑阁县行政区划调整前户籍在学校招生服务区域内的适龄儿童。

③住房在学校招生服务区域内的适龄儿童。

④各类优抚特殊对象子女中的适龄儿童。

⑤进城务工、经商人员等随迁子女中的适龄儿童。

（3）普安城区初中招生按照"多校划片、随机派位、公开摇号"原则招生。在普安镇人民政府的领导下，由普安教育督导责任区具体组织实施。剑阁中学、剑州中学、普安中学三所招生校点按照下达的招生计划，根据招生范围内学生就读志愿，强弱结合，合理调配，免试招生。

（四）合理接收非起始年级学生插转入学

乡镇学校非起始年级学生申请转学，学校根据户籍、就近原则，结合学校实际适当接收转插学生。严禁学校有空余学位而拒绝接收符合入学条件的转插学生。新老县城学校非起始年级学生申请转学，学校要根据学位情况，自主确定是否接收转插学生，不得超学位接收转学生而形成大班额、大校额。

三、严格招生纪律，落实责任追究

（一）加强政策宣传引导

各教育督导责任区和学校制定具体的入学办法，预先做好适龄儿童、少年入学摸底登记工作。同时要利用家长会、公告栏、短信、微博、微信等多种形式，主动、及时向社会进行招生政策特别是省委、省政府关于行政区划调整后教育、卫生等服务区域保持不变政策的宣传，公开办学条件、招生范围、招生计划、入学办法、招生结果等相关信息，公开咨询服务和举报电话，及时答复和妥善处理家长诉求，接受社会监督；要大力宣传、倡导科学教育理念，让社会各界明白就近入学有利

于适龄儿童、少年健康成长，努力营造义务教育阶段入学工作的良好社会环境和舆论氛围。

（二）严格规范招生行为

各中小学要严格按县教育局划定服务区域接收学生，不得擅自超出招生计划。严禁收取任何与入学有关的赞助费、借读费等违规费用。

（三）夯实教育脱贫成果

巩固义务教育均衡发展成果，实现均衡招生。中心集镇学校不得以任何方式抢招其他学校的生源，保证各级各类学校的教育资源有效利用。严格控制班额，严禁新增大班额，严禁出现超大班额。

（四）切实加强学籍管理

各中小学按教育部中小学生学籍管理办法规定，为每一位学生建立电子学籍档案。学校不得违规接收学生，无空余学位时不得接收学生转入申请，办理学生学籍时应当简便及时，做到"一人一籍，籍随人走"，严禁空挂学籍。

（五）严格落实责任追究

县教育局把规范招生行为与各校年度目标工作考核挂钩。严格实行问责制度。对违反招生纪律的单位和个人将按相关规定严肃处理，责令限期整改并通报批评；情节严重的，对校长和其他直接责任人按相关规定给予处理。

四、回应社会关切，反哺教育民生

随着剑阁县行政区划调整及县域经济文化的发展，社会对优质教育资源的需求越来越大、社会关切越来越密切，新老县城及中心集镇义务教育学位日趋紧张。对此，县委县政府、县教育局高度重视，提前规划，大力投入，成功引进优质民办教育资源——剑门关天立学校并于2020年9月1日全面招生。同时，县教育局局长亲自深入各校调研现场办公，充分挖掘学位资源，实现了现有教育资源的最大化利用。2020年新老县城义务教育起始年级学位增加近200个；白龙等中心集镇通过改、扩建项目努力增加学位供应，最大程度回应了社会关切。

第六节　学前教育招生

剑阁县学前教育招生工作原由教育股负责，2017年学前教育股成立后，由学前教育股专门负责。每年都要召开幼儿园招生工作会议，制订并下发幼儿园招生工作方案。按照属地管理原则，以及相对就近入园、公开透明的要求，坚持公益性、普惠性原则，坚持公民办并举、多渠道接纳的原则，遵循相对就近、免试入园的原则，坚持足龄，年满3周岁儿童，面向社会自主招生。各公、民办幼儿园能按照县教育局的要求，通过摸底，走访排查，了解实情，制订本辖区的招生工作方案，并及时上报招生方案。各幼儿园根据办园规模、班额限制和办园条件完成招生，坚决杜绝大班额现象；严格执行物价部门制定的各项收费政策和标准。自觉接受社会监督。重点区域，重点盯防。由于剑阁县县城人口众多，优质资源较为短缺，所以，易发问题的重点部位就是新老县城幼儿园，针对这一问题，县局多次召开会议，要求幼儿园按照城区分片，做好适龄幼儿的摸排登记工作，同时，面向社会做好招生宣传工作。

第五章 安全工作

第一节 安全管理

学校安全工作涉及学校的方方面面，剑阁县教育系统主要围绕下面这些方面开展常规性管理。

落实校园消防安全检查一季度一次制度，灭火器等消防器材检查实行专人负责，并将检查人员、检查日期、检查部门张贴公示，切实开展火灾隐患排查整治。各学校结合11月9日全国消防安全宣传教育日，大力开展消防知识和火灾逃生知识宣讲，不断加强消防安全教育。

加强传染性疾病、流行性疾病的预防，坚持学生晨检制度、因病缺课追踪制度、复课证明登记制度、青少年伤害监测月报制度、新生体检入学制度等，落实流行疾病防控工作方案，严格执行学校突发公共卫生事件报告制度，切实把疾病防控各项措施落到实处。

坚持开展"3月中小学生防溺水知识集中宣传月"活动，各学校把防溺水教育落实到每一名学生，教育学生做到"六不"：不私自下水游泳、不擅自与他人结伴游泳、不在无家长或教师带领的情况下游泳、不到无安全设施和无救援人员的水域游泳、不到不熟悉的水域游泳、不熟悉水性的学生不擅自下水施救。同时通过"告家长书"、发一则短信、开一次家长会、做一次家访等方式，告知家长务必承担起学生离开学校后的安全监管职责，提醒家长在放学后、周末和节假日加强对学生的看护和教育。

严格落实门卫管理制度和节假日领导带班值班守校制度。各学校明确门卫和校门口安全管理的分管领导干部及其责任，健全落实门卫值班、巡查交接班、领导带班以及外来人员、车辆进出、学生请假出校统一登记等制度。

除配备校园安保人员外，进一步加强人防、物防、技防等"三防"建设，添置各类防恐防暴器材。各学校基本配齐了钢叉、防暴手套、辣椒水等技防器材和一键报警、视频监控等设备。

各学校严格实行一月一次的应急演练制度，开展地质灾害逃生演练、危化品事故逃生演练、防震避震逃生演练、火灾逃生演练等应急演练，提高了师生应对各种突发事件的能力，确保遇险时能有效应急避险。

开展了"防邪集中宣传月"活动。各学校将防邪知识日常宣传和集中宣传结合起来，切实提高师生自觉抵御邪教侵蚀的意识和运用法律武器同邪教组织做斗争的能力。

继续开展全县"中小学生欺凌防治落实年行动"。县教育局协调组织相关部门建立健全防治学生欺凌工作机制，推动综治、法院、检察院、公安、民政、司法、人力资源和社会保障等部门及共青团、妇联、残联等组织落实职责分工，加强协作，共同治理，基本形成学生欺凌防治齐抓共管、责任落实到位、管理制度健全、预防措施有效、处置程序规范的工作局面，推动形成学生欺凌防治工作长效机制，有效遏制学生欺凌事件的发生。

各学校认真贯彻落实上级交通安全管理要求，坚持"教育为主、预防为先"原则，实行学生签字离校制度、放学排队出校制度、家长接送制度、分片区路长制度等，会同交警部门和广运集团，教育引导学生乘坐有资质营运车辆，打击三无车辆搭载学生的非法行为，保证学生上放学安全有序。在 12 月 2 日全国交通安全日，各学校组织学生利用广元市学校安全管理网上学习平台，学习安全交通知识。

各学校坚持每学期开展至少一次的女生安全教育，向女生进行生理心理健康知识宣讲，提升女生安全自护意识和能力。

在全系统推动了风险分级管控和隐患排查治理双重预防机制建设工作，各学校对安全风险点进行了分级公示，对隐患排查治理落实专人负责，提高了学校安全风险防范治理能力。一是坚持人防、物防、技防并重，把"三防"建设纳入学校标准化建设，加快推进校园视频实时监控与公安"天网"对接工作和校园一键报警与"110"平台联网工作。二是继续加强双重预防机制建设，健全安全事故化解和"警校共育"工作机制。三是加强与保险部门的合作，根据自愿原则，引导学生家长参保，充分发挥商业保险在化解学校安全风险方面的重要作用。

第二节　安全教育

全县学校常规性开展下列安全教育活动。

防溺水工作。各学校要持续抓好预防溺水安全教育，及时发放《致全国中小学生家长的一封信》，回收并保管好该信回执。建立周末和节假日安全提醒制度，督促家长或其他监护人履行好监护职责，切实做好学生溺水事故的防范工作。

道路交通安全工作。各学校要经常性开展交通安全教育，积极协调配合公安交管等部门加大对非法接送学生车辆的整治力度。

预防学生欺凌和暴力。各学校要按照《四川省加强中小学生欺凌综合治理实施方案》要求，严格学校日常安全管理，完善对学生不良行为早期干预机制，从源头上预防学生欺凌和暴力行为的发生。

校园周边综合治理。各学校要持续开展"护校安园"专项行动，推进平安校园建设。

防灾减灾工作。各学校要做好防灾减灾知识宣教普及工作，提高师生避险减灾能力。

消防安全与森林防火工作。各学校要持续开展消防知识、森林草原防火教育和消防安全检查。在全县森林防火期间（每年 1 月 1 日至 5 月 31 日），严禁学生野炊、烧烤、燃放烟花爆竹、点放孔明灯等野外用火活动，坚决防止发生森林、草原火灾。

实验室和危化品安全工作。各学校要按照《全省教育系统危险化学品安全综合治理实施方案》要求，落实实验室安全管理制度，排查和消除实验教学安全隐患，确保实验教学以及学生实习实训的安全。

危险源清理清查和疾病预防工作。各学校要定期清理清查校园内的流浪猫狗、蛇虫鼠蚁、管制刀具、易燃易爆等危险源，及时清除。切实做好消杀灭和疾病预防知识宣讲，落实好疾病预防控制制度。

加强应急能力建设。各学校要继续完善并严格执行应急值班值守制度，完善各类专项应急预案，做好相应的防护措施。认真落实好中小学每月 1 次、幼儿园每季度 1 次应急疏散演练的要求，提高演练的针对性、实效性。强化突发学校安全事件信息报送机制，严格落实"突发事件发生后，30 分钟内电话报告、1 小时内书面报告"的规定，坚决杜绝迟报、漏报、瞒报。妥善处置平息事件，协调相关部门做好社会稳定工作，安抚民心。

以黑、恶、乱线索摸排上报和行业乱点乱象治理为抓手，继续深入推动扫黑除恶专项斗争工作。

第三节　卫生防疫工作

加强传染性疾病、流行性疾病的预防，坚持学生晨检制度、因病缺课追踪制度、复课证明登记制度、青少年伤害监测月报制度、新生体检入学制度等，落实流行疾病防控工作方案，严格执行学校突发公共卫生事件报告制度，切实把疾病防控各项措施落到实处。

危险源清理清查和疾病预防工作。各学校要定期清理清查校园内的流浪猫狗、蛇虫鼠蚁、管制刀具、易燃易爆等危险源，及时清除。切实做好消杀灭和疾病预防知识宣讲，落实好疾病预防控制制度。

2020年1月，新型冠状病毒疫情暴发，全县教育系统按照县防疫指挥部要求，成立了教育系统疫情防控工作领导小组，由局长王晓明任组长。教育局新一届领导班子成立后，由局党组书记、县教育工委书记李锦钟任组长。

一、新型冠状病毒疫情常态化防控

2022年春季，剑阁县教育局印发关于《教育系统常态化疫情防控工作指导意见》的通知，要求全县教育系统做好常态化疫情防控工作。

（一）人防

（1）加强校门管理。严格按照入校"六步法"（一扫、二观、三查、四核、五测、六登），在学校入口处对教职员工和学生进行体温检测，核验健康码并进行登记，正常者方可进入。体温异常者，建议及时就医，就医途中正确佩戴口罩，做好手卫生，无关人员禁止入校。

（2）建立教职员工及学生健康监测制度，落实晨、午检制度，实行"日报告"和"零报告"制度。教职员工和服务人员的疫苗接种做到应接尽接，接种疫苗后仍需注意个人防护。

（3）注意个人卫生，及时进行手卫生，避免用未清洁的手触摸口、眼、鼻，打喷嚏、咳嗽时用纸巾遮住口鼻或采用肘臂遮挡等。

（4）学校进出值守人员、宿管、清洁人员及食堂工作人员等重点岗位人员应全程佩戴医用外科口罩或以上级别口罩，戴一次性手套。区、县范围内未出现中高风险地区的学校，师生上课时可不戴口罩，运动时不戴口罩。口罩弄湿或弄脏后，及时更换。

（5）要引导学生注意用眼卫生，做好近视防控。适当科学运动，平衡营养膳食，安排好作息，提高机体免疫力。

（6）鼓励教职员工采用网络化、无纸化办公，减少近距离接触。严格控制聚集性活动，可通过错峰开会、网络视频或提前录制会议材料等方式召开学生会议。

（7）做好常态化疫情防控教职员工和环境监测工作。①学校卫生室（保健室）工作人员、校（楼）门值守人员、保洁人员、安保人员、食堂工作人员、校内商业场所工作人员以及其他服务保障岗位临聘人员等相关人员在校期间，市内无本土疫情且市内全域为低风险时，每周至少开展2次核酸检测，检测间隔2天以上（其中直接接触冷链物品人员原则上每隔1天开展1次核酸检测）；市内有本土疫情发生时，每天开展1次核酸检测。②教职员工在校期间，市内无本土疫情且市内全域为低风险时，每天抽检不少于20%。在市内有本土疫情发生，每天开展1次核酸检测。③环境及物品应每月开展一次监测，每校每月监测不少于10份。

（8）教职员工或学生中如出现新冠病毒感染疑似病例，学校应立即向辖区疾病预防控制机构报告，并配合相关部门做好密切接触者的管理，立即在应急区域进行暂时隔离并及时就医。学校要安排专人负责与接受隔离的教职员工或学生家长进行联系，掌握其健康状况。

（二）物防

（1）应做好口罩、洗手液、消毒剂、非接触式测温设备等满足一个月需求的防疫物资储备，宁可备而不用，不可用而不备。设置采购物品放置缓存区，实现校外物资周转"零接触"。采取"喷雾+擦拖"的方式，每日早、中、晚对食堂储藏间、操作间、出入口、过道等进行消杀。

（2）开展从业人员防疫教育培训，食品等原料从正规渠道采购，保证来源可追溯，严格遵循食品安全操作规范，厨余垃圾及时清理。食堂错峰、分散用餐。

（三）环境防

（1）加强教室、宿舍、体育运动场所和图书馆等重点区域通风换气。如使用集中空调，开启前检查设备是否正常，新风口和排风口是否保持一定距离，对冷却塔等进行清洗，保持新风口清洁；运行过程中以最大新风量运行，加强对冷却水、冷凝水等的卫生管理，定期对送风口等设备和部件进行清洗、消毒或更换。

（2）增加对教室、宿舍、食堂、公共活动区等场所地面和水龙头、灯开关、门把手、楼梯扶手、健身器材等高频接触物体表面的清洁消毒频次。

（3）规范设置生活垃圾临时收集点和医疗废物临时收集点，做到分类转运、分类处置、"日产日清"，保持环境清洁卫生，并做好垃圾盛装容器的清洁消毒。

（4）当出现新冠确诊病例、疑似病例和无症状感染者时，应在当地疾病预防控制机构的指导下对相关场所进行终末消毒，同时对空调通风系统进行清洗和消毒处理，经卫生学评价合格后方可重新启用。

二、疫情防控期间在校学习生活指导意见

（1）保持安全社交距离；在校内，进入教室、自习室、图书馆、室内运动场馆等公共场所，与他人保持安全社交距离；在校外，避免进入通风不良、人群密集的密闭空间。

（2）遵守校门管理规定，寄宿师生减少出校，遵守离校、返校规定。走读师生往返家校保持两点一线，在公共交通工具上全程佩戴好口罩，减少与他人交流。

（3）坚持戴口罩、勤洗手、常通风。校内校外不聚集、不扎堆，注意个人卫生，做好个人防护。外出返校后及时洗手、更换口罩后方可正常活动。

（4）遵守学校防疫规定，自觉接受健康监测，配合核酸检测、体温测量，主动及时报告身心健康状况。配合做好流行病学调查，必要时按照规定接受集中隔离医学观察或就医。

（5）错峰、错时、错区域就餐，餐前、取餐、餐后戴口罩，就餐排队保持安全距离，不在餐厅久留。

（6）严禁外来人员进入校园，不在宿舍区聚集、串门。保持宿舍通风换气、卫生清洁，定期晾晒、洗涤被褥及个人衣物。

（7）通过官方渠道了解疫情，接受健康教育，增强传染病防控意识，掌握传染病防控知识，提高传染病防控技能，提升自我健康素养。符合接种条件的，主动接种新冠病毒疫苗。

（8）坚持科学锻炼，保证充足睡眠，增强机体免疫力。保持作息规律、均衡营养、健康心态。

（9）学校一旦进入疫情防控应急状态，严格遵守封控、管控或防范管理的各项规定。按要求配合落实管控措施，配合做好消毒等工作。

（10）按照学校要求完成学习任务，线上线下学习相结合，学业健康两不误。学习红色经典、抗疫先进人物和典型事迹，提升思想境界，弘扬伟大抗疫精神，增强战胜疫情的信心。

三、疫情防控期间居家防护学习生活指导意见

（1）遵守居住地疫情防控规定，自觉接受健康监测，配合核酸检测、体温测量。及时主动报告

身心健康状况，配合做好流行病学调查，必要时按照规定接受集中隔离医学观察或就医。

（2）尽量少出门、串门、探亲访友、聚餐聚会。在公共交通工具上全程佩戴好口罩，减少与他人交流。外出回家后清洁手部，更换衣物并单独存放。

（3）与家人共同坚持戴口罩、勤洗手、常通风。坚持分餐制，用公筷。注意个人卫生，保持室内卫生清洁，定期晾晒、洗涤被褥及个人衣物。

（4）认真遵守学校规定，疫情期间停课不停学，加强自我学习管理，按照要求完成学习、教学任务。师生之间保持沟通联系，耐心等待返校复课通知。

（5）增进家人沟通交流。学生在家要主动承担力所能及的日常家务劳动，提高生活自理能力和劳动技能，减轻家长负担。独自在家时，加强自我保护，熟记、学会拨打各类急救求助电话，遇到危险能够求助。规范用火、用气、用电。

（6）坚持科学锻炼，保证充足睡眠，增强机体免疫力。保持作息规律、均衡营养、健康心态。线上学习尽量选择屏幕较大、分辨率较高的电子产品，注意坐姿和视屏距离，严控视屏时间，合理上网不沉迷。

（7）保持安全社交距离，进入商场、超市、理发店等公共场所时，佩戴好口罩，与他人保持1米以上距离，尽量避免进入通风不良、人群密集的密闭空间。

（8）所在社区进入疫情防控应急状态，应严格遵守社区、村组封控、管控或防范管理的各项规定。在规定范围内活动，尽量不与他人接触。

（9）加强健康理念、知识和技能学习，遵纪守法，崇尚科学，通过官方渠道了解疫情和健康知识，不信谣、不传谣。学习红色经典故事，弘扬伟大抗疫精神，增强战胜疫情的信心，树立良好形象，引领社会健康风尚。

四、疫情防控期间集中隔离医学观察学习生活指导意见

（1）要认识到集中隔离医学观察是切断传染病传播途径的有效措施之一，有利于保护师生健康和校园安全。

（2）遵守集中隔离医学观察点各项规定以及防护要求，减少与工作人员面对面交流，真诚感谢工作人员的辛勤付出和人文关怀。

（3）自觉接受集中隔离医学观察点健康监测，配合核酸检测、体温测量，主动报告身心健康状况，配合做好流行病学调查和消毒工作，必要时按照规定就医。

（4）坚持戴口罩、勤洗手、常通风。保持室内卫生清洁，注意人身安全，预防意外伤害。

（5）保持健康生活方式。坚持室内科学锻炼，保证充足睡眠，保持作息规律、均衡营养、健康心态。

（6）加强自我学习管理，按照要求完成学习、教学任务。师生之间保持沟通联系，耐心等待解除集中隔离医学观察通知，服从有关健康观察安排。

（7）加强自我心理调适，当心情不舒畅特别是伴随焦虑、困惑或不良情绪时，及时主动向家人、朋友、同仁或医学专业人员反映，接受心理辅导帮助。

（8）加强健康理念、知识和技能学习，遵纪守法，崇尚科学，通过官方渠道了解疫情和健康知识，不信谣、不传谣。学习红色经典故事，弘扬伟大抗疫精神，增强战胜疫情的信心，引领社会健康风尚。

五、疫情防控政策变化

2022年11月11日，国务院联防联控机制综合组下发了《关于进一步优化新冠肺炎疫情防控措施 科学精准做好防控工作的通知》（后文简称"二十条"）。县教育局为全面落实二十条，做到科学防控、精准防控，于11月17日制定《剑阁县教育局关于落实〈国务院优化疫情防控二十条工作措施〉的指导意见》，要求切实做好以下工作：

（一）风险人员信息排查要更加精准

一是各校要精准排查师生员工共同居住人是否有从事医务工作、核酸采样、交通卡口执勤、风险人员转运、隔离场所、高速服务区等涉疫一线的风险岗位人员，建立台账，重点管理。对排查出的涉疫风险岗位人员要及时报告属地政府。学校要告知师生员工不与从事涉疫风险岗位且正在管控期间内的家人接触，有接触经历的师生员工在管控结束前绝对不能进入校园。二是认真梳理"在外务工家长台账"，及时与家长沟通，特别是摸清还在新疆、西藏、内蒙古等风险地计划近期返剑的家长，告知其需提前48小时向社区和学校双报备，要求家长或亲属返剑后按照属地政府要求落实管控，风险消除前不得与师生员工接触。

（二）师生员工活动管理要更加严格

二十条优化防疫措施全面实施后，每个人都是自己健康的"第一责任人"。一是签订防疫承诺书，坚持"家—校"两点一线，不聚集、不聚餐，师生员工控制参加"红白宴席"，如各级各类督查发现有教职员工参加聚集性活动，引起不良后果将逗硬追责问责。二是学校不举行有家长或其他校外人员参与的大型活动。三是严格离剑报备手续，坚决不允许到高风险区或有阳性报告病例的地区，按照"谁审批、谁负责"的要求严把师生员工审批事项。四是返剑前给居住地或工作地社区报备，按照对应管控意见严格落实管控并同步报告县教育局学校安全事务中心。

（三）校社家三方联防要更加紧密

学校要主动与社区、家庭对接，做到信息共享。一是对接属地疫情防控专员，了解学校未掌握到的师生员工共同居住人被管控信息，告知师生员工不与其接触。二是所有学校需提前对接属地政府，告知收、放假时间，以便政府收假前增加核酸采样台。三是告知家长在收假前核酸采样时规范佩戴好口罩、不聚集、不扎堆。

（四）常态化防控工作要更加精细

一是常态化疫情防控期间，学校根据本校教学工作实际，自行合理错峰安排收放假时间，直属学校将收放假方案报县学校安全事务中心备案，其余学校报教育督导责任区备案。特殊时期县教育局统一安排放假事项。二是组织师生员工做好常态化核酸检测工作，在校期间每日20%的人员接受抽测，做好每月环境样本监测。三是做好重点岗位人员工作期间每日核酸检测，规范佩戴好口罩，返岗前凭24小时内核酸阴性报告入校。四是建议师生员工校内分时段科学佩戴好口罩，上体育课、运动时不佩戴。进一步严格落实师生员工晨、午、晚检和症状监测，严禁走过场和弄虚作假。严格执行"零报告""日报告"及因病缺勤追踪制度，做到早发现、早报告、早管控、早治疗。五是规范设置"三室一区"，每日两次对重点场所和高频接触物体表面进行清洁消毒，保持通风。六是规范设置生活垃圾临时收集点和核酸采样时的医疗废物临时收集点，做到分类收集、分类转运、分类处置、"日产日清"，并做好垃圾盛装容器的清洁消毒。七是做好防疫物资和生活物资的储备，主动对接属地卫生院，适当储备防护服、防护面罩和橡胶手套，建立好防疫物资台账和医废物品交接台账。八是动态持续推进全程免疫，加强免疫接种工作，提高接种率，并做好校园流感、水痘、诺如病毒、结膜炎、结核、荨麻疹、手足口病等"多病共防"工作。

（五）节假日疫情防控要更加严实

一是放假前学校要对师生员工进行疫情防控相关知识的宣传。二是放假时校门口要维持好秩序。严格要求家长按时段到校接送学生，学生、家长、教师全程佩戴好口罩，按年级有序放假，保持"一米线"距离，不拥挤、不扎堆。三是放假中各校要抽查外出报备师生员工的行程情况，随时告知师生员工最新的管控措施。假期间安排校园消毒，及时排查整改校园安全隐患，落实好24小时带班、值班制度。四是收假前师生员工凭48小时内核酸阴性报告返岗返校，收集其共同居住人的行程码、健康码。五是收假时（后）学校要严格落实常态化疫情防控工作要求。通学老师每日凭48小时内核酸阴性报告入校，非寄宿制学校每两日收集一次通学学生及共同居住人的行程码、健康码。通学师生自11月14日起，在严格遵守"家—校两点一线"的前提下，可以不实行封闭式管理。

（六）校园进出人员管理要更加规范

一是进出校园严格按照入校"六步法"落实"一戴一测一扫四查制度"（戴口罩、测体温、扫场所码、查健康码、查行程卡、查48小时内核酸阴性报告、查风险旅居史），把好"入校关"。二是对物资运送人员查验连续三天的核酸检测阴性报告，做好车辆消毒，入校后运送人员不下车，实行无接触卸载。三是严禁无关人员、车辆、外卖、快递等进入校园，师生员工所送物资在落实消毒后，静止三小时无接触转运。

六、剑阁县"10·11"新冠疫情及处置

剑阁中学、南禅小学受剑阁县2022年10月11日确诊新冠病毒无症状感染病例（蒲元松）影响，发生校园疫情。县教育局自接到通知后，即刻进入应急处置状态，启动教育系统疫情防控应急预案，全力以赴救治患者，全力以赴维护稳定，全力以赴处置舆情，全力以赴恢复秩序。

（一）基本情况

此次疫情，教育系统共确诊新冠病毒无症状感染者5人，其中剑阁中学3人（职工1人、学生2人）、南禅小学2人（学生2人）。共集中隔离师生5 142人（含剑阁中学校内隔离师生879人），分布县内县外16个隔离点。10月24日起，教育系统师生职工均陆续隔离完毕，经市、县疫情防控指挥部判定，可以解除隔离，返校后继续执行3天3检管控措施。10月25、26日，隔离师生在完成管控措施的前提下，全县学校基本完成复课复学，恢复正常教学秩序。

（二）校园疫情初发经过

2022年10月11日上午，剑阁中学宿管工作人员李华蓉与县人民医院负压转运车驾驶员蒲元松（10月11日确诊为新冠病毒无症状感染病例是夫妻关系）在全县全员核酸检测中，确诊为无症状感染者，于10月11日18时转运至集中隔离点。10月14日李华蓉的密接者中高三21班学生冉佳昊、高三22班学生赵国军在川北幼专集中隔离点核酸检测为阳性，确诊为无症状感染者。

2022年10月12日晚，南禅小学学生苟浩明（系无症状感染者蒲元松的次密接人员）在居家上门核酸检测中结果显示为阳性，随即送往指定医院就医。10月18日下午南禅小学二年级学生王思涵在旺苍嘉川隔离点隔离初筛结果为阳性，经研判确诊为新冠病毒无症状感染者。

（三）校园应急处置情况

根据县新冠疫情防控指挥部的统一安排部署，及县教育系统应对突发新冠疫情应急处置预案，县教育局指导剑阁中学、南禅小学迅速启动学校疫情防控应急预案，采取相应应急处置措施，全力以赴做好处置工作。

（1）人员管理。混检阳性报告出来后，迅速封闭校园，人员不进不出。在校学生、教职工及共居者在校内管理，不出校门，校外师生职工及共居者保持居家监测静默状态，不出家门。初筛阳性人员单独隔离，并在复查确诊后两小时内配合卫健部门送往指定医院治疗。对密接、次密接人员，配合县疫情防控指挥部隔离转运专班立即隔离并随后转运到集中隔离点。对其他次密接人员，立即落实居家隔离管控措施，并协调对接社区管控好此类人员。

（2）核酸采样。"10·11"疫情暴发后，赓即对剑阁中学、南禅小学师生和职工开展单人核酸检测，对寝室、教室、厕所等重点场所进行环境采样，并从10月12日开始每天进行全员核酸采样。

（3）数据排查。立即配合县疫情防控指挥部流调溯源组开展流调，精准摸排数据，精准排查各类人员，掌握其行踪轨迹，分类管理。

（4）隔离转运。从 10 月 12 日起，先后共集中隔离师生 5 142 人。隔离师生分布在 16 个隔离点，其中广安隔离 2 273 人，县外市内隔离 754 人，县内学校隔离点 2 083 人，零散隔离点 32 人。

（5）环境消杀。在县疫情防控指挥部医废处置和消杀组的专业指导下，组织专门力量，对病例停留点的环境和物品进行终末消毒，对学校其他教室、卫生等公共区域进行全面清洁消杀。

（四）工作推进情况

在县委县政府的安排部署及县新冠疫情防控指挥部的指导下，县教育局全体职工全力以赴做好学校疫情处置工作，全力保障广大师生职工的身心健康和生命安全。

（1）坚守岗位，扛牢主体责任。"10·11"疫情发生后，县教育系统新冠疫情应急指挥系统即刻启动，应急处置领导小组及疫情处置专班、信息报送专班、转运及流调专班、教育教学专班、物资保障专班、宣传维稳专班、关心关爱专班 7 个工作专班 24 小时持续运转。领导小组第一时间赶赴涉疫学校，靠前指挥，各工作专班、各学校配合协作、信息共享，快速有序处置疫情。奋战 14 天，坚守岗位，牢牢扛住了校园疫情防控主体责任，有效阻挡了疫情在更大范围传播蔓延。

（2）保障有力，后勤物资充足。及时掌握全县学校防疫物资需求和库存情况，统筹全县教育系统疫情防控物资保障工作，通过联防联控机制，协调疫情防控物资供应，保障食物、饮水、防护用品、消杀物品、车辆等物资满足学校疫情防控工作需要。隔离人员及工作人员提供防护措施、为隔离人员提供营养丰富、菜佳味美的食物。对食品卫生安全严格把关，卡住采购、验收、储存、制作关口，坚持食物试尝留样制度，为疫情防控工作提供坚实支撑。

（3）关心关爱，生活保障到位。想方设法保障好隔离学生生活及学习需求，印发《剑阁县隔离学生关心关爱工作指导意见》，强调"三有"：一是有畅通联系渠道。为隔离学生畅通联系渠道，学生能与家长、老师顺利沟通；线上教学设施设备齐全，教学管理到位、课后反馈到位、心理危机干预到位。二是有活动开展。通过广播宣传、故事推送、音乐欣赏、体育锻炼、感恩教育等活动，丰富隔离人员生活。三是有殷实保障。精心制作食谱、加强食品卫生管理、落实好特异体质学生管理。以实现师生心情好、师生身体好、群众反映好"三好"为目标。

（4）缓解压力，加强心理辅导。按照国家二级心理健康师标准制订《疫情防控心理健康帮扶方案》，心理健康教师实行一对一个辅、"一对多"团辅，建立党员教师"一对多"挂联关爱机制，实现学生心理辅导沟通全覆盖；引导调整隔离师生负面情绪，缓解焦虑情绪，缓解压力，心理老师通过心理问卷调查、电话访查等方式，对隔离学生、老师进行健康监测，开展心理辅导工作，组织隔离学生、家长每天练练健身操跳跳舞，以多种方式宣传心理健康知识，关护师生心理健康。上好特殊时期班会课，加强学生思政工作，增强抗疫信心。教师每天两次以上联系学生，了解情况；让隔离孩子每天一次以上用电话、视频与父母沟通报平安，让父母放心。

（5）主动发布，掌握舆情导向。疫情发生后，县教育局立即印发《给全县家长的一封信》《致全县学生的一封信》，发出倡议，坚定抗疫必胜信心，积极应对，科学防范，维护稳定，传递正能量。直面社会关切，主动与家长学生交流沟通，落实专人答复家长疑问，有效消除其负面情绪和恐慌心理。在县教育局微信公众号开设"同心抗疫，向阳生长"抗疫专栏，普及防护知识，报道疫情防控、居家学习动态，展现出剑阁教育人抗疫葳蕤面貌。

（6）谋划在前，有序返校复课。10 月 24 日起，剑阁县集中隔离师生陆续解除隔离，在县疾控中心出具环境采样阴性评价报告后，县教育局随即召开剑阁县学校疫情防控工作会，安排部署各学校复学复课事宜，按照防疫在前、分层开学、错时错峰总要求，落实学校十点疫情防控举措，10 月 24 日起，县教育局对涉疫学校组织了 187 名志愿者，按照"人员打桩定位"的原则，组织所有隔离师生有序返校，没有出现家长围观、网络舆情等负面消息，其他学校也基本实现安全有效复学复课。10 月 25 日、26 日县教育局机关挂联学校干部奔赴学校，指导并督察学校复学复课、疫情防控相关工作。

第四节　信访维稳

县教育局始终坚持以"以人为本、以情治访"为原则，综合运用政策、法律、行政等手段，采取教育、协商、调解等多种有效方法，注重身心下移，变上访为下访，依法、及时、合理地处理人民群众反映的热点、难点问题，为维护教职员工合法权益和社会稳定做了大量工作。

一、加强领导，落实信访工作责任制

县教育局领导高度重视信访工作，将信访工作列入重要议事日程，纳入工作全局进行重点部署。教育局成立了信访工作领导小组，形成了主要领导负总责，分管领导负直接责任，其他领导"一岗双责"，职能科室直接抓，相关部门配合抓的密切协作、齐抓共管的工作机制。对重大信访事项实行领导首问责任制和领导包案制度。本着"分级负责、归口管理"和"谁主管、谁负责"的原则，信访问题发生在哪个地区，就由哪个地区处理，形成了一级抓一级、一级对一级负责、层层抓落实的信访工作领导责任体系。

坚持领导接待群众来信来访制度。实行局长、校长接待日制度，方便群众来访，及时疏导和化解各类矛盾。设立信访接待室、信访举报电话、信访举报箱和电子邮箱。教育局领导在下基层检查工作中，处理信访问题和案件。同时，倾听群众意见，了解群众意愿，及时为群众排忧解难。教育局大兴调研之风，调查研究，召开座谈会，倾听基层和群众的呼声，减轻学生家长的经济负担，依法规范从政、从教行为，遵循教育规律办事，增加群众对教育的满意度，减少了群众来信、来电、来访。通过征求意见和调查研究，调整了4项政策，既减轻了学生的课业负担，也减轻了家长的经济负担。

二、建立健全信访工作规章制度，推进信访工作制度化、规范化建设

教育局和学校都建立健全信访工作规章制度，确保信访举报工作的各个环节有章可循。建立了首问领导负责制、领导包案制度、岗位责任制、信访接待制度、登记制度、限时办结制度、重大事项快速报告制度，建立了社会矛盾和信访隐患排查档案，坚持定期和不定期深入学校、社区进行明察暗访，及时排查不安定因素。教育系统力求从源头上预防和治理腐败，减少引发投诉的各种因素。为此，教育局注重加强自身建设：一是全面推行政务、校务公开制度；二是建立各种监督制度；三是实行教育内部审计制度；四是实行基建项目招投标制度。这些制度的建立和有效实施，对于从源头上遏制腐败现象和减少投诉的发生都起到了积极的作用。

三、加强政策宣传，提高服务质量，规范信访秩序

县教育局通过板报、校报、电子音像等形式贯彻落实《中共中央、国务院关于进一步加强新时期信访工作的意见》《信访条例》《教育部办公厅关于进一步加强新时期教育信访工作的几点意见》等文件精神。加强教育法律法规的学习，提高信访员队伍及干部、教职员工、学生的法律意识，确保教育系统依法行政、依法执教、依法开展信访工作，努力构建和谐健康的教育环境。

加强政务和校务公开，从源头上预防和减少信访问题。教育局和各级各类学校全面实行政务、校务公开。对学区划分、教育收费、招生考试、评职晋级、评优选先、经费使用、干部任用等热点、难点、敏感问题全面公开。大宗物品实行政府采购，提高资金使用透明度。县教育局在新闻媒体上公布了4项教育社会服务承诺，公布了主要领导、分管领导和具体工作人员联系、监督电话。

转变干部工作作风，提高服务质量和水平。进一步完善局机关各项规章制度20余项，实行服务首问责任制，做到热情周到服务。积极落实学习型、服务型、效能型、创新型、勤廉型"五型"机关创建，实行挂牌服务。对来办事的群众、教师、学生做到主动热情、语言文明、受理认真、答疑耐心、服务周到。减少了信访问题的发生。

四、认真调研，摸清家底

剑阁县教育系统信访矛盾主要表现在四个方面：一是原被辞民办代课教师要求解决养老和经济补偿问题；二是已解决了被辞民办代课教师补偿问题后，被辞的临时代工人员问题接踵而至；三是幼儿代课教师要求落实身份的问题；四是教师职称评定方面的问题。剑阁县原被辞退民办代课教师5 400人，县政府前两年拨资金2 800万元，着力化解教育矛盾，消化教育系统遗留问题。但仍然存在如秀钟的王登洪、张王镇的李文成等人非法越级到省进京上访的现象，给剑阁县的教育发展环境带来了不同程度的负面影响，更是社会长期存在的重大安全隐患之一。为此，县教育局梳理了重点信访维稳对象20人次，其中主要集中在被辞民办代课教师身上，他们领了每年880元的补偿并签了不上访的承诺书后依然不满意，继续上访，甚至串联群访。

五、加大教育行风建设力度，创造廉政、和谐的教育环境，办满意的人民教育

加大教育系统行风建设，提高人民群众对教育的满意度：一是组织保证。成立了教育系统行风建设暨"公民评政"领导小组；建立了教育局领导联系包点学校制度。二是制度保证。印发了《关于进一步加强教育系统行风建设的实施意见》《关于在中小学开展"廉政文化进校园"活动的实施方案》等文件。三是政策保证。及时调整了不利于行风建设的两项地方政策。四是加大检查力度。对全市义务教育阶段中小学春季开学收费情况进行了检查。及时处理各类举报、信访案件。积极创建区级教育规范收费示范县活动。积极打造文明、健康、廉洁、和谐的教育环境

六、依法按政策办事，切实解决教育信访问题

认真解决群众合理诉求，做到了"件件有着落、事事有回音"。对转来的上访信件以及从基层来的上访信件，县教育局按照"属地管理、分级负责，谁主管、谁负责"的原则，将一部分信件转回属地解决处理，同时提出参考意见；对重要问题都派专人到问题发生地，与当事人和举报人进行核查，最后提出处理意见，做到把问题妥善处理在本地区本单位、解决在基层，不把矛盾和问题推给上级。一年多来，接到举报电话8次，交办件13件，教育厅、省信访厅转办3件，一些信访者不了解事情的真相，也不了解当时的政策法规，凭着主观的判断进行信访，提出一些不合理要求。县教育局与信访人员直接对话，讲政策、讲规章制度、讲形势，进行说服教育，积极引导，让信访者真正了解政策，心服口服，满意而归。

七、加大维护稳定工作排查力度，努力化解信访工作的难点和敏感问题

县教育局根据上级维护稳定工作的有关部署，在教育系统内及时开展了不稳定因素排查化解工作。至成稿日，县教育局共召开9次涉及稳定和安全的局务会议进行工作部署；向各中小学（幼儿园）下发共4个涉及稳定和安全的文件；共进行4次综合或专项检查，并将检查结果在全市通报。

八、创新举措，协作联动

（一）加强协作，多方联动，切实做好信访维稳工作

2019年县教育局首先做到对信息的及时了解，将21个重点人员安排相关单位专人盯防。如有异动，及时向上汇报。同时向当地党委、政府、公安报送信息，争取支持达10次。积极实施社会治安整体推动防范工程，开展矛盾纠纷大调解，配合有关部门整治校园周边环境，确保校园平安和

教师队伍稳定。主持和参与涉及教育的矛盾纠纷调解共 16 次，签订调处协议 5 件次。

（二）落实责任，包案稳控

及时发现、及时梳理、及时应对。根据排查出的 21 项问题，以及工作阶段性变化特点，逐案落实包案领导、责任单位和责任人。要求一定要包案到人，尤其是领导和单位责任人，做到点对点、人对人。责任到位、到人。时时沟通，时时应对。在关键节点和重大活动期间更是要求到位、处理到位、奖惩到位。比如在新中国成立 70 周年大庆、全国"两会"期间，由于责任到人、奖惩到位，效果明显。利用周二和周五集中接待日认真做好接访工作，妥善处理上访事件。对来访群众，接待热情周到；对反映的问题，解释耐心细致，处理依规依法。尽力把矛盾化解于基层、消灭在萌芽状态，将负面影响减小到最低程度。全年接待群众来访 156 批次，电话接访 238 余人次。

（三）加强重点人员教育管控

进一步实行重点人员全面摸底排查、动态管理，一个不少地建立台账，及时更新，落实"一对一"盯死看牢，细化重点人员教育管控"一人一策"工作措施。全年建立个人台账 29 人次。坚持关爱、教育、管控相结合，对相关人员 18 人次进行监测研判，及时发现、掌握动向，因人因事施策，确保了实效。

（四）加强信息报送

县教育局持续坚持对重点人员和重点人群进行密切管控，做到对每一个人、每一个群体情况明了、动向清楚、定位准确，对其相关信息实行日报制，有事报事，无事报平安。

（五）确保信访稳定问题只减不增

对涉及稳定问题的处置，综合利用各种有效手段，防止在处置过程中激化矛盾或增加矛盾而增大不稳定风险。对在专项行动中排查梳理出来的重大涉稳问题、突出信访事项和紧急突发事件，根据实际情况，适时召开信访维稳联席会议研究处理，确保各类问题处于可控范围内。2019 年县教育局扎实执行来信来访登记、办理、回复制度，及时完成上级交办的信访件。全年共收到《书记市长信箱》《书记县长信箱》《市教育局局长信箱》《县教育局局长信箱》《网络舆情处置通知书》及国家、省、市、县等各类来信共 270 余件，均按时认真作出调查处理，并按要求书面回复上级有关部门（或领导）和信访人，办结率达 100%。

（六）以人为本，用足政策，多渠道排忧解难

本着尊重事实、依法依规的原则，对确实困难、本人又属于讲道理的人，坚持通过医疗救助、低保救助、民办代课教师政策补偿等多渠道予以及时解决。

（七）严格责任落实

坚持"属地管理"和"谁主管谁负责"的原则，要求各级各类学校"一把手"必须肩负起教育系统平安稳定的第一责任，全力以赴，把维稳安全工作紧紧抓在手上。随时掌握重点人物动态和重点事件的发展情况，并及时采取稳控措施予以妥善处置，防患于未然。

第六章　"创示"工作

第一节　示范学校

　　积极开展示范学校创建工作，促进学校发展，先后推报四川省家庭教育创新实践基地 1 所（龙江小学）、市级文明校园 6 所（江口嘉陵学校、禾丰小学、武连职中、鹤龄小学、王河小学、柳沟小学）、市级心理健康教育示范学校 1 所（木马小学）、市级优秀学生社团 5 个（剑门关高级中学、剑阁中学、剑门关实验学校、白龙小学、剑门关小学）。成功创建市级美丽乡村学校 6 所（高观小学、石城小学、闻溪小学、吼狮小学、碗泉小学、广坪小学）。2020 年 10 月，龙江小学、普安小学、剑阁县职业高级中学成功创建为"省级文明校园"。2022 年龙江小学成功创建为"四川省优质共同体发展领航学校"。2023 年 12 月，新老县城的另外 4 所小学（香江实验学校、剑门关实验学校、普安小学、剑阁县实验学校）也成功创建为"四川省优质共同体发展领航学校"。

第二节　美丽乡村学校

　　为加强农村小规模学校建设和管理，促进义务教育均衡发展，整体提升基础教育教学质量，从 2017 年起，广元市以 100 所"美丽乡村学校"创建为抓手，由点到面促进乡村教育质量提升、内涵发展，激发农村学校内生动力，实现农村学校发展"小而美""小而优"，全域筑牢农村教育根脉。全市已开展 3 批"美丽乡村学校"创建活动，共有 92 所学校被命名为"美丽乡村学校"。

　　按照全市"四好四不让"要求，结合本村适龄儿童就学需求，剑阁县学校采取"保""改""派""补"等措施，不断加强农村基础教育，阻断贫困代际传递，取得了显著成效。"保"：为满足学生就近就读，享受优质公平教育，降低群众教育开支，保留村小建制。"改"：投入资金 100 万元，修建学校，购置设施设备，全面改善了办学条件。"派"：中心校统筹师资力量，选派优秀的学科教师每周送教，解决了音乐、美术等学科教师配套问题。"补"：提高教师艰苦边远补贴标准，并在晋职、晋级、评优活动中适当倾斜。

　　剑阁县有鹤鸣小学、小剑小学、北庙小学、鸯溪小学、高观小学、闻溪小学、禾丰小学、广坪小学、吼狮小学、毛坝小学、抄手小学、石城小学、碗泉小学、柏坝小学被命名为"美丽乡村学校"。

第七章　教育宣传

县教育局非常重视教育宣传工作，以办公室为主，先后创办了工作简报《剑阁教育》，建立多媒体网站"剑阁教育"、微信公众号"剑阁教育"，全方位、多形式宣传报道剑阁教育工作，增加了剑阁教育的知名度，扩大了剑阁教育的影响力，促进了剑阁教育更好地发展。

县教育局于2008年创办《剑阁教育》工作简报，宣传报道教育局工作安排部署、重大活动，以及学校开展的有影响力的各类教育教学活动。由办公室负责统稿、审稿、刊发，每周一期，每期150份，向县委宣传部、教育局领导、各股室、教育督导办、直属学校送发。2014年停办。

《剑阁教育》工作简报停办后，随着网络化进程加快，县教育局于2014年建立了"剑阁教育"媒体网站，版面更完整、内容更丰富。由办公室负责统稿、审稿、刊发，每日更新，全方位宣传报道剑阁教育系统各类活动。因国家规范网站安全管理，要求各县级部门不再设立网站，统一归属到县政府网站，所以，2017年7月"剑阁教育"媒体网站停运。

随着微信的出现和广泛应用，县教育局于2017年6月开始创办"剑阁教育"微信公众号，随后又注册视频号，通过公众号不定时推送、宣传剑阁教育工作，成为剑阁县教育系统重要的宣传平台。

由县教育科学研究室主办的《剑阁教研》，发布剑阁教研的动态及全县教师的教研论文。从20世纪90年代中期创刊以来，累计出版近百期。由县教育科学研究室主办的文学刊物《剑溪桥》出刊四期后停办。

许多有条件的学校也先后注册微信公众号、视频号、抖音号，及时宣传学校的教育教学教研活动，为让教师、学生、家长、社会了解学校起到了很好的作用。到2022年9月，全县教育系统共有各类宣传媒体70个，整顿后保留29个。

全县教育系统利用新媒体，在报刊、广电、网络媒体上对剑阁教育的方方面面做了全方位的宣传报道。2021年发表外宣新闻稿件284件，主要在网络上发布。2022年发表外宣新闻稿件564件，其中主要是网络发布。为此，剑阁县教育局、剑阁职中、白龙中学、正兴小学、演圣小学、普安幼儿园、龙江小学、剑门关实验学校被广元市教育系统表彰为2021—2022年对外宣传工作先进单位，教育局办公室的李敏被表彰为对外宣传先进个人。

第八篇　教师队伍

第一章　干部

剑阁县教育系统干部配备、任职资格、任职条件、管理考核等内容，主要根据下面两个文件来执行：《中共剑阁县委关于进一步加强教育、卫生系统领导班子建设的实施意见》（〔2012〕5号）、《中共剑阁县委办公室关于印发〈剑阁县中小学校领导人员管理暂行办法（试行）〉的通知》（剑委办〔2017〕121号）。

第一节　学校领导职数设置及管理权限

一、中小学内设机构和领导职数设置

中学和九年制学校规模在24个教学班以上的，可设校级领导3名、团委书记1名；规模在30个教学班以上的，可酌情增设校级领导；13~23个教学班的，可设校级领导2~3名、团委书记1名；12个教学班以下的，可设校级领导1~2名。

中学规模在24个教学班以上的，一般设工作机构5个左右；13~23个教学班的，一般设工作机构2~3个，每个工作机构设领导职数1~2名；12个教学班以下的，不设工作机构，只设教务、总务主任各1名。小学规模在24个教学班以上的，可设校级领导3名、少先队辅导员1名；13~23个教学班的，可设校级领导2~3名、少先队辅导员1名；12个教学班以下的，可设校级领导1~2名。

小学规模在30个教学班以上的，一般设工作机构2~3个；24~29个教学班的，一般设工作机构1~2个，每个工作机构可设领导职数1~2名；23个教学班以下的，不设工作机构，可根据工作需要设教务、总务主任各1名。

二、管理权限

中小学校领导人员管理，必须坚持党管干部、党管人才，坚持德才兼备、以德为先，坚持依法依规办事，坚持从严管理监督与激励关怀相结合，同时，要体现中小学教育的基础性、办学的公益性、育人的长效性、岗位的专业性等特点，不简单套用党政领导干部管理模式，公道、公平、公正地对待、评价和使用领导人员，充分调动积极性、主动性、创造性，办好人民满意的教育。

县委管理的学校领导班子成员主要是指党组织书记、校长、副校长、党委副书记、纪委书记（纪检监察员）、工会主席等，其他中小学校领导班子成员主要是指党组织书记、校长、副校长。法律法规对中小学校领导人员管理另有规定的，从其规定。

纳入县委管理的学校领导人员，校长按正科级配备，其他领导职务按副科级配备。

第二节　任职条件和资格

学校领导任职必须具备下列基本条件和基本资格。

（一）基本条件

具有较高的思想政治素质，重视政治理论学习，坚持马克思主义指导思想，坚定共产主义远大理想和中国特色社会主义共同理想，坚持社会主义办学方向，认真贯彻党的教育方针，忠诚党和人民的教育事业，牢固树立政治意识、大局意识、核心意识、看齐意识，在思想上政治上行动上同以习近平同志为核心的党中央保持高度一致。具有胜任岗位职责所必需的专业知识、职业素养和实践经验，熟悉中小学教育工作和相关政策法规，坚持全面实施素质教育的质量观和人才观，了解和掌握中小学生健康成长规律，业界声誉好。具有较强的教育教学管理和组织协调能力，自觉贯彻执行民主集中制，富有改革创新精神，善于规划学校发展、营造育人文化、领导课程教学、引领教师成长、优化内部管理、调适外部环境。具有较强的事业心和责任感，爱岗敬业，乐于奉献，不计名利，甘为人梯，富有教育情怀，能够全身心投入工作，实绩突出。具有良好的品行修养，带头践行社会主义核心价值观，恪守职业道德，立德树人，为人师表，尊师重教，关爱学生，严于律己，廉洁从业。

（二）基本资格

一般应当具有大学专科以上文化程度。其中，中学领导人员应当具有大学本科以上文化程度。一般应当具有一定年限的教育教学工作经历。其中，校长一般应当具有五年以上教育教学工作经历，党组织书记一般应当具有学校党务和行政岗位工作经历。一般应当具有相应的教师资格和已担任中小学一级教师以上专业技术职务。其中，高级中学校长应当已担任中小学高级教师以上专业技术职务。提任学校正职的，一般应当具有两年以上学校副职岗位任职经历或者三年以上学校中层管理工作经历；提任学校副职的，应当具有一定的教育教学管理经验。应当经过任职资格培训并取得合格证书。确因特殊情况在提任前未达到培训要求的，应当在提任后一年内完成。具有正常履行职责的身体条件。符合有关法律法规和行业主管部门规定的其他任职资格要求。边远乡镇的优秀教师直接提任中小学校领导人员，可以根据实际情况适当放宽任职资格，但需事前报县委组织部批准。

第三节　选拔任用及任免权限

选拔任用中小学校领导人员，应当充分发挥组织部门和县教育局党组的领导和把关作用，坚持正确选人用人导向，严格标准条件和程序，按照编制部门或者批准的领导职数和岗位设置方案，精准科学选人用人。

剑阁中学、剑门关高级中学、剑州中学、剑阁职中、白龙中学、开封中学、成教中心的领导人员纳入县委管理，由县委任免，其中校长候选人，在县委常委会研究决定之前，须书面征求市教育局党组意见，其他中层干部由所在学校党组织讨论后报县委组织部，对任职资格及任用程序进行审查，并将优秀人员作为后备干部培养。

其他中小学校领导人员由县教育局党组讨论决定后，报县委组织部对任职资格及任用程序进行备案审查，并将优秀人员作为后备干部培养。

组织部门和县教育局党组按照干部管理权限，根据工作需要和领导班子建设实际提出选拔任用工作启动意见，在综合研判、充分酝酿的基础上形成工作方案，按照民主推荐、考察、讨论决定、任职等有关程序进行。

选拔中小学校领导人员，一般采取学校内部推选、外部选派、竞争上岗、公开选拔（聘）等方式进行。

确定考察对象，应当综合考虑工作需要、人选德才条件、一贯表现、人岗相适和征求意见等情况，防止简单以票或者以分等取人偏向。

在教育教学和管理活动中贯彻执行党的教育方针不力、偏离社会主义办学方向，师德师风存在问题或者有学术不端行为受到查处，有伪造学历学位、奖励证书、档案材料等行为受到责任追究，以及具有其他有关政策规定明确限制情形的，不得作为考察对象。

严格执行考察制度，依据任职资格条件和岗位职责要求，全面了解考察对象的德、能、勤、绩、康表现，着重了解政治品格、作风品行、廉洁自律等情况，深入了解教学教研水平、学校管理能力、师德师风和工作实绩等情况，实事求是、客观准确地作出评价，防止"带病提拔"。

任用中小学校领导人员，区别不同情况实行选任制、委任制、聘任制。

按县委的统一部署，加大对行政领导人员的聘任制推行力度。在条件成熟的中小学校，可以对行政领导人员全部实行聘任制。

实行聘任制的领导人员，以聘任通知、聘书、聘任合同等形式确定聘任关系，所聘职务及相关待遇在聘期内有效。

提任领导人员的，应当在规定范围内进行公示，公示期不少于五个工作日。

提任校长、副校长的，实行任职试用期制度，试用期一般为一年。

第四节　对学校领导的管理

一、任期和任期目标责任

中小学校领导人员，一般应当实行任期制。校长、副校长每个任期一般为三年，注意与中小学学制学段相衔接。党组织领导人员的任期，按照有关规定执行。

领导人员在同一岗位连续任职一般不超过十二年。工作特殊需要的，按照干部管理权限经批准后可以延长任职年限。中小学校领导班子和领导人员一般应当实行任期目标责任制。

领导班子的任期目标，应当贯彻党和国家对基础教育改革发展的要求，体现学校办学规划、课程建设、教学质量、德育建设、教师队伍、管理创新、安全稳定和党的建设等内容，注重打基础、利长远、求实效，具体内容根据学校实际确定。领导人员的任期目标，根据领导班子任期目标和岗位职责确定。

制定领导班子任期目标，应当充分听取学校教职工（代表）大会、学生家长等方面的意见。任期目标由学校领导班子集体研究确定，一般应当经教育主管机关（部门）备案，按照干部管理权限批准，并在校内公布。

二、考核评价

完善体现中小学校特点的领导人员考核评价制度，充分发挥考核的激励和鞭策作用，推动领导人员树立正确业绩观、潜心育人、积极作为、无私奉献。

对中小学校领导班子和领导人员实行年度考核和任期考核。

考核评价应当以任期目标为依据，以日常管理为基础，注重工作实绩和社会效益，注意与中小学教育质量综合评价工作相衔接，防止单纯以学生学业考试成绩和学校升学率评价领导人员的倾向。

坚持党建工作与业务工作同步考核，实行抓党建述职评议考核制度，可以与年度考核等结合进行，重点了解学校党组织履行抓党建主体责任、党组织书记履行抓党建第一责任人职责、领导班子其他成员按"一岗双责"要求履行职责范围内党建责任等情况。党组织副书记作为党建工作具体责任人，要重点抓好党建工作和干部管理工作。副校级领导原则上都必须从事具体教学工作，所从事的行政管理工作可按规定计入工作量，一般每月不超过20课时。

根据中小学校不同规模、类型、学段实际，兼顾城乡差异、办学特色等情况，科学合理确定考核评价指标，积极推进分类考核。注意改进方法，简化程序，提高考核工作质量和效率。

领导班子年度考核和任期考核的评价等次，分为优秀、良好、一般、较差。领导人员年度考核和任期考核的评价等次，分为优秀、合格、基本合格、不合格。

考核评价结果应当以适当方式向领导班子和领导人员反馈，并作为领导班子建设和领导人员选拔任用、培养教育、管理监督、激励约束等的重要依据。

三、职业发展和激励保障

加强中小学校领导人员教育培训，重点加强政治理论、社会主义核心价值观、教育政策法规、教育管理理论和实践、人文社会科学等方面的培训，视不同对象有针对性地开展任职资格培训、提高培训、高级研修和专题培训，着力提高政治素质、管理能力和专业水平。

完善领导人员交流制度，鼓励引导城镇学校、优质学校领导人员到乡村学校、薄弱学校任职。有组织地选派乡村学校、薄弱学校领导人员到城镇学校、优质学校挂职锻炼，或者到校长培训实践基地跟岗学习。

按照省市关于推行中小学校长职级制改革的统一部署，拓宽职业发展空间，促进校长队伍专业化建设。鼓励退出领导岗位的领导人员继续从事教育教学工作，完善相关政策措施，支持其后续职业发展。

完善领导人员收入分配办法，按照国家有关规定，保障和落实工资福利待遇，注重发挥绩效工资的激励作用；实行校长职级制的，可以根据实际情况探索相应的收入分配办法。

领导人员在履行学校管理职责、承担专项重要工作、应对学校突发事件等方面表现突出、作出显著成绩和贡献的，按照有关规定给予表彰奖励。深入推进教育人才工程，启动和继续开展"教育突出贡献奖""名校长""名教师""学术带头人"评选工作，制定科学合理的评选办法，激发全县广大教师热爱家乡、爱岗敬业的热情。

落实党组织统一领导下的中小学校长负责制，保证社会主义办学方向，保障学校办学自主权，支持领导人员依法依规履行职责。倡导教育家办学，鼓励领导人员在实践中大胆探索创新，形成教学特色和办学风格。

加强人文关怀，关心领导人员身心健康，帮助解决实际困难，培育理性平和的健康心态，营造尊师重教的良好氛围。建立容错纠错机制，宽容领导人员在工作中特别是改革创新中的失误，旗帜鲜明地为敢于担当者担当，为敢于负责者负责，正确对待犯错误的领导人员，不得混淆错误性质或者夸大错误程度作出不适当的处理，不得利用其所犯错误泄私愤、打击报复。

四、监督约束

贯彻全面从严治党要求，完善中小学校领导班子和领导人员特别是主要负责人监督约束机制，构建严密有效的监督体系，充分发挥党内监督和外部监督的作用，督促引导领导人员认真履职尽责，依法依规办事，保持清正廉洁。

加强对学校领导班子和领导人员履行政治责任、行使职责权力、加强作风建设等方面的监督，重点监督贯彻执行党的教育方针，坚持社会主义办学方向，加强党的建设，依法依规办学治校，执行民主集中制，落实"三重一大"决策制度，校风学风和师德建设，收入分配，廉洁自律等情况。根据学校层次、规模和发展实际，聚焦突出问题，加大对招生录取、职务（职称）评聘、基建项目、物资采购、财务管理等重点领域和关键环节的监督力度。

县教育局党组及纪检监察机关、组织（人事）部门按照管理权限和职责分工，综合运用考察考核、述职述责述廉、民主生活会、谈心谈话等方式，对中小学校领导班子和领导人员进行监督。

县委巡察办将县委管理的学校纳入巡察范围，其他学校在巡察教育局时要一并巡察、县委组织部要按干部监督"下管一级"的原则，加强对学校选人用人工作进行专项检查，充分发挥学校党组织和党员的监督作用，党员领导人员应当以党员身份参加所在党支部或者党小组的组织生活，坚持民主生活会、组织生活会和民主评议党员制度，开展严肃认真的党内政治生活，营造党内民主监督环境。

完善学校内部治理结构和内控机制，实行权力清单制度，明确权力运行程序、规则和权责关系，公开权力运行过程和结果，健全不当用权问责机制。推进校务公开，注意发挥教职工（代表）大会、家长委员会等组织在学校民主管理方面的作用，畅通师生员工参与讨论学校事务的途径，拓宽表达意见的渠道。

领导人员应当正确对待监督，主动接受监督，习惯在监督下开展工作，自觉检查和及时纠正存在的问题。

五、退出

完善中小学校领导人员退出机制，促进领导人员能上能下、能进能出，增强队伍生机活力。领导人员达到退休任职年龄界限的，应当按照有关规定办理免职（退休）手续。因工作需要而延迟免职（退休）的，应当按照干部管理权限报批。

领导人员因健康原因，无法正常履行工作职责一年以上的，应当对其工作岗位进行调整。领导人员因德、能、勤、绩、廉与所任职务要求不符，具有下列情形之一，被认定为不适宜担任现职的应当按照有关规定予以组织调整或者组织处理：

贯彻执行党的教育方针、上级党组织指示和决定不及时、不得力的；存在失德行为，或者有其他违背社会公德、职业道德、家庭伦理道德行为，造成不良影响的；年度考核、任期考核被确定为不合格，或者连续两年年度考核被确定为基本合格的；存在其他问题需要调整或者处理的。

领导人员违纪违法的，按照有关法律法规和规定处理。实行领导人员辞职制度，辞职程序参照有关规定执行。

六、交流

近几年剑阁县为了实现教育的整体发展和均衡发展，实现人才资源的合理配置，切实加强了校长的交流工作，鼓励优秀校长到薄弱学校任职。近几年高中学校有3名校长、10名副校长交流，初中学校有7名校长、7名副校长交流，小学有25名校长、11名副校长交流，九年一贯制学校有8名校长、7名副校长交流。这项工作有力地推进了剑阁教育和学校的发展。

第五节　干部培训

按照剑阁县教育系统对干部管理的相关规定，所有新任命的干部都要接受不同层次的培训。新任校长必须进行岗前培训，并且每届必须接受累计不少于150学时的提高培训，并取得"提高培训合格证书"，作为续聘的必备条件。近几年剑阁县新任校长的岗前培训达到100%，正职校长提高培训达到76%，副校长提高培训达到29%，高级研修培训正职校长达到8.8%。

所有新任的中层正（副）职，要参加县教师培训中心或别的相关单位组织的干部培训。如：

2016年10月13日—16日，在县教师培训中心开展了为期4天的中小学教科室主任培训，全县93名中小学教科室主任参加。

2016年10月27日—30日，在县教师培训中心开展了为期4天的中小学教务主任培训，全县97名中小学教务主任参加培训。

2016年11月25日—27日，在县教师培训中心开展了为期3天的中小学政教、体卫艺主任培训，全县95名中小学政教主任、体卫艺主任参加。

2016年12月9日—11日，在县教师培训中心开展了为期3天的中小学总务、办公室主任培训，全县68名中小学总务主任、办公室主任参加。

2017年8月6日—10日，在县教师培训中心开展了为期5天的全县中小学校长培训，全县82名中小学校长参加。

2018年7月16日—18日，在县成教中心举办中小学教科室主任（含学时审核登记员）培训班，113人参加。

2018年8月22日—25日，在县教师培训中心举办2018年剑阁县教育系统后备干部人才暨新任校长培训班，共计192人参培。

2020年8月22日—26日，在县教师培训中心举办全县中小学党组织书记培训班。103名党组织书记、85名德育主任、80名党务工作者、94名后备干部参加培训，合计362人。

2023年7月10日—13日，在县教师培训中心开展剑阁县2023年中小学、幼儿园副校级及以上管理干部培训，120余人参加。

2023年7月13日—15日，开展剑阁县2023年中小学团队干部培训，100余人参加。

第二章 教师

第一节 教师队伍基本情况

2008 年底，全县教育系统共有正式职工 5 173 人，其中干部 4 929 人、工人 244 人。有退休人员 1 716 人，其中退休职工 1 686 人、退养民师 30 人。有临代人员 312 人，其中代课教师 104 人、代工 122 人、幼儿教师 86 人。

2009 年春季，剑阁县中小学教师共有 5 041 人，其中县镇 1 632 人、农村 3 409 人，高中（含职高）1 101 人、初中 1 560 人、小学 2 380 人。2009 年春季，剑阁县教育系统有临代人员 302 人，其中代课教师（含幼儿教师）9 人、代工 123 人。产生代课教师的原因有：一是部分学校空编；二是有的学校虽不空编，但学科不配套（主要是英语）；三是全县工人只有 244 人，学生食堂人员、学生公寓相关人员及门卫大多是聘请的临时工；四是农村中小学幼儿园无编制，又未与学校脱钩，幼儿教师都属聘请。代课教师中具有本科学历的 13 人、专科学历的 56 人、高中（含中专、幼师）学历的 97 人、初中学历的 13 人，学历达标率在 85% 以上，大部分是近几年毕业的大专生和通过函授学习、自考取得学历的，接受过专业培训或专业对口的代课教师占 70% 以上。

2009 年底，有正式职工 4 978 人，其中干部 4 741 人、工人 237 人。有退休人员 1 839 人，其中退休职工 1 809 人、退休教师 30 人。有临代人员 321 人，其中代课教师（含幼儿教师）196 人、代工 125 人。

教师学历结构为：研究生 14 人，占全县教师的比例约为 0.3%；本科 2 081 人，占全县教师的比例约为 43.9%；专科 1 703 人，占全县教师的比例约为 35.9%；中专 930 人，占全县教师的比例约为 19.6%，高中及以上 13 人，占全县教师的比例约为 0.3%。

干部职称结构为：高级 305 人、中级 1 897 人、初级 2 501 人。年龄结构为：35 岁及以下的教师 1 574 人，工人 63 人；36~40 岁的教师 795 人、工人 36 人；41~45 岁的教师 769 人、工人 43 人；46~50 岁的教师 508 人、工人 32 人；51~54 岁的教师 994 人、工人 33 人；55 岁以上的教师 428 人、工人 30 人。性别结构为：男职工 3 112 人，约占教职工总数的 65.6%，女职工 1 629 人，约占教职工总数的 34.4%。教师中，中共党员 1 251 人，占全县教师的比例约为 25.1%；工人中，中共党员 40 人，约占全县教育系统工人总数的 16.9%。

2010 年，全县教育系统教师基本情况为：专业教师 4 699 人，其中研究生（含研修班人数）37 人、本科 2 392 人、专科 1 499 人、中师 771 人；有高级职称的 394 人，占全县教师的比例为 8.4%，有中级职称的 1 799 人，占全县教师的比例为 38.3%；全县拥有高中教师资格证的 1 010 人，初中教师资格证的 1 600 人，小学教师资格证的 2 025 人。

在师资配置上，基本能满足各学科教学需要，但最紧缺的学科教师是地理、英语、物理、化学、历史及小学综合课、艺体课教师。按新课程改革的要求，现任教师的知识结构和能力基本能满足需要，不能适应新课程要求的教师占 30% 以上，主要是农村小学教师。主要表现为：教学设备设施距新课程要求差距较大；部分教师因年龄偏大对新课程不能适应、对新理念不能接受、对新方法不能使用，业务知识较差；部分转学任教的教师原本合格的，但到新任学科后又为不合格教师；部分教师专业水平不高。

为解决这一系列问题，教育行政主管部门采取了一系列措施：加大教师培训力度，由县、区组织各学科教师进行专业知识培训；送部分骨干教师参加省、市组织的教育教学培训班学习；加大校本教研力度，以学校为单位组织各学校教师统一学习提高；加强区域学习共同体的研究，每年教育局组织两次大型的区域学科视导、交流活动；市、县师培中心组织省、市骨干教师送教到县、到校；组织教师参加学科技能大赛，每年进行一次；严格教师技能过关考试评价；增强学校教育教学管理的科学性。

就县镇和农村教师队伍年龄结构而言，高中、初中和县镇小学比较合理，主要是农村小学教师年龄结构偏大，年龄为45岁左右，有的小学平均年龄达50多岁。性别结构比较合理，女职工占全县教职工数的33.89%。主要原因是：①农村小学教师大多数都是20世纪80年代末及90年代民转公的，年龄结构老化；②近几年当地中师停办，师资空缺又得不到及时的补充；③引进招录的大专生不愿长期在农村任教。

剑阁县农村义务教育教师队伍主要由县教育主管部门管理。教师的招聘主要由县教育主管部门和人事部门共同负责。

第二节　编制

一、编制标准及编制变化

根据川府办发电〔2002〕46号文件规定，高中县镇以师生比1:13～1:16、农村以师生比1:3.5～1:17.5核定教职工编制。因此，在2010年前，剑阁县按县镇高中1:16、农村高中1:17的比例核定编制。2010年秋季以后，根据川教〔2010〕87号文件规定，中小学编制实行城乡学校统一标准。编制调整时普通高中（含职高）均按1:15的师生比进行核定。

剑阁县机构编制委员会（剑编发〔2007〕16号、剑编发〔2008〕54号）将编制数全部分解到学校，县编制部门、教育主管部门未预留编制。

根据生源变化、学校布局调整、班额大小调整等实际情况，对中小学编制应实行动态管理，最多两年调整一次。对农村中小学，尤其是小学的编制标准应做适当调整，尽量保持原有编制不变或逐年减少编制，确保农村中小学教师队伍相对稳定。

根据《剑阁县机构编制委员会关于调整核定剑阁县中小学教职工编制的通知》（剑编发〔2008〕16号及剑编发〔2008〕54号）文件，2011年秋季，全县89所中小学（含职业中学）中，有38所学校空编，空编人数达342人。全县中小学有10多所学校超编，超编学校主要分布在新老县城及原区所在地学校，空编学校主要分布在农村边远山区学校以及部分单设中学。

空编的主要原因是：农村中小学师资减员得不到及时补充；农村边远山区学校教师交通不便，就医困难，生活艰苦，难以留住人；农村小学教师评职难（主要是职称结构比例偏低）；教师外流，主要是有的教师在编不在岗，在外应聘又未能办理相关手续的，仅2006年辞职、辞退的就有49人；在职死亡每年都在10人以上。

2011年9月，剑阁县中小学校机构编制人数为5 383人，其中，普高编制为976人，职高编制为305人，初中编制为1 670人，小学编制为2 432人。实有人数为5 005人，其中普高为861人，职高为249人，初中为1 556人，小学为2 339人。各类学校实有人数比编制数少了378人。

根据中央编办、教育部、财政部《关于统一城乡中小学教职工编制标准的通知》（中央编办发

〔2014〕72 号）精神，县委编办会同县教育局研究决定，2016 年 3 月，动态调整全县中小学校教职工编制。

根据 2015 年秋季学生情况、实有教职工人数和财政支付能力，按照教职工与学生的比例和教职工与班级的比例相结合的方式，重新核定全县中小学教职工事业编制 4 537 名（不含幼儿园、成教中心、职业中学），预留编制 30 名，用于引入高层次人才。

根据教育事业发展规划，按照各中小学布局调整需要，要利用好重新核定编制契机，切实做好中小学教职工队伍结构调整。一是在全县范围内统筹中小学教师资源，确保基本开齐开足国家规定课程，特别是体育、音乐、美术、科学技术等课程，以保障基础教育发展需要和素质教育全面实施。二是采取有效措施控制职工队伍总量增长，要通过将超编人员调剂缺编学校或安排到缺编学校支教等方式，逐步分流超编教职工，不得出现新的超编人员，不得计划外用工，中小学不得超编聘用人员。三是根据生源增减变化情况，积极提出动态调整编制建议。四是推进教职工编制及人员的规范化、制度化管理，严格机构编制"三个一"的审批制度，落实编制"实名制"管理办法，完善财政供养人员监督制约长效机制：其一，对已经核定的中小学教职工编制，任何部门和单位不得占用或变相占用，要严格按照核定的教职工编制数，科学设置岗位，合理配备教职工；其二，严肃机构编制纪律，切实做好在编不在岗（吃空饷）人员的清理和编制核销报批工作。

二、各层次学校教师在编在岗情况

（一）高中

2014 年全县普通高中有教职工 1 222 人。其中有专任教师 814 人，专任教师中本科及以上学历的 807 人、专科学历的 7 人，拥有中级职称的 306 人、副高及以上的 173 人。

2015 年有专任教师 833 人，增加 19 人，增加比例为 2.33%。高中专任教师研究生以上学历较 2014 年增加 1 人，共计 7 人。

2014 年剑阁县普通高中学校专任教师中有高级职称的 479 人，2015 年学年报表统计 509 人，较上一年增加 30 人，增长 6.26%，是学校内部工作调整和部分教师新晋职称所致。

2014 年全县有职业高中教职工 319 人，其中专任教师 260 人；专任教师中本科及以上学历的 235 人、专科学历的 25 人，拥有中级职称的 99 人、副高及以上的 69 人。

（二）初中

2014 年全县有初中教职工 1 405 人，其中专任教师 1 375 人；专任教师中本科及以上学历的 811 人、专科学历的 245 人，本科以上学历专任教师比例为 58.98%；拥有中级职称的 406 人、副高及以上的 136 人。

2015 年专任教师人数比 2014 年减少 63 人，减少率为 4.58%。原因是 2015 年高完中学校内部工作调整和初中学校退休人员增多、新进人员少。

2015 年专任教师中本科及以上学历人数比 2014 年减少 15 人，减少率为 1.85%。初中专任教师中高级职称人数比 2014 年减少 10 人，减少率为 7.35%。原因是高完中专任教师取得本科以上学历后从初中部调整到高中部任教。

（三）小学

2014 年全县有小学教职工 1 987 人，其中专任教师 1 921 人（包括九年一贯制学校小学教师 303 人）；专任教师中本科及以上学历的 577 人、专科学历的 1 256 人，专科及以上学历专任教师的比例为 81.4%；拥有中级职称的 933 人、副高及以上的 76 人。

2015 年小学专任教师比 2014 年减少 27 人，减少率为 1.2%。原因主要是近几年退休教师多，新进教师少。小学专任教师专科以上学历教师增加 65 人，增加率为 3.54%。主要是新招考教师学历都达标。

（四）幼儿园

2014年全县从事学前教育工作的教职工有341人，其中专任教师247人，占比为72%，其余为园长、保健保育员及其他人员，专任教师中高中及以上学历的占60%。

2015年专任教师人数比2014年减少27人，减少率为10.93%，原因是11所民办园停办，教师被解聘。2015年专任教师专科及以上学历人数比2014年减少11人，减少率为7.48%。原因是11所民办园停办，教师被解聘。

2014年全县有特殊教育教职工15人，其中专任教师14人；专任教师中本科及以上学历的10人、专科学历的4人，拥有中级职称的8人、副高及以上的0人。

实施义务教育均衡发展以前，乡村偏远学校的教职工缺编情况较严重，而县城学校教职工超编情况时有发生。义务教育均衡发展期间及验收后，这种情况基本消除，但仍然有两个问题不容忽视：一是部分学校结构性缺编（教职工人数是达标了，但学校结构不合理）；二是借调到县教育局、其他县级部门的教职工及全县十二个教育督导办的工作人员，都占着某一个学校的编，但人又没有在本单位上班，这在一定程度上影响到学校的工作安排。

表8-1 剑阁县中小学教职工编制核定表（2016年3月）

序号	学校	标配编制数	序号	学校	标配编制数	序号	学校	标配编制数
1	剑阁中学	385	33	剑阁县锦屏小学	30	65	剑阁县白龙小学	120
2	剑州中学	230	34	剑阁县张王小学	37	66	剑阁县摇铃小学	16
3	剑门关高级中学	297	35	香江国际学校	72	67	剑阁县店子小学	23
4	剑阁县开封中学	140	36	剑门关实验学校	60	68	剑阁县杨村小学	43
5	剑阁县白龙中学	131	37	剑阁县实验学校	92	69	剑阁县鹤龄小学	85
6	剑阁县文峰中学	100	38	特殊教育学校	38	70	剑阁县莺溪小学	17
7	剑阁县普安中学	96	39	剑阁县普安小学	99	71	剑阁县石城小学	18
8	剑阁县龙源中学	44	40	剑阁县龙源小学	45	72	剑阁县樵店小学	19
9	剑阁县柳沟中学	37	41	剑阁县闻溪小学	19	73	剑阁县江口小学	45
10	剑阁县东宝中学	30	42	剑阁县南禅小学	36	74	剑阁县木马小学	40
11	剑阁县元山中学	50	43	剑阁县鹤鸣小学	14	75	剑阁县高观小学	25
12	剑阁县鹤龄中学	75	44	剑阁县江石小学	16	76	剑阁县柏垭小学	21
13	剑阁县杨村中学	29	45	剑阁县城北小学	18	77	剑阁县香沉小学	34
14	剑阁县江口中学	26	46	剑阁县北庙小学	20	78	剑阁县公兴小学	80
15	剑阁县木马中学	35	47	剑阁县西庙小学	24	79	剑阁县吼狮小学	17
16	剑阁县公兴中学	75	48	剑阁县垂泉小学	13	80	剑阁县圈龙小学	25
17	剑阁县香沉中学	16	49	剑阁县毛坝小学	18	81	剑阁县金仙小学	25
18	剑阁县剑门中学	84	50	剑阁县柳沟小学	40	82	剑阁县涂山小学	37
19	剑阁县汉阳中学	39	51	剑阁县东宝小学	40	83	剑阁县长岭小学	20
20	剑阁县田家小学	38	52	剑阁县正兴小学	15	84	剑阁县剑门关小学	80
21	剑阁县盐店小学	44	53	剑阁县武连小学	45	85	剑阁县汉阳小学	42
22	剑阁县抄手小学	40	54	剑阁县开封小学	74	86	剑阁县小剑小学	14
23	剑阁县柳垭小学	37	55	剑阁县国光小学	16	87	剑阁县龙江小学	165

表8-1（续）

序号	学校	标配编制数	序号	学校	标配编制数	序号	学校	标配编制数
24	剑阁县姚家小学	51	56	剑阁县迎水小学	23	88	剑阁县上寺小学	22
25	剑阁县凉山小学	30	57	剑阁县碗泉小学	14	89	剑阁县普广小学	15
26	剑阁县义兴小学	33	58	剑阁县元山小学	70	90	合计	4 537
27	剑阁县马灯小学	22	59	剑阁县公店小学	18			
28	剑阁县秀钟小学	29	60	剑阁县时古小学	15			
29	剑阁县高池小学	33	61	剑阁县柘坝小学	16			
30	剑阁县演圣小学	40	62	剑阁县碑垭小学	20			
31	剑阁县王河小学	40	63	剑阁县禾丰小学	21			
32	剑阁县羊岭小学	33	64	剑阁县广坪小学	22			

第三节 教师来源

剑阁县教师的来源有五个：面向社会公开招聘，特岗招聘，公费师范生，组织部引进的高层次人才，特岗转正。公开招聘和特岗教师，都须经过笔试和面试，按招聘计划，择优录用。特岗教师服务三年后，考核合格，愿意继续当教师的，则自动转为在编教师；如不愿当教师的，则特岗服务自动结束教师工作，今后在招考时，享受国家相关政策加分。公费师范生，不参加考试，按公费师范生的相关合同执行。组织部引进的高层次人才，由县委组织部根据相关政策、引进计划，到相关高校考核引进。引进的高层次人才中，绝大多数都是硕士研究生学历，很少一部分是紧缺专业的本科生。

表 8-2 2013—2023 年教师招聘情况统计表

年份	公招	组织部引进	特岗新招	公费师范	特岗转正	合计
2013	95	0	131	0	35	261
2014	87	0	98	0	23	208
2015	86	0	91	0	62	239
2016	10	0	93	1	121	225
2017	71	4	69	8	92	244
2018	205	2	52	7	79	345
2019	248	0	55	4	68	375
2020	135	15	0	12	55	217
2021	46	12	59	15	45	177
2022	69	11	47	5	46	178
2023	81	6	69	19	0	175
总计	1 133	50	764	71	626	2 644

第四节 聘用

一、岗位设置

根据《四川省事业单位岗位设置管理实施意见》川办发〔2008〕19号文件规定，实施对象为全县教育主管部门管理的各级各类学校、直属事业单位在编在职（在聘）的正式教职工。事业单位岗位分为管理岗位、专业技术岗位和工勤技能岗位三种类别。管理岗位是指担负领导职责或者管理任务的工作岗位。专业技术岗位是指从事本专业技术工作、具有相应专业技术水平和能力要求的工作岗位。工勤技能岗位是指承担技能工作和维护、后勤保障、服务等职责的工作岗位。各级各类学校（单位）的教师岗位是专业技术的主体岗位，中学（初中、高中、职中）、小学、幼儿园教师岗位占岗位总量的比例分别为85%、90%、88%。

岗位设置要求：①学校规格、管理岗位的最高等级、各等级的数量和结构比例根据事业单位的规格、规模和隶属关系，按照干部人事管理有关规定和权限确定。②为统筹城乡教育，促进教育均衡发展，全县教育系统各级各类学校原则上均按川人发1074号文件行业规定就高不就低，结合实际情况科学合理设置专业技术高级、中级岗位。教师高级岗位五至七级之间的结构比例为2：4：4，中级岗位八到十级之间的结构比例为3：4：3，初级岗位十一级、十二级之间的比例为5：5。工勤技术岗位的最高等级（一、二、三级）结构比例，按照岗位等级规范、技能水平和工作需要确定，总体不超过25%（其中一级、二级不超过5%）。

各单位在首次进行岗位设置和岗位聘用时，现有与之建立人事关系的在编在职的正式工作人员的结构比例已经超过核准的岗位结构比例的，应通过自然减员、调出、低聘或解聘的办法，逐步达到规定的结构比例；尚未达到核准的岗位结构比例的，要严格控制岗位聘用数量，根据教育事业发展要求和人员队伍状况等情况逐年、逐步到位。

三类人员岗位等级的基本任职条件：遵守宪法和法律法规，执行党的方针、政策；具有良好的师德修养和品行；具有岗位所需的专业能力或者技能条件；具有适应岗位要求的身体条件；具有相应教师资格证，不具备相应教师资格证的进入同一类岗位最低档。

岗位任职年限：

高级岗位五级任职年限4年；高级岗位六级任职年限2年；高级岗位七级，已评聘了中学高级教师专业技术职务。

中级岗位八级任职年限4年；中级岗位九级任职年限2年；中级岗位十级，已评聘了中级教师专业技术职务。

初级岗位十一级任职年限2年；初级岗位十二级，已评聘了初级教师专业技术职务。

学校教职工首先应符合上述基本条件，再按量化考核评分。

凡参加岗位设置的人员，按照本单位实施细则，教职工个人书面申请并准备相关材料交本单位领导小组，各单位及学校根据实施方案，对每个人的有关材料进行认真审核，并量化打分，审核结果和量化结果经公示无异议后，再按岗位设置对号入座。岗位设置最终结果，必须经集体研究并公示无异议后才能实施。

岗位设置方案经相关部门审核后，按照"按需设岗、竞聘上岗、按岗聘用、合同管理"原则，确定具体岗位，明确岗位等级，聘用工作人员，签订聘用合同。教师高等级岗位聘用，应向优秀教师、优秀班主任和骨干教师倾斜。

义务教育学校专业技术人员不同等级基本任职条件量化考核评分标准

1. 职业道德（5分）

按《四川省中小学教师职业道德考核测评标准》《四川省教师八不准》《剑阁县教师十不准》考核，对严重违反教师职业道德、影响极坏的，对从事有偿家教和第二职业的实行一票否决。职业道德考核为零分的，直接进入该类岗位最低档，情节严重的，不予聘任。

2. 任职年限（20分）

每年1分，最高不超过20分。

3. 教龄（30分）

每年0.8分，最高不超过30分。

4. 教学业绩（30分）

（1）近三年教学业绩考核（21分）

（2）近三年年度考核（3分）

优秀级1分/次，称职级0.5分/次。

（3）教育教学科研成果（论文、论著）（2分）

课题主研人员2分，参研人员1分；论文（本专业本学科）国家级2分、省级1.3分、市级1分、县级0.5分累计记分，不超过2分。

（4）公开课、观摩课、优质课获奖（2分）

省、市级2分，县级1.5分，区级1分，累计记分不超过2分。

（5）优秀教师、优秀教育工作者、骨干教师、模范班主任（2分）

国家级2分，省级1.5分，市级1分，县级0.5分，累计记分不超过2分。

5. 履行岗位职责（10分）

（1）工作量6分；（2）出勤4分。

6. 学历（4分）

硕士4分，本科3分，专科2分，中师1分。

7. 政治学习、业务学习、继续教育（3分）

8. 进入本单位（校）时间（3分）

每年0.5分，最高不得超过3分。

学校管理岗位、工勤技能岗位参照执行。高完中、职业中学、成教中心根据本单位实际参照制定考核实施细则。

二、岗位聘用管理

2009年12月，剑阁县教育局根据国家有关法律法规和《四川省事业单位人员聘用制管理试行办法》，制定《剑阁县学校教师聘用制管理试行办法》。

教师聘用制是学校与教师按照"平等自愿、协商一致"的原则，通过签订聘用合同，以法律的形式确定学校与教师个人的工作关系，明确双方的权利、责任、义务的一种人事管理制度，通过实行聘用制，转换学校用人机制，实现学校人事管理由身份管理向岗位管理转变，由行政任用关系向平等协商的聘用关系转变。

在编制限额内，学校根据有关规定，科学合理地设置专业技术和管理岗位，确定专业技术人员、管理人员和工勤人员的结构比例，制定岗位职责和考核办法，实行竞争聘用上岗。

应聘的教师应具备以下基本条件：具备相应的教师资格，热爱教育事业；具有良好的职业道德，为人师表；具有拟聘岗位所要求的文化程度、专业知识、管理水平和工作能力；身体健康，能履行相应的岗位职责。

教师聘用程序如下：成立教师聘用工作组织，制订聘用工作方案，聘用工作组织由学校党政领导、有关处室、工会负责人及教师代表组成。教师的聘用、考核、续聘、解聘等事项由聘用工作组织提出意见，经学校行政集体讨论决定。聘用工作方案应经教职工代表大会通过，未建立教职工代表大会的，应经职工大会或者工会通过。学校制订的聘用工作方案应报教育行政主管部门批准同意后实施，同级政府人事、行政部门应加强监督。公布聘用岗位、岗位职责、聘用条件、聘用待遇、聘期和聘用办法。学校教师选择相应岗位。教师聘用工作组织根据设置的岗位和要求，对应聘人员进行考试或考核，择优确定拟聘人选，公示拟聘结果。学校行政集体讨论决定受聘人选，公布聘用结果。签订《聘用合同书》。办理聘用手续。

男、女教师享有平等应聘的权利；在同等条件下，应当优先聘用本校教师。各级学校不得突破本校编制数聘请教师或各种临代人员，已聘教师到其他学校应聘时，应征得原学校的同意，依法终止或者解除与原学校的聘用合同。

学校中层干部以下的管理人员可由校长直接聘用，也可由校长授权实行逐级聘用。

聘用合同由教师本人与聘用学校校长或校长书面委托的代理人签订，聘用合同要明确双方的责任、权利和义务。聘用合同不得与国家法律法规相抵触。聘用合同一经签订，即具有法律约束力。签订聘用合同时，不得以任何形式收取抵押金或其他财物。

长期聘用适用于中小学特级教师及省、市、县中小学学科带头人等骨干教师。长期聘用的期限不得超过国家法定退休年限。连续工龄已满25年，或者在本校连续工作已满10年且年龄距法定退休年龄不足10年的受聘教师，本人提出也可订立长期聘用合同。

已聘教师的试用期、法定假期、婚丧假、产假、病假等，其时间按照国家有关规定计入聘用期。

聘用合同应具备以下条款：工作内容；工作条件和工作纪律；工作报酬及其他福利待遇；聘用合同期限；聘用合同变更、终止、解除、续订的条件；违反聘用合同应承担的责任；当事人协商约定的其他内容。

受聘教师的待遇：受聘教师的工作时间、休假、工资、医疗、培训和继续教育、退休退职、社会保险和福利待遇等，按照有关法律、法规、规章和政策规定执行。

受聘者因病因事必须履行请假手续。教职工请假，1个月以内由校长审批，1个月以上6个月以内由教办审批，6个月以上由县教育局审批。请病假1个月以上者，须出具县级或县级以上医院证明和住院手续，假期期满要按时上班，办理销假手续；如需继续请假，要办理续假手续。对无正当理由不办理续假手续而无故超假的，单位应督促本人及时返回工作岗位，如本人坚持不回工作岗位，从超假之日起按旷工考勤，并扣发工资。超过3个月的，按自动离职处理。病假的工资待遇按川人工〔1994〕38号文件执行。在2个月以内的，固定工资部分全额发给；病假超过2个月不满6个月的，从第3个月起，工作年限不满10年的，固定工资部分按90%计发，工作年限满10年的，固定工资部分全额发给；病假超过6个月的，从第7个月起工作年限不满10年的，固定工资部分按70%计发，工作年限满10年的，固定工资部分按80%计发。病假期间应按一定比例发给工资构成中活的部分（即津贴），计发标准由各单位根据本单位实际情况确定。

受聘教师依法享有婚假、丧假、产假和探亲假的权利。具体分别按照国家、省、市相关文件执行。婚假、探亲假提倡安排在法定节假日和寒暑假期间。

严格控制事假。事假（婚、丧假除外）一般不超过1个月。1周以上半月以内的，扣除本月工资的10%；半月以上1月以内的，扣除当月工资的20%；1月以上扣发工资的10%，累计40天的，加扣1个月工资。1年内因病、因事连续或累计请假超过6个月的，年度考核不定等次，不评定职称。职工在外地的亲属死亡，需要职工本人前去料理丧事的，可根据路程远近，给予适当的假期，假期内工资照发。

出现下列情况之一，解除聘用合同：本人申请辞职获批准的；被撤销或者丧失教师资格的；停课、旷课，不服从组织安排，搬弄是非，破坏团结，酗酒闹事，参与赌博等影响恶劣的；故意不完成教学任务，或未经组织批准擅自兼职，给教育教学工作造成损失的；加强卫生、安全教育不力，严重失职，对聘用学校利益造成重大损害的；连续两年考核不合格的；旷工或者无正当理由逾期不归连续超过 10 个工作日，或者一年累计超过 20 个工作日的；未经批准参加各类学校脱产学习或者派出学习逾期不归的；有违法犯罪行为，被司法机关追究其法律责任的。

受聘教师有下列情况之一的，不得提出解除聘用合同：担任省级以上教学科研项目的负责人或项目组成人员，工作任务尚未完成，或辞聘后对工作可能造成损失的；在服务期内的大专院校毕业生；正在接受审查尚未作出结论或者结案的；法律，法规和政策规定不得解除合同的；与学校另有协议的。合同期内，受聘教师不得提出调动。

聘用合同终止后不再续订或者解除后，聘用学校应当在 30 日内出具终止或者解除聘用合同证明书，并办理有关手续。被终止或者解除聘用合同的教师的人事关系应当转教育行政主管部门或者委托政府人事行政部门所属人才交流服务机构代理。

受聘教师违法解除聘用合同，给学校造成经济损失的，应当承担赔偿责任。学校出资引进或者培训的受聘教师，聘用双方应当根据实际情况约定引进或者培训后的工作服务年限及违约责任。没有约定的，受聘教师培训后，工作服务未满 5 年，本人单方终止合同，应当按每年递减 20% 的引进费或者培训费向学校支付违约金。试用期间，聘用单位解除聘用合同，受聘教师不承担引进或培训违约金。学校未出资引进或者培训的受聘教师，学校解除聘用合同，不得要求教师承担引进或者培训违约金。

聘用工作必须严格按照国家有关规定进行。任何单位和个人不得干扰聘用工作。聘用学校负责人不得利用聘用工作打击报复教师，违者按《中华人民共和国教师法》第三十七条的规定追究责任；被解聘人员不得无理取闹，干扰学校工作秩序，违者按《治安管理处罚条例》的有关规定处理。

学校应当建立健全教师考核制度，对受聘教师的思想政治表现、职业道德、业务水平、工作成绩、继续教育等方面进行客观、公正的考核。考核结果分为优秀、合格、基本合格、不合格 4 个等次，作为增资、晋职、续聘、解聘、辞退的主要依据。

实行聘用制的学校，其原有的固定制教师，工作年限满 30 年的，或者男年满 55 周岁（其中工人年满 50 周岁）、女年满 50 周岁（其中工人年满 45 周岁），且工作年限满 20 年的，确因身体有病，不能胜任教育教学工作，且由教育行政主管部门统一组织体检后，符合条件的，本人申请，经学校同意，教育行政主管部门批准，可以在学校内部离岗待退；离岗待退期间，享受国家规定的基本工资、调资和社会保险等福利待遇。达到法定退休年龄，再按国家有关规定办理退休手续。

教师达到法定退休年龄应及时办理退休手续、工资、住房、医疗保险等待遇，按照国家有关退休或养老保险的规定执行。

剑阁县教师的人事管理，提倡县管校聘。但该项工作仅仅是提倡。在操作层面还有许多的问题存在。但在新教师入职时，都与教育局签订了相关的合同。

第五节　支教

一、支教对象

（一）支教学校

剑阁中学、剑阁职中、剑州中学、剑门关高中、文峰中学、普安中学、普安小学、实验学校、龙江小学、南禅小学、普安幼儿园。

（二）支教教师

支教学校的一线教师（校长除外），可采用个人申报或学校根据派遣计划安排等方式确定支教教师，派遣数量按上级下达的指标结合剑阁县实际情况确定。

（三）受援学校

除支教对象以外的全县各级各类学校，由教科局根据缺编缺科情况确定。

二、支教教师职责

（1）在受援学校须全职支教一年及以上。

（2）必须遵守受援学校的规章制度，服从工作安排，按时上岗，履行职责，足额完成教育教学任务。

（3）积极参加教研活动，指导一个课题研究或指导开展教研组活动，充分发挥示范引领作用。

（4）每月上好 1~2 节示范课或公开课，每学期撰写 1 篇支教工作总结或心得体会。

（5）结对 1~3 位受援学校教师，每学期听课不得少于 20 节。

三、支教教师待遇

根据《广元市边远贫困地区和革命老区人才支持计划教师专项计划实施方案》规定，支教教师享受以下待遇：

（1）支教教师完成教学任务，经考核合格（称职），享受原单位所有福利待遇。

（2）中央财政向支教教师每人每月拨付工作补助资金 1 000 元，年终考核发放；支教教师每月两次往返差旅费由派出学校给予报销并购买意外保险；受援学校安排食宿（生活费自负）。

（3）经派出学校同意，参加连续性业务进修、培训的费用，由派出学校按规定予以报销。短期培训、会议等的费用，由受援学校按规定予以报销。

（4）要求晋升中小学中、高级教师职务，必须有 1 年及以上农村任教经历；考核合格（称职）及以上的支教教师，每支教一年，在晋升高一级教师职务考核时总分加 5 分。

四、支教教师管理

（1）对支教教师实行双重管理：受援学校负责考勤、工作安排、工作考核；派出学校负责工资、福利待遇和年度考核，并及时了解支教人员工作情况。

（2）支教教师在支教期间不得随意调课；遇到特殊情况需要请假的，必须履行请假手续。请假超过 3 天的必须由受援学校与派出学校共同批准；请假超过 1 周的，必须报县教科局批准。

（3）支教教师在支教期间，有特殊原因需要中止支教任务的，必须提出申请，由派出学校、受援学校签署意见，报县教科局批准。

（4）支教教师原则上到缺编学校任教，由县教科局统一调配。如到不缺编学校支教，要征得双方学校同意并进行教师顶岗、换岗培训。

五、支教教师考核

（1）支教教师工作考核每学期一次，由教科局人事股牵头，受援督导办组织实施，受援学校配合进行。支教教师年度考核由派出学校根据受援学校提供的《剑阁县支教教师考核表》和支教教师工作总结，征求受援学校的意见，确定年度考核等级。

（2）支教教师无故旷工 5 天以上，停发当月工作补助费；因病因事不能坚持正常教学工作，累计请假 1 个月以上的，取消其支教资格，停发个人补助费。

（3）支教工作考核结果分为优秀、称职、基本称职和不称职 4 个等次，优秀比例一般控制在 20% 以内。考核定为不称职的，取消支教资格，不得参加当年度各类评优评先，不得晋升教师职务。

（4）有下列情况之一的，考核定为不称职：

①支教期间工作量低于同级段学科教师平均工作量的；

②病假累计超过 3 个月、事假累计超过 1 个月的；

③擅自离岗累计超过 3 天的；

④不按课表上课，县教科局、教育督导办抽查不在岗的；

⑤支教期间有违反师德要求或违纪违法行为的；

⑥在考核中弄虚作假的。

（5）考核采用查资料、听汇报、师生座谈等方式进行。

（6）凡在考核过程中发现弄虚作假的，给予当事人严肃处理。

六、组织实施

（1）教科局成立教师支教工作领导小组，各教育督导办、学校要确定专人负责。

（2）支援学校要制订切实可行的《教师支教工作实施方案》，根据学校教师情况，统筹安排有关学科教师外出支教。教科局将此项工作纳入学校目标考核。

（3）支教教师向所在学校提出支教申请，填写表格，上报县教科局人事股审查通过后，与派出学校和受援学校签订协议。

支教工作是一项长期、重要和紧迫的任务，各单位要高度重视，加强领导和协调，明确职责，统筹兼顾，确保支教工作的顺利实施。教师支教工作列入单位年度考核，作为主要领导绩效评估的重要内容之一。

第六节　教职工待遇

教师工资由以下几个部分组成：岗位工资，薪级工资，教师护士提高 10% 的工资，中小学教师的教龄津贴（10 元封顶），1993 年工改保留津贴 95 元，绩效工资（每月按 70% 发放，另外 30% 学年按考核发放），目标奖（县政府考核教育系统，确定等次；县教育局考核学校，确定等次。同一学校的教职工目标奖相同。剑阁县教育系统教职工的目标奖，通常按同一等次的公务员的 70% 发放）。义务教育阶段教师比非义务教育阶段的教师的岗位工资和薪级工资标准要高。以 2021 年的标准五级岗位，41 薪级为例：岗位相差 350 元，薪级相差 362 元，二者之和相差 712 元。乡村学校的教师还有每月 400 至 500 元不等的生活补助。

按国家政策，事业单位和公务员，每两年调一次工资。无论是岗位工资还是薪级工资，其职级越高，调整的幅度越大。如 2021 年与 2018 年相比，五级岗位调标增加 350 元/月，而十三级岗位调标增加 75 元/月；薪级 41 级调标增加 249 元/月，而薪级一级调标增加 75 元/月。

　　"三险两金"按教师个人工资（目标奖除外）总额的百分比上缴，用人单位也按同样的金额上缴，存入教职工的个人账户。养老保险按8%，医疗保险按2%，职业年金按4%，失业保险按0.4%，住房公积金按12%扣款上缴。由于县财政紧张，住房公积金上缴比例由基础工资总额（岗位工资、薪级工资、教护提高10%）变为总额工资（岗位工资、薪级工资、教护提高10%、各项津补贴及绩效工资）的12%。

表8-3　2021年事业单位专业技术人员基本工资标准表

岗位工资	岗位	一级	二级	三级	四级	五级	六级	七级
	工资标准	6 770	5 373	4 660	4 080	3 420	2 950	2 740
岗位工资	岗位	八级	九级	十级	十一级	十二级	十三级	
	工资标准	2 370	2 130	1 940	1 740	1 720	1 585	

表8-4　2021年事业单位专业技术人员薪级工资

薪级	工资标准	薪级	工资标准	薪级	工资标准	薪级	工资标准	薪级	工资标准
1	335	14	879	27	1 860	40	3 218	53	5 043
2	365	15	941	28	1 950	41	3 337	54	5 231
3	395	16	1 003	29	2 040	42	3 456	55	5 419
4	425	17	1 070	30	2 139	43	3 575	56	5 632
5	459	18	1 137	31	2 238	44	3 704	57	5 848
6	493	19	1 209	32	2 337	45	3 833	58	6 058
7	530	20	1 283	33	2 436	46	3 962	59	6 271
8	567	21	1 357	34	2 545	47	4 103	60	6 484
9	614	22	1 434	35	2 654	48	4 244	61	6 750
10	661	23	1 516	36	2 763	49	4 385	62	7 016
11	713	24	1 598	37	2 875	50	4 526	63	7 282
12	765	25	1 680	38	2 987	51	4 667	64	7 548
13	822	26	1 770	39	3 099	52	4 855	65	7 814

表8-5　2021年事业单位管理人员基本工资标准表

岗位工资	岗位	一级	二级	三级	四级	五级	六级	七级
	工资标准	6 770	5 540	4 555	3 840	3 120	2 600	2 240
岗位工资	岗位	八级	九级	十级				
	工资标准	1 960	1 720	1 585				

表8-6　2021年事业单位管理人员薪级工资

薪级	工资标准	薪级	工资标准	薪级	工资标准	薪级	工资标准	薪级	工资标准
1	335	14	879	27	1 860	40	3 218	53	5 043
2	365	15	941	28	1 950	41	3 337	54	5 231
3	395	16	1 003	29	2 040	42	3 456	55	5 419
4	425	17	1 070	30	2 139	43	3 575	56	5 632
5	459	18	1 137	31	2 238	44	3 704	57	5 848

表8-6(续)

薪级	工资标准	薪级	工资标准	薪级	工资标准	薪级	工资标准	薪级	工资标准
6	493	19	1 209	32	2 337	45	3 833	58	6 058
7	530	20	1 283	33	2 436	46	3 962	59	6 271
8	567	21	1 357	34	2 545	47	4 103	60	6 484
9	614	22	1 434	35	2 654	48	4 244	61	6 750
10	661	23	1 516	36	2 763	49	4 385	62	7 016
11	713	24	1 598	37	2 875	50	4 526	63	7 282
12	765	25	1 680	38	2 987	51	4 667	64	7 548
13	822	26	1 770	39	3 099	52	4 855	65	7 814

表8-7　2021年事业单位工人基本工资标准表

岗位工资	岗位	技术工一级	技术工二级	技术工三级	技术工四级	技术工五级	普通工
	工资标准	2 530	2 040	1 780	1 680	1 580	1 560

表8-8　2021年事业单位工人薪级工资

薪级	工资标准	薪级	工资标准	薪级	工资标准	薪级	工资标准	薪级	工资标准
1	275	11	599	21	1 069	31	1 729		
2	302	12	638	22	1 126	32	1 801		
3	329	13	680	23	1 188	33	1 878		
4	359	14	722	24	1 250	34	1 955		
5	389	15	767	25	1 317	35	2 032		
6	422	16	812	26	1 384	36	2 114		
7	455	17	860	27	1 451	37	2 196		
8	488	18	908	28	1 518	38	2 278		
9	524	19	960	29	1 585	39	2 360		
10	560	20	1 012	30	1 657	40	2 447		

表8-9　义务教育教师基本工资表（2021年10月）

岗位工资	岗位	一级	二级	三级	四级	五级	六级	七级
	工资标准	7 501	5 949	5 163	4 520	3 790	3 269	3 037
岗位工资	岗位	八级	九级	十级	十一级	十二级	十三级	
	工资标准	2 627	2 361	2 156	1 929	1 907	1 758	

表8-10　义务教育教师薪级工资（2021年10月）

薪级	工资标准	薪级	工资标准	薪级	工资标准	薪级	工资标准	薪级	工资标准
1	371	14	973	27	2 061	40	3 567	53	5 591
2	404	15	1 042	28	2 161	41	3 699	54	5 799
3	438	16	1 111	29	2 261	42	3 831	55	6 007
4	471	17	1 185	30	2 371	43	3 963	56	6 242

表8-10（续）

薪级	工资标准	薪级	工资标准	薪级	工资标准	薪级	工资标准	薪级	工资标准
5	508	18	1 259	31	2 481	44	4 105	57	6 479
6	546	19	1 340	32	2 590	45	4 249	58	6 715
7	587	20	1 421	33	2 700	46	4 392	59	6 951
8	628	21	1 504	34	2 821	47	4 549	60	7 186
9	680	22	1 589	35	2 942	48	4 704	61	7 481
10	732	23	1 680	36	3 063	49	4 862	62	7 776
11	789	24	1 771	37	3 188	50	5 018	63	8 071
12	847	25	1 682	38	3 311	51	5 174	64	8 366
13	910	26	1 961	39	2 435	52	5 382	65	8 660

表8-11　2018年事业单位专业技术人员基本工资标准表

岗位工资	岗位	一级	二级	三级	四级	五级	六级	七级
	工资标准	6 665	6 157	4 558	3 915	3 405	3 005	2 773
岗位工资	岗位	八级	九级	十级	十一级	十二级	十三级	
	工资标准	2 449	2 174	2 007	1 819	1 797	1 675	

表8-12　2016年事业单位专业技术人员基本工资标准表

岗位工资	岗位	一级	二级	三级	四级	五级	六级	七级
	工资标准	4 850	3 850	3 480	2 900	2 670	2 420	2 210
岗位工资	岗位	八级	九级	十级	十一级	十二级	十三级	
	工资标准	1 950	1 710	1 600	1 510	1 490	1 390	

表8-13　事业单位新参加工作人员见习期（初期）及见习期（初期）满后工资标准表

	1993—2003年			2006年				2016年			
	职务	档次	职务工资	岗位	岗位工资	薪级	薪级工资	岗位	岗位工资	薪级	薪级工资
初中毕业生	—	—	—	13	550	1	80	13	1 390	1	215
高中、中专毕业生	技术员	1	346	13	550	2	91	13	1 390	2	236
大学专科毕业生	技术员	2	361	13	550	5	125	13	1 390	5	311
大学本科毕业生	助教	3	410	12	590	7	151	12	1 490	7	369
双学士学位、六年制本科毕业生、研究生班毕业未取得硕士学位研究生	助教	3	428	12	590	9	181	12	1 490	9	436
硕士学位研究生	助教	4	453	12	590	11	215	12	1 490	11	513
博士学位研究生	讲师	5	535	10	680	14	273	10	1 600	14	657

第三章　队伍建设

第一节　师德师风建设

县教育局深入贯彻国家、省、市关于全面深化新时代教师队伍建设改革的意见方案的精神，全面落实中小学教师师德考核负面清单制度，推动师德建设常态化、长效化。每年寒暑假在全县教育系统开展师德师风建设活动，不断加强全县教育工作者的师德师风建设。以热爱学生、教书育人为核心，以"学为人师、行为示范"为准则，进一步严格师德考核制度，开展丰富多彩的师德教育活动，使广大教师自觉加强职业道德修养，模范践行《中小学教师职业道德规范》。

近年来，教育系统全体干部职工紧紧围绕建设经济文化生态旅游强县的总体目标，凝心聚力，同心同德，服务育人，教育质量稳步提升，得到了各级领导和社会各界的普遍认可。

总体来讲，教育系统干部职工队伍的主流是好的，绝大多数单位领导班子和干部职工敬业爱岗，综合素质较高，工作能力较强，作风务实。但是，个别干部和教职工在作风方面仍然存在着一些与新形势、新环境、新要求不相适应的问题。特别是2012年春，通过县委督查室明察暗访，暴露出了一些突出问题。针对存在的一些歪风邪气，县教育局决定在全系统开展作风教育整顿活动。

一、全县教育系统师德师风存在的主要问题

通过调查分析，全系统不同程度存在一些不良风气。

从领导干部来看，主要表现出"五大不良风气"：一是疏于学习、不思进取的浅薄浮躁之风。个别领导干部党性不强，政治敏锐性差，忽视自身政治学习，缺乏组织教职工学习、引领主流思想、倡导主旋律精神以及建设健康校园文化的认识和能力，单位正气不兴、邪气抬头；个别领导没有远见卓识，没有开拓精神，只是当维持会长，谈不出有水平的办学思路，拿不出成套的管理办法；思想没有深度，管理没有力度；表面上忙忙碌碌，其实无效无功；看起来精精明明，实则浮躁浅薄。二是政令不畅、工作不力的我行我素之风。个别领导干部收阅文件慢半拍，上传下达不统一，对教科局安排的工作只看表象，不深入思考，只干表面，不深入实际，抓而不紧，落而不实，工作长期无进展，效果长期无起色。个别领导干部办事不讲原则、不懂规矩、有令不行、有禁不止、我行我素。三是不讲团结、相互拆台的诋毁内耗之风。个别单位班子不团结，互相掣肘，敷衍塞责，推诿扯皮，喜欢做表面文章，报喜不报忧，虚张声势，不求实效；个别单位财经管理不规范，不民主，不公开，造成班子猜疑，群众怀疑。廉洁自律意识逐渐淡漠，以权谋私行为有所抬头，严重的已经发展成贪污腐败的刑事案件，受到法律的惩处。不用制度激励人，搞小恩小惠拉拢人，任人唯亲，搞小团体；不光明正大，搞阴谋诡计，相互诋毁，内耗严重。四是忽视教学、偏离中心的不务"主业"之风。个别学校领导全局谋得不高不深不细，偏离教学中心，偏离学校"主业"，校长职能演化为搞公关，管后勤，甚至只管建修，校长成了"外长"和"建修管理负责人"。对教学关心得少，教学存在问题知道得少，解决教学实际问题花费的时间少、精力少，校长长期不上课，游离于教学之外，专职搞管理、搞应酬、谋所谓"大局"，结果既没有管出学校的特色，也

没有应酬出教育教学的高质量，更没有谋划出学校的发展，得到的却是教学质量的滑坡、优质生源的锐减和教职工的不满。五是"走读"遥控，沉迷于酒桌牌局的贪玩好耍之风。个别校长，走读现象比较严重，对教师晚自习辅导情况、学生晚睡和早起情况实施遥控管理，实则遥而难控。个别校长，贪玩好耍之心太盛，学校管理和发展思路不清，用时不多，说不出所以然，在酒桌和牌桌上用心很深，花时不少，谈起来津津乐道，讲起来眉飞色舞；作风低俗，贪图安逸，老好人思想严重，对一些不良倾向视而不见，听之任之，不敢管理，甚至随波逐流。

从教职工队伍来看，突出表现为"五大不良现象"：一是无组织、无纪律、自由散漫。个别教职工不遵守国家法纪和上级规定，体罚和变相体罚学生，乱办班、乱收费，向学生推销和变相推销教辅资料；不执行单位规章制度，不服从工作分配；不假外出，上班溜号，擅自离岗，旷工、赌博现象严重。二是不敬业、不学习、自大自满。个别教职工不坚持学习，思想上没有进步，工作上没有起色，知识不更新，教学走老路，质量低下，又无自知之明，妄自尊大，孤芳自赏。三是不顾大局，不讲事实，造谣生事。个别教职工遇事不明真相妄加猜度，不讲事实妄加非议，不顾集体利益，造谣生事，甚至利用网络无中生有，打击报复，造谣传谣。四是游手好闲，贪图享乐，不务正业。个别教职工把玩乐当成正事，把工作当成负担。研究教学眉头紧锁，如坐针毡；开茶园办棋牌室精神抖擞，喝茶打牌神采飞扬。把教学工作当成副业，把第二职业当成主业，将主要精力和时间用在第二职业上，不愿承担学校分配的班主任工作、团队工作、值周工作，甚至不认真备课、不批改作业，不愿承担研究课、公开课等教研活动。五是不讲团结，不讲奉献，争名夺利。个别教职工处处斤斤计较，事事争名夺利。为一己私利，不顾集体利益，不顾同事情谊，不顾道德品行，不达个人目的誓不罢休。

尽管上述不良风气和现象仅存在于个别单位领导、班子成员和职工身上，但影响极坏。任其蔓延，将会直接影响整个教育系统队伍的自身建设，直接影响教育和科技事业的健康发展，直接影响教育和科技工作者在人民群众心目中的良好形象，因此，必须痛下决心，狠下硬手彻底整顿。

二、工作内容及要求

（1）务必做到"六有"：有方案、有制度、有措施、有整改、有记载、有总结。

（2）切实落实"六个一"：深入进行一次教职工思想作风教育学习培训活动；开展一次民主评议；全面开展一次作风建设自查自纠活动（领导班子集体和所有教职工个人）；签订一份效能建设承诺书（教职工与学校签订，校长与教科局签订）；树立一批本校本单位的先进典型；提交一份自查自纠报告（校长和学校整体报告提交县教科局）。

（3）重点从六个方面查找问题：一是查找领导履职不够方面的问题，如领导带头作用发挥不够，自我管理不到位，领导班子作风不强，领导深入一线上课不够，自由散漫行为、不务正业等；二是查找执行不力方面的问题，如工作职责不明确、互相踢皮球，交办的工作不主动思考、不积极完成，有的甚至反复推诿、互相扯皮等；三是查找互相协作不好方面的问题，如部门之间不配合、领导之间不团结、同事之间不协作，荣誉争着抢，工作尽量推，各自为政，一盘散沙等；四是查找个人不务正业方面的问题，如不认真教学，游手好闲，自己开茶园办实体、赌博、玩游戏，上班溜号等；五是查找个人违法乱纪方面的问题，如乱收费、乱办班、违法招生、违规推销教辅资料、体罚和变相体罚学生、财务管理混乱、账目管理不规范等；六是查找个人行为不端方面的问题，如拉帮结派、酗酒滋事、造谣传谣，特别是无中生有，利用网络写信、乱发帖等。

剑阁县教育和科学技术局学校领导干部作风效能建设承诺书

我名　　　　，现任　　　　学校　　　　职务，在现任领导岗位上，就我单位作风效能建设工作向教科局做出如下承诺：

一、忠于职守，尽职尽责。坚决贯彻国家的教育方针、政策，严格执行国家的法律法规和县委、县政府、教科局的决定，严格依法办学、依法治校。

二、规范管理，提升形象。以创建"八好一满意"为载体，切实抓好本单位作风效能建设工作，规范学校领导管理行为和教师从教行为。

三、清正廉洁，民主管理。严格执行廉洁自律各项规定，民主管理、民主决策。

四、关爱学生、倾心服务。以"一切为了学生、为了学生的一切"为宗旨，营造优良教书育人环境，加强家校沟通，真心服务学生。

五、严于律己，做好表率。严格约束自身言行，带头执行本单位规章制度，不违规进入娱乐场所，不参与任何形式的封建迷信、赌博和色情活动。

六、做好学校安全、信访、稳定工作，定期排查安全隐患和不稳定因素，不推诿，主动、及时、有效化解矛盾，确保本单位安全稳定。

承诺人（签字）：

年　　月　　日

部分年度师德师风教育活动主题

1. 2012 年深入开展教育系统干部职工作风教育
2. 2014 年做"四有好教师"教育活动
3. 2021 年"学党史、正师风、强师魂"专项整治活动
4. 2022 年巩固深化"学党史、正师风、强师魂"专项整治活动
5. 2023 年"立德修身行为世范"师德师风专题教育活动

2014 年剑阁县"五星园丁"评选结果

师德星：陶会春（东宝小学）王安全（吼狮小学）

清廉星：罗　心（县实验学校）赵建军（普广小学）

博爱星：杨树劲（鹤龄小学）张蓉芳（普安中学）

敬业星：樊春玲（剑阁中学）李春兰（开封小学）

教改星：魏　雄（文峰中学）杨　瑛（白龙小学）

第二节　教师培训

教师培训工作是一项全局性、战略性的系统工程，是保持教师永远蓬勃向上、不断进取的最佳方式。按照"国培重引领，省培做高端，市培突重点，县培全覆盖，校培实研修"的原则，秉承一线教师"怎样会教书、怎样教好书"的宗旨，坚持"不唯上、不唯书、只为实"的理念，与教学同步、与教师同行，开展了一系列的师培活动：送教下乡、班主任培训、国培项目、思想政治教师培训、名师管理、新招教师岗前培训、教师教学技能比赛、教师继续教育等。

一、新招教师岗前培训

十多年来，剑阁每年新入职教师100~200人。这些教师由四类人员构成：面向社会公开招聘、国家特岗计划、免费师范生和引进紧缺的高学历人才。按相关规定，对新入职的人员，都要进行全面的岗前培训。

培训的方式及内容：召开启动会，听专家讲座，法律法规培训，教师职业道德讲座，分组听老师上微格示范课，指导老师面对面辅导，分组试讲，交流讨论，入职宣誓，结业典礼。

2016年8月25日—30日，开展了为期5天的新招教师培训，全县107名新招聘的公招教师、特岗教师参加。

2017年8月25日—28日，开展了为期4天的新招教师培训，全县121名新招聘的公招教师、特岗教师、免费师范生和引进人才参加。

2018年8月27日—30日，剑阁县2018年共138名新招聘教师（含公招教师、特岗教师、免费师范生）参加新入职教师培训。

2020年8月26日—29日，举办2020年新招教师培训班，140余名新招教师参加。

2020年11月7日—10日，"国培计划"（2020）中西部项目新教师入职、青年教师助力第一轮集中培训在下寺开展，其中新教师入职培训100人，青年教师助力培训50人。

2020年11月16日—20日，新教师入职培训第一轮名师带教跟岗培训按学科分四组在下寺各中小学开展。其中小学语文在香江国际实验学校，小学数学在剑门关实验学校，小学英语在龙江小学，初中组在剑门关高级中学。

2020年12月5日—7日，青年教师助力培训第三轮集中培训在剑阁实验学校开展。

2020年12月26日—27日，"国培计划"（2020）中西部项目新教师入职第二轮集中培训、青年教师助力第四轮集中培训、幼师送教下乡与工作坊混合研修第二轮培训在普安开展。

2021年8月26日—29日，举办新招教师培训班（第一批）。新招聘的教师45人、公费师范生16人，合计61人参加。

2021年9月27日—29日，举办新招教师培训班（第二批），特岗教师59人参加。

2021年12月14日—18日，新教师入职培训第三轮名师带教跟岗培训按学科分四组在下寺各中小学开展。其中小学语文在剑门关实验学校，小学数学在龙江小学，小学英语在香江国际实验学校，初中组在剑门关高级中学。

2022年8月25日—29日，开展剑阁县2022年新入职教师培训，剑阁县2022年公招教师69人、特岗教师46人、公费师范生5人、"西部大学生志愿者支持计划"5人，合计125人参培。

2023年8月26日—29日，举行剑阁县2023年新入职教师培训，171人参加。

二、思想政治教师培训、书法培训及信息技术培训

党的十八大以后，教育要承担立德树人的根本任务，要为党育人、为国育才。

明确了为谁培养人、培养什么人、怎样培养人的问题。因此，非常重视中小学的政治思想教育。在这个基础上，加强了对中小学思想政治课教师的培训工作。三笔字、普通话是教师的基本功，县成人教育中心抓住这个重点不放，分期分批对全县中小学青年教师进行三笔字、普通话训练，并在此基础上开展比赛。现代信息技术与课堂教学的深度融合，要求教师掌握信息技术，助力课堂教学效益的提升。

2017年5、6、7月份，开展信息技术能力提升培训，全县1 420名教师参加。

2017年7、8、9月份，开展网络研修与校本整合培训、教师工作坊培训，全县1 020名教师参加。

2018 年 7 月 19 日，在剑阁县龙江小学举办全县中小学青年教师三笔字、普通话大赛，全县 139 名青年教师参赛。

2020 年 5 月 29 日—31 日，全县 158 名中小学思想政治教师培训班在全市率先开班。

2020 年 10 月 14 日—16 日，举办 2020 年全县书法教师培训班，100 余名书法教师参加。

2021 年 10 月 25 日，举办广元市教师教学技能大比武半决赛活动，含三笔字、普通话、简笔画、学前教育教师环创及教玩具制作项目，共计 138 人参赛。

2021 年 12 月 28 日—29 日，开展剑阁县 2021 年中小学思想政治课教师转岗培训及德育干部培训，共计 185 人参加。

三、教师国培

（一）国培计划

"教师国培"是"中小学教师国家级培训计划"的简称，2010 年由教育部、财政部全面实施，是提高中小学教师特别是农村教师队伍整体素质的重要举措。"教师国培"包括"中小学教师示范性培训项目"和"中西部农村骨干教师培训项目"两项内容。

参加的方式由学校、地方教育机构等确定。培训对象及条件由各省（区）确定。此项培训主要面向少数民族比较集中的地区，尤其向边远、农村地区的一线教师倾斜。

剑阁县教师国培主要有以下几个项目。幼师国培，"国培计划"（2016）中西部项目影子跟岗研修，"国培计划"（2016）中西部项目送教下乡，"国培计划"（2016）中西部项目信息技术能力提升线上与网络研修线上培训者培训，"国培计划"（2016）网络研修与校本研修整合项目和教师工作坊项目，送培到校教师培训，"国培计划"（2021）中西部骨干项目县级农村骨干教师（义务和学前段）培训项目，"国培计划"（2022）中西部骨干项目县级农村骨干教师（义务和学前段）培训项目。

（二）国培计划开展的活动

2016 年 11 月 30 日—12 月 1 日，分别在普安、城北、剑门三个片区同时开展了 2016 年秋季送教下乡教师培训活动。

2017 年 1 月 9 日—14 日，开展为期 6 天的幼师国培送教下乡第二阶段培训，全县 170 名幼儿园教师参加培训。（幼师培训）

2017 年 4 月 11 日—15 日，开展了为期 5 天的"国培计划"（2016）中西部项目影子跟岗研修活动，全县 80 名置换脱产学员参加，其中 11 日—13 日在下寺龙江小学、剑门关高中集中跟岗，14 日—15 日在全县优质中小学分散跟岗。

2017 年 5 月份，开展 4 轮 8 天的"国培计划"（2016）中西部项目送教下乡教师培训活动，全县 250 名骨干教师参加。分别在普安、白龙、开封、下寺开展。

2017 年 5 月 11 日开展了"国培计划"（2016）中西部项目信息技术能力提升线上与网络研修线上培训者培训，28 名坊主参加。

2017 年 11 月 8 日，在元山、开封、武连同时开展小学语文、数学、英语、科学，初中语文、数学、英语、物理 8 门学科的送教到片活动，覆盖三个教育督导责任区及周边学校，参与人数达 800 余人次。（送教到片）

2018 年 1 月 11 日，组织召开剑阁县"国培计划"（2016）中西部项目工作研讨会，全县教育督导责任区主任、政工、业务，及教育局相关领导、人事师培股、教育股、教研室、教仪站相关负责人共计 50 余人参会。

2018 年 1 月 11 日启动，"国培计划"（2016）网络研修与校本研修整合项目和教师工作坊项目第二阶段培训，6 月 30 日前，1 020 人整合项目培训结束，7 月 30 日前 150 人教师工作坊项目结束。

2018年开展剑阁县2018年送培到校教师培训活动，分四轮四科，12个教育督导责任区，选出103名优秀青年教师参加，共计500余人次参培。具体情况是：鹤龄、江口（小学语文），公兴、白龙（小学数学一），开封、元山（小学数学二），武连、柳沟（小学英语）。第一轮3月19日—23日，分别在鹤龄、公兴、元山、武连开展。第二轮4月17日—18日，分别在江口、白龙、开封、柳沟开展。第三轮10月23日—24日，分别在鹤龄、公兴、元山、武连开展。第四轮11月29日—30日，在下寺开展。

2018年4月20日—5月30日，各教育督导责任区、直属学校以网络研修教研组为单位自行组织线下集中研修活动，为期1天。4月，250人送教下乡转网络研修，线上活动。5月19日—22日，初中语文工作坊50人在鹤龄中学开展教师工作坊线下集中研修活动。（国培计划）

2018年5月20日—23日，小学语文工作坊50人、小学数学工作坊50人分别在成教中心，龙江小学、香江国际实验学校开展线下集中研修活动。

2020年成功申报2020年"国培计划"中西部项目——乡村中小学教师专业能力建设项目（规定项目）中的新教师入职培训项目和青年教师助力培训项目；2020年"国培计划"幼师项目——幼儿园教师保教能力提升培训项目。

2020年10月28日—30日，开展2020年"国培计划"师培需求调研，遴选国培学员。

2021年3月15日—20日，赴绵阳三台成功接受国培视导工作；3月26日，积极参与报送国培典型工作案例，并于4月28日获得青年教师案例全省一等奖、新教师案例二等奖优秀成果（川教培班〔2021〕5号文件）。

2021年5月19日—21日，在白龙、公兴、鹤龄三个片区开展"剑阁县2021年春季送教下乡教师培训活动"，送教涉及学前教育，小学语文、数学、英语，初中语文、数学、英语，高中语文、数学、地理、政治、生物、体育与健康共13个学科，送教老师中有17位名师及3位名师工作室成员、2名省特级教师、5名市县骨干教师，共送出示范课63节次、专题讲座6场次、交流57人次。参培人员共有500余人。

2021年10月13日，申报2021年国培项目——县级农村骨干教师（义务段和学前）培训项目，小学语文、小学数学、学前教育各50人，合计150人。（国培）

2022年3月1日—2日，剑阁县"国培计划"（2021）中西部骨干项目县级农村骨干教师（义务和学前段）培训项目第一模块集中培训第一轮能力诊断2天，小学语文50人、小学数学50人、学前教育40人，共计140人参加。（国培）

2022年3月15日—18日，剑阁县"国培计划"（2021）中西部骨干项目县级农村骨干教师（义务和学前段）培训项目第一模块集中培训第二轮专题研修4天，小学语文50人、小学数学50人、学前教育40人，共计140人参加。（国培）

2022年3月27日—30日，剑阁县"国培计划"（2021）中西部骨干项目县级农村骨干教师（义务和学前段）培训项目第二模块名校跟岗第一轮跟岗研修4天，分别在香江国际实验学校、剑门关实验学校、龙江小学、香江国际幼儿园、成教中心跟岗，小学语文50人、小学数学50人、学前教育40人，共计140人参加。

2022年4月22日—24日，剑阁县"国培计划"（2021）中西部骨干项目县级农村骨干教师（义务和学前段）培训项目第三轮模块总结提升3天，分别在剑阁成教中心、剑门关天立学校举行。小学语文50人、小学数学50人、学前教育40人，共计140人参加。4月24日隆重举行"乘国培之风 扬希望之帆"总结提升成果会演，分管副县长谢家远、县教育局主要领导现场指导。

2022年5月11日—13日，剑阁县"国培计划"（2021）中西部骨干项目县级农村骨干教师（义务和学前段）培训项目第四模块返岗实践，第一次督查深入木马、樵店、鹤龄、公兴、白龙各学校开展。

2022年5月18日—20日，剑阁县"国培计划"（2022）中西部骨干项目县级农村骨干教师（义务和学前段）培训项目第四模块返岗实践，第二次督查深入武连小学、柳沟小学、南禅小学、普安小学、实验学校、普安幼儿园、鼓楼幼儿园开展。

2022年6月22日，剑阁县"国培计划"（2023）中西部骨干项目县级农村骨干教师（义务和学前段）培训项目第四模块返岗实践，第三次督查深入江口嘉陵学校开展。

2022年11月29日—30日，开展2022年秋季送教下乡（元山、开封、武连片区）（城北、柳沟、普安片区）教师培训活动，覆盖中小学29所，教师近1000人次。

2023年3月15日，举行剑阁县2023年春季送教下乡（普安片区）教师培训活动，分别送小学语数外、初中语数外示范课及专题讲座。

2023年3月29日—30日，举行剑阁成教中心2023年送培到校（第一轮）教师培训活动，分别在开封小学、白龙小学、柳沟小学、普安小学、鹤龄小学开展，小学语文2个班，小学数学2个班，小学英语1个班，共计120余人参加。

2023年4月26日—27日，举行剑阁成教中心2023年送培到校（第二轮）教师培训活动，分别在元山小学、公兴小学、武连小学、剑阁实验学校、江口嘉陵学校开展，小学语文2个班，小学数学2个班，小学英语1个班，共计120余人参加。

2023年10月25日—26日，举行剑阁成教中心2023年送培到校（第三轮）教师培训活动。

2023年11月29日—30日，举行剑阁成教中心2023年送培到校（第四轮）教师培训活动。

四、取得的成绩

这些年来，在师培经费一年紧过一年的艰难背景下，剑阁成教中心在让人眼花缭乱的各种教师培训方式中保持定力，立足于县情、校情、师情、生情，走出了一条适合剑阁县教师成长、成熟直至优秀的培训之路。2015年以来的几个年度的国培项目计划实施中，剑阁国培语惊四座、好评如潮，赢得了省教育厅领导"剑阁国培工作开展实施得好、总结提炼得好、分享呈现得好"的高度肯定，成了全省数十个国培项目县中受省教育厅领导表扬的唯一一个"三好学生"。剑阁县的国培案例《深研细究出良策"七表五步"助提升》荣获2020年度"国培计划"青年教师助力培训案例评审一等奖，并作为优秀案例推送到教育部。

剑阁县成人教育中心用宝贵的国培资金培训、培养了一大批"下得去、留得住、教得好"的优秀年轻教师和教育教学管理团队，农村基层学校教师结构性缺编问题得到显著缓解，国培在剑阁县也由最初的"雪中送炭"蜕变成了"锦上添花"。

表8-14 2015—2019年教师培训统计表

| | 接受培训专任教师/人 | 合计 | | 国内 | | | | | | | | | |
| | | 接受培训专任教师/人次 | 培训时间/学时 | 国家级 | | 省级 | | 地市级 | | 县级 | | 校级 | |
				接受培训专任教师/人次	培训时间/学时	接受培训专任教师/人次	培训时间/学时	接受培训专任教师/人次	培训时间/学时	接受培训专任教师/人次	培训时间/学时	接受培训专任教师/人次	培训时间/学时
幼儿园	198	2 658	14 000	27	368	31	367	49	376	72	557	2 479	12 332
女	194	2 594	13 720	27	368	31	367	49	376	72	557	2 415	12 052
集中培训	*	2 634	13 850	16	314	30	359	49	376	72	557	2 467	12 244
远程培训	*	5	24	5	24	0	0	0	0	0	0	0	0

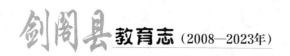

表8-14（续）

	接受培训专任教师/人	合计		国内									
				国家级		省级		地市级		县级		校级	
	接受培训专任教师/人	接受培训专任教师/人次	培训时间/学时	接受培训专任教师/人次	培训时间/学时	接受培训专任教师/人次	培训时间/学时	接受培训专任教师/人次	培训时间/学时	接受培训专任教师/人次	培训时间/学时	接受培训专任教师/人次	培训时间/学时
跟岗实践	*	19	126	6	30	1	8	0	0	0	0	12	88
小学	2 113	16 139	268 104	887	22 640	835	21 145	1 862	51 075	1 356	22 730	11 199	150 514
女	1 042	7 895	131 619	475	12 691	400	11 119	989	26 679	693	10 838	5 338	70 292
集中培训	*	12 597	176 983	116	3 844	257	6 247	492	6 884	1 028	16 558	10 704	143 450
远程培训	*	2 706	78 007	664	16 552	505	13 918	1 343	43 453	194	4 084	0	0
跟岗实践	*	836	13 114	107	2 244	73	980	27	738	134	2 088	495	7 064
初中	951	7 237	115 504	304	6 856	440	8 520	961	23 565	642	8 087	4 890	68 476
女	381	2 088	41 870	106	2 558	193	4 673	322	6 801	177	2 876	1 290	24 962
集中培训	*	4 754	74 256	73	3 164	159	1 756	217	2 583	413	3 829	3 892	62 924
远程培训	*	1 320	32 466	212	2 946	267	6 550	720	20 706	121	2 264	0	0
跟岗实践	*	1 163	8 782	19	746	14	214	24	276	108	1 994	998	5 552
高中	856	5 355	90 971	153	2 870	577	8 468	537	11 566	754	8 074	3 334	59 993
女	283	1 695	29 626	44	856	164	2 180	208	4 270	230	2 148	1 049	20 172
集中培训	*	2 694	64 697	122	1 510	303	3 248	216	2 320	534	5 016	1 519	52 603
远程培训	*	827	18 268	23	920	274	5 220	321	9 246	209	2 882	0	0
跟岗实践	*	1 834	8 006	8	440	0	0	0	0	11	176	1 815	7 390

第三节　职称评聘

一、中小学教师职称评审制度变化

1986年3月，中央职称改革领导小组签发《中学教师职务条例》和《小学教师职务条例》，主要针对教师职务制度做了进一步改革：中小学教师的专业技术职务由事业编制转为聘任制度，且中学和小学两类学校分别开展职称序列。

2015年9月，经国务院同意，人力资源社会保障部、教育部联合印发《关于深化中小学教师职称制度改革的指导意见》（以下简称《意见》），明确中小学教师职称制度改革在全国范围全面推开。

《意见》强调，要健全制度体系，改革原中学和小学教师相互独立的职称（职务）制度体系，建立统一的中小学教师职务制度，分为初级职务、中级职务和高级职务，在新的中小学教师职称系列设置正高级职称。

要完善评价标准，坚持育人为本、德育为先，注重师德素养，注重教育教学工作业绩，注重教育教学方法，注重教育教学一线实践经历，切实改变过分强调论文、学历的倾向，引导教师立德树人，爱岗敬业，积极进取，不断提高实施素质教育的能力和水平。

具体评价标准条件要对农村教师适当倾斜。

要创新评价机制，建立以同行专家评审为基础的业内评价机制，注重遴选高水平的教育教学专家和经验丰富的一线教师担任评委会成员，改革和创新评价办法，采取说课讲课、面试答辩、专家评议等多种方式，对中小学教师的业绩、能力进行有效评价。

全面推行评审结果公示制度。要实现与事业单位岗位聘用制度的有效衔接，明确中小学教师职称评审在核定的岗位结构比例内进行，不再进行与岗位聘用相脱离的资格评审。中小学教师岗位出现空缺，教师可以跨校评聘。在乡村学校任教 3 年以上，表现优秀并符合条件的教师，同等条件下优先评聘。要健全完善评聘监督机制，确保评聘程序公正规范，评聘过程公开透明。新的中小学教师职称制度适用于普通中小学、职业中学、幼儿园、特殊教育学校和工读学校等。

二、剑阁县教育局 2022 年中小学教师职称评审条件

（一）基本条件

基本条件根据《四川省中小学教师职称申报评审基本条件》设置，结合剑阁教育的实际，做适当的调整。条件适用范围：全省普通中小学、幼儿园、特殊教育学校、专门学校（工读学校）及省市县教研、教师发展、电化教育、教育考试、教育技术装备和校外教育、培训等机构从事教育教学工作的在职在岗专业技术人员。民办学校参照执行。中小学教师职称设置初级、中级、高级职称。对应名称为三级教师、二级教师、一级教师、高级教师和正高级教师。

1. 思想政治和职业道德要求

（1）申报高级教师近五年年度考核合格、申报一级教师近四年年度考核合格。

（2）任现职期间，不得申报和延迟申报情况：①年度考核每出现 1 次考核结果为不合格者，延迟 1 年申报。②违反师德规范等相关规范受到处理的影响期内不得申报，影响期不计算为职称评审任职年限（书面诚勉谈话影响期为 6 个月）。③对申报材料造假的一经查实，取消资格，3 年内不得申报。④结合市县要求上挂锻炼人员、借调借用到其他学校或单位的教师不得申报。

（3）思想政治教育工作经历要求：评聘一级教师以上职务，要有任现职以来 2 年以上从事学生思想政治教育工作经历，业绩考核合格（含班主任、团委、少工委、少先队辅导员、青少年科技辅导员及学校中层领导干部等）。说明：团委书记、少先队辅导员根据编办文件每校只有 1 名，少工委、青少年科技辅导员不存在这两个岗位。中层干部限正职，副校级领导提供培训文件。

（4）思想政治教育工作年限要求：评聘一级教师职务，要有任现职以来 2 年以上；评聘高级教师职务，要有任现职以来 2 年以上，从教以来 5 年；评聘正高级教师职务，要有任现职以来 2 年以上，从教以来 8 年。

2. 教师资格及相关要求

（1）具备《教师资格条例》规定的教师资格，即具备任教学段相应或以上教师资格证。

（2）相关要求：①在教育教学一线任教；②达到本地教育行政部门及学校关于教学工作量的要求；③教育培训、考核等合格（安排了培训不参加的、有关考核不合格就达不到要求）。

（3）本单位民主测评满意率达到 75% 以上。

3. 继续教育要求

任现职期间，达到《专业技术人员继续教育规定》的学时，完成 100 学时，高级提供近 5 年、中级近 4 年证明和公需科目学习证明。

4. 信息技术应用能力要求

提供中小学教师信息技术应用能力提升培训结业证书或全国计算机等级考试证书。

5. 支教工作要求

（1）城区支教——中小学教师评聘一级教师以上职务，要有任现职以来 1 年以上支教经历或薄

弱学校从教 2 年以上经历；距法定退休年龄不足 5 年不作要求。

（2）乡镇交流——按照《剑阁县教师交流轮岗办法（试行）》（剑教〔2020〕20 号）执行（其中有一条"距法定退休年龄不足 10 年"不作要求，但必须是教龄满 30 年统一规定）。

（二）具体条件

1. 任职年限

申报一级教师职务 4 年及以上，2022 年执行 2016 年及以前任职的；申报高级教师职务 5 年及以上，2022 年执行 2016 年以前任职的。

2. 年度考核优秀级

申报高级教师职务：本科 1 年，专科 2 年（提供年度考核表）。申报正高级教师职务：年度考核优秀级 2 年（学历本科才能申报）。视同优秀级：县级（教育行政主管部门）以上优秀教师、模范班主任。

3. 教学能力

（1）讲课：示范课、公开课、研究课（完整的一堂课、时间上有要求、有学生、有听课教师）；一师一优课（要有证书、文件）；教师培训、送教下乡上的课（提供文件、方案）。

（2）专题讲座：一是必须是本专业教育教学的内容（毕业班教师会议、教师培训讲座、送教下乡讲座），二是教育行政主管部门或教育教学相关的直属事业单位（提供文件、方案）。

申报高级教师职务：农村县级以上 1 次、城区县级 2 次，市级 1 次。申报一级教师职务：农村校级以上 1 次、城区县级以上 1 次。

4. 教研工作

（1）教育教学成果（如进行课题研究并获奖，公开出版本专业论著或教材，但不含论文集、习题集等）限二等奖以上。

（2）教育教学课题（县级以上教育行政部门及相关直属事业单位开展的教育规划、教育教学研究、教学方法和手段研究等）。教育教学成果和教育教学课题不能重复使用。

（3）论文，即在公开发行的正式学术期刊上发表的本专业学术文章。（国际标准刊号 ISSN 或国内统一刊号 CN 学术期刊，但《广元日报》不算）（多篇论文只算一类，也就是不能作为交流文章）

（4）交流文章（必须是本专业的四类：广元市教科所专刊、县教育科学研究室专刊、广元市教育局教学大比武获等级奖和县以上教研活动交流文章并提供文件及安排方案）。

申报高级教师职务：教研工作城区四选二、农村四选一。

申报一级教师职务：教研工作城区县级一项、农村学校或本区域一项。

5. 激励政策及答辩

（1）在农村学校工作累计满 15 年的专业技术人才可以降低一个学历等次申报评审中级职称；累计满 25 年的，可以降低一个学历等次申报评审高级职称。在乡镇专业技术岗位累计工作满 30 年，可不受本单位岗位比例限制申报评审上一级职称。

享受政策优惠评聘职称的不能再晋岗位（可先晋岗，再申报职称）。

享受政策优惠评的高级职称，晋了级过后占本单位职称岗位数。

（2）答辩。本次评审开展全员答辩（市文件第三页）。其他专业不符合的答辩目前所教专业内容。教师跨学科、学段和教师资格证、毕业证、所申报学科（申报学科与所任教学科一致）两者不相同者需参加现场答辩，其余人员需参加远程答辩，答辩重点考察其实际教学能力和人岗相适度。

（三）几点说明

（1）时间计算。任职资格截止时间为 2021 年 12 月 31 日，申报人员其他材料截止时间为 2021 年 9 月 30 日。（2）申报方式。事业单位在编在岗专业技术人员，应在本人人事关系所在单位申报评审职称。（3）收费标准。按文件执行，不得搭车收取其他费用。（4）分流学校教师在原单位申报。（5）前期摸底中岗位空缺数如编制数未满的学校按实际人数核算，超编制数的学校按编制数核算。

三、部分时段高级教师职务资格人员名录

（一）2008 年高级教师职务任职资格人员（55 人）

范荣国	刘绍志	杜建学	郭邦彦	冯汉生	郑乔生	刘　强	王云峰	李翠芹
何中猛	蒲新民	杨方俊	邓　军	奂宇国	蒋宦承	左和周	宋文生	王鹏宗
李琼章	万碧莲	杨忠茂	李茂相	王柏平	王康明	左新民	梁枝树	李清舜
伏　云	杨延定	蒋　岚	李志珍	袁洪章	唐　雄	张　骞	张德志	刘　芬
李雪梅	郑富光	李维杰	母劲松	雍怀寿	李晓勇	段志林	李瑞民	黄雄章
张天锦	魏习海	李万全	刘公章	梁奇财	刘映君	陈玉莲	孙龙太	张庭福
张　燕								

（二）2010 年高级教师职务任职资格人员（101 人）

曹桂蓉	任　勇	杜国鹏	杨建全	罗小玉	王丕奇	蒲军生	李华清	苟会芹
蒲光庶	沈克强	梁　俊	王德仁	杜绍虹	岳建红	母艾华	何小波	蒲丽蓉
苟富安	杜永生	张元茂	王仲蓉	孙　彬	唐素蓉	高怀秋	马桂华	何述继
张晓波	严　强	梁玉钊	袁天容	罗从旭	夏禄平	杨在初	任泽邦	方　杰
唐守杰	王　岚	李玉金	张文成	罗万成	罗明富	张初远	王凤莲	孙翠富
赵友健	罗云鹤	赵友勤	徐逃平	冯俊虎	徐文东	侯建峰	董德朝	杨少青
赵天政	附雄德	吴兴怀	卜元杰	何咏诗	杨　斌	王俊臣	李淑东	范清林
母朝虎	严　尧	杨国贵	杨新荣	苟利成	王政碧	苟政芝	李成生	刘志诚
王勇志	何文辉	赵兴培	罗绍义	陈友兴	李国朝	薛捍民	奂光泰	苟越昌
戚文林	张越昌	杨　军	王显军	魏晓东	石正海	贾国荣	张全独	田伯明
任绪道	姜庆先	伏大庆	何春蓉	王　茛	邓天锐	刘代君	王永武	张王道清
蒲剑红（高级讲师）		陈　丽（高级实验师）						

（三）2015 年高级教师聘任人员（46 人）

王朝宗	杜明亮	王清彦	邢金林	高　文	李　湘	王永军	刘树润	徐阳光
郑　辉	杨朝庆	李建勤	张利民	李　全	李政荣	董子文	张志磊	李栋成
张国庆	梁显昌	赵大祥	孙涛川	何洪波	周运聪	邵丽芳	唐文祥	母晓强
王丕业	何杰兮	郑仕明	何泽波	何雷昌	母丽钧	杨怀斌	王晓东	张宗焱
袁仕进	肖剑军	那天华	梁会霞	李平相	王泽慧	邵明慧	母元莉	梁翠蓉
田子凡								

（四）2017 年高级教师职务任职资格人员（96 人）

唐桂芳	李清伟	罗翠英	李玉兰	范瑞春	杜丽荣	杨　鹏	王德兴	张翠芳
申碧朝	苟春兰	苏晓红	蒲国东	蒋志莲	杨荣洲	王玉英	舒春蓉	郑江红
边小林	张莉媛	杨天翔	母志卫	唐剑峰	李晓燕	郑从武	李丽军	尹成松
何三勇	李华民	罗定金	赵雪琴	魏连钦	刘志明	陈玉安	梁琼华	蒲忠东
杨明锋	唐立清	左雪芹	贾建林	李晓荣	唐　能	袁全勇	杨清兴	张廷元
贾成满	田定全	张斗明	唐文勇	袁志东	朱培林	张志红	杨久茂	皆　卫
张柏林	赵剑蓉	冯彩生	周廷贵	薛占旋	唐　虹	王清安	杨朝南	杨锦蓉
郭绍军	王中林	鲁安斌	邓　勇	何强春	杨　阳	梁学菊	谌贵全	靳晓玲
薛发春	高集斌	杜会明	张晓清	王步嵩	王金忠	张光海	张在雄	王兴文

邢碧蓉　刘学林　张万龙　何俊平　杨晓庆　赵丽姝　张金桥　罗　全　何绍仕
史　舜　王德中　袁剑红　仲和平　赵建勇　杨尧东

（五）2018年高级教师职务任职资格人员（196人）（其中101人享受农村教师激励政策）

杨　泉　杜军林　杨梦洁　何宗国　杜明安　王德康　王在荣　吴剑峰　王志全
孟国太　尤国强　何秋华　李显章　卫诚业　王青林　张光明　伏明达　何三文
陶会春　张开宪　张俊梅　袁志碧　鲜继明　何建秀　王妍华　杨晓春　王桂蓉
杨正林　杨国锋　魏国彬　杨文东　王　培　王恩江　杨怀锋　何满普　李国飘
杨恩建　王锡庆　梁　波　苟清泉　杨桂兰　杨公蓉　贾秀华　唐美恩　毛晓芳
郑飞朝　李秀芳　张国勇　王永全　程　蜀　梁鉴元　郑启建　程彦彪　唐希平
王正海　邢晓莉　李艳君　奂永军　罗勇相　王智勇　李菊华　王建华　李大松
李桂林　杜泽周　杨仕勇　王建英　张锦屏　贾俊义　付　康　孙　敬　王建政
梁新之　张万军　张国海　罗雪梅　安孝东　黄茂东　黄有斌　魏晓琴　魏清英
袁兴华　王　斌　李发科　杨　莉　冯子春　李绍聪　贾长成　唐　田　蔡玉祥
孙红玉　何翠琴　冯德琼　杜清平　管丽蓉　李锦三　尤思政　黄正国　郑勇生
张天良　罗中青　唐正东　范文清　郑　项　戚秀梅　杜玲玲　魏兰英　李中凡
廖全蓉　任锦织　范清凤　袁东平　杨春梅　郑忠朝　何炳全　高明智　嘉促成
王志勇　李子贵　陈　晖　孙朝坤　赖蓉华　帖道慧　唐晓燕　贾茂林　何　平
高　廉　罗子军　张秋菊　周如东　王红梅　姜文富　甘崇文　王春林　杨晓春
涂光钰　何绍伟　张培山　杨正洪　杨　芳　左秀明　苟　文　苟爱民　袁伟明
范永红　何贵林　杨玉英　赵剑洪　贾晓聪　赵　敏　王　勇　邱　华　罗贡贤
贾法林　董强生　侯朝政　刘兴明　何继华　崔天俊　李天佑　朝春德　高彦春
嘉红梅　王玉璋　李文科　张海生　尹成方　吴洁琼　何建春　母利珍　邢邦桥
何文政　张志成　罗显建　何志朝　贾君洲　汪玉霞　罗成卯　李大苍　宁明琼
崔向阳　高贵然　简兴明　彭福培　潘文渊　他仕钦　敬映文　袁庆珍　杨　洪
田彩梅　舒红霞　张玉兰　王贵章　罗春蓉　文新江　贾春燕春

第四节　教职工管理

一、在职教职工管理

（1）认真贯彻执行《中小学教师职业道德规范》及《四川省教师"八不准"》，以爱国守法、爱岗敬业、关爱学生、教书育人、为人师表、终身学习为重点，持续开展师德教育活动，积极引导广大教师树立崇高的职业理想，全面提高师德修养，做学生的良师益友和健康成长的指导者、引路人。

进一步完善师德考核机制，认真按照《广元市教师职业道德考核办法》加强对教师的职业道德考核，并将师德与年度考核结果作为教师资格认定、职务晋升、岗位聘任、骨干教师评选、表彰奖励、奖励性绩效工资发放等的重要依据。

（2）认真贯彻实施《四川省中小学教师素质能力"三大"计划》，即骨干教师成长计划、农村教师专业发展计划、学历学位提升计划。大力实施"十百千"名师培养工程。"十二五"期间，在全县范围内力争培养10名特级教师，选拔培养100名教师，1 000名省、市、县骨干教师。通过学历提升计划，使全县中小学、幼儿园教师合格率达到100%，幼儿教师专科学历达到50%，小学教师专科学历达到80%，初中教师本科学历达到70%，高中教师研究生学历达到5%。对学历不达标的教师应限期达标或调离所从事的教学岗位。切实抓好新任教师上岗培训、在职教师提高培训、骨干教师研修培训、普通高中教师课改培训和国培任务。

建立校本教研制度，坚持"专家引领、名师示范、同事互助、教学反思"的原则，有针对性地全方位开展校本教研活动及校本培训。

（3）全面实施教师资格制度，严把教师入口关。凡在中小学从事教师工作的人员必须具备教师资格，未取得教师资格的人员必须调离教师岗位，未取得相应层次学校教师资格证的教师属不合格教师，对不合格教师应限期取得相应教师资格证或调离本教学岗位。

（4）加强学校教职工编制管理。根据学生人数变化情况，对教职工编制实行动态管理，原则上3年调整一次。依法清理清退在编不在岗人员。学校不得超编使用临代人员，不得使用编外人员顶岗工作。

（5）全面推行教师聘用制度。按照按需设岗、公开招聘、平等竞争、择优聘用、严格考核、合同管理的原则，在平等自愿、协商一致的基础上与教师签订聘用合同。

受聘人员有下列情形之一的，聘用单位可以随时解除聘用合同：①连续旷工超过10个工作日或者1年内累计旷工超过20个工作日的；②连续两年年度考核不合格的；③严重违反工作纪律或聘用单位规章制度的；④严重失职、徇私舞弊，对聘用单位造成重大损害的。受聘人员在聘用期内辞职、自动离职或被辞退、开除以及被判处有期徒刑以上收监执行的，聘用合同自行解除。

（6）完善教师职务聘任制度。学校应在人事部门核定的教师职务结构比例内，根据学科建设和教学需要，科学合理地设置教师职务岗位。要认真贯彻执行《剑阁县教育系统事业单位岗位设置实施方案》（剑教发〔2009〕81号）、《剑阁县中小学教师晋升中、高级专业技术职务应具备的基本条件》（剑教发〔2010〕86号）文件精神，认真做好教师职务评聘和岗位设置聘用工作。中小学岗位空缺原则上每年秋季递补一次。

（7）建立健全年度考核和绩效考核制度。以实施绩效工资为契机，建立健全中小学教师评价机制，进一步规范绩效考核制度，将教职工年度考核与绩效考核有机结合起来，考核结果作为续聘、解聘、评职、设岗、增资、奖惩的重要依据。

根据四川省人事厅《关于实施事业单位工作人员考核制度有关问题的通知》，因病、因事请假累计超过半年的工作人员不参加年度考核；受记过、记大过、降级处分的工作人员参加考核，只定评语，一个年度不确定等次；受撤职处分的，两个年度不确定等次。未参加年度考核的人员次年不得正常晋升薪级工资。未参加学校绩效考核和考核不合格者不发放奖励性绩效工资。

（8）严格教职工请假制度。教职工因病不能上岗的，应提供县级及以上医院病历证明，半年以上的需提供医药费报销凭证，并履行请假手续。病假1个月以内由学校校长审批；1个月以上3个月以内由教育督导办审批；3个月以上半年以内由教育主管部门人事师培股股长审批；半年以上的病假由分管人事的领导审批。严格执行病假工资制度：病假超过2个月不满6个月的，从第3个月起，工作年限不满10年的，固定工资部分按90%计发，满10年的全发；病假超过6个月的，从第7个月起，工作年限不满10年的，固定工资按70%计发，满10年的，按80%计发。对病假手续不全、小病大养，以病假为由长期不在岗人员，不得发放绩效工资（包括基础性、奖励性绩效工资）。

教职工因事请假必须从严审批。请事假10天的或累计10天者，应扣发1个月奖励性绩效工资；事假20天或累计20天应扣发3个月奖励性绩效工资；事假30天或累计30天应扣发半年奖励性绩效工资。婚假、产假、丧假按有关规定执行。

（9）合理配置教师资源，着力解决农村中小学结构性缺编问题。按核定的编制配备教职工，坚持"有编才能进人，有岗位空缺才能工资挂钩"的原则，确保教职工的合理流动，促进义务教育的均衡发展。新招教师应严格按报考学校岗位签订聘用合同，3年内不得申请县内调动，5年内不得申请调离本县。

（10）健全和完善教师交流制度，倡导中层干部到农村薄弱学校任职，鼓励城镇教师到农村学校支教，超编学校教师到缺编学校支教。

教师支教、交流由县教育主管部门统一协调安排。支教教师在评优、职称评定、岗位晋升等方面给予政策倾斜。城区学校教师晋升高一级专业技术职务必须有在农村学校工作或支教1年以上经历。县主管部门每年进行一次支教评选表彰活动。

教职工县内调配、交流均在每年暑假中按有关规定进行，跨县调动按剑教发〔2011〕19号文件执行，过期不予受理。

（11）进一步实施好农村偏远学校教师补贴，每年按不低于基础性绩效工资总量5%的标准确定全县农村偏远学校教师补贴总量。享受农村偏远教师补贴的教职工一经调离、退休补贴从次月起停发。

（12）进一步完善评优、评模表彰制度。每年教师节评选表彰一批优秀教育工作者、模范班主任、优秀教师、师德标兵。每三年开展一次"名学校、名校长、名教师"的评选表彰活动。认真开展特级教师，省、市、县骨干教师，学科带头人，名教师的推荐评选工作。

（13）认真贯彻落实市政府《关于建立农村学校教师激励机制的通知》（广府办发〔2011〕24号）文件精神。凡在农村学校工作20年以上，男满58周岁、女满53周岁的农村教师，符合申报教师中级专业技术职称条件的，可以申报中级职称，不受岗位限制；长期在农村学校任教，在原任职岗位达10年以上，符合晋升同级职称的上一级岗位条件的，可在办理退休手续前晋升一级岗位，不受岗位限制。对于夫妻双方均是农村教师，且分居10年以上的，根据本人申请，逐步解决其分居问题。

二、退休教职工管理

剑阁县教育系统目前有退休教职工近4 000人，主要分散居住在剑阁、绵阳、德阳、成都等地。这一阶段的前几年，教育局有退管股，专门负责此项工作，后来退管股撤并，其工作职责由人事、工会承担。教育局组织分散居住相对集中在成都、绵阳、广元、剑阁的退休教职工成立"退休教师工作联络组"，组内设置联络员、宣传员。机关退休的领导，由教育局工会办负责此项工作，各校退休的教职工由各校工会负责此项工作。

平常关心退休教职工的身体、生活及思想，节日组织人员慰问，尤其是重阳节，教育局及各校都要对退休教职工进行慰问。

如2022年重阳节，剑阁县教育局组织召开剑阁县住绵阳退休教师工作联络组扩大工作会议。剑阁县住绵阳退休教师工作联络组全体成员及剑阁县住绵阳退休教师部分代表参加会议。

会议总结了2022年度剑阁县住绵阳退休教师工作，并对下一步工作作了具体要求。一要总结成绩，凝聚共识，笃行不怠推动工作取得新成效。过去的一年，在县教育局、县老年协会的领导下，坚持思想领先，以不断强化为剑阁县住绵阳退休教师服务的意识，保障剑阁县住绵阳退休教师合法权益，切实为他们排忧解难，丰富他们的精神生活，提高生活质量。二要加强领导，牢记使命，踔厉奋发开创工作新局面。要绝对服从党的领导，全面发力，切实做好各项工作，全力维护社会和谐稳定。三要巩固成果、重点突破，赓续前行再创工作新佳绩。通过集会活动、微信群等多种手段，宣传党的各项方针政策，感恩祖国，感恩党，关心支持剑阁县的发展，力争让每一位剑阁县住绵阳退休教师晚年生活充实，身体健康，心情愉悦。

会上，参会人员还围绕2023年度剑阁县住绵阳退休教师工作出谋划策，形成了2023年度剑阁县住绵阳退休教师工作意见。一是于3月24日举行全体剑阁县住绵阳退休教师参加的以"感恩祖国，感恩党，尊师敬老爱无疆"为主题的联谊会；二是剑门雄关艺术团于4月组织节目参加涪城区孝道居家养老服务中心举行的大型宣传活动；三是剑门雄关艺术团在已有的歌乐队、说唱队、舞蹈一队、舞蹈二队的基础上新组建管乐队；四是精心策划，排练节目，在重阳节举行"庆重阳联欢会"。

第九篇　教育科研

第一章　教育科研管理

为进一步提升全县教育和科学技术发展水平，县教育和科学技术局以党的十八届四中全会精神为指导，以立足新起点、增添新措施、推进新跨越工作思路，特制定《2014年度教科工作目标考核办法》。

县教科局成立工作目标管理领导小组，负责组织、领导对全县各类学校（园）、教育督导办，局机关各股室，直属事业单位目标管理和考核工作。

一、考核内容

（一）全县各类学校、教育督导办的工作目标

（1）县教科局与各学校（园）、教育督导办签订的《教科工作目标责任书》。

（2）县教科局与各学校（园）、教育督导办签订的各单项工作目标。

（3）因工作需要且未被列入目标责任书的阶段性、突击性工作。

（二）局机关各股室和直属事业单位的工作目标

（1）局机关各股室和直属事业单位按剑教函〔2014〕14号《关于分解下达2014年市县教育科技工作目标任务的通知》和剑教科〔2014〕13号《关于分解下达2014年市县教育科技民生工作目标任务的通知》《剑阁县教科局关于分解和下达市县追加工作目标任务的通知》等工作目标。

（2）市、县或县级部门下达的，且未纳入《教科工作目标责任书》的单项目标。

（3）市、县或县级部门追加的且未列入《教科工作目标责任书》的目标。

（4）因工作需要且未列入目标责任书的阶段性、突击性工作以及上级临时交办的工作等。

二、目标考核

（一）分值

（1）学校、教育督导办目标考核实行1 000分制。业务目标800分，保证目标200分。

（2）机关各股室和直属事业单位目标考核实行100分制。职能目标80分，共同目标20分。

（二）考核

1. 学校、教育督导办的目标考核

（1）由教科局目标管理考核组，采取现场考核、单项考核与考评相结合的方式进行。根据《2014年度教科工作目标责任书》和《目标考核细则》，进行年度工作目标考核。

（2）各责任单位根据目标责任书内容，写出目标完成情况自查总结，于2015年1月10日以前由教育督导办统一送交局目标办。

（3）《教科工作目标责任书》中部分目标、某单项目标需单独考核的，由局相关股室提出并拟订考核方案或细则（方案或细则须和目标办研究制订），提交局班子审定，由股室负责考核，考核结果必须经分管领导审签后送交局目标办。

（4）获奖证件。直属单位的获奖证件直接送交局目标办，教育督导办和其余学校的获奖证件由督导办统一送交局目标办。

（5）考核汇总。由局目标办汇总，结果提交局班子审定后发文件通报。

2. 机关股室、直属事业单位的目标考核

由教科局组织专门考核组对机关股室、直属事业单位采取现场考核、单项考核、上级考核（包括市县相对应职能目标考核结果）与考评相结合的方式进行。同时以否定计分的方式进行考核。

（1）接受市、县（含县级部门）考核被"一票否决"的项目，倒扣10分。

（2）接受市、县（含县级部门）考核被扣分的项目，每项倒扣5分。

（3）接受市、县考核时因准备不足、资料不齐、数据不准、解释不清等失分的，直接在该股室考核总分中扣减5分。

（4）各责任股室根据所承担的目标工作内容，写出目标完成情况自查总结，于12月30日前书面送交局目标办。

（5）凡承担单项目标考核的股室，需提前向考核部门送交书面工作总结，并按要求准备好单项、综合考核资料和获奖证件，主动与考核部门接洽、配合，力求做到不扣分或少扣分。

（三）计分

学校考核计分：考核最后得分＝年度综合考核分×85%＋局班子测评分×10%＋局股室测评分×5%＋获奖分（总分不超过10分）。

教育督导办考核计分：考核最后得分＝所辖学校综合考核平均分×60%＋现场考核分×25%＋局班子测评分×10%＋局股室测评分×5%＋获奖分（总分不超过10分）。

机关股室考核计分：考核最后得分＝年度综合考核分×90%－上级各类考核扣分＋局班子测评分×10%＋获奖分（总分不超过10分）。

三、目标奖惩

（一）奖励

（1）受到表彰奖励的实行加分：国家级10分、部省级8分、市级5分、县级3分、局级2分。加分必须以正式文件、证书为依据。同一级别按最高分值加一次分。

（2）某单项工作受到县委、县政府以上书面肯定、表彰、批示的加分。国家级10分、省级8分、市级5分、县级3分。

（3）某单项工作有突出成绩或其他单项目标有较大影响的，使县委、县政府或县教科局受市委、市政府以上表彰奖励的，其他单项目标完成出色且经局目标管理领导小组研究特别认定的，视其情况加分。

（4）各督导办、学校年度工作目标考核按同类单位30%的比例评选优秀级单位（不含直属单位）给予表扬，县教科局颁发"目标考核优秀单位"奖牌。同时将年度考核结果报县委、县政府目标督查办与年度绩效挂钩。

（5）局机关各股室年度考核结果直接与年度目标奖挂钩，80～94分为合格股室，95分及以上为优秀股室，79分以下为不合格股室。不合格股室不计算年度目标奖，合格股室按分计算年度目标奖，优秀股室年度目标奖上浮10%。年度目标奖＝人平年度目标奖÷100×目标考核最终得分。

（二）问责

1. 各中小学及教育督导办

（1）凡被"一票否决"项目的责任单位，当年不得评优评先。

（2）综合考核出现"一票否决"，且考核在800分以下（不含800分）的，对责任单位责任人诫勉谈话。

（3）综合考核连续3年在同类单位中倒数后3名的，责任单位班子集体做调整。

2. 局机关股室及直属事业单位

（1）责任股室或事业单位承担的考核内容被"一票否决"，该股室或单位当年不得评优评先，该股室及成员不得评为优秀级。

（2）综合考核出现重大失误，或造成一定负面影响的，对责任单位责任人诫勉谈话，视其情况对相关责任人的工作进行适当调整。

各责任单位要进一步强化目标意识，加强目标管理，求真务实，扎实工作，奋力推进全县教育和科学技术事业又好又快发展。

表 9-1 2014 年度教科工作目标考核细则

序号	考核内容	计分标准	备注
1	贯彻教育方针	各类管理制度健全、规范 80%，体现管理创新、师生满意度高 20%	
2	德育工作、素质教育系列活动，电子学籍档案等	各类工作意见、计划 20%；开展系列活动达到要求、过程资料完整、真实 50%；生本教育开展有成效，电子学籍档案规范各 15%	
3	小、初中辍学率，残疾生就读，语言文字规范，特色示范创建	入学率、辍学率、残疾生就读率达标各 20%；语言规范，特色示范创建各 20%	
4	初、高中送培、送优，中职招生	由基教股、职成股提供考核结果	
5	教育教学常规管理	由目标考核组根据基教股提供的细则进行考核	
6	小学、初中教学质量名次	由基教股提供目标完成名次依据。已完成目标名次计 95 分。与上年比较，保住前一名加 5 分、前两名加 4 分、前三名加 3 分。上升一个名次加 0.5 分，累加不超过 5 分。下降一个名次扣 0.5 分，以此累扣	
7	高中教育、教学质量	由基教股提供考核结果	
8	学前教育巩固率，幼儿园评星定级	学前一、三年巩固率达标 50%；完成评星定级任务 50%	
9	扫盲、成人教育，劳技培训，民办学校管理	完成扫盲、成人教育任务 20%，劳动技术培训 20%；民办学校管理资料完善 60%。民办学校发生一起责任事故该项不计分	
10	生源巩固、劳动力培训、高考上线率	完成生源巩固目标 40%。完成劳动力培训任务 20%；完成高考上线任务 40%	剑阁职中武连职中
11	专业调整及人才输送	专业调整紧扣县情 40%；完成实训实习任务 60%	
12	职高毕业率、技术等级考核、职业技能大赛	中职升学 20%；职业技能大赛 20%；毕业生就业率达 98% 以上 60%	
13	"9+3" 教育	毕业生就业率达 95% 以上 70%；学生管理措施落实，未发生异常或安全事故 30%	剑阁职中
14	普、职教协调发展	普、职在校生比达 1∶1 计 100%，不足按完成比例计分	武连职中
15	思想道德建设、在册生学籍管理	思想道德建设工作计划、措施落实 50%；学籍管理平台内容完善 30%，档案真实 20%	
16	校本培训	工作计划、培训资料完成 20%；全年校本培训完成 6 次以上 60%；社区教育完成 20%	
17	继续教育	工作计划、过程资料 40%；继续教育学时审核面达 100% 计 40%；开展继续教育方法研究 20%	
18	网上教学指导、辅导	组织学生按时网上学习、指导、辅导。根据工作完成实情计分	成教中心
19	师资培训工作	工作计划、培训过程资料完善 30%；完成师资培训任务 70%	
20	招生任务、学籍管理	完成本年度招生任务 70%；加强在籍学生管理 30%	
21	电大学员质量	学员考试合格率达到目标要求 60%；学员论文验收完成目标任务 40%	

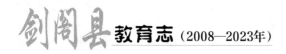
表9-1（续）

序号	考核内容	计分标准	备注
22	日托工作	日托工作计划、管理资料完善20%；日托面达标30%；幼儿自理习惯良好50%	普安幼儿园
23	控制大班额，学生巩固率	班额规模达到规定要求80%；学生巩固率达标20%	
24	幼儿、教师体检	完成幼儿、教师体检任务。按完成实情计分	
25	文体活动	幼儿每天有2小时左右户外活动时间50%；每期各开展1次以上幼儿体育、艺术活动50%	
26	艺术参赛	参加县艺术节展演活动，并获得好成绩50%；完成县"师生艺术节"相关工作50%	
27	科普、幼儿实践活动	年开展2次以上科普活动40%；学期举办幼儿社会实践活动1次以上60%	
28	家访活动	完成幼儿家访活动目标，资料真实可信，按实情计分	
29	帮教活动	年帮教乡镇幼儿园2所以上，效果好、信誉度高。按事实计分	
30	保教保育质量	保教保育质量获市或县第一名计100%；获市或县第二名计80%，获市或县第三名计60%	
31	素质教育、创示范学校	完成素质教育督导评估任务60%；完成县级素质教育示范学校申报40%	普安小学
32	特殊教育工作	特殊教育各类管理制度健全、完善40%；学生管理有序，未发生安全事故60%。发生一起责任事故否定计分	实验学校
33	体育教育	开足课时且与教学实际相符20%，学生每天锻炼时间得到保障20%，按要求参加县体育运动会30%，按时报送学生体质健康测试数据30%。未按要求上报学生体质健康测试报表一次扣1分，未参加县体育运动会扣2分	
34	艺术教育	年召开校级体育运动会一次50%；按要求参加县艺术人才大赛活动50%。未参加县艺术大赛活动扣2分	
35	国防双拥工作	有双拥工作档案资料30%；"双拥"活动开展面达100%计30%；高中生国防教育面和新生军训面达100%计40%	
36	普法教育	核查资料，根据实情计分	
37	领导上课，听、评课	—	按目标责任书由教育科学研究室提供考核结果
38	教学教研		
39	有效课堂教学（生本教育）		
40	关工委工作	由局关工委提供考核结果	
41	科技创新	知识竞赛活动30%；小制作、小发明活动40%；开展科普活动2次以上30%。根据完成质量、效果计分。不真实的项目不计分	
42	师德师风	有违反教师"六条"禁令之一且属实的该项不计分	
43	师资培训、队伍建设	完成送培、培训任务50%；教师学历达规定标准50%。只有计划无培训过程资料计30%	
44	离退休管理	发生一起影响社会稳定或形象事例的该项不计分	
45	财务、财产管理	管理制度健全40%，实施情况好60%。有一例违反财经纪律且属实的该项不计分	
46	债务化解，贷款清理	由审计股提供考核结果	
47	民生保障	未按上级政策落实好且群众意见大的该项不计分	

表9-1（续）

序号	考核内容	计分标准	备注
48	统计、财务审计	有违纪违规事例且属实的该项不计分	
49	卫生、健康教育	管理机制健全、实施过程资料完善50%；校园环境、卫生状况等良好50%	
50	后勤管理	后产管理制度健全30%，教育管理风险小20%，大宗食品采购规范有序30%，食堂规范化建设成效显著20%	
51	食品安全	由后产股提供考核结果	
52	环保节能	校园绿化、整治规范，完成上级下达的创建目标60%，完成能耗降低目标任务40%	
53	教育技术管理与使用	①教育技术管理和使用、组织领导和队伍建设10%；②实验室建设、管理和使用40%；③图书室建设、管理和使用20%；④现代教育技术装备、管理和使用30%	

表 9-2　幼儿园教育科研工作考核细则（试行）

A级指标	B级指标	考核内容	分值	得分	备注
组织机构（5分）	工作机构	1. 省、市、县级示范幼儿园有主管幼儿园教育科研工作的机构	1		
		2. 有专人分管幼儿园的教育科研工作	1		
	目标职责	3. 教育科研机构有明确的工作目标和职责要求	2		
	工作网络	4. 有正常运行的教育科研工作网络	1		
制度建设（10分）	工作、意见	1. 教育科研工作有长远规划。每年的园务工作意见中有对教育科研工作的专项安排	1		
		2. 教导处、教科室有工作计划，计划切实可行，操作性强；有相应的过程量化考核表佐证	1		
		3. 各计划相对一致	1		
	教育科研工作制度	4. 有教育科研工作奖惩或考核制度，考核内容具体据实，能有效提高教师对教育科研的积极性，促进本园教育科研工作顺利开展	1		
		5. 有教研论文发表、获奖奖惩制度	1		
		6. 有教育教学业务评优评先方案	2		
		7. 建立校本教研活动制度	1		
		8. 有教育科研专用经费使用制度	1		
	课题制度	9. 有课题研究及管理制度	1		

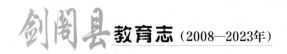
表9-2(续)

A级指标	B级指标	考核内容	分值	得分	备注
常规教研工作（12分）	过程资料	1. 教研活动有效开展，具有园本特色，做到有计划、有记录、有评析、有总结或反思	2		
		2. 每学期组织一次校内教师教育教学活动竞赛或研讨活动	2		
		3. 每学年组织一次对外的教育科研开放活动，如邀请专家做讲座、举办专题论坛、献课、评课等（不包括对外公开课）	1		
	领导教育教学	4. 领导上课：周课时校长不少于4~6节，副校长不少于8~10节，中层领导不少于8~12节	2		
		5. 听课：校长、分管教学副校长每年60节以上；教导及教科室主任80节以上	2		
		6. 工作笔记：有工作笔记且记录翔实，有安排、有记录，效果良好	1		
	毕业班工作	7. 有计划地开展学前班教研活动，内容富有特色，措施得力	1		
		8. 学前班教研活动有记录，能有效促进幼小衔接	1		
教师专业化发展（10分）	会议和培训	1. 参加教研室通知的各种会议及培训，缺席一次扣0.5分	1		
		2. 教师外出培训的记录及回校后的再培训（示范课、讲座等）资料	2		
		3. 校本培训有计划、活动、记录和总结	2		
	业务学习	4. 定时定期组织教师进行业务学习，学后有记录、反思或总结	2		
		5. 征订专业的幼儿教育报刊，帮助教师汲取教育教学新营养	1		
	继续教育	6. 有继续教育笔记本，外出培训教师有学时证明	1		
		7. 学时登记表记录完成规定要求的学时节数并按时审定、网上登记	1		
课题研究（24分）	课题开展情况	1. 有各级的课题研究。省级、市级示范幼儿园应申报有市级及市级以上课题，其他幼儿园应按县教科室规定申报课题	3		
		2. 课题研究范围和深度符合本园教育科研实际研究能力，突出本园特色。不要出现题目过高过大或抄袭他人成果、脱离实际工作	2		
		3. 研究有计划，有记录，过程规范，有总结和反思	3		
		4. 研究活动针对性强，能够服务和促进本园的教育教学工作。每期有课题研讨活动3次以上	3		
		5. 教师参与各级各类课题研究的人数达学校教师总数的30%以上	3		
	阶段性总结和年报	6. 有课题阶段性总结（每学期一次）	2		
		7. 有课题年报表	2		
	课题档案	8. 各级课题有专项档案，资料完善	3		
	开题结题	9. 开题查立项文件、开题报告和评审书，结题查结题报告和成果鉴定书；无课题或无科研课题该项A级指标得0分	3		

表9-2(续)

A级指标	B级指标	考核内容	分值	得分	备注
教育科研成果获奖(10分)	论文发表	1. 在县级以上发表的论文篇数达到在岗教师总数的20%以上，该项即为满分；超过一篇按国家级、省级、市级和县级分别加0.4分、0.3分、0.2分、0.1分（不超过5分），不足一篇扣0.5分（直至该项分为0止）；在县级以上交流、评奖的论文一篇加0.2分（不超过3分）	6		
	课题成果推广	2. 集体或个人课题在县级及县级以上交流、获奖，高一个级别加1分，个人课题获奖对应给学校加一半分值（不超过3分）	1		
		3. 能将园内课题研究成果率先在本园实施推广	1		
	教研活动承办	4. 有县级及县级以上教研活动承办和参与，效果良好	2		
保教工作质量(24分)	保教环境	1. 园内保教设施设备齐全，符合幼儿年龄要求，达到各级园建园标准	2		
		2. 环境优美洁净，有相应的安全、消防、消毒措施	2		
	保教工作过程及管理	3. 按要求开展保教工作，有管理过程记录、检查和总结	3		
		4. 有班级保教工作计划，一日活动安排科学合理，符合幼儿年龄特点	3		
		5. 有班级保教工作记录，详尽真实	2		
		6. 有特色课程的开展，并通过各种大型活动，对外宣传展示，效果良好	2		
		7. 幼儿园与家庭社区密切合作，综合利用各种教育资源，建立家长委员会，建立家园联系制度，根据不同年龄阶段实施育儿讲座，实现家园共育	2		
	保教质量评析	8. 有幼儿发展评价体系，科学、全面、发展地评价幼儿	2		
		9. 有教育教学活动评价体系，对教育教学活动客观评价，正确指导	2		
		10. 办园声誉好，生源稳定，入园巩固率在95%以上	2		
		11. 入园幼儿家长对园、教师保教评价良好，满意率达到85%以上	2		
交办工作(5分)	参会参培	1. 参加省、市、县组织的各种业务会	2		
	挂联打分	2. 教研员综合挂联工作打分	2		
	上传下达	3. 按时上传下达、上交资料	1		

注：幼儿园教师在园带班上课时间平均为每天7~8小时（不含坐班），合计小学教师每天12节课，每周30节，安全、保教任务繁重。教师编制的部分教师从事后勤保育工作，因此参加课题研究、撰写论文等比例不能完全雷同于小学和其他学校，以上细则均参照了市里和其他县区幼儿园比例。

第二章 教研联盟

第一节 教研联盟工作目标及分组

深入贯彻落实《国家中长期教育改革和发展规划纲要（2010—2020年）》的总体要求及2018年春县教育行政工作会议精神，整合、均衡优质教育资源，从课堂教学、校本教研、教学常规、精细管理等方面入手，以调研校情、教情和学情为突破口，以校定教、以学论教、研学促教，打造联盟教研文化，实现联盟办学目标，努力构建起适应学校发展的有效课堂，切实提高全县各级各类学校的教育教学质量，促进全县教育公平、优质发展。

一、工作目标

建立中小学（含职业中学和学前教育）教研联盟是剑阁县实现教育优质均衡发展、提升教学质量的重要举措，通过教研联盟力争实现下列愿景。

解决教育教学热点、难点问题。联盟各校（园）以问题为抓手，通过建立解决问题的联络平台，重点研究解决教育教学中出现的影响质量提升的热点问题、难点问题。探索先进的教育管理模式。通过联盟的外引内联，学习县内外先进的教育管理模式，建立适合剑阁的教育运行机制，探索提升教学质量的方法，搭建普职融通的桥梁。推进有效教学课堂改革。推进教学改革，用生本理念促进有效课堂向高效课堂转变，推进课堂教学模式变革，实现教育内涵发展。促进县域内教师队伍建设。搭建教师专业成长的平台，开展县域内教师的交流合作，彼此取长补短、共同发展，打造县域内一流的师资队伍，促进职业教育双师型教师数量和质量双提升。实现优质教育资源共享。形成校际、片区、学段、学科合作、成果共享、优势互补、师生共赢、整体提升的良好态势，促进学前教育、义务教育、高中教育、职业教育均衡优质发展。

二、联盟机构及分组

成立以局长为组长、班子成员为副组长、相关股室负责人及各教研联盟组组长为成员的领导小组。领导小组下设教研联盟办公室，办公室设在县教研室，负责联盟具体日常管理事务。办公室主任为李炜。

为整合资源、优势互补，以区域、学段和学科三种形式组建联盟。具体模式为"1+X"的模式，即每个教研联盟以一所优质学校为牵头学校，聚集X所潜力学校为成员学校。

（一）区域联盟

现有督导办为联盟区域，分为下寺、普安、城北、柳沟、武连、开封、元山、公兴、白龙、鹤龄、江口和剑门等12个区域联盟。联盟组组长为督导办主任；牵头学校为督导办所在中小学；联盟学校为督导办辖区所有中小学。

（二）学段联盟

1. 普高联盟组

联盟组组长：何雄林　　副组长：邓思勇

牵头学校：剑阁中学

联盟学校：剑阁中学、剑门关高中、剑州中学、开封中学、白龙中学等5所高中学校

2. 职高联盟组

联盟组组长：李文峰

牵头学校：剑阁职中

联盟学校：剑阁职中、武连职中、新科职校等3所职业学校

3. 初中联盟组

联盟组组长：左　长　　副组长：黄金富

牵头学校：普安中学

联盟学校：普安中学、剑阁中学初中部、剑门关高中初中部、剑州中学初中部、开封中学初中部、白龙中学初中部、武连职中初中部、剑门中学、汉阳中学、木马中学、鹤龄中学、公兴中学、元山中学和柳沟中学等14所初中学校

4. 九年一贯制联盟组

联盟组组长：陈国建　　副组长：徐邦友

牵头学校：龙源育才学校

联盟学校：龙源育才学校、姚家小学、盐店小学、东宝小学、王河小学、演圣小学、香沉小学、杨村小学和江口嘉陵学校等9所学校

5. 新老县城小学联盟组

联盟组组长：伏大庆　　副组长：李瑞民

牵头学校：龙江小学

联盟学校：龙江小学、实验学校、普安小学、剑门关实验学校和香江国际实验学校等5所学校

6. 小学联盟组

一组：

联盟组组长：苟建政

牵头学校：开封小学

联盟学校：柳沟小学、武连小学、开封小学和元山小学等4所学校

二组：

联盟组组长：蒲剑峰

牵头学校：白龙小学

联盟学校：南禅小学、公兴小学、白龙小学、鹤龄小学和剑门关小学等5所学校。

7. 小型小学联盟组

一组：

联盟组组长：田伯明　　副组长：敬奇国

牵头学校：汉阳小学

联盟学校：城北小学、汉阳小学、上寺小学、张王小学、闻溪小学、江石小学、田家小学、高观小学、西庙小学、北庙小学、柳垭小学、抄手小学、凉山小学、义兴小学、秀钟小学和马灯小学等16所学校

二组：

联盟组组长：张天严　　副组长：何杰分

牵头学校：木马小学

联盟学校：木马小学、高池小学、迎水小学、金仙小学、圈龙小学、长岭小学、涂山小学、广坪小学、禾丰小学、店子小学、碑垭小学、锦屏小学、石城小学、羊岭小学和柏垭小学15所学校

8. 小规模小学联盟组

一组：

联盟组组长：唐剑峰　副组长：唐晓成

牵头学校：正兴小学

联盟学校：毛坝小学、垂泉小学、碗泉小学、正兴小学、国光小学、公店小学、时古小学和柘坝小学等8所学校

二组：

联盟组组长：王光明　　副组长：武子国

牵头学校：鸯溪小学

联盟学校：小剑小学、普广小学、鹤鸣小学、吼狮小学、摇铃小学、鸯溪小学和樵店小学等7所学校

9. 学前教育联盟组

联盟组组长：刘　晏

牵头学校：普安幼儿园

联盟学校：普安幼儿园、香江国际幼儿园、各小学附属幼儿园

（三）学科（领域）联盟

由县教研室各学科教研员负责牵头成立学科（领域）联盟，整合名师工作室和优势学科学校，聘请一批兼职教研员，开展学科教研工作。

第二节　教研联盟考核评价

根据《剑阁县教育局关于印发〈剑阁县教研联盟实施方案〉的通知》（剑教函〔2018〕33号）的精神，为使剑阁县各教研联盟有效开展教育教学工作，进一步扩大优质教育资源覆盖面，确保各联盟组工作任务落到实处，加快全县教育事业高位优质均衡特色发展，打造剑阁教育亮点，须加强对教研联盟工作的全考核评价。

一、考核评价对象及原则

对象为全县各教研联盟组牵头学校、各教研联盟及各教研联盟组内各学校。

考核评价原则：一是坚持增量评价的原则。注重发展性增量评价，从起点看变化，科学客观地评价学校教学教研管理和教育教学工作的新作为、新增长、新发展。二是坚持优质均衡的原则。积极推进各教研联盟内优质教育资源的辐射、下沉、融合、互补，不断扩大覆盖面和受益面，促进全县教育优质均衡发展。三是坚持创新发展的原则。以夯实基础为前提，积极探索实践创新发展的路径和方法，努力实现教育教学理念的不断优化和办学水平的迅速提升。

二、考核评价内容

依据《剑阁县教育局关于印发〈剑阁县教研联盟实施方案〉的通知》（剑教函〔2018〕33号）的精神，制定《剑阁县教研联盟工作考核细则》，从制度建设、教研队伍管理、学校文化、资源共享、教育教学、特色创新等方面对各教研联盟进行考核评价。

三、考核评价程序

教研联盟考核评价时间为每年 1 月 1 日到 12 月 31 日。年度考核评价工作分自查自评、学期考评、年度总评三个步骤。

（1）自查自评：各教研联盟认真对照标准，逐项逐条对教研联盟每项工作进行自查自评打分，分别于每年 6 月 30 日、12 月 10 日以前向县教研室提交自查自评报告。

（2）学期考评：在各教研联盟自评的基础上，县教研室组织考核评价小组，按照考核评价指标，对各教研联盟每学期的工作情况进行考核评价打分，考核情况在全县通报。

（3）年度总评：县教研室组织专家评审小组，结合自评、学期考评及日常考核情况，对各教研联盟年度工作情况进行综合评价打分，考核情况在全县通报。

四、考核评价方法

实行定期考核评价和分类考核评价。

定期考核评价：考核评价采取定性和定量相结合、自查自评和组织考核评价相结合的方式。学期考评和年度总评通过听取汇报、查阅文档资料、与受评学校师生座谈、实地考察、问卷调查等方式进行。

分类考核评价：对各教研联盟的考核评价，分联盟牵头学校、各教研联盟组及各教研联盟组内各学校三个层面进行。对各教研联盟和成员学校进行"捆绑考核"和"单独考核"。各教研联盟的考核成绩由三部分构成，其中联盟牵头学校、各教研联盟组和教研联盟组内学校考核成绩在各教研联盟总成绩中的权重分别为 0.5∶0.35∶0.15。同时，各教研联盟和教研联盟组内学校的考核成绩分别纳入相关教育督导责任区的年度考核成绩。

五、考核评价结果应用

对各教研联盟的考核评价结果分优秀、良好、合格、不合格四个等次。考核评价得分 90 分及以上的为"优秀"，75~89 分为"良好"，60~74 分为"合格"，60 分以下为"不合格"。考核评价结果作为评优树先的重要参考依据。考核评价末位的各教研联盟要向县教育局作出情况说明。对"不合格"等次的各教研联盟和联盟成员学校予以通报批评。

表 9-3　剑阁县教研联盟工作考核细则（试行）

一级指标	二级指标	考核要点及分值	计分办法
A1 基础性 指标 （20 分）	B1. 制度建设 （10 分）	1. 依法制定联盟章程，明确联盟组各学校职责、权利和义务；建立健全联盟内行政管理、教师交流、教学科研等方面的制度（2 分） 2. 制定联盟 3 年发展规划，有联盟年度工作计划、总结，联盟计划相关内容列入各成员学校工作计划（3 分） 3. 成立有关议事机构，每月召开联盟内工作会议，调查联盟内各成员校工作开展情况（5 分）	1. 根据各教研联盟章程及各方面制度制定情况按 2、1、0 分三档计分 2. 根据联盟发展规划及工作计划、总结完成实际情况按 3、2、1、0 分四档计分 3. 根据各教研联盟内工作实际开展情况按 5、4、3、2、1 分五档计分
	B2. 联盟纪律 （10 分）	1. 联盟内没有出现违反国家政策、法律法规的言行；联盟成员思想积极，没有出现违反师德师风的言行（5 分） 2. 信访投诉办理及时高效，无有关联盟工作信访责任事件（5 分）	1. 违反安全规定，出现被依法处理、县内通报、区域影响、网络舆情危机，记 0 分 2. 按照《剑阁县教育系统信访工作目标管理考核标准》考核计分，出现越级恶意信访记 0 分

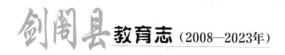

表9-3（续）

一级指标	二级指标	考核要点及分值	计分办法
A2 发展性 指标 （80分）	B3 队伍管理 （25分）	1. 联盟牵头学校建立对成员学校的教育教学管理干部的培养、选拔、培训、考核机制，成员学校干部管理水平有明显提升，成长迅速（5分） 2. 建立教研联盟内教师交流学习机制。联盟牵头学校每年到共同体学校的指导教师数不少于牵头学校教师总数的10%，成员学校到牵头学校学习交流的教师人数每年不少于30%（10分） 3. 联盟牵头学校与联盟内或其他联盟校结对帮扶不少于5对，成员学校教师整体素质明显提升（10分）	1. 根据各教研联盟内干部培训工作开展情况按5、4、3、2、0分五档计分 2. 达到要求的计10分，每降低1个百分点少计1分，每增加1个百分点加1分，最高加10分 3. 达到要求的计10分，每减少1个结对少计2分，没有结对的计0分
	B4 联盟文化 （10分）	1. 建设联盟文化，并在各成员学校得到不同程度体现（5分） 2. 联盟内各成员学校学校文化得到有效整合提升，形成"一校一特色"（5分）	1—2项根据实际情况分别按5、3、1、0分四档计分
	B5 资源共享 （10分）	1. 联盟内建有信息共享的网络平台，联盟牵头学校优质教育教学资源与联盟内各成员学校实现资源共享（5分） 2. 各成员学校社会实践和文化活动丰富，每学期至少有2次联盟内师生共同参与的各类社会实践和文化活动（5分）	1—2项根据工作开展情况分别按5、3、1、0分四档计分
	B6 教育教学 （25分）	1. 联盟牵头学校组织各学科骨干教师到每所成员学校进行示范指导（包括交流、评课、讲座、同课异构等），每学期至少2次（5分） 2. 定期组织成员学校的教师参加联盟内教研活动，每个学科每学期不少于2次，每学年至少有1项各成员学校共同参与的课题（5分） 3. 联盟牵头学校在课堂教学、教研等方面指导各成员学校，成员学校教师专业成长迅速，论文、教学获奖及各种评优树先总数比上年有所增加。成员学校学生整体素质逐年提高，在各级各类活动中获奖比率比上年有所上升（5分） 4. 联盟内各校在教学、教研、科研工作方面取得较大的进展与突破，取得各级各类综合和单项荣誉比上年有所增加（5分） 5. 普通高中以每年高考成绩数据为依据，初中以每年中考和学业水平监测为基础数据，小学以每年初一入学（六年级毕业）抽测为基础数据，每学年与上一年基础数据进行比较，根据位次的升降酌情加减分（5分）	1—4项根据工作开展情况分别按5、3、1、0分四档计分；第5项根据学生学业成绩与上年学业成绩的增量情况计分，负增长的计0分
	B7 特色创新 （10分）	1. 有联盟荣誉感及良好的精神风貌，联盟有较高的社会美誉度，社会和家长满意度达到95%以上（4分） 2. 联盟教研工作有特色，形成具有推广价值的经验，或在国家、省、市媒体上进行宣传（6分）	1. 根据学校工作开展情况及联盟学校群众满意度分4、3、2、0分四档计分 2. 国家级、省级、市级按6、4、2分三档计分，最高得分为6分

第三节　教研联盟开展活动及成效

一、学前教育教研联盟

剑阁县学前教育教研联盟成立于 2018 年 5 月。联盟以教研为抓手，以活动促发展，以规范保教行为、去除"小学化"为重点，采取师资培训、片区教研、打造示范点等方式，逐步打破了学前教育长期边缘化、个体突出、整体滞后的发展局面，促进剑阁县学前教育均衡发展。

（一）构建联盟共同体

1. 构建层级网络，组建共同体

为让各自为政的幼儿园联合起来，在共同愿景、共同目标的前提下，构建了以省级示范园——普安幼儿园为核心园，14 所中心集镇园为一级联盟园，26 所乡村园为二级联盟园的学前教育教研联盟共同体，形成层级发展网络。制定了《剑阁县学前教育教研联盟章程》《学前教研联盟小组入园指导要求》等规章制度，并在联盟启动仪式上学习解读、讨论通过，签订联盟发展协议，明确职责。

2. 实行片区责任制，实现抱团发展

根据就近原则，将全县 12 个教育督导责任区划片为 6 个联盟小组，由刘建容、刘娉娉等名优教师任组长；组长组建指导小组，分组落实各项改革措施，促进片区内各联盟园的交流、学习。

（二）学前教育教研联盟突出四个字：同行共进

（1）集中培训解决共性问题。以跟岗、专题培训等方式，对联盟园存在的共性问题进行集中处理。如：2018 年 7 月组织 40 所联盟园的教师，开展环创、美术教学、早操等培训。11 月开展 32 所联盟园 58 名骨干教师跟岗研修，听课评课，让参培教师转变观念、反思行为、习得方法。

（2）按需送培凸显个体差异。根据各联盟园教师在教学方面的问题与困惑的不同，各片区联盟小组以《集中教育设计与开展》《一日活动的组织与开展》《幼儿园语言教学的策略》等专题，送培到片，送培入园。

（3）以赛促能助推教师成长。开展简笔画、学习故事和课堂教学大比武等比赛，提高教师专业能力。如，2019 年 4 至 6 月的幼儿教师教学大比武，经园级初赛、片区复赛及全县决赛，全员参与、层层选拔。决赛时，全县 12 个督导责任区、选手及联盟园校长共 96 人参加，颁奖典礼上进行了教学大比武活动总结、幼儿园"小学化"专题讲座，教育局、基础教育股、教研室等领导出席会议并作重要讲话，有效推动了学前教育的改革和规范化发展。

（4）同观共学。坚持"活动促发展"的原则，给各联盟园"压担子"，开教研现场会 10 余场，形成了"现场观摩+管理沙龙+教师研讨+专题讲座"的活动模式，为各幼儿园提供了学习范本。

（5）同步共享。一是核心园与联盟园实施活动联动，同步开展计划制订、早操创编、教研周、六一活动等，减少农村园的盲目性；二是资源共享，建立网络研修资源库，并在联盟园间开展过剩、稀缺物资漂流。如：六一互借道具、服装，协助主持等。在联盟内形成帮、学、超的良好氛围。

（6）经验互通，提高管理水平。一是开展校长沙龙，交流管理经验，共研管理难题；二是输出管理人才，骨干教师 10 余人到联盟园支教或兼职支教；三是联盟园派遣各岗位管理人员到核心园跟岗学习达 30 余人次，学习管理方法。

（7）课题共研，提升研究能力。课题共研是在联盟小组的指导下对同一个课题从不同方面开展研究。联盟内有 3 个课题进行共研。第一个是省教育科研课题"农村幼儿教育集团办园、联盟发展的机制和策略研究"，让学前教育教研联盟与课题研究同步进行，核心园与联盟园同步研究。第二个是市级课题"乡镇幼儿园户外体育活动的开展与研究"，让具有户外场地优势的幼儿园确立小专题，开展研究。如：公兴小学附属幼儿园开展篮球运动小专题，江口小学附属幼儿园根据场地开展体能游戏大循环专题。第三个课题是"'构建"三亲"园本课程，去除小学化教育'试点改革研究"，由木马、南禅小学附属幼儿园参与研究。

（三）教研联盟成效

学前教育教研联盟经过一年半的时间，各联盟园有了不同程度的变化，具体表现在以下方面：

（1）投入增大。多数幼儿园对环创、活动、保教设备和玩教具投入增大，如江口、店子整改了小型化盥洗室、厕所，投入幼儿户外活动攀爬设备、桌椅、玩具柜等。

（2）管理日趋规范。部分幼儿园一日活动有了区角、户外游戏等内容；部分联盟园有了考核制度，按月考核；多数联盟园能每月教研，大大提高了保教质量。

（3）联盟园间形成互助互竞氛围。元山、开封等幼儿园主动申请承办全县学前教育联盟教研现场会，江口、田家等申请升级为一级联盟园，店子、杨村等申请加入联盟，多所幼儿园主动邀请核心园指导工作。部分教师自我提高意识增强，从拒绝"事多"转变为主动申请参培、承担示范课。

（4）主管部门主动助推、协调联盟活动，表彰先进，有效激发了农村园发展的内驱力。

二、小初高衔接教育联盟

实现各学段的无缝对接和有机结合，培养更多的具有社会责任感、创新精神和实践能力的优秀拔尖学生，办好家门口优质而公平的教育。建立小、初、高衔接教育联盟是剑阁县探索新的人才培养模式、实现教育优质均衡发展的重要举措，通过衔接教育联盟力争实现以下愿景。

（一）目标任务

探索衔接教育中教育教学管理模式。各联盟在国家《义务教育学校管理标准》框架下针对衔接教育特点，以问题为抓手，通过联盟活动研究和探索各学段衔接教育教学的管理模式。探寻衔接教育中德育教育的方法。结合各学段德育目标和学生身心发展规律，加强学生心理、行为、品质等方面的衔接研究，尊重学生身心发展规律，提高学生适应能力，特别是适应外部环境及人际关系变化的能力。优化衔接教育中各学科课程融合。组建学科课程中心教研组，结合课程改革实际，指导和督促学校做好课程建设工作，优化学校课程体系。统筹各学段的国家学科课程目标与教材内容，逐步形成各学科衔接教育的课程体系，研究制订衔接教育的课程融合指导方案。加强衔接教育中学生学科素养研究。注重学生德、体、艺等传统素养的培养，针对衔接教育的教学特点，系统研究各学段衔接各学科的教学方法，培养学生良好的学习习惯，加强学法指导，夯实学科"双基"，提高学生学习能力。

制定衔接教育的监测与评价标准。根据国家、省、市教育质量综合评价改革，结合衔接教育特点，研制相关监测与评价指标，形成适合的监测与评价体系。探索衔接教育中家校共建工作模式。在各学段衔接教育中结合学习任务、学习方法、作息时间等带来的变化，加强对家长教育孩子的方法指导，推进家庭全程参与孩子教育研究，凝聚家庭和社会的合力，做好家校共建工作。

（二）衔接措施

（1）注重学生的"入校"衔接。开设新生入学课程，并将其作为学校的特色课程纳入正常的教学管理，帮助新生对即将开始的学习生活产生期待，做好学生入学的第一天、第一周、第一月及第一学期的学习及活动安排，如：开设第一周班会课"我在这里启航"、第一月活动主题"发现新学校的美"，围绕第一学期的"我爱我校，认知自我"等开展活动，从而做好学生的"引桥"工作。

（2）做好学科知识衔接工作。第一，加强学科课标的培训，要求所有教师熟读和理解所任学科的课程标准，全面了解在不同阶段教学内容的要求，架构立体的知识网络，有针对性地进行教学设计，做到教一课，心里装着一册，教一册，心里装着整个学段，促进学生学习的可持续发展。第二，做好各学科知识的延展教学，教师在课堂教学中依据课标针对性地对部分知识进行拓展教学，为学生今后的学习打下基础。

（3）注重学法指导与学习指引，帮助学生从依赖型学习逐渐向自主型学习过渡。进入新的学段，课程难度大幅提高，学习方法也有较大差距，养成良好习惯即学的习惯，学习方式也要向自主型学习方式过渡。第一，培养系统地把握知识的能力。很多同学在学习中习惯于跟着老师一节一节地走，一章一章地学，不太在意章节与学科整体系统之间的关系，只见树木，不见森林，随着时间推移，所学知识不断增加，就会感到内容繁杂、头绪不清，记忆负担加重。事实上，任何一门学科都有自身的知识结构系统，学习一门学科前首先应了解这一系统，从整体上把握知识，学习每一部分内容都要弄清其在整体系统中的位置，这样做往往使所学知识更容易把握。第二，培养发散思维，养成联想的思维习惯。在学习中大家应经常注意新旧知识之间、学科之间、所学内容与生活实际等方面的联系，不要孤立地对待知识，要养成多角度地去思考问题的习惯，有意识地去训练思维的流畅性、灵活性及独创性，长期下去，必然会促进智力素质的发展。知识的学习主要通过思维活动来实现，学习的核心就是思维的核心，知识的掌握固然重要，但更重要的是通过知识的学习提高智力素质，智力素质提高了，知识的学习就会变得容易。所以上面讲的学习的三个学习习惯实质上是三种思维习惯。学习的重点就是学会如何思考。

（4）注重学生心理健康的教育。一是让学生积极适应初级目标，使学生能够合理应对学习、生活、交往和身体发育中的各种变化，在学习、生活、交往活动方面表现出与身体发育相一致的心理和行为。适应性是衡量心理健康与否的重要标准之一，也是心理素质教育逻辑上的起点。二是让学生主动发展，以此促进学生心理素质各成分及其整体结构的整合与和谐，旨在培养学生与身体发展、年龄特征、成长意识和社会发展相符合的心理素质，这是心理素质教育的中级目标。三是培养学生勇于创造的精神。积极适应是主动发展和勇于创造的基础，而主动发展和勇于创造则以积极适应为其必要条件。

（5）以活动为载体开展好衔接教育。一是开好"三会"。首先是教师培训会，以各学段教师联合教研会为切入点，通过理论学习和思想认识让教师在知识储备上和思想认识上为衔接教育打下基础；其次是开好学生培训会，通过培训让学生提前为新的学习生活做好知识、方法、心理等方面的准备；最后是开好家长培训会，家长在学生成长过程中扮演重要的角色，让家长预知学生在新学段中可能出现的教育问题并掌握相应的教育方法，便于学生更好地成长。二是开展融入教育的主题活动。根据实际情况适时开展低学段学生进高学段课堂活动，感受高学段课堂学习氛围，让学生真切体会到不同学段课堂教学的差异，为适应新学段课堂教学做好铺垫。

三、普通高中教研联盟

（一）总体工作目标

立足本联盟实际，指导协助各校制定出适应本校推进课改的规章制度和活动方案，促使学校管理向精细化、教学向精准化、评价向科学化方向发展，促使学校有效课堂的构建向自觉化、规范化、制度化方向发展，培养教师的敬业精神、提升教师教学水平，丰富学校的文化内涵，使学校获得长足全面发展；促进教师教学理念、教学行为的全面转化，充分发挥学生的主体作用，打造符合校情的有效课堂；充分利用学生、依靠学生，促进学生在习惯养成、学科素养和身心健康等方面获得教育和发展。

（二）建立组织工作制度，创新工作机制和模式

（1）联盟组织机构。为了使联盟工作有序开展，成立了联盟组织机构，分别有：①领导小组，

由牵头学校校长担任组长，副组长由成员学校校长担任，成员由各校主管教育科研的副校长担任；②工作小组，组长由牵头学校主管教育科研工作的副校长担任，副组长由成员学校主管教育科研的副校长担任，成员由各校教科室主任担任。联盟工作小组下设普高教研联盟办公室，办公室设在牵头学校教科室，负责联盟具体日常管理事务，主任由牵头学校教科室主任担任，副主任由成员学校教科室主任担任。

（2）构建专业成长培训机制。教师的业务水平想要提高，参加培训、学习就显得尤为重要。在联盟内构建了教师专业培训机制，采取各种办法对老师进行培训，教育他们树立以师生发展为本的理念，提高教师实施素质教育的能力和水平，提升教师的整体素质，扎实有效地开展学科研训工作，促进了教师的专业化成长，提高了教师队伍整体素质。

（3）构建名师示范引领机制。在联盟内有多位省、市、县各级名师，也有特级教师、正高级教师，为了让他们发挥出应有的作用，构建了名师示范引领机制，让名师引领区域教研，搭建教师零距离接触优秀骨干教师平台，领悟名师先进教学理念、灵活的教学智慧；同时为教师们提供了互动交流学习的平台，实现教师间的教学互助、共同成长。充分发挥教研在教学工作中的指导与推动作用，促进教师专业化及学校的可持续发展。

（4）组织编制县本练习卷。联盟通过抽调各校名师、骨干教师精心编写高质量的"内容详、针对强、水平高、质量优"的县本练习与模拟试卷，有效发挥练习与试卷的导向作用。通过课题研究，提高学科教师的命题水平、教学能力，让教师站在更高的层次上实施教育教学，在教材处理、问题设计、师生互动、关注与引导学生、作业设计布置与落实等方面，为学生提供更高质量、更加适合的教育教学，以此推动学科教学的整体发展，达到县域内各校之间学科均衡发展的最终目标。

（5）组织统一学科教研。县本教研是通过教师之间以及在课程实施等教学活动中的专业对话、沟通、协调和合作来实现的。学科联盟教研工作的核心是教师之间的合作精神。通过合作，分享经验，互动支持，克服了教师之间的孤立行为，为县本教研带来全新的活力。规范统一的县级教研活动，把教育教学实践、教师自我反思、教师互动互助、专业引领等协调统一，相互促进。形成"多人言""齐参与"的互动式、个性化的教研开放模式，高效促进了教师间的团队合作。

（6）组织统一学业监测。质量是教育的生命线，坚持"抓内涵、提质量、促发展"，大力实施教育质量提升计划、进一步完善教学管理机制、建立统一的教学质量检测评价机制，并在县域内定期组织统一的学业质量检测，把握学生学业水平，全盘把控了教师教育教学质量。

（7）搭建学科网络平台。组织各学校、各学科建设网络平台，可以对各学科之间的教学模式、学习方式进行相互学习、相互探讨。本校与外校的资源交流，可以提升教师自身的内涵，进而增加学生的见识、提高学生的兴趣。在交流平台上，名师的榜样及引导作用更加显著，对落后学校的学生和教师的指导作用也会更加明显。从心态上看，名师与名校并非遥不可及，与他们的沟通和交流会近在咫尺。总之，资源共享平台建设，有力地缩小了基础教育差距，提供了拓宽视野的机会，实现了区域教育资源共享共建。

（8）主动搭建活动平台。密切县域教研联盟关系的最佳途径就是活动。县城学校应发挥龙头示范作用，对联盟校内活动进行统一谋划，针对教师应多组织教研活动，以便促进教师专业化成长。剑阁县普高教研联盟主办了多次"同课异构"教研活动，每次活动均由联盟主办，成员学校承办。每次活动，成员们都精心组织，各学校老师同台献技，每人奉献一堂才情毕显、风格迥异、精彩纷呈的优质观摩课。来自全县五所高完中同科的专家同仁认真听课，并对该堂课量化打分，然后分学科进行评课活动。整个活动扎实有效，使联盟内所有教师都得到了一定程度的锻炼和提高。

（三）联盟教研取得的成果

（1）通过师资交流，提高了各校教师的技能水平。县域教育联盟学校针对各方需求，互派骨干教师或管理人员到其他学校进行交流，将先进的教育理念带到成员学校，帮助联盟内学校制订规划方案，修订完善管理制度，指导课堂教学，尽可能地带动联盟学校实施素质教育，提高了教师专业水平与业务技能。

（2）通过科研互动，促进了各校教师的专业发展。教师的专业发展，离不开教育科研的引领。随着新课程改革的不断深入，课堂教学对教师素质的要求越来越高。联盟内有些学校，特别是农村学校传统的教研模式，已经不能适应新课程改革的要求。实施"校级联动、科研互动"。联盟通过专题研讨、有针对性的业务技能培训、"同课异构"课堂教学展示等活动带动了薄弱学校教师实施岗位练兵，提高了他们的专业素养。

（3）通过资源共享，推动了全县教育均衡发展。随着农村城镇化发展，许多农村学校逐步萎缩，城乡教育差距已成为不容忽视的现实问题。而县域教研联盟的实施，激发了农村学校的生机和活力。城乡联盟学校的交流互动，促进了农村教师队伍的专业发展，提高了农村学校的教学质量，实现了资源共享，推动了全县教育的均衡发展。

四、职教联盟

2017年底，剑阁县教育局成立职教研究联盟，联盟在两年的区域职业教育发展中实现了协同发展。

（一）合作发展，搞好区域职业教育

职业教育曾经面临单打独斗的境况，特别是在区域内，职教学校之间面临招生、声誉、就业、排位的竞争，虽然同是弱势教育，但学校间的合作交流应该是发展的必由之路。"天下职教是一家"，剑阁县将域内三所职业学校结合起来，建立剑阁职业教育联盟，开始探索职业教育学校的协同发展、合作发展。

1. 建立联盟，发挥各自特长

剑阁县的三所职业学校各具特色。四川省剑阁职业高级中学校是广元市的老牌职业名校，学校职业教育多年来在川北地区具有较高的声誉，学校的办学实力雄厚，师资和设备在辖区具有绝对的领先地位，技能教育、职业技能大赛成绩优异，多年获得全市教育质量和技能大赛优秀单位称号。剑阁县武连职业高中坐落在农村乡镇，服务农业的专业具有悠久的传统，中央党费特殊援建助推了学校的发展。剑阁县新科职业学校是一家民办职业高中，在老县城具有地域和人员优势，学校以服务第三产业为主，同时承担了大量的社会培训。三所学校发挥各自的特长，联合行动，共同发展。

2. 合作发展，优势互补

剑阁县职教联盟成立，就是要发挥各自的优势，取长补短，协同发展。三所学校在职业技能竞赛、教学研讨、服务社会方面相互交流，实现区域职业教育从北到南一条线，从第一，第二、第三产业的全面覆盖，从教育、教学、技能、招生、就业、服务能力上合作，成就了剑阁职业教育的全面、协调发展。

（二）开展活动，搞好联盟教育交流

教育以活动育人，联盟以活动联络。职教联盟需要以具体的活动增加交流，增强凝聚力。

1. 开展教学竞赛，加强职教交流

职教联盟首先是一个教育联盟，教学合作是剑阁职教联盟重要的活动。2018年5月，联盟举行教学大比武剑阁县的复赛，三所学校教师积极参加；2018年11月，联盟合作参加广元职教集团教学竞赛；2019年3月，召开联盟的高三研讨，共同研究高三教学；2020年5月，举行剑阁县职教联盟高三单招研讨。通过每学期定型的教学竞赛，联盟成员学校在课堂教学、技能训练上共同进步。2019年12月，剑阁县武连职中首次在全市技能大赛中取得奖牌，新科职校也首次组团参加竞赛。

2019年3月22日，剑阁县职教联盟在剑阁职中举行联盟研讨课，对即将到来的高三单招考试和职教师资对口高考进行研究。本次活动中，剑阁职中王帮毅、谢平、李秀芳、敬天国、王以涛、汪静姝，武连职中的何晓霞分基础课和专业课进行了教学案例展示。

2. 合作科学研究，探讨教育科学

没有教育的科学，就没有科学的教育。除了开展中职的教学合作，剑阁职教联盟成员学校还开展了教育科学合作、学校之间的科研交流，充分发挥剑阁职中在教育科研中的龙头作用。2018 年12 月，剑阁职教联盟在剑阁职中举行现代学徒制成果交流，成员学校就现代学徒制教育发展改革项目和四川省教育科学资助金项目进行成果推广。2019 年1 月，剑阁职教联盟在剑阁职中进行"基于互联网+职业教育背景下的职业教育教学改革实践研究"的交流，该成果最终获得中华职教社总社成果三等奖。联盟成员学校在科学研究上的积极性得到了提升，2019 年，剑阁县武连职中成功申报市级课题 1 个、县级课题 2 个。

2018 年12 月20 日，剑阁职教联盟举行了现代学徒制成果推广会。剑阁县教育科学研究室李炜书记主持了推广会，剑阁县职业教育联盟所属的剑阁职中、武连职中、新科职校出席了会议，剑阁县内高中学校、初中学校的教科室主任也参加了会议。本次研讨，汽修专业的邓青松老师在汽车维修车间 2.56 班进行了"涂装——底材处理"实训教学，阳芳老师在汽车维修中心进行了"汽车营销——顾客销售"实训教学，程志强老师在汽车发动机维修中心进行了"雪佛兰科鲁兹·丰田卡罗拉发动机拆装"操作教学，与会人员参加了三堂课的教学观摩。下午，进行了现代学徒制成果交流，剑阁职中王德明、李勇生进行了成果说明，剑阁教育局李炜、罗有鹏，五连职中贾金国、剑州中学魏雄做了交流发言。

3. 协同对外联络，学习先进经验

联盟发挥集体合作优势，内引外联，实现对发达地区教育的引进交流。2019 年9 月，四川省职教升学联盟在剑阁职中召开 VCEE 杯高三教学研讨，联盟的语文、英语课在全省示范交流，联盟其他成员学校参与了活动，学习了省内其他学校高三教学的优秀做法。2019 年10 月，联盟成员学校剑阁职中和四川省尹福全中职语文名师工作室合作，召开省名师工作室剑阁职中研训活动，成员学校和全省其他 37 所学校教师就课堂教学、课题研究、教育资源开发进行交流。近年来，联盟成员间在亚非拉职教交流、东西部扶贫协作、蜀道讲坛、中国科学院名老专家讲座、旅外企业家人事进校园等活动中资源共享，交流合作。

（三）名校引领，开展校际帮扶活动

剑阁职教联盟成员学校的发展具有不平衡性，学校的教师队伍交流，发挥优势学校的师资和引领示范，开展对口帮扶活动，共同促进学校职教事业的发展。

2019 年，剑阁职中派出学校的两位名师到武连职中开展名师送教送研帮扶活动。2018 年，学校派出电子、信息、平面设计、旅游四个专业到武连职中开展技能指导和鉴定，助推武连职中的技能教学，学校还给武连职中提供技能竞赛训练平台，助推武连职中组队参加全市职业院校和行业的技能大赛。

2019 年4 月，四川省尹福全中职语文名师工作室成员、广元市中职语文名师工作室李勇生到武连职中开展送教送研活动。李勇生开展了"教师做科研：动因、程式、成果"讲座，李月华进行了《林教头风雪山神庙》的示范课教学。

第三章 课程改革

一、国家课程改革的理念、目标、任务

（1）新课程改革的核心理念是：一切为了学生的发展。"一切"，指的是学校的所有教育教学方略的制定、方式方法的使用，都要建立在以人为本、促进学生健康成长的基础之上；这里的"学生"，显然是指学校里的每一位学生；这里的"发展"，指的是学校的教育教学及一切课外活动，都要把目标锁定在有利于学生终身发展之上，有利于学生在学校获得今后走向社会所需的基本生存能力——自主学习的能力、与人合作的能力、信息收集与处理能力、学会办事的能力、独立生存的能力，以保证下一代能够在未来社会生存与发展。因此，有人干脆把这句话说成：为了一切学生的一切。

（2）课改的具体目标应实现五大转变：一是改变课程过于注重知识传授的做法，强调形成积极主动的学习态度，使获得基础知识与技能的过程同时成为学会学习和形成正确价值观的过程。二是改变课程结构过于强调学科本位、门类过多和缺乏整合的现状，使课程结构具有均衡性、综合性和选择性。三是改变课程内容繁、难、偏、旧和偏重书本知识的现状，加强课程内容与学生生活及现代社会科技发展的联系，关注学生的学习兴趣和经验，精选终身学习必备的基础知识和技能。四是改变课程实施过于强调接受学习、死记硬背、机械训练的现状，倡导学生主动参与、乐于探究、勤于动手，培养学生搜集和处理信息的能力、获取新知识的能力、分析和解决问题的能力，以及交流与合作的能力。五是改变课程评价过分强调评价的甄别与选拔功能，发挥评价促进学生发展、教师提高和改进教学实践的功能。

（3）新课程改革的主要任务是更新观念、转变方式、重建制度，即：更新教与学的观念；转变教与学的方式；重建学校管理与教育评价制度。所谓转变方式，即转变传统的教与学的方式。教的方式的转变，其目的也是转变学生学习方式。在这次课程改革过程中，中国借鉴了美国自19世纪末就开始的现正被其大、中、小学大力提倡的"以问题为中心的学习"和"以项目为中心的学习"的成功经验，引入了"研究性学习"这一新课程。其意义就在于通过改变学生的学习方式，赋予学生自主学习的能力、与人合作的能力、自主决策的能力、搜集处理信息的能力、解决实际问题的能力。

（4）新课程改革的根本任务是：全面贯彻党的教育方针，调整和改革基础教育的课程体系、结构、内容，构建符合素质教育要求的新的基础教育课程体系。

（5）新课程改革的核心任务是：学习方式的转变。在新课程所要完成的三大主要任务中，转变教与学的方式，尤其是转变学生的学习方式是核心的任务。教师课堂教学方式的改革，最终目标是转变学生学习方式，改变学生在学校里的生存条件，使得培养出来的人能够比以传统方式培养出来的人更具有创新精神与实践能力。

二、剑阁县课改现状

（1）剑阁县地处西部欠发达地区，目前的教育形势十分严峻。一是在理念、师资、设备等方面

均处于落后水平，绝大多数学校和教师教学方法陈旧，仍存在师本教育和本本教育的情况。二是从周边市区教育形式看剑阁县教育也面临严峻的局面，南边的成都、绵阳，北边的广元甚至苍溪的教育理念和水平都处于领先地位。三是随着国民经济的发展，老百姓对教育的需求更加高了，为了办好人民满意的教育剑阁县的课改势在必行。

（2）剑阁县在深入贯彻国家课程改革方案中，提出了构建"生本理念下的有效课堂教学"，目前剑阁县各中小学正大力进行课堂教学改革，并取得了阶段性成果，义务教育质量稳步提升，高中教育连续五年有学子考入清华大学、北京大学。

三、剑门关高中课改的具体情况

（1）目前，学校已使用成都七中资源11年。为了克服弊端、逐渐摆脱对成都七中的依赖，通过多方考证，经市教科所的推荐，学校引进了中国教育科学研究院韩立福教授的学本教育模式——小组合作是课堂形式，结构化预习是其中的教学环节。该教育模式有完整的理论体系和具体的操作方法，不存在一会这样一会又那样的情况，目前，课堂改革均按计划有序开展。

（2）学本课堂简介：学本，是以学习者（学生、教师和参与者）学习为中心，充分相信学生的学习能力和潜能，教师和学生将以平等身份、同等的角色共同开展学习活动，共同实现学习目标。①师生角色：平等、民主、和谐的同学关系。②教学内涵：以问题学习为主线、合作学习为平台、评价学习为手段、思维学习为目标。③教学方法：自主学习、合作学习、对话学习、探究学习。④教学模式：师生共同学习、合作学习、对话探究。⑤教学目标：全体学生全面发展、个性发展、和谐发展。

（3）此项改革广泛征求了学校行政领导、年级组管理领导、一线教师的意见。学校本着循序渐进的原则，首先请专家对老师进行了多次理论培训，给管理层、班主任购买了《学本课堂原理》《合作学习原理与策略》《有效小组合作学习的22个案例》等理论书籍，并组织了老师到成都四十三中观摩学习，然后对学生进行培训，同时韩立福教授的专家团队将根据课改的进展情况随时跟进，随时到校予以指导。学校通过让课程改革走在前面的老师上推课、公开课、示范课的形式让其他老师观摩学习，90%以上的老师都已接受和认可这一课堂教学改革，学生也欣然接受这一模式，并积极投入其中。当然，有改革就有不同的声音、就有阻力，不排除有个别老师认识未到位，行动未到位，学校也为此召开了多次推进会，多次明确课程改革的最终目的是进一步提高教学质量，不存在一刀切的情况，更不是折腾。

（4）关于课改经费，经过校长办公会、年级管理领导会讨论通过，并与韩立福教授多次谈判、协商，达成协议，最终形成了合同。费用按照工作进展情况和指导情况分步支付，所有参会的校级领导、年级管理领导均在合同上签了字。

（5）此次课堂改革，是2018年11月率先从高三开始的，从广元一诊、二诊考试结果来看，学生成绩有明显提升。高一、高二的学生课堂活跃程度、课堂气氛、学习的主动性和积极性均有特别大的改变。初中的学生更是恢复了他们本身所具有的灵动和天性。学本课程改革虽然时间短，但韩立福教授的学本教育有完整的理论体系，有很强的操作性，同时又有大量的成功例子（仅省内就有成都四十三中、棠湖中学、攀枝花三中等）可借鉴，学校坚信能做得更好。本学期开学之际，市教科局一行9人专程到剑门关高中进行了专题调研，对学校的学本教育和学本课堂给予了充分肯定和高度评价。

四、学校课程开发

小学课程开发。在义务教育均衡发展阶段，许多学校都有自己的校本教材。这些校本教材，通常是根据学校的发展历史、学校所处的地理位置、学校的办学特点，选择其中一项或几项来编写，作为学生辅助读物。其中，姚家小学的《翻开姚家这本书》、龙江小学的《大家的学校》被市教育局评为优秀校本课程一等奖。

中学课程开发。原区住所地的初级中学及剑阁中学、剑门关高级中学、剑州中学，都开发了校本课程，通常作为学校辅助读物来处理，使用的效果不是想象的那么好。

职业学校课程开发。剑阁职中各专业在原来使用专业课本的基础上，由专业课教师负责、各教研组牵头、学校教科室组织，按项目教学的要求，用近3年的时间，编写了98本专业课校本教材。学生在上课时，通常使用学校教师自己编写的教材。文化课教师编写的校本教材，通常作为课外读物来处理。

五、研学实践基地的课程开发

剑阁县研学实践基地包括剑门关5A景区、剑山未见山、金色家园、五指山、双旗美村、剑阁县中小学生综合实践教育营地（原职中老校区）、李榕纪念馆。每个实践基地在申报审批时，都有一套教材。

表9-4 广元市2020年中华文化优秀校本课程读本名录

读本名称	编写单位	学段	编写人员	等次
《翻开姚家这本书》	姚家小学	中学	唐守荣等	一等奖
《小学生礼仪实践课程》	龙江小学	小学	伏大庆等	一等奖
《莲之韵》	高池小学	小学	梁红琳等	一等奖
《上善若水厚德载物》	木马中学	中学	木马中学	二等奖
《白龙纸偶》	白龙中学	中学	何锦明等	二等奖
《李榕的故事》	龙江小学	小学	伏大庆等	二等奖
《翠云廊》	汉阳小学	小学	唐剑锋、周林和等	二等奖
《校本课程开发》	东宝小学	中学	李林山等	三等奖
《茶艺》	剑门关实验学校	小学	梁玉钊等	三等奖

第四章 课题研究

在县教育局的领导下，在市教科所的有力指导下，以国家、省、市各级《课题研究指南》为指针，以全面提高教育教学质量为目的，以提升教研员自身素质、夯实教学常规管理、稳步推进课程改革、强化校本教研、提高教研工作的实效为重点，充分发挥教研室"研究、指导、服务、示范、引领"的功能，建立健全了县、区、校教育科研机制，建成"三级"科研网络，创新思路，强化措施，狠抓落实，走"科研兴教""科研兴校"之路，全力推进基础教育教学研究工作，为提升全县中小学教师专业素养和教育科研能力，全面实施素质教育，全面提高教育质量，做出了重要贡献。

把课题研究作为提高教学质量的重要抓手，建立课题研究制度，成立教育科研课题规划组织，制定课题研究的管理办法，发布课题研究指南。建立课题研究指导专家团队，对课题研究的申报、立项、研究、结题发挥指导作用。积极组织学校申报和参加国家、省、市、县等各级课题立项和研究。以课题研究为引领，充分发挥课题研究对教育教学质量的提升作用，把课题研究与教研活动融合在一起，用课题研究提升教学研究、丰富教学研究，用教学研究促进课题研究日常化、制度化、校本化。

第一节 教育科研队伍建设

制定了《剑阁县教育科研室会议制度》《剑阁县教育科研室值日考勤制度》《剑阁县教育科学研究室"老带新"制度》《剑阁县教育科学研究室关于新进人员职称评定、工资晋级和评优的规定》《剑阁县教研员听课评课工作规范》《剑阁县教研员挂联工作职责规范》《剑阁县教育科学研究室关于各校（园）推荐参加县级及以上教学示范课人员行为规范》《剑阁县教育科学研究室关于发放有关教育科研荣誉证书的规范》《剑阁县教育科研课题申报考核规范》等系列规章制度。建立和完善教学研究制度，形成科学、民主、实效的教学研究机制，切实加强教研管理工作。

建立专业教研队伍和兼职教研队伍相结合的体系。通过区域教研、联片教研、网络教研等多种形式，营造广泛参与、合作交流、民主开放的教研体系。建立起结构合理、管理有序、服务质量和研究水平较高，适应教育改革与发展需要的县、区、校三级现代教研工作网络。狠抓教研队伍能力建设，进一步提高研究、指导、管理和服务水平。切实加强教研员思想修养和专业知识学习，不断提高专业素养和教研工作能力，努力成为学科教学研究的引领者、实践者和参与者。

兼职教研员，通过面向全县遴选，经各骨干教师自愿申报，学校推荐，县教研室审核确定，任期三年。

为了适应课程改革及教育发展的要求，进一步加强剑阁县教育科研工作，培养和造就一支高素质、高水平的专兼职相结合的教研队伍，充分发挥全县优秀骨干教师在教育教学、教育科研、教师培养等方面的引领作用，科学合理地利用、整合教育优质资源，提升剑阁县教育科研的质量和水平，建立有效促进教师专业发展的良好运行机制，努力推动全县教育质量稳步提高。根据剑教函〔2018〕171 号文件精神，经县教研室研究决定在全县评聘兼职教研员。

一、兼职教研员聘用条件

（1）政治素养好，师德高尚。忠诚党的教育事业，认真贯彻执行党和国家的教育方针，爱岗敬业，作风过硬，具有服务意识、改革意识和创新精神。

（2）有较高的教育教学水平和丰富的教学经验。教学成绩突出，在全县有较高的威望和知名度，有一定的引领和示范作用。近五年以来，获得省、市级讲课、说课二等奖及以上或县级一等奖。

（3）有较强的教学研究和科研能力，有较好的写作功底和语言表达能力。近五年以来，至少有一篇学科教学论文获市级奖励或在市级报刊上发表或参与一项县级及以上研究课题。

（4）原则上具有本科及以上学历（小学兼职教研员专科及以上学历），教龄在 5 年以上，年龄在 45 周岁以下，身体健康且在一线任课。有较强的理论研究功底，或已取得显著学术成果，研究生及以上学历，市级及以上名师，特级教师，正高级教师等，年龄可以适当放宽。

（5）在职中小学校长和校级领导原则上不聘为兼职教研员。

二、兼职教研员职责

（1）协助县教研员搞好课程、课程标准及教材的分析和研究。在县学科教研员带领下，帮助全县相关学科教师全面认识新课程，掌握《课程标准》的精神实质，理解学科教学目的、任务，把握教学内容的层次，抓准教材的重点、难点和关键。

（2）充分发挥"桥梁"作用，搞好协调和反馈。兼职教研员要在所负责的区域内，经常深入学校、课堂等进行调研，发现问题，及时提出指导意见并反馈到教研室。站在理论与实践的结合点上，为县、乡、校之间搭建桥梁，在广大第一线教师之间，建立一个合作、交流、分享、成长的平台。

（3）参与和主持课题研究，每学年至少举行一次县级或区域公开课，组织或主持开展一次区域内的教研活动。协助教研员搞好各种教学评比活动。

（4）积极参与教学改革实验，发现典型，总结推广教改经验。协助县教研员搞好青年教师的培养。

（5）接受学科业务咨询。对本学科教师教学中遇到的各种业务疑难问题，要及时研究解决，并上报县教研室。

（6）收集整理资料信息，做好试题研究。协助教研员搞好教学参考资料、试题的编写及信息收集整理等工作，发挥网络资源优势，促进教学资源库建设。兼职教研员每期要为试题库提供自己编写的相关学科高质量试题不少于 2 套。

（7）严格要求自己，加强自身建设，成为教学改革的推动者和实践者、教学研究的发动者和带头人、县教研员的得力助手和参谋。

（8）服从教研室领导，及时主动完成安排的工作和目标任务。协助县教研室学科教研员顺利完成各项工作并获得上级好评者，年终考评才能作为"优秀"候选人。

三、兼职教研员权益

（1）优秀兼职教研员应优先享受评优评先。
（2）在大型教研活动中，享受优先发言权和相关表决权。
（3）年度考核为"合格"以上者在当年职称评定、工资晋级中享受加分权。
（4）享受 0.5 个工作量的考核。

四、任用和期限

（1）兼职教研员一届任期 3 年，由教育局（或县教研室）颁发聘书。

（2）兼职教研员任职期间如脱离本学科一线的教学工作，即视为自动放弃任职资格。

（3）兼职教研员的考核任用权在县教研室。

五、评聘程序

（1）本人申请。凡符合条件的剑阁县教师根据自愿原则，填写申请表。

（2）学校推荐。学校校长对申请教师要做综合鉴定和签字盖章。

（3）考察聘用。县教研室学科教研员对各学校推荐的相关学科人员进行全面初审；初审合格者报县教研室，教研室主任组织考评会议全面核定，最后确定人选，报分管局长批准任用。

六、拟聘名额（53 人）

（1）小学（25 人）：语文、数学、外语各 5 人，道德与法治、科学各 3 人；音乐、体育、美术、信息技术学科各 1 人。

（2）初中（25 人）：语文、数学、外语各 3 人，物理、化学、生物、政治、历史、地理各 2 人，音乐、体育、美术、信息技术学科各 1 人。

（3）兼职理论教研员 3 人。

七、剑阁县兼职教研员年度考核细则（试行）

表 9-5　剑阁县兼职教研员年度考核细则（试行）

项目	考核内容	量化办法	得分
德（5分）	1. 热爱教育事业，有较强的事业心、责任感和奉献精神，自觉遵守国家政策、法令、社会公德和组织纪律。全面执行教育方针，积极推行基础教育的课程改革。工作积极主动，能顾全大局，团结协作服从安排，勇挑重担	发生一票否决情况0分	
能（50分）	2.（5分）有比较渊博的专业知识，学科基本功精熟；熟悉课标要求，精通教材内容，熟知教材体例。熟悉本学科教学技能技艺，并积极参与课改及新教材培训	按教研员评定给分	
	3.（5分）协助教研员规划和组织本学科学年或学期教研工作。组织学科教师上公开课、示范课、集体备课和外出观摩学习等活动，每学期组织全县性的教研活动不少于 1 次，组织学科集体备课活动不少于 2 次；组织对教育教学的热点和难点问题开展研究、探讨并形成 1 篇调研报告	查看档案和记录，每少 1 次（篇）扣 1 分	
	4.（10分）协助教研员检查指导教学工作。深入教育教学第一线听课、评课，兼职教研员每人每学期听课不少于 30 节，其中，在外校听课不少于 10 节。要了解情况，检查教学工作，实施教学管理和监督；针对存在的问题分析原因，研究对策	查看记录，每少 1 节扣 0.5 分	
	5.（5分）协助教研员培养教学骨干；有重点培养对象；通过专题讲座、现场指导和传、帮、带等多种形式培养教学业务骨干，不断扩大骨干教师队伍，整体提高教育教学水平	根据培养对象成长等情况打分	
	6.（5分）协助教研员指导学校开展校本教研，在区域内形成一定影响力；兼职教研员每学期指导开展校际教研活动不少于 2 次	少一次扣 2 分	

表9-5(续)

项目	考核内容	量化办法	得分
	7.（5分）协助教研员总结教改经验，认真总结本地（本校）教育教学改革成果和经验，并及时宣传报道，推动教改工作深入开展	1篇以上为合格	
	8.（5分）协助教研员负责学科试题的研究，指导复习、参与命题（每学期命制不少于两套模拟试题）。做好考试质量分析报告	少一套扣2分	
	9.（5分）协助教研员做好全县教学质量检测的组织、检查与阅卷、统计工作	有失误扣1分	
	10.（5分）协助教研员积极开展课题研究，推广科研成果，接受学科业务咨询，研究解决本学科教师教学中遇到的各种业务疑难问题	根据情况打分	
勤（5分）	11.按时参加教研室或学校组织的各种学习、集体活动，及时传递教研信息，完成教研室安排的工作，严格遵守各项规章制度	无故不参加县教研室组织活动，少一次扣2分	
绩（40分）	12.本学科在全县学科教师参与教学研究的氛围明显改善（10分）；下校指导教学、开展教研、编制试题、开展课题研究、上示范课、听课调研等工作都能出色完成任务，并取得一定效果（10分）；个人学科考试成绩居全县同类学校前列（10分）；兼职指导学科在市级统测或抽测中评比指标进入全市前四，县级统测或抽测中评比指标在上一年基础上上升明显（10分）	根据完成情况打分	
奖励加分	兼职教研工作年终综合评定获县、市、省、国家级表扬按2~5分加分	根据文件或证书加分，可以累加	

表9-6　2014年剑阁县新聘兼职教研员名单

学段	学科	姓名	性别	学历	学校	联系方式
小学	语文	喻方焱	男	本科	剑门关天立学校	1354836****
	语文	周小琳	女	本科	剑门关天立学校	1808003****
	语文	杨秀萍	女	本科	龙江小学	1398120****
	语文	唐　晴	女	本科	龙江小学	1589227****
	语文	黄鲜明	女	本科	香江国际实验学校	1335003****
	语文	刘小华	女	本科	剑门关实验学校	1588357****
	数学	尤桂玉	女	本科	白龙小学	1356837****
	数学	刘　莉	女	本科	龙江小学	1350806****
	数学	何玲芳	女	本科	普安小学	1355163****
	数学	潘秋琳	女	本科	剑门关天立学校	1582696****
	英语	殷　琪	女	本科	剑门关天立学校	1592823****
	英语	郭娅汶	女	本科	开封小学	1518392****
	英语	梁　敏	女	本科	南禅小学	1529392****
	英语	赵　艳	女	本科	公兴小学	1588356****
	道德与法治	李海珊	女	本科	剑门关天立学校	1822376****

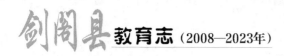

表9-6（续）

学段	学科	姓名	性别	学历	学校	联系方式
	道德与法治	李勇华	男	专科	武连小学	1589227 ****
	道德与法治	邵明慧	女	本科	剑门关实验学校	1994077 ****
	道德与法治	王小平	女	本科	剑阁县实验学校	1528209 ****
	科学	江汛	男	本科	鹤龄小学	1811368 ****
	科学	江婉婷	女	本科	剑门关天立学校	1878099 ****
	科学	何翠琴	女	专科	龙江小学	1351833 ****
	科学	李苗	女	本科	龙江小学	1533939 ****
	音乐	王小慧	女	本科	香江国际实验学校	1368433 ****
	美术	何光良	男	专科	龙江小学	1528207 ****
初中	语文	杨玉霞	女	本科	剑门关天立学校	1878038 ****
	语文	官琼瑶	女	本科	剑阁中学	1880839 ****
	语文	罗茂德	男	本科	鹤龄中学	1390812 ****
	数学	王福	男	本科	剑门关天立学校	1377616 ****
	英语	方旋	女	本科	剑门关天立学校	1801101 ****
	英语	徐黎	女	本科	剑阁中学	1341922 ****
	英语	袁清花	女	本科	剑门关高中	1388124 ****
	物理	纪兴云	男	本科	剑门关天立学校	1389016 ****
	化学	任月婷	女	本科	剑门关天立学校	1399018 ****
	化学	卢永金	男	本科	剑阁中学	1354184 ****
	化学	骞玉伟	男	本科	剑门中学	1355163 ****
	生物	杨秀明	女	本科	剑州中学	1588353 ****
	道德与法治	陈希	男	本科	元山中学	1354197 ****
	道德与法治	何菲	女	本科	剑阁中学	1838459 ****
	道德与法治	张婷	女	本科	东宝小学	1828491 ****
	道德与法治	杨剑蓉	女	本科	鹤龄中学	1354183 ****
	历史	杨小菊	女	大专	演圣小学	1355097 ****
	地理	何正雄	男	本科	剑州中学	1878093 ****
	音乐	苟向蓉	女	本科	汉阳中学	1354718 ****
	政治	陈雪	女	本科	剑门关天立学校	1998365 ****
高中	语文	孙斌	男	本科	剑门关天立学校	1996130 ****
	数学	谷润	男	本科	剑门关天立学校	1915097 ****
	英语	李梅芳	女	本科	剑门关天立学校	1863206 ****
	物理	付建岭	男	本科	剑门关天立学校	1778040 ****
	化学	李冬倩	女	研究生	剑门关天立学校	1778040 ****
	生物	宋明亮	男	本科	剑门关天立学校	1833380 ****
	历史	肖渝凡	女	本科	剑门关天立学校	1838222 ****
	地理	王小平	男	研究生	剑门关天立学校	1828491 ****
	政治	孙双永	男	本科	剑门关天立学校	1509573 ****

表 9-7 剑阁县 2018 年选聘兼职教研员名单

学段	学科	姓名	性别	学历	学校	联系方式
学前	学前	杨晓庆	女	本科	普安幼儿园	1898122 ****
小学	语文	黄炜	女	本科	普安小学	1364812 ****
	语文	何晓敏	女	本科	公兴小学	1838459 ****
	语文	刘天秀	女	本科	普安小学	1337817 ****
	语文	薛艳梅	女	本科	香江国际实验学校	1894288 ****
	语文	陈娟	女	本科	剑门关实验学校	1838393 ****
	数学	赵剑蓉	女	本科	龙江小学	1361812 ****
	数学	苟清泉	女	本科	剑阁县实验学校	1335003 ****
	数学	张雪蓉	女	本科	开封小学	1354718 ****
	数学	李秀梅	女	本科	剑门关实验学校	1898125 ****
	数学	李晓会	女	本科	白龙小学	1398128 ****
	英语	曹桂华	女	本科	龙江小学	1898016 ****
	英语	钟小梅	女	本科	龙江小学	1390812 ****
	英语	杨博	女	本科	剑门关实验学校	1598409 ****
	科学	杨锦蓉	女	专科	龙江小学	1388124 ****
	科学	周树林	男	专科	白龙小学	1398122 ****
	科学	邵明春	男	本科	开封小学	1398122 ****
	道德与法治	张华蓉	女	本科	田家小学	1588356 ****
	道德与法治	李国胜	男	专科	剑阁县实验学校	1598392 ****
	道德与法治	唐艳	女	本科	毛坝小学	1588356 ****
	音乐	鲜小艳	女	专科	毛坝小学	1528203 ****
	体育	张亚	男	专科	摇铃小学	1828493 ****
	美术	赵志亮	男	本科	凉山小学	1878347 ****
初中	语文	孙静	女	本科	剑州中学	1388127 ****
	语文	郑聪生	男	本科	龙源育才学校	1518393 ****
	数学	王建成	男	本科	剑阁中学	1508284 ****
	数学	魏雄	男	本科	剑州中学	1878129 ****
	数学	钱小莉	女	本科	柳沟中学	1356837 ****
	英语	李翠芳	女	本科	剑门中学	1398121 ****
	英语	杨秀琼	女	本科	普安中学	1354182 ****
	英语	张海霞	女	本科	柳沟中学	1354197 ****
	物理	何元全	男	本科	剑门关高中	1355163 ****
	物理	杨庭贵	男	本科	普安中学	1588392 ****
	化学	杨永华	男	本科	普安中学	1398124 ****
	道德与法治	李蓉	女	本科	剑门中学	1341922 ****
	地理	杜玉白	女	本科	普安中学	1318355 ****
	地理	李平相	男	本科	剑门关高中	1828402 ****
	历史	张雪梅	女	本科	开封中学	1588164 ****
	生物	范佳琳	女	本科	剑阁中学	
	音乐	任咏	男	本科	普安中学	1588354 ****
	美术	王勇	男	研究生	白龙中学	1519664 ****
	信息技术	李莉	女	本科	剑门中学	1511961 ****
	信息技术	张荣成	男	本科	剑阁职中	1355163 ****
	理论教研	杨友双	男	本科	普安中学	1354182 ****

第二节 课题成果鉴定与评价

　　2011—2023 年，剑阁县教育科学研究室以教育改革的新理念引领教师教育发展的新方向，以教育教学的新实践推动教师教育的新发展。积极深入教学一线，聚焦教育教学实际问题，服务教师教育教学实际，切实提升教师教育科研能力，鼓励教师积极参与课题研究，形成了一批具有较高水平的科研团队。组织学校及个人立项省级课题 30 项、省级子课题 9 项、市级课题 143 项。同时，教研室加强对在研课题的规范管理，通过组织各类培训、研讨会等活动，提升教师的教育科研能力和水平。全县教育科研课题获省级成果奖 15 项、市级成果奖 158 项，有效推动了教育教学的快速发展。

一、省级课题部分成果

表 9-8　省级课题部分成果

成果名称	获奖单位	获奖人	获奖类别	获奖等次	获奖时间
区域性学科教研活动的实践与探索（论文）	剑阁县教育局教研室	左思强、罗有鹏、魏玉诗	四川省第十三次优秀教育科研成果获奖	三等奖	2008 年
小学课间文化建设的研究与实践（调研报告）	下寺小学 剑阁县教科局	伏大庆、吴朝利、苟红鸣、梁义德、罗有鹏	四川省第十五次优秀教育科研成果获奖	三等奖	2012 年
以就业为导向，农村中等职业学校教学改革的实践与探索（研究成果报告）	广元市剑阁职业高级中学校	李文峰、李勇生、李思勇、何小波、李昱蓉	四川省教育学会第十六次优秀教育科研成果	三等奖	2014 年
农村单设初中基于单元导学的学科有效教学模式研究	剑门中学	黄金富、贾国荣、冯彩生、余明松、李翠芳	四川省教育科研资助金项目课题研究阶段成果	一等奖	2015 年
城乡接合部幼儿教育中隔代教育问题及对策研究	剑阁县普安幼儿园	刘晏、刘建容、杨晓庆、陈倩、杨超	四川省教育科研资助金项目课题研究阶段成果	二等奖	2015 年
农村普通高中学生社团培育策略的研究	四川省剑州中学校	梁奇财、王政康、张志成、龚俊、李志兵	四川省教育科研资助金项目课题研究阶段成果	三等奖	2015 年
农村初中"爱"的教育主题课程开发与运用研究	剑阁县文峰中学校	伏云、陈强、杨军、王仲蓉、魏雄	四川省教育科研资助金项目课题研究阶段成果	三等奖	2015 年
农村小学课堂掘问教学策略研究	剑阁县汉阳小学校	田伯明、刘青秀、周林和、刘春燕、高居相	四川省教育科研资助金项目课题研究阶段成果	三等奖	2015 年
年轻普通高中运用现代教育技术提高教师教学能力的策略研究	四川省剑门关高级中学	邓思勇、魏俊富、岳剑东、杨子宏、黄大兆	四川省教育科研资助金项目课题研究阶段成果	三等奖	2015 年
剑阁县基础教育发展现状调查	剑阁县教育科学研究室 剑阁县普安小学	杨旭、赵立勤、段晓军、程玉芹、赵辉	四川省第二届教育发展改革研究获奖成果	一等奖	2015 年
剑阁县农村义务教育阶段学生营养改善计划实施情况的调研报告	剑阁县教育局	曹正海、魏晓东、梁玉福、何朝霞、贾玉梅	四川省第二届教育发展改革研究获奖成果	二等奖	2015 年

表9-8（续）

成果名称	获奖单位	获奖人	获奖类别	获奖等次	获奖时间
剑阁县普通高中课程改革现状调查	剑阁县教育科学研究室	杨 旭、邓思勇、黄大兆、李金红、易祖燕	四川省第二届教育发展改革研究获奖成果	二等奖	2015年
幼儿园科学探究活动开展现状的调查报告	剑阁县普安幼儿园	陈 倩、熊玉丽、李小平、梁春梅、杨 婷	四川省第二届教育发展改革研究获奖成果	二等奖	2015年
剑阁县农村中小学现代教育技术装备实施情况的调研报告	剑阁县教育局电教教仪工作站	郑朝东、陈晓余、魏 雄、蒲 涛、敬天辉	四川省第二届教育发展改革研究获奖成果	三等奖	2015年
成人学历教育学员学习需求调查	四川省剑阁成人教育中心	郑柏林、李素梅、蒲剑红、王宁江、袁 兵	四川省第二届教育发展改革研究获奖成果	三等奖	2015年
乡镇幼儿园户外体育活动开展现状调查与对策研究	剑阁县普安幼儿园	刘 晏、刘建容、杨晓庆、刘娉娉、陈 倩	四川省第二届教育发展改革研究获奖成果	三等奖	2015年
新媒体背景下中职学生手机媒介素养现状的调查报告	四川省剑阁职业高级中学校	李勇生、李文峰、朱虹霖、薛尚婧、王 俊	四川省第二届教育发展改革研究获奖成果	三等奖	2015年
关于农村普通高中学生社团培育策略的调查报告	四川省剑州中学校	梁奇财、王政康、张志成、任治邦、李志兵	四川省第二届教育发展改革研究获奖成果	三等奖	2015年
农村小学生流失成因分析及对策研究	剑阁县南禅小学校	蒲小磊、程朝虎、王雪梅、杨建平、程晓艳	四川省第二届教育发展改革研究获奖成果	三等奖	2015年
城乡接合部大班隔代教育幼儿良好学习习惯现状调查	剑阁县普安幼儿园	袁 琳、杨 玲、张 婕、何春蓉、杨剑蓉	四川省第二届教育发展改革研究获奖成果	三等奖	2015年
农村小学生隔代教育问题及对策研究	剑阁县柳沟小学校	程朝柏、王贵章、揭小明、舒红霞、文新江	四川省第二届教育发展改革研究获奖成果	三等奖	2015年
"以赛促教"模式推进中等职业教育发展的调查研究	剑阁职业高级中学校	李文峰、韩聪德、陈 豪、卜小倩、杨秀萍	2016年中等职业教育优秀研究成果	二等奖	2016年
关于职业高中双师型教师队伍建设的调查报告	剑阁职业高级中学校	薛尚静、唐 燕、沈苏容、朱虹霖、王 俊	2016年中等职业教育优秀研究成果	三等奖	2016年
农村初中"目标·问题·互动"教学策略研究	剑阁县普安中学	左 长、杨友双、杨永华、梁春明、张治众、李仕仲、杨秀琼	四川省教育科研资助金项目课题研究阶段成果	二等奖	2016年
农村普通高中学生社团培育策略的研究	四川省剑州中学	张常青、王政康、任治邦、龚 俊	2016年四川省教育科研资助金项目课题研究阶段成果	二等奖	2016年
农村小学课堂掘问教学策略研究	剑阁县汉阳小学校	田伯明、刘青秀、周林和、刘春燕、龚永彬、舒春蓉	2016年四川省教育科研资助金项目课题研究阶段成果	三等奖	2016年

二、市级课题部分成果

表9-9　市级课题部分成果

成果名称	获奖单位	获奖人	获奖类别	获奖等次	获奖时间
农村初中分层教学的实践与探索	元山中学	郭子仲、赵子弟、李现武、王彩华、窦海章	2010年广元市第四届教育科研优秀成果	二等奖	2010年
农村初中培养青年教师教学能力的策略与研究	剑阁县木马初级中学校	王爱民	2011年广元市第五届教育科研优秀成果	二等奖	2011年
农村中小学绩效工资实施情况的调查报告	剑阁县教研室	杨旭、罗顺华、段小军、魏晓华、李金红	广元市首批教育课题研究优秀成果	二等奖	2012年
剑阁县普通高中新课程实施现状调查及对策思考	剑阁县教研室	李炜、梁义德、王启清、张治生、雍思勇	广元市首批教育课题研究优秀成果	二等奖	2012年
初高中物理教育衔接问题及制约中学生物理学业水平主要相关因素的调查报告	剑阁县教研室	贾俊义、李素琼、赵通国、袁仕进、刘仁坤	广元市首批教育课题研究优秀成果	二等奖	2012年
农村教师师德现状调查及对策研究	剑阁县教研室	齐坤勇、何丽、齐玉华、杨晓蓉、李绍聪	广元市首批教育课题研究优秀成果	三等奖	2012年
农村初中生英语学习现状调查与建议	剑阁县教研室	罗有鹏、郭利熔、尤德超、杨秀琼	广元市首批教育课题研究优秀成果	三等奖	2012年
剑阁县农村中小学教师流动现状的调查报告	剑阁县教研室	魏玉诗、何安全、尚翠丽、何子明、苟海泉	广元市首批教育课题研究优秀成果	三等奖	2012年
农村小学培养学生科学素养的实践与研究	剑阁县普安小学校	王文波、张德勇、薛艳梅、黄炜、李秀琼	广元市第七届教育科研优秀成果	一等奖	2014年
初中数学课堂教学中小组合作学习的策略研究	剑阁县教科局剑阁县普安初中剑阁县姚家小学	杨旭、王锡洪、陈国建、蒲建全、王习涛	广元市第七届教育科研优秀成果	二等奖	2014年
农村小学课堂教学情境创设的研究	剑阁县汉阳小学	田伯明、刘青秀、周林和、刘春燕、龚永彬	广元市第七届教育科研优秀成果	二等奖	2014年
大班隔代教育幼儿良好学习习惯的调查报告	剑阁县普安幼儿园	刘晏、张婕、陈倩、袁琳、何春蓉	广元市第七届教育科研优秀成果	二等奖	2014年
研究性学习在高中物理教学中的应用研究	剑阁中学	徐阳光、杨春梅、李元清	广元市第七届教育科研优秀成果	二等奖	2014年
校企合作提升职教内涵，面向市场共谋持续发展	剑阁职业高级中学	李文峰、李勇生、李思勇、何小波、徐建军	广元市第七届教育科研优秀成果	二等奖	2014年
剑阁县中小学教师流动现状调查及对策思考	剑阁县教育局剑阁县普安小学	何龙、程玉芹、赵晓梅、陈桂华、白敏	广元市第七届教育科研优秀成果	二等奖	2014年
新课程下初高中衔接教学的调查报告	剑阁县教育科学研究室	李炜、聂恩源、张志生、魏仕强、王英	广元市第七届教育科研优秀成果	二等奖	2014年

表9-9(续)

成果名称	获奖单位	获奖人	获奖类别	获奖等次	获奖时间
剑阁县基础教育课程改革问题的调查报告	剑阁县教育科学研究室	李金红、易祖燕、何文秀、王碧蓉、曹桂容	广元市第七届教育科研优秀成果	二等奖	2014年
剑阁县2014年春季高二课堂教学现状的调查报告	剑阁县教育科学研究室	何安全、母利秀、苟永朝、苟仁友、张晓清	广元市第七届教育科研优秀成果	三等奖	2014年
高中地理"问题研究"教学探索	剑阁中学	王国志、昝卫、陈秀平	广元市第七届教育科研优秀成果	三等奖	2014年
农村高中体育课分组合作有效性的探究	剑阁中学	李艳君、杨建峰、段晓军	广元市第七届教育科研优秀成果	三等奖	2014年
研究性学习在高中物理实验探究课中的应用研究	剑阁中学	王永军、郑启建、王兴宝	广元市第七届教育科研优秀成果	三等奖	2014年
乡土文化与农村初中历史教学的整合研究	剑阁中学	王朝宗、姜琳、苟绪阳	广元市第七届教育科研优秀成果	三等奖	2014年
新课标下高中语文探究性阅读研究	剑阁中学	范瑞春、母春芳、白碧红	广元市第七届教育科研优秀成果	三等奖	2014年
高中英语作业批改的有效性研究	剑阁中学	陈芳、李晓燕、陈兵	广元市第七届教育科研优秀成果	三等奖	2014年
城乡接合部隔代教养下幼儿规则意识培养现状的调查报告	剑阁县普安幼儿园	梁春梅、蒲秀菊、蔡秀琼、李飞燕、苟晓燕	广元市第七届教育科研优秀成果	三等奖	2014年
村小生存现状的调查报告	剑阁县公兴教育督导办	高俊峰、李建伟	广元市第七届教育科研优秀成果	三等奖	2014年
农村小学"学困生"的转化策略研究	剑阁县石城小学	王松青、王芙容、曹国松、李廷建、严荣	广元市第七届教育科研优秀成果	三等奖	2014年
农村寄宿制学校学生日常行为规范养成教育研究	剑阁县迎水小学	何贵林、杨少青、贾登明、王斌、张利平	广元市第七届教育科研优秀成果	三等奖	2014年
城乡接合部隔代教育幼儿亲情教育现状调查报告	剑阁县普安幼儿园	杨晓庆、杨玲、杨超、左银霞、伏清华	广元市第七届教育科研优秀成果	三等奖	2014年
农村初中"目标·问题·互动"策略研究	剑阁县教育科学研究室 剑阁县普安中学校	左长、齐坤勇、杨友双、汪小华、王建波、李中凡	广元市第九届教育科研优秀成果	一等奖	2019年
信息技术在农村普通中学微课中的创新应用研究	剑阁中学	何雄林、景萍、任勇、李国安、伏天祥、袁斌	广元市第九届教育科研优秀成果	二等奖	2019年
剑门关客源市场调查报告	剑阁职业高级中学校	李文峰、岳柏德、赵小春、陈银华、杨秋华、夏琴	广元市第九届教育科研优秀成果	二等奖	2019年
科学小游戏促进3~6岁幼儿科学探究能力发展的实践与研究	剑阁县普安幼儿园	何春蓉、熊玉丽、李小平、杨欣桦、何昭君、杨婷	广元市第九届教育科研优秀成果	二等奖	2019年
生本理念下农村小学数学教学策略研究	剑阁县龙江小学	赵剑蓉、王俊臣、张君华、张莉、何杰、何白菊	广元市第九届教育科研优秀成果	二等奖	2019年

表9-9（续）

成果名称	获奖单位	获奖人	获奖类别	获奖等次	获奖时间
农村初中化学高效课堂的教学策略研究	剑阁中学 柳垭小学 剑州中学	卢永金、王洪梅、王秀梅	广元市第九届教育科研优秀成果	三等奖	2019年
中学生名著阅读现状调研报告	剑州中学	何志朝、李巧蓉、王秀梅、杨秀萍、杨军、李春利	广元市第九届教育科研优秀成果	三等奖	2019年
农村初中语文课堂中小组合作学习的策略	剑州中学	魏仁斌、赵月红、杨勇、魏美芳、敬小刚、李巧蓉	广元市第九届教育科研优秀成果	三等奖	2019年

三、县级课题

每年7—9月，剑阁县教育科学研究室接收学校（集体）、教师（个人）的课题申报，9月底发出立项通知书。通常研究的时间为一年。研究期间，随时了解研究进程，指导研究方法。次年秋天，组织相关研究人员评审鉴定。第三年可以申请成果评奖。

2008—2023年，县级课题立项共271项。其中，个人课题54项、集体课题217项。成果获奖共计189项。

县级课题的申报与立项、研究与结题，培养了学校教师的教学研究能力。

无论是国家级、省级、市级，还是县级课题研究，都有一些共同的特点：一是集体课题的主持人，常常是学校主要领导，而他们真正认识研究的却很少。二是研究的人数虽然多，但真正在研究中起核心作用的人并不多。三是研究的过程做得不够细实，在办公室里研究的成果多。四是研究成果的推广应用不太好。五是研究的动机并不完全是为解决实际问题，有相当一部分人是为上职称。

四、2018—2023年课题立项

表9-10　2018—2023年课题立项情况

学校	名称	负责人	类别	立项时间
四川省剑门关高级中学	普通高中"小组合作探究教学"模式下完善群文阅读教学规程及建构常见课型的实践研究	邓思勇	国家级子课题	2018.03.27
四川省剑阁中学	农村普通高中群文阅读教学中培养语文学科核心素养的策略研究	罗平	国家级子课题	2018.03.27
龙源育才学校	班主任家校共育能力提升研究	郭庚林	省级子课题	2023.06.14
武连小学	当前农村小学家庭教育现状调查研究	薛艳梅	省级子课题	2023.06.14
开封小学	农村家庭中学生劳动教育的策略研究	王光明	省级子课题	2023.06.14
鹤龄小学	当前家庭教育现状调查研究	任泽邦	省级子课题	2023.06.14
剑门中学	基于读写课的英语分级群文阅读教学策略研究	李翠芳	省级子课题	2020.06.15
普安幼儿园	剑门古蜀道文化融入农村幼儿教育的实践研究	杨晓庆	省级	2021.10
开封小学	农村小学课堂教学基本要求的实施策略研究	王光明	省级	2021.11.09
高池小学	地方文化资源融入学校文化育人的路径与策略研究	徐逃平	省级	2022.11.29

表9-10（续）

学校	名称	负责人	类别	立项时间
鹤龄中学	"双减"背景下农村初中基于课程核心素养的语文作业校本设计与实施的实践研究	尚君明	省级	2022.11.29
剑门关实验学校	幼小衔接一体化育人策略研究	梁玉钊	省级	2021.11.09
香江国际幼儿园	基于幼小衔接的幼儿主题综合实践活动园本课程开发研究	蒲秀菊	省级	2022.11.29
香江实验学校	家校合作促进城镇小学生良好运动习惯的实践研究	何　龙	省级	2023.06.14
剑阁中学	基于学科核心素养的高中生物科技实践活动项目式学习研究	母志伟	省级	2022.11.29
剑阁中学	五育并举背景下农村普通中学研学旅行活动课程的校本设计与实施研究	张国江	省级	2021.11.09
剑阁职中	旅游专业错峰学习课岗交替的产教融合教学模式实践研究	李文峰	省级	2021.11.09
剑阁县教育局	东西部协作背景下中小学校长学习发展共同体剑阁样式的构建与实践	王　龙	省级	2022.11.29
剑阁县教育科学研究室	农村中学学生作业设计与管理策略研究	杨玉波	省级	2021.07.15
剑阁中学	"三新"背景下农村普通高中语文有效阅读教学策略研究	任　勇	市级	2022.12.19
剑门关高中	基于新课程标准的初中理化"单元作业"设计研究	张洪生	市级	2022.12.19
剑门关高中	家校社协同育人机制研究	王会容（杨丽春、苟美鸥、张　越、尹君先）	市级	2023.06.09
剑门关高中	县域高中劳动教育实践研究	郭次茂（王政飞、姜远斌、李　超、何姝洁）	市级	2023.06.09
剑阁职中	中职学校劳模精神培育的实践研究	沈苏蓉	市级	2022.12.19
剑阁县教育局	农村中小学国防教育县域推进策略研究	唐永红	市级	2022.12.19
剑阁县教育科学研究室	初中理化生SPCASI思维课堂教学模式研究	徐　曦	市级	2022.12.19
剑阁县教育科学研究室	农村学校班级文化建设实践研究	李　炜	市级	2022.12.19

第五章 生本教育

第一节 生本教育概述

生本教育是华南师范大学博士生导师郭思乐教授首创的、意义深远的理论和实践研究。倡导"一切为了学生、高度相信和尊重学生、全面依靠学生"原则和宗旨，课堂都呈现出"欢乐、积极、向上、高质、高能"的良好状态。在课堂教学中改变大家的日常教学，使得学生真正实现积极、快乐、高质地学习，人的生命本质得到提升，教育达到真正的"育人为本"。凸显素质教育的本质含义——教育回归生命本体，对于提供高效高质的教育、培养高素质的现代人、培养创新型人才，具有重要的理论价值和实践意义。

剑阁县先后组织3批次相关人员赴广东等地实地考察生本学校，同时报县委县政府，出台了《剑阁县关于开展生本教育的实施意见》。2013年11月，邀请生本教育专家郭思乐教授在县影视文化中心进行培训。既有理论，又有实践授课，各中小学300余人参加了现场培训。

全县掀起了轰轰烈烈的生本教育实践。坚持了"课改必改课"，首先从教师的课堂教学改起；坚持了"教师主导，学生主体，训练主线，创新主魂"的课改理念；坚持了"多一把尺子就多一批优生"的观点，一切为了学生，高度尊重学生，充分相信学生，全面依靠学生；坚持了"简单、根本、开放"的教师教的核心理念；坚持了"自主、互助、快乐"的学生学的核心理念，在课堂上实行"自我探究，自我发现、自我顿悟、自我归总、自我创新"的学生自主学习模式。涌现出了一批勇于实践的优秀学校和教师，他们在课堂中实践，在实践中反思，在反思中优化。尤其针对生本教育指导学校申报了系列课题，共计23个。这些课题研究各有特点，都把课堂教学改革作为主阵地。

2015年以来，县教科室全体教研员分两轮深入72所学校，历时5个月对全县的生本教育工作进行了督查、辅导及听评课，发现了一批勇于探索生本教育的学校和个人。他们通过"描红""模仿""构建"三个阶段，已经形成自己独特的生本教育风格。同时他们也发现部分学校在"实施生本教育"过程中，也存在着诸如从理论到实践，从校长、教师到学生，各说各话，认识不清，"雷声大、雨点小"的问题，甚至把生本教育与课改对立起来，把搞生本与提高质量对立起来，把课堂生本与德育生本、管理生本等活动肢解开来，没有给生本教育发展的广阔空间。其具体表现在：一是个别教师没有把握好生本教育的教学内核，造成了"满堂问，满堂闹，满堂投影"的现象，或者让优秀的学生代替了老师的讲解，还原成"师本"的教育。二是教师对生本教育课堂的基本流程把握不好：前置研究的设计不能体现"简单、根本、开放"的要求、没有坚持"低入，高出"的原则，用惯性作用下的导学案代替了前置研究作业，未能让学生自主研究，学生没有成功的体验；小组建设严重滞后，分组不科学，成员分工不明确，课堂上假交流现象严重，没有体现"兵教兵，兵评兵"的团队精神；全班展示中出现学困生被边缘化的现象，没有及时激励评价学习小组，学生的团队精神没有得到很好培养；教师点拨没有点到关键处和模糊处，况且教师预设得太多，没有注重学生对知识的自主生成；教师的激励评价方式单一，对学生深刻性、批判性、创造性思维培养不足。

第二节　生本教育实践

2013 年 10 月，剑阁县教科局为全力打造教育品牌，持续推进有效教学，立足实际，着眼未来，在全县范围内强力推出生本教育这一关注学生、关注课堂、关注教学效率的教改新举措。教科系统上下同心，多方联动，落实生本理念，创设生本课堂，开展生本教研，取得了令人瞩目的成果。在生本理论学习、教改氛围营造、实施能力提升、生本课堂构建、生本教学研究、教育教学效果等方面取得了阶段性突破。

一、落实生本教育"七到位"

（一）统一思想，认识到位

相对于传统教学而言，课改意义上的生本教育在剑阁县尚属新生事物，其合理性、高效性和优越性只有在不断实施的过程中才能逐渐呈现出来，这就要求剑阁教育人要有长远的眼光、过人的胆识，战胜因循守旧的观念和抱残守缺的陋习，统一认识，真抓实干，争做实干家，当好宣传员。自 2013 年教科局在下寺举行生本教育集中培训至今，普安教育督导办前后 9 次召开校长、分管校长、教务主任和教科室主任参加的生本教育专题会、生本教学研讨会、生本教研促进会，了解推进情况，分析存在的问题，商讨解决办法，部署相关工作，边宣传，边落实，边实施，边总结；8 次下发专项工作简报，传达"生本"文件精神，布置"生本"近期工作，通报"生本"工作进展，提出"生本"工作要求；收集、整理、编写与生本教育有关的理论文章和经验材料 30 余份，下发所辖各校供交流学习。要求并督查各校半月召开一次行政会、教师会、班主任会、学生座谈会，两月召开一次家长联谊会，认真学习和宣讲教科局领导讲话精神和相关文件，认真解读、深入领会生本教育相关理论。通过学习，统一了思想，达成了共识，认识到实施生本教育的必要性和紧迫性，为全年生本教育有序推进奠定了坚实的基础。

（二）组织健全，管理到位

督导办成立了生本教育指导小组，全体人员分工明确，责任落实。一是分线协调所辖各校生本教育有关事宜；二是分头联校，具体指导、督查各校生本教育开展情况，并在教办办公会议上及时通报挂联学校实施和推进情况。所辖各校成立了生本教育领导小组。校长任组长，全面负责本校生本教育的实施和推进；分管教学副校长任副组长，负责安排、布置、检查、督促相关工作；其余行政成员、班主任、教研组长任成员，负责各部门、各班级、各教研组教师生本教育的落实。一年来，各校领导小组成员各司其职，各尽其责，分工协作，整体推进，出色完成了生本教育阶段性工作。

（三）加强学习，培训到位

一是集中培训。2013 年 10 月 18 日至 21 日，教办全体人员和所辖各校全体领导、教研组长、教师代表近 60 人全程参加了在下寺进行的生本教育集训；短短一年时间里，6 次召开分管校长、教务处主任、教科室主任会议，对生本教育实施方法进行了短期培训；2013 年 12 月 12 日，教办在江石小学召开有各校校长、分管领导及教学骨干参加的大型研讨培训会。二是专项培训。所辖各校根据统一安排，分学段、分年级、分学科对全体任课教师进行实践操作培训，据不完全统计，培训次数均已达到 20 次以上。三是外出考察。2013 年 11 月至 2014 年 9 月，教办派出专人亲自带队，率所辖各校班主任、骨干教师分期分批赴广州、宜川等生本教育名校和成都、绵阳、广元等生本教育优秀学校实地考察，总数达 190 人次以上。四是常规培训。各校各年级组、教研组，按教办统一要求，利用常规教研活动时间，对全体任课教师进行生本教育课堂操作培训，有计划、有内容、有步骤、有落实；普安中学、龙源小学等一些学校的生本教研已成常态，教师生本教育操作能力的相对优势在教办乃至全县范围内正逐步显现出来。五是利用网络资源进行远程培训。教办统一安排，由各校教科室牵头组织教师利用课余时间上网学习生本教育理论或经验文章，提高生本教育实施能力。六是强化培训。2014年3月17日，由全县统一安排、普安教育督导办主办、普安中学承办的"剑阁县区域内生本教育推进现场会"，参会人数多，辐射面积广，推动作用大，在会上由普安中学教师展示的"生本课堂"具有观摩性、示范性和引领性，它标志着全县的生本教育已由理念探讨层面进入实践操作层面，理论思考成果初步转化成课堂教学成果。这次现场会既是推进会，也是培训会，全体参会人员对生本教育的认识在不同程度上又提高了一个层次。

（四）聚焦课堂，措施到位

生本教育的主渠道是课堂教学，生本教学的主阵地毫无悬念地摆在课堂上，因此，剑阁县正强力推进的生本教育，狭义地理解，就是生本课堂教学。生本课堂教学的优劣决定了生本教育的成败。关注课堂、聚焦课堂、打造课堂、提升课堂就成了每一位教育同仁实施生本教育的必修课。在这方面，一是各校积极行动，在改变课堂形态、调整课堂结构、指导自主学习、引导小组交流、开展师生对话等方面进行了有效的探索。普安中学《构建"生本课堂"操作指南（试行）》、龙源小学《学生自主性学习活动设计》、龙源中学《生本教育实践操作》都较能体现生本课堂的某些特质。二是加强小组建设。绝大多数学校在学习小组建设上狠下功夫，有个性化组名，有励志性组训，各学习组设有负责日常各组的行政组长和负责学科学习的学科组长，许多学校的许多班级以小组合作竞赛为架构实施课堂教学，有制度，有细则，有记录，有评比，有总结表彰。在课堂实践中，绝大多数学习小组的行政组长和学科组长的组织协调作用愈来愈大，小组合作学习的风气愈来愈浓，以小组合作为基本学习形式的生本课堂特点愈来愈明显。三是各校结合自身实际，以多种活动为载体推进生本教育。2013年秋至2014年春，普安中学、龙源中学开展教师全员参与的"落实生本理念，构建互动课堂，推进有效教学"竞课活动，龙源小学施行"语文海量阅读"，南禅小学推行"生本研究课"，鹤鸣小学开设"阅读课"，江石小学开展"阅读竞赛"，田家小学注重学生学习习惯培养，闻溪小学开展"经典诵读"，这些围绕课堂教学的活动，有力推动了各校生本教育的实施。四是部分学校开展生本课堂人人过关活动，按照生本课堂的要求备课、上课、评课，取长补短，整体提高。

（五）注重育人，拓展到位

生本教育不同于其他以"标"（课标）为本、以"本"（教材）为本的教学改革，突出优势是以"人"（学生）为本，它关注"人"（学生），依靠"人"（学生），发展"人"（学生），成就"人"（学生）。为了更好地凸显生本教育不可替代的优势，各校除注重"生本课堂"主阵地之外，还开展了内容丰富、形式多样的"生本育人"活动。从2013年春季起，普安中学、龙源小学、闻溪小学等学校就开展了"经典诵读"活动；江石小学、南禅小学等校开展了"励志大课间"活动；龙源小学、鹤鸣小学、江石小学等校启动"阅读星""文明星""小作家"评选活动。普安中学2013年9月开始的"校级名师"暨"首届道德模范"评选活动也有力地推动了该校生本教育的实施。以上这些活动使生本教育的内涵得到了极大丰富，对各校教育教学工作也起到了有力的促进作用。

（六）整合资源，保障到位

各校在生本教育实施过程中，能将学校有限的资源投入生本教育中，在人力、物力、财力上为生本教育的推进提供了有力支撑，大到聘请专家、集中培训、外出考察，小到添置设备、购买书籍、印制导学案，都为生本教育的顺利实施提供了有力保障。

（七）认真总结，反思到位

在实施过程中，做到了边实践，边总结，边反思，边探索，在实施中研究，在研究中提高。一年来，各校共上交生本教育培训的学校总结及个人体会132份，上交赴广州、宜川考察报告和个人总结 164 份，上交各校生本教育资料汇编 16 本。部分学校教师撰写生本教育教学反思及教学案例 260 余份，撰写与生本教育有关的教学论文 54 篇（其中部分已经发表）。2014 年 7 至 8 月，普安教育督导办费时 2 个月，编撰了 30 余万字的生本教育资料汇编《践行生本之路，推进有效教学》，收录了督导办全体人员和所辖学校领导及教师的教研论文、教办及各校生本教育实施方案、教办及各校生本教育活动简报、各校生本教育工作总结、各校各科生本课堂模式初探、生本课堂实录、各级媒体报道等各类稿件 104 篇，展示了所辖各校生本教育实施的阶段成果。积极地研讨，认真地反思，是生本教育在所辖各校落地生根的重要保证。

二、推进生本教育"六突出"

（一）突出操作

让生本教育在剑阁县落地、生根、开花、结果的重要手段，只能是教学实践。学习生本理论，探索生本理念，领会生本意义，只算是为实施生本教育打了个基础，如果走到这一步便停滞不前，那生本教育是不彻底、不务实、不划算的。推进生本教育是剑阁县教育决策部门多方考察、长期思索、反复论证的结果，它不是外表光鲜的"形象工程"，也不是追求功利的应景之作，它需要一以贯之地长期推行。因此，要求各位同仁先认知，再认同，勇实践，出成效，尽快从理论认知层面提升到实践操作层面，让生本理念转化为操作策略，落实到教学活动中，体现在教学效果上。令人欣慰的是，剑阁县许多一线教师认真体会生本理念，积极推进生本实践，勇于探索生本策略，不断创新教学方法，课堂形态、课堂结构、教学方式、课堂评价、师生角色定位已悄然发生可喜的变化。

（二）突出构建

剑阁县推进生本教育不是简单推广某种教学经验，而是以变革传统教学方式为目标的教学改革，这就决定了它不是单一的、零散的、暂时的阶段性工作，而是多维度、大视野、长期的系统工程。这就要求各位教育同行在实施之初，就应做好着眼长远的构建工作，其中包括生本课堂基本模式的构建、引导小组合作的策略体系构建、指导学生自主学习的策略体系构建、生本课堂多边互动策略的构建、生本教学评价体系的构建、生本教研制度的构建、生本教育管理机制的创新与构建等。不少教师、不少学校在这方面的构建工作已略显雏形。

（三）突出整合

剑阁县实施生本教育，不是割裂历史另起炉灶，不是彻底抛弃传统教育思想和教学方法，因为生本教育本身就是在对传统教育思想和教学方法有机整合、科学提炼的基础上，融入现代教育理念后提出的体系较为完备的课改理念，它与新课改理念一脉相承，互为表里。这就要求澄清认识上的误区，对传统的优秀的教育思想、教学理念、教学思路、教学策略、教学方法，不但不能抛弃，反而应该大胆整合，合理运用，让它服务于生本教育，使之更有活力、更有后劲、更有成效、更富生命力。

（四）突出联动

既然实施生本教育是一个庞大的系统工程，那么单靠一个点、一条线、一个区域的行动是断然不能顺利推行并收到实效的，它要靠剑阁县所有教师、所有学校、所有管理部门的协同努力才能收到成效，这就要求要有联动意识，形成联动机制，形成联动局面。从课堂教学角度讲，班与班要联动才能形成小气候；从教师角度讲，教师与教师联动才能共同提高实施能力以增强后劲；从学校管理角度讲，德育政教、教学教研、总务后勤等各线应形成联动机制，因为目前生本课堂基本形式是小组合作，小组合作的前提是学生的自主管理，而学生自主管理与德育管理又密不可分；从部门管理角度讲，统筹安排各校、各线、各片区的工作，形成较大范围的联动局面；从区域角度讲，区域内外学校之间建立联动机制，相互观摩学习，其效果不可低估。2014 年 5 月，普安教办龙源小学与成都泡桐树小学、高新区实验小学，田家小学与北京海淀区今典小学、太平路小学之间的生本教育联谊活动就收到了很好的效果。

（五）突出引领

对剑阁县而言，生本教育还处于初步实施的探索阶段；对部分学校的部分教师而言，生本教育才刚刚起步。没有现成的经验，没有固定的路数，一切都得靠自己去实践、去探索、去思考、去验证、去总结。行动需要指导，需要引领。一是专家引领。这方面剑阁县教科局、教研室、各学校为广大教师提供了有利条件，一年来，不但"请进来"，而且"走出去"，让大家有更多机会与许多生本教育专家、生本教学能手进行零距离接触，学有所悟，学有所获。二是课题引领。大家惊喜地发现，剑阁县不少学校有了省级、市级、县级课题，还有不少教师有了自己的个人课题，其中与生本教育有关的选题不在少数。值得一提的是，2014年普安中学、文峰中学、汉阳小学成功申报的三个省级课题都与生本教育有关，其中，普安中学"农村初中'目标·问题·互动'教学策略研究"为广元市本年度唯一一个重点课题。

（六）突出效果

任何先进的教学理念，任何鼓舞人心的课改举措，都必须以提高教育教学质量为立足点和着眼点，那种把实施生本教育和提高教学质量对立起来的观点是没有逻辑依据的。大家不难发现，生本教育实施较好的学校，其教学质量的提升是较为明显的；真正践行生本教育、努力构建生本课堂的教师，其教学业绩也是有目共睹的。想必大家都能明白一个道理：实施生本教育的目的是教育效果，实施生本教育的动力也是教育效果。

三、反思生本教育"四不足"

（一）发展不平衡

学校与学校之间在重视程度、推进力度、组织安排、实施效果上都表现得很不均衡，个别学校领导认识不到位。不思考，不谋划，不深入，不支持，得过且过，敷衍塞责；尚清谈，不务实，要花腔，重表面，甚至站位太低，反面宣传，造成教师思想混乱、无所适从。

（二）操作多反复

传统教学中旧的教育观念影响着教师的教学方式和教学行为，致使生本教育的落实出现某种程度的反复，个别学校个别领导和教师头脑不清醒，目光不敏锐，认识较肤浅，不学习，不实践，不反思，不提高，左右摇摆，三心二意，时进时退，反复无常，让多时积淀的一点效果顷刻间化为乌有。

（三）效果未凸显

剑阁县生本教育实施时间不长，其强大的优势尚未完全凸显，生本课堂的教学效益尚未全面转化为教育教学质量优势，这让部分领导和教师不能主动适应、积极投入，因此，抓落实，务根本，讲效率，提质量，是每个学校是否落实生本理念的试金石。

（四）课堂问题多

从课堂操作层面看，课堂教学的某些问题不容忽视：一是有小组学习之名，无小组合作之实，小组成员管理责任不明确，学习分工不具体，自主学习不到位，学生交流不充分，只有"点"的表演，没有"面"的展示。须知，生本教育的核心理念是关注每一个人、尊重每一个人、培育每一个人，成就每一个人，"人人有事做，人人都做事"是生本课堂的基本要求。二是在全班交流时，教师指定学生而不是学生推荐代表，以"生"为本变成了以"师"为本，学生"老师兼评委"身份变成了"道具加观众"。三是课堂评价由教师代替而不是学生评价，教师"编剧兼导演"的身份变成了"演员兼裁判"。四是在突破教学重难点时由教师将准备好的内容和盘托出，而不是先让学生自己逐步来解决，"怕"字当头，患得患失。五是在归纳总结本课内容或拓展延伸时，教师代替了学生而不是由学生自己完成，毫不顾忌生本课堂的根本要求；更重要的，不少教学设计与课堂操作没有明确、精准、合理、可操作的教学目标，许多教学环节的设计不是为实现教学目标，而是为展示课堂形态的改变，这就显得本末倒置了。

第三节　生本教育评价标准

一、生本课堂评价"五看"

生本教学其实就是学生在老师引导下的自主学习。在教学组织上，它鼓励先学，以学定教，少教多学，采用个人、小组和班级的多种方式自主快乐学习。提倡减少或最终取消学习成长期的频繁统一考试，不干扰学生成长期的成长等。据此，生本教育的评价应重在师生的"整合性"。不能把学生的评价和教师的评价剥离，学生能力的提升与教师"生本教育"理念践行的情况密不可分，而教师对教材的把握、再研发又是决定学生成长的关键。正因为如此，郭思乐教授说，没有评价的生本教育不是真正的生本教育。在建立"生本课改评价方案"时，将教师和学生进行有机结合，对课堂教学提出了"五看"，并以此来衡量和评价日常课堂教学。

一看课堂是否重视学生的主动参与。

"生本课堂"要求教师对教材进行二次开发，设置问题情景，引发认知冲突，激发学生参与的兴趣，从而让学习过程成为学生自主建构知识的过程，以提高课堂教学的有效性。判断课堂教学是否有效，不仅要看学生积累知识的量，还要看学生参与知识形成过程中思维的深度和广度，有多少知识是通过自己探究建构的。因而学生是否参与知识的形成过程是判断课堂教学有效性的一个重要指标，也是衡量课堂是否"生本"的一个重要评价依据。大家首先看学生参与学习方式的变化。要求生本课堂中的个别学习与小组合作学习相结合，是实质性的思考、表达、讨论与交流，而不是形式上的大合唱。再衡量学生参与学习的广度与深度。主要看学生自主活动和学习的时间，学生回答问题和动手操作参与的人次和讨论回答问题的准确性等，还要验证参与学习活动效果、课堂教学目标的达成情况、思维能力的开发程度及情感态度的提升效果等。

二看课堂是否注重培养学生的创新能力。

"生本课堂"把创新意识和能力的培养放在重要位置。教师在教学中要善于创设探究情景，搭建探究平台，问题让学生自主发现，知识让学生自主生成，规律让学生自主归纳，最后衍生出新知。教师是否关注学生创新能力的培养可以看：教师提出了多少开放性问题；是否尊重学生不同的观点和意见；对学生的独特见解是否进行了及时的表扬和激励；学生自主探究和解决问题的时间有多少；学生主动提问的次数有多少；学生能否多角度地思考问题；学生创造性地解决问题有多少人次；学生回答问题是否有新意和灵活性。

三看课堂教学是否保持有效的互动。

"生本课堂"的教学过程是认知建构、师生互动、情感体验多向交流过程。评价一堂课是不是高质量的课，是不是"生本课堂"，教师能否使课堂保持有效互动是重要指标。可从以下几个方面去了解：教师是采用"老师主讲"还是"民主协商"；是"先教后学"还是"先学后教"；是"示范模仿、讲解传授"还是"自主探究、参与体验"；是教师的"包办代替"还是学生的"自主建构"；是重视"知识结果"还是"过程与结果"并重。

四看课堂教学中是否关注学生的情感体验。

"生本课堂"追求三维目标的整合，即以知识和能力为主线，分层落实，面向全体学生；以过程和方法为核心，启发学生，促使学生全面发展；以情感和态度为动力，促进学生主动发展。积极的情感体验只能建立在民主和谐的学习氛围之上，建立在学生不断地成功和进步之上，因此教师营造民主、和谐、宽松的课堂环境是学生获得积极情感体验的前提条件。考察教师是否关注学生的情感体验可从两方面去判断：一是教师创设宽松和谐课堂情境的程度。教师是否有激情，精神是否饱满；是否善于挖掘教材中的情感因素；授课过程能否引起学生的兴趣和情感共鸣；是否善于表扬、激励学生，让学生体验到成功的乐趣；是否适时观察学生的变化，恰当调控教学；是否善待、欣赏学生。二是学生情感投入的程度。学生注意力是否集中，有无高涨的学习热情和良好的精神状态，能否保持旺盛的学习兴趣。

五看课堂教学中学生学习参与的主动性、知识辨析的肯定性是否有改进，学生是否把各知识点都"学懂""会学"。

课堂教学中学生能力素质的变化提升既是大家衡量、评价的内容，更是促进和改进教师教学方式、方法不断前行的动力。生本课堂能真正让学生通过参与体验，学懂、学会学习内容，高效地完成教学任务。

生本教育课改实践不仅需要走进课堂的教师要多付出，多学习，多探索，也需要学校和主管部门在评价机制方面给予保障。对参与课改实验的优秀教师应该在管理和奖励政策、制度上适度倾斜，以激发教师的工作热情。

外出培训学习方面，优先考虑生本实践班的教师；对在生本研究实践活动中取得突出成绩的教师，根据不同情况给予奖励；在教学业绩的评价上给予积极参与生本实践活动的教师一定的倾斜；将生本教育实践活动的开展情况首先纳入教师的日常绩效考核等，较好地实现生本课改活动的顺利开展。

二、生本课堂评价标准

（一）知识和技能

（1）以设计、指导学生前置性学习为切入点，培养学生搜集和处理信息以获取新知识的能力、分析和解决实际问题的能力，以及交流和合作能力。

（2）以小组合作、交流展示为平台，引导学生的有效课堂参与，激发学生学习兴趣。在课堂上再现知识的形成过程，力求让学生在学习探究的过程中体会知识不断发展和创新的全过程，使学生的学习素养得到潜移默化的熏陶，以此激发学生探求知识的兴趣和欲望。

（二）课堂表现

1. 从教师方面看

（1）课堂程序层次分明，密度合理。

（2）学生交流的前置性作业内容设计合理，能有效突破新授知识重难点。内容充实，灵活多样，有梯度。学习内容应通过学生的努力而达到，既不能过低，不需要努力就能完成；也不能过高，学生通过努力无法完成。

（3）教师在课堂教学中能够准确捕捉到学生课堂中生成的有利的教学生长点，并加以引导、提升，避免课堂因学生思维无边际而自由扩散。

（4）全面发挥学生的主体作用。教师在教学过程中起组织者、指导者和促进者的作用。教师要立足于学生的学，注重学生主动参与学习的有效度、合作学习的实效性，体现学生自主发展、差异发展等教学策略。

（5）注重对小组合作的指导，让每一位学生参与学习活动。在活动中，教师要给予小组或同学能起到正强化作用的合理评价。教师要能组织学生对重点、难点问题进行讨论；当学生的探究出现难点时，教师要善于引导学生进一步思考，使学生对问题的思考走向深入；对教学反馈中发现的新问题，能组织学生分组再讨论，开展二次学习活动。

（6）语言表达清晰、准确、简洁、流畅、生动形象，富于启发性；举止亲切、自然，富有亲和力。

（7）根据教学需要，从教学内容出发，恰当使用教学挂图、实物、投影仪、录音机、教学电影、电脑等各种教学媒体辅助教学，传统手段与现代手段相结合。

（8）知识面广，应变能力强，调控教学有效。教师有较广博的知识面，对教材以及与教学内容相关的知识掌握熟练，了解学生学习基础，课堂组织、应变能力强，调控教学有效。

2. 从学生方面看

（1）学生学习积极主动。每一位学生都能积极主动地参与教学全过程，乐于动脑、动手、动口，乐于讨论、争论、辩论，思维积极。

（2）学生自主学习有时间、有空间、有实效。学生在自主学习中不断探索形成知识体系，结论由学生自悟和发现，每一项实践活动都由学生自己体验，学生参与面广。

（3）在学习交流活动中学生能主动地去思考、观察，能发现问题并提出问题。

（4）学生无论课堂发言，还是倾听交流都要遵守课堂礼仪，发言流畅、能够清晰表达自己的观点，鼓励学生创造性思维，敢于怀疑书本、教师、他人观点。

（5）课堂气氛活跃而不散乱，思维活跃而不漫无边际。

剑阁县生本教育骨干教师名单

总指导：徐剑峰　杨旭

1. 小学语文（指导：王晓鬼、苟海泉）

陈　娟（涂山小学）　　薛艳梅（普安小学）　　苟欢蓉（武连小学）
苟红梅（实验学校）　　陈云霞（白龙小学）　　唐　晴（龙源小学）
敬小会（龙江小学）　　刘天秀（普安小学）　　李春兰（开封小学）
王秀茗（剑门关实验学校）

2. 小学数学（指导：李炜、李金红）

苟清泉（实验学校）　　何玲芳（普安小学）　　王黎秀（龙江小学）
赵　彬（高观小学）　　拜钰悦（龙源小学）　　赵剑蓉（龙江小学）
杨　英（剑门关实验学校）

3. 小学英语（指导：罗有鹏、何丽）

郑文君（普安小学）　　高　婷（龙江小学）　　袁晓丽（实验学校）
曹桂华（龙江小学）　　卜　燕（鹤龄小学）　　杨晓芳（剑门关实验学校）
杨　博（剑门关实验学校）

4. 初中语文（指导：梁义德、罗清华）

孙　静（文峰中学）　　郭海燕（鹤龄中学）　　严维秀（武连职中）
白　杨（抄手小学）　　李华民（剑门关高中）　　罗永兰（汉阳中学）
张蓉芳（普安中学）　　任春英（剑门关高中）　　唐　青（公兴中学）
王春波（剑门关高中）　　赵玉琼（剑门中学）

5. 初中数学（指导：何子明、贾俊义）

陈　珺（文峰中学）　　吴昌洪（武连职中）　　李晓慧（白龙中学）
李丽丽（普安中学）　　母秀琼（剑门中学）　　王锡洪（普安中学）
张金桥（剑门关高中）

6. 初中英语（指导：罗有鹏、王俊臣）

蒋万甫（剑门关高中）　　杨秀琼（普安中学）　　赵翠萍（文峰中学）
徐　黎（剑阁中学）　　张海霞（公兴中学）　　袁清花（剑门关高中）
杨　雯（剑门中学）

第四节　生本理念下的有效教学研究

在2012年3月14日召开的全县教育工作会上，县委书记提出借鉴苍溪和利州经验，建设剑阁"有效教学"工程，剑阁县的课程改革被推向了一个新的高潮。县教科局随即下发了《关于印发〈关于开展"构建有效课堂，打造和谐教育"主题研究实践活动的实施方案〉的通知》（剑教科发〔2012〕10号），明确了研究的意义、基础理论、基本模式和研究的具体措施和方法。一是成立了县级"有效教学"主题研究实践活动领导小组、指导督查组，对全县面上工作进行规划、指导、检查。二是典型示范，研训推进。县上坚持抓点带面，把剑阁中学等11所学校定为全县有效课堂教学示范基地。建立规范的校本研训制度，以备课（教研）组为单位开展经常性的教师相互上课、观课、说课、议课活动。发挥教育科研的作用，每所学校要申报一个中心研究课题，围绕有效教学开展实践与探索。三是将各项活动分为三个阶段三年时间进行，抓住关键，紧扣环节，增强教学的有效性；注重过程，精细管理，促使研究活动规范运行；科学规划，稳步实施，落实科研引领策略。

一年以来，组织全县校长到利州区进行"有效教学"考察；先后组织1 000余人次到浙江、成都、南充、重庆、广安、綦江、绵阳等地学习有效教学经验。邀请教育专家魏书生、洋思中学校长刘金玉、棠湖中学校长熊伟、省教科所专家、昌乐二中校长、成都金牛区阅读教学研究团队等来剑阁县讲学授课。组织"有效教学"校长论坛一次，收集校长论坛文章89篇。在文峰中学、鹤龄督导办、普安督导办、武连督导办、剑门中学和剑门关小学举行有效教学专题研讨会和推进会。立项、申报省市县级有效教学研究课题共7个。县委书记两次在"有效教学"系列报道《转变教学观念，打造有效教学》和《有效教学大家在行动》上亲自批示，指导有效教学工作开展。

通过全县教科人的共同努力，大家在高中阶段模拟推行棠湖中学的"三段教学"模式；初中阶段全力推行了"先学后教"的"洋思及杜郎口高效课堂教学模式"；在小学阶段凭借川渝国家级重点课题——"中小学语文课内外阅读学习策略研究"，全力推行"小学生自主阅读学习模式"，使剑阁县的课堂教学改革得到有力推进，真正全面落实素质教育，教育教学质量得到明显提高。

高效课堂评价标准

一、教学目标（10分）

1. 目标设置：教师"导"的思路清晰，学生"学"的目标明确。

2. 层次划分：知识与技能的达成目标，过程与方法的揭示目标，情感与态度的孕育目标，能力与素质的发展目标。

二、教学内容（10分）

1. 内容选择：教学容量适度，重难点把握准确。

2. 呈现方式：能有效地整合三维目标，突出能力培养。

三、教学结构（20分）

1. 环节设计：课前先学有体现，设置情境、激发动机、展开过程、巩固训练、发展提高、达标检测；每一环节学生都有事做。

2. 时间分配：保证学生有足够的参与活动、自主学习的时间。

四、教学方法（20分）

1. 教法优化：教法设计合理，教学方式多样化。

2. 学法指导：指导学法得当，体现自主学习、探究学习、合作学习的学习方式。

五、教学状态（10分）

1. 师生互动：师生要有激情，课堂气氛要和谐，具有学术研究氛围。

2. 学生参与：学生思维活跃，多种感官参与学习过程，能愉快地获得新知。

六、教学效果（20分）

1. 思维训练：课堂容量要大，学生思维积极主动、缜密有效，课堂练习要有梯度，切实达到巩固新知的效果。

2. 达标训练：能及时反馈练习，教学目标达成率高。

七、教学特色（10分）

1. 创造性：导学过程设计新颖，富有创造性。

2. 艺术性：导学不出现"超导"与"滞导"现象，艺术性高。

3. 生动性：导学具有感染力，课堂教学深刻、生动、形象。

等级设置：总分85分及以上为优秀；75~85为良好；60~75为一般；60分以下为不合格。

第六章　名师工作室

第一节　名师工作室建设

广元市人民政府办公室《关于实施名师工程的意见》（广府办发〔2013〕81号）、《关于修订〈关于实施名师工程的意见〉》及市教育局《广元市名师工作室建设的通知》《关于加强新一届广元名师工作室建设的通知》，要求规范名师管理工作，发挥好名师辐射作用。

2014年2月26日，《剑阁县人民政府办公室关于实施名师工程的意见》（剑府办〔2014〕7号）通过实施以名师培养、名师引进、名师评选为主要内容的"名师工程"，大力加强教师队伍建设，努力提升教育核心竞争力。市名师由本人申请或单位推荐，按照隶属关系逐级报市名师办。由市名师办组织专家评审小组进行专业水平和业绩评审及考察，在一定范围内开展群众认可度测评，面向社会公示，报市名师工程领导小组批准后，由市政府授予"广元名师"称号。市名师每两年评选一次，每届任期4年。剑阁县先后有黄炜、薛艳梅等人被评为广元市名师，建立了12个名师工作室。

【2014年剑阁县首届"广元名师"】

岳剑东	男	四川省剑门关高级中学	高中语文
王锡洪	男	剑阁县普安中学	初中数学
杨　旭	男	剑阁县教育科学研究室	初中数学
赵剑蓉	女	剑阁县龙江小学校	小学数学
景　萍	女	四川省剑阁中学	高中英语
李国安	男	四川省剑阁中学	高中化学
蹇玉伟	男	剑阁县剑门中学	初中化学
唐文秦	女	四川省剑阁县开封中学	高中历史
段晓军	男	四川省剑州中学校	高中体育
刘　晏	女	剑阁县普安幼儿园	学前教育

【2016年剑阁县第二批"广元名师"】

任　勇	男	四川省剑阁中学	高中语文
吴仕虎	男	四川省剑门关高级中学	高中数学
刘绍志	男	四川省剑阁中学	高中地理
沈光荣	男	四川省剑门关高级中学	高中物理
贾国荣	男	剑阁县剑门中学	初中语文
龚继泽	男	剑阁县马灯小学	初中数学
张海霞	女	剑阁县公兴中学	初中英语
伏　云	男	剑阁县文峰中学	初中思品

何朝霞　女　剑阁县龙江小学　小学语文
黄　炜　女　剑阁县普安小学　小学语文
苟清泉　女　剑阁县实验学校　小学数学
何小波　男　剑阁县职业高级中学校　职教电子

【2018 年剑阁县第三批"广元名师"】

陈继大　男　四川省剑阁中学校　　　　　高中地理
杜　江　男　四川省剑阁中学校　　　　　高中生物
张光海　男　四川省剑阁中学校　　　　　高中数学
范荣国　男　四川省剑门关高级中学　　　高中地理
张斗明　男　四川省剑门关高级中学　　　高中政治
黄大兆　男　四川省剑门关高级中学　　　高中语文
王春桥　男　四川省剑州中学校　　　　　高中数学
李勇生　男　四川省剑阁职业高级中学校　中职语文
魏　雄　男　四川省剑州中学校　　　　　初中数学
杨友双　男　剑阁县普安中学校　　　　　初中语文
李翠芳　女　四川省剑阁县剑门中学校　　初中英语
曹桂华　女　剑阁县龙江小学　　　　　　小学英语
薛艳梅　女　剑阁县香江国际实验学校　　小学语文
刘建容　女　剑阁县普安幼儿园　　　　　学前教育

【2020 年剑阁县第四批"广元名师"】

汪玉霞　女　汉族　剑阁县江口嘉陵学校　　　语文高级教师
刘天秀　女　汉族　剑阁县普安小学校　　　　语文一级教师
郭凤鸣　女　汉族　剑阁县实验学校　　　　　语文一级教师
徐　黎　女　汉族　四川省剑阁中学　　　　　化学一级教师
李大松　男　汉族　四川省剑门关高级中学　　政治高级教师
张开潮　男　汉族　四川省剑门关高级中学　　体育一级教师
杨晓庆　女　汉族　剑阁县普安幼儿园　　　　美术、社会中学高级
熊玉丽　女　汉族　剑门关实验学校　　　　　学前教育一级教师
母　凤　男　汉族　剑阁职业高级中学校　　　数控中学高级
王德明　男　汉族　剑阁职业高级中学校　　　汽车电气中学高级

【2011 年省名师】

张国江　郭利蓉　张文昌　唐守荣　赵剑蓉　吴朝利　贾月普

【2020 年省名师、名班主任】

苟清泉　名师（剑阁县实验学校）王兴宝　名班主任（剑阁中学）

第二节　名师工作室工作情况

一、名师工作室的基本情况

截至 2023 年 12 月底，剑阁县共有广元名师 43 名，其中有 2 人已调离剑阁县工作，1 人申请退出，1 人违纪受到处理。第一批广元名师 10 人，其中 1 人调入广元外国语学校，1 人 2016 年违纪受到处理。第二批广元名师 12 人，1 人因病申请退出。第三批广元名师 14 人，1 人调入广元万达中学，1 人病假。第四批广元名师 10 人。

二、广元名师管理考核

1. 管理考核起止时间

根据广元市人民政府办公室关于修订《关于实施名师工程的意见》的通知（广府办发〔2018〕70 号文件），广元名师"每届任期四年"。

第一批广元名师于 2014 秋开始接受管理考核，任期 3 年，因经费原因 2017 年停止管理考核。第二批广元名师于 2016 秋开始接受管理考核，任期 3 年，因经费原因 2019 秋停止管理考核。第三批广元名师于 2018 秋开始接受管理考核，已经任期 3 年，将于 2022 秋停止管理考核。第四批广元名师于 2021 秋开始接受管理考核，从 2021 年秋开始工作，将于 2025 秋停止管理考核。

2. 县名师办的管理

成教中心于 2017 年 8 月接手名师管理工作。为了更好地推动剑阁县名师工作的开展，每年县名师办定期举办一次名师工作管理工作会，对本年度的工作进行全面总结，在会上安排部署下一年的工作，并选出当年考核优秀的名师进行经验交流。还统一组织所有名师进行大规模的送教活动。

剑阁县名师工作管理办公室根据市教育局《广元市名师考核办法（修订）》和《广元市名师工作室管理办法（修订）》（广教发〔2019〕9 号）精神，按照市教育局《广元市教育局关于开展广元名师届满考核及 2020—2021 年度专项考核工作的通知》要求，制定了县教育局《关于开展 2020—2021 年度"广元名师"专项考核工作的通知》。2021 年 10 月 11 日至 15 日县教育局组织名师工作考核小组严格按照《广元市名师考核办法（修订）》对"广元名师"进行了学年度工作考核。考核小组一行 6 人于 10 月 11 日先后来到鼓楼幼儿园刘建容名师工作室、普安中学杨友双名师工作室，10 月 12 日先后来到剑州中学魏雄名师工作室、剑门中学李翠芳名师工作室，考核小组通过深入学校全面了解各名师工作室的建设及工作开展情况，并通过看总结、听 PPT 汇报、查档案资料等方式进行综合考核。10 月 19 日在成教中心五楼多媒体教室对薛艳梅、曹桂华名师工作室进行了集中考核。11 月 2 日在成教中心五楼多媒体教室对李勇生、张光海、陈继大、杜江、黄大兆、范荣国名师工作室进行集中考核。张斗明老师因视网膜脱落写了请假条未参加考核。

三、名师工作室开展的活动

2021 年 3 月，收集、初审、报送《名师炼成录》的稿件。4 月 20 日县名师办组织召开了 2021年"广元名师"管理工作会。5 月 19 日至 21 日由剑阁成教中心、剑阁县名师工作管理办公室组织了"剑阁县 2021 年春季送教下乡教师培训活动"。本次活动分别在白龙、公兴、鹤龄三个片区开展，此次送教涉及学前教育、小学语文、数学、英语、初中语文、数学、英语、高中语文、数学、地理、政治、生物、体育与健康、党史学习教育共 14 个学科，送教老师中有 17 位名师及 3 位名师工作室成员、省特级教师 2 人、市县骨干教师 5 人，共送出示范课 63 节次、专题讲座 6 场次、交流

57 人次。6 月 18 日，县名师办组织刘建容名师工作室一行 7 人，在开封小学附属幼儿园开展了送教下乡活动，元山、开封、武连三个教育督导责任区的公、民办幼儿园骨干教师参与活动，共送出示范课 2 节、专题讲座 2 场次、交流 57 人。5 月再次修改报送"剑门英才"的相关资料。9 月初给县教育志撰写报送名师的相关资料，9 月下旬安排第四批名师工作室的阵地建设。10 月 11 日—15 日对剑阁县的第三批名师进行了 2020—2021 年度的专项考核。11 月 2 日，市教师发展中心赵怀广主任、常枭妹老师，县教育局蒲继强副局长、郭永贵老师，成教中心、县名师办程锦荣主任，县名师办全体人员对 6 位高中"广元名师"进行了 2020—2021 年度的专项考核。11 月 4 日给县教育局李锦钟书记报送了"广元名师"的基本情况及经费拨付状况的材料。11 月 29 日给市教师发展中心报送了剑阁县"广元名师"的经费管理使用情况。12 月 2 日给市教师发展中心拟了《关于解决"广元名师"经费的报告》。

2021 年，参与考核的 12 位名师共上竞赛课、示范课、研究课 79 节，作了 42 场专题讲座，交流 30 场次，发表论文近 16 篇。

四、名师工作室特点

大多数名师工作室建立了工作室的 QQ 群、微信群，能利用这些平台加强对工作室成员的学习监督及指导，做到了资源共享，加强了成员间的沟通交流。

不少名师工作室还建立了微信公众号，有的名师工作室建立的 QQ 群基本把全县这门学科的老师都拉入了群，这样名师引领、辐射的面就非常广了。希望大家利用好这样的信息平台，更大范围地发挥名师的辐射引领作用。

部分名师的工作室定位准确，特色、亮点突出。如：李翠芳名师工作室的信息技术与学科融合，李勇生名师工作室的课题及文章发表，薛艳梅、刘建容名师工作室的引领示范作用，薛艳梅名师工作室每年装订一本《成长日记》，记录教育随笔、教学反思。曹桂华名师工作室每年装订一本《小学英语课堂教学成果集》。

工作卓有成效。刘建容，薛艳梅名师参与多个省、市、县的课题研究。李翠芳、刘建容、魏雄等名师在课题研究中获得省、市级成果奖。刘建容、薛艳梅、李翠芳多次承担市、县级教研活动。张光海、陈继大、杜江、黄大兆担任省市级竞课活动的评委。杜江、范荣国承担期末试题的审核工作。刘建容、薛艳梅辅导各类教师培训，引领、辐射面广，受益人多。

部分名师工作室的团队建设好，工作室的活动定期开展，而且主题明确，指导工作室成员的成绩显著。

五、广元名师的成效

1. 从广元市名师成长为省特级教师

苟清泉　赵剑蓉　李勇生　何朝霞　景　萍　任　勇

2. 从广元市名师成长为正高级教师

景　萍　任　勇　岳剑东

3. 指导教师成长情况

（1）指导工作室成员成长为名师

岳剑东名师工作室的成员黄大兆成长为第三批广元市名师；

吴仕虎名师工作室的成员王春桥成长为第三批广元市名师；

贾国荣名师工作室的成员汪玉霞成长为第三批广元市名师；

伏云名师工作室的成员魏雄成长为第三批广元市名师；

刘晏名师工作室的成员刘建容成长为第三批广元市名师；

黄炜名师工作室的成员刘天秀成长为第四批广元市名师。

（2）指导其他教师成长

苟清泉、赵剑蓉、曹桂华、薛艳梅、刘天秀被聘为2018、2019年送培到校的指导教师，一年四轮8天的培训，指导了全县各教办近10年参加工作的学科教师。

苟清泉、曹桂华、薛艳梅、刘天秀、吴仕虎、范国荣、张开潮、李勇生被聘为每年的新入职教师培训的学科指导教师，培训新入职教师备课、上课。

每位名师每年完成两次送教到薄弱学校的任务。

4. 其他成效

（1）2018—2019学年度第二、三批26位名师上传了48节录播课。

（2）刘建容录制的《有效缓解入园焦虑　助力宝宝快乐入园》，于2020年9月29日—30日两天四个时段在广元教育视界电视频道"名师讲堂"栏目播出，被评为优秀课例。薛艳梅《卜算子·咏梅》已于10月28日录课，随后进行展播，被评为优秀课例。魏雄录制的《用坐标表示平移》一课，2020—2021年在电视台多次播出，获得好评。杨友双向广元电视台"教育频道"教育视界名师栏目推送经典诵读《就是那一只蟋蟀》。

（3）黄大兆、刘绍志、任勇、王锡洪的文章发表于西南师范大学出版社出版的《名师在研修中成长》。

（4）杨友双、任勇、魏雄、黄大兆、苟清泉、薛艳梅、李勇生几位名师的文章发表在《名师炼成录》上。

第七章　教育视导

为规范办学行为，推进课堂教学改革，认真落实国家《关于进一步减轻义务教育阶段学生作业负担和校外培训负担的意见》《关于做好中小学课后服务工作的指导意见》等精神，剑阁县教育科学研究室牵头，成立由党组书记、局长为组长，县总督学及分管副局长为副组长，相关股室、督导责任区、学区领导为成员的领导机构，对全县学校教育教学工作开展视导。

一、视导人员组成及视导时间

视导小组成员通常由三部分人员组成：一是教育股负责人、县教研室全体人员；二是各教育督导责任区主任、业务干部；三是部分兼职教研员、特级教师、省市县名师、学校分管教学工作领导。视导时间通常集中安排一周。

二、视导内容

（一）重点工作

落实新课标学习、深化校本教研、"双减"背景下的课堂改革、课后服务和"五项管理"等工作推进落实情况。

（二）常规管理

根据《广元市中小学常规管理50条》和《剑阁县教育局关于印发〈中小学教育教学常规管理细则〉的通知》内容，重点检查学校常规管理、课堂教学、艺术、体育、劳动实践、学校文化及教研管理等方面工作。

（三）教学管理

深入课堂，对教师的教学思想、教学行为、教学技能进行视导，重点对教师的备、教、批、辅、测、研等工作进行检查。

（四）学生管理

了解学生学习、生活状况；查阅学生管理资料；了解学生对学校管理、教师教学的意见和建议；了解学校对学生职业生涯规划情况。

三、视导方式

（一）分组进行，全面视导

视导覆盖全县义务教育阶段各中小学，由各学区视导组组长统筹，分小组同时开展视导工作。中心集镇中小学和学区内较大规模学校（或重点学校），每校不少于1天时间。全体视导组成员先深入课堂，全面听课指导，原则上必须走进每间教室，听完所有任课教师的课，与老师学生广泛交流。最后学校班子、年级负责人、教研组长、骨干教师集中反馈意见。

局领导、教育股主要负责人和各教育督导责任区主任面上巡视和抽查。

（二）具体方式

视导采取"听—看—查—访—评"的方式进行。

一听：全覆盖随机听课。通过对较典型课例（片段）录制研究，促进全县课堂教学生态重塑。

二看：看师生精神状态、校园文化等。采录学校校园环境、教育教学管理等影像资料。

三查：查阅教育教学管理资料、领导听课记录、教学"六认真"、学习新课标资料、"双减"措施、课后服务、"五项管理"、提优补差情况、挂联情况、毕业班工作，艺术、体育、劳动实践开展情况，仪器设备使用情况等。

四访：走访师生、座谈，问卷调查。

五评：召开视导意见反馈会，学校班子、年级负责人、教研组长、骨干教师和无课教师到会。一是校长围绕提升教学质量、本文件第三点"视导内容"中的重点工作和科研兴校三个方面汇报工作。二是视导组成员全员评课，提出指导性意见和建议。三是视导组组长根据检查汇总情况，提出视导意见和建议。

（三）全面总结

视导结束后，召开全县视导总结会，各学区视导组组长汇报视导情况，并将形成的书面报告交县教研室。县教研室牵头撰写全县教育教学视导报告，作为教育教学管理的意见参考，纳入学校年度考核。

表 9-11　剑阁县教育教学视导检查记录表

视导学校：　　　　　　　　　　　　检查时间：2022 年　　月　　日

主要指标	基　本　要　素	分值	自评得分	考核得分
常规管理（20分）	按国家课程计划开齐、开足课程，构建符合本校需要的综合实践课程和校本教材，注重"五育"并举。地方课程和"读本"课程落实到教学计划和课程表，有任课教师	3		
	有系统的教学常规管理制度与组织机构，有明确的课堂教学策略，明确校长是教育质量第一责任人	3		
	学校教学工作、学科组（备课组）和科任教师教学工作计划目标明确，科学合理，具有较强的实用性和操作性	4		
	定期进行教学"六认真"检查与考核，各项检查与考核记录全面翔实	4		
	学习新课标、"双减"和"五项管理"有计划、有措施，课后服务全面实施	6		
集体备课（10分）	有集体备课制度，按计划开展集体备课，有主持人发言稿，有研讨记录，和备课笔记一致	3		
	教师要根据集体备课对课时方案（教案）进行个性化修改，教案要素齐全。执行"青蓝工程"中指导教师教案签字制度	3		
	教（学）案检查严格，有检查记录和改进意见、措施。所检查备课本上有教务处检查盖章、检查日期、次数和检查人签名	4		
课堂教学（20分）	教师课前准备充分，按时上下课，无使用手机、体罚或变相体罚学生等现象	1		
	课堂教学目标清晰合理，任务分层，分解落实，突出重难点教学，预设与生成可控	3		
	根据教学内容灵活选用教学方法，教学手段多样，多媒体等辅助教学工具使用恰当	3		
	课堂气氛活跃，师生互动良好，讨论与展示活动真实发生，体现以生为本	3		
	教学语言规范、清晰、生动，语速得当，音量适中，使用普通话	2		
	板书设计应体现本课教与学的简约思路与内容，要有科学性、整体性、条理性	2		
	教学目标达成度高，学生的学习体验及时、深刻，学习兴趣有提高，注重思维训练和核心素养培养	6		

表9-11(续)

主要指标	基 本 要 素	分值	自评得分	考核得分
作业设计(10分)	严格执行"双减"要求,有专题研究;作业设计能精选习题,分量适度,有分层设计,类型多样;开展作业展评活动,及时总结提炼经验	4		
	作业批改及时准确,方式灵活多样。不随意写"阅"或"查",有启发性、激励性批语	4		
	学生作业整洁、格式规范,书写认真、正确率高。学生有纠错本或有作业纠错痕迹。加强学困生个别指导	2		
监测评价(8分)	严格按照"双减"要求开展教学测评,命制规范,注重能力培训,突出学科核心素养	3		
	定期分析教学质量,有分析报告,研究全县成绩分析册及质量分析报告;全校、班级召开质量分析会	5		
校本教研(22分)	有教研联盟、校本研修工作计划,落实具体;学校有校本研修主题,每学期至少开展2次研讨活动,有成效	3		
	落实"每日一课"听课制度、"青蓝"结对制度、教室坐班制度;每天有带班听课领导,"青蓝"结对中的年轻教师每周跟班听课2节,听课必评课	4		
	校长必须按规定上课,每周至少听课1节,主研1个课题,培养1名青年教师,每年读1本教育专著,发表1篇论文。分管领导每周至少听课2节,其余要求同上	4		
	教师每周至少听课1节,每学期上1节展示课,读1本教育专著,写1篇论文,命制1份试卷,参研1个课题	3		
	加强课题研究,注重课题引领;所研课题按时进行年度总结、结题和推广成果;积极完成参研子课题任务	2		
	注重"双减""五项管理"、课后服务和校园文化建设研究,有1项以上研究主题	4		
	积极参与教育部门组织的各级各类教学教研活动;注重多媒体的培训与使用,做到信息技术与学科有效融合	2		
成效考核(10分)	积极参与教育部门组织的各级各类评比展示活动,成绩显著	5		
	建立以教学质量为主导的学校教师绩效综合考核方案;建立以关注学生全面发展的综合素质评价方案	5		
合　　计		100		

视导组签字:

【剑阁县义务教育视导学生调查问卷】

大家真心希望你根据实际情况认真回答,感谢对本次调查的积极配合!

填写说明:(1) 以下问题所要了解的情况都特指你所在的学校。

(2) 选出符合你的情况和想法的选项,请不要遗漏。

(3) 未注明单项选择的题目为单项或者多项均可。

(4) 请在符合的情况栏内打"√"。

1. 你所在的年级班级:＿＿＿＿＿＿年级＿＿＿＿班

2. 你的性别:□ 男 　　□ 女

3. 排在你班课表上的课，却没有或经常没有老师上的学科是：

☐习近平新时代中国特色社会主义思想学生读本（三、五、八年级）

☐语文　　　☐数学　　　☐外语　　　☐物理　　　☐化学

☐道德与法治 ☐地理　　☐生物　　　☐音乐　　　☐美术

☐可爱的四川 ☐科学　　☐信息技术 ☐历史　　☐体育与健康

☐家庭·社会与法制　　☐综合实践活动　　☐学校课程

☐生命·生态·安全　　☐劳动　　☐无

4. 你不喜欢的学科：

☐习近平新时代中国特色社会主义思想学生读本（三、五、八年级）

☐语文　　　☐数学　　　☐外语　　　☐物理　　　☐化学

☐道德与法治 ☐地理　　☐生物　　　☐音乐　　　☐美术

☐可爱的四川 ☐科学　　☐信息技术 ☐历史　　☐体育与健康

☐家庭·社会与法制　　☐综合实践活动　　☐学校课程

☐生命·生态·安全　　☐劳动　　☐无

5. 哪门或哪些学科老师上课没精神，不注意仪表仪态，经常迟到早退，在教室抽烟，有接打手机现象？

☐习近平新时代中国特色社会主义思想学生读本（三、五、八年级）

☐语文　　　☐数学　　　☐外语　　　☐物理　　　☐化学

☐道德与法治 ☐地理　　☐生物　　　☐音乐　　　☐美术

☐可爱的四川 ☐科学　　☐信息技术 ☐历史　　☐体育与健康

☐家庭·社会与法制　　☐综合实践活动　　☐学校课程

☐生命·生态·安全　　☐劳动　　☐无

6. 哪门或哪些学科老师上课爱乱发脾气、对学生有侮辱性语言或把学生经常赶出教室，有体罚或变相体罚现象？

☐习近平新时代中国特色社会主义思想学生读本（三、五、八年级）

☐语文　　　☐数学　　　☐外语　　　☐物理　　　☐化学

☐道德与法治 ☐地理　　☐生物　　　☐音乐　　　☐美术

☐可爱的四川 ☐科学　　☐信息技术 ☐历史　　☐体育与健康

☐家庭·社会与法制　　☐综合实践活动　　☐学校课程

☐生命·生态·安全　　☐劳动　　☐无

7. 哪门或哪些学科老师经常布置有课外作业？

☐习近平新时代中国特色社会主义思想学生读本（三、五、八年级）

☐语文　　　☐数学　　　☐外语　　　☐物理　　　☐化学

☐道德与法治 ☐地理　　☐生物　　　☐音乐　　　☐美术

☐可爱的四川 ☐科学　　☐信息技术 ☐历史　　☐体育与健康

☐家庭·社会与法制　　☐综合实践活动　　☐学校课程

☐生命·生态·安全　　☐劳动　　☐无

8. 你的课外作业一般能在多少时间内完成？

☐半小时　　☐一小时　　☐一个半小时　☐两小时以上

9. 老师作业批改：

☐认真及时细致　　☐主要以"查""阅"为主

☐经常是学生批改　☐会安排家长批改

10. 你班老师使用多媒体或实验仪器上课的情况是:

□经常　　　　　□偶尔　　　　　□从来没有

11. 你觉得每天的睡眠:　　　□充足　　　□不足　　　□严重不足

12. 学校是否允许你们把手机带进校园?

□允许,但是学校统一保管　□允许,学校不统一保管　□不允许

13. 你对校长、班主任和科任老师有什么心里话想说吗?

四、视导过程

县教育局对全县义务教育阶段 82 所学校在"双减"背景下的作业设计、课堂改革、课后服务和"五项管理"等重点工作,以及教学常规管理、课堂教学、教育科研和学生管理等常规工作,通过听(听评课)、看(看校容校貌)、查(查阅教育教学和安全稳定等资料)、访(访谈师生)、评(组内评议,与学校交换意见)等方式进行了全面视导。

听课。视导组成员以"点课"方式,分别到各班级随堂听课 2 200 余节。课后采取个别或者集中的形式与授课教师进行了互动交流。

看作业布置、课后延时服务和校容校貌。每校必查作业布置,每天下午两节课后视导组组长与学校领导一起查看校容校貌,重点观摩了各校课后延时服务开展情况,现场提出意见或建议。

查阅资料和问卷调查。查看了每所学校的管理资料,开展了学生座谈、问卷调查。为使检查落到实处,视导组将检查内容分别细化到常规管理、集体备课、课堂教学、作业设计、监测评价、校本教研和成效考核等环节,落实到具体考察点,再将这些考察点分块分配给视导组各个成员,逐项进行查询记载。

汇总情况与交换意见。视导组与学校领导班子集体交换了意见,并听取了学校教育教学工作汇报,视导组总结了学校亮点,指出应改正的问题或建议。

五、视导结果

(一)业绩亮点

(1)五育并举,一校一品特色彰显。各校能认真执行义务教育国家课程方案,开齐课程,开足课时,作息时间科学合理,"三操两课"坚持较好,课后延时服务开展丰富,一校一品,一生一特长在部分学校初见成效。课程育人、活动育人、实践育人等得到不断彰显,立德树人的根本任务得到落实,德智体美劳全面育人观不断深化。其中,开封中学的"劝学节"在川北系独创;小剑小学农耕文化富有特色;剑门关小学开办了"剑门豆腐美食""剑门根雕文化"、军体拳等特色社团;闻溪小学深挖"溪园"文化对学生进行育人活动;开封小学艺体发展优势明显,特别是排球和篮球竞技实力强;高池小学的"莲"文化向家庭和社区延伸,注重"家校共育"工作;垂泉小学翼德文化,培养学生"忠、真、勇"的优良品行;毛坝小学学校足球特色活动突出;白龙中学以省市课题为支撑,以"白龙纸偶"为载体,积极开展课后服务工作;高观小学把高观皮影等地方文化引进校园,开展"非遗高观皮影研究策略"课题研究;普安小学在科技活动和经典国学诵读方面成绩显著;涂山小学在苏维埃红色文化教育方面独树一帜;田家小学校际教研活动开展有效,依托校园基地,学生校外实践独具特色;公兴中学分年级确立主题开展校本研修,并编写有校本研修教材;龙江小学以"球"育人,足球课、足球操、足球赛扎实开展,有成果;香江国际实验学校以"活动"育人,"两会""三节""四活动"有序开展;剑门关实验学校以"兰"育人,队会活动、阅读活动、社团活动常态开展,有特色。

(2)领导带头,质量意识增强。从各责任区主任到校长、分管副校长、年级组长、班主任、任课教师层层落实目标责任,强化目标意识和质量意识。学校领导能率先垂范,深入课堂,研究教

学，毕业班的"一挂两联"工作落实有效。全县校长人均听课18节以上，分管教学副校长、教务主任、教科室主任人均听课25节。公兴中学校长当学期已听课47节，且要素齐全，内容翔实，点评真挚；盐店小学领导带头任教毕业班；开封中学校长带头深入课堂，学月考核落到实处；国光小学校长带头听课、评课，带领青年教师"师徒结对"，推进校本研修活动有力；木马中学领导班子精诚团结，以身作则，重视教育教学，均在教学一线任教，校长每月亲自检查教学常规；剑门关实验学校领导带头讲奉献，节假日、寒暑假加班成常态，带头深入教学一线，挂年级、毕业班任教，在工作中起到模范带头作用。

（3）课堂改革，稳步推进效果良好。全县以生本理念为指导的有效教学落到实处，涌现出一批课改先锋学校：剑阁县实验学校"生本"理念的课堂研究推进扎实，"生本"课堂精彩纷呈；剑门中学"三单"助学，单元导学，构建有效课堂有特色；木马中学"每周一课"从未间断，已形成了"生本"理念下的课堂风格；正兴小学课堂教学改革真抓实干，生本教学坚持好；剑门关高中结构化的学本课堂有效推进，初见成效。

（4）校本研修，紧盯青年教师培养。校长主导下的校本研修是青年教师成长的最好平台。城北小学校本研修常态化，为新进教师的业务能力提升搭建了一个良好平台；武连小学落实每日一听、每周一评、半月一查、每月一总结、每月一公示考核"五个一"制度，"青蓝工程"效果明显；木马中学教师培养培训有特色，根据校情制订了学校《青年教师1358战略培养计划》，认真推行青年教师培养"六个一"工作；禾丰小学注重常规管理，强化校本研修，坚持"每日一课"和教师基本功提升活动；高观小学要求入职5年以下或新转岗的教师每周网上听专家示范课一节，35岁以下教师每周一篇钢笔字，半期一次粉笔字比赛；剑阁中学教研工作扎实开展，"青蓝工程""老带新"制度科学、过程翔实、成效明显；龙江小学集体备课具有较强的指导性，分层作业设计有较强的实用性，记录翔实；香江国际实验学校读本笔记、教学反思、教研论文、教学课例组装成册，形成"教师教育科研成果集"；剑门关实验学校"每日一课"活动开展落实，有效果，开设"剑门兰读书班"，定期分享整本书读书感悟。

（5）"双减"政策，全面落实各有千秋。全县落实了"双减"政策，彻底清理了学业类的培训机构，中小学学校全面开展课后延时服务。剑门关实验学校、香江国际学校和龙江小学均在课后延时服务的课程设置、工作量计划、考勤考核、服务费的核发方面做了较深入细致的探索，可供参考。乡镇各学校启动时间虽有早有晚，但均已开展，且形式多样。做得好的学校有公兴中学、木马中学、武连小学、普安小学、实验学校、鹤龄小学和店子小学。

（6）视导检查中义务教育阶段教育教学综合管理较好的部分乡镇学校通报表扬。2021年，下列学校受到表扬：店子小学、柳垭小学、鹤龄中学、木马中学、开封中学、柳沟中学、武连小学、演圣小学、剑门关小学、公兴小学、普安中学、剑阁县实验学校、剑阁中学、剑门关高中、剑门关实验学校、香江国际实验学校、龙江小学。

（二）存在的问题

（1）师资结构缺编严重。全县大部分学校虽然满编，甚至超编，但教师结构性缺编严重。如剑阁中学、城北小学、义兴小学、石城小学、杨村小学等学校存在学科教师专业不对口、教师老龄化、新进年轻教师多等青黄不接的现象。

（2）办学行为不够规范。部分学校未严格规范教师课堂教学行为。部分教师在课堂上衣冠不整、言行随意等，如剑州中学、圈龙小学等。部分学校尚未把《习近平新时代中国特色社会主义思想学生读本》列入课程表。存在学科作业过多、过难，也有布置惩罚性作业等现象。

（3）课堂教学效率不高。如剑门关小学、汉阳小学和摇铃小学教师存在教学观念落后、教学方法手段单一老套、对教材讲解呆板的问题；木马小学、碑垭小学的教师教学策略缺乏，教学方法陈旧，教学整合不够，存在盲目教学现象；元山中学、毛坝小学存在少数教师不接受新课改理念，师生文本对话意识弱的问题；公兴小学和剑门关高中存在老师满堂灌、师生互动乏力、缺少板书示范、课堂效率低下、信息技术与学科融合不够等问题。

（4）教学管理不实不细。部分学校质量意识不强，学校中心工作不突出，存在重安排轻检查、重结果轻过程、重语数外轻其他科目、重统考科轻非统考科的现象，如王河小学、香沉小学和剑州中学。对教学工作欠思考研究、管理效能不高等突出问题，使教学质量长期陷于低谷，如汉阳中学、白龙中学和武连中学。个别学校职能部门、层级管理责任不明确，中层执行力偏弱，管理艺术缺乏，如元山小学、东宝小学。

（5）校本研修推进乏力。一是教研氛围不浓厚，缺乏机制保障，参与面窄，如杨村小学、田家小学。二是常规教研落实不到位，"三课"开展没有达到教研的目的，缺乏实效性，如羊岭小学、演圣小学和柳沟中学。三是专题研究不落实，教研活动无主题，没有直击教学中的疑难问题，如汉阳小学、鹤龄中学、柳沟小学。四是教研创新不足，如东宝小学、西庙小学和毛坝小学。五是学校没有充分发挥在岗特级教师、名师、骨干教师的示范引领作用，如普安小学、普安中学。

（6）"青蓝工程"力度偏弱。部分学校对新教师的培训引领重视不够，有相当部分新教师的敬业精神不足，学科素养不高，主动学习不够，基本功欠缺，缺乏协作意识，即使有"青蓝结对"捆绑考核，落实追踪考核也不够，如白龙小学、开封小学和元山小学。

（7）作业设计和课后服务有待完善。学校普遍对省教科院作业设计方案学习不够，未结合本校实际认真研究、分层实施。对课后延时服务持观望的态度，部分学校对这项工作虽然启动了，但缺乏思考和研究，学校实施方案简单粗糙。管理过程中制度方案宏观的成分多，具体细化措施、定量考核的少，缺乏长期监管考核的有效机制。三所高中学校课后延时服务工作尚未全面开展。

六、整改要求

（一）坚持问题导向，全面整改到位

各校校长要组织教务处和教科室干部一起研究，根据问题清单，结合本校实际，以问题为导向，制订整改方案，落实整改措施。要举一反三，梳理改进。各教育督导责任区要加强督办，非效果类问题必须限期整改到位，于当学期结束前汇总辖区内学校整改情况并上报县教研室。

（二）加强教学管理，细化工作措施

根据视导中存在的问题，各校要抓好备课管理，严格落实备课组长责任制，加强集体备课组的建设和管理，备课组内要加强协商、合作，体现同伴互助实质，提高备课实效；抓好课堂管理，完善课堂教学管理机制，督促教师切实转变教学方式，开展生本理念下信息技术与学科深度融合的有效教学；抓好监测管理。组织教师认真学习命题理论和技术，加强质量分析，做好教学诊断。

（三）落实"双减"政策，提升"双增"质效

落实"双减"政策是教育教学工作的重点，各校要组织教职员工认真学习政策，并做好政策宣传。结合校情，制订翔实的实施方案。在"双减"落实的同时推动"双增"，创新"5+2"模式，立足剑阁学校的实际，开展延时服务，全面提升育人质量。

表9-12　2021年秋季义务教育阶段学校教育教学工作视导问题清单

责任区	学校	需改进的问题
下寺教育督导责任区	龙江小学	学生作业评价方式单一
	剑门关实验学校	作业分层设计实用性有待加强；课题研究还需提升
	香江国际实验学校	"青蓝工程"实施不够深入；信息技术与学科深度融合不够
	上寺小学	教师老龄化严重，校本研修需加强

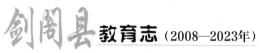

表9-12（续）

责任区	学校	需改进的问题
剑门教育督导责任区	剑门中学	制度、计划、目标落实不到位；教研氛围弱化，教育教学质量下滑
	汉阳中学	常规管理需加强，质量亟待提升
	剑门关小学	常规管理落实不够，课堂改革需加强
	汉阳小学	校本研修不实，课堂质量不高
	张王小学	教育教学课题研究欠缺
	小剑小学	青年教师的培养不力
江口教育督导责任区	木马中学	生本理念下的有效课堂还需深入推进；通过课题研究进一步丰富学校内涵
	木马小学	"青蓝工程"教师结对帮扶工作需加强；课堂教学的实效性较差
	高观小学	教学"六认真"不落实，过程资料不规范；校本教材中地方文化开发不够
	江口嘉陵学校	教学常规不落实，初中教学质量有待提高；课题研究的过程不扎实
	柏垭小学	艺体学科的业务培训和指导不足
鹤龄教育督导责任区	鹤龄中学	应试教育的痕迹明显；对优秀中青年教师的培养力度不够；教研意识不浓
	鹤龄小学	个别教师备课不认真，课堂准备不充分；常规管理不落实
	锦屏小学	学校多功能室开放使用不够；培养年轻教师的力度弱
	莺溪小学	教学常规有待加强
	石城小学	教研工作需加强
	杨村小学	校本研修需加强，教学质量需提升
	羊岭小学	校园劳动教育实践基地未能充分利用；校本教研需加强
	樵店小学	对年轻教师专业技能培养力度不够
白龙教育督导责任区	白龙中学	教师的责任心有待增强，教学能力有待提升；教学质量较差，亟待强化校本教研和教学常规管理
	白龙小学	青年教师教育教学水平较低；教学常规管理不力，整体教学质量较差
	店子小学	教学常规管理较差；青年教师的培养不够
	广坪小学	教学过程管理粗放，青年教师的培养不足；教学有效性的研究不够；信息技术的运用和实验教学不落实
	禾丰小学	教学常规管理和青年教师的培养力度不够；信息技术的运用和实验教学需进一步落实
	碑垭小学	教学过程管理和青年教师的培养不够；教学有效性的措施和办法欠缺；信息技术的运用和实验教学需进一步落实
	摇铃小学	教学"六认真"检查不落实；实验教学方式方法需改进；青年教师的培养不够
公兴教育督导责任区	公兴中学	各年级后进生面较大，两极分化较为突出；部分教师作业批改不及时，缺少批改日期或只有"阅"字的批阅现象
	公兴小学	少数教师地方课程无教案；校本教研还需进一步落实；部分年轻教师课堂教学能力偏弱
	长岭小学	课题研究需加强
	金仙小学	教学常规没有及时反馈检查情况记录；"青蓝"工程不落实；缺乏课题研究，教师听课制度不落实
	吼狮小学	"每日一课"活动不落实；作业分层设计落实不够
	涂山小学	学生能力和科学核心素养上还有待进一步规范；学生综合评价需完善
	香沉小学	学生作业批改不及时，部分学生作业批改只有"查"字；无教室坐班制度
	圈龙小学	部分年轻教师的教学基本功较差；"青蓝"结对帮扶工作不落实

表9-12（续）

责任区	学校	需改进的问题
元山教育督导责任区	元山中学	课堂教学普遍老套，师生互动不够；硬件设施薄弱，如多媒体设备、运动场等；校园文化建设有待加强
	元山小学	学校规范管理有待加强；青年教师培养力度弱；稳定优生力度小，学校内动力不足
	时古小学	师资不足；年轻教师课堂教学方法陈旧
	柘坝小学	体育课不规范、不严谨
	演圣小学	校本研修力度不够
	王河小学	学校常规管理需加强；现代信息技术与课堂教学融合不够
	公店小学	年轻教师课堂教学水平有待提高
开封教育督导责任区	开封中学	学校管理需加强；全面办好优质初中的策略欠缺、力度不大
	开封小学	新教师的培养及"青蓝工程"的落实力度不够
	迎水小学	课后延时服务不规范
	国光小学	校本研修有待加强，教师专业成长力度不够
	高池小学	教学质量有待进一步提升
	碗泉小学	需进一步加强校本教研
武连教育督导责任区	武连小学	对教师培训力度不够；教学质量需提升
	秀钟小学	尚未解决的遗留问题较多；教师爱岗敬业、乐于奉献的精神不够
	东宝小学	教育教学精细化管理不够；教学常规管理和校本教研还需加强
	马灯小学	教学质量有所下滑；教学设备利用不充分
	正兴小学	校本研修需进一步加强
	武连中学	优生流失严重；学校管理和教学质量亟待提高
柳沟教育督导责任区	柳沟小学	"双减"背景下的作业分层设计研究需加强；校本教研需加强
	柳沟中学	校本教研不扎实；校园已有的历史文化资源利用不充分
	义兴小学	音体美等艺体学科无专业教师；学校课题研究落后
	垂泉小学	课题研究力量弱；常规教研需加强
	毛坝小学	教师课堂教学需加强；常规教研不落实
	凉山小学	缺乏现代化教育教学装备；课题研究薄弱；教师课堂教学管理还需加强
城北教育督导责任区	北庙小学	"青蓝工程"不落实；教师对多媒体教学运用技能较弱
	姚家小学	作业设计和课后服务工作需进一步落实；学校中层干部执行力不强
	抄手小学	教学"六认真"不落实，欠规范；教师听评课制度和对青年教师培训不落实；教学设备设施利用率低
	柳垭小学	教学常规落实不够，作业批改不规范；"青蓝工程"和集体备课制度不落实
	西庙小学	毕业班管理需加强；校本教研需进一步落实
	盐店小学	常规检查不落实；课后服务活动的开展和管理需加强
	城北小学	缺少体育、美术专职教师；教学质量有待提高

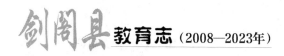

表9-12（续）

责任区	学校	需改进的问题
普安教育督导责任区	实验学校	学生礼仪常规教育偏弱；要加强阳光大课间活动的时间保障
	普安小学	对青年教师的培养不够；需进一步加大校本教研力度
	普安中学	校本教研氛围不浓，集体备课不深入，课堂教学实效性较差；缺乏办优质初中的系统策略和措施
	龙源育才学校	地方课程教学不落实，需强化教学管理
	江石小学	教师听课记录不完善；校本教研力度偏弱
	田家小学	常规教研、集体备课制度不落实；教育教学环节中的精细化管理不够
	闻溪小学	部分教师教学基本功较差；需加大校本培训力度
	南禅小学	需加强常规管理和毕业班工作，亟待提高教学质量；学生进出校门存在安全隐患
直属学校	剑阁中学	教师结构性缺编情况突出；消除大班额要加强；课后延时服务工作未全面落实
	剑门关高中	课堂教学的实效性弱；阳光大课间质量需改进；课后延时服务工作未全面落实
	剑州中学	教师的精神状态差；教学常规管理需加强；课后延时服务工作未落实
民办学校	剑门关天立学校	年轻教师的培养需加强，课题研究偏弱

第八章　质量分析

第一节　概述

教学质量是一所学校赖以健康、持续发展的生命线，是一所学校管理水平、管理效能、工作作风和综合办学实力的最佳载体，更是一所学校在剑阁县教育事业稳步发展过程中有无使命意识、有无责任担当的最直接、最集中的体现。提升教育教学质量是学校工作的中心所在、重心所在、焦点所在、职责所在。

全县义务教育阶段学生学业水平监测是在教育局的领导下，由县教研室统一组织实施。初中期末检测学科，由教研室统一组织命题、制卷，监考严格；九年级全县统一抽派教师监考、督考，七、八年级教育督导责任区内学校交叉监考；初中各年级、各学科于2018年秋季期末考试首次全部实行网上阅卷，利用阅卷2.0系统分年级、分学科组织教师实行网上阅卷、网上分析。小学期末检测学科的方法与管理，大体与初中相同。这一举措为教育局准确掌握全县各校的教学质量情况提供了可靠的依据，也为各校对教师公正、公平地评价提供了条件。

小学阶段的质量分析，通常是以六年级质量监测和五年级质量市抽测为切入点，站在全县的角度，从横向进行比较分析，各校明确自己的位次，清楚自己的优势和不足；从历史纵向比较分析，各校明白了自己是在前进还是在退步。

初中阶段的质量分析，通常以中考成绩和七、八年级的期末考试成绩为切入点，站在全市与全县的角度，依据质量考核方案，从优生、学校完成分和各科平均分及完成分来进行。

高中阶段学生质量监测，由市教育局组织，质量分析由市教育科学研究所完成分析报告，并据此报告，考核县区及学校的教学质量。

第二节　小学学业水平监测质量分析

以2022年春季小学六年级春季学业水平监测质量分析为例。

一、基本情况

2022年春季六年级教学质量监测全县共有68所学校127个班级5 170名考生参考（不含缺考考生）。监测的科目为语文、数学、英语、科学、道德与法治共5门学科，其中语文、数学、英语3科分值各为100分，科学、道德与法治各50分，5科总共400分。全县统一命题、组考和分析。

二、总体情况汇总分析

表9-13 总分基本情况成绩分析

参考总人数	学校数	满分	最高分	最低分	总分平均分	标准差
5 170	68	400	389	45	305.26	60.1

表9-14 成绩等级划线及人数分布（不含缺考考生）

科目	实考人数	A 0~20%		B 20%~50%		C 50%~70%		D 70%~90%	
		分数	人数	分数	人数	分数	人数	分数	人数
语文	5 170	83.5	1 095	77	1 546	71.5	1 003	59.5	1 020
数学	5 170	96	1 235	87.5	1 358	72	1 051	30	1 021
英语	5 170	95	1 085	86	1 610	76	954	55	1 028
科学	5 170	42	1 091	38	1 574	35	1 007	29	1 089
道德与法治	5 170	45	1 327	39	1 288	35	1 123	29	944

表9-15 各学科基本数据对比

学科	参考总人数	满分	最高分	最低分	平均分	标准差	差异系数	难度	α信度系数
语文	5 170	100	94	2	73.98	13.19	0.18	0.74	0.85
数学	5 170	100	100	0	76.11	26.14	0.34	0.76	0.94
英语	5 170	100	100	18	80.82	16.63	0.21	0.81	0.91
科学	5 170	50	50	0	36.81	6.16	0.17	0.74	0.7
道德与法治	5 170	50	50	5	37.53	6.95	0.19	0.75	0.77

分析诊断：以监测总分和平均分来衡量，此次监测总体高于平均分的学生人数较多，相应高分段的学生人数密度较大，而低分段学生的成绩拉扯总分平均分较为显著。数学、英语和语文标准差较大，道德与法治也不小。

三、总分完成情况

表 9-16　总分完成情况

学校类别	学校	完成情况			2021秋	升降	学校类别	学校	完成情况			2021秋	升降
		完成分	同类序	县序	同类序				完成分	同类序	县序	同类序	
一类小学	剑门关实验学校	111.78	1	1	1	0		闻溪小学	74.15	21	47	28	7
	实验学校	107.2	2	2	2	0		凉山小学	73.04	22	48	18	-4
	香江国际实验学校	102.72	3	3	4	1		木马小学	72.27	23	50	24	1
	龙江小学	92.88	4	6	3	-1		碑垭小学	72.04	24	51	19	-5
	普安小学	89.84	5	9	5	0		高池小学	71.50	25	52	16	-9
二类小学	公兴小学	92.94	1	5	1	0		长岭小学	71.38	26	53	17	-9
	开封小学	89.51	2	10	2	0		石城小学	70.27	27	54	26	-1
	武连小学	84.77	3	16	3	0		羊岭小学	69.20	28	58	25	-3
	鹤龄小学	82.6	4	20	6	2		禾丰小学	68.14	29	60	23	-6
	剑门关小学	80.54	5	25	4	-1		城北小学	66.36	30	62	29	-1
	柳沟小学	78.06	6	33	7	1		上寺小学	62.65	31	66	31	0
	元山小学	77.53	7	36	8	1	四类小学	莺溪小学	82.27	1	21	1	0
	白龙小学	76.39	8	40	5	-3		柘坝小学	79.06	2	28	5	3
	南禅小学	69.73	9	56	9	0		毛坝小学	78.41	3	31	6	3
三类小学	柳垭小学	92.02	1	7	1	0		马灯小学	77.44	4	37	9	5
	北庙小学	91.74	2	8	2	0		正兴小学	76.17	5	41	7	2
	柏垭小学	88.63	3	11	6	3		樵店小学	76.14	6	42	3	-3
	抄手小学	87.24	4	12	7	3		垂泉小学	75.64	7	43	2	-5
	高观小学	86.15	5	14	11	6		碗泉小学	74.61	8	44	10	2
	义兴小学	85.25	6	15	9	3		国光小学	74.43	9	45	12	3
	涂山小学	83.95	7	17	3	-4		小剑小学	69.32	10	57	8	-2
	汉阳小学	83.18	8	19	20	12		吼狮小学	68.99	11	59	4	-7
	秀钟小学	82.21	9	22	13	4		公店小学	66.91	12	61	13	1
	江石小学	81.45	10	23	8	-2		摇铃小学	61.45	13	67	11	-2
	店子小学	80.80	11	24	12	1		时古小学	54.91	14	68	14	0
	锦屏小学	80.40	12	26	4	-8	九年一贯制学校	剑门关天立学校	98.09	1	4	1	0
	西庙小学	79.46	13	27	22	9		姚家小学	86.29	2	13	2	0
	王河小学	78.74	14	29	14	0		杨村小学	83.50	3	18	4	1
	广坪小学	78.36	15	32	5	-10		江口嘉陵学校	78.72	4	30	3	-1
	金仙小学	77.73	16	34	21	5		东宝小学	72.95	5	49	5	0
	圈龙小学	77.67	17	35	15	-2		龙源育才学校	69.80	6	55	6	0
	田家小学	77.02	18	38	27	9		香沉小学	63.98	7	63	7	0
	迎水小学	76.57	19	39	10	-9		演圣小学	63.70	8	64	8	0
	张王小学	74.30	20	46	30	10		盐店小学	63.59	9	65	9	0

从整体完成分看：

全县前三名：剑门关实验学校、实验学校、香江国际实验学校

全县后三名：时古小学、摇铃小学、上寺小学

同类前三名的学校依次为：

一类：剑门关实验学校、实验学校、香江国际实验学校

二类：公兴小学、开封小学、武连小学

三类：柳垭小学、北庙小学、柏垭小学

四类：莺溪小学、柘坝小学、毛坝小学

九年一贯制：剑门关天立学校、姚家小学、杨村小学

同类后三名（一类除外，以下同）的学校依次为：

一类：普安小学

二类：南禅小学、白龙小学、元山小学

三类：上寺小学、城北小学、禾丰小学

四类：时古小学、摇铃小学、公店小学

九年一贯制：盐店小学、演圣小学、香沉小学

四、优秀学生人数分布

表 9-17　优秀学生人数和占比情况

学校	参考人数	前 100 名		前 500 名		前 1 500 名		前 2 000 名	
		人数	占比/%	人数	占比/%	人数	占比/%	人数	占比/%
县评	5 170	108	2.09	513	9.92	1 513	29.26	2 002	38.72
剑门关实验学校	154	19	12.34	53	34.42	90	58.44	109	70.78
实验学校	206	13	6.31	60	29.13	132	64.08	149	72.33
香江国际实验学校	213	21	9.86	54	25.35	101	47.42	117	54.93
龙江小学	344	8	2.33	48	13.95	139	40.41	182	52.91
普安小学	278	11	3.96	33	11.87	87	31.29	116	41.73
公兴小学	194	5	2.58	26	13.40	79	40.72	104	53.61
开封小学	215	1	0.47	18	8.37	82	38.14	107	49.77
武连小学	90	1	1.11	9	10.00	27	30.00	37	41.11
鹤龄小学	192	3	1.56	17	8.85	53	27.60	70	36.46
剑门关小学	176	3	1.70	15	8.52	50	28.41	68	38.64
柳沟小学	74	0	0.00	2	2.70	15	20.27	29	39.19
元山小学	161	2	1.24	8	4.97	30	18.63	43	26.71
白龙小学	356	1	0.28	22	6.18	71	19.94	100	28.09
南禅小学	158	0	0.00	1	0.63	21	13.29	37	23.42
柳垭小学	35	2	5.71	4	11.43	14	40.00	15	42.86
北庙小学	27	0	0.00	2	7.41	10	37.04	15	55.56
柏垭小学	26	0	0.00	2	7.69	11	42.31	12	46.15
抄手小学	30	1	3.33	3	10.00	12	40.00	15	50.00
高观小学	26	1	3.85	5	19.23	10	38.46	10	38.46
义兴小学	46	1	2.17	3	6.52	17	36.96	18	39.13

表9-17（续）

学校	参考人数	前100名		前500名		前1 500名		前2 000名	
		人数	占比/%	人数	占比/%	人数	占比/%	人数	占比/%
涂山小学	56	1	1.79	4	7.14	15	26.79	21	37.50
汉阳小学	87	2	2.30	11	12.64	17	19.54	28	32.18
秀钟小学	22	0	0.00	1	4.55	7	31.82	9	40.91
江石小学	21	0	0.00	1	4.76	7	33.33	7	33.33
店子小学	45	0	0.00	2	4.44	16	35.56	17	37.78
锦屏小学	55	1	1.82	7	12.73	18	32.73	23	41.82
西庙小学	40	0	0.00	5	12.50	10	25.00	13	32.50
王河小学	62	0	0.00	5	8.06	13	20.97	19	30.65
广坪小学	36	1	2.78	4	11.11	11	30.56	11	30.56
金仙小学	34	0	0.00	1	2.94	9	26.47	13	38.24
圈龙小学	37	0	0.00	2	5.41	7	18.92	10	27.03
田家小学	50	0	0.00	0	0.00	8	16.00	14	28.00
迎水小学	47	0	0.00	3	6.38	10	21.28	15	31.91
张王小学	33	0	0.00	2	6.06	8	24.24	9	27.27
闻溪小学	29	0	0.00	2	6.90	5	17.24	7	24.14
凉山小学	20	0	0.00	0	0.00	2	10.00	6	30.00
木马小学	97	1	1.03	6	6.19	18	18.56	25	25.77
碑垭小学	27	0	0.00	1	3.70	4	14.81	7	25.93
高池小学	45	0	0.00	1	2.22	4	8.89	9	20.00
长岭小学	38	0	0.00	1	2.63	10	26.32	11	28.95
石城小学	32	0	0.00	1	3.13	5	15.63	6	18.75
羊岭小学	35	0	0.00	1	2.86	2	5.71	8	22.86
禾丰小学	33	0	0.00	0	0.00	2	6.06	4	12.12
城北小学	84	0	0.00	0	0.00	10	11.90	17	20.24
上寺小学	15	0	0.00	0	0.00	0	0.00	2	13.33
鸯溪小学	30	0	0.00	2	6.67	6	20.00	11	36.67
柘坝小学	21	0	0.00	0	0.00	6	28.57	9	42.86
毛坝小学	38	0	0.00	1	2.63	7	18.42	13	34.21
马灯小学	15	0	0.00	0	0.00	5	33.33	6	40.00
正兴小学	25	0	0.00	1	4.00	5	20.00	5	20.00
樵店小学	28	0	0.00	2	7.14	5	17.86	9	32.14
垂泉小学	16	0	0.00	0	0.00	4	25.00	5	31.25
碗泉小学	15	0	0.00	0	0.00	3	20.00	6	40.00
国光小学	19	0	0.00	0	0.00	4	21.05	7	36.84
小剑小学	9	0	0.00	0	0.00	0	0.00	0	0.00
吼狮小学	29	0	0.00	0	0.00	3	10.34	7	24.14
公店小学	29	0	0.00	0	0.00	2	6.90	4	13.79

表9-17(续)

学校	参考人数	前100名		前500名		前1500名		前2000名	
		人数	占比/%	人数	占比/%	人数	占比/%	人数	占比/%
摇铃小学	20	0	0.00	0	0.00	1	5.00	2	10.00
时古小学	14	0	0.00	0	0.00	0	0.00	0	0.00
剑门关天立学校	119	7	5.88	22	18.49	55	46.22	70	58.82
姚家小学	70	1	1.43	7	10.00	22	31.43	29	41.43
杨村小学	108	1	0.93	16	14.81	30	27.78	36	33.33
江口嘉陵学校	91	0	0.00	5	5.49	24	26.37	30	32.97
东宝小学	73	0	0.00	1	1.37	15	20.55	20	27.40
龙源育才学校	138	0	0.00	7	5.07	25	18.12	38	27.54
香沉小学	81	0	0.00	2	2.47	9	11.11	11	13.58
演圣小学	42	0	0.00	0	0.00	5	11.90	8	19.05
盐店小学	59	0	0.00	1	1.69	8	13.56	12	20.34

全县前500名优生三年初中毕业后可能是高中创新人才基地班录取学生（重本培养对象或名牌学校培养苗子），这些学生也是可持续发展追踪的目标对象。各校可根据这个相关数据，判断自己学校优生的培养情况，以及对剑阁高考的贡献率有多大。

全县优等生培养，前100名学生人数比前10名学校分别是：剑门关实验学校19人、12.34%，香江国际实验学校21人、9.86%，实验学校13人、6.31%，剑门关天立学校7人、5.88%，柳垭小学2人、5.71%，普安小学11人、3.96%，高观小学1人、3.85%，抄手小学1人、3.33%，广坪小学1人、2.78%，公兴小学5人、2.58%。

全县前500名人数比超过20%的学校有：剑门关实验学校、实验学校、香江国际实验学校。达到10%~20%的学校有：高观小学、剑门关天立学校、杨村小学、龙江小学、公兴小学、锦屏小学、汉阳小学、西庙小学、普安小学、柳垭小学、广坪小学、抄手小学、姚家小学、武连小学。

前500名为0的学校有柘坝小学、马灯小学、田家小学、垂泉小学、碗泉小学、国光小学、凉山小学、小剑小学、吼狮小学、禾丰小学、公店小学、城北小学、演圣小学、上寺小学、摇铃小学、时古小学，共16所。

全县前2000名人数比超过50%的学校有：实验学校、剑门关实验学校、剑门关天立学校、北庙小学、香江国际实验学校、公兴小学、龙江小学、抄手小学。

前2000名人数比低于20%的学校有演圣小学、石城小学、公店小学、香沉小学、上寺小学、禾丰小学、摇铃小学、小剑小学、时古小学，共9所，其中小剑小学、时古小学为0人。

第三节 初中学业水平监测质量分析

以2022年春季县教研室学业水平监测质量分析为例。2022年春季，全县共有初中学校23所。其中高完中附属初中3所，单设初中11所，九年一贯制学校8所，民办学校1所。该分析报告以九年级中考成绩为依据。

一、基本情况

剑阁县23所初中学校报名考生共4307人，有效参考人数市统计为4215人，县统计为4307人。

2021 年考生 4 165 人，2020 年考生 3 789 人，人数呈上升趋势。

中考文化科目总分 820 分，其中统考 740 分，统考中语文、数学、英语（含听力）各科分值为 150 分，物理 100 分、化学 70 分、道德与法治、历史各为 60 分；学业水平考试生物和地理各计 40 分。分别从全市和全县两个角度分析，主要分析文化科目的 7+2 门学科。市级分析在"四县三区一直属"8 个单位 143 所学校中对比，县级分析在全县范围内学校之间横比，并与七年级春季（入口）成绩纵比相结合。

中考因市县两种分析采用的单科实考人数方式不一致，所以数据略有出入，不影响结果的信度。在做全市对比分析时采用市教科所的分析数据，全县对比分析时采用县教研室分析数据。表中偶尔出现的得分数据一样但名次不同，是因为公式计算后只保留了一位小数的原因。

二、中考成绩与全市对比分析

（一）市县平均分对比

表 9-18　县平均分数与市平均分数统计表

单位	有效人数	总分 分值	序	语文 分值	序	数学 分值	序	英语 分值	序	物理 分值	序	化学 分值	序	生物 分值	序	道德与法治 分值	序	历史 分值	序	地理 分值	序
全　市	22 733	464.6	—	95.0	—	71.8	—	82.5	—	54.5	—	39.0	—	20.0	—	41.8	—	39.3	—	23.2	—
市直属	2 150	554.3	1	103.2	1	91.4	1	100.3	1	67.3	1	47.4	1	26.0	1	46.3	1	45.8	1	27.1	1
利州区	4 573	502.7	2	98.5	2	81.3	2	93.1	2	59.2	2	42.5	2	21.7	2	43.1	2	41.3	2	24.3	2
苍溪县	5 691	448.9	3	93.7	3	66.9	4	77.4	6	53.0	3	37.5	4	19.6	3	41.5	3	39.0	3	22.7	3
朝天区	975	445.3	4	92.2	5	65.6	5	80.2	3	50.1	6	38.1	3	19.0	5	40.6	4	38.5	4	22.6	4
旺苍县	3 456	442.1	5	93.1	4	68.9	3	77.8	4	51.7	4	37.0	5	17.4	8	40.4	6	37.0	6	22.3	5
青川县	901	436.1	6	92.2	7	63.3	8	77.1	7	48.6	7	36.3	6	18.8	6	40.3	7	38.5	5	21.9	8
剑阁县	4 215	435.0	7	92.5	6	65.1	6	75.1	8	51.1	5	36.3	7	18.6	7	40.6	5	36.9	7	22.2	6
昭化区	772	423.1	8	90.4	8	63.6	7	77.7	5	45.2	8	34.5	8	19.4	4	38.4	8	35.4	8	22.1	7

剑阁县在全市总评第 7 名，即倒数第 2 名。2021 年总评也是第 7 名，2020 年总评第 5 名。总评分值 2022 年剑阁县比市总评低 29.6 分，2021 年比总评低 41.7 分，差距在缩小。2020 年中考旺苍县垫底，2021 年青川县垫底，2022 年昭化区垫底。2021 年旺苍县已超越剑阁县，2022 年已优于剑阁县两个名次。

从学科平均分综合看名次，语文、物理、道德与法治和历史分别上升了 2、1、3 和 1 个名次，英语、化学分别下降了 1 个名次。数学保持第 6 名，最好的学科是物理第 5 名。对整体成绩影响较大的主要是大学科英语，成为薄弱学科。

（二）市县优生人数对比

表 9-19　总分优生人数分布情况统计表

单位	人数	前 200 名 绝对人数 人数	序	前 1 000 名 绝对人数 人数	序	比率 百分率	序	前 2 000 名 绝对人数 人数	序	比率 百分率	序	前 5 000 名 绝对人数 人数	序	比率 百分率	序	前 8 000 名 绝对人数 人数	序	比率 百分率	序
全市	22 733	200	—	1 000	—	4.4	—	2 000	—	8.8	—	5 002	—	22.0	—	8 004	—	35.2	—
剑阁	4 215	2	4	62	4	1.5	4	179	4	4.2	4	622	4	14.8	4	1 173	4	27.8	5

优生绝对人数和比率相对较好，前 200 名、前 1 000 名、前 2 000 名、前 5 000 名和前 8 000 名都是第 4 名，与上一年相同。在参考人数增加的情况下优生增幅正常，但是前 200 名减少了 3 人。

2022年普高划线545.9分，上线人数2 012人，上线率47.7%；2021年普高划线507分，上线人数1 953人，上线率46.9；各项指标较2021年都有上升。

结合前几年成绩，综合表9-18和表9-19数据，可以推知剑阁县两极分化情况严重。

全市143所初中前50名学校剑阁县有8所（上一年只有2所），分别是剑阁中学、剑门关天立学校、剑门关高中、鹤龄中学、普安中学、剑州中学、剑门中学和木马中学。前100名有14所（上一年为10所），还有9所学校排在100名以后，其中包括除龙源育才学校之外的所有九年一贯制学校。后10名有3所学校（上一年有10所学校）：杨村小学、武连中学和白龙中学。

除剑阁中学下降1个名次外，所有学校均有上升，其中有13所学校上升20个名次及以上，上升幅度最大的前6所学校分别是：演圣小学（上升47名）、东宝小学（上升39名）、剑门关高中（上升38名）、剑门中学（上升30名）、香沉小学（上升30名）和鹤龄中学（上升29名）。

23所学校中，学科成绩超过市平均的有：英语和生物分别有3所，语文、数学、物理、历史和地理分别有4所，化学有5所，道德与法治有6所。其中，剑阁中学、剑门关天立学校和剑门关高中9门学科均超过市平均；鹤龄中学有4科、普安中学有3科、木马中学有2科、开封中学有1科超过市平均。还有江口嘉陵学校的语文、演圣小学和盐店小学的物理、演圣小学的道德与法治和香沉小学的历史学科成绩较好。

学科最差学校情况如下：语文是杨村小学和白龙中学，数学是武连中学和姚家小学，英语、物理和生物是杨村小学和武连中学，化学、道德与法治是杨村小学和白龙中学，历史是武连中学和白龙中学，地理是武连中学和江口嘉陵学校。成绩靠后的学科集中在杨村小学、武连中学、白龙中学和江口嘉陵学校。

全市前200名分布在10所学校，剑阁县只有剑门关高中2人；前1 000名分布在39所学校，剑阁县9所学校共有62人（上一年47人），其中剑门关高中27人，剑阁中学13人，鹤龄中学8人，普安中学7人，木马中学3人，剑门关天立学校、剑门中学、开封中学和龙源育才学校各1人；前2 000名分布在85所学校，剑阁县共有179人，绝对人数较好的分别是剑门关高中、剑阁中学、普安中学和鹤龄中学，有5所学校为0（上一年是10所学校）；前5 000名分布在129所学校，剑阁县共有622人，其中杨村小学和江口嘉陵学校为0；前8 000名分布在136所学校，杨村小学人数为0，剑阁县有6所学校该项指标比率排名在100名以后。各段人数比率均超过市比率的只有剑门关高中。

整体看，剑阁县优生比率较好，人数比较集中在剑门关高中、剑阁中学、剑门关天立学校、鹤龄中学和普安中学。木马中学和演圣小学的优生比率良好。

三、中考成绩县内分析

县内分析主要是完成分、平均分、优生率等县级考核量标，采取学校之间的横向对比与入口年级时的纵向对比相结合。

（一）完成得分

全县23所学校2022年春季完成分前5名的分别是剑阁中学、剑门关高中、剑门关天立学校、鹤龄中学和普安中学。与七年级入口对比，有7所学校名次上升，上升较大的是剑门中学、柳沟中学、汉阳中学和香沉小学，均上升了3个名次；有10所学校名次下降，下降严重的是白龙中学（-7）、公兴中学和龙源育才学校（-6）、姚家小学（-5）、剑州中学（-4）；完成分后3名的分别是杨村小学、白龙中学和武连中学。

（二）优生人数及比率

前100名分布在13所学校，从绝对人数看，剑门关高中一枝独秀，占了43人，其下依次是剑阁中学（23人）、鹤龄中学（12人）、普安中学（8人），有10所学校为0；比率前5名的分别是剑门关高中、剑阁中学、剑门关天立学校、木马中学和鹤龄中学；除此 5 校外的比率均低于县评。前 300 名主要集中在剑阁中学、剑门关高中、开封中学、普安中学、剑门中学、鹤龄中学和公兴中学，这 7 校合计共有 260 人，占了 86.7%；比率前 5 名的分别是剑阁中学、剑门关高中、演圣小学、鹤龄中学和普安中学；没有突破 0 的有 3 所学校。

综合分析，各校在优生培养上的差距是巨大的，全县的优生集中在前几名学校，而多数学校的优生率未达到县评水平。剑阁中学 5 项指标 4 项第一，剑门关高中和剑门关天立学校紧随其后。在优生培养上做得较好的还有普安中学、剑门中学、木马中学、鹤龄中学和演圣小学，特别是鹤龄中学在单设初中优势明显。同时，前 500 名没突破 0 的仍有 2 所学校，分别是江口嘉陵学校和杨村小学。九年一贯制学校优生率普遍较低。

（三）优生人数入口与出口对比

优生培养的分析，主要考察各校在全县前 100 名、300 名、500 名、1 000 名和 1 500 名的占比情况，以及与 2020 年春季七年级比较的变化情况。同一批学生，经过三年学习，前 100 名、前 500 名和前 1 500 名均呈正增长的有 5 所学校：剑阁中学、汉阳中学、鹤龄中学、元山中学和香沉小学。其中，鹤龄中学上升幅度最大，剑阁中学次之。三项指标均呈负增长的也有 5 所学校——剑门关高中、剑州中学、白龙中学、公兴中学和龙源育才学校，且下降幅度较大。

（四）近三年中考目标生培养分析

如果中考对接高考，中考全县前 10 名、300 名和 1 000 名对应高考冲击一类名牌、一本和二本（实际人数一般小于这个数字）。从高考贡献上看，剑阁中学、剑门关高中绝对优势明显；普安中学、鹤龄中学、剑州中学、公兴中学和剑门中学贡献明显。重点段优质生源越来越向新老县城学校聚集。鹤龄中学、龙源育才学校和剑门关天立学校优生人数呈增长趋势。但是，从前 1 000 名看，全县整体下滑明显，三年呈下降趋势的学校有剑阁中学、元山中学、木马中学和汉阳中学；近两年呈下降趋势的学校还有剑州中学、开封中学、普安中学、公兴中学、武连中学和柳沟中学。

四、学科成绩分析

各学科分析主要与七年级入口成绩对比，分析平均分、A 率、完成分和增减变化等指标。因分析方案的调整，各率和得分都有较大变化，分析主要看名次升降。

（一）语文

语文标准分为 150 分，剑阁县市评排名第 6。平均分极差值为 27.4，离散度大；超过县平均分的有 7 所学校，其中前 5 名的分别是剑阁中学、剑门关高中、普安中学、鹤龄中学和剑门中学，后 3 名的分别是白龙中学（75.9 分）、杨村小学（76.0 分）和开封中学（81.6 分）。

A 率反映学科优生的分布情况，县评 A 率为 20.5%，超过这个比率的只有 6 所学校，分别是剑阁中学、剑门关天立学校、剑门关高中、普安中学、鹤龄中学和剑门中学，超过县评的学校数少，说明语文优生集中在少数学校。A 率低于 5 个百分点的有 2 所学校，其中杨村小学 A 率为 0。

完成分名次上升的有 8 所学校，上升较大的是江口嘉陵学校（+10）、香沉小学（+6）、柳沟中学（+5）；下降的有 10 所学校，最严重的是盐店小学（-10）、龙源育才（-8）、东宝小学和公兴中学（-7）。

（二）数学

数学标准分为 150 分，剑阁县市评排名第 6。数学平均分极差值为 39.5，最低分与县平均分也差了 18.8 分，差距比较大；超过县平均分的学校有 6 所（上一年 9 所），平均分列前 5 名的分别是剑阁中学、剑门关高中、鹤龄中学、普安中学和剑门关天立学校，最后 3 名分别是杨村小学、白龙中学和武连中学；平均分在 40 分以下的学校没有，上一年有 8 所。

A 率县评 21.1%，其中剑阁中学遥遥领先，达到了 41.9%；超过县评比率的只有 5 所学校，分别是剑阁中学、剑门关高中、鹤龄中学、普安中学和公兴中学。完成分位次排前5名的分别是剑阁中学、剑门关高中、普安中学、鹤龄中学和剑门关天立学校；与2020年春比，名次上升幅度较大的有汉阳中学（+8）、香沉小学（+6）、盐店小学（+5），下滑较多的有龙源育才学校（-10）、杨村小学（-13）、姚家小学（-14）。

（三）英语

英语标准分为150分，剑阁县市评排名第8（上一年第7）。平均分极差值为52.2，差距太大；超过县平均分的有8所学校，前3名分别是剑阁中学、剑门关天立学校和剑门关高中。最后3名分别是杨村小学（48.1分）、白龙中学（53.7分）和武连中学（55.6分）。

A率县评20.0%，超过这个比率的有8所学校，分别是剑阁中学、剑门关天立学校、剑门关高中、剑门中学、普安中学、演圣小学、鹤龄中学和龙源育才学校。A率主要集中在这些学校，其他学校较少，江口嘉陵学校和杨村小学为0。

从完成分来看，位次排前5名的分别是剑阁中学、剑门关天立学校、剑门关高中、普安中学和剑门中学；上升明显的学校为香沉小学（+5），下降较多的有剑州中学（-6）、东宝小学、龙源育才学校和白龙中学（-5）。

（四）物理、化学

物理监测标准分为100分，市评学科排名第5，是排名最好的学科。平均分最高的是剑阁中学（63.8分），最低的是杨村小学（28.8分），两者之间相差35分，差距过大；县平均分为49.6，超过平均分的有8所学校，其中位列前5名的分别是剑阁中学、剑门关高中、剑门关天立学校、鹤龄中学和剑门中学；从完成分看，前5名的是剑阁中学、剑门关高中、木马中学、鹤龄中学和剑门关天立学校；平均分列后3名的是杨村小学、白龙中学和武连中学。

化学监测标准分为70分，市评学科排名第7（上一年第5）。平均分最高的是剑阁中学（46.2分），最低的是白龙中学（23.5分），两者之间相差22.7分，差距较大；县平均分为35.4，超过平均分的有8所学校，其中位列前5的分别是剑阁中学、鹤龄中学、剑门关高中、剑门关天立学校和龙源育才学校；从完成分看，列前5名的学校是剑阁中学、鹤龄中学、剑门关天立学校、剑门关高中和开封中学，列后3名的学校是白龙中学、杨村小学和盐店小学。

（五）道德与法治、历史

道德与法治和历史的标准分都是60分，全县市评排名道德与法治第5名（最好排名）、历史第7名。道德与法治县评39.7，极差值为14.9，达到平均分的有8所学校，其中前5名分别是剑阁中学、剑门关高中、木马中学、普安中学和鹤龄中学，后3名的学校分别是杨村小学、白龙中学和姚家小学；完成分居前5名的分别是剑阁中学、剑门关高中、木马中学、剑门关天立学校和演圣小学。

历史平均分极差值为17.4，相对总分60分来说，差距也是较大的，县平均分为36，超过县平均分的有8所学校，其中前5名分别是剑阁中学、剑门关高中、剑门关天立学校、木马中学和香沉小学，后3名的学校分别是武连中学、白龙中学和姚家小学。完成分居前5名的学校分别是剑阁中学、剑门关天立学校、剑门关高中、木马中学和演圣小学。后3名的学校与平均分后3名相同。在九年一贯制学校中演圣小学的道德与法治和历史成绩值得肯定。

（六）生物、地理

学业水平考试的生物和地理各折合40计入中考成绩。平均分全市排名生物第7，地理第6。生物县评18.3，极差值为10.3，达到平均分的有8所学校，其中前5名分别是剑门关高中、剑阁中学、剑门关天立学校、剑州中学和剑门中学，后3名的学校分别是杨村小学、香沉小学和武连中学。

地理平均分极差值为8.4，相对总分60分来说，差距也是较大的，县平均分为21.8，超过平均分的有6所学校，其中前5名分别是剑阁中学、剑门关天立学校、剑门关高中、普安中学和鹤龄中学，后3名的学校分别是武连中学、香沉小学和江口嘉陵学校。

第十篇　财务与项目

第一章　概　述

剑阁县学校基础设施建设，经历 3 年重建后，学校的校容校貌发生了天翻地覆的变化，其内容在灾后重建中有翔实的记述。3 年重建结束后，国家在实行义务教育均衡发展战略的同时，落实教育精准脱贫工程。国家、省、县的投入巨大，学校在软硬件建设上再一次发生了根本性的变化。

一、实施重大工程，"十三五"学校建设成效

基础学校办学条件显著改善，全面消除存量 D 级危房，县域内办学条件差异明显缩小，有力推动了剑阁县义务教育基本均衡、打赢教育脱贫攻坚战、促进教育公平等重大决策部署的落实，为全县基础教育发展奠定了坚实的物质基础。

"十三五"以来，新建龙江小学、剑门关实验学校、剑门关小学、姚家小学、鹤龄小学附属幼儿园等 10 所标准化幼儿园，改、扩建幼儿园 6 所，增加普惠性学位 1 800 个，累计投入资金 9 800 万元，配备了基本的保教设施，改善了办园条件，实现学前教育健康发展。

投资 1 亿元，新建白龙小学第二校区，总建筑面积 5.2 万平方米，可容纳 42 个教学班；投资 4.35 亿元，新建成剑门关天立国际学校，校舍面积 5.5 万平方米，可容纳 84 个教学班；新建了龙源育才学校、香江国际实验学校、田家小学、县实验学校等学校综合楼；增加中心集镇学位供给，有效缓解义务教育阶段学位紧张的现状，进一步扩大了优质教育资源，实现义务教育均衡发展。

改善了高中学校办学条件，新建剑阁中学图书馆、改扩建了综合楼；新建剑门关高中学生宿舍、综合楼等；新建了剑州中学综合楼；新建了开封中学运动场；改、扩建白龙中学校舍；新建了剑阁职中实训楼。累计投入资金 1.3 亿元，实现了高中教育全面普及和质量提升的目标。深入推进素质教育，全面提高育人质量，巩固和夯实教育大县品牌，逐步向教育强县转变。

（一）实施重大工程

（1）实施"学前教育发展专项建设"工程；

（2）实施"义务教育重大项目建设"工程；

（3）实施"高考综合改革推进"工程；

（4）实施"农村教师周转宿舍建设工程"；

（5）教育灾后恢复重建工程；

（6）教育精准脱贫工程。

表 10-1　剑阁县"十三五"基础教育重大项目投入表

工程名称	实施期间	资金投入/万元				备　注
		合计	中央	省	县（包括地方债券）	
		61 739	30 778	7 225	23 736	
校舍安全保障长效机制	2016—2020	4 167	2 828	1 339	—	
学前教育发展专项建设工程	2017—2020	6 021	4 817	1 204	—	

表10-1（续）

工程名称	实施期间	资金投入/万元				备 注
		合计	中央	省	县（包括地方债券）	
全面改薄建设	2014—2018	9 114	7 833	1 281	—	
教师周转宿舍建设	2015—2019	2 504	0	2 504	—	
薄弱环节改善与能力提升	2019—2020	2 404	2 404	0	—	
改善普通高中办学条件	2018—2020	3 812	3 812	0	—	
中职能力提升	2019—2020	3 204	3 087	117	—	

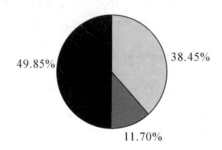

图 10-1　剑阁县"十三五"基础教育重大项目投入占比

（二）社会效益显著

一是生均指标明显增加。二是生活设施日趋改善。三是教育信息化水平大幅提高。

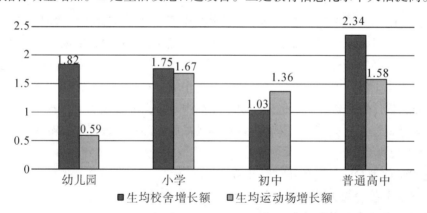

图 10-2　剑阁县"十三五"基础教育校舍、运动场增长情况

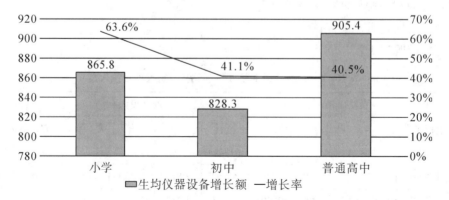

图 10-3　剑阁县"十三五"基础教育仪器设备增长情况

670

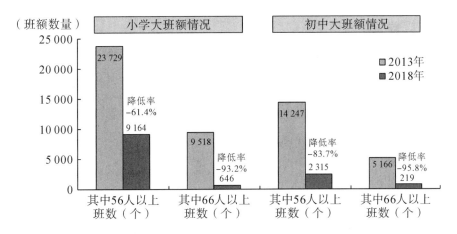

图 10-4 全省义务教育学校大班额化解情况对比

表 10-2 2022 年县域义务教育校际均衡情况（基本均衡）

县级代码	办学类型	序号	项目名称	生均教学及辅助用房面积（m²）	生均体育运动场馆面积（m²）	生均教学仪器设备值（元）	每百名学生拥有计算机台数	生均图书册数	师生比	生均高于规定学历教师数	生均中级及以上专业技术职务教师数	综合小学（小于0.65）中学（小于0.55）
甲	乙	丙	丁	L1	L2	L3	L4	L5	L6	L7	L8	L9
510823	小学	01	全县平均值	6.41	14.79	3 052.86	19	21.78	0.091	0.09	0.053	—
510823	小学	02	全县标准差	2.17	8.871	873.142	11.89	8.788	0.037	0.036	0.025	—
510823	小学	03	全县差异系数	0.339	0.6	0.286	0.626	0.404	0.408	0.404	0.477	0.443
510823	初中	04	全县平均值	6.56	13.5	3 419.45	12.86	30.27	0.082	0.076	0.06	—
510823	初中	05	全县标准差	2.177	5.706	1 635.805	5.995	10.182	0.022	0.021	0.024	—
510823	初中	06	全县差异系数	0.332	0.423	0.478	0.466	0.336	0.273	0.271	0.393	0.372

二、新时代办好人民满意教育的新使命、新任务、新要求

（一）人民满意教育的新内涵对学校建设提出了新使命

习近平总书记指出：坚持以人民为中心发展教育是党执政为民的内在要求，要满足人民对美好生活的需要，要以人民满意为尺度，要办更加公平更有质量的教育，要促进人的全面发展。

（二）学校发展不平衡不充分的矛盾提出了新任务

一是当前基础教育学校布局主要问题。城区、县城学校"挤"，"学位紧、入校难"，"大校额、大班额"矛盾较突出；乡村学校尤其是教学点"空"，校点多而散，小规模学校较多，"房多人少"现象普遍，校舍利用率低。二是新时代学校建设新任务。全县需建设教学及辅助用房、学生宿舍等校舍 4 000 多万平方米，规划投资 90 多亿元，有建设任务的学校 80 多所。

寄宿制学校"应住尽住"还有差距。学校教师周转宿舍缺乏。

（三）学校建设中存在的问题提出了新要求

（1）规划和实施中的问题。一是规划不精准，项目成熟度不高；二是个别地方主体责任意识不强，重视统筹不够；三是创新推进力度不大，方式方法有待优化。

（2）项目设计和建设中的问题。一是豪华建设的问题；二是校园规划无序的问题；三是反人性设计的问题。

三、"十四五"学校规划和建设

（一）国家部委关于"十四五"学校建设的思路

国家部委关于"十四五"学校建设的思路是：小学向乡镇集中，初中向中心镇集中，高中向县城集中，资源向寄宿制学校集中，职业教育向园区集中……强调对优质教育资源的向往带来家长和学生的"舍近求好"。

（二）科学做好基础教育学校建设规划编制工作

（1）统一优化学校布局，以布局规划引领学校建设，紧紧围绕"公平公正、优质均衡、群众满意"目标，按照"幼儿园就近就便，小学向乡镇集中，初中向中心城镇或片区集中，高中向县城集中，资源向寄宿制学校集中"的思路进行学校布局调整。统一优化学校布局，以布局规划引领学校建设。撤并学校一定要加强风险防控；按照"规划论证—征求意见—风险评估—集体决策—公开公示"的流程进行，坚持"科学评估、应留必留，统筹考虑、积极稳妥"原则；历史名校、百年老校、名人学校、地震灾后重建援建学校的撤并应专门论证、专题报告。

（2）建立学校建设项目库，以项目带动学校发展。原则上不得新建超大规模中小学校、幼儿园；专项资金分配方面，将特别突出奖励示范；对学校布局调整优、优化资源配置佳、地方财政投入多、工作成效好的地区，加大示范奖励力度，做到"奖得心动、罚得心痛"。

在建设项目管理方面，按照建设项目全生命周期管理理念，进行项目储备库、项目备选管理库和项目执行库三维精准管理。原则上，中央和省级专项资金，不支持没有纳入全省基础教育"十四五"学校建设规划项目库的项目，纳入项目库的项目，都必须是经充分论证，在"十四五"必然实施的学校建设内容，不允许为争取资金而盲目增加规划项目，必须做到可操作、可落实、可督导。

（3）加强领导分层编制，严格程序分步实施。

近期规划重点考虑解决当前发展的现实问题，突出操作性和实施性；中远期规划重点考虑经济社会发展和教育现代化需求，突出前瞻性和引导性。避免规划内容"头重脚轻"的现象发生。

教育规划与其他规划有机衔接、融为一体、互相支撑、形成合力，特别是要确保学校规划建设项目都有土地保障。

（三）"十四五"规划学校项目建设

遵循"实用、够用、安全、节俭"的原则，按照"绿化、文化、美化、节约化、智能化"的方向；做到"建设一所、达标一所、用好一所"。

（1）规范建设，守住安全底线。排查存在安全隐患学校；排查存在校舍安全隐患处，并限期完成隐患整改。

（2）节俭环保，坚持勤俭办学。一定要做到"六个严禁"。严禁无规划、临时起意进行学校建设；严禁超越办学需要、超越当地经济发展水平大肆举债兴建超建设标准、超规模豪华学校，严禁搞形象工程、政绩工程；严禁擅自变更工程设计、超概算建设豪华学校；严禁建设豪华校门、豪华办公楼（室）、豪华宾馆和豪华电梯等豪华设施设备，或搞"山寨""雷人"建设；严禁对学校建筑进行豪华装修、装饰，以及在地震易发地区打造不必要、不安全的外墙瓷砖饰面；严禁以打造校园文化为名进行与教育教学无关的建筑设施建设和设备购置。

（3）守住底线，阳光廉政建设。依法依规，公平、公正、公开，确保不发生违纪违法问题。"十四五"期间，教育项目规划投资 59 341 万元，中央 24 563 万元、省级 6 141 万元。涉及 36 个学校共计 115 个项目。中央、省资金投入比"十三五"增加 9%。

幼儿园就近就便。"十四五"期间，县城新建、配建 4 所普惠性幼儿园，改、扩建乡镇公办普惠性幼儿园 13 所。每个乡镇至少办好 1 所公办普惠性幼儿园（含附属园）。投资 3 500 万元，启动清江翰林幼儿园建设项目，建设建筑面积 7 500 平方米、规模为 15 个教学班的普惠性幼儿园，将满足剑门关高中以西片区幼儿入园需求。

小学向乡镇集中，初中向区域性中心镇集中。坚持城乡并重，按照"相对集中"的原则，着力构建以城镇小学、乡镇中心校为主多元协调发展的小学新格局。集中在中心镇和县城所在地，统筹设置片区寄宿制初中；根据县城发展情况，突出解决初中学位紧缺问题，在县城建设1所九年一贯制学校和1所单设初中学校。投资1亿元，新建白龙小学第二校区，总建筑面积5.2万平方米，可容纳42个教学班；规划投资1.2亿元，新建开封小学第二校区，总建筑面积2.6万平方米，新建运动场1.5万平方米，可容纳44个教学班；拟投资1.97亿元，新建九年一贯制学校清江中学，总建筑面积5.9万平方米，新建运动场2万平方米，新增学位2 500个。

高中向县城集中。①剑门关高中提质扩容项目：概算投资24 205.6万元，拟征地120亩，建设图书馆8 000平方米，学生食堂6 000平方米，学生公寓18 000平方米，教学楼12 000平方米，实验楼面积5 000平方米，风雨操场2 500平方米，游泳馆2 500平方米，相关附属工程，设施设备购置等。②剑阁中学创建示范学校项目：概算投资9 250万元，拟征地30亩，新建校舍16 000平方米，运动场40 000平方米，风雨操场2 500平方米，游泳馆2 500平方米，相关附属工程，设施设备购置等。③剑阁职中第二校区项目：概算投资1.8亿元，拟新增用地130亩，新建教学实训用房、教学辅助及行政管理用房、师生生活用房等校舍54 000平方米；新建体育运动场14 732平方米；校内道路、绿化、安防、管网等配套附属工程；设施设备购置；等等。

四、剑阁县"十四五"教育高质量发展重点工程

（1）学前教育提质扩容工程。县城及中心镇新建小区预估配建幼儿园25所，新建独立幼儿园10所，新、改、扩建附属幼儿园13所，解决县城、普安、白龙、开封等重点镇普惠性不足和入园难问题，普惠性幼儿园幼儿在园占比达80%，学前教育3年毛入园率达到100%。

（2）义务教育能力提升工程。县城新规划建设2所小学、1所单设初中和1所九年一贯制寄宿制学校；在行政区划调整后的建制镇，重点建设好1所寄宿制初中或九年一贯制寄宿学校，重点加快白龙第二小学建设，启动开封、城北第二小学建设，普安、鹤龄、公兴、元山等重点镇进行校舍扩容。

（3）优质高中集群建设工程。加大高考综合改革基础保障建设，大力支持剑门关天立学校优质民办教育发展，新、改、扩建高中学校校舍、图书馆及运动场。

（4）职业院校质量提升工程。着力推进职业高中转型升级，新建剑阁职业高级中学校产教融合及第二校区建设工程。

（5）高等教育。积极推进（职业）学院建设。

（6）特殊教育。实施特殊教育"暖心工程"，维修改造剑阁县特殊教育学校。

（7）民办教育。续建剑门关天立国际学校及配套工程。

（8）其他。打造剑门关研学实践基地建设项目、新建教师发展中心、教育系统干部人事档案数字化建设、研学旅行基地等项目，全县中小学幼儿园安防系统改造提升，实施危旧校舍及运动场地改造建设，设备购置及完善部分学校人员配置。

第二章　教育经费

第一节　经费收支

剑阁县教育经费总收入包括国家财政性教育经费、捐赠收入、事业收入和其他教育收入四个部分。2008 年教育经费总收入 50 239 万元，2023 年教育经费总收入 102 178 万元，在 2008 年的基础上，教育经费总收入翻了一番。而教育经费总收入中，国家财政性教育经费是主体，2008 年占 93.8%，2023 年占 87.3%。2008 年国家财政性教育经费 47 155 万元，其他三项经费的收入 3 030 万元，国家财政性教育经费是其他三项经费的 15.56 倍。2023 年国家财政性教育经费 89 246 万元，其他三项经费的收入 12 930 万元，国家财政性教育经费是其他三项经费的 6.9 倍。

剑阁县教育经费投入分为两个部分：地方财政经常性收入和一般公共预算教育经费。地方财政经常性收入比上年增长比例大的分别是 2009 年的 13.23%、2010 年的 11.42%、2017 年的 18.31%。一般公共预算教育经费占一般公共预算支出比上年增长幅度大的年份是 2009 年（5.22%）、2018 年（0.79%）。之所以这几年地方财政经常性收入比上年增长比例大，是因为这几年国家在搞"普九"和"义务教育发展基本均衡"，剑阁要接受国家、省、市的验收。

剑阁县生均一般公共预算教育经费无论是幼儿园、普通小学、普通初中、普通高中，还是职业高中，与上年相比，都有增长，只是各学段、时段增长的比例大小不一。从时段上看，增长最大的年份是 2022 年和 2023 年；从学段上看，增长最大的是职业高中。这与国家大力发展职业教育的政策密切相关。

剑阁县生均一般公共预算教育事业费支出幼儿园、普通小学、普通初中、普通高中、职业高中与上年相比，都有增长，但增长的比例从学段和时段上看，变化很大。幼儿园最大增长年份是 2022 年（13.40%），普通小学最大增长年份是 2012 年（74.06%），普通初中最大增长年份是 2012 年（63.86%），普通高中最大增长年份是 2015 年（28.60%），职业高中最大增长年份是 2012 年（55.05%）。从学段上看，幼儿园的增长最低（13.40%），小学的增长最高（74.06%）。

剑阁县生均一般公共预算公用经费支出，各学段比上年都有增长。各学段增长最高的年份幼儿园是 2010 年（12.89%），普通小学是 2016 年（18.80%），普通初中是 2017 年（25.29%），普通高中是 2014 年（14.80%），职业高中是 2017 年（48.58%）。

剑阁县教育经费总收入、教育经费投入、生均一般公共预算教育经费、生均一般公共预算教育事业费支出、生均一般公共预算公用经费支出，这一系列数据的增长、变化，与国家的教育政策密切相关。普九和义教均衡期间，国家的投入大，教育的支出也大，教育事业发展就快。一旦国家阶段性的教育任务完成后，则按相关政策，平稳地投入，各项数据起伏不大。

表 10-3　剑阁县教育经费总收入情况　　　　　　　　　　　　　　　　单位：万元

| 年份 | 教育经费总收入 | 国家财政性教育经费 | | | | 捐赠收入（含港澳台及海外捐赠） | 事业收入 | 其他教育收入 |
		合计	一般公共预算教育经费	其他一般公共预算安排的教育经费	教育附加			
2008	50 239	47 155	24 784	181	135	277	2 175	578
2009	65 534	62 769	28 099	411	158	1 514	1 194	38
2010	35 023	32 626	31 639	671	209	0	2 361	0
2011	36 459	34 470	32 018	1 052	495	0	2 049	0
2012	64 519	62 005	46 293	1 250	796	35	2 470	8
2013	69 916	67 700	46 407	2 493	883	0	2 157	0
2014	61 975	59 928	55 244	3 095	670	0	1 974	4
2015	74 709	72 025	55 765	11 142	616	0	2 652	4
2016	79 942	79 364	57 883	21 343	1 006	6	545	7
2017	94 123	91 212	68 608	22 447	1 062	65	2 772	42
2018	94 789	91 609	68 614	22 830	1 080	50	3 064	43
2019	100 490	97 260	69 387	27 706	1 040	0	3 182	48
2020	108 395	104 037	69 995	33 875	978	0	4 351	0
2021	105 252	97 957	69 995	22 846	1 042	10	7 284	0
2022	100 584	89 201	72 449	13 591	1 106	0	8 487	2 896
2023	102 178	89 246	74 004	14 236	1 287	0	9 100	3 830

表 10-4　剑阁县教育经费投入情况

| 年份 | 地方财政经常性收入 | | 一般公共预算教育经费 | | 一般公共预算教育经费占一般公共预算支出的比例 | |
	收入/万元	比上年增长比例/%	收入/万元	比上年增长比例/%	本年/%	比上年增长（百分点）
2008	47 121	—	24 784	—	17.48	—
2009	53 355	13.23	28 099	13.38	22.70	5.22
2010	59 450	11.42	31 639	12.60	23.42	0.72
2011	59 516	0.11	32 018	1.20	15.32	-8.10
2012	64 718	8.74	46 293	44.58	15.40	0.08
2013	64 813	0.15	46 407	0.25	15.41	0.01
2014	72 008	11.10	55 244	19.04	15.48	0.07
2015	72 645	0.88	55 765	0.94	15.82	0.34
2016	75 361	3.74	57 883	3.80	16.06	0.24
2017	89 162	18.31	68 608	18.53	16.12	0.06
2018	89 171	0.01	68 614	0.01	16.91	0.79
2019	89 527	0.40	69 387	1.13	17.01	0.10
2020	99 690	11.35	69 994	0.87	17.14	0.13
2021	99 691	0.00	69 995	0.00	17.32	0.18
2022	103 180	3.50	72 449	3.51	17.90	0.58
2023	104 497	1.28	74 004	2.15	17.95	0.05

表 10-5　剑阁县生均一般公共预算教育经费情况

年份	幼儿园/元	比上年增长比例/%	普通小学/元	比上年增长比例/%	普通初中/元	比上年增长比例/%	普通高中/元	比上年增长比例/%	职业高中/元	比上年增长比例/%
2017	3 861	—	10 724	—	14 177	—	9 324	—	10 004	—
2018	3 908	1.22	11 614	8.30	15 352	8.29	9 419	1.02	10 488	4.84
2019	3 912	0.10	11 615	0.01	15 360	0.05	9 423	0.04	10 492	0.04
2020	3 913	0.03	11 619	0.03	15 375	0.10	9 424	0.01	10 545	0.51
2021	3 972	1.51	11 620	0.01	15 487	0.73	9 428	0.04	10 570	0.24
2022	4 233	6.57	12 225	5.21	16 401	5.90	10 066	6.77	11 860	12.20
2023	4 502	6.35	12 995	6.30	16 424	0.14	10 088	0.22	11 921	0.51

表 10-6　剑阁县生均一般公共预算教育事业费支出情况

年份	幼儿园/元	比上年增长比例/%	普通小学/元	比上年增长比例/%	普通初中/元	比上年增长比例/%	普通高中/元	比上年增长比例/%	职业高中/元	比上年增长比例/%
2008	1 845	—	2 262	—	2 649	—	2 007	—	2 836	—
2009	1 861	0.87	3 507	55.04	3 501	32.16	2 377	18.44	3 087	8.85
2010	1 972	5.96	4 374	24.72	4 060	15.97	2 936	23.52	3 389	9.78
2011	2 085	5.73	4 812	10.01	4 413	8.69	3 261	11.07	3 675	8.44
2012	2 222	6.57	8 376	74.06	7 231	63.86	3 969	21.71	5 698	55.05
2013	2 324	4.59	8 851	5.67	7 927	9.63	4 248	7.03	5 799	1.77
2014	2 448	5.34	9 515	7.50	9 570	20.73	5 290	24.53	7 000	20.71
2015	2 536	3.59	9 891	3.95	11 543	20.62	6 803	28.60	9 032	29.03
2016	2 640	4.10	9 928	0.37	11 991	3.88	7 018	3.16	9 284	2.79
2017	2 642	0.08	9 973	0.45	12 335	2.87	8 402	19.72	10 004	7.76
2018	2 741	3.75	10 050	0.77	12 415	0.65	9 098	8.28	10 448	4.44
2019	2 868	4.63	10 125	0.75	12 416	0.01	9 197	1.09	10 492	0.42
2020	2 879	0.38	10 126	0.01	12 427	0.09	9 198	0.01	10 566	0.71
2021	3 209	11.46	10 129	0.03	12 432	0.04	9 199	0.01	10 570	0.04
2022	3 639	13.40	11 071	9.30	12 706	2.20	9 452	2.75	11 571	9.47
2023	3 739	2.75	11 766	6.28	12 942	1.86	9 655	2.15	11 710	1.20

表 10-7　剑阁县生均一般公共预算公用经费支出情况

年份	幼儿园/元	比上年增长比例/%	普通小学/元	比上年增长比例/%	普通初中/元	比上年增长比例/%	普通高中/元	比上年增长比例/%	职业高中/元	比上年增长比例/%	历年学生数/人					
											合计	幼儿园	普通小学	普通初中	普通高中	职业高中
2008	845	—	874	—	1 057	—	851	—	1 261	—	88 192	855	38 180	31 775	13 338	4 044
2009	861	1.89	878	0.46	1 062	0.47	867	1.88	1 426	13.08	81 083	760	32 232	29 239	14 295	4 557
2010	972	12.89	1 017	15.83	1 097	3.30	882	1.73	1 651	15.78	84 200	10 191	28 926	25 820	14 563	4 700
2011	1 085	11.63	1 047	2.95	1 123	2.37	947	7.37	1 727	4.60	82 761	10 943	27 969	24 197	14 556	5 096
2012	1 222	12.63	1 058	1.05	1 151	2.49	954	0.74	1 942	12.45	77 101	12 941	25 568	19 596	14 494	4 502
2013	1 324	8.35	1 065	0.66	1 156	0.43	980	2.73	2 088	7.52	73 297	14 273	24 488	15 988	14 163	4 385
2014	1 448	9.37	1 146	7.61	1 258	8.82	1 125	14.80	2 181	4.45	70 055	15 215	24 685	13 527	12 871	3 757
2015	1 536	6.08	1 229	7.24	1 324	5.25	1 129	0.36	2 375	8.90	69 733	15 713	26 066	11 827	12 385	3 742
2016	1 685	9.70	1 460	18.80	1 364	3.02	1 130	0.09	2 470	4.00	68 810	15 536	28 432	10 535	10 220	4 087
2017	1 709	1.42	1 609	10.21	1 709	25.29	1 243	10.00	3 670	48.58	68 119	15 714	29 528	10 756	8 432	3 689
2018	1 728	1.11	1 613	0.25	1 748	2.28	1 246	0.24	3 695	0.68	66 467	13 297	29 976	11 522	8 068	3 604
2019	1 733	0.29	1 617	0.25	1 750	0.11	1 248	0.16	3 723	0.76	66 727	13 202	29 804	12 417	7 896	3 408
2020	1 734	0.06	1 618	0.06	1 751	0.06	1 248	0.00	3 733	0.27	66 687	12 991	28 804	13 511	7 774	3 607
2021	1 735	0.06	1 619	0.06	1 752	0.06	1 249	0.08	3 737	0.11	65 586	12 616	27 141	14 532	7 718	3 579
2022	1 781	2.65	1 752	8.21	1 780	1.60	1 348	7.93	3 778	1.10	64 762	12 025	25 406	15 202	8 319	3 810
2023	1797	0.90	1 826	4.22	1 817	2.08	1 412	4.75	3 790	0.32	62 961	10 541	24 351	15 233	8 546	4 290

第二节　经费管理

为进一步规范和加强教育系统财务管理和基建项目管理，根据国家、省、市、县有关要求，剑阁县教育局在原全县教育系统财务管理的基建项目管理有关文件的基础上，结合剑阁教育系统实际，剑阁县将修订后的《剑阁县义务教育阶段家庭经济困难寄宿生生活补助管理办法（试行）》《剑阁县学校食堂财务管理办法（试行）》《剑阁县教育系统财务管理办法（试行）》《剑阁县教育系统项目管理细则（试行）》印发全系统，2017 年 1 月 1 日起执行。2018 年 5 月，再一次修订上面四个文件，形成正式的《剑阁县教育系统财务管理办法》（剑教〔2018〕30 号）。同时试行办法作废。

一、收入管理

（1）明确收费范围。除国家规定收取的幼儿园保教费、代管费（伙食费），义务教育阶段学生伙食费，高考（会考）考试费，高中阶段学费、学生公寓住宿费、课本费、作业本费外，严禁扩大范围收取学生其他各项费用。

（2）严格收费标准。严格执行财政、发改部门文件明确的收费标准，严禁任何单位和个人超标准向学生收取费用。

（3）建立健全收费公示制度。每学期初，各学校应将收费依据、标准、项目向职工会或职代会进行通报，并在校务公开栏进行公开公示，公示时间不得低于 15 天，主动接受师生和社会监督。

（4）严格收费票据管理。面向学生收取费用必须使用财政部门监制的专用发票。收费票据的领取、使用、销票必须建立登记制度，实行台账管理。

（5）严格执行"收支两条线"管理，规范收入核算方式。学校所有收入实行统一核算管理。幼儿园保教费、高中阶段学费、学生公寓住宿费、高考（会考）考试费缴入财政非税收入专户；幼儿园代管费、义务教育阶段学生伙食费、高中阶段课本费及作业本费、食堂商店等其他各类代管收入，纳入单位统一核算管理，严禁账务"体外循环"或设立"小金库"。严格执行"收支两条线"管理，严禁"坐收坐支"。

二、支出管理

（1）规范支付审批程序。各单位资金支出按程序报财务分管领导审核后送单位主要负责人审批。单笔支出3 000元及以上的，按程序经单位财务分管领导审核后，报单位廉勤委主任审签后，再报单位主要负责人审批后方能支付；单笔支出5 000元及以上的，必须执行"三重一大"的审批程序，经学校领导集体研究，并将领导集体研究会议纪要和相关的资料作为附件附在发票后。

（2）建立重大支出备案审批制度。非直属学校单项支出10 000元及以上的报辖区教育督导办备案，备案后方可支出。直属学校单项支出50 000元及以上的报县教育局规划财务项目股备案，备案后方可支出。直属事业单位参照教育局机关财务管理办法执行。

（3）规范津补贴和奖金的发放。除按国家政策规定发放的工资及福利外，各单位一律不得超范围、超标准发放津补贴或其他工资性福利。

（4）强化"三公"经费管理。严格执行"中央八项规定"，切实规范差旅费、培训费、租车费、接待费用等支出行为。

规范差旅培训费管理。建立出差审批制度。单位主要负责人县内出差须向辖区教育督导办报告，出县参加培训、学习、开会，凭文件通知报县教育局局长批准同意后方可外出。学校其他领导和教职工外出经校长批准，差旅、会务费用按通知的有关规定报销，严禁利用学习、开会、培训机会公款或变相公款旅游。严格租车费管理。严格执行公务用车审批程序，原则上一律不得租用车辆。因紧急、突发事件确需租用车辆的应征得校廉勤委同意。

加强接待费管理。单位接待费实行限额管理，当年发生的接待费总额不得超出财政下达的年度接待费预算。严格执行《四川省党政机关国内公务接待管理办法》等有关规定，生活费报销必须执行接待公函、接待审批单、接待人员清单、用餐菜单和支出税票"五单"制度。公务接待严禁上烟、酒。教育局机关工作人员和教育督导办工作人员到学校指导检查以及县内学校之间参观、考察、交流，一律在学校食堂就餐，并按规定标准自行支付伙食费。各单位一律不得报销县教育局机关、教育督导办及县教育系统其他单位工作人员接待费。

强化公用经费支付管理。公用经费坚持"量入为出，统筹兼顾，保证重点，收支平衡"的原则，执行按年初部门预算的标准、项目和额度，做到有计划、不突破、不超支。上半年按40%的比例审核拨付，下半年按60%的比例审核拨付。

（5）加强公务卡结算管理。严格执行公务卡强制结算目录，在县内普安镇、下寺镇、剑门关镇和县外发生的公务支出，必须执行公务卡结算消费。

三、项目资金管理

（1）规范资金预算管理。严格项目资金分配集体研究制度。县财政局、县教育局按资金用途和项目库建设管理有关要求，本着单位急需、够用、实用以及项目与规划结合、资金与项目匹配的原则，集体研究并拟订初步分配方案，报县政府领导审批同意后，由县教育局、县财政局联合发文预算到项目实施单位。

（2）加强资金使用监管。县教育局会同财政、发改、建设等有关部门对项目管理和实施进度、质量、安全、造价以及资金使用、拨付等进行过程监督。项目实施单位应将项目审批、招投标、建设合同、审计报告以及资金使用、拨付情况报县教育局规划财务项目股备案，资金拨付根据《项目资金拨付审批及备案表》，学校在财政大平台申请使用计划，由教育局规划财务项目股、财政局审批拨付。

四、学生困难补助资金管理

（1）确保资金补助对象精准。严禁在资金补助对象的确认上简化程序，严禁在补助资金发放上优亲厚友，严禁将学生困难补助资金与学习成绩挂钩，必须确保补助对象合格、精准。

（2）规范资金兑付程序。严格执行教育扶贫资金使用政策，建档立卡幼儿保教费、建档立卡高中生免学费据实减免。补助资金一律使用银行打卡直发，兑付到人。严禁在补助资金发放上降低标准，严禁在补助资金的兑付上抵扣学生应缴费用，严禁跨学期兑付补助资金和先交后补助。

五、营养改善计划资金管理

（1）加强营养餐供给及成本核算管理。营养餐按照"一事一议"的原则，实行当日"菜谱"、价格公开公示和保本供给的原则。学校建立有教师、家长和学生代表动态参加的营养餐管理监督小组，负责营养餐成本核算和供给情况的监督。

（2）严格营养改善计划补助资金管理。营养改善计划补助资金实行专户管理，分账核算，集中支付，专款专用，严禁截留、挤占和挪用。严禁学校自行提供其他加餐方式或发放现金，严禁用营养改善计划补助资金支付食堂（伙房）建设、设施设备购置、学校食堂聘用人员工资福利以及营养改善计划工作经费等。

六、食堂资金管理

（1）食堂财务核算。学校食堂坚持公益性和非营利性原则，实行单独核算，保本经营，定期公开账务。

（2）食堂资金结算。学生食堂缴费实行"多退少不补"的原则。学生缴纳的伙食费按学期据实结算。

（3）食堂经费专款专用。食堂收入除用于应由食堂承担的运行成本外，不得用于弥补学校公用经费缺口。

七、教辅资料管理

（1）坚持教辅资料自愿购买原则。学生使用的教辅资料，须充分尊重学生自愿，任何单位和个人不得以任何形式强迫学生订购。

（2）加强教辅资料目录管理。学生申请学校代购的教辅资料，必须坚持在市、县教育部门印发的教辅资料推荐目录中选用，但不得以任何方式营利。

（3）加强征订过程监督。由学校代购的教辅资料种类，必须经学科组、教务处讨论提出初步方案，报学校行政会议集体研究决定。

八、政府采购管理

（1）集中采购管理。纳入政府采购目录管理的商品、劳务和学校食堂用米、面、油、蛋、奶以及作业本等大宗物品，按照《中华人民共和国政府采购法》的规定实行政府集中采购。

（2）分散采购管理。对使用量大的蔬菜、肉类等时令性强的商品，学校可自行组织分散购买，但应组织由教师代表、廉勤委等成员组成的商品采购组进行询价采购，并建立好相关台账。

（3）采购结果公示。学校采购的商品和劳务，包括分散采购的蔬菜、肉类等时令性强的商品，应将商品和劳务的采购时间、品种、数量、价格、质量、供应商名称等有关情况在校务公开栏公示。

九、固定资产管理

（1）建立资产台账。各单位要建立固定资产台账，每学期对固定资产进行清理、盘点。要明确资产使用、管理责任，做到账账、账物、账证相符。

（2）规范固定资产处置。各单位固定资产的调拨、转让、租赁、投资、报废等，须向县教育局报批，并经县国有资产主管部门批准后按程序办理。资产处置收入按财政非税收入管理办法执行，严禁"坐收坐支"。

十、债务管理

（1）严禁新增债务。任何单位不得以任何方式举借债务。

严禁学校无规划、无预算上项目，严禁学校超概算实施项目，严禁学校或以个人名义为学校贷款、借款、担保融资，严禁学校以项目或商品（劳务）欠款新增债务。

（2）建立合同备案制度。各学校实施的工程项目和商品、劳务采购合同，必须报县教育局规划财务项目股进行备案。未经县教育局规划财务项目股备案的工程项目和商品、劳务采购合同，学校一律不得签订。

（3）加强账外债务核实。经济事务结束后，各单位必须将产生的经济事项和债务及时纳入财务核算和账务登记。

（4）加快存量债务化解。县教育局将学校债务管理和存量债务化解工作纳入学校年度目标考核，并与学校负责人年度绩效考核和目标奖挂钩。

十一、财务管理监督

（1）建立内控风险防控制度。各单位要针对财务收支、物资与设备采购和管理、资产处置、项目与服务发包等其他关键环节和风险点，建立和完善内部控制办法，实现制度管人、管事。

（2）加强账务核算和管理。各教育督导办负责组织辖区内学校按月集中进行账务核算〔直属学校、事业单位和教育督导办的账务由规划财务项目股每月抽查1~2所（个）进行账务核算〕，并将各学校账务月度审核情况按季书面报告县教育局规划财务项目股备案。

（3）强化内部审计监督。坚持对直属事业单位每半年一次财务内审（检查），坚持对学校每学期（年）一次财务检查，坚持校长任职期间和离任经济责任审计。县教育局会同相关部门或聘请第三方机构对单位及其负责人不定期开展检查，检查、审计结果与干部选拔任用挂钩。

（4）加强校内民主监督。切实发挥好学校教代会、工会、廉勤委的监督职能。规范做好学校财务公开，各学校应按月将财务收支情况、"三公经费"管理情况、项目投资等情况进行公示，每学期末在职工会上通报相关情况。

十二、加强财会队伍管理

（1）严格会计从业人员配备。坚持会计、出纳分设，学校后勤总务主任不得兼任会计。财务人员应具备相应的专业知识和能力，鼓励通过考试取得专业技术职称任职资格。

（2）加强财会人员调整管理。各单位不得随意调整财会人员。教育督导办、直属单位调整财务人员须报县教育局同意，其他学校调整学校财务人员必须经辖区教育督导办考察同意，并报教育局批准。

（3）严格落实问责机制。财会人员不履行或不正确履行法定职责的，根据情节轻重，对有关人员实行责任追究。

（4）财务人员待遇管理。学校会计人员视为学校中层领导对待，享受相应待遇。

第三章 项目建设

2008年至2023年，学校项目建设除灾后重建外，在义务教育均衡发展阶段，国家对教育进行大量投入，实施各类项目，各中小学在硬件建设上发生了巨大变化。在高中普及攻坚学校项目建设上，国家总共投入6 387.8万多元，新修、维修校舍、运动场、厨房，购置教学设备。在全面改薄项目建设上，国家总共投资11 369.64万元，用于学校基础薄弱方面的建设。在幼儿园建设项目上，国家总共投资11 501万元，用于新建、维修。在中等职业学校中心建设项目上，国家总共投资12 944万元，用于职业教育的软硬件建设。在教师周转房建设项目上，国家总共投资2 577万元，为中小学教师修建周转房，极大地缓解了教师住房问题。

表10-8　高中普及攻坚学校建设项目

年度	扶贫项目名称	实施学校	实施内容	新增设备/台(件、套)	新增校舍/平方米	总投资/万元	资金来源/万元					
							国家专项资金	市县配套资金	自筹资金	捐赠资金	改	维修
2019	四川省剑门关高级中学校舍维修改造工程项目	四川省剑门关高级中学	维修改造之江教学楼	—	—	640	—	—	—	—	12 000	—
2019	四川省剑门关高级中学新建艺术楼及校园改造提升建设项目（二期）	四川省剑门关高级中学	新建艺术楼及校园改造	—	5 600	704.00	—	—	—	—	—	—
2020	四川省剑门关高级中学书简装修工程	四川省剑门关高级中学	书简装修工程	—	—	41.00	—	—	—	—	1 000	—
2020	四川省剑门关高级中学初中部校舍维修改造工程	四川省剑门关高级中学	初中部校舍维修改造工程	—	—	100.00	—	—	—	—	12 000	—
2021	四川省剑门关高级中学初中部学生宿舍（李园）改造提升工程项目	四川省剑门关高级中学	学生宿舍改造维修	—	—	400.00	—	—	—	—	4 500	
2019	四川省剑阁中学校初中部校舍维修改造工程项目	四川省剑阁中学	初中部学生宿舍维修改造1 600平方米、旧图书馆功能改造400平方米、学生食堂维修改造500平方米、体育保管室维修改造2 400平方米、校舍维修改造	—	—	88	—	—	—	—	1 600	—
2019	剑阁中学初中校舍维修改造工程项目（二期）	四川省剑阁中学		—	—	100	—	—	—	—	3 300	—
2021	四川省剑阁中学校校舍改造提升工程项目	四川省剑阁中学	学生公寓维修改造1 500平方米；学生食堂维修改造3 000平方米；校园配套设施建设等	—	—	380	—	—	—	—	4 500	
2020	四川省剑阁中学校高考综合改革基础条件保障项目	四川省剑阁中学	高中教学楼维修改造7 000平方米；教学仪器设备购置等	1 200	—	674.232 3	—	—	—	—	7 000	—
2017	剑阁中学教学综合楼维修改造工程	四川省剑阁中学	维修改造综合楼8 000平方米及相关附属工程等	—	—	2 000	—	—	—	—	8 000	—

表10-8(续)

年度	扶贫项目名称	实施学校	实施内容	新增设备/台(件、套)	新增校舍/平方米	总投资/万元	资金来源/万元					
							国家专项资金	市县配套资金	自筹资金	捐赠资金	改	维修
2022	四川省剑阁中学校教学楼建设项目	四川省剑阁中学	新建教学楼,建筑面积4 994.40平方米,配套挡土墙等附属设施建设,购置相关教学设施设备	—	5 000	50						
2019	剑州中学初中部校舍维修改造工程项目	四川省剑州中学校	新建文化墙60米,初中部教学楼维修改造900平方米,学生食堂维修改造30平方米,办公用房维修改造100平方米等	—	—	50				—	1 050	—
2015	原文峰中学综合楼及附属工程款	四川省剑州中学校	文峰中学综合楼及附属工程	—	3 000	512						
2016	校舍改造工程款	四川省剑州中学校	校舍改造	—	—	169.16					4 500	
2017	校舍改造工程款	四川省剑州中学校	校舍改造	—	—	149.44					2 400	
2017	新建综合楼工程款	四川省剑州中学校	新建综合楼项目	—	4 500	330						

国家总投资 6 387.832 3 万元

表10-9　全面改薄部分项目建设一览表

年度	扶贫项目名称	实施内容	新增设备/台(件、套)	新增校舍/平方米	总投资/万元	资金来源/万元					
						国家专项资金	市县配套资金	自筹资金	捐赠资金	改	维修
2014	剑阁县演圣小学校舍维修及设备购置	校舍维修及购置学生床200架等设备	200	—	30	30	—	—	—	—	1 200
2014	剑阁县元山中学会议室、办公室维修改造	会议室、办公室维修改造	—	—	8	8	—	—	—	300	—
2014	剑阁县柘坝小学维修加固及设备购置	购置学生课桌100套和铁床20架,新建围墙100米、硬化地坪200平方米等附属工程	120	—	20	20	—	—	—	200	—
2014	剑阁县鹤龄中学校舍维修改造工程	校舍维修改造	—	—	20	20	—	—	—	—	450
2014	剑阁县杨村中学食堂及校园硬化工程	食堂及校园硬化	—	—	20	20	—	—	—	—	1 200
2014	剑阁县锦屏小学运动场维修工程	维修操场水沟等	—	—	5	5	—	—	—	—	120
2014	剑阁县樵店小学校舍维修改造工程	更换门窗30套,安装防护栏200米,校园电路改造,维修化粪池及铺设管道等附属工程	—	—	30	30	—	—	—	—	120
2014	剑国县羊岭小学校的校舍维修改造项目	维修教学楼、办公楼(外墙粉水)及防蚀处理,更换教室门窗20套等	—	—	42	42	—	—	—	—	1 500
2014	剑阁县汉阳小学新建综合楼工程项目	新建综合楼600平方米	—	600	30	30	—				

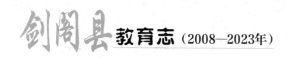
年度	扶贫项目名称	实施内容	新增设备/台(件、套)	新增校舍/平方米	总投资/万元	资金来源/万元					
						国家专项资金	市县配套资金	自筹资金	捐赠资金	改	维修
2014	剑阁县汉阳中学运动场维修加固工程	操场维修等附属工程	—	—	15	15	—			—	1 200
2014	剑阁县剑门关小学新建教学综合楼及附属工程项目	新建教学综合楼1 000平方米、男生宿舍850平方米及附属工程	—	1 850	50	50	—				
2014	剑阁县剑门中学维修改造工程	建修围墙、改建佳境花园、教学楼侧山体排危等附属工程	—	—	25	25	—			1 000	—
2014	剑阁县国光小学校舍维修改造工程	拆除劣房（原男生宿舍）、维修围墙10米、维修厕所15平方米、硬化地坪200平方米、绿化花坛200平方米等	—	—	15	15	—			—	415
2014	剑阁县开封小学维修改造工程	拆除劣房2 500平方米及新建200米围墙等	—	—	40	40	—			2 500	120
2014	剑阁县碗泉小学校舍维修改造工程	翻新教学楼楼顶、维修教学楼内外墙、维修舞台、维修围墙40米、更换10栋学生宿舍门窗等	—	—	20	20	—			—	450
2014	剑阁县迎水小学校舍维修改造及设备购置工程	教学楼1—5楼厕所改造、女生住宿楼和厨房防漏处理，购置学生用床100架等设备	100	—	20	20	—			—	1 500
2014	剑阁县凉山小学校舍维修改造工程	维修食堂及舞台，加固校门，对教学楼等校舍进行防漏处理，改造水路、电路等	—	—	20	20	—			—	450
2014	剑阁县马灯小学运动场改造及附属工程	改造1 250平方米运动场及附属工程	—	—	20	20	—			1 250	—
2014	秀钟小学新建校门工程	新建校门宽8米高4米及值班室50平方米，新建围墙100米等	—	—	40	40	—			—	120
2014	剑阁县正兴小学新建教学综合楼建设工程项目	新建教学楼450平方米及相关附属工程、设备购置等	450	450	85	85	—				
2014	剑阁县东宝小学新建厕所及附属工程	新建厕所120平方米及附属工程	—	120	20	20	—				
2014	剑周县东宝中学维修加固工程	运动场堡坎排危等	—	—	20	20	—			—	1 200
2014	剑阁县禾丰小学教学用房及附属工程（第二层）	新建综合楼600平方米，硬化教学楼到食堂的道路260平方米，附属工程，拆除旧房260平方米，新建化粪池和铺设排污排水管道等	—	600	65	65	—			260	—

国家总投资11 369.64万元

表 10-10　幼儿园项目建设一览表

年度	扶贫项目名称	实施内容	新增设备/台件套	新增校舍/平方米	总投资/万元	资金来源/万元					
						国家专项资金	市县配套资金	自筹资金	捐赠资金	改	维修
2014	剑阁县武连小学新建幼儿园项目	新建幼儿教学楼及附属工程	—	4 500	1 000	—	—	—	—	—	—
2014	剑阁县木马小学附属幼儿园新建项目	新建幼儿教学楼及附属工程	—	3 500	850	—	—	—	—	—	—
2015	剑阁县江口小学附属幼儿园新建项目	新建幼儿教学楼及附属工程	—	3 000	800	—	—	—	—	—	—
2015	剑阁县杨村小学校附属幼儿园新建项目	新建幼儿园教学楼及附属改造	—	3 500	850	—	—	—	—	—	—
2016	剑阁县抄手小学附设幼儿园维修改造工程	校舍维修改造	—	—	50	50	—	—	—	1 000	—
2016	剑阁县田家小学附设幼儿园维修改造工程	校舍维修改造	—	—	50	50	—	—	—	1 000	—
2016	剑阁县香江幼儿园建设项目	校舍维修改造	—	—	350	350	—	—	—	1 500	—
2016	鼓楼分园改造工程	鼓楼分园校舍的维修改造	—	—	700	700	—	—	—	3 500	—
2016	剑阁县姚家小学附属幼儿园新建项目	新建幼儿教学楼及附属工程	—	3 000	800	800	—	—	—		—
2017	鼓楼分园消防水池建设	鼓楼分园消防水池建设	—	—	70	95	—	—	—	500	—
2018	鼓楼分园配套设施建设	鼓楼分园配套设施建设	—	—	70	72	—	—	—	600	—
2019	鼓楼幼儿园维修改造工程	鼓楼幼儿园校舍维修改造	—	—	450	377	—	—	—	1 200	—
2019	龙江小学新建幼儿园项目	新建幼儿园及附属装饰装修工程项目	—	—	1 924	1 924	—	—	—	3 000	—
2020	鼓楼幼儿园维修改造工程	鼓楼幼儿园校舍维修改造	—	—	120	120	—	—	—	1 200	—
2020	新建幼儿园及附属装饰装修工程项目	新建幼儿园及附属装饰装修工程项目	—	—	141	141	—	—	—	1 800	—
2016	剑阁县元山小学校幼儿园建设项目（一期）	新建幼儿园校舍 3 500 平方米及其他附属工程	3 500	950	950	—	—	—	—	—	—
2017	剑阁县元山小学校幼儿园建设项目（二期）	新建幼儿园校舍 3 500 平方米及其他附属工程				—	—	—	—	—	—
2020	剑阁县白龙镇小学校第二校区一期工程建设项目——幼儿园、食堂、边坡项目	新建幼儿园 3 698.7 平方米、食堂 3 357.94 平方米、边坡及相关附属工程，设备购置等	—	7 060	2 326	2 326	—	—	—	—	—
国家总投资 11 501 万元											

表 10-11　中等职业学校中心建设项目

年度	扶贫项目名称	实施学校	实施内容	总投资/万元	资金来源/万元			
					国家专项资金	市县配套资金	自筹资金	捐赠资金
2015	剑阁县武连职业中学运动场工程项目	剑阁县武连职业中学	新建球场（两个篮球场、一个排球场、一个羽毛球场）；新建电子工业专业实训场地 400 平方米等	47	—	—	—	—
2016	剑阁县武连职业中学校舍维修工程项目	剑阁县武连职业中学	维修学生宿舍楼 3 591 平方米、食堂 770 平方米、综合楼 1 618 平方米、教学大楼 2 400 平方米、办公楼 428 平方米	99	—	—	—	—
2017	四川省剑阁职业高级中学校食堂维修改造和数字化校园工程项目	四川省剑阁职业高级中学	食堂维修改造工程，包括 3 214 平方米的一二楼隔出售卖间、调整功能间、墙面翻新、吊顶处理；校园数字化工程建设项目包括基础网络改造及服务器网络设备、中心机房系统、综合管理平台系统等各 1 套	231	—	—	—	—
2017	剑阁县武连职中改扩建工程项目	剑阁县武连职业中学	维修及改造教学及生活用房 1 500 平方米，改、扩建电子电工实训室 430 平方米及相关附属工程等；购置教学及生活设施设备	167	—	—	—	—
2018	四川省剑阁职业高级中学校实训楼扩建工程项目	四川省剑阁职业高级中学	扩建实训楼 1 600 平方米及相关附属工程，该项目为四层全框架结构，占地面积 400 平方米，建筑总高度 16 米，购置实训设备设施 20 台（套）	400	—	—	—	—
2020	四川省剑阁职业高级中学新建学生宿舍楼工程项目	四川省剑阁职业高级中学	新建学生宿舍楼	12 000	—	—	—	—
国家总投资 12 944 万元								

表 10-12　教师周转房项目建设一览表

县区	年度	项目名称	实施学校	实施内容	新增设备/台(件、套)	新增校舍/平方米	总投资/万元	资金来源/万元		
								国家专项资金	改	维修
剑阁县	2015	创阁县西庙小学教师周转宿舍工程项目	西庙小学	维修改造教师周转宿舍 1 200 平方米及相关附属工程	40	—	44	44	1 200	—
剑阁县	2016	剑阁县开封小学教师周转房建设项目	开封小学	维修改造教师周转宿舍 525 平方米及相关附属工程	10	—	60	60	525	—
剑阁县	2016	剑阁县凉山小学教师周转房建设项目	凉山小学	改扩建教师周转房 12 套 420 平方米及附属工程	12	—	48	48	420	—
剑阁县	2016	剑阁县秀钟小学教师周转房建设项目	秀钟小学	改建教师周转房 12 套 420 平方米及附属工程	12	—	48	48	420	—
剑阁县	2016	剑阁县禾丰小学教师周转房建设项目	禾丰小学	改扩建教师周转房 12 套 420 平方米及附属工程	12	—	40	40	420	—
剑阁县	2016	剑阁县香沉小学教师周转房建设项目	香沉小学	改扩建教师周转房 12 套 420 平方米及附属工程	12	—	48	48	420	—
剑阁县	2016	剑阁县高池小学教师周转房建设项目	高池小学	改扩建教师周转房 12 套 420 平方米及附属工程	12	—	48	48	420	—
剑阁县	2016	剑阁县迎水小学教师周转房建设项目	迎水小学	改扩建教师周转房 12 套 420 平方米及附属工程	12	—	48	48	420	—

表10-12（续）

县区	年度	项目名称	实施学校	实施内容	新增设备/台(件、套)	新增校舍/平方米	总投资/万元	国家专项资金	改	维修
剑阁县	2016	剑阁县广坪小学教师周转房建设项目	广坪小学	改扩建教师周转宿舍10套350平方米及附属工程	10	—	40	40	350	—
剑阁县	2017	剑阁县东宝小学教师周转房建设项目	东宝小学	维修改造教师周转宿舍1 086平方米及相关附属工程	20	—	64	64	1 086	—
剑阁县	2017	剑阁县龙源小学教师周转房工程	龙源小学	新建教师周转宿舍2 000平方米及相关附属工程	50	2 000	500	500	—	—
剑阁县	2018	剑阁县香沉小学教师周转宿舍建设项目	香沉小学	改造提升校舍630平方米及附属工程	15	—	52	52	630	—
剑阁县	2018	剑阁县羊岭小学教师周转宿舍建设项目	羊岭小学	改造提升校舍560平方米及附属工程	15	—	46	46	560	—
剑阁县	2018	剑阁县柘坝小学教师周转宿舍建设项目	柘坝小学	改造提升校舍350平方米及附属工程	10	—	29	29	350	—
剑阁县	2018	剑阁县柳沟小学校教师周转宿舍及综合用房建设项目	柳沟小学	新建教师周转宿舍828.8平方米（20套），教学综合用房149.5平方米及相关附属设施等	20	1 000	240	240	—	—
剑阁县	2019	剑阁县开封中学教师周转宿舍建设项目	开封中学	改造提升校舍1 190平方米及附属工程	25	—	94	94	1 190	—
剑阁县	2019	剑阁县公兴中学教师周转宿舍建设项目	公兴中学	改造提升校舍1 050平方米及附属工程	25	—	66	66	1 050	—
剑阁县	2019	剑阁县演圣小学教师周转宿舍建设项目	演圣小学	改造提升校舍945平方米及附属工程	20	—	60	60	945	—
剑阁县	2019	剑阁县涂山小学教师周转宿舍建设项目	涂山小学	改造提升校舍840平方米及附属工程	20	—	53	53	840	—
剑阁县	2019	剑阁县盐店小学教师周转宿舍建设项目	盐店小学	改造提升校舍700平方米及附属工程	18	—	44	44	700	—
剑阁县	2019	剑阁县店子小学教师周转宿舍建设项目	店子小学	改造提升校舍700平方米及附属工程	18	—	44	44	700	—
剑阁县	2019	剑阁县吼狮小学教师周转宿舍建设项目	吼狮小学	改造提升校舍700平方米及附属工程	18	—	44	44	700	—
剑阁县	2019	剑阁县闻溪小学教师周转宿舍建设项目	闻溪小学	改造提升校舍525平方米及附属工程	10	—	33	33	700	—
剑阁县	2019	剑阁县碑垭小学教师周转宿舍建设项目	碑垭小学	改造提升校舍420平方米及附属工程	10	—	30	30	525	—
剑阁县	2019	剑阁县摇铃小学教师周转宿舍建设项目	摇铃小学	改造提升校舍420平方米及附属工程	10	—	30	30	420	—
剑阁县	2019	剑阁县垂泉小学教师周转宿舍建设项目	垂泉小学	改造提升校舍420平方米及附属工程	10	—	26	26	420	—
剑阁县	2019	小剑小学教师周转房	小剑小学	新建教师周转宿舍	12	420	80	80	420	—
剑阁县	2019	鸯溪小学校教师周转宿舍工程建设项目	鸯溪小学	新建教师周转宿舍	12	420	90	90	420	—
剑阁县	2019	剑阁县公兴小学校（教师周转房项目）	剑阁县公兴小学校	新建教师周转宿舍900平方米及相关附属工程等	20	900	240	240	—	—
剑阁县	2019	剑阁县白龙小学等5所小学新建教师周转宿舍建设项目	剑阁县白龙镇小学校	新建教师周转宿舍36套，总建筑面积1 080平方米，相关附属工程等	36	1 080	288	288	—	—
合计					526	5 820	2 577	2 577	16 251	

第十一篇　灾后重建

第一章 概述

（一）

2008 年 5 月 12 日的汶川特大地震给剑阁造成 207 亿元的重大损失，剑阁成为全国重灾区之一。全县教育系统 91 所公办中小学校共倒塌房屋 9 032 平方米，形成危房 542 487 平方米，地震毁坏教学仪器设备 7 万余件（套）、体育场地 112 000 平方米，毁坏图书 54 万余册、课桌凳 3 万余套，毁坏附属设施 119 处，50 余名学生受伤，2 人遇难，直接经济损失达 11.6 亿元。

（二）

灾情发生后，剑阁县委、县政府紧急启动应急预案，紧急成立抗震救灾领导小组迅速组织抢险。当日 17 时，县教育局在普安小学和下寺设立临时办公地点，召开局班子成员紧急会议，全面启动应急预案。局长杜中贵强调，要把抗震救灾作为压倒一切的中心工作和最大的政治任务，成立抗震救灾指挥部，下设综合协调组、灾情统计组、宣传报道组、工作督查组、安全维稳组、后勤保障组等组织机构，进行了明确分工，实行定岗定责定人定目标工作责任制，并始终坚持局领导 24 小时带班值班制度。必须做到"五个确保"：确保每所受灾学校在第一时间有教育局抗灾自救指挥部成员在一线指挥；确保每一个师生生命安全；确保灾后学校师生吃、住有保障；确保每一个学生在教师的护送下安全回家；确保全天候有人值班并保持信息畅通。"五个确保"的声音迅速传遍教育系统。

在党组书记、局长杜中贵的带领下，县教育局抗震救灾小组成员身先士卒，各负其责，带头坚守岗位，强化地震应急值班制度。伴随着强烈余震，教育局抗震救灾指挥部成员分别深入受灾学校。当晚，局长杜中贵赶赴剑阁中学等 10 余所学校察看灾情、慰问师生后，于深夜一点召开班子成员碰头会，汇总全县学校受灾情况，并再次对抗震救灾工作进行安排部署：一是做好灾后学生的转移疏散工作；二是做好教职员工及其家属抗灾自救工作；三是搭建好临时帐篷，搞好校园环境的消杀灭工作；四是加强地震有关知识的宣传介绍；五是做好灾情统计，及时上报受灾情况。5 月 13 日，局班子成员又分赴各自挂联片区学校，指导学校开展抗震救灾工作，并坚持每天早、中、晚三次报告有关情况，确保了及时掌握情况，及时作出决策，及时抓好落实，实现了工作高效运转。地震灾害发生时，县教育局机关职工正在全县各校驻校指导工作，确保了灾害发生第一时间有机关干部指导学校紧急抢救疏散学生，避免了重大师生人员伤亡。灾害发生后，县教育局又增派机关和督导办人员充实到抗震救灾第一线，蹲点指导学校开展抗震救灾工作。由于剑阁县委、县政府应急指挥系统沉着应对，科学研判，教育局协调管理，统一指挥，全县各校严密组织，上下内外互动，全体教育工作者恪尽职守，强力配合，不顾个人安危，全力开展抢险自救，把希望留给学生，把危险留给自己，所以整个抢险工作紧张有序，忙而不乱，应变自如，疏散快捷，实现了全县 10 万师生的安全大转移。全县教育工作者以鲜血和生命，践行了人民教师的神圣职责，充分体现了人民教师对崇高职业的无限忠诚，诠释了人民教师的高尚师德。

（三）

为切实指导全县教育系统抓好抗震自救，县教育局于 5 月 14 日、5 月 15 日、5 月 17 日、5 月 21 日分别下发《关于加强"5·12"灾后学校安全管理及疫病防范工作的通知》《关于进一步做好抗震自救尽早恢复正常教育工作秩序的紧急通知》《关于认真做好"5·12"灾后校舍维修改造管理工作的通知》《关于进一步严肃抗震自救重建家园期间工作纪律的意见》等文件，专题安排了相关工作。

蹲点驻校干部职工深入了解学校及教职工个人受灾情况，慰问受灾师生，排查安全隐患，组织教职工千方百计抗灾自救。他们与学校教师同吃同住同劳动，对学校师生进行防震知识教育，消除师生恐慌心理，稳定师生情绪，树立抗震自救信心；组织学校搭建帐篷，设立临时居住点和办公点；认真排查安全隐患，设立警示标志，安排专人值守，防止次生灾害造成新的损失；扎实做好灾后防疫工作，确保灾后无大疫。

为了及时反映全县教育系统受灾情况，在最短的时间内将全县教育系统受灾情况上报县抗震救灾指挥部和上级主管部门，为争取社会援助、开展灾后重建提供了翔实、准确的依据。局党委一班人心急如焚，一刻也不能轻松，奔波于全县受灾学校，饿了吃口方便面，渴了喝口矿泉水，足迹遍及全县每一所中小学校和村小教学点，所到之处带去县委、县政府及教育局抗震救灾的政策精神，带去慰问物资安抚师生。他们深入最危险的地方排查隐患，冒着酷暑参与重建规划，不顾余震危险和全系统干部职工多少次经历生死考验。县教育局确定了一名领导主抓灾情统计和重建方案编制，确保了每天灾情及时收集汇总，并及时上报县抗震救灾指挥部和市教育局。同时，在核查灾情、开展慰问、组织自救、规划重建的同时，局党委要求各校进一步坚定发展信心，不等不靠，自力更生，加快发展速度，以更好的发展成效实现抗震自救，以弥补灾祸造成的损失，为灾后重建作出积极贡献。

（四）

县教育局认真贯彻落实县委常委（扩大）会议精神，实现抗震救灾工作重点转移，由防灾查灾转向抗灾救灾。5 月 19 日，县教育局局长杜中贵主持召开了全县校长会，全面部署灾后重建工作，要求全县教育系统迅速由防灾查灾转向抗灾救灾上来，为尽早恢复正常教育教学秩序做好准备工作。县教育局进一步细化分工，责任到人，全力以赴，抗灾自救。副科级以上领导分片负责，机关职工蹲点包校，全系统干部职工做到一手抓灾后重建，一手抓发展，确保全年目标任务的完成。领导靠前指挥，坚持带班值班，舍小家，顾大家，积极主动工作，组建了全县学生心理疏导及高三学生迎考党员服务队、校舍恢复重建党员服务队、系统安全稳定应急抢险服务队、系统卫生防疫党员服务队、帮扶挂联乡党员服务队等 5 个党员突击队，各校也纷纷成立党员突击队，全力投入灾后校园重建活动中去。全县教育系统干部职工不等不靠，发扬持续作战、不怕疲劳、自力更生的精神，积极开展灾后重建工作。组织教师清理地震废墟，翻盖瓦房，力所能及地维修校舍；配合建设部门迅速开展灾后房屋鉴定工作，并根据房屋鉴定意见书立即编制校园重建方案，坚持科学、安全、实用、节俭的原则，做到一校一策、一校一方案；搭建临时过渡板房教室、寝室，确保全县学校如期安全复课；迅速启动维修、加固及重建工程，加快推进校园重建步伐；公开、公平、公正发放各类救灾物资，把党和政府的温暖及社会各界的爱心及时送给受灾师生。全县抗震救灾、重建校园工作由此进入维修加固的攻坚阶段。

截至 6 月 10 日，全县学校 30 余万平方米的灾后严重危房已基本拆除，正加紧进行校舍加固维修工作。同时，启动首批 12 所重灾学校教学楼和学生宿舍楼等工程建设。

（五）

实现了10万师生平安大转移。学校提前放假，家长监护，分散管理。为了防止暑热和家长监管不力导致的各类校外安全事故发生，县长田中文作出重要批示，要求全社会共同关注震后学生人身安全。加强暑期中小学生安全教育和管理。分管教育的副县长邓益平亲自安排政府办会同相关部门研究制定了《关于切实加强震后暑期中小学生安全教育和管理的意见》（剑府办发〔2008〕65号）并下发至各乡镇和县级相关部门，主要部署震后暑期中小学生安全教育和管理工作。6月16日，县教育局迅速召开局党组会议，专题研究和部署了震后暑期学生安全教育和管理工作，明确提出了具体要求，全县各中小学以多种有效形式全面开展家校联系活动，印发暑期《告家长书》10万余份、暑期练习册2万多套，召开监护人会议2000多人次，确保暑期学生的安全。

（六）

8月1日，全县中小学复学复课典礼在剑阁县汉阳中学举行，县委书记吴连奇宣布全县中小学全面复学复课。教育部单位办综合处副处长卢晓斌，黑龙江援建剑阁前线指挥部副总指挥高占国，县领导吴连奇、田中文、王成书、何德生、贾小玲、夏思法、李作芳等出席了典礼仪式。典礼由县委常委、宣传部部长贾小玲主持，县委副书记、县长田中文致辞。县长田中文在致辞中充分肯定了全县教育系统在抗震救灾中所取得的成绩，高度赞扬了教育系统干部职工在抗震救灾中表现出来的艰苦奋斗、无私奉献精神，并希望全县教职工复学复课后扎实工作，努力夺取教育系统抗震救灾工作的全面胜利。与此同时，全县的90多所中小学都举行了不同形式的复课仪式。

（七）

特大地震后，剑阁教育系统损失惨重、千疮百孔、百废待兴。随着维修加固的结束、希望拆除的全面完成，重建规划全面启动。按照党中央、国务院的统一部署，黑龙江省对口援建剑阁，黑龙江省委、省政府立即响应党中央的号召，迅速成立了以省委书记、省长为组长的援建工作领导小组，并安排援建干部12人长住剑阁。剑阁成立了以县委副书记陈勇为组长，县人民政府副县长杨明学为常务副组长，县委常委、宣传部部长贾小玲，县委常委副县长高起生，县人民政府副县长杨正国为副组长，相关各局及各乡镇一把手为成员的教育重建领导小组。剑阁县教育局灾后重建领导小组，由教育局局长杜中贵任组长，李国民、张全林、徐剑锋、张雪梅、任绍林、杨载章、聂俸彬、曹正海、李兆周为成员，负责全县教育系统灾后重建工作。领导小组设重建办公室。重建办下设项目规划设计组、立项招标组、工程管理组、资金保障组、效能督办监察组、宣传组、资料收集及进度上报组，负责全面组织剑阁县教育系统抗震救灾及灾后恢复重建工作。6月23日，黑龙江省援建四川省剑阁县灾后重建前线指挥部成立，各项援建工作紧锣密鼓展开。面对浩繁的重建任务，教育重建领导小组组长县委副书记陈勇，常务副组长县人民政府副县长杨明学，副组长县委常委&宣传部部长贾小玲、县委常委&副县长高起生、县人民政府副县长杨正国，办公室主任教育局局长杜中贵等，深入学校，实地查勘，指导重建工作；协调县监察、发改、建设、国土、财政、环保等相关部门以教育重建为首要任务，优化重建项目审批流程，开辟教育重建"绿色通道"。协调县纪委、审计、安监、建设、财政以及黑龙江援建前线指挥部等相关部门加强了建设过程的跟踪监管，确保了教育灾后重建依法依规、又好又快进行。

9月3日，时任黑龙江省省长栗战书、常务副省长杜家毫等领导带着黑龙江人民对灾区人民的深情关爱，风尘仆仆，不远万里，亲临剑阁各乡镇学校视察灾情，在剑阁县沙溪中学看望、慰问受灾群众和师生，给全县师生以极大鼓舞。省长一行轻车简从，住板房、冒酷暑，与援建人员一起吃工作餐，利用晚上休息时间开会听取工作情况汇报，全心全意指导对口援建工作，以亲民爱民的高尚情操，赢得了灾区人民的广泛赞誉。

在灾后重建过程中，黑龙江省援建剑阁灾后重建前线指挥部依照黑龙江省委、省政府确定的对口援建工作要突出"办快、办实、办好"，做到"务实、求实、做实"的工作方针，本着"救灾、救民、救急"的原则，坚持一切从实际出发，坚持当前与长远相结合，坚持"输血"与"造血"相结合，充分尊重援建方意愿，采取"政府主导、依靠当地、面向市场"的援建方式，遵照"瞄准"一个目标，抓住两大点，严把三大关口，坚持四个到位，抓好五项工作的工作思想，充分调动全省力量支持援建。黑龙江省援建剑阁前线指挥部刘国会、夏忠玉、杨臣、张润林、陈方斌等，精心规划，精心组织，精心实施，注重校园硬件和文化两方面的科学重建，落实项目业主、施工单位及工程监理单位三方责任，强化工程进度、质量安全、资金"四位一体"的督查机制，又好又快地帮助剑阁县重建美好校园，为实现"无缝隙对接、无障碍合作"奠定了坚实的基础。

为了加快灾后重建进程，黑龙江省随即向剑阁县教育系统投资3亿元，支援49所学校52个项目的灾后重建，用于学校重建教学楼、宿舍楼、学生食堂、厕所及设备设施的购置。剑阁县校舍建设小组对22所重灾学校的35幢受损校舍开展勘察分析，为武连职中和汉阳中学制定了总体规划和设计方案，编写了《房屋修缮、加固工作指导建议》下发给各学校，为下一步做好房屋鉴定和处置、开展房屋维修和加固工作奠定了坚实的基础。

一边抗灾自救，一边科学编制规划，指挥部根据县委、县政府、黑龙江省援建剑阁前线指挥部领导的指导，结合剑阁教育实际，严格遵照《汶川地震灾后重建学校规划建筑设计导则》等相关文件精神，根据未来十年经济发展和人口增长趋势，坚持科学重建的指导思想，立足当前，着眼长远，本着安全、适用、节俭、环保的原则，实地规划，集中答辩，集体审定，制定了《剑阁县汶川地震灾后教育恢复重建规划》和《剑阁县中小学校灾后项目实施规划》等相关文件，绘制了《剑阁县"5·12"地震恢复重建学校分布图》和《教育项目建设议程图》，制定了教育系统实施规划，确定了学校重建规模，调整了全县校点布局，统筹安排了重建项目，力求避免资源浪费。按照"农村地区普通高中和中等职业学校集中在新老县城，初中建在中心乡镇，小学相对集中"的思路，在县城新建职教中心、九年一贯制学校、六年制完全小学各1所，将3个乡镇的农村初中和完全小学合并为九年一贯制学校，5所学校另选址修建，合理调整学校的布局。

全县93所中小学校新建校舍550 894平方米，维修加固校舍197 787平方米，购置仪器设备1 416 215台（件、套），添置图书883 527册，恢复相关附属工程93处，重建总投资13.443 3亿元，其中中央重建基金4.118 9亿元、对口援建资金3亿元、特殊党费资金0.201 9亿元、社会捐赠资金0.137 5亿元、地方自筹资金5.985亿元。通过实施过程的规划调整，实际到位重建资金8.235 7亿元，其中中央重建基金4.118 9亿元、黑龙江对口援建资金3亿元、维修加固和设备重置资金0.732 4亿元、特殊党费资金0.201 9亿元、社会捐赠资金0.137 5亿元、拉动内需资金0.045亿元，与规划总投资相比存在差口资金5.207 6亿元（即地方自筹资金）。

为了实现中央提出的三年重建任务两年基本完成的重建目标，剑阁县教育系统在充分论证的基础上，很快绘就了校园重建蓝图，提出了把剑阁的灾后重建学校建成西部农村教育发展典范为目标，以科学、实用、节俭、安全为原则，坚持重建规划与教育资源整合、教育项目建设、新农村建设、自然和谐相结合的原则，力争用两年的时间全面完成重建工作。

按剑阁县教育系统重建的总体规划编制及部分规划调整，随着中央财政重建资金和黑龙江省援建资金的大量投入，国家部委、人民军队、特殊党费、社会组织、国际组织及港澳台地区援建的资金先后注入，大量的人力、物力、财力迅速向剑阁集结，开展波澜壮阔的援建活动。教育系统面大、量广，涉及的人多，损失大，县委、县政府高度重视，把教育的重建放在首位。全县的81所学校244个重建项目迅速展开，2008年7月2日，黑龙江援建指挥部确定剑阁13所中小学为重建第一批项目，安排援建资金1亿元。为了努力把剑阁打造成"龙江第一县"，教育总投资约3亿元，其中中央资金2.6亿元，社会捐赠1 275万元。面对巨额的资金来源、强大的援建支教，剑阁教育人抓抢机遇，克难奋进，展开了如火如荼的校园重建工作。上百名的重建干部、上千名的重建大军心系剑阁，扎根灾区，抛热血、洒汗水、斗酷暑、战严寒，实施了轰轰烈烈的、前所未有的"百日会战"和"告别板房"行动。抓紧工作日，强化节假日，放弃双休日，人歇机转，轮流值班，昼夜作业。实行"5+2""白加黑"工作机制，争分夺秒，一天当作三天做，昼夜当作白天干，全天候施工加快干，用真诚、爱心、奉献创下了荡气回肠、感天动地的动人战绩。

教育局把灾后重建工作放在各项工作首位，成立了重建工作领导小组，健全制度，明确职责，对重建工作实行"一票否决制"，各校也签订了重建工作目标责任书。同时教育系统还制定了《学校恢复重建工作管理办法》，下发了《加快推进学校灾后重建项目建设意见》《关于进一步加强灾后重建项目过程管理及资金管理的补充通知》等指导性文件，规范管理，以会代训，对重建学校校长进行了相关业务培训——工程质量是重建的生命线，一定要做到高标准、严要求。为确保质量和进度，剑阁县教育局采取多种措施对学校的重建项目工程质量、安全、进度和资金进行全面监管；实行局领导挂联学校重建项目制度、局机关和教育督导办工作人员蹲点驻校督查制度，落实责任全面动员；建立了重建工作"五个一"制度，即一日一报告、三日一研究、一周一小结、半月一次全面大检查、一月一考核。教育重建工作依法、高效、快捷推进，重建经验走在了全市教育重建的前列，并在全省推广。

为全力实现2010年9月1日前全县各级各类学校所有学生回到永久性建筑内学习生活，2009年底前完成90%以上的恢复重建任务目标，剑阁县教育系统严格执行《汶川地震灾后重建学校规划、建筑设计原则》《四川省农村中小学建设标准》和《建筑抗震设计规范》等相关文件要求和招投标有关程序，严格按建筑程序推进，依法高效推进灾后恢复重建工作。在工作推进中，分优建项目和发展提高项目两批次先后推进，有利于建材供应和工程质量监管，有利于学校教育教学和师生安全，有利于学校分配和常规管理；加强与援建指挥部或援建单位同建与衔接；局机关干部职工蹲点驻校督查，切实解决重建具体问题；实行工期倒排，把工程倒排到天、到人、到建筑工程单体。

在确保工程质量和安全的前提下加快重建步伐，同时认真处理好进度和质量、硬件重建和精神重建、物质重建和师资重建、恢复重建和教育教学的关系，各项工作稳步推进。

加大监管力度，建立项目业主单位、所在乡镇和监理单位"三位一体"的监督管理体制，由主管部门、乡镇、监理单位、建设单位、施工单位、社区群众代表六方全程监督。建立横向到边、纵向到底的检查机制。对工程设计、承包合同、管理档案、施工资料的完整性和真实性进行全面检查。严格施工企业资质管理。招标时，严格审核企业资质；中标后，企业先交纳保证金再签订合同；严格实行压证施工，严防"大企业中标、小队伍施工"的现象。推行甲方代表培训，通过考核凭证上岗和住地监督的制度。落实旁站式监理。每半月一次全面大检查，对检查中发现的质量问题及时限时整改，并对整改情况进行跟踪回访，同时对典型情况进行书面通报。建立质量事故责任终身追究制。

倒排工期，快速推进。按重建项目清单倒排工期，明确每个建设单体立项、设计、招标、基础工程、主体工程、装修、配套工程等8个环节的具体完成时限，在重建办、各学校、各建设单位工地悬挂工期表和进度表，教育局严格按倒排工期表考核学校，学校严格按倒排工期表考核施工单位。并联审批，压缩审批时间，简化审批程序，明确办理时限，不分节假日，对重建项目随到随批，特事特办。强化项目督查，重建安全稳步推进。重建办采取分线、分层督查、包片督查、电话督查、暗访督查等多种形式，实行安全、质量、进度、资金"四位一体"督查机制。半月一评比，及时召开学习先进现场和后进促进会。督质量，查主要建材进场实验报告，检验送检报告，查工程设计要求、技术标准、合同约定的施工情况。督进度，查"五牌一图"、倒排工期表、管理人员及工人考勤表、晴雨表、竣工倒计时牌悬挂上墙及使用情况。督资金，查财务管理是否规范。

细化责任，安稳先行。明确安全责任人的职责，与项目学校校长签订《安全合同》，项目学校与施工单位签订《安全生产合同》。明确不出现重大责任事故的安全生产目标，对重大安全责任事故单位实行"一票否决"。严格督查对师生及施工人员安全教育、安全防护、设施设备定期保养情况，切实做到安全生产。签订《施工合同》前，乙方必须按中标价的5%交纳民工工资保证金，然后方能签订合同进场施工，施工中按时兑现民工工资。施工方必须为民工办理意外伤害保险。举办校长、甲方代表、项目施工负责人、监理安全文明施工培训会，教育局印发《安全文明施工手册》。

在灾后重建过程中，剑阁县的江口中学、江口小学、张王小学、店子小学属于亭子口水利枢纽工程淹没区，四所学校实现了整体搬迁。教科局高度重视此项工作，成立了以教科局局长伍翠蓉为组长，分管项目的副局长杨载章为副组长，人事、计财、项目、纪检相关部门负责人为成员的领导小组，全面负责四校的搬迁重建工作。为确保工程进度与质量，局长伍翠蓉多次深入各校检查、督促、指导重建工作，有力、有效推动了搬迁重建工作的全面完成。

一手抓校园硬件科学重建，一手抓校园文化科学重建。黑龙江省心理咨询专家教授积极在学校广泛开展震后心理干预咨询工作，教育系统开展感恩教育、责任感教育，让学生学会对自己负责、对他人负责、对社会负责、对民族负责。编辑发行画册《瞬间与永恒》和抗震救灾重建校园纪实作品《师魂》。在全县近8万中小学生中开展写感恩信、画感恩画、唱感恩歌等活动。"5·12"特大地震一周年之际，县四大班子和黑龙江前线指挥部主办、教育局承办的"感恩中国，重建家园"文艺晚会，从缅怀、感恩、奋进三个篇章，缅怀罹难同胞，讴歌抗震救灾英雄，感党恩国恩，铭龙江大爱，进一步增强了民族凝聚力，鼓舞士气，振奋精神，坚定信心，重建美好家园。开展危机感教育，面对重大灾难，面对社会发展新形势，培养师生危机意识。开展教育科研，大力提升教师的教学业务水平和思想素质。采用"请进来"的办法，集中安排教师暑期培训，从6月21日至6月27日，对全县5 000多名教师进行培训，内容包括义务教育阶段教师绩效政策、师德师风、学习与安全、灾后重建、清洁城乡等。

黑龙江省先后派出三批支教教师到剑阁，并建立了长期合作协议。他们在剑阁工作扎实，为全县教师做出了表率，教师素质大幅提升。切实推进素质教育，促进教育均衡发展。学前教育蓬勃发展，义务教育成绩突出，职业教育不断拓展，成人教育异军突起。

剑阁教育的重建，得到了党和国家领导的关心，得到了社会各界的倾情援助。2009年6月1日，国务院总理温家宝给剑阁小学生回信："祝小朋友们节日快乐！"字字饱含着总理对灾区孩子的亲切关怀和深情祝福。5月7日，全国政协副主席、民建中央第一副主席张榕明，为西庙乡新浪思源小学教学楼竣工剪彩授牌，她希望同学们认真学习科学文化知识，报效祖国、回报社会，祝愿剑阁灾区的明天更加美好。国务院学位办综合处副处长卢晓斌赴剑阁县考察学校灾情，看望师生，指导灾后校园重建工作。中国人民解放军总参谋部及几所军事院校，长期援建剑门关"八一"爱民学校。黑龙江省3 800万人民捐资捐物，援助3亿元，帮助重建91所学校。香港慈善机构世界宣明会、中煤集团山西平朔抢险队、新加坡慈援组织国际援助项目部、香港协力国际仁爱基金会、重庆市九龙坡区10余家民营企业、德国集邮协会中国邮票研究会、中国青少年发展基金会发起，一汽丰田公司、青岛丽可医疗器械有限公司、中山大学、浙江宁波新中源建设有限公司、浙江欣捷建设有限公司、赛博苏泊尔集团等倾情援助剑阁教育。

剑阁教育人发扬不畏灾难、自强不息、感恩奋进的"剑门关精神"，发扬伟大的灾后重建精神，实现了三年重建两年基本完成目标任务。

第二章　领导机构及政策保障

第一节　领导机构

一、成立县政府教育重建领导小组

2008 年 8 月，在剑阁县委、县政府、黑龙江省援建剑阁前线指挥部的领导下，剑阁成立以县委副书记陈勇为组长，县人民政府副县长杨明学为常务副组长，县委常委 & 宣传部部长贾小玲、县委常委 & 副县长高起生、县人民政府副县长杨政国为副组长，相关各局及各乡镇一把手为成员的教育重建领导小组。县政府与县教育局签订了重建目标责任书，落实目标考核，逗硬"一票否决"，并落实责任终身追究制。实行县级领导挂联 1—3 所投资 200 万元以上的学校灾后重建项目制度。县监察、发改、建设、国土、财政、环保等相关部门以重建为首要任务，优化重建项目审批流程，开辟教育重建"绿色通道"。县纪委、审计、安监、建设、财政以及黑龙江省援建剑阁前线指挥部等相关部门加强了建设过程的跟踪监管。

二、成立学校灾后重建项目工作领导小组

2008 年 9 月，为进一步抢抓灾后重建机遇，加快推进教育重建项目进度，加强教育重建项目的组织领导和管理工作，经研究，决定成立学校灾后重建项目工作领导小组：党组书记、局长杜中贵任组长，副局长李国民任常务副组长，副局长张全林、党组成员李琦、纪检组长张雪梅、县人民政府教育督导室主任任绍林、县招办主任聂俸彬、机关党委书记杨载章、教育系统工会主席曹正海、县人民政府教育督导室副主任李兆周任副组长，局机关各股（室）长（主任）、教研室和教仪站负责人、各教育督导办主任及中小学校长为成员。领导小组常务副组长具体负责分管、统筹全县教育系统灾后重建项目工作，副组长及成员具体负责管辖范围、各挂联项目学校的灾后重建项目工作。2009 年 8 月，杜中贵同志调任县人民政府办公室主任，罗建明同志任教育局局长并任教育局重建领导小组组长。

三、成立教育灾后重建办公室

2009 年 3 月，教育局成立灾后教育重建办公室和工作组，具体负责项目学校灾后重建工作。

（一）重建办公室

主任：李国民（兼）。副主任：李晓勇、丁勇权、袁洪章、何心中、李碧文、张天锦。按法规政策要求，负责组织各中小学灾后重建工作；负责指导、督促各工作组抓好灾后重建落实工作；负责组织接受国家、省、市、县重建项目检查工作；负责做好涉及重建相关部门的协调沟通联络工作。

（二）项目规划设计组

负责人：李国民、任绍林、徐泽强。成员：李晓勇、王仲什、丁勇权、张云成。负责项目论

证、规划、编报工作；负责编制项目年度实施计划；负责指导学校抓好项目图纸设计、图纸审批等工作；负责制订项目进度计划；负责报送各项目资料。

（三）立项招标组

负责人：李国民、李晓勇、王仲什。成员：徐泽强、丁勇权、李碧文、郭永昌。负责做好项目前期工作（包括可行性研究、立项、招标清单、财政评审等）；负责指导学校做好各项目的招投标工作；负责协助有关职能部门做好各项目的审计工作。

（四）工程管理组

负责人：李国民、袁洪章。成员：何心中、李碧文、方杰、刘志明、郭永昌。负责学校项目的施工合同、监理合同、廉政合同、安全合同等的签订、审查等把关工作，确保合同的合法性、规范性和完整性；负责对项目质量、安全、进度、资金等环节工作进行全过程监管，确保工程质量和安全；负责项目工程的竣工验收工作。

（五）资金保障组

负责人：李国民、李晓勇、丁勇权。成员：刘志明、张云成。负责按县资金管理办法及时拨付项目资金；负责组织培训指导各校财务人员业务，做到专户专人专账管理灾后重建资金；负责项目学校建立资金台账工作；负责按规定收、退各项目的履约保证金；负责黑龙江等援建项目的对口协调及基础超深管理等工作。

（六）效能督办监察组

负责人：张雪梅、何心中。成员：魏晓东、赵锐鑫。负责项目实施中的违纪案件的查处；负责监管项目资金是否规范使用；负责重建工作中的矛盾纠纷的排查、调解；负责处理项目实施过程中群众来信来访。

（七）宣传组

负责人：张全林、张天锦。成员：伏太明、梁自东。负责系统灾后重建的宣传报道工作；负责撰写灾后重建检查汇报材料及各项会议的总结、经验材料；负责宣传县内项目学校灾后重建中的典型人物和事件；负责通过《剑阁教育》和《剑阁教育督查通报》等媒体，及时对外报道灾后重建动态；负责灾后重建宣传展板、音像制品等工作。

（八）资料收集及进度上报组

负责人：李国民、李晓勇。成员：高怀荣、冯剑梅、王仲什、郭永昌、赵锐鑫。负责做好重建工作会议会务及记录工作；负责做好办公室值班和后勤工作；负责按时报送各项目进度报表；负责分类和集中收集建立各项目资料档案工作；负责按月考核、公示学校重建工作情况。

第二节 政策保障

剑阁县教育系统灾后重建工作依法依规，按政策推进。

一、严格执行《国务院关于支持汶川地震灾后恢复重建政策措施的意见》（国发〔2008〕21号）

该文件从指导思想和基本原则、政策措施的主要内容、工作要求三方面提供了重建的指导性意见。

以邓小平理论、"三个代表"重要思想和科学发展观为指导，确定五个方面的基本原则。制定九个方面的措施：中央财政建立地震灾害恢复重建基金；财政支出政策；税收政策；政府性基金和行政事业性收费政策；金融政策；产业扶持政策；土地和矿产资源政策；就业援助和社会保险政策；粮食政策。

二、严格执行《国务院关于做好汶川地震灾后恢复重建工作的指导意见》（国发〔2008〕22号）

为有力、有序、有效地做好灾后恢复重建各项工作，尽快恢复灾区正常的经济社会秩序，力争用三年左右时间完成灾后恢复重建的主要任务，使灾区群众的基本生活生产条件达到和超过灾前水平，并为可持续发展奠定坚实基础，该文件从指导思想和基本原则、主要任务和工作要求、实施步骤和保障措施三方面规范重建工作。

三、严格执行《四川省人民政府关于支持汶川地震灾后恢复重建政策措施的意见》（川府发〔2008〕20号）

该文件为了充分发挥政策的支持和引导作用，调动各方面力量参与灾后恢复重建工作，尽快恢复地震灾区正常的生产生活秩序，在认真贯彻落实《国务院关于支持汶川地震灾后恢复重建政策措施的意见》（国发〔2008〕21号）基础上，从财政政策、税收政策、金融政策、国土资源政策、产业扶持政策、工商管理政策、社会保障政策、就业援助政策、粮食政策等方面，全面推进灾后重建工作。

四、制定执行《剑阁县教育局关于进一步加强灾后重建项目过程管理及资金管理的补充通知》（剑教发〔2009〕7号）

为深入贯彻国家、省、市、县灾后恢复重建有关规定，按照县教育局《关于加强灾后学校重建项目管理的通知》（剑教发〔2008〕64号）相关文件精神，严格灾后重建过程管理和资金管理，"提速加快、又好又快"推进项目建设，按时完成灾后重建任务，特制定灾后重建项目过程和资金管理补充意见。

（一）规范过程管理，打造优质工程

（1）立项阶段。学校联系县规划和建设局出具选址意见书。学校联系县国土资源局出具用地预审意见书。学校联系县环保局出具环境影响评估文件。学校联系县发展和改革局对项目进行审批立项。投资计划在1 000万元以下的项目，由县发展和改革局审批立项；投资计划在1 000万~3 000万元的项目由市发改委审批立项；投资计划在3 000万元及以上的项目由省发改委审批立项。投资额1 000万元以上、影响面广的重大项目，项目单位应当请有资质的机构进行可行性研究，编制《项目可行性研究报告》。

（2）设计阶段。学校联系县建设和规划局出具红线图及规划设计条件。学校依法委托设计单位进行方案初设，县规划和建设局出具初设方案批复。设计费在5万元以内的由学校直接委托；设计费在5万~50万元的按相关程序进行比选；设计费在50万元及以上的要公开招标。根据川府发〔2008〕21号文件精神，灾后重建项目按国家规定的收费标准让利50%以上的可由学校直接委托。根据初设方案批复意见进行施工图纸设计，同时进行地勘、施工图纸审查。学校委托有资质的单位审查施工图纸，并出具施工图纸审查报告，或做项目设计变更。

（3）招标、比选阶段（招标代理机构、施工单位和监理单位的确定）。学校委托有资质的单位编制可行性研究报告。县教育局委托有资质的专业机构编制工程量清单，算出工程造价。县财政局政府投资评审中心评审工程招标控制价。计划投资额在200万元以下的项目，由县教育局依法委托招标代理机构；投资额在200万元以上5 000万元以下的项目邀请比选或公开比选招标代理机构；

投资额在 5 000 万元及以上的项目公开比选招标代理机构。计划投资额在 200 万元以下的项目，通过比选确定施工单位并公示；计划投资额在 200 万元及以上的项目，通过公开招标确定施工单位并公示。施工企业接到中标通知书后，先交纳履约保证金（中标价的 10%），并将施工企业的项目经理、技术负责人等相关人员的资质证件（原件）交相关部门，再签订施工合同、安全合同和廉政合同。学校在主管部门的指导下依法确定监理单位，监理费为总造价的 0.5%～1%。监理单位确定的原则是：监理费在 5 万元以内的由学校在教育局监督下直接委托；5 万～30 万元的比选；30 万元及以上的公开招标。根据川府发〔2008〕21 号文件精神，灾后重建项目按国家规定的收费标准让利 50% 以上的可由学校在教育局监督下直接委托。

（4）建设阶段。甲、乙双方到相关行业主管部门办理开工手续。图纸技术交底。项目开工建设及过程质量管理。按进度收集各项建设档案资料。

（5）工程竣工验收阶段。项目竣工后，由学校组织相关部门进行竣工验收。项目验收后，学校将相关材料报县教育局，由县教育局、财政局两家依法委托的审计机构进行项目决算审计。建设工程资料归档。项目竣工后，项目单位按要求上交 1 套档案。

（6）政府投资工程项目后评价。主要评价项目建设社会效果、经济效益、政府投资效果等。

（二）严格资金管理，打造"阳光工程"

（1）严格灾后重建资金管理制度。各中小学要认真落实基本建设会计制度，规范灾后重建项目会计核算，建立灾后重建资金专账，做到专款专用，严禁挪用或改变项目资金的用途。

（2）进一步规范灾后重建资金的审批和支出管理制度。各中小学重建项目资金的支出，必须严格按合同规定进度拨付，拨付时须由学校申请，县教育局分管领导审批，教育监管中心审核后方可支付。在施工过程中，若乙方有违反合同的行为，甲方可终止合同并全额扣除履约保证金；若乙方履行合同，甲方待工程竣工并通过验收合格后将履约保证金全部退还乙方。履约保证金不计息。灾后重建工程项目开工后，县教育局按工程总投资的 10% 计拨给各中小学，项目启动后学校要全额拨付给乙方，不得截留挪作他用。各重建项目启动后，每月 25 日前由乙方向甲方提供经监理和项目经理签字盖章的工程量清单并附图片。25 号由各学校按当月工程总造价的 80%，向县教育局出具申请拨款报告。由教育局统一向黑龙江前线指挥部申请，待黑龙江前线指挥部审批后拨款。学校凭施工单位的正式发票，经法人代表签字后全额支付给乙方。工程量清单计算费、招标代理费进入招标工程总价概算。地质灾害评估费、地勘费、总体规划费、设计费、图纸审查费、监理费、土壤氡检测费、环保费、消防费、防雷费、空气质量检测费、档案资料装订费属于二类费用，先由各项目建设学校垫支。各校以合同为依据，如数上报县教育局，县教育局统一向相关部门申报，待审批后划拨给各校。对于在重建过程中侵占、挪用援建资金和国家资金的单位和个人，将按有关规定对法人、直接责任人给予行政处分，情节恶劣、性质严重构成犯罪的移送司法机关依法追究法律责任。

第三章 灾后恢复重建规划

第一节 基本灾情

2008 年 5 月 12 日 14 时 28 分，特大地震突如其来，同属龙门山脉地震断裂带的剑阁县损失惨重，直接经济损失达 207 亿元，成为全国重灾区之一。全县教育系统 91 所中小学全部受灾，其中义务教育阶段学校 83 所、完全中学校 5 所、中等职业学校 1 所、成人教育中心 1 个、特殊教育学校 1 所，独立及附设幼儿园 63 所，其他事业单位 3 个，教育督导办 12 个。受损校舍面积约 56 万平方米（其中倒塌校舍面积 9 032 平方米、必须拆除的 D 级危房 308 864 平方米、需维修加固的校舍面积 239 336 平方米），毁坏教学设备仪器约 7 万件（套），毁坏图书约 50 万册，毁坏附属设施 119 处，受伤 43 人，死亡 2 人，直接经济损失达 11.6 亿元。

一、师生伤亡情况

地震发生后，由于处置得当，疏散及时，全县 10 余万师生仅受伤 43 人，死亡 2 人，其中，下寺小学 1 名小学生在上学途中因围墙倒塌遇难，姚家小学 1 名教师被震垮的墙体砸中身亡。

表 11-1 剑阁县教育系统"5·12"特大地震师生伤亡情况统计表

类别	死亡		受伤				失踪	
			计		因伤致残			
	学生	教职工	学生	教职工	学生	教职工	学生	教职工
合计	1	1	36	7	—	—	—	—
小学	1	1	18	4	—	—	—	—
初中	—	—	10	2	—	—	—	—
普通高中	—	—	5	1	—	—	—	—
职中	—	—	3	—	—	—	—	—

二、财产损失情况

全县 91 所中小学校共倒塌房屋 9 032 平方米（301 间），形成危房 542 487 平方米（其中一般危房 235 257 平方米、严重危房 307 230 平方米，共计 18 082 间）；毁坏教学仪器设备约 7 万件台（件、套）；图书资料受损约 50 万册；毁坏课桌凳 15 520 套；毁坏附属设施 119 处；各类经济损失达 11.6 亿元。

表 11-2　剑阁县教育系统"5·12"特大地震财产损失统计表

类别	倒塌房屋		造成危房		毁坏教学仪器设备		毁坏课桌凳		毁坏图书		直接经济损失/万元
	间数	面积/m²	间数	面积/m²	台(套、件)	价值/万元	套数	价值/万元	册数/万册	价值/万元	
合计	301	9 032	18 082	542 487	69 926	3 157	15 520	201.7	50.432 5	504	54 058
小学	207	6 222	10 370	311 096	40 626	1 550	8 842	114.9	28.927 4	289	30 846
初中	72	2 160	3 396	101 893	12 625	502	5 026	65.3	10.058 9	101	9 309
普通高中	—	—	3 221	96 635	12 165	722	1 200	15.6	8.101 2	81	10 065
中职	22	650	879	26 365	3 650	334	300	3.9	1.725	17	3 146
学前教育	—	—	69	2 074	610	5	152	2	0.52	5	196
特殊教育	—	—	—	—	—	—	—	—	—	—	—
其他	—	—	147	4 424	250	44	—	—	1.1	11	496

表 11-3　剑阁县教育系统"5·12"特大地震财产损失明细表

学校名称	受灾情况							
	校舍倒塌和损坏面积/m²			仪器设备受损数量/台(件、套)	图书资料受损数量/册	体育场地/m²	附属设施/处	受损金额/万元
	倒塌	危房	受损					
剑阁中学	0	14 159	10 626	3 294	28 500	1 200	0	2 628
剑州中学	0	12 072	9 591	2 430	18 000	1 100	0	2 116
实验学校	0	1 366	1 092	875	8 100	0	0	284
普安幼儿园	0	1 246	828	610	5 200	0	0	261
剑阁职中	650	11 655	8 204	2 800	16 000	600	16	2 213
成教中心	0	2 524	1 900	250	11 000	0	5	677.6
普安中学	170	2 450	1 845	1 000	7 900	120	0	496
文峰中学	250	3 443	2 593	950	7 800	0	0	603
龙源中学	0	3 130	2 357	775	4 674	0	0	566
普安小学	0	3 673	2 765	1 050	8 600	0	2	647
南禅小学	0	2 713	2 043	495	5 090	320	0	501
鹤鸣小学	0	1 139	859	205	1 685	0	0	194
江石小学	0	1 231	928	205	2 000	60	0	220
龙源小学	0	4 054	3 052	750	3 600	0	0	688
田家小学	0	990	1 661	775	4 284	30	0	414
闻溪小学	1 104	2 069	1 855	700	4 520	250	0	575
城北小学	0	1 029	775	275	1 320	0	0	170
抄手小学	0	4 215	3 175	975	6 020	200	1	690
柳垭小学	0	3 521	2 652	600	5 010	0	0	566
北庙小学	0	2 685	2 022	500	3 010	0	0	444

学校名称	受灾情况							
	校舍倒塌和损坏面积/m²			仪器设备受损数量/台(件、套)	图书资料受损数量/册	体育场地/m²	附属设施/处	受损金额/万元
	倒塌	危房	受损					
姚家小学	0	6 241	4 700	875	6 585	0	0	1 026
盐店小学	0	3 856	2 904	625	5 115	0	0	650
西庙小学	0	5 542	4 173	550	5 020	0	0	900
柳沟中学	0	3 140	2 364	750	5 310	250	0	523
柳沟小学	0	5 067	3 815	675	5 330	200	0	817
垂泉小学	0	1 142	860	275	1 500	60	0	190
毛坝小学	3 288	0	0	350	2 760	400	0	431
义兴小学	0	3 239	2 439	875	6 300	0	0	554
凉山小学	0	2 504	1 886	750	5 425	1 920	0	476
东宝中学	0	2 495	1 879	450	3 540	85	0	407
武连小学	0	3 556	2 678	900	6 100	2 060	0	689
东宝小学	0	1 878	1 415	775	5 000	420	0	344
秀钟小学	0	1 662	1 268	600	4 600	140	0	274
正兴小学	0	1 808	1 362	350	1 500	0	0	300
马灯小学	0	4 295	3 234	500	3 900	120	0	719
开封中学	0	10 600	8 486	2 075	16 000	180	0	1 812
开封小学	0	4 207	3 167	1 000	7 500	60	0	728
国光小学	190	2 116	1 592	400	2 700	200	0	373
迎水小学	0	2 034	1 531	475	4 600	100	0	331
高池小学	0	2 312	1 740	600	2 715	0	0	391
碗泉小学	300	2 909	2 191	375	2 640	130	0	519
元山中学	0	5 576	4 699	1 500	8 525	30	0	951
元山小学	0	3 967	2 988	1 375	11 000	275	0	665
时古小学	0	1 597	1 203	225	1 650	0	0	271
演圣小学	0	3 436	2 588	750	5 900	0	0	553
柘坝小学	0	2 226	1 678	500	2 900	0	0	384
王河小学	0	2 544	1 918	825	6 900	370	0	446
公店小学	0	2 773	1 351	375	3 000	0	0	431
公兴中学	1 400	5 880	4 428	1 075	8 900	320	0	1 145
香沉中学	0	2 222	1 674	450	3 000	340	0	382
公兴小学	450	3 194	2 404	750	6 100	140	0	582
吼狮小学	0	2 968	2 236	375	3 135	90	0	481
金仙中学	0	2 787	2 098	600	4 690	370	0	461

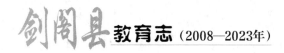
学校名称	受灾情况						
	校舍倒塌和损坏面积/m²			仪器设备受损数量/台(件、套)	图书资料受损数量/册	体育场地/m²	附属设施/处	受损金额/万元
	倒塌	危房	受损					
长岭小学	0	2 185	1 646	500	3 900	80	0	356
涂山初中	0	3 600	2 711	602	6 325	0	0	588
香沉小学	0	2 274	1 712	525	3 600	50	0	367
圈龙小学	0	3 987	3 002	600	4 560	50	0	662
白龙中学	0	6 594	9 502	1 866	9 000	0	0	2 078
武连职中	0	3 426	0	0	8 340	0	0	1 000
白龙小学	0	5 198	3 914	1 275	9 657	0	0	858
碑垭小学	0	1 899	1 430	550	3 000	40	0	332
广坪小学	670	1 463	1 247	650	4 575	0	0	373
摇铃小学	0	2 070	1 560	350	2 712	0	0	337
禾丰小学	220	2 536	1 910	625	800	0	0	434
店子小学	0	5 501	4 143	675	5 090	220	0	897
鹤龄中学	0	8 331	7 368	1 650	9 000	0	0	1 501
杨村中学	0	2 084	1 569	450	2 600	80	0	355
鹤龄小学	0	2 683	1 921	855	7 700	0	0	447
央溪小学	0	882	764	320	1 270	0	0	150
樵店小学	0	735	554	275	1 960	100	0	126
杨村小学	0	1 415	1 065	700	5 180	0	0	237
锦屏小学	0	2 438	1 836	525	4 925	220	0	417
羊岭小学	0	5 304	3 617	750	5 700	600	0	874
石城小学	0	1 213	914	250	1 560	0	0	204
江口中学	0	3 238	2 438	600	4 900	374	0	538
木马中学	0	3 065	2 309	725	5 500	2 300	0	580
江口小学	0	2 203	1 659	600	4 680	0	6	377
木马小学	0	2 405	1 811	500	4 980	130	0	396
柏垭小学	0	1 570	1 183	350	1 800	100	0	267
高观小学	0	2 242	1 689	450	2 000	260	2	375
剑门中学	0	4 038	2 664	1 125	7 800	0	2	714
汉阳中学	340	1 680	1 264	750	5 600	0	0	351
张王中学	0	981	739	375	2 200	0	0	197
剑门小学	0	354	2 584	1 075	8 000	60	0	186
汉阳小学	0	2 146	1 616	675	4 950	0	0	353
小剑小学	0	1 000	753	250	2 050	0	1	172

学校名称	受灾情况							
	校舍倒塌和损坏面积/m²			仪器设备受损数量/台(件、套)	图书资料受损数量/册	体育场地/m²	附属设施/处	受损金额/万元
	倒塌	危房	受损					
张王小学	0	3 140	2 364	400	3 500	0	1	536
沙溪中学	0	8 776	6 232	2 500	8 512	0	0	1 413
下寺小学	0	3 281	2 470	1 500	2 476	0	0	615
普广小学	0	907	683	249	1 905	0	0	152
上寺小学	0	2 292	1 973	375	2 615	0	0	384

注：此表含全县幼儿园、义务教育学校、高中教育学校和成人教育学校。

三、民办教育损失情况

剑阁县 25 所民办学校在地震中均受到重大损失，其损失情况由当地民政部门统计上报。

四、教师个人财产损失情况

全县计教师 5 000 余人，均有 80%家庭不同程度受到损失，其损失情况由当地民政部门上报。

第二节　规划编制

一、总体规划编制

（一）基本县情

剑阁县位于四川盆地北部边缘山区，是川陕甘革命老区和省级贫困县，地域面积 3 204 平方公里，辖 23 镇 34 乡，常住人口 67.5 万人，2007 年全县地区生产总值 326 400 万元，财政收入 3 927 万元，农民人均纯收入 2 664 元。

（二）教育基本情况

剑阁县通过近几年教育结构布局调整，整合教育资源，挖掘教育潜力，逐步形成了学前教育、特殊教育、基础教育、职业教育等较为完整的教育体系。2007 年全县共有各级各类学校 114 所，在校学生 104 540 人、教职工 5 210 人，其中专任教师 4 563 人。学校占地面积 3 113 亩，校舍建筑总面积 69.596 5 万平方米，固定资产总值 130 768 万元，其中教学仪器设备总值 2 572.75 万元，图书资料 98.910 3 万册，计算机 4 200 台。根据各乡镇人口出生情况，剑阁县对未来三年和 2015 年学生人数进行了预测，详细情况列表于下。

表 11-4　剑阁县学生人数表　　　　　　　　　　单位：人

类别	2007 年	2008 年	2009 年	2010 年	2015 年
合计	104 540	101 256	99 854	92 400	79 352
小学	49 352	43 961	39 171	38 050	31 992
初中	32 424	30 979	30 000	27 350	21 000
普通高中	12 685	8 210	9 943	8 304	8 460

表11-4(续)

类别	2007 年	2008 年	2009 年	2010 年	2015 年
中职	3 267	9 262	11 213	9 366	9 540
学前教育	6 725	8 734	9 407	9 200	8 210
特殊教育	87	110	120	130	150

（三）规划依据

一是《农村普通中小学校建设标准》，二是近几年学生人数，三是剑阁县地震设防等级（7度），四是新农村卫生新校园建设要求。

（四）调整教育结构，合理确定学校规模

随着剑阁县新县城下寺镇发展，亭子口电站建设搬迁，地质结构勘测（是否滑坡地带），83 所学校原址恢复重建，5 所学校换址恢复重建，2 所学校异地恢复重建。

1. 恢复重建学校

表 11-5　恢复重建学校统计表

类别	原 区 域		异地恢复重建
	原址恢复重建	换址恢复重建	
合计	83	5	2
小学	63	3	—
初中	13	2	—
普通高中	5	—	—
中职	1	—	1
学前教育	1	—	—
特殊教育	—	—	—
其他	—	—	1

2. 土地资源需求量

表 11-6　土地需求量　　　　　　　　　　　　　　　　　　单位：亩

类别	原占地面积	重建占地面积	增减量			
			总计	教学区	生活区	运动区
总计	3 112.85	3 185.65	72.8	29.2	21.9	21.7
基教	2 963.2	2 938.09	−25.1	−10	−7.5	−7.6
职教	136.36	215.08	78.7	31.5	23.6	23.6
成教	13.29	32.48	19.2	7.7	5.8	5.7
事业单位	0	0	0	0	0	0

（五）维修加固校舍

按 7 度抗震设防要求，由设计部门设计，专业施工单位施工，对灾后 201 635 平方米校舍进行维修加固。

1. 维修加固校舍面积

表 11-7 维修加固校舍面积　　　　　　　　　　　　单位：平方米

类别	合计	办公用房	教室	实验室	图书室	微机室	语音室	宿舍	食堂	厕所	体育场	馆	其他
总计	200 987	24 048	101 582	5 894	3 311	3 111	1 249	40 454	16 924	4 414	0	0	0
基础教育	196 247	21 448	99 889	5 587	3 311	3 111	1 249	40 454	16 924	4 274	0	0	0
中职	2 140	0	1 693	307	0	0	0	0	0	140	0	0	0
成教	0	0	0	0	0	0	0	0	0	0	0	0	0
事业单位	2 600	2 600	0	0	0	0	0	0	0	0	0	0	0

2. 维修加固所需资金

表 11-8 维修加固所需资金　　　　　　　　　　　　单位：万元

类别	合计	办公用房	教室	实验室	图书室	微机室	语音室	宿舍	食堂	厕所	体育场	馆	其他
总计	10 080.33	1 203.75	5 082.8	297.45	170.05	161	63	2 027.5	849.28	225.5	0	0	0
基础教育	9 843.33	1 073.75	4 997.8	282.45	170.05	161	63	2 027.5	849.28	218.5	0	0	0
中职	107	0	85	15	0	0	0	0	0	7	0	0	0
成教	0	0	0	0	0	0	0	0	0	0	0	0	0
事业单位	130	130	0	0	0	0	0	0	0	0	0	0	0

（六）重建校舍

剑阁县 2010 年仍有在校学生 92 400 人，维修加固校舍投入使用后，学校教学用房、办公用房、生活用房仍严重不足，经测算需重建校舍 513 474 平方米。

1. 重建校舍面积

表 11-9 重建校舍面积　　　　　　　　　　　　单位：平方米

类别	合计	办公用房	教室	实验室	图书室	微机室	语音室	宿舍	食堂	厕所	体育场	馆	其他
总计	513 474	28 137	124 408	32 494	16 960	7 779	16 030	200 691	79 606	7 369	0	0	0
基础教育	446 114	24 577	104 952	26 746	14 020	6 379	14 630	176 344	71 957	6 509	0	0	0
中职	58 016	3 040	16 456	4 870	2 450	1 200	1 200	21 600	6 500	700	0	0	0
成教	9 344	520	3 000	878	490	200	200	2 747	1 149	160	0	0	0
事业单位	0	0	0	0	0	0	0	0	0	0	0	0	0

2. 重建校舍所需资金

表 11-10 重建校舍所需资金　　　　　　　　　　　　单位：万元

类别	合计	办公用房	教室	实验室	图书室	微机室	语音室	宿舍	食堂	厕所	体育场	馆	其他
总计	75 994.08	4 164.27	18 412.39	4 809.11	2 510.06	1 151.28	2 372.46	29 702.24	11 781.69	1 090.58	0	0	0
基础教育	66 024.8	3 637.39	15 532.9	3 958.41	2 074.94	944.08	2 165.26	26 098.88	10 649.64	963.30	0	0	0

表11-10（续）

类别	合计	办公用房	教室	实验室	图书室	微机室	语音室	宿舍	食堂	厕所	体育场	体育馆	其他
中职	8 586.37	449.92	2 435.49	720.76	362.6	177.6	177.6	3 196.8	962	103.6	0	0	0
成教	1 382.91	76.96	444	129.94	72.52	29.6	29.6	406.56	170.05	23.68	0	0	0
事业单位	0	0	0	0	0	0	0	0	0	0	0	0	0

（七）仪器设备和图书资料

地震中学校大部分仪器设备和图书资料受损，正常的实验实习课无法开设，经测算需添置以下仪器设备和图书资料。

1. 仪器设备和图书资料数量

表 11-11　仪器设备和图书资料数量

类别	电脑/台	理化生体美设备/套	课桌椅/单人套	图书/册	炊具/套	宿舍用具/套
总计	1 060	452 652	15 520	2 095 975	0	64 920
基教	908	416 991	14 120	1 920 575	0	58 620
职教	102	25 122	1 200	150 500	0	5 400
成教	50	10 539	200	24 900	0	900
事业单位	0	0	0	0	0	0

2. 仪器设备和图书资料所需资金

表 11-12　仪器设备和图书资料所需资金　　　　单位：万元

类别	合计	电脑	理化生音体美设备	课桌椅	图书	炊具	宿舍用具
总计	10 772.32	424	7 271.5	201.77	2 096.01	0	779.04
基教	9 981.92	363.2	6 811.1	183.57	1 920.61	0	703.44
职教	535.4	40.8	263.7	15.6	150.5	0	64.8
成教	255	20	196.7	2.6	24.9	0	10.8
事业单位	0	0	0	0	0	0	0

（八）规划项目实施时间

恢复重建期（2008—2010年）：调整布局、维修校舍、重建校舍、添置仪器设备和图书资料。发展提高期（2011—2015年）：学校基础设施和功能配套建设。

（九）资金渠道

灾后学校恢复重建共需资金105 014.7万元，应多渠道、全方位争取恢复重建资金以保证规划项目顺利实施。其中，财政拨款104 014.7万元（其中县财政200万元），对口支援3亿元。

二、专项规划编制

按照《汶川地震灾后重建学校规划建筑设计导则》《四川省农村中小学建设标准》《中小学建筑设计规范》《建筑抗震设计规范》等相关文件精神，坚持科学重建的指导思想，根据未来学生人数发展态势和教育布局调整"普通高中和中等职业学校集中在新老县城、初中建在中心乡镇、小学相对集中"的思路，本着安全、适用、经济、环保的原则，严格制定《剑阁县汶川地震灾后教育恢复重建规划》和剑阁县中小学校灾后项目实施规划。

表 11-13　剑阁县灾后恢复重建教育项目实施专项规划编制表

序号	学校名称	建 议 内 容											
		教学楼		学生宿舍		学生食堂		综合楼		办公楼		厕所	
		规划情况		规划情况		规划情况		规划情况		规划情况		规划情况	
		面积	资金	面积	资金	面积	资金	面积	资金	面积	资金	面积	资金
1	四川省剑阁中学	2 168	390	0	0	2 536	456	0	0	2 143	386	0	0
2	四川省剑州中学	6 349	1 143	0	0	0	0	1 520	274	1 560	281	0	0
3	剑阁县开封中学	3 000	590	5 000	875	1 120	202	3 230	581	1 074	193	413	74
4	剑阁县白龙中学	3 000	540	2 574	450	512	92	4 245	764	1 416	255	110	20
5	剑阁县沙溪中学	4 495	809	8 400	1 470	4 000	720	6 368	1 146	1 664	300	405	73
6	剑阁县普安中学	1 500	270	4 613	807	1 500	270	1 130	203	660	119	285	51
7	剑阁县文峰中学	2 100	378	4 278	749	1 600	288	1 170	319	440	79	60	11
8	剑阁县龙源中学	1 200	216	3 376	591	1 180	212	916	165	528	95	60	11
9	剑阁县柳沟中学	0	0	3 436	601	1 110	200	1 412	254	484	87	89	16
10	剑阁县东宝中学	0	0	1 678	294	420	76	372	67	0	0	0	0
11	剑阁县元山中学	4 573	823	4 035	706	1 983	357	1 780	320	563	101	130	23
12	剑阁县公兴中学	2 801	504	3 389	593	1 480	266	1 947	350	586	105	244	44
13	剑阁县香沉中学	0	0	893	156	340	61	90	16	198	36	86	15
14	剑阁县鹤龄中学	2 400	432	5 682	994	2 250	405	2 891	520	173	31	279	50
15	剑阁县杨村中学	664	120	1 889	331	640	115	767	138	286	51	124	22
16	剑阁县江口中学	1 485	267	3 525	617	737	133	826	149	308	55	0	0
17	剑阁县木马中学	0	0	2 300	403	861	155	1 364	246	396	71	91	16
18	剑阁县剑门中学	2 839	543	3 978	696	1 300	234	1 534	276	572	103	190	34
19	剑阁县汉阳中学	2 400	461	4 000	700	1 000	180	1 180	212	440	79	190	34
20	剑阁县张王中学	800	144	2 847	498	540	97	432	78	198	36	86	15
21	剑阁县田家小学	937	169	2 673	468	912	164	715	129	258	46	0	0
22	剑阁县闻溪小学	1 972	355	3 510	614	888	160	1 981	357	252	45	141	25
23	剑阁县抄手小学	1 500	270	3 456	605	1 330	239	384	69	326	59	182	33
24	剑阁县柳垭小学	1 528	275	2 994	524	800	144	752	135	272	49	0	0
25	剑阁县北庙小学	371	67	1 773	310	528	95	230	41	128	23	84	15
26	剑阁县姚家小学	709	128	4 643	813	1 320	238	594	107	257	46	53	10
27	剑阁县盐店小学	783	141	2 950	516	984	177	846	152	320	58	66	18
28	剑阁县西庙小学	1 508	271	1 636	286	592	107	451	81	160	29	105	19
29	剑阁县义兴小学	1 300	234	3 088	540	822	148	604	109	0	0	181	33
30	剑阁县凉山小学	0	0	2 520	441	726	131	800	144	67	12	0	0
31	剑阁县秀钟小学	947	170	2 368	414	720	130	492	89	174	31	114	21
32	剑阁县马灯小学	0	0	231	40	0	0	0	0	0	0	0	0

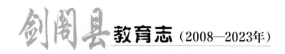
表11-13（续）

序号	学校名称	建议内容											
		教学楼		学生宿舍		学生食堂		综合楼		办公楼		厕所	
		规划情况		规划情况		规划情况		规划情况		规划情况		规划情况	
		面积	资金	面积	资金	面积	资金	面积	资金	面积	资金	面积	资金
33	剑阁县迎水小学	960	173	1 909	334	664	120	676	122	245	44	0	0
34	剑阁县高池小学	0	0	893	156	465	84	0	0	0	0	63	11
35	剑阁县碗泉小学	0	0	1 563	274	0	0	0	0	0	0	0	0
36	剑阁县演圣小学	531	96	3 793	664	1 120	202	473	85	0	0	0	0
37	剑阁县王河小学	740	133	2 766	484	960	173	940	169	0	0	50	9
38	剑阁县金仙小学	0	0	1 489	261	684	123	208	37	129	23	0	0
39	剑阁县长岭小学	459	83	2 316	405	420	76	176	32	64	12	0	0
40	剑阁县涂山小学	900	162	1 861	326	640	115	574	103	203	37	0	0
41	剑阁县圈龙小学	720	130	2 181	382	438	79	476	86	168	30	110	20
42	剑阁县碑垭小学	400	72	1 970	345	568	102	443	80	97	17	63	11
43	剑阁县广坪小学	1 262	227	2 452	429	840	151	658	118	238	43	133	24
44	剑阁县禾丰小学	894	161	1 430	250	546	98	476	86	168	30	110	20
45	剑阁县店子小学	2 104	379	5 398	945	960	173	0	0	272	496	0	0
46	剑阁县锦屏小学	600	108	3 101	543	804	145	547	98	151	27	84	15
47	剑阁县羊岭小学	0	0	3 194	559	1 050	189	1 153	208	340	61	190	34
48	剑阁县实验小学	1 900	342	1 754	307	1 750	315	1 230	221	181	33	57	10
49	剑阁县普安小学	1 507	271	0	0	2 160	389	2 007	361	69	12	0	0
50	剑阁县南禅小学	1 400	252	1 500	263	1 106	199	0	0	0	0	133	24
51	剑阁县鹤鸣小学	350	63.	816	143	150	27	0	0	73	13	0	0
52	剑阁县江石小学	620	112	705	123	0	0	180	32	0	0	0	0
53	剑阁县龙源小学	798	144	2 517	440	880	158	540	97	201	36	0	0
54	剑阁县城北小学	0	0	747	131	260	47	120	22	0	0	0	0
55	剑阁县柳沟小学	850	153	945	165	960	173	400	72	232	42	73	13
56	剑阁县垂泉小学	0	0	815	143	90	16	0	0	0	0	0	0
57	剑阁县毛坝小学	862	155	1 970	345	360	65	246	44	87	16	57	10
58	剑阁县武连小学	1 800	324	1 862	326	484	87	656	118	124	22	0	0
59	剑阁县东宝小学	0	0	2 378	416	754	136	632	114	232	42	0	0
60	剑阁县正兴小学	862	155	507	89	200	36	162	29	87	16	0	0
61	剑阁县开封小学	2 300	414	3 895	682	1 380	248	840	151	306	55	266	48
62	剑阁县国光小学	0	0	473	83	98	18	0	0	87	16	0	0
63	剑阁县元山小学	2 000	360	4 502	788	1 650	297	1 230	221	435	78	0	0
64	剑阁县时古小学	517	93	615	108	200	36	0	0	58	10	0	0
65	剑阁县柘坝小学	598	108	725	127	200	36	248	45	116	21	0	0
66	剑阁县公店小学	1 249	225	1 160	203	300	54	259	47	131	24	89	15

序号	学校名称	建议内容											
		教学楼		学生宿舍		学生食堂		综合楼		办公楼		厕所	
		规划情况		规划情况		规划情况		规划情况		规划情况		规划情况	
		面积	资金	面积	资金	面积	资金	面积	资金	面积	资金	面积	资金
67	剑阁县公兴小学	1 897	341	3 653	639	0	0	690	124	0	0	0	0
68	吼狮乡中心小学	0	0	528	92	0	0	0	0	0	0	0	0
69	剑阁县香沉小学	1 334	240	1 856	325	740	133	196	35	203	37	133	24
70	剑阁县白龙小学	3 271	589	4 614	807	1 010	182	0	0	435	78	175	32
71	剑阁县摇铃小学	0	0	684	120	260	47	96	17	87	16	0	0
72	剑阁县鹤龄小学	1 500	270	4 031	705	1 161	209	150	27	262	47	124	22
73	剑阁县央溪小学	650	117	1 547	271	205	37	0	0	110	20	0	0
74	剑阁县樵店小学	460	83	1 329	233	380	68	328	59	116	21	76	14
75	剑阁县杨村小学	910	164	2 758	483	840	151	656	118	232	42	0	0
76	剑阁县石城小学	0	0	782	137	312	56	0	0	75	14	0	0
77	剑阁县江口小学	1 911	344	4 934	863	350	63	0	0	218	39	143	26
78	剑阁县木马小学	0	0	1 918	336	397	71	143	26	189	34	0	0
79	剑阁县柏垭小学	5 200	90	952	167	200	36	0	0	0	0	0	0
80	剑阁县高观小学	0	0	1 525	267	540	97	369	66	131	24	0	0
81	剑阁县剑门关小学	1 800	324	4 429	775	1 503	271	1 230	221	307	55	0	0
82	剑阁县汉阳小学	0	0	998	175	0	0	0	0	0	0	0	0
83	剑阁县小剑小学	98	18	404	71	120	22	0	0	0	0	0	0
84	剑阁县张王小学	1 000	180	3 479	609	379	68	0	0	125	23	0	0
85	剑阁县下寺小学	1 000	180	5 106	894	1 900	342	1 060	191	580	104	210	38
86	剑阁县普广小学	517	93	695	122	120	22	0	0	58	10	0	0
87	剑阁县上寺小学	300	54	1 259	220	0	0	168	30	116	21	0	0
88	剑阁县渡口小学	3 360	605	4 320	756	1 440	0	984	177	348	63	228	41
89	剑阁县大仓小学	1 982	357	2 520	441	840	0	574	103	203	37	73	13
90	剑阁县普安幼儿园	1 350	243	3 921	656	1 352	243	800	144	153	28	109	20
91	四川省剑阁职业中学	15 742	2 834	18 000	3 150	5 300	954	8 840	1 591	2 600	468	650	117
92	剑阁县武连职业中学	714	129	3 600	630	1 200	216	880	158	440	79	50	9
93	剑阁县成人教育中心	3 000	540	2 747	481	1 149	207	1 768	318	520	94	160	29

三、规划调整

在三年重建工作中，根据工作进程和资金来源等方面的情况，剑阁县教育系统灾后恢复重建中期，先前的规划有所调整，但调整的力度不大，98%的项目都是按前表执行的。

第四章 灾后校舍恢复重建

第一节 财政投入恢复重建

"5·12"地震后，剑阁被列为全国重灾县之一，根据党中央、国务院部署，大力支援剑阁灾后重建。校舍维修加固、仪器重置资金及灾后重建基金4.8亿元。

表11-14 剑阁县灾后重建中央资金援建情况统计

学校名称	校舍面积/平方米	2008年维修加固与仪器重置资金/万元		2009年中央灾后重建基金/万元		合计/万元
		中央	省	第一批	第二批	
剑阁中学	5 016	340	0	926	800（包括运动场建设资金）	2 066
剑州中学	6 930	275	0	140	400（包括运动场建设资金）	815
实验学校	2 992	100	0	19	40	159
普安幼儿园	2 015	0	0	21	150（其中机关分园40万元，精装75万元）	171
职业高级中学	43 757	0	265	2 983	3 277（含征地拆迁）	6 525
成人教育中心	5 600	0	20	1 071	85	1 176
普安中学	7 247	85	0	50	250（其中初中项目缺口200万元）	385
文峰中学	3 445	85	0	317	86（其中拆迁40万元）	488
龙源初级中学	4 332	155	0	823	85（其中校门道路20万元）	1 063
普安小学	2 800	90	0	442	60	592
南禅小学	2 699	89	0	196	35	320
鹤鸣小学	1 270	26	0	162	0	188
江石小学	1 600	26	0	38	0	64
龙源小学	540	70	1	33	12	116
田家小学	3 200	60	0	253	35	348
闻溪小学	0	60	0	39	0	99
城北小学	600	45	0	144	15	204
抄手小学	3 990	80	0	161	45	286
柳垭小学	3 264	50	0	396	103（其中食堂建设60万元）	549

学校名称	校舍面积/平方米	2008年维修加固与仪器重置资金/万元		2009年中央灾后重建基金/万元		合计/万元
		中央	省	第一批	第二批	
北庙小学	2 555	57	0	62	60（其中维修校舍遗留缺口20万元，校门道路10万元）	179
姚家小学	3 604	83	0	173	75（其中校门建设30万元）	331
盐店小学	3 748	78	0	344	55（其中建设专变10万元）	477
西庙小学	2 271	43	0	158	60（其中项目建设缺口资金24万元）	261
柳沟初级中学	5 221	75	0	856	68	999
柳沟小学中心校	2 000	68	0	403	120（项目缺口资金）	591
垂泉小学中心校	763	37	0	104	15	156
毛坝小学中心校	2 524	0	27	16	40	83
义兴小学	3 500	79	0	216	40	335
凉山小学	1 667	57	0.5	69	30	156.5
东宝初级中学	1 188	50	0	168	75（其中食堂建设60万元）	293
武连小学	4 564	90	0	97	170（其中项目建设缺口资金120万元）	357
东宝小学	3 930	65	0	18	174（其中项目建设缺口资金130万元）	257
秀钟小学	4 027	60	0	126	75（其中处理山岩30万元）	261
正兴小学	1 772	36	0	156	20	212
马灯小学	0	66	0	0	0	66
开封中学	9 312	225	0	7	110（其中教办维修10万元）	342
开封小学	7 107	110	0	647	80	837
国光小学	808	38	0	112	41（其中项目建设缺口资金31万元）	191
迎水小学	1 433	92	0	210	15	317
高池小学	1 176	56	0	225	38（其中招标原因20万元）	319
碗泉小学	875	60	0	0	75（其中项目建设缺口资金30万元、堡坎排危30万元）	135
元山初级中学	9 912	100	0	654	90	844
元山小学	4 799	90	3	221	0	314
时古小学	1 221	40	0	99	15	154
演圣小学	1 970	125	0	284	75（其中淹没区项目缺口50万元）	484
柘坝小学	800	85	0	135	15	235
王河小学	3 851	85	0	315	50	450
公店小学	3 095	35	0	302	14	351
公兴中学	7 970	90	0	884	185（其中项目建设缺口资金90万元）	1 159

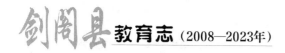
学校名称	校舍面积/平方米	2008年维修加固与仪器重置资金/万元		2009年中央灾后重建基金/万元		合计/万元
		中央	省	第一批	第二批	
香沉初级中学	0	45	0	135	40	220
公兴中心小学	5 000	80	0	792	65	937
吼狮小学	0	60	0	20	10	90
金仙小学	1 509	108	0	249	40（其中学生公寓遗留问题20万元）	397
长岭小学	1 911	106	0	173	25	304
涂山小学	3 205	160	0	508	60（其中苏维村迁移高压线20万元）	728
香沉小学	2 800	55	0	295	35	385
圈龙小学	3 000	57	0	298	50（其中改厨缺口10万元）	405
白龙中学	10 150	260	0	872	90	1 222
武连职业中学	6 383	0	75	0	0	75
白龙中心小学	1 776	85	0	280	30	395
碑垭小学	2 200	52	0	230	30	312
广坪小学	3 224	50	0	313	38	401
摇铃小学	894	36	0	136	20	192
禾丰小学	2 264	56	0	238	40（其中改厨缺口10万元）	334
店子小学	3 935	56	0.5	11	0	67.5
鹤龄中学	9 250	145	0	1 333	100	1 578
杨村初级中学	1 400	50	0	0	320（新建综合楼1 000平方米、餐厅400平方米，其中厕所和校门40万元）	370
鹤龄小学	3 264	80	0	714	30	824
鸳溪小学	1 981	30	0	165	25	220
樵店小学	1 963	35	0	152	30	217
杨村小学	4 716	127	1	8	60	196
锦屏小学	3 169	58	0	176	33	267
羊岭小学	3 345	75	0	602	45	722
石城小学	950	45	0	10	0	55
江口初级中学	0	55	0	2	0	57
木马初级中学	3 720	70	0	569	90（其中操场堡坎排危25万元）	729
江口小学	0	67	1	5	0	73
木马小学	3 094	0	67	237	42	346
柏垭小学	1 411	0	40	143	50（其中维修校舍30万元）	233
高观小学	1 571	0	54	87	60（其中项目建设缺口资金40万元）	201

表11-14(续)

| 学校名称 | 校舍面积/平方米 | 2008年维修加固与仪器重置资金/万元 | | 2009年中央灾后重建基金/万元 | | 合计/万元 |
		中央	省	第一批	第二批	
剑门初级中学	9 745	85	0	41	215（其中项目建设缺口资金140万元）	341
汉阳初级中学	6 933	60	0	217	97（其中高压线迁移17万元）	374
张王初级中学	0	35	0	0	0	35
剑门关中心小学	2 368	0	75	20	232（其中新建综合楼1 500平方米）	327
汉阳中心小学	2 396	0	78	70	24	172
小剑中心小学	216	0	20	48	10	78
张王中心小学	0	40	0	0	35（板房建设）	75
沙溪中学	25 332	275	0	370	3 500（征地拆迁）	4 145
下寺小学	2 574	0	122	1 310	700（包括高压线迁移和操场建设资金）	2 132
普广小学中心校	788	0	20	19	10	49
上寺中心校	1 315	0	45	288	23	356
渡口小学校	0	0	0	0	0	0
大仓小学	0	0	0	75	1 046	1 121

第二节　对口援建

一、省级对口援建

(一) 黑龙江省援建

2008年6月13日，中央工作会议确定黑龙江省援建剑阁县，6月14日，时任黑龙江省政府副秘书长带队从省发改委等省直部门抽调精兵强将组成22人援建对接组，飞赴剑阁。6月17日上午，黑龙江对口支援剑阁灾区行动方案形成。下午，黑龙江省委召开常委扩大会议，省委书记吉炳轩主持会议并作重要讲话。时任省委副书记、省长栗战书就对口支援剑阁县援建工作进行了部署，分3批援建剑阁项目146个，安排援建资金15亿元，其中教育项目53个，援建资金3亿元，新建校舍面积16.77万平方米。

表11-15　黑龙江省援建项目情况统计表

序号	项目名称	省确定援建资金/万元	可批复内容 投资金额/万元	可批复内容 建设内容及规模/m²	实际建设内容及规模/m²	黑援一期 教学楼	黑援一期 综合楼	黑援一期 办公楼	黑援一期 宿舍	黑援一期 食堂	黑援一期 厕所	黑援二期 教学楼	黑援二期 综合楼	黑援二期 办公楼	黑援二期 宿舍	黑援二期 食堂	黑援二期 厕所
		30 000	30 000	新建校舍110 777 m²	新建校舍110 777 m²	—	—	—	—	—	—	—	—	—	—	—	—
1	沙溪中学	5 470	390	新建学生宿舍3 000 m²		—	—	—	3 000	—	—	—	—	—	—	—	—
			5 080	新建教学楼4 495 m²，学生宿舍5 400 m²，综合楼4 000 m²，学生食堂4 000 m²，综合楼6 368 m²，办公楼1 664 m²，厕所405 m²	新建教学楼4 495 m²，学生宿舍5 400 m²，综合楼4 000 m²，学生食堂4 000 m²，综合楼6 368 m²，办公楼1 664 m²，厕所405 m²	—	—	—	—	—	—	4 495	6 368	1 664	5 400	4 000	405
2	剑阁职业中学	7 398	2 932	新建教学楼8 200 m²，学生宿舍5 000 m²，综合楼2 000 m²，学生食堂4 000 m²，办公楼1 200 m²	新建教学楼11 410 m²，综合楼9 480 m²，学生宿舍19 277 m²，食堂3 200 m²，厕所390 m²	8 200	4 000	1 200	5 000	2 000	—	—	—	—	—	—	—
			4 466	新建教学楼5 800 m²，学生食堂1 180 m²，综合楼2 909 m²，厕所190 m²		—	—	—	—	—	—	5 800	2 909	—	—	1 180	190
3	元山中学	825	600	新建教学楼4 000 m²	新建教学楼4 597 m²	4 000	—	—	—	—	—	—	—	—	—	—	—
			225	新建综合楼1 500 m²	新建综合楼1 593 m²	—	1 500	—	—	—	—	—	—	—	—	—	—
4	剑州中学	961	961	新建综合楼6 500 m²	新建综合楼6 930 m²	—	6 500	—	—	—	—	—	—	—	—	—	—
5	开封中学	1 459	1 459	新建教学楼3 000 m²，学生宿舍3 200 m²，办公楼1 100 m²	新建教学楼3 027 m²，学生宿舍2 400 m²，综合楼3 048 m²，办公楼837 m²	3 000	3 200	1 100	3 000	—	—	—	—	—	—	—	—
6	元山中学	515	515	新建教学楼1 500 m²，综合楼1 280 m²	新建教学楼1 568 m²，综合楼1 251 m²	1 500	1 280	—	—	—	—	—	—	—	—	—	—

表11-15（续）

填报单位：剑阁县教育局

序号	项目名称	省确定援建资金/万元	投资金额/万元	可批复内容 建设内容及规模/m²	实际建设内容及规模/m²	新建校舍情况											
						黑援一期/m²						黑援二期/m²					
						教学楼	综合楼	办公楼	宿舍	食堂	厕所	教学楼	综合楼	办公楼	宿舍	食堂	厕所
7	剑门中学	905	905	新建教学楼2 800 m²，学生食堂1 300 m²，综合内容2 000 m²	新建教学楼3 135 m²，学生食堂1 209 m²，综合楼2 108 m²	2 800	2 000	—	—	1 300	—	—	—	—	—	—	—
8	公兴中学	300	300	新建教学楼2 000 m²	新建教学楼2 120 m²	2 000	—	—	—	—	—	—	—	—	—	—	—
9	实验学校	495	495	新建综合楼3 300 m²	新建综合楼2 992 m²	—	—	—	—	—	—	—	—	—	—	—	—
10	毛坝小学	363	363	新建教学楼1 190 m²，学生宿舍1 000 m²，学生食堂360 m²	新建教学楼1 268 m²，学生宿舍899 m²，学生食堂357 m²	1 190	—	—	1 000	360	—	—	—	—	—	—	—
11	东宝小学	533	533	新建学生宿舍2 300 m²，学生食堂750 m²，综合楼880 m²	新建学生宿舍2 300 m²，学生食堂750 m²，综合楼880 m²	—	880	—	2 300	750	—	—	—	—	—	—	—
12	广坪小学	167	167	新建教学楼1 133 m²	新建教学楼1 137 m²	1 133	—	—	—	—	—	—	—	—	—	—	—
13	姚家小学	380	380	新建学生宿舍2 000 m²，学生食堂800 m²	新建学生宿舍1 750 m²，食堂750 m²	—	—	—	2 000	800	—	—	—	—	—	—	—
14	普安幼儿园	405	405	新建学生食堂500 m²，综合楼2 200 m²	新建综合楼2 015 m²	—	—	—	—	—	—	—	2 200	—	—	500	—
15	白龙中学	450	450	新建综合楼3 000 m²	新建综合楼3 000 m²	—	—	—	—	—	—	—	3 000	—	—	—	—
16	南禅小学	210	210	新建教学楼1 400 m²	新建教学楼1 383 m²	—	—	—	—	—	—	1 400	—	—	—	—	—
17	普安中学	375	375	新建综合楼1 000 m²，教学楼1 400 m²	新建综合楼1 974 m²，教学楼1 566 m²	—	—	—	—	—	—	1 400	1 000	—	—	—	—
18	文峰中学	225	225	新建综合楼1 500 m²	新建综合楼1 460 m²	—	—	—	—	—	—	—	1 500	—	—	—	—
19	汉阳中学	775	775	新建教学楼2 400 m²，学生宿舍2 500 m²，学生食堂600 m²	新建教学楼2 472 m²，学生宿舍2 280 m²，学生食堂641 m²	—	—	—	—	—	—	2 400	—	—	2 500	600	—
20	汉阳小学	216	216	一新建学生宿舍1 200 m²，学生食堂2 000 m²	新建教学楼1 200 m²，学生食堂400 m²	—	—	—	—	—	—	—	—	—	1 200	400	—

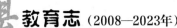

表11-15（续）

序号	项目名称	省确定援建资金/万元	投资金额/万元	建设内容及规模/m²	实际建设内容及规模/m²	黑援一期/m² 教学楼	综合楼	办公楼	宿舍	食堂	厕所	黑援二期/m² 教学楼	综合楼	办公楼	宿舍	食堂	厕所
21	抄手小学	560	560	新建教学楼2 000 m²，学生宿舍2 000 m²	新建教学楼1 639 m²，学生宿舍1 865 m²	—	—	—	—	—	—	2 000	—	—	2 000	—	—
22	开封小学	360	360	新建教学楼2 400 m²	新建教学楼2 407 m²	—	—	—	—	—	—	2 400	—	—	—	—	—
23	杨村小学	688	688	新建教学楼1 500 m²，学生宿舍2 000 m²，综合楼400 m²，学生食堂800 m²，厕所150 m²	新建教学楼2 456 m²，学生宿舍1 894 m²，学生食堂296 m²	—	—	—	—	—	—	1 500	800	—	2 000	400	150
24	江石小学	228	228	新建教学楼800 m²，学生宿舍600 m²，学生食堂200 m²	新建教学楼824 m²，学生宿舍576 m²，学生食堂200 m²	—	—	—	—	—	—	800	—	—	600	200	—
25	武连小学	520	520	新建教学楼1 800 m²，学生宿舍1 400 m²，学生食堂450 m²	新建教学楼1 826 m²，学生宿舍1 438 m²，学生食堂492 m²	—	—	—	—	—	—	1 800	—	—	1 400	450	—
26	木马小学	270	270	新建教学楼1 800 m²	新建教学楼1 794 m²	—	—	—	—	—	—	1 800	—	—	—	—	—
27	秀钟小学	422	422	新建教学楼1 000 m²，学生宿舍1 500 m²，学生食堂400 m²，厕所114 m²	新建教学楼1 120 m²，学生宿舍1 588 m²，学生食堂429 m²，厕所102 m²	—	—	—	—	—	—	1 000	—	—	1 500	400	114
28	时古小学	90	90	新建教学楼600 m²	新建教学楼632 m²	—	—	—	—	—	—	600	—	—	—	—	—
29	西庙小学	175	175	新建学生宿舍1 000 m²，学生食堂300 m²	新建学生宿舍426 m²，学生食堂300 m²	—	—	—	—	—	—	—	—	—	1 000	300	—
30	北庙小学	156	156	新建学生食堂300 m²，综合楼800 m²，厕所120 m²	新建学生食堂521 m²，综合楼867 m²，厕所127 m²	—	—	—	—	—	—	—	800	—	—	300	120
31	普广小学	120	120	新建综合楼800 m²	新建综合楼788 m²	—	—	—	—	—	—	—	800	—	—	—	—
32	义兴小学	294	294	新建学生宿舍1 800 m²，学生食堂400 m²	新建学生宿舍1 800 m²，学生食堂400 m²	—	—	—	—	—	—	—	—	—	1 800	400	—
33	王河小学	260	260	新建学生宿舍2 000 m²	新建学生宿舍1 773 m²	—	—	—	—	—	—	—	—	—	2 000	—	—

表11-15（续）

序号	项目名称	省确定援建资金/万元	可批复内容 投资金额/万元	可批复内容 建设内容及规模/m²	实际建设内容及规模/m²	新建校舍情况 黑援一期/m² 教学楼	综合楼	办公楼	宿舍	食堂	厕所	新建校舍情况 黑援二期/m² 教学楼	综合楼	办公楼	宿舍	食堂	厕所
34	香沉小学	130	130	新建学生宿舍1 000 m²	新建学生宿舍1 000 m²	—	—	—	—	—	—	—	—	—	1 000	—	—
35	禾丰小学	130	130	新建学生宿舍1 000 m²	新建学生宿舍899 m²	—	—	—	—	—	—	—	—	—	1 000	—	—
36	田家小学	195	195	新建学生宿舍1 500 m²	新建学生宿舍1 500 m²	—	—	—	—	—	—	—	—	—	1 500	—	—
37	柏桠小学	104	104	新建学生宿舍800 m²	新建学生宿舍733 m²	—	—	—	—	—	—	—	—	—	800	—	—
38	高观小学	130	130	新建学生宿舍1 000 m²	新建学生宿舍1 050 m²	—	—	—	—	—	—	—	—	—	1 000	—	—
39	正兴小学	91	91	新建学生宿舍700 m²	新建学生宿舍729 m²	—	—	—	—	—	—	—	—	—	700	—	—
40	公店小学	117	117	新建学生宿舍900 m²	新建学生宿舍988 m²	—	—	—	—	—	—	—	—	—	900	—	—
41	凉山小学	255	255	新建学生宿舍1 500 m²，学生食堂400 m²	新建学生宿舍1 400 m²，学生食堂267 m²	—	—	—	—	—	—	—	—	—	1 500	400	—
42	鄢溪小学	130	130	新建学生宿舍1 000 m²	新建学生宿舍953 m²	—	—	—	—	—	—	—	—	—	1 000	—	—
43	锦屏小学	216	216	新建学生宿舍1 200 m²，厕所400 m²	新建学生宿舍1 234 m²，厕所187 m²	—	—	—	—	—	—	—	—	—	1 200	—	400
44	樵店小学	172	172	新建学生宿舍1 000 m²，学生食堂200 m²，厕所100 m²	新建学生宿舍718 m²，学生食堂211 m²，厕所81 m²	—	—	—	—	—	—	—	—	—	1 000	200	100
45	碑垭小学	130	130	新建学生宿舍1 000 m²	新建学生宿舍1 000 m²	—	—	—	—	—	—	—	—	—	1 000	—	—
46	龙源小学	98	98	新建学生食堂500 m²，厕所150 m²	新建学生食堂390 m²，厕所150 m²	—	—	—	—	—	—	—	—	—	—	500	150
47	垂泉小学	45	45	新建学生食堂200 m²，厕所100 m²	新建学生食堂124 m²，厕所100 m²	—	—	—	—	—	—	—	—	—	—	200	100
48	圈龙小学	150	150	新建教学楼1 000 m²	新建教学楼1 100 m²	—	—	—	—	—	—	1 000	—	—	—	—	—
49	长岭小学	130	130	新建学生宿舍1 000 m²	新建学生宿舍1 000 m²	—	—	—	—	—	—	—	—	—	1 000	—	—
50	黑援设备采购	1 207	1 207	购置床、课桌凳、讲桌等	购置床、课桌凳、讲桌等	—	—	—	—	—	—	—	—	—	—	—	—

（二）浙江省援建

【剑阁县石城小学】

重建项目由浙江省宁波市政府支持援建。在县教育局、县扶贫开发办、羊岭镇党委、县政府的正确领导下，根据安全鉴定结论和石城小学办学规模、发展趋势等情况拟订了重建方案，并报经剑阁县发展和改革局批准、立项、批复。建设食堂、综合楼、运动场等附属工程，由浙江省宁波市人民政府援建。设计建筑面积930平方米，项目概算投资189万元，运动场60万元。总投资2 500万元。要求食堂、综合楼总体两层，框架结构全现浇施工，操场全水泥硬化。

工程由四川虹润建设有限公司承建，工程质量由鼎昇建设项目管理咨询公司全程监管。学校成立了灾后重建工作资金管理小组、质量监督领导小组、安全监督领导小组。重建过程中，学校重建工作有条不紊，安全高效快速推进，在预定期间内高质量地完成了灾后重建工作。学校严格按照《剑阁县教育局关于加强灾后重建项目资金管理的通知》（剑教发〔2008〕64号）的要求，执行基本建设会计制度，规范重建资金的管理和使用，做到专人管理、专户收支、专账核算、专款专用，没有挪用或更改资金的用途。工程的财务资料、账簿、原始凭证及相关文件都进行了专卷专柜装档与学校财务共同严格管理。

二、国家部委援建

【剑阁县西庙小学】

重建分两期进行，率先由中央民建捐赠30万元援建，新浪网捐赠100万元援建，中央财政投资68万元，合计198万元修建"新浪思源教学楼"（两楼一底、全框架、全现浇，总面积为1 545平方米）；二期为黑龙江援建的学生食堂480平方米和学生宿舍240平方米（两楼一底、全框架、全现浇），总投资175万元；另外，中央财政投入资金60万余元进行灾后附属工程的建设，投入84万元进行危房拆除以及对教师宿舍、学生宿舍进行维修加固。

三、人民军队援建

【剑门关小学】

剑门关小学是剑阁县唯一一所军队援建学校。2008年5月12日，四川省汶川特大地震袭来，总参在短时间内为学校捐助了10万元贫困学生救助金和价值10万元的图书，随后又和北京五一小学共同捐资130余万元，修建了女生公寓——"爱心楼"。为了进一步援建好剑门关小学，让革命老区孩子们能享受优质教育，总参还作出"从2009年起，由下属五所军级院校分五年轮流援建"的重大决策。

2009年是中国人民解放军防空兵学院援建年。5月8日，总参军训和兵种部政治部主任金一明少将一行来剑阁参加剑门关小学"爱心楼"落成典礼，还举行了首批学院援建接洽仪式。

2010年是中国人民解放军防化学院接力援建年。学院投资100万元修建了学校综合楼——"育英楼"。2011年3月4日总参军训和兵种部副政委宋举浦参加了剪彩仪式。2011年5月18日，中央电视台军事频道栏目组专家到剑门关小学录制节目，对部队援建学校工作进行了专题报道。学院继续实施"学生蛋浆工程"，切实提高孩子们的生活水平。

2011年是工程兵学院援建年。3月4日，总参军训和兵种部副政委宋举浦少将在剑门关小学举行了援建交接仪式。2011年10月，学院还投资30余万元为学校装备了一个现代化的多媒体学术报告厅。学院为学校设计制定了中长期发展规划蓝图。

2012年是中国人民解放军南京炮兵学院援建年。4月20日，由总参军训部政治部副主任韩瑞成大校主持的援建交接仪式上，南京炮兵学院政委马玉虎大校对2012年援建工作作了具体安排。6月1日，南京炮兵学院副院长岳进翔大校等各位领导及战神艺术团各位领导和演员们到剑门关小学与孩子们共庆六一，不但为孩子们奉献了异常精彩的文艺节目，还为 6 名贫困儿童捐赠了助学基金 12 000 元，为剑门关小学捐赠了援建资金 80 万元。2013 年 3 月 7 日，南京炮兵学院政治部主任田晓蔚大校一行到剑门关小学调研援建成果，并代表学院为剑门关小学捐赠校园文化建设资金 22 万元和学院研发的最新主战坦克模型。

2013 年 4 月 7 日，在总参军训部大楼政治部会议室，总参军训部政治部副主任韩瑞成大校主持了装甲兵学院与南京炮兵学院援建剑门关小学交接仪式，仪式上装甲兵学院政委鲍廷祥少将作了援建工作重要讲话。7 月 5 日，装甲兵学院副政委汪志高大校、政治部副主任齐霞林中校、办公室秘书马晓勇和政治部办公室秘书汪俊到剑门关小学落实援建工作，并代表学院捐赠运动场建设资金 15 万元。

四、特殊党费援建

【剑阁县武连职业中学】

2009 年 10 月，中央"特殊党费"援建。新建面积 6 407 平方米，维修加固教学楼 2 140 平方米，购置图书 35 000 万册；规划投资概算 2 019 万元，其中校舍新建 1 141 万元，校舍维修加固 107 万元，教学设备 475 万元，图书购置 35 万元，基础设施建设 261 万元。教学综合楼、学生宿舍、办公楼、学生食堂主体工程中标人为四川汇泽建设工程集团有限公司，中标价为 8 365 621.00 元；学生宿舍楼、教学综合楼地基加固工程中标人为广安宏大建筑有限责任公司，中标价为 540 182.00 元；室外工程及教学楼、厕所维修加固工程中标人为四川广汇建设有限公司，中标价为 2 291 845.00 元；设备采购中标人为四川文轩教育科技有限公司、四川湖山电器有限公司、广元市三丰电脑有限公司等九家单位，中标价为 4 761 244.00 元。

2011 年 9 月 30 日，所有重建项目胜利竣工，市委组织部领导、县委四大班子领导亲临学校举行了隆重的剪彩仪式。

五、港澳台地区援建

【剑阁县公店小学】

学校于 2008 年 7 月至 2010 年 2 月底重建了教学楼、学生住宿楼、综合楼和师生食堂。

教学楼建筑面积 1 089 平方米，由香港协力国际仁爱基金会有限公司捐建。项目由广元市政协联系牵线，香港协力仁爱基金会捐款 138.8 万元。修建了博学厅（多媒体教育）、一楼一底教学楼（教室 10 间），并配备了多媒体教室桌凳和教室 400 套课桌椅及讲桌。2009 年 2 月开工，7 月上旬竣工。审计结算为 142.465 893 万元。

学生住宿楼建筑面积 9 987 平方米，黑龙江捐赠援建资金 117 万元，砖混结构，一楼一层。内置男女厕所、洗漱间 8 间、学生宿舍 16 间，室内安装了电风扇和双层铁架床，可容纳 400 余名学生住宿。2010 年 3 月投入使用，审计结算为 129.511 2 万元。

综合楼、学生食堂建筑面积分别为 1 100 平方米、400 平方米。拨付中央资金 256.399 万元，工程由广元鑫治建筑有限公司承建，2010 年 3 月投入使用，审计结算综合楼 154.962 438 万元，学生食堂 31 万元。2010 年 3 月投入使用。

附属工程：硬化地面，栽种植物、花草，修建围墙等由四川鑫森建设工程有限责任公司和广元众想建设有限公司施工，投入资金为 118.693 5 万元。

【剑阁县柳沟中学】

学校灾后重建教学楼、综合楼（学生宿舍、食堂）。广元市宏图建设有限公司于 2009 年 4 月 22 日正式入场施工。在"5·12"地震灾后的校园重建工作中，争取到中央专项资金 773 万元，得到台胞企业——东莞致通电脑公司的援建资金 237 万元，让校园不仅实现了恢复重建的目标，而且办学条件得到跨越性的大改善，办学条件和水平得到了飞跃性的大提升。

六、社会组织援建

【剑阁县盐店小学】

灾后重建分两期进行，率先由剑阁县妇联通过中国儿童少年基金会搭桥，苏泊尔SEN集团捐赠援建资金200万元，修建"赛博苏泊尔春蕾小学综合楼"（两楼一底、全框架、全现浇，总面积为1166平方米）；二期为中央灾后重建资金援建的学生食堂500平方米和学生宿舍2000平方米（宿舍三楼一底、食堂一楼一底、全框架、全现浇），总投资342万元；另外，中央财政投入资金45万余元进行灾后附属工程的建设。

【剑阁县义兴小学】

学校灾后恢复重建项目工程共有三个子项目，即教学楼、学生宿舍楼、学生食堂。黑龙江省援建义兴小学学生宿舍楼、学生食堂工程，总投资234.5万元，设计面积2200平方米。中央资金建设义兴小学教学楼工程，总投资152.8万元，设计面积1300平方米。

义兴小学教学楼、学生宿舍、学生食堂及附属工程重建总投资约632万元。中央资金援建教学楼，黑龙江省援建学生宿舍、学生食堂，通过中介公司进行网上公开招投标。教学楼工程由广元金轮建筑有限公司承建。学生宿舍、食堂工程由绵阳锦德建筑有限责任公司承建。

七、国际组织援建

【剑阁县广坪小学】

学校灾后重建得到了四川省对外友好协会的大力帮助，会长秦琳带领他们的团队到校考察并牵线搭桥，得到了德国汉堡中国协会的大力资助，给学校投资25万余元，且带来了医疗设备等。德意志联邦共和国集邮协会中国邮票研究会名誉主席卡尔拉·米歇尔女士代表德国汉堡中国协会在四川省对外友好协会领导的陪同下，先后5次到广坪小学进行爱心捐赠和友好交流活动。

民主建国会组织募捐了价值10万余元的体育器材和教学设备。同时，北京扬帆计划项目组也对学校进行了关注，给予大量图书捐助，先后两次让该校部分学生参加全国中小学生暑期夏令营活动，使同学们开阔了眼界，走出地震带给孩子们的心理阴影。

【剑阁县碗泉小学】

2009年4月1日，世界宣明会投入资金150万元援建碗泉小学，修建的面积为875平方米的学生宿舍竣工并投入使用。全新的宿舍，使碗泉小学的面貌发生了根本改变。

学校毗邻剑阁的摇铃乡、龙源镇、迎水乡、义兴乡、开封镇相接壤，教学区建筑面积为2758平方米，生活区建筑面积为1595平方米。

第五章　监督与管理

第一节　纪检监察部与质量监理部门的监管

一、依法依纪，全程监管

剑阁县教育系统灾后重建工作全面铺开，重建资金量大，监管责任重大，剑阁县教育局采取了四个方面的措施切实加强重建监管工作，确保灾后重建依法高效推进。

（1）形成重建监管部门协作机制。剑阁县高度重视重建监管工作，县委、县政府领导多次召开会议强调重建监管工作，并制定了一系列重建监督管理制度，采取强有力措施切实加强了重建过程的管理。部门通力合作，形成监管合力，县教育、监察、发改、建设、国土、财政等相关部门以重建为首要任务，对重建项目的规划、审批、实施和监管，均优化审批，开辟重建"绿色通道"，实现了特事特办，特事快办。教育局成立了以局长为组长，纪检组长为副组长，计财股、监察股、财务监督中心等股室负责人为组员的领导小组，领导小组下设规划设计、立项招标，工程管理、资金保障、监督检查、案件查处，资料上报七个工作组，具体负责重建资金、质量、安全、进度的督查管理，并落实相关工作职责。

（2）建立重建监管的制度。转发县委、县政府《关于加快推进灾后恢复重建项目实施的意见》等相关重建管理文件，下发《教育系统灾后重建工人管理办法》，编印《灾后重建项目管理施工现场安全文明施工手册》，制定《重建政策落实监督检查小组办公室工作职责》《加强灾后重建项目过程管理及资金管理的办法》《关于加快推进学校灾后重建项目的意见》。坚持重建工作重大决策的协商机制、项目建设的推进机制、解决问题的沟通机制、重建工作的监督机制和党组织的保障机制等"五个机制"，使灾后重建的业主、施工单位及工程监理三方责任主体明确，责任落实，重建监管工作有章可循、有法可依。

（3）严格建设程序。建立"五程序一评价"的全程监管体系。①由发改部门审批立项。②建设部门出具红线图及规划设计条件后，委托设计单位进行方案初步图纸设计，学校聘请有资质的单位审查施工图纸，并出具审查报告。③执行招投标相关规定，每一个重建项目均按规定实行招投标。在招投标中，做到了"六个坚持"：坚持学校委托有关单位编制可行性报告；坚持县教育局委托有资质的专业机构编制工程量清单，算出工程造价；坚持县财政局政府投资评审中心评审招标控制价；坚持计划投资额在200万元以上500万元以下的项目邀请比选或公开比选招标代理机构，投资在500万元及以上的项目公开比选招标代理机构；坚持计划投资额在200万元以下的项目通过比选确定施工单位并公示，计划投资在200万元以上（含200万元）的项目通过公开招标确定施工单位并公示；坚持施工企业接到中标通知书后，先交纳履约保证金，同时将施工企业的项目经理、技术负责人的资质原件交建设部门，并出具民工工资保证手续后，再签订施工合同、安全合同、廉政合同。④项目施工。⑤竣工验收。"一评价"即政府投资工程项目评价。主要评价项目建设的社会效益、经济效益。

（4）强化"四位一体"督查机制。采取分线、分层督查，电话、明查、暗访等多种形式进行，天天有查，实行进度、质量、安全、资金"四位一体"督查机制。①督查质量。实行旁站式监理，对用料、施工等做好记录并签字，督查完成建设工程设计和合同约定的各项内容，技术档案和施工资料是否完整，主要建材、构配件和设备的进场实验报告，勘察、设计、施工、工程监理等单位分别签署的质量文件，督促施工单位按照工程设计要求、施工技术标准和合同约定，对建筑材料、建筑构配件、设备和商品混凝土进行检验，检验应当有书面记录和签字。②督查进度。实行一日一报，三日一督查，一周一小结，半月一总结，一月一考核的监管措施，对进度慢的学校在全县通报并限期整改。实行工期倒排，把工期倒排到天、到人、到建筑单体，实行"5+2、白加黑"工作机制，夜以继日，争分夺秒，人停机器转，加快提速推进工程进度。严格按"五牌一图"、倒排工期表、管理人员及工人考勤表、晴雨表、竣工倒计时表悬挂上墙及使用情况，严格按照工期进度对学校进行考核，学校按照倒排进度严格对施工方进行考核。③督查资金。教育局与学校校长签订廉政承诺书，学校与施工方签订廉政合同，并结合项目推进中出现的新情况，重建资金做到专人管理、专户收支、专账核算、专款专用、专卷专档。④督查安全。学校与施工方签订了安全合同，教育局严格督查学校、施工方安全管理人员的到岗履职情况，学校对师生安全教育情况，施工方对施工人员的安全教育管理情况，督查施工方对施工设施设备定期检修保养情况，确保重建工程安全生产。

二、细化管理，严格督查

（一）项目实施前期工作管理

由项目实施单位（建设单位）按照建设工程基本程序申报前期报建手续，负责地质灾害评估、规划选址意见书、建设用地规划许可证、方案图报批、建设工程规划许可证的办理等工作，有关行政主管部门按职能职责负责审查、审批。项目实施单位依法负责自主招标或委托代理招标工作，择优选择施工队伍。项目实施单位负责在开标后30日内与中标单位（施工单位）签订施工合同并报黑龙江援建剑阁前线指挥部及县有关主管部门备案，同时签订安全生产责任书。项目实施单位负责提供施工合同备案、施工图纸及审查报告、施工组织设计及安全生产应急预案、监理合同、质量安全监督登记书、建设资金已经落实证明、施工单位的项目班子人员压证等资料。办理建设工期施工许可证后方可组织施工，同时施工单位提供项目技术管理班子有关资料，在建设主管部门办理岗位卡。

（二）施工现场项目班子管理

施工单位按投标文件中申报的项目班子人员进场施工。严格查处不符合条件变更，擅自变更班子人员视为转包行为。采用压证施工方式进行管理。监理单位按申报或投标文件中承诺的项目班子人员进场管理。设计、地勘单位的主要负责人和专业技术工作人员按相关规定履行义务，承担相应的职责。项目实施单位负责人监督各方责任主体单位的人员到岗到位，建设行政主管部门严格查处缺位、越位等行为。工程款拨付给总承包单位。

（三）项目建设质量、安全管理

项目实施单位委托有资质的监理单位进行监理；组织图纸会审、设计交底、工程质量竣工验收、及时办理竣工验收备案手续。施工单位按照工程设计图纸和施工技术标准施工；建立、健全施工质量的检验制度，严格执行班组自检，互检、交接检查制度；施工人员对涉及结构安全的试块、试件以及有关原材料，在建设单位或者工程监理单位监督下现场取样送检。安全网、安全带、安全帽、脚手架板、围护、用电设备、机械设备等安全设施设备到位，按国家相关法规、规范执行。监理单位的监理人员，必须做到责任制度落实；对工程施工检验分批、分项、分部工程质量及时组织验收签证；严格审查施工组织设计、专项施工方案，对重大危险点源施工进行旁站监理，及时发现并督促施工单位消除质量安全隐患。勘察、设计单位开工前参加技术交底、图纸会审；参加工程地基验槽，基础、主体结构及竣工验收；参加工程质量问题的处理及有关工程设计变更的核定。项目实施单位是项目工程质量安全的责任主体，地勘、设计、施工、监理等单位各自承担相应的质量安全职责，建设行政主管部门负责对上述几方责任主体单位的行为依法进行监督管理，并对违法违规行为进行查处。

（四）项目建设的进度管理

项目实施单位按照县委、县政府和黑龙江省援建剑阁前线要求的工期内分别在前期报建、办理选址意见书、规划设计条件、建设工程用地规划许可证、立项、方案图报批、建设工程规划许可证、招投标、办理施工许可、施工阶段持证监督管理、竣工结算、竣工验收及竣工备案的全过程制定倒排工期表，并在实施过程中监管到位。施工单位按照招标文件合理编制施工工期，严格按照工期交叉、流水作业施工。监理单位严格按施工单位报送并经批准的施工工期控制要求实施监理，并做好监理月报。设计、地勘单位依据各自的职能、职责按时按质完成施工图并参与施工过程的阶段验收。

（五）竣工结算（决算）、验收、备案管理

建设单位在竣工前30日内，将施工单位的结算书报送相关部门进行审计、审核，并报造价管理部门备案；在竣工验收前将所有与该工程项目有关的原件资料报送建设行政主管部门进行预验收，合格后组织竣工验收。施工单位按期完成施工技术档案管理资料，并及时移交建设单位。监理单位协助建设单位办理竣工结算的审计、审核、竣工验收、备案等工作，并督促各方责任主体单位按期完成。

（六）建筑材料采购

施工单位负责并按照设计图纸及招投标文件约定的品质、价位采购合格材料，建设单位负责建材采购协调和监督。

（七）文明施工管理

施工单位推进现代管理办法，科学组织施工，做好施工现场的各项管理工作。按照总平面图布置各项临时设施，大宗材料、成品、半成品和机械设备规范管理、堆放有序。现场的用电线路设施的安装和使用符合安全规范和安全操作规程，并按施工组织设计进行架设。施工现场设置有保证施工安全要求的夜间照明。机械进场经过安全检查，检查合格后使用。工地排水系统状态良好，场地整洁，随时清理建筑垃圾。车辆、行人通行的地方设置沟井坎穴覆盖或设置施工标志。施工现场周边设立围护设施，遮拦围栏、临街脚手架加设置围护设施，不允许非施工人员进入施工现场。严格建立和执行防火管理制度，配置消防设施。

第二节　接受群众与舆论监督

为确保剑阁教育系统灾后重建工作优质、高效、全面如期完成，县教育局严格工程项目管理，加快灾后重建，规范工程过程管理，打造优质工程。严格资金管理，建造廉洁工程，更是加强党风廉政建设，接受群众与舆论监督，打造"阳光工程"。

一、教师代表全程参与管理

学校重建领导小组成员中必须有一位德高望重、能代表教师意愿、顾全大局的教师代表，参与学校灾后重建工作的监督与管理。教师代表的职责是：①将好的意见、建议搜集整理汇报给学校重建领导小组，供参考采纳。②向教师诠释学校重建领导小组的决策，加强领导与群众间的沟通与交流，促进学校工作的和谐发展。③参与管理监督重建项目的规划、立项招标、过程管理、质量监督、竣工验收、资金拨付等重要环节。

二、设立信箱

学校、教育督导办、教育局层层设立校长、督导办主任、教育局局长信箱，接受教师、社会团体、人民群众的监督。人民群众反映、举报的灾后重建中出现的新情况、新问题，48小时内即得到及时处理。

三、接受援助单位监督

剑阁县在灾后重建中接受了特殊党费援建、人民军队援建、港澳台地区援建、社会组织援建、国际组织援建，资金多达3亿。接受援助的学校将项目的规划、立项、审批、工程管理、竣工验收、资金使用的翔实资料向援助单位汇报，接受援助单位团体组织的监督。

四、实行政务、财务公开

县教育局重建领导小组、各校重建领导小组皆实行政务、财务公开制度。县教育局重建领导小组负责全县91所学校灾后重建的布局调整、项目建设整体规划、资金管理，项目建设做到公开、公正、透明。向县人大、县政协征求意见，听取乡镇人民政府的建议，听取离退休老干部意见，听取民主人士、党外人士的建议，集思广益。学校重建领导小组就学校的重建项目广泛征求教师意见，集体研究，班子决策；对重建财务状况、项目建设工程进度等，定期在学校政务、财务公布栏中公开，接受群众监督。

接受记者、电视台的采访，报道灾后重建中的项目建设财务管理情况，宣传新人新事，弘扬正气，接受舆论的监督。

第六章　灾后教育质量大提升

第一节　灾后心理健康教育

百年难遇的汶川大地震对灾区广大师生造成了非常强烈的心理创伤，而对灾区师生特别是中小学师生的心理援助与心理健康教育无疑是教育系统抗震救灾的一项重要而长期的工作。遵循温家宝总理就加强学生心理辅导工作所作出的专门批示，剑阁县教育系统对此及时作出了专门部署，从四川师范大学、泸州医学院邀请心理学专家，组织全县有心理教育意识的教育工作者以及相关机构，科学、有序、持续、有效地开展了心理辅导与心理健康教育，及时帮助灾区学生修复心理创伤，安全渡过危机，逐步摆脱地震灾害造成的心理阴影，增强他们面对灾害与挫折的心理康复力，以形成积极、乐观、向上的精神面貌。

汶川特大地震发生后，剑阁县教育局成立了以县教育局党组书记、局长杜仲贵为组长，县教育局副局长李国明、张全林以及县教育局党组成员李琦为副组长，包括县教育局纪检组长张雪梅、县政府教育督导室主任任绍林、县教育局直属机关党委书记杨载章、县招生自考办主任聂俸彬、县教育系统工会主席曹正海、县政府教育督导室副主任李兆周、县成人教育中心主任费春山、县教育局人事师培股股长段志林、县教育局基础教育股股长邓思勇、县教育局教育研究室主任左思强等人为成员的灾区学生心理援助工作领导小组。领导小组下设办公室，由人事股长段志林同志任主任，负责日常事务工作。领导小组经过讨论制订了《剑阁县中小学生地震灾后心理辅导与心理健康教育工作实施方案》（以下简称《方案》），要求各乡（镇）教育机构加强协调与管理，统筹各个方面的资源与力量，对区域内的中小学心理辅导与心理健康教育工作做出具体安排，并在人力、财力、物力上给予充分保障，使心理辅导机构有固定场所，有必备措施，有专人负责，确保各中小学的心理辅导与心理健康工作顺利、有序展开。《方案》提出：第一，心理健康教育活动课程要纳入正常的教育教学环节，小学各年级每学期不少于9课时，初中、高中各年级每学期不少于10课时；学校在组织心理健康教育活动时要灵活多变，采取统一授课与个别辅导相结合的方法，使得心理健康教育活动在兼顾普遍性与特殊性中达到良好的教育效果。第二，大力加强心理辅导和心理健康教育专业师资的配置。要深刻认识到良好而充足的师资力量是做好心理辅导与心理健康教育工作的基础。一方面，要力争在3年内，通过招聘、转岗、培训等途径，增加心理辅导与心理健康教育的专业老师，力争实现1∶1 500的师生比，并逐步建立执证上岗制度；另一方面，要展开扎实的心理辅导与心理健康教育教师培训工作，通过各种培训，使得广大教师尤其是班主任、共青团以及少先队辅导员等掌握心理健康教育的基本知识与技能，并结合各校实际情况，有针对性地开展符合各校情况的心理健康教育、咨询活动。

根据《方案》的指示，剑阁县教育系统采取了一系列心理健康教育与心理辅导的措施与方法。全县60多个乡镇的各中小学都依照《方案》的指示，开设了心理健康教育活动课，并及时将心理辅导与心理健康教育的教材及相关资料下发到学生手中。其中，各小学低年级每学期不少于9课时，中高年级每学期不少于10课时，而初中各年级每学期不少于12课时，高中各年级则每周都至少有 1 课时的心理健康教育活动课。学校与老师在进行授课时，采取灵活多样的措施，对低年级学生以讲故事、看视频等方法为主，而在高年级则采取如咨询、讨论、演讲、辩论等各种丰富多彩的形式。

为了帮助教师们尽快掌握科学的心理康复知识与方法，教科局专门为全县教师开展了三期教师培训。教科局要求，培训对象应涵盖学生、班主任、学科教师、管理人员等群体；此外，要针对灾后师生面临的实际问题，科学设计培训课程，采取科学有效的方法，在对教师进行有针对性的疏导的同时，让他们掌握心理康复教育的知识与方法，着重提高实施心理康复教育的能力；同时，要加强对骨干教师的培训，充分发挥骨干教师的示范与辐射作用。在坚持"涵盖全面，突出骨干"的方针下，从骨干教师、班主任抓起，推动灾区心理康复教育教师培训与中小学生心理康复教育的有序开展。

2008 年 6 月 21 日，剑阁县教科局开办了针对各乡镇中小学校长的首期灾后心理康复培训班，来自全县的 91 名中小学校长参加了培训。培训内容包括：灾后教师的心理调适与心理康复的有效方式；灾后学生心理辅导及援助的内容与策略；学生创伤心理及其辅导方法。

2008 年 8 月 16 日，剑阁县教科局开办了第二期"剑阁县中小学骨干教师心理康复培训班"，在剑门关高中举行，来自全县的 240 名教师参加了开班仪式。培训分为两个阶段进行，每个阶段 3 天。第一阶段的培训对象是中学骨干教师，第二阶段的培训对象是小学骨干教师。培训由 10 多位心理教育和心理治疗方面的专家集中进行。培训的主要内容包括震后团队辅导的技巧、灾后情绪管理、学校危机应对、教师自我保健、震后常见身心反应及应对方法等专题。

2008 年 9 月 20 日，剑阁县教科局在灾后重建的需求基础上开办了第三期"剑阁县中小学教师灾后教学培训班"，来自各乡镇的 200 名教师参加了开班仪式。结合剑阁县灾后重建的实际情况，此次培训安排了"灾后中小学教学方法与艺术""中小学教师人文与关怀""中小学教师心理康复教育""中小学教师心理保健"等专题，其内容涉及心理康复、人文关怀、课程改革等方面。

此外，剑阁县教科局还选派 105 名教师代表参加了 2008 年 10 月 22 日—24 日由四川省教科所在广元开展的灾区中小学心理健康教育教师培训。在此期间，教师代表通过专题讲座、公开课示范、说课研讨等方式，在心理辅导与健康教育课程方面达到了很好的培训效果。2009 年 5 月 7 日—19 日，剑阁县教科局应中华慈善总会邀请，选派了 10 名小学校长、10 名教师代表和其他灾区的教师代表一起到北京参加"第十三期全国贫困地区农村小学教师培训"，学习了小学语文、数学等学科的相关教学方法，并接受慰问。

剑阁县灾后的心理辅导与康复工作也得到了外界的很多援助。2008 年 6 月 7 日，浙江省赴川支教团剑阁支教小组一行 14 人抵达剑阁县，开展为期 1 个月的支教活动。支教小组由浙江大学、宁波大学等高等院校专家教授和高中名校的特优教师组成，分别对剑阁县高三复习辅导、师生灾后心理疏导、校舍鉴定和重建规划等进行指导。10 余天来，心理援助小组分赴剑阁中学、剑阁职业中学、剑州中学、沙溪中学、白龙中学、开封中学、武连职业中学、鹤龄职业中学 8 所学校开展工作。支教老师结合各校师生的实际情况，采取讲座、座谈、个别心理辅导等方式进行积极的心理干预，利用专业的心理学量表进行问卷调查，有针对性地开展心理援助，迅速构建起沟通学生心灵的桥梁。他们发放问卷调查表 4 000 余份，举办讲座 50 多场，先后为 4 000 余名师生进行心理辅导，收到了良好的效果。校舍鉴定和重建规划组专家们冒着余震，登上存在安全隐患的教学楼，逐栋逐层地对受损校舍仔细勘察，严格鉴定，用专业技术指导学校校舍维修加固和学校重建规划工作。10 余天来，专家们跑遍了全县每一所学校，为学校校舍维修加固提供了宝贵的第一手资料，为校舍重建规划提供了科学依据，加快了校园的重建步伐。高三辅导组对高三学生进行了高考前辅导，他们用自己丰富与精湛的教学艺术，为高三考生考前冲刺进行全方位的指导，让高三学生大开眼界，受益匪浅。虽然随时面临着余震的危险，但是各校的学生们在心理辅导小组的努力下，积极面对各种困难，特别是参加延考的高三学生，在余震连连、高温不降的艰苦环境下努力复习，科学备考，最终取得了优异的成绩，向全县人民交上了一份合格的答卷。

此外，在外国友人的帮助下，一大批在地震期间身心受到重创的学生被送往国外疗养。依托国外先进的医疗设备和优秀的康复环境，他们的身体状况得到了很快的恢复，同时也得到了科学的心理疗养，使得他们重拾对生活的希望。2008 年 7 月 17 日，在经过短暂的培训后，四川地震灾区赴俄罗斯学生疗养团（其中包括来自剑阁县的 1 名教师、36 名学生）赴俄罗斯远东"海洋"全俄儿童中心进行了为期 20 天的疗养。剑阁县赴俄疗养学生在俄罗斯度过了一段美好而又难忘的时光，他们的身体健康得到了很大恢复，心理状况得到了显著改善，行为习惯得到明显规范，眼界视野得到了开阔，才艺素质得到了充分展现，感恩情怀得到了新的升华，并且还与俄罗斯小朋友结下了深厚友谊，成为中俄两国人民长期睦邻友好的小使者，为中俄两国人民世代友好奠定了坚实的基础。2009 年 7 月 23 日，四川地震灾区赴俄罗斯学生疗养团的 335 名师生（其中包括来自剑阁县的 32 名学生），载着各级领导的关怀、载着全国人民的关心、载着俄罗斯人民的厚爱，来到位于俄罗斯符拉迪沃斯托克市的"海洋"全俄儿童中心进行为期 3 周的疗养。在海洋中心，孩子们受到了俄罗斯政府和人民的热情款待，得到了海洋中心师生的精心照顾。中国驻俄罗斯大使馆、中国驻哈巴罗夫斯克总领馆和当地的华人工商联合会对孩子们也关怀备至，全心服务，随队老师、医生等工作人员尽职尽责、无怨付出。短短 3 周的时间，孩子们快乐学习、积极参加各种工作和游戏，开阔了眼界、收获了友谊、感受了快乐，身心健康得到了极好的恢复。

【剑阁县赴俄罗斯疗养师生名单】

第一批：

郭光俊	男	四川省广元市剑阁县毛坝小学	教师
梁怡静	女	四川省广元市剑阁县下寺小学	
王子威	男	四川省广元市剑阁县下寺中学	
白　彬	男	四川省广元市剑阁县剑阁中学	
李孟阳	女	四川省广元市剑阁县剑阁中学	
郑　欣	男	四川省广元市剑阁县文峰中学	
卫春宏	男	四川省广元市剑阁县姚家小学	
黄云锐	男	四川省广元市剑阁县姚家小学	
张艺文	女	四川省广元市剑阁县公兴中学	
袁　梅	女	四川省广元市剑阁县公兴中学	
杨明月	女	四川省广元市剑阁县香沉中学	
李　茜	女	四川省广元市剑阁县开封中学	
田　蜜	女	四川省广元市剑阁县开封中学	
胥雨蓓	女	四川省广元市剑阁县白龙中学	
易　谦	女	四川省广元市剑阁县白龙中学	
程超德	男	四川省广元市剑阁县白龙中学	
王丽君	女	四川省广元市剑阁县白龙中学	
张雨蒙	女	四川省广元市剑阁县元山小学	
侯　轲	男	四川省广元市剑阁县元山中学	
雷　雨	男	四川省广元市剑阁县江口中学	
齐璐菡	女	四川省广元市剑阁县柳沟中学	
舒　皓	男	四川省广元市剑阁县毛坝小学	

王佳玲　女　四川省广元市剑阁县毛坝小学

邓　珂　女　四川省广元市剑阁县武连职中

徐晓蓉　女　四川省广元市剑阁县东宝中学

苟琳芳　女　四川省广元市剑阁县杨村中学

李东洪　女　四川省广元市剑阁县锦屏小学

敬　红　女　四川省广元市剑阁县杨村中学

杨清桃　女　四川省广元市剑阁县羊岭小学

方锐敏　女　四川省广元市剑阁县剑门中学

伏星蓉　女　四川省广元市剑阁县龙源中学

张　涛　男　四川省广元市剑阁县普安中学

王翌之　男　四川省广元市剑阁县普安中学

彭　卓　男　四川省广元市剑阁县实验学校

王伊帆　女　四川省广元市剑阁县普安中学

何文宏　男　四川省广元市剑阁县西庙小学

唐　玲　女　四川省广元市剑阁县禾丰小学

第二批：

邱荟宇　女　四川省广元市剑阁县剑阁中学

梁椿季　男　四川省广元市剑阁县剑阁中学

张叶露　女　四川省广元市剑阁县剑阁中学

刘　丹　女　四川省广元市剑阁县剑阁中学

郭冰玥　女　四川省广元市剑阁县剑阁中学

刘　朋　男　四川省广元市剑阁县剑阁中学

王　佳　女　四川省广元市剑阁县剑阁中学

杜心雨　女　四川省广元市剑阁县剑阁中学

何一鸣　男　四川省广元市剑阁县剑阁中学

黄荣科　男　四川省广元市剑阁县剑阁中学

梁琬莎　女　四川省广元市剑阁县剑阁中学

伏　锐　男　四川省广元市剑阁县剑阁中学

杨　迪　男　四川省广元市剑阁县剑阁中学

何　垚　男　四川省广元市剑阁县剑阁中学

章家棋　男　四川省广元市剑阁县剑阁中学

梁　婧　女　四川省广元市剑阁县剑阁中学

刘珀君　女　四川省广元市剑阁县普安小学

罗宏宇　男　四川省广元市剑阁县普安小学

高　彬　男　四川省广元市剑阁县文峰中学

袁杰婷　女　四川省广元市剑阁县文峰中学

王　浩　男　四川省广元市剑阁县文峰中学

魏嘉昕　女　四川省广元市剑阁县文峰中学

王　贲　男　四川省广元市剑阁县文峰中学

杨　颖　女　四川省广元市剑阁县文峰中学

高　雅　女　四川省广元市剑阁县文峰中学

王羚佳　女　四川省广元市剑阁县文峰中学

任　科　男　四川省广元市剑阁县文峰中学

杨　鹏　男　四川省广元市剑阁县文峰中学

宋佳慧　女　四川省广元市剑阁县普安小学

何西娅　女　四川省广元市剑阁县实验学校

肖庆培　男　四川省广元市剑阁县实验学校

奂子豪　男　四川省广元市剑阁县实验学校

第二节　灾后教育装备建设

举世瞩目的"5·12"汶川地震，使地处龙门山地区的剑阁县伤痕累累，教育系统更是满目疮痍。全县91所学校受到了不同程度的损坏，教育装备，散失殆尽。经3年的灾后重建，剑阁县各校建设超前发展10年，教育装置齐全、规范，更趋于科学化、现代化。

一、灾后教育装备重置规划

从2008年8月开始，国家下达了"'5·12'汶川地震教学仪器设备灾后重置"任务，并且下拨了"灾后重置"专项资金。本着"必须，必要"的原则，根据四川省教育厅相关文件精神，开展政府集中采购教学仪器设备灾后重置工作。首先向全县中小学下发了"四川省中小学教育技术装备标准"及"四川省中小学教育技术装备目录"，各学校根据"装备标准"及"装备目录"，对照震后教学仪器设备损毁情况和设备设施差缺情况，填报《教育技术装备灾后重置采购计划申报表》。

县电教教仪站分类审核、统计、汇总后，上报剑阁县财政局（教科文股、投资评审中心）及县政府采购中心进行集中招标采购工作。

二、教育技术装备情况

（1）实验室装备。耗资441.5681万元，为全县91所学校装备了40间物理实验室、36间化学实验室、5间生物实验室、64间科学实验室，配置了教学、科学及高（初）中物理、化学、生物、地理等实验食品及药品，采购金额为207.7万元。

（2）办公现代化。为12个教育督导办、8所直属学校采购20套视频会议系统，为全县91所学校采购了办公电脑656台，采购金额为430.47万元。为全县91所中小学配置财会电脑192台，采购金额为137.856万元。全县教育系统、学校领导、局机关股室实现办公电脑化，提高了办公效率。

（3）更换校园播放系统。为全县91所学校安装校园播放系统及其配套设施。采购金额为267.3135万元，校园文化更加丰富多彩。

（4）普及网络设施。为全县91所学校320间计算机网络教室更新装备共计2002套，耗资金额为375.154万元。为全县91所中小学配置信息输出设备285台（件），采购资金为190.168万元。为39所中小学配置60套超短焦交互式多媒体电教平台，采购金额为205.80万元。为全县91所学校增添了84套投影系统设备，全县学校教学设备装备齐全、规范。

（5）为全县91所学校配齐、配足了美术、音乐、体育、卫生器材，采购资金为258.2888万元。全县艺术教育、素质教育再上新台阶。

（6）为83所学校采购了97台数码照相机，为80所学校采购了89台数码摄像机，采购金额为106.59万元。为学校宣传新人新事、活跃校园文化增添了活力。

（7）为全县73所中小学招标采购了图书室设备，共计3756台（套、件），采购金额为109.809

万元，促进校园读书活动有效开展。

三、灾后捐赠情况

（1）机关党政和社会团体企事业单位给部分中小学校捐赠计算机163台。

（2）四川省新华文轩给全县中小学校捐赠图书约31万册，价值470万元。四川省新华文轩免费捐赠教科书10万册，价值10万元。

（3）英特尔公司向受灾学校普安小学、东宝小学捐赠计算机网络教室电脑桌椅，捐赠资金2.498 2万元。

（4）中国扶贫基金会通过爱心书包项目向剑阁县捐赠价值363.52万元的教具、学具。

（5）广东东莞新能源科技有限公司捐赠价值24万元的学生课桌800套。

四、特殊党费援建

捐赠特殊党费510万元援建剑阁县七一中学，用于采购实训设备、教学仪器设备及多媒体设备。

五、黑龙江援建

黑龙江捐赠资金为剑阁50所学校购置课桌凳18 540套、学生床9 270架、讲台741张。黑龙江援设备总价值735.756 4万元。

三年灾后重建，以"四川省中小学教育技术装备校准"及"四川省中小学教育技术装备目录"为标准。教育系统用于教育装备的中央资金为2 919.77万元。黑龙江援建资金购置教育装备费735.756 4万元。特殊党费援助教育装备510万元。社会团体捐赠教育装备费410万元。全县教育装备科学、规范、齐全，配置合理，立足现实，着眼未来，为提高学生素质、提升中小学教育教学水平奠定了坚实的物质基础。

六、黑龙江援助教育装备情况

表11-16　黑龙江援建项目设备购置分配表

序号	学　校	课桌凳/套	中标单价/元	总价/元	学生床/架	中标单价/元	总价/元	讲台/张	中标单价/元	总价/元	学校采购合计/元
1	剑阁县沙溪中学	2 250	150	337 500	1 125	468	526 500	90	275	24 750	888 750
2	剑阁县职业高级中学	2 500	150	375 000	1 600	468	748 800	100	275	27 500	1 151 300
3	剑阁县白龙中学	1 500	150	225 000	750	468	351 000	60	275	16 500	592 500
4	剑阁县元山中学	950	135	128 250	300	468	140 400	40	275	11 000	279 650
5	剑阁县南禅小学	250	135	33 750	0	468	0	13	275	3 575	37 325
6	剑阁县普安中学	750	135	101 250	0	468	0	0	275	0	101 250
7	剑阁县文峰中学	500	135	67 500	230	468	107 640	16	275	4 400	179 540
8	剑阁县汉阳中学	100	135	13 500	200	468	93 600	5	275	1 375	108 475
9	剑阁县汉阳小学	360	135	48 600	200	468	93 600	15	275	4 125	146 325
10	剑阁县抄手小学	200	135	27 000	0	468	0	20	275	5 500	32 500
11	剑阁县开封小学	700	135	94 500	300	468	140 400	30	275	8 250	243 150
12	剑阁县杨村小学	700	135	94 500	120	468	56 160	16	275	4 400	155 060
13	剑阁县江石小学	0	135	0	20	468	9 360	7	275	1 925	11 285

表11-16（续）

序号	学 校	课桌凳/套	中标单价/元	总价/元	学生床/架	中标单价/元	总价/元	讲台/张	中标单价/元	总价/元	学校采购合计/元
14	剑阁县武连小学	600	135	81 000	150	468	70 200	24	275	6 600	157 800
15	剑阁县木马小学	325	135	43 875	85	468	39 780	14	275	3 850	87 505
16	剑阁县秀钟小学	300	135	40 500	125	468	58 500	12	275	3 300	102 300
17	剑阁县时古小学	30	135	4 050	12	468	5 616	7	275	1 925	11 591
18	剑阁县西庙小学	150	135	20 250	200	468	93 600	8	275	2 200	116 050
19	剑阁县北庙小学	220	135	29 700	0	468	0	12	275	3 300	33 000
20	剑阁县普广小学	0	135	0	30	468	14 040	6	275	1 650	15 690
21	剑阁县义兴小学	475	135	64 125	200	468	93 600	16	275	4 400	162 125
22	剑阁县王河小学	300	135	40 500	250	468	117 000	22	275	6 050	163 550
23	剑阁县香沉小学	200	135	27 000	0	468	0	0	275	0	27 000
24	剑阁县禾丰小学	90	135	12 150	130	468	60 840	10	275	2 750	75 740
25	剑阁县田家小学	380	135	51 300	180	468	84 240	15	275	4 125	139 665
26	剑阁县柏垭小学	220	135	29 700	20	468	9 360	10	275	2 750	41 810
27	剑阁县高观小学	300	135	40 500	100	468	46 800	12	275	3 300	90 600
28	剑阁县正兴小学	0	135	0	30	468	14 040	9	275	2 475	16 515
29	剑阁县公店小学	145	135	19 575	90	468	42 120	2	275	550	62 245
30	剑阁县凉山小学	340	135	45 900	150	468	70 200	14	275	3 850	119 950
31	剑阁县莺溪小学	150	135	20 250	95	468	44 460	8	275	2 200	66 910
32	剑阁县锦屏小学	380	135	51 300	0	468	0	12	275	3 300	54 600
33	剑阁县樵店小学	200	135	27 000	60	468	28 080	8	275	2 200	57 280
34	剑阁县碑垭小学	270	135	36 450	20	468	9 360	10	275	2 750	48 560
35	剑阁县龙源小学	450	135	60 750	225	468	105 300	18	275	4 950	171 000
36	剑阁县垂泉小学	80	135	10 800	50	468	23 400	7	275	1 925	36 125
37	剑阁县圈龙小学	0	135	0	0	468	0	9	275	2 475	2 475
38	剑阁县长岭小学	275	135	37 125	138	468	64 584	11	275	3 025	104 734
39	剑阁县公兴中学	0	135	0	200	468	93 600	0	275	0	93 600
40	剑阁县开封中学	550	135	74 250	300	468	140 400	26	275	7 150	221 800
41	剑阁县姚家小学	0	135	0	174	468	81 432	0	275	0	81 432
42	剑阁县实验小学	600	135	81 000	30	468	14 040	0	275	0	95 040
43	剑阁县剑门中学	0	135	0	300	468	140 400	27	275	7 425	147 825
44	剑阁县广坪小学	0	135	0	180	468	84 240	0	275	0	84 240
45	剑阁县剑州中学	0	135	0	500	468	234 000	0	275	0	234 000
46	剑阁县毛坝小学	300	135	40 500	0	468	0	0	275	0	40 500
47	剑阁县东宝小学	0	135	0	100	468	46 800	0	275	0	46 800

表11-16（续）

序号	学　校	课桌凳/套	中标单价/元	总价/元	学生床/架	中标单价/元	总价/元	讲台/张	中标单价/元	总价/元	学校采购合计/元
48	剑阁县元山小学	450	135	60 750	0	468	0	0	275	0	60 750
49	剑阁县下寺小学	0	135	0	301	468	140 868	0	275	0	140 868
	合　计	18 540		2 596 650	9 270	468	4 338 360	741	275	203 775	7 138 785

第三节　灾后教育教学

在党中央、国务院各级政府部门、教育主管部门的正确领导下，在政策、资金支持下，在黑龙江省人民的无私援助下，在人民军队、社会团体及国际组织的帮助下，剑阁教育义务教育阶段办学条件大幅改善，教育结构体系更加均衡。教学装备规范化、现代化，建立了一支德才兼备、政策水平高、业务素质强、有远见卓识的校长队伍，建设了一支师德高尚、业务精湛、结构合理、朝气蓬勃的教师队伍。实现了灾后教育教学质量大提升。

一、四年高考质量连续攀升

2008年剑阁县是高考延考区之一，高考师生克服重重困难在帐篷、板房中备考、迎考，取得了可喜成绩。全县本科上线976人，其中文考重本上线156人，是全市延考的6个县和市直属学校中唯一完成重本目标的单位。艺、体双上线196人，上线人数居全市各县区之首。全县600分以上特优人数88人，创历史最高水平，谱写了一曲不屈不挠、感恩奋进之歌。

2009年，教育局领导实现了"两手抓"的目标任务，即一手抓灾后重建，一手抓教育教学管理。全县高考本科上线达1 179人，一本上线125人，增长率居全市第一。高中素质教育质量获市一等奖，开封中学获市高中素质教育一等奖。

2010年，高中阶段教育质量平稳发展。本科上线1 318人，重本131人，多项指标实现了新的增长，全面完成了目标任务。教育局荣获全市普通高中教育质量二等奖，剑阁中学、剑州中学分别荣获学校一、二等奖，剑门关高级中学、开封中学分别荣获全市同类高中一、二等奖。

2011年在县委县政府的正确领导下，在多部门和社会各界人士的大力支持下，以伍翠蓉局长为首的教育局领导班子精诚团结，知人善任，科学管理。全县各高完中教职工脚踏实地、顽强拼搏、辛勤耕耘，实现了灾后高中教育质量大提升。普通高考上线4 909人，总上线率达92.6%，文考本科上线1 427人，比2010年增加280人，增长率为21.24%，重点本科上线164人，较2010年增加33人，增长率25.19%。全面完成了目标任务。开封中学获市高中素质教育一等奖，剑阁中学、剑州中学获二等奖，剑门关高级中学获得三等奖。现将四年高考升学情况汇总如下：

表11-17　2008—2011年四川省剑阁县高考升学情况

年度	本科上线人数/人	上线率/%	增长率/%	重本人数/人	增长率/%
2008	976	22	—	156	—
2009	1 179	25	20.8	125	-19.9
2010	1 318	22	11.8	131	4.8
2011	1 598	27	21.24	164	25.19

二、教育均衡发展，巩固"两基"成果

小学、初中教育，遵循教育规律，全面贯彻党的教育方针，制度健全，管理有序，质量稳步提升。其中涌现了许多优秀单位，如剑阁中学、剑门关高级中学、龙源中学、剑门中学、鹤龄中学、开封小学、抄手小学，开封教办多次荣获教育质量一等奖。

民办教育、成人教育、幼儿教育、特殊教育齐头并进。加强了民办教育的管理和教学业务指导，对民办教育办学资质进行了清理整顿，完善了成人教育管理体系，开展科技下乡活动4次，举办了"阳光工程"扶贫工程培训59期。特殊教育管理进一步规范，灾后建成了"剑阁县特殊教育学校"，建立了"三残"儿童、少年入学保障制度，残童入学率达95.39%。幼儿教育得到重视，管理指导力度加大，全县幼儿入园率逐年提高。

素质教育深入推进。以活动为载体全面推进素质教育，在全县教师中开展"教学大比武"活动，说课、讲课、课件制作、优秀教案评选、优质论文撰写、有效课堂探讨，形式多样，精彩纷呈。教师教学基本功、文化素质得到提升。启动剑阁县名校长、名教师骨干教师培养工程。激励校长树立先进的办学理念，采纳科学的管理模式。激励全县教师树立正确的人生观、世界观。选择科学、严谨、务实的育人观。以"中小学学生思想道德建设"系列活动为抓手，广泛开展诚信教育、感恩教育，开展面达100%。全县在青少年爱国主义读书活动、少年百科知识竞赛中分别获全国和省优秀组织奖；在全省第六届学生优秀人才大赛中，全县有390余名学生获奖，获奖率达66.5%。剑阁中学顺利通过省级"文艺人才培养基地学校"的评优验收，剑门关高级中学成功创建省实验教学示范学校，下寺小学通过市级"艺术特色学校"评优验收。

"两基"成果得到巩固。灾后重建，全县91所学校校舍旧貌换新颜，硬件更"硬"，教育装备齐全、规范。软件不"软"，教育质量稳中有升。全县小学、初中适龄儿童、少年和残疾儿童、少年入学率分别达到了100%、99.5%和98.9%，青壮年文盲率控制在0.87%以内。剑阁县"两基"复查连续五年交查合格。

三、文化重建结硕果，芳菲满园溢家园

教育重建，不单是对硬件的修补和再生，更是一项伟大的文化再造再生工程。

文化建设是学校的根。"5·12"汶川地震使剑阁县各校文化阵地建设毁于一旦。震后，各校在重建校舍、狠抓教育质量的同时，首先加强了文化阵地建设。开办墙报，举办专栏，装备了现代化校园广播系统，利用网络信息系统多渠道、全方位加强校园文化建设。其次是以活动为载体因地制宜，彰显学校特色，打造校园特色文化，找到灾后学校的精神价值。武连职中"红色文化、颂党恩、讲党史、唱红歌"等多形式的感恩教育主题活动蓬勃发展，着力建设爱国主义教育基地；剑阁中学围绕"孔子特色文化"，诵读国学经典，感受文化馨香；张王中学的"德育文化"，弘扬德育传统，培育文明新人……在新学校都找到治校之"魂"。最后是全县大力开展和参与市以上各类文艺活动。

为缅怀罹难同胞，讴歌抗震救灾英雄，感党恩报国恩，铭龙江大爱，进一步增强民族意识，2009年5月11日晚，剑阁县四大班子和黑龙江援建前线指挥部主办、教育局承办的"感恩中国，重建家园"文艺晚会，从缅怀、感恩、奋进三个篇章，鼓舞士气，振奋精神，坚定了重建美好家园的信心。

2009年"六一"儿童节国务院总理温家宝给剑阁县学生黄菊、吴坤等四位小朋友回信，祝贺他们儿童节快乐，嘱咐他们好好学习。这给重灾的剑阁县学子以莫大的鼓舞和信心，全县中小学生写感恩信、道感恩函、唱感恩歌蔚然成风，全县感恩教育活动蓬勃开展。

2009年，广元市第三届职业技能大赛中，剑阁县职中36名参赛师生勇夺34块奖牌，获得奖牌

总数、团体奖项和综合成绩 3 个第一。

2011 年 8 月由教育部关工委主办的"全国青少年，当好小公民，文明美德伴我成长"活动，教科局组织全县学生参赛。剑阁县羊岭小学学生杨青钰获全国特等奖，剑门关高中等 4 所学校获全国示范学校称号，剑阁县教科局获全国先进集体称号，伍翠蓉局长获全国优秀工作者称号……

文化重建一幅幅浓墨重彩的非物质画卷载入剑阁教育史册，成为剑阁各类教育协调、可持续发展的源泉，有力地促进了全县教育质量的全面提升。

灾后重建，剑阁教育环境发生翻天覆地的变化，师资队伍师德高尚、素质优良、业务精湛，教育装备日趋完备，教学质量连年提升，正沿着教育局伍翠蓉局长强管理、建示范、升品位、建特色的教育发展之路阔步前进。

第七章　表彰先进

第一节　国家级表彰

受中央文明办、教育部、团中央、全国妇联表彰的抗震救灾优秀少年（1人）：

张庚杰　剑阁县下寺小学二年级学生

受教育部表彰的抗震救灾先进个人（1人）：

李政有　剑阁县沙溪中学工会主席

第二节　省级表彰

省教育厅表彰的抗震救灾优秀教育工作者（4人）：

杜中贵　剑阁县教育局党组书记、局长

杨　旭　剑阁县柳沟教育督导办公室主任

郑国才　剑阁县白龙教育督导办公室主任

李政有　剑阁县沙溪中学工会主席

省教育厅表彰的抗震救灾优秀教师（2人）：

黄先金　剑阁中学高级教师

李周林　公兴小学一级教师

第三节　市级表彰

市委表彰的抗震救灾先进基层党组织（2个）：

县教育局机关党委　毛坝小学党支部

市委表彰的抗震救灾优秀共产党员（1人）：

杜中贵　县教育局党组书记、局长

市级表彰的灾后重建先进个人（2人）：

杜中贵　县教育局党组书记、局长

张天锦　县教育局重建办副主任

第四节 县级表彰

受县委表彰的抗震救灾先进基层党组织（7个）：

普安幼儿园党支部　　元山中学党支部

木马中学党支部　　　西庙小学党支部

广坪小学党支部　　　江石小学党支部

高池小学党支部

受县委表彰的抗震救灾优秀共产党员（5名）：

罗建明　县教育局党组书记、局长

杨青锋　剑阁中学党总支书记、校长

何雄林　剑州中学党总支副书记、校长

贾健平　剑阁职中党总支书记、校长

唐兴剑　沙溪中学教师

受县委表彰的抗震救灾先进集体名单（共16个）：

剑州中学　县成人教育中心　文峰中学　普安幼儿园　普安小学

普安中学　北庙小学　凉山小学　武连职中　开封小学　元山中学

公兴小学　羊岭小学　柏垭小学　汉阳中学　元山新苗小学

受县委表彰的抗震救灾先进个人（共117名）：

剑阁中学：张常青　张国江　李子军　杨　阳　洪述生　杨永飘　董重余

剑州中学：王步蒿　宋良荣　左新明　李　成

剑阁职中：何中猛　蒲朝光　王树镶　何　印

成教中心：左思荣　王茂波　罗有鹏

文峰中学：张明辉　张荣昌

实验学校：蒲彩云　冉　慧

普安小学：李彩霞　张德平

普安幼儿园：袁　聆　王　蒙

普安督导办：王文波　胡正庭　刘永寿　何继高　舒邦伟　伏国芬　杨洪富　王洪强　梁现军
　　　　　　唐在发

城北督导办：王建君　罗定金　苟　文　李　康　赵从海　孙贵宏　姜有甫　王青林

柳沟督导办：齐坤勇　梁现福　何荣章　侯国强　梁玉峰　朱巨波

武连督导办：李碧文　贾茂林　王兆清　郭星书　张　聪　徐　黎　周运聪

开封督导办：魏习海　张　骞　程朝柏　严三元　王斌温　洋任蛟

元山督导办：贾兴华　梁玉福　何健全　涂春秀　嘉仲成　苟银春　任德厚

公兴督导办：蒲海军　王永全　杨德华　刘国忠　罗小明　郑海生　严体树　郑建东　杨洪润

白龙督导办：刘成基　奂文聪　程大福　王锡强　刘余德　王勇章　唐　勇

鹤龄督导办：张锡武　杨永红　严天席　严　荣　王晓东　王光红　杨永业　严正辉　罗茂江

江口督导办：尤德超　张天良　杨星贤　王仁和　蹇发财　姜文泽

剑门督导办：刘剑明　张羽红　徐邦友　唐剑锋　涂健康　魏全昌　张正春

下寺督导办：贾德军　袁东平　赵建军　徐国武　安孝东

教育局机关：蒙立勇　张育生　徐泽强

第十二篇　义务教育均衡发展

第一章　义务教育基本均衡

第一节　概述

为贯彻落实《国家中长期教育改革和发展规划纲要（2010—2020 年)》，巩固提高九年义务教育水平，深入推进义务教育均衡发展，着力提升农村学校和薄弱学校办学水平，提高义务教育质量，促进教育公平，保障民生，构建和谐社会，国务院发布了《国务院关于深入推进义务教育均衡发展的意见》(国发〔2012〕48 号)。

1986 年公布实施的义务教育法提出中国实行九年义务教育制度，2011 年所有省（区、市）通过了国家"普九"验收，中国用 25 年全面普及了城乡义务教育，从根本上解决了适龄儿童、少年"有学上"问题，为提高全体国民素质奠定了坚实基础。但在区域之间、城乡之间、学校之间办学水平和教育质量还存在明显差距，人民群众不断增长的高质量教育需求与供给不足的矛盾依然突出。深入推进义务教育均衡发展，着力提升农村学校和薄弱学校办学水平，全面提高义务教育质量，努力实现所有适龄儿童、少年"上好学"，对于坚持以人为本、促进人的全面发展，解决义务教育深层次矛盾、推动教育事业科学发展，促进教育公平、构建社会主义和谐社会，进一步提升国民素质、建设人力资源强国，具有重大的现实意义和深远的历史意义。

2013 年开始，剑阁县政府成立推进义务教育均衡发展工作领导小组，由县长、常务副县长担任组长，宣传部部长和分管教育副县长担任副组长，县宣传、编办、发改、教科、财政、人社、国土、住建、文广新、卫生、体育、食品药品监管、地税等相关职能部门负责人为小组成员，负责统筹协调，系统推进。

2017 年 4 月，通过市级复核，2017 年 10 月省级验收成功，2018 年被国家认定为"全国义务教育发展基本均衡县"。

第二节　义务教育基本均衡目标及标准

一、目标

总体目标是：全面贯彻党的教育方针，以推进县域义务教育均衡发展为目标、实施义务教育学校标准化建设为重点、建立和完善义务教育经费投入长效机制为保障，统筹推进义务教育均衡发展，努力缩小义务教育城乡之间、区域之间、学校之间办学条件和水平的差距，为每一个学生提供公平、优质的教育。

推进义务教育均衡发展的基本目标是：每一所学校符合国家办学标准，办学经费得到保障。教育资源满足学校教育教学需要，开齐国家规定课程。教师配置更加合理，提高教师整体素质。学校班额符合国家规定标准，消除"大班额"现象。率先在县域内实现义务教育基本均衡发展，县域内学校之间差距明显缩小。到 2015 年，全国义务教育巩固率达到 93%，实现基本均衡的县（市、区）比例达到 65%；到 2020 年，全国义务教育巩固率达到 95%，实现基本均衡的县（市、区）比例达到 95%。

（一）总体发展目标

2016 年实现各乡镇义务教育初步均衡；2017 年实现县域内义务教育基本均衡。

（二）各乡镇分年度目标

2013 年，汉阳镇、武连镇作为全县义务教育均衡发展试点镇，初步实现县域内义务教育基本均衡；2014 年，开封镇、公兴镇、木马镇、元山镇、白龙镇、鹤龄镇、杨村镇、剑门关镇、龙源镇、盐店镇、柳沟镇、下寺等 12 个乡镇初步实现县域内义务教育基本均衡；2015 年，上寺乡、张王乡、江口镇、羊岭镇、锦屏乡、店子乡、碑垭乡、金仙镇、香沉镇、涂山乡、王河镇、演圣镇、国光乡、迎水乡、东宝镇、正兴乡、义兴乡、凉山乡、城北镇、姚家乡、北庙乡、普安镇、闻溪乡等 23 乡镇实现县域内义务教育基本均衡；2016 年，柏垭乡、高观乡、樵店乡、广坪乡、禾丰乡、摇铃乡、吼狮乡、圈龙乡、长岭乡、田家乡、江石乡、西庙乡、垂泉乡、毛坝乡、马灯乡、秀钟乡、碗泉乡、高池乡、柘坝乡、公店乡等 20 个乡镇实现县域内义务教育基本均衡。2017 年全县接受四川省人民政府对剑阁县义务教育均衡发展工作的评估验收。

二、义务教育达到基本均衡的标准

县域内义务教育学校达到省定的基本办学标准和校舍安全标准，办学条件基本均衡；义务教育经费保障机制全面落实，学校公用经费拨款达到国家规定标准，办学经费保障水平基本均衡；义务教育教师绩效工资制度按标准全面落实，建立起县域内义务教育阶段校长、教师定期交流机制，教师配置基本均衡；贫困家庭学生扶持力度进一步加大，进城务工人员随迁子女平等接受义务教育的权益得到保障，特殊教育得到加强，不同社会群体受教育机会基本均衡；素质教育深入推进，教育质量显著提升，招生政策进一步完善，"择校热""大班额"等问题基本得到解决，办学质量和管理水平基本均衡。九年义务教育巩固率 2015 年达到 94% 以上，2017 年达到 96% 以上。

第三节　基本做法

一、落实主体责任，强化政府职能，做到"三个到位"

一是高度重视，部署到位。剑阁县始终坚持教育优先发展，强力实施"科教兴县"战略。县委、县政府全力推进义务教育均衡发展，提早谋划布局，制定了《剑阁县教育事业发展"十三五"规划》《剑阁县创建全国义务教育发展基本均衡县实施方案》《剑阁县创建全国义务教育发展基本均衡县工作责任、考评和问责机制》《关于深入推进义务教育均衡发展的实施意见》，把义务教育均衡发展纳入"十二五""十三五"规划并组织实施。按照《四川省义务教育学校办学条件基本标准》，全面摸清家底，科学制订工作方案，明确了义务教育均衡发展时间表和路线图。

二是协调推进，履职到位。成立了以县长任组长的义务教育均衡发展工作领导小组，坚持工作议事、办公会议、定期汇报三项制度，定期召开教育工作会议，总结安排教育工作。县人大、县政协定期组织代表、委员调研、视察工作推进情况。按照义务教育均衡发展标准体系，坚持抓规划促项目，抓项目促发展，抓发展促调整，分解任务、明确责任，县级各相关部门各司其职、协同推进义务教育均衡发展。制定了《剑阁县创建全国义务教育发展基本均衡县工作责任、考评和问责机制》，并将工作成效纳入各乡镇和部门的年度目标考核，确保义务教育均衡发展有力推进。

三是落实政策，投入到位。依法保障"三个增长"。2014—2017 年义务教育预算内拨款分别为 44 492.3 万元、47 026.1 万元、50 763.7 万元、56 956.9 万元，高于财政经常性收入增长比例，分别达到 3.9%、5.7%、7.9%、12.2%。保障农村税费改革转移支付资金按不低于省定比例用于教育，每年农村税费改革转移支付资金 7 597 万元，其中用于教育 4 558 万元，占 60%。足额拨付教育费附加和地方教育附加，四年征收教育费附加和地方教育附加 5 826 万元，全部用于改善办学条件。四年来从土地出让收益中按 10% 计提教育资金 51.6 万元。2014—2017 年全县生均预算内教育事业费，小学每生分别为 9 515 元、9 892 元、9 928 元、9 974 元，分别比上年增长 7.5%、4%、0.4%、0.5%；初中每生分别为 9 750 元、11 544 元、11 992 元、12 336 元，分别比上年增长 23%、18.4%、3.9%、2.9%。2014—2017 年全县义务教育阶段生均预算内公用经费，小学分别为 1 146 元、1 230 元、1 460 元、1 609 元，分别比上年增长 7.6%、7.3%、18.7%、10.2%；初中分别为 1 258 元、1 324 元、1 364 元、1 710 元，分别比上年增长 8.8%、5.3%、3%、25.3%。足额落实义务教育贫困家庭寄宿生生活补助、义务教育免作业本费等费用。2014—2017 年全县义务教育阶段教职工年人均工资分别为 51 961 元、71 291 元、74 538 元、76 965 元，分别比上年增长 22%、37.2%、4.6%、3.3%，教师工资全额纳入财政预算并统一直发，足额预算教师各项社会保障支出，按月直发农村教师生活补助。

二、统筹资源配置，改善办学条件，做到"三个保障"

一是坚持科学规划作保障。剑阁县按照教育部颁发标准，确立了"科学布局、先建后撤、循序渐进、均衡发展"工作思路，制定了《四川省剑阁县 2013—2015 年农村义务教育学校布局专项规划》，科学规划校点布局并已经全面完成。全县形成了中小学、幼儿园布局合理优化、比例适当、规模适度的教育体系，义务教育阶段学校功能用房齐全，活动场地宽敞平整，配套设施完善，校园环境优美。

二是坚持标准建设作保障。按照义务教育学校建设标准和教育技术装备规范，剑阁县制订了"改薄"专项计划和实施方案。2015 年以来，共投入 2.97 亿元（其中县本级 1.26 亿元），新、改、扩建校舍 1.95 万平方米、运动场馆 7.93 万平方米；新增理科实验教学仪器 91 万台（件、套），音体美教学器材 9 万台（件、套），纸质图书 51.12 万册。

三是坚持信息化作保障。2014 年以来，累计投入资金 5 500 万元，组建教育城域网并接入市教育城域专网，全县义务教育阶段学校实现光纤宽带全覆盖，在全市教育信息化"三通两平台"建设中，率先建成 1 000 兆到校、100 兆到班的信息化高速公路。建成多媒体网络教室 388 间，购置教师教学办公电脑 1 904 台，配置学生教学电脑 5 975 台，新建和改造学生计算机教室 89 间，建成"智慧校园"示范校 2 所、"智慧课堂"19 个、"专递课堂"学校 10 所，县域学校"校校通"达 100%。

三、强化职业道德，优化教师队伍，做到"五个提升"

一是合理配备学科教师，确保教师队伍优化提升。印发了《关于进一步加强教师队伍建设的实施意见》，教师补充机制进一步健全。在全县义务教育阶段教师超编的情况下，采取先进后出、考试与考核相结合等办法，及时按班师比补充了农村边远薄弱学校教师。2015 年以来，公开招聘教师 459 名，全部充实到农村中小学任教。引进硕士研究生 5 名，全部补充到高完中学校任教。全县义务教育阶段小学、初中专任教师分别为 2 076 人、1 029 人，小学、初中师生比分别达 1∶14.39 和 1∶11.24，学历合格率均达 100%。

二是实施绩效工资制度，确保教师合法收入提升。严格执行义务教育学校教师工资制度，绩效工资标准与公务员津、补贴标准一致。教师工资、国家政策性津贴每月由县财政及时、足额划拨到教职工个人工资账户，应由财政承担的社会保障性经费全部纳入了财政预算。出台《剑阁县义务教育学校校长绩效考核实施办法》和《剑阁县中小学绩效考核指导意见》，充分调动广大教师工作的积极性。从2014年1月起，按每月不低于400元的标准兑现了农村教师生活补助。将全县学校年终目标完成情况纳入县委、县政府统一考核，2014—2017年，分别按人均5 600元、8 400元、12 000元、14 000元的标准发放了目标考核奖，真正做到了教师人均工资高于公务员工资水平。

三是落实教师培训经费，确保教师专业素养提升。县财政每年预算教师培训经费80余万元，各级各类学校严格按公业务费5%的标准安排了本校教师培训经费，大力实施教师学科技能、现代教育技术、学校管理、课程标准研究等培训项目。2014—2018年，全县共组织培训学科教师18 498人次、管理干部1 480人次。通过培训，全县教师队伍的整体水平显著提高。评选生本骨干教师170人，确立生本示范学校25所，全县教师参加"一师一优课，一课一名师"活动晒课1万余节次。有108项课题获省、市优秀教研成果奖，达到了以教带研、以研促教的目的。全县义务教育阶段学校已有省级特级教师5名、省级骨干教师42名、市级名师23名、市级骨干教师152名。

四是加强师德师风建设，确保职业道德水平提升。印发了《关于加强师德师风建设及教师职业道德考核的通知》，建立健全并逗硬实施师德考核制度，逗硬落实四川省教师职业行为"八不准"和广元市教师"六不准"规定。开展了"创先争优""廉政文化进校园""千名教师访万家"及师德宣誓、师德承诺等师德建设主题活动，建立师德考核档案。树立了一批师德典型，全县教师队伍的敬业精神显著提高。

五是建立定期交流机制，确保教学活力不断提升。建立义务教育学校校长、教师交流和轮岗支教制度。出台了《剑阁县推行城区中小学教师支教工作意见》《关于在全县义务教育学校推行校级领导和教师交流工作的意见》，采取离岗全职支教、在岗兼职支教、走教，城乡教师双向交流、轮岗等多种形式进行教师交流。2016—2018年，全县共安排城镇学校教师到农村学校支教50人次，交流义务教育阶段学校校长30名，交流普通教师941名，有效促进了县内师资队伍的均衡配置。

四、关注弱势群体，保障入学机会，做到"四个均等"

一是入学机会均等。制定《剑阁县进一步控辍保学、稳控生源的实施意见》，将工作成效纳入党政主要领导教育目标责任年度考核。层层签订控辍保学责任书，全面落实各乡镇、各有关县级部门控辍保学责任。实行了县长、乡镇长、校长、村民委员会主任、家长控辍保学"五长负责制"，实施了控辍保学"五项制度"，建立健全了政府、学校、家庭联动控辍保学的三方责任制和领导包片、乡镇干部包村、村社干部包户的工作机制，形成了部门联动、齐抓共管的控辍保学工作格局。按照就近入学的原则，划定义务教育阶段学校招生服务区域，为群众提供了明确、便捷的服务，确保了适龄儿童、少年全部入学。小学、初中阶段正常人口入学率、毕业率均达100%，九年巩固率为99.9%。

二是特殊学生入学均等。出台了《剑阁县特殊教育提升计划》《关于进一步做好进城务工人员随迁子女接受义务教育工作的意见》等文件，建立以随班就读为重点的"三残"儿童、少年入学保障机制，认真开展了"送教上门"工作。2018年"三残"儿童、少年入学率达100%。将进城务工人员随迁子女入学纳入教育发展规划和财政保障体系，落实"两为主"政策，畅通入学渠道，公正公平接纳每位学生，实施无差别的教育。新老县城9所义务教育阶段学校均接纳进城务工人员随迁子女就学，其入学率达100%。

三是留守学生关爱均等。印发了《剑阁县加强农村留守儿童关爱保护工作实施办法》，建立了关爱留守儿童联席会议制度。形成了民政局牵头、相关县级部门配合、乡镇村社三级联动的留守儿童关爱帮扶体系。全县建立"留守儿童之家"83个、乡村学校少年宫59个，创建市级星级留守儿童之家15个。建立了留守儿童档案，发动学校教师担任留守儿童的"代理家长"，负责照管留守儿童，组织留守儿童参加乡村少年宫活动。全面落实国家补贴政策，全县贫困寄宿生生活补助覆盖率达100%；义务教育阶段学生享受免学杂费、免教科书费、免作业本费覆盖率达100%。成立了县学生资助管理中心，近四年发放救助资金641.1万元，救助贫困学生5 341人次。实施关爱工程，兑现了"不因务工而辍学、不因贫困而失学、不因就学而致贫"的庄严承诺。

四是优质教育资源分配均等。整合高中教育资源，合理分配优质普通高中招生名额。每年均制定了高中招生工作意见，对省级示范高中（剑阁中学）、市级示范高中（剑门关高中、剑州中学）和一般高中（开封中学、白龙中学）的招生录取工作进行统一部署和安排。2014—2018年，市上下达给剑阁县的省级以上示范性普通高中招生计划的50%均衡分配到各校。

五、规范办学行为，强化质量管理，做到"五个发展"

一是强化学校常规管理，规范办学行为促发展。认真贯彻《教育部关于当前加强中小学管理规范办学行为的指导意见》《四川省义务教育课程设置方案》《广元市中小学常规管理50条》等规范办学行为的文件要求，同时，按照"公开透明、全面覆盖、相对稳定、就近免试入学"的原则，合理划定义务教育学校服务辖区。全县无小学升初中选拔性招生考试和重点校、重点班、集体补课等现象发生。

二是加强学校艺体工作，促进学生特长发展。严格实施了《国家学生体质健康标准》，以体育、艺术教育为抓手，开展师生文艺汇演、中小学生球类、田径运动会，实施好每天一小时校园体育活动、春秋两季运动会、每年一次艺术展演活动，近四年参加省中小学生优秀艺术人才大赛达8 300余人次，提高了学生体育、艺术素养，促进了学生全面发展。共有3 400余名学生在省市体育、艺术、科技比赛等活动中获奖。创建省市级"阳光体育"示范校8所、"素质教育"示范校4所，普安小学"童心向党"歌咏节目被中国文明网选中并展播，剑门关高中留守儿童参加央视英语竞赛并获大奖。

三是建立质量激励机制，促进质量均衡发展。印发了《剑阁县高效课堂建设实施方案》，全面推进课堂教学和评价方式改革，全面实施素质教育。出台了《剑阁县教育质量奖励试行办法》《剑阁县教学成果和教育科研成果奖励试行办法》等文件，每年县财政安排100万元资金，重点用于对在教学、科研等工作中取得优异成绩的义务教育阶段教师的表彰奖励。义务教育阶段教学质量每年均有较大提升，正兴、樵店、鹤鸣等一些边远学校教学质量走在全县同类学校前列。城乡学校之间的教学质量差距进一步缩小，助推了城乡学校的均衡发展。

四是强化立德树人意识，促进学校内涵发展。坚持德育首位，以留守儿童之家、乡村学校少年宫为载体，不断丰富德育内涵，积极开展形式多样的劳动教育、心理健康教育、诚信礼貌教育、感恩奋进教育、禁毒教育、法治教育、行为习惯养成教育等专题教育活动，开展"践行社会主义核心价值观""走复兴路·圆中国梦""书香校园""法治护航·青春飞扬"等系列活动，以加强未成年人思想道德建设，促进少年儿童健康成长。

五是加强校园文化建设，促进学校特色发展。印发了《关于进一步加强校园文化建设工作的实施意见》，加强校园物质文化、精神文化建设，以"一校一品"为工作思路，充分发掘地域特色文化资源，不断加强校园文化建设和特色学校打造，全县形成了以"红、绿、土"为主的办学特色。元山小学的"川戏"、高观小学的"皮影"、杨村小学的"傩戏"、白龙中学的"纸偶"走进课堂，剑门关小学的红色与法治文化、龙江小学的家风文化、普安小学的科普文化及科技制作、高池小学的"莲"文化、北庙小学"三国名人"文化等各具特色。

第二章　义务教育优质均衡

剑阁县 2018 年成功创建全国义务教育发展基本均衡县。为巩固义务教育发展基本均衡成果，全面提高义务教育质量，根据教育部《关于印发县域义务教育优质均衡发展督导评估办法的通知》（教督〔2017〕6 号）、四川省人民政府教育督导委员会《关于做好县域义务教育优质均衡发展督导评估工作的通知》（川教督委〔2020〕2 号）等精神，结合县第十三次党代会精神和"十四五"教育发展规划，制订了《剑阁县创建义务教育优质均衡发展县工作实施方案》。

一、工作目标

进一步优化学校布局结构调整，优化教师队伍，整合教育资源，改善办学条件；进一步缩小义务教育城乡和校际差距，整体提高义务教育标准化建设水平，全面提高教育教学质量。

全面完成剑阁县义务教育基本均衡创建省级督导评估和国家认定中反馈问题的整改工作，全县义务教育学校在"资源配置""政府保障""教育质量""社会认可度"4 个方面 32 项指标全部达到国家评估要求，不出现"一票否决"情况。

确保 2028 年自评达标并通过市级复核，2029 年通过省级评估，2030 年通过国家认定。

二、组织机构

成立剑阁县创建义务教育优质均衡发展县领导小组：由县长任组长，分管教育的县级领导为副组长，由相关部门的一把手为成员。领导小组下设办公室，由谢家远同志兼任办公室主任，由李锦钟、唐永红同志兼任办公室副主任。领导小组办公室负责创建工作的组织、部署、督促、检查、统筹和协调等工作，研究解决创建工作中的重大问题。

成立推进创建义务教育优质均衡发展县工作小组：由分管教育的副县长任组长，教育局的党组书记和局长、县人民政府总督学为副组长，县委编办、县发展和改革局、县人力资源和社会保障局、县财政局、县自然资源局的相关领导和教育局的班子成员为成员。推进创建工作小组办公室设在县教育局，李锦钟、唐永红同志兼任办公室主任，何中强同志兼任办公室副主任，牵头组织实施创建相关工作。

设立具体工作小组，全面推进创建工作。

（1）协调小组：由县政府办、县财政局、县教育局组成，负责协调各部门、乡镇和学校，按时按要求完成所分配的工作目标任务，积极研究解决工作中的困难和问题，并及时通报工作开展情况。

（2）督查小组：由县目标绩效事务中心、县人民政府督导委员会办公室、县教育局组成，负责督查乡镇人民政府履行教育工作职责情况，督查义务教育优质均衡发展工作目标的执行情况及阶段性目标完成情况等。

（3）档案小组：由县教育局相关股室组成，负责制定档案目录和提供相应档案资料，指导、审核县级有关部门、乡镇、学校档案资料；负责全县档案的归档立卷和省市督导评估现场会各类档案资料的查阅、解释工作。

（4）材料小组：由县政府办、县教育局组成，负责撰写县政府义务教育优质均衡发展工作综合汇报材料，负责县政府义务教育优质均衡发展工作自查报告，组织核实并认真规范填写各类评估表册。

（5）宣传报道小组：由县委宣传部、县融媒体中心、县教育局、县文旅体局组成，负责宣传报道市复核、省督导评估及国家认定工作，营造全县扎实推进义务教育优质均衡发展工作氛围。

（6）后勤保障小组：由县政府办、县财政局、县公务和外事服务中心、县机关事务服务中心、县教育局组成，负责工作推进期间的经费保障，评估期间省市领导、专家的接待和食宿安排，以及评估现场准备等服务保障工作。

三、工作职责

确定了县级32个部门的工作职责。32个部门分别是：县政府办、县教育局、县委群众工作局、县发展和改革局、县经济信息化和科学技术局、县民政局、县司法局、县财政局、县人力资源和社会保障局、县自然资源局、县住房和城乡建设局、县交通运输局、县农业农村局、县文化旅游和体育局、县卫生健康局、县应急管理局、县审计局、县市场监督管理局、县统计局、县行政审批局、县综合行政执法局、广元市剑阁生态环境局、国家税务总局剑阁县税务局、县公安局、县融媒体中心、县委编办、县目标绩效事务中心、团县委、县妇联、县残联、各乡镇人民政府、县人民政府教育督导委员会办公室。

其中，县教育局的工作职责为：

（1）负责县义务教育优质均衡发展工作领导小组办公室日常工作，科学规划、统筹安排、综合协调、组织实施、督导督查，确保创建工作稳步推进。

（2）贯彻执行国家教育工作法律法规和方针政策，全面推进素质教育，规范学校办学行为，组织开展教育科学研究活动，监测教育教学质量；合理优化布局各类教育资源，规范学校学制、规模和班级容量。

（3）依法做好"控辍保学"工作，管理好学生学籍，跟踪督促辍学学生复学，确保义务教育入学率、巩固率、毕业率达标。

（4）按照就近入学的原则，制定学校招生政策，分配学校招生指标，划定学校招生范围，规范学校招生行为。

（5）建立支持教育改革和发展的学校后勤社会服务体系。执行《中华人民共和国民办教育促进法》，加强民办学校和校外培训机构监督管理，促进民办教育健康发展。

（6）统筹安排教育经费并研究制订分配方案；抓好各项教育项目建设工程，解决学校教学及辅助用房、运动场（馆）、生活用房不足不配套等问题，解决学校教育装备问题，努力改善办学条件；配合做好教师工资及绩效工资的保障工作；协调有关部门抓好教育民生工程。

（7）加强学校教职工编制管理。定期清理各类在编不在岗人员；严格规范学校内设机构与领导职数。

（8）加强和改进学校德育工作，提高未成年人思想道德建设成效。加强校园文化建设，实现文化育人；加强学校体育艺术工作，实现活动育人，提高学生的文化艺术素养。

（9）加强学校行政管理，建立健全学校内部管理机制，充分发挥党组织政治核心和监督作用，充分发挥工会（教代会）民主管理、民主监督作用，加强政风行风建设；加强学校安全管理，扎实做好安全信访稳定工作，提高教育治理能力和治理水平。

（10）加强教师队伍建设，做好资格认定、招聘录用、教育培训、评职晋级、工资调整、调配交流、考核运用、评优评先等教师管理使用工作。

四、工作任务

（一）统筹规划校点布局，优化整合教育资源，实现学校布局科学化

结合剑阁县实际，按照"方便、安全、就近、效益"的原则，综合考虑乡村振兴、新农村建设、城镇化进程、新老县城发展、全面三孩政策、未来人口变动趋势、城乡布局调整和人民群众的现实需要等因素，进一步做好两项改革"后半篇"文章，科学编制规划，稳步推进县域学校布局结构调整，逐步实现县域学校布局科学化。

坚持"小学向乡镇集中、初中向中心镇集中、高中向县城集中、资源向寄宿制学校集中"的原则，因地制宜撤并生源不足、办学条件差、教育质量持续偏低的学校；加快推进新老县城建设，进一步优化新老县城学校布局，科学规划，联审联批，依据学位需求，新建或改扩建学校，认真落实新区配套建设学校政策，加快翰林幼儿园、清江初中、清江九年一贯制学校的规划与建设，着力解决城区上学难、大班额、大校额等问题；加强乡镇寄宿制学校建设，全面提升农村义务教育学校办学基础能力，集中全县人力、物力、财力，统筹安排建设项目及资金，继续实施中小学校舍安全工程、教师安居工程等，有计划、分步骤地推进学校基础设施建设，统筹推进城乡教育协调发展，缩小城乡、校际差异，促进全县教育资源优质均衡化。

到 2028 年，全县小学、初中生均教学及辅助用房面积分别达到 4.5 平方米、5.8 平方米以上，生均运动场（馆）面积分别达到 7.5 平方米、10.2 平方米以上，小学、初中校际差异系数分别降到 0.50、0.45 以下，小学、初中所有班级学生数分别不超过 45 人、50 人，所有小学、初中规模不超过 2 000 人，九年一贯制、十二年一贯制学校义务教育阶段规模不超过 2 500 人。

（二）优先保障教育经费，切实改善办学环境，实现办学条件标准化

加快学校标准化建设步伐，增加经费投入，改善办学条件。全面落实国家、省、市关于义务教育经费投入的各项政策，健全义务教育经费保障机制，切实履行政府主体责任，坚持把教育作为财政支出重点领域给予优先保障，依法按时按规定足额拨付义务教育生均公用经费或生均财政拨款，确保实现教育经费"三个增长"及学生资助等民生项目资金按时足额落实到位，切实改善办学环境，实现办学条件标准化。做到不足 100 名学生的村小学和教学点按 100 名学生核定公用经费，特殊教育学校生均公用经费不低于 6 000 元。做到城乡义务教育学校建设标准"四统一"（学校建设标准统一、教师编制标准统一、生均公用经费基准额统一、基本装备配置标准统一）。筹措资金，加大投入，推进学校标准化建设，配齐更新设施设备，按标准配备功能室，确保小学、初中生均教学仪器设备值分别达到 2 000 元、2 500 元以上，所有小学、初中每 12 个班级配备音乐、美术专用教室 1 间以上，面积分别不小于 96 平方米、90 平方米，每百名学生拥有网络多媒体教室数小学、初中分别达到 2.3 间、2.4 间以上。对全县义务教育寄宿制学校按寄宿生人数年生均 200 元标准补助公用经费。

（三）配齐建强教师队伍，缩小城乡师资差距，实现师资配置均衡化

逐步深化完善教师"县管校聘"体制机制改革，加强义务教育学校教师编制管理，按照课程实施需求配备师资，确保教育教学工作正常有序开展，实现师资配置优质均衡化。教师配备向农村学校、小规模学校、特教学校倾斜，优先满足义务教育缺编学校，优先保障音体美教师的配备，依法健全教师补充长效机制，拓宽学校紧缺学科教师补充渠道，持续招聘新教师。确保每百名学生拥有体育艺术（音乐、美术）专任教师数小学和初中均达到 0.9 人以上。严禁对教师缺员学校"有编不补"，严禁挤占、挪用和截留教职工编制，严禁借用教师到其他机关事业单位。

加大教师培养培训力度，着力提升教师基本素养，全力塑造新时代剑阁教师好形象，实现教师队伍建设优质均衡化。以热爱学生、教书育人为核心，以"学为人师、行为世范"为准则，加强师德建设，狠抓作风纪律整顿，着力培养"四有"（有理想信念、有道德情操、有扎实学识、有仁爱之心）好老师。认真贯彻实施《新时代中小学教师职业行为准则》，深入开展教育行风和师德师风整治，加大对违反师德行为的惩戒力度，杜绝出现严重违规违纪事件。建立教师学历提升激励机制，鼓励教师通过自考、函授等形式参加学历教育，不断提高自身文化程度，确保全县小学、初中每百名学生拥有高于规定学历教师数分别达到4.2人以上、5.3人以上，专任教师持有教师资格证上岗率达100%。加强以教师教育信息化和课程改革为重点的全员业务培训，不断完善教师培训制度，改革培训模式，提高业务能力。确保教师继续教育5年360学时培训完成率达100%，培训经费不低于年度公用经费预算总额的5%。建立完善骨干教师培养培训制度，加强省、市、县、校梯级骨干教师人才队伍建设，培养一批具有知名度、影响力的骨干名师队伍，实现每百名学生拥有县级以上骨干教师数达1人以上。推进校长、教师交流轮岗制度化、常态化，采取定期交流、对口支教、教师走教等方式，实行县城教师下乡支教、农村教师校际相互交流制度。逐步实现同学段学校生师比、岗位结构、骨干教师比例相对均衡，确保每年交流轮岗教师比例不低于符合交流条件教师总数的10%，其中骨干教师不低于交流轮岗教师的20%。切实保障中小学教师待遇，按规定足额核定教师绩效工资总量，建立奖励性绩效工资持续增长机制，完善绩效工资和效能奖励制度，改进分配方案和考核办法，完善落实农村教师工资待遇及生活补助政策，依法保障全县义务教育学校教师平均工资收入不低于当地公务员平均工资收入水平。

（四）关爱保护特殊群体，确保适龄儿童平等就学，实现县域教育公平化

关心关爱留守流动困境儿童，保障平等接受义务教育。建立以政府为主导、社会各方面广泛参与的留守儿童关爱体系，切实做好留守儿童义务教育工作。要明确县教育、发改、财政、公安、人社、总工会、共青团、妇联、残联、关工委等部门（单位）职责，发挥各乡镇和村（社区）组作用，健全关爱机制，建立信息台账，实施精准帮扶，努力解决留守儿童思想、生活和学习上的困难。坚持以流入地政府为主、以公办中小学为主的原则，制定人性化的随迁子女入学政策，建立健全保障服务体系，确保符合条件的随迁子女与当地学生平等接受义务教育，在公办或政府购买服务的民办学校就读比例不低于85%。建立多种形式的困境学生就学资助制度，确保"学生不因贫困而失学，家庭不因读书而致贫"。

多渠道、多途径，落实残疾少儿入学、救助的相关政策，全力保障残疾少儿受教育的权利。将残疾学生纳入各类教育资助范围，加强普安特殊教育学校及龙江小学特教部的管理，进一步办好县域特殊教育，完善普通教育学校接受残疾儿童、少年随班就读办法，完善重度残疾儿童、少年"送教上门"制度，确保全县残疾儿童、少年入学率达到95%以上。

（五）坚持党建引领，依法治校，多措并举，实现义务教育优质化

加强中小学党建工作，充分发挥党组织的政治核心作用，落实立德树人根本任务，坚持五育并举、德育为先，做好思想政治和意识形态工作，将社会主义核心价值观教育融入教育教学全过程。积极探索未成年人思想道德建设规律，系统推进中华优秀传统文化、爱国主义、集体主义、社会主义、公民道德与诚信、民主法治、生命安全、心理健康、行为规范、生态文明等方面教育，严格落实德育课程、课时，扎实开展德育教育活动，有效开展校外实践活动，以主题活动为载体，以课堂为主渠道，优化德育方法，创新德育形式，不断增强中小学德育工作的时代性、科学性和时效性，确保在督导评估中全县德育工作达到良好以上。认真开展法律进校园系列活动，学法、知法、懂法、用法，完善学校管理体制机制，推行民主管理，实行依法治校、依法治教，全力维护学校正常教育教学秩序，维护师生合法权益。

在突出德育实效的基础上，提升智育水平，强化体育锻炼，增强美育熏陶，加强劳动教育，培养德智体美劳全面发展的社会主义建设者和接班人。继续深化义务教育课程改革，认真落实国家新课程标准，大力实施素质教育，开齐、开足、开好每一门课程。特别要开好体育、美育、劳动教育等课程，要确保学生每天体育锻炼不少于1小时，每个学生至少掌握两项体育技能，不出现学生体

质健康水平持续三年下降的学校，确保每个学生至少拥有 1 项艺术特长，确保有劳动教育实践基地和场所，全面开设劳动课且劳动实践时间不少于综合实践活动课时的 50%。严格招生管理，规范招生行为。继续规范高中学校招生，全县优质高中招生名额分配不低于 50%，并向农村学校倾斜；义务教育学校一律实行免试入学，县城及学位紧张的中心镇学校实行划片招生，确保城区和中心集镇公办小学、初中就近划片入学比例分别达到 100%、95% 以上；继续执行"零择校"政策，严格控制班额，消除大校额、大班额，不办重点学校、重点班，不擅自举办各种实验班，确保招生公平、公开、公正。加大力度稳控优质生源，确保毕业年级优生留剑率不低于 95%。进一步完善中小学学籍信息系统，认真落实义务教育阶段控辍保学责任，继续推行"六长"（县长、局长、乡镇长、校长、村民委员会主任、家长）负责制，健全部门联动监控、劝返、帮扶、协调机制，确保义务教育阶段入学率、巩固率、毕业率达到评估要求。依据《民办教育促进法实施条例》加强民办学校管理，规范民办办学行为，提高办学质量。把"双减"工作作为重要的民生工程，加强校外培训机构管理，落实"减负提质"措施，切实减轻学生过重课外负担。坚持以生为本育人理念，遵循公益性、服务性原则，依法依规安排组织好学生课后延时服务和学生假期托管服务。家校共育，加强中小学生"五项管理"（手机、睡眠、读物、作业、体质），科学安排学生的学习、生活和锻炼。坚决纠正中小学违规补课和乱收费行为。规范教材教辅管理使用，按规定程序做好自愿认购工作。抓实抓好教师基本功训练，抓实抓好教学常规管理，抓实抓好教育科研，抓实抓好教育视导，抓实抓好问责评价，向精细化管理要质量，实现全县义务教育优质化，确保在国家义务教育质量检测中，相关科目学生学业水平达到Ⅲ级以上，校际差异率低于 0.15。

（六）着力"一校一品"建设，创建平安和谐校园，实现校园文化特色化

加强县域学校校园安全工作，确保校园安防建设优质均衡化。划拨专项工作经费，继续落实中小学"三防"（人防、物防、技防）建设，优先保障校园安全设备设施配备，按要求配置专职保安员，装齐用好视频监控及一键式报警系统，科学设置硬质防冲撞设施，校园实行全封闭式管理，按规定设置护学岗，加强安全事故应急处置。抓好消防、防震等疏散演练，加强以交通安全、心理健康、防校园欺凌、防性侵、防溺水等为重点的安全教育，增强学生自我保护的意识和能力。坚持开展校园安全"八大工程"专项督查行动，加强部门联合执法，依法打击涉校、涉教各类违法犯罪行为。建立校园安全长效机制，杜绝重大安全责任事故或严重违法违规事件发生，不发生"校闹"、社会舆论关注或人民群众反映强烈的突出问题，抓好"平安示范校园"创建工作。

加强校园文化建设，努力形成体现时代特征和学校特色的校园文化，着力打造校园文化品牌，促进学校内涵发展、特色发展，确保校园文化建设水平达到良好以上，实现校园文化建设优质均衡化。以建筑设计、校园景观、绿化美化为内容，重点在环境文化、活动文化、制度文化、课程文化、行止文化及"一训三风"（校训、校风、教风、学风）等学校精神文化方面下功夫，彰显教育性、艺术性，因地制宜，"一校一品"，特色鲜明。开展内容丰富、形式活泼的校园文化活动，继续开展足球进校园、廉政文化进校园、民间艺术进校园、经典诵读等活动，继续开展"书香校园""美丽乡村学校""语言文字规范化学校"及各类义务教育示范学校特色创建活动，促进学校内涵发展，彰显办学特色。

（七）加强校园信息化建设，深化教育改革，实现学校管理现代化

构建教育信息化保障体系，循序渐进改造和完善教育信息化基础设施，优化升级远程教育网络，实现中小学教学及管理手段现代化。加大资金投入，实施教育信息技术应用能力提升培训 2.0 工程，不断改善学校信息化教育教学条件，促进信息技术与教育教学的深度融合发展，提升教师信息技术应用能力，提高设施设备利用率。利用教育资源和教育管理公共服务平台，建立城乡数字教育资源共建共享机制，推进校园网络教研，认真组织"一师一优课、一课一名师"等活动，实现全县学校"校校通""班班通""人人通"，实现学校教学信息化全覆盖。

　　继续深化教育教学改革，细化过程管理，以教育信息化带动学校管理现代化。进一步健全专项视导制度，进一步完善评价考核制度，进一步强化质量问责制度。探索实施学区制管理，城乡统筹，强弱搭配，平台共建，资源共享，整体提升教育质量。继续深化课堂教学改革，大力推进信息化教学，提升现代化教学水平。指导教师紧跟时代步伐，更新教学理念，课内课外结合，线上线下结合，熟练运用信息化手段开展备课、上课、批改、辅导、检测等教学活动。以课题研究、校本课题研究为载体，以合格课、示范课、研讨课等为抓手，引领教师吃透教材，不断探索"智慧课堂"教学策略，关注学生个性发展，打造多元目标、智慧生成、合作共享、多维开放的新型课堂，切实提高每一节课的教学效率。加强信息化管理平台建设，加强管理人员培训，加强过程管理督查督导，革新学校管理方法，推动优质资源共享，提高全县教育信息化管理水平，实现学校管理现代化。

第十三篇　教育扶贫与乡村振兴

第一章　教育扶贫背景及机构沿革

教育扶贫，是指针对贫困地区的贫困人口进行教育投入和教育资助服务，使贫困人口掌握脱贫致富的知识和技能，通过提高当地人口的科学文化素质以促进当地的经济和文化发展，并最终摆脱贫困的一种扶贫方式。

根据国家统计局的《2016 年国民经济和社会发展统计报告》，按照每人每年 2 300 元（2010 年不变价）的农村贫困标准计算，2016 年有农村贫困人口 4 335 万人。2013 年国务院办公厅转发教育部等部门《关于实施教育扶贫工程意见的通知》（以下简称《通知》）。《通知》明确"把教育扶贫作为扶贫攻坚的优先任务"。2014 年《关于创新机制扎实推进农村扶贫开发工作的意见》中明确提出建立精准扶贫工作机制，在 2015 年中央扶贫开发工作会议上也强调实施"五个一批"工程（发展生产脱贫一批、易地搬迁脱贫一批、生态补偿脱贫一批、发展教育脱贫一批、社会保障兜底一批）等扶贫举措中，"发展教育脱一批"是教育在精准扶贫中的重要作用。2015 年 12 月《关于打赢脱贫攻坚战的决定》提出"六个精准"（扶贫对象精准、措施到户精准、项目安排精准、资金使用精准、因村派人精准、脱贫成效精准）。实现教育脱贫的重要手段是教育。

扶贫必扶智，让贫困地区的孩子们接受良好教育，是扶贫开发的重要任务，也是阻断贫困代际传递的重要途径。"治愚"和"扶智"，根本就是发展教育。相对于经济扶贫、政策扶贫、项目扶贫等，"教育扶贫"直指导致贫穷落后的根源，牵住了贫困地区脱贫致富的"牛鼻子"。贫困地区的教育水平就是扶贫攻坚战中的最短板，扶贫攻坚就是要克服教育这块"短板"。

县教育局与全县 57 个乡镇党委和政府对义务教育阶段学生家庭情况进行调查，确定 7 747 名义务教育阶段建档立卡贫困家庭学生，其中 2014—2018 年 6 319 户 6 418 人，2019 年 1 221 户 1 329 人。

经过几年的教育扶贫，助力剑阁脱贫攻坚，剑阁县于 2020 年顺利地通过了国家脱贫验收，实现了全面脱贫。

2021 年中央一号文件指出，脱贫攻坚目标任务完成后，对摆脱贫困的县，从脱贫之日起设立 5 年过渡期，做到扶上马送一程。过渡期内，保持现有主要帮扶政策总体稳定，并逐项分类优化调整，合理把握节奏、力度和时限，逐步实现由集中资源支持脱贫攻坚向全面推进乡村振兴平稳过渡，推动"三农"工作重心历史性转移。抓紧出台各项政策完善优化的具体实施办法，确保工作不留空当、政策不留空白。

县教育局在原教育扶贫办公室（成立于 2016 年 6 月）完成历史使命后，于 2021 年 12 月成立乡村振兴办公室。

第二章　职能职责及任职人员简况

第一节　教育扶贫办公室工作职责

加强领导，落实责任，制订工作计划，定期召开扶贫工作会议和部署教育扶贫工作；结合上级文件精神，建立健全教育扶贫各项制度；宣传教育扶贫工作政策，特别是建档立卡户政策的宣传工作；认真落实学生的资助工作；及时健全教育扶贫工作档案，做到资料真实、信息准确、归档科学整齐；加强宣传报道。定期将开展教育扶贫的工作情况，以文字加图片的形式进行深入宣传报道；严格督查考核。学校将教育扶贫工作纳入重点督查督办事项，实行严格考核，并将考核结果纳入年终工作绩效考核。

第二节　乡村振兴办公室职能职责

县教育局乡村振兴办主要对接县乡村振兴局各项关于巩固脱贫攻坚成果有效衔接工作。主要工作内容是巩固脱贫攻坚成果有效衔接期间国家、省、市的考核评估。开展东西部教育协作：组织教育系统管理人才培训，劳务协作（中职学生到浙江培训学习），东西部学校结对工作。省内对口帮扶：剑阁与广安"校对校"结对以及对剑阁籍普通高中及中职学生被广安职业技术学院录取的学生进行资助。协助局机关各股室完成"巩固脱贫攻坚成果有效衔接"考核评估工作。

第三节　工作人员任职简况

一、办公室工作人员任职简况

表 13-1　办公室工作人员任职简况

姓名	性别	籍贯	学历	职务	任职时间	备注
王显平	男	四川剑阁	本科	扶贫办主任	2016.06—2017.07	上挂
李显章	男	四川剑阁	本科	扶贫办干部	2016.06—2017.07	上挂
李晓勇	男	四川南部	本科	扶贫办主任	2017.07—2018.10	上挂
伏太明	男	四川剑阁	本科	扶贫办主任	2018.08—2021.09	上挂
孙仁宗	男	四川剑阁	本科	扶贫办干部	2019.09—2020.08	上挂
赵华阳	男	四川平昌	硕士	乡村振兴办干部、负责人	2021.12—	上挂

二、驻村工作队名单（脱贫攻坚时期）

表 13-2　驻村工作队名单（脱贫攻坚时期）

姓名	性别	籍贯	职务	所在镇村	任职时间	备注
蹇洪宪	男	四川剑阁	第一书记	杨村镇长湖村	2014.09—2018.05	
张晓红	女	四川剑阁	第一书记	杨村镇柏梓村	2014.09—2015.11	
罗梦江	男	四川剑阁	工作队员	杨村镇柏梓村	2014.09—2015.10	
王兴文	男	四川剑阁	第一书记	杨村镇柏梓村 杨村镇建设村	2015.10—2018.05 2019.09—2021.06	
袁立文	男	四川剑阁	工作队员	杨村镇柏梓村	2017.05—2018.08	
陈晓余	男	四川剑阁	第一书记	杨村镇长湖村	2018.05—2021.06	
张慧芳	女	四川剑阁	工作队员	杨村镇长湖村	2018.05—2021.06	
邓兴平	男	四川剑阁	工作队员	杨村镇长湖村	2018.05—2021.06	
孙新宗	男	四川剑阁	第一书记	杨村镇柏梓村	2018.05—2021.06	
李金红	男	四川剑阁	工作队员	杨村镇柏梓村	2018.05—2021.06	
刘　良	男	四川剑阁	工作队员	杨村镇柏梓村	2018.05—2021.06	
赵华阳	男	四川平昌	第一书记	杨村镇官店村	2017.05—2021.06	
王成俊	男	四川剑阁	第一书记	杨村镇石门村	2017.05—2021.06	
何　波	男	四川剑阁	第一书记	杨村镇建设村	2017.05—2019.08	

第三章　教育扶贫资助救助政策

一、教育资助救助明白卡

表 13-3　教育资助救助明白卡

类型	序号	项目	资助对象	补助标准/元/（生·年）	覆盖面（优先满足建档立卡贫困户子女）
学前教育	1	免保教费	家庭经济困难幼儿	据实免除	省定人数
义务教育	2	免学杂费	义务教育阶段在校学生	据实免除	100%
	3	免课本费	义务教育阶段在校学生	据实免除	100%
	4	免作业本费	义务教育阶段在校学生	据实免除	100%
	5	贫困生生活补助	2019年秋季起，经认定的建档立卡、残疾、低保、特困供养义务教育阶段非寄宿学生	小学 500 初中 625	100%
	6	贫困寄宿生生活补助	义务教育阶段贫困寄宿学生	小学 1 000 初中 1 250	省定人数
	7	营养餐补助	义务教育阶段农村学生	760	100%
普高教育	8	国家助学金	经济困难在籍在校高中生	2 000	省定人数
	9	免学费	经济困难在籍在校高中生	据实免除	省定人数
中职教育	10	免学费	剑阁县在籍在校中职生	1 950	100%
	11	中职助学金	一、二年级在籍在校生	2 000	100%
	12	高三生活补助	三年级在籍在校学生	1 000	100%
	13	特别资助	建档立卡贫困在籍在校学生	1 000	100%
高等教育	14	大学新生入学资助	全日制普通高等院校家庭经济困难应届新生	省内 500 省外 1 000	3%
	15	特别资助	2016年秋季学期后入学的全日制本专科的建档立卡家庭学生	4 000	100%
	16	国家助学贷款	剑阁县户籍的全日制本、专科（含高职、第二学士学位）学生、研究生和预科生	本专科不超过 8 000 研究生不超过 12 000	家庭经济困难学生
教育特别救助	17	教育扶贫救助基金	剑阁县户籍学前教育至高等教育阶段在籍在校建档立卡贫困家庭学生	500~5 000	特殊困难学生

备注：在籍指正常学籍在册。

二、教育资助救助明白卡说明

（一）学前教育免保教费

（1）资助对象：全县家庭经济困难的在园幼儿。在公办幼儿园就读的贫困家庭幼儿，按照实际收费标准据实免除；对在民办幼儿园就读的贫困家庭幼儿，按当地公办幼儿园标准执行，其收费标准高于免除部分的，由学生家庭承担。

（2）资助标准与发放：按物价局核定收费标准据实免除。建档立卡家庭幼儿开学时直接免收保教费，不得先收后退。

（3）申请审核流程：家长申请。幼儿家长按学校制订的方案，提交《贫困家庭学生资助申请表》班内初评，学校审核、公示。在校内公示 5 个工作日。

（二）义务教育阶段资助政策

（1）"三免"：免除义务教育阶段学生学杂费。标准为小学 600 元/（生·年），初中 800 元/（生·年），对寄宿制学校按寄宿学生 200 元/（生·年）的标准增加公用经费补助。免除义务教育阶段学生教科书费。免除义务教育阶段学生作业本费。标准为小学 30 元/（生·年），初中 40 元/（生·年）。

（2）义务教育寄宿生生活补助：资助对象中小学校在校贫困家庭寄宿学生，含全部建档立卡贫困家庭寄宿学生。资助标准与发放：小学 1 000 元/（生·年），初中 1 250 元/（生·年）（按学期发放）。

（3）申请审核流程：学生或家长申请。学生或家长按学校制订的方案，填写《义务教育阶段家庭经济困难寄宿生生活补助申请表》。班内初评，学校审核、公示。在校内公示 5 个工作日。

（4）家庭经济困难学生生活补助：

资助对象：从 2019 年秋季学期起，将义务教育阶段建档立卡贫困家庭学生、非建档立卡的家庭经济困难残疾学生、农村低保家庭学生、农村特困救助供养学生等非寄宿生纳入补助范围。

资助标准与发放：小学 500 元/（生·年），初中 625 元/（生·年）（按学期发放）。

申请审核流程：学生或家长申请。学生或家长按学校制订的方案，填写《家庭经济困难学生资助申请表》。班内初评，学校审核、公示。在校内公示 5 个工作日。

营养餐：2018 年 11 月 1 日起，国家对农村义务教育阶段在校学生按 190 天/年、4 元/（天·人）的标准预算学生营养改善中央补助资金，学校对实际在校上课学生按 4 元/（天·人）的标准提供营养膳食补助。

（三）普通高中免学费

（1）免费对象：普通高中在籍在校的建档立卡家庭学生、孤儿、低保家庭学生、特困救助供养学生以及其他家庭经济困难学生。

（2）免费标准：省级示范高中 460 元/（生·期），市级示范高中 340 元/（生·期），县级高中 280 元/（生·期），建档立卡贫困家庭学生开学时直接免收学费，不得先收后退。

（3）申请审核流程：

①学生或家长申请。学生或家长按学校制订的方案，填写《贫困家庭学生资助申请表》。

②班内初评，学校审核。

③公示。在校内公示 5 个工作日。

（四）普通高中国家助学金

（1）资助对象：普通高中在籍在校的建档立卡家庭学生、孤儿、低保家庭学生、特困救助供养学生以及其他家庭经济困难学生。

（2）资助标准与发放：2 000 元/（生·年）（按学期发放）。

（3）申请审核流程：学生或家长申请。学生或家长按学校制订的方案，填写《贫困家庭学生资助申请表》。班内初评，学校审核、公示。在校内公示 5 个工作日。

（五）中职免学费

（1）免费对象：中等职业学校全日制正式学籍在校学生（艺术类相关表演专业学生除外）。

（2）免费标准：1 950元/（生·年），开学时直接免收学费，免除后的学费由财政等额补助。

（六）中职国家助学金

（1）资助对象：中等职业学校全日制正式学籍在校的一、二年级涉农专业或连片特困地区农村（县城）学生以及非涉农专业家庭经济困难学生（困难学生按20%）给予生活补助。

（2）资助标准与发放：2 000元/（生·年）（按学期发放）。

（七）建档立卡贫困家庭中职学生特别补助

（1）资助对象：剑阁县户籍的全日制正式学籍中职（含技工）建档立卡贫困家庭学生。

（2）资助标准：1 000元/（生·年）（按学期发放），休学期间暂停享受资助，由学生户籍地学生资助中心审核完成资助。

（3）申请审核流程：

学生在线申请（每年春季学期于2月1日至3月31日开放注册申请，秋季学期于9月1日至10月31日开放注册申请）。学生进入四川省学生资助网，登录"四川省建档立卡贫困家庭学生资助管理系统"，进行在线注册申请。申请人应如实、准确填报个人基本信息、就读学校信息、申请资助项目信息、银行账户信息等，按要求上传建档立卡贫困证明及学籍证明扫描件。在线申请时若出现个人信息校验失败，请到户籍地镇（乡）或县级扶贫部门核实是否建档立卡贫困户。首次申请审核通过后，以后每学期申请仅需提交当期在校的学籍证明材料（转学生还需变更就读学校信息）。逾期未申请者，视为自动放弃该学期资助。

审核公示（分别在每年4月30日、11月25日前完成）。每学期在线申请截止后，县教育局汇总学生申请名单，会同县扶贫开发局进行审核确认。审核确认后，进行不少于5个工作日的公示。

资金发放。公示无异议后，由县教育局学生资助管理中心统一打卡发放到受助学生社保卡。

（八）建档立卡贫困家庭本专科学生特别资助

（1）资助对象：2016年秋季学期后入学的全国普通高等学校（以教育部当年公布的名单为准）全日制本专科（含高职、专科和本科）建档立卡贫困家庭学生，免费师范、医学、国防类除外。

（2）资助标准：按照4 000元/（生·年）的标准给予资助（其中学费资助2 000元、生活补助2 000元），连续资助直到学业结束。休学期间，暂停发放资助。本科毕业后攻读研究生的，不属于资助范围，但毕业当年专升本、攻读第二学士学位的全日制建档立卡贫困家庭学生，可享受本资助政策。

（3）申请审核流程：

学生在线申请（每年9月1日至10月20日开放注册申请）。学生进入四川省学生资助网，注册登录建档立卡资助系统，进行在线申请。申请人应如实、准确填报个人基本信息、就读学校信息、申请资助项目信息、银行账户信息等，按要求上传建档立卡贫困证明、录取通知书（新生）或学生证（老生，须加盖注册印章）、中央部属高校或跨省就读高校教务部门出具的学籍证明等扫描件。在线申请时若出现个人信息校验失败，请到户籍地镇（乡）或县级扶贫部门核实是否建档立卡贫困户。首次申请审核通过后，以后每学年申请仅需提交当学年在校的学籍证明材料（转学生还需变更就读学校信息）。逾期未申请者，视为自动放弃该学年资助。

高校审核（每年10月31日前完成）。有关省内地方属高校登录建档立卡资助系统，对申请人的学籍信息（录取时间、在读学历和学制年限、是否全日制普通高等教育、是否在籍在读等）和学费标准进行审核提交。在省内中央部属高校、省外高校就读的学生在线申请后，直接进入县级教育、扶贫部门审核。

审核公示（每年11月15日前完成）。县教育局汇总建档立卡贫困家庭学生资助申请后，会同县扶贫开发局进行审核确认。审核确认后，进行不少于 5 个工作日的公示。

资金发放。审核通过后，由县教育局学生资助管理中心统一打卡发放到受助学生社保卡。

（九）国家助学贷款

（1）申请对象：剑阁县户籍家庭经济困难的全日制大学新生、在读大学生、研究生。

（2）贷款额度及发放：全日制本专科学生，每人每年贷款额度不低于 1 000 元，不超过 8 000 元，全日制研究生不超过 12 000 元。主要用于借款人在校期间交纳学费和住宿费，贷款按年度申请、审批和发放。

（3）贷款利率：执行中国人民银行同期公布的同档次基准利率，不上浮。

（4）还款期限：原则上全日制本专科学制加 13 年，最长不超过 20 年。

（5）贷款贴息：借款人在校期间所发生的贷款利息实行国家财政全额贴息，毕业当年 9 月 1 日起利息由借款人承担。

（十）教育扶贫救助基金

（1）救助对象：剑阁县户籍学前教育到本专科教育阶段具有特殊困难的建档立卡贫困家庭学生。

（2）救助标准：救助标准一般控制在每生每年 500~5 000 元，对确需超过救助标准上限的，报县人民政府批准后实施救助。

（3）救助程序：申领遵循"个人申请→村级初审→乡镇复审→县级教育部门审定→村上公示→拨付发放"的基本管理程序。

个人申请。由学生本人或家长填写基金申请表，并提交户籍所在地村（居）委会初审。

村级初审。学生（或监护人）将申请表和身份证、户口簿交由户籍所在地村（居）委会初审，重点核实学生的家庭实际困难情况。

乡镇复审。村（居）委会初审后，将申请表交由所在乡镇人民政府核查审批。乡镇人民政府将审核结果汇总上报县教育部门。

县级教育部门审定。县级教育部门会同扶贫开发局审核学生就读信息和建档立卡身份是否真实，并根据学生困难情况核定发放对象。

公示。将救助名单在村上进行公示，公示内容包括：救助对象姓名、家庭住址、就读学校、救助金额等信息。

资金发放。县教育扶贫救助基金管理委员会统一打卡发放到学生的社保账户里。

第四章　扶贫资助

　　扶贫资助的目标是各学段学生资助应助尽助，不漏人、不落项。确保建档立卡贫困家庭学生不因贫辍学，家庭不因学致贫。

　　责任落实：政策宣传不空一户，政策落实不漏一项（动态管理建档立卡贫困家庭学生信息平台，确保"对象精准"；全面落实资助项目和标准，规范操作流程，确保"额度精准"；督促学生和家长将资助金用在解决学生就学困难方面，达到"用途精准"）；政策兜底不少一人（发挥社会爱心人士结对资助、教育救助基金、雨露计划、旅外人士助学基金的兜底作用，确保全县贫困学生就学不少一人）。

　　教育扶贫资金资助统计情况如下：

表13-4　建档立卡贫困家庭大学生

年份	2016	2017	2018	2019
人数	195	803	1 098	1 268
金额/万元	78	321.2	439.2	507.2

表13-5　资助建档立卡贫困家庭中职学生

年份	2016	2017	2018	2019
人数	329	823	1 162	1 319
金额/万元	16.45	41.15	58.1	65.95

表13-6　教育扶贫救助基金

年份	2016	2017	2018	2019
人次	157	217	765	1 687
金额/万元	19.56	20.85	72.13	146.125

表13-7　普高助学金

年份	2015	2016	2017	2018	2019
人次	7 930	6 348	5 874	5 997	6 708
金额/万元	743.21	634.8	587.4	599.7	670.8

表13-8　中职助学金

年份	2015	2016	2017	2018	2019
人次	4 557	2 841	2 920	2 946	3 332
金额/万元	323.195	285.475	295.9	292.56	309.5

表 13-9　义务教育阶段寄宿生生活补助

年份	2015	2016	2017	2018	2019
人次	25 973	25 315	24 965	25 735	33 316
金额/万元	1 430.07	1 388.63	1 367.3	1 419.25	1 897.431 2

表 13-10　幼儿免保教费

年份	2015	2016	2017	2018	2019
人次	3 142	6 260	6 051	6 514	7 002
金额/万元	157.067	313.645	301.935	329.76	354.4

表 13-11　国家助学贷款

年份	2016	2017	2018	2019
人数	436	830	1 018	780
金额/万元	333.16	643.03	796.18	598.06

表 13-12　中职免学费

年份	2015	2016	2017	2018	2019
人次	5 754	4 847	4 274	4 291	4 779
金额/万元	559.23	471.5	415.82	417.45	462.5

表 13-13　普高免学费

年份	2015	2016	2017	2018	2019
人次	7 741	6 714	6 475	6 673	6 708
金额/万元	261.71	228.06	243.57	278.2	280.74

第五章 控辍保学

控辍保学是在国家脱贫攻坚时期对教育的要求，是教育扶贫的一项重要内容。剑阁县在控辍保学方面的具体做法如下：

一、依法控辍

剑阁县紧紧围绕"义务教育有保障"目标，先后印发了《剑阁县人民政府办公室关于进一步加强控辍保学提高义务教育巩固水平的通知》等文件，全面落实党组主体责任，将"控辍保学"工作纳入局党组工作的重要日程，通报和研究部署相关工作。各项工作具体职责有效落地，压实班子成员所管领域的控辍保学工作，每个班子成员分管联系1个片区，层层细化工作责任，形成了控辍保学齐抓共管的良好工作格局。

各乡镇政府、中小学充分利用会议、标语、板报、专栏、展板、广播、网站等形式和手段，在校园内外广泛宣传《中华人民共和国义务教育法》《中华人民共和国未成年人保护法》等法律法规，营造良好的控辍保学氛围。梳理了各类教育扶贫资助救助政策，编印了50 000余份控辍保学政策宣传手册，为全县教职工、包挂贫困户免费发放；对全县驻村干部、乡镇干部等进行了控辍保学政策培训；各学校采取家长会、主题班会、微信公众号、微信群号、控辍保学政策宣传栏、明白卡和告家长书等方式宣传政策；教师利用走村入户，上门"一对一"宣讲，广泛动员全社会关心、关注、帮助贫困家庭留守儿童，解决生活、学习中的实际问题，为留守儿童健康成长创造良好环境，做到了控辍保学政策入脑入心。

严格执行省委脱贫攻坚6条纪律等规范，坚持问题导向常态化，开展控辍保学工作督查。一是专项检查。教育局组织局机关股室长和教育督导责任区督学分组交叉全覆盖检查，形成问题清单，反馈学校立行立改。二是明察暗访。县督导室、扶贫办、教育股对每所学校进行明察暗访，对发现的问题实行学校、责任区主任、教育局挂联领导三级督查督办。三是发督办函告。教育局针对控辍保学中存在的问题，向县内乡镇人民政府发"义务教育控辍保学函告书"42份，向挂联贫困村组的县级主管部门发"义务教育控辍保学函告书"18份。四是通报问责。教育局专门出台了控辍保学特别规定，对工作履职不到位、工作不落实的学校和个人，严肃问责。

二、多方联动、以管控辍

"656"机制联控联保——落实了县长、局长、乡镇长、校长、村民委员会主任、家长"六长"控辍保学责任机制；形成了县乡村属地主导、县教育局主管、学校主抓、家长主体、教育扶贫办和教育督导室主督的控辍保学工作机制；建立了局领导联片、机关股室联教育督导责任区、机关全体工作人员联校、校长联乡镇、学校干部联村、教职工和帮扶干部联户联生"六位一体"控辍保学工作格局。

"623"机制精准识别——开展"千名教师访万家"活动，将"通过户籍找学籍、通过学籍找学生、通过村组找家长、通过家长找学生、通过就读地找学生就学证明、通过多方关爱保学生"的六步控辍保学工作法落到实处；做好两个核实，即与户籍所在地核实、与就读学校核实；实现了义务教育阶段适龄儿童入库信息、户籍信息、就读信息"三一致"。

"121"机制稳控源头——全县一个控辍保学电子信息平台、每校两本就读台账（义务教育阶段学生就读台账、建档立卡贫困家庭学生就读台账）、学校每月一次异动学生人数和疑似失学学生消耗情况的快报。

"41136"机制保障——落实"一生一案""一类一册""一生一餐""一生一结对帮扶"措施；关爱残疾儿童；通过随班就读、特教学校就读、送教上门、营养餐到户到生控辍保学；对残疾儿童实施全覆盖排查、全员接纳教育和全方位保障"三全"保障机制；对"送教上门"残疾儿童做到"六有"，即有实施管理办法，有量身定制的送教上门工作方案，有熟悉教育、心理、康复工作的送教上门三人爱心队伍。坚持两周一次的送教上门，保障了每一个残疾学生有学上、上好学。

截至2019年秋季，全县6~15周岁的58 901名义务教育适龄儿童、少年全部在读，无一人辍学，"义务教育有保障"目标全部完成。

三、夯实阵地，以情控辍

县教育局把控辍保学作为工作重点来抓，尤其对贫困家庭子女构建结对帮扶体系，发动学校教师担任留守儿童的"代理家长"，负责照管留守儿童，确保实现"全体教师人人奉献爱心，贫困学生个个得到关爱"目标。配备亲情电话、上网电脑等远程通信设备；建立图书阅览室、课外兴趣小组活动室，丰富留守儿童课余生活。加强留守儿童之家常规管理，做到"七个有"：有场所设施、有图书器材、有亲情电话、有管理制度、有档案资料、有结对帮扶、有标志牌子。为充分发挥留守儿童之家的综合效益，让留守儿童之家与乡村学校少年宫、"班班通"设备设施、图书等有机地结合起来，发挥教育阵地综合使用作用。截至2019年秋，全县已建成"广元市美丽乡村学校"14所、"留守儿童之家"83个、乡村学校少年宫36个、市级星级留守儿童之家15个。

四、落实政策，以资控辍

认真落实"三免一补"、"营养改善计划"、国家贫困助学金等惠民政策，同时安排人员加强对学困生、有心理困难学生的思想疏导和精神疏导，解除学生物质与精神的后顾之忧，促进学生乐观向上、积极上学、进步成长。全县贫困寄宿生生活补助费政策覆盖率达100%，义务教育阶段学生享受免学杂费、免教科书费、免作业本费政策覆盖率达100%。坚持实施奖教奖学支教助学、发放贫困学生救助金等关爱工程，兑现了"不因务工而辍学、不因贫困而失学、不因就学而致贫"的庄重承诺。

五、提升质量，以质控辍

扩充教育资源，确保义务教育阶段适龄儿童"进得来"。进一步优化学校布局，合理配置教育资源，提升学校办学水平。确保农村薄弱学校硬件软件同步升级。完善农村学校布局规划，与城镇建设、学龄人口居住分布相适应，确保学生就近上学。累计投入资金10 522余万元改造薄弱学校83所，城乡义务教育学校办学条件得到全面改善；累计投入资金5 500万元，加强教育信息化建设，"校校通""班班通"比例达到100%，为保障义务教育阶段适龄儿童、少年平等接受义务教育的权利创造了良好条件。

丰富校园文化生活，确保义务教育阶段适龄儿童"留得住"。深化改革，增强学校吸引力。深入开展"吃在学校解食忧、住在学校受关爱、学在学校长知识、乐在学校感幸福"的"四在学校·幸福校园"建设活动，开足、开齐、开好各学科课程，革新教育教学方法，丰富校园文化活动，营造良好育人环境，增强校园生活吸引力，让学生爱上学校、乐在校园。坚持"育人为本"的原则，创新工作方式，通过丰富多彩的活动载体，在全县中小学广泛开展各类教育活动，不断提升学生的综合素质，丰富学生的课余文化生活。按照国家阳光体育运动的要求，积极开展"阳光大课间"活动，落实学生每天锻炼活动 1 小时目标，增强留守儿童体质。指导学校创建规范化心理健康咨询室，加强留守儿童心理健康教育和心理辅导，关爱留守儿童和残疾儿童学生，促进学生健康发展。

2020 年 7 月 22 日至 28 日，国务院扶贫开发领导小组对剑阁县脱贫攻坚工作开展督查。督查后，督查组组长魏山忠（水利部副部长）对剑阁县控辍保学工作给予充分肯定，在反馈报告材料中写道："全面落实'六长'控辍保学责任，实施以户籍地乡镇中心小学牵头主抓，形成了从幼儿园到大学毕业全流程闭合管理责任体系，采取户籍、学籍网络管理，建立学龄人口户籍台账，加强贫困家庭学生就读状况监控，实现适龄儿童零辍学。"根据四川省脱贫攻坚领导小组办公室《关于印发〈四川省 2019 年贫困退出验收实施方案〉的通知》（川脱贫办发〔2019〕41 号）及相关文件要求，县教育局对全县 57 个乡镇 7 747 名义务教育阶段建档立卡贫困家庭学生（其中 2014—2018 年6 418 人；2019 年 1 221 户 1 329 人）进行了"义务教育有保障"达标验收，并进行了认定，这些学生或就读义务教育阶段学校，或完成义务教育就读学业，无一人因贫辍学失学，全部达到了"义务教育有保障"的要求。

凡年满 6~17 周岁的儿童，其父母或者其他法定监护人应当送其入学接受并完成义务教育，确保辖区内义务教育阶段无一名学生辍学。

在脱贫攻坚期间，为完成控辍保学任务，做到一个都不能少。认真落实"六长"责任制。严格执行"入学通知""学籍管理""辍学排查报告""辍学学生劝返复学""控辍保学责任追究"五项制度。确保入学率、巩固率、完成率、辍学率达标。加强寄宿制学校建设，发挥好"阳光工作室""留守儿童之家"等功能室的保学作用，完善农村留守儿童关爱体系。通过"随班就读""送教上门""免教"方式，扎实做好"三残儿童"就学工作。严格以"就读证明"佐证县外学生在读。

在脱贫攻坚结束与乡村振兴有效衔接期间，剑阁县教育局建立了巩固拓展教育脱贫攻坚成果同乡村振兴有效衔接工作机制，严格落实"四个不摘"要求，保持教育脱贫攻坚政策总体稳定，进一步完善联控联保责任机制、依法控辍保学机制、办学条件保障机制、教师队伍建设提升机制等，坚持把教育振兴作为助力乡村振兴的"先手棋"，着力巩固拓展教育脱贫攻坚成果同乡村振兴有效衔接。

第六章　扶贫成效

根据《四川省2018年贫困对象退出验收评价指标及标准》（川脱贫办发〔2018〕60号），剑阁县教育局在县委县政府的安排部署下，不折不扣地完成了教育扶贫的相关工作——义务教育有保障和乡乡"有标准中心校"。

义务教育有保障。凡年满6~17周岁的儿童，其父母或者其他法定监护人应当送其入学接受并完成义务教育。贫困户家庭中，没有义务教育阶段适龄儿童或因自身原因不宜上学的（教育部门认定），可判定为义务教育有保障。

乡乡"有标准中心校"。"标准中心校"包括四个指标：①生均教学及辅助用房面积不低于3.72平方米。②图书配置生均不低于15册。③师生比。省下达编制全部核定到校，无截编现象；教职工编制空编率控制在1%以内。教职工基本编制师生比（教职工编制数：学生数）标准为不低于1：21，依法与学校签订1年以上劳动合同的编外聘用教师按专任教师统计。④教师学历。小学教师应具备中等师范学校毕业及其以上学历；初中教师应该具备高等师范专科学校或其他大学专科毕业及其以上学历。

对相距县城较近的乡镇，以及乡与乡之间，当地行政主管部门结合实际通过拆并、共建、共享等方式，实行集中办学、就医、便民服务，能够覆盖学生就学、群众就医和办事，且认定满足实际需要（具备相关规划布局资料）的，视为达标。

为做好教育扶贫工作，剑阁县教育局做到了"四好四不让"，即：举办好每一所乡村学校，不让一个校点因弱消失；关爱好每一个困难学生，不让一个孩子因贫辍学；落实好每一项资助政策，不让一户家庭因学致贫；发展好农村教育，不让贫困代际传递。

围绕义务教育有保障，剑阁县教育局做好控辍保学、关爱三残儿童、送教上门、关心关爱留守儿童、扶贫进校园、落实"三免一补"政策、家庭经济困难学生认定、准确及时发放教育扶贫救助基金等工作。

为做好控辍保学工作，剑阁县教育局牵头，实行"六长"负责制，即明确县长、局长、乡镇长、校长、村民委员会主任、家长"六长"职责，对存在辍学学生的乡镇和学校进行跟踪督办，确保义务教育学生就学"一个不少"。

为"三残"儿童（视力、听力、智力三类残疾儿童）"送教上门"。为保障适龄残疾儿童、少年受教育权益，对到校就读困难的重度或多重残疾儿童、少年，整合特校（专业师资）、残联（康复中心）力量，提供主动送教到家或远程服务，努力做到残疾儿童、少年受教育零拒绝、全覆盖。

关心关爱留守儿童。留守儿童是指父母双方外出务工或一方外出务工另一方无监护能力、不满16周岁的未成年人。

建好阳光工作室。将乡村少年宫、心理健康辅导站、留守儿童之家有机整合，凡接受贫困家庭子女就读的学校都要成立"阳光工作室"，负责做好贫困家庭子女学业辅导、心理抚慰、生活关爱等工作。

"扶贫进校园"。在全县各级各类学校中开展"教育扶贫奔康进校园"活动，包括扶贫教育进校园活动、家校携手联动活动、结对帮扶活动、社会实践活动。

落实三免一补政策，"三免"即免除义务教育阶段学生学杂费、教科书费、作业本费，"一补"指为贫困家庭寄宿学生提供生活补助。

家庭经济困难学生，指建档立卡贫困家庭学生、家庭经济困难残疾学生、低保家庭学生、特困供养学生、烈士子女、孤残学生及残疾人子女等特殊群体，由学生本人或监护人提交"家庭经济困难学生认定申请表"，由民政、扶贫、残联、教育等部门共同参与认定。每学年认定一次，每学期按照实际情况进行动态调整。

准确及时发放教育扶贫救助基金。教育扶贫救助基金、卫生扶贫救助基金、扶贫小额信贷风险基金和贫困村产业扶持基金一起被称为脱贫攻坚"四项扶贫基金"。教育扶贫救助基金是政府主导、社会参与的公益性、救助性专项资金，用于农村建档立卡贫困家庭子女在享受了现有普惠性教育资助政策之后，仍存在就学困难的学生，避免建档立卡贫困家庭子女因经济原因辍学。

2020年10月，顺利完成了全县"百日攻坚战"三轮大排查、总复习大排查摸底、基础信息数据核查对比、户摸底排查系统录入、全国全省脱贫普查验收、普查后质量抽检、贫困户稳定脱贫总复习再排查、全省"五个一"帮扶专项考核、各级绩效考核等。经省验收，成功脱贫。

第七章　教育协作

第一节　黑龙江省对口支援剑阁县师资交流培训

"5·12"大地震后，黑龙江对口援建剑阁的同时，为加强灾后剑阁县教师干部队伍建设，提升教育教学水平，对口支援剑阁县师资交流培训。计划用3年的时间（2008—2010年），通过挂职学习锻炼、建设培训机构、结对帮扶交流、定期学术探讨等多种形式，着力打造职业中学专业精品，推进高中课改，深化中小学素质教育，促进教师专业发展，创新发展模式，实现剑阁教育的新跨越。

一、具体措施

（1）成立领导小组。

剑阁县成立以分管县长为组长，教育局局长为副组长，分管师培和教学的领导、相关股室长为成员的领导小组。领导小组下设办公室，日常事务由办公室主任具体负责。

（2）挂职学习锻炼，培养管理人才。

县教育局机关管理人员、中小学校长可分批到黑龙江省办学效益好、管理水平高的教育行政机关和学校挂职学习锻炼，培养剑阁教育的管理精英。

（3）建设培训机构，发挥基地作用。

在黑龙江省选定市级或县级培训机构对口进行帮扶，力争3年后把成教中心建成省级示范教师培训机构。

（4）结对帮扶交流，打造亮点学校。

选定黑龙江省的几所学校，对剑阁县的剑阁中学、剑阁职中、文峰中学、实验学校、下寺小学、姚家小学（农村九年一贯制学校）、武连小学（农村完全小学）等进行"一帮一""结对子"的帮扶交流，其中尤其重要的是同学科教师的长期交流，使之观念互补，教学相长，极大限度地造就一批教学精英，打造亮点学校，辐射全县中小学。

（5）定期学术探讨，提升教学科研水平。

每学期请黑龙江省资深教育人士进行学术交流。可分行政管理人员、业务管理人员、一线教师、中小学生等不同层次举办讲座，使剑阁教育系统兴起教学科研之风，营造学术氛围，促进教师成长，促进学生发展。

二、领导干部及师资交流培训

（一）干部交流

这主要是指结对帮扶的剑阁中学、剑阁职中、文峰中学、实验学校、下寺小学、姚家小学、武连小学、成教中心等8所学校的校级领导及中层干部，从2009年春季到2010年秋季每学期结对帮扶学校互派一名领导挂职锻炼。教育局机关每学期可派1~2名副科级及股室长到黑龙江省县级教育

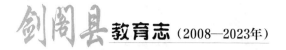

主管部门挂职锻炼。

（二）教师交流

1. 中小学（义务教育）

这主要是指文峰中学、实验学校、下寺小学、姚家小学、武连小学等学校与结对帮扶学校从2009年春季到2010年秋季互派1~2名学科教师交流。

2. 高中学校

以剑阁中学为龙头，主要针对高中课改进行交流培训学习。从2009年春季到2010年秋季结对学校高中语文、数学、物理、化学、生物、英语、政治、历史、地理等学科互派1名教师进行指导、学习。

3. 职业中学

以国家重点职业高中剑阁职业高级中学为龙头，主要进行专业师资的支援、外派学习培训提高，打造亮点专业。

表13-14　2008—2010年紧缺专业师资援助与培训规划

		2008年秋		2009年春		2009年秋—2010年秋	
		专业	人数	专业	人数	专业	人数
需要援助师资		电力拖动	3	家电维修	1	应用电工	1
		机械加工	2	电力拖动	2	数控技术	2
		数控技术	2	机械加工	2	汽车维修	2
		汽车维修	3	数控技术	2	汽车营销	1
		计算机网络	2	汽车维修	3	建筑装潢	1
		平面设计	1	计算机网络	1	计算机网络	1
		—	—	平面设计	1	平面设计	1
		—	—	酒店管理	1	酒店管理	1
		—	—	办公自动化	1	办公自动化	1
		合计	13	合计	14	合计	11
需要培训师资		汽车维修	4	汽车维修	4	办公自动化	1
		数控技术	2	数控技术	2	数控技术	1
		计算机网络	1	计算机网络	1	应用电工	1
		汽车营销	1	应用电工	1	平面设计	1
		—	—	平面设计	1	建筑装潢	1
		—	—	汽车营销	1	—	—
		合计	8	合计	10	合计	5

4. 师培机构

这主要是指县教育局人事师培股、教研室、成教中心（教师进修学校）在2009—2010年分两批次，每批次3~5人，到黑龙江省的市县级师培机构进行学习培训提高。

第二节　浙江剑阁教育协作

一、浙江丽水市莲都区与剑阁教育协作

为认真贯彻《中共中央办公厅国务院办公厅印发〈关于进一步加强东西部扶贫协作工作的指导意见〉的通知》精神，全力抓好浙川东西部扶贫协作决策部署的落实，根据《丽水市莲都区人民政府剑阁县人民政府东西部扶贫协作框架协议》和《丽水市莲都区教育局广元市剑阁县教育局东西部扶贫协作框架协议》，剑阁县教育局拟订了《剑阁县教育局扶贫协作2018年工作方案》并对照方案组织实施各项工作，包括干部人才培训、教师培训、教学研讨、捐资助学、劳务协作、贫困中职学生就读等方面，多数为交流培训项目。

（一）东西部教育协作工作内容及进程

2018年8月，莲都区教育局和剑阁县教育局签署合作协议，结对学校（剑阁县白龙小学和莲都区囿山小学、四川省剑门关高级中学和莲都区梅山中学）签署结对帮扶合作协议。2018年9月，浙江省丽水市职业高级中学和四川省剑阁职业高级中学校签署合作协议。

2018年8月，根据县委组织部要求，县教育局选派四川省剑阁中学、四川省剑门关高级中学两名中层领导到莲都区处州中学、梅山中学挂职学习1年。2018年11月，根据县委组织部要求，县教育局选派9名学校教师到莲都区学习3个月。

2018年9月，在四川省剑门关高级中学举行了"剑阁今秋·与爱同行"捐资助学活动，捐助白龙小学贫困家庭子女30人，资金3万元；捐助剑门关高中贫困家庭子女42人，资金4.2万元；捐助剑门关高中2018年新升入大学的贫困家庭学生10人，资金5万元。合计捐助资金12.2万元。

2018年10月10日—16日（含往返），县教育局组织21名副校级干部到莲都区参加中小学校长领导课程培训班，参观了梅山中学、大洋路小学、温州大学城附属小学等学校。

2018年11月11日—16日（含往返），莲都区结对学校13位名教师名校长到剑阁剑门关高中、白龙小学、龙江小学开展结对送教活动，辐射培训全县教师1 012人次，辐射学生660人次。

2018年11月18日—23日（含往返），剑阁教育管理人才、骨干教师、优秀教研员25人赴莲都区考察学习，参观了梅山中学、囿山小学、老竹民族学校等学校。

2018年12月1日—5日（含往返），王晓明局长带领剑阁县教育管理人才共12人到莲都区教育局对接东西部教育扶贫协作工作，到梅山中学、囿山小学、老竹民族学校、丽水中学、丽水职高等学校学习学校管理和对接职业教育合作工作。

2018年12月9日—14日（含往返），丽水职高6名教师到剑阁职中对80名贫困家庭子女进行1周的职业教育培训，到剑阁中学开展心理健康培训。

2018年12月11日，剑阁职高选派17名贫困中职学生、1名带队教师到丽水职高开展职业技能提升培训。

2018年度东西部教育扶贫协作规划资金50万元，捐资助学12.2万元、人才交流（到东部参加培训）17.368 9万元、结对活动（东部到剑阁培训）3.297 2万元、贫困中职学生就读13万元。共使用资金45.866 1万元，占总资金的比例为91.73%。

2019年度，剑阁职中27名贫困学生到丽水职高接受职业教育与培训，超额完成2名。45万元资金已经全部拨付到位。2月20日，剑阁职中与浙江省丽水职业高中签订东西教育扶贫合作协议。2月26日，剑阁职中27名贫困学生到达丽水职高，接受职业教育与培训。5月8日，丽水职高剑阁班的学生进入企业开始顶岗实习，月薪达到5 454元（其中含每生每月900元生活补助，顶岗实习

6个月后莲都区人事局为每生每月发700元的就业补助）。劳动技能强的学生，月薪可达到7 000元。

（二）东西部教育协作人才支援项目

2020年，剑阁县骨干教师和管理干部到浙江培训、交流学习100人次。

2020年底，已完成莲都梅山中学-剑门关高中、莲都圃山小学-白龙小学、丽水职高-剑阁职中3对学校结对帮扶；10月13日剑阁中学和莲都区处州中学签订了结对帮扶协议书。已完成"请进来"20名东部名优教师到剑阁支教送教并培训1 280人次；完成"走出去"剑阁赴莲都学习交流110人次。总计130人次，超额完成30人次。50万元资金已经全部拨付到位。

东西部教育协作人才支援项目具体实施情况如下：

2020年3月10日—13日，浙江省丽水市莲都区名校长沈武君，名教师潘周晶、吴柱芬等一行7人到剑门关小学和普安小学开展送教活动，并培训剑阁义务教育阶段专任教师480人。

2020年3月13日—15日，丽水市莲都区人大常委会副主任兰仁生，莲都区教育局副局长吕春耀，浙江省特级教师、莲都区教研室主任桑丽虹一行3人到剑阁开展教育扶贫协作相关工作，剑阁教育局组织全县400多名教师听取了吕春耀《健健康康长长远远促发展》和桑丽虹《对有效教研的思考》两场精彩讲座。

2020年3月25日—29日，受丽水市教育局邀请，剑阁县职业教育管理干部一行11人在教育局人事师培股股长杨永丰的带领下赴浙江省丽水职业中学参加培训。其间，专程看望丽水职高剑阁班的学生。

2020年4月9日—12日，丽水市莲都区梅山中学和圃山小学10位名优教师赴剑阁结对学校开展送教活动，梅山中学副校长章俊明带队到剑门关高中开展讲座授课活动，圃山小学副校长、市学科带头人曾丽蔚到白龙小学送教，受训教师达400人次。

2020年4月21日—27日，浙广东西部扶贫协作2019年第二批教育管理人才交流培训班在莲都区教师进修学校开班，剑阁县委教育工委委员、教育局党组成员、副局长王勋勇带队参加开班仪式，22名学员在莲都知名中小学进行1周的培训学习。

2020年5月5日—11日，剑阁县第三批56名教育管理人才和骨干教师在莲都区开展交流学习活动，中共剑阁县委常委、副县长雷成，县委教育工委副书记、教育局党组成员杨启文带队参加此次培训活动。5月6日上午9时，丽水学院继续教育学院院长张龙，剑阁县委常委、副县长雷成，莲都区政协副主席虞海雄，莲都区教育局党组书记、局长李小富，剑阁县委教育工委副书记杨启文等领导出席开班仪式。丽水学院继续教育学院副教授季旭峰主持仪式。

2020年6月25日—30日，剑阁县第四批21名教育管理人才和骨干教师在莲都区开展交流学习活动，县教育局副局长蒲继强、县教育工会主席祁学刚带队参加此次培训活动。

（三）东西部协作捐赠

2019年度完成1 200册图书捐赠，捐资助学280名建档立卡学生共计15万元，发放610个"六一"礼盒。

2019年4月29日，莲都区梅山中学和圃山小学分别在剑门关高中和白龙小学举行图书捐赠活动，为两所学校各捐赠600册图书。

2019年5月22日，浙江省丽水市莲都区慈善总会会长、莲都区政协原主席朱祖新一行4人在县政协副主席侯光伟和县委教育工委副书记杨启文的陪同下，到剑阁县杨村小学开展"东西协作、与爱同行"捐资助学活动，活动为品学兼优的20名建档立卡贫困学生进行捐助，现场发放1 000元/生共计2万元的捐助资金。

2019年6月12日，共青团莲都区委赠送的610个"六一"礼盒全部发放到龙源育才学校留守儿童手中。

2019年10月17日，在剑阁县上寺小学校、剑阁县张王小学校、剑阁县高观小学校、剑阁县羊岭小学校、剑阁县店子小学校、剑阁县长岭小学校、剑阁县香沉小学校、剑阁县演圣小学校、剑阁县迎水小学校、剑阁县秀钟小学校、剑阁县义兴小学校、剑阁县闻溪小学校、剑阁县西庙小学校等13所学校分别开展了使用莲都区募捐资金开展的捐资助学活动，共捐助260名建档立卡贫困家庭义务教育阶段学生，现场发放500元/生共计13万元的捐助资金。

（四）人才培训

"请进来"授课。2018和2019年莲都区43名东部名优教师到剑阁县开展教学研讨并培训4 000余人次专业教师。他们到剑门关高级中学、剑阁职中、剑阁中学开展高中教育互动活动，到白龙小学、剑门关小学、普安小学、龙江小学开展小学课堂教学和课程改革经验交流，到剑阁职中开展职业教育经验交流，心理健康教育专家团队在5所高中和2所乡镇初中为师生作了7场心理辅导讲座，利用视频对全县学校德育干部进行了培训。2020年5至9月，莲都挂职干部张艳老师分别到剑阁中学、剑门关高中、香江国际实验学校、普安小学进行心理健康教育讲座和辅导。受新冠疫情影响，2020年莲都区名师名校长送教活动延期于9月22日至25日在剑门关高中和剑门关实验学校进行。

"走出去"学习。2018年10月至2020年6月，组织9批剑阁县中小学校长、副校级干部、中层干部、骨干教师等287人，赴浙江省参加学习交流，听报告讲座70余场，参训教师认真领悟、细心观察，撰写培训感悟及宣传报道300余篇。2020年第三批（根据剩余资金新增的）31名骨干教师、管理干部于9月20日到莲都区参加学习培训。走进东部的学习活动，开阔了剑阁教育人的视野，提升了参训人员教育教学能力。

（五）劳务协作

剑阁中职生到东部接受职业培训，实现就业脱贫。2018年组织剑阁县职中17名建档立卡贫困学生到丽水职高体验学习并深入丽水企业参观。2019年剑阁27名建档立卡贫困家庭中职学生到丽水市职业高中接受能力提升培训。2020年剑阁组织32名建档立卡贫困中职学生到丽水职高接受能力提升培训。

（六）结对帮扶

2018年莲都区囿山小学、梅山中学分别和剑阁县白龙小学、剑门关高级中学建立结对关系，丽水职高与剑阁职中建立合作关系；2019年莲都区处州中学和剑阁中学建立了结对关系。2018和2019年结对学校已经互派教师24人次学习交流10天，合作学校互派专家教师15人次为90名中职贫困学生进行技术提升培训，合作学校教师结对30对，学生结对83对，交流工作心得、分享学习生活乐趣。师生在结对活动中互帮互助，共同成长进步，突显了东西部教育扶贫实际效果。由于新冠疫情，2020年结对学校先期于5、6月进行了网上教研活动，结对学校现场送教活动在9月和10月陆续进行。

（七）捐资助学

多方协调浙江社会力量开展系列捐资助学活动。结对学校到剑阁开展"剑阁金秋，与爱同行"活动，在剑门关高级中学、白龙小学捐助贫困学生82人；丽水市莲都区慈善总会会长、莲都区政协原主席朱祖新一行4人到剑阁杨村小学开展"东西协作、与爱同行"捐资助学活动，捐助品学兼优的20位建档立卡贫困学生；梅山中学和囿山小学分别在剑门关高级中学和白龙小学捐赠1 200册图书。共青团莲都区委为剑阁县龙源镇留守儿童送去610个"六一"礼盒；2019年教育扶贫日使用莲都区募捐资金，捐助剑阁县上寺小学校等13所学校共260名建档立卡贫困家庭义务教育阶段学生。这些捐助解决了贫困家庭学生的后顾之忧，让他们能继续专心学习。

（八）资金支持

2018年拨付资金50万元，其中分拨剑阁职中13万元用于中职学生送培；2019年教育局人才交流 50 万元，剑阁职中学生送培 45 万元；2020 年教育局人才交流 60 万元，剑阁职中学生送培 54 万元。

二、杭州上城区东西部教育协作工作

上城和剑阁两地党委、政府以深入贯彻落实习近平总书记提出的要适应形势任务变化，聚焦巩固拓展脱贫攻坚成果、全面推进乡村振兴，深化东西部协作和定点帮扶工作的重要指示为引领，以需求为导向，实施"城乡同步课堂、教师同步研修、名师同步培养、资源同步共享"四同步教育协作，结合教育实际，以上城区教育局和剑阁县教育对口协作协议为基础，积极开展教育对口协作工作。

（一）加强培训交流，助力教师发展

2021、2022 年全县教育系统分四批 179 人次到上城区开展学习交流活动，依托上城区杭州新通发现教育培训有限公司及外请专业培训结构，组织开展两地教师的交流与互访沟通，在培训理念提升、培训师资组建、培训课程开发、培训资源共享等方面，寻求共同进步，切实帮助对口协作地区教师培训机构提高专业化水平。

（二）促进东西部职业与劳务培训交流与合作

两年安排落实 57 名剑阁职业高中学生在杭州建设职业学校为期 1 学期的访学交流活动，并 4 次到杭州建设职业学校看望同学。积极引进杭州一面之缘餐饮企业与剑阁职业学校合作，为产教融合与校企合作开辟了新的道路。

（三）完成援川专技人才岗位安排，做到人尽其才

2021—2022 年度上城区教育局已经选派 11 名教师援教剑阁县教育局。其中 2021 年 6 月 6 名：王龙（1 年半，挂职援教四川省剑门关高级中学，任副校长，后被借调到剑阁县教育局任副局长）；田庆云（7 个月，挂职剑阁县龙江小学，任副校长）；周化胜（7 个月，挂职剑阁县剑门关高级中学，任教务处主任）；陆万荣、吴春燕、陆嫘（1 个月，分别在剑阁县剑门关高级中学、剑阁县香江国际实验学校、剑阁县剑门关实验学校任教）。2022 年 5 名：徐曦（7 个月，挂职剑阁县教研室，任副主任，主要负责教学教研）；罗国兰（7 个月，挂职剑阁县教育局教育股，任副股长，主要负责心理健康工作）；陈青莱、程珂、洪蕾（1 个月，分别在剑门关实验学校、香江实验学校和龙江小学附属幼儿园任教）。

（四）落实捐赠方案，发挥捐赠项目效能

为巩固脱贫攻坚成果、同乡村振兴有效衔接，做实杭州上城与剑阁结对帮扶，杭州市澎博幼儿园拟捐赠资金 30 450 元，用于剑阁县长岭小学校改善办学条件；杭州绿城育华学校与剑阁县江口嘉陵学校结对帮扶，杭州绿城育华学校拟捐赠资金 15 150 元，定向资助剑阁县江口嘉陵学校 5 名品学兼优贫困学生；杭州采荷中学教育集团为剑门关高中捐赠价值 4.27 万元的名著；杭州日报、浙江省爱心公益服务中心、上城区帮扶剑阁工作组为元山中学、汉阳中小学、长岭小学等学校捐赠 1 400 套学生课桌，价值 35 万元；杭州市上城区发改经信局为剑阁中学、剑门关高级中学、剑州中学等 30 所学校捐赠价值 300 余万元的智慧教育系统各 1 套。2022 年，启动中职学生定向培养计划，剑阁职中派出学生 22 人到杭州接受职业培训，费用（40 万元）全部由浙江负担。2023 年，剑阁职中派出 25 名学生，教育局派出几十名教师到杭州学习、培训，杭州派出专家到剑阁指导教育教学，共计资金 50 万元。剑门关高中智慧校园升级改造，杭州安排资金 400 万元。

（五）组织开展"上城—剑阁教育协作周"活动

时间定在每年 9 月份，内容包括下乡调研、送课、送讲座，最后集中一周开展专场式集中展示交流活动。2022 年协作周送课下乡 20 余节，组织开展报告 10 余场，引进杭州教育专家、教研员、校长来剑阁 30 多人次，组织开展骨干教师培训，受益教师达 3 000 余人次，学生达 2 万余人。

（六）创新打造"雄关论教"管理干部沙龙培训班

经过前期自主报名、学校推荐、教育局审核，组建了剑阁县首届"雄关论教"管理培训沙龙学习班。共有学员 31 人，志愿者团队 12 人。现场线上结合，并以主题报告分享、参观学习、头脑风暴、互动交流、总结分享等形式开展政策法规解读、教学方式变革、校园文化提升、德育活动设计、党团队阵地建设、研学课程设置、对外宣传策略、校园特色文化打造等学习和研讨。引入县域内优秀校长、业务骨干、教育局相关领导、广元市、四川省相关专家、校长，广安市优秀校长、专家，杭州市上城区优秀校长、专家（上城区教育学院专家、东西部协作结对学校、其他知名校长等），北京市结对学校领导专家等资源为学员授课。在培训中打破以往都是外请专家讲为主的培训模式，本培训班不仅有来自外来专家的引领，还采取学员分享、本地优秀校长讲座、入校参观诊断等浸润式学习方式进行，学习更具实践性、体验感，达到了更好的效果。

（七）领衔创建心理健康教育示范县

成立"剑阁县心理健康教育专业委员会"，打造一支专业心理教师队伍；借助东西部协作平台，校企合作，创建一个心理健康筛查平台；建立一套心理健康工作机制；联合相关专家和机构编写完成一本《剑阁县中小学心理危机筛查与干预实操手册》；聘请心理专家和志愿者设置两条免费心理健康咨询热线；设立 10 个"剑阁县心理健康教育名师工作室"

（八）推进学校结对协作，协同学校发展

推进学校结对协作，完成上剑 10 所学校结对。上城区 10 所学校与剑阁县 10 所学校签署结对协议，其中 2021 年结对 6 所：杭州市凤凰小学与剑阁县龙江小学校；杭州市濮家小学与剑阁县白龙镇小学校；杭州采荷中学教育集团与剑阁县普安中学校；杭州市丁兰实验中学与剑阁县公兴初级中学校；杭州市天杭实验学校与剑阁县江口嘉陵学校；杭州市澎雅小学与剑阁县汉阳小学校。2022 年结对 4 所：浙江省杭州第六中学与剑门中学；杭州市夏衍小学、杭州市夏衍第二小学与剑阁关实验学校；杭州市行知新城幼儿园与普安幼儿园；杭州市夏衍幼儿园与剑阁县龙江小学附属幼儿园。通过同步连线、教师互派、交流互访、教研互助等形式与载体提高教育协作的实效，保持及时的沟通与交流，共享教育资源，携手开展教育协作。

表 13-15　东西部扶贫协作结对学校名单

序号	浙江丽水学校名称	剑阁县学校名称	结对时间
1	莲都区囿山小学	剑阁县白龙小学	2018.09
2	梅山中学	剑门关高级中学	2018.09
3	丽水职高	剑阁职中	2018.09
4	莲都区处州中学	剑阁中学	2019.09

表 13-16　东西部协作结对学校名单

序号	上城区学校名称	剑阁县学校名称	结对时间
1	杭州市凤凰小学	剑阁县龙江小学校	2021.09
2	杭州市濮家小学	剑阁县白龙镇小学校	2021.09
3	杭州采荷中学教育集团	剑阁县普安中学校	2021.09
4	杭州市丁兰实验中学	剑阁县公兴初级中学校	2021.09
5	杭州市天杭实验学校	剑阁县江口嘉陵学校	2021.09
6	杭州市澎雅小学	剑阁县汉阳小学校	2021.09

表13-16（续）

序号	上城区学校名称	剑阁县学校名称	结对时间
7	杭州市行知新城幼儿园	剑阁县普安幼儿园	2022.09
8	杭州市夏衍幼儿园	龙江小学附属幼儿园	2022.09
9	浙江省杭州第六中学	四川省剑阁县剑门中学校	2022.09
10	杭州市夏衍小学、杭州市夏衍第二小学	剑阁县剑门关实验学校	2022.09
11	杭州市丁荷中学	四川省白龙中学校	2023.09
12	杭州市澎汇小学	剑阁县元山小学校	2023.09
13	杭州市钱学森学校	剑阁县龙源育才学校	2023.09

第三节 广安对口帮扶

2020年始，广安对口帮扶剑阁教育，援助教育项目，落实帮扶资金；派遣挂职干部，指导剑阁教育；学校结对互动共进，深入调研讲学，教学教研提升带动，捐赠慰问助生成才，帮扶工作取得了良好成效。

一、"校对校"结对

根据广安市体育和教育局与剑阁县教育局签订的教育协作框架协议，截至2023年12月底，已完成15对学校结对。其中2021年5对：邻水县鼎屏镇第四小学与剑阁县鹤龄小学、广安区东方小学与剑阁县公兴小学、广安实验学校与剑阁县姚家小学、岳池县城关中学与剑阁县木马中学、广安中学与四川省剑门关高级中学。2022年5对：岳池县东街小学与剑阁县杨村小学、华蓥市第二中学与剑阁县开封中学、武胜县沿口初级中学与剑阁县柳沟中学、前锋区思源实验小学与剑阁县木马小学、广安市第一幼儿园与剑阁县鼓楼幼儿园。2023年5对：广安市武胜中学与剑阁中学、华蓥市红军小学与南禅小学、邻水县鼎屏三小与武连小学、岳池县凤山小学与柳沟小学、广安市实验幼儿园与香江幼儿园。

二、剑阁籍学生到广安职业技术学院就读资助

2022年，两地携手同心，互学共建，彼此成就，相得益彰。广安职业技术学院招录21名剑阁学子资助就读，资助资金达75万元。2023年，广安职业技术学院招录45名剑阁学子资助就读，资助资金达10万元。

三、"组团式"帮扶

"组团式帮扶"是中央的决策部署，是在对口帮扶基础上的升级。教育人才组团式帮扶乡村振兴的重点是帮扶县高中阶段学校工作。

按照《中共四川省委组织部等8部门关于印发〈四川省"组团式"帮扶乡村振兴重点帮扶县高中阶段学校实施方案〉的通知》（川组通〔2022〕59号）和《中共四川省委人才工作领导小组办公室关于印发〈四川省"组团式"帮扶乡村振兴重点帮扶县高中阶段学校重点任务责任清单〉的通知》（川委人才办〔2023〕2号）要求，2022年8月开始，广安市统筹广安第二中学校、烈面中学校力量组团帮扶四川省剑州中学校。

广安、广元和剑阁两市三地党委、政府十分重视此项工作。2022 年 6 月，剑阁县委书记杨祖斌，剑阁县委副书记、县长范为民，详细调研了剑州中学组团式帮扶工作开展情况。7 月 14 日，广安市委教育工委书记、广安市教育和体育局局长黎均平一行到剑州中学考察调研组团式帮扶工作。2022 年 12 月 9 日，广安市委副书记、市长赵波与广元市委副书记、市长一行到剑州中学调研。2023 年 1 月 18 日，广安市委书记张彤专题听取组团帮扶工作汇报。

2022 年 6 月省委组织部教育人才"组团式"帮扶工作启动后，帮扶小组一行 8 人到达剑州中学开展帮扶工作。一年来，帮扶小组紧紧依靠学校广大教职员工，充分尊重剑阁教育实践，深入研究两地办学特点，全面落实"组团式"教育帮扶工作的任务和要求，解放思想，开拓进取，真抓实干，各项工作取得了一定的成效。

（一）组团式帮扶的具体做法

坚持党建引领，把牢帮扶"方向盘"。成立"组团式"帮扶剑州中学工作领导小组，剑阁县委常委、副县长、广安市对口帮扶剑阁县工作队领队任组长，每月定期召开专题会议，进行工作调度，解决困难和问题。严格落实党组织领导的校长负责制，对涉及学校发展规划、改革方案等重大问题和事关全局性、涉及教职工切身利益的重要事项，必须由党组织集体研究决定。定期组织帮扶教师开展主题党日活动，坚持理论学习，坚持党史学习教育，讲政治、讲融入、讲学习、讲实干、讲纪律，增强主人翁精神，强化责任使命。

厘清发展思路，绘就帮扶"作战图"。在学校党委领导下，帮扶小组广泛调研校情学情，针对发展现状，确定了"党建引领农村薄弱高中特色发展实践研究"省级科研课题，制定了《教育人才"组团式"帮扶剑州中学三年工作规划（2022—2025 年）》。明确了学校"办优初中、办好高中"的近期办学目标，争创四川省二级示范高中的中期办学目标，建成学生向往、家长满意、社会认可、特色彰显的特色综合高中的远景办学目标。确立"123"帮扶工作具体策略，紧紧围绕争创四川省二级示范高中这"一个愿景"，立足教研兴校、课改提质"两大战略"，聚焦学校精细管理、教师能力培训、办学条件改善"三大抓手"，从教育理念、学校管理、师资力量、教学资源、办学条件等方面对学校进行帮扶。

坚持统筹推进，打好帮扶"组合拳"。聚力教研课改，为高效能课堂赋能。积极开展教研，打造高效课堂。启动"动车组"教研改革模式和"四段式"课堂改革模式，通过"每周一课"，积极开展学科带头人说课、优秀教师上示范课、普通教师上汇报课活动。落实教学过程，提高教学质量。狠抓制度健全，完善集体备课制度、听课评课制度和青年教师培养制度；狠抓教学常规，加强过程管理，全面落实教学"六认真"，杜绝教学工作的随意性和盲目性；狠抓工作纪律，严格实行上下班打卡制度，逗硬考核。夯实帮扶结对，提升教师素养。8 组帮扶教师与本校教师结对子，积极开展共研共备、互听互评，在交流中更新教学理念，在碰撞中优化育人方式，有效落实传帮带"青蓝工程"。

整合德育资源，为高品质育人搭台。转变德育理念，创新育人机制。要求全体教职员工都要成为"育人者"，将德育贯穿于教育教学和学生成长成才全过程，人人争做大先生，处处彰显大德育。强化队伍建设，增强德育力量。进一步规范班主任工作管理，增强德育工作的针对性和实效性，创新工作方式，使班级管理更具特色。激活德育载体，提高育人实效。抓活动育人，开展丰富多彩的校园活动，彰显素质教育成效；抓文化育人，让校园的一草一木、一墙一角都成为育人的教科书；抓心理疏导，注重心育实效，精准摸排，建立重点跟踪学生档案。

聚焦项目援建，为高标准办学筑基。推进在建工程，强化项目管理。2022 年 9 月，投资 1 350 万元的学校综合楼和宿舍楼破土动工，建筑面积达 4 500 平方米，已建成并投入使用。争取行业资金，改善办学条件。县委县政府、县教育局高度重视学校发展，2023 年投入行业资金 1 470 万元用于学校 120 套教师保障性住房建设，助力学校吸引人才、稳定人才。抢抓帮扶机遇，提升硬件水平。加强广剑合作，累计争取到2023—2024年度对口帮扶资金1 638万元用于学校福心艺术综合楼新建项目、标准化考场建设及现代教学设备采购项目。

强化宣传力度，为高质量发展造势。加强对教育人才"组团式"帮扶工作的宣传报道和信息交流，定期编写工作简报，积极向两市三地组织人事和教育行政部门工作汇报，充分利用人民网、广元日报、川观新闻、剑阁融媒、剑阁教育、党政理论网、学校微信公众号等媒体资源，及时宣传推广教育帮扶工作好的经验、做法、成效，让人民群众见到帮扶成效，凝聚社会共识，营造良好氛围。

凝聚帮扶合力，为高速度赶超聚力。建立互访机制，促进交流合作。与广安、苍溪帮扶学校建立帮扶机制，管理互鉴、教学互研、资源互享、考试互联，全面提升学校教育教学质量。联合浙江上城，共同开展帮扶。与浙江省杭州市上城区帮扶队在教研教学、心育教育等方面开展联合帮扶协作活动，取得良好效果。协同旺苍东城，结成"组团式"被帮扶学校校联体。与旺苍东城学校结成被帮扶学校联合体，交流教育教学管理、高考综合改革、艺体特色办学等工作经验，共同探索"组团式"帮扶举措。

（二）组团式帮扶工作成效

师生精神面貌明显改善。一年来，在两市三地党委、政府的关心支持下，帮扶政策优势实实在在转化为学校发展优势，不仅先进的管理理念和管理模式带到了学校，还把先进的教学理念和教学方法带进了课堂，为学校发展注入了源头活水，让学校教师收获成长，"输血"的同时也"造血"；让学生收获成长，既"乐学"也"会学"。学校三期办学目标和"123"帮扶工作具体策略，更为学校高质量发展指明了方向、增强了信心、鼓足了干劲，粉碎了学校将被淘汰的猜测和谣言，坚定了全体师生将学校办好的信心和决心，师生精神面貌焕然一新。

学校教学质量明显提高。学生成绩进步显著，2023年高考，在中考入学全市前8 000名仅占61人的艰难处境下，全校205人参加高考，本科上线103人，其中重本13人，完成率达260%，文考本科80人，完成率达275%，艺体本科23人，全面超额完成广元市教育局下达的高考目标。素质教育成效彰显，一年来，学生参加各级文艺表演、演讲比赛、征文活动、科技创作、体育比赛、知识竞赛活动，331人次受到市县各级各类表彰。

学校办学条件明显改善。"组团式"帮扶为学校发展带来了新机遇，通过剑阁县委县政府、广安对口帮扶资金倾力投入，各项援建项目有序推进，办学条件逐步改善。学校实验综合楼和学生宿舍楼相继建成并投入使用，使学校教学科研用房紧张的状况得到有效缓解，学生生活条件的舒适度得到极大提升；即将开工建设的教职工保障性住房建设项目将很大程度上改善教职工住宿条件；广安市按最高标准为学校援建了40间标准化考场，按最新标准为全校57间教室更换了教学一体机，援建的福心艺术楼也即将开工建设，建成后将成为学校新的地标性建筑。学校硬件设施和教学生活保障条件得到系统性改变。

学校社会影响明显向好。学校办学质量的进步、教师素养的提升、办学条件的改善，受到了社会、家长的一致好评，学校影响力、吸引力明显增强。2023年学校高一招生一改过去优质生源不愿就读、招生计划无法完成的尴尬局面，报考人数出现井喷，招生场面异常火爆，不到一天时间，招生计划就提前完成，学生学位十分紧张，在校学生规模净增500人，一个崭新的剑州中学形象已逐步呈现在广大学生、家长和社会面前，学校正日益成为一所学生向往、家长满意、社会认可、特色彰显的综合优质高中。

（三）组团式帮扶工作打算

聚焦"省二"创建，着力铸造办学品牌。争创四川省二级示范高中既是"组团式"帮扶工作的阶段目标，也是学校的中期办学愿景，更是提升学校育人质量、办综合优质高中的必经之路，学校将继续紧紧围绕创建工作，统一思想、统一认识、统一行动，对标对表、补齐短板，梳理资料、规范存档，众志成城、努力奋斗，以饱满的热情、必胜的信心，抓住机遇，努力实现剑州中学历史性的跨越，力争 2024 年成功创建省二级示范高中。

聚焦师资结构，促进教师专业化成长。学校现有教师 261 人，50 岁及以上教师达 111 人，占教师总数的 42.5%，人员老龄化现象严重。学校将继续坚持以教学为中心，向课堂要质量，探索老年教师激励机制，全面提高教育教学质量；抓好抓实学科教研，与广安二中、烈面中学、苍溪中学和杭州上城区开展交流合作，助推教师专业化成长；积极争取政策支持，引进和招聘优秀大学毕业生，增强队伍活力；进一步建立健全人才培养机制，为青年教师发展创设平台，促进青年教师迅速成长。

聚焦多元办学，探索推进特色发展。受诸多因素的影响，学校招生人数、生源质量与兄弟学校相比还存在一定差距。2018 年起，学校即开始进行多元化办学探索，开办职普融通班，满足了部分弱差生源的升学需求。2022 年 7 月经省教育评估院深入调研，基于多年的师范办学历史、厚重的艺体教育底蕴，建议学校推动特色发展，办富有艺体和职普融通特色的综合优质高中。围绕既有经验、历史底蕴和发展建议，学校坚定了多元发展的办学思路，力争在艺体发展、职业教育等方面形成鲜明特色。

聚焦经费紧缺，依托帮扶改善条件。目前学校初中部男生宿舍系 20 世纪 80 年代修建，住宿条件极差；学生课桌椅系灾后捐赠，桌凳矮小、破损严重；现有食堂面积较小，就餐拥挤。学校将继续争取党委和政府的支持，抢抓"组团式"帮扶契机，力争推动"安全房"（宿舍搬迁）、"暖心桌"（桌凳更换）、"舒心餐"（食堂改造）等项目实施，持续改善学校办学条件。

表 13-17　"组团式"帮扶剑州中学教师花名册

姓名	年龄	政治面貌	学历	工作单位和职务	学科	职称	挂职岗位	年限
孙景斌	44	中共党员	本科	广安武胜烈面中学副校长	历史	高级教师	校长	3
何虹林	46	中共党员	本科	广安武胜烈面中学教科室副主任	数学	高级教师	副校长	3
林　欢	29	群众	本科	广安二中教师	英语	二级教师	专任教师	3
童　伟	36	民盟	本科	广安二中教师	地理	一级教师	专任教师	3
陈妹妮	27	群众	本科	广安二中教师	音乐	二级教师	专任教师	3
康纪义	48	群众	本科	苍溪中学教师	物理	一级教师	专任教师	3
寇海楼	47	群众	本科	苍溪中学教师	数学	一级教师	专任教师	3
何思凡	47	群众	本科	苍溪中学教师	语文	一级教师	专任教师	3

表 13-18　省内对口帮扶结对学校名单

序号	广安市学校名称	剑阁县学校名称	结对时间
1	邻水县鼎屏镇第四小学	鹤龄小学	2021.09
2	广安区东方小学	公兴小学	2021.09
3	广安实验学校	姚家小学	2021.09
4	岳池县城关中学	木马中学	2021.09
5	广安中学	剑门关高级中学	2021.09
6	岳池县东街小学	杨村小学	2022.09
7	华蓥市第二中学	开封中学	2022.09
8	武胜县沿口初级中学	柳沟中学	2022.09

表13-18（续）

序号	广安市学校名称	剑阁县学校名称	结对时间
9	前锋区思源实验小学	木马小学	2022.09
10	广安市第一幼儿园	鼓楼幼儿园	2022.09
11	广安市武胜中学	剑阁中学	2023
12	华蓥市红军小学	南禅小学	2023
13	邻水县鼎屏三小	武连小学	2023
14	岳池县凤山小学	柳沟小学	2023
15	广安市实验幼儿园	香江幼儿园	2023

第四节　北京剑阁教研联盟

一、北京剑阁教研联盟进程

2008年4月经中国人民解放军总参谋部军训和兵种部陈立河大校牵线搭桥，时任剑门关小学副校长的方杰一行6人来到北京市海淀区五棵松学区进行了为期20天的学习交流，在学区陈姗校长精心安排下，深入包括五一小学、太平路小学在内的5所学校学习交流，并向他们简要介绍了剑门山区学校的办学概况。

2014年10月田家小学校长方杰应北京市海淀区五一小学陈姗校长之邀，参加了北京市海淀区工委在五一小学举办的"教育家办学实践研讨会"。其间，方杰校长与太平路小学孙庭春校长、今典小学王艳丽校长共商与田家小学结对"手拉手"，缔结友谊学校事宜并达成初步意向。

2014年11月26日—28日北京市海淀区今典小学杨燕春副校长、王素云主任到田家小学考察，初步达成缔结"手拉手"友谊学校的共识。

2015年1月21日—23日北京市海淀区太平路小学孙庭春校长带领张翠川副校长、闫志玮副校长、韩旭辉主任、赵福霞主任、秦莹老师一行6人到田家小学指导田家小学教师备课、上课，对田家小学教师进行了专业技能培训并交流指导。

2015年5月14日—16日北京市海淀区今典小学王艳丽校长带领王素云主任、刘磊主任和王雁茹、王欢、庄春露、孙月云、马力庚5位老师到田家小学，与田家小学正式结成友谊学校并举行签字仪式。

2016年3月24日—29日北京市海淀区太平路小学孙庭春校长带领闫志玮副校长、杨璇主任、安学文主任以及王唯、李云毳两位老师再次来田家小学指导工作，先由田家小学老师进行常规课的展示，李云毳带来了一堂生动的作文课示范课。

2016年4月24日—29日罗安主任和7名老师到北京市海淀区五一小学、太平路小学、今典小学进行学科学习。

2016年5月28日—30日北京市海淀区今典小学岳军主任、刘磊主任和李长顺老师一行到田家小学拍摄该校留守儿童的学习、生活小短片，通过小短片让今典小学的学生了解山区学生的学习和生活，感受山区学生在艰苦的环境中乐观、阳光、向上的积极态度，并开展献爱心义卖活动，为田家小学捐赠。

2016年6月2日—4日北京市海淀区五一小学陈姗校长、太平路小学孙庭春校长、今典小学王艳丽校长一行十几人到田家小学指导校园文化建设、以生为本的高效课堂教学，并参与田家小学第三届艺术节活动。

2016 年 6 月 3 日剑阁县田家小学再一次迎来了北京的领导及老师们。自 2014 年以来，田家小学与北京五一小学、今典小学、太平路小学通过了解、交流和沟通，相继建立了深厚友谊并结成友谊学校。

2016 年 6 月 3 日当日，北京三所学校参加了献课、学生手工品义卖捐图书角等活动，晚上田家小学举行了以"幸福家园、快乐成长"为主题的田家小学校第三届艺术节。

2017 年 3 月 28 日受教育局派遣，剑阁县龙江小学、实验小学、剑门关实验学校、香江国际实验学校、田家小学 5 校校长一行来到北京市海淀区参加"全国智慧教学"研讨——走进五一小学活动。由于活动时间是 30、31 号共计一天半时间，5 校校长一行被安排到另两所与田家小学结对的"友谊学校"——太平路小学和北京邮电大学附属小学进行访问学习。

2017 年 6 月 22 日，在教育局王晓明局长的带领下，教育局办公室李晓勇主任、剑门关高级中学邓思勇校长、龙江小学伏大庆校长、剑门关小学李玉富校长、田家小学方杰校长一行 5 人对北京市海淀区五一小学、太平路小学、北京邮电大学附属小学进行考察、交流。

2017 年 11 月 4 日北京邮电大学附属小学王晓芳主任一行 5 位教师来到剑阁县田家小学校进行校际教学交流研讨活动。

2017 年 12 月 21 日北京市海淀区太平路小学马英主任带领李珊珊、张颖两位教师一行 3 人来到田家小学校进行送教送温暖交流活动。剑阁县教育局教研室尚翠丽、苟海泉等 3 位领导，以及剑阁县香江国际小学何龙校长、何瑞容主任等 5 位领导、老师全程参加了本次教学交流活动。

2018 年 11 月 15 日，太平路小学孙庭春校长带领马英主任、白敬、吕立环、田芳老师一行 5 人来到田家小学，白敬、吕立环和田芳老师分别带来了语文、数学和音乐三节骨干教师示范课，周边兄弟学校 60 余人慕名前来观摩。

从 2008 年到 2018 年，两校的友谊种子从发芽、生长到开花，谱写了一曲爱的教育之歌。相信在爱的感染下，在那一颗颗教育情怀的驱动下，田家小学的教育教学之路将扬起风帆，继续奋力航行。

2018 年 12 月 2 日—6 日，杨国栋校长一行 5 人再次到北京交流学习，传承友谊；在田家小学方杰老校长的传递下，在田家乡党委书记孙波、县人民政府总督学何中强、田家小学副校长梁东国的见证中，田家小学与北京市海淀区五一小学、太平路小学、北京邮电大学附属小学的友谊之花会越开越艳丽。同时也确定了田家小学是太平路小学在剑阁交流学习的主阵地。

2019 年 4 月 17 日，太平路小学再次来到田家小学，尚玉新和麻越青老师分别带来了一节六年级的语文和数学课。县教育局王勋勇副局长对太平路小学一行的到来表示热烈的欢迎和诚挚的感谢，同时针对剑阁县近年来的语文学科在中考、高考中反映出来的问题提出了自己的看法和今后的改变方向，也对在场的老师寄予了殷切的希望。

2019 年 10 月 13 日，田家小学应北京海淀区五一小学的邀请，杨国栋校长和王凤娟、康舒益老师在县人民政府总督学何中强的带领下参加中芬教育交流。

2020 年 10 月 15 日，田家小学与北京市海淀区太平路小学、剑门关实验学校，在剑门关实验学校操场上举行了手拉手"友谊学校"签约仪式。同时，三所友谊学校开展了联合教研活动。北京市海淀区太平路小学三位老师带来了三堂别具匠心的示范课，田家小学与剑门关实验学校开展了语文、数学、英语三科"同课异构"的教研课。田家小学与北京市海淀区太平路小学、剑门关实验学校确定了新的友谊关系，共同促进京蜀两地教育的交流和发展。

2020 年 10 月 16 日北京市海淀区太平路小学孙庭春校长一行五人代表他们的学生家长委员会向田家小学留守儿童捐赠羽绒服 200 件。

2020年11月4日田家小学杨国栋校长带领邓莉娟、蒋雯音两位老师，与剑门关实验学校梁玉钊校长带领的团队一行9人，到北京市海淀区太平路小学及五一小学进行了为期4天的手拉手交流学习，从诗情画意的语文、逻辑严谨的数学、生动有趣的音乐、友爱团结的体育课堂中，再一次零距离感受了友谊学校的校园环境和文化内涵。

二、剑阁北京海淀区教育结对简表

表13-19 剑阁北京海淀区教育结对情况

剑阁学校	田家小学	剑门关小学	剑门关实验学校	香江国际	普安小学	柳沟小学	龙江小学	南禅小学
北京海淀区学校	太平路小学 北邮附小 五一小学	五一小学	太平路小学	北邮附小	图强二小	北邮附小	五一小学	图强二小
结对时间	2014.10	2008.05	2019.10	2019.10	2020.04	2021.05	2013.05	2020.04

第八章　乡村振兴

全国脱贫攻坚，到 2020 年实现"两不愁三保障"，核心是"两个确保"。

"两不愁"就是稳定实现农村贫困人口不愁吃、不愁穿；"三保障"就是保障义务教育、基本医疗、住房安全。"两个确保"就是确保农村贫困人口全部脱贫，确保贫困县全部脱贫摘帽。

在全国打赢脱贫攻坚战以后，国家将开始全面推进乡村振兴工作。其间一段时间，叫作巩固脱贫攻坚成果同乡村振兴有效衔接阶段。将脱贫攻坚时所使用的办法，沿袭到这个阶段。

一、工作责任

县教育局严格落实各级要求，坚持"一盘棋谋划、一体化推进"，做好巩固脱贫攻坚同乡村振兴在工作力量、组织保障、规划实施、项目建设、要素保障等方面的有机结合。成立了以李锦钟书记、唐永红局长为组长的工作领导小组，层层压实责任，建立统一、高效的议事协调工作机制，构建责任清晰、各负其责、执行有力的乡村振兴领导体系，实现政策体系、制度体系和工作体系的平稳过渡，把教育脱贫攻坚体制机制延续到巩固拓展成果同乡村振兴有效衔接上来。

县教育局严格落实"四个不摘"要求之一"摘帽不摘责任"，继续实行局班子成员包片、局机关干部和教育督导责任区干部联校、校长包乡镇、学校中层领导包村、教师包户的工作机制。再就是"摘帽不摘监管"，县委教育工委、县教育督导室和各教育督导责任区建立常态化监督督导机制，推进教育脱贫攻坚同乡村振兴有效衔接。

强化驻村帮扶。按照县委工作安排，县教育局选派 3 名第一书记和 7 名工作队员组成三个工作队分别在元山镇广爱村、时古村、石楼村开展驻村帮扶工作，机关干部职工人人挂联帮扶脱贫户 398 户。工作队积极与县相关部门沟通协调，硬化石楼村和广爱村 9.5 公里通村路，改造升级石楼村 2 口山坪塘，助推广爱村"剑橙"品种改良、石楼村羊肚菌产业发展。协调学校食堂，采购当地绿色蔬菜、水果等农副产品价值近 3 万元。开展"三同"活动，走进脱贫户，竭尽所能解决农户实际困难。因工作扎实出色，2021 年 5 月在全县大会上受到公开表扬。

二、落实政策

县教育局严格落实"四个不摘"要求，"摘帽不摘政策"：一是根据上级文件和各级会议精神，制定了《剑阁县教育局巩固拓展教育脱贫攻坚成果同乡村振兴有效衔接的实施意见》；二是按照《国家中长期教育改革与发展规划纲要（2010—2020）》以及教育部颁发标准，制定了《剑阁县"十四五"时期教育事业发展规划（2022—2025）》；三是确保过渡时期政策延续性和稳定性，紧紧围绕"义务教育有保障"目标，有效巩固拓展教育脱贫攻坚成果同乡村振兴有效衔接；四是做实做牢控辍保学，签订"五长责任制"控辍保学目标责任书，建立 6~15 周岁适龄儿童、少年就读台账，每月摸排上报疑似失学儿童，动态监测辍学情况，确保"一个都不少"；五是持续推进农村家庭经济困难学生的各项资助，"一分不少"打卡发放到位。

三、落实工作

聚焦资源配置，改善办学条件。坚持科学规划做保障。围绕《剑阁县"十四五"时期教育事业发展规划（2020—2025)》，科学规划校点布局，做好"两项改革"后半篇文章。2022年撤并3所九年一贯制学校初中部和4所完全小学，全县形成了中小学、幼儿园布局合理、比例适当、规模适度的教育体系，义务教育阶段学校功能用房齐全，活动场地宽敞平整，配套设施完善，校园环境优美。

坚持标准建设作保障。按照义务教育学校建设标准和教育技术装备规范，剑阁县制订了"改薄"专项计划和实施方案。近年来，共投入4.23亿元（其中县本级1.8亿元），新、改、扩建校舍7.87万平方米、运动场馆10.83万平方米；新增理科实验教学仪器4.7万台（件、套），音体美教学器材0.22万台（件、套），纸质图书14万册，全县29个乡镇标准中心校全部达标。

坚持信息建设作保障。近年来，财政相继投入1 723万元，新配置"班班通"终端设备405套，升级改造旧设备93套，"班班通"终端设备学校覆盖率达100%；全面建成1 000兆到校、100兆到班的"校校通"教育城域专网系统，"人人通"空间注册率达85%；建成省、市"智慧校园"示范学校3所、"专递课堂"学校32所；投入资金200余万元，建成心理咨询室18间、创客机器人教室32间；投入资金300余万元，建成"智慧教育"学校30所，全面提升了剑阁县教育信息化建设、管理和应用水平。

坚持夯实要素作保障。一是固本强基，加强教师队伍建设。开展课堂教学大比武、教学技能大竞赛、教育管理大讲坛等"三大活动"提高教师业务水平。大力实施"四名"工程，建立名师工作室、心理健康教育工作室。分段分科建立教育科研团队，建立体育、书法、绘画、音乐、科学五大专委会，成立教师合唱团，扎实开展小提琴进校园、"雄关论教"。建立人才培养和管理机制，完善名师工作室考核保障机制。二是加大投入，不断改善办学条件。投资0.9亿元推进新改扩建校舍、提质扩容项目，目前已完成固投任务2亿元，向上争取各类资金2.1亿元，县教育局被评为"剑阁县项目投资先进集体"。县教育局先后承办全市2022年第一季度第二批次重大项目集中开工现场会、全市教育系统项目现场会。三是关注民生，切实保障教育公平。严格落实控辍保学，确保义教阶段脱贫户家庭适龄儿童、少年"一个不少"。34 224名农村义务教育学生享受营养餐，62 124人次享受各类教育资助，确保了教育惠民政策兑现"一项不漏"。多方式、多渠道广泛争取社会教育捐赠项目12个，发放奖教奖学、支教助学资金254万元。

聚焦队伍建设，提高师资水平。合理配备学科教师，确保教师队伍优化提升。印发了《剑阁县全面深化新时代教师队伍建设改革实施方案》，进一步健全教师完善机制。2022年，公开招聘、考核招聘教师69人，引进高层次人才12人，录用省市公费师范生5人，招考特岗教师47人，县外调入优秀人才12人，共计145人，全部充实到剑阁县乡镇学校任教。

实施绩效工资制度，确保教师合法收入提升。严格执行义务教育学校教师工资制度，出台《剑阁县学校教职工绩效工资考核指导意见（试行)》，从2014年1月起，按每月不低于400元的标准兑现农村教师生活补助。将全县学校年终目标完成情况纳入县委、县政府统一考核。2018—2020年，均按照人均14 000元的标准发放了目标考核奖。2022年预算义务教育教师年平均收入112 757元，公务员年平均收入105 581元，真正做到了教师平均工资收入水平不低于公务员水平。

落实教师培训经费，确保教师专业素养提升。近三年，县财政投入教师培训经费280余万元，各级各类学校严格按公业务费5%及以上的标准安排了本校教师培训经费，大力实施教师培训项目。2022年，全县共组织培训管理干部、学科教师6 310人次，教师队伍的整体水平显著提高。

加强师德师风建设，确保职业道德水平提升。践行《新时代中小学教师职业行为十项准则》，建立健全师德师风建设、考核制度。开展了"创先争优""千名教师访万家"及师德宣誓、师德承诺等师德建设主题活动，建立了教师师德师风个人档案，选树了一批师德典型，全县教师队伍干事创业、敬业奉献精神显著提升。

建立定期交流机制，确保教学活力不断增强。出台了《剑阁县中小学教师支教工作方案》《剑阁县教师交流轮岗管理办法（试行）》，建立了义务教育阶段学校校长、教师交流、轮岗和支教制度。采取离岗全职支教、在岗兼职支教、走教，城乡教师双向交流、轮岗等多种形式进行教师交流。近年来，全县共安排城镇学校教师 55 人次到农村学校支教，交流义务教育阶段学校校长 28 名，交流普通教师 956 名，有效促进了县域内师资队伍的均衡配置。

聚焦控辍保学，确保一个不少。县教育局压实责任，多措并举分类施策，不断加大控辍保学工作力度，确保了全县义务教育阶段适龄儿童、少年入学率 100%，巩固率 100%，实现"义务教育有保障"目标。

强化管理，依法控辍。一是高度重视，强化领导。县教育局印发了《剑阁县进一步控辍保学、稳控生源的实施意见》等文件，成立了专项工作领导小组，出台了工作实施方案。严格执行控辍保学政府、教育"双线"目标责任制和"五长"负责制，全县各校成立了相应的组织机构，制订了适合当地实际情况的工作方案。二是强化宣传，营造氛围。充分利用电视、"村村响"、电子显示屏、橱窗、黑板报、宣传栏、发放宣传单、制作宣传标语等方式广泛宣传《中华人民共和国义务教育法》等控辍保学法律法规。三是压实责任，严格考核。县教育局与学校负责人、教师、学生家长层层签订了义务教育阶段中小学控辍保学责任书，分解控辍保学目标任务，纳入各校目标考核。

多方联动，以管控辍。一是全面排查，建好台账。按照"属地管理"的原则，实行"一对一"包保责任制。各校走村入户对适龄儿童进行摸底排查，建立台账。二是合力关爱，行稳致远。全县建立了政府、学校、家庭联动控辍保学的三方责任制和领导包片、乡镇干部包村、村社干部包户的工作机制，形成了政府主导、部门联动、齐抓共管的控辍保学工作格局。各校建立适龄儿童档案和联系卡，设立亲情热线电话，落实家校共育和结对帮扶，不定期与学生家长、村委会、乡（镇）政府交流沟通，适时通报控辍保学工作开展情况。

夯实阵地，以情控辍。依托 85 个"留守儿童之家"、59 个乡村学校少年宫，加快控辍保学工作落地见效。积极推行"一生一袋、袋随人走、全程跟踪"制度，全体教职员工从学习辅导、心理疏导、亲情关怀、安全关爱、就业指导等多方面、全方位进行针对性帮扶。

落实政策，以资控辍。一是扎实开展"送教上门"工作。2022 年秋季剑阁县共有残疾适龄儿童 382 人，其中送教上门 80 人、随班就读 212 人、特教就读 83 人、缓学免教 7 人，残疾儿童、少年入学率达 100%。将进城务工人员和随迁子女接受义务教育工作纳入教育发展规划和财政保障体系，畅通入学渠道，实施无差别教育。新老县城义务教育阶段学校均接纳进城务工人员随迁子女就学，入学率达 100%。二是认真落实"三免一补"、"营养改善计划"、国家贫困助学金、大学生助学贷款等惠民政策。全县贫困寄宿生生活补助费政策覆盖率达 100%，义务教育阶段学生享受免学杂费、免教科书费、免作业本费政策覆盖率达 100%。

四、成效巩固

教师队伍更加稳定优化。2022 年，通过公招、考核招聘、高层次人才引进、录用省市公费师范生、招考特岗教师等方式补充教师 145 名，充实优化剑阁县教师队伍。目前，全县义务教育阶段小学、初中专任教师分别为 2 645 人、1 761 人，小学、初中师生比分别为 1∶9 和 1∶8，教师学历合格率达 100%。

控辍保学体系更加健全。全面落实"五长负责制"，建立健全了义务教育阶段双线控辍保学体系，全县义务教育阶段适龄人口 58 032 人无一失学辍学。

学生教育资助更加精准。严格执行国家资助政策，着力从精准认定、精准帮扶、精准关爱等方面，制定有效措施，细化帮扶责任，提升帮扶实效，确保困难家庭孩子顺利完成学业。2022 年学前教育免保教费、义务教育阶段困难生生活补助、普通高中免学费和助学金、中职免学费和助学金等教育资助 62 124 人次 4 022.16 万元，确保全县家庭经济困难学生资助不漏一人一项。

深化"学区"改革，促进均衡发展。以城带乡强弱共荣组建学区。根据县域内中小学校办学条件、师资配置、管理水平、办学质量、学校分布等情况，实行城乡统筹，强弱搭配，将 85 所中小学校划分为 9 个学区、1 个高中教育联盟。实行学区内资源配置、师资调配、教学管理、教学研究、学校招生、质量评价"六统一"，构建县域、城乡、校际深度合作，优质学校和薄弱学校融合发展，县域基础教育城乡一体化改革发展新机制。

五维共进，整体提升，探索运行。按照"六办一建"〔办优质高中、办品牌职教、办标准化初中、办特色小学、办普惠性幼儿园、办最美乡村学校（点）和建劳动实践基地〕总思路，通过优质资源同享、规范管理同标、教育科研同步、教师发展同进、学生成长同育、特色创建同推、教育质量同评"七同模式"，不断抬高乡村教育底部，促进城乡教育一体化发展。

突出发展绩效，强化管理考核。县教育局安排学区制办学专项经费，实行学区捆绑式考核，对在推进学区制办学中做出突出贡献的管理团队、校级班子以及优秀教师给予表彰奖励，激发干事创业激情。

学区活动蓬勃开展，有声有色。自学区制管理启动以来，各学区开展集体备课 100 余节次、专题讲座 30 余次、听课评课 150 余节、课堂教学大比武 200 余节、艺术节体育节交流展示 10 余场次，活动丰富多彩，从市教育质量监测抽考来看，五、八年级"一分三率"均有所上升，缩小了城乡教育差距，促进城乡教育均衡发展，为巩固脱贫攻坚成果同乡村振兴有效衔接提供教育支撑。

全县教育系统按照"六办一建"总体思路，聚焦教育提质和乡村振兴，落实"双减"政策，强化"五项"管理，丰富课后服务，圆满承办了全省乡村少年宫现场会、全省研学旅行现场会、全市幼小衔接现场会、教育提质现场会；剑门关高中成功创建省二级示范高中；《四川剑门关高中牢记习近平总书记殷殷嘱托 探索走出山区普通高中跨越发展新路》被省委办公厅《四川信息》刊发。县教育局先后荣获四川教育宣传工作先进单位、全省教育事业统计工作先进单位、市生源稳控一等奖、市职业教育先进集体、县项目投资先进单位、全县目标考核一等奖等称号和奖励。

表 13-20　教育局驻村工作队员名单（有效衔接时期第一批）

姓名	性别	籍贯	职务	所在镇村	任职时间	备注
杨玉波	男	四川剑阁	第一书记	元山镇石楼村	2021.06—2023.09	
李小园	男	四川剑阁	工作队员	元山镇石楼村	2021.06—2023.09	
孙锴帮	男	四川剑阁	工作队员	元山镇石楼村	2021.06—2023.04	
罗必胜	男	四川剑阁	第一书记	元山镇广爱村	2021.06—2023.09	
王天娇	男	四川剑阁	工作队员	元山镇广爱村	2021.06—2023.04	
陈素贤	男	四川剑阁	工作队员	元山镇广爱村	2021.06—2023.09	
白　杨	男	四川剑阁	第一书记	元山镇时古村	2021.06—2023.09	
龚　俊	男	四川剑阁	工作队员	元山镇时古村	2021.06—2023.09	
尚智兮	男	四川剑阁	工作队员	元山镇时古村	2021.06—	
钟　涛	男	四川剑阁	工作队员	元山镇时古村	2021.06—2023.09	

表 13-21　教育局驻村工作队员名单（有效衔接时期第二批）

派驻镇村	所在村类别	姓名	性别	驻村职务	人员身份类别	学历	驻村起止时间	是否新派驻村干部
元山镇石楼村	乡村振兴任务重点村	刘仁志	男	第一书记	事业干部	本科	2023.09	是
元山镇石楼村	乡村振兴任务重点村	龚晓芳	女	工作队员	事业干部	本科	2023.09	是
元山镇石楼村	乡村振兴任务重点村	付　会	女	工作队员	事业干部	本科	2023.09	是
元山镇时古村	已脱贫村三合一村	朱开剑	男	第一书记	事业干部	本科	2023.09	是
元山镇时古村	已脱贫村三合一村	何　敏	女	工作队员	事业干部	本科	2023.09	是
元山镇时古村	已脱贫村三合一村	张　惠	女	工作队员	事业干部	本科	2023.09	是
元山镇广爱村	已脱贫村	赵锐兴	男	第一书记	事业干部	本科	2023.09	是
元山镇广爱村	已脱贫村	严　钰	女	工作队员	事业干部	本科	2023.09	是
元山镇广爱村	已脱贫村	猴建梅	女	工作队员	事业干部	本科	2023.09	是

第十四篇　人物述录

第一章 人物传略

杨代兴

杨代兴（1936—2012），四川省岳池县人。1957年7月参加工作。1959年5月加入中国共产党。1986年4月至1990年当选为广元市人大代表。

1957年7月至1958年3月，在旺苍县黄泽小学任教；1958年4月至1959年8月，旺苍县委组织部干部；1959年9月至1960年8月，在四川省教育行政干部学校学习；1960年8月至1970年4月，四川省教育厅人事处干部；1970年5月至1972年5月，四川省革委会政工学校干部；1972年6月至1972年9月，在四川省教育厅工作；1972年10月至1980年8月，在剑阁县文教局工作；1980年9月至1983年8月，任剑阁县文教局副局长；1983年9月至1985年11月，任剑阁县工农教育委员会副主任；1985年12月至1986年2月，任剑阁县文教局副局长、党组书记；1986年3月至1990年2月，任剑阁县文教局局长；1990年3月至1996年，任剑阁县文教局党组书记。1997年2月经中共广元市委组织部批准享受副县级待遇光荣退休。

在几十年的革命工作生涯中，杨代兴同志坚持共产主义信念，忠于中国共产党，拥护党的路线、方针和政策，热爱社会主义建设事业，热爱文教事业，在他的正确领导下，教育教学质量不断提高，教育事业全面进步，初等教育得到普及，高中教育发展强劲，剑阁教育质量跻身广元市前列，多次获得国家、省、市表彰。杨代兴同志忠诚党的教育事业，革命信念坚定，其显著业绩彪炳剑阁教育史册，其高尚的品格堪为后人楷模。

杨代兴同志的一生，是勤劳奉献的一生。他一生经历过抗日战争、解放战争时期，经历过社会主义改造、"文化大革命"、改革开放时期。他是共和国成立的见证者，是建设中国特色社会主义的亲历者。新中国成立前，杨代兴同志饱经旧社会苦难生活的煎熬和考验，勤奋好学，在艰难中奋斗；新中国成立后，杨代兴同志为党的组织工作和教育工作奉献青春、贡献智慧；他全心扑在党的教育事业上，励精图治、呕心沥血，为剑阁教育的发展、中兴和壮大，作出了不可磨灭的贡献。杨代兴同志无论是在教育教学岗位，还是在行政管理岗位，都热爱事业、顾全大局、关心同志、爱护人才；他总是以全心全意为人民服务为己任，党性坚强，爱岗敬业，忠于职守，公正处事，以他模范的言行，树立了党员领导干部的良好形象，深得全县教育系统广大干部职工的爱戴和尊重。他多次被评为省、市、县"社会主义积极分子""五好干部""先进个人""先进工作者""优秀共产党员""优秀党务工作者"。退休后，工作了一辈子的杨代兴同志仍时刻心系他为之付出辛勤汗水的教育工作，继续发挥余热，建言献策，关心支持教育事业，充分表现出一个共产党员的本色。杨代兴同志是全体党员干部的楷模，是全县教育工作者的先进代表。

杨代兴同志为人正直、襟怀坦荡；谦虚谨慎、平易近人；生活节俭、艰苦朴素；家庭和睦、邻里团结，精神高尚、德高望重；杨代兴同志严格要求自己的子女，严格执行党的政策，从不搞特殊化，不给组织找麻烦，体现出了一个共产党员和人民公仆的高尚情操。

王彦仁

王彦仁（1928—2015），四川省剑阁县人，8岁读私塾，12岁上高小，1948年四川省立剑阁乡村师范学校毕业。

1949年剑阁解放，王彦仁即投身教育事业。1950年春任西庙小学校长，同年秋任剑门乡中心小学校长。1954年秋入绵阳专区中学教师进修学校专修生物学，毕业后调罗江区罗江中学任教。

1956年秋，调剑阁县白龙初级中学任教，任1959级2班班主任至1959年夏学生毕业。在3年的时间里，王彦仁立足本职，教书育人取得成绩。他积极争取进步，向党组织靠拢，自觉接受党组织的考验，是年春加入中国共产党，成为党的忠诚战士。

1959年秋王彦仁调至元山初中任副校长（主持工作）；1960年秋，调剑门初中任副校长（主持工作）。当时正值开学，学校教学楼、厨房、厕所工程砌体尚未完成，160名新生和10余名教职员工居无定所。他用调剂和租借的办法，安顿了全校师生，学校按时开学，正常行课。时逢三年困难时期，他动员和组织党员、团队干部在师生中宣讲毛主席"自己动手，丰衣足食"题词的重大意义，讲延安军民开展大生产运动的故事，传唱弘扬延安精神的歌曲，营造了"发扬延安传统，自力更生，勤俭办学"的氛围，学校教育教学工作正常开展。全校师生利用课余时间和农忙、节假日开荒种地、建猪舍、运砖瓦、抬木料。经过两年艰苦努力，校舍、运动场完工并投入使用；蔬菜、副食供应充足，师生体质增强，办学条件具备，教学质量稳步提升。1962年9月，团省委主办的《红领巾》杂志社派记者到校，通过与教师和学生代表座谈，了解学校积极开展勤工俭学的情况，在当年的《红领巾》杂志上发文作了专门介绍。就在这一年，全党全民大办农业、大办粮食。学校布局调整，9月王彦仁调汉阳小学任校长兼汉阳学区校长。

1964年8月，王彦仁赴任新建的"剑阁县木马初级农业技术学校"（浪子坪，木马初中旧址）校长。学校首招两班，设农机（农技）、桑蚕专业，招学生100名，为剑阁农业发展培养急需的农业技术人才。履职后摸清了农技校开办面临的专业课教师配备不足、实习实验生产基地缺乏、学校远离场镇交通不便三大问题。在地方党委、政府的支持下，专业课教师迅速落实，学校如期开学行课，政府出面协调及时划拨了生产实习用地，供学校教学实习使用，问题得到初步解决，全校师生热情高涨，一手拿书本，一手拿锄头，坚持理论与实践相结合的办学方针，把学到的专业知识与生产劳动和科学实验结合起来，科学种田、栽桑、养蚕，在实践中增长知识和能力。不到两年，小麦、水稻、油菜、棉花、蔬菜获得丰收，除一部分满足学校生产和改善师生生活外，还销售给国家。1965年秋，全校师生齐心协力，迎难而上，用锄头挖、炸药炸，不到两个月时间，将通向场镇的山间小道修成了乡村公路，从此通行不再难。在坚守学校两年后的1969年，他和部分教师到高观公社创办"高观五七中学"。1970年秋，他奉调至剑门初中任校长（负责人）。

1973年秋，县革委在城郊乡唐家坪设"剑阁县城关初级中学"（龙泉中学、龙泉农业中学、龙泉职业中学、剑阁县职业中学），王彦仁任校长兼党支部书记。到1984年离岗，1985年秋正式调离。在12年时间里，他带领全校师生做了两件事。一是勤俭办学，改善办学条件。据《剑阁县教育志》记载，1973年9月至1982年8月长达9年的时间里，全校师生自力更生、勤俭建校，"挖掉4座土坡，填平3道深沟，移动土石10万余立方米，建成宽阔的校园"。"大搞勤工俭学，办养殖场、砖瓦厂、种植蔬菜瓜果，积累自有资金9万余元，架起了高压线，安装了自来水，添置了部分教学设备和生活用具……"1982年学校荣获"四川省勤工俭学先进集体"称号。二是顺势而为，敢为人先。回望1964年创办"剑阁县木马初级农业技术学校"的历程，联想到普通教育与改革开放社会经济发展急需人才的现状脱节的现实，他萌生了将龙泉初中改办成农业技术学校的想法。他主动把自己的想法向各级党政部门及主管部门进行了汇报，得到肯定和支持。是年秋，学校正式更名为"剑阁县龙泉农业中学"，成为绵阳地区最早由普通中学改办为职业中学的学校。首招初中毕业生 100 名，分两班，设林果、农技两个专业。在认真做好文化课和专业课教学工作的同时，专业课教师带领学生挎药箱、拿器械，深入田间地头和农户家庭，现场传授农业生产技术，为牲畜治病防病，受到农户的欢迎，学生专业知识水平提高，动手能力增强，学习积极性高涨。学校办出了特色，受到党政和社会的肯定。1984 年 9 月，绵阳地区文教局派专人来剑阁考察、调研学校办学情况，对学校表示了支持和肯定。经省教育厅批准，学校更名为"四川省剑阁县职业中学校"。同年秋，他退居二线，但他仍然关注学校的发展，为学校计、为学生谋。他注意吸收兄弟省市的办学经验，提出"设置董事会管理学校事务和党政领导兼任校长"的建议，被采纳。是年秋，剑阁县县长薛义富兼任职中校长，成立了由县长薛义富出任董事长、23 个有关部门的 39 名领导为董事的"剑阁县职业中学董事会"。从此，剑阁县职业教育的发展进入快车道。

　　1985 年 3 月，绵阳地区教育工作会议召开，剑阁县人民政府县长薛义富代表中共剑阁县委和县人民政府作了"党政重视，办好职中"的专题发言，剑阁县获"绵阳地区职业教育先进县"称号，县人民政府和县职中分获 1 万元和 1 000 元奖金。同年 12 月，在四川省职业教育座谈会上，剑阁县文教局提交的《职业中学办董事会是个好办法》作为大会交流文件，并刊登在《四川职业教育座谈会会刊》上。更可喜的是，首届职高毕业生成了"香饽饽"，4 名学生留校任实验辅导教师（事业编制），近 10 名学生被有关部门选送到高一级职校深造，部分学生成为乡、村急需的技术人才。

　　是年秋，王彦仁调到剑阁师范，任党支部副书记兼组织委员。1990 年退休。

　　2015 年，王彦仁辞世，享年 88 岁。

　　回望王彦仁先生走过的人生历程，作为剑阁普通教育和职业教育的创建者和先行者，他始终站在教育队伍的第一方阵，识时务，干实事，做了他应该做的事。

韩兴材

　　韩兴材，男，汉族，祖籍陕西省富平县。1924 年 6 月出生于剑阁县元山镇，7 岁时入学，就读于元山小学，小学毕业后，以优异成绩考入剑阁师范初师班，毕业后自愿回到故土，在元山小学任教。1947 年至 1950 年担任元山小学校长，

　　1951 年调白龙小学任教，1952 年调剑阁普安小学任教导主任，1955 年调柳沟小学任校长，1962 年由于家庭困难，调回元山小学任教，担任小学六年级语文教学工作。

　　在普安小学任职期间，在学校党支部的领导下，组织教职工学习党的教育方针，学习川北行署发布的《小学教育实施计划（草案）》，开展扫除文盲工作，协助普安镇政府兴办农民夜校，办识字班。组织教师到农村书写标语，搞文艺演出，办板报，设广播，在街上、村组宣传土地改革。1952 年 11 月，带领部分骨干教师到川北行署（南充市）参加知识分子"思想改造"学习，聆听了胡耀邦的讲话。1954 年 8 月，参加剑阁县召开的小学教师代表大会，学习中央《关于改进、整顿小学教育的指示》，并受到表彰。

　　在柳沟小学任校长期间，在剑阁的乡镇学校首推《劳动与卫国体育制度》，按《体育教学大纲》教学。试行《全国小学生守则》，推行简化汉字，统一课外活动时间为 40 分钟。1956 年春在柳沟镇兴办村级民办小学，推动农村教育的发展。1958 年春，参加扫盲工作队，下到各乡各村，开展扫除文盲运动，参加绵阳地区在剑阁召开的"文教跃进"现场会，剑阁县被评为全省的扫除文盲冠军县。

　　20 世纪 70 年代，在元山小学任教期间，他除了出色地完成自己的教学任务外，还抽出空余时间自制教具，辅助教学，他亲手制作的中国地形模型、地球仪，得到县教育部门的赞赏，被评为自制教具特等奖。因治学严谨，深受学生及家长的爱戴，年年被评为优秀教师。在元山小学办的初中班中教学突出，特别是 1978 年中高考恢复后大胆向校长提出办初中毕业生补习班。他当补习班的语文教师，自编复习资料，刻钢板，印蜡纸，废寝忘食，忘我工作，当年中考取得佳绩——两个学

生考上中专，远远超许多镇一级的初级中学，获得社会的广泛认可。

退休后，仍发挥余热，为教育事业作贡献，担任元山片区教师进修指导教师，主讲"小学语文教材教法""幼儿心理学"，指导进修教师备课、讲课、评课、出题，组织模拟班级活动。在教育教学活动中，身体力行，率先垂范，深受进修教师的好评。

韩兴材先生一生艰苦朴素，克勤克俭，为人忠实厚道，身先士卒，堪为人师，从教四十余载，呕心沥血，为国家培养了无数的有用人才。

第二章 人物简介

（一）教育局书记、局长

罗建明，男，四川剑阁人。生于 1964 年 8 月，本科学历，中共党员。1981 年 7 月白龙中学高中毕业后参军，1989 年 9 月转业。1989 年 12 至 1992 年 6 月任白龙镇团委书记；1992 年 7 月至 1995 年 9 月任禾丰乡副乡长；1995 年 10 月至 1998 年 11 月任摇铃乡乡长；1998 年 12 月至 2003 年 9 月任剑阁蚕丝公司党委书记；2003 年 10 月至 2005 年 12 月任江石乡党委书记；2005 年 12 月至 2009 年 5 月任剑门关镇党委书记；2009 年 5 月至 2011 年 12 月任剑阁县教育局党组书记、局长。

伍翠蓉，女，四川剑阁人，生于 1968 年 8 月，本科学历，中共党员。1986 年 7 月剑阁师范毕业，先后在汉阳、小剑任教。1996 年 7 月至 2007 年 2 月，在县委宣传部工作，历任新闻科长、宣传科长、广元日报驻剑阁记者站站长、副部长、正科级宣传员。2007 年 2 月至 2011 年 12 月，任县人口计划生育局党组书记、局长。2011 年 12 月至 2014 年 12 月，任县教育和科学技术局局长、知识产权局局长。2015 年 1 月至 2016 年 10 月，任县教育局党组书记、局长。

王晓明，男，四川剑阁人。生于 1971 年 4 月，中共党员，大学本科学历。1990 年毕业于剑阁师范，1990 年 7 月至 1995 年 6 月在剑阁县姚家小学任教，1995 年 6 月至 2001 年 6 月在剑阁县文教局（教委）工作，任县少先队总辅导员，2001 年 6 月至 2002 年 12 月任中共剑阁县委办公室调研科科长，2002 年 12 月至 2007 年 2 月任中共剑阁县纪委常委、办公室主任，2007 年 2 月至 2011 年 3 月任剑阁县规划和建设局副局长，2011 年 3 月至 2011 年 12 月任剑阁县城乡规划建设和住房保障局副局长（主持工作）。2011 年 12 月至 2016 年 10 月任剑阁县城乡规划建设和住房保障局局长兼县地理信息测绘局局长，2016 年 10 月至 2021 年 5 月，任剑阁县教育局党组书记、局长（其间 2018 年 2 月至 2021 年 5 月兼任中共剑阁县委教育工委书记）。剑阁县第 18 届人大代表。2021 年 5 月至 2023 年 12 月，任剑阁县卫生与健康局局长、党组书记，兼县中医药管理局局长。

李锦钟，男，四川剑阁人，生于 1970 年 10 月。1991 年 7 月，剑阁师范校毕业，1991 年 7 月至 1999 年 1 月，任剑阁县公兴小学教师；1999 年 1 月至 2003 年 3 月，任剑阁县圈龙小学校长；2003 年 3 月至 2006 年 12 月，任剑阁县委统战部办公室主任；2006 年 12 月至 2007 年 3 月，在剑阁县纪委工作；2007 年 3 月至 2012 年 2 月，任纪委常委、办公室主任（其间 2008 年 6 月至 2010 年 3 月下派任禾丰乡党委副书记，2010 年 10 月明确为正科级）；2012 年 2 月至 2016 年 10 月，任县纪委副书记。2016 年 10 月至 2021 年 6 月，任县委巡察办主任。2021 年 6 月至今，任县教育局党组书记、县委教育工委书记（其间 2022 年 1 月职级晋升为一级主任科员）。

唐永红，男，四川剑阁人，生于 1975 年 7 月，农工党党员。1998 年 8 月西昌师专毕业。先后在江口中学、木马中学、剑州中学任教。2007 年 3 月至 2007 年 6 月借调县纪委工作，2007 年 6 月至 2008 年 6 月借调县教育局工作，2008 年 6 月至 2009 年 12 月借调至县政府办工作。2009 年 12 月至 2011 年 10 月任剑门关镇副镇长。2011 年 10 月至 2019 年 4 月任普安镇副镇长，其间，2014 年 8 月至 2015 年 12 月抽调至县依法治县办任副主任。2019 年 4 月至 2021 年 1 月任县政协联谊会主任。

2021年1月至2021年6月任县政协联谊会主任、农工党剑阁县总支主委。2016年6月至今，任县教育局局长、农工党剑阁县总支主委。

（二）当代部分教育名人

杨松林

杨松林，男，1963年1月生，汉族，四川剑阁县人。毕业于四川师范大学，文学学士。2001年取得四川省委党校研究生学历，中学高级教师。

杨松林于1984年7月参加工作，1995年6月加入中国共产党。他先后任剑阁中学教务处副主任、主任、副校长，1997年任剑阁中学校长。2001年2月通过公推公选，调任广元市教委副主任。2012年3月任广元市教育局党组书记、局长。2018年2月任中共广元市委教育工委书记、市教育局党组书记、局长。2020年1月22日任二级巡视员。广元市第五届、第六届、第七届政协委员，四川省文艺评论家协会会员，四川省教育学会副会长。

在广元市教育局工作期间，坚持"加强管理、提高质量、促进公平、内涵发展"的教育工作思路，广元市各县区高标准通过国家义务教育均衡发展督导评估。学前教育入园率高于全省平均水平。中职教育水平居全省前列。大力推动高中教育优质发展，新建了广元外国语学校、广元天立国际学校、万达中学、博骏公学、苍溪天立学校、剑阁天立学校等一批优品品牌学校。创造性实施创新拔尖人才培养计划，广元高考本科上线人数连续9年稳定在万人以上，一流名校录取数量连年快速攀升。2019年广元学子考入北京大学、清华大学15人，为广元历史之最。大力发展高等教育，成功创建川北幼儿师范高等专科学校和广元中核职业技术学院。广元市的农村小规模学校建设管理、法治教育"三养"模式、教育信息化、学生营养改善计划、教育扶贫"四好四不让"等工作特色鲜明，相关工作的全国、全省现场会在广元召开，经验广泛推广，多次受到教育部、省委、省政府、省教育厅表扬肯定和高度评价。广元市连续多年在全省教育目标考核中获"优秀级"。经第三方权威机构评估，广元市教育综合水平居全省第一方阵，为广元市历史最高水平，广元教育走向高质量发展的快车道。

先后主持、参与"初中、高中搭建创新人才培养计划的实践研究""实施'四名工程'，努力让广元孩子在家门口享受公平而有质量的教育""推进企业协作办学，助力职业教育多元发展""广元经济社会发展研究""实施教育扶贫'四好四不让'，阻断贫困代际传递""建设智慧课堂，以教育信息化推动乡村教育高质量发展"等课题研究。其中5个教育改革课例评为全国、全省优秀案例，为指导、服务广元教育改革发展起到重要的推动作用。

李登禄

李登禄，男，1941年10月出生于太平山一普通农家（现剑阁县王河镇蜀柏村五组）。中共党员，高级讲师，中华诗词学会、中国楹联学会会员。幼时家贫，曾多次辍学，初中毕业后，当过8年农民。1968年参加教育工作。在15年民办教师生涯中，白手起家，艰苦创业，除办齐1—6年级外，还创办了初中班。其间，刻苦自修，考取南充师范学院（现西华师范大学）汉语言文学专业函授5年，本科毕业。1984年6月民转公后，即调入县文教局工作。1985年8月，他奉命参与普安中学的创办与管理，先后任教导主任、工会主席、校长、党支部书记等职。1994年7月调入广元电大剑阁分校任首届常务副校长主持工作直至2003年11月退休。在从事普通教育与成人教育期间，求新务实，负重自励，教书育人成果显著，且廉洁自律，声誉颇佳，先后获得剑阁县"十佳校长"

"名校长"等称号及高等学校教师资格证书。退休后，他积极参与老年教育、老科协、老促会、关工委、老体协、蜀道文化联合会、剑门关古蜀道历史文化社科普及基地、剑门诗词楹联学会等各类社会团体公益服务活动，深得广泛赞许。特别是在创建和发展剑阁老年大学历程中，15 年如一日，义务奉献，无怨无悔，深入教学一线，并努力探索老年教育理论，卓有成效，终使学校在全省脱颖而出，连升三级。李登禄在 2005 年被评为四川省老年学校教育优秀教师，2009 年获得全国先进老年教育工作者称号，2014、2015 年先后被评为县、市"老有所为"先进个人。2016 年荣获"广元市百姓学习之星"称号。2019 年被评为广元市"最美老人"。他主持的四川省哲学社会科学重点课题"人文剑阁——剑门关古蜀道历史文化简明读本"研究，经过 5 年潜心奋战，终于在 2024 年完成。晚年著有《三园居吟稿》《三园居手记》。

丁传志

1929 年 12 月生于潼南，其父亲是刘湘部的一个下级军官。1947 年秋考入黄埔二十二期，编入步兵科步兵总队四分队，校长蒋介石。1948 年 8 月，借故退学回家。

1951 年秋，考入南充的西南革命大学川北分校，担任学委主任。1952 年 3 月分配到平武县工作，担任平武县土改工作团的文书。1955 年春绵阳地区教育局调他到绵竹中学任教，1956 年到剑阁中学教高中数学及速成师范班的教育学。

1969 年他被下放到武连觉宛寺商业农场劳动改造。1971 年被县法院宣布为反革命，押解回潼南。1979 年 3 月，县委组织部决定：撤销 1972 年对他的处分决定，收回由教育局安排到武连中学任教，月薪 50 元。补发 89 个月的工资。

1984 年夫妻二人同时调到剑阁职中，工作到 1990 年退休。从 1979 年到退休整整 11 年，每年被评为优秀教师、县级劳动模范。退休后被九院四所、剑阁职中返聘上课，1992 年离开讲台。

他读小学、初中时正处在抗日战争期间，生活苦难。"文革"10 年，被批斗 8 年，失去自由。1979 年，平反昭雪，焕发青春。很庆幸的是，他教的学生在分别几十年后，还在到处打听他的住处，开同学会邀请他到场。学生中有的做出了不小的成绩，有个别已成军级干部、大学教授、医生、经济师、律师，他们为新中国建设做出了重要贡献。

何代英

何代英，男，四川省南部县店垭乡红岭村何家湾人，生于 1946 年 2 月。1964 年至 1978 年 2 月，在南部县店垭乡任民办教师。1978 年 2 月至 1981 年 12 月，在南充师范学院中文系学习，获文学学士学位。1981 年 12 月至 1985 年 3 月，在南部县大坪中学任高中政治和语文教师、教导主任。1985 年 3 月至 1993 年 7 月，任剑阁县开封中学高中语文教师，先后任政教主任、副校长、校长。1992 年，获中学语文高级教师职称。1993 年 7 月至 1995 年 7 月，任剑阁县白龙中学校长、党支部书记。1995 年至 2006 年，调剑阁电大，先后任校长、副校长、党支部副书记、工会主席，1996 年，获高等学校教师任职资格证书，1995 年至 2004 年，连续获剑阁县第一、二、三届科技拔尖人才荣誉称号。在担任学校领导的 20 年间，一直坚守三尺讲台，从未间断。2006 年退休。

在店垭和大坪中学工作期间，先后获盐亭县委、县政府，绵阳地区行署，南部县委、县政府多次表彰和奖励。在剑阁县工作期间，获剑阁县委、县政府，广元市表彰奖励 20 余次。

在任开封中学校长期间，学校建成市级文明单位、广元市花园型学校；在广元市完中办学能力综合评估中，连续两次获乙类完中第一名；在任白龙中学校长期间，为改变学校面貌、增强学校凝聚力做了大量工作，学校出现了前所未有的团结和谐、蓬勃向上的喜人局面；在电大工作期间，与李登禄校长等学校领导竭诚配合、相互支持，使学校成为川内知名的县级电大，多次受到中央电大、四川电大的表彰。

2007年至2019年，任《剑阁县审计志》主笔，与王汝礼校长共同担任《剑阁县法院志》主笔，完成两志的编著。

2012年，专著《红岭村百年史》获剑阁县优秀精神文明产品一等奖、广元市优秀精神文明产品二等奖；2012年，入选《南充晚报》该年度南充市十大新闻人物。

2017年，专著《川北村社教育简史》由四川大学出版社出版。该书获广元市优秀精神文明产品一等奖。12月，获广元市"教育之星"荣誉称号。

2006年至2023年，受聘担任《剑阁县志》《剑阁县抗震救灾志》特邀编辑，剑阁县政协文史委《文史资料》编辑。

（三）正高级教师

任勇，男，汉族，生于1969年3月，中共党员，现为四川省剑阁中学教科室副主任；省优秀教学成果二等奖和省专项课题优秀成果一等奖获得者；2017年12月，被四川省人民政府授予"四川省特级教师"称号；2018年6月，被广元市委、市政府命名为"广元市第九届科技拔尖人才"；2019年1月，被评为中小学正高级教师。

景萍，大学本科，中学英语正高级教师，四川省剑阁中学校教科室主任；先后荣获过剑阁县"三八红旗手"、"优秀教师"、剑阁县"科技拔尖人才"、县市级"骨干教师"、首届广元市"名师"称号；2007年荣获四川省"五一劳动奖章"；2010年荣获四川省"劳动模范"称号；2014年被四川省人民政府表彰为四川省"特级教师"。

邓思勇，男，中共党员，生于1968年2月，剑阁广坪人，西华师范大学教育行政管理研究生班结业，物理正高级教师，现任四川省剑门关高级中学党委书记。先后担任班主任、教研组长、年级组长、教务处主任、副校长，分管高中年级组，承担高中特优班物理教学工作。2006年8月，调任剑阁县教育局基础教育股股长。2008年8月，调任四川省剑门关高级中学（原剑阁县沙溪中学）党委书记、校长。邓思勇同志带领全校师生，将一所乡镇初中，发展为广元市优质名校，并于2021年成功创建四川省二级示范高中。学校连续13年荣获广元市教育质量一等奖。先后被评为剑阁县劳动模范、优秀共产党员，广元市优秀教师、广元市中小学骨干教师、广元市优秀校长、"广元教育之星"，四川省优秀教师、四川省优秀教育工作者；被四川省委组织部评为"优秀共产党员"。

李文峰，1972年生，中共党员，管理学硕士，中学正高级讲师。先后担任四川省剑阁职业高级中学校教科室、办公室副主任、校长助理、副校长、党委书记、校长。作为一名职业中学的校长，他有几点感悟：首先要热爱职教。没有热爱，就不能把职校书记、校长的职责尽好，就不能积极应对办学中不断出现的困难和问题。其次要经营职教。举办职业教育，要学会与方方面面的人打交道，无论是领导、同行、企业家还是行业协会，否则产教融合、校企合作就是一句空话，也不能为职教事业发展营造一方有利环境。再次要科学治校。职教作为一种教育，必然要遵循教育规律，要把立德树人、培养人的综合素养放到首位，不应该有急功近利的短视办学行为，要体现职业教育作为类型教育的特征，不能把职业教育普教化。最后要服务地方。职业教育不同于普通教育，办学必须与地方经济发展、产业升级所需的人才培养紧密结合，形成自己的办学特色与亮点，赢得地方党委、政府的信赖，获得更多的办学资源，才能办好让人民满意的职业教育。

先后荣获全国职业院校礼仪大赛优秀指导教师，四川省优秀教师，四川省首批中职卓越校长，四川省民族地区"9+3"免费教育计划工作先进个人，四川省第六届、第七届普通教育优秀教学成果奖，广元市骨干教师，广元市优秀校长、市教育科研先进个人，市级优秀人才示范岗等称号和奖励。先后担任第四届四川省督学、政协广元市第八届委员、剑阁县政协第十届委员。从事职业教育教学与管理工作 28 年，出版、发表、获奖论著（论文）20 余篇（部），主研和参研国家子课题 2 个、省级课题 4 个、市级课题 4 个，参与各类学术团体 6 个。

岳剑东，男，生于 1971 年 6 月，四川省剑阁县开封镇人，2000 年 5 月加入中国共产党，大学本科学历，中小学正高级教师。

先后在开封中学、剑州中学、剑门关高级中学任教，担任教务处主任、副校长、党委副书记。分管教学期间，学校连续 5 年有学生升入北京大学、清华大学。有 6 篇关于教育教学的研究论文在国家级刊物上发表。1 个省级课题获课题研究阶段成果三等奖；1 个省级课题获中国教育督导"十三五"规划重点课题"教师教学能力发展研究"总课题组的"教育科研成果一等奖"。先后被评为"广元市名师"（授牌"岳剑东名师工作室"）、"广元市中小学骨干教师"、"师德标兵"，县级"优秀教师"、"优秀共产党员"。

张兴林，男，1971 年 3 月生，剑阁县合林镇人，中共党员，大学本科，正高级讲师，现任四川省剑阁职业高级中学校副校长。先后担任班主任、团委书记、政教处副主任、政教主任、实习处主任、副校长职务。坚守职教 30 载，培根铸魂守初心。多年来组织、指导师生参加各级各类职业技能竞赛，获国家、省、市级奖项 200 余项。历次竞赛团体奖、一等奖、获奖率、获奖总数均以绝对优势稳居全省参赛中职学校代表队前五、全市第一。负责省"双示范""三名工程"项目建设，其中示范校项目中期检查全省第一，为学校争取奖补资金 500 万元，示范校、示范专业项目终期评估均获"A"等，为剑阁职业教育的发展奠定了坚实的基础，为构建现代职业教育体系作出了积极的探索。先后获教育部中国教师发展基金会教育科研优秀成果一等奖、四川省人民政府职业教育教学成果二等奖、四川省职业院校技能大赛"优秀指导教师"，广元市"职业学校优秀校长"、优秀教师、骨干教师、师德标兵、教师教学能力比赛一等奖、职业技能大赛优秀指导教师等奖励和称号；18 次被共青团剑阁县委、中共剑阁县委、县人民政府、县教育局授予"优秀团干部""优秀共产党员""优秀教师""经济文化保卫工作先进个人""优秀人才示范岗""县劳动竞赛先进个人"等称号。参编出版教材 3 本，参研课题 10 余项，发表论文 10 余篇。

伏大庆，男，生于 1967 年 4 月，四川剑阁人，中共党员，剑阁县龙江小学校正高级教师。1990 年参加工作，西华师范大学汉语言文学本科学历，担任学校行政工作 20 余年，其中担任校长工作 15 年。先后获全国青少年普法先进个人、广元市优秀教育工作者、广元市学术带头人、剑阁县优秀校长、剑阁县优秀党组织书记等多项荣誉称号。

自 2007 年以来，历任剑阁县实验学校及龙江小学党总支书记、校长。任职期间，培育校园文化，倡导"以球育人"，学校荣获"全国中小学节约型校园建设示范校""全国青少年普法教育先进单位""全国青少年校园足球特色学校""全国国防教育特色校""四川省文明单位""四川省文明校园"等称号；办学经验《循道追光 致远未来》在"学习强国"四川学习平台发布。

被评为第七届广元市学术和技术带头人。主研课题"农村小学以'家风家规教育基地'为载体的传统文明教育的实践研究"获四川省基础教育成果二等奖；主研课题"小学课间文化建设的研究与实践"获四川省科研成果三等奖；"立德树人、五育并举"实践创新案例获四川省一等奖；主编教材《小学生礼仪实践课程》《李榕先生故事》获广元市优秀校本课程读本一、二等奖。

挖掘传承李榕文化教育思想，建立李榕纪念馆，成立李榕学术研究会。专题片《尘封的宝藏》在四川电视台《廉洁四川》栏目播出；专题片《克勤克俭 负耒横经》在中纪委廉政网站展播；个人事迹被广元晚报报道；个人采访在中央电视台 CCTV-9 发现之旅《记录东方》播出；当选《四川教育》（总第 658 期）封面人物；主编《十三峰书屋全集》注释由四川巴蜀书社出版发行。

学校足球队先后荣获 2019 年四川省青少年足球锦标赛男子 08 年龄组第一名，2012 年四川省青少年"五人制"足球锦标赛（女子 U-11 组）第二名，四川电视台教育频道专题报道学校足球工作。

李国安，男，汉族，四川省剑阁县人，中国民主同盟盟员。生于 1966 年 1 月，1990 年 7 月毕业于四川师范学院化学系并获理学学士学位。同年 7 月被分配到四川省剑阁中学从事高中教育教学工作，至今已有 33 年。已送高中毕业班 20 届（含高中补习班）；所教学生罗尘丁、田斌、蒲春燕等多名同学考取清华大学、北京大学；担任班主任工作 12 年、高中年级管理组组长 10 年、剑阁中学教务处主任 4 年、剑阁中学副校长 17 年（2022 年退职）；有多篇论文在国家级正式刊物上发表。先后获四川省骨干教师、广元市第四批学术和技术带头人等 9 项省市荣誉称号。剑阁县第九届政协委员、剑阁县第十八届人大代表、常委会组成人员、剑阁县第十九届人大代表。2022 年 12 月被评为中学正高级教师。

刘晏，女，生于 1969 年 9 月，中共党员，大学本科。广元市骨干教师、先进教育工作者、首届名师、督学，省教育评估监测专家，市县幼师国培专家。现任剑阁县教育局学前教育管理股负责人、县教研室副主任、普安幼儿园党支部书记。主研省、市级课题 5 项，9 项成果获省市奖励，其中两项获省政府二、三等奖。《隔代教育对幼儿心理健康的影响和教育策略探究》《以教研联盟助推县域学前教育均衡发展的探索》十余篇论文在国家级刊物发表。主编教育专著《隔代亲 隔代情》；先后在川北幼儿师范高等专科学校、广元教育大讲堂、省幼师国培、四川省"穿越视界，天府师说"——大型公益培训网络直播平台做专题讲座近 20 场。2023 年 12 月被评为正高级教师。

（四）特级教师

赵剑蓉，女，汉族，四川剑阁县人，本科学历。1989 年剑阁师范毕业，先后在江口小学、龙江小学任教，先后荣获"广元市名师""四川省中小学教学名师""四川省中小学骨干教师"称号。教育教学科研成果丰硕，获省级竞赛课二等奖 1 次、市级竞赛一等奖 3 次，辅导的课例获市级竞赛一等奖 5 次；近年来发表国家级文章 3 篇、省级 3 篇、市级 4 篇；主研省、市、县级课题 3 项。广元市小学数学兼职教研员，政协剑阁县第九届、第十届委员。四川省人民政府授予其"四川省特级教师"称号。

何雄林，男，汉族，出生于 1968 年 1 月 4 日，中共党员，大学本科学历，四川省特级教师。曾任四川省剑州中学党委书记、校长，四川省剑阁中学校党委书记、校长。广元市教育学会常务理事，剑阁县教育学会第五届理事会常务理事，剑阁县教育学会第五届学科专委会中学管理专委会理事长，四川省教育学会高中教育分会理事。兼任成都师范学院教育科学学院教育研究实践专家，广元市低碳经济发展研究会理事。获得过"四川省师德标兵"等数十项荣誉称号。主研的省级课题"研究性学习与学科教学整合研究"被四川省人民政府评为"2013 年度四川省优秀教学成果"二等奖。主研的全国教育科学"十三五"规划课题"大数据背景下实施精准教学的实践研究"子课题在中期成果获得省级三等奖。主研的全国教育科学"十三五"规划课题"基于大规模推广的群文阅读理念与实践深化研究"的子课题获得省级二等奖。

苟清泉，女，中共党员，小学数学高级教师，四川省特级教师、四川省骨干教师、四川省义务教育贡献奖获得者、四川省小学数学学会会员、剑阁县小学数学兼职教研员。1991 年 7 月参加工作，先后在锦屏小学、抄手小学、剑阁县实验学校任教。现任剑阁县实验学校副校长兼教务主任。多次获县、市赛课一等奖，先后有 10 多篇论文在省级以上刊物发表。先后主研市级课题 7 项，其中"主体性教学研究"获广元市首届基础教育成果二等奖，"小学语文有效阅读的实践与研究"获广元市第七届教育科研优秀成果一等奖；先后有十多篇论文在省级以上刊物发表，其中《自闭是这样疗愈的》发表于 2021 年《关爱明天》第 10 期，《小学数学计算教学六重视》发表于 2022 年《中小学教育》第 3 期。积极参加省、市、县组织的竞课活动，多次荣获等级奖：2008 年参加广元市小学优质课竞赛，荣获大赛一等奖；2013 年在广元市教师教学大比武活动中荣获小学数学决赛一等奖；2019 年春执教的"圆柱的整理与复习"荣获市级优课一等奖、省级优课二等奖。

李勇生，生于 1970 年 2 月，四川剑阁人，1993 年毕业于绵阳师范高等专科学校中文系，2015 年重庆师范大学文艺学专业研究生毕业，2016 年 11 月加入中国民主建国会。2021 年被评为四川省特级教师。

工作的前 17 年，没有发展目标，错过了 17 年的青春年华。第十八年确定了读书、写作和科研的目标。用 10 年时间，获得国家成果奖 1 个、省政府成果奖 1 个、教育部教师成长案例 1 个，研究和指导课题 28 个，出版专著 4 本，撰写论文 12 篇。建立中职语文省名师工作站和市名师工作室。带领校内 10 名、市内 4 名青年教师发展，指导青年教师获省教学竞赛二等奖 2 个，青年教师获省级奖励 3 人。在西华师范大学国培班举办讲座 1 场，在成都等 7 市州开展省级讲座、示范课、教师培训 12 场。平凡不可怕，迟到不足惜，在山高水急的农村山头半程起步，后半程超车，一样成就自己。

何朝霞，女，汉族，高级教师，剑阁县龙江小学副校长。曾先后获得"广元市骨干教师""广元市优秀教师""广元市名师""四川省特级教师"等荣誉称号。课堂教学中让学生"动"起来，让课堂"活"起来；班级管理中，"与孩子们做朋友"是她的方法。撰写的多篇论文在各级刊物发表。主编的校本教材荣获省级成果一等奖。主研的课题"农村小学以'家规家风教育基地'为载体的传统文明教育的实践研究"，获四川省政府二等奖，获广元市教育局特等奖。"何朝霞名师工作室"以"用爱心托起明天的太阳"为理念。她多次参加县市教师培训讲座和示范课，多次组织工作室成员深入农村薄弱学校开展送教活动。大力开展"传、帮、带"工作，将自己的教学经验、心得体会无私地分享给年轻教师。

（五）部分受省部级表彰人物

罗　平，男，出生于 1973 年 8 月，大学本科，高中英语高级教师，中共党员。1993 年 7 月参加工作，先后任教于龙源中学、汉阳中学、剑州中学、剑门关高级中学和开封中学，并先后担任团支部书记、年级组长、德育主任、副校长、校长兼党委书记，先后多次获省、市、县"优秀教师""模范班主任"和"优秀校长"等荣誉称号，有多篇业务与管理论文在专业期刊发表及市县教育系统交流获奖。2022 年 8 月调入四川省剑阁中学，现任剑阁中学党委书记。

程锦荣，男，汉族，生于 1969 年 5 月，四川剑阁县人，大学本科学历，中学语文高级教师。1989 年 7 月参加工作，1996 年 7 月加入中国共产党。曾先后担任剑阁县白龙中学办公室副主任、主任，剑阁县开封中学副校长，县成人教育中心副主任；四川省教育学会会员、四川省教育学会教师发展分会理事、政协剑阁县第十一届委员会委员。现任剑阁成人教育中心书记、主任，县教师进修学校校长兼县国培办、名师办主任。曾牵头负责组织撰写的国培案例"深研细究出良策'七表五步'助提升"荣获四川省 2020 年度"国培计划"青年教师助力培训案例评审一等奖，并作为优秀国培案例推送教育部。

张常青，男，汉族，1964 年 10 月出生，1986 年 7 月绵阳师范高等专科学校数学系毕业，1995 年 7 月毕业于四川教育学院数学系，同年 9 月于白龙中学任教高中数学，1996 年 7 月加入中国共产党。曾先后担任白龙中学、剑州中学、剑阁中学副校长，2009 年 12 月至 2016 年 3 月任白龙中学党委书记、校长，2016 年 4 月至 2022 年 10 月担任剑州中学党委书记、校长。从事教育工作 38 年，常年任教高中数学，有丰富的教育管理和教学经验，勤奋积极，业绩突出，曾多次受到表彰奖励，评为广元市高考显著学科教师和学科带头人、四川省骨干教师。在白龙中学任职期间确保学校稳健发展；在剑州中学任职期间，教学质量稳步提升，学校两次获得广元市高中基础教育质量二等奖，获四川省足球示范学校等省市级荣誉称号30余项。

左坤周，男，生于1975年1月，剑阁县羊岭镇人，中学体育高级教师。1997年7月毕业于成都体育学院体育教育专业。1997年9月至2018年3月，任职于四川省剑阁中学校，先后担任艺体教研组长，体卫艺处副主任、主任，办公室主任，党委副书记。2018年3月至2022年9月，担任白龙中学党委书记、校长，主持全面工作。2022年10月任县教育局党组成员兼学生资助中心主任。2004年被四川省教育厅、体育局评为"体育传统项目示范学校先进工作者"。2005年被广元市体育局评为"群众体育工作先进个人"。2021年被县教育局评为优秀校长。

郭明庭，男，生于1967年，剑阁县下寺镇人，龙江小学教师。2020年被中国妇联授予全国"五好家庭"荣誉称号，2017年被四川省妇联、文明办授予"最美家庭"荣誉称号。

张文昌，男，高级教师，1965年9月出生于剑阁县涂山乡。1984年7月剑阁师范学校毕业，先后在张王乡小学、涂山初级中学、江口初级中学、白龙中学任教。2001年9月调至四川省剑州中学校，历任教务处副主任、主任，2006年8月担任剑州中学副校长，分管学校教学工作、基地班管理工作。常年承担高中特优班、补习班、基地班历史教学工作，担任补习班班主任，负责年级管理工作，教学成绩显著，管理成效卓越。2010年10月被评为四川省中学骨干教师，2013年12月被四川省教育厅评为省名师。

吴朝利，女，汉族，小学高级教师。1974年7月出生于广元市剑阁县下寺镇。1994年7月毕业于剑阁师范学校，2000年于绵阳教育学院取得汉语言文学大专学历。热爱教育事业，扎根乡村教育，常年坚持小学语文教学，是四川省中小学省级骨干教师、省语文教学名师，广元市最美乡村学校校长。主研课题"小学课间文化建设的研究与实践""广元市中小学感恩教育策略研究"分别获省级三等奖、市级一等奖。

王兴宝，男，汉族，1975年10月生。1999年6月毕业于乐山师范学院。1999年7月至2007年8月，先后在杨村初级中学校、鹤龄职业中学、白龙中学、剑阁中学担任初高中物理教学工作、班主任和年级组长。所教班级物理学科学生成绩年年居全县同类学校前茅，多次受到学校、县、市表彰。所带班级班风好，学生思想纯洁，阳光开朗，参加校内外活动踊跃积极，是学校校风示范班，经常受到学校表扬，多次被评为"优秀班集体"。2012年被评为广元市班主任工作优秀工作者；2010年获得剑阁县模范班主任荣誉称号；5年被评为剑阁县优秀教师。2020年被评为四川省名班主任，所带班级多次被广元市教育局评为优秀班集体。辅导的多位学生在全国中学生物理竞赛中获全国奖和省级奖。参与的课题"研究性学习在高中物理实验探究课中应用研究"获广元市三等奖；发表了《多媒体技术在物理教学中的优点》和《怎样上好物理复习课》等多篇论文。

魏　雄，男，生于1972年10月，四川省剑阁县人，中共党员，毕业于成都教育学院数学与应用数学专业，高级教师，现任四川省剑州中学教科室副主任。自1990年9月入职以来，分别在田家、闻溪、龙源、普安等地从事初中教学、班级管理、教育研究等工作，在教学业绩和教育科研上成果丰硕，曾被剑阁县教育局评为师德标兵、优秀共产党员、先进个人、教改之星，曾被广元市教育局及广元市人民政府评为骨干教师、优秀教师、广元名师。近年来，在市县竞课论文评选中曾获一、二等奖，主研的"农村初中高效课堂教学实践与研究"成果获广元市教科所一等奖，关于农村初中"爱"的教育和县域优质生源流失两个调研成果分别获四川省教育研究院一等奖和二等奖，"农村初中'爱'的教育主题课程开发与运用"阶段成果和"剑阁县农村中小学教育技术装备现状调研报告"获四川省教育研究院三等奖等。

李政有，男，中共党员，生于1965年4月，剑阁义兴人。大学文化，高级教师。1984年6月毕业于剑阁师范学校。先后在剑阁县毛坝小学、义兴小学、沙溪中学以及四川省剑门关高级中学任教。先后担任班主任、学科组长、年级组长、教务处主任、工会主席等职务。先后获"市级优质课一等奖""县级模范教师""县级优秀共产党员""县级骨干教师""四川省教育系统抗震救灾模范""全国教育系统抗震救灾先进个人"等奖励和荣誉。

边晓林，男，生于 1970 年 10 月，中共党员，剑阁县长岭小学语文教师。先后在圈龙小学、长岭小学任教，几乎教遍义务教育阶段所有年级的课程。他当过行政组长、年级组长、班主任、教导主任。在教学中，曾发现二年级语文教材用词及四年级现语文教材配套的教辅资料出现刊误，及时反馈给人教社教辅编辑部；他的百度文库账号存文 282 篇，向公兴督导责任区教师开放，服务于教学。

他长期坚持在学校食堂吃饭、给学生分饭菜。他十多年来和同事一道坚持护送十多位学生在金像渡口或者桥楼码头乘船，从未发生安全事故。累计献血 11 次 3 800 毫升。2014 年 9 月被教育部表彰为"全国优秀教师"，同年 10 月被中共剑阁县委、县政府表彰为"剑阁县首届人民满意的十佳公仆"；2015 年 6 月被中共广元市委评为"全市优秀共产党员"。

陈永红，男，剑阁县普安镇人，生于 1964 年 6 月，中共党员，南禅小学高级教师。1981 年参加工作，先后担任小学语文、数学、体育、科学等学科教育教学工作。2008 年至 2012 年在江石小学支教，担任政教处副主任。从教 44 年，担任班主任工作 42 年。获得过"剑阁县教坛新秀""剑阁县模范班主任""剑阁县中小学骨干教师""广元市中小学骨干教师"等荣誉称号。2009 年 9 月，被教育部、人社部授予"全国模范教师"荣誉称号；2010 年 7 月，被教育部中国教师发展基金会授予"全国'十一五'教育科研先进工作者"荣誉称号。

唐兴剑，男，中共党员，生于 1976 年 9 月，剑阁开封人，高级教师。1999 年 6 月毕业于四川省广播电视大学英语专业。2007 年 6 月获四川师范大学思想政治教育本科学历。先后在剑阁县沙溪中学以及四川省剑门关高级中学任教。担任学校德育处副主任、德育处主任、体卫艺处主任、初中部年级组长等职务。先后荣获"广元市义务教育阶段可持续性发展教师""剑阁县中小学骨干教师""剑阁县优秀共产党员""剑阁县优秀教育工作者"等称号。2008 年"5·12"大地震时，抢救被掩埋在废墟中的初二学生梁小梅，学校重建忘我工作，被四川省总工会授予"四川省五一劳动奖章"。

唐东海，男，中共党员，生于 1978 年 9 月，剑阁姚家人。大学文化，高级教师。1998 年 6 月毕业于剑阁师范学校。先后在剑阁县抄手小学、剑阁县沙溪中学、四川省剑门关高级中学任教。长期从事高中化学教学工作并兼任班主任，先后担任学科组长、年级教学组长、团总支书记、团委副书记（主持工作），现任剑门关高中党委办公室主任。先后荣获"广元市优秀教育工作者""广元市高考成绩显著学科教师""剑阁县优秀教师"等荣誉称号。2018 年成绩突出，被四川省人力资源和社会保障厅、四川省教育厅授予"四川省优秀教师"荣誉称号。

张国江，男，生于 1968 年 3 月，四川省剑阁县人。西南师范大学（现西南大学）教育心理学研究生结业。1992 年 7 月毕业于四川师范学院（现西华师范大学）中文系，并分配到四川省剑阁中学担任高中语文教学工作，同时兼任班主任工作。四川省中小学语文骨干教师，四川省中学语文名师，四川省"国培计划——中西部项目"语文学科带头人。曾担任四川省剑门关高级中学副校长、四川省剑阁中学工会主席，分管工会和教育科研工作。教学之余，潜心教研。5 篇论文分别在全国省市刊物上发表。主研多个省、市、县课题，四川省教育科研课题"普通高中基于发展学生核心素养的综合实践活动校本课程开发研究"荣获三等奖，全国教育科学"十三五"规划课题"大数据背景下实施精准教学的实践研究"荣获三等奖，广元市第十届教育科研优秀成果"普通高中综合实践活动校本课程开发与实施策略"荣获特等奖。

苟明湘，男，汉族，1987 年 3 月出生，毕业于安徽科技学院机械设计制造及其自动化专业。高级讲师、钳工技师，国家级、省级职业技能竞赛裁判，四川省优秀教师，四川省"工匠杯"职业技能竞赛优秀指导教师，四川省职业院校技能竞赛优秀指导教师。2009 年 11 月参加工作，2011 年 5 月加入中国共产党，现任四川省剑阁职业高级中学校教科室主任。常年从事机械加工技术专业高三理论、实践教学及技能竞赛指导工作。先后主持国家级课题1项，在各级各类书刊发表专业论文4篇，申报专利4项。策划出版项目教材2本，主编校本教材1本。

何中猛，男，1971年5月生于四川剑阁，剑阁职中高级讲师。1993年7月至今，一直从事职业中学数学教学工作，担任班主任工作25年。自走上三尺讲台，他的心里始终装着两样东西：良心、爱心。他经常自问，问的是良心，倾情付出时，洒的是爱心。2009年担任首届"9+3"学生班主任，多次化解学生之间的矛盾，杜绝了重大恶性事件的发生。担任20届毕业班的教学工作，其中4届毕业学生中均有在高考中数学考满分的。先后荣获县、市、省"优秀教师"等荣誉称号，并有多篇教学及教育论文发表或获得省教科所的表彰。

毛晓芳，女，1977年出生于四川剑阁，剑阁职中高级讲师。1996年7月参加工作。先后在剑阁县闻溪小学、剑阁职中任教。先后担任剑阁职中团委书记、政教处副主任、"9+3"办公室主任、招生就业培训办主任、工会办主任职务。多次获得省、市、县、校级各类奖励。2011年被评为广元市民族团结进步模范个人；2013年被评为四川省涉藏地区免费中等职业教育工作先进个人。

唐守荣，男，1964年12月生于剑阁，中学高级教师、四川省骨干教师、四川省名师、四川省学科带头人。曾先后任剑阁县姚家小学校长，剑阁县城北、普安教育督导室主任，教育股长，县督学。曾主编校本教材《翻开姚家这本书》，编著《高效课堂方法的实践与研究》《践行生本之路推进有效教学》《只有行动才有收获》等学术专著，曾参与县教育志（第三、第四本）的编写工作。多篇论文获奖：《实施素质教育必须以教育科研为先导》入选《中华优秀学科论文》并荣获"突出贡献奖"；《课堂教学六段式学法指导与研究》获四川省教育科研成果三等奖；《农村初中语文校本教材开发与使用》获省教育科研成果二等奖。

左长，男，1972年9月出生，剑阁县羊岭镇人，中共党员，大学学历，中学高级教师。先后担任剑阁中学政教处副主任、体卫艺处主任、教务处主任，普安中学校校长，县教育科学研究室主任。2022年9月至今，任四川省剑州中学校党委书记。主研课题"农村初中'目标·问题·互动'教学策略研究"获四川省教育科研资助金项目课题研究二等奖；2022年4月，主研课题"指向学科育人的区域研修转型与重建"获四川省人民政府2021年四川省基础教育教学成果二等奖。

苟红梅，女，剑阁县实验学校教师。从教以来，坚守教育初心，坚持学生终身发展理念，遵循教育规律和学生的年龄特点，让学生乐学好学，倡导学生德智体美劳全面发展。多次在县、市上示范课、观摩课、赛课，受邀专题发言和部编教材解读，积极参与校本教研和课题研究。2013年撰写的文章《语文——我心中的明月》获市一等奖，2014年，主研课题"小学生有效阅读的实践与研究"，获得市一等奖。指导的青年教师赛课，数人获得市县一、二名的好成绩。多次被剑阁县人民政府表彰为"优秀学科教师"，2016年被剑阁县人民政府表彰为"剑阁县生本教育标兵"，2017年被剑阁县教育局评为"优秀班主任"。2007年，被四川省人事厅、教育厅表彰为"四川省教育系统优秀教师"。

李建容，女，剑阁县特殊教育学校教师，2023年度四川省最美教师。1995年乐山师范学院特殊教育专业毕业，同年7月任教于剑阁县实验学校，开设了县内第一个特教班，主张学生个性发展和特长培养，在教育事业中充满播撒爱、传递爱的热情。其指导的学生作品、节目演出在省、市等比赛中多次获奖。她以积极主动的态度提升个人专业素养，在2004年四川省首届特教教师基本功大赛中荣获三等奖，2013年被县政府评为残疾人工作先进个人，2023年，获得四川省最美教师和广元市教育之星的荣誉称号。

冉洪周，男，汉族，生于1954年2月，剑阁县江口镇人。1975年7月参加工作，1978年8月加入中国共产党。在职研究生，副县级。中国公共关系协会艺术委员会会员，政协广元市第四届委员会委员，政协剑阁县第六届委员会委员，剑阁县第十五届人大代表，剑阁县第十五届人大常委会委员。

先后任剑阁县木马中学团委书记、团县委委员；县文教局人事股副股长、股长；县政府文卫办副主任、县文卫党组成员；县文教局（教委）副局长（副主任）、党组成员、县教委机关党支部书记、县校办企业集团公司总经理、广元电大剑阁分校副校长；县教委党组书记、党委书记；县人大教科文卫委员会主任。先后在中国科学院管理干部学院、中国科学技术大学管理学院、中共四川省委党校函授学院、西南财经大学学习并获得证书。先后获全国第二届中华扫盲奖，四川省改革农村成人教育先进个人，广元市优秀党务工作者，剑阁县优秀教育工作者，优秀党务工作者，优秀共产党员，优秀领导干部，劳动模范等 40 多个奖励和荣誉称号。有多篇文章在省级以上报刊发表，其主要事迹在《四川成人教育》《全国农村成人教育》《跨世纪探索》《党旗飘飘》等均做过报道。个人传略已编入《当代中国人才库》《党魂》《国际名人录》。

李　才，绵阳人，中共党员。剑门关天立学校首任常务副校长，初中部校长。原广元天立国际学校副校长，原绵阳东辰国际学校功勋教师。全国语文名师。绵阳市优秀班主任，绵阳市语文教学质量一等奖获得者，广元天立学校功勋教师。任职广元天立国际学校期间，两届中考中前 10 名占 9 人，满分作文 3 篇。

刘天秀，女，中共党员，小学语文一级教师，四川省卓越校长边小英工作室成员。参加全市教师教学大比武，多次获小学语文组一等奖。主研的两个县级课题获一等奖，市级课题获二等奖，德育案例"红色立德 绿色树人 土色润心"获四川省二等奖；师培案例"'四部五环'精准定向，'两线五驱'助力提升"获省级特等奖。参编的传统文化读本《美丽阅读》，全国公开发行。从教以来，先后获"县教育教学质量管理先进个人""送培到校优秀指导教师""国培优秀指导教师""广元市优秀科技工作者""广元市诗词大会先进个人""市名师师培工作先进个人""广元名师""四川省优秀少先队辅导员"等荣誉称号。

杨明剑，男，汉族，现年 53 岁，群众，大学学历，高级教师，广元市"骨干教师"。1989 年 9 月参加工作，从事教育教学工作 35 年。先后担任团队干部、政教主任、教导主任多年，现任剑阁县普安小学校副校长。曾获广元市"农村学校优秀教师"、剑阁县"先进工作者"等多项荣誉称号。2001 年 3 月荣获"四川省优秀辅导员"称号，2015 年 10 月获"四川省农村义务教育学校教师贡献奖"。

（六）部分人才简介

谢作诗，男，四川剑阁人，1966 年 9 月生，经济学博士（后），浙江财经大学经济与国际贸易学院教授，辽宁大学教授、博士生导师，浙江大学科斯经济研究中心兼职教授，天则经济研究所企业家研究中心研究员，美国大唐集团中国区首席经济学家，天瑞华商（基金）全国联盟顾问。主要研究领域为宏观经济学、交易费用经济学、产业组织理论、教育经济学。出版有《麻辣烫经济学》《宏观经济学新论》等。2007 年 6 月起任北方联合出版传媒（集团）股份有限公司独立董事。2015年 10 月因提出"低收入者合娶老婆"的言论，被网友称作"谢作死"。

段增勇，四川剑阁人，曾任教于剑阁中学，四川省教育科学研究院学术委员会副主任，四川省普通高中教育研究所语文教研员，四川省普通高中课程改革语文专家组组长，四川师范大学文学院硕士生导师，全国高考四川阅卷场语文学科指导委员。

蒲　雄，1985 年 12 月出生于剑阁县金仙镇，2000 年初中毕业于金仙小学，2003 年高中毕业于剑阁中学，考入西安交通大学，并于 2007 年、2010 年分别获得学士和硕士学位，2014 年于美国得克萨斯农工大学获得博士学位。此后，就职于中国科学院北京纳米能源与系统研究所，现任研究员、博士生导师，从事材料科学研究，包括储能电池材料、纳米传感材料和离子导体聚合物材料等相关研究，2023 年入围斯坦福大学发布的全球前 2%科学家榜单。

高聪章，1988 年 3 月出生，四川剑阁人，现任中国工程物理研究院（绵阳九院）北京应用物理与计算数学研究所副研究员、博士生导师，从事基础前沿物理科学与应用研究，在国际上知名学术期刊上发表 SCI 论文 40 余篇，主持国家自然科学基金青年和面上等国家级科研项目 10 余项。2003 年初中毕业于金仙小学（中考名列全区第 2），2006 年高中毕业于剑阁中学（高考名列全县第 2），2010 和 2013 年在北京师范大学分别获得本科和硕士学位（专业第 1），2016 年在法国图卢兹第三大学获得理论物理学博士学位。曾获得四川省三好学生（2003、2006 年）、北京市三好学生（2010 年）、研究生国家奖学金（2012 年）、法国图卢兹大学对外交流奖学金（2015 年）、中国工程物理研究院"十大青年锐杰"（2022 年）等荣誉称号和奖励。

王　浩，男，生于 1971 年 6 月，剑阁县普安镇人。1989 年毕业于四川省剑阁中学，1993 年毕业于西南财经大学市场营销专业，获经济学学士学位。先后任职于中国建设银行四川省分行副行长、青海省分行副行长、贵州省分行行长、湖北省分行行长兼建行大学华中学院院长等职。2020 年 10 月，王浩出任中国建设银行副行长。2022 年 6 月被任命为省人民政府副省长。

高　巍，男，生于 1978 年 12 月，四川省剑阁县人，中共党员，武汉大学法学博士，西南政法大学法学博士后。现为云南大学法学院党委书记、教授、博士生导师，兼任中国刑法学会常务理事、中国行为法学会常务理事、中国法学教育研究会常务理事、云南省法学会副会长、云南省人民政府法律顾问。在 *Social Science in China*（《中国社会科学》英文版）、《中国法学》等刊物上发表 30 余篇论文，多篇论文被《新华文摘》《中国社会科学文摘》《高等学校文科学术文摘》以及中国人民大学复印报刊资料《刑事法学》等全文转载，出版《中国禁毒三十年——以刑事规制为主线》等 5 部专著，主持国家社科基金项目和其他项目 10 余项，3 次获得云南省哲学社会科学优秀成果二等奖。

郑茂平，男，四川剑阁人。1995 年毕业于四川音乐学院音乐教育专业，获文学学士学位；1998 年毕业于西南师范大学"声乐表演与教学"专业，获文学硕士学位；2006 毕业于西南大学心理学专业"发展与教育心理学"方向，获心理学博士学位。现任西南大学音乐学院副院长、硕士研究生导师。中国音乐心理学会常务理事，中国音乐美学会会员，中国教育心理学会会员，西南大学大学生文化素质教育专家指导委员会成员，西南大学心理学院"教育部认知与人格研究"重点实验室特邀研究员，重庆市第二届学术技术带头人后备人选。多次被评为学校优秀教师，2005 年晋升副教授，2006 年遴选为"音乐审美心理""声乐表演与教学"方向硕士生导师，主要从事音乐心理学、声乐、音乐美学、声乐语音学的研究和教学工作。目前已在《中央音乐学院学报》《心理科学进展》等各种权威期刊发表学术论文 20 余篇，主编、参编教材 5 部，专著 1 部。

郭世一，男，剑阁县原北庙乡明兴村人，汉族，1967 年 7 月出生，哲学学士，党校研究生，1990 年 7 月参加工作，1993 年 4 月加入中国共产党。现任四川省纪委监委驻省教育厅纪检监察组组长。

姜怀春，男，剑阁县原北庙乡人，汉族，1982 年毕业于剑阁中学，考入四川师范学院生物系，毕业后考上武汉大学，获生化硕士学位；1992 年留美获生化博士学位。现为重庆工商大学教授。

王学凯，男、剑阁县原北庙乡人，1960 年至 1969 年，在姚家小学读书，1970 年应征入伍。1971 年至 1974 年在第三军医大学成都医学院攻读医学学士学位，毕业后在西藏军区任助理医师，1984 年至 1987 年在第三军医大学继续深造，获医学硕士学位后，回西藏军区医院工作。任西藏军区总医院副院长、主任医师，后晋升为第三军医大学临床医学教授、西藏大学医学院基础医学教授、硕士研究生导师。

陈天然，男，生于 1950 年 3 月，中共党员，剑阁龙源金山村人。主任中医师，全国名老中医药专家，四川省第二届十大名中医。擅长治疗慢性胃炎、胃十二指肠溃疡、慢性肠炎、慢性胆囊炎、各型肝炎、脂肪肝、肝硬化、慢性支气管炎、顽固性咳嗽、慢性肾炎、心脑血管疾病；各种早晚期癌症，手术后及放化疗并发症和各类不良反应的中医药调治。

　　张永红，男，生于1970年4月，剑阁县龙源镇西山村人，遂宁畅达机动车驾驶培训有限责任公司（常务副校长），遂宁市书协副主席。

　　程文章，男，生于1971年9月，中共党员，剑阁县龙源镇尖岭村人。剑阁县中医医院副主任医师，四川省名中医，剑阁县名中医，剑阁县十佳最美劳动者，剑阁工匠，剑阁县大美医者。

　　唐廷强，男，生于1971年5月，剑阁县龙源镇九龙村人。博士生导师，中国美协会员，人民美术出版社副主编、上海工艺职业艺术学院副院长、工艺美术学院院长。

　　唐为之，男，生于1978年3月，剑阁县龙源镇九龙村人，研究生学历，四川省人民政府大数据中心政务推进处处长。

　　陈姝蓓，女，生于1988年8月，剑阁县龙源镇九龙村人，西北政法大学全日制研究生学历，四川成都四川省人民检察院成都铁路运输分院政治部干部处副处长。

　　邝　铭，男，剑阁县鹤龄镇人。中共党员，曾任中国人民解放军原成都军区某红军师副师长，中国人民解放军第13集团军某师师长，2016年3月下旬，邝铭担任师长的第13集团军某师在上级组织的首长机关轮训中，取得总评第一的佳绩。现任陆军第12集团军副军长。

　　刘永成，剑阁鹤龄人。原成都军区空军某师师长转业，曾任四川省轻纺厅厅长。

　　薛重显，剑阁鹤龄人。原成都军区某师政委转业，曾任成都市检察院副检察长。

　　郭子顺，剑阁鹤龄人。重庆军区某师参谋长转业，曾任重庆市税务局局长。

　　左邦佑，男，1994年4月出生于剑阁县普安镇，2005年以全县第一的成绩考入四川省剑阁中学初中部，2011年考入中国医科大学本硕连读临床医学专业，取得外科学临床硕士学位，2019年考入清华大学医学部（中国医学科学院、北京协和医学院）博士研究生，从事肝胆外科暨器官移植的临床和科研工作，系广元市首例考入北京协和医学院的博士研究生。

　　杨成永，男，1963年9月出生，剑阁县香沉镇人，中共党员，研究生学历，法学学士，中学高级教师。1982年7月参加教育工作。先后在公兴小学、柳沟中学、普安中学、文峰中学任教。先后任剑阁县教育局教研室主任、县教育学会秘书长、文峰中学校长、党支部副书记、剑阁成人教育中心副主任、剑阁社区学院讲师。参与指导全县中小学各级教育科研课题；多数课题结题后，获得省、市、县级教育行政部门奖励。先后在《中国教育报》、四川《教育导报》《教育科学论坛》《创新教育》《教育科学》《考试研究》《广元时报》《广元课改》等报刊发表论文157篇。主编《新课改理论与实践》《教苑星火》等论著，出版个人专著《我的教育思考》。

　　陈玉培，男，剑阁龙源人，出生于1963年7月，研究生学历，正高级教师，现为四川省广元外国语学校副校长。担任中国教育学会会员，国家基础教育中心外语教育研究中心研究员等10余项社会兼职。曾获得"中学英语特级教师""首届全国中小学外语教师名师"等称号。主持、主研过多个国家、省（市）级课题，成果获国家教育科研成果二等奖，省教育科研成果一、二等奖。主编的《高考英语语法：名师大串讲》获得国家教育科研成果一等奖。

　　王华蓉，生于1969年1月，党校研究生，中共党员，剑阁县原禾丰乡两河村人。曾任共青团剑阁县委书记，广元市委副书记、书记，广元经济开发区党委副书记、管委会主任，广元市经济开发区党委书记、市政府副秘书长，广元市元坝区委书记（2013年，元坝区更名为昭化区）等职，2011年任广元市委常委、宣传部部长。2016年任德阳市委常委、组织部部长。2020年任绵阳市委常委、组织部部长，2021年8月任绵阳市委副书记。2023年9月任四川省妇联党组书记、主席。

　　徐平光，男，剑阁县原禾丰乡油房村人，1980—1985年在原禾丰乡油房村读小学，1985—1988年在禾丰中学读初中，1988—1991年在剑阁中学读高中，1991—1998年在北京理工大学读本科和硕士研究生，1998—2002在清华大学读博士研究生，现为世界研究固态相变与组织优化的领军人物。

　　邓光志，男，汉族，四川剑阁人，1959年1月出生，大学学历，四川农业大学（原四川农学院）农学专业毕业，农学学士，1982年1月参加工作，1984年12月加入中国共产党。历任梓潼县黎雅区公所副区长，梓潼县委办公室副主任，广元市政府副秘书长，旺苍县委书记、县长、县人大常委会主任，广元市委常委、市政府副市长、政法委书记。2016年9月起任广元市人大常委会主任、党组书记。

何跃武，男，汉族，四川剑阁人，1959年2月出生，大学学历。曾担任广元市教育局局长。

罗全生，男，汉族，四川剑阁人，1972年12月出生，四川省委党校行政管理专业函授本科，中共党员。曾任广元市政府驻成都办事处副主任、广元市政府副秘书长、广元市体育局党组书记、广元市机关事务管理处处长。

涂凯雄，男，演圣镇金刚村人，1989年生，2005年毕业于演圣中学，2012年毕业于南开大学，2017年毕业于美国波多黎各大学，获博士学位。

何　浩，男，演圣镇梁垭村人，1994年生，2008年毕业于演圣中学，2016年毕业于天津理工大学，2019年毕业于湖南湘潭大学硕士研究生，现就职于绵阳长虹电源公司。

梁　源，女，演圣镇中子村人，1994年生，2008年毕业于演圣中学，2016年毕业于长春中医学院，2019年毕业于成都中医药大学硕士研究生，现就职于重庆太极药业集团。

周元剑，男，出生于1988年7月，蓬溪县荷叶乡人。1997年9月随父在剑阁县江口小学校就读，2007年5月被保送到上海交通大学科学计算机专业本硕连读，2014年硕士研究生毕业。他放弃了去美国的机会，与美国回国的朱珑博士等共同创建了上海依图网络科技公司，主要研发人工智能、人工智能芯片、人工智能医疗、5G+AL融合等，现为该公司营销主管。该公司是世界人工智能的领军公司，2016年参加世界人工智能大赛，共设有5块金牌，依图科技公司囊括4块，美国获1块，因此遭到美国首批制裁。目前，该公司在国内各省会城市设有分部；在新加坡建有分公司，协助新加坡打造人工智能国家；人员由最初创办的13人，发展到700余人。经过多年打拼，他已成为一位真正的爱国学者、年轻的企业管理人才。

母　斌，男，四川剑阁县人，2003年荣登清华大学金榜，2010年清华大学硕士毕业，现就职于成都赛普能源有限公司，副总工程师，任技术总工，2016年发明的《一种混合冷剂二级制冷制备液化天然气的方法及装置》荣获成都市专利奖证书。

王立安，男，生于1970年9月，剑阁县杨村镇建设村九组人，大专学历（学前教育）。在广元市利州区创办了南风幼儿园、皇都幼儿园、皇都小学、三堆蒙正幼儿园、青川凉水起点幼儿园、青川骑马幼儿园、剑阁县官店幼儿园、华府幼儿园等。2014年加入中国共产党，2018年、2019年分别被利区州教育局、剑阁县教育局评为优秀工作者。

杨垚婷，女，1992年10月出生，中共党员，硕士研究生，现任广元市环境宣传教育信息中心工程师。剑州中学2010年毕业生。2014年，在山东省鲁东大学取得工学学士学位；2017年，在成都理工大学取得工学硕士学位。2017年7月，作为广元市第九批公开引进（招聘）高层次人才进入广元市生态环境局工作，担任市生态环境局派驻剑阁县城北镇前锋村驻村第一书记，市生态环境局机关二支部宣传委员。工作期间，获得四川省"美丽中国，我是行动者"主题实践活动优秀个人、广元市2020年度宣传思想工作先进个人等荣誉称号。

何凤霞，女，1993年7月，四川剑阁人，中共党员，法学硕士，2012年毕业于剑州中学。大学期间屡获表彰，先后被评为上海大学优秀学生、优秀学生干部、优秀研究生党务工作者、上海市优秀毕业生等，2017年8月至2018年7月赴云南省参加大学生志愿服务西部计划，任职于中国共产主义青年团西畴县委员会。

倪　萍，女，1993年2月出生于剑阁县盐店镇，2012年剑州中学毕业，中共党员，硕士，现就职于江苏方露检测科技服务有限公司。大学期间多次获得校奖学金、国家励志奖学金，先后被评为院三好学生、优秀学生干部、优秀毕业生；参加江苏省第十四届挑战杯，获得省三等奖。研究生期间发表发明专利多项，国际知名期刊发表学术论文多篇。

张康明，男，剑阁县店子镇大河村四组人，1980年7月毕业于剑阁县师范学校。先后在剑阁县开封中学、县文教局人事股、普安中学、剑阁县委工作，历任教师、副股长、学校党支部书记、副校长、校长、县纪委书记等职。曾任青川县委副书记、代县长、县长、县委书记，旺苍县委书记。2005年4月在市五届人大一次会议上当选为市人民政府副市长，2011年4月至2011年5月任广元市委常委、副市长，2011年6月至今任四川省广元市委常委、市总工会主席，四川省第八次党代会代表。

张晓军，男，1977年12月生于剑阁县店子镇大河村四组。先后在摇铃乡政府、碑垭乡政府、广坪乡政府、白龙督导室工作。先后担任店子乡政府副乡长，共青团剑阁县委副书记、书记，柏垭乡党委书记、人大主席，公兴镇党委书记，武连镇党委书记，剑门关镇党委书记，剑阁县政府副县长，青川县委常委、县人民政府副县长、青川县委副书记。2021年4月，被授予"四川省脱贫攻坚先进个人"称号。

黄晋，男，电子科技大学教授，博士生导师。1960年9月出生于剑阁县店子镇登高村。1981年9月毕业于剑阁白龙中学。1996年2月毕业于成都科分院计算所应用数学专业，获理学硕士学位。2004年6月，获四川大学科学计算专业理学博士学位。曾先后在剑阁白龙中学、剑阁中学、成都第七中学任教。2004年7月起，就职于电子科技大学数学科学学院。曾获2004年教育部自然科学二等奖，享受国务院政府特殊津贴。主要贡献包括：多维奇异积分与第一类多维边界积分方程的高精度并行算法（第一完成人），主要成果列入《积分方程的高精度算法》专著，该专著由科学出版社出版，全书共450页，列入"信息与计算科学丛书—56"系列，是国家出版基金项目。

李作芳，女，汉族，1963年9月生于剑阁县店子镇龙水村，大学学历，现任剑阁县人大常委会一级调研员。1979年9月至1981年12月在剑阁县店子小学任教；1981年12月至1997年2月，原工商行政管理局工作，历任财会股副股长、股长、副局长；1997年2月至2003年1月，任剑阁县人民政府副县长；2003年1月至2016年9月，任剑阁县人大常委会副主任，2023年7月任一级调研员。

李伯伟，男，1955年出生于剑阁县店子镇龙水村六组，1971年7月毕业于剑阁县店子中学校。1971年9月就读于剑阁县白龙中学校。历任剑阁县碑垭乡团委书记，剑阁县鹤龄区委副书记，剑阁县卫生局局长兼剑阁县人民医院院长，剑阁县财政局局长，剑阁县人民政府副县长，县委副书记，县政协主席。

徐晓阳，男，四川剑阁人，博士，高级工程师，现任北京金凯伟业咨询有限公司副总裁、首席技术官。2010年博士毕业于南开大学，博士期间作为联合培养对象赴加拿大多伦多大学学习1年。先后就职于中国科学院科技战略咨询研究院、国网能源研究院、北京金凯伟业咨询有限公司。工作期间先后借调至财政部、国资委等部委，具有科技政策、能源政策、预算绩效管理等多个领域政策研究和实践经验，承担了数十项政策研究和管理咨询项目，在 *Chemosphere*、*Journal of Hazardous Materials*、《中国科学院院刊》、《财政监督》、《环境化学》等国内外期刊发表论文数十篇。相关研究成果获得国家能源局2016年度能源软科学研究优秀成果一等奖、国家电网公司软科学研究特等奖（2017）、中国企业改革发展优秀成果一等奖（2017）、中国企业改革发展优秀成果一等奖（2019）等多项奖励。作为主要完成人编写的《专项转移支付预算绩效管理理论与实践》等专著成为中央财经大学相关专业课教材。作为负责人，带领团队完成了多项试点性、复杂型预算绩效评价实践工作，多份报告报全国人大和相关领导参阅，推动了多项政策的修订调整。

石开波，男，1988年8月生，四川剑阁人，中国共产党党员，汉族，博士研究生，现为北京大学副研究员。2007年6月毕业于四川省剑州中学，考入吉林大学；2011年6月本科毕业，保送至北京大学攻读博士研究生，2017年6月博士毕业，进入北京大学地球物理学博士后科研流动站从事博士后研究工作。2019年6月博士后出站，留校从事教学科研工作。主要从事含油气盆地构造沉积演化、碳酸盐岩油气地质研究，主持/参与并完成国家自然科学基金2项，"十三五"国家重大科技专项任务1项，中石油、中石化科技攻关项目5项，目前承担"万人计划"国家专项任务1项，中石油海外项目2项。先后在国内外期刊发表学术论文20余篇。

袁加锦，男，2001年剑州中学毕业，同年考入西华师范大学物理与电子信息学院，2005年9月至2009年12月西南大学心理学院硕博连读，2011年12月至2012年12月美国芝加哥大学心理学系攻读博士后。2009年7月至2020年5月供职于西南大学心理学部，历任讲师、副教授、硕导，教授、博导，认知与人格教育部重点实验室首席研究员，"情绪与价值观"双一流建设团队负责人。2020年6月被四川师范大学以"杰出人才A类"全职引进到校工作，现任四川师范大学脑与心理科学研究院二级教授、博士生导师、副院长。主要采用行为、电生理与脑成像等技术从事人类情绪易感性、情绪调节与行为控制等领域的心理学与认知神经科学研究。以第一或通讯作者身份在高显示度期刊发表论文80余篇，共主持5项国家自然科学基金项目与多项省部级项目。

王　蕾，女，广元市剑阁县人，生于1988年9月，中共党员，硕士研究生。2002年9月至2006年6月就读于四川省剑州中学校。2006年9月至2010年6月就读于华中师范大学计算机科学学院，在校期间多次获国家级奖学金。2010年至2012年在武汉大学攻读计算机应用硕士研究生，取得工学硕士学位。毕业后，2012年7月至今先后在新浪微博、阿里巴巴等公司就职，现在国内某金融科技公司任数据技术专家，专业领域为财务数据。

张仕勇，男，1987年3月，四川省剑阁县人，中国共产党党员，影像医学与核医学硕士研究生，德阳市人民医院主治医师。2006年6月毕业于四川省剑州中学校，同年9月就读于川北医学院"5+3"，2014年6月毕业取得硕士研究生学位。先后在重庆医科大学第一附属医院、川北医学院附属医院、四川大学附属华西医院实习进修累计4年。熟练掌握了全身各部位血管后处理、脑功能后处理、灌注分析、双能量系列后处理技术和近年来一批逐渐应用于临床的新项目，并率先于德阳市开展了腹部肿瘤+血管融合重建新技术。目前承担四川省卫生健康委课题1项，主研四川省医学会及德阳市科技局课题各1项。先后在《中华肝胆外科》《中华消化》等中文核心杂志发表论著4篇，获德阳市优秀科技论文二等奖1项。

杜伸云，男，出生于1984年6月，剑阁县店子乡人，2003年剑州中学毕业，同年就读于长春工程学院，学士学位，中共党员。现任中铁四局集团（世界500强企业）钢结构建筑有限公司阜裕大桥项目部项目经理，高级工程师，是中铁四局BIM技术推广应用的带头人，在国家核心期刊发表论文10余篇，获国家发明专利9项，曾多次获得国内BIM大赛一等奖等，研究成果获得铁路总公司特等奖，在钢结构桥梁制造及施工方面有着丰富的经验，曾担任世界第一钢渡槽——引江济淮潆河总干渠钢渡槽项目总工程师，获得中铁四局"十大杰出青年"称号。

郭伟林，男，四川剑阁县人，1992年12月出生，中共预备党员，工学硕士学位，现于成都主导科技有限责任公司工作。2011年6月毕业于剑州中学；同年考入四川工商学院自动化专业；2020年6月获四川大学电路与系统专业工学硕士学位。在四川大学就读期间曾获"四川大学二等学业奖学金""四川大学优秀研究生"两项奖励。2021年2月至今在成都主导科技有限责任公司从事软件研发工作。

罗舒菡，女，生于1995年5月，剑阁县人，中共党员，农学硕士。2013年高中毕业于剑州中学，考入宜宾学院；于2017年考入南昌大学，攻读农学硕士学位；于2020年就职于江西省正邦集团，全国500强企业。

赵　翔，女，生于1992年5月，四川剑阁人，中共党员。2007—2010年就读于四川省剑州中学，于2016年取得硕士研究生学位，中级工程师。现就职于广东省一家高新技术企业，担任项目负责人职务，从事农药登记残留试验相关工作。

唐伟献，男，汉族，剑阁县人。2020年硕士毕业于北京大学光华管理学院，同年加入字节跳动科技有限公司，负责海外TikTok全球商业化业务，担任高级战略经理，2023年转战抖音生活服务业务，担任生态战略负责人。此外，还曾供职于 IBM（国际商业机器）、Dell（戴尔科技）两家美国 IT 战略咨询公司，拥有丰富的战略规划经验，其所服务的客户涉及中国电信、万科、融创等国内通信和房地产头部企业。

李　垣，女，中学二级教师，1992 年 6 月出生于四川剑阁。2016 年 6 月毕业于四川师范大学数学与应用数学专业，在校期间多次获得学业奖学金及三好学生称号。2019 年 6 月取得西华师范大学基础数学专业硕士学位，在校期间多次获得研究生学业奖学金，以第一作者发表论文两篇，其中一篇被核心期刊收录。2019 年 9 月至今就职于四川省剑门关高级中学，工作踏实认真负责，教学成果突出。

李　虹，女，生于 1990 年 4 月，剑阁县人。2008 年 6 月毕业于剑州中学。同年考取四川师范大学成都学院英语专业（本科）。2013 年考取电子科技大学英语专业硕士研究生。2016 年 6 月毕业后，进入电子科技大学成都学院任英语教师，讲师。

唐洪波，女，广元剑阁县人，生于 1990 年 4 月。2005 年 9 月至 2008 年 6 月，于剑州中学 2008 届 2 班就读。后考取四川师范大学地理科学专业（本科），其间，多次获得学校奖励，2013 年考取四川师范大学地图学与地理信息系统硕士研究生。2016 年 6 月毕业后，任职于北京世纪安图数码科技发展有限公司，高级技术工程师。

苟津铭，男，汉族，中共党员，四川剑阁人，生于 1987 年 5 月，2003 年 9 月至 2006 年 6 月就读于剑州中学。历任战士、学员、检验技师、医师，现为新疆某部队卫生队副队长兼主治医师。曾自主研究获得发明专利 1 项，并撰写发表多篇核心期刊论文；多次参与卫勤保障工作，因工作突出多次被评为优秀士兵、优秀基层干部、优秀共产党员。

何　垒，男，四川剑阁人，1984 年 1 月生，中共党员，大学（工学学士），现任西藏自治区党委组织部干部二处副处长、三级调研员。高中就读于剑州中学 1998 级 2 班（剑阁师范首届高中班），2001 年考取西藏大学农牧学院水电系电气工程及其自动化专业，2005 年 7 月毕业后在西藏自治区昌都市边坝县工作，先后在边坝县都瓦乡人民政府、县水利局工作，2010 年 8 月调入西藏自治区党委组织部，历任办公室、干部一处科员、副主任科员、主任科员，2018 年 6 月任干部二处副处长，2021 年 3 月晋升为三级调研员。

杨剑锋，男，中共党员，研究生学历，兵种战术学硕士（学术型），空军中校军衔，现为空降兵训练基地战术教研室主任。1983 年 1 月出生于四川省剑阁县木马镇，2001 年 7 月毕业于四川省剑州中学文科班，同年考入解放军国际关系学院特种作战系，毕业后先后就读于空军航空大学与空军第三飞行学院航空与飞行班、后勤指挥学院德语班，历任空降兵特种大队排长、副连长、桂林空军学院教员、空军空降兵学院战术教研室副主任、空降兵训练基地战术教研室主任等职，参与军委、空军多项课题研究，参与空降兵部队及中外军多项联合演习。共主编教材 3 部，参编 6 部，负责完成军以上课题 8 项，发表文章 42 篇（核心期刊 15 篇），获"十佳教员""优秀党员"等多项荣誉，荣立三等功两次。

梁方生，男，生于 1951 年，金仙镇小桥村五组人，"老三届"初中未毕业的农村老人。行程近千里，查阅资料数十卷，历时 3 年，耗资数万，完成了广元市剑阁县第一部村志——《小桥村志》。该志成为当地"百科全书"。该志按概述、专志、人物、附录等四部类，分地理环境、建制沿革、人口氏族、政治、军事、经济、文化、乡村旅游、社会风土、方言、人物和附录十二卷，共 17 万余字，101 幅图。2017 年 4 月 3 日，四川省住房和城乡建设厅公布了第三批四川省传统村落名录，广元市剑阁县金仙镇小桥村因该志而成功入选。《金仙腔考证》《蛮子洞揭秘》这两篇文章在《四川方志》《四川省情》发表，并被多家媒体转载。2022 年，他开始编撰《金仙镇志》。截至 2023 年 3 月，这部书已完成 30 余万字，即将完稿。2018 年，因身患癌症，他拒绝亲友"坚持住院"的建议，以苦练书法减缓痛苦、与病魔斗争，4 年后奇迹般痊愈。他夫妻担起女方 5 位老人的赡养护理任务，偕众兄弟担起自家 3 位老人的赡养义务，赢得邻里交口称赞。

魏维芮，女，汉族，中共党员，2001 年 2 月生。2015 年初中毕业于剑门中学，2018 年高中毕业于剑门关高级中学，进入清华大学药学院学习，2020 年转入法学院，2021 年辅修公共管理学院行政管理专业，现已获得免试攻读法学院硕士学位资格。曾获清华大学社会工作优秀奖学金（3次）、清华大学志愿公益奖学金、唐仲英德育奖学金、清华大学优秀学生干部、清华大学优秀共青团员、清华大学学生社团优秀个人、清华大学五星级志愿者等奖励和荣誉。

朱方圆，男，生于 1995 年 8 月，剑阁县汉阳镇人，2010 年毕业于剑门关初级中学，2013 年毕业于绵阳中学实验学校，考入南京大学，攻读软件专业，本科毕业之后，先后就职于腾讯、字节跳动，任高级研发工程师。在职期间获得最佳新人、优秀员工等多项荣誉。

李 婷，女，1996 年 2 月出生于四川剑阁，中共党员，2012 年毕业于剑门中学，2015 年毕业于剑门关高级中学并考入乐山师范学院，尔后考入西南大学攻读凝聚态物理专业，获得硕士学位。现于成都理工大学工程技术学院担任专任教师。在岗在职期间努力钻研学术，认真参与并组织教学活动，主要承担大学物理的教学任务和课程建设工作，以活跃的课堂为目标来提升教学质量。

杨宗凡，男，生于 1995 年 1 月，剑门关镇人。2010 年毕业于剑门中学。2013 年毕业于剑门关高级中学，同年考入中国石油大学（北京），2022 年 6 月，获天津大学博士学位。现就职于中国电子科技集团公司第十八研究所化学与物理电源国家重点实验室。

母 敏，女，生于 1994 年 7 月，中共党员。剑门关镇双鱼村人。2009 年毕业于剑门中学，2012 年毕业于剑阁中学，2017 年毕业于中国药科大学，2020 年 6 月取得四川大学硕士研究生学历，在校期间获得"优秀硕士研究生"称号，发表 SCI 论文两篇；2020 年 9 月至 2023 年就读于四川大学，博士研究生，在校期间获得"国家奖学金""博士创新奖学金"以及"优秀博士研究生"称号，在校期间发表 SCI 论文 6 篇。

罗 皓，男，出生于 1999 年 11 月，四川广元人，2015 年毕业于剑门中学，2018 年考入成都中医药大学中医学（"5+3"一体化）专业，在校期间担任巴蜀名中医学术传承与研讨协会副会长，发表普刊《温针灸治疗类风湿性关节炎的研究进展及发展趋势》，曾获得"学习优秀三等奖"，参加国家级志愿活动"善行者"，省级志愿活动"舞动成都"，参与"青翼暑期支教小队"。现于成都中医药大学继续硕士研究生阶段的学习。

卫俊明，女，生于 2000 年 8 月，剑阁县人。2015 年 6 月毕业于剑门中学。2018 年考入成都理工大学法学专业。2022 年毕业后考入西南大学宪法学与行政法学专业，攻读硕士学位，在第一学年获得西南大学二等学业奖学金。

何九龙，男，生于 2000 年 2 月，剑阁人。2015 年 6 月毕业于剑门中学。2018 年考入上海电机学院材料成型及控制工程专业，就读期间曾获二等博学奖学金，2022 年获得工学学士学位。毕业后考入西南石油大学机械工程专业，攻读硕士学位，目前在西南石油大学教育部重点实验室学习超高压石油天然气设备方面的知识。

袁问学，男，中共党员，正师级，大校军衔。剑阁县长岭乡双桥村人。小学、初中就读于长岭小学，高中就读于公兴中学，1970 年入伍。1978 年毕业于四川大学历史系（西藏部队保送）。1984年毕业于南京高级陆军指挥学院（成都军区保送）。其后，西藏边陲 13 年，成都军区机关 20 余载，历任副科长，研究员，参谋，副主任、主任等职。1996 年 9 月晋升大校军衔。曾任成都军区司令部编研室主任，负责组织、指导军事辞书、史书的编撰工作。出版专著《军文百科辞典》等。是有研究成果的军文人才。多次受到军区总部奖励。荣誉三等功。

母克华，男，中共党员，大学本科，三级警长。1953 年出生于长岭乡双桥村。小学、初中就读于长岭小学。1976 年毕业于四机部青川无线电技工学校（中专），1980 年 1 月选送绵阳师范高等专科学校中文系学习（离职专科）。1996 年毕业于中央党校政法专业（函授本科）。历任广元公安局交通警察大队三级警长，大队长、办公室主任等职。1985 年 5 月 4 日四川省委授予四川省新长征突击手称号，1984 年 10 月团中央解放军政治部授予"全国边陲优秀儿女"称号。2004 年 3 月被公安部评为"全国公安机关先进个人"，2015 年 11 月被广元市公安局授予服务成就银质荣誉奖章。

袁　静，男，中共党员，军事指挥硕士学位。检察官。生于 1977 年，长岭双桥村人，小学、初中就读于长岭小学，高中就读于剑阁中学。2001 年毕业于郑州防空兵学院高炮指挥专业。获学士学位，后取得硕士学位。2001 年 8 月至 2005 年 7 月任廊坊导弹学院助理教授。2005 年 8 月至 2012 年 3 月为廊坊市人民检察院干部（因裁军转入地方）。2012 年 4 月至今任廊坊市人民检察院案管办副主任，检察官。2004 年获军队科技进步三等奖 2 项。2008 年获廊坊市安保先进个人称号。2015 年获河北省检察机关十佳案管业务能手称号。2016 年获廊坊市检察机关三等功。

袁彦明，男，工商硕士，1980 年 3 月出生于长岭乡双桥村，小学就读于长岭小学，剑阁中学毕业后考入同济大学计算机科学技术系，2002 年大学毕业获学士学位，2010 年考入上海财经大学工商硕士，EMBA，2013 年 EMBA 毕业获硕士学位，先后就职于上海乾龙科技有限公司、中国期货信息科技公司，2013 年公派美国芝加哥大学经济管理专业深造。曾任中国期货信息科技有限公司北京项目部副经理。论文《我国期货市场程序交易和证实研究》51 000 字，收录于《上海财经大学硕士论文集》。

袁向东，男，中共党员，大学本科，剑阁县长岭乡双桥村人。1981 年毕业于四川省水利电力学校。先后担任过宜宾市旧州区公所副区长，安阜街道办事处副主任，宜宾市委办公室副主任，宜宾市乡镇企业管理局局长，宜宾市翠屏区办公室副主任，区委农工办主任，翠屏区政协副主席，区委统战部部长等职。曾被宜宾市翠屏区政府授予"人民满意公务员"称号，被省政府评为"抗灾减灾先进个人"，荣获四川省绿化委员会"四川绿化奖章"。被国家林草局评为全国退耕还林先进个人。

袁红玉，女，硕士，剑阁县长岭双桥村人，小学、初中就读于长岭小学，剑阁中学高中毕业。考入上海电影学院 MFA 艺术系，并在校攻读硕士学位。现在马云集团杭州部从事管理工作。

袁　野，男，中共党员，剑阁县长岭乡双桥村人。1986 年 8 月出生。1993 年至 1997 年 7 月，长岭小学读小学。1999 年至 2002 年 7 月，长岭小学读初中。中考全年级第二名，全区物理科满分者，考入剑州中学。2002 年 9 月至 2006 年 7 月，剑州中学读高中，高考 562 分，考入辽宁工程技术大学，本科。2006 年 9 月至 2010 年 7 月，辽宁工程技术大学毕业。2010 年 7 月至今，就职于杭州迪普科技股份有限公司，担任软件工程师，软件研究开发部软件经理。

袁智敏，男，数学本科，中学高级教师。剑阁县长岭乡双桥村人，小学、初中就读于长岭小学，毕业于四川教育学院数学系。现任教于成都七中实验学校，高中数学教师，年级主任。成都市优秀班主任，成都市课程改革优秀教师；成都市首批"教学能手"，星级班主任；获成都市武侯区课堂教学大赛一等奖、温江区教师技能大赛一等奖。多篇论文获国家级、省市级奖。

袁永泉，男，大学本科，高级工程师。剑阁县长岭乡双桥村人，小学、初中就读于长岭小学，剑阁中学高中毕业，考入四川农业大学经济学专业，获学士学位。2015 年 1 月晋升为高级工程师，现任剑阁县林业局办公室主任。2014 年考取全国注册咨询工程师。

袁建霞，女，中共党员，大学本科，中学高级教师。1970 年出生于剑阁县长岭乡双桥村。小学、初中就读于长岭小学。毕业于四川教育学院。曾任广元市嘉陵中学分校执行校长，广元市骨干教师，广元市学科带头人，广元市劳动模范，广元市优秀教师工作者，四川省十大网络人物，广元市专家资源库人才，多次在省部级上公开课。其中，1999 年获省优质课竞赛一等奖并在广元市保持唯一纪录 13 年，多篇论文获奖，其中《刍议思想品德课中学生自主能力的培养》等 10 多篇论文获国家一等奖。

李树平，男，现年 36 岁，中共党员，长岭乡曙光村人。大专文凭，现担任曙光村副书记。为了带动当地农民致富，解决就地务工难题，他于 2014 年 2 月，就地征用土地 20 余亩，投入 80 余万元，种植香菇25蓬，10万余棒，年收入30余万元，支出劳务费用3万多元，年纯收入26万多元。带动了当地经济发展，成为本乡创业者之一，香菇种植能手。

李茂全，男，中共党员，长岭乡曙光村人，军事学院毕业，在长岭乡初中毕业后，于1970年10月进入南京某部队，次年9月考入南京军官大学，1974年军官大学毕业后，曾任南京军分区某连连长、某团团长，1986年12月开始任南京军分区政委，于2012年退休，现在南京某部队养老。

杨成继，男，现年40岁，长岭乡红岩村人。初中毕业后就开始学习修理摩托，分别在金仙、长岭、演圣等地开办维修店和专卖店。为了满足市场和消费者的需要，以及承接当地外出务工人员的劳务输出，2015年12月，他在金像村征用土地10余亩，投资28万余元，建起了2万余棒的黑木耳种植基地，年收入22万余元，支付劳务费用5万余元，年纯收入17万多元。他也因此成为当地黑木耳种植能手。

母长春，男，1972年3月生于长岭乡红岩村，1979—1988年在长岭小学读小学和初中，学习成绩优异，多次受到学校表彰。1991年考上安徽理工大学，毕业后分配到山东省济南市煤炭部直属设计院工作。现就职于大地工程开发集团有限公司，职位为集团副总裁兼选煤设计院院长。

杨仕勇，男，中共党员，研究生学历，硕士学位。1975年出生于四川省剑阁县长岭乡红岩村，小学和初中就读于长岭小学，本科就读于武汉冶金科技大学。2002年任职于北京矿冶研究总院，主持参加了国内外多项选矿科研工作和国家"十五""十一五"攻关项目研究工作，荣获省部级科学技术进步奖2项、专利1项。2008年，于中铁资源集团有限公司管理部担任主要领导，多次赴国外考察和项目评估，负责蒙古国和刚果现代化选冶厂建设工作。为具备专业技术和管理能力的专家型人才。

杨仕富，男，中共党员，研究生学历，硕士学位。1975年出生于四川省剑阁县长岭乡红岩村（为杨仕勇双胞胎弟弟），小学和初中就读于长岭小学，本科和研究生就读于中国矿业大学，获专利1项。2001年任职于上海齐耀动力技术有限公司，负责潜艇新型动力装置开发工作。2004年任职于施耐德电气中国研发中心，多次到国外交流和培训，是全球功能设计专家。2011年，担任思源电气股份有限公司技术管理部总监。

杨仕甫，男，剑阁县长岭乡红岩村人，剑阁县委宣传部副部长，编审，作家，享受政府特殊津贴的科技拔尖人才。写作涉及小说、诗歌、散文、喜剧、影视、社科理论及新闻等。出版著作8部，见诸报刊的文字逾百万，作品数十次获奖。

杨春梅，女，生于1990年3月，剑门镇金城村人。2001—2005年在长岭小学学习。2005—2008年在白龙中学学习，2008—2009年在剑阁中学复读。2009—2013年在攀枝花学院材料科学与工程学院读大学，连续4年获得奖学金，多次被评为三好学生。2013—2016年，在西南大学材料与能源学部读研究生，连续3年获得一等奖学金，在校期间担任学部研究生会副主席和班长，多次被评为三好研究生和三好研究生干部。2016年至今，任职于京东方光电科技有限公司开发部门，担任开发工程师。

杨栩生，1949年出生于剑阁县复兴乡。1960—1962年就读于复兴小学；1971年任教于复兴小学初中班。后任教于绵阳地区中学教师进修校、绵阳师范高等专科学校、绵阳师范学院。曾任绵阳师范高等专科学校中文系副主任、教务处处长兼成人教育处处长，《绵阳师范高等专科学校学报》常务副主编，四川省社科联重点研究基地李白文化研究中心（绵阳师范学院）主任。现为绵阳师范学院中国古代文学教授、中国李白研究会常务理事、四川李白研究会会长。有《李白生平研究匡补》（巴蜀书社）等著述。

付代敏，曾用名付代舒，男，1965年11月生于剑阁县长岭乡玉台村，中共党员。西南医科大学临床专业本科毕业，获学士学位；四川大学法律专业本科毕业。外科主任医师，剑阁县第四届、第五届科技拔尖人才，广元市学术技术带头人，先后发表国家级、省级论文10多篇，荣获剑阁县科技进步奖一等奖两项，广元市科技进步奖三等奖两项。剑阁县第九届、十届政协委员。

梁华斌，男，剑阁县长岭乡玉台村人，1996 年毕业于北京理工大学机械设计与制造专业，1996—2006 年任成都华西光学电子仪器厂工程师，从事迫击炮瞄准镜、电视投影镜头、汽车零部件设计工作；2006—2014 年任深圳德昌电机有限公司高级工程师，负责汽车车窗防夹电机设计与制造工作；2014—2015 年担任主设计师，负责光电经纬仪望远镜头结构设计；2016 年至今任职于四川极道电装有限公司，担任主设计师，负责汽车启动电机、航空油泵电机设计工作。

罗宗扬，男，1986 年 9 月出生于剑阁县长岭乡玉溪村。2002 年 7 月，在长岭小学读初中，中考居年级第 1 名，全县前 200 名，考入剑州中学；2005 年 7 月，剑州中学毕业，高考 667 分（超过一本线 69 分），居全县第四名，考入哈尔滨工业大学；2011 年 7 月，哈尔滨工业大学硕士研究生毕业。现就职于记忆科技（记忆科技为全球第二大内存模组供应商，是高科技行业国产化全面替代进口的先锋）苏州研究院，担任高级软件工程师/系统架构师/项目经理，从事 SSD 控制器/固件/产品解决方案相关研发工作，作为项目核心研发的产品已经为国内国际的一线企业批量化供货。

高军成，男，1973 年 9 月生于剑阁县金仙镇小桥村，17 岁参军，任油机师、枪械师，立两次三等功。退役后定居广元。创建广元市珊瑚玉协会、广元市科普作家协会、广元市川陕革命根据地历史研究会。四川省科普作家、四川省文艺评论家。长期从事文学与科普创作，主攻国家重大题材剧。他的军事小说《士兵万岁》获阿里文学首届"星璨"杯优秀作品奖，《我是祖国的兵》获全国青年作家文学大赛二等奖，并入选北京文联推荐剧本。参与国家重大题材剧《独臂上将贺炳炎》创作，剧本《小兵大志》和《福在眼前》入选第三届北京文联"讲好中国故事·传递正能量"优秀剧本。散文《千佛崖追思》等五篇文章入选四川省蜀道申报世界文化遗产丛书，《蜀道上的金仙人》获全国征文优秀奖。

高生槐，男，1928 年生于金仙镇小桥村，1947 年考入兰州大学，毕业后留校任教，曾担任系主任、教授，现定居成都。一生平易近人，乐于帮助人，桃李遍天下。学生张文敬成为著名的冰川科学家、科普作家，张培莉（温家宝总理夫人）成为著名的地矿学家，李杰成为院士，曾担任中国气象局局长。

张文敬，男，剑阁金仙小桥村人。1965 年，考入兰州大学，与张培莉（温家宝总理夫人）、中国气象局原局长李杰（院士）等成了同学。国内外顶尖的冰川科学家，中国著名的科普作家。著有科普作品 40 余部，获奖无数。其中冰川科普丛书《科学家带你去探险》荣获 2017 年度国家科学技术进步二等奖（科普图书类国家最高奖），受到习近平主席接见。

郭世一，男，剑阁县原北庙乡明兴村人，汉族，1967 年 7 月出生，哲学学士，党校研究生，1990 年 7 月参加工作，1993 年 4 月加入中国共产党。现任四川省纪委监委驻西南石油大学纪检监察组组长、西南石油大学党委副书记、纪委书记。

姜怀春，男，剑阁县原北庙乡人，汉族，1982 年毕业于剑阁中学，考入四川师范学院生物系，毕业后考上武汉大学，获生化硕士学位；1992 年留美获生化博士学位。现为重庆工商大学教授。

王学凯，男，剑阁县原北庙乡人，1960 年至 1969 年，在姚家小学读书。1970 年应征入伍。1971 年至 1974 年在第三军医大学成都医学院攻读医学学士学位，毕业后在西藏军区任助理医师，1984 年至 1987 年在第三军医大学继续深造，获医学硕士学位后，回西藏军区医院工作。任西藏军区总医院副院长、主任医师，后晋升为第三军医大学临床医学教授、西藏大学医学院基础医学教授、硕士研究生导师。

郑茂平，男，剑阁县原北庙乡石桥村人，1995 年毕业于四川音乐学院音乐教育专业，获文学学士学位；1998 年毕业于西南师范大学"声乐表演与教学"专业，获文学硕士学位；2006 年毕业于西南大学心理学专业"发展与教育心理学"方向，获心理学博士学位。现任西南大学音乐学院院长，博士研究生导师。

王春容，女，生于 1991 年 3 月，四川剑阁人，中共党员，2006 年 6 月初中毕业于剑阁县义兴小学校，2009年6月高中毕业于剑阁中学，2014年6月毕业四川警察学院，同年7月被录用为四川省选调生，先后在剑阁县义兴镇、剑阁县组织部、广元市组织部工作，现工作于广元市总工会，任四级主任科员。

邓智元，男，生于1991年10月，四川剑阁人，中共党员，2006年6月初中毕业于剑阁县义兴小学校，2009年6月高中毕业于绵阳市江油中学，2015年6月毕业于河北科技大学，2020年1月福建工程学院硕士研究生毕业，现工作于剑阁县自然资源局，任规划股副股长，武连镇双坪村乡村振兴驻村第一书记。

张永青，男，汉族，1993年9月出生于剑阁县鹤龄镇化林村，马来西亚思特雅大学在职硕士，工程机械工程师、吊篮专家库专家、无锡科技职业学院客座教授、四川商会副会长。2016年，注册成立了无锡六点机械集团有限公司，担任董事长一职；2021年6月21日，在江苏股权交易中心挂牌，成功登陆新四板。除了经营好企业，他始终将公益放在心上，曾于2020年带领团队携手无锡MBWC公益会助力安徽和县抗洪救灾，连续7年坚持走访无锡儿童福利院并对公司所在街道进行捐赠。

杨雪银，男，汉族，1957年生于四川省广元市剑阁县化林村，新疆吐鲁番雪银金属矿业股份有限公司创始人，捐资助学知名人士，广元教育之星。关注家乡的教育事业，牵挂就读于鸯溪小学的孩子们。2007年，为鸯溪小学捐款20万元，新建学生食堂，添置新式蒸汽灶。同时又向剑阁县教育基金会捐款60万元，用于改善小学办学条件。2012年，再向鸯溪小学捐款10万元。2017年9月，杨雪银先生出资100万元，成立"化林雪银希望小学扶贫专项基金"。该基金分期10年，用于奖励鸯溪小学优秀教师、优秀学生及资助生活困难家庭学生。至今，该基金已按协议发放两次，受益师生达64人。至2019年，杨雪银先生对家乡教育共捐赠近200万元，同时，投资家乡脱贫致富项目1 000万余元。心怀桑梓，情系家乡，捐资助学，助力攻坚。

王湖益，男，汉族，中共党员，生于1971年10月，四川省剑阁县鹤龄镇人。1993年毕业于四川师范大学汉语言文学系，获文学学士学位。历任共青团剑阁县委书记，江口督导室书记、主任，中共元山镇党委书记，中共剑阁县委常委、县委办公室主任，剑阁县人大常委会副主任，剑阁县政协副主席，现为广元市文学艺术界联合会主席。其书法作品多次入展全国及省、市各级展览并获奖。他是中国书法家协会会员、中国硬笔书法家协会行书委员会委员、中华诗词学会会员、中国楹联学会会员。

张茂兴，男，1990年2月生，四川剑阁人，中国共产党党员，硕士研究生学历，工学硕士，现任广元市大数据中心大数据资源科科长、市信息化专家库专家、市工程技术中级职称评审委员会评审专家。2003年6月毕业于鸯溪小学。2009年9月考入安徽工业大学自动化专业。2013年9月考取昆明理工大学控制理论与控制工程专业研究生。加入复杂网络系统研究团队，任研究生学院自动化第一党支部书记，其间获得发明专利1项，发表论文4篇，拥有软件著作权2项。2018年2月通过"人才回引"计划回引至广元市经济和信息化局工作，2018年12月取得工程师职称，2020年9月取得全国一级建造师资格，2022年5月取得信息系统项目管理师资格。

朱光泽，男，1956年生于四川剑阁，中共党员，研究生结业。原剑阁农行副行长，剑门诗书画院院长，现任剑阁县书法家协会主席、广元市书法家协会副主席，一级美术师。中国金融书法家协会、中国楹联学会、中华诗词学会会员。

杨小清，女，剑阁职中2013届机械加工专业毕业生，就职于中国航天研究院环境与可靠性研究中心，现为市场营销部总监助理，参与项目荣获"2017年德国纽伦堡发明奖"金奖。

石洪康，男，剑阁汉阳人，剑阁职中2011届毕业生。2011年6月考入四川农业大学，就读于信息与工程技术学院农业机械化及其自动化专业。2015年8月进入四川省农业科学院，从事农业机械、蚕桑机械科学研发工作，获得四川省科技进步二等奖1项（2017年度），南充市科技进步二等奖1项（2017年度），主持省部级科研重点培育项目1项，发表科研论文1篇，申报国家发明专利、实用新型专利 10 余项。2018 年 1 月考入西南大学机电控制系统专业硕士研究生在职学习。

梁爱国，生于 1981 年 9 月，四川省广元市剑阁县碑垭人，1999—2002 年就读于剑阁职中计算机专业。现为山东省青岛市崂山区海永昌电子有限公司董事长，个人资产达 2 000 万元。2009 年，他创办了海永昌电子有限公司。2010 年公司又先后与四川广元、绵阳长虹、青岛国家级高新区和即墨省级高新区进行谈判，确定了海永昌工业园的建设，最终于 10 月 18 日确定投资于即墨省级高新区，总投资 5 000 万元人民币。

让　么，女，藏族，2012 届剑阁职中计算机专业"9+3"毕业生。2012 年 12 月入伍，2018 年 3 月退役。现在是阿坝州松潘县事业干部。

唐加雄，男，1996 年剑阁职中机械加工专业毕业，现就业于沃尔沃汽车集团中国区成都公司，任生产主管及人事培训主管。主要负责按照公司的沟通原则和沃尔沃汽车制造原则来执行和沟通；对指定团队的目标设置过程负责；对自己团队工作结果跟进，并在必要时优先帮助和处理；在指定团队工作积极并具有成本意识；主管指定团队的领导和团队成员等工作。

赵文雄，男，剑阁职中 1995 级机械加工技术专业毕业。在成都压缩机厂机械动力研究所从事产品设计工作。工作期间，独立完成 24 个项目、77 台（套）机组的成橇设计。作为主要设计人员之一，参与了国家"863"项目、国家科技重大专项、四川省重大技术装备创新研制项目、集团公司及多项济柴动力总厂/四川石油管理局/西南油气田分公司科研项目的研究工作，担任主要的设计工作。2008 年参加了工厂组织到泰国的培训；2010 年参加了工厂组织到加拿大的考察工作。

郭茂金，男，汉族，剑阁下寺镇人，生于 1994 年 8 月。2012 年 7 月毕业于剑门关高级中学，2016 年 6 月毕业四川农业大学林学专业，获农学学士学位，2019 年 6 月获四川农业大学林业硕士学位。毕业后在剑阁县开封镇人民政府工作，2020 年 11 月至今任共青团剑阁县委副书记。

苟浣濒，女，汉族，剑阁县姚家镇人，生于 1998 年 9 月。2000 年 7 月北京化工大学化学学院应用化学专业本科毕业，理学学士，2021 年 9 月至今，重庆大学化学化工学院化学专业硕士研究生。

苟霆玮，男，汉族，剑阁县姚家镇（原北庙乡）人，生于 2000 年 3 月。2022 年 6 月毕业于武汉科技大学材料与冶金学院材料成型及控制工程专业，工学学士，2022 年 9 月，攻读南京航空航天大学材料科学与技术学院材料与化工专业硕士学位。

梁　柯，男，汉族，剑阁县演圣镇人，生于 1996 年 11 月。2018 年 6 月，毕业于防灾科技学院地质学专业，获理学学士学位。2022 年 6 月，毕业于成都理工大学地球科学学院地质学专业，获硕士学位。2022 年 9 月至今，在成都利为网络科技有限公司工作。

刘佳美，女，汉族，生于 1992 年 9 月，剑阁县姚家镇银溪村人，2010 年 6 月剑阁中学毕业考入中国劳动关系学院汉语文学专业，2014 年获文学硕士学位。

曹　楚，男，白龙中学退休教师，从小喜爱民间工艺——白龙纸偶，传承了一千多年历史的木偶艺术，于 1957 年开始，又根据木偶的特点和祖传纸裱工艺，进行改革和创新，用纸制作木偶，更名为"纸偶"，并先后创办了学校纸偶文艺宣传队和川剑民间纸偶艺术剧团。纸偶是集雕塑、绘画、戏剧表演、舞台设计、音乐、舞蹈于一体的综合艺术。他利用废旧报纸为主要材料制作头型，配以布料、绸缎作服饰，造型精美、形象逼真、行动灵活。演出内容丰富、形式多样，不择场地。纸偶除舞台表演外，还是一种室内陈列的艺术装饰品，深受群众喜爱。

郭　林，男，开封镇桐坝村人，开封中学高中 2014 级毕业生，2014—2018 年同济大学读本科，2018—2020 浙江大学研究生。

王明海，男，广元市剑阁县高池乡人，开封中学高 2000 级毕业生，2001—2005 年就读于南京航空航天大学，就职于成都飞机设计研究所。

岳川元，男，剑阁县国光乡石埝村人，开封中学 2012 级毕业生。2012—2016 年，就读于青岛理工大学车辆工程专业；2016—2019 年，就读重庆大学车辆工程（智能驾驶）专业，取得硕士学位。2019年7月至2021年1月，就职于苏州奇点汽车研发中心，担任控制工程师，开发智能驾驶ACC、LKA等功能。2021年2月至今，担任能链集团控制工程师，开发智能移动充电机器人和智能车辆无人驾驶等技术。取得的主要成就包括：部署开发基于多传感器的智能驾驶车辆ACC、LKA、AEB、ALC等自动驾驶功能模块；参与服务于新能源汽车补能领域的智能移动充电机器人项目开发。

李园媛，女，开封中学高2005级7班毕业，四川剑阁人，就职于陆军军医大学新桥医院，担任助理研究员。2009—2013年就读于西南大学生命科学学院生物科学专业。2013—2015年就读于西南大学生命科学学院，获生物化学与分子生物学硕士学位。2015—2022年就读于西南大学生命科学学院，获发育生物学博士学位。

缑　罗，男，开封中学高2009级毕业，广元市朝天区人。2009—2013年就读于重庆大学电气工程学院。2013年7月至2019年5月于国网广元市朝天供电公司从事项目管理。2019年至今担任国网广元市朝天供电公司运维检修部副主任。2015年被评为四川省电力公司优秀共产党员。

王杰明，男，剑阁国光乡人，开封中学高2006级毕业生。先后就职于成都华为技术有限公司（2012实验室-海思），深圳今日头条科技有限公司（服务器平台）任TSE技术专家。参与研发了业界的主流芯片（Hi1710、Hi1711、Hi1620、Hi1630、Hi1880）与服务器（Taishan 2280/2480、TCE服务器），参与研发自研服务器芯片与整机、加速卡、转接码卡等。

郭兴利，男，剑阁县开封镇人，初75级毕业。1975—1977年开封中学读初中，1978年3月当兵入伍，1991年转业到剑阁县人民法院开封人民法庭。先后获得"全国模范法官""全国优秀法官""四川省优秀共产党员""四川省劳动模范""四川省先进工作者""全省法院调解能手"等50多项荣誉。2014年4月中央政法委专门下发通知，号召全国政法机关和全体政法干警，认真学习宣传郭兴利同志的先进事迹。2014年6月19日入选"全国最美基层法官"。2014年12月4日，荣获CCTV 2014年度法制人物。2016年7月被中组部授予"全国优秀共产党员"荣誉称号。

雷文勇，男，剑阁开封人，四川铁骑力士集团董事长。他领导的铁骑力士集团创建于1992年8月，现已从创业初的6个人、3.5万元资金发展成为集饲料、牧业、食品、生物工程以及教育、旅游于一体的大型民营高科技企业；现有资产5亿元，分（子）公司24家，员工3 000余人；其中博士、硕士90余名。政协四川省第十一届委员会常务委员。政协四川省第十二届委员会农业与农村委员会副主任。

谢永鹏，男，剑阁开封人，开封中学2002级毕业生。2018—2021年，担任凯乐检测集团技术总监，同时兼任多个公司总经理或副总经理。2021年至今，担任四川准检科技有限公司董事长。获得下列一些称号或成就：重庆大学"重庆市一流本科课程（社会实践课程）"创新创业导师；国家"市政公用事业应急专家"库成员；四川省质量技术监督局外聘专家，重庆大学硕士研究生导师。发表《浅谈水质监测预警系统在饮用水源地的应用》《探讨提高水质检测的准确性与稳定性方法》等多篇专业性论文；负责《水环境工程与生态保护》等多本图书文献的编辑。参与多项实用新型发明，其中个人独立发明"一种用于环境保护水资源检测用取样装置"。参与多个国家标准的起草和编制工作，如《环境管理体系分阶段实施的灵活方法指南》《检验检测品牌价值评价规范》等。

杨智文，男，剑阁开封镇人，开封中学2006级毕业，考入海军大连舰艇学院。2008年北京奥运会海军学员志愿者；2008年出访柬、泰、越三国；2009年参加国庆60周年首都阅兵徒步方队，接受全国人民检阅；2018年参加南海阅兵；2019年参加海军第31批亚丁湾护航；2019年出访巴基斯坦、阿曼、吉布提、澳大利亚，参加阿布扎比国际防务展。现为海军某部政治教导员。荣立三等功1次，被评为优秀共产党员1次、优秀学员1次、优秀基层干部2次，嘉奖4次。

任政勇，男，四川剑阁人，开封中学初中1994级毕业生。2000年至2007年，在中南大学读本科、硕士。2008年至2012年，在苏黎世瑞士联邦理工学院，攻读博士学位。2013年至今，任中南大学特聘副教授、教授，系主任。2019年获得国家自然科学基金委优秀青年基金。

　　氼婷婷，女，剑阁开封镇人，开封中学高 2000 级毕业生。2004 年毕业于四川师范大学。教育学博士研究生，美国杜克大学受邀访问学者。参编教材数部，在 SSCI 等期刊发表学术论文数篇，主持教育部课题 1 项、四川省教育厅课题 1 项，参研国家级、省部级课题数项。现任四川师范大学讲师。获全国教育硕士优秀管理工作者、四川师范大学优秀德育工作者、四川师范大学优秀党员等称号。

　　朱淑华，女，剑阁开封人，开封中学初 1984 级毕业生，暨南大学教师、副主任。教授级高工，计算机软件与理论专业博士，硕导，哥伦比亚大学（美国）访问学者，网络与教育技术中心副主任。中国教育信息化专家、中国教育技术协会技术标准委员会委员、高等学校科学技术同行评议专家、广州市数字政府改革建设工作专家委员会委员、广东省综合评标专家库评审专家、《广州市数字经济促进条例》起草专家。主持各类项目 30 多项，发表论文 20 多篇，担任副主编出版教材 1 部，参与撰写专著 1 部，发明专利 1 项。举办国家级精品视频公开课，获广东省科学技术二等奖、广东省教学成果二等奖、广州市科学技术二等奖。

　　苟文彦，男，剑阁开封人，开封中学初 1983 级毕业生。临床医生（主治医师）10 年，在保险公司从业 20 余年，现为大地保险重庆分公司部门负责人中层管理者、人身保险高级人员、健康保险管理专家。获全国金融系统五一劳动者奖章获得者、大地保险重庆分公司优秀管理干部称号。

　　李　群，女，剑阁开封人，开封中学高 2008 级毕业生。2012 年至 2018 年，在北京当英语和对外汉语老师。2018 年至 2019 年，学习西班牙语，在西班牙游学。2019 年至 2022 年，担任非洲驻外翻译。现任无锡乐星汽车技术（无锡）有限公司营销顾问。

　　岳建明，男，剑阁县国光乡人，初、高中就读于开封中学。2009 年 8 月至 2014 年 6 月，就读于吉林大学白求恩医学院。2014 年 7 月至 2017 年 6 月，在四川大学华西临床医学院攻读硕士学位。2017 年 7 月至今，在四川大学华西医院麻醉手术中心工作，任主治医师。

　　王　维，女，剑阁开封人，开封中学高 2008 级毕业生。2008—2012 年就读于绵阳师范学院，2012—2015 年就读于西南大学。2015 年 11 月至今在西华师范大学任教。四川省"正心工程"心理师资培训讲师，发表论文 10 余篇，参编教材 4 部，主持厅级课题 1 项。

　　敬文东，男，四川剑阁人，开封中学 1983 年初中毕业，1986 年 9 月四川大学生物系毕业，1995 年取得山东师范大学文学硕士学位，1999 年获得文学博士学位，现执教于中央民族大学文学与新闻传播学院。2012 年获第二届西部文学双年奖·小说奖；2013 年，获第二届唐弢文学研究奖；2017 年获第四届东荡子诗歌批评奖。2013 年，入选教育部"新世纪优秀人才支持计划"。主要学术成果包括：《流氓世界的诞生》《指引与注视》等 11 部学术专著，有《写在学术边上》《颓废主义者的春天》等 5 部随笔、小说和诗集。

　　岳永逸，男，剑阁国光乡人。开封中学 1987 年 6 月初中毕业。先后任教于剑阁县国光乡小学、武连镇初级中学、武连职业高级中学。2004 年 6 月，获北京师范大学民俗学博士学位。2004 年 7 月至 2019 年 9 月，任教于北京师范大学文学院；2019 年 10 月至今，任中国人民大学教授。出版了《终始：社会学的民俗（1926—1950）》《朝山》等 8 部专著。曾获"腾讯·商报"华文好书 2015 年度社科类好书奖、北京市哲学社会科学优秀成果奖二等奖和一等奖。

　　吴建军，男，剑阁开封人，开封中学 2006 年高中毕业。2010 年 7 月毕业于成都理工大学，2014 年 7 月取得中国科学技术大学硕士学位。2014 年 7 月至 2017 年 4 月，任腾讯科技（深圳）数据挖掘工程师。2017 年 7 月至 2020 年 3 月任平安人寿数据挖掘专家。2021 年 6 月至今任珍爱网数据挖掘经理。

　　王思棋，男，剑阁开封人，开封中学高 2002 级毕业。2006 年 6 月，毕业于乐山师范学院中文系。2006 年 7 月至 2009 年 8 月，任成都市金堂县普通高中教师。2009 年 9 月至 2012 年 7 月，攻读四川大学硕士学位，2013 年 8 月任四川幼儿师范高等专科学校教师。

　　李思海，男，剑阁开封人，2007 年毕业于开封中学，2011 年 6 月毕业于兰州财经大学法学专业本科，现在绵阳市人民检察院办公室任三级主任科员。

何均朝，男，剑阁开封人，开封中学 2007 年 6 月高中毕业。2011 年 6 月哈尔滨工业大学食品科学与工程专业本科毕业，任苏州市新希望双喜乳业（苏州）有限公司总经理。

王 林，男，剑阁开封镇人，开封中学高 2009 级毕业生。2014 年 7 月毕业于太原理工大学，2017 年取得重庆大学硕士学位。2017—2019 年就职于中国成达工程有限公司，2019—2022 年就职于四川西南交大土木工程设计有限公司。2022 年 5 月，就职于中国五冶集团有限公司。国家一级注册结构工程师，国家注册土木工程师（岩土工程），国家注册土木工程师（道路工程），国家一级注册建造师（建筑工程）。

唐文素，女，剑阁开封人，开封中学 2009 年毕业生。2013—2022 年，于成都市中铁二院集团公司建筑院工经分院任职，2022—2023 年，于南宁市中铁二院南宁分院工经分处任职，副总工程师。

严 愉，女，剑阁开封人，2014 年 7 月开封中学高中毕业，2018 年 6 月毕业于首都经济贸易大学，2022 年 6 月毕业于中国人民大学，取得硕士学位。2022 年 10 月—2023 年 3 月旷真律师事务所担任 HRBP。2023 年 3 月至今贝壳找房担任 HRBP。

李必建，男，演圣镇切山村人，1963 年生，1978 年毕业于演圣中学，1988 年毕业于中国人民大学国际政治系硕士研究生。自 1993 年起开始先后在中国驻孟加拉国、乌干达、新加坡、阿富汗、拉脱维亚、印度等大使馆工作。

梁大忠，男，演圣镇中子村人，1954 年生，中共四川省委党校函授行政管理专业本科毕业，1975 年 7 月参加工作，在职研究生学历。1985 年起先后担任剑阁县计经委主任、剑阁县人民政府副县长、中共苍溪县委副书记、中共广元市委副秘书长、中共广元市中区委书记等职务。

涂智寿，男，演圣镇大坪村人，生于 1967 年，1994 年四川大学硕士研究生毕业，重庆工商大学管理学院教授，重庆市科委咨询专家、硕士生导师。2003 年荣获重庆市科技进步三等奖，2010 年被重庆市委、市人民政府授予"重庆市扶贫开发先进个人"。

李 培，男，演圣镇切山村人，1953 年生，毕业于成都中医药大学。曾任绵阳市中医院院长、党委书记。主任中医师，成都中医药大学教授，博士研究生导师，国家级老中医药专家。四川省中医药学术技术带头人，四川省第二届十大名中医，四川省名中医，绵阳市首届十大名中医。从事临床、教学、科研及管理工作 35 年，在国家、省级、市级刊物上发表学术论文数篇，主编 60 万余字《临床实用方剂手册》，擅长诊治胃肠肝胆胰等消化系统疾病及疑难病症。2002 年被国家人事部、卫生部、国家中医药管理局评为第三批全国老中医药专家学术继承导师。

韩仕杰，男，四川剑阁人。曾在剑阁县柳垭中学、剑阁师范学校任教。2001 年 9 月，任职于绵阳东辰学校。现担任绵阳东辰学校中学部副校长、初中部常务副校长职务。获得四川省"三名"工程先进个人、四川省第二届"川派初中课改名师"、绵阳市中学骨干教师、涪城区首届名师、涪城区基础教育专家、绵阳东辰学校连续五届语文学科行政承包特等奖、绵阳东辰学校连续六届中考特等功勋教师、绵阳东辰学校连续七届中考特等奖等荣誉。

梁德玺，男，演圣镇中子村人。1979—1982 年担任南充师范学院党委副书记，1989—1994 年先后担任四川师范学院党委副书记、纪委书记和四川师范学院党委书记。

梁宗文，男，1985 年 11 月出生于剑阁县鹤龄镇白鹤村，现为西南石油大学教授，博士生导师。2005 年 9 月获贵州大学管理学院信息管理与信息系统学士学位；2011 年 6 月获电子科技大学电子科学与技术发展研究院计算机应用技术硕士学位；2015 年 6 月获电子科技大学计算机科学与工程学院信息安全博士学位；2013 年到美国留学一年。主要研究方向为复杂网络传播动力学、社交网络、数据分析、网络安全代表性成果。2018 年获四川省优秀物联网教师，2011—2012 获电子科技大学一等奖学金，2010 获电子科技大学一等奖学金，2009 年获得贵州大学优秀毕业生称号，2008 年获得贵州大学一等奖学金，2007 年获得贵州大学一等奖学金，2006 年获得国家奖学金。

魏建平，男，四川省剑阁县姚家镇人。2010 年毕业于四川省剑阁中学，考入西北农林科技大学"创新实验班"（本硕博连读）。本科阶段努力学习，荣获国家励志奖学金、专业奖学金、高等数学竞赛省级二等奖等荣誉奖项；研究生阶段致力于食品领域科学研究，在国际期刊发表多篇论文。2020 年以来，工作于西北大学食品科学与工程学院，现任副教授，硕士生导师。工作以来，承担多项国家级、省级、市级项目，并入选"陕西省高校科协青年人才托举计划"。目前主要从事营养健康食品制造及风味形成机理研究。

　　王　东，男，1992 年 10 月出生于四川省广元市昭化区青牛乡莲池村，2016 年毕业于西南医科大学中西医临床医学，取得学士学位，2019 年毕业于成都中医药大学，并取得硕士学位，现工作于德阳市人民医院。

　　罗文芳，女，2001—2007 年就读于剑阁县石城小学校（小学）；2007—2010 年就读于四川省鹤龄中学（初中）；2010—2013 年就读于绵阳中学实验学校（高中）；2013—2018 年就读于重庆医科大学（本科）；2018—2021 年就读于华中科技大学同济医学院（硕士研究生）；现就职于重庆大学三峡附属医院血液科。

　　罗文涛，男，2003—2009 年就读于剑阁县石城小学校（小学）；2009—2012 年就读于四川省鹤龄中学（初中）；2012—2015 年就读于绵阳中学实验学校（高中）；2015—2019 年就读于北京中国石油大学（本科）；2019—2022 年就读于北京中国石油大学（硕士研究生）；现就职于北京算能科技研发部。

　　王祥波，男，汉族，生于 2002 年 8 月，四川剑阁人。2008 年 9 月起先后就读于盐店小学校、剑阁中学校、四川职业技术学院、西南交通大学希望学院。2019 年 5 月被评为"广元市优秀共青团员"。2022 年 5 月被评为"第九届四川省青年志愿服务优秀个人"。2022 年 12 月被剑阁县评为"剑阁县道德模范"。2023 年 1 月被评为"全国红十字志愿服务先进典型"。2023 年 6 月当选共青团第十九次全国代表大会代表。

　　左贵明，男，汉族，1975 年出生，1994 年 12 月入伍，2000 年 7 月入党，2006 年解放军空军学院硕士研究生毕业，2018 年 11 月前部队服役，历任战士、排长、连长、营长、副团长。现任四川省民族宗教事务委员会机关服务中心主任（正处级）。

　　刘　磊，男，1985 年 6 月出生，剑阁县普安镇新华村人。2000 年 7 月在抄手小学完成 9 年义务教育；2003 年 7 月剑阁中学毕业；2008 年 7 月重庆工商大学英语系本科毕业；2011 年 7 月西南大学历史系硕士研究生毕业；2011 年 9 月就职于重庆陆军军医大学。现任陆军军医大学职教中心副主任。

　　孙立芳，女，1989 年 4 月出生，剑阁县普安镇飞凤村人。2004 年 7 月在抄手小学完成 9 年义务教育；2007 年 7 月剑阁中学毕业；2011 年 7 月四川外国语大学成都学院英语专业本科毕业；2014 年 7 月四川外国语大学硕士研究生毕业；2020 年 7 月任重庆三峡职业学院专职辅导员兼经济管理学院第三支部书记，现攻读马来西亚国立大学博士学位。

　　魏玉淼，男，1988 年 9 月出生，剑阁县普安镇锯山村人。2003 年 7 月在抄手小学完成 9 年义务教育；2006 年 7 月剑阁中学毕业；2010 年 7 月火箭军工程大学本科毕业；2013 年 7 月火箭军工程大学硕士研究生毕业；2017 年 6 月获清华大学博士学位。2021—2023 年在电子科技大学攻读博士后。现就职于火箭军工程大学国家重点实验室，中校军衔。

　　魏建平，男，四川省剑阁县姚家镇人。2010 年毕业于四川省剑阁中学，考入西北农林科技大学"创新实验班"（本硕博连读）。本科阶段努力学习，荣获国家励志奖学金、专业奖学金、高等数学竞赛省级二等奖等奖项；研究生阶段致力于食品领域科学研究，在国际期刊发表多篇论文。2020 年以来，工作于西北大学食品科学与工程学院，现任副教授，硕士生导师。工作以来，承担多项国家级、省级、市级项目，并入选"陕西省高校科协青年人才托举计划"。目前主要从事营养健康食品制造及风味形成机理研究。

　　魏连钦，男，1967 年 3 月出生，大学学历，2019 年 12 月荣获四川省第二届"最美乡村教师"。

　　石洪康，男，剑阁汉阳人。剑阁职中 2011 届机械加工技术专业毕业。现于西南大学机电控制系统专业攻读硕士学位。

杨小清，女，剑阁木马人。剑阁职中 2013 届机械加工技术专业毕业生。2016 年进入中国航天研究院与可靠性研究中心工作，现为市场营销部总监助理，参与项目荣获"2017 年德国纽伦堡国际发明奖"金奖。

左泰明，男，剑阁县杨村镇杨家村人，现任成都现代彩钢建房有限公司董事长，成都剑阁商会会长。

袁　武，男，剑阁姚家人，剑阁职中 2013 届机械加工技术专业毕业生。现就职于西安航天发动机股份有限公司，在职期间多次参与火箭发射任务及其他航天任务。

罗远航，男，四川剑阁人，剑阁职中 2006 届机械加工技术专业毕业生。深圳市众鑫泰精密制品有限公司总经理。

赵文雄，男，剑阁职中机械加工技术专业毕业生，中油济柴动力总厂成都压缩机厂工程师。

李庆林，男，剑阁高观乡人，剑阁职中 1997 级机械加工技术专业毕业生。现任广西壮族自治区政府办公厅第二秘书处秘书。

唐加雄，男，剑阁职中 1997 级机械加工技术专业毕业生。现就职于沃尔沃汽车集团中国区成都工厂，任生产主管及人事培训主管。

李　飞，男，剑阁木马镇人，剑阁职中机械加工技术专业毕业生。现任东汽高管。

魏文勇，男，四川剑阁人，剑阁职中机械加工技术专业毕业生。四川永强机械施工股份有限公司，项目经理。

杨秀平，女，剑阁汉阳人。剑阁职中 2013 届旅游专业航空方向毕业生，现任温州五星级酒店前厅经理。

张晓芳，女，剑阁鹤龄人，剑阁职中 2002 届旅游专业毕业生，现任国航西南公司乘务长。

王　萌，女，剑阁元山人。剑阁职中 2012 届旅游专业毕业生，现任上海链家房地产经纪公司销售经理。

王宇维，女，剑阁秀钟人，剑阁职中 2017 届旅游专业毕业生，现任中央军委事务管理总局第四保障处行政主管。

李浩辉，男，剑阁羊岭人。剑阁职中 2003 届建筑专业毕业生，2014 年入股筹建润滑油再生项目，现任绵阳市天捷能源有限公司副总经理。二级建造师。

杨　勇，男，剑阁金仙人。剑阁职中 1995 届建筑专业毕业生，现任四川联众装饰工程有限公司经理。研究生学历。

杜荣贵，男，剑阁职中 2005 届建筑专业毕业生，现任北京金鼎富荣环保科技有限公司项目负责人，工程师。

王俊杰，男，剑阁职中 2008 届建筑专业毕业生，现任绵阳市奕兴实业项目部主管。二级建造师。

刘建梅，女，剑阁职中 2006 届电子专业毕业生，现任湖南科技经贸学院首席讲师。

李思民，女，剑阁职中 2009 届电子专业毕业生，天府软件园 C 区主管工程师。

李春秀，女，剑阁元山人，剑阁职中 2009 届财务会计专业毕业生，西南财经大学金阶日语培训学校校长。

邢帮杰，男，剑阁姚家人。2015 届财务会计专业毕业生，现为邦道科技有限公司四川分公司经理。

何通亮，男，剑阁职中 2009 届美术专业毕业生，现任成都福汇益家暖通技术公司经理，持有公司 30% 的股份。

罗　熙，女，剑阁金仙人，剑阁职中 2011 届平面设计专业毕业生，现任四川无国界信息技术有限公司市场营销中心总经理助理。

袁加强，男，剑阁涂山人，剑阁职中 2003 届计算机专业毕业生，现任成都思远网络技术有限公司总经理。

贾代军，男，广元青川人，剑阁职中 2005 届计算机专业毕业生，现任广元杰森生态农业开发有限公司董事长。

赵子国，男，剑阁县摇铃乡人。一级军士长。武警重庆后勤基地汽车修理班班长。被称为兵王、汽车界的华佗。

唐雄全，男，剑阁广坪人，剑阁职中 2011 届汽修专业毕业生，现就职于成都泛亚动力汽车维修有限公司，担任喷漆组总工。

何兴旺，男，剑阁县白龙镇人，曾任苍溪县委常委、政法委书记。

王天剑，男，剑阁东宝人，曾任西藏自治区应急管理安全厅政策法规处处长。

伍俊英，女，剑阁东宝人，北京理工大学副教授。

刘国民，男，剑阁秀钟人，1983 年于东宝初中毕业。曾任深圳剑阁商会会长。

王海波，男，剑阁县羊岭镇人，四川省纪委一级巡视员。

伏玉琼，女，剑阁县羊岭镇人，现任广元市人大常委会副主任。

王启仑，男，剑阁县羊岭镇人，曾任贵州省人防办主任。

王相勇，男，剑阁县羊岭镇人，曾任浙江省嘉兴市电力局局长。

王定虩，男，剑阁县羊岭镇人，曾任广元市人大常委会副主任。

王洪敏，男，剑阁县羊岭镇人，曾任广东军区陆军医院研究所所长。

王光钰，男，剑阁县羊岭镇人，汉中市航空工业总公司 012 学院副院长。

王治佳，男，剑阁县羊岭镇人，曾任汉中市航空工业总公司 012 学院常务副院长。

刘华太，男，剑阁县羊岭镇人，曾任四川省生态环境厅环保总监。

刘　学，男，剑阁县羊岭镇石城村人，苍溪县委副书记。

王　壮，男，剑阁县羊岭镇石城村人，曾任广元市广播电视台台长。

杨光辉，男，剑阁县羊岭镇石城村人，曾任广元市委办主任。

伏明远，男，剑阁县羊岭镇石城村人，广元市文旅体局局长。

李浩生，男，剑阁县羊岭镇石城村人，广元市白龙湖风景名胜区管理局党组书记、局长。

左文志，男，剑阁县羊岭镇马鞍山村人，曾任四川省人社厅政策法规处处长。

王法聪，男，剑阁县羊岭镇钟鼓村人，曾任四川省师范大学招生办主任。

杨志强，男，剑阁县羊岭镇青柏村人，曾任重庆钢铁总厂党委书记。

杨华新，男，剑阁县羊岭镇马鞍山村人，江西财经大学旅游专业老师（博士）。

王法相，男，剑阁县羊岭镇钟鼓村人，成都市吉利凤鞋材有限公司法人、县政协委员、成都剑阁商会会长。

王永忠，男，剑阁县羊岭镇钟鼓村人，曾任四川省青年作家协会主席。

王法龙，男，剑阁县羊岭镇钟鼓村人，成都宏科鞋业有限公司法人、县政协委员、成都剑阁商会常务会长。

王　阳，女，剑阁县杨村镇三合村人，中国科学院大学博士，现就职于四川大学。

王佳歆，女，剑阁县杨村镇建设村人，西南交通大学研究生，现就职于成都市龙泉二中。

王步勇，男，剑阁县杨村镇建设村人，曾任广元市元坝区区长。

仲子文，男，剑阁县杨村镇三合村人，西南交通大学本科毕业，任成都铁路局西南防务建筑开发公司党委书记（正处级）。

王从基，男，剑阁县杨村镇三合村人，西南农学院本科毕业，任农业农村部财会中心副主任。

王海明，男，剑阁县杨村镇三合村人，廊坊武警学院本科毕业，重庆市武警消防总队支队长（上校、正团级）。

何佳桅，女，四川剑阁人，2014 年 6 月毕业于普安中学后，取得南京理工大学硕士学位。

唐　菲，女，四川剑阁人，2014 年 6 月毕业于普安中学后，取得四川大学硕士学位。

张　欢，女，四川剑阁人，2014年6月毕业于普安中学后，取得西南大学硕士学位。

李娅妮，女，四川剑阁人，2013年6月毕业于普安中学后，取得中南大学硕士学位。

侯　蓉，女，四川剑阁人，2013年6月毕业于普安中学后，取得陕西师范大学硕士学位。

黄　霞，女，四川剑阁人，2013年6月毕业于普安中学后，取得同济大学硕士学位。

蒲容霞，女，四川剑阁人，2013年6月毕业于普安中学后，取得西南政法大学硕士学位。

陈丽红，女，四川剑阁人，2013年6月毕业于普安中学后，取得陕西师范大学硕士学位。

陈梦馨，女，四川剑阁人，2014年6月毕业于普安中学后，取得华南理工大学硕士学位。

易秋吉，男，四川剑阁人，2008年6月毕业于普安中学后，取得英国纽卡斯尔大学电子工程博士和NDTonAIR研究员资格。

王祥波，男，汉族，生于2002年8月，四川剑阁人。2008年9月起先后就读于盐店小学校、剑阁中学校、四川职业技术学院、西南交通大学希望学院。2019年5月被评为"广元市优秀共青团员"。2022年5月被评为"第九届四川省青年志愿服务优秀个人"。2022年12月被剑阁县评为"剑阁县道德模范"。2023年1月被评为"全国红十字志愿服务先进典型"。2023年6月当选共青团第十九次全国代表大会代表。

表14-1　部分省级骨干教师名录

姓名	性别	单位	名称	荣获时间
唐守荣	男	普安中学	四川省中小学骨干教师	2009.03
吴朝利	女	高观小学	四川省中小学骨干教师	2003.11
刘荣田	男	白龙中学	四川省中小学骨干教师	2008.09
杨学功	男	白龙中学	四川省中小学骨干教师	2008.09
赵剑蓉	女	龙江小学	四川省中小学骨干教师	2008.09
贾月普	女	普安幼儿园	四川省中小学骨干教师	2010.01
梁玉峰	男	城北小学	四川省中小学骨干教师	2011.09
梁会霞	女	剑门关实验学校	四川省中小学骨干教师	2011.01
蒲健全	男	公兴中学	四川省中小学骨干教师	2011.01
高坤雄	男	姚家小学	四川省中小学骨干教师	2011.09
顾肖蓉	女	龙江小学	四川省中小学骨干教师	2013.01
郭子仲	男	成教中心	四川省中小学骨干教师	2013.01
王铟森	男	剑门关小学	四川省中小学骨干教师	2013.10
赵剑蓉	女	剑阁县龙江小学校	省级骨干教师	2008
顾肖容	女	剑阁县龙江小学校	省级骨干教师	2011
张知勇	女	剑阁县龙江小学校	省级骨干教师	2011
黄旭煜	男	白龙中学	四川省中小学骨干教师	2013.12
罗丽容	女	剑阁县实验学校	四川省中小学骨干教师	2013.12
杨秀萍	女	龙江小学	四川省中小学骨干教师	2014.09
张宗焱	男	木马中学	四川省中小学骨干教师	2014.03
梁玉钊	男	剑门关实验学校	四川省中小学骨干教师	2008.10
黄　炜	女	普安小学	四川省骨干教师	2014.09
张德勇	男	普安小学	四川省骨干教师	2014.11
杨少青	男	迎水小学校	四川省中小学骨干教师	2008.10
梁会霞	女	剑门关实验学校	四川省中小学骨干教师	2010.10

附　　录

附 录 一　重 要 文 献

剑阁县推进教育高质量发展十条措施

（剑委办〔2022〕34 号）

为全面贯彻党的教育方针，落实立德树人根本任务，围绕市党代会提出实施"教育提质"工程和县党代会提出的"1233"执政兴县战略，特制定推进教育高质量发展十条措施，进一步提升县域教育质量，奋力推动教育大县向教育强县转变，加快建设川陕甘接合部知名县域教育高地。

一、加强党对教育的全面领导

坚持县委对教育工作的全面领导，把教育改革发展与经济社会发展同研究、同部署、同落实、同考核。县委教育工作领导小组定期召开会议研究部署教育领域思想政治、意识形态工作，审议教育发展规划、重大决策和教育改革等工作方案，协调解决教育领域的难点问题等；建立县级领导挂联学校制度，每年到校调研不少于 2 次，开展形势教育和上思想政治教育课，协调解决学校发展中存在的困难和具体问题；建立县委教育工作领导小组成员单位联席会议制度，形成工作合力；全面落实党组织领导下的校长负责制。

二、始终坚持优先发展教育事业

坚持把教育放在优先发展的战略地位，在发展规划、资源保障、资金投入等方面优先安排教育，落实"一个不低于、两个只增不减"要求，保证教师平均工资收入水平不低于当地公务员平均水平；县财政每年统筹安排教育高质量发展专项资金不低于 500 万元，用于教育质量考核、名优校长选聘、名教师引进、优生奖励等；足额按时拨付学校生均公用经费；优先保障教育高质量发展建设用地；保障教育信息化建设、新高考改革、创新拔尖人才培养等方面的资金需求；公办普通高中和中等职业学校学费和住宿费全额用于学校运行发展；高中学校可自主考核发放课时费（含节假日等）。

三、不断深化教育领域改革创新

统筹推动教育领域综合改革，促进教育现代化高质量发展。做实做细两项改革教育"后半篇"文章，按照"幼儿园就近就便、小学向乡镇集中、初中向中心城镇或片区集中、高中向县城集中、资源向寄宿制学校集中"的要求，积极稳妥推进县域基础教育学校布局优化调整；探索实施学区制管理改革，突出以城带乡、以强扶弱，推进县域教育城乡一体化优质均衡发展；积极推进"县管校聘"和"两自一包"管理模式改革，充分激发学校自主办学动能和教师教学活力；强化教育督导改革，健全运转高效、问责有力的教育督导体制。持续深化教育综合评价改革，加强学生综合素质测评，建立学生成长档案，强化学生持续培养和跟踪管理，不断提升育人质量。

四、全面落实立德树人根本任务

全县各级各类学校、教育机构要强化中小学生思想政治、理想信念、优秀传统文化、社会主义核心价值观教育，培养德智体美劳全面发展的社会主义建设者和接班人；强化素质教育，落实五育并举，特别注重学生体育艺术教育和劳动实践教育，文化、体育部门要为中小学学生免费开放图书馆、体育馆等，提供必要的服务和安全保障；关注学生心理教育，卫生健康、团县委、妇联、关工委等部门单位会同教育部门重点做好留守儿童、离异家庭学生、学困生的心理健康教育，让他们积极面对困难，健康乐观地学习生活；加强家庭教育，促进家庭和家长对学生道德品质、身体素质、生活技能、文化修养、行为习惯等方面的培育。

五、大力实施教育提质扩容工程

大力实施教育提质工程，办优质高中、品牌职教、示范初中、特色小学、普惠幼儿园和最美乡村小学（校点），建劳动实践研学基地。推动实施剑门关高中提质扩容项目，加大项目建设资金投入，优化学校用地供给，创建省级特色办学示范高中；大力改善剑阁中学办学条件，提升教育教学质量，创建省级引领性示范高中；推进职业教育高质量发展，实施剑阁职中产教融合项目建设；实施人口聚集工程，加快县城中小学建设，新建初级中学、九年一贯制学校、完全小学各 1 所，提升县城教育公共服务水平；结合新型城镇化进程和人口流动变化趋势，加快推动中心镇寄宿制学校建设。

六、着力优化城乡教师队伍建设

不断优化全县中小学校长队伍建设，建立和完善校长发现培育、选拔任用、素质提升机制。拓宽选人视野，探索面向市内外选拔校长渠道；高中学校校级领导和中层干部考核、选任注重听取教育主管部门意见；探索实施校长职级制和任期目标制管理；支持学校按照"人岗相适"原则优化校内学科教师；支持学校在编制和岗位限额内，根据学科教学需要，自主设置条件，按程序公开考调选拔学科教师，组织、人事、教育等部门可直接组织到高校开展人才招引工作。健全师德建设长效机制，推动师德建设常态化；注重开展中小学教师定期全覆盖培训，加强教师梯次培养和年轻教师培养；推进名学校、名校长、名教师、名办学集团"四名工程"建设，大力宣传教师中的先进典型代表。

七、聚力内涵发展提升教育质量

全面落实一系列教育改革新政，积极研究应对新高考改革，健全保障性制度机制建设，加大教育领域人、财、物保障力度。强力落实"双减"政策，加强"五项管理"，全面提升课堂教学和课后服务质量；深化课堂教学改革，全面推进信息技术与学科深度融合的有效课堂教学；大力开展"课堂教学大竞赛""教学技能大比武""教育管理大讲坛"等活动，提升教师素质和学校管理水平；抢抓教育部"县中托管帮扶"机遇，支持县内高中学校与省内外名校合作交流；借助东西部协作、省内对口帮扶平台，持续巩固与北京海淀区名校、省内成都七中等学校联盟成效，借智借力，大力提升学校办学水平。

八、推动城乡教育优质均衡发展

认真贯彻落实中央关于推进义务教育优质均衡发展的决策部署，启动县域义务教育优质均衡创建工作，力争早日顺利通过省级督导评估、国家认定。加快推进义务教育优质均衡发展，健全党委政府主责主导、教育行政部门牵头负责、行业部门协作配合、学校具体落实的责任体系和工作机制；推动学校标准化建设，加大农村寄宿制学校、小规模学校和薄弱学校保障力度；落实"五长"责任制，做好生源稳控工作，吸附回引外流生源，确保适龄儿童一个不少接受并完成义务教育阶段的学业；深化巩固拓展教育脱贫攻坚成果同乡村振兴有效衔接工作，足额保障学生资助经费。

九、持续提升教育综合治理能力

持续强化中小学管理，坚持依法治校，提升学校治理能力现代化。优化学校内部治理结构，健全民主管理和科学决策机制，制定合乎校情的办学章程和管理制度，不断激发中小学办学活力；构建教育科研支撑平台，提升教师专业化教育水平；建立有效制衡的检查监督机制，形成有效问责机制；持续开展平安校园建设专项行动，公安、卫生健康、市场监管、交通、住建、文化、综合执法等部门密切配合，切实履行职能职责，强化校园及周边环境综合治理；在全县各中小学、幼儿园设立法制、卫生健康副校长各 1 名，提高学校公共安全防控能力；配齐中小学卫生室、校医；足额保障学校安保经费。

十、切实减轻教师额外过重负担

认真贯彻落实中共中央办公厅、国务院办公厅印发的《关于减轻中小学教师负担进一步营造教育教学良好环境的若干意见》精神，统筹规范中小学校督查检查评比考核、社会事务进校园、精简相关报表填写、抽调借用中小学教师等工作事宜，减轻中小学教师额外过重负担，坚决杜绝强制摊派与教育教学无关事务，努力引导全社会支持教育工作、关心教师发展，共同营造尊师重教的良好环境。

剑阁县深化新时代教育督导体制机制改革的实施意见

（剑府办发〔2022〕14 号）

为深化新时代教育督导体制机制改革，进一步优化管理体制，完善运行机制，强化结果运用，落实教育督导职能，充分发挥教育督导作用，根据中共中央办公厅、国务院办公厅和省政府办公厅、市政府办公室关于深化新时代教育督导体制机制改革的相关精神，结合剑阁县实际，现提出如下实施意见。

一、总体要求

（一）指导思想。坚持以习近平新时代中国特色社会主义思想为指导，全面贯彻党的十九届五中全会、省委十一届八次全会、市委七届十三次全会、县委十二届十七次全会和全国、全省、全市、全县教育大会精神，紧紧围绕确保教育优先发展、落实立德树人根本任务，不断提高教育督导质量和水平，推动县级有关部门、乡镇政府各类学校和其他教育机构切实履行教育职责。

（二）主要目标。到 2022 年，基本建成全面覆盖、运转高效、结果权威、问责有力的教育督导体制机制。在督政方面，构建县级教育督导机制，督促县级政府有关部门和乡镇政府切实履行教育职责。在督学方面，认真落实国家和省定标准，督促指导各类学校进一步规范办学行为，不断提高教育质量。在评估监测方面，建立教育督导部门归口管理、多方参与、贯通中小幼的教育评估监测机制，为改进教育管理、优化教育决策、指导教育工作提供科学依据。

二、深化教育督导管理体制改革

（三）健全教育督导机构设置。县人民政府设立教育督导委员会，由分管教育工作的副县长任主任，县政府办主任、县委教育工委书记县教育局党组书记、县教育局局长任副主任，县政府总督学任专职副主任。成员单位包括组织、宣传、编办、发展改革、经信科、教育、司法、民政、公安、财政、人力资源社会保障、自然资源、住房城乡建设、农业农村、卫生健康、应急管理、市场监管、文旅体、团委等部门（单位）有关负责同志，办公室设在县教育局，负责具体工作的落实。根据学校规模及地理位置情况，分片设立教育督导责任区，一般由5~8名责任督学组成，在县教育督导委员会的领导下，对学校开展经常性督导工作，完成县教育督导机构下达的专项督导任务。理顺管理体制，健全机构设置，落实专职人员编制，确保教育督导机构独立行使职能。

（四）充分发挥教育督导委员会成员单位作用。县人民政府教育督导委员会制定工作规程，明确成员单位职责，建立沟通联络机制，形成统一协调、分工负责、齐抓共管的工作格局。成员单位安排专人负责联系教育督导工作，积极参加教育督导，履行应尽职责。

（五）全面落实教育督导职能。县政府教育督导机构依据《教育督导条例》《四川省教育督导条例》等法律法规，强化督政、督学、评估监测职能，加强对县级政府有关部门和乡镇政府履行教育职责的督导，加强对各类学校督导评估监测，重在发现问题、诊断问题、督促整改，确保党和国家教育方针政策落地落实。加强对各教育督导责任区的指导和管理，督促各责任督学切实履行挂牌督导职责，向县政府教育督导机构报告年度督导工作计划、重大事项和督导工作情况。

三、深化教育督导运行机制改革

（六）加强对政府履行教育职责的督导。健全对县级政府有关部门履行教育职责督导评价机制，推动剑阁教育优质均衡发展。每年组织开展督导评价工作，重点督导评价党中央国务院、省委省政府、市委市政府和县委县政府重大教育决策部署落实情况，主要包括教育发展规划落实、各级各类教育协调发展、办学标准执行、教育投入落实和经费使用管理、教师编制、教师待遇、重大教育工程项目实施、教育安全责任落实等情况。加强学前教育普及普惠、义务教育优质均衡发展督导评估和监测复查工作，完善控辍保学督导和考核问责机制。坚持问题导向、结果导向，组织教育热点难点问题和重点工作专项督导，及时开展重大教育突发事件督导。

（七）加强对各类学校的督导。完善责任督学挂牌督导制度，加强中小学（幼儿园）教育督导责任区建设，实现责任督学挂牌督导全覆盖。督促学校落实立德树人根本任务，对各级各类学校实施经常性督导，重点督导学校党建及党建带团建队建、思政工作、教育教学、科学研究、师德师风、资源配置、教育收费、规范招生、安全稳定等情况。重点开展幼儿园保教保育、中小学"五育并举""五项管理"落实、职业学校产科教融合、校企合作、民办学校（机构）办学行为督导。推进学校内部督导体系建设，提升学校治理能力。依据校（园）长任期督导办法，对校（园）长在一个任期结束时进行一次综合督导。

（八）加强和改进教育评估监测。建立健全各类教育的评估监测制度，依照国家和省评估监测指标体系，加强对学校教师队伍建设、办学条件和教育教学质量的评估监测，引导督促学校遵循教育规律，聚焦教育教学质量。开展幼儿园办园行为、义务教育各学科学习质量、普通高中综合素质、中小学生体质健康、中等职业学校办学能力等评估监测工作。积极探索建立县教育督导机构通过政府购买服务方式、委托第三方评估监测机构和社会组织开展教育评估监测的工作机制，提高评估监测的专业性、权威性。

（九）改进教育督导方式方法。遵循教育督导规律，坚持综合督导、专项督导与经常性督导相结合、过程性督导与结果性督导相结合、常规督导与随机督导相结合、明察与暗访相结合，综合现场督导、电话访谈、网上信箱和信息化手段，不断提高教育督导的针对性和实效性。加强教育督导工作统筹管理，科学制订督导计划，控制督导频次，简化督导环节，完善"互联网+教育督导"模式，避免给学校和教师增加负担。县政府教育督导委员会原则上每年组织一次综合督导，根据需要开展专项督导。

四、深化教育督导问责机制改革

（十）完善报告制度。县政府教育督导机构开展督导要形成督导报告，以适当方式向社会公开，接受人民群众监督。对政府履行教育职责评价结果及时在政府门户网站或新闻媒体公布。对落实党中央国务院、省委省政府、市委市政府和县委县政府教育决策部署不力和违反有关教育法律法规的行为，新闻媒体予以曝光。

（十一）规范反馈制度。县政府教育督导机构在督导结束后，通过会议或书面形式及时向被督导单位反馈督导结果，逐项反馈存在的问题，下达整改决定，提出整改要求。涉及重大事项的督导，向被督导单位主管部门通报督导结果。

（十二）落实整改制度。县政府教育督导机构根据督导结果，督促被督导单位及时整改督导发现的问题，对整改不到位、不及时的，发送督办通知，限期整改。被督导单位针对问题，全面整改，及时向教育督导机构报告整改结果并向社会公布整改情况。被督导单位的主管部门指导督促被督导单位落实整改意见，整改不力要负连带责任。

（十三）健全复查制度。县政府教育督导机构对被督导事项建立"复查"机制，建立问题台账，实施销号管理。针对上级和本级教育督导机构督导发现问题的整改情况及时跟踪复查，掌握整改情况，确保整改到位。

（十四）建立激励制度。县人民政府对教育督导结果优秀的被督导单位及有关负责人予以表扬。将教育督导结果及整改情况作为政策支持、资源配置和领导干部考核、任免、奖惩的重要参考。

（十五）严肃约谈制度。对贯彻落实党的教育方针和党中央国务院、省委省政府、市委市政府和县委县政府教育决策部署不力，履行教育职责不到位，教育攻坚任务完成严重滞后，办学行为不规范，教育教学质量下降，安全问题较多，拒不接受教育督导或整改不力的单位，由县人民政府教育督导委员会对相关负责人进行约谈。约谈要针对问题、严肃认真、严格程序，形成书面记录并报送被督导单位党组织、乡镇政府及上级部门备案，作为政绩和绩效考核的重要依据。

（十六）落实通报制度。对教育督导发现的问题整改不力、推诿扯皮、不作为或没有完成整改落实任务的被督导单位，由县政府教育督导机构将教育督导结果、工作表现和整改情况通报单位党组织、乡镇政府和上级部门，建议其领导班子成员不得评优评先、提拔使用或转任重要职务。

（十七）严格问责制度。整合教育监管力量，建立教育督导与教育行政审批、处罚、执法联动机制，强化教育督导与教育行政执法协同。对履行教育职责不力、目标任务未完成，阻挠、干扰和不配合教育督导工作的被督导单位，按照《教育督导问责办法》对相关责任人进行问责并予以通报；民办学校存在此类情况的，责成有关行政主管部门依法依规督促学校撤换相关负责人。对教育群体性事件多发高发、应对不力、群众反映强烈，因严重失职发生重大安全事故或重大涉校案（事）件，威胁恐吓、打击报复教育督导人员的被督导单位，根据情节轻重，按照有关规定严肃追究相关单位负责人责任；民办学校存在此类情况的，审批部门要依法吊销办学许可证。督学在教育督导中发现违法办学、侵犯受教育者和教师及学校合法权益、教师师德失范等违法违规行为的，移交相关部门调查处理；涉嫌犯罪的，依法追究刑事责任。问责和处理结果要及时向社会公布。

五、深化督导队伍建设和管理改革

（十八）配齐配强各级督学。县政府高度重视教育督导队伍建设，充实教育督导力量，优化督学队伍结构，扩大专职督学比例。县督学按工作职能要求和专业需要，应配备相关专业专家和具有丰富教育管理经验及教学业绩的教育专业人才 25 人左右。责任督学原则上按照学校学生总人数配备督学数：学生总数 1 000 人及以上规模学校配备 1 名督学；学生总数 500~999 人规模 2 所学校配备 1 名督学；学生总数 500 人以下规模 3 所学校配备 1 名督学。

（十九）创新督学聘用方式。完善督学选聘标准和遴选程序，拓宽督学选聘范围，择优选聘县督学和责任督学。探索从退休时间不长且身体健康的干部中，分类聘用一批政治素质高、工作责任心强、专业经历丰富的督学，专门从事督政工作；从退休时间不长且身体健康的校长、教师、专家中，聘用一批业务优秀、工作敬业、有多岗位从业经验的督学，专门从事学校督导和评估监测工作。

（二十）提升督学专业化水平。进一步完善督学培训机制，制定培训规划和年度计划，将督学培训纳入教育管理干部培训计划，定期开展督学分级分类专业化培训。新聘督学须接受岗前培训，督学每年参加业务培训不得少于 40 学时。加强教育督导交流合作，积极落实成渝双城经济圈教育督导一体化发展行动，切实提升督学队伍专业水平和工作能力。积极探索将教育督导工作人员和督学从事教育督导的工作量及业绩，纳入专业技术资格评审范围。

（二十一）建设高水平督导专家库。县政府教育督导机构建立覆盖学前教育、义务教育、中等职业教育、普通高中教育、民办教育等类别的教育督导专家库。依据"择优遴选、分类聘任、动态管理"原则，选聘各领域高水平专家进入专家库，三年一届，为教育督导提供专业保障。县政府将组建督学专家团队，明确工作职责，发挥引领作用。

（二十二）严格督导队伍管理监督。县政府建立对本级教育督导机构的监督制度，健全教育督导岗位责任追究机制。严守政治纪律和政治规矩，强化教育督导队伍政治建设，不断提高教育督导队伍政治素质。加强职业道德建设，确保督导人员恪守职业道德，做到依法依规督导、文明督导。严格执行廉政纪律和工作纪律，督促各级督学坚持原则、无私无畏、敢于碰硬，做到忠诚、干净、担当。对督学的违纪违规行为，要认真查实、严肃处理。建立督学、专家动态管理机制。强化督学实绩考核，对认真履职、成效显著的督学，以适当方式予以奖励。建立督学退出机制，对不服从工作安排、履行职责不到位的，由教育督导机构根据情节轻重给予批评教育直至解聘。督学因自身原因提出不再担任职务的，经核实后按程序予以解聘。

六、深化教育督导保障机制改革

（二十三）完善教育督导制度规定。严格落实教育督导法律法规，完善有关配套制度建设，坚持依法行政、依法督导。严格工作要求，细化工作规范，完善督导工作流程，使教育督导各方面、各环节都有章可循。

（二十四）落实教育督导条件保障。县政府将教育督导所需经费按县督学每人每年 0.5 万元、责任督学每人每年 1 万元列入本级财政预算，设立专账，实行报账制，由教育督导委员会办公室统筹安排。按规定妥善解决教育督导工作人员尤其是兼职督学因教育督导工作产生的通信、交通、食宿、劳务等费用。在办公用房、设施设备等方面，为教育督导工作提供必要条件，保证教育督导工作有效开展。

（二十五）加快教育督导信息化建设。充分运用"四川省责任督学挂牌督导信息管理系统"，对挂牌督学履职情况进行监督、指导，提高教育督导信息化、科学化水平。加大信息化培训力度，提高教育督导队伍信息化素养和能力。

（二十六）加强教育督导研究。县政府教育督导机构要及时总结、宣传教育督导工作中好的做法，开展责任督学挂牌督导优秀案例评选，形成具有地方特色的督导工作典型经验。

七、工作要求

（二十七）加强组织领导。县级有关部门和乡镇人民政府要充分认识新时代教育督导体制机制改革的重大意义，加强组织协调，统筹安排实施，切实抓好工作落实。

（二十八）加强宣传引导。县有关部门和乡镇政府要广泛宣传中央、省、市深化教育督导体制机制改革的决策部署，提高社会知晓度，大力宣传教育督导取得的重要成绩和涌现的先进典型，积极营造良好的教育改革发展环境。

（二十九）加强督促检查。县人民政府教育督导委员会要加强对本实施意见落实情况的督促检查，将落实情况作为对县级有关部门和乡镇政府及其主要负责人进行考核、奖惩的重要依据。对落实工作成效显著的责任单位及负责人，按照规定予以表扬；对落实不到位的责任单位依法依规进行责任追究。

剑阁县全面深化新时代教师队伍建设改革实施方案

为全面贯彻《中共广元市委、市人民政府关于印发〈广元市全面深化新时代教师队伍建设改革实施方案〉的通知》（广委发〔2019〕6号）精神，扎实推进教师队伍建设改革，造就党和人民满意的高素质专业化创新型教师队伍，办好人民满意的教育，现结合剑阁县实际提出如下实施方案。

一、新时代教师队伍建设改革的目标任务

经过5年左右的努力，全县教师管理体制更加科学合理，教师培训培养、评价使用、激励保障机制进一步健全。幼儿园、小学、初中教师本科及以上学历分别提高20%、20%、10%，高中教师研究生学历学位比例达到8%。职业高中专任教师"双师型"比例提高10%以上，培养500名骨干教师、60名广元名师，建成高质量市级名师工作室40个，其中在乡村学校建名师工作室10个。教师主动适应信息化、人工智能等新技术变革，教师队伍规模、结构、素质能力基本满足各类教育发展需要。尊师重教蔚然成风，教师的获得感、幸福感、职业吸引力进一步增强。各乡镇、县级各部门要切实负起中小学教师保障责任，提升教师的政治地位、社会地位、职业地位，吸引和稳定优秀人才长期从教。

二、全面提高教师专业素养实施"六行动"

（一）教师队伍党建工作提升行动

将全面从严治党要求落实到每个学校党支部和教师党员，把党的政治建设摆在首位，规范教师党员党内政治生活，加强学校党支部规范化建设。依托现有教育培训机构，加强教师党员教育培训工作。选优配强学校党支部书记，实施党支部书记"双带头人"培育工程，定期开展支部书记轮训。积极运用现代信息技术手段开展学校党建工作，发挥"两微一端"等媒介的作用，扎实开展"不忘初心、牢记使命"主题教育，引导教师党员增强"四个意识"。坚持党的组织生活各项制度，深化"共产党员示范行动"，强化对党员的日常管理、组织关系管理，落实"三会一课"、民主生活会和组织生活会、党员党性分析和民主评议党员、支部主题党日活动等制度。严格教师党员培养标准，加强入党积极分子培养，重视做好在优秀青年教师中发展党员工作。健全把骨干教师培养成党员，把教师党员培养成教学、科研、管理骨干的"双培养"机制。［责任单位：县委组织部，县委教育工委（逗号前为牵头单位，下同）］

（二）教师师德师风提升行动

全面提高教师的思想政治素质，加强教师法治教育和心理健康教育，建立实行新教师入职宣誓、在职教师教师节重温誓词和退休教师荣休仪式制度，引导广大教师争做"四有"好教师。明确师德红线，实行师德考核负面清单制度，在年度考核、评优奖励、职务晋升、岗位竞聘等方面实行"一票否决"。加强师德监督，畅通师德师风沟通与举报渠道，推行师德定期通报和问责制度，对师

德师风问题突出的地方和学校相关责任人实行问责。建立教师个人信用记录，完善诚信承诺和失信惩戒机制，着力解决师德失范、学术不端等问题。弘扬高尚师德，深入发掘师德典型，讲好剑阁教育故事，按照国家有关规定评选表扬师德楷模，广泛展示教师风采，在全社会树立教师良好形象，形成强大正能量。（责任单位：县教育局）

（三）学前教育师资素质提升行动

通过教师编制调增、编制外按《中华人民共和国劳动合同法》招用和政府购买服务相结合的方式，多途径补充配齐幼儿园教师，基本满足保教保育需要。公办幼儿园在编教师执行统一的岗位绩效工资制度，对长期在农村基层和艰苦边远地区工作的幼儿园教师，实施工资倾斜政策。通过生均财政拨款、专项补助等方式，支持解决好非在编幼儿园教师工资待遇问题，逐步实现同工同酬。民办幼儿园按规定配备一定数量的保教人员。按照国家有关教师激励政策，将有突出贡献的幼儿园园长、教师纳入表扬和奖励序列，提高学前教育师资水平。建立幼儿园教师全员培训制度，依托高等院校和本地优质幼儿园，采取集中培训与跟岗实践相结合的方式培训幼儿园教师，鼓励幼儿园教师进行高学历进修。（责任单位：县委编办，县教育局、县人社局、县财政局）

（四）乡村教师能力提升行动

按照乡村教师的专业成长特点，改进培养方式，采取顶岗置换、送教下乡、网络研修、短期集中、专家指导、校本研修等多种形式，增强培养的针对性和实效性。通过教育理念的引领、职业精神的塑造，积极鼓励乡村教师在职学习深造，提高学历层次，提升能力素质。培养一批师德高尚、专业水平较高和"用得上、留得住、干得好"的"本土化"师资力量。加大市属公费师范生本土化培养工作，依托川北幼儿师范高等专科学校等高校开展市属公费师范生定向培养，重点培养五年制专科层次学前教育专业教师。在优秀教师、优秀教育工作者、广元名师等评选活动中，将乡村教师名额单列，在政策上予以倾斜。（责任单位：县教育局，县委编办、县人社局、县财政局）

（五）骨干优秀教师扩面提标行动

探索推进剑阁县教师发展机构建设与改革，逐步实现师培、教研、电教、科研部门有机整合。继续实施好名师名校长培养计划，建立县级名师名校长与省、市级名师名校长的梯次培养机制，建设一批"名师名校长工作室"，充分发挥传帮带作用，壮大中小学骨干教师和领军人才队伍。加强与发达地区、师范类高校的交流与合作，转变培训方式，改进培训内容，积极探索"人工智能+教师培训"，大力推行线上线下混合式研修和跟岗学习，提升培训的针对性、实效性。在县城区和有条件的中小学建设教师发展基地，承担教师跟岗培训、联合教研等任务。以实践为导向优化教师培训体系，强化"钢笔字、毛笔字、粉笔字、普通话"及信息技术等教学基本功和教学技能训练。积极培养"一专多能"的教师。严格教师准入，提高入职标准。逐步将幼儿园教师学历提升至专科，将小学教师学历提升至师范专科和非师范专业本科，将初中学历提升至本科，有条件的地方将普通高中教师学历提升至研究生。落实校长任职资格培训制度，大力开展好"校长论坛"等提高培训和高端研修，提升校长办学治校能力。组织开展教师、校长到其他省市同类学校跟岗学习，大力培育具有开放视野的教师和校长队伍。做好教师表扬奖励工作，严格按照表扬的标准、要求、条件，向一线教师倾斜，把真正业绩优秀的同志推选出来，确保评选工作的公正性和透明度，每年评选表扬县优秀教师150名、模范班主任50名。（责任单位：县教育局，县人社局、县委编办、县财政局、县人才办）

（六）职教师资"双师"行动

大力实施职业高中教师素质提高计划，推动建立一支技艺精湛、专兼结合的双师型教师队伍。依托职业技术师范学院为剑阁县培养高素质职业教育新师资。与高水平学校和大中型企业共建双师型教师培养培训基地，建立完善行业企业、职业院校协同培养培训机制，采取多种措施，激励引导行业企业深度参与职业教育师资培养培训和技能人才培育。切实推进职业高中教师定期到企业实践，不断提升实践教学能力。建立企业经营管理者、技术能手与职业高中学校管理者、骨干教师互兼互聘制度，支持职业高中学校设立兼职教师特聘岗位，吸引企业技术技能人才兼职任教。所急需紧缺专业人才可自主确定招聘方式，按管理权限报县、市人事管理部门核准备案。鼓励和扶持企业或民间优秀技术能手在学校设立大师工作室，承担产学合作和学生培养任务。（责任单位：县教育局，县人社局）

三、创新管理优化教师激励机制，切实提高教师待遇和地位

（一）统筹中小学及幼儿园教师编制

"落实城乡统一的中小学教职工编制标准和编制向寄宿制学校和边远地区、贫困地区、民族地区学校倾斜的有关政策，保障中小学及幼儿园教师编制总量"。实行中小学教职工编制动态管理，县教育局在核定的编制总额内，根据班额、生源等情况统筹分配，报县委编办备案审核。积极盘活事业编制存量，优化编制结构，优先满足教师编制需要，切实采取多种形式增加教师总量。加大政府购买服务力度，解决编制不足导致的中小学教辅、安保、后勤保障服务等人员配备问题，购买服务所需经费纳入剑阁县财政预算。按照国家幼儿园教职工编制标准，结合本地实际核定所属公办幼儿园教师编制，确保到 2025 年前，按照国家学前教育师生比配置标准足额配齐学前教育教师。加强和规范中小学教职工编制管理，严禁以任何理由、任何形式挤占、挪用和截留中小学教职工编制，严禁在有合格教师来源的情况下有编不补、长期使用临聘人员。（责任单位：县委编办，县人社局、县财政局、县教育局）

（二）均衡配置义务教育教师资源

实行义务教育教师"县管校聘"，县教育局在核定的岗位总量内，将教职工岗位设置到校并统筹管理教师。实行岗编适度分离，对新招聘的教师实行"县招校用""县管校用"。切实加强县域内教师的考核评价、岗位竞聘、交流轮岗等工作。深入推进县域内义务教育学校教师、校长交流轮岗，实行教师聘期制、校长任期制管理，严格聘期和任期考核，推动城镇优秀教师、校长向乡村学校、薄弱学校流动。实行区域（乡镇）内走教制度，根据实际情况给予相应补贴。实施好省级师范生公费定向培养计划和"特岗计划"，根据国家统一部署适时提高特岗教师工资性补助标准。鼓励优秀特岗教师攻读教育硕士。鼓励城区学校到农村学校支持和实施银龄讲学计划、身体健康的退休优秀教师到剑阁县义务教育学校讲学。（责任单位：县人社局，县委编办、县财政局、县教育局）

（三）深化中小学教师职称评审、岗位聘用和考核评价制度改革

完善符合中小学特点的岗位管理制度，实现职称评审与教师聘用衔接。建立岗位动态调整机制，优化中小学中级和高级教师岗位结构比例，县内各学校在现行规定比例的基础上，高级专业技术岗位结构比例逐步提高不超过 10%，中级专业技术岗位结构比例逐步提高不超过 20%。将中小学教师到乡村学校、薄弱学校任教 1 年以上的经历作为申报一级教师职务、高级教师职务和特级教师的必要条件。推行一级以上教师职称评审全员答辩的专业能力素质测试，提高教师教育教学业绩在职称评聘中的权重，在教师职务（职称）评聘方面进一步向农村学校倾斜。加强教师聘后管理，强化聘期考核，打破职称聘任"终身制"，建立完善教师退出机制，提升教师队伍活力。（责任单位：县人社局，县教育局）

（四）完善中小学教师待遇保障机制

健全中小学教师工资长效联动机制，在核定绩效工资总量时统筹考虑剑阁县公务员实际收入水平，确保中小学教师平均工资收入水平不低于或高于剑阁县公务员平均工资收入水平。完善教师收入分配激励机制，有效体现教师工作量和工作绩效的权重，切实提高教师工作的积极性，做到多劳多得、优绩优酬。绩效工资分配向班主任和特殊教育教师倾斜，按照不低于当地中小学教师平均绩效工资水平 15% 的幅度提高特殊教育教师绩效工资水平。提高特级教师待遇，按照每人每月 500 元

的标准给予补助，并在绩效工资核定时单列。中等职业学校校企合作和社会服务产生的净收入扣除成本并按规定提取各项基金后，可确定适当比例用于人员分配，计入当年单位绩效工资总额，不作为绩效工资总额基数。探索中小学校长职级制改革，实施相应的校长收入分配办法。（责任单位：县财政局，县人社局、县教育局）

（五）提升农村教师生活待遇

深入实施乡村教师支持计划，确保每人每月补助标准不低于400元，并逐年提高补助标准。力争通过增加绩效工资总量等方式提高农村教师待遇。认真落实艰苦边远地区津贴和乡镇工作补贴等政策。加强农村教师周转宿舍建设，将符合条件的教师纳入当地住房保障范围，通过建设教师公寓、周转房或实施租房补贴等方式，让农村教师住有所居。对于夫妻双方均是农村教师，且分居8年以上的，在自愿申请基础上采取措施解决其分居问题。实施农村优秀青年教师培养奖励计划，在进修培训、职称评聘、表彰奖励等方面向农村青年教师倾斜，关心农村青年教师工作生活，帮助解决实际困难，巩固农村青年教师队伍。为农村教师配备相应设施，丰富精神文化生活。（责任单位：县财政局，县住建局、县人社局、县人才办、县教育局）

（六）维护民办学校教师合法权益

民办学校应与教师依法签订合同，按时足额支付工资，保障其福利待遇和其他合法权益，并按规定为教职工足额缴纳社会保险费和住房公积金。鼓励民办学校为教职工购买补充保险、建立企业年金制度。依法保障民办学校教师在业务培训、职务聘任、教龄和工龄计算、表彰奖励、科研立项等方面享有与公办学校教师同等权利。非营利性民办学校教师享受当地公办学校同等的人才引进政策。（责任单位：县教育局，县委编办、县人社局、县人才办）

（七）全面提升教师的社会地位

健全教职工代表大会制度，落实教师知情权、参与权、表达权、监督权，保障教师参与学校决策的民主权利。利用教师节、春节等重大节日，加大慰问教师力度。认真执行《关于进一步加强教师关爱工作的方案》（广教督委〔2018〕7号），保障教师的合法权益，关心教师身心健康，定期为教师安排健康体检，积极帮助解决工作和生活中的实际困难，切实让教师有归属感、成就感、幸福感。加大教师表扬力度，按照规定开展"广元名师"、特级教师、优秀教师、优秀教育工作者、优秀班主任、先进集体和各级教学成果奖评选表扬，重点奖励贡献突出的教学一线教师；定期评选"最美乡村教师"，对作出突出贡献的优秀乡村教师予以奖励。对在农村学校从教30年的教师，颁发荣誉证书；对在乡村学校连续从教15年以上并取得优异业绩的教师给予鼓励。鼓励引导社会团体、企事业单位、民间组织出资对教师进行奖励，共同营造尊师重教良好社会风尚。（责任单位：县教育局，县委宣传部、县人社局、县财政局）

四、确保教师队伍建设改革政策举措落地见效

（一）强化组织保障

中共剑阁县委教育工作领导小组每年至少研究1次教师队伍建设工作。各乡镇党委、政府和县级各部门要把全面加强教师队伍建设作为一项重大政治任务和根本性民生工程抓紧抓实抓好。紧扣广大教师最关心、最直接、最现实的重大问题，直面教师队伍建设最急需、最紧迫、最艰巨的热点难点问题，找突破口、下狠功夫，不做表面文章、不搞"一阵风"，真抓实干、善作善成。

（二）强化经费保障

教育、财政等部门和各乡镇人民政府要将教师队伍建设作为教育投入重点予以优先保障，完善支出保障机制，稳步增加经费投入，确保党和国家关于教师队伍建设重大决策部署落实到位。要优化经费投入结构，优先支持乡村教师补贴、教师培训等教师队伍建设最薄弱、最紧迫的领域，设立专项资金，并逐步加大投入，保障教师队伍建设需要。幼儿园、中小学和中等职业学校要按照不低于公用经费预算总额的 5% 安排教师培训经费。

（三）强化督导检查

县委、县政府要把教师队伍建设列入督查督导工作重点内容，并将结果作为县级相关部门、乡镇党政领导班子和有关领导干部综合考核评价、奖惩任免的重要参考。每年至少开展 1 次教师队伍建设工作专项督查，对政策落实不到位、教师待遇及合法权益保障不到位、队伍建设成效不明显的予以通报，同时对相关责任人进行约谈或追责问责，确保各项政策措施全面落实到位，真正取得实效。

剑阁县深化新时代教育教学质量评价改革实施办法（试行）

为全面贯彻落实党的教育方针，大力实施教育提质工程，推动教育大县向教育强县转变，根据中央、省、市深化教育评价改革意见精神，结合实际，特制定本办法。

一、指导思想

坚持以习近平新时代中国特色社会主义思想为指导，全面贯彻党的教育方针，坚持社会主义办学方向，落实立德树人根本任务，遵循学生成长规律和教育规律，建立以发展素质教育为导向的教育教学质量评价体系，促进学生德智体美劳全面发展。通过对学校书记、校（园）长履职效能、教育教学质量、综合办学水平等方面进行科学考核评价，引领深化教育教学改革，落实中小学校办学主体地位，增强学校发展动力，提升校（园）长履职能力，激发教师干事创业、创先争优的积极性，全面提高教育质量，推动县域教育事业快速发展、科学发展、高质量发展。

二、基本原则

（1）坚持正确方向。践行为党育人、为国育才使命，全面贯彻党的教育方针，坚持社会主义办学方向，遵循学生成长规律和教育规律，引领深化教育教学改革，全面提高教育教学质量，努力培养德智体美劳全面发展的社会主义建设者和接班人。

（2）坚持全面发展。落实立德树人根本任务，坚持"五育并举"，以发展素质教育为导向，发挥教育评价"指挥棒"作用，面向学校和全体师生，注重综合素质评价，促进学校、教师、学生全面发展，引导办好每所学校，激发每位老师教好每名学生。

（3）坚持公平公正。注重科学有效，针对学校类别特点和办学条件、师资水平、生源等因素的差异，分段分类考核评价，以入口看出口，强化过程评价和动态增量发展性评价，增强教育评价的科学性、专业性、公平性，促进全县教育优质均衡发展。

（4）坚持创先争优。围绕"全市争一流、全省创品牌、全国有影响"的目标，以改革评价机制为动力，促进各类学校之间开展"对标竞进、争创一流"活动，跳出剑阁、面向全市、走向全省全国，力争早日创建成一批全省"双百、双千"示范学校。

三、评价内容

（一）中小学书记、校（园）长履职效能考核评价

考核评价依据：教育部《普通高中校长专业标准》《中等职业学校校长专业标准》《义务教育学校校长专业标准》《幼儿园园长专业标准》以及省、市相关文件精神。

考核评价内容（100 分）：主要考评书记、校（园）长的治校理念、治校能力、治教水平、治教成效、创先争优、纪律作风等履职情况和满意度测评，锻造一支学者型、科研型、专家型的管理

干部队伍。由教育工委办，人事股、教育股、教育科研中心、教育信息化中心等负责（逗号前的股室牵头负责，下同）。

（二）中小学教育教学质量考核评价

考核评价依据：教育部《普通高中学校办学质量评价指南》《义务教育质量评价指南》《特殊教育办学质量评价指南》以及省、市相关文件精神。

考核评价内容（100分）：主要考评学校控辍保学、教学质量、五育并举、对标竞进、培优辅弱、学科引领等工作情况，聚焦学生全面发展，推动县域教育教学高质量发展。小学和初中教学质量主要考评完成情况、增量情况和特长生培送，其中增量情况分别以三年级期末考试成绩，七年级入口成绩（六年级毕业成绩）为基础进行计算。高中教学质量考评主要按高考一本、本科目标任务完成情况和创新拔尖人才培养（C9、985、211）情况；学区教学质量主要考评同类学区成员学校平均增量情况。由教育股，体卫艺与劳动实践教育股、考试中心、教育科研中心、教育信息化中心等负责。

（三）中小学综合办学水平考核评价

考核评价依据：中共中央、国务院《深化新时代教育评价改革总体方案》《关于深化教育教学改革全面提高义务教育质量的意见》《关于推动现代职业教育高质量发展的意见》、教育部《关于进一步激发中小学办学活力的若干意见》《"十四五"县域普通高中发展提升行动计划》《"十四五"特殊教育发展提升行动计划》和省政府《新时代深化教育改革推进基础教育高质量发展实施方案》、省教育厅《四川省义务教育优质发展共同体领航学校遴选管理办法》《四川省示范性普通高中遴选管理办法》等文件精神。

考核评价内容（300分）：主要考评学校发展、学生发展、教师发展、保障发展、学区共同发展等工作情况，建设一批全面发展、特色鲜明、充满活力的高品质学校。具体涉及办学方向、党的建设、依法治校、民主管理、规范办学、五育并举、队伍建设、保障措施、对标竞进、创先争优等内容。在对学校综合考评的基础上，单列对学区建设的考核，主要包括学区的常规管理和工作成效两部分，具体涉及规范管理同标、优质资源同享、教育科研同步、教师成长同进、学生成长同育、特色发展同推、教育质量同评等工作。由目标督查管理股，办公室、教育工委办、督导室、教育股、人事股、体卫艺与劳动实践教育股、学前教育和民办教育管理股、退管股、信访股、计划财务股、学校发展规划中心、教师发展中心、学生服务保障中心、教育科研中心、教育信息化中心、考试中心、安全事务中心、基金会等负责。

学前教育、特殊教育、职业教育、普通高中教育学校综合办学水平考核评价细则另行发文。

四、评价分组

（一）幼儿园分组（三组）

第一组：普安幼儿园、鼓楼幼儿园、香江幼儿园、龙江小学、剑门关实验学校、柳沟小学、武连小学、开封小学、元山小学、公兴小学、白龙小学、鹤龄小学、江口嘉陵学校、剑门关小学附属幼儿园

第二组：其他乡镇小学公办附属幼儿园

第三组：民办幼儿园

（二）小学分组（四组）

第一组：新老县城5所学校与市内同类小学5所对标竞进

第二组：中心镇所在地完全小学10所与市内同类小学5所对标竞进

第三组：保留乡镇地的完全小学11所与市内同类小学5所对标竞进

第四组：（A 组）小学生在 120 人左右的完全小学之间对标竞进；（B 组）其余小规模小学之间对标竞进

（三）初中分组（三组）

第一组：县内 4 所高完中的初中与市内同类 6 所高中学校初中对标竞进

第二组：县内 11 所单设初中与市内同类 5 所单设初中对标竞进

第三组：县内 5 所九年一贯制学校初中与市内同类 5 所学校对标竞进

（四）高中（含职业高中）分组（四组）

第一组：剑阁中学、剑门关高中与市内外同类学校 3 所对标竞进

第二组：剑州中学和市内同类学校 4 所对标竞进

第三组：剑阁职中和市内同类学校 4 所对标竞进

第四组：剑门关天立学校与市内同类学校 4 所对标竞进

（五）学区分组

小学 5 个学区为第一组，初中 3 个学区和 1 个综合类学区（九年一贯制）为第二组，高中联盟暂不纳入分类。

五、结果运用

（1）《书记、校（园）长履职效能考核评价》作为书记、校（园）长年度考核依据。书记、校（园）长年度考核得分由"书记、校长履职效能考核评价得分（40%）+中小学综合办学水平考核得分（60%）"构成。书记、校（园）长年度考核等级分优秀、合格、基本合格、不合格四个等次，同组学校优秀书记、校（园）长率为 15%~20%。

（2）《中小学校教学质量考核评价》作为教学质量奖发放依据。教学质量考核得分将作为评比全县教育质量先进单位和个人以及全县教育质量奖励经费的重要依据。

（3）《中小学校综合办学水平考核评价》作为学校目标绩效依据。同组学校综合排名前 20%~30% 学校为一等奖、综合排名中间的 50% 学校为二等奖、其余 20%~30% 学校为三等奖；每个等次的目标绩效差距原则上在 5% 和 10% 之间调控。由县委教育工委和县教育局党组，根据当年的目标绩效奖额度核算研究决定等次差额，并以单项考核纳入年度目标综合考核。附属幼儿园、特殊教育考核结果按 30%、10% 计入小学综合办学水平考核。

（4）书记或校（园）长当年受到党纪政纪处分的，其个人不得评先评优；学校教育教学质量下降明显的（不超过同组学校的 20%）、学校出现信访稳定或安全责任事故的、师德师风有负面典型问题的，学校不得评为优秀等级，书记、校（园）长、分管负责人、学校部门负责人个人当年不得评优评先。

附件：

1. 剑阁县深化新时代教育教学质量评价改革小组名单

2. 剑阁县中小学校书记、校（园）长履职效能考核评价细则

3. 剑阁县中小学校教育教学质量考核评价细则

4. 剑阁县中小学校综合办学水平考核评价细则

5. 剑阁县中小学校教育教学质量对标竞进分类表

6. 教育教学质量增量性考核分（Σ）计算办法

【附件1】

剑阁县深化新时代教育教学质量评价改革小组名单

组　　长：李锦钟　县委教育工委书记、县教育局党组书记

　　　　　唐永红　县教育局局长

副组长：

杨启文　县委教育工委副书记、县教育局党组成员

王廷革　县教育局党组成员、县人民政府总督学

王勋勇　县委教育工委委员、县教育局党组成员、副局长

杨光勇　县教育局党组成员、副局长

黄晓芳　县教育局党组成员、机关党委书记

左坤周　县教育局党组成员

吴俊宏　县教育局副局长（广安挂职）

成　　员：机关股室、直属事业单位负责人，责任区主任，学区长学校书记、校长、园长

领导小组办公室设在目标督查管理股，王继伟兼任办公室主任，负责深化教育教学质量评价改革工作的统筹协调、资料收集、考核汇总、结果运用等。

【附件2】

学校（盖章）：

表 A-1　剑阁县中小学校书记、校（园）长履职效能考核评价细则

考核事项	分值	评 价 要 素	考核要点	得分
治校理念	15	引领学校发展有目标。将执行党的教育方针和践行社会主义核心价值观与学校实际相结合，形成不断发展的办学章程，有科学合理的学校近中远期发展规划（规划图）（2分）；有目标清晰、任务明确的各类年度工作计划（施工图）（2分）；学校办学定位准确，提炼出办学理念，办出学校特色，学校充满活力，师生认同感强，学期有提升、学年有变化（效果图）（2分）。营造育人文化有特色。构建学校德育课程体系，把校园文化建设作为德育工作的重要内容，校园文化建设富有师生和学校的个性，并融合地域文化教育特色，"一训三风"内化为师生的行为文化和学校的可持续发展动力（校长能阐释）（3分）；团队活动、节庆日主题活动常态化，社团活动有特色，坚持文化育人、活动育人、环境育人，形成一校一品特色（2分）。研学教育理论有理念。带头研读教育理论，每周不少于2小时的学习时间，专业知识有特长（2分）；主动参与教育学会研讨、教育管理理论有水平、教育管理理论有理念，主动参与教育学会研讨（2分）；每学期至少有一篇创新实践工作的论文或经验文章在市级以上主流媒体或刊物发表（2分）	考核要点：围绕《关于进一步加强校园长教育教学管理能力建设的意见》等，一看学校的办学章程、发展规划和年度工作计划是否落实政策规定、体现教育新理念和新时代发展新要求，是否符合学校实际；二看学校办学的年度理论成果是否紧扣学校实际并着力学校持续发展；三看学校德育工作是否抓落实、团、队活动是否落实；四要访该校长对班子团队和师生精神文化及行为文化的引领情况	
治校能力	20	带领团队共建有魅力。党建引领业务工作作用发挥好。"三会一课"落实好（2分）；抓班子带队伍，引领班子团结共事，分工明确、责任落实，团结协作，执行力强（2分）；带领教师团队专业化成长有目标，有措施，师德师风良好；书记、校长以德服人，师生认可度高（2分）。优化学校管理有章法。构建学校管理现代化治理体系，各项管理制度健全，逞硬管理考核到位，体现奖勤罚懒，教师工作有激情有活力（3分）；依法科学民主决策，民主管理，严格执行三重一大决策制度，"三公开"落实（3分）；抓学校常规管理精细化、规范化，学生行为习惯好，校园环境美（3分）；建设平安校园，安全防范、多病防治等管理机制健全（3分）。外部环境协调有合力。争取党委政府、村（社区）两委和基层站所、事业单位支持教育，并优化学校办学实事，学校育人环境好（1分）；家校社共育有活动，有成效，形成共同育人体系，家长社会对学校认可度高（1分）	考核要点：围绕《党建工作要点》《全面推进家校共育工作实施方案》等，一看党组织负责人是否定期落实党建工作任务，是否主动参与组织活动，是否构建现代教育治理制度体系、科学化；二看学校管理是否精细化，科学化，是否构建现代教育治理制度体系；三看教师纪律是否良好，学生行为习惯是否良好；四看是否落实民主管理，民主监督，民主决策，民主监督各项制度；五看班子成员是否和团结，有活力；六看学校外部环境是否和谐，干部群众是否满意	

考核事项	分值	评 价 要 素	考核要点	得分
治教水平	20	领导课程教学有深度。主导研学并落实课程标准，开齐开足规定课程课时，不得随意增减（2分）；落实国家课程和地方课程，主导推动校本课程的开发和实施（2分）；主导落实"双减"政策，积极推动课堂教学改革，切实提高课堂教学和课后服务质量（2分）；主导教学常规管理有力度。主导落实教育教学三个"六认真"管理，建立考核激励机制（2分）；主导学生综合素质评价，落实精细化教育教学管理（2分）；主导校本教研和课题研究，强化落实学科教学，带头上示范课，每学期听课评课30节以上等（2分）。促进师生成长有广度。主导常态化校本培训，开展课堂教学大比武，教学技能大竞赛，教育管理大讲坛"三大"活动有成效（3分）；实施"青蓝"工程，发挥特级教师、名师、高级教师示范带动作用，促进教师成长成效明显（2分）；开展读书节、体育节、艺术节、科技节"四节活动"，素质教育有成效（3分）	考核要点：围绕《教育教学工作要点》《教育教学工作要点》《教育信息化工作要点》等，一看落实课程标准情况；二看教学常规管理情况；三看校本课程开发、校本培训、课题研究、信息化运用等情况；四看班子成员任课情况；五看开展三大活动、四节活动开展情况	
治教成效	35	以学校教育教学质量考核得分折算计分；学前教育综合办园水平考核得分折算计分（35分）	考核要点：按学校教育教学质量考核细则得分计入	
创先争优	加分	学校集体：学校积极开展对标对进，创先争优，坚持特色创建，聚焦1个或几个方面，坚持长期抓、抓长期，形成可借鉴、可推广的特色办学模式，参与品牌创建、特色创建和各类竞赛活动，争取县、市、省、国家表彰奖励，承办县、市及以上现场会等。校长本人：个人参与课题研究，荣获县、市、省、国家表彰奖励，参与名校长、名教师评选并命名；县内外作经验交流、讲座；市级以上媒体发表文章等	考核要点：学校集体和个人获表彰按国家、省、市、县四个个等次加8、6、4、2分；经验交流、文章发表、获奖分别加4、2、1、0.5分（上限15分）	
纪律作风	扣分	主要领导及班子成员党风廉政，遵守《剑阁县校园长十不准》情况；教师师德师风情况；学校安全防范，信访稳定情况	考核要点：凡被批评通报的，按国家、省、市、县四个个等次扣10、8、6、4分（扣总分不限）	
满意度测评	10	根据现场测评：优秀率达95%以上为10分，优秀率达85%~94%为8分，优秀率达70%~84%为6分，优秀率达60%~69%为4分，优秀率为60%以下为0分		
总　分	100			

[附件3]

学校（盖章）：

表A-2　剑阁县中小学校教育教学质量考核评价细则

考核事项	分值	考核内容及计算方式	得分	备注
控辍保学	15	义务教育阶段学生应入尽入学。幼升小、小升初、初升高实行双向考核，县内学校送培率达100%（元山、开封、武连片区送培率达90%，新老县城送培率达95%）的为满分，每降低一个百分点，小学、初中均扣1分（同校不同学段累计扣分）；县内招生学校计划完成率达100%为满分，新老县城初中学校招生按超计划10%以上的每个百分点扣0.5分；新老县城以外的学校每降低一个百分点，小学、初中扣1分（九年一贯制按学段累计扣分）；高中学校应招优招生流失1人扣2分。该项扣完为止。		
教学成绩	50	初中教学质量Σ=（抽测年级Σ×30%+非抽测年级Σ×10%+九年级中考Σ×60%）÷100×50；小学教学质量Σ=（三年级Σ×15%+抽测年级Σ×40%+非抽测年级Σ×5%+六年级Σ×40%）÷100×50；九年一贯制学校小学段40%、初中段60%折合计算。高中学校教学质量以市教育局高考核为主要依据。其中，初中、高中为7：3		
五育并举	15	学生体育与健康水平竞进（8分）；学生艺术、劳动教育（4分）；实验操作测评（3分）；（另行制订实施方案，对接中高考改革，自小学段开始统一命题、统一测试）		
对标竞进	20	市内学校对标竞进以市每学期质量抽测和中考、高考成绩为依据，在同类学校中排名位次前30%（或全市小学前100名，初中前50名），得20分；前31%～40%，得18分；前41%～50%，得15分；前51%～60%，得13分；前61%～70%，得10分；后30%以下，得0分（高完中：高中30%计、初中70%计。九年一贯制学校：小学40%计、初中60%计）		
培优辅弱	加扣分	中考全市前200名每人加3分，前201～1000名每人加1.5分；前1001～2000名每人加0.5分；普高上线率全县同类学校排名前30%的加3分。小考全县A率排名全县同类学校前30%的，加3分；合格率（全C）排名全县同类学校前30%的加6分，合格率增量同类学校前三名的加3分（不累加），后30%的扣2分。高考彼清、北录取的，高中学校每人加10分，原初中和小学当年毕业年段累计加分）		
学科引领	加分	学科成绩在全市排名对标学校前5%加5分，前6%～10%加3分，前11%～20%加2分，前21%～30%的加1分；在全县同类学校排前10%加1.5分，前11%～20%加1分，前21%～30%加0.5分（同学科市县级累计加分）；前21%～30%的加1分（同学科在市县级只按高分县加一次）		
合　计				

【附件4】

表 A-3　剑阁县中小学校综合办学水平考核评价细则

学校：　　　　　　　　　　　　　　　　　　　　　　考核时间：　　　年　月　日

考核事项	指标分值	评价要素	得分	备注
A1.学校发展（95分）	B1.党建引领（6分）	C1. 坚持党建引领学校发展。学校政治建设得到加强，坚持正确办学方向；落实中小学党组织领导的校长负责制，党组织班子凝聚力、战斗力强，党政协调配合好；将党建与教育教学工作紧密结合，做到同部署、同推进、同考核，学校党建阵地建设达标（2分）		
		C2. 学校党组织生活常态化。"三会一课"、民主评议党员、主题党日活动落实好；师生思想政治工作常抓不懈，"双培养"机制落实好；党建品牌创建有效果，党员干部发挥先锋示范作用好（2分）		
		C3. 落实党风廉政建设和意识形态、统战工作责任制；党组织及班子成员述职述廉落实好（2分）		
	B2.德育工作（6分）	C4. 落实立德树人根本任务。实施"三全"育人，认真落实《新时代爱国主义教育实施纲要》，开展赓续红色爱国主义文化、培育绿色生态科普文化、传承优秀地方文化等系列德育教育活动，以培养富有家国情怀、民族性格、世界眼光的现代人为德育目标；形成有特色的学校德育教育体系，推进"大思政"教育，并因地制宜建好"大思政课教育基地"（2分）		
		C5. 大力推动书香校园建设。以文化人，提升校园文化建设水平，形成"一校一品"；建立师生图书室、图书角、阅览室、读书吧等，建立课内外、校内外阅读指导机制，师生读书氛围浓；"三风一训"落实效果好（2分）		
		C6. 坚持党建带团建队建。做实团队工作，主题团队活动常态化，将社会主义核心价值观融入教育教学全过程；团队阵地建设规范化，活动开展好；建好留守儿童之家，关爱留守儿童，做好关心下一代工作（2分）		
	B3.学校治理（10分）	C7. 坚持依法治校治教。学校学法用法工作推进有力；坚持民主管理，"三重一大"决策制度执行好，落实党务、校务、财务三公开；教代会、工会、群团组织的作用发挥好（2分）		
		C8. 常规管理做到精细化。健全各项管理制度，坚持用制度管事、管人、管钱；日常规、周常规、月常规监督检查考核评比，奖惩落实，师生精神面貌好、行为习惯良好、校容校貌好（2分）		
		C9. 家校共育效果良好。家委会、家长会有组织、有阵地、有活动、有效果，社会满意（1分）		
		C10. 重视教育宣传工作。在主流媒体宣传学校工作特色，讲好剑阁教育故事；完成信息宣传、刊物征订任务；做好公文流转、办理落实工作（3分）		
		C11. 开展对标竞进工作。学校对标竞进、争先创优，方案具体、活动落实、效果较好；着力打造品牌学校（2分）		

考核事项	指标分值	评价要素	得分	备注
	B4.规范办学（7分）	C12. 严格规范办学行为。开齐开足开好国家课程、地方课程，严格按照课程标准实施教学；规范选用教材、教辅；做好语言文字工作，大力推广普通话、写规范字（2分）		
		C13. 落实"双减"政策。严格执行课后服务相关规定，积极做好课后服务课程化实施工作；严格执行"五项管理"及考试管理相关要求，课业负担适当（3分）		
		C14. 义务教育有保障。定期开展"千名教师访万家"活动，建立适龄儿童信息档案，义务教育阶段适龄儿童入学率达100%；招生工作规范有序；严格执行划片招生、计划招生（2分）		
	B5.教学管理（6分）	C15. 教学过程管理精细化。学校教学计划翔实，制度健全，目标明确；教学"六认真"检查、考核逗硬，结果运用有效。常态化开展教情学情调研，全面掌握教育教学情况；开展优秀教案、优秀作业设计、优秀课件等评选（3分）		
		C16. 培优辅弱工作精细化。做好各学段，特别是毕业生、优生留剑等生源稳控工作；做好学困生的帮扶提升工作，有方案、有措施、有效果（3分）		
	B6.教学研修（5分）	C17. 坚持校本研修常态化。积极开展校本课程研发，形成一批有特色的校本课程；校本教研有计划、有课题、有实施；教研组、课题组、备课组健全；组织开展国家、省、市、县课题申报研究、形成成果并运用，做到一校至少一课题（2分）		
		C18. 持续深化课堂教学改革。以打造高效课堂为主导，通过集体备课、磨课、评课等形式建设有效课堂；学校常态化开展合格课、优质课、示范课展评，组织开展课堂教学大比武、教学技能大竞赛、教育管理大讲堂三大活动，着力建设高效课堂（3分）		
	B7.教育现代化（5分）	C19. 教育信息化应用水平高。做好国家、省中小学智慧教育平台管理与应用，形成国家、省智慧教育平台优质教育资源利用典型案例。开齐各类实验课，做到实验教学"三开"和功能室"全开放"；组织好各类考试、考察学科的过程与绩效管理（5分）		
	B8.教学成效（50分）	C20. 按教育教学质量考核结果折合计入（50分）		
A2.教师发展（50分）	B9正风铸魂（10分）	C21. 常态化教育，涵养师德修养。以"四有好老师"为标准，常态化开展教师思想政治教育和师德师风教育，增强教师职业荣誉感；严格遵守《新时代中小学教师职业行为十项准则》（3分）		
		C22. 选树先进典型，弘扬正能量。开展师德师风兵评选活动，树典型、强引领，营造向善向美的人文环境；师生规范使用微信、QQ、视频号等自媒体，讲好剑阁教育故事，弘扬教育正能量（3分）		
		C23. 完善考评机制，增强纯洁性。每期末开展师德师风考核评价，纳入教师年度考核，作为评优晋级的重要依据；对标师德师风考核负面清单，严查师德失范行为（每年向教育局报告师德评价末位教师1～3人）（4分）		
	B10.挖潜赋能（12分）	C24. 用活教师资源。学校各类岗位设置科学，人岗相适，充分调动教职员工积极性；严格落实教师工作量管理办法，教师工作量足额分配（4分）		
		C25. 强化能力提升。学校扎实开展教师校本培训，实施好青蓝工程、师徒结对；积极选送教师参加各级各类培训等，用好培训成果（5分）		
		C26. 着力名师培养。学校有名师培养成长计划，注重骨干教师、优秀教师、名师群体的形成，造就金牌老师；发挥名师工作室辐射带动作用（3分）		

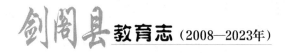

考核事项	指标分值	评价要素	得分	备注
A3.学生发展（70分）	B11.素养提升（8分）	C27. 读书活动常态化。定期、定时组织师生开展读书交流活动，教职工定期完成一定量的读书任务，参与率达100%。组织教职工撰写并分享读书心得，每学期至少一篇教育教学心得、教育教学案例等，积极参与"我的教育故事"征文比赛（3分）		
		C28. 专业素养再进修。学校有教师专业提升计划，支持鼓励教师学历再提升、教学技能再培训，督促指导教师考取相关专业资质证书、等级证书；普通话等级合格率达100%，鼓励教师参与书法水平考试，语文、美术和书法教师参与率达100%；教师专业素养测试优秀率达30%，合格率达100%（5分）		
	B12.专业能力（20分）	C29. 课堂教学能力。教师主动探索课堂教学改革，开展"课本、课标、课程、课堂、课题"等"五课"研究，强化学生核心素养培养；创新课堂教学新模式，注重启发式、互动式、探究式教学，着力构建有效课堂（4分）		
		C30. 课后服务能力。落实"双减"政策，教师提升课后作业辅导、艺术活动指导能力，有计划、有措施、有效果；对照新课标提高作业与考试命题设计质量；注重差异化教学和个别化指导，有效帮扶学习有困难学生（5分）		
		C31. 课题研究能力。教师参与课题研究的积极性与参与率高，学校有大课题，学科有子课题（3分）		
		C32. 信息技术应用能力。教师能熟练运用信息化手段组织教学，做到信息技术与学科教学深度融合；信息化设备利用率高，实验操作能力强；积极参加教育信息化课题研究；2.0能力提升培训合格率达100%；国家、省智慧教育平台教师注册、使用率达100%（5分）		
		C33. 班级管理能力。班务管理能力水平不断提升，"五项管理"落实到位；教师育德能力强，班级建设和班风学风好，家庭教育指导能力强（3分）		
	B13.品德发展（15分）	C34. 学生品德行为习惯好，社会主义核心价值观入脑入心入行，集体活动、公益服务参与率达85%以上（5分）		
		C35. 发挥德育基地作用，学生对中华优秀传统文化和红色革命文化、社会主义先进文化知晓率达85%以上（5分）		
		C36. 大力选树学生先进典型，组织开展"三好学生"、优秀学生干部、新时代好少年等评选活动（5分）		
	B14.学业发展（20分）	C37. 组织学生在学业质量监测中学科水平合格率不低于95%（4分）		
		C38. 组织学生参加兴趣小组、社团活动、科技活动等，覆盖率达100%；学生参加科技、信息技术应用各类竞赛活动积极性高且获奖率高（4分）		
		C39. 组织学生广泛参与阅读活动，普遍有良好阅读习惯和较大阅读量，参与率达100%（3分）		
		C40. 开展学生职业生涯教育，学生职业向往率达100%（2分）		
		C41. 小学、初中、高中各类实验操作课程应开尽开，学生能掌握实验操作基本技能，优良率达85%以上（4分）		
		C42. 开展学生综合素质评价，学生综合素质评价手册应用好，学生、家长认可度高（3分）		

考核事项	指标分值	评价要素	得分	备注
A4.保障发展(40分)	B15.身心发展(15分)	C43. 学生每天不少于1小时的体育锻炼，每个学生能熟练掌握1~2项专项运动技能；每学期举行1次学校体育运动会，注重培养、选拔特长生参加上一级体育运动竞技活动，大课间活动有特色（5分）		
		C44. 学生体质健康监测全覆盖，优良率达55%以上，并逐年增长；学校防学生近视工作推动有力，台账管理，近视率每年呈递减态势，小学、初中、高中学生近视率分别控制在38%、60%、70%以下（5分）		
		C45. 学生参与心理健康、安全、卫生知识课程学习全覆盖，学生健康心理特征明显，能掌握基本卫生常识和安全防范常识；学校"三生"全覆盖纳入台账管理，学生心理筛查、关心关爱全覆盖（5分）		
	B16.艺术素养(10分)	C46. 学校艺术教育覆盖率达100%，每一个学生至少掌握1~2项艺术特长；鼓励学生积极参加书法水平测试，参与率逐年递增；鼓励学生积极参加艺术等级考试（5分）		
		C47. 学生全员参与读书节、科技节、艺术节、体育节"四节"活动；学生参加全国、省、市、县各级艺术人才大赛和各类竞赛评比活动，获奖率高（5分）		
	B17.劳动与社会实践(10分)	C48. 学校建有相对固定的劳动教育场所，每周不少于1节劳动实践课。学生家务劳动、校内外劳动参与率达100%（5分）		
		C49. 学生社会调查、研学实践、志愿服务、职业体验参与率达90%以上（5分）		
	B18.办学条件(6分)	C50. 推动标准化建设。主动改善办学条件，优化学校分区设置，完善学校功能室设施设备；校园环境做到绿化、美化、净化、香化，打造美丽校园；实施学校标准化达标建设，奠定优质均衡发展基础（2分）		
		C51. 推动智慧校园建设。巩固"三通两平台"建设成果；逐步完成"班班通"等信息化设备的迭代更新；做好门禁系统、视讯系统、一键报警、明厨亮灶等系统的运营维护；逐步提高学校网络安全保障能力（2分）		
		C52. 多渠道筹措资金。积极多渠道争取社会合法捐赠，用于奖教奖学和改善办学条件（2分）		
	B19.安全防范(8分)	C53. 校园安全零事故。常态化开展各类安全专题宣传教育；定期开展校园安全隐患排查整改，隐患排查网报，建立安全管理台账；定期开展防震、防火、防水、防电等应急演练；落实安全防范"六个100%"；开展学生心理健康筛查、健全学生心理档案；常态抓好疫情防控、多病共防，严格落实"一日三检"和因病请假追踪制度。落实平安校园创建工作（8分）		
	B20.后产管理(7分)	C54. 食品安全零报告。学校食材采购规范，食品加工严格按规范操作，提高食堂饭菜质量，确保卫生安全；食堂经费管理严格，按时结算、公示；严格按规定实施营养改善计划；学校作业本、校服、教辅等严格按规定执行；工勤人员管理到位。规范自愿入伙费的使用，及时结算支付食堂原材料货款。落实校园节能降耗、环境保护等要求，及时完成学平险、食品安全责任险等强制保险的投保工作，积极开展有关创建活动（7分）		
	B21.财务项目(5分)	C55. 财务管理零违纪。严格遵守财经纪律，实行收支两条线；专款专用，严禁挪用食堂经费；厉行节约，严格公用经费使用管理，化解债务，严禁负债（3分）		
		C56. 项目建设零违规。严格执行项目实施管理办法，按规定请示报告；严格执行招投标程序，严禁插手项目；严格项目质量、安全、资金监管，严禁擅自增量（2分）		

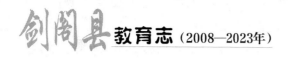

考核事项	指标分值	评价要素	得分	备注
	B22.信访稳定(5分)	C57. 稳定工作零信访。依法管理，严格落实属地管理，加强对遗留问题的处置；注重家校沟通，定期开展接访、走访，及时化解涉校、涉教的信访问题；及时掌握管控好社会舆情（5分）		
	B23.招生考试(4分)	C58. 考试工作规范化。规范招生考试工作，严格执行招生政策（1分）。全力做好小考、中考（含实考、体考）、高考（含学业水平考试）、书法水平测试等考试工作。小中高考报名与信息采集（0.5分），专业考试与单招（含空飞、民航招生）（0.25分），专项政策执行（0.25分），体检与杂志征订（0.25分），考试组织与管理（1分），资料上交（0.25分），书法水平测试（0.25分），其他工作（0.25分）		
	B24.乡村振兴(5分)	C59. 控辍保学有力度。巩固教育脱贫成果，并与乡村教育振兴有效衔接，落实"五长"控辍保学机制，做好残疾儿童入学工作，送教上门落实（2分）		
		C60. 结对帮扶有成效。按要求，创造性做好东西部教育协作和省内教育对口帮扶工作（1分）		
		C61. 学生资助有保障。加强学生资助、大学生助学贷款等政策的宣传，知晓率达100%，政策兑现率达100%；九类学生资助全覆盖，不漏人，不漏项，严禁挪用（2分）		
A5.学区发展(25分)	B25.管理同标(15分)	C62. 学校在学区开展"七同"工作的过程实、效果好（由学区长组织学区管理班子按学区方案考核评定）		
	B26.提质共进(10分)	C63. 学区成员学校实行质量捆绑考核。学区内各成员学校得分，按捆绑质量得分排名。小学五个学区排名，每下降一个名次扣10%分；初中三个学区排名，每下降一个名次扣20%分。九年一贯制学校分别看在小学、初中学区排名综合计算得分		
A6.争先创优(20分)	B27.特色创建(10分)	C64. 参加特色学校、特色项目创建，获得国家、省、市、县认可，凭相关证书或文件分别加5、4、2、1分；参加课题评选、现场会展示、办学经验交流等，获得国家、省、市、县表扬，凭相关证书或文件分别加3、2、1、0.5分（加分以10分为限）		
	B28.竞赛获奖(10分)	C65. 师生参加各级各类竞赛，单项获得国家、省、市、县奖杯奖证分别加3、2、1、0.5分；获得集体奖分别加5、4、3、2分，若分等次的按一等奖、二等奖、三等奖、优秀奖（组织奖）分别计100%、80%、60%、50%；学校业务工作获国家、省、市、县表彰，分别加3、2、1、0.5分（加分以10分为限）		

【附件5】

表 A-4　剑阁县中小学校教育教学质量对标竞进分类表

类　别		对标竞进学校	所数
高中	一类	剑阁中学、剑门关高中，广元万达中学、苍溪中学、旺苍中学	5
	二类	剑州中学，苍溪县城郊中学、旺苍县东城中学、宝轮中学、朝天中学	5
	三类	剑阁职中，广元职中、利州中专、苍溪职中、旺苍职中	5
	四类	剑门关天立学校，广元天立学校、广元外国语学校、苍溪天立学校、旺苍县博俊公学	5
初中	一类	剑阁中学、剑门关高中、剑州中学、剑门关天立学校、广元万达中学、利州区宝轮中学、苍溪中学、苍溪县城郊中学、旺苍中学、朝天中学	10
	二类	普安中学、白龙中学、开封中学、柳沟中学、元山中学、公兴中学、鹤龄中学、木马中学、剑门中学、汉阳中学、武连中学，广元东城实验学校、苍溪县陵江镇中、旺苍县国华中学、青川县乔庄中学、朝天区之江中学	16
	三类	龙源育才、姚家小学、江口嘉陵、东宝小学、盐店小学，苍溪柏杨小学、江南小学、旺苍黄洋小学、朝天两河口小学、麻柳小学	10
小学	一类	龙江小学、剑门关实验学校、香江国际学校、普安小学、剑阁实验学校，广元南鹰小学、广元北街小学、苍溪县陵江小学、旺苍县东河小学、青川县乔庄小学	10
	二类	柳沟小学、武连小学、开封小学、元山小学、公兴小学、白龙小学、鹤龄小学、剑门小学、南禅小学、城北小学，宝轮一小、大石小学、歧坪小学、嘉川小学、青溪小学	15
	三类	演圣小学、杨村小学、香沉小学、义兴小学、王河小学、金仙小学、涂山小学、汉阳小学、羊岭小学、张王小学、木马小学	11
	四类	A 组：店子小学、迎水小学、高池小学、锦屏小学、西庙小学、田家小学、禾丰小学、广坪小学、石城小学、柏垭小学、莺溪小学、高观小学、圈龙小学、柳垭小学、毛坝小学、长岭小学	16
		B 组：上寺小学、江石小学、闻溪小学、小剑小学、抄手小学、北庙小学、秀钟小学、正兴小学、吼狮小学、国光小学、凉山小学、垂泉小学、碑垭小学、公店小学、樵店小学、柘坝小学	16

注：此表可用于教育教学质量对标竞进和学校目标考核分类对比。

【附件6】

教育教学质量增量性考核分（Σ）计算办法

教育教学质量目标考核基础分（S1）、完成分（S2）、发展分（S3）、完成换算分（X）、发展换算分（Y）、年级质量分（Σ1）、学校质量考核分（Σ）计算办法。

一、教育教学质量目标考核基础分（S1）计算办法（按全县总人数20%：30%：20%：20%：10%确定）

以校为单位计算各校七年级成绩（小学六年级毕业考试成绩）、三年级期末成绩为目标基础分（S1）。以此为准分别统计各校学生进入全县前20%（A）、21%～50%（B）、51%～70%（C）、71%～90%（D）、91%～100%（E）的人数分别乘以系数（初中系数为29、22、16、11、7；小学系数10、8、6、4、2）之和除以各学校七年级或三年级学生数（R）再乘以10为学校该年级教学质量目标考核基础分（S1）。

初中：$S1=(29A+22B+16C+11D+7E)÷R×10$。小学：$S1=(10A+8B+6C+4D+2E)÷R×10$。

二、教育教学质量目标考核完成分（S2）的计算办法

按以上计算质量目标基础分（S1）的办法，根据中考、小学毕业考试、修业年级质量监测成绩计算学校各年级的完成分数（S2）。

三、教育教学质量目标考核发展分（S3）的计算办法

$S3=S2-S1$。

四、教育教学质量目标考核完成换算分（X）的计算办法

$X=S2÷$同类学校S2最高分$×100$。

五、教育教学质量目标考核发展换算分（Y）的计算办法

$Y=S3÷$同类学校S3最高分$×100$。

如果有学校发展分为负分，则将所有同类学校发展分均加上本类学校中最低负分的绝对值，再计算。

六、完成换算分（X）与发展换算分（Y）合成分（Σ1）的计算办法

第一类：（Σ1）＝$0.6X+0.4Y$。

第二类：（Σ1）＝$0.5X+0.5Y$。

第三，四类：（Σ1）＝$0.3X+0.7Y$。

七、将Σ1换算得到（Σ）

单设初中教学质量Σ＝（抽测年级Σ1×30%＋非抽测年级Σ1×10%＋九年级中考Σ1×60%）÷100×50。

完全小学教学质量Σ＝（三年级Σ1×15%＋抽测年级Σ1×40%＋非抽测年级Σ1×5%＋六年级Σ1×40%）÷100×50。

九年一贯制学校小学段40%、初中段60%折合计算。

八、学区捆绑计算方法

Σ学区＝成员学校Σ总÷成员学校所数。

剑阁县教育局办公室

2023年2月24日印

剑阁县中小学学区制管理改革实施方案（试行）

为进一步全面提高教育质量，加快推进县域教育优质均衡发展，实现教育大县向教育强县转变，办好人民满意的教育，结合剑阁县实际，特制订本方案。

一、实施背景

1. 政策要求

教育部等八部门《关于进一步激发中小学办学活力的若干意见》明确要求，强化优质学校带动作用，深入推进学校办学机制改革，积极推进集团化办学、学区化治理，带动薄弱学校提高管理水平，不断扩大优质教育资源，整体提高学校办学质量。《四川省新时代深化改革推进基础教育高质量发展实施方案》《四川省基础教育学校布局调整工作方案》明确提出，要探索实施学区制管理，推动形成以城带乡、以强带弱、城乡一体的辐射式学区，实现学区内学校协同发展和教师统筹调配使用。

2. 问题导向

目前，全县学校布点多，乡村学校办学条件薄弱、师资配备不充分、结构性缺编严重，城乡教学质量差距大、内涵特色发展不鲜明、优质生源流失严重等现实问题突出，与县域经济社会的快速发展不相适应，无法满足人民群众对优质教育的迫切需求。为此，特结合全县基础教育学校布局调整，建立中小学学区制管理模式，势在必行。

二、总体要求

1. 指导思想

坚持以习近平新时代中国特色社会主义思想为指导，深入贯彻落实《关于深化教育体制机制改革的意见》、省市县委关于做好两项改革"后半篇"文章基础教育学校布局调整的部署要求，围绕市、县党代会提出的实施"教育提质工程"、实现"加快教育大县向教育强县转变"目标，牢固树立优质均衡发展理念，坚持以立德树人为根本任务，坚持以共享发展为根本目标，坚持以增强人民群众满意度为根本标准，坚持以完善体制机制为根本保障，整体提高基础教育办学水平和教育质量。

2. 主要目标

实行学区制管理，推动学区内学校标准化建设，促进学区内学校办学资源和教师资源优势互补、融合发展，缩小校际差距，实现学区学校教育教学管理一体化，打造一批特色鲜明的优质学校，进一步扩大优质资源效益，进一步激发学校办学活力，进一步提升教育管理水平，进一步提高教育教学质量，进一步促进教育公平，办好人民满意的教育。

3. 基本原则

（1）坚持统一领导。在县委教育工委、县教育局党组的坚强领导下，在县教育局行政班子的具体组织实施下，各中小学和机关股室共同参与、协同配合、负责落实，有条不紊地深入开展学区制管理改革。

（2）坚持均衡协调。充分发挥学区内优质学校的龙头作用，促进优质资源的再造，实现校际、年级、班级之间优质协调发展，使弱者变强、优者更优，在合作中不断共进、共赢，最终实现区域内的教育优质均衡。

（3）坚持制度创新。在深化教育手段和方法改革的基础上，深入开展学区制管理体制和办学机制方面的改革创新，探索现代学校教育管理制度，充分调动学校办学积极性，激发办学活力。

（4）坚持稳步推进。结合省、市教育改革发展和人事制度改革的进程，根据剑阁县的实际，深入开展调查研究，积极推进管理改革工作，逐步提高学区制管理实施水平。

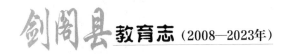

三、学区组建

根据县域内学校办学条件、师资配置、管理水平、教育质量、学校分布等实际情况，城乡统筹，强弱搭配，将城乡基础教育学校划分为9个学区、1个高中教育联盟，形成"学区共同体""联盟共同体"，实行学区内、联盟内教育教学一体化管理，实现"捆绑式"考评与发展。（组建名单见后）

四、管理机制

1. 学区长学校与成员学校权责

学区长学校对成员学校教育教学管理有指导督导权、教育教学活动组织权、教育资源协调调配权、人事任免提议权、教师交流调配权、教育教学考核评价权，统筹协调成员学校完成教育教学目标，提升教育教学管理水平和学校治理能力；副学区长学校协助学区长学校履行相关职能职责。各成员学校保持法人资格不变，在学区长学校的指导下积极参与学校发展规划、工作目标、管理制度的研究制定，对本校教育教学工作的组织实施负主体责任，参与学区重大改革和重大事项的决策，组织落实学区各项改革措施、管理制度，完成学区下达的各项教育教学任务。

2. 建立学区联席会议制度

学区联席会议由学区成员学校校长组成。学区长由学区长学校校长担任，联席会议是学区管理的领导机构，负责制定学区的发展规划、工作目标、工作计划，制定并完善学区的各项规章制度，组织协调各项教育教学活动，统筹分配学区内教育资源，以及对学区有关重大事项做出决议等，全力提升学区内每一所学校的管理水平和办学水平。定期召开联席会议，召开时间、次数由学区长决定。

3. 实行学区长工作负责制

学区长在任期内全面负责学区管理工作，具体包括：组建学区领导班子，组织召开联席会议，研究解决学区管理中的困难和问题；协调学区内学校管理工作，统筹安排学区教育教学、教研活动；积极推进学区内学校的硬件、课程资源、师资及教育教学活动共享，加强学区内教师的培训、学习、交流，促进学区内学校的融合发展；巡视学区内学校，指导各校开展工作，推动学区各项工作计划、任务的落实；定期进行学区教育教学工作成效评估，不断探索、总结学区管理机制特点；定期向县教育局汇报学区的工作情况；等等。

4. 完善办学成果展示机制

全县每学年定期开展读书节、艺术节、体育节、科技节、研学旅行等交流活动，作为检验各学区办学成效的重要平台，充分展示各学区师生的知识能力、运动技能和艺术特长，集中宣传学区内学校风貌和办学成果，增强师生对学区的归属感和荣誉感，整体提升学区办学品质，赢得社会对教育的认可和肯定。

五、运行模式

1. 优质资源同享

学区制管理就是要实现学区内学校资源共享，一体化共同发展。构建学区办学资源共建共享机制，推动学校特色活动、育人课程、优秀课件、图书馆、功能教室、运动场所、校内外实践活动基地等教育教学资源的共建共享。鼓励各学区充分运用现代信息技术，积极探索教育+互联网资源共享模式，通过优质课程资源网上共享、一体化网上教研和教师培训、开设网上活动育人课程等，实现优质教育资源动态实时共享。

2. 规范管理同标

各学区长学校要将成员学校课程实施、学生核心素养、教育教学常规等方面纳入统一管理。指导成员学校严格实施国家课程设置方案和课程标准，开足开齐课程，统一建立小学与初中纵向衔接、横向协同的课程改革机制，推进国家课程、地方课程校本化。组建学区德育工作团队，共同研究和推进学区德育教育，整合德育资源，共享体育艺术教育资源，加强劳动教育、家庭教育、心理健康教育的协作，注重学生综合素质提升，培育学生发展核心素养。各学区要统一教学工作思路，统一教育教学日常管理制度，研究解决疑难问题的办法，合理解决教育教学管理中的共性问题，推动学校管理规范有序。

3. 教育科研同步

学区内实行联合教研制度，由学区长学校统筹开展学科备课、教学研讨、听课观摩、课题研究等活动。指导学区的学科教学和教研工作，组织学区成员学校共同开展教研交流活动，做到备课、教学、教师培训、课程与研究成果的学区共享，提高整个学区教师教学能力。研发具有成员学校特色、贴近学生生活体验的校本课程，实行特色课程学区共享、学校互补、共同参与，涉及课程的教材教案、资料、教具、课件由学区学校共同使用，充分提高课程资源的使用率。

4. 教师成长同进

各学区要建立健全教师定期轮岗交流制度，由学区统一调配教师，通过跨校兼课、支教、走教、轮岗等方式促进教师交流。学区内教师轮岗交流采取长短期相结合的交流形式，年度内交流人数不少于学区专任教师数的10%，其中骨干教师交流轮岗应不低于交流总数的20%。学区内要制订教师培训计划，充分发挥现有名师、骨干教师、学科带头人、教学能手的辐射、引领作用，通过"一对一""一对多"的师徒结对等方式，提高成员学校教师的教育教学水平。根据成员学校教学实际情况，学区长学校不定期抽派相关学科优秀教师到成员学校开展示范课、观摩课、研讨课、班队会课、巡讲等交流活动，示范引领教师专业成长。

5. 特色发展同推

学区要大力推进文明校园创建活动，学区联席会议要在全面调研的基础上，结合办学思路及校园结构布局等实际情况，专题研究、科学规划各成员校校园文化建设。要注重优质校园文化的培植和发展，统筹资源着力打造特色校园文化和学区文化。在传承、提升学校原有文化底蕴的同时，从物质文化、精神文化、制度文化等方面拓展延伸，加快融合，形成"一校一特色""一学区一品牌"的良好育人环境。积极推进成员校优质初中、特色小学等示范创建工作，极力提升其办学水平，创成市县知名学校，真正做到共同提升、共同发展。

6. 教育质量同评

各学区根据全县学区教育教学质量要求，注重发展性评价，发挥评价促进学生成长、教师发展和改进教学实践的功能，研究制定学区统一的教育教学质量评估考核指标体系。在学区内统一开展教学质量监测，将学区内每个年级各班各学科进行一体考核和评比，形成学校、年级、班级之间的良性竞争。统一建立健全学生综合素质评价标准机制，对学生思想品德、学业成就、身心健康、艺术素养、社会实践方面进行科学合理评价，积极引导和促进学生德智体美劳全面发展。

六、实施步骤

（1）第一阶段：筹备准备（2021年秋季学期）。各学区根据本实施方案，召开学区长联席会议，细化各学区具体实施方案，制定学区发展规划、工作目标、工作计划和各项规章制度，做好培训、动员工作；县教育局进一步细化学区质量考核、人事调配、资金保障等配套措施，为学区制管理实施做好充分准备。

（2）第二阶段：全面实施（2022年春季学期）。全县9个学区、1个联盟正式启动实施，并在实施过程中不断完善学区制管理运行体制机制，总结、交流学区制管理经验。

（3）第三阶段：示范创建（2023年春季学期起）。上升到县委、县政府层面，出台学区制管理改革实施方案，在全县全面实施，各学区积极创建省、市"名学区"教育品牌。

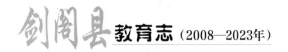

七、保障措施

1. 加强组织领导

县教育局成立学区制管理改革工作领导小组，组长、副组长由局领导担任，成员由相关科室负责人、学区负责人组成。各学区和相关科室按照"整体设计、分步实施"的要求，明确责任，完善政策，创新工作，确保学区制办学顺利实施。

2. 加强过程督导

由县教育督导室牵头，结合优质均衡发展及督学责任区工作，定期对学区内学校管理、教育教学、教研教改、内涵发展、办学效益等进行督导检查和考核评估，考核评估结果作为对学区、学区长学校校长及在学区内交流教师等人员奖励的依据，并纳入对学校教育工作年终考核和对校长、教师的年终绩效考核。

3. 加强激励考核

县教育局将对各学区整体运行、办学质量、优质资源增量、争创"四名工程"等情况进行捆绑考核。对在推进学区制办学中做出突出贡献的管理团队、校级班子以及优秀教师，县教育局给予表彰奖励，并在职称评聘、岗位设置、评先评优、提拔任用等方面进行优先考虑。

剑阁县教育局

2021 年 11 月 17 日

表 A-5　剑阁县中小学学区制管理学校组建名单

（a）小学类

序号	学区长学校	副学区长学校	成员学校	挂联领导	联络员	备注
第一学区	龙江小学	柳沟小学 武连小学	柳沟、武连片区其他 完全小学及上寺小学	何中强	赵从海	
第二学区	实验学校	白龙小学 公兴小学	白龙、公兴片区其他 完全小学	何晓明	李光耀	
第三学区	普安小学	元山小学 开封小学	普安、元山、开封片区 其他完全小学	杨启文	杨得华	
第四学区	剑门关实验 学校	城北小学 剑门关小学	城北、剑门片区其他 完全小学	蒲继强	杨永丰	
第五学区	香江国际实验 学校	木马小学 鹤龄小学	江口、鹤龄片区其他 完全小学	祁学刚	张天锦	

（b）初中类

序号	学区长学校	成员学校	挂联领导	联络员	备注
第六学区	剑阁中学	普安中学、白龙中学、公兴中学、 元山中学、木马中学	王勋勇	唐守荣	
第七学区	剑门关高中	剑门中学、汉阳中学、鹤龄中学、开封中学	王　龙	唐学良	
第八学区	剑州中学	柳沟中学、武连中学	吴俊宏	陈国清	

（c）综合类

序号	学区长学校	成员学校	挂联领导	联络员	备注
第九学区	剑门关天立 学校	演圣小学、香沉小学、龙源育才、姚家小学、 杨村小学、江口嘉陵、东宝小学、盐店小学	王　龙	王俊臣	

（d）高中类

序号	学区长学校	成员学校	挂联领导	联络员	备注
第十学区	高中学校每学年 轮流担任	剑阁中学、剑门关高中、剑州中学、 剑门关天立学校	王勋勇	左　长	高中教育联盟

附录二　剑阁县教育系统党代表、人大代表、政协委员

一、剑阁县教育系统（国家、省、市、县）党代表名录（部分）

表 A-6　剑阁县教育系统党代表名录（部分）

姓名	性别	文化程度	工作单位	届数	备注
徐逃平	男	本科	正兴小学	县第九届	2006—2011
何　印	男	本科	金仙小学	县第十一届	2011—2015
李怀明	男	本科	杨村小学	县第十二届	2016—2020
李文凤	女	本科	姚家小学	县第十二届	2016—2020
杨正勇	男	本科	正兴小学	县第十二届	2016—2020
贾月普	女	本科	普安幼儿园	县第十二届	2017
齐坤勇	男	大学	鹤龄中学	县第十届	2017
张明珍	女	大学	普安中学	县第十届	2016
杨小青	女	本科	公兴小学	县第十一届	2011
杨小青	女	本科	公兴小学	县第十二届	2016
姜庆先	男	本科	公兴中学	县第十二届	2017—2021
杨青锋	男	本科	剑阁中学	市第十届	2010—2012
李晓琳	女	本科	剑阁中学	县第七届	2017—2020
杨贵莲	女	大学	鹤龄小学	县第十一届	2011.10
苟彩霞	女	本科	元山小学	县第十二届	2016.08.08
左　长	男	大学	普安中学	县第九届	2000—2005
张开翔	男	本科	剑阁职中	县第十二届	2016
吴兴裕	男	本科	剑阁职中	县第十二届	2016
蔡白玉	女	本科	剑阁职中	县第十二届	2016
王德明	男	本科	剑阁职中	县第十二届	2016
梁玉钊	男	本科	龙江小学	市党代表	第十一、十三届
梁玉钊	男	本科	龙江小学	县党代表	第八届

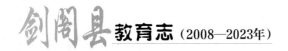

二、（国家、省、市、县）政协委员名录（部分）

表 A-7　剑阁县教育系统政协委员名录（部分）

姓名	性别	文化程度	工作单位	届数	时间
张文成	男	大学	剑阁县高观小学校	县第十七届	2010—2016
母有志	男	本科	剑门中学	县第九届	2000—2005
李玉富	男	大学	剑阁县剑门关小学	县第十六届、县第十七届	2006—2016
蒲建全	男	大学本科	公兴中学	县第七届	2003—2005
蒲建全	男	大学本科	公兴中学	县第八届	2006—2010
蒲建全	男	大学本科	公兴中学	县第十届	2016—2020
刘晏	女	本科	普安幼儿园	政协委员	2006—2010
王志雄	男	本科	县成人教育中心	县第十届	2016—2020
程元军	男	本科	县委宣传部	县第十届	2016—2020
袁兵	男	本科	四川省剑阁成人教育中心	县第十届	2016—2020
梁颖	女	本科	四川省剑阁成人教育中心	县第十届	2016—2020
刘建容	女	本科	剑阁县鼓楼幼儿园	县第十七届	2010—2016
左坤周	男	本科	剑阁中学	县政协第八届	2006—2011
徐黎	女	本科	剑阁中学	县第九届	2011—2016
唐守荣	男	本科	普安教办	县第九届	2011—2016
景萍	女	本科	剑阁中学	县第八、十届	2006—2010 2016—2020
李国安	男	本科	剑阁中学	县第九届	2010—2015
刘芬	女	本科	剑阁中学	县第八、九届	2005—2010 2010—2015
李玉富	男	大学	剑阁县剑门关小学	县第七、八届	2006—2016
张远钦	男	本科	香江国际学校	县第八届	2007
李文峰	男	研究生	剑阁职中	县第十届	2017
左长	男	本科	县教研室	县第十、十一届	2016—2020 2020—2025
梁建军	男	本科	剑阁职中	县第七、八届	2007—2015
王勋勇	男	本科	县教育局	县第十届	2016—2020
张贵能	男	本科	剑阁职中	县第九届	2016
杨阳	男	大学	剑州中学	县第九届	2011—2016
段晓军	男	大学	剑州中学	县第九届	2011—2016
何孔善	男	本科	剑门关实验学校	县政协委员	第七届
伏大庆	男	本科	剑阁县龙江小学校	县政协委员	第七、九届
赵剑蓉	女	本科	龙江小学校	县政协委员	第九、十届
吴晓莉	女	本科	龙江小学校	县政协委员	第十一届

三、剑阁县教育系统（国家、省、市、县）人大代表名录（部分）

表 A-8　剑阁县教育系统人大代表名录（部分）

姓名	性别	文化程度	工作单位	届数	备注
附慧君	女	本科	义兴小学	县第十六届	2006—2010
李红春	女	本科	秀钟小学	县第十六届	2006.11—2011.05
聂睿佳	女	专科	秀钟小学	县第十七届	2012
李　敏	女	本科	金仙小学	县第十六届	2006—2011
彭红玲	女	大学	高观小学	县第十八届	2016—2020
蒋志莲	女	大学	剑门关小学	县第十七届	2010—2016
左秀林	女	本科	杨村小学	县第十八届	2016.08.16
刘　芬	女	大学	香江国际实验学校	县第十八届常委 市第七届	2016—2021 2016—2021
何　文	女	大学本科	香江国际实验学校	县第十八届	2016—
尚英明	女	大学专科	白龙镇小学校	县第十八届	2016—2020
陈苗苗	女	大学本科	县实验学校	县第十八届	2016—2020
王钿森	男	本科	鹤龄中学	县第十六届 县第十七届	2006.11—2011.05 2011.10—2016
唐海蓉	女	大学本科	县特殊教育学校	县第十七届	2012—2016
王丕业	男	大学本科	公兴中学	县第十七届	2012—2016
王志杰	男	本科	剑阁中学	县第十五、十六、十七届	2002—2016
王志杰	男	本科	剑阁中学	市第五、六届	2003—2014
李国安	男	本科	剑阁中学	县第十八届	2016—2020
彭　丽	女	本科	剑阁中学	市第七届	2016—2020
王彩华	女	本科	元山中学	县第十七届	2011.10.25
吴丕鹰	女	本科	元山中学	县第十八届	2016.08.18
杨　澜	女	大学	龙源中学	县第十七届	2011—2015
徐　芳	女	大学	龙源育才学校	县第十八届	2016—2020
蒋志莲	女	大学	剑门关小学	县第十七届	2010—2016
吴洁琼	女	专科	剑门中学	县第十六届	2007
张常青	男	大学	剑州中学	县第十七届	2011—2015

附录三 广元市教育之星

第一届：何 艳 普安幼儿园学生家长

第二届：邓思勇 剑门关高级中学校长

黄有斌 剑门关实验学校副校长

何代英 剑阁县成教中心退休教师

第三届：赵荣华 剑阁中学学生家长

第四届：杨雪银 社会爱心人士

第五届：吴庆龄 剑阁职中学生

第六届：李建容 剑阁县特殊教育学校教师

剑阁旅外人士扶贫助学专项基金（社会团体）

附录四　当代文选

续写剑阁教育之春
——写在全国义务教育均衡发展验收合格之际
王晓明

蜀中剑阁，山川形胜，天下至险。北扼天险剑门，南临森森升钟，东环滔滔嘉陵，西望晴岚五子。剑阁教育，文脉通畅，肇自汉唐，兴于两宋，盛于明清，传于当代。

宋置孔庙，建学官，设教授，人文蔚起。元立亲民，明建兼山，延师授徒，以广文教。先贤业绩，功德至伟；重教兴学，育才兴邦。州人谨庠序之教，优教化襄发展，正纲常厚风俗，大道之行而俊杰辈出。科第绵衍，父子继美，兄弟蝉联，勋节比比。忧国爱民黄兼山，攘外安内赵炳然，蜀中名士李申夫，剑州三杰，名垂千秋。剑州贤才，教化使然。剑阁钟灵毓秀，人文荟萃。张载子厚撰铭，子美太白咏志，务观升庵抒怀。名人剑阁，交相辉映；剑阁名人，流光溢彩。

及至近代，废弃科举，兴办新学。光绪乙巳，设高等小学堂，剑州新学之肇始。民国立剑阁初中，办乡村师范。共和国伊始，乡乡中心校，村办学堂。办剑阁师范，中师摇篮；兴剑阁中学，名扬全省。集资办学，狂飙席卷；三教统筹，新策新篇；五育并举，又红又专。文盲一朝扫，百业少白丁，免费入学堂，人皆读书郎。历劫难而不渝，重振奋而中兴。固虽筚路蓝缕，仍属大厦奠基。

改革开放，沧桑巨变。鹤鸣文峰，卧龙舞闻溪；剑门崔嵬，清江涌大潮。兴教育强县之大业，塑人文不朽之盛事。摈教育之沉疴，革管理之陈敝，振教育之纲常，前瞻布局，拓开新境。扫除文盲，全国先进；普六普九，成果彰显；两基工作，全国有名。幼儿启蒙，保教并重，五星示范；九年义务，均衡发展，普及全面；高中教育，内涵发展，特色多元；职业教育，川北旗帜，品牌彰显；成人电大，固本培元，国内知名。

政府荷兴教之担，师者扛执教之业。授业解惑，引义以正其身，博古通今，启智以树后人。躬耕教坛，著书讲学；溉蕙滋兰，为国树才。春蚕有意，红烛无言；放飞思想，天高地远。效法先贤，遵循教律。讲圣哲之通论，穷数理之渊源；弹五弦之妙指，咏周孔之图书；挥翰墨以奋藻，陈修养之楷模。以贤圣为竿，道德为纶，仁义为钩，育英才而训天下。灌溉莘莘，嘉禾千千。北大清华者，连年上金榜；重点本科者，折桂千有余；高等院校深造，行业能工巧匠，成千上万者众。剑州才俊，如日初升，其道大光，未可限量。

治教治学，敢为人先。灾后重建，凤凰涅槃，学署文庙，状貌日异；城乡一体，义教均衡，庠序设施，焕然一新。创行业之优，促事业发展。足球教学，读书活动，节俭办校，乃国家示范；教育科研，诗词楹联，依法治校，显省内特色；绿色低碳，校园文化，阳光体育，冠市级先进。办全国培训会，强教师之技能；承全省青运会，固体育之根基。市州之内，四县三区，教谕教授，庠序校首，云集于此，研高中之课改，究文化之建设，摩村小之管理，磋现代教育之策，观职业技能之赛，莫不慨叹。

义务教育，均衡发展，国家验，收专家点赞；公平基础，质量为先，优质均衡，前路遥远。展望未来，扶摇而上。如椽大笔，描绘愿景。宏图已定，号角震响。再将万管玲珑笔，续写剑州教育春。

准确把握教育改革新要求新任务
站高谋远系统推进教育优质发展
——剑阁县推进县域教育高质量发展体系建设的探索与实践
李锦钟

党的十八大以来，中共中央、国务院持续推进教育领域综合改革，强力推进教育强国建设。建设教育强国，基点在基础教育。近年来，剑阁教育系统深入贯彻习近平总书记关于教育的重要论述和来川来广视察重要指示精神，紧紧围绕市委"1345"发展战略和县委"1233"执政兴县战略，把立德树人作为根本任务，把加强党对教育工作的全面领导作为根本保证，把坚持以人民为中心作为根本立场，把纵深推进教育综合改革作为根本动力，把建强教师队伍作为重要基础，把服务经济社会发展作为重要使命，践行"快乐教育、幸福成长"理念，围绕"六办一建"总思路，深化教育发展"五项改革"，实施教育提质"八大行动"，着力构建新时代剑阁教育高质量发展体系，全面提升基础教育质量，让剑阁孩子在家门口享受优质教育，努力培养德智体美劳全面发展的社会主义建设者和接班人，为建设现代化剑阁贡献教育力量。

一、目标达成

通过三年的努力，基本形成学前教育优质普惠发展，义务教育优质均衡发展，高中教育优质特色发展，职业教育优质融汇发展，特殊教育优质融合发展的良好教育生态，全县学校办学活力充分释放，教师队伍专业化水平充分展现，学生全面发展充分保障，教育治理体系和治理能力明显提升，建成一批市级、省级、国家级特色名校，办好家门口人民满意的教育。

（1）教育发展指标进一步提升。全县学前三年毛入园率达 93.5% 以上，普惠性幼儿园覆盖率达 88% 以上，公办园在园幼儿占比 55% 以上。九年义务教育巩固率达 97% 以上，适龄残疾儿童义务教育入学率达 97% 以上。高中阶段毛入学率达到 97% 以上，高考本科上线稳定在 1 100 人以上，"双一流"大学录取 120 人以上。中职学校职教高考上线率达 96%。

（2）优质教育资源进一步扩大。不断优化学校布局，整合教育资源，推动城乡教育优质均衡。创建成省、市级示范幼儿园 6 所、省级义务教育优质发展共同体领航学校 5 所、省二级示范性高中 1 所、"双示范"职中 1 所；启动创建省一级示范高中 2 所、省二级示范高中 1 所。创建成国家、省、市、县特色学校 30 所。创建成全省学区制治理示范县；积极争创科技教育、心理健康教育、家校共育和教育评价改革示范县（校）。

（3）城乡办学条件进一步改善。新改扩建幼儿园 9 所、新增学位 1 500 个；新建寄宿制小学 1 所，新增学位 1 500 个；新建高中学校教学楼、综合楼、艺术楼 20 000 平方米，扩建食堂 9 000 平方米；改扩建中小学学生宿舍 2 000 间，面积 30 000 平方米；新修建教师周转房 564 套；改扩建中小学运动场 10 个，面积 3 000 平方米。持续推进校园数字化建设，建成智慧校园 10 所。积极推进新建清江中学 1 所，新增学位 2 500 个；包装改建特殊教育学校 1 所。

（4）教育师资力量进一步增强。补充教师 400 名左右，其中硕士研究生学历教师 30 名左右。推评高级职称教师 120 名；实施"三名"工程，推选广元教育领军人才（名校长）10 名并组建工作室；推选名师 80 名并组建工作室，评选表扬各级各类优秀教师或先进典型人物 600 名。职业教育"双师型"教师占比达 56%。

（5）形成一系列特色示范工作。全面开展对标竞进活动，对标提升、发展赶超，形成一批全国一流、全省示范的工作经验。积极挖掘利用本地红色资源，打造红色思政教育品牌。培育打造翠云廊等研学实践教育品牌。做优"剑门关杯"青少年校园体育比赛、"大蜀道"职业院校技能比赛、"摩天岭"中小学机器人比赛等校园赛事品牌。

二、工作举措

全面践行"快乐教育 健康成长"教育理念，聚力构建立德树人"五育"融合育人体系、优质均衡基本公共教育服务体系、现代教育县域治理体系、教育高质量发展保障体系及教育高质量发展评价体系等五大体系建设，全力推动县域基础教育高质量发展。

（1）聚焦立德树人根本任务，构建德智体美劳"五育"融合育人体系。在全县贯彻"快乐教育，幸福成长"办学理念，着力以国家课程为主体，地方课程和校本课程为拓展补充的县域课程建设，让学生体验人性行为之美、自主学习之乐、赏心悦目之乐、参与实践之乐、张扬个性之乐、平等合作之乐，让学生从思想上、精神上、心理上感到幸福快乐，实现学生德智体美劳全面发展。一是深化思政课程建设。充分发挥道德与法治（思想政治）课主阵地作用，深入挖掘语文、历史和其他学科蕴含的思政资源，强化体育、美育、劳动教育的德育功能，因地制宜开发了富有教育意义的地方和校本思政课程；强化党建带团建、队建，着力一体化育人，利用重大节庆日、重要纪念日等开展主题鲜明、内容丰富、形式多样、感染力强的教育活动，大力提升思政课育人质量，教育引导学生从小听党话、永远跟党走，着力培养担当民族复兴大任的时代新人。二是深化优秀传统文化课程建设。认真贯彻落实《中华优秀传统文化进中小学课程教材指南》，以幼儿、小学、中学教材为重点，把中华优秀传统文化全方位融入教育各环节，贯穿中小学各学段。广泛开展中华优秀传统文化教育活动，大力推进白龙纸偶、高观皮影、杨村傩戏等非遗文化进校园，开发具有地方特色的优秀传统文化校本课程，积极争创优秀传统文化艺术传承学校，全力引导全县师生树立正确的国家观、民族观、文化观，筑牢民族文化自信、价值自信的根基。三是深化红色文化课程建设。依托红军攻克剑门关纪念广场、鹤龄化林大队大寨、秀钟大路河红军长征驿站、红军激战马鞍山等红色育人阵地，广泛吸收全国各地红色文化教学优秀资源，开设红色文化地方课程，形成教改研究、教学融入、实践养成"三位一体"的红色文化育人新模式，建设了以剑门关小学、秀钟小学、羊岭小学、长岭小学为主体的红色文化品牌学校，全力构建县域"红色国防教育思政教育共同体"。四是深化生态文明课程建设。坚定"绿水青山就是金山银山"发展理念，将习近平生态文明思想融入课堂、贯穿生活，开发生态文明特色校本课程，筑牢学生"生态立人"的面向未来、可持续发展的思想理念和成长思维，扎实开展生态教育、生态文化、生态课程、生态活动等全方位的生态学校建设，巩固发展翠云廊古蜀道生态文明现场教学基地，让学生热爱自然、热爱家乡、保护环境；普及、巩固和深化师生心理健康和珍爱生命教育，加快制度建设、课程建设和师资队伍建设，用好心理健康辅导室，在学校普遍建立起规范的心理健康教育服务体系，全面提高学生的心理素质。五是深化兴趣特长课程建设。深入贯彻落实中办、国办《关于全面加强和改进新时代学校体育工作的意见》《关于全面加强和改进新时代学校美育工作的意见》和教育部等十八部门《关于加强新时代中小学科学教育工作的意见》等文件精神，在开足开齐科学、音乐、美术、体育、劳动实践等课程基础上，结合学校教学资源、师资队伍、学生兴趣等实际情况，充分利用课后服务，组建了形式多样的科技创作、艺术体育、劳动技能等兴趣特长社团或小组，配套开发丰富多彩的特色课程，丰富学生的课余文化生活，激发学生想象力、探求欲和兴趣爱好，构建立体式多元化育人模式。

（2）坚持"六办一建"发展总思路，构建优质均衡基本公共教育服务体系。以创建全省教育

"双百双千"示范学校为目标引领，坚持普高优质发展、职教品牌发展、初中标准化发展、小学特色发展、幼儿园普惠发展。一是办优质高中，实施普通高中"强校工程"，实施县域普通高中振兴计划，高中学校坚持自主创新创优，示范辐射带动，创建全市一流、全省有影响的高品质示范高中，引领全县基础教育向着更高质量发展。剑门关高中争创省级特色办学示范高中；剑阁中学争创省级引领性示范高中；剑州中学建成艺体类特色高中；剑门关天立学校凭借资源优势、品牌优势，建成川北一流高中。二是办品牌职教，剑阁职中以双示范建设为引领，深化产教融合、校企合作，组建产教融合行业共同体、产教融合型企业、产教融合实训基地，加强与企业共建新专业、开发新课程、开展订单培养，推进剑阁职业教育现代化，擦亮剑阁职中"国重"品牌，大力实施"三名工程"，创建成全省"双示范"中职学校。三是办标准化初中，开展义务教育标准化管理示范校、特色校评估认定工作，各高中初中部、单设初中积极创建"义务教育领航学校"，打造优质均衡、活力充盈、特色鲜明、生态和谐的剑阁初中新样态。夯筑剑阁初中教育的"四梁八柱"（"四梁"，即清江中学、剑州中学、开封中学、白龙中学；"八柱"，即普安中学、剑门中学、柳沟中学、元山中学、武连中学、公兴中学、鹤龄中学、木马中学）。四是办特色小学，推进城乡小学教育共同体建设，强化小学特色建设，走特色发展之路，做实做深"一校一品"，丰富学校教育内涵，全面提高教育质量，提升小学教育品位。打造剑阁小学教育新"五朵金花"，即公兴小学、开封学校、白龙学校、鹤龄小学、元山小学。五是办普惠幼儿园，建设一流园舍设施、先进办园理念、高素质幼教团队、鲜明教学特点、优秀园本课程、安全系数高的普惠幼儿园。积极推进集团化办园。六是办最美乡村学校，打造最好乡村教育、造就最美乡村教师、培养最美乡村学生，让农村孩子在家门口享受到城区的同等教育资源。七是建劳动实践基地，积极推动剑阁县研学实践基地建设，建好配齐劳动实践教室、实训基地，开好劳动课程，强化劳动观念，加强劳动教育，教育引导学生崇尚劳动、尊重劳动。

（3）全面深入推进教育"五项改革"，构建现代教育县域治理体系。一是强力推进教育评价改革，用好考核评价指挥棒，完善校、园长履职效能评价考核机制；深化教育教学质量评价改革，提高课堂教学质量和课后服务质量；深化学校综合办学水平评价改革，围绕学校发展、教师发展、学生发展、保障发展、学区发展等重点目标，推动学校综合办学水平的提升。二是强力推进课堂教学改革。研制义务教育"高效课堂"评价基本标准，"一县一案""一校一策"推进构建义务教育高效课堂基本模式。积极适应新高考改革，在新课程改革的路上不断实践探索反思。在课本、课标、课堂、课程、课题"五课"研究上狠下功夫，打造有效课堂、高效课堂。三是强力推进学区制管理改革。全面深化9个学区1个教育联盟"七同"措施，城乡结合、强强联盟，推进基础教育一体化、优质均衡发展。四是强力推进教育督导机制改革，创新教育督导体制机制，改革教育督导方式方法，督政督学，提高教育督导的威慑力。五是深化"县管校聘"改革，搞好试点工作，总结成功经验，全县逐步推广。

（4）实施教育提质"八大行动"，构建教育高质量发展保障体系。一是聚力抓党建，全面强化政治引领。完善学校党建工作考核评价制度，修订师德师风考核评价机制。积极推进党组织领导的校长负责制，坚持党对教育事业的全面领导，充分发挥各学校党组织把方向、管大局、抓思想、建队伍、促落实的核心领导作用；抓好全系统意识形态工作，牢牢掌握教育系统意识形态工作领导权和发言权；深化党风廉政建设，坚决纠治教师有偿补课、体罚学生、打牌赌博、酒驾醉驾等顽瘴痼疾；加大"关键少数"监督力度，着力关键岗位权力风险监管，营造教育系统风清气正政治生态。二是聚力固根本，落实"立德树人"根本任务。强化学生思想政治、理想信念、优秀传统文化、生态文明教育，厚植社会主义核心价值观，在"培养什么人、怎样培养人、为谁培养人"上做足功夫。坚持以读书节、体育节、科技节、艺术节"四节"活动为抓手，大力开展体育艺术、劳动实践教育、心理健康教育。实施好家校共育，贯彻好《中华人民共和国家庭教育促进法》。加强学校卫生健康教育，切实解决学生体质与健康方面存在的近视、肥胖等问题，培养德智体美劳全面发展的社会主义建设者和接班人。三是聚力转作风，健全师德建设长效机制。建立纪律作风、师德师风建设机制，完善考核制度、先进典型评选办法。强化师德师风专项治理，加强案件通报、警示教育，持续净化教育系统生态环境；严格遵守《新时代中小学教师职业行为十项准则》，以"四有好老师"为标准，开展常态化教育，涵养师德修养；开展师德师风标兵评选活动，树典型、强引领，营造向善向美的人文环境；规范师生使用微信、QQ、视频号等自媒体，讲好剑阁教育故事，弘扬教育正能量；把师德师风纳入教师年度考核，作为评选晋级的重要依据；对标师德师风考核负面清单，严查师德失范行为。推动教育系统工会工作制度化、规范化，提高学校民主管理、民主监督水平。四是聚力强班子，发挥示范引领作用。建立修订完善学校领导干部考核评价机制、学校中层干部选拔任用管理办法、年轻后备干部培养选拔机制、教师职称评定指导意见等；打造一支政治过硬、作风过硬、业务过硬、廉洁过硬、有理念、懂管理、钻业务的优秀教育管理团队。明确用人导向，凭德才、凭实绩、凭能力选用干部，注重在教育教学一线培养干部、在骨干教师队伍中选拔干部，注重干部梯次成长、结构合理、老中青结合。五是聚力提素质，开展教师定期全覆盖培训。建立人才培养和管理机制，完善名师工作室考核保障机制，建立教育科研人才考核保障机制。实施教师素质能力提升工程，落实《"幸福园丁"三年成长计划》，加大教师校本培训力度，着力提升教师课堂教学能力、课后服务能力、课题研究能力、信息技术应用能力、班级管理能力；持续开展读书活动、课堂教学大比武、教师技能大竞赛、教育科研大讲坛，提升教师专业素养和业务水平；推进名学校、名校长、名教师、名办学集团"四名工程"建设，发挥好名师工作室、心理健康教育工作室作用，分段分科建立教育科研团队；建立音乐教育、美术教育、书法教育、体育教育、科技教育、心理健康教育专业委员会六大专业委员会，强力推进引领教师专业成长；加强教师梯次培养和年轻教师培养，引导教师当好"四个引路人"。六是聚力优质量，大力开展"对标竞进、争先创优"工作。全面实施学区制管理改革，修订完善各类学校教育教学质量考评办法，完善教育质量奖励办法，建立教育教学科研成果考核奖励办法，修订幼儿园质量考核管理办法，完善学校信息化建设和平台使用管理考核措施，建立责任督学考核保障机制，编制教育教学督导手册，细化工作责任和工作措施。着力课堂教学质量、课后服务质量，强化过程管理，引领教育教学高质量发展；每年定期举办读书节、艺术节、体育节、科技节"四大节"，强化素质教育，落实五育并举，全面提升育人质量；高中、职中要培养学生多元成才，每年高考有亮点，实现清、北榜上有名，进入"985""211""双一流"高校达120人以上；中考、小考和小学、初中全市质量抽测进入全市前列，初中学校力争进入全市前50名，小学力争进入全市前100名。七是聚力保安全，持续开展平安校园建设专项行动。建立完善教育系统安全防范工作责任体系，编制学校安全防范指导督导工作规范手册，完善教育系统信访处置工作办法和突发事件应急处置操作规程，建立完善学校安全生产监督管理、追责问责办法，修订完善学校食堂安全管控制度，建立"校地家"学校安全联防联控责任机制。严格落实安全生产党政同责，落实校（园）长第一责任人责任；以最高的重视程度、最严的纪律要求、最实的工作作风、最细的防控措施抓好学校疫情防控、多病防治、校园防暴力、防溺水、防踩踏、防高坠、校舍校产排危等工作；守牢学校食堂食品卫生安全，做良心食品、做优质食品，让学生吃得好、吃得饱、吃得舒心，促进每一位学生健康成长。八是聚力促发展，做实乡村教育振兴。进一步优化教育布局调整方案，科学制定执行"十四五"学校项目建设规划，抓项目、找资金，争取最大限度地改善学校办学条件，修订完善学校项目建设申报、审核、实施管理规范，修订完善机关、学校财务监督管理办法，建立学校财务常态化审计制度；修订完善机关、学校物资、项目采购监督管理办法。把教育作为乡村振兴的"先手棋"。精准锁定资助对象，核准学生贫困等级，扎实抓好学生资助工作，按政策要求使用好助学金、奖学金，让助学金切实成为贫困学生实现成才梦想的有力保障。

（5）着力打造"五张教育品牌"，构建教育高质量发展评价体系。一是建设品牌学校。坚持用品牌的标准来衡量学校发展成效，努力把学校建成安全校园、文明校园、健康校园、智慧校园、文化校园。通过学校精细化管理、校长个人提升、高雅文化打造、教育教学质量提升、办学特色鲜明、办学资源保障等方面，让学校在家长师生、群众中形成良好的口碑，持续提高学校品牌的知名度和美誉度。二是锻造名牌校长。强化学校书记、校长在办学思想上的引领作用，不断提升校长治校魅力，做先进理念的践行者，引领学校发展、营造育人文化，做善于管理的教育家，带领团队共建、优化学校管理和外部环境，做教育质量提升的主导者，领导课程教学、常规管理、促进师生成长，做能说会道的演讲家，提升"能言善辩"能力，做教育管理的行家里手，不断引领学校教育高质量发展。组织开展教育管理干部论文征文活动，编辑《雄关论教》教育管理干部论文集两期。三是培塑金牌老师。大力实施青蓝工程、跟岗锻炼，着力抓好校本培训，常态化开展"课堂教学大比武""教学技能大竞赛""教育管理大讲坛"三大活动，让更多的教师跻身优秀教师群体。强化激励奖励，选树优秀教师典型，打造一批"名校长、名班主任、名教师"，增强教师荣誉感、获得感。组织全县教师开展"我的教育故事"征文活动，编辑两期《我的教育故事》。四是培养王牌学生。聚力培养"学生发展核心素养"，塑造学生能够适应终身发展和社会发展需要的必备品格和关键能力。在义务教育阶段分别建立有学科特长、创新潜质的拔尖后备"人才苗库"，专人专档动态管理。省级示范性普通高中按年级分别组建 2~4 个拔尖创新人才培养班。从文化基础、自主发展、社会参与三个方面，培养学生的人文底蕴、科学精神、学会学习、健康生活、责任担当、实践创新 6 大素养，让每一个学生都成才，让更多的学生考上"985""211""双一流"大学，让更多的优秀学生成为各行各业、各条战线上的精英翘楚。五是打造"雄关论教"招牌。建好六大专委会平台，完善培训活动方案，扩大论教参与面，让更多的学科教学骨干、中层管理人员、书记校长、专家学者参与其中，持续提升论教的深度和广度，大力开展"走出去、请进来"活动，就学校党建、教育教学、校园文化、制度建设、课程研发、特色发展等方面进行研讨交流，与四川师范大学、绵阳师范学院等高校联合，与北京海淀、浙江上城、红色广安结盟，优质资源共享共建。办好"校长论坛"，让学校书记、校长站上讲台，解读教育新政策、新精神，剖析县域教育短板问题，交流突破提升的经验成果，进一步促进学校内涵发展提档升级；邀请名家、省市教育主管部门领导专家、县外对标竞进学校专家参与，打造拥有省市影响力的教育品牌。

三、收获成效

（1）党的领导得到全面加强。全系统深入贯彻习近平总书记来川来广视察重要指示精神、党的二十大精神和省、市、县历次全会精神。切实履行全面从严治党政治责任，党风廉政建设、纪律作风建设和意识形态工作走向纵深。广泛开展喜迎党的二十大、庆祝建党周年系列活动和主题教育。完成 7 所党委、党总支学校书记、校长分设，74 所党支部学校书记与校长一肩挑，61 个党组织换届选举和 17 个党组织委员增补工作。龙江小学成功创建市级党建品牌学校，完成 52 位离任校长和任期内校（园）长经济责任审计工作。

（2）五育并举取得新成效。全面贯彻党的教育方针政策，落实立德树人根本任务，坚持上好思想政治课和课程思政，大力开展中华优秀传统文化进校园和生态文明建设教育活动，在全省第五届"立德树人"创新案例评选中获一等奖 8 项、二等奖 6 项、三等奖 10 项，名列全市第一。强力推进体育强国行动、美育浸润行动、卫生健康行动，定期举办读书节、体育节、科技节、艺术节"四节"活动，建成国家、省、市体育示范学校 35 所，省、市艺术特色学校 11 所，市优秀学生艺术团 9 所。体育中考全市综合排名位居第二。学生体质健康测试全县学生优良率、合格率两项重要指标大幅提升。聘任 180 名专兼职心理健康教师，定期对全县中小学生进行全覆盖筛查，剑阁县心理健康教育被省、市主流媒体宣传报道。

（3）教育教学质量持续攀升。2021 年以来，剑阁县高考本科、一本上线增长数、本科上线率、600 分以上特优生大幅增长，北京大学、清华大学录取 2 人。其中 2021 年文化一本上线 264 人，本科上线 996 人；2022 年文化一本上线 228 人，本科上线 960 人；2023 年文化一本上线 322 人，本科上线 1 149 人；2024 年文化一本上线 366 人，本科上线 1 309 人，艺体双上线 168 人，本科突破 1 400 人大关，创剑阁县高考本科上线历史之最。中考普高上线率每年实现 5% 以上增长。其中，2024 年，剑阁中学普高录取线 638.6 分，高于全市 106.7 分；剑门关高级中学 627.9 分，高于全市 96 分；剑州中学 567.2 分，高于全市 35.3 分，涨幅是 2023 年的 2 倍。稳步推进职普融通、产教融合、科教融汇，剑阁职中成功入选全省中职"三名工程"，被评为"全国教育先进集体"。

（4）城乡办学条件大幅改善。招商引资签约资金 5 亿元，引进了剑阁县研学旅行项目；投入教育行业资金、中省预算内投资、债券资金、对口帮扶资金等各类项目资金约 2.8 亿元，不断改善办学条件。剑州中学综合楼及学生宿舍、剑门关小学运动场、剑阁职中产教融合等 12 个项目竣工投用；清江翰林幼儿园顺利招生；剑门关高级中学等 50 个维修改造项目顺利完工；剑阁中学教学楼及运动场、剑州中学福心艺术楼、9 所学校 564 套教师保障性住房、学前教育（第一批）7 个项目、剑门关高中提质扩容、清江中学项目正稳步推进。

（5）教师队伍建设成效明显。制定《剑阁县"幸福园丁"三年成长行动计划》，大力开展课堂教学大比武、教师技能大竞赛、教育管理大讲坛三大活动。遴选 235 人赴广安、杭州等地跟岗学习，组织教师参加县级以上各类培训 6 300 余人次，选树县级以上"优秀教师（校长）"等优秀典型 1 054 名。入选全省"最美教师"2 人。1 人成立省级卓越校长工作室，1 人入选教育部名校长工作室成员，新增市名师工作室 4 个，立项省、市课题 63 个，100 余人次荣获市级以上课题成果奖。评聘初级以上教师 1 762 人，推评正高级教师 4 人。

（6）教育改革取得实质性突破。稳妥推进基础教育学校布局调整，整合撤并 3 所学校高中部、4 所九年一贯制学校初中部和 6 所完全小学，剑阁县基础教育学校布局调整工作得到省教厅、市委宣传部、市教育局点名表扬。推进校外培训机构"缩量转型"，29 家校外培训机构注销，27 家文化艺术类校外培训机构归口审批和管理工作顺利移交县文旅体局。全县义务教育学校全覆盖开展"5+2"1+N 课后服务，作业辅导、体育运动、社团活动一同推进，学生参与率达 100%。全面完成校园安防建设 6 个 100% 任务，持续开展校园风险隐患排查整治、信访维稳、安全教育、疫情防控和流行病预防等工作，校园平安稳定。

（7）综合示范效应持续增大。2021 年以来，县教育局获国家级"节约型机关"、省教育宣传工作先进单位、省教育事业统计工作先进单位、市基础教育质量一等奖、市生源稳控一等奖、市职业教育先进集体、市继续教育工作先进集体、市德育教育工作先进集体等市级以上荣誉称号和奖励 46 项。成功承办全国提琴智慧教育进校园第二届教育峰会、省"立德树人"创新案例现场会、全省乡村少年宫现场会等市级以上现场会 18 个。省委王晓晖书记在剑门关高级中学调研时充分肯定剑阁县教育工作。省委常委、组织部部长于立军调研剑阁职中、剑门关高级中学，对两校办学成绩充分肯定。学区制治理改革成效初显，剑阁县作为全省 10 个、全市唯一县区入选省首批学区制治理改革试点县，《深化学区制改革 推进剑阁教育优质均衡发展》获全国首届"教育改革创新成果"二等奖。基础教育综合改革先后在全省教育学会学术研讨会、全市教育发展大会作经验交流。教育评价改革经验做法在全省推进基础教育高质量发展专题培训会上受到省教厅点名表扬。

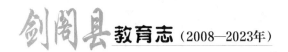

<h1 style="text-align:center">剑阁教育扶贫助力脱贫攻坚</h1>
<h1 style="text-align:center">彰显集中力量办大事的中国特色社会主义制度优势</h1>

唐永红

一、全面建成小康社会的任务

（一）"两个一百年"奋斗目标

中共十八大报告提出"两个一百年"奋斗目标：第一个一百年，即到中国共产党成立一百年时（2021年）全面建成小康社会；第二个一百年，即到新中国成立一百年时（2049年）建成富强民主文明和谐的社会主义现代化国家。

（二）全面建成小康社会的内涵

全面建成小康社会，强调的不仅是"小康"，而且更重要的也是更难做到的是"全面"。"小康"讲的是发展水平，"全面"讲的是发展的平衡性、协调性、可持续性。全面小康，覆盖的领域要全面，是"五位一体"全面进步，是各个环节、各个方面协调发展，不能长的很长、短的很短。全面小康，覆盖的人口要全面，是惠及全体人民的小康。全面小康，覆盖的区域要全面，是城乡区域共同的小康。

（三）脱贫攻坚目标任务

到2020年，稳定实现农村贫困人口不愁吃、不愁穿，义务教育、基本医疗和住房安全有保障；实现贫困地区农民人均可支配收入增长幅度高于全国平均水平，基本公共服务主要领域指标接近全国平均水平；确保中国现行标准下农村贫困人口实现脱贫，贫困县全部摘帽，消除区域性整体贫困。

二、剑阁教育贫困学生现状

2018年底，全县有建档立卡贫困学生12 820人。其中学前教育阶段2 197人，义务教育阶段7 332人（其中小学教育阶段5 270人、初中教育阶段2 062人），普通高中教育阶段1 100人，职高640人，高等教育1 551人。全县全国建档立卡贫困家庭学生在县内就读9 468人，县外市内就读213人，市外就读3 139人。全县有留守学生26 200人，其中建档立卡贫困家庭学生6 045人。接受"送教上门"学生为93人。

三、剑阁县教育扶贫的主要措施

（一）实施贫困学生资助计划

落实家庭经济困难学生资助政策。按每所学校的收费标准据实减免2 836名家庭经济困难在园幼儿保教费。在义务教育"三免"基础上，按小学生每生每年1 000元、初中每生每年1 250元的标准，为12 356名家庭经济困难寄宿生提供生活补助。按照每生每年800元的标准，为35 459名农村学校义务教育阶段学生提供免费营养餐。按平均每生每年2 000元的标准，为全县3 036名普通高中家庭经济困难学生发放国家助学金。免除全县2 530名普通高中家庭经济困难学生学费。按每生每年2 000元的标准，为1 642名符合条件的中职学校家庭经济困难学生发放国家助学金；免除全县2 100名（艺术类相关表演专业除外）全日制中职学生学费。按每生每年4 000元（其中学费资助2 000元、生活补助2 000元）的标准，资助2016年秋季及以后新入学的建档立卡贫困家庭本专科学生500人。按每生每年1 000元的标准，资助443名建档立卡贫困家庭中职学生。对建档立卡贫困家庭学生开展救助，解决部分贫困学生除享受相关资助政策外的就学困难。

完善由"县长、局长、乡（镇）长、校长、村民委员会主任、家长"共同负责的"六长责任制"。层层签订责任书，落实"控辍保学"责任。继续改善农村学校办学条件，持续推进乡乡有标准中心校建设。

（二）实施就业能力培育计划

协助涉藏地区和大小凉山彝区实施"9+3"免费职业教育计划。落实往届初、高中毕业生就读职业学校优惠政策。提升贫困劳动力就业能力，组织各职业学校深入贫困村，面向建档立卡贫困户开展免费职业技能培训，搞好定向、订单培训，带动贫困劳动力提升技能水平，增强就业竞争力。开展农民夜校"四讲一做"活动，激发群众脱贫奔康主体意识和内生动力，各职业学校、乡镇中心校提供教学设备，选派专业教师授课；教育系统各驻村工作队和第一书记做好教学组织保障，确保夜校教学取得实效。培训乡村实用人才，组织剑阁职中、武连职中、新科职校招收应往届初高中毕业生100人开展为期1年的免费职业教育与培训，考核合格后发放中等职业学校（含技工学校）毕业证书。

（三）实施乡村教师支持计划

进一步完善符合乡村教师工作特点的职称（职务）评聘办法，全面落实乡村教师生活补助。继续实施"特岗计划"，重点补充紧缺学科及音、体、美教师，加大农村教师补充力度。加大"国培计划"和省级教师培训项目支持力度；组织实施名师"送教到校""乡村教师访名校"教育扶贫，加大农村教师培训力度。落实城区学校教师到农村学校支教、农村学校教师交流制度。

（四）实施东西部教育扶贫协作计划

县教育局根据广元市教育扶贫指挥部通知，与浙江丽水莲都区教体局结对，共同编制《莲都—剑阁教育扶贫协作框架协议》（以下简称《协议》）。《协议》中明确了以下重点工作：

建立帮扶协作机制，制订教育帮扶年度计划。开展教师交流培训，制订教师交流工作年度计划，出台《剑阁县教育局外派挂职干部管理规定》。浙江丽水市莲都区向剑阁县每个受扶中小学选派支教教师，以讲学送教、集中培训、教师工作坊等方式开展教育帮扶。实施中小学结对帮扶。实施职教结对帮扶，支持剑阁职业中学校做好劳动预备制培训、就业技能培训、岗位技能提升培训和创业培训。争取爱心慈善捐资，奖教助学。

四、剑阁县教育扶贫的成效

（一）义务教育适龄儿童上学全保障

（1）党政依法履职控辍。全面压实"六长"控辍保学责任。确保建档立卡贫困家庭适龄儿童、少年"一个不少"都上学。

（2）行业主动作为控辍。建立了县教育扶贫办公室统一指挥协调、教育督导责任区分片督导、各校具体落实的三级联动协同体系。建立了"XX乡镇6~15周岁学龄人口户籍、就学、疑似失学学生销号、县外就读信息系列台账"。实现了贫困家庭学生就读状况网格化管理，走完教育扶贫"最后一公里"。

（3）关爱"弱势"群体控辍。想尽千方百计，关爱留守儿童、关心留守学生、关注流动学生，关怀"三残"学生，确保贫困家庭学生"进得来""留得住""学得好"。2018—2020年，剑阁县就读义务教育阶段的建档立卡贫困家庭学生及"三残"学生，无一人因贫辍学。

（二）学生资助补助全面落实

剑阁县各学历层次、各教育类型的贫困学生享受的资助项目共计十一项：减免保教费、义务教育阶段贫困寄宿生生活补助、减免普高学费、普高助学金、减免中职学费、中职助学金、中职高三生活补助、中职特别资助、本专科特别资助、生源地国家助学贷款、教育扶贫救助基金。

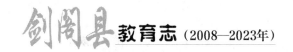

按财政拨款基准定额政策，2020年按照普通小学每生每年600元、普通初中每生每年800元的基准定额补助公用经费，对寄宿制学校按照寄宿生年生均200元标准增加公用经费补助，对农村地区不足100人的学校按100人核定公用经费，特殊教育学校和随班就读残疾学生按照每生每年6000元标准补助公用经费。

表A-9　2016—2020年剑阁县贫困学生受资助统计表

	2016年	2017年	2018年	2019年	2020年
各类资助/人次	5 417	54 557	57 492	70 794	72 001
各类资助金额/万元	3 808.877 9	4 304.910 7	4 764.856	5 399.85	4 255.279

注：本表中2020年部分资助项目只统计到春季。

（三）学校办学条件全面改善

2016—2020年，据不完全统计，全县共投入11 512.236万元，新、改、扩建公办幼儿园，"薄弱学校改造"，建设贫困乡村学校教师周转房，购置教育信息设备设施，建设实验室、图书室、学校食堂、运动场等。通过新建、改建、扩建、整合等举措，全面加强义务教育阶段学校教学和教辅用房建设；配齐配足了各中小学的教学仪器装备和图书；编制全部核定到校，全县平均师生比为1∶14.42。全县中小学办学条件全面改善，69所乡镇中心校全部达标。

（四）乡村教师支持计划全覆盖

对边远山区的在岗教师每月给予400、450、500元补贴纳入预算，并落实到位。完善符合乡村教师工作特点的职称（职务）评聘办法。农村教师绩效工资严格按政策兑现到位，将"五险一金"集体承担部分纳入了财政预算并落实到位，全县教职工工资全额纳入预算，且一律实行打卡直发，无拖欠教职工工资情况。向偏远农村学校补充教师，选派城区学校优秀教师到贫困乡村学校支教，贫困边远山区乡村学校教师外出培训学习，偏远农村学校教师交流。

表A-10　全面实施乡村教师支持计划情况统计表

	2016年	2017年	2018年	2019年	2020年	合计
补充教师/人	96	240	343	370	205	1 254
支教人数	60	21	48	30	17	176
交流人数	89	73	90	167	0	419
各类培训/人次	5 130	5 749	8 190	7 831	8 160	35 060

（五）就业能力全面提升

2017—2020年，全县职业中学面向社会招收往届初高中毕业生就读职业中学学历教育专业232人；剑阁职中、武连职中、新科职校、浙江丽水职高等职业技能培训机构，共培训学员9 792人次；劳务输出6 751人次。推进职业教育"双高"（就业率高、就业质量高）专业创建。普职融通共有学生297人。

五、剑阁县教育扶贫彰显集中力量办大事的中国特色社会主义制度优势

党的十九届四中全会立足中国特色社会主义事业发展全局，从十三个方面系统总结了中国制度的显著优势。其中第四个优势为"坚持全国一盘棋，调动各方面积极性，集中力量办大事的显著优势"。

（一）集中力量办大事的历史延续

早在公元前486年，中国人就开始建设运河。到了隋朝，更是将运河的建设推到了历史的巅峰，并成就了伟大的京杭大运河。

改革开放以来，中国相继建成了三峡水利枢纽、青藏铁路、载人航天、高速公路网、高速铁路网、西气东输、南水北调、特高压电网等国家重大工程，在新时期展示了集中力量办大事的巨大优越性。

党的十八大以来，凭借集中力量办大事的制度优势，中国在国产大飞机、港珠澳大桥、"蓝鲸1号"钻井平台、北斗系统、中荣计算机、"天眼"探空等一大批重大创新工程上取得突破，显示了中国具有集中力量办大事的制度优势。

（二）集中力量办大事的思想逻辑

从"党"的角度看，中国共产党具有强大的"组织动员能力"，这是"集中力量办大事"的关键。因为中国的国家治理架构是以各级党委（党组织）为主轴的，中国共产党集中统一领导是实现有效组织动员的关键抓手。

从"政"的角度看，中央、省、市、县、乡等各级政府，无论是机构设置还是职责配置，都是高度统一的，呈现出上下对口、左右对齐的"职责同构"模式。各层级政府或部门能够随着中央的"一纸号令"而实现"整齐划一"，各级政府可以围绕特定任务展开集中攻坚。

有了"组织动员能力"，只能回答"集中力量办大事"中的"集中"，要办成大事，还必须有"力量"。从中国的政治与经济的关系中，能明确中国政府强大的经济能力。对于政府施政或治理国家而言，经济能力是核心能力。在以社会主义公有制为主体的经济制度框架下，中国的经济和社会呈现一体化、统一性特征。这使得中国共产党具有高度的自主性，能够统筹、调度、利用包括国有企业在内的多种经济资源力量，围绕民生福祉、国家发展等"办大事"。

（三）集中力量办大事的理论逻辑

中国特色社会主义制度的显著优势就是集中力量办大事，而且是连续办大事，年年办很多大事，办成了很多惊天动地的大事。这是一种接力办大事的制度，一代接着一代干，越干越能干的制度。这是集中民意民智民力办大事的制度，能够充分调动各个社会阶层的人民群众拧成一股绳，克服各种风险挑战，实现宏伟目标。

习近平总书记指出："我们最大的优势就是我国社会主义制度能够集中力量办大事，这是我们成就事业的重要法宝，过去我们搞'两弹一星'等靠的是这一法宝，今后我们推进创新跨越也要靠这一法宝。"

中国特色社会主义制度和国家治理体系具有连续性和稳定性的特点，能够始终如一地把制定的每一项重大战略任务落实到位。我们之所以能够如此，一个重要原因就是中国特色社会主义制度和国家治理体系具有强大的稳定接力性。

（四）集中力量办大事的实践逻辑

党领导人民为实现中华民族伟大复兴而奋斗的实践表明，中国共产党能够凝聚起磅礴力量来完成任务、实现目标，办成许许多多大事、好事、实事，这是社会主义制度优越性的集中体现。

进入新时代，如何使贫困地区群众尽快脱贫致富问题，迫切地摆在中国共产党人面前。以习近平同志为核心的党中央以大无畏的气魄和担当，决定到2020年底彻底解决绝对贫困问题。几年下来，精准扶贫工作成效显著，中国贫困人口从2012年底的9 899万人减到2019年底的551万人，贫困发生率由10.2%降至0.6%，区域性整体贫困基本得到解决，创造了中国扶贫史也是世界扶贫史上的最好成绩。

古人说："凡将立国，制度不可不察也。"制度优势是一个国家的最大优势，制度竞争是国家间最根本的竞争。制度稳则国家稳。一个国家选择什么样的国家制度和国家治理体系，是由这个国家的历史文化、社会性质、经济发展水平决定的。中国特色社会主义制度和国家治理体系凝结着党和人民的智慧，具有深刻的历史逻辑、理论逻辑、实践逻辑。

剑阁教育扶贫，既有中央的顶层设计、经费支持，又有省、市、县各部门的密切配合，做到全国、全县一盘棋，助推剑阁县的脱贫攻坚，圆满完成脱贫攻坚任务，彰显了集中力量办大事的中国特色社会主义制度优势。

巩固义务教育基本均衡发展成果 推进剑阁县义务教育优质均衡发展
——"不忘初心、牢记使命"主题教育调研报告

何中强

（2019年10月29日）

一、调研方式

（1）真实、准确统计相关数据资料。一是核准各校学生数；二是评估学校办学基本条件十项指标；三是评估县域内校际差异系数，通过系统软件进行测算。

（2）到基层学校实地调研。一是对办学条件改善状况进一步核对；二是对入学机会作深入调查，尤其是结合脱贫攻坚抓控辍保学的情况；三是对教师队伍建设情况进行调查；四是对学校管理和办学质量进行调查。

（3）访谈学校管理人员、师生、家长、群众。一是与学校领导、管理人员、教师和学生座谈；二是走访学生家长；三是与群众交谈。

二、基本情况

目前，全县有义务教育阶段公办学校83所，其中完全小学60所、单设初中9所、九年一贯制学校8所、高中含初中部6所；县城及县域中心集镇在校义务教育阶段学生人数规模超过1 000人的学校有11所，边远农村小规模学校有28所（义务教育阶段学生人数规模不足100人的学校有7所，100~199人的学校有21所）。

2019年秋，全县义务教育阶段在校学生42 179人，其中小学生29 766人（含民办学校学生10人）、初中生12 413人；有教学班1 061个，其中小学教学班782个（含民办学校1个）、平均班额38人，初中教学班279个、平均班额44.5人。义务教育阶段教职工3 387人，其中专任教师3 340人。

三、剑阁县义务教育基本均衡发展取得的成果

（一）办学基本条件极大改善，城乡差距进一步缩小

剑阁县按照"科学布局、先建后撤、循序渐进、均衡发展"的思路，根据《剑阁县义务教育学校布局专项规划》，按照教育部颁发标准科学规划校点布局，全县形成了中小学、幼儿园布局合理优化、比例适当、规模适度的教育体系，义务教育阶段学校功能用房齐全，配套设施完善，活动场地宽阔，校园环境优美。

一是有序推进学校标准化建设。4年来，累计投入资金2.3亿元，用于推进学校标准化建设、改造义务教育农村边远薄弱学校校舍、运动场、水电管网等，修建农村教师周转房，购置现代教育技术装备、音体美器材、实验仪器等项目。其中，新建、改扩建校舍及辅助用房9.7万平方米、运动场5.6万平方米、农村教师周转房621套；县政府补贴经费6 822万元，用于义务教育阶段学校184个公益性岗位（食堂从业人员和安保人员）工资及"五险一金"补助发放，教师培训、学校食

堂设施设备添置和学校维修维护等。同时，根据县域内学校规模的实际状况，对生源不足 100 人的学校按 100 人的标准拨付生均公用经费，保障了农村较小规模学校的正常运转。

二是对标配置教育技术装备。近 4 年，投入资金 6 200 万元，用于现代教育技术装备项目、音体美器材、实验仪器和智慧校园剑阁教育信息化一期工程等。共采购标准化理科实验室及仪器保管室设备 346 间、理科实验教学仪器 91 万台（件、套）、音体美教学器材 9 万台（件、套）、计算机 7 581 台；新采购纸质图书 61.5 万册、阅览室设备 4 418 件，实验仪器和音体美器材品种及数量配齐率均达 90% 以上，实现了每一所学校教育装备全面达标，全县仪器设备、音体美器材基本达到均衡配置。建成了县教育局汇聚中心、11 个精品录播室、28 间简易录播室、103 间标准化计算机网络教室、47 所学校校园网络系统，实现了资源服务与管理平台省、市、县、校互联互通。同步课堂 23 对，46 所学校完成了"腾讯智慧校园"管理平台接入和"人人通"空间建设。切实推进"智慧广元"教育信息化建设项目有序实施，完成了"教学点远程教育资源全覆盖"项目，实现了 1 000 兆到校、100 兆到班目标。配齐 830 套"班班通"设备，建成了"智慧校园"示范校 1 所、"智慧课堂"15 个、"专递课堂"学校 9 所。

（二）保障入学机会，控辍保学初见成效

一是落实控辍保学"六长责任制"。制定了《剑阁县进一步控辍保学、稳控生源的实施意见》，将普及程度纳入党政主要领导教育目标责任制年度考核范畴，全面落实各乡镇层层签订控辍保学责任书、各有关部门控辍保学责任。实行了县长、局长、乡镇长、校长、村民委员会主任、家长"六长责任制"，建立健全了政府、学校、家庭联动控辍保学的三方责任制和领导包片、乡镇干部包村、村社干部包户的工作机制，形成了部门联动、齐抓共管的控辍保学工作格局。按照就近入学的原则，划定义务教育阶段学校招生服务区域，为群众提供了明确、便捷的服务，确保了适龄儿童、少年全部入学，小学、初中阶段正常人口入学率、毕业率均达 100%，九年巩固率为 100%。

二是关爱教育弱势群体。出台了《剑阁县特殊教育提升计划》《关于进一步做好进城务工人员随迁子女接受义务教育工作的意见》等文件。建立了以随班就读为重点的"三残"儿童、少年入学保障机制，认真开展了"送教上门"工作，2019 年"三残"儿童、少年总数为 414 人，"三残"儿童、少年入学率达 100%。将进城务工人员和随迁子女接受义务教育工作纳入了教育发展规划和财政保障体系，畅通入学渠道，实施无差别的教育。新老县城 9 所义务教育阶段学校均接纳进城务工人员随迁子女就学，其入学率达 100%。

三是合理分配优质普高招生名额。整合高中教育资源，合理分配优质普高招生名额。按照剑阁县的省级以上示范性普通高中剑阁中学招生计划的 50% 均衡分配到各校。

（三）师生比例达标，师资配置基本均衡

一是按照编制及时补充教师。印发了《关于进一步加强教师队伍建设的实施意见》，教师补充机制进一步健全。在全县义务教育阶段教师超编的情况下，采取先进后出、考试与考核相结合等办法，及时按班师比补充了农村边远薄弱学校教师。近 3 年公开招聘教师 830 名，其中特岗教师 176 名，全部充实到农村中小学任教。引进硕士研究生 11 名，全部补充到高完中学校任教。全县义务教育阶段小学、初中专任教师分别为 2 250 人、1 084 人，小学、初中师生比分别达 1：13.22 和 1：11.49，学历合格率均达 100%。

二是形成教师交流机制。建立了义务教育学校校长、教师交流和轮岗支教制度。出台了《剑阁县推行城区中小学教师支教工作意见》《关于在全县义务教育学校推行校级领导和教师交流工作的意见》。采取离岗全职支教、在岗兼职支教、走教，城乡教师双向交流、轮岗等多种形式进行教师交流。2017—2019 年全县共安排城镇学校教师到农村学校支教 51 人次，交流义务教育阶段学校校长 32 名，交流普通教师 275 名，有效促进了县内师资队伍的均衡配置。

三是加大教师培训力度。大力实施了学科技能、现代教育技术、学校管理、课程标准研究等培训项目，全县共组织培训学科教师 18 498 人次、管理干部 1 480 人次。通过培训，全县教师队伍的整体水平显著提高。评选生本骨干教师 170 人，确立生本示范学校 25 所，3 035 位教师参加"一师一优课，一课一名师"活动晒课 1 万余节。有 108 项课题获省、市优秀教研成果奖，达到了以教带研、以研促教的目的。目前全县义务教育阶段学校有省级特级教师 3 名、省级骨干教师 42 名、市级名师 23 名、市级骨干教师 152 名。

（四）办学行为规范，教育质量进一步提高

一是强化学校常规管理，办学行为规范发展。认真贯彻《教育部关于当前加强中小学管理规范办学行为的指导意见》《义务教育学校管理标准》《四川省义务教育课程设置方案》《广元市中小学常规管理 50 条》等规范办学行为的文件要求，同时，按照"公开透明、全面覆盖、相对稳定、就近免试入学"的原则，合理划定义务教育学校服务辖区。全县无小学升初中选拔性招生考试和重点校、重点班、集体补课等现象发生。

二是加强学校艺体工作，促进学生特长发展。严格实施了《国家学生体质健康标准》，以体育、艺术教育为抓手，开展师生文艺汇演、中小学生球类和田径运动会，实施好每天 1 小时校园体育活动、春秋两季运动会、每年 1 次艺术展演活动，近 3 年参加省中小学生优秀艺术人才大赛达 6 400余人次，提高了学生体育、艺术素养，促进了学生全面发展。共有 3 200 余名学生在省、市体育、艺术、科技比赛等活动中获奖。近 3 年全县义务教育阶段学生体质健康检测合格率分别为 84.3%、85.9%、88.5%。创建省、市级"阳光体育"示范校 8 所、"素质教育"示范校 4 所、"依法治校"示范校 10 所，普安小学"童心向党"歌咏节目被中国文明网选中并展播，剑门关高中留守儿童参加央视英语竞赛获大奖。特别注重加强美育教育，创新美育实践活动内容与形式，筹集高仿经典名画 30 幅和本地优秀书画作品 70 幅，开展"经典名画进校园"活动，通过定点展览、定期巡展和美术教师现场鉴赏并指导学生等形式，让城市和农村孩子都有机会欣赏高雅的书画艺术作品。

三是建立质量激励机制，促进质量均衡发展。印发了《剑阁县高效课堂建设实施方案》，全面推进课堂教学和评价方式改革，全面实施素质教育。出台了《剑阁县教育质量奖励试行办法》《剑阁县教学成果和教育科研成果奖励试行办法》等文件，每年县财政安排资金，重点用于对在教学、科研等工作中取得优异成绩的义务教育阶段教师的表彰奖励。义务教育阶段教学质量每年均有较大提升，一些边远学校教学质量走在全县同类学校前列。城乡学校之间的教学质量差距进一步缩小，助推了城乡学校的均衡发展。

四、剑阁县义务教育均衡发展存在的问题

（一）仍然存在城镇"挤"、乡村"弱"的问题

（1）县城及县域中心集镇义务教育阶段学校学位不足，"上学难""大班额"问题仍然突出。

随着城镇化进程加快、国家二孩政策实施，剑阁县新老县城、县域中心集镇入学压力加大。

一是县城学位供需矛盾大，教育资源越来越不足，入学需求较大，个别学校仍然存在"大班额"现象。

二是中心集镇学校普遍规模超大，班额超大。

三是随着生活水平提高，教育越来越受到重视，群众对优质教育资源的需求越发强烈。

例如：下寺城区，2019 年秋有一年级入学需求的 958 人，能提供学位 695 个，差学位 290 个；有七年级入学需求的 750 人，能提供学位 450 个，差学位 300 个。2019 年秋白龙小学共差学位 924个，其中有一年级入学需求的 465 人，能提供学位 225 个，差学位 240 个；鹤龄小学共差学位 150个，其中有一年级入学需求的 230 人，能提供学位 150 个，差学位 80 个；开封小学共差学位 120个，其中有一年级入学需求的 240 人，能提供学位 180 个，差学位 60 个；剑门关小学共差学位 150个，其中有一年级入学需求的 260 人，能提供学位 170 个，差学位 90 个。

（2）个别边远农村乡镇学校生源逐年减少，师资力量、办学水平相对比较薄弱。

一是师资学科不配套，学科发展不平衡。边远农村学校不能吸引和留住教师，优秀教师不断被抽走、调离，"留守"的教师也人心不稳，老龄化问题突出。学校落实开齐课程、开足课时的唯一途径就是让一位教师兼任几科教学任务，导致学校学科教师不匹配、专业性不强、学科间发展不均衡。

二是学校管理水平低，教育质量不高。目前学校来自各级各类杂务繁多，边远农村学校羸弱的教师资源让教育教学压力陡增，学校管理人员不断奔波于教学任务和管理任务之间，对管理自主思考不足，创新动力疲乏。

（二）教育信息化建设和应用存在一定差距，使用亟须规范和加强

一是教育技术装备未完全配备到位，尤其是"班班通"终端设备仍然未配齐。

二是教育信息化技术力量不足，全县信息技术教师严重不足，绝大多数学校没有专任信息技术教师。

三是学校信息化管理和应用水平及能力严重滞后。

（三）要实现义务教育优质均衡发展尚需补短板

一是县域义务教育优质均衡创建内容更多、标准更高，困难更多。

二是还需要对教育资源进行进一步优化配置，提供更多的保障。

三是还需要进一步提高学校管理水平和办学质量。

四是要进一步努力缩小校际差距。

城乡教育优质均衡发展新路径

王勋勇

剑阁县共有中小学 79 所，其中完全小学 58 所、九年一贯制学校 5 所、单设初中 11 所、普高 3 所、职高 1 所、十二年一贯制民办学校 1 所，在校学生 53 083 人；有公办独立幼儿园 3 所、公办小学附属幼儿园 58 所、民办幼儿园 25 所、在园幼儿 13 120 人。目前，剑阁县有省义务教育优质发展共同体领航学校 1 所、省示范性（市五星级）幼儿园 2 所、市四星级幼儿园 1 所、县星级幼儿园 47 所。

一、坚持问题导向，用联盟化学区制破解教育均衡发展难题

（1）广泛调研查根源。2021 年下半年，通过逐校座谈、分片研讨、分线会商等 70 多场次座谈讨论，分析研判得出：全县学校点多面广、管理力量不够、乡村学校办学条件薄弱、师资配备不充分、结构性缺编严重、优质教师和优质生源流失严重等问题，是影响制约城乡教育一体化、优质均衡发展的重要原因。

（2）解读政策找依据。组织全县中小学校（园）长，分组解读《中共中央 国务院关于深化教育教学改革全面提高义务教育质量的意见》、教育部等八部门印发的《关于进一步激发中小学办学活力的若干意见》等文件，深入理解"发挥优质学校示范辐射作用，完善强校带弱校、城乡对口支援等办学机制，促进新优质学校成长""强化优质学校带动作用，深入推进学校办学机制改革，积极推进集团化办学、学区化治理，带动薄弱学校提高管理水平，不断扩大优质教育资源，整体提高办学质量"精神；组织机关、责任区干部认真解析领会《四川省新时代深化改革推进基础教育高质量发展实施方案》《四川省基础教育学校布局调整工作方案》关于"集团化、学区制管理的指导思

想"。这些政策依据，成为剑阁县率先推进学区制管理改革、破解城乡教育发展难题、加强示范学校幼儿园建设的根本遵循。

（3）周密部署抓推进。根据调研成果和政策要求，剑阁县把推进学区制管理改革作为全县教育"五项改革"的首要任务高位推进。一是高标准出台方案。主要领导牵头组建写作专班，历时5个月形成较为成熟的整体改革方案，为后期的示范创建赢得了宝贵的时间。二是重引领组建联盟学区。综合考虑学校办学条件、师资配置、学校分布等实际情况，按照以城带乡、以强带弱、城乡一体的原则，将全县79所公民办中小学组建为9大学区和1个高中教育联盟。在以普安幼儿园为核心园的学前教育教研联盟基础上，将全县12个教育督导责任区划分为3个片区，拓展升级为三大片区联盟，构建了引领园、一级联盟园、二级联盟园三级辐射网络。三是多场合宣讲内容。充分利用网络平台和各类会议，多次宣传讲解学区制管理改革的背景意义、主要原则、管理和运行模式、组织实施等，在思想和行动上形成了改革共识。四是大力推进实施。组织召开学区长、副学区长学校动员会并授牌。各学区闻令而动，及时召开本学区联席会议，组建学区管理机构和工作机构，制订本学区年度工作方案，全面启动学区制管理改革。

二、坚持制度创新，在管理机制和运行模式上大胆尝试探索

（1）学前教育三级联盟强引领。各片区联盟活动自主推进，年度集中述职、考核推优。引领园以定期入园、管理人员置换、班班结对、现场会推进等方式，在新教师联合培养、制度建设、园本教研、大型活动组织等方面给予全方位指导帮扶，实现了城乡幼儿园"资源共享、管理互通、活动共推、发展共荣"的目标，在全县幼儿园星级评定、办园行为督导评估和保教质量考核等中心工作中发挥了重大作用。

（2）义务教育七同模式促运行。县教育局在学区制管理改革中大胆探索实施"七同"运行模式。优质资源同享，各学校在特色活动、育人课程、优秀课件、图书资源、"教育+互联网"等方面形成资源共享模式，建设优质教育发展共同体。规范管理同标，各学区将学校课程实施、学生核心素养、教育教学常规等方面纳入统一管理，统一工作思路，制定学区工作行事历，推动学校管理规范有序。教育科研同步，学区内实行联合教研制度，以学区为单位，统筹开展备课、观摩、赛课、申报课题等工作。教师发展同进，教师在学区内交流，解决学区成员学校教师结构性缺编的问题，共有173对师徒签约结对，通过"师傅"上示范课、观摩课、班（队）会课，示范引领教师专业发展。学生成长同育，组建学生发展团队10个，成立430多个学生社团，开展各类活动450多次，组织课后服务现场会5次，着力培育"知识扎实、特长鲜明、身心健康"的学生。特色创建同推，推进学校特色发展，培育特色校园文化。剑门关红色国防教育、龙江小学家风礼仪教育共同体等初步建立，"一学区一品牌"的校园文化正逐步形成。教育质量同评，学区制定统一的教学质量评估考核办法，全年各学区统一开展教学质量监测4次以上，召开质量分析总结会2次。实行学区内教育教学一体化管理，实现"捆绑式"考评与发展，带动薄弱学校提高管理水平，整体提高各成员学校的办学质量。

（3）整合教育督导资源重效益。教育督导责任区负责辖区学校各项工作开展情况的监督指导，确保学校各项工作正常开展。县教育督导室每学期组织督学对学区工作进行2次专项督导，发布通报并限期整改。县教育局对各学区的常规管理、教育科研、优质资源增量、争创"四名工程"等情况进行捆绑考核。对在推进学区制管理中做出突出贡献的管理团队、校级班子以及优秀教师予以表彰奖励，并与职称评聘、评先评优、提拔任用等挂钩。

（4）"三大比武""四节"作支撑。以学区为单位开展课堂教学、教学技能及教育管理"三大比武"活动，强化学区意识。县级层面"三大比武"的个人等次奖，计入学区团体分，纳入表扬奖励。省市涉及"三大比武"的参赛名额统筹分配到各学区，强化学区优势和竞争意识。学区每年定

期开展读书节、艺术节、体育节、科技节等交流展示活动,作为检验学校办学和学区管理成效的重要平台。

三、坚持以创促建,让示范领航创建推进教育高质量发展

（1）注重梯队培养。进一步加大联盟化学区制管理改革推进力度,借鉴龙江小学、鼓楼幼儿园的创建经验,制订近三年示范创建计划,明确 6 所义务教育学校、5 所幼儿园作为省级创建梯队培育,着重在学校发展、教师发展、学生发展、共同发展等上下功夫,全力培育高品质、高水平学校。

（2）发挥示范效益。义务教育优质发展共同体领航学校作为"领头雁",通过各种方式充分发挥示范效益,让更多孩子享受公平而有质量的教育。持续创新探索创建工作,形成更多帮带实践经验,激励校（园）长及其他管理干部在实践中学习、在学习中提升,推动示范引领行动取得实效,为推进剑阁县学校高质量发展提供队伍保障。

（3）落脚质量提升。各学区长学校牵手学区内其他学校,探索合作办学共同体间"互派师资、共享资源、统一教学、统一评价"的运行模式,实现互通、互补、互动,共生、共进、共强,提高整体办学水平。通过联合教研、驻点帮扶等形式,帮助多所农村薄弱学校实现教育教学稳步提升,形成全县基础教育质量共进共赢的良好态势。学前三年毛入园率达94%,普惠性学前教育资源覆盖率达95.3%;中考普高上线率较上一年上升 5 个百分点;高考 1 人被北京大学录取,102 人被"985""211""双一流"高校录取;职教高考本科较上年增长 41.2%。《学区制改革,催生农村教育发展新动能》在《四川教育》上发表。

多措并举　多方发力　让每一位学生多元成才
——剑阁县做实做细高职单招工作的几点措施
杨光勇

剑阁县近 4 年来高职单招基本情况如下:2020 年高职单招报名 1 188 人,录取 881 人;2021 年高职单招报名 1 470 人,录取 1 128 人;2022 年报名 1 537 人,录取 1 147 人;2023 年报名 1 536 人,录取 1 069 人。4 年来,剑阁县高职单招报名和录取人数情况良好,让一部分 6 月份不易考上大学的学生,提前被大学录取,并且有一部分还是非常好的专科学校。单招没被录取和不愿意被录取的学生可以继续参加该年 6 月份的全国普通高等学校招生统一考试。对考生而言,高职单招拓宽了升学渠道,增加了一次选择的机会,提高了考生与高校和专业的匹配度,实现了考生和高校的双向选择。对家长而言,高职单招节约了教育成本。对学校而言,高职单招既便于管理,又提高了高考升学率。为了做好高职单招工作,让考生和学校都受益,我们重视到位、宣传到位、指导到位、组织到位、督查到位。

一、转变观念,重视到位

以高职单招为主的高等职业教育分类考试和普通高考一起,在高考综合改革中共同构成了四川省普通高等教育招生考试制度。开展高职单招,是实施"分类考试、综合评价、多元录取"考试招生模式,加快推进职业教育招生改革的重要举措。在职业教育越来越"热"的背景下,高职单招,无疑为学生提供了另一条成才之路。高职单招,是除高考之外学生的另一条成才之路。

前几年,考生、家长、老师、学校、社会对这一政策并不完全了解,更谈不上重视,甚至有的

人还带有偏见，特别是一些普通高中学校为了多招补习生还对政策进行歪曲宣传，致使有些考生不能客观地认识自己、科学地作出选择，进而错失了一次上好大学的机会。

为此，剑阁县教育考试中心高度重视，成立高职单招工作领导小组和工作小组，召开高职单招专题工作会议，分析近几年高职单招的报名录取情况，制订切实可行的高职单招工作方案。各高（职）中学校成立相应的组织机构，召开高三年级高职单招师生会、高职单招报名家长会，从而提高了教师、学校、考生、家长对高职单招的认识，切实转变了他们的观念。

试行高职单招，学校、考生、家长由被动变主动，为此项工作的顺利开展奠定了坚实的基础。

二、科学安排，宣传到位

为确保我县高职单招工作取得实效，我们实行"线上+线下""宣讲+培训"相结合的方式广泛宣传。

（1）利用县教育局微信公众号、县教育考试中心微信公众号等网络平台，及时发布我省单招政策、院校名单、招生计划、招生章程、招考动态新闻等重要内容。

（2）通过班级群和家长群及时转载招生考试机构和招生院校的官微、官网信息，方便考生和家长通过正规的渠道了解高职单招政策及报考信息。

（3）利用县教育局及各高（职）中学校电子显示屏，滚动播放高职单招招生院校、报名时间、注意事项等。

（4）各高（职）中学校利用橱窗、展板、专栏等，按县教育考试中心和市教育考试院的统一设计对高职单招政策规定及报考事项进行宣传，同时及时发放《高职单招报考指南》，并指导考生详细阅读。

（5）县教育考试中心印制《国家教育考试政策》宣传册并发放给各高（职）中学校、考生、家长及县人大代表和政协委员，提高对高职单招政策的知晓度。

（6）县教育考试中心工作人员亲自深入各高（职）中学校高三年级进行政策宣讲。解读高职单招的背景和意义，介绍高职单招报考事项，将高职单招录取与普通高等学校招生录取进行对比式讲解，梳理高职单招院校清单，推动高职单招工作更好实施。

（7）充分发挥"四川省高职单招志愿填报辅助系统""云招考"平台指导推广作用。

这一系列的宣传，让考生和家长明白了高职单招的相关政策，为学生在填报志愿时选择学校和专业做好了铺垫。

三、反复演练，指导到位

为提高单招考生的录取率，各高（职）中学校对高职单招有报考意向的考生进行语数外强化训练。学校像对待6月份的高考一样，组织教师研究近年来的单招考试题，归纳考点，分析难易系数，出模拟考试题，集体训练。针对个别学生偏科现象，实行专项个别辅导，努力提高考生文化成绩。

为提高考生技能考试成绩，针对职高、普高学生的具体情况，以及各高职院校技能和面试考试要求，安排剑阁职中的专业课教师分别到各校进行考生面试技能考试培训——一是面试礼仪，二是面试心理，三是面试答题技巧。面试培训结束后，各学校按面试的相关要求，分班分组模拟考试，形成面试和技能考试的条件反射。面试分值为200分，在学生文化成绩基本定型的基础上，面试的培训、训练显得尤为重要。

通过科学规范的训练，考生的文化考试成绩和面试及技能考试成绩迅速提高，极大地鼓舞了考生和家长到校参加高职单招的信心，为后面考生考出好成绩打下了扎实的基础。

四、规范管理，组织到位

为保证此项工作的顺利开展，我们严格按省、市高职单招相关文件要求及剑阁县工作方案，规范管理。一是规范宣传的渠道，由县教育考试中心统一组织宣传。二是规范宣传的内容，以《高职单招报考指南》为基本内容。三是规范网上报名的纪律，不能违背考生意愿。四是规范考试培训的方式和内容，任何学校不得组织学生到校外培训机构进行有偿辅导和培训。五是规范考试组织，要求有教师带队的必须签订安全责任书，落实安全责任，没有教师带队的学校一定要与家长做好考生安全责任的交接，确保不发生安全责任事故。

因前期的工作做得实、做得细，有意愿参加高职单招考试的学生，做到了想报尽报，没有一个学生在填报志愿的时候出任何问题。剑阁职中还组织教师分片区带高职单招的学生到高职院校考试，为学生安全出行、顺利考试服好务，获得学生、家长及社会的好评。

五、严守纪律，督查到位

高职单招事关国家科学选拔人才、教育公平和考生切身利益，考生和家长高度关注。剑阁县认真贯彻国家、省市关于高职单招工作的文件、通知及会议精神，严格落实教育部关于高校招生"十严禁""三十个不得""八项基本要求"等要求，按照"谁主管，谁负责"的原则加强对高职单招的监督和管理。对辖区内高中学校在高职单招宣传、考试报名、志愿填报、考试带队等关键环节和重点时段开展专项督查，通过明察暗访、不定期检查，重点防范和查处买卖生源、违规宣传，以及诱骗、代替、强迫学生填报志愿等违规行为。要求各高中学校制订完善的工作方案，建立健全责任追究制，学校纪检部门要全程监管，确保剑阁县单招工作的公平、公正、有序进行。

高处着眼　细处入手　办好人民满意的教育
——推进白龙中学高质量发展的点滴做法
左坤周

近代著名学人、实业家、状元及第的南通张謇曾说："办一县之教育，当有全省之眼光；办一省之教育，当有全国之眼光；办一国之教育，当有全球之眼光。"这说明，办学之人的眼光识见对于一所学校的生存发展尤为重要。所以，一位有思想、有眼光、有能力且肯实干的校长，往往会带出一个精于管理的团队，培养出一批干事业的老师，从而成就一所辉煌名校。学校党委书记、校长，在这新时代教育教学改革的关键时期，要高处着眼、细处入手，着力于带好团队，培养精锐队伍，创办成人民满意的学校。

一、党建引领把方向，与时俱进促发展

习近平总书记要求广大党员干部务必不断提高自己的思想站位、政治站位，尤其在这脱贫奔康、改革开放转型升级、实现中华民族伟大复兴的关键时期，这显得至关重要。一所学校，要想提高党员干部、全体教职工的政治思想站位、顺利高效地开展各项工作，党建工作无疑是首要、重要的抓手与推手。

党建工作作为学校的中心工作，我们总是紧紧抓在手中，务实高效地有序推进，踏实行进在路上。学校充分利用"三会一课"，结合"两学一做"和"师德师风整治"，按时间节点，组织广大党员干部认真学习习近平新时代中国特色社会主义思想、党的十九大会议精神，增强"四个意识"、

坚定"四个自信"、做到"两个维护"，使我校党员干部与中央保持高度一致。学校迅速组建了党组织班子，推行了"目标考核""过程管控""绩效评估"三者结合的工作责任体系，对党建工作进行全要素、全过程、全方位管理；实施"党建+育人""党建+教学""党建+文化"融入式党建工作法，通过党员示范岗、党员教师精品课展示活动，我校党建工作与育人工作同心同向，有力地推动了学校的健康发展。

二、勠力同心抓质量，提升质量促发展

学校的生命系于质量。而现在正是白龙中学的质量上升的最关键时期。学校提出了教学管理要走进课堂、走进学生的思路，旗帜鲜明地抓教学质量。一是将工作量和教学质量纳入绩效考核和评优评职，并制定了相应的制度和要求；二是定期召开由分管领导、年级组长、教研组长、相关处室参加的高、初中教学质量研讨会，定期召开分管领导、年级组长、备课组长、相关处室参加的毕业班教学质量研讨会；三是组织并参加全校各年级的月考成绩分析会，并针对目标找原因、找差距；四是组织并参加了全校每期的两次教育教学工作总结与表彰大会，极大地调动了教师的工作激情和学生学习的积极性；五是进一步落实"九抓九促"的常规管理模式，确保教学目标任务的全面落实和教学质量的稳步提高。近几年中、高考质量稳中有升，量与质均有突破。

三、求真务实抓常规，落实管理促发展

常规工作约定俗成，是教学工作稳步推进的"必修课程"，容不得半点水分和花架子。近年来，学校自始至终保持常规工作的"本色"，在做好上级布置的各项工作的同时让常规不失落，永葆常规工作的经常性、规范化。一是抓好教学常规，进一步落实了《白龙中学教学常规检查制度》《白龙中学教职工请假制度》《白龙中学教职员工坐班考勤制度》《白龙中学领导积分考核方案》《白龙中学教师绩效考核方案》，提高教学常规工作的标准，完善教学常规工作月查制度，要求年级组领导严格把关，如实考核，使全体教职员工切实转变了工作作风，全身心地投入到教育教学工作中去，增强了集体的凝聚力和创造力。二是加强了毕业班工作：①定期研究毕业班工作，加强了对毕业班教师和学生的思想教育和管理。②为确保中、高考有效率，实行推门听课制，加强薄弱学科老师的辅导工作。③深入学生，注意学生的思想动态，并作了疏导工作，树立毕业班学生的信心。④把学生的考前心理辅导工作落到了实处。

四、创新机制抓教研，强化内涵促发展

健全学习制度，提供制度保障。教师通过各种培训学习，强化课改意识，更新知识观、教学观和学生观，不断提高自身的素养。

问题即课题，结合课题解决问题。学校针对高中师资学科极不配套的实际，申报了"新时代农村薄弱高中新教师校本培养的实践研究"市级课题，还申报了"基于新教师专业发展的校际研修联盟构建研究"省级课题。在做实学校课题研究的同时，鼓励教师申报学科教学方法与教学理论的个人课题。把教学中发现的问题课题化，把解决问题的过程变成教学研究的过程。促成教学常规的科研化，落实教育科研的常规化，真正实现教研科研的整合，逐步提高教师的科研认识水平。遵循教育科研"关注学生、亲近教师、走进课堂，促进师生成长"的原则，进一步突出"有效教学研究"这一主题，以教育科研促进教学质量提高。

教研活动是学校活力的体现。一是依照教学工作计划，组织高、初中新进的教师上水平课、汇报课，并要求初中、高中部教师都参与到听课活动中，评出的优质课质量较高（20多人次教师在省、市、县教师教学大比武活动中获奖），达到了活动的目的。二是积极鼓励引导初、高中部教师接受新的教学理念，选派多名教师外出观摩、学习，要求教师把信息技术与学科教学深度融合，真

正调动学生学习的积极性，努力提高课堂效率。三是始终树立质量意识，利用周公开课活动，结合教研活动，深入教师课堂中，特别是对青年教师或刚进入初、高中的教师及时进行交流和反馈，力争使每节课都达到听课者有效、上课者有提高的目的。活动使教师得到了发展，也为学校的发展奠定了基础。四是利用教研联盟"同课异构"等系列活动，促进青年教师快速成长。

五、因地制宜抓活动，五育并举促发展

立德树人，强化自主管理。学校成立学生自主管理委员会，建设富有特色和个性的班级及年级文化，让学生在"人人做主人，大家来管理"的活动中，在规范中追求自主，在自主中养成规范意识。

学校因地制宜，强化艺术教育。学校开齐各门功课，组建各种社团、兴趣小组，开展各种艺术活动，如激情早操、阳光大课间、每周英语、经典诵读、午间阅读、书画竞赛、棋艺、体育竞技等活动，让学生既张扬个性，展示自我，同时也彰显学校办学的特色。

六、坚持文化育人，培育特色促发展

学校一贯重视软实力的提升，特别是校园文化建设，通过宣传栏、文化墙、教室楼道、食堂、寝室等随处可见的文化建设，通过校训解读、经典诵读、红歌传唱等方式，让学生浸润渐染；同时，借鉴"学校+社会、学习+实践"模式，充分利用本地丰富的文化资源，落实综合实践课程，将白龙非遗传统艺术"白龙纸偶"引进校园。变传统封闭的课堂模式为多向的、常态的、自主开放的崭新课堂模式，让学生在潜移默化中养成良好的生活习惯、优良品质。在学习过程中增强文化自信，担起保护与传承中华优秀传统文化的重任，特色鲜明，收获颇丰。

龙翔鹤鸣山　凤舞兼山园
——寄语 2014 级高考学子
何雄林

当田野翻起金黄的麦浪，当石榴绽放灿烂的笑脸，当银杏披上翠绿的盛装，六月，如期而至！
这是一个意气风发的季节，指点江山，激扬文字！
这是一个梦想启航的季节，乘万里风，破万里浪！
这万丈豪情，必胜信心，一定属于我们——剑阁中学高 2014 级全体同学！
曾记否？你们怀揣着美好的梦想，跨进了剑中的校门，从此，我们高 2014 级全体师生组成了一个温馨和谐的大家庭。为理想未来而拼搏，为父母期望而拼搏，为班级尊严而拼搏，为学校荣光而拼搏！
一路走来，你们披荆斩棘，高歌猛进。无数的白天与黑夜记录了我们的拼搏与奋斗，无数的资料与试卷记录了我们的付出与收获，无数的汗水与泪水记录了我们的足迹与进步。军训场上的挥汗如雨，运动场上的竭尽全力，清晨的琅琅书声，课堂上的聚精会神，灯光下的奋笔疾书……这些不仅丰富了你们的高中生活，而且练就了你们的品格，磨砺了你们的心性，提升了你们的修养，铺就了你们逐梦的道路。
你们，高 2014 级全体同学，一切的艰辛，所有的汗水，必将成就你们人生的永远自信，成就你们的未来与梦想，成就属于自己美好幸福的生活！
今天，不会再有"风萧萧兮易水寒"的悲壮，只有高考之后人生华丽的转身！

天行健，君子以自强不息！你们是母校的骄傲与荣光，母校相信，阳光的你们必将"春风得意马蹄疾"，勤奋的你们必将"破马长枪定乾坤"，执着的你们必将"吹尽黄沙始到金"。长风破浪会有时，直挂云帆济沧海！母校祝福你们，晴空一鹤排云上，直引诗情到碧霄！

同学们，你们就怀揣着自己美丽的梦想从容上阵吧！带着母校的殷切希冀，带着父母的温馨嘱托，带着舍我其谁的凌厉气势，带着成竹在胸的洒脱微笑，放心去飞，勇敢去追，让青春和梦想在六月闪光！成龙，鹤鸣飞翔；成凤，兼山飞舞！

加强学校文化建设　发挥环境育人功能

张常青

剑州中学有着得天独厚的自然环境与古老剑师深厚的文化底蕴。近年来，学校本着"科学规划，分步实施，追求品位，重在育人"的原则，按照"校园建设营造整体美，绿色园林营造环境美，行为习惯营造文明美"的思路，通过多项措施加强校园环境建设和校园文化建设，着力营造一个"校园环境美、文化底蕴厚、艺术氛围浓"的育人环境，使学生在有限的空间里接受"无限的教育"。

一、建设具有人文气息的校园物质环境，让物质文明陶冶情操

一是因地制宜，科学规划，合理布局。剑州中学充分利用得天独厚的自然环境，分区规划，形成教学区、运动区、生活区动静分割、功能明晰的整体格局，体现了自然美与人文美的结合，校园的楼宇、广场、步梯、园林达到了使用功能、审美功能和教育功能的和谐统一，形成了自己独特的文化风格。

二是重视校园的绿化、美化。绿化、美化是创建文明校园、开展校园文化建设的重要内容，也是践行生态文明和可持续发展理念。近年来学校提出"把学校打造成师生生活的乐园、市民休闲的公园、普安最美的校园"的目标，高品质绿化、美化。校园四季树木葱茏，绿草如茵，鲜花灿烂。春有樱花、翠柳沉醉东风，夏有新竹、古木满蓄清凉，秋有丹桂、金菊含英吐蕊，冬有苍松、红梅傲雪欺霜，四时风光，令人心旷神怡。置身其间，让人神清气爽，文思泉涌。

二、营造精神化的校园文化环境，用精神文明浸润心灵

有人说："校园应是一本活的教科书，让每座墙、每幅标牌都能说话。"学校的外在形象是校园环境文化的体现，剑州中学校园环境建设时时处处都在考虑文化的意义，认真设计构思校园环境，力图通过校园环境物化存在的形式表现主观的教育意图，使设计者的意识形态与构成具体环境的物质形态有机结合，从而对教育对象发挥有效影响。

建筑作为一门艺术，影响着人们的视觉感受和情绪，作为实用设施直接关系到人们的生活、学习。物质环境建设除了考虑外在自然美的因素外，更应承载深厚的文化内涵。学校应着力文化景观和文化设施建设。远望剑州中学，红黄相间的楼宇掩映于绿树红花间，显得温馨厚重。走近剑州中学，以险山、栈道为设计元素的校门，寓意攀登智慧之峰。一进校门，石刻校训"厚德重器 强学力行"，彰显了学校注重德行器识、注重知行合一的办学理念；教学楼巨幅对联"德崇先贤育人铸魂，学继兼山读书启智"体现学校的历史传承、优良传统、文化底蕴，三幢教学楼依次命名为思贤

楼、近贤楼、齐贤楼，临河干道标语选用古代先哲圣贤名言，都体现了倡导德崇先贤以修身立品、学继兼山以启智育人的办学思路。教学楼门厅悬挂清代学者牛树梅为兼山书院所题楹联"河岳英灵钟此辈，国家元气在斯文"，体现学校的使命担当。楼道标语牌包含了求学、做人、生活等各个方面，教室内的班训、名人名言、励志标语、文化墙对"一训三风"、校赋、校歌、校旗、校徽训释，广场橱窗适时更换主题教育内容。校园文化景观和文化设施，让美丽校园充溢着浓郁的文化气息，显示出厚重的文化底蕴，潜移默化地浸润着学生的心灵。

三、培植良好的人文环境，让管理文化彰显和谐的魅力

一是学校精神的培育与传承。学校精神就是一所学校在长期的教育实践中所创造和积淀下来的并为其师生员工所认同和遵循的文化传统、价值观念和行为习惯的一种整合和结晶，它是学校文化的内涵和灵魂。剑门关高中以先进的办学理念为指导，整合学校已有的教育资源，形成了秉承办学传统、扣合时代要求、激励学校发展的"一训三风"，即：校训"厚德重器，强学力行"；校风"求实求是，惟诚唯真"；教风"崇德精业，博学善导"；学风"砺志笃行，深思慎取"。确立了富有剑州个性的、为全校师生所认知的学校核心价值观，即学校的发展方向、人才培养的策略、教学方式等。

二是和谐人际关系的培育和形成。自觉而纯粹的师德行为，源于现实的职业情怀；和谐愉悦的工作环境，是师德培育的最好气场。知识分子的心灵如同敏感的琴弦，动之以情，便能得到期待的回响。学校的管理文化特别注重管理的伦理与管理的艺术，努力使人本化的管理与刚性管理协调并进。特别注重人文关怀，用政策激励人，用感情温暖人。学校心中有教师，教师心中才爱学校；领导把教师当亲人，教师就会把学生当儿女。剑州人爱校敬业的情怀淳朴炽热。教职工思想纯正，作风务实，情感质朴，人际和谐，心系学校，甘于奉献。这是近年剑州中学积累的最大财富，是学校持续健康发展的不竭动力。这也是剑州中学多年来物力资源浪费最少、人力资源内耗最小、效益最大化、发展最优化的秘诀。

三是丰富多彩的活动的开展。开展多种活动丰富师生的课余文化生活，陶冶师生的道德情操，形成师生朝气蓬勃的精神风貌、个性特长，培养多方面的人才，从而营造校园和谐的人际关系和优良的心理氛围。学校开展的一系列校园文化活动，对学生综合素质的提升、学校的内涵发展起到了积极的推动作用。一方面依托"农村高中学生社团"开展省级课题研究，为学生自我发展提供了平台和载体，以审美教育为途径，以艺术教育为突破口，以美辅德，以美启智，以美健体，以美促劳，科学精神与人文精神相结合，促进学生素质的全面发展。另一方面通过丰富多彩的课外活动，满足师生精神需要、陶冶情操、树立竞争进取意识、塑造良好的团队形象。

总体说来，校园文化建设是一项系统的、长久的工程。要经过充分的思考，确立符合本校实际又具个性特色的校园文化主题和核心，然后要经过几任甚至是几代的教育人一以贯之地去落实、去充实、去与时俱进地完善。而不能换一任校长又换一套校园文化，那学校永远也无法把校园文化建设搞好，充其量能搞好的就是校园文化布置。绝不能把校园文化建设与校园文化布置等同起来。文化，是一种持续的教育力量，它为团队中的成员所共同创造，一旦形成，又反过来创造这个团队的每一个成员。如何将校园文化内化到每一个人，成为每一个人的自觉和自信，是至关重要的。

坚持改革创新　提升教学质量

邓思勇

四川省剑门关高级中学（剑门关高中）于2005年开始首届高中招生。学校紧紧抓住县城搬迁、灾后重建等重大发展机遇，在办学条件、办学规模、内部管理、师资队伍等方面发生了较大变化，教育质量一年一个新台阶。

高中办学犹如逆水行舟，不进则退。一所新的高中学校，不但要摆脱生存危机，还必须破解发展危机，加快发展速度。剑门关高级中学高中办学时间短，教师新手多，成熟型教师少，师资整体水平相对薄弱。学校优秀生源少，生源基础差，各年级班级层次差别较大。同时，县内外兄弟学校的激烈竞争，给学校发展带来巨大压力。学校如何快速发展？如何去赶超老牌兄弟学校？剑门关高中人未雨绸缪，开始了新的思考与探索。他们的结论是：不能走老路，不能循常规，必须也只能另辟蹊径，要敢于想别人之不敢想，做别人之不敢做，大胆创新，走一条适合剑门关高中发展的全新之路、特色之路，坚持改革创新，推动学校科学发展，提升教育教学质量。只有这样，剑门关高中才能在强手如林的大环境下求得生存和发展，学校才能充满生机和活力。

一、运用现代教育技术，促进学校内涵发展

学校经过认真研究和充分论证，决定运用现代教育技术手段，提升教师业务水平，变革传统教学模式，提高课堂教学效益，促进学校内涵发展，从而提高教育教学质量。目前，学校已成功创建四川省现代教育技术示范学校，所有班级均装备了一体机、实物展台，并接入互联网和学校资源管理平台，实现了"班班通"。学校每位教师可以使用优课电子备课系统，学校资源管理平台建有数字图书馆、数字实验室、学生综合素质评价系统、教师管理系统、学校数字化管理系统等，极大地方便了教师对教育资源的查找收集和利用，实现了资源共享。教师基本上实现了无纸化办公。教师全部使用电子备课，教师的教学资源丰富，业务能力提升快，课堂教学效率高，剑门关高中教学质量得到了快速提升。

二、共享名校优质资源，提高教育教学质量

学校的校情、教情、学情，决定了我们必须解放思想，走开放办学之路，借力名校的优质教育资源，弥补学校短板，促进学校内涵发展。学校考察、调研、分析、论证后，决定在高、初中各年级开设成都七中直播教学班，实现优质资源共享。剑门关高中直播班教师与成都七中教师在网络上同步备课，通过课堂直播实现两校同步课堂教学，同步练习，同步检测，直播班成绩统计分析比较。目前剑门关高中高、初中共有30多个班级在直接或间接使用成都七中教学资源，享受优质教学资源的学生达2 000余名，占全校学生总人数的40%左右。实践证明，举办直播教学班这种形式，切实有效地改变了教师的教学理念，大幅提升了教师的业务水平。同时，学生学业成绩得到有效提升，优生人数增加，也是近年来剑门关高中高考重本上线人数有较大突破的直接原因。

三、积极推行学本教育，促进学生全面发展

学校在高中、初中开设学本教育实验班，积极倡导"先学后教"，在课堂上教师只是引导、点拨、解疑、纠错，而学生是课堂的主人，以学习小组为中心讨论、交流，并在课堂上展示、讲解，整个课堂显得生动活泼，学生的主体地位得到彰显，学生学习兴趣浓，课堂效率高。通过对实验班的调研，学校分阶段对学本教育进行总结，并针对出现的问题进行专题讲座。学校推行每周一次学

本教育公开课，全校高、初中同科教师参加听课并评课，通过不断反思、总结，使全校教师对学本教育有深刻的理解，开展学本教育教学的能力得到提高。学校积极推行学籍管理，成立了学生自治委员会，整合了学生会、团委会的管理力量，提高了学生自我管理水平，强化了学生的自我管理力度，增强了学生自我约束的能力，充分发挥了学生在成长历程中的主观能动性，促进了学生健康成长。

四、建立精英教育机制，培养创新拔尖人才

剑门关高中认真落实市教育局的"创新拔尖人才培养计划"。学校抓住这一新的发展契机，组建了"英才班"。在全县统一管理、统一检测、统一分析成绩、统一考核的机制下，剑门关高中的英才班由副校级领导专人管理，由教学经验丰富、精力充沛、教学业绩突出、具有敬业奉献和开拓进取精神的老师担任班主任和承担教学任务。根据英才班的特点，学校强化合作学习。依据学生各科成绩、自主学习能力等情况，将英才班学生分为6个学习小组，每个小组推选一名小组长。每个小组成员都担任某一学科小组长。组员间合作学习，相互帮助，共同进步，学习成绩实行小组捆绑考核。学校实行目标分解、人盯人责任承包制。语、数、英、物、化、生6个学科教师每人承包一个小组，对所承包学生的思想、生活、行为习惯、学习成绩等全面负责，并与教师业绩考核挂钩。学校制定了英才班教育教学常规细则，每期召开两次英才班家长会，集家校合力培育英才，强化英才班学生的励志教育，深挖学生内动力，注重对学生进行能力培养、方法传授和思维拓展。让学生朝着"精英"方向发展，强化学生均衡发展，尽量避免偏科现象。在教学中注重个别辅导，当面讲解，促进学生个性化发展。

总之，改革促进发展，创新铺就出路。剑门关高中在大家的关心和支持下，走过了一段非常艰难的发展历程，同兄弟学校相比，我们还存在很多不足和不小差距。作为一所年轻的高完中，我们将继续坚持改革创新，抢抓机遇，寻找学校新的发展平台和闪光点，实现学校的可持续发展，为圆广元的教育梦作出新的贡献！

千锤百炼　树秦巴职教"标杆"

——四川省剑阁职业高级中学校高质量特色发展纪实

李文峰

前　言

时代前行的脚步，永不停歇，无可阻挡；职业教育发展的潮流，浩浩荡荡，勇往直前。

2019年9月，剑阁职中被教育部、人力资源社会保障部联合授予"全国教育系统先进集体"称号，这不仅是剑阁职中办学历史上获得的最高荣誉，也是剑阁职中举办中等职业教育近40年来取得成就的见证。2019年、2020年，学校与机械加工技术专业相继进入"双示范"建设，学校发展步入新阶段。

近三年来，剑阁职中高考升学人数逐年攀升，省市技能大赛奖牌总数居全省全市前列，为社会经济发展和脱贫攻坚培养了大批中高级技能人才。学校先后荣获"全国国防教育特色学校""四川省法治教育示范基地""校园足球特色学校""文明校园""学校质量管理工作创新奖""省教育厅庆祝改革开放四十周年竞赛活动优秀组织奖"、广元市"民族团结进步模范单位"、技能大赛"优秀组织奖""特别贡献奖""高技能人才摇篮奖""学校安全管理工作先进集体""学校食品安全管理先进单位"等众多称号和奖励。

这些称号和奖励的获得，得益于几代职教人在长期的办学过程中的内涵积淀、特色发展，他们开拓出了一条"地方性、技能型、特色化、合作式"的具有剑阁职中特色的成功之路。

一、"教学做合一"让每个孩子拥有一技在身

"家有千金，不如薄技在身。"学校紧扣产教融合、校企合作内涵，搭建融合高效的平台载体，政行企校共同发力，助力区域经济发展和脱贫攻坚。以"运行有机制、建设有标准、融合有平台、育人有协同、集团有内涵、试点有成果"统领产教融合工作，初步形成了"三个一"的运行体系，搭建了"三个一"的融合平台，"六共一体"，实现"三个服务"。

自2009年起，剑阁职中师生代表队在全国、省、市职业技能大赛中，获得国赛一等奖1个、二等奖1个、三等奖3个，省赛一等奖13个、二等奖28个、三等奖55个，市技能大赛更是多年独占鳌头。十多年来，学校获得的技能大赛团体奖、一等奖数量以及获奖总数、获奖率居全市第一、全省前列。

系列成绩的取得，源自全校教职工"构建多元实践教学体系，技能强校，培养'剑阁工匠'"的明确共识。

学校基于产教融合平台，成立了剑门豆腐产业发展研究院，打造剑门豆腐文化陈列室，组织编撰了《剑门豆腐菜品文化册》，举办剑门豆腐烹饪展演等活动，研究、开发剑门豆腐新产品，促进旅游服务与管理、烹饪专业改革发展，打造专业特色，提升剑门豆腐的产业竞争力和影响力。成立世界技能大赛冠军工作室，以服务教学和科研生产为原则，以提升人才整体素质和技能为核心，通过工作室的组建，加快培养一批青年高技能人才骨干，建立高技能人才技术技能创新成果和绝技绝活的传承机制，并将技术技能革新成果和绝技绝活加以推广。

学校充分发挥教师资源、教学设备资源，形成了参与社会服务的运行机制与较为完善的制度体系，实现惠农、惠企、惠学三服务。组建农学、汽修、旅游服务团队——举办农村实用技术培训、扶贫专班培训、劳务品牌培训等实现惠农服务；开展企业员工技能培训及鉴定，实现惠企服务；借助学校的教学设备、教师资源、实训环境条件，开展研学旅行，实现惠学服务。

"我将要干什么，岗位是什么，工作是什么？"面对学生刚进入学校后十分迷茫的情况，学校通过加强对学生社会认知和专业认知的引导，夯实基础能力，提高职业素养。实行专业基础实训，每年至少组织一个轮次的学生走进企业、拥抱行业，体验岗位与工作，使学生逐渐认清自己，并对将来有一个实际性的规划，激发技能学习的信心；对专业技能进行分析解构，遴选编制适合学生技能成长的实训项目，从零开始，夯实基础技能，达成认知实践教学目标，搭建步入"工匠"大门的第一个阶梯。

"在剑阁职中学习的一年中，我逐渐找到了学习的自信，专业知识和文化知识方面都有很大提升，现在又有幸到丽水职高去学习，我觉得自己太幸运了。"剑阁职中汽修专业学生王跃超欢喜地说。

2018年秋季开始，剑阁职中为落实浙江省丽水市莲都区与剑阁县人民政府共同签署的东西部教育扶贫框架协议，分期分批组织建档立卡学生共计76人赴浙江丽水职高进行为期1年的技能提升培训和顶岗实习活动。学生赴浙江学习期间，交通费、食宿费全部由东西部扶贫专项资金支出，学生及其家庭不承担任何费用。

剑阁职中安排专门人员对这些学生实行"保姆式"管理。学校借鉴浙江地区职业教育发展的先进经验，在技能教学全面改革与贫困家庭子女技能提升、实现高质量就业等方面创立了可借鉴、可操作的模式。

完善实践教学，发展技术技能。学生对专业知识教学和专业技能的训练，由简单到复杂，由单一到组合，逐步向岗位看齐，并持续施加"工匠"标准和精神的要求，年年举办专业和学校两个层面的技能比赛，以赛促练、以赛促学，"小组工匠""班级工匠""年级工匠""专业工匠""学校工匠"等实践教学得以升华，能力得到进一步发展，达成专业实践教学目标，学生站到"工匠"的第二阶梯。

"强化岗位训练，提高职业能力"是学校始终坚持的教学原则。良好的实践能力，为综合实训的开展奠定了坚实的基础。学校依据岗位需求，与合作企业一道创新实训项目，逐步加强综合实践训练，让学生"走出去，上岗位"，从而拥有了"底气"。要求学生从二年级开始实施分段分散实习，实习结束回校，由第三方在实训室进行现场考核，不合格必须"回炉"重修，岗位在学生心目中逐渐清晰。严谨的工作态度、精湛的技术技能、良好的职业素养……学生职业技能得到全面提升，为学生长远发展奠定了坚实的基础。

二、多元化人才培养模式让农家儿女圆大学梦

2018 年 7 月，国内前十强电梯企业与杭州职业技术学院的用人签约图片新闻，在剑阁职中内部群中传递，大家都为学校学生丁聪聪高薪就业感到高兴。

"感谢母校的培育，让我学有所得，综合素养得到很大提升，毕业就实现高薪就业。"剑阁职中电子专业学生丁聪聪感激地说。

在剑阁职中，像丁聪聪一样高薪就业的学生数不胜数。该校结合学生实际情况，把从电子专业毕业的学生送到杭州职业技术学院开展为期 2 个月的集中电梯结构标准、电梯安全操作、机械调整与维修、电梯电气维修、电梯季度保养、扶梯结构与标准等 8 个模块的高强度、高水平专项培训。

丁聪聪也参加了集中培训并担任班长，两个月的参训让学生们收获不少。丁聪聪实习阶段的工资就达到了 8 000 余元。

高薪就业仅是剑阁职中构建学生成才的多种平台、圆家长"望子成龙"梦及学生成才梦的一个缩影。

学校开设建筑工程施工、机械加工技术、物联网技术应用、计算机技术、学前教育、旅游管理与服务等 10 多个专业，满足了学生及其家庭的个性化需求。近 3 年，学校参加高校招生考试的人数、升学率逐年上升，有 1 200 余名学生通过高职单招、技能考试、普通高考等渠道升入四川农业大学、宜宾学院、四川建筑职业技术学院、四川工程职业技术学院等高职院校学习深造。

学校还同绵阳职业技术学院、宜宾职业技术学院等 5 所高职院校签订了合作协议，开通了"3+2"五年一贯制、"3+3"中高职衔接成长平台，为学生直接进入国家示范高职院校、骨干高职院校架设了桥梁。体育、舞蹈等特长生通过特长考试、技能大赛获得成绩优异者，可以免试进入高职院校学习。

对于立志成为优秀技术工人的学生来说，学校也为他们提供了畅通的就业渠道。一方面，依托国家职业技能鉴定所开展 17 个工种的中、高级职业技能等级鉴定和 12 个工种的"1+X"证书试点工作，为学生就业提供资格保障。另一方面，与广东盛威尔、吉利汽车集团、上海地铁、眉州（北京）东坡等企业建立稳定合作协议，为学生在北京、上海、广东、浙江等沿海经济发达地区就业架设了桥梁。

剑阁职中通过与中华职教社携手开展师资培训、专业建设、合作办学、信息化建设等合作，签订 6 个校校合作、校企合作协议。实施"星火计划"特种技能型人才定向培养，星火计划由西奥电梯与杭州职业技术学院联合举办，采用"免费培养，定向就业"的模式，培养的学员全部在西奥电梯国内各服务站点就业，协议起薪 4 000 元，通过资助一人、就业一人，致富一家、带动一方，助力脱贫奔康。

据统计，全校先后选送了 3 批次 10 名建档立卡贫困户学生和 2 名老师参训，结业学生顺利就业，真正实现了"培养一个学生，脱贫一个家庭"的目标，受到社会各界广泛赞誉。

三、注重个性化教育让每个学生人生出彩

"蜀道科普大讲坛"让学生了解家乡、热爱家乡；禁毒教育走进校园，让学生了解毒品、畏惧毒品；人民法院巡回审判活动，让学生知法、懂法、守法；剑阁旅外人士以"生命健康，圆梦理想"为主题举办讲座，强化学生生命意识，引导学生树立正确人生观……学校通过开展丰富多彩的活动，以活动为载体，落实课程育人、文化育人、活动育人、实践育人、管理育人相结合的原则，着力培养学生学习兴趣、爱好特长，让学生实现差异化成长，让每个学生人生出彩。

历年来，学校十分重视学生艺体素质的培育。积极参加市县球类运动会和田径会，取得了不俗的成绩。其中2019年4月，学校男子篮球队荣获市青少年篮球比赛中职组第一名，女子篮球队获得第六名。同年11月，学校荣获市青少年学生田径运动会（中职组）第四名及体育道德风尚奖。学校每年举办艺术节，开展第二课课堂活动，积极组织学生参加"中职学生文明风采大赛"和四川省中小学艺术人才大赛，有很多学生获得了等次奖，从而找到了自信。

学校坚持德育为首，不断完善德育管理和工作体系。秉持"一中心、两基点"德育理念，采用"三结合、五并举"育人方法，形成了"一室五线、三层四方"的运行模式，法治教育"四法"特色、"微笑服务岗"模式在全市推广，使立德树人根本任务得以落实。

学校坚持理想信念教育、社会主义核心价值观教育、中华优秀传统文化教育、生态文明教育、心理健康教育"五育并举"。研学旅行活动，使学校课程、德育体验、实践锻炼有机融合；每月一次的专业部学生教育例会、内务卫生督查、仪容仪表检查，规范了学生言行，让他们养成了良好的学习生活习惯，懂得了遵章守纪，实现了活动育人、实践育人、管理育人的有机结合。

2011届机械加工专业学生石洪康在学校学习期间，成绩一直名列前茅，以优异的成绩考入四川农业大学机电学院农业机械化及其自动化专业，并荣获2011年四川省优秀毕业生称号，2018年考入西南大学机电控制系统专业硕士研究生。

在四川农业大学读本科期间，石洪康曾荣获"优秀学生干部""暑期社会实践校级优秀个人"等荣誉。工作期间，石洪康成为国家蚕桑产业技术体系机械化研究室业务骨干，荣获"2017年南充市科技进步二等奖""2017年四川省科技进步二等奖""2018年四川省科技进步三等奖"。作为项目主持人，主持四川省科技计划项目1项、四川省创新能力提升工程项目1项。作为主要研究人员，参与国家蚕桑产业技术专项、四川省科技计划项目、南充市科技计划项目多项。申报国家发明、实用新型专利10余项。读硕士期间，石洪康研究方向为机电一体化技术、智能控制技术以及物联网技术在农业领域的应用，累计发表论文3篇，荣获"2019年全国高效人工智能创新创业大赛全国二等奖"。

近五年来，剑阁职中向社会培养了4 000多名毕业生，他们活跃在全国各地的各条战线上，用自己的方式和努力向社会做出应有的贡献。他们有的是行政事业单位的工作人员，有的是教育科研单位的业务骨干，有的成为行业企业的技术能手或者管理，有的创业打拼成为企业老总……

党建引领农村薄弱高中特色发展的实践价值

左 长

2023年9月组建的剑州中学新一届领导班子率领全校3 000多名师生员工，在县委、县政府和教育主管部门的坚强领导下，围绕中心工作，充分把握"组团式"帮扶契机，以"党建引领农村普通高中特色发展的实践研究"省级课题为牵引，科学谋划，目标导向，低谷奋进，扎实开展各项工

作，取得阶段性成效。现将学校党建引领农村薄弱高中特色发展的实践价值作如下阐释。

一、在党建引领下，学校为什么要走特色发展之路

（一）学校特色发展是国家教育改革发展的需要

党的二十大提出"坚持高中阶段的多样化发展"，关注学生需求分化，探索多种模式，促进学校特色发展，为学生提供更多选择机会。据《中共中央 国务院关于深化教育改革全面推进素质教育的决定》，课程改革成为全面推进素质教育的有力手段，新的教育理念强调以人为本，根据学生身心发展特点，突出对学生的个性化教育，培养出有特色、有创新精神的学生，促进学生全面而有个性地发展。实施课程改革的主体是教师，教师的教育理念在学校特色发展过程中可以得到改变和更新，学校特色发展旨在培养全面发展的人，为学生个性的发展创造条件。在用好国家课程基础上，要立足地方和学校实际，因地制宜，开发内容鲜活、形式多样的适合学生发展的校本课程，建立科学完备的学校育人课程体系，丰富学校特色发展内涵和品位。随着社会对教育多样化的需求，培养多层次、多规格人才，走特色发展的道路是农村薄弱高中发展的必然选择。

（二）学校特色发展是实施素质教育的需要

《中国教育改革与发展纲要》明确提出：中小学要"办出各自的特色"。农村薄弱高中的特色发展就是按照素质教育的规律和特点设计学校发展目标，从素质教育的实践中提炼自身的特色，通过学校特色内容的不断拓展和丰富，使素质教育的内涵更加完善。农村薄弱高中特色发展，对于走出片面追求升学率的误区、全面提高学生综合素质，具有极大的现实意义。

（三）学校特色发展是农村薄弱高中的现实需求

剑州中学办学历史源于 1907 年普安淑慎女子学校，历经时代变迁，学制转变，县城易址，布局调整，兴衰起落，在县域三所普通高中之中，同质化竞争优势不在，实力不济，活力不足，资源匮乏，发展滞后，加之生源参差不齐，育人方式单一，优质教师外流等现实问题，成为名副其实的"农村薄弱高中"。

（四）相关研究述评，给剑州中学特色发展以借鉴与启示

（1）辩证统一理论：农村薄弱高中特色发展，是共性与个性的统一体，表现为遵循教育方针和教育规律，但又是个性化地贯彻教育方针，在育人活动及提高教育质量上，独辟蹊径，发扬长处和优势，进行科学的办学设计，形成独到的个性化的办学特色。

（2）多元智力理论：农村薄弱高中特色发展的目的就是发展每个学生的多元智力。改革以狭隘的知识教育为主、以升学为唯一目标的精英教育，向学生展示多方面的智力领域并切实贯彻因材施教的原则，确保学生的全面发展和个性的充分展示，适应多元化人才培养的要求。

（3）校本发展理论：校本发展则是一种重视自身力量和学校自身发展的教育观念。农村薄弱高中特色发展，就是推进校本发展策略，以学校为发展中心，自主办学和自主发展，走出一条有自身特色的学校改革和发展之路。

（4）科学发展理论：全面发展教育事业是科学发展观的本质要求，让大众享受公平均等的教育，这是社会主义本质决定的，也是农村教育是"大头"这个特殊的国情所决定的。学校特色发展是农村薄弱高中实现教育优质化的必然选择，是在更广层面、更深程度上树立和落实科学的教育发展观。

二、几个关键词，勾画薄弱高中特色发展的模态样式

"党建引领"指学校工作在学校党委全面领导下，学习贯彻党的二十大精神和党的教育方针、路线、政策，立足校情，建章立制，规范管理，科学谋划，转变作风，激发内力，优化服务，提高效能。加强党员干部及教师思想教育，加强师德师风教育，加强业务学习培训，全面提高教师队伍

素质。坚持"立德树人、五育并举"全面育人和个性发展相结合总方针，规范办学行为，开齐开足各类课程，推进课堂教学改革，不断提高育人水平和育人质量。在学校发展过程中，发挥党员干部和党员教师的先锋模范带头作用，发挥学校各党支部的战斗堡垒作用，不断影响引领其余教师快速成长。学校党委通过组织线上线下各类活动，统一思想，形成共识，凝聚力量，指明方向，明确任务，全面推进学校各项工作，促进学校高质量发展。

"农村薄弱高中"指地处乡镇经济欠发达，基础设施落后，教育文化发展不平衡，学校综合办学条件差，教师队伍老化严重，学科结构性缺编，办学经费投入不足，整体办学质量不高，社会影响力较低的农村高中。主要特征为"三难"：一是机制不全，低效运作，管理难；二是师资薄弱，生源外流，提高难；三是设施陈旧，经费短缺，发展难。

"特色发展"的所谓"特色"，指立足学校实际，在先进办学思想指引下，在办学实践中逐步形成的独特优质的个性风貌。其具有三个基本特征：一是"人无我有"的独特性和稳定性；二是"人有我优"的优质性和持续性；三是"人优我特"的动态性和发展性。坚持先进办学思想，坚持以学校为本位的发展理念，坚持与时俱进的创新策略，坚持走出个性发展之路。特色发展就是学校基于自身的历史传统和实际情况，在长期办学实践中逐渐形成的一种区别于其他同类学校的独特、优质而且相对稳定的办学气质和办学风格。首先，学校特色是关系性概念。它总是在与其他同类学校的关系中得到确证。也就是说，学校特色是共性基础上的个性显现，是个性基础上的共性存在。其次，学校特色是属性概念。独特性、优质性与稳定性是学校特色的核心内涵，也是判定学校特色发展的内在标准。

通过党建引领农村薄弱高中特色发展实践探索，逐步实现以下目标：一是挖掘本土先贤文化内涵，形成全体教师的精神追求。二是立足学校实际，建立学校现代管理体系。三是从县域教育出发，明确学校艺体和职普发展定位。四是立足学校实际，加强课程建设和教学资源开发运用。五是借力组团帮扶，依托研修培训和教学改革，锻造党员干部及教师队伍。六是聚焦培养学生实践及创新能力和学生核心素养，提高育人质量。

三、明晰问题，做好规划，真抓实干，坚定走特色发展之路

（一）明校情，画线路，制定学校特色发展指导意见

（1）盘点学校发展优势和短板，扬长补短，突出"党建""薄弱""特色"三个关键词。

（2）确立工作目标，理清工作思路，明白工作内容，明确工作分解，压实工作责任。

（3）画好"路线图"，推动和指导课题实践研究活动。

（二）勤调研，名家点评，形成学校特色发展问题清单

（1）党建引领还需制度化、规范化、常态化，存在活动不连贯、不系统，缺乏前瞻性和整体性。

（2）校园先贤文化挖掘不够，缺乏提炼宣传，先贤文化的师生传承和认同不足，文化的教育价值未充分发挥。

（3）兼顾市、县教育布局和剑州校情，现代校本管理体系尚未真正建立，管理人员的管理能力有待培养，管理理念有待更新，服务意识有待加强，富有特色的管理文化还未形成。

（4）依托组团帮扶平台，推动教师研修和深化教学改革，促进党员干部能力提升和教师专业发展的功能还未充分发挥。

（5）学校艺体和职普融通综合高中所需设施、师资等条件还需完善。

（三）挖掘本土先贤文化，去糟留精，形成共同价值取向

（1）剑州中学所处的文化背景：学校地处千年古镇剑阁县普安镇，普安镇历为郡、府、州、县驻地，至今已有1 640余年，是四川省历史文化名城，区划调整后新普安面积达234.56平方公里，户籍人口10.1万人，常住人口16.7万人，约占全县总人口的1/4。剑阁境内气候宜人，风光秀美，

剑门崔巍，嘉陵迤逦，豆腐飘香，剑杖天涯，李杜留诗，黄裳天文，炳然抗倭，三国故事，先贤传学……剑阁古城曾是四川省剑阁县的政治、经济、文化中心，是按照中国传统规划思想和建筑风格建设起来的城市，集中体现了古代中华民族的历史文化特色，自南北朝宋大明中（457—464 年）置南安郡，已有 1 500 多年。

（2）走近历代剑阁先贤人物：①精忠报国、崇尚科学、公正廉洁的黄裳，南宋时剑阁人，字文叔，号兼山。生于高宗绍兴十六年（1146 年），卒于光宗绍熙五年（1194 年）。曾绘天文图和地理图，是当今世界天文学和地理学的奇珍，已载入人类科学史册，尤其天文图（又称星图）是世界上现存星数最多的古代星图，其星多达 1 440 颗。②为民示范、倡办书院、修路植柏的李璧，明正德十年（1515 年），他出任四川剑州（今剑阁）知州后，筑剑阁道，倡修学校书院，增设贸易市场。他颁布"官民相禁剪伐"禁令，功不可没。李璧、杨如震二人铜像，现保存在县文物管理所。③精通诗书、古德树人、治学严谨的李榕（1819—1890），原名甲先，字申夫，号六容，通籍后改名榕。先后在剑州兼山书院、江油登龙书院、匡山书院担任山长、讲席 18 年。以儒家治世为木，以"仁义礼智"始教育民，"行古道体段"，形成了他独具特色的儒道相融的教育思想。④清勤练达、防剿倭寇、击退鞑靼的赵炳然（1507—1569），字子晦，号剑门，明武宗正德二年（1507 年）生于剑州石盘山下（今广元市剑阁县田家乡赵家湾）。

（3）剑州中学发展沿革：①历经风雨、名震一时、享誉川北（1907—2000 年）。②顺势而行、转制崛起、七星高照（2001—2004 年）。③县城迁移、布局调整、逆势发展（2005—2021 年）。④政策惠泽、组团帮扶、助力前行。2022 年秋，剑州中学纳入"组团式"帮扶国家乡村振兴重点帮扶县高中阶段学校，由广安牵头帮扶剑州中学，为期 12 年。根据中共中央组织部关于印发《国家乡村振兴重点帮扶县教育人才"组团式"帮扶工作方案的通知》（组通字〔2022〕17 号）和四川省委有关文件要求，开展教育人才"组团式"对口帮扶工作，力争在文化育人、改革提质、示范创建、硬件品质等方面得到整体提升。

（四）建立学校现代管理制度，提高工作效能

（1）建立高效管理机制，落实党建引领工作的构架。根据《中国共产党章程》和中央、省委有关规定，学校党委研究制定了《四川省剑州中学校党委会议议事规则（试行）》和《四川省剑州中学校校长办公会议（校务会议）议事规则（试行）》，并严格落实。

（2）深化学校评价改革，构建高质量发展体系。完善各项评价、考核（含绩效、延时服务等）、评职、晋级制度。坚持目标导向，用好考核评价指挥棒，促进各项工作有序良性发展，提升学校现代化治理水平；深化教学质量评价改革；完善德智体美劳"五育"并举的学生综合素质发展评价体系。

（3）推进"大年级组"管理机制，促进初、高中全面深度融合。全面落实"初高课程衔接、招生目标共担、规范管理同标、教育科研同步、教师发展同进、学生成长同育、特色创建同推、质量目标共评"八同工作措施，实现剑州中学初高中教育一体化发展。

（4）深化学校督导检查机制改革，提升教育管理水平。各处室、年级和纪委督导检查要有制度、机制、流程、效果，提高督导检查的有效性和导向性，推进学校治理体系和治理能力现代化。

（5）深化课堂教学改革，全面提高教育质量。深入研究课标，构建高效课堂教学模式，在课堂教学环节深度变革，推动学校教学从"粗放"向"精准"转变。

（6）响应县教育局"县管校聘"改革，激发教师工作活力。实现教师由"学校人"向"系统人"转变，促进教师专业化快速成长。

（五）明确学校艺体和职普融通相结合的综合高中发展路径

基于国家政策和全县高中教育发展大环境，并结合剑州中学办学现状分析，本着"因校制宜、错位发展"原则，明确走艺体和职普融通综合高中之路。围绕发展目标，理清思路，明晰家底，画

好路径，形成共识，扬长补短，内外发力，打破困局，杀出重围，力争早日将美好愿景变成美好现实，为剑阁高中多元办学方式探出一条新路。

（六）加强学校特色课程建设和教学资源开发运用

（1）在当前新高考、新课标、新教材大背景下，以新课标为指引，在吃透统编教材基础上，结合教师和学生实际情况对国家课程、地方课程进行深度研读，加强课程建设和教学资源开发运用。

（2）结合学校特点、师资状况和教育对象，积极开展系列主题活动，形成校本课程文化读本。如读书活动、社团活动、心理辅导、学困辅导、艺体培养、高考培优、中考补差等。

（3）学校以国家课程为基础，稳步推进校本课程建设，落实学生活动课程化、校本研训特色化、校本课程生本化、国家课程校本化。

（七）借助组团帮扶，促进队伍建设管理优化和资源聚集

（1）认真贯彻执行党的路线、方针、政策，努力推动学校党建在引领方向、教书育人方面的作用，为学校发展提供坚强的政治保障。坚持把党的建设与学校工作结合起来，在"双减"背景下，更好地促进教育高质量发展。发挥党组织的优势，加强对广大教职员工的教育和管理，使大家心往一处想，劲往一处使。

（2）落实教育组团帮扶"一对一"师徒结对活动并带动相应学科发展。严格按国家相关政策要求规范办学行为，规范有效开展教研活动和校本研修，推进有效课堂改革，根本转变教学方式，提升育人质量。通过"走出去，请进来"分享广安、浙江优质教育资源，促进管理干部、班主任和教师交流，开启学生假期研学活动，促进学生间交流。通过广安组团帮扶，构建两地师生学习共同体、发展共同体、情感共同体。

（3）学校师生抢抓机遇，敢于挑战，用好省乡村振兴教育帮扶政策红利，发挥广安教育资源优势，强力推动资源集聚、人才培养、政策集成、理念植入、管理优化，并释放叠加效应：着力构建学校高效现代管理体系；着力建立完备的教师劳动激励机制；着力锻造一支优秀勤勉的教师队伍；着力提升学校教育信息化水平；着力营造浓郁的校园文化氛围；着力提高学校育人质量，提升学校办学实力和社会美誉度。

（4）借助组团帮扶平台，汇聚各方力量合作办学，多渠道争取资金支持，切实抓好项目建设，下大力气改善办学条件，提升学校教育信息技术装备水平，改善艺体理化生教学条件及建好学校图书馆，改善师生学习、工作、生活条件等，回应社会期待，惠泽莘莘学子，为学校高质量发展奠定坚实的物质基础。

（八）聚焦培养学生核心素养，提高育人质量

所谓"核心素养"，主要是指学生应具备的能够适应终身发展和社会发展需要的必备品格和关键能力。

（1）加强教师培养，更新教师观念，深化课堂改革，培养学生"自主、探究、合作"实践创新等关键能力。

①问题导向，明确学科发展中存在的突出问题，分析原因，寻求破解，达成目标。

②学习课标，明白为什么学、学什么、怎么学、学得怎么样。结合教学实践学，自己独学，同伴互学，组内群学。

③集体备课，基于学科组对教材教法、单元教学、资料整合、考情分析、学法指导、作业设计、学习评价等进行全面研讨，扬长补短，发挥集体智慧，形成最优实施方案。

④全面落实课堂改革和教师培养工作，高中推行"基于问题情境的互动式、探究式、启发式和体验式"教学，初中推行"以生本理念为指导，以学习小组为基础的四段式"课堂教学。强化广安苍溪组团帮扶"1+1"师徒结对活动，选好苗子开启基于学科组的年轻教师"N+1"培养计划。

（2）与时俱进丰富德育内容，构建德育长效机制，通过系列德育活动，着力培养学生的个人修

养、家国情怀、社会关爱等必备品格。

①将学生养成教育抓在手上，提升学生个人修养。通过教育引导、科学管理、家校共育，结合学校各学段学生实际，将学习中学生日常行为准则和学生日常行为规范落到实处。

②关注国际国内和家乡大事件、大变化，培养学生"爱国爱家"的家国情怀。关注留守儿童、少年，将爱心教育落细落小，达到"以爱育爱、以爱传爱"的目的。

③贯彻活动育人理念，将德育教育主题渗透系列主题活动，让学生在鲜活生动的活动中，潜移默化，自觉提升。如：感恩主题"妈妈我想对您说"（一封家书），励志主题"不一样的青年节"，读书主题"放下手机，与书为友"，环保主题"爱护环境，从我做起"，国旗下主题讲话等。

整合育人　创品牌示范引领
全面教育　培栋梁五育并举

罗　平

剑阁中学新一届领导班子的梦想就是推行"1133"工程，赓续传统，接力辉煌，朝夕不倦，奋发图强，和所有关心、热爱并支持剑阁中学的人一道，让剑阁中学这所千年学府厚积薄发，在党的二十大精神阳光雨露的沐浴下，焕发出勃勃生机，让剑阁中学真正成为全县父老乡亲家门口的优质高中、品牌学校。

"1133"：坚持一个引领（党建引领），赓续一个理念（尊贤重道，守正鼎新），打造三个模式（"六岗"德育管理模式、"精品"办学模式、"三省教研"模式），实现三个目标（整合育人目标，创建成四川省一级示范高中目标、综合办学质量显著提升目标）。

一、坚持党建引领，正本清源，推动剑阁中学健康良性发展

教育是国之大计、党之大计。新时代的教育工作者肩负着"为党育人、为国育才"的时代使命，担负着培养德智体美劳全面发展的社会主义建设者和接班人的育人责任。在党的二十大精神的指引下，剑阁中学坚定不移地坚持党委领导下的校长负责制，把党建工作作为实现新时代学校高质量发展的重要内容，紧密围绕"立德树人"的根本任务，赓续党的精神血脉，践行为党育人使命，引导教师党员不断增强"四个意识"、坚定"四个自信"、做到"两个维护"，实现党性觉悟和业务能力双提升，从而引导学生树立正确的理想信念，自觉把爱国情、强国志、报国行融入实现中华民族伟大复兴的奋斗之中。

二、赓续办学理念，丰富发展内涵，彰显"兼山劝学"办学特色

办学理念就是办学的出发点，是学校的灵魂，它包括育人取向、培养目标、精神偶像、育人途径、学风建设、教师形象、校园文化等。剑阁中学的办学理念是"尊贤重道，守正鼎新"，这一理念是一代又一代剑中人在教育实践中总结出来的智慧结晶，它既传承了中华民族优秀的传统文化，又有新时代社会、国家对教育及人才培养的基本要求。"尊贤重道，守正鼎新"的办学理念，承载了剑阁中学悠久的办学历史和厚重的文化底蕴，彰显了剑阁中学"立德树人"的思想。新一届学校领导班子承上启下，赓续"尊贤重道，守正鼎新"的办学理念，依托其精神内涵，确立了以"兼山书院"（剑州文庙）为载体的"兼山文化"为特色的办学思路，丰富办学内涵，传承兼山文脉，着力打造"兼山劝学"文化。

剑阁中学"兼山劝学"文化以"劝"为保障，学为手段，学校发展和学生成才为目标，囊括

学校管理全部内涵，是对"尊贤重道，守正鼎新"这一办学理念的真正实践。剑阁中学以"劝学"文化为载体，狠抓班子、队伍建设，提升班子、队伍的整体水平；以"劝学"文化为核心，着力学风、校风、行风建设，营造校园学习氛围，规范学校各项管理，提升学校办学水平，打造文化剑中、质量剑中、品牌剑中。

兼山劝学：①"劝"党员干部。一劝学党的教育方针和政策，学习习近平总书记重要讲话精神，坚定办学方向；二劝学《中国共产党章程》、党纪，不忘初心永葆本色；三劝学先进管理和服务理念，提高管理服务水平。②"劝"教职工。一劝学守法，依法执教；二劝学行业规章制度，为人师表；三劝学教材教法，提高业务水平；四劝学榜样名师，争先创优。③"劝"学生。一劝学先贤美德，有家国情怀；二劝学优良传统，尊师爱校；三劝学班规校纪，温文尔雅；四劝学文化知识，善思笃学；五劝学模范先进，比学赶超。

打造具有浓厚剑中特色的育人环境，创设"随风潜入夜，润物细无声"的育人氛围。

一是打造剑中全新风貌。古人说，近朱者赤，近墨者黑。对学生真正有影响的东西，是周围的环境。剑阁中学应该是古色古香的剑阁中学，应该有书院的雅韵、文庙的厚重。剑阁中学依托兼山书院和千年文庙着力提升办学条件，打造左手老文庙、右手新兼山的全新剑中风貌：校园布局、建筑装饰、前后校门、教学设施、环境美化、办公用品都体现"兼山元素"，让"兼山品牌"根植于每一位剑中人的心中，撼动每一位兼山来访者，让剑阁中学厚重的历史文化成为学校发展的灵魂，成为凝聚人心、展示学校形象、陶冶情操、构建健康人格、整合育人的精神力量，像剑中校园的桂花一样，时时发出沁人心脾的馨香。剑阁县十九届人民代表大会第三次会议《关于2023年政府民生实事候选项目情况的报告》指出，"在剑阁中学新建4 994平方米教学楼以及附属工程，购置相关设施设备"。这栋教学楼将是剑阁中学标志性的建筑，其外部风貌的设计与校园内的"兼山书院""剑州文庙"协调一致，是剑阁中学的"新兼山书院"，含32个教学班级和可容纳400人的学术展演厅。同时，剑阁中学运动场的重建项目已经启动。另外，校园布局、建筑装饰、教学设施、环境美化、办公用品等无不体现剑中元素。相信很快，一个崭新的"兼山"形象文化的剑中将出现在全县父老乡亲面前。

二是举办一年一度的"兼山劝学节"。剑阁中学"兼山劝学节"定于每年11月1日上午9点8分5秒在"兼山书院"开幕，寓意为鼓励剑中学子刻苦学习，都能考上国家"985""211"一流大学。在"兼山劝学节"上，有"劝学"主题演讲、"劝学"经典吟诵、"劝学"师德标兵和优秀学子表扬、"劝学"优秀教学设计和"剑中七本"展评等活动。在"兼山劝学节"期间，学生参观剑阁中学校史馆、剑阁乡贤馆、剑阁风情馆，让学生知校史、尊先贤、传经典、怡性情、养才识、立大志，激发学生学习的主观能动性，强化学生"成才先成人"的意识，立德立心，立学立行。

三是转变育人观念，全面教育，整合育人。新时代的新人才，既要有爱国情怀，又要有国际视野；既要有青春梦想，又要有实干精神；既要有健康体魄，又要有学习热情。剑阁中学以"整合育人，全面教育"为育人目标，培养以德为先、博学多知、德才兼备、明思辨、重实践、知行合一的身心两健、学创俱能的优秀人才。为此，剑阁中学建构横向、纵向全维度立体育人体系，横向就是要在学校、社会、家长的支持下，构建起整个教育教学中的"育人网络"，突出人的完整发展和全面发展；纵向则是打通学生终身教育链，培养学生终身学习的意识和能力。剑阁中学在狠抓教学质量提高的同时，大力开展社团活动，不断丰富学生延时服务的内容。学校以学生社团为主要载体，扩展学生第二课堂，丰富学生课余生活，让社团活动成为剑中学子放飞梦想的沃土，演绎校园特色文化和综合办学实力最引人瞩目的华彩乐章。剑阁中学根据时代的潮流、学生需求的变化，学生社团的项目不断地更新换代。目前学校共有兼山社团47个，另有17个个性专业社团。学生活动项目日益丰富，成绩令人欣喜。近几年，科技模型社、心理社、动漫社、摄影俱乐部等新兴社团接连成立，学校还新成立了微电影社，学生们结合校园电视台开始了新的尝试及探索。2022年，剑阁中学兼山电视台拍摄的《向中国共产主义青年团建团 100 周年献礼》在四川省第十七届校园影视教育成果展交流活动中荣获一等奖。

"要让学生学到极致，玩得精彩！"剑阁中学年轻的领导班子创新思路，开启"整全育人"和"全面育人"成才通道，高度重视学生的终身发展。以整合育人、全面育人为宗旨，提出了创新艺术教育、打造剑中剑术社团、成立高水平艺术队等思路，做到学生艺体活动常态化、社团活动特色化、艺术教育品牌化，并在设备设施、人员资金、时间安排等方面给予充分保障，真正达到剑中学子"身心两健、学创俱能、个性彰显、特长精英"的整体育人的效果。

三、创新办学举措，打造三个模式，着力提升学校综合办学实力

（1）打造"六岗"德育模式，精细管理，培养高水平专家型管理团队，助力学生德才兼备，健康成长。

如果说，剑阁中学"劝学文化"的打造，坚定了剑阁中学社会主义的办学方向，培养了学生社会主义核心价值观，激发了学生热爱中国共产党、热爱祖国、热爱学习、阳光向上的激情，那么，剑阁中学推行"六岗"德育管理模式，则是确保学校德育活动教育人、陶冶人，确保规范动作不走样，自选动作特色化，助力学生良好习惯养成教育，着力对学生学习、生活行为规范的培养。著名教育家叶圣陶先生曾说：教育是什么，往简单方面说，只需一句话，就是要养成良好的习惯。所以，养成良好的习惯，才是我们培养一个孩子的重中之重。但一个好的习惯不是一朝一夕就可以养成的，它是需要日积月累，从细节小事培养，在一举一动、一言一行中慢慢养成的；好的习惯一旦养成，会受用一生。剑阁中学"六岗"德育管理模式，像毛细血管一样分布于学生校园生活的时时处处、点点滴滴。

剑阁中学"六岗"：一岗——任课教师岗。责任人为学科教师，职责为课堂安全纪律。二岗——保安值班岗。责任人为值班保安，职责为前后门岗值守与校园 24 小时不间断巡逻。三岗——宿舍管理岗。责任人为宿舍管理人员，职责为两睡纪律与人员排查，宿舍楼层卫生保洁与学生回寝安全值班。四岗——年级值日岗。责任人为年级值日，一位年级组领导加两位班主任，职责为年级组学生教学、生活、休闲空档期的安全巡查与心理特异表现学生的疏导处置。五岗——学校值周岗。责任人为学校校值周，由一名校领导、两名中层干部、四名年级班主任组成，其中班主任负责自己年级组面上的教育教学安全行为与秩序维护，中层干部重点巡查校门与校园秩序，校领导全面督办全校性德育秩序的推进顺畅程度并代表学校处理临时性问题。六岗——德育督查岗。责任人为学校德育管理干部，人员由一名德育线中层以上领导干部组成，负责督查、考核前五岗人员的履职情况并提醒整改。

剑阁中学"六岗"德育立体管理模式结合学校留守学生多、情况复杂、管理难度大等实际情况，对学生进行全面管理和实时引导，让德育教育开花落地，很好地提升了德育工作的实效性，充分发挥了值班领导、德育处、年级组、班主任、管理员及全校教职工的教育职能，实现对学生们的全方位教育。

（2）打造"精品"办学模式，控制规模，精准教学，"文""艺"同质，培训高水平艺术队，提高生源及办学的整体质量。

过去的十多年，多种因素和拉网式的招生政策导致学校生源入口成绩越来越差。剑阁中学高中新生入口成绩越来越差，在广元市示范类高中学校中一直"压底"。虽然剑阁中学一直在创造"低进高出、差进优出"的神话，但其本科和重本上线率一直停滞不前，这与省级示范高中和全县父老乡亲对剑阁中学的期望差距很大。剑阁中学清醒认识到提高办学质量是学校发展的生命源泉。父母望子成龙，老师盼徒出众。教学质量是上级教育主管部门、学生、家长、社会对普通高中评价的重要标准。因此，打造"精品"办学模式，提升学校综合办学实力，真正实现文化剑中、质量剑中、品牌剑中才是剑阁中学今后发展的唯一方向。

一是在办学规模上做到"精品"化：剑中规模化发展已成为历史，新一届领导班子将在学校现有规模的基础上，优化招生方案，不再开办艺体班，控制招生人数，提高生源质量。初中招生300人，高中招生700~800人，不办普通班，缩小班额，突出清北班，强化英才班，搞实特优班，既要亮点，又要总量，力争达到80%以上本科升学率、20%以上品牌率。二是在教学管理上做到精细化：学校要增强全体教师的质量意识，建立全面的教师业绩档案，制订科学的量化方案，坚持"多劳多得、优质优酬"，激发全体教师的工作热情与积极性，确保教育教学质量稳步提升。三是在课堂教学上实现"精准"化：学校将竭力发挥出教研对教学工作的指导、促进功能，有的放矢，对症下药，实现教研与教学的真正融合，打造具有剑中特色的有效课堂、高效课堂。早晚自习动静相宜，重在教师指导，学生自研，师生探究，突出学科融合。四是在艺术教育上做到"精英化"：尊重学生个性发展、培养学生健康高雅的兴趣爱好是今后剑阁中学社团活动、延时服务的主要任务，剑阁中学将确保艺体课和文化课同质考核的前提下，根据实际情况招收、选拔各类艺体特长生，陆续成立、训练篮球、足球、书法绘画、艺术表演等高水平艺术运动代表队，并在组织领导、经费场地、学习训练等方面给予充分保障，不仅要让这些艺术运动代表队能真正体现出省级示范高中的水平，能有机会参加县、市、省各级各类艺术运动比赛，更要让这些队员能有机会考入国家一二类艺术、体育院校。此外，劳动教育也要落到实处，学校劳动包括校园环境打扫与保洁、寝室内务整理与文化布置、生活自理与自治，家庭劳动包括假期劳动和家务活动实践。

（3）打造"三省"教研模式，建设"精业乐道、大先生"型教师队伍，促进教师专业成长，助力教师"激情奔跑"。

教学质量是学校的永恒主题。学校发展的命脉是质量，质量的关键在课堂，向课堂要质量是学校发展的必由之路。学校的发展是一个长期渐进积累的过程，需要营造尊师重教良好氛围，激发教师可持续提升的潜能。一所学校如果没有一批高水平的教师，就很难有实质意义上的学生发展和学校发展，所以学校把抓教师队伍建设与促进教师的专业化成长作为学校发展的重要支撑。

学校的可持续发展离不开教师的可持续发展，剑阁中学致力于打造一支"大先生"型教师队伍，即师德高尚、业务精湛、结构合理、充满活力的高素质专业化教师队伍。剑阁中学新一届领导班子通过深入调研，针对"新高考、新课改"及学校一线教师老龄化严重、年轻教师经验缺乏、学校教育科研与教学工作脱节等不足，结合剑阁中学实际，制定了《剑阁中学教育科研三年规划》，明确了学校教育科研为教育教学工作服务的宗旨，把培养教师队伍、提升教师整体业务水平、打造"三省"教研模式作为学校教育科研的中心工作，提出了"打造高水平教师队伍、一流学者型教师"的工作目标。

"三省"教研模式是剑阁中学长时期坚持实施"青蓝工程"的有效实践，教师通过自学和劝学不断优化课堂教学，提高自身教学能力，从而打造出极具个人和剑中特色的高效课堂。"三省"包括"自省""他省"和"众省"。自省，即自己上课反省总结；他省，即年级学科组上公开课大家指出不足；众省，即学校上公开课总结亮点。学校专门购买四套移动录播设备，要求每位教师每学年必须至少录播一堂课，分学科组上传学校网站资料库，供自己和其他教师学习、观摩。学校在即将动工的剑阁中学标志性教学大楼中还特意规划了四间学术报告厅，为各年级教师课堂展演或学术交流提供了场地保障。

我们相信，"三省"教研模式对学校教学改革是一剂良药，将不断促进教师在课堂前、课堂中、课堂后总结反思，促进教师在相互学习的过程中优势互补，从而提升教师教育教学水平，优化课堂教学策略，提高教育教学效果。同时，学校在引进教师方面配合主管部门严把关口，加快引进研究生的步伐，充分发挥研究生在专业上的引领示范作用。不久的将来，一批学者型、专家型的师德高尚、业务精湛、乐于奉献、充满活力且具有教育情怀的"大先生"，将成为引领剑阁中学乃至全县教育高质量发展的中坚力量。

河岳英灵钟此辈，国家元气在斯文。我们知道，教育不能一蹴而就，但我们也知道，路虽远行则将至，事虽难做则可成。教育，是梦想家的乐园。我们坚信，有梦想的剑中人，一定能让梦想之花灿烂开放，千年学府一定能在梦想家的呵护与汗水浇灌中再展青春剑中之风采，真正实现"整合育人、教育教学综合质量得以显著提升、创建成四川省一级示范高中"的办学目标，引领剑阁教育快速、高质量发展，继续为家乡、社会和国家培养德智体美劳全面发展的人才。

赞美时代　伴你前行

程锦荣

历史的发展总有一些关键的时间节点。2020 年伊始，新冠疫情暴发，肆虐全球，并持续至今。而今，站在 2022 年的面前，我们是全球疫情控制最好的大国。多灾多难的 2020 年、2021 年反而成为国家社会淬火成金的两年，成为镌刻于很多人脑海中振聋发聩、多难兴邦的两年。

2021 年 7 月 1 日，在庆祝中国共产党成立 100 周年大会上，习近平总书记代表党和人民庄严宣告，经过全党全国各族人民持续奋斗，我们实现了第一个百年奋斗目标，在中华大地上全面建成了小康社会，历史性地解决了绝对贫困问题，正在意气风发向着全面建成社会主义现代化强国的第二个百年奋斗目标迈进。躬逢盛世，何其幸运！

奋斗的哲学，永远闪光。回望来时路，这些年来，在师培经费一年紧过一年的艰难背景下，我们之所以能在让人眼花缭乱的各种教师培训方式中保持定力，立足于县情校情师情生情，走出了一条适合剑阁县教师成长成熟直至优秀的培训之路，其中的一个关键，就在于无数师培工作者殚精竭虑、勇毅担当。2015 年以来，在"久旱逢甘霖"的几个年度的国培项目计划实施中，无论是在苍溪的陈述还是在米易的验收，无论是在三台的评估还是在成都的汇报，剑阁国培无不是语惊四座、好评如潮，赢得了省教育厅领导"剑阁国培工作开展实施得好、总结提炼得好、分享呈现得好"的高度肯定，成了全省数十个国培项目县中受省教育厅领导表扬的唯一的一个"三好学生"。我们的国培案例《深研细究出良策"七表五步"助提升》也荣获 2020 年度"国培计划"青年教师助力培训案例评审"一等奖"，并作为优秀案例推送到教育部，剑阁成人教育中心已以有目共睹的成绩跻身全省县级教师培训机构的一流方阵。这些奋斗的足迹，我们一起经历；这些成绩的取得，我们共同奋斗。我很荣幸和同志们一块苦、一块干、一块拼、一块喜。

时间是最忠实的记录者。大县穷县办教育困难，大县穷县搞教师培训更是难上加难。这些年来，我们用宝贵的国培资金为剑阁县培训培养了一大批"下得去、留得住、教得好"的优秀年轻教师和教育教学管理团队，农村基层学校教师结构性缺编问题得到显著缓解，国培在剑阁县也由最初的"雪中送炭"蜕变成了"锦上添花"。不畏浮云遮望眼，只缘生在"最基层"。纵观这么多年的师培实践，我们愈加懂得，只要我们脚踏实地地做好自己的事情，兢兢业业，履职尽责，每个人的一小步，终将汇聚成剑阁教师发展的一大步。

流金岁月，纸上春秋。作为师培人，这些年来，我们有幸成为剑阁教师培训的记录者、剑阁教师成长的陪伴者、剑阁教育发展的见证者。2022 年，我们更愿记录下剑阁普通教师的梦想，倾听他们的欢乐与忧伤，凝视他们的微笑与眼泪，体味他们的奋斗与艰辛，触摸他们心底的温暖和亮光。

青山连绵，远处的大海没有一刻是宁静的；惊涛拍岸，我们不敢须臾沉醉于低吟浅唱。沉舟侧畔千帆过，病树前头万木春。大灾与大喜的紧密交错，激荡出人定胜天的拼搏智慧。未来的一些年里将会发生什么，我们无从知道，但我们唯一确定的是，无论个人命运如何跌宕起伏，时代的浪潮，只会也只能，向前，向前！而迎着潮水的方向，总有人不甘沉浮，搏击潮头，让时代变得更生动，让自己变得更不凡。

我们赞美伟大时代，我们伴你一路前行！

课堂教学从低效走向有效、高效的探索

唐守荣

一、目前课堂教学现状

学生厌学，是学习上最严重的问题。厌学的表现是不专心听课和不完成作业、学习成绩低下。为了弄清学生厌学问题和改变这种教学现状，我们曾就学生的学习表现和学习成绩情况在几所学校中年级做过两次粗略的调查。

（1）班科听课表现与学习成绩情况调查。

表 A-11　班科听课表现与学习成绩情况调查

班科听课表现	基础知识随堂考查	期末成绩综合统计	备考
学生听课多数不集中精神	不及格的占 55%	中下成绩占 50% 以上	学生不喜欢听课
学生听课较集中精神	不及格的占 5%	中上成绩约 85%	学生喜欢听课

这两种情况表明，不论学习成绩较好的班级的较差学生个体，还是学习成绩较差班级的学生整体，学生是否专心听课和是否完成作业，与学习成绩的好坏都有直接的因果关系。课堂教学上这种不专心听课和不完成作业的现象，正是多讲课、多补课的负效应，

（2）学生作业完成与学习成绩情况调查。

表 A-12　学生作业完成与学习成绩情况调查

作业完成表现	基础知识随堂考查	期末成绩综合统计	备考
少完成作业的学生	约 5%	约 20%	约 75% 以上
完成作业较好的学生	约 90%	约 90%	0

要全面提高教学质量，必须致力于使全体学生能有效地参与教学的全过程。离开这一点，面向全体落不到实处，教学改革也不能收到应有的效果。

由此，确立有效地使全体学生参与课堂教学全过程的观点、寻求能有效地使全体学生参与教学全过程的途径，是我们进行课堂教学改革的主要措施和任务。

课堂教学必须从低效走向有效、高效。

二、有效课堂教学的立足点

引起学生不专心听课的课堂教学，一般有三种表现：

1. 讲课时间过长

学生在课堂上主要是听。即使有练习的时间也只是安排在课末几分钟内，匆匆布置，草草收场。学生思维受抑制，不能引起学习兴趣。

2. 教师的设计烦琐，板书多

教师或对教材"嚼"得太碎，内容不精；或跨度太大，学生对问题的认识缺乏思维过程。学生在课堂上抄抄写写，不知所为。

3. 教师教学手段面面俱到，既做了直观演示，又采用电化教学

由于重点内容不突出，难点解决不犀利，教学组织不严密，不少学生仍然无心听课。他们对这

些教学形式和手段只感到一时的新鲜,思维和动作却没有投入。

这种"满堂灌",立足于以教师的教为主的课堂教学是违背教学规律的。为此,我们研究中小学生的学习心理,主要归纳出"快""新""胜"三个特点。这三个特点影响和制约着课堂教学的组织。

"快"是指对新知识的感知要快,不要"千呼万唤始出来"。中小学生注意力的集中时间不长。最佳的注意时间是上课后的10~20分钟内。新课教学必须在这段时间内揭示本质,完成感知。上课后,不能拖泥带水或转弯抹角。如果学生集中精神听了10多分钟,还是没有看到和听到要了解的问题,他的精神就开始分散了。根据这种心理特点,为了使感知快,要求教学中新旧联系要紧,知识阶梯要顺,内容处理要精,重点要突出,教学要直观明了。

"新"是指思维的境界要不断更新,同时要注意循序渐进。中小学生的注意力较不稳定,过于长久的单调的活动会使他们厌烦。这种学习心理决定了教学组织要环环紧扣,不能单一,也不要在一个问题上重复。同时,思维的发展应由特殊到一般,由简单到复杂去过渡和组织。这种学习心理也决定了课堂训练必须多层次、多角度地逐渐深化。

"胜"是指学习的占优势个性心理。不仅是优生喜欢表现自己,即使是"差生",也喜欢看到自己的进步。这种学习心理,决定了课堂上要让学生有充分机会去肯定自己和表现自己。课堂提问、大面积训练和教学反馈,都是将学生的注意力引向集中的重要方法。

事物之间是相互联系和相互制约的。学习心理决定了教学内容的组织、教学手段的优化、教学规律的运用、教学方法的选择及教学时间的安排。同时,教学组织又制约着学习心理。这种制约关系是一种自然规律,在课堂教学中起着重要的指导作用。

表 A-13　学习心理与教学组织制约关系

环节	学习心理	教学组织			
		教材组织	运用规律	教学手段	时间安排
讲(听)课训练	听课最佳注意时间在上课后10~20分钟内 更新思维境界尝到成功的快乐	突出重点 分散难点 以旧引新 多角度多层次 训练在课内完成	循序渐进、由易到难,由特殊到一般	直观明易 新颖准确	前15~20分钟内完成 有20分钟以上

三、有效课堂教学的途径

课堂教学结构是学习心理和教学组织的综合反映。辩证唯物主义认为,当形式不适合内容时会阻碍内容的发展;当形式适合内容时会促进内容的发展。这种情况,在实际教学中能得到印证。理论和实践表明,建立严谨的课堂教学结构,对全体学生参与教学的过程有十分重要的作用。研究课堂结构,使"形式适合内容",促进教学心理和教学组织的正常发展,是课堂教学改革的重要课题,是课堂教学走向面向全体的素质教育的重要途径。

表 A-14　课堂结构与教学情况调查表

环节	教的情况			学的情况
	内容处理	时间处理	练习处理	
结构严谨的课 结构松散的课	精讲,重点突出 多讲,随意性大	上课15~20分钟讲完新课 新课教学时间35分钟左右	主线清楚多层次多角度训练 少量,缺乏层次	精神集中、练习紧张 情绪多数不专注

各种教学有各种不同的课堂教学结构。如尝试法六步、自学法五步、发现法四步、反馈法三步，等等。这些教学结构有一个共同点，就是从学习心理出发，重视学生的理解和运用。通过理解和运用，把学生的兴趣、情感、意志都集中起来。由于中小学生学习心理大致相同，所以各种结构的循序渐进安排大致相同。但由于学生基础素质不一样，所以采用的方法不同。我们提炼出各种方法各种结构的共同点，形成一般课堂结构。

表 A-15　一般课堂结构的内容及安排

认知规律	结构	内容	作用	时间		目的	注意力
感知理解	直观感知	基本训练	安定情绪，组织教学奔上新课目标，突出重点、解决难点	约2分	约20分	形成抽象思维	分散—集中集中高度集中
		铺垫迁移		约3分			
		新课教学		约15分			
巩固、运用和发展	巩固	对口性练习	深化关键、集中解决	约5分	共20分钟	形成概括后的能力	自我集中
	层次性运用	判断性练习发展性练习	巩固新知、难点问题综合训练，形成系统	约2分约5分			
	小结	知识及运用情况	反馈、强化	约3分			

说明：若新课教学时间10分钟可以解决，则运用、发展时间可延长。

上面结构有四步；内容共八段，把内容和形式统一起来。这种课堂结构有适应性较广的四个特点。

（1）课堂结构与学生的认知过程同步，目的是强调为达到理解要做好直观感知。要求优化感知，迅速进入理解，体现教学的直观性。

（2）把感知和理解归纳为一步，目的是强调为达到理解要做好直观感知的设计。要求优化感知，迅速进入理解，体现教学的直观性。

（3）教学内容组织和学生的思维发展同步，体现了教学的阶梯性。内容的八段把学生的思维一步步推向高潮。基本训练完成了，铺垫迁移便有了基础；铺垫迁移解决了，新课知识便伸手可摘；新课知识理解后，巩固练习便能信手解决，抽象思维初步建立。抽象思维建立后，再进行运用和发展。这样步步推进，学生的知识、能力、兴趣等方面都得到发展，习惯得到良好的培养。

（4）规定课本中的练习分层次地安排在课内完成或大部分完成，体现了教学的实践性，更有利于减轻课业负担。

教学的规律性、直观性、阶梯性和实践性及减轻课业负担，使教学心理和教学组织统一起来，能具体地体现以学生为主体、教师为主导、训练为主线的教学原则，改变以教师为主、课本为中心的应试教育的教学模式，有利于促进教师从教学心理出发去熟悉教材，掌握教法。我们发现，运用这种方法，新教师易掌握，老教师易上手，课堂教学大面积得到优化，学生的学习面貌也发生良好的变化。

教学实践表明，建立严谨的教学结构，是优化课堂教学的重要途径。

李榕教育思想浅析

魏祥前　魏潼川

李榕是从剑阁穷乡僻壤里走出来的一位学者、诗人、政治家、教育家。笔者试图对罢归故里后的李榕，在家办私学、担任剑州兼山书院、龙州（今四川省江油市）登龙书院和匡山书院讲席的从教经历、办学思想、教学方法、办学成果、教育思想简评等几个方面，作一个梳理，对他的教育思想作一个粗浅的分析，以就教于同仁。

一、李榕的从教经历

李榕被贬回到家乡后（1870年2月），受乡人之邀，在何马沟家宅"镜墨斋"设书屋开办学堂，书屋面对剑门十三峰，故名"十三峰书屋"。率子弟门徒以"教古道"，"读古书，观圣哲往行，兴起感发"。后来，因生徒增多，小小的"十三峰书屋"容不下慕名前来求学的人，私塾规模扩大，于是，办学地点一迁下寺场火神庙，再迁下寺场禹王宫。

1872年4月，他应剑州官绅之请，担任剑州兼山书院讲席。1875年受江油县令杨子庚聘请，又担任龙安（江油）登龙书院讲席。"高足遵意授课，月寄课卷批改"，"月送课卷，间月往返，颇以为劳"。1885年，他又兼龙安匡山书院讲席。兼山、登龙、匡山三书院一力承担，每月定寄课卷览批，高足遵意授课。其间，成都尊经书院和锦江书院邀其讲学，李榕以精力不济婉辞。

李榕在家办的私塾——"十三峰书屋"，除招收自家的子弟外，还招收附近学童，按学生贫富、年龄、学习程度的不同而收取学费，逢年过节再接受酒肉等礼物。

贫农子弟一般只能完成一、二两阶段，富家子弟能读完第三阶段。

从他的教育经历来看，无论是在家中开学馆，还是在剑州的兼山书院、龙安的登龙书院和匡山书院任讲席，他既是学馆、书院的管理者，又是学馆、书院的教育者。

在家乡授徒，影响范围不大，但作为一个翰林，声名自然远播。剑州官绅请他任兼山书院讲席，他教风严谨，学风端正，声誉进一步提升，才有龙安（江油）的登龙书院、匡山书院聘请授徒。虽然没有到成都的尊经书院和锦江书院讲学，但他的影响力已达四川的著名学府。

1870年2月在家开学馆，至1889年11月去世，除中间南游苏杭两年半（1879年1月—1881年5月）外，余下的时间都在家乡或三院讲学。其从教时间前后累计约17年。

二、李榕为何选择办教育

在外读书做官期间，他自己的三个儿子和兄弟们的子女，虽然都在读书，却没有受到良好的教育。在回复曾国藩信札中说："榕有弟六人，入州学者五；有三子七侄，大儿颖入州学，余子应童子试者二人。家居无事，延一门人为馆师，与之分任功课。而今子侄们正是读书求学的大好时光。"虽然他在科举的路上成功后，又在仕宦的路上失败了，但他仍然希望他的后人们沿着千军万马过独木桥的科举老路，深耕砚田（"吾家两世砚为田"），博取功名，改变命运，光宗耀祖。而承担教导子侄们读书博取功名的责任非他莫属。

从小就一直在外读书做官的李榕，很少从事农业生产劳动，如果回家后，与他的兄弟姐妹一样，通过从事农业生产劳动来改变一大家人的生活处境，这是不现实的。但他饱读经书，高中进士，历来自负，觉得靠自己的一身本事，是完全可以安身立命养家糊口的。在现实面前，他经历了近一年的苦闷与彷徨后，在回复曾国藩的信札中说："榕离家十四年，一旦罢弃归里，揆之人情世态，实有难堪，差幸家居山野，距州百二十里，不与地方官往来，不以为怪，至于乡邻串亲，平时未以贵盛之气绚烂照耀，此时泊然自处，亦甚相安。"于是，受乡人之邀，在家宅"镜默斋"设书屋，办学馆，取名十三峰书屋。

开馆授徒，昔日的进士、战将、能吏，又有用武之地。开馆授徒，让这位饱读经书，深受儒家学说影响的学人，有机会和平台继续他的人生理想和抱负。"达"时能兼济天下，"穷"时既能独善其身，让子侄们有学可上，也能部分地解决眼前一大家人所面临的生活困境。

人生之路陡转低谷，他只能以"委蛇者形之于外"，坚持"信天翁滩上独立，不与鱼鹰同飞走"。生活要继续，责任要担当，经过近一年的痛苦、彷徨，决定开启"古道树人"新的人生征程。

三、李榕"古道树人"的教育教学方法

（一）教育方法

1. 思想教育

"治世"行古道，言传身教，把仁德治世思想于潜移默化之中注入门人。

一是坚定方向，刻厉门人以不可夺之志，走"民惟邦本""公忠体国"的仁德治世之途："榕自视火气未退，跛者忘履。"面对西夷侵我中华，"当事者无本领托于忧国忧民，非所贵也"，所贵者"成仁、取义"的浩然正气，重担就自然落在年轻一代的肩上。只要"沉潜力学者，就我范围，不汲汲于表襮，久而根底艰深，发挥切实，无浮光掠影之谈，所得为不少矣"。

二是要求门人不求富贵，但谋国事："破除世法，力追古大臣行谊，以厉风节。无心富贵，富贵有时而尽，未若名誉之无穷。""近日洋务尊意以保护藩封为铁错，亦是居于成败之论。请设一故事相同者难之。晁错建议削七国，生命不保，七国因以破败，汉室又安，世皆以错为拙于谋身而忠于谋国。""士大夫不讲求彼中富强之计，倾心服善而徒虚张，此等士气，有何足贵？"

三是亲履世纲，为民纾难："今之州县，从无净言入耳，终日只闻'恩典明鉴'四字。闻人议己，则必忌妒以相报复，士民偶有顶撞，则必横加错断，亦须乞恩，然后减免"；"责令众窑户每年供碗百副，以备办差应用"；"年复一年，如疽附骨，情亦可悯"；"榕敢直陈无讳，伏冀大君子俯赐鉴核，悉于豁除，功德无量"；"榕今年家居闲适，所得书院三十万钱全以赡族人之饿者。"

2. "修身养性"教育

"修身"以训诫为绳墨，"养性"以劳体、立德等为根本。

"训诫"："申祖训，述母教，而以听妇言、远兄弟为治内之大戒；以疏慢亲友，骄凌贫贱为治外之大戒。卑幼过失虽纤，悉必以闻家长，除忌讳开壅闭，无不恤之隐情，无幸免之。"他将家教内容作为学校德育的重要内容，将家庭教育与学校教育紧密结合，将老师与家长紧密结合，让家庭教育与学校教育合而为一。

"养性"的手段：

一是劳动教育——"粘补墙壁、扫除庭户、整理书册、疏治园林，为日行功课。事必身先，谋必独断，三教不率而后辱之、挞之，张皇数月，翕然称治，夫而后可以御穷。"先教后导，学生如果不行，则惩罚。惩罚有两种方式：要么责骂，要么体罚。这样严格要求一段时间，学生自然就有所改变。他的劳动教育带有强制性，不劳动则要受侮受罚。

二是语言教育——"在父母前不说文话，在商贾前不讲典故，对知交不作客气，与浅出不能深谈，言秽亵事，必须隐语，解愤怒人，务为婉辞。"言为心声。一个人的语言状况，反映出一个人的思维水平、思想觉悟、道德修养、文明程度。与人交流，要看对象，要让别人听得懂。

三是仪容仪表教育——"面目不野气，不妄言，不作骄态，不作媚态。"仪容仪表反映一个人的气质修养。注重仪容仪表，既是对他人的尊重，也是自信的表现，会给人留下良好的印象。

四是做人教育——"特立不惧""不随俗行""傲睨坚其节操以舍，众取之亨途而独趋塞径，其斤斤自守者义也，其郁郁不平者情也"。希望他的学生都是有节操、有坚守、有思想、有胸怀的人。

五是悲悯情怀教育——"富贵乃过眼空花，薄有功德，在人乃不虚生于世。功德有何大小，惟力是视：厚本族，睦四邻，息人争讼；荒年一碗半升，乞丐到门不吝一碗熟饭，行得一件，便是心得，睡梦也觉安甜。"要学生对待邻里族人，团结和睦；对待穷人，具有悲悯之心，求得内心安宁。

（二）教学方法

1. 阅读教学方法

一是"三段读书法"——"读书有三法：有浏览一过并句读不详审者，俗所谓跨山头也；有详审句读往复以求其谛当者，俗所谓挨门叩头也；有书万本诵万遍，口流沫而右手胝者，俗所谓到老不休也。""跨山头"即我们现在说的"略读法"；"挨门叩头"即我们现在说的"精读法"；"到老不休"说的是一种学习态度，也即"终身学习"。

二是去杂求精法——"看书不宜太杂，但将《论》《孟》《诗》《礼》《左传》五书熟温"；"以博闻强记为安身立命之法"讲的读书"求不求甚解"。什么书要精读，要求甚解，什么书要略读，不求甚解。什么内容要博闻强记，什么内容要浏览而过。为学生指明了一个方向。

三是读书的要诀："熟书生读，为其要诀曰'要看不走'，数年以后，稍浏亮矣，不妨眼疾口滑，作气吞云梦之势，为其要诀曰'要看得走'……艰困既久，一往莫遏，乃知一目十行，并非绝人天分，尽人皆可为也。"精读文章，要字字句句看清楚，理解内容，记诵要点，掌握精髓。这时"看不走"。待以后再看这个内容时，则要浏览，一目十行。这强调了精读与略读之间的关系，并且要二者结合。

2. 书法教学方法

书法以临摹平正为开始，务追究险为延伸，进入法眼为归宿。

"初学分布但求平正，务追险绝，既得险绝，复求平正。所谓由工以进于不工，非一蹴而至也"；"每日可临晋、唐碑二三百字"；"以'劲、秀、润'三字为宗，折有折式，卷有卷式，务期不失帖意"。再而进入"'法眼'，揭出他人，方以为誉"。初学书法要注意笔法、间架结构、有耐心、临帖、布局、会意。

3. 作文教学方法

"作文"求朴实，黜浮夸，贵精气，贱八股。

"大抵理学之病在一'谈'字，谈财务名，务名则起争，谈者做不到，往往作伪，细思有何益处"；"濡染宦场习气与恶薄名士轻情语，村塾以为雅矣，不知尘土逼人处，正是雅语过多"；"油腔滑调，无关心得，作犹未作也"；"起、承、转、合为八股成法"，然"江浙高明之家，视其子弟聪颖者，开笔不作八股，先学议论，以展其才思识力"；"须纵势笔力，求之古人议论文字。遇事则发挥数行，以抒胸中欲言之隐，徐徐自有入处"；"不愿人摩古，贵以精气往来"。

作文内容要关注现实，用"我手与我心"，具有真实的情感和思想。作文语言要平实自然。作文结构要有创新，作文思想要反映作者的思维能力和思想水平。

四、"古道树人"教育教学成果

（一）收获人才

李榕在罢官归家的十七年教育教学经历中，践行"古道树人"的教育思想，培养了一批走通科举之路的学生。桃李满天下，杰出学生不少。

在兼山、登龙、匡山三书院任讲席时的门人，以进士为官者有：陈纬任礼部主事，历任浙江孝丰、湖北黄安、谷城县令，张琴任安徽庐江县令。在中进士的比例如此之低的大背景下，在短短的十七年教育教学生涯中，他竟然有两位学生高中进士，这是什么样的成绩，这是什么样的回报，这是什么样的荣耀！

以举人、贡生为官者有 18 人之多。

此外，以贡生、廪生、增生无官，主教坛、文坛者十余人。

在曾国藩幕府、钧字营统帅及湖南布政使任上，尊李榕为师的门人为官者有：王润昌任湘军南路主将，倪粲甫署湖南长沙知府，李苹三署江西江右知府，陈星田署湖南安乡知县，黄少昆候补福建永定知县，等等。

（二）收获真挚情感

师生情谊，如同父子。光绪戊寅（1878年），申夫重病卧床，门人乔茂萱床前守十三昼夜，以至"森然毛发相雕镂"。门人对老师如此的付出，非一般的师生情谊能做到。如果老师没有对这个学生在精神和思想上有深刻的影响、在学业上有重大的帮助、在生活上有真切的关怀，学生能在老师的病床前坚守十三昼夜，是不可能的。老师的人格让学生敬仰，老师的品德让人推崇，老师的学识让人佩服。

李榕去世后，其门人弟子为他写的挽联，对他高度评价和深切怀念。

学冠儒宗于文方欧阳六一翁以上；

行标士则其品比剑阁七二峰之高。

上联称赞李榕的学问高深，是读书人敬仰的宗师，他的文章在欧阳修之上；下联赞美李榕品德高尚，是读书人的准则，好像剑门的七十二高峰。

李榕病逝的第二年，龙州太守蒋少穆，收集李榕的遗稿，刻印成书，定名为《十三峰书屋全集》。这是对李榕最好的敬重与纪念。让其学识、思想、经历、品德、业绩、精神永存。

（三）收获尊重

张之洞与李榕神交多年后，在成都见面，畅谈天下大事。张之洞离川赴京时，专程到江油与他告别。李榕又将张之洞从江油送到剑阁，再送到葭萌关。彼此之间，何等的情谊，何等的敬重，可见一斑。

张之洞以后的四川学政朱肯夫向李榕垂询四川的治学之策，四川总督刘秉璋（湘军时李榕的部下）及四川名流邀他参加成都崇丽阁开阁典礼等事件，让这位川北名家备受世人的尊敬。

（四）收获世风的变化

何马沟因何氏家族与马氏家族二姓的人居多，因此将该地叫作"何马沟"。李榕曾祖李苇搬入何马沟，李氏是外来家族，人丁稀少。何、马二姓历来有宿怨，随着李氏家族的崛起，何、马二姓逐渐衰微，于是，何、马二姓的人共同商议，欲改何马沟为李家沟。李榕力排众议，引《尚书·周书·君陈》中"惟孝友于兄弟"之意，将何马沟改为"友于庄"，希望乡邻永远和睦相处，并手书三字，镌刻何马沟石壁之上。

五、李榕"古道树人"教育教学思想简评

（一）高远的教育理想

李榕深刻地认识到，教育对社会发展有重要作用。他办教育的目的，既为补贴家用，又为国培养人才，拯救国家于水火之中。他对中国的局势洞察于胸，对中国文化、当代思潮了然于心，对西方技术震惊叹息。他站在国家民族的高度，站在世界的高度，面向未来，来认识教育。

（二）注重德育首位

李榕的"古道树人"之"道"，其实就是"德"，他所讲的"德"是古代先贤的"仁、义、礼、智、信、忠、孝"。李榕认为，学生的德行修养是重中之重。立德不仅是个体人生的最高境界，也是国家赖以存在的根本和兴旺发达的依托。当代教育思想更注重"德"，提出"立德树人"的教育思想。现代"德"的内容就是社会主义核心价值观。李榕传"道"的目的是维护封建统治。现代"立德"的目的在于为党育人、为国育才，促进社会的和谐发展、可持续发展。

（三）注重理想教育

他要求门人树立"民惟邦本""公忠体国"的治世理想，并且不可改变。这个理想不可谓不高远，不可谓不坚定。理想越高远，学习的动力越大。他不想把学生培养成"精致的利己主义者"。一个偏居内陆、被罢归乡的老师，能教导学生树立这样的理想，可见其胸怀与格局之广之大。

（四）注重培养人才

教育的对象是人，教育的目的是通过人的全面发展来促进社会的全面发展。培养的内容、手段要为教育目的服务。

李榕眼中的理想的门人能通过科举考试，将来都成为封建统治者中的一员。其学习的主要内容就是科举考试必考学科，其学习的方式就是在死记硬背基础上的老师讲析，弄懂儒学的理论，思想上与统治阶级保持一致。德育上花的功夫最多。在智育方面，尤其是自然科学方面，则几乎不涉及。在劳动方面只强调基本的家务劳动和农业生产劳动。

没有注重培养人求生的技能，显得空乏。一旦这个读书人没有走通科举这条路，则成为人们的笑话——许多人基本没有生存的技能。这与当时社会思想文化、科技水平、生产力水平有关，不能苛求古人。

（五）注重言传身教

学高为师，身正为范，言传身教，为人师表。这是理想老师的形象。李榕本人，在这一点上做得很好，也是中国教师精神的传承。他勤奋学习、搞好内务、团结邻里、富有正气等美德，在他的学生身上都有发扬。他真正理解了什么是教育："教育，不是我说你做，而是我做，你跟着来做。"他既是做人的标杆，也是教师的标杆。

（六）注重人文关怀

在他生病期间，学生护理他十三日之久；学生生病期间，他看望并照顾学生十日，病中学生一见到他，魔障不胫而走。他显达时，经常写信慰问老师，并嘱咐家人照顾好老师家人，托人送支钱财，以解老师之困；他穷困时，他的学生看望他，给他精神上的安慰，送上钱财感谢他，给他切实的物质帮助。推荐门人到外地做官、任教，改友于村名，劝慰地方有为官员，不要写崇丽阁的奖金而改为减免地方的税收，书写"翁宜朝夕"横匾等，无不体现他的人文教育与关怀。

（七）注重劳动教育

粘补墙壁、扫除庭户、整理书册、疏治园林，为他与门生的日常功课。做到"知行合一"。遗憾的是，他的劳动教育内容与形式单一。科举使人们好逸恶劳，长此以往，让这些不能考上功名的学生，成了范进、孔乙己。这让他内心很痛苦、很矛盾。虽然他看到这一点，但他又无力去解决。

（八）注重阅读方法

他的略读、精读之法，与现代阅读方法不谋而合。没有万卷书的阅读，没有深刻的体会，是总结不出这样深刻的方法的。

（九）教育思想局限

偏居内陆，与外界接触不多，对当时洋务运动的思想有所接触，但理解不深，实现富国强兵的手段措施与洋务派的做法不同。对西方世界的政治、经济、军事、文化了解不多，对自然科学、现代科技的作用认识不够深刻。对社会现实不满，又没有改进社会制度的办法。思想上的这一系列局限性，决定了他教育思想的局限性、教育目的的单一性、教学内容的单一性、教学手段的单一性。

即便如此，李榕也是当时当地思想上的明白人、道德上的标杆、行动上的表率。我们也不能用今天世人的观点来苛求他。

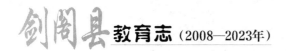

四川剑阁金仙腔考证

梁方生

一、"金仙腔"概况

金仙镇是剑阁县所辖的一个行政区,历史上金仙老区位于剑阁东南部,所辖区域包括今东南部十几个乡镇,和剑阁县毗邻的阆中、南部的七八个乡镇均属西河中上游流域的升钟湖区,有30多万民众的方音土语大体相近,有独具特色语音系统的方音。从古代沿袭至今,区域界线非常清楚。人们习惯上把这种方音称为"金仙腔"。

这种特殊的语言文化,有其历史、区域和民族的成因。

二、历史因素

(一)金仙隶属巴方

老金仙是元世祖至元二十年(1283年)规划剑阁的,迄今(2022年)已739年。在夏禹时期,金仙所在的巴方(西周开始为巴国)加入夏王朝,成为夏王朝的诸侯之一。《华阳国志·卷一·巴志》载:"会诸侯于会稽,执玉帛者万国,巴蜀往焉。"至此,巴国成为夏朝统治集团的一部分。

(二)亡国遗民入巴

《山海经·大荒西经》载:"有人无首,操戈盾立,名曰夏耕之尸。故成汤伐夏桀于章山,克之,斩耕厥前。耕既立,无首,走厥咎,乃降于巫山。"

译文是:有个人没了脑袋,手拿一把戈和一面盾牌站立着,名叫夏耕尸(板楯蛮)。从前成汤在章山讨伐夏桀,打败了夏桀,斩杀夏耕于他的面前(板楯蛮被战败),夏耕尸站立起来后,发觉没了脑袋(国家已亡),为逃避他的罪咎,于是窜到巫山去了。巫山,即巴国所在,巴国收留了夏亡国后的遗民。

(三)金仙为賨人部落

据2014年12月4日《华西都市报》载:商朝推翻夏朝后,賨人的祖先板楯蛮被殷人穷追猛打,从中原大逃亡而迁徙至川东北定居。一部分生活在川东北西河流域中上游的金仙地区(今升钟湖区),金仙便成为长达三千多年的"賨人"的部落。

三、环境、背景和特点

(一)环境

《南充历史沿革》载:"秦统巴、蜀后,实行郡县制,设置了巴郡,今南充境内设有阆中县。当时阆中县的辖地大致包括今阆中、南部、西充、营山、仪陇、蓬安、顺庆、高坪、嘉陵等县(区)及广元市的苍溪和剑阁东南部(金仙)、巴中市的恩阳、广安市岳池县西部和北部。"

(二)背景

元朝前,老金仙地区与今南部县的店垭、保城、双峰、太霞和升钟等乡镇,以及阆中县的木兰乡都为"西水县"(原县址在西河乡严家坝,隋末水淹后迁县衙至今南部县保城乡,今县衙仍存),包含今天的升钟湖区,为西河流域中上游一带,是嘉陵江的支流。西河流域自金仙地区起,东至今南充、达州、广安、巴中、广元半部一带区域,是古代的"賨人"的居住地。

(三)特点

《舆地纪胜》卷162载:"巴西宕渠,其人勇健好歌舞,邻山重叠,险比相次,古之賨国都也。"賨人定居川东北，沿渠江、嘉陵江及西河两岸居住，从事农业，长于狩猎，俗喜歌舞，敬信巫觋，勇猛强悍，崇尚武力和冶铸技术。

四、賨人的演变过程

（一）賨人名称由来

（1）称赋税为賨。《晋书·李特载记》："巴人呼赋为賨，因谓之賨人焉。"战国的秦惠王时期，秦灭巴蜀30多年后，大约在公元前280年，司马错率巴蜀兵众10万，浮江伐楚，其中賨人的先民板楯蛮再次成为秦人的先锋。在这场战争中，秦人获得楚国的黔中郡（今湖南常德），这是秦侵攻六国南线的一次重要战役。论功行赏，板楯蛮被减免赋税，因巴地称赋税为賨，板楯蛮自此有了"賨人"的称谓。

（2）"賨"的含义。古代统治集团对"賨"的解释是：你给国家所交的赋税，实际是賨（赊）给国家的。国家用这个钱组建军队保护你，等于把这个钱又还给你了。这个"賨"字就是"赊"和"借"的意思。比如向别人借钱时会说："把你的钱给'賨'我用几天，我欠账收回来马上还给你。"又如一条长板凳上先有一人坐在凳子中部，后来坐的人会要求先坐凳子的人说："你往那一头'賨'一下嘛。"这里的"賨"是"挪动"的意思。

（二）演变提要

（1）板楯蛮。据2014年12月4日《华西都市报》：夏末的夏桀王在位时，商国率方国消灭了夏朝。賨人的祖先被殷人赶到川东北，当时被称为"板楯蛮"。

（2）寅邦国。《华阳国志》载："宕渠，盖为故賨国。今有賨城，邻山重叠，险比相次，古之賨国都也。"即此。古賨国，辖今四川省达州市、广安市、巴中市与营山、蓬安、旺苍、城口等县及陕南、鄂西南部分境地。"寅人"部落联盟的寅邦国，被称为"寅人"。

（3）彭人。采录2014年12月4日《华西都市报》的资料：周武王灭纣时，賨人的祖先就参加了武王伐纣的战争。这场战争，摧枯拉朽般地击败了强大的商纣，是夏朝统治集团（周人和彭人）的一场复仇之战，"板楯蛮"被称为"彭人"。

（4）推翻秦朝。据《华阳国志》记载："賨人在阆中人范目统率下，手执牟弩、板楯，高唱战歌，跳起激越的巴渝舞，向秦军冲杀，所向披靡。"勇猛善战的賨人常常充当刘邦军队的前锋。刘邦顺利进入咸阳后，被封为"汉王"。

（5）楚汉争霸。《华阳国志》载："阆中人范目有恩信方略，知帝必定天下，说帝，为募发賨民，要与共定秦。"秦王朝被推翻后，楚汉相争的大战展开了。据史料记载，当时賨人从16到60岁的男子都拿起武器上前线，为刘邦击败强大的项羽、建立西汉王朝创建了不朽的功勋。汉高祖刘邦为了奖励賨人的汗马功劳，下诏免除了賨人中鄂、罗、朴、昝、度、夕、龚七姓的租赋。

（6）掀起反抗。东汉时期，羌人数次攻汉中，朝廷令賨人击败了羌人，被称为"神兵"。桓帝时，朝廷加重对賨人的剥削和压迫，加征赋税。又遭仆役棰楚，过于奴虏。有的嫁妻卖子，甚至自残躯体。他们被迫邑落相聚，多次掀起反抗斗争。

（7）分崩离析，互相对抗。《三国志·魏书·武帝纪》：建安二十年（215年）三月，曹操征讨张鲁。鲁一度败走巴中，后于十一月张鲁归降，率"賨民""巴夷"依附于曹操。杜濩、朴胡等被迁往洛阳。留在蜀汉的賨人被编入蜀军之中，与青羌骑兵一起，成为蜀汉政权军事的中坚力量，六出祁山，征讨曹操。

（8）李雄称帝。《华阳国志·李特雄期寿势志》：十六国时期，有"賨人"李特领导流民在巴蜀起义。302年7月，河间王派衙博讨李特。特遣长子李荡截击晋将都护衙博于剑阁金仙镇南端的掌天山（今名龙尾山）。衙博被伏兵所围而败退，西走五连，又被截击，败出剑阁。成汉李雄建初元年二月初十，首领李特、李辅、李远等在新繁均战死，他的儿子李雄继续率领流民战斗。公元

304年，李雄自立为成都王。过了两年，又自称皇帝，国号大成。李雄成为成汉（成都）的第一个皇帝，是賨人在历史上最后的辉煌。《资治通鉴》载："李雄母亲死后葬于金仙镇东侧皇后山。"

（三）渐被汉化

（1）"秦民实蜀"大迁徙。秦灭巴蜀后，为巩固对巴蜀的统治，"戎伯尚强，乃移秦民万家实之"，公元前314年首次往巴蜀移民，凡六国王公贵族、土豪富贾不遵纪守法，与秦国为敌，举家迁徙至巴蜀。此法令被历代秦王延续，长达100多年。迁徙至巴蜀的秦民（汉民）达数万人，是历史上第一次大规模的移民潮。移民使巴蜀经济得到快速发展，尤其巴西文化空前繁荣。《华阳国志·卷一·巴志》载："巴西郡第一流的人才众多……他们或学通天地，或文采晔然。卓然不群，名扬天下，史记中都有记载。而一般的文士就太多了，难以详加记载。"秦民实蜀后，秦民（汉民）的繁衍倍增，川东北賨人的比例逐渐下降。

（2）汉人大量移民。阆中范目带领賨人助刘邦讨伐三秦时，留在西北的賨人和当地胡人融合，形成了新的少数民族集团。留在四川的賨人逐渐在汉人的大量移民中，失去人数优势而被同化。

（3）多民族杂居。汉末魏晋的六朝时期，是中国历史上政治最混乱、社会最苦痛的时代。賨人与汉族以及其他民族互相融合，被汉化的进程日益加快。

（4）失去人数优势。八王之乱、五胡乱华、南北朝分裂，酿成社会秩序的大解体、旧礼教的总崩溃。在賨人集中的渠县至阆中一带地区，賨人在汉人的大量移民中失去人数优势而逐渐被汉化。

五、金仙腔的成因

（一）地区差别

在賨人集中的今南充、达州、广安、巴中条件较好的浅丘地带，在战乱灾荒时汉人的大量移民，会选择条件较好的地带生存和发展。地理优势引来大量汉人入住，导致汉化加快。

在有賨人聚居的最西端的金仙为山区地带，偏居一隅，是賨人片区的一个偏僻部落。汉人入住时期较晚，被同化的过程要与賨人集中区迟一些时代，大约在近代中期（清朝晚期）。

（二）汉族入住记

根据金仙地区各姓氏族谱所载：金仙各氏族祖先，在元、明和清初就已迁居剑阁县的金仙地区。张姓祖张智明祖籍湖北江陵，明末熹宗时择金仙竹林沟而居。

梁姓祖梁述甘肃秦州人，南宋建炎二年（1128年），任隆庆府太守。后裔入居于金仙梁家岩。罗姓祖乃南宋末年湖南教授罗彦芳，湖南益阳安化竹排门人。领令抗元未成，落居金仙皇后山。袁姓祖元初从湖北麻城孝感乡迁来金仙镇袁家沟。蒲姓祖湖北麻城孝感蒿枝坝人，于明弘治二年（1489年）因宦入川，后嗣分居金仙镇西河村。郑姓祖湖北麻城孝感蒿枝坝人，于清初来剑为宦，后裔分居于金仙郑家阁。

高姓祖高曜端，陕西耀州淳化县人氏，南宋端平二年（公元1235年）出任隆庆府知府，迁居于原剑州金仙（今剑阁县公兴镇）高家窝。八世孙高斗大明天顺年带五子迁金仙场，至今已有五百多年历史，比湖广填川的姓氏早近二百年，是金仙名副其实的土著先民。

杨姓祖杨光辉陕西邠州（古代地名，辖境相当于今陕西彬州、长武、旬邑、永寿四市县地）人，因宦入蜀，后人迁居金仙场寺后头杨家坝。

金仙的王、何、李等姓氏，此前暂无资料考查。

金仙场有龚姓家族仍然延续至今，他们的祖籍为阆中人，阆中就是原賨人集居之地。

（三）遗传和影响

金仙入住的各姓汉民氏族，他们入乡随俗，久居而通婚。同化过程中，深受賨人风俗习惯、语言和遗传基因影响，先秦之前时期独特的古声古调和方言、风俗习惯，被完全保留下来。

六、金仙方言、语音举例

（一）奇特的方言

1. 举例

"蚂蚁"读作"蚍蜉子"，"筷子"读作"箸子"，"吃""不""说"分别读作"chei""bo""shuai"，"昨天"读作"忆个子"，"哥哥"读作"勾勾"。

2. 具体表现

（1）"an""ang"不分："干部"读作"gang bu"；"勇敢"读作"yong gang"。

（2）"an""ie"不分："检查"读作"jie cha"；"面条"读作"mie tiao"。

（3）声母中"g""j"不分："狗"读作"jou"；"沟"读作"jou"。

（4）"i""ie"不分："夜"读作"yi"；"也"读作"yi"。

（二）金仙方言

金仙人世世代代讲着一种独特的方言，外地人很难听懂，例如：

（1）表述时间的方言。比如："夜更子"（昨天），"那早夫儿"（开头、刚才），"黑喽"（晚上），"往年家"（往年），等等。

（2）表述事物的方言。如"拐拐"（鸟）、"剿鼻子"（野兔）、"草猴子"（螳螂）、"檐老鼠"（蝙蝠，倒挂在房檐的为檐老鼠）、饭瓢子（蝌蚪）、"麻闹鹰"（老鹰）、"隔蚤子"（跳蚤）、"踏儿"（地方）、"打冷子"（下冰雹）、"绺儿客"（贼）、"双身"（怀孕）等。

（3）表示问候的方言。比如："吃厦（晌）午没得？"（吃午饭没有？），"你在爪子个？"（在做什么？），"还得行不？"（身体好不好？），"娃儿成气不？"（孩子是不是健康？），"器（去）出门啊？"（去走亲戚吗？），等等。

（4）表示骂人的方言。"好个起马子"（不好，"起马子"指女性生殖器）、"下猴子"（不知羞耻）等。

大爱无言　铸就丰碑
浙江千里驰援助力剑阁县教育特色发展纪实
王继伟　汪江婷

17 年爱心延绵，写就辉煌华章。

2004 年以来，浙江通过对口帮扶、长效帮扶、东西部扶贫协作，给予剑阁县教育大力支持和无私帮助。

17 年携手前行，缔结出血浓于水的深情厚谊。

大爱无言，铸就丰碑。滔滔的清江河可以做证，雄伟的剑门关可以做证，浙江人民滚烫的爱心，温暖着剑阁教育前行的步伐，开创了全县教育系统特色发展新天地。

让我们回眸，把目光投向浙江助力剑阁县教育发展的 17 年千里驰援之旅。

这些爱，我们铭记在心

2004 年，5 月 16 日，浙江省为"之江教学楼"捐赠建设资金 300 万元，"之江教学楼"正式开工建设。

2018—2020年，合作项目16个，其中人才支援项目11个、捐资助学项目3个、劳务输出项目1个、携手奔康项目1个。

2018—2020年，合作学校12所，结对学校4所。资助贫困学生1 100余名。

2018—2020年，剑阁县教育局协调组织干部、中小学校长、副校级干部、中层干部、骨干教师等287人次，分9批次赴浙江省丽水市莲都区参加培训学习。莲都区先后协调组织39名教师、13名校长，到剑阁县开展教学研讨培训，剑阁4 000余人次教师受益。

2018—2020年，浙江省丽水市莲都区先后帮扶剑阁教育系统259万元，其中学生送培112万元，全县人才交流147万元。

2021年，新一轮东西部协作中，浙江省杭州市上城区规划帮扶剑阁县教育系统人才培训资金104万元，捐赠蜗牛图书馆10万元，多媒体视频系统147万元，中小学科技馆、多功能厅等项目800余万元。

之江情深雪中送炭　300万元奠基助力腾飞

一个帮扶项目改变一所学校的发展。农村初中蝶变成省示范高中，为清华、北大等名校输送众多优秀学子。

2003年9月，剑阁县城由普安镇搬迁至下寺镇。原剑阁县沙溪中学为下寺镇一所初级中学，校园占地面积不足50亩，在校师生不足1 000人。新县城无一所高中，高中学生只能到50公里外的普安镇就读。县委、县政府决定在沙溪中学的基础上建一所优质高完中，但受资金严重短缺等因素困扰，这一目标在短期内无法实现。困难之际，浙江人民伸出了援助之手，雪中送炭，为学校修建"之江教学楼"出资、选址、奠基。

2004年5月16日，剑阁县干部群众欢聚在沙溪中学，迎接浙广合作剑阁县沙溪中学"之江教学楼"奠基。奠基仪式上，浙江为"之江教学楼"捐赠建设资金300万元，"之江教学楼"正式开工建设。

奠基典礼后，浙江省对口帮扶办、协作办、财政厅、教育厅主要领导多次现场指导。广元市委市政府和剑阁县委县政府、县教育局对学校建设项目十分关心。在各方共同努力下，"之江教学楼"于2006年4月12日竣工验收并投入使用。

"之江教学楼"设计理念先进，设计风格与整个新县城蜀汉风格自然融合。平面造型，由之江的"之"字演变而成，寓意浙江省援建。浙江省境内最大河流钱塘江江流曲折，称之江、折江，又称浙江，省以江名。中间两条弧型文化走廊，象征川浙两省人民紧紧环抱、世代友好的深情厚谊。总建筑面积8 530平方米，设有48间标准教室、17间办公室，可同时容纳3 000名学生上课和200名教职员工办公。"之江教学楼"如强劲的东风给沙溪中学（2010年10月更名为四川省剑门关高级中学）的发展带来了巨大动力。学校男生公寓、女生公寓、学生食堂、青少年活动中心等系列配套工程相继建成。

"之江楼"的建成，极大改善了学校办学条件，学校就此开始举办高中。学校由原来不足1 000人，发展到在校学生4 000余人、教职工300余人。学校先后建成"哈尔滨工业大学优秀生源基地校""四川省实验教学示范学校""四川省现代教育技术示范学校""四川省语言文字规范化示范学校""四川省阳光体育示范学校""四川省一级档案室""四川省依法治校示范学校""四川省园林式单位"等特色单位，多次荣获市教育局高考质量优秀奖。一批又一批优秀学子从之江楼走出来，跨入北京大学、清华大学、浙江大学等全国知名高校。15年来，跨入各类本科院校的剑高学子达4 000余人、双一流大学800余人。2021年，剑门关高级中学成功创建省级示范高中。

莲都大爱情满剑阁　心手相牵破浪前行

一纸"媒约"海誓山盟,跨越千山万水心手相牵。把准发展脉络,构筑长效帮扶机制,打造东西部扶贫协作标杆。

2018年8月,浙江省丽水市莲都区教育局和剑阁县教育局签署东西部扶贫协作框架协议。3年来,莲都区对剑阁县积极开展了教育管理人才培训、骨干教师培训、送教到校、心理健康教育、捐赠学习用品、劳务协作、贫困中职学生就读等多种形式帮扶,不断提升学校管理与教学水平,促进学校教育教学工作持续跃上新台阶,为助推剑阁县精准脱贫贡献教育力量。

"剑阁县教育局成立了以局长为组长的领导小组,主动与莲都区教育局沟通交流,协商规划三年总体行动规划和分年度项目方案。2018—2020年合作项目16个,其中人才支援项目11个、捐资助学项目3个、劳务输出项目1个、携手奔康项目1个,共成立工作小组11个,参与小组工作33人。"剑阁县教育局局长唐永红介绍道。

"我就是一名剑阁教师!"莲都区教育部门援川干部钟国友,每周主动到挂联地教育部门研究工作不低于3次,并将项目需求和方案随时与莲都区沟通协调。钟国友还先后助力丽水职中剑阁班75名贫困生进入浙江企业顶岗实习、顺利就业,帮助贫困学子改变贫困家庭的命运。

在莲都区教育干部的帮扶下,剑阁县教育局干部、中小学校长、副校级干部、中层干部、骨干教师等287人,分9批前往莲都区参加管理人才、骨干教师培训班的学习。教育管理干部通过现场参观,聆听专家讲座,学习先进教育理念,体验教学改革成果,大家表示深受启迪。

剑阁县教育局与莲都区协调组织四批共39名名优教师送教上门,到剑阁县开展教学研讨并培训教师3 492人次。组成13人的名校长、名教师团队到剑门关高级中学、剑阁职中、剑阁中学开展送教活动。组织名校长、名教师20人,赴剑阁县白龙小学、剑门关小学、普安小学、龙江小学交流课堂教学和课程改革经验。浙江省特级教师、囿山小学校长梁菊花等送教名师开设12场针对性专题讲座,送教活动辐射全县教师1 492人次。

莲都区教研室心理教研员张艳在香江国际实验学校等中小学校举办50多场不同类别的心理健康专题讲座,惠及剑阁县教师2 000余人次,学生3万余人次;个体咨询达380余人次;培训心理健康教师200余人,在剑门关高级中学等10所学校建立"心理健康辅导工作室",为全县学校心理健康教育作出了积极贡献。

"谢谢叔叔阿姨的爱心帮扶,我将更加努力学习!"受助学生表示。在开展"剑阁金秋·与爱同行"捐资助学活动中,莲都区为结对的剑门关高级中学、白龙小学贫困学生82人捐资助学12.2万元。

莲都区梅山中学和囿山小学分别在剑门关高级中学和白龙小学捐赠图书1 200册。浙江省丽水市莲都区慈善总会会长朱祖新一行4人到剑阁县杨村小学开展"东西协作·与爱同行"捐资助学活动,为品学兼优的20名贫困学生发放捐助资金共计2万元,为剑阁县上寺小学校等260名建档立卡贫困家庭义务教育阶段学生捐助资金共计13万元。共青团莲都区委610个"六一礼盒"全部发送到剑阁县龙源镇留守儿童手中。

上城厚谊山海情深　振兴发展走向卓越

山海相牵情谊深,东西协作谱新篇。新一轮东西部协作中,上城区与剑阁县正共同书写教育协作的锦绣诗篇。

在完成脱贫攻坚、全面建成小康社会、全面推进乡村振兴战略之际,浙江省杭州市上城区接续莲都区援建剑阁。2021年7月,上城派驻剑阁工作组针对剑阁县教育资源匮乏、课堂教学理念相对滞后等问题,结合上城区先进的教育理念、强大的教育科研引领队伍、成熟的名师培养平台以及完善的教研机制,推进实施"资源同步共享、城乡同步课堂、教师同步研修、名师同步培养",探索上剑教育协作新模式，有效建设教育共同体，共促基础教育均衡发展。

经前期上城区挂职剑阁县教育局副局长王龙走访调研、学校自主申请，上城区学校与剑阁县学校签署结对协议，上城区教育局将定期、分学科组织相关骨干教师送教到剑阁，将以结对学校为突破口，组织有条件的学校之间开展线上同步上课、评课、研讨活动，实现上城区与剑阁县城乡同步课堂、教师同步研修、名师同步培养。第一阶段双方各有6所学校结成教育协作姊妹学校，先行开展教育资源共享。

9月26日，上城区选派24位专家分别在剑阁县剑门关天立学校等5所学校同时开展艺术、德育、综合等专场，还开展了学校结对签约、专家讲座、学科上课评课、观点交流等活动，2 500余人次的校（园）长、学科教师参加了本次活动。

上城区还安排剑阁职中选派30名学生在杭州市建筑职业学校学习半年，为乡村振兴培养技能型人才。积极引进杭州餐饮企业与剑阁职中合作，目前正开展前期互访与合作签约工作。

上城区学校与剑阁县学校今后如何推动共同发展？上城区学校将每年分批次组织剑阁教育管理干部、骨干教师到杭州开展集中研训活动，有效提升干部管理水平和教师专业素养。将开放提供上城相关培训活动的直播窗口，为剑阁相关干部、教师提供同步学习的机会，邀请上城区教育学院的相关学科专家、教研员来到活动现场，开展讲座理念引领、听课评课、现场授课示范。共同开展科研课题研究，培养一支基础教育的骨干力量，为剑阁的管理干部、教师在管理能力与专业素养成长方面提质赋能。

大爱无疆，山海情深。17年来，浙江人民在东西部协作中，立足国家区域发展总体战略，以博大胸襟、无疆大爱为剑阁教育投入大量人力、物力和财力，改变了贫困山区的教育面貌，助推剑阁教育迈上高质量发展"快车道"，为贫困山区的学子圆了学业梦。新一轮东西部协作以及上城区的大力支援，必将为剑阁教育高质量发展注入新动能。

以感恩为力量，以热血报春秋。针对今后全县教育系统的发展，中共剑阁县委教育工委书记、县教育局党组书记李锦钟言语铿锵："剑阁教育系统将牢记为党育人、为国育才初心使命，为实现市第八次党代会提出的'实施教育提质工程，建设四川知名教育高地'宏伟蓝图和剑阁县第十三次党代会提出的'推进教育大县向教育强县转变'目标任务努力奋斗，奋力谱写新时代东西部教育协作新篇章。"

（发表于《广元日报》2021年12月1日教育版）

李榕晚年的困惑与思想变化

梁义德

李榕作为一个从剑门山区走出去的读书人，作为一名科举的佼佼者、一个宦海沉浮的大吏，一生跌宕起伏，命途多舛。然秉持"修齐治平"的儒家信条，正道直行，上下求索而九死不悔的精神，彪炳千秋，为今世的读书人读书治学树立了很好的榜样。

李榕晚年，生活渐趋困厄。时穷节现，千古而然。笔者试图对其罢官还乡直至去世的遭际与困惑、挣扎与坚守的过程，做点简单的梳理，对他晚年的思想变化发展脉络做一个粗浅的分析，以就教于同仁。

一、"袜材衬托"与"砚田萧索"

李榕在五十岁盛年遭诬陷罢免。这对他是一个巨大的打击。罢官将其逐出了政治舞台之中心，拆掉了他忠君济世的平台。他内心是极其痛苦的。为此，他一度心灰意冷，有了遁入空门的念头。写下《罢官去长沙将归蜀》《郭筠仙前辈招饮上林寺，醉著西枝僧鞋归寓，时余罢官将归蜀也》两首诗。

这两首诗都是将要离开长沙时所作。初遭罢黜，内心痛苦愤懑。天半孤鸿，渺然孤飞，大野茫茫，无所依归。池潢菰米，但机张弦鸣，危机四伏。哺糟啜醨，忘了醒醉，纯自欺之语，说说可以，他李榕怎么可能做得到呢？甄堕地而何必问毁还是全？负郭看山，读《庄子》，从此与世无涉，自得其乐。显然第一首后四句是自我安慰之词。

第二首是湘军元老郭嵩焘于上林寺设宴饯别的席上所作。上林寺这个地方，又是知己相别，遂借酒浇愁。一领朝衫，轻如落叶，谁让自己"陵骠骑"（暗示罢官因得罪了李鸿章），但禅榻之侧，似乎是人间可以安卧的地方。"大有袜才供衬贴"是一个典故。苏轼作杭州太守时，政通人和，垂拱而治。不断有人以丝帛为酬向苏学士求字画。苏轼有求必应。戏称那些丝帛为"袜材"。后世遂以其代指诗画文章的润笔之资。李榕自负其才足以养家糊口。在其余闲暇，则与老道高僧交游，听松涛于万仞，悟玄言于僧房。虽未能踏入空门，而有空色色空之至乐。

这种设想当然是很好的。可实现的条件却以一定的经济为基础。清代一直实行低薪制。"官俸之薄，亘古未有"（何德刚《客座偶谈》）。康熙中期，一个七品知县，年俸银 45 两，四品知府 155 两，总督从一品 188 两。这种低俸，与清初入不敷出的财政状况有关。因此，清官只好淡食素衣，即便如此，还要家中贴补。应该说，这样的清官，除了有人偶一为之外，多数人无法效仿。这种低俸，到了太平天国之后，仍无实质性改变。如同治年间，以山东济南府为例，知府俸银 105 两，养廉银 4 000 两，各种扣减之后，实得俸银 51 两，养廉银 2 658 两。林鸿年（1804—1886），状元出身，外放知府，升至云南巡抚。罢官而归，仅有节余 3 000 两。其时年事已高，谓年用 300 两，可分作十年之用，可以就木了。谁知老而不死，钱已用尽，不得不于福建正谊书院做山长，以度时日①。这种刻薄寡恩，让清官晚年日子很不好过。李榕晚年，正是遭遇的这个问题。

李榕罢免回乡之初，家庭成员还是很多，从其信札中可以知是"八十余口"。这当然包括兄弟没分家，后儿孙满堂，侄子侄孙以及少量佣人。他在下寺河马沟有田应在百亩以上，在《今年吾家插秧者百人，喜赋其事》中有"百亩山田不食租"之语。百亩之田，以年产 600 斤（1 斤＝500 克，下同）计算（这个估计还略高），除去成本，只够一家人食用。一遇水旱，则靠买粮。其余花费，一年在 600 元左右。而其在剑州江油兼山、匡山、登龙三书院之报酬，年收入约为 90 万钱。以 1880 年左右银钱比，即 1∶1 700 左右，折合现银恰好 600 两上下。在无病无灾的状况之下，是可以支撑的。但后来水旱频生，又东游苏杭，路上又发生了儿子李颐于武昌与人斗殴并携银 400 两出走事，家中遂举债。待其从杭州回乡，举债已 1 000 余两。家中景况江河日下。虽分家，但在 1885 年，其家人口仍然有 60 余人（不包括佣人）。加之物价上涨，其经济更是雪上加霜。到生命的最后几年，老病体衰的他仍然是一家人精神和经济的顶梁柱。

李榕对后辈的教育是上心的。他的 3 个儿子正处于学习的黄金时间，李榕却在戎马疆场报效君国，对儿子的教育鞭长莫及，这导致了几个儿子学业在一定程度上的荒疏（这个问题后边还要论及）。但李榕对儿子的希望是很大的。他的《示儿》一诗就直接表达了这种期待。

诗一开始就直言"莫讶"，不难想见，儿子们对这个当过布政使大官的父亲肯定是"讶"过了，埋怨过了。可面对儿子们的责难，李榕以"两世砚为田"答之。其父至他，两代以科名胜出，他仍然希望儿孙们秉承耕读传家的祖训。可是，科举是千军万马过独木桥。一个四亿多人口的国家，三年一考，取举人不过 1 300 余人，进士 267 人为定数（加恩科、优奖，最多一年是 334 人），这么一个比例，确实也怨不了儿子。而李榕到晚年，仍然坚持让儿子苦读往这条路上硬挤，没有从

---

① 周育民. 晚清财政与社会变迁［M］. 上海：上海人民出版社，2000：468.

工商的角度另寻出路，不能不说是父子矛盾的重要原因之一。如今，砚田萧索，收成无望，家中境况日渐凄凉，这种压力也只能压在他一人头上。这是他不断向旧友求援，并东游苏杭，希冀"寒灰再热"的原因。

从以上分析我们看出，李榕的治家，走的仍是儒家"修齐治平"的老路子。但是他忽略了这4个字，除"修"是纯个人努力之外，后3个字的社会时代性就太强了。古人的"齐家"，是指士大夫之家，动辄方圆几百里上千里，楚之大，不过3户，比现今的市大多了。让这么大范围的家能"齐"，不是件容易的事。更不用说国和天下了。再说，行政有一个天时地利人和诸多因素，不是一个人努力可以决定的事。这个链条中哪一环断了，这个庞大的人生理想就立刻化为泡影。那么，这些科举的失败者，如放不下架子去务农经商，结局就是成为范进孔乙己。当然，这有一个时代发展的问题。但李榕去世后15年，科举即被废止。在川北清江畔落后闭塞的河马沟，一个家庭在发展中遇到了难题，这是中国旧式家庭演变的常态。作为今天的教育者，不可不清楚个中缘由。

二、"寒灰再热"与"滩头独立"

李榕自负其才，虽盛年遭罢免，可其师曾国藩曾写信安慰他："事虎成于三人，知己无可挽救矣；宦途升沉得失之故，皆冥冥中别有主持，古来贤哲不得自由，阁下胸怀洒落，饱闻鄙人运气之说，想能泰然自适，不复以一时毁誉撄其伟抱，惟径情直行，不恤人言，虽贤者独立不群之高致，而古人亦往往以此取败。阁下还山以后，恐岫云仍当复出，尚祈求乡校之舆评，借人言以自惕。以独立者蕴于中，以委蛇者形诸外，于立身处世之道更为完密。"

这封信中说对李榕之厄，曾国藩已无能为力。其实李榕似乎于愤激之时没参透这话语的言外之意。李榕罢官，固然有得罪湘中大户的原因。但朝廷为什么就不明辨是非，就以诬告为据来"查办"？而且派李鸿章这个与李榕有过节的人来查办？其实，曾国藩与李鸿章就是两类人，曾作为儒家的代表人物之一，"忠君"是其道德核心。他本可以像历史上的司马氏、刘裕、赵匡胤等去搞"禅代"，但他却是千方百计自我收敛，自剪羽翼，以求消除朝廷之疑忌。而朝廷就坡下驴，扶植淮军以打压湘军重臣。功狗知趣，可以不烹，但须逐出庭院。朝廷借湘中大户的诬告趋势打压曾国藩旧部亲信之李榕，所以李榕在劫难逃。这句话曾无法道明。

问题是信中，曾在作了一些立身处世规劝诫之后，加了一句"恐岫云仍当复出"，给了李榕以希望，让他对形势产生了严重误判，以为朝廷是暂时灭一灭他的威风，待些日子又当重新任用。这个虚拟的幻影从此跟随了李榕十五六年，挥之不去。

前面我们已分析了李榕的晚年家景。这种窘迫又一次让他把重振家业的希望寄托在"岫云复出"4个字上。在他的信札中，"寒灰再热"多次出现。而仅仅是希望而已。真正付之于行动是光绪己卯（1879）年，他已60岁。应友人浙江巡抚梅小岩之邀，赴杭州之行。

梅小岩是同光时期杰出的政治家，其博闻强识，锐意进取，且又是至交，李榕其时正因家乡发生了灾害，家中境况凄凉，遂决意前往。同行时带上了儿子李颖、李颐和门人劼生。这个安排显然是有了长期打算。借朋友引荐提携，重新步入官场。再不济，当幕僚，让儿子交游士林，也是好事。

容易忽略的是，此行路费在800~1000两现银。这笔接近他一家一年半支出的费用，不可能全是积蓄，而一部分应是举债。那么，这次杭州之行更像是一个下了大注的赌博。

李榕此行，也遭到朋友的质疑和规劝。如范孝舆在苏州写信给他，认为李榕杭州之行乃竭力求官之举，认为"曾任大员，不仕亦贵，必欲竭力以求，难免外人窃笑"。不然，乡里"无端清议，有玷令名"，并指出修志不是长久之计，一两年又得返乡，往来耗费，得不偿失。

面对这种劝告，李榕大为光火。回信作了长篇剖白，信中说："去年舍下田禾为青虫食尽，老幼四十余口，雇工二十余人，买粮而食，为田家莫大之忧。此间节缩薪水，岁可接济三四百金，舍西江泄注而归去，受涸辙之困耶？"结尾还批评范孝舆沾染了蜀人"以耳为目"的习气。

能写这样的话的人，当是挚友，从后来李榕修杭州志的艰难尴尬状况，不得不返乡，从而又使债务加重的情况看，范氏的话是有道理的。只不过"有玷令名"4个字太重，超过了接受限度。这种进退维谷的境况，是中国古代正派官员必然的结局。

这次行程一开始就不顺。首先是在荆州受到了同年荆州知府倪豹岑热情款待。他本想到长沙，因张菊俪夫人父母俱在，10年不见，当应探望。但湘中宿敌闻讯，即声称将齐集城陵矶阻李榕所乘轮船入湘。于是他再次踏上三湘大地的愿望就此落空。此后，直到生命终点，再没回到长沙。

到了武汉，发生了一件意外事件。即小儿子李颐上武昌喝酒，与人斗殴。门人温竹虚怕李榕生气，当晚没有告知李榕。结果李颐当夜拿走盘费钱400两出走，不知去向。儿子顽劣不才，对李榕打击颇大，也无可奈何。只得顺流东下，到了南京，受到了江苏巡抚、李鸿章之兄李翰章热情款待。

李榕到杭州之后，不到两个月，梅小岩巡抚即内召回京（梅不久就因处理陕西镇坪王云五案而遭革职，转眼即和李榕一样了），他即失去依傍，而杭州友人同情其处境，遂推荐其修杭州志。估计将三年。且李颖、门人劼生均参与编撰，均受月百金之俸。这个待遇也不错了，可得自己租房，自办伙食，所余已不多。他之所以不立即回蜀有两个原因：一是没了路费，二是夫人张菊俪已在来杭州途中。以当时通信状况，他除了在杭州等之外毫无办法联系。

后来夫人已来了，编志也开始了，但编志人员庞杂，吃俸不干事的达8人之多。这是编志未竟即还蜀的原因。归途路费虽多方筹借，仍然不足，致使返回途中，行至南郑即盘缠已尽，幸倪豹岑以快马送银120两，差点回不了家。

李榕自己承认，此行"自顾精力未衰，有炫玉求售之意"。可两年半之中，旅途费去了近一年时间，滞留杭州只有一年半。虽友人接济，仍然凄凉，备尝艰辛。租住的房子"木质单薄，缝笋疏漏，门又向西，夏日冬风罅隙皆入"。但因价廉，一家人勉强可以栖身。在杭州（所）作（者）诗文中，有两事当提。

一是《小雨寒甚，乞酒敏斋家，遽遗大瓮，狂喜引满，不自知其颓然也。晨起大雪，用东坡与过迈诸子侄韵示颖儿》。诗题很长，说小雨奇寒，想喝酒了，就向朋友应敏斋求助，应敏斋给了一大瓮酒，并招待其对饮，狂喜之中，不觉醉了。第二天晨起，下了大雨，于是借苏轼与其子苏迈及子侄唱和的诗韵写了这首诗给李颖。

这首诗开篇写向友人乞酒，受厚赠，喜极就喝醉了，第二天一早开门即见漫天大雪。然后想到自己久受穷困，是因丢了官，于是乃"寒斋苦守"（喻生活清苦），但每于情况略好一点时就马上遇到困难（暗示因梅小岩内召自己失去依傍），但却在艰难困苦之际仍存幻想。江南种麦，言局势已平定。而塞北兵戈未息。此言当时新疆正平叛，战事犹酣。自己虽未能如富豪，但家里还是有僮仆的。写到这里，应说都是平静地叙述。而下面则波澜顿起，和儿子说起知心话了。"砚田丰岁"，几人能够？邻灶虽热，却不是长久之计，谁能靠朋友接济过一辈子呢？"慎勿锋芒毕露"是一个硬汉子对儿子的告诫。因儿子还太弱小，没有露芒角的本钱。连你老子这么大年龄了，还想寒灰再热，你哪有道理不意气风发，待他年驰骋沙场，为国立功，那么一家人就会好梦成真。

诗解读到此，我们会疑惑：这还是当年那个铁骨铮铮的李榕吗？向知己要点酒，就会有那么强烈的耻辱感吗？要儿子今后学会"以委蛇者形之于外"，那么遇到绕不过去的两难时刻咋办？知子莫如父，自己的儿子可不可能蟾宫折桂，或沙场点兵，颈系贺兰王，当父亲的还能不知道？但我们理解一个父亲教子的苦衷。父亲可以英勇，而儿子还应生活，我们不能苛求。

另一首是《谢藟堂惠鲥鱼》。鲥鱼为长江特产，肉质鲜美，可价格昂贵。"一尾入市金一提，阮囊未探心先降"。囊中羞涩，只能望之兴叹。谢藟堂善解人意，赠了一条大鲥鱼，于是怕隔夜失鲜，遂连夜烹食。然后又是大醉，叹一饱已不易得，望着月移西窗，风摇园竹，久不成眠。这首诗虽故作洒脱，然读之令人感慨。晚清士人生活及心态，逼真地呈现于笔端，让我们可以更直观、更贴近地回望那个时代。

这似乎是一个为生活所困的普通文人了。

但"信天翁滩头独立，不与鱼鹰同飞走"。一个真正的儒者，还是"仁以为己任"，贫而不贱，困而自守。真正的儒者绝不会为蜗角微名蝇头小利放弃真理。"以独立者蕴于其中""内方外圆"永远会是两难，如果一个人在内心认可真理，而永远"蕴"于心中，于言行无分毫表露，那么这种操守与修养是不是可以肯定呢？

其实李榕中止修志返乡，乃是从李瀚章处知道了李鸿章开出的复出价码太高，低个头，认个错。朋友倪豹岑也写信明告其京中有人阻止李榕复出。李榕回信道："前复书示及京师合肥诸公（李鸿章合肥人）谈鄙人治世之精，持己之介，均无异议。总谓刚直太过，稍形偏执云云……试问，刚直偏执所败者何事？正是兀傲自喜，不肯低头向人实证耳"。愤激之余，归心遂决。于光绪辛巳（1881）正月初八，于杭州武林解缆启程。

于是，李榕再次与官场失之交臂。他只需一低头，则立即高官厚禄。而他却决绝而去，将小船驶入了烟波浩渺的大江。从此，他注定要再忍受9年贫穷与困顿。我们应为其惋惜呢？还是为其庆幸呢？

三、"乡邦直道"与"老怀自遣"

李榕东游归家时，思想发生了微妙的变化。他仍受邀执掌三院。这一方面是迫于生计，另一方面是因其人品学识确为一方之仰。

李榕一生饱学，对儒家仁政思想是心领之躬行之。儒教是一把大尺子。他正是拿了这把大尺子去丈量山川大地，官品人心。

首先，在与正派有为的地方官交往的过程中，没有再一味鼓励，而是在鼓励之中多加了提醒。

李榕与剑州知州李星阶的交往颇多。李星阶生卒年已不详，同光年间曾任剑州知州。自李榕罢官后，这位知县曾亲自登门拜访，并首聘李榕作兼山书院山长。两人过从甚密。在《山居杂咏》之中，他给了李星阶这样的忠告：

> 刺史官衙欲种蔬，清贫丰趋似陶庐。
>
> 而今腰笏春林密，转恐渊明礼法疏。

前两句是赞扬李星阶官衙清静，其清贫可比陶渊明。官衙太热闹了，那是酷吏墨吏的特征。第三句一转，提醒这位清高雅致的官员：剑门可是西南之咽喉。"腰笏者"（官员）过往，密如春林，如效陶渊明那样"不为五斗米折腰向乡里小儿"，恐怕会于礼节有失，如今，过往神仙，哪一个是可以得罪的？这时，从年轻时的清高自诩，到老年的审慎有了转变。

其次，是仗义执言，绝不避个人利害得失。很多官员告老还乡之后，往往就诗酒流连，登山临水，醉赏烟霞，不再关心民间疾苦，从而丧失了一个士大夫弥足珍贵的家国情怀。

李榕不是这样，他像热爱自己的亲人一样爱这块多灾多难的土地。他继承了杜甫的精神，那就是宁苦身以乐天下，无论穷达均要兼善天下，现仅举一例：

剑州有一种"查牌"差役。这种"查牌"是县衙颁发给公差人员的"证件"。历来官府疏于管理查验，致使"查牌"得以滥发。这些人或三五人，七八人，四散于乡。乡民只知他们有"查牌"，但并不清楚他们查什么。这些人所到之处，横索酒食，敲诈勒索商贩和略微富有一点的乡民。当时，从广元贩运硫黄到中坝花炮厂的商船屡次遭其勒索，几无利润可言，清江水路为了阻绝"查牌"还闯入下寺一酒坊，殴打主人，并强令其停产。这些酒厂老板找到李榕，向其诉苦道：煮酒犯了什么法？我辈以此为业，怎么能说禁就禁？李榕立即给剑州知州杨子赓写信，要求杨知州彻查此事。信末，感叹道："天下衙门如此，又何恨乎洪秀全？"

这后一句，是他认识的一种飞跃。他已承认了"官逼民反"这一残酷的道理。而他当初，却是在鄂赣皖浙苏鲁一带作战达 8 年之久。行伍匆匆，来不及对战争的深层原因做理性思考。而今以"放废"之身而为民请命，是因为和政界拉开了距离，从激流中欣赏到了岸上，有了冷静观察的可能。那么认识升华当在情理之中。

再次，对乡村教育，李榕投入了巨大的热情。他所在的书院，可以说是科举预备学校。但李榕总是将儒家的道德诉求和道义担当放在首位。他对"趋媚富贵，厌弃贫贱"的世风痛加挞伐。深情告诫学生："富贵如过眼空花，薄有功德，在人乃不虚生一世。"这种思想，在封建社会中，难能可贵。

四、"浮云世事"与"高天四顾"。

李榕晚年，困厄于生计，加之身体渐衰，精力逐渐不济。川北闭塞，消息不灵。他曾多次写信向曾劼刚索求邸报。可见，他虽身处川北，仍心系天下。自中法战争以后，洋务运动兴起，国内有识之士变法图强呼声日渐高涨。这些不可能不影响李榕。虽世事白云苍狗，但他仍然独立苍茫，高天四顾，对人生、对祖国命运作了严肃思考。

首先是对斥逐人才、不修战伐的最高当局作了严厉批评。这在其诗《九日，登鹤鸣山重阳亭，乡父老子弟会者三十一人，是夕为菊俪内子初度》中有充分体现。

这首古诗是其代表作之一，其文思汪洋恣肆，如浪打潮回。其情感深沉而蕴藉，又如风过莽原。

诗一开始回顾了自己东游吴会三年生活，而回到故土，山花红树，倍感亲切。站在重阳亭上，顿感天地苍茫。而乡酒苦硬，也开怀畅饮。然有客人忽谈起了"海国事"，于是席间顿起狂飙。客谈了几个话题：罢黄金台，不修战伐，一味以条约（城下之盟）来讨好列强。这条条均是军国大计，难怪席上不平静了。昔日燕昭王筑台千金求士，剧辛、乐毅、郭隗等人被重用，燕国一时国力强盛。可如今，黄金台不在了，而国势阽危，"蛇豕"是可"坐弭"的吗？从鹤鸣山引颈眺望，只见群山万叠，远天苍茫。这是一种既放不下，又无可奈何的情感。既然远天风云变幻，坐在这小山头上的人只能叹息掩涕。那么，说说眼前呗，多打几担麦子，多收风笋水稻，妻儿可以温饱，更复何求！而忽然记起此日正是夫人张菊俪生日，然百里俨然河汉之隔，只能举黄花遥向北一拜。从这首诗中，我们看到了一个伏枥老骥的千里之志。封建官场几千年的精英淘汰，一旦把哪个精英一棍打下马来，就再难复出。衰微的大清帝国气数已尽，骄傲颠顸的皇室政权，没有再给李榕机会的可能了。

其次，对洋务及教案有了新认识。

洋务运动开启于 19 世纪 60 年代初，其宗旨是"师夷长技以制夷"，是有识之士寻求自强自救之道。此为务实之举，是中国近代工业化之开端。虽因封建官僚家长制管理，百弊丛生，可毕竟是一项前无古人的全新事业。

李榕虽出身于传统科举，但对西方科技，一直是敏感的、欢迎的。在杭州，他亲眼看到梅小岩聘请西洋传教士用"西法取西湖水入秋闱饷士"，这是杭州历史上第一次用抽水机抽水供城市，是中国继上海之后第二个用自来水的城市。比起以前挑水，便宜了若干。诗中结尾两句是这样写的：

看取鼎足苏白堤，为君再续循良传。

他认为这个自来水工程，当与西湖上的苏堤白堤相提并论，鼎足而三。而梅小岩单凭这一项之功绩，也可以入循良传而名垂青史。

李榕之世，是中国教案频发之季。对教案的研究和认识，受民族主义和意识形态的影响，至今仍半遮半掩。应该说，绝大多数传教士是秉承基督教之救世理念来华传教的。这些传教士大多具有牺牲精神，他们也都身怀现代科技知识，是各学科的尖端学者。他们发展教民、建教堂的同时，也办西学、建医院。给古老的中华大地带来了现代科技和文化。这当然和传统的儒家天命思想有矛盾，被士大夫视为"奇技淫巧"。更可悲者，自鸦片战争之后，列强坚船利炮，让中国人倍受屈辱。爱屋及乌，把传教士视作侵略者的"先头部队"，视作"探子"就不奇怪了。加之传教士对中国民情不熟悉，不分良莠，盲目发展教民，导致一些地方流氓无赖借洋教自重，横行乡里，这自然激起民愤。那么，发生教案就不奇怪了。山东冠县梨园屯教案就是这种典型教案之一。

这种盲目排外玉石俱焚的教案，对中国现代化的负面作用是巨大的。而地方官乃至朝廷，在教案酝酿之初或爆发之始，往往觉得民情可用，或煽情鼓动或暗中支持或隔岸观火，以博得当地舆情之拥护，待酿成大故，外国借武力施压时，朝廷和地方官又马上变脸，出来镇压，以消弭祸端。

李榕对这类行动是非常反感的。他凭直觉，感到这类"打洋教"的行动可疑。他在杭州时，正值山东河北教案频发之时。他发现了一个现象：每当教案一发，外国（当事国）并不派兵前往案发地报复，而是直接把军舰开到大沽口向北京施压。这显然是不想诉诸武力，而寻求以外交方式解决争端。而对上海，列强从来没有把其作为进攻目标。如果从军事的角度，打击上海就打了大清帝国的"七寸"。那么绕开上海，这让人看到了列强的另一层企图。列强不远万里，来了不是只为显威风，他们是要中国这块市场。既然这样，何不因势利导，灵活应对呢？

晚年，四川也成了教案高发地。四川教案，波击面广，几次都酝酿成小规模民变，遭受重创的又是成渝地区这些川中经济命脉之地。李榕更是忧心忡忡。他的老师曾国藩、他的亦师亦友的湘军元老郭嵩焘，一个被国人骂为洋奴，一个因教案被气死。不难想见，作为曾国藩与郭嵩焘的崇拜者，李榕对教案的认识当与愚昧的时人不同。这在他晚年的诗《丙戌八月，重游匡山，奉酬蒋少穆太守》中有明确的体现。诗写于光绪丙戌（1886年）八月，江油知府蒋少穆和匡山书院的学生陪李榕重游匡山。蒋少穆对李榕执弟子礼，于其轿后步从。李榕感慨万千：

> 十年不到旧游处，青山未老人已翁。
>
> 浮云世事安足道，山深林密犹瘖聋。
>
> 昨闻巴渝华夷哄，白梃林立喧万众。
>
> 层楼邃阁付一炬，颠倒天吴及紫凤。
>
> 星火不扑燎原何？贻祸堪为庙堂痛。
>
> 天下扰扰蜀炱炱，即今哪有武陵洞。

"华夷哄"，指教案，他没有直接论及是非，因自己地处深山密林中，犹如聋哑人，对案发的具体原因不清楚，以道听途说即大发议论，不是一个学者的姿态。但大烧大抢，危及国家之根本，如不加约束，星火将呈燎原之势，对国家和百姓都是灾难。志士仁人，居庙堂之高则忧其民，处江湖之远则忧其君。只有彻底绝望了，才会去寻求桃花源。可天下扰攘，谁能真能寻得置身事外的武陵洞！诗中，一个行将辞别的老人的拳拳爱国忧民之心，让人为之慨叹。

五、"衰运人扶"，崇丽殷嘱

不得不再次说到李榕晚年之家境。

随着李榕年纪渐大，身体逐渐衰弱，精力不济，三个儿子学业无成，李颐又染赌毒恶习，家中境况，日渐凄凉。三院山长之职，成了家中收入的依恃。而李榕已厌于每日批改学子们的"时文"了。这种压力之下，仍时生"寒灰再热"之念。1887年，69岁的他仍写信给曾劼刚："……舍下老稚合男妇、雇人，食口常在七十外，农忙时且逾百口。综计馆舍，岁入九十万钱。节缩用之，牧竖作僮仆，子侄不舆马，妻妾躬庖厨，牵缀弥缝，差无渗漏，而岁终恒不得蓄一余钱，歉收之岁，窘状立现。所恃以为水旱无忧者，惟馆（指任三院山长之职）耳。榕今年六十有九，朱墨涂抹，实已日厌烦碎……迩来乡里生计萧瑟，灯火弦诵，文酒谈宴，迥异昔时……转虑一旦僵仆牖下，家无河润，耕不能聚佣，读不能延师，子侄辈材质庸下，欲其徒手无资，支柱大厦徒虚语耳。以免焉诗礼之家，传阅二世，至不免于饥寒……是以中夜兴叹不能自已。"

他写此信，目的是要曾劼刚清楚他的艰难状况，向"至尊"进言，以望能"岫云复出"。但从信中，可以知其辞世前家中实况。英雄末路，言逊气促。但曾劼刚与其以兄弟相称。至交可以不避卑言。不知何因，曾劼刚竟不援手于窘途之长兄者，是旧谊已尽，还是李鸿章已权倾天下，爱莫能助呢？只有天知道了。

李榕晚所患病，一为痛风，一为肺心病。前者可以通过将息疗养，而后者实为慢性老年病。以当时之医药无能为力。在致顾幼耕的信（1888 年）中说："……时方苦痰饮上泛，牵胸、背及肋三处，痛彻心髓，四十余夜不得安枕。"在这种状况之下，仍然批改学子文章，劳心苦志，逾于常人。

1889 年 2 月，申夫终于卧病，3 月，四川总督刘秉璋及四川名流邀他参加成都崇丽阁开阁典礼，因病不能成行，遂撰写了 130 字长联：

开阁集群英，问琴台绝调，卜肆高踪，采石狂歌，射洪感遇，古贤哲几许风流。忽揽起儋耳逐臣，哀牢戍客，乡邦直道尚依然。衰运待人扶，莫侈谈国富民殷，漫和当年俚曲。

凭栏飞逸兴，看玉垒浮云，剑门细雨，峨眉新月，峡口素秋，好江山尽归图画。更忆及草堂诗社，花市春城，壮岁旧游在否。老怀还自遣，窃愿与幽思丽藻，同分此地吟笺。

上联一开始，言开阁集群英，大声领起。在李榕眼里，哪些是蜀地千载古英雄呢？他举了千金一赋的司马相如，有冷眼观世变、借卖卜以讽喻时事的严君平，有"天生我材必有用"的李白，有"念天地之悠悠，独怆然而涕下"之陈子昂，有问君此生功业，黄州惠州儋州的逐臣苏轼，有"古今多少事，都付笑谈中"的大才子杨慎。这些人都是才华横溢，特立独行的君子。在李榕眼中，他们才是历史天空中的璀璨星辰。尽管他们没有显赫的官职，得以出将入相，生前享尽荣华，死后备极哀荣，相反，他们才大而遭忌，过洁而被嫌。他们或独行于旷野，见悲风而感奋，对明月而伤怀，或踟蹰于市场，以诗酒自娱，笑傲王侯。虽时乖命蹇，然绮丽之诗思，如虹贯日，如恒定之艳影，照亮晦暗凄凉之人生长途。大江东注，淘尽千古风流，然这些人都辉光不减。李榕出身翰林，蹞足行伍，五省转战，官至布政使，然临别感言，仰慕的不是秦皇武汉，唐宗宋祖，乃是一个又一个"不合时宜的人"，这在官本位、权力崇拜根深蒂固的中国封建社会，难能可贵！

"乡邦直道尚依然"一句，对前面作了收束，又领起下文。何为"直道"？乃儒者心目中的在上有德、在下有耻。君明臣直，万方熙宁，为何"依然"？中国封建社会几千年，王朝兴也勃焉，亡也忽焉。其得也，马背征战，哀鸿遍野，战血横流，天阴鬼哭。然承平日久，渐入骄奢，流俗演为积弊，积弊成痼疾，最后又是一场天崩地坼。然志士仁人，传承了文明血脉，薪火绵延，不绝如缕。这是对志士仁人的礼赞。

"衰运待人扶"，陡转！当时的清帝国已风雨飘摇。国内百业萧条，民不聊生。民怨沸腾，民变蜂起；外交上国门洞开，军备废弛，列强紧逼，虎视眈眈。一个古老的中国，已无法在兴亡治乱的老路上继续走下去了。皇家贵族愚昧蛮横，不思进取，以割地赔款换和平，以妥协退让求苟延残喘，甘心做列强的"儿皇帝"。而一帮政客和帮闲文人，却还在大唱赞歌。当时正是有人高唱"同光中兴"之时，李榕提醒大家，士大夫（今天称知识分子），莫云"侈谈"，莫去"漫和"。何为"俚曲"？乡里小儿之曲，下里巴人之曲，歌功颂德之曲，媚俗媚势之曲。"亡国之音哀以思"。李榕站在时代烟云的云端上俯视苍茫大地，其发声也自然沉郁而嘹亮，其时，距甲午只剩下 5 年，距清亡也只有 21 年！

下联历数川中名胜：玉垒山的烟云，剑门之细雨，峨眉之新月，三峡清寂的秋日。这又暗引了杜甫、李白、陆游等人的诗文及行踪。杜甫有诗"锦江春色来天地，玉垒浮云变古今"。陆游之"此身合是诗人未，细雨骑驴入剑门"。李白之"峨眉山月半轮秋，影入平羌江水流"。杜甫"瞿塘峡口曲江头，万里风烟接素秋"。思之令人逸兴遄飞：好一派大好江山！

"更忆及草堂诗社"又一转，忆及当年负笈锦里，锐意求学，正值少年英发，同仁于草堂建立诗社，同赏浣苑溪边之修竹，共看武侯祠之鲜花。少年意气堪拿云。大家共读奇文，共约学成报国，振兴家邦。如今转瞬时光老去，当时旧友，已多入泉台，有几人能在？这里语意双关，他更想知道的是：当年那些英气豪情，能存于诸君之身之心否？时光荏苒，陵谷变迁，薛涛墓旁枇杷无恙否？薛涛井里清水有波否？竹径树梢上，黄鹂还能清鸣宛转如当年吗？杜鹃还会不会在烟雨迷蒙的日子里夜半啼血呢？

"老怀还自遣"一句，收束全联。大好江山，真有新亭泣下之感。楼成雅会，名士云集，幽思丽藻纷呈。老夫发言迥异于众人。高岗之松涛，自别于小桥流水。铁板铜琶，定异于红牙女唱。大声镗鞳，振聋发聩。

这体现了一个赤子弥足珍贵的家国情怀。

这代表了一个诗人学者的最高艺术水准。

这是一个士大夫对这个世界认识思索的升华。

这是一个行将辞世的老人对后辈的殷殷嘱托。

卖卜君凭空有寺，操琴司马已无台。

读书自是千秋事，都向名山过去来。

时光永是流逝，清江清且涟漪。

元祐党家犹有种，平泉草木岂无根！

百多年来，志士仁人前仆后继，为了祖国文明进步而奋斗，走过了一条艰难曲折的道路。白骨布满了原野，血肉碰钝了刀锋（鲁迅语），然无一刻气馁。今天，我们拜祭剑阁历史上的有为官员，铁骨铮铮的汉子，文思泉涌的诗人，古道岸然的师者，读其文、思其人，感激感奋之余，以之为则，重振乡邦直道，共扶世道人心，以告念先烈在天之灵。

感恩龙江援建剑阁

张天锦

戊子初夏，西蜀劫难，剑阁地震，山崩地陷。哀我生民，殇于非命，天地不仁，毁我家园。

奋起救灾，重建家园，剑阁众志成城；血脉相连，八方来援，龙江彰显大爱。无缝隙对接，无障碍合作，救同胞于水火，见真情于患难。捐资十五余亿，福泽剑阁黎民。支警支教志愿者，支医支农援建人，应急抢险赈灾民，别妻离子战震魔。磨破铁鞋无数，踏遍千山万壑，建工程百又四六。缝地裂，治河川，民众安居焕新颜，剑门大厦入云端。修学馆，建医院，健身养老颐天年，工业新区即再现。理山水，铺桥路，广厦万间嵌剑州，古道热肠美名留。翠云廊，剑门关，龙江大道绕县城，胜景圣民皆尽欢。居所安，人稳定，风正心齐普天庆。

龙江民众总动员，前指勇士倾心力，奋勇奋智三年支援，流血洒汗竭尽精诚。重建修德进业之良所，再筑腾飞发展之宏基。援建奇功，仰可誉对社稷，俯无愧于黎民。沧海桑田，二十四史连蜀道；金戈铁马，自古英雄出剑门。百姓知援建创业之维艰，铭龙江兴邦解难之勋绩，怀感恩之心，励精勤奋，起而效之，建锦绣家园，振华夏雄风。

"勋业振青史，恩德沐宏图！"骨肉情深，不忘黑龙江鼎力相助；共克时艰，铸造历史世纪辉煌。壮哉，剑阁重生，天蓝水绿，震不垮的剑门关；伟哉，抗震救灾，大道永存，"铁人精神"贯长虹！

后　记

2019年3月，剑阁县教育局决定续编县教育志第四本——《剑阁县教育志（2008—2020）》，成立剑阁县教育志编纂工作领导小组。5月中旬，编志办人员到位。编志办工作由县总督学何中强牵头，教育股股长唐守荣具体负责，抽调剑阁职中的魏祥前、香江国际学校的王继伟两位老师担任编纂工作。2021年6月，王继伟老师离开编志办到局办公室，负责新闻宣传，再后来负责目标考核。2022年4月起，编志办由县教育工委副书记杨启文同志牵头。2022年11月，唐守荣同志离任教育股股长，到编志办与魏祥前老师两人共同完成该志书的编纂工作。

该志书的起讫时间，原计划从2008年到2020年，后因局主要领导发生变化，编委会决定将截止时间延长到2023年底，前后跨度十六年。

编志办成立后的半年时间，魏祥前、王继伟撰写"剑阁县教育史馆"的文本。为计划修建的剑阁县教育史馆做好文本准备。2019年9月底完成文本。

2019年10月，教育志的编纂工作正式开始。后因编志办人员变动，教育志的编纂几乎就要中断。但这件事，是鉴往期来的大事，不能中断！而要继续下去，又面临重大困难：编纂志书是一项浩大的工程，一个人是完不成的，因此，必须增加编纂人员。魏祥前先后联系了四位同志，但都没有成。有人犹豫反复，有人断然拒绝，有人有后顾之忧，有人怕经济受损。

面对这种情况，有的人说：别急，慢慢写，写到退休，写不完就算了。这是什么话！如果这么做，于个人而言，是不负责的表现——一件事都做不完整，于这么大的一个教育系统而言，定会被人说三道四，遭人耻笑！

2022年，在局领导班子的支持下，魏祥前、唐守荣在编纂志书路上继续前行。

2023年12月，240多万字的志书第一稿完成。2024年2月，210多万字的第二稿出来；3月，200多万字的第三稿出来；4月，190多万字的第四稿出来；5月，180多万字的第五稿出来。第五稿出来后，请相关专家、有关股室领导阅读，提出了宝贵意见；2024年6月，第五稿上交局党组会，讨论定稿。

这浩繁的系统工程——《剑阁县教育志（2008—2023年）》算是大功告成，她见证了剑阁教育十六载奋进历程，在此，要感谢许许多多的领导和老师：

真诚感谢中共剑阁县委、剑阁县政府领导的高度重视。

真诚感谢市、县志办领导和第三轮县教育志编纂者们的热情指导。

真诚感谢西南财经大学出版社李才副编审认真审阅，并提出宝贵的修改意见。

真诚感谢教育局领导班子、各股室、教育督导责任区、各中小学校、幼儿园领导的倾力配合，感谢学校整理、提供校史资料的老师。

有你们的帮助、支持与指导，这本《剑阁县教育志（2008—2023年）》才会顺利完成。

编纂告成，如释重负，为剑阁教育事业做了一件有意义的事情，我们为之欣喜。但局限于学、识、才，疏漏和不当之处在所难免，敬请关注教育史志和热心剑阁教育事业发展的有识之士批评指正。

本书编纂委员会

2024 年 11 月